[redacted]

भाग : चार

पतंजलि : योग-सूत्र

'योग : दि अल्फा एंड दि ओमेगा' शीर्षक से
ओशो द्वारा अंग्रेजी में दिए गए
सौ अमृत प्रवचनों में से
चतुर्थ बीस प्रवचनों का हिंदी अनुवाद।

फ्यूजन बुक्स

बुलाते हैं फिर तुम्हें

पतंजलि योग-सूत्र

भाग : चार

ओशो

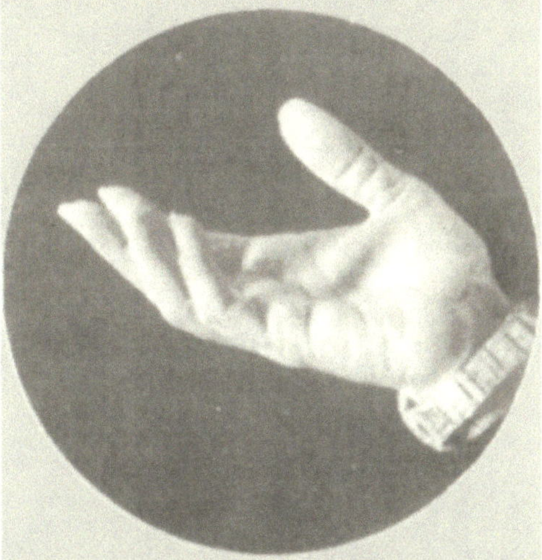

[redacted]

अनुवाद
योग निरुपम
संपादन
प्रेम कल्पना
संयोजन
योग अमित
आवरण-सज्जा
ओशो मल्टीमीडिया
प्रूफ संशोधन
आनंद समाधि
टाइपिंग
प्रेम सोनल
फोटोटाइपसेटिंग
ताओ पब्लिशिंग प्रा. लि., पुणे

प्रकाशक
फ्यूजन बुक्स
X-30, ओखला इंडस्ट्रियल एरिया, फेज-II
नई दिल्ली-110020
फोन : 011-41611861
फैक्स : 011-41611866
ई-मेल : sales@dpb.in
वेबसाइट : www.dpb.in

Patanjali Yog Sutra, Vol. 4

For more information: www.osho.com

A comprehensive multilingual website featuring
Osho's meditations
Books and tapes and an online tour of
Osho International Meditation Resort.

भूमिका

योग: एक विज्ञान

पतंजलि और ओशो, जीवन के बाबत या ईश्वर के बाबत कोई सिद्धांत की चर्चा नहीं करते। उस अर्थ में योग कोई धर्म नहीं है और पतंजलि तथा ओशो कोई 'धार्मिक' व्यक्ति नहीं हैं।

उन दोनों ने कुछ जाना है—वे दोनों कुछ हो गए हैं—और वे केवल दूसरों की मदद करते हैं कि वे भी उसे जान लें। वे नहीं चाहते कि आप कोई बात मान लें; वे ऐसी विधियां देते हैं ताकि आप स्वयं देख सकें।

पतंजलि के योग के संबंध में ओशो कहते हैं:

'योग एक संपूर्ण विज्ञान है। यह विश्वास करना नहीं सिखाता; यह जानना सिखाता है। यह तुमसे नहीं कहता कि अंधे अनुयायी हो जाओ; यह कहता है कि अपनी आंखें खोलो। यह सत्य के संबंध में कुछ भी नहीं कहता, यह सिर्फ तुम्हारी दृष्टि की चर्चा करता है: दृष्टि कैसे मिले, देखने की क्षमता कैसे मिले, आंखें कैसे उपलब्ध हों, ताकि जो है वह तुम्हारे सामने उद्घाटित हो जाए...

'और इस बात की कल्पना करना भी कठिन लगता है कि एक व्यक्ति ने अकेले पूरा विज्ञान

निर्मित किया! कुछ भी छूटा नहीं है। लेकिन विज्ञान प्रतीक्षा में है कि मनुष्यता थोड़ा करीब आए ताकि विज्ञान को ठीक से समझा जा सके।'

पतंजलि और ओशो उन लोगों के लिए हैं जो सत्य की खोज में हैं, और जो समझते हैं कि वे अंधेरे में टटोल रहे हैं, और जो समझते हैं कि बुद्धपुरुष का प्रकाश—ऐसे व्यक्ति का प्रकाश जो स्वयं जानता है और जो जानने में तुम्हारी मदद कर सकता है—मार्ग में बहुत सहयोगी हो सकता है। योग-सूत्र भी अपने आप में पर्याप्त नहीं हैं। कोई बुद्धपुरुष चाहिए जो उनके मर्म को उदघाटित कर सके, जो उन्हें हमारी भाषा में, हमारी समझ में आ सकने वाली अभिव्यक्ति में कह सके।

ओशो ऐसे ही बुद्धपुरुष हैं।

और ओशो केवल योग तक ही सीमित नहीं हैं। योग सत्य तक पहुंचने का एक मार्ग है, और इसलिए ओशो उस पर चर्चा करते हैं, लेकिन वे उस पर ही रुक नहीं जाते। ओशो की वही सुस्पष्ट अंतर्दृष्टि आपको उनकी अन्य पुस्तकों में मिलेगी जिनमें उन्होंने तंत्र, बौद्ध धर्म, झेन, ताओ, हसीद धर्म, सूफी धर्म, जीसस और अन्य बहुत से मार्गों पर, एवं उन्हें निर्मित करने वालों पर चर्चा की है। ओशो किसी परंपरा के हिस्से नहीं हैं :

'मुझ पर कोई लेबल मत लगाओ; मुझे किसी खांचे में बिठाने की कोशिश मत करो। मन चाहेगा कि मुझे किसी खांचे में बिठा दे, ताकि तुम कह सको कि यह आदमी यह है और तुम मुझसे छुटकारा पा जाओ। इतना आसान नहीं है मामला। यह मैं तुम्हें न करने दूंगा। मैं पारे की तरह ही रहूंगा : जितना तुम मुझे पकड़ने की कोशिश करोगे, उतना ही मैं छितर-छितर जाऊंगा। या तो मैं सब हूं या मैं कोई भी नहीं हूं—इन दो में से तुम कुछ भी चुन सकते हो...'

तो ओशो कोई योगी नहीं हैं और यह पुस्तक कोई योग के संबंध में नहीं है। यह पुस्तक उस परम सत्य के संबंध में है जहां योग आपको पहुंचा सकता है, उस परम सत्य के संबंध में है जिससे ओशो एक हो गए हैं।

स्वामी प्रेम चिन्मय

अनुक्रम

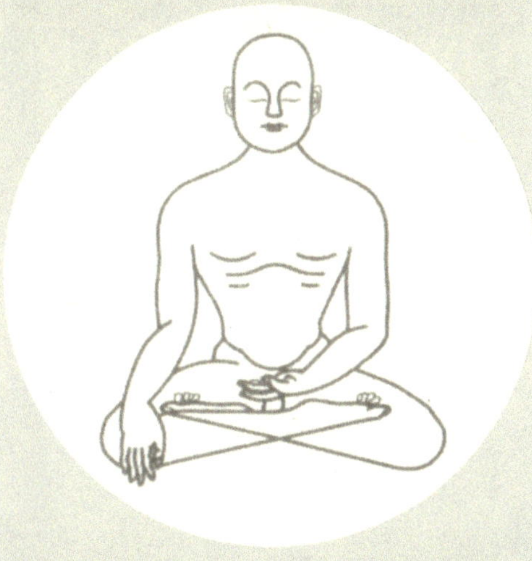

प्रवचन 1

प्रश्न पूछो स्वकेंद्र के निकट का

योग-सूत्र

अथ विभूतिपादः

विभूतिपाद

देशबन्धश्चित्तस्य धारणा।।१।।

जिस पर ध्यान किया जाता हो उसी में मन को एकाग्र और सीमित कर देना धारणा है।

तत्र प्रत्ययैकतानता ध्यानम्।।२।।

ध्यान के विषय से जुड़ी मन की अविच्छिन्नता,
उसकी ओर बहता मन का सतत प्रवाह ध्यान है।

तदेवार्थमात्रनिर्भासं स्वरूपशून्यमिव समाधिः।।३।।

जब मन विषय के साथ एकरूप हो जाता है तो वह समाधि है।

त्रयमेकत्र संयमः।।४।।

धारणा, ध्यान और समाधि—तीनों का एकत्रीकरण निर्मित करता है संयम को।

तज्जयात्प्रज्ञालोकः।।५।।

उसे वशीभूत करने से, उच्चतर चेतना के प्रकाश का आविर्भाव होता है।

एक बार एक झेन गुरु ने अपने शिष्यों को प्रश्नों के लिए आमंत्रित किया। एक शिष्य ने पूछा, 'जो लोग अपनी शिक्षा के लिए परिश्रम करते हैं, वे भविष्य में मिलने वाले कौन-कौन से पुरस्कारों की आशा कर सकते हैं?'

गुरु ने उत्तर दिया, 'वही प्रश्न पूछो जो स्वयं के केंद्र के निकट हो।'

दूसरा शिष्य जानना चाहता था, 'मैं अपनी पहले की मूढ़ताओं को कैसे रोकूं, जो मुझे दोषी सिद्ध करती हैं?'

गुरु ने फिर वही बात दोहरा दी, 'वही प्रश्न पूछो जो स्वयं के केंद्र के निकट हो।'

तीसरे शिष्य ने पूछा, 'गुरु जी हम नहीं समझते कि स्व-केंद्र के निकट का प्रश्न पूछने का क्या मतलब होता है?'

'दूर देखने के पहले अपने निकट देखो। वर्तमान क्षण के प्रति सचेत रहो, क्योंकि वह अपने में भविष्य और अतीत के उत्तर लिए रहता है। अभी तुम्हारे मन में कौन सा विचार आया? अभी तुम मेरे सामने विश्रांत अवस्था में बैठे हो या तुम्हारा शरीर तनावपूर्ण ही है? अभी तुम्हारा पूरा ध्यान मेरी ओर है या थोड़ा बहुत ही है? इस तरह के प्रश्न पूछकर स्व-केंद्र के निकट आओ। निकट के प्रश्न ही दूर के उत्तरों तक ले जाते हैं।'

यही है जीवन के प्रति योग का दृष्टिकोण। योग कोई तत्वमीमांसा नहीं है। वह दूर के, सुदूर के प्रश्नों की फिकर नहीं करता—पिछला जन्म, आने वाला जन्म, स्वर्ग-नर्क, परमात्मा और इस तरह की बातों की योग फिकर नहीं करता। योग का संबंध स्व-केंद्र के निकट के प्रश्नों से है। जितने निकट का प्रश्न होता है, उतनी ही अधिक संभावना उसे सुलझाने की होती है। अगर व्यक्ति अपने निकट से निकट का प्रश्न पूछ सके, तो पूरी संभावना है कि पूछने मात्र से ही वह सुलझ जाए। और जब तुम निकट का प्रश्न सुलझा लेते हो, तो पहला कदम उठ गया। तब तीर्थ-यात्रा का प्रारंभ हो जाता है। तब धीरे-धीरे उन प्रश्नों को सुलझाना आसान होता जाता है, जो दूर के होते हैं—लेकिन योग की पूरी प्रक्रिया तुम्हें अपने केंद्र के निकट ले आने की है।

इसलिए अगर तुम पतंजलि से परमात्मा के संबंध में पूछो, तो वे उत्तर न देंगे। वस्तुतः तो वे तुम्हें मूढ़ ही समझेंगे। योग सारे तत्वमीमांसकों, सिद्धांतवादियों को मूढ़ मानता है; ये लोग उन समस्याओं पर अपना समय नष्ट कर रहे हैं जिन्हें सुलझाया नहीं जा सकता, क्योंकि वे बहुत दूर की

हैं, व्यक्ति की पहुंच के बाहर की हैं। अच्छा हो वहीं से आरंभ करो जहां कि तुम हो। तुम वहीं से आरंभ कर सकते हो जहां तुम हो। यात्रा वहीं से आरंभ हो सकती है जहां तुम हो। दूर के बौद्धिक, तात्विक प्रश्न मत पूछो; भीतर के प्रश्न पूछो।

यह पहली बात है योग के विषय में समझ लेने की : योग एक विज्ञान है। योग एकदम यथार्थ और अनुभव पर आधारित है। यह विज्ञान की प्रत्येक कसौटी पर खरा उतरता है। असल में हम जिसे विज्ञान कहते हैं वह कुछ और बात है, क्योंकि विज्ञान केंद्रित होता है विषय-वस्तुओं पर। और योग का कहना है कि जब तक तुम उस तत्व को नहीं समझ लेते जो कि स्वभाव है, जो कि निकट से भी निकटतम है, तब तक तुम कैसे विषय-वस्तु को समझ सकते हो? अगर व्यक्ति स्वयं को ही नहीं जानता, तो अन्य सभी बातें जिन्हें वह जानता है, भ्रांतिपूर्ण ही होंगी, क्योंकि आधार ही नहीं है। अगर भीतर ज्योति नहीं हो, अगर भीतर प्रकाश नहीं हो, तो तुम गलत भूमि पर खड़े हो, तो जो भी प्रकाश तुम बाहर लिए खड़े हो, वह तुम्हारी कोई मदद नहीं कर सकेगा। और अगर भीतर प्रकाश हो, तो फिर कहीं कोई भय नहीं है; बाहर कितना ही अंधकार हो, तुम्हारा प्रकाश तुम्हारे लिए पर्याप्त होगा। वह तुम्हारा मार्ग प्रकाशित करेगा।

तात्विक बातें किसी तरह की मदद नहीं करती हैं; वे और उलझा देती हैं।

ऐसा हुआ : जब मैं विश्वविद्यालय में विद्यार्थी था, मैंने एथिक्स, नीति-शास्त्र लिया था। मैं उस विषय के प्रोफेसर के केवल एक ही लेक्चर में उपस्थित हुआ। मुझे तो विश्वास ही नहीं आ रहा था कि कोई व्यक्ति इतना पुराने विचारों का भी हो सकता है। वे सौ साल पहले जैसी बातें कर रहे थे, उन्हें जैसे कोई जानकारी ही नहीं थी कि नीति-शास्त्र में क्या-क्या परिवर्तन हो चुके हैं। फिर भी उस बात को मैं नजरअंदाज कर सकता था। वे प्रोफेसर एकदम उबाऊ आदमी थे, और जैसे कि विद्यार्थियों को बोर करने की उन्होंने कसम ही खा ली थी। लेकिन वह भी कोई खास बात न थी; क्योंकि मैं उस समय सो सकता था। लेकिन इतना ही नहीं वे झुंझलाहट भी पैदा कर रहे थे, उनकी कर्कश आवाज, उनके तौर-तरीके, उनका ढंग, सब बड़ी झुंझलाहट ले आने वाले थे। लेकिन उसके भी अभ्यस्त हुआ जा सकता है। वे स्वयं बहुत उलझे हुए इंसान थे। सच तो यह है मैंने कभी कोई ऐसा आदमी नहीं देखा जिसमें इतने सारे गुण एक साथ हों।

मैं उनकी कक्षा में फिर कभी दुबारा नहीं गया। निश्चित ही, वे इस बात से नाराज तो हुए ही होंगे, लेकिन उन्होंने कभी कुछ कहा नहीं। वे ठीक समय का इंतजार करते रहे, क्योंकि उन्हें मालूम तो था ही कि एक दिन मुझे परीक्षा में बैठना है।

मैं परीक्षा में बैठा। वे तो और भी चिढ़ गए, क्योंकि पंचानबे प्रतिशत अंक मुझे मिले। उन्हें तो इस बात पर भरोसा ही नहीं आया।

एक दिन जब मैं यूनिवर्सिटी की कैंटीन से बाहर आ रहा था और वे कैंटीन के भीतर जा रहे थे, उन्होंने मुझे पकड़ लिया। मुझे रोककर वे बोले, सुनो! तुमने यह सब कैसे मैनेज किया? तुम तो केवल मेरे एक ही लेक्चर में आए थे, और पूरे साल मैंने तुम्हारी शकल नहीं देखी। आखिर तुम पंचानबे प्रतिशत अंक पाने में सफल कैसे हुए?

मैंने कहा, 'ऐसा आपके पहले लेक्चर के ही कारण हुआ।'

वे थोड़े से परेशान से दिखायी पड़े। वे बोले, 'मेरा पहला लेक्चर? मात्र एक लेक्चर के कारण?' 'मुझे धोखा देने की कोशिश मत करो,' वे बोले, 'मुझे सच-सच बताओ कि आखिर बात क्या है?'

मैंने कहा, 'आप मेरे प्रोफेसर हैं, अतः यह मर्यादा के अनुकूल न होगा।'

वे बोले, 'मर्यादा की बात भूल जाओ। बस मुझे सच-सच बात बताओ। मैं बुरा नहीं मानूंगा।'

मैंने कहा, 'मैंने तो सच बात बता दी है, लेकिन आप समझे नहीं। अगर मैं आपके पहले लेक्चर में उपस्थित न हुआ होता तो मुझे सौ प्रतिशत अंक मिले होते। आपने मुझे कनफ्यूज कर दिया, उसी के कारण मैंने पांच प्रतिशत अंक गंवा दिए।'

तत्वमीमांसा, दर्शन, सभी रूखे-सूखे विचार व्यक्ति को उलझा देते हैं। वे कहीं नहीं ले जाते। वे मन को उलझन में डाल देते हैं। वे सोचने के लिए और-और बातें दे देते हैं, और जागरूक होने के लिए उनसे कोई मदद नहीं मिलती। सोचना-विचारना कोई मदद नहीं कर सकता; केवल ध्यान ही मदद कर सकता है। और इसमें भेद है: जब तुम सोचते हो, तो तुम विचारों में उलझ जाते हो। और जब तुम ध्यान करते हो, तब तुम ज्यादा जागरूक होते हो।

दर्शनशास्त्र का संबंध मन से है। योग का संबंध चेतना से है। मन वह है जिसके प्रति जागरूक और सचेत हुआ जा सकता है। सोचने-विचारने को देखा जा सकता है। विचारों को आते-जाते देखा जा सकता है, भावों को आते-जाते देखा जा सकता है, सपनों को मन के क्षितिज पर बादलों की तरह बहते हुए देखा जा सकता है। नदी के प्रवाह की भांति वे बहते जाते हैं; यह एक सतत प्रवाह है। और वह जो कि यह सब देख सकता है, वही चैतन्य है।

योग का पूरा प्रयास उसे पा लेने का है, जिसे विषय-वस्तु नहीं बनाया जा सकता है, जो कि हमेशा देखने वाला है। उसे देखना संभव नहीं है, क्योंकि वही देखने वाला है। उसे पकड़ा नहीं जा सकता, क्योंकि जो कुछ पकड़ में आ सकता है, तुम नहीं हो। मात्र इसीलिए कि तुम उसको पकड़ सकते हो, वह तुमसे अलग हो जाता है। यह चैतन्य जो कि हमेशा पकड़ के बाहर है, और जो भी प्रयास इसे पकड़ने के लिए किए जाते हैं, वे सभी प्रयास असफल हो जाते हैं—इस चैतन्य से कैसे जुड़ना—इसी की तो बात योग करता है।

योगी होने का कुल मतलब ही इतना है कि अपनी संभावनाओं को उपलब्ध हो जाना। योग द्रष्टा और जागरूक हो जाने का विज्ञान है। जो अभी तुम नहीं हो और जो तुम हो सकते हो इसके बीच भेद करने का विज्ञान योग है। यह सीधा-सीधा स्वयं को देखने का विज्ञान है ताकि तुम स्वयं को देख सको। और एक बार व्यक्ति को उसके स्वभाव की झलक मिल जाती है, कि वह कौन है, तो फिर पूरा देखने का ढंग, पूरा संसार ही बदल जाता है। तब तुम संसार में रहोगे, और संसार तुम्हारा ध्यान भंग नहीं करेगा। तब कोई बात भ्रमित नहीं कर सकती; तब तुम केंद्रित हो जाते हो। तब फिर कहीं भी जाओ, स्वयं में थिर और केंद्रित रहते हो, क्योंकि अब उस शाश्वत से पहचान हो गई है, जो परिवर्तनीय नहीं है, जो अपरिवर्तनीय है।

आज हम पतंजलि के योग-सूत्रों का तीसरा चरण 'विभूतिपाद' आरंभ कर रहे हैं। यह बहुत महत्वपूर्ण है। क्योंकि चौथा और अंतिम चरण 'कैवल्यपाद' तो परिणाम की उपलब्धि है। जहां तक

साधनों का संबंध है, प्रणालियों का संबंध है, विधियों का संबंध है तीसरा चरण 'विभूतिपाद' अंतिम है। चौथा चरण तो प्रयास का परिणाम है।

कैवल्य का अर्थ है : अकेले होना, अकेले होने की परम स्वतंत्रता; किसी व्यक्ति, किसी चीज पर निर्भरता नहीं—अपने से पूरी तरह संतुष्ट यही योग का लक्ष्य है। चौथे भाग में हम केवल परिणाम के विषय में बात करेंगे, लेकिन अगर तुम तीसरे को चूक गए, तो चौथे को नहीं समझ पाओगे। तीसरा आधार है।

अगर पतंजलि के योग-सूत्र का चौथा अध्याय नष्ट भी हो जाए, तो भी कुछ नष्ट नहीं होगा, क्योंकि जो भी तीसरा प्राप्त कर लेगा, उसे चौथा अपने आप प्राप्त होगा। चौथा अध्याय छोड़ा भी जा सकता है। वस्तुतः एक ढंग से तो वह अनावश्यक ही है, उसकी कोई जरूरत नहीं है, क्योंकि वह अंतिम की, लक्ष्य की बात करता है। जो भी कोई भी मार्ग का अनुसरण करेगा, वह मंजिल तक पहुंच ही जाता है; उसके बारे में बात करने की कोई आवश्यकता नहीं है।

पतंजलि तुम्हें सहयोग करने के लिए उसकी बात करते हैं, क्योंकि तुम्हारा मन जानना चाहेगा कि तुम कहां जा रहे हो? तुम्हारा लक्ष्य क्या है? तुम्हारा मन आश्वस्त होना चाहेगा। और पतंजलि आस्था, श्रद्धा में विश्वास नहीं करते। वे शुद्ध वैज्ञानिक हैं। वह तो बस लक्ष्य की झलक दे देते हैं लेकिन सारा आधार, सारा मूलभूत आधार तीसरे में है।

अब तक हम इसी 'विभूतिपाद' के लिए तैयारी कर रहे थे। अब तक के दो अध्यायों में हम उन साधनों की विवेचना कर रहे थे जो कि यात्रा में सहयोगी तो थे, लेकिन वे बाह्य साधन थे। पतंजलि उन्हें 'बहिरंग', 'परिधि पर रहने वाले' कहते हैं। अब इन तीन को—धारणा, ध्यान, समाधि—इन तीनों को वे 'अंतरंग', 'आंतिरिका' कहते हैं। पहले तुम्हें तैयार करते हैं—शरीर को, चरित्र को परिधि पर तैयार करते हैं—ताकि तुम्हें भीतर उतरना आसान हो। और पतंजलि एक-एक कदम आगे बढ़ते हैं। यह धीरे-धीरे बढ़ने वाला विज्ञान है। इसमें संबोधि अचानक नहीं मिल जाती है; इसमें एक-एक कदम चलकर ही संबोधि की उपलब्धि होती है। पतंजलि एक-एक कदम पर व्यक्ति का मार्ग-दर्शन करते हुए चलते हैं।

पहला सूत्र :

'जिस पर ध्यान किया जाता हो उसी में मन को एकाग्र और सीमित कर देना धारणा है।'

दृश्य, द्रष्टा, और इन दोनों के भी पार—इन तीनों को याद रखना है। जैसे तुम मेरी ओर देखते हो : मैं दृश्य हूं; वह जो मेरी ओर देख रहा है, द्रष्टा है। और अगर तुम थोड़े संवेदनशील होते तो तुम स्वयं को मेरी तरफ देखते हुए देख सकते हो : यही है बियांड, पार के भी पार। तुम मेरी ओर देखते हुए भी स्वयं को देख सकते हो। थोड़ी कोशिश करना। मैं दृश्य हूं, तुम मेरी तरफ देख रहे हो। जो मेरी तरफ देख रहा है, वह द्रष्टा है। तुम अपने भीतर एक ओर खड़े हो कर देख सकते हो। तुम देख सकते हो कि तुम मेरी ओर देख रहे हो। वही है बियांड।

पहली तो बात, व्यक्ति को किसी विषय पर ध्यान एकाग्र करना पड़ता है। एकाग्रता का अर्थ होता है मन को सिकोड़ना। साधारणतः तो मन में हमेशा विचारों की भीड़ चलती ही रहती है—हजारों विचार भीड़ की तरह, उत्तेजित भीड़ की तरह चलते ही रहते हैं। इतने विचारों में व्यक्ति उलझा रहता

है कि उन विचारों की भीड़ में खंड-खंड हो जाता है। इतने ज्यादा विचारों में तुम बहुत सारी दिशाओं में एक साथ जा रहे होते हो। विचार के इतने विषय कि उसमें व्यक्ति लगभग विक्षिप्तता की हालत में पहुंच जाता है। व्यक्ति की हालत वैसी ही होती है जैसे कि प्रत्येक दिशा से उसे खींचा जा रहा हो और सब कुछ अधूरा हो। जाना हो बायीं तरफ, और कोई तुम्हें दायीं ओर खींचे; जाना दक्षिण हो, और कोई उत्तर की ओर खींचे। ऐसी हालत में तुम कहीं नहीं पहुंचते। बस एक अस्त-व्यस्त ऊर्जा, एक भंवर और हलचल जिसमें सिवाय दुख, पीड़ा और संताप के कुछ भी नहीं मिलता।

यह तो साधारण मन की अवस्था है—इतने अधिक विषय होते हैं कि आत्मा तो लगभग ढंक ही जाती है। तुम्हें इस बात की अनुभूति ही नहीं होती कि तुम कौन हो, क्योंकि तुम इतनी चीजों से एक साथ जुड़े होते हो कि तुम्हारे पास कोई अंतराल ही नहीं होता स्वयं को देखने के लिए। भीतर कोई थिरता, और अकेलापन नहीं होता। तुम सदा भीड़ में रहते हो। तुम्हारे पास स्वयं के लिए कोई रिक्त समय, और स्थान ही नहीं होता जहां कि तुम स्वयं में उतर सको। और विषय जो कि निरंतर ध्यान पाने की मांग करते हैं, प्रत्येक विचार ध्यान पाने की मांग कर रहा होता है, या कहें कि विवश ही करता है कि उस पर ध्यान दिया ही जाए। यह है साधारण अवस्था। यह लगभग विक्षिप्तता ही है।

वैसे तो कौन पागल है और कौन पागल नहीं है इसमें भेद करना अच्छा नहीं है। भेद केवल मात्रा का ही होता है। भेद गुणवत्ता का नहीं है; भेद केवल मात्रा का ही है। शायद तुम निन्यानबे प्रतिशत पागल हो और दूसरा व्यक्ति उसके पार चला गया हो—सौ प्रतिशत पर पहुंच गया हो। जरा स्वयं का निरीक्षण करना। कई बार तुम भी सीमा पार कर जाते हो : जब तुम क्रोध में होते हो तो पागल हो जाते हो—क्रोध में वे काम कर जाते हो जिन्हें करने की तुम सोच भी नहीं सकते थे। क्रोध में कुछ कर लेते हो, फिर बाद में पछताते हो। क्रोध में ऐसे काम कर जाते हो, फिर बाद में तुम कहते हो, 'यह मेरे बावजूद हो गया।' बाद में तुम कहते हो, 'जैसे कि किसी ने मुझे यह करने के लिए मजबूर कर दिया, जैसे कि मैं यह करने के लिए वशीभूत हो गया। किसी बुरी आत्मा ने, किसी शैतान ने मुझे ऐसा करने को विवश कर दिया। मैं ऐसा बिलकुल नहीं करना चाहता था।' बहुत बार तुम भी सीमा पार कर जाते हो, लेकिन तुम फिर अपनी साधारण अवस्था पर लौट आते हो।

किसी पागल को जाकर जरा ध्यान से देखो। लोग पागल आदमी को देखने से हमेशा डरते हैं, क्योंकि पागल आदमी को देखते-देखते, तुम्हें अपना पागलपन दिखाई देने लगता है। तुरंत ऐसा होता है क्योंकि तुम देख सकते हो कि अधिक से अधिक मात्रा का ही भेद होता है, पागल आदमी तुम से थोड़ा आगे होता है, लेकिन तुम भी उसके पीछे ही हो। तुम भी उसी कतार में खड़े हो।

विलियम जेम्स एक बार एक पागलखाने में गया, जब वह वापस लौटा तो बहुत उदास था, और एक कंबल ओढ़कर लेट गया। उसकी पत्नी को कुछ समझ न आया कि आखिर बात क्या है। उसकी पत्नी ने उससे पूछा, 'तुम इतने उदास क्यों लग रहे हो?' क्योंकि विलियम जेम्स एक प्रसन्नचित्त आदमी था।

विलियम जेम्स कहने लगा, 'मैं एक पागलखाने में गया था। अचानक मुझे ऐसा लगा कि इन पागल लोगों में और मुझ में कुछ बहुत ज्यादा फर्क नहीं है। फर्क तो है, लेकिन कुछ ज्यादा नहीं। और कई बार मैं भी उस सीमा को पार कर जाता हूं। कई बार जब मैं क्रोधित होता हूं, या मुझे लोभ पकड़ता

है, या मैं चिंता, निराशा में होता हूं तो मैं भी सीमा पार कर जाता हूं। अंतर केवल इतना ही है कि वे वहीं पर ठहर गए हैं और वापस नहीं आ सकते, और मैं अभी भी वापस आ सकता हूं। लेकिन किसे मालूम है? एक दिन ऐसा हो सकता है कि मैं भी वापस न आ सकूं। पागलखाने में उन पागलों को देखते हुए मुझे खयाल आया कि ये लोग मेरा भविष्य हैं। इसीलिए मैं बहुत निराश और उदास हो गया हूं। क्योंकि जिस ढंग से मैं चल रहा हूं, एक न एक दिन देर-अबेर उनसे आगे निकल ही जाऊंगा।'

पहले अपने को देखना, और फिर जाकर किसी पागल आदमी को देखनाः पागल आदमी अकेला ही अपने से बातें करता रहता है। तुम भी बातें कर रहे हो। लेकिन तुम अप्रकट रूप से बोलते हो, बहुत जोर से नहीं बोलते, लेकिन अगर कोई ठीक से तुम्हें देखे, तो वह तुम्हारे ओंठों को हिलता हुआ देख सकता है। अगर ओंठ नहीं भी हिल रहे हों, तो भी तुम अपने भीतर निरंतर बोल रहे हो। एक पागल आदमी जोर से बोल रहा है; तुम कुछ धीरे बोल रहे हो। अंतर मात्रा का है। किसको मालूम है, किसी दिन तुम भी जोर से बोल सकते हो! कभी सड़क के किनारे एक तरफ खड़े हो जाना और लोगों को आफिस से आते-जाते हुए देखना। तुम देख संकोगे कि उन में से कई लोग भीतर ही भीतर अपने से ही बातचीत कर रहे हैं, और तरह-तरह की मुद्राएं बना रहे हैं।

यहां तक कि मनोविश्लेषक या मनोचिकित्सक जो तुम्हारी मदद करने की कोशिश करते हैं, वे भी उसी नाव में सवार हैं। यही कारण है कि मनोविश्लेषक दूसरे अन्य पेशेवर लोगों की अपेक्षा अधिक पागल होते हैं। पागल होने में कोई भी दूसरे पेशे के लोग मनोविश्लेषकों का मुकाबला नहीं कर सकते हैं। ऐसा शायद इसीलिए होता है कि पागल व्यक्तियों के पास रहते, उनके ऊपर काम करते, धीरे-धीरे उनका पागल होने का भय समाप्त हो जाता है; और धीरे-धीरे एक दिन ऐसा आता है जब उनके बीच की दूरी समाप्त हो जाती है।

मैं एक घटना पढ़ रहा थाः

एक आदमी डॉक्टर के पास अपनी जांच करवाने गया।

डॉक्टर ने उससे पूछा, 'क्या तुम्हारी आंखों के सामने धब्बे नजर आते हैं?'

'हां, डॉक्टर।'

'सिरदर्द रहता है?' डॉक्टर ने पूछा।

'हां,' मरीज ने कहा।

'पीठ में दर्द रहता है?'

'हां, डॉक्टर।'

'मेरे साथ भी ऐसा ही है,' डॉक्टर ने बताया। 'मैं हैरान हूं कि आखिर यह क्या बला है!

डॉक्टर और मरीज दोनों एक ही नाव में सवार हैं। कोई भी परेशानी का कारण नहीं जानता है।

पूरब में हमने एक विशेष कारण से कभी मनोविश्लेषकों का व्यवसाय खड़ा नहीं किया। हमने पूरी तरह से एक अलग ही ढंग के मनुष्य का निर्माण कियाः योगी। मनोचिकित्सक नहीं। योगी गुणात्मक रूप से दूसरे लोगों से अलग होता है। मनोविश्लेषक गुणात्मक रूप से अन्य लोगों से अलग नहीं होता है। वह तो उसी नाव में सवार होता है जिसमें दूसरे लोग सवार हैं; वह तुम्हारे जैसा ही होता है। वह किसी भी ढंग से अलग नहीं होता है। भेद केवल इतना ही होता है, जितना तुम

जानते हो उससे वह थोड़ा अधिक तुम्हारे पागलपन को और अपने पागलपन को जानता है। पागलपन, और मनोविक्षिप्तताओं के बारे में उनकी थोड़ी अधिक जानकारी होती है। बौद्धिक रूप से मनोविश्लेषक मनुष्य के मन और मनुष्य जाति की सामान्य अवस्था के बारे में अधिक जानता है, लेकिन वह कुछ अलग नहीं है। लेकिन योगी गुणात्मक रूप से एकदम अलग होता है। जिस पागलपन में एक सामान्य व्यक्ति जीता है, वह उस पागलपन से बाहर आ गया है।

और जिस ढंग से आज पश्चिम में विक्षिप्तता के लिए कारण खोजे जा रहे हैं, मानवता की सहायता करने के तरीके और साधन खोजे जा रहे हैं, वे सभी प्रारंभ से ही गलत मालूम होते हैं। वे कारणों को अभी भी बाहर खोज रहे हैं—और जबकि कारण भीतर हैं। कारण कहीं बाहर, संबंधों में, बाह्य संसार में नहीं हैं। वे व्यक्ति के गहन अचेतन में हैं। वे विचारों में और स्वप्नों में नहीं हैं। सपनों का या विचारों का विश्लेषण कोई बहुत अधिक मदद नहीं कर सकेगा। अधिक से अधिक यह व्यक्ति को स्वाभाविक से अस्वाभाविक बना देगा, उससे कुछ अधिक नहीं।

इसका आधारभूत कारण तो यह है कि तुम विचारों की भीड़ के शोर के प्रति सजग नहीं हो, तुम विचारों के साथ एक हो जाते हो; विचारों से पृथक, अलग-थलग नहीं रह पाते हो—तुम विचारों को दूर से, तटस्थ रहकर साक्षी होकर, जागरूक होकर नहीं देख पाते हो। और जब कारण को गलत दिशा में खोजा जाता है, तो वर्षों विश्लेषण चलता है, जैसा कि आज पश्चिम में हो रहा है।

वर्षों मनोविश्लेषण चलता है—और उससे परिणाम कुछ भी नहीं निकलता है। खोदते पहाड़ हैं और चूहा भी नहीं मिलता। पूरा पहाड़ खोद लेते हैं—परिणाम कुछ भी हाथ नहीं आता है। लेकिन इस तरह से मनोविश्लेषक खोदने में कुशल हो जाते हैं और उनके न्यस्त स्वार्थ इसमें जुड़ जाते हैं तो पूरा जीवन वे लोगों का मनोविश्लेषण ही करते रहते हैं। स्मरण रहे, जब सही दिशा में व्यक्ति देखना भूल जाता है, तो वह गलत दिशा में ही आगे बढ़ता चला जाता है—फिर कभी वापस घर लौटना नहीं हो सकेगा।

ऐसा हुआ :

दो आयरिश आदमी न्यूयार्क पहुंचे। वे वहां पर अधिक नहीं घूमे थे, इसलिए उन्होंने रेलगाड़ी में यात्रा करने की सोची। जब वे रेल में यात्रा कर रहे थे, तो एक लड़का फल बेचने के लिए आया। संतरे और सेव को तो उन्होंने पहचान लिया, लेकिन वहां पर कुछ ऐसे फल भी थे जो उन्होंने पहले कभी देखे ही नहीं थे। अतः उन्होंने उस फल बेचने वाले लड़के से पूछा, 'यह कौन-सा फल है?'

वह लड़का बोला, 'यह केला है।'

'क्या यह खाने में अच्छा है?'

वह लड़का बोला, 'एकदम बढ़िया है।'

'तुम इसे खाते कैसे हो?' उन्होंने पूछा।

उस लड़के ने केला छीलकर उन्हें दिखाया तो उन दोनों ने एक-एक केला खरीद लिया। उनमें से एक ने थोड़ा सा ही केला खाया था कि उसी वक्त रेल एक सुरंग में प्रवेश कर गई।

वह आयरिश आदमी कहने लगा, 'हे परमात्मा! मित्र अगर तुमने वह बेहूदी चीज अभी तक नहीं खाई हो, तो अब खाना भी मत। मैंने खाई और मैं अंधा हो गया!'

संयोग कारण नहीं हुआ करते हैं; और पश्चिमी मनोविज्ञान संयोगों में ही छान-बीन कर रहा है। कोई व्यक्ति उदास है और तुम तुरंत कोई सांयोगिक घटना खोजना शुरू कर देते हो—कि वह उदास क्यों है। उसके बचपन में जरूर कुछ न कुछ गलत हो गया होगा। उसके पालन-पोषण में कुछ गलती रही होगी। बच्चे और मां के बीच, या बच्चे और पिता के बीच के संबंध में जरूर कुछ गड़बड़ी रही होगी। जरूर कहीं न कहीं कुछ न कुछ गलत रहा है, बच्चे के परिवेश में ही कुछ न कुछ गलत रहा है। हम सांयोगिक घटनाओं को ही खोज रहे हैं।

कारण भीतर है। योग का यह प्राथमिक कदम है, कि तुम अभी भी गलत दिशा की तरफ देख रहे हो, गलत दिशा में खोज रहे हो इसीलिए तुमको सही मदद नहीं मिल सकेगी। तुम उदास हो, क्योंकि तुम उदासी के प्रति सचेत नहीं हो। तुम अप्रसन्न हो, क्योंकि तुम अप्रसन्नता के प्रति होशपूर्ण नहीं हो। तुम दुखी हो, क्योंकि तुम नहीं जानते हो कि तुम कौन हो। अन्य सभी बातें तो सांयोगिक घटनाएं हैं।

अपने भीतर देखो। तुम दुखी हो, क्योंकि तुम अभी स्वयं से मिले नहीं हो, तुम स्वयं को ही चूक रहे हो। और जो पहली बात है करने की, वह है 'धारणा'। मन में बहुत सारी चीजें पड़ी रहती हैं; मन एक भीड़ है। उन सभी बातों को एक-एक कर के गिरा देना; अपने मन को सिकोड़ते जाना; और मन को सिकोड़ते-सिकोड़ते वहां तक ले आना जहां केवल एक ही विषय शेष रहे।

क्या तुमने कभी किसी चीज पर एकाग्रता को साधा है? एकाग्रता का अर्थ है, पूरा का पूरा मन एक ही जगह केंद्रित हो जाए। मान लो किसी गुलाब के फूल पर मन को एकाग्र किया। गुलाब के फूल को हम बहुत बार देखते हैं, लेकिन फिर भी कभी पूरा ध्यान गुलाब पर केंद्रित नहीं होता। अगर गुलाब के फूल पर दृष्टि एकाग्र हो जाए, तो गुलाब का फूल ही संपूर्ण संसार बन जाता है। मन सिकुड़ता जाता है, सिकुड़ता जाता है, अंत में टार्च की रोशनी की तरह एक ही जगह पर केंद्रित हो जाता है, और वह गुलाब का फूल बड़े से बड़ा होता चला जाता है। जब गुलाब अन्य हजारों-लाखों चीजों में से एक चीज था तुम्हारे लिए, तब वह बहुत छोटा सा था। अब वही गुलाब का फूल सब कुछ है, समग्र संसार है।

अगर तुम अपना ध्यान एक गुलाब के फूल पर केंद्रित करो, तो वह गुलाब ऐसी-ऐसी गुणवत्ताओं को उदघाटित करेगा जिन्हें तुमने पहले कभी नहीं देखा था। उसमें ऐसे-ऐसे रंग दिखाई देंगे जिन्हें तुमने पहले कभी नहीं देखा था। उस गुलाब में से ऐसी सुगंधें आएंगी, जो कि मौजूद तो पहले से ही थीं, लेकिन उन्हें अनुभव करने के लिए संवेदनशीलता नहीं थी। अगर गुलाब के फूल पर पूरी तरह से ध्यान केंद्रित किया जाए तो नासापुटों में केवल गुलाब की ही सुगंध रह जाती है—चेतना से और सभी कुछ हट जाता है, केवल गुलाब ही रह जाता है। चेतना से जैसे सब कुछ अलग हो जाता है, सारा संसार बाहर छूट जाता है, केवल गुलाब ही संसार बन जाता है।

बौद्ध साहित्य में एक बड़ी सुंदर सी कथा है। एक बार बुद्ध ने अपने एक शिष्य सारिपुत्त से कहा, हंसी के ऊपर ध्यान केंद्रित करो। सारिपुत्त ने पूछा, मैं ऐसा किसलिए करूं?' बुद्ध बोले, तुम्हें किसी विशेष कारण से ऐसा नहीं करना है। बस, तुम हंसी पर ध्यान केंद्रित करो। और हंसी से जो कुछ भी हो, तुम मुझे बताना।

सारिपुत्त ने पूरा विवरण बुद्ध को जाकर बताया। सारिपुत्त के पहले और सारिपुत्त के बाद कभी भी किसी व्यक्ति ने हंसी को इतनी गहराई से नहीं समझा। सारिपुत्त ने हंसी को छह कोटियों में विभक्त किया है: जिसमें हंसी की महिमा के सभी अच्छे और बुरे रूपों का वर्णन किया है। सारिपुत्त के सामने हास्य ने अपना पूरा का पूरा रूप उदघाटित कर दिया।

पहली कोटि को उसने कहा सिता: एक धीमी, लगभग अदृश्य मुस्कान, जो कि सूक्ष्मतम भाव-मुद्रा में अभिव्यक्त होती है। अगर व्यक्ति सचेत हो, तभी उस हास्य को देखा जा सकता है, सारिपुत्त ने उसे सिता कहा।

अगर तुम बुद्ध के चेहरे को ध्यान से देखो, तो तुम इसे वहां पाओगे। यह हंसी बहुत ही सूक्ष्म और परिष्कृत होती है। केवल एकाग्र चित्त होकर ही उसे देखा जा सकता है, वरना तो उसे चूक जाओगे, क्योंकि वह केवल भाव में अभिव्यक्त होती है। यहां तक कि ओंठ भी नहीं हिलते हैं। सच तो यह है बाहर से कुछ दिखाई ही नहीं पड़ता है: बस, वह एक न दिखाई पड़ने वाली हंसी होती है।

शायद इसी कारण से ईसाई लोग सोचते हैं कि जीसस कभी हंसे नहीं; वह 'सिता' जैसी बात ही होगी। ऐसा कहा जाता है कि सारिपुत्त ने बुद्ध के चेहरे पर 'सिता' को देखा। यह बहुत ही दुर्लभ घटना है, क्योंकि 'सिता' को देखना सर्वाधिक परिष्कृत बात है। आत्मा जब उच्चंतम शिखर पर पहुंचती है, केवल तभी 'सिता' का आविर्भाव होता है। तब यह कुछ ऐसा नहीं है जिसे कि करना होता है: तब तो यह बस होती है। और जो व्यक्ति थोड़ा भी संवेदनशील होगा, वह इसे देख सकता है।

दूसरे को सारिपुत्त ने कहा 'हंसिता'। वह मुस्कान, वह हंसी, जिसमें ओंठों का हिलना शामिल होता है और जो दांतों के किनारे से स्पष्ट रूप से दिख रही होती है। तीसरे को उसने कहा, 'विहंसिता'। एकदम चौड़ी-खुली मुस्कान, जिसके साथ थोड़ी सी हंसी भी शामिल होती है। चौथे को उसने कहा 'उपहंसिता'। जोरदार ठहाकेदार हंसी, जिसमें जोर की आवाज होती है। जिसके साथ सिर का, कंधों का और बाहों का हिलना-डुलना जुड़ा होता है। पांचवें को उसने कहा 'अपहंसिता'। इतने जोर की हंसी कि जिसके साथ आंसू आ जाते हैं। और छठवें को उसने कहा 'अतिहंसिता'। सबसे तेज, शोर भरी हंसी। जिसके साथ पूरे शरीर की गति जुड़ी रहती है। शरीर ठहाकों के साथ दुहरा हुआ जाता है, व्यक्ति हंसी से लोट-पोट हो जाता है।

जब हंसी जैसी छोटी सी चीज पर भी ध्यान केंद्रित किया जाए, तो वह भी एक अद्‌भुत और एक विराट चीज में बदल जाती है—कहना चाहिए कि पूरा संसार ही बन जाती है।

एकाग्रता तुम्हारे सामने ऐसी बातों को उदघाटित कर देती है, जो कि साधारणतया दिखाई भी नहीं देती हैं। साधारणतया तो तुम अधूरे-अधूरे ही जीते हो। तुम ऐसे जीए चले जाते हो जैसे कि सोए हुए हो—देख रहे हो, और नहीं भी देख रहे होते हो; सुन रहे हो, और नहीं भी सुन रहे होते हो। एकाग्रता आंखों में ऊर्जा ले आती है। अगर किसी चीज को एकाग्रचित्त होकर देखो, तो अन्य सभी कुछ दिखाई पड़ना बंद हो जाता है, तो अचानक उस छोटी सी चीज में वह दिखाई देने लगता है जो कि वहां सदा से ही मौजूद थी और तुम्हारी प्रतीक्षा कर रही थी।

पूरा का पूरा विज्ञान और कुछ भी नहीं, बस कनसनट्रेशन है। किसी वैज्ञानिक को कभी काम करते हुए देखना; वह अपने कार्य में पूरी तरह से एकाग्र होता है।

पास्तर के विषय में एक कथा है कि एक बार जब वह अपने माइक्रोस्कोप से देख रहा था, तो वह इतना मौन और शांत था कि कोई उससे मिलने के लिए आया। आने वाले सज्जन बड़ी देर तक प्रतीक्षा करते रहे—और वह पास्तर की शांति और मौन में विघ्न भी डालने से घबरा रहा था। मानो उस के आसपास कोई अलौकिकता छायी हुई थी।

जब पास्तर अपनी एकाग्रता से बाहर आया, तो उसने उस आने वाले सज्जन से पूछा, आप कितनी देर से प्रतीक्षा कर रहे हैं? आपने मुझे पहले बताया क्यों नहीं?

वह सज्जन कहने लगे, 'सच पूछा जाए तो मैंने आपसे कई बार बात करने की कोशिश की, क्योंकि मैं जल्दी में था। मुझे कहीं और जाना था, और आपको कुछ संदेशा देना था। लेकिन आप अपने कार्य में इतने तल्लीन थे, जैसे कि आप प्रार्थना ही कर रहे हों—मैं आपकी शांति में विघ्न नहीं डालना चाहता था। क्योंकि आप जिस शांत अवस्था में थे उसमें मैंने बाधा डालना उचित नहीं समझा।'

पास्तर ने कहा, 'आप ठीक कह रहे हैं। काम ही मेरी प्रार्थना है। जब कभी मैं बहुत अशांत, परेशान, चिंतित और विचारों से घिरा हुआ अनुभव करता हूं, तो मैं अपने माइक्रोस्कोप को उठाकर उसमें से देखने लगता हूं—मेरी सभी चिंताएं और परेशानी दूर हो जाती हैं, और मैं एकाग्र हो जाता हूं।'

ध्यान रहे, एक वैज्ञानिक का पूरा कार्य एकाग्रता का होता है। विज्ञान योग का प्रथम चरण बन सकता है, क्योंकि एकाग्रता योग का प्रथम आंतरिक चरण है। अगर प्रत्येक वैज्ञानिक विकसित होता चला जाए और अगर वह एकाग्रता पर ही न अटक जाए, तो वह योगी बन सकता है। क्योंकि वह मार्ग पर ही होता है, वह योग की पहली शर्त, एकाग्रता को पूरा कर रहा होता है।

'जिस पर ध्यान किया जाता हो, उसी में मन को एकाग्र और सीमित कर देना धारणा है।'

'ध्यान के विषय से जुड़ी मन की अविच्छिन्नता, उसकी ओर बहता मन का सतत प्रवाह ध्यान है।'

प्रथम एकाग्रता : विषय-वस्तुओं की भीड़ को गिरा देना, और एक ही विषय को चुन लेना।

जब एक बार तुमने एक विषय को चुन लिया और एक विषय को धारण करके अपनी चेतना में रह सकते हो, तब तुमने एकाग्रता को प्राप्त कर लिया होता है।

फिर दूसरा चरण है : ध्यान के विषय की ओर चेतना का सतत प्रवाह। जैसे कि टार्च से अबाधित रूप से निरंतर प्रकाश आ रहा हो।

और फिर तुमने देखा? तुम एक बर्तन से दूसरे बर्तन में पानी डालते हो; तो उसका प्रवाह सतत नहीं होता; वह अविच्छिन्न नहीं होता। तुम एक बर्तन से दूसरे बर्तन में तेल डालते हो : तो प्रवाह सतत एवं अविच्छिन्न होगा, उसका प्रवाह टूटेगा नहीं।

ध्यान का अर्थ है : चेतना बिना किसी अवरोध के, बिना किसी बाधा के ध्यान के विषय पर उतर रही होती है—क्योंकि अवरोध का मतलब है कि ध्यान भंग हो गया, तुम कहीं और चले गए। अगर पहला चरण उपलब्ध हो जाए, तो फिर दूसरा चरण उतना मुश्किल नहीं। अगर पहला चरण ही उपलब्ध न हो सके, तो फिर दूसरा तो असंभव है। एक बार जब विषय-वस्तु गिर जाती है, और एक ही विषय रह जाता है, तब चेतना के सभी छिद्र बंद हो जाते हैं, चेतना की सारी भ्रांतियां गिर जाती हैं, बस तब एक ही विषय पर पूरी चेतना केंद्रित हो जाती है।

जब तुम अपनी चेतना एक ही विषय पर केंद्रित करते हो तो वह विषय अपनी सभी गुणवत्ताओं को प्रकट कर देता है। छोटा सा विषय, और परमात्मा के सभी राज प्रकट हो जाते हैं।

टेनीसन की एक कविता है। एक सुबह वह सैर के लिए जा रहा था, रास्ते में उसे एक पुरानी दीवार दिखाई पड़ी, जिस पर घास उगी हुई थी, और उस पर एक छोटा सा फूल खिला हुआ था। टेनीसन ने उस फूल की तरफ देखा। सुबह का समय था, और संभव है कि वह अपने को बहुत शांत अनुभव कर रहा होगा सुबह का समय और सूर्योदय...अचानक उसके मन में एक खयाल आया—उस छोटे से फूल की ओर देखते हुए वह बोला, 'अगर मैं तुम्हें जड़ से लेकर तुम्हारे पूरे अस्तित्व को समझ सकूं तो मैं संपूर्ण ब्रह्मांड को समझ जाऊंगा। क्योंकि इस अस्तित्व का छोटा सा अंश भी, अपने में एक छोटी सी सृष्टि ही है।'

छोटा सा अंश भी अपने में पूरी सृष्टि को समाए हुए है, जैसे कि प्रत्येक बूंद अपने में सागर को समाए होती है। अगर सागर की एक बूंद को समझ लिया तो सागर को समझ लिया, अब एक-एक बूंद को जानने-समझने की जरूरत नहीं है, एक ही बूंद को समझना पर्याप्त है। एकाग्रता बूंद के गुणों को प्रकट कर देती है, और फिर बूंद ही सागर बन जाती है।

ध्यान चेतना की गुणवत्ताओं को प्रकट कर देता है, और फिर व्यक्ति-चेतना समिष्ट-चेतना बन जाती है। पहला चरण विषय को प्रकट करता है, दूसरा चरण आत्मा को उदघाटित करता है। किसी विषय की ओर प्रवाहित होने वाला सतत प्रवाह...उस सतत प्रवाह में, बिना किसी बाधा के, बस उस प्रवाह में, नदी की भांति प्रवाहित होना, बिना विचलित हुए...अचानक पहली बार तुम अपने अंतर्तम के प्रति जागरूक होते हो, जो कि तुम्हारे पास ही है : जो कि तुम हो।

चेतना के इस अविच्छिन्न सतत प्रवाह में अहंकार विसर्जित हो जाता है। तुम आत्मरूप हो जाते हो, अहंकार बिदा हो जाता है, केवल आत्मा ही रह जाते हो। तब तुम सागर बन जाते हो।

दूसरा ध्यान का मार्ग कलाकार का है। प्रथम एकाग्रता, वैज्ञानिक का मार्ग है। वैज्ञानिक का संबंध बाह्य संसार से होता है, स्वयं से नहीं। कलाकार अपने से संबंधित होता है, बाह्य संसार से नहीं। जब वैज्ञानिक किसी चीज को निर्मित करता है, तो वह उसे विषय-वस्तु के संसार से निर्मित करता है। जब कलाकार कुछ सृजन करता है, तो वह उसका सृजन स्वयं के भीतर से करता है। कविता को वह स्वयं के भीतर से रचता है। स्वयं के भीतर ही गहरे खोदकर वह चित्र बनाता है। किसी भी कलाकार को विषयगत होने के लिए मत कहना। कलाकार आत्मनिष्ठ होता है।

क्या तुमने वानगाग के बनाए हुए वृक्षों को देखा है? वे आकाश को छूते हुए मालूम पड़ते हैं : वे चांद-तारों को छूते हैं। अगर वानगाग का वश चलता तो वह चांद-तारों के भी पार गए होते। वैसे वृक्ष केवल वानगाग की पेंटिंग्स में ही देखने को मिलते हैं, यथार्थ में कहीं देखने को नहीं मिलते। वानगाग की पेंटिंग्स में चांद-तारे छोटे हैं और वृक्ष बड़े होते हैं। किसी ने वानगाग से पूछा, 'आपने ऐसे वृक्ष कहां पर देखे हैं? हमने तो ऐसे वृक्ष कभी नहीं देखे।' वानगाग बोला, 'क्योंकि मेरे देखे, वृक्ष आकाश से मिलने की पृथ्वी की आकांक्षा हैं।'

आकाश से मिलने की पृथ्वी की आकांक्षा, अभीप्सा—तब वृक्ष पूरी तरह से बदल जाता है। तब तो एक रूपांतरण घटित हो जाता है। तब वृक्ष कोई विषयगत चीज या वस्तुगत रूप नहीं रह जाता

है; तब वह आत्मनिष्ठ रूप बन जाता है। जैसे कि कलाकार वृक्ष को पहचान लेता है और स्वयं ही वृक्ष हो जाता है।

झेन गुरुओं के संबंध में बड़ी सुंदर कथाएं हैं, क्योंकि झेन-गुरु अक्सर या तो चित्रकार या बड़े कलाकार हुआ करते थे। यह झेन की सुंदरतम बात है। अन्य कोई धर्म सृजनात्मक नहीं है, और अगर धर्म सृजनात्मक नहीं है, तो वह धर्म समग्र नहीं हो सकता है—किसी न किसी बात का अभाव उसमें रहता है।

एक झेन गुरु अपने शिष्यों से कहा करते थे, 'अगर तुम किसी बांस की पेंटिंग बनाना चाहते हो, तो बांस ही बन जाओ।'

इसके अतिरिक्त बांस की पेंटिंग बनाने का और कोई उपाय नहीं है। अगर तुमने बांस को भीतर से अनुभव नहीं किया तो कैसे तुम एक बांस को चित्रित कर सकते हो? अगर तुमने यह अनुभव नहीं किया कि किस तरह से एक बांस आकाश के सामने खड़ा होता है हवा का सामना करता है, वर्षा की बौछारों में कैसे झूमता-नाचता है, सूर्य की ऊष्मा में किस गर्व के साथ वह खड़ा होता है, अगर तुमने उसे अनुभव नहीं किया, तो तुम एक बांस की पेंटिंग कैसे बना सकोगे? अगर तुमने बांस से गुजरती हवाओं को उस तरह से नहीं सुना, जिस तरह कोई बांस सुनता है, अगर तुमने बांस पर पड़ती वर्षा की फुहारों को वैसे नहीं जाना, जैसे बांस जानता है, तो कैसे तुम बांस को पेंटिंग में उतार सकोगे? एक कोयल की आवाज को बांस किस प्रकार से सुनेगा, अगर तुमने नहीं सुना, तो तुम कैसे बांस की पेंटिंग बना सकोगे? तब तुम बांस की पेंटिंग एक फोटोग्राफर की तरह बनाओगे तब तुम एक कैमरा हो सकते हो लेकिन एक कलाकार नहीं।

कैमरा विज्ञान की देन है। कैमरा वैज्ञानिक उपकरण है। वह तो केवल बांस के बाह्य रूप को ही दिखाता है। लेकिन जब कोई गुरु बांस को देखता है, तो वह उसका बाह्य रूप ही नहीं देख रहा होता है। वह धीरे-धीरे स्वयं को गिराता जाता है। उसकी चेतना का संपूर्ण प्रवाह बांस में समा जाता है, बांस पर उतर आता है: तब वे अलग-अलग नहीं रहते, वे एक-दूसरे में समाहित हो जाते हैं, दोनों एक हो जाते हैं। फिर यह कहना बहुत कठिन होता है कि कौन बांस है और कौन चेतना है—सब कुछ एक-दूसरे में समा जाता है, घुल-मिल जाता है, दोनों की सीमाएं समाप्त हो जाती हैं।

दूसरा चरण ध्यान का कला का मार्ग है। इसीलिए कई बार कलाकारों को रहस्यदर्शियों जैसी झलकें मिलती हैं। इसलिए कई बार काव्य वह कह देता है, जिसे गद्य में कभी नहीं कहा जा सकता, जिसे कहने का उपाय ही नहीं है; और कई बार पेंटिंग्स ऐसी झलक दे देती हैं, जिसे अभिव्यक्त करने का और कोई उपाय ही नहीं है। किसी धार्मिक व्यक्ति की अपेक्षा एक कलाकार रहस्यदर्शी के कहीं अधिक निकट होता है।

अगर कोई व्यक्ति कवि होने पर ही रुक गया, तो उसका विकास रुक जाता है, कवि को तो सतत बहना होता है, आगे बढ़ना होता है: पहले एकाग्रता से ध्यान तक और फिर ध्यान से समाधि तक। उसे तो चलते ही जाना है, आगे बढ़ते ही जाना है।

ध्यान विषय की ओर बहते हुए मन का अविच्छिन्न प्रवाह है। थोड़ा इसे अनुभव करना। और अच्छा होगा कि ध्यान के लिए कोई ऐसा विषय चुनना जिसे कि तुम प्रेम करते हो। अपने प्रेमी या

प्रेमिका को, या किसी बच्चे को या किसी फूल को चुन सकते हो—कोई भी चीज जिसे तुम प्रेम करते हो—क्योंकि जिससे प्रेम होता है उसके साथ बिना किसी बाधा के विषय में उतरना आसान होता है।

कभी अपने प्रेमी या प्रेमिका की आंखों में झांकना। पहले पूरे संसार को भूल जाना; अपने प्रेमी या प्रेमिका को ही पूरा संसार बन जाने देना। फिर उसकी आंखों में झांकते हुए एक सतत प्रवाह बन जाना, अविच्छिन्न प्रवाह—जैसे एक बर्तन से दूसरे बर्तन में तेल डाला जा रहा हो। जब एक बर्तन से दूसरे बर्तन में तेल डाला जाता है, तो बीच में थोड़ा भी अंतराल नहीं आता है, कोई तारतम्य नहीं टूटता है। ठीक ऐसे ही चेतना के सतत प्रवाह में अचानक तुम देख पाओगे कि तुम कौन हो; पहली बार तुम अपने आत्मरूप को देख पाओगे।

लेकिन ध्यान रहे, यह अंत नहीं है। बाह्य विषय और अंतर आत्मा, ये दोनों एक ही सिक्के के दो पहलू हैं। दिन और रात एक ही सिक्के के दो पहलू हैं। जीवन और मृत्यु दोनों एक ही सिक्के के दो पहलू हैं। वस्तुनिष्ठता बाह्य संसार है, आत्मनिष्ठता भीतरी, जब कि तुम न तो बाह्य हो और न भीतरी तुम दोनों ही नहीं हो।

इसे समझना बहुत कठिन है, क्योंकि साधारणतः कहा जाता है, 'अपने भीतर जाओ।' जबकि वह भी एक अस्थायी अवस्था है। उसके भी पार जाना है, उसके भी बियांड जाना है।

बाह्य और भीतर—दोनों ही बाहर हैं। तुम वह हो, जो बाहर भी जा सकता है और जो भीतर भी जा सकता है। तुम वह हो, जो इन दोनों ध्रुवों के बीच में गतिमान हो सकते हो। तुम उन दोनों के पार हो। वही तीसरी अवस्था समाधि है।

'जब मन विषय के साथ एकरूप हो जाता है तो वह समाधि है।'

जब दृश्य विलीन हो जाता है द्रष्टा में, और द्रष्टा विलीन हो जाता है दृश्य में, जब न तो कोई देखने वाला बचता है, न कोई देखे जाने वाला, जब द्वैत ही नहीं बचता, तब एक अदभुत शांति और मौन छा जाता है। तब यह नहीं बताया जा सकता कि क्या बचता है, क्योंकि यह कहने, बताने को कोई बचता ही नहीं। समाधि के बारे में कुछ भी कहा नहीं जा सकता, क्योंकि समाधि के बारे में कुछ भी कहना न कहने जैसा ही होगा। क्योंकि उस बारे में जो भी कहा जाए वह या तो वैज्ञानिक होगा या काव्यात्मक होगा। धर्म के लिए कुछ कहा नहीं जा सकता, वह हमेशा अकथनीय और अनिर्वचनीय है।

तो दो तरह से धार्मिक अभिव्यक्ति हो सकती है। पतंजलि का प्रयास वैज्ञानिक परिभाषा के लिए है। क्योंकि धर्म के पास स्वयं कोई पारिभाषिक शब्दावली नहीं है। 'समग्र' को अभिव्यक्त नहीं किया जा सकता है। अभिव्यक्त करने के लिए उसे या तो विषय-वस्तु की भांति बताना पड़ेगा या फिर आत्मरूप की भांति। उसे विभक्त करना ही पड़ेगा। उसके बारे में कुछ भी कहना उसे विभाजित करना है। पतंजलि ने वैज्ञानिक शब्दावली का चुनाव किया है; बुद्ध ने भी वैज्ञानिक शब्दावली का उपयोग किया है। लाओत्सु, जीसस ने अभिव्यक्ति के लिए काव्यात्मक ढंग चुना है। लेकिन दोनों हैं शब्दगत ही। यह व्यक्ति के मन पर निर्भर करता है। पतंजलि का ढंग वैज्ञानिक है; तर्क में, विश्लेषण में उनकी गहरी पैठ है। जीसस काव्यात्मक हैं, लाओत्सु कवि हैं। उनकी अभिव्यक्ति का ढंग काव्यात्मक है। लेकिन स्मरण रहे, दोनों ही ढंग अधूरे हैं। इनके भी पार जाना है।

'जब मन विषय के साथ एकरूप हो जाता है तो वह समाधि है।'

जब मन चला जाता है और ध्यान ही बचता है, तब न तो कोई जानने वाला होता है और न ही जाना जाने वाला ही बचता है। दोनों ही चले जाते हैं, तब समाधि फलित होती है।

और जब तक उसको नहीं जान लो—उस 'जानने' को, जो जानने वाला और जाना जाने वाले से परे होता है—तुम जीवन को जानने से चूक गए। हो सकता है तितलियों के पीछे भाग रहे हो, स्वप्नों में थोड़ा-बहुत सुख मिल भी रहा हो, लेकिन फिर भी तुम उस परम आनंद को चूक रहे हो।

एक शहद से भरा बर्तन किसी के कमरे में लुढ़क गया, शहद की मीठी-मीठी गंध से बहुत सारी मक्खियां खिंची चली आयीं। उन्होंने खूब शहद खाया। जब शहद खाते-खाते उनके पैर शहद में चिपक गए, तो फिर उनके लिए उड़ना भी मुश्किल हो गया, और उड़ न पाने के कारण उनका दम घुटने लगा। जब वे मरने ही वाली थीं, तो उनमें से एक मक्खी आह भरते हुए बोली, 'आह, हम कितने मूढ़ हैं। थोड़े से सुख के लिए हमने स्वयं को नष्ट कर लिया।'

ध्यान रहे, ऐसा तुम्हारे साथ भी हो सकता है। तुम्हारी भी पृथ्वी से इतनी अधिक पकड़ हो सकती है कि तुम अपने पंखों का उपयोग ही न कर सको। छोटे-मोटे सुखों में डूबकर उस परम आनंद के विषय में सब कुछ भूल जाते हो, जो कि सदा से तुम्हारा है। बस उसके स्मरण भर की देर है। ध्यान रहे, समुद्र के किनारे पड़े हुए कंकड़, पत्थर और सीपियों को इकट्ठा करते-करते ही तुम अपनी पूरी जिंदगी को गंवा सकते हो, अपने अस्तित्व के आनंद और अमूल्य खजाने को चूक सकते हो, और ऐसा ही हो रहा है। केवल कभी-कभी ही कोई व्यक्ति इस बात के प्रति जागरूक हो पाता है कि जीवन की इस साधारण कैद की पकड़ में नहीं आता है, जीवन का खजाना तो स्वयं के भीतर ही छिपा है।

मैं ऐसा नहीं कह रहा कि आनंद और उत्सव मत मनाओ। सूरज की रोशनी सुंदर है, फूल और तितलियां भी सुंदर हैं, लेकिन उन में ही मत खो जाना। उनसे आनंदित होना, उसमें कुछ भी गलत नहीं है, लेकिन हमेशा ध्यान रहे, परम सौंदर्य तुम्हारी प्रतीक्षा कर रहा है। कभी-कभी सूरज की धूप में विश्राम कर लेना, लेकिन इसे ही जीवन की शैली मत बना लेना। कभी-कभी समुद्र के तट पर विश्राम भी कर लेना और कंकड़-पत्थरों से खेल भी लेना। इसमें कुछ भी गलत नहीं है। कभी-कभी छुट्टी या पिकनिक मनाने की तरह यह ठीक है, लेकिन इसे ही अपनी जीवन शैली मत बना लेना। नहीं तो तुम बुरी तरह से चूक जाओगे।

और ध्यान रहे, जहां कहीं भी तुम अपने ध्यान को केंद्रित करके जीने लगते हो, वही तुम्हारे जीवन की वास्तविकता बन जाती है, वही तुम्हारे जीवन का यथार्थ बन जाता है। अगर तुम अपना ध्यान कंकड़-पत्थरों पर लगा देते हो, तो वे ही तुम्हारे लिए हीरे बन जाते हैं—क्योंकि जहां कहीं भी तुम्हारा ध्यान केंद्रित हो जाता है, वहीं तुम्हारे लिए खजाना हो जाता है।

मैंने सुना है, एक बार ऐसा हुआ :

एक रेलवे का कर्मचारी संयोग से रेफ्रिजरेटर कार में फंस गया। अब न तो वह उसमें से भाग सकता था, और न ही किसी को आवाज लगाकर बुला सकता था। आखिरकार थककर उसने स्वयं को नियति के हाथों में छोड़ दिया। कार की दीवार पर उसकी मृत्यु का विवरण इन शब्दों में लिखा

हुआ था : 'मैं ठंडा होता जा रहा हूं, और ठंडा, अब और भी ठंडा। सिवाय प्रतीक्षा करने के और कुछ करने को नहीं है। हो सकता है ये मेरे अंतिम शब्द हों।' और वे अंतिम ही हुए। जब कार को खोला गया, तो खोलने वाले लोग उस कर्मचारी को मरा हुआ देखकर चकित रह गए। उसकी मृत्यु का कोई शारीरिक कारण तो था नहीं। कार का तापमान इतना कम भी न था, छप्पन डिग्री ही था। केवल मन में ही उसे ऐसा लग रहा था कि वह ठंडा होता जा रहा है। और वहां पर पर्याप्त मात्रा में ताजी हवा भी थी, उसका दम नहीं घुटा था।

वह अपने ही मन की गलत सोच के कारण मरा। वह अपने ही भय के कारण मरा। वह अपने ही मन के कारण मरा। वह आत्महत्या थी।

तो ध्यान रहे, जहां कहीं भी तुम ध्यान देते हो, वही तुम्हारी वास्तविकता वही तुम्हारी सच्चाई बन जाती है। और एक बार जब वह वास्तविकता बन जाती है, तब वह तुम्हें भी और तुम्हारे ध्यान को भी अपनी ओर खींचने में समर्थ हो जाती है। तब तुम और अधिक ध्यान उसकी ओर देने लगते हो, तब एक दिन वही वास्तविकता बन जाती है। और धीरे-धीरे वह झूठ जो कि मन के ही द्वारा गढ़ा गया है, एकमात्र वास्तविकता बन जाता है, और सत्य पूरी तरह भूल जाता है।

सत्य को खोजना होता है। और सत्य तक पहुंचने का एकमात्र रास्ता यही है कि पहले सारे विषयों को गिर जाने दो, केवल एक विषय ही रह जाए। दूसरी बात, जिससे भी तुम्हारी चेतना इधर-उधर भागती हो, उन सभी परिस्थितियों को गिरा दो, चेतना के सतत प्रवाह को एक ही विषय पर केंद्रित होने दो। और फिर तीसरी घटना अपने से घटती है। अगर यह दोनों बातें पूरी हो जाती हैं, तो समाधि अपने से ही फलित हो जाती है। फिर अचानक एक दिन बाह्य और अंतस दोनों मिट जाते हैं; अतिथि और आतिथेय दोनों बिदा हो जाते हैं; फिर मौन का और शांति का साम्राज्य चारों ओर छा जाता है। उस शांति में ही जीवन लक्ष्य की प्राप्ति होती है।

पतंजलि कहते हैं :

'धारणा, ध्यान और समाधि—इन तीनों का एकत्रीकरण संयम को निर्मित करता है।'

पतंजलि ने संयम की बहुत ही सुंदर परिभाषा की है। साधारणतया संयम का मतलब अनुशासन, चरित्र पर नियंत्रण रखना समझा जाता है। लेकिन ऐसा नहीं है। संयम तो जीवन में उस संतुलन का नाम है, जब दृश्य और द्रष्टा दोनों मिट जाते हैं, तब उपलब्ध होता है। संयम तो शांति की वह अवस्था है, जब भीतर कोई द्वैत नहीं बचता है और न ही भीतर किसी तरह का कोई विभाजन ही बचता है, और तुम एक हो गए होते हो।

कभी-कभी ऐसा स्वाभाविक रूप से भी होता है। क्योंकि अगर ऐसा स्वाभाविक रूप से घटित नहीं होता, तो पतंजलि इसकी खोज नहीं कर पाते। कई बार ऐसा स्वाभाविक रूप से भी घटित होता है—ऐसा तुम्हें भी घटित हुआ है। ऐसा व्यक्ति खोजना मुश्किल है जिसे सत्य की कोई झलक न मिली हो। संयोगवश, कई बार अनजाने में, न जानते हुए, तुम भी अस्तित्व की तरंग के साथ एक हो जाते हो, और अचानक उस तरंग पर सवार होकर तुम भी उस शांति का, आनंद का स्वाद ले लेते हो।

एक व्यक्ति ने पत्र लिखकर बताया है, 'आज मुझे सत्य की पांच मिनिट को झलक मिली।' मुझे उसकी यह अभिव्यक्ति अच्छी लगी : 'पांच मिनिट को सत्य की झलक।' मैंने उससे पूछा, 'ऐसा

कैसे हुआ?' उसने बताया कि वह कुछ दिनों से बीमार था। और यह बात अविश्वसनीय है, लेकिन सच है कि बहुत से लोगों को, कई बार बीमारी के समय सत्य की क्षणिक झलक मिलती है। क्योंकि बीमारी में रोज का जो जीवन होता है वह ठहर जाता है, थम जाता है। कुछ दिन से वह बीमार था और उसे बिस्तर से उठने की अनुमति न थी, इसलिए वह बिस्तर पर ही विश्राम कर रहा था। उस समय उसके पास कुछ और करने को था भी नहीं। चार-पांच दिन के विश्राम के बाद, अचानक एक दिन जब वह बिस्तर पर लेटा हुआ कमरे की छत की तरफ देख रहा था कि उसे सत्य की झलक मिली। सब कुछ जैसे ठहर गया—समय ठहर गया, सीमाएं टूट गईं, कहीं कोई देखने वाला न था—अनायास उसका तार उस एक के साथ जुड़ गया, सभी कुछ एक हो गया।

कुछ लोगों को प्रेम के क्षणों में ऐसा घटित होता है। प्रेम के शिखर अनुभव के साथ सभी कुछ शांत और मौन हो जाता है। तुम खो जाते हो। सभी तरह के तनाव चले जाते हैं, सभी तूफान थम जाते हैं, और अनायास सब कुछ अखंड था, जैसे कि एक ही सागर लहरा रहा हो। अचानक सत्य उपस्थित हो जाता है।

कई बार धूप में टहलते हुए आनंद के क्षणों में, या कभी नदी में तैरते, नदी के साथ बहते, कभी-कभी कुछ न करते हुए बस रेत पर लेटे-लेटे, चांद-तारों को देखते-देखते ऐसा हो जाता है—सत्य की झलक मिल जाती है।

लेकिन यह संयोग ही है। और क्योंकि वे संयोग हैं, और चूंकि वे जीवन-शैली में फिट नहीं बैठते हैं, तुम उन्हें भूल जाते हो। तुम उनकी ओर कुछ अधिक ध्यान नहीं देते हो। तुम अपने कंधे उचकाकर सब कुछ भूल जाते हो। वरना हरेक व्यक्ति के जीवन में, कभी न कभी सत्य की झलकें आती ही हैं।

जो केवल संयोग से घटित होता है योग के माध्यम से वही व्यवस्थित रूप से घटित होता है। संयोग और आकस्मिक घटनाओं के माध्यम से जो कुछ घटित होता है, योग ने उसके ही माध्यम से विज्ञान निर्मित किया है।

तीनों का जोड़ संयम है। एकाग्रता, ध्यान और समाधि—ये तीनों ऐसे हैं, जैसे कोई तीन पैर का स्टूल हो, और उसके ये तीन पैर हों—ट्रिनिटी।

'उसे वशीभूत करने से, उच्चतर चेतना के प्रकाश का आविर्भाव होता है।'

जो एकाग्रता, ध्यान और समाधि की इस ट्रिनिटी को पा लेते हैं, उन्हें उच्चतर चेतना का प्रकाश घटित होता है।

'ऊंचे चढ़ो, ऊंची उड़ान भरो, तुम्हारी मंजिल आकाश में हो, तुम्हारी दृष्टि चांद-तारों पर हो।' लेकिन यात्रा वहीं से आरंभ होती है जहां हम हैं। एक-एक कदम : ऊंचे चढ़ो, ऊंची उड़ान भरो, मंजिल आकाश में हो, दृष्टि चांद-तारों पर हो। जब तक कि तुम आकाश जैसे विराट न हो जाओ, ठहर मत जाना, रुक मत जाना; क्योंकि यात्रा अभी भी पूरी नहीं हुई है। जब तक कि स्वयं के भीतर के प्रकाश को न पा लो, उसके पहले संतुष्ट मत हो जाना उससे पहले तृप्त मत हो जाना। दिव्य असंतोष को अपने भीतर आग की तरह जलने देना, ताकि एक दिन तुम्हारे अथक प्रयास से ध्यान का दीपक जले, और अंत में केवल शाश्वत प्रकाश ही रह जाए।

'उसे वशीभूत करने से, उच्चतर चेतना के प्रकाश का आविर्भाव होता है।'

जब यह तीनों—एकाग्रता, ध्यान और समाधि—सध जाती हैं, तो प्रकाश का आविर्भाव होता है। और जब अंतर्प्रकाश का आविर्भाव हो जाता है तो फिर तुम उसी प्रकाश में जीने लगते हो: फिर तुमको अगर मुर्गा शाम को भी बांग लगाए, तो उस समय भी भोर की घोषणा के स्वर सुनाई पड़ते हैं, और मध्य रात्रि में भी सूर्य की रोशनी दिखाई देने लगती है। तब रात्रि के गहन अंधकार में भी चमकता हुआ सूर्य उपस्थित हो जाता है। जब अंतर्प्रकाश हो जाता है, तब कहीं कोई अंधकार नहीं बचता है। फिर कहीं भी जाओ अंतर्प्रकाश तुम्हारे साथ होता है—या कहें कि तुम प्रकाश हो जाते हो।

ध्यान रहे कि तुम्हारा मन सदा तुम्हें वहीं संतुष्ट रखने की कोशिश करता है, जहां कि तुम हो। मन कहता है, अब जीवन में और कुछ नहीं है। मन यह भरोसा दिलाने की सतत चेष्टा करता रहता है कि तुम पहुंच ही चुके हो। मन दिव्य असंतुष्टि को आने ही नहीं देता। और मन हमेशा उसके लिए तर्क खोज लेता है। उन कारणों को सुनना ही मत। वे वास्तविक कारण नहीं हैं। वे मन की ही चालाकियां हैं, क्योंकि मन कभी भी आगे बढ़ना, सरकना नहीं चाहता है। बुनियादी रूप से मन आलसी है। मन एक तरह से सुनिश्चितता चाहता है: मन चाहता है कि कहीं भी अपना घर बना लो; चाहे कहीं भी, लेकिन घर बना लो। बस किसी तरह कहीं टिक ही जाओ, लेकिन इधर-उधर भटकते मत रहो।

संन्यासी होने का अर्थ है, चेतना में भ्रमण करते रहना। संन्यासी होने का अर्थ है, घुमक्कड़—चेतना के जगत में—चलते जाना, चलते जाना और खोजते जाना। 'ऊपर चढ़ो, ऊंची उड़ान भरो, मंजिल आकाश में हो, दृष्टि चांद-तारों में हो।' और मन की कभी भी मत सुनना।

एक रात को ऐसा हुआ: एक पुलिसवाला देख रहा था कि एक शराबी व्यर्थ ही अपने घर की चाबी को लैंप पोस्ट में लगाने की कोशिश कर रहा है।

'इससे कुछ न होगा भाई,' सिपाही बोला, 'घर में कोई है ही नहीं।'

'यही तो तुम गलत सोच रहे हो,' नशे में झूमते हुए उस आदमी ने जवाब दिया, 'देखो ऊपर की मंजिल में बिजली जल रही है।'

मन डांवाडोल और नशे में है। वह कारण बताए चला जाता है। वह कहता है, 'अब और क्या बचा है?' अभी कुछ दिन पहले एक राजनीतिज्ञ मेरे पास आए। वह कहने लगे, 'अब पाने को और क्या है? मैं एक छोटे से गांव में, एक गरीब परिवार में पैदा हुआ था। और अब मैं कैबिनेट मंत्री बन गया हूं। अब जीवन में और क्या चाहिए?'

कैबिनेट स्तर का मंत्री? और वह पूछता है अब जीवन में और क्या चाहिए? वह अपने मंत्री होने से संतुष्ट है। गांव के एक गरीब परिवार में पैदा होकर, इससे अधिक और क्या आशा की जा सकती है? जबकि पूरा आकाश उपलब्ध है, लेकिन वे कैबिनेट मंत्री होकर ही संतुष्ट हैं।

इसी तरह समाप्त मत हो जाना। तब तक संतुष्ट मत हो जाना, जब तक कि तुम परमात्मा ही न हो जाओ! तब तक राह के किनारे कुछ विश्राम कर लेना, लेकिन हमेशा ध्यान रहे: यह केवल रात का पड़ाव है; सुबह होते ही फिर से चल पड़ना है। कुछ लोग ऐसे हैं जो अपनी सांसारिक उपलब्धियों से ही संतुष्ट हो जाते हैं। और कुछ ऐसे लोग भी हैं जो अपनी सांसारिक उपलब्धियों से ही संतुष्ट नहीं हैं, लेकिन जो पंडितों-पुरोहितों की दिलाई हुई आशाओं से संतुष्ट हैं। यह जो दूसरी कोटि के

लोग जिन्हें तुम धार्मिक कहते हो। यह लोग भी कोई धार्मिक नहीं हैं, क्योंकि धर्म का कोई संबंध वचनों से नहीं है। कोई दूसरा व्यक्ति तुम्हें धर्म नहीं दे सकता; धर्म तो तुम्हें अर्जित करना होता है। धर्म के नाम पर पंडित-पुरोहित केवल आशाएं और सांत्वनाएं ही देते हैं, और सभी सांत्वनाएं खतरनाक हैं, क्योंकि वे एक तरह की अफीम हैं। वे व्यक्ति को नशे से भर देती हैं।

ऐसा हुआ :

प्राथमिक चिकित्सा की कक्षा की एक परीक्षा में एक पादरी से पूछा गया (वह भी प्राथमिक चिकित्सा का प्रशिक्षण ले रहा था), 'अगर बेहोशी की हालत में पड़ा कोई आदमी आपको मिल जाए तो आप क्या करोगे?'

'मैं उसे थोड़ी ब्रांडी पिलाऊंगा,' उस पादरी ने जवाब दिया।

'और अगर वहां पर ब्रांडी न हो तो?'

'मैं उसे थोड़ी ब्रांडी पिलाने का वादा करूंगा,' पादरी ने कहा।

पंडित-पुरोहित हमेशा से यही कहते आए हैं। पंडित-पुरोहित आश्वासन देते हैं, वे आश्वासन पर आश्वासन दिए चले जाते हैं। वे कहे चले जाते हैं, 'चिंता करने की कोई बात नहीं। दान दो, चर्च बनवाओ, गरीब को पैसा दो, अस्पताल बनवाओ, यह करो और वह करो।' और इस तरह से ये लोग आश्वासन दिए चले जाते हैं।

योग आत्म-प्रयास है। योग में व्यक्ति को स्वयं अपने ऊपर कार्य करना होता है। योग के पास कोई पंडित-पुरोहित नहीं हैं। योग के पास ऐसे सदगुरु हैं, जिन्होंने स्वयं के प्रयास से बुद्धत्व को पाया है—और उनके प्रकाश में कोई भी व्यक्ति स्वयं को कैसे उपलब्ध होना, सीख सकता है।

पंडित-पुरोहितों के आश्वासनों से बचना। पंडित-पुरोहित इस पृथ्वी पर सर्वाधिक खतरनाक लोग हैं, क्योंकि वे तुम्हें असंतुष्ट नहीं होने देते हैं। वे सांत्वना दिए चले जाते हैं; और अगर बिना बुद्धत्व को उपलब्ध हुए कोई व्यक्ति संतुष्ट हो जाता है, तो उसे छला गया है, उसे धोखा दिया गया है। योग का भरोसा स्वयं की ही कोशिश और प्रयास में है। योग के अनुसार व्यक्ति को स्वयं को बुद्धत्व के योग्य बनाना होता है। परमात्मा को पाने के लिए स्वयं का मूल्य चुकाना पड़ता है।

एक बार किसी ने भूतपूर्व प्रिंस ऑफ वेल्स से पूछा, 'सभ्यता के बारे में आपका क्या विचार है?'

'यह एक अच्छा विचार है,' प्रिंस ने जवाब दिया, 'किसी न किसी को तो प्रारंभ करना ही चाहिए।'

योग विचार नहीं है; योग तो व्यावहारिक है। यह तो अभ्यास है, यह तो एक अनुशासन है, यह तो आंतरिक रूपांतरण का विज्ञान है। और स्मरण रहे, कोई दूसरा तुम्हारे लिए प्रारंभ नहीं कर सकता। तुम्हें ही स्वयं के लिए इसे प्रारंभ करना होता है। योग स्वयं पर विश्वास करना सिखाता है; योग स्वयं के ऊपर भरोसा, आस्था और श्रद्धा करना सिखाता है। योग सिखाता है कि यात्रा अकेले की है। गुरु मार्ग दिखला सकता है, लेकिन उस पर चलना तुम्हें ही है।

[redacted]

प्रवचन 2

मन चालाक है

प्रश्न-सार

1. एक भिखारी के लिए मैं क्या कर सकता हूं?
और आपने कहा है कि हमें विपरीत ध्रुवों को समाहित करना है।
तो क्या मैं एक साथ क्रांतिकारी और संन्यासी हो सकता हूं?

2. भगवान, आप योगी हैं, या भक्त हैं, या ज्ञानी हैं, या तांत्रिक हैं?

3. अगर मैं स्वयं से ही भयभीत हूं तो समर्पण कैसे करूं?
और मेरे हृदय में पीड़ा हो रही है कि प्रेम का द्वार कहां है?

4. जब भी मैं आपके प्रवचनों को ध्यानपूर्वक सुनने की कोशिश करता हूं,
तो प्रवचन के पश्चात मैं स्मरण क्यों नहीं रख पाता हूं कि प्रवचन में आपने क्या कहा?

5. मैं आप से कुछ छोटे-छोटे मजेदार प्रश्न पूछना चाहता हूं जैसे आप प्रवचन के अंत में लेते हैं, और आप से यह सुनना चाहता हूं कि 'यह प्रश्न धीरेन्द्र का है।'

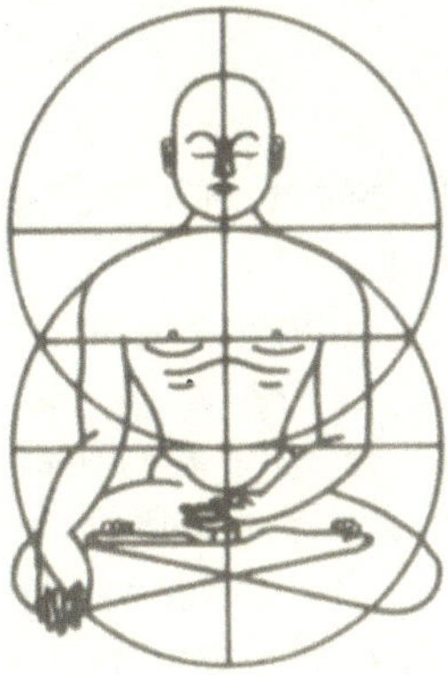

पहला प्रश्न : एक भिखारी के लिए मैं क्या कर सकता हूं? मैं उसे एक रुपया दूं या न दूं, वह तो भिखारी का भिखारी ही रहेगा।

भिखारी समस्या नहीं है। अगर भिखारी ही समस्या होता, तब तो भिखारी के पास से गुजरते हुए प्रत्येक व्यक्ति को ऐसा अनुभव होता। अगर भिखारी ही कोई समस्या होता, तो भिखारी बहुत पहले ही बिदा हो चुके होते। समस्या तुम्हारे भीतर है, तुम्हारा हृदय उसे अनुभव करता है। इसे समझने की कोशिश करना।

मन तुरंत बाधा डाल देता है: जब कभी हृदय प्रेम से भरता है, तो मन तुरंत बाधा डाल देता है। मन कहता है, 'चाहे तुम उसे कुछ दो या न दो, तुम्हारे देने न देने से कुछ न होगा, वह तो भिखारी का भिखारी ही रहेगा।' वह भिखारी रहता है या नहीं रहता, इसके लिए तुम जिम्मेवार नहीं हो। लेकिन अगर तुम्हारा हृदय कुछ करने का भाव रखता है, तो जरूर करना। उससे बचने की कोशिश मत करना। मन उस समय बचने की कोशिश करता है। मन कहता है, 'क्या होगा इससे? वह तो भिखारी ही रहने वाला है, इसलिए कुछ भी करने की कोई जरूरत नहीं है।' अगर तुम मन की सुनते हो, तो ऐसा अवसर चूक जाते हो जहां प्रेम बह सकता था।

अगर भिखारी ने भिखारी ही बने रहने का निर्णय कर लिया है, तो तुम कुछ भी नहीं कर सकते हो। तुम उसे कुछ दो तो वह उसे फेंक भी सकता है। यह उसके निर्णय की बात है।

मन बहुत चालाक है।

प्रश्न में आगे पूछा है: 'भिखारियों का अस्तित्व ही क्यों है?'

क्योंकि मनुष्य के हृदय में प्रेम नहीं है।

लेकिन फिर मन बीच में बाधा डाल देता है: 'क्या अमीरों ने गरीबों से कुछ छीना नहीं है? क्या गरीबों को वह सब वापस नहीं ले लेना चाहिए जो अमीरों ने उनसे छीन लिया है।'

अब तुम भिखारी को तो भूल रहे हो, हृदय की उस पीड़ा को तो भूल रहे हो जिसे तुमने अनुभव किया था। अब पूरी बात ही राजनीतिक और आर्थिक होने लगी। अब हृदय की बात न रही। अब वह मन की समस्या हो गयी। और अब मन ने भिखारी को निर्मित कर लिया। यह मन का ही गणित और चालाकी है जिसने भिखारी को निर्मित कर लिया। इस दुनिया में जो लोग चालाक और

कुशल हैं, वे लोग ही धनी हो जाते हैं। और जो लोग निर्दोष हैं, सरल हैं, चालाक और धोखेबाज नहीं हैं, वे गरीब रह जाते हैं।

तुम समाज को बदल सकते हो—सोवियत रूस में उन्होंने ऐसा करने का प्रयास किया है। उससे कुछ फर्क नहीं पड़ता। अब पुराने वर्ग मिट गए हैं—जैसे गरीब और अमीर के वर्ग—लेकिन शासक और शासित, यह नए वर्ग बन गए। अब जो लोग चालाक हैं वे शासक हैं और जो लोग निर्दोष हैं वे शासित हैं। पहले निर्दोष और सरल व्यक्ति गरीब हुआ करते थे और चालाक लोग अमीर हुआ करते थे। तुम क्या कर सकते हो? जब तक मन और हृदय के बीच का भेद नहीं मिटता, जब तक मनुष्यता मन से न जीकर हृदय से जीना प्रारंभ नहीं करती, वर्ग बने ही रहेंगे। वर्गों के नाम बदल जाएंगे, और पीड़ा वैसी की वैसी बनी रहेगी।

प्रश्न बहुत ही प्रासंगिक, अर्थपूर्ण और महत्वपूर्ण है: 'एक भिखारी के लिए मैं क्या कर सकता हूं?'

प्रश्न भिखारी का नहीं है। प्रश्न तुम्हारा और तुम्हारे हृदय का है। कुछ करो, जो कुछ भी तुम कर सकते हो करो, और अमीर लोगों पर इसकी जिम्मेवारी डालने की कोशिश मत करना, इतिहास पर इसकी जिम्मेवारी डालने की कोशिश मत करना, आर्थिक ढांचे पर इसकी जिम्मेवारी डालने की कोशिश मत करना, क्योंकि वे बातें गौण हैं, सेकेंडरी हैं। अगर मनुष्यता चालाक, कुशल, स्वार्थी और धोखेबाज बनी रहती है, तो यही बार-बार दोहराया जाता रहेगा।

तुम इसमें क्या कर सकते हो? तुम तो समग्र के एक छोटे से अंश हो। तुम जो कुछ भी करोगे उससे परिस्थिति तो नहीं बदल सकती—पर तुम बदल सकते हो अगर भिखारी को तुम कुछ देते हो, तो इससे भिखारी तो शायद न बदल सके, लेकिन तुम्हारा प्रेम, तुम्हारे देने का भाव कि जो कुछ भी तुम दे सकते थे तुमने दिया, वह देने की भावदशा तुम्हें जरूर बदल देगी। और यही बात महत्वपूर्ण है। और अगर इस पृथ्वी पर प्रेम बढ़ता चला जाए—लोगों के हृदय में क्रांति हो जाए—लोग एक-दूसरे को अनुभव कर सकें, मनुष्य मनुष्य का एक साधन की तरह उपयोग न करे; अगर यह बात पूरी पृथ्वी पर फैलती चली जाए, तो एक दिन गरीब मिट जाएंगे, गरीबी मिट जाएगी, और शोषण करने वाला कोई नया वर्ग उसका स्थान न ले सकेगा।

अभी तक सभी क्रांतियां असफल हुई हैं, क्योंकि क्रांतिकारी गरीबी की जड़ को ही नहीं समझ पाए। वे केवल ऊपर-ऊपर से कारणों की छान-बीन करते रहे हैं। और उनके पास कहने के लिए यही होता है, 'कुछ लोगों ने गरीबों का शोषण किया है, इसीलिए उनके पास धन है। यही गरीबी का कारण है; इसीलिए इस दुनिया में गरीबी है।'

लेकिन वे कुछ थोड़े से लोग शोषण कर कैसे सके? वे क्यों नहीं देख सके? वे क्यों नहीं देख सके कि उन्हें कुछ भी मिल नहीं रहा है और किसी का सब कुछ खोया जा रहा है? वे धन भला इकट्ठा कर लें, लेकिन अपने आसपास जीवन को नष्ट कर रहे हैं। उनका धन गरीबों के रक्त के अतिरिक्त और कुछ नहीं है। वे इसे क्यों नहीं देख पाते?

चालाक मन इसमें भी व्याख्याएं ढूंढ निकालता है। मन कहता है कि 'लोग अपने कर्मों के कारण गरीब हैं। पिछले जन्म में उन्होंने जरूर कुछ गलत और खराब कर्म किए होंगे, इसीलिए वे इस

जन्म में कष्ट भोग रहे हैं। मैं धनी हूं, अमीर हूं। क्योंकि मैंने पिछले जन्म में अच्छे कर्म किए हैं, इसीलिए मैं अच्छे फल भोग रहा हूं।' यह सब कहने वाला भी मन ही है। और ब्रिटिश म्यूजियम में बैठा हुआ मार्क्स भी मन ही है, जो गरीबी का मूल कारण उन लोगों को मानता है जो लोगों का शोषण करते हैं।

लेकिन शोषण करने वाले लोग तो हमेशा मौजूद रहेंगे। जब तक मन की चालाकी पूरी तरह से नहीं मिट जाती, जब तक शोषण करने वाले लोग हमेशा मौजूद रहेंगे। यह प्रश्न कोई समाज के ढांचे को बदलने का नहीं है। यह समस्या मनुष्य के व्यक्तित्व के पूरे ढांचे को बदलने की है।

तुम क्या कर सकते हो? तुम ऊपरी बदलाहट कर सकते हो, अमीरों को हटा सकते हो—लेकिन वे पीछे के दरवाजे से फिर वापस आ जाएंगे। वे बहुत ही चालाक हैं। सच तो यह है कि जो क्रांतिकारी उन्हें हटाते हैं, वे उनसे भी चालाक होते हैं, अन्यथा वे उन्हें हटा ही न सकेंगे। अमीर तो शायद किसी दूसरे दरवाजे से वापस न भी आ पाएं—लेकिन वें लोग जो स्वयं को क्रांतिकारी कहते हैं, कम्युनिस्ट कहते हैं, समाजवादी कहते हैं—वे सिंहासनों पर बैठ जाएंगे और फिर से नए ढंग से शोषण करना प्रारंभ कर देंगे। और ये लोग ज्यादा खतरनाक ढंग से शोषण करेंगे, क्योंकि अमीरों को हटाकर वे अपने को ज्यादा चालाक सिद्ध कर देंगे। अमीर को हटाकर, उन्होंने एक बात तो सिद्ध कर ही दी कि वे अमीरों की अपेक्षा अधिक चालाक हैं। इस तरह समाज ज्यादा चालाक लोगों के हाथ में चला जाता है।

और ध्यान रहे, अगर किसी दिन दूसरी तरह के क्रांतिकारी पैदा हो गए—जो कि होंगे ही, क्योंकि लोग फिर से महसूस करेंगे कि शोषण तो मौजूद है ही, बस अब उसने नया रूप ले लिया है—तो फिर से क्रांति होगी। लेकिन पुराने क्रांतिकारियों को कौन हटाएगा? फिर पुराने क्रांतिकारियों को हटाने के लिए और ज्यादा चालाक लोगों की जरूरत होगी।

जब भी कभी किसी व्यवस्था विशेष को हटाना होता है, तो उन्हीं साधनों का उपयोग किया जाता है जिनका उपयोग वह व्यवस्था अपने लिए कर चुकी है। तो फिर केवल नाम बदल जाएंगे, झंडे बदल जाएंगे, समाज वैसा का वैसा ही बना रहेगा।

बहुत हो चुकी यह बकवास। सवाल भिखारी का नहीं है, सवाल तुम्हारा है। यह चालाकी छोड़ो। यह मत कहो कि यह उसके कर्म हैं—कर्म के संबंध में तुम कुछ भी नहीं जानते हो। कुछ बातें जो समझाई नहीं जा सकती हैं, उन्हें समझाने का यह एक तरीका है, जो बात हृदय को पीड़ा देती है, उसे समझाने का यह तरीका है। एक बार तुम यह सिद्धांत स्वीकार कर लेते हो तो तुम जिम्मेवारी से मुक्त हो जाते हो। फिर तुम अमीर बने रह सकते हो और गरीब गरीब बना रह सकता है, कोई अड़चन नहीं रह जाती है। यह सिद्धांत बफर का काम करता है।

यही कारण है कि भारत में इतनी गरीबी है, और लोग गरीबी के प्रति पूरी तरह संवेदन-शून्य हो गए हैं। इनके पास अपने कुछ निश्चित सिद्धांत हैं, जो उनकी मदद करते हैं। जैसे कि तुम कार में बैठो और कार में शॉक-एब्जार्वर हो, तो सड़क के गड्ढे महसूस नहीं होते, शॉक एब्जार्वर उन धक्कों को झेल लेता है। कर्म का यह परिकल्पित सिद्धांत एक बहुत बड़ा शॉक एब्जार्वर है। गरीबी का हमेशा विरोध किया जाता है, लेकिन कर्म का सिद्धांत शॉक एब्जार्वर की तरह मौजूद रहता है। अब

तुम क्या कर सकते हो? अब इसमें तो तुम्हारा कोई हाथ नहीं। तुम अपने अतीत के अच्छे कर्मों के कारण इस जन्म में धन-संपत्ति भोग रहे हो। और गरीब आदमी अपने बुरे कर्मों के कारण गरीबी की पीड़ा भोग रहा है।

भारत में जैनों का एक विशिष्ट संप्रदाय है, तेरापंथ। वे इसी कर्म के सिद्धांत में विश्वास करते हैं। वे कहते हैं, 'तुम किसी के बीच में मत आओ, क्योंकि अगर कोई आदमी पीड़ा भोग रहा है तो अपने पिछले जन्मों के कर्मों के फल के कारण भोग रहा है। उसके बीच में मत आओ। उसे कुछ भी मत दो, क्योंकि उसे कुछ देना भी उसके लिए बाधा होगी। क्योंकि हो सकता है कि वह थोड़े में कष्ट से मुक्त हो जाए। उसको सहयोग देकर तुम उसके मार्ग में रुकावट डाल रहे हो। अपने कर्मों का फल तो उसे भोगना ही पड़ेगा।'

उदाहरण के लिए, एक गरीब आदमी को तुम कुछ साल आराम से रहने लायक पर्याप्त धन-राशि दे सकते हो, लेकिन फिर पीड़ा शुरु हो जाएगी उसे इस जीवन में सुख-चैन से रहने के लिए कुछ दे सकते हो, लेकिन अगले जन्म में फिर से वही पीड़ा प्रारंभ हो जाएगी। जहां तुमने उसकी पीड़ा को रोक दिया था, ठीक वहीं से फिर पीड़ा शुरू हो जाएगी। इसलिए तेरापंथी लोग कहे चले जाते हैं कि किसी को भी बाधा मत डालना। अगर कोई आदमी सड़क के किनारे मर रहा हो, तो भी तुम तटस्थ भाव से अपने रास्ते पर चले जाना। वे कहते हैं यह करुणा है : क्योंकि बीच में आकर तुम उसके कर्मों की यात्रा में बाधा डाल देते हो।

यह सिद्धांत कितना बड़ा शॉक एब्जार्वर है।

भारत में लोग पूरी तरह संवेदन-हीन हो गए हैं। और ऐसे धूर्त सिद्धांत उनके कवच हैं।

पश्चिम में एक नया काल्पनिक सिद्धांत खोजा गया है : अमीरों ने गरीबों का शोषण किया है—इसलिए अमीर को ही समाप्त कर दो।

इसे जरा समझना। किसी गरीब आदमी को देखकर तुम्हारे हृदय में प्रेम उमड़ने लगता है। तुम कहते हो, यह आदमी अमीर के कारण गरीब है। यह कहकर तुमने प्रेम को घृणा में बदल दिया : अब तुम्हारे मन में अमीर आदमी के प्रति घृणा उठने लगती है। मन कैसे खेल खेलता है? अब तुम कहते हो, 'अमीर को मिटा दो! उनसे सब कुछ छीन लो। वे शोषक हैं, वे अपराधी हैं।'

अब भिखारी को तुम भूल गए; और अब न.ही तुम्हारे हृदय में प्रेम बचा है। इसके विपरीत मन घृणा से भर जाता है, और घृणा ही उस समाज को निर्मित करती है जिसमें भिखारी होते हैं। अब घृणा फिर से तुम्हारे भीतर काम करना शुरू कर देती है। तुम ऐसा समाज बना सकते हो जिसमें वर्ग और श्रेणियां बदल जाएंगी, नाम बदल जाएंगे; लेकिन फिर भी शासक और शासित, शोषक और शोषित, दमन करने वाले और दमित मौजूद रहेंगे। उससे कुछ फर्क नहीं पड़ेगा; परिस्थिति वैसी की वैसी ही रहेगी। समाज में मालिक होंगे और गुलाम होंगे।

अगर संभावना है तो केवल एक ही क्रांति की, और वह है हृदय की क्रांति। जब किसी भिखारी को देखो, तो उसके प्रति संवेदनशील रहो। अपने और भिखारी के बीच किसी शॉक एब्जार्वर को मत आने देना। हमेशा संवेदनशील रहो। ऐसा थोड़ा कठिन भी है, क्योंकि हो सकता है भिखारी को देखकर तुम रोने लगो। ऐसा कठिन है, क्योंकि यह तुम्हारे लिए बहुत ही असुविधाजनक होगा।

जो कुछ उसके साथ शेयर कर सकते हो, बांट सकते हो बांटना, और इस बात की फिक्र मत करना कि वह भिखारी ही बना रहेगा या नहीं—जो कुछ भी तुम उसके लिए कर सकते हो, वह जरूर करना। तो यह करना ही तुम्हें रूपांतरित कर देगा। यह प्रेम का भाव तुम्हें नया कर जाएगा, जो कि हृदय के अधिक निकट और मन से दूर होगा। और आत्म-रूपांतरण का एकमात्र यही तरीका है।

अगर इस तरह से व्यक्ति रूपांतरित होते चले जाएं, तो संभव है एक दिन ऐसा समाज भी आ जाएगा, जहां लोग इतने संवेदनशील होंगे कि वे शोषण नहीं कर सकेंगे, जहां लोग इतने सजग होंगे कि वे किसी दूसरे के ऊपर अत्याचार कर ही न सकेंगे, लोग इतने प्रेमपूर्ण होंगे कि गरीबी और गुलामी के बारे में सोचना भी असंभव हो जाएगा।

हृदय की सुनना, और जैसा हृदय कहे वैसा ही करना; किन्हीं सिद्धांतों और व्यर्थ के विचारों के जाल में मत उलझ जाना।

प्रश्न करने वाले ने आगे पूछा है :

आपने कहा है कि हमें विपरीत ध्रुवों को समाहित करना है; हमें धर्म और विज्ञान, संगति और असंगति, पूरब और पश्चिम, टेक्नॉलाजी और अध्यात्म, दोनों को चुनना है। तो क्या मैं राजनीति और ध्यान दोनों को चुन सकता हूं? क्या मैं एक साथ स्वयं को और संसार को बदलने की बात चुन सकता हूं? क्या मैं एक साथ क्रांतिकारी और संन्यासी हो सकता हूं?

हां, मैंने बार-बार कहा है कि विपरीत ध्रुवों को स्वीकार करना ही पड़ता है। लेकिन ध्यान कोई ध्रुवता नहीं है। ध्यान है विपरीत ध्रुवों को स्वीकार करना, और स्वीकार करने से व्यक्ति दोनों के पार हो जाता है। इसलिए ध्यान के विपरीत कुछ है ही नहीं। इसे समझने की कोशिश करना।

तुम एक अंधेरे कमरे में बैठे हो। क्या अंधेरा प्रकाश के विपरीत होता है, या केवल प्रकाश की अनुपस्थिति होता है? अगर अंधकार प्रकाश के विपरीत हो, तब तो अंधकार का अपना अस्तित्व होता? क्या अंधकार अपने आपमें वास्तविकता है या केवल प्रकाश की अनुपस्थिति मात्र है? अगर अंधकार का अपना कोई अस्तित्व होता, तब तुम दीया जलाओगे तो वह उसका विरोध करेगा। फिर तो वह दीए को बुझाने का प्रयास करेगा। अपने अस्तित्व की रक्षा के लिए संघर्ष करेगा।

लेकिन अंधकार कभी प्रकाश का विरोध नहीं करता। वह प्रकाश के खिलाफ कभी नहीं लड़ता। वह एक छोटे से दीए को भी बुझा नहीं सकता। विराट अंधकार और छोटा सा दीया, लेकिन फिर भी अंधकार कितना ही विराट हो, छोटे से दीए को हराया नहीं जा सकता। अंधकार का भले ही उस घर में सदियों से राज्य रहा हो, लेकिन अगर छोटा सा दीया ले आओ, तो भी अंधेरा नहीं कहेगा कि 'मैं सदियों-सदियों से यहां रह रहा हूं तो मैं प्रकाश का विरोध करूंगा।' अंधकार तो चुपचाप तिरोहित हो जाता है।

अंधकार की कोई विधायक सत्ता नहीं होती है, वह तो केवल प्रकाश की अनुपस्थिति मात्र है। इसलिए जब तुम प्रकाश लाते हो, तो वह मिट जाता है। जब प्रकाश को बुझा देते हो, तो वह मौजूद हो जाता है। सच तो यह है अंधकार कभी आता-जाता नहीं है। अंधकार और कुछ भी नहीं बस

प्रकाश की अनुपस्थिति है। प्रकाश होता है, तो अंधकार नहीं होता; प्रकाश की अनुपस्थिति में वह उपस्थित हो जाता है। अंधकार एक अनुपस्थिति है।

ध्यान अंतर का प्रकाश है। ध्यान के विपरीत कुछ भी नहीं है, केवल अनुपस्थिति है। पूरा जीवन ध्यान की अनुपस्थिति है। जैसे तुम पद-प्रतिष्ठा, अहंकार, महत्वाकांक्षा, लोभ-लालच का सांसारिक जीवन जीते हो। और वही तो राजनीति है।

राजनीति एक बड़ा विराट शब्द है। उसमें केवल तथाकथित राजनीतिक ही सम्मिलित नहीं हैं, उसके अंतर्गत सांसारिक लोग भी सम्मिलित हैं। उसमें वे सभी लोग आते हैं, जो भी महत्वाकांक्षी है, वह राजनीतिक है ही, और जो भी व्यक्ति कहीं पहुंचने के लिए कुछ पाने के लिए संघर्ष करता है, वह राजनीतिक है ही। जहां कहीं भी प्रतियोगिता है वहां राजनीति है।

तीस विद्यार्थी एक ही कक्षा में पढ़ते हैं और वे स्वयं को सहपाठी कहते हैं—वे एक-दूसरे के शत्रु होते हैं। क्योंकि वे सभी एक-दूसरे के प्रतियोगी होते हैं, साथी-संगी नहीं। वे सभी एक-दूसरे से आगे निकल जाने की कोशिश कर रहे होते हैं। वे सभी स्वर्ण-पदक पाने की कोशिश कर रहे होते हैं। वे सभी प्रथम आने की कोशिश कर रहे होते हैं। अगर महत्वाकांक्षा मौजूद है, तो वे राजनीतिज्ञ हैं।

जहां कहीं भी प्रतियोगिता है, संघर्ष है, वहां राजनीति है। तथाकथित सामान्य जीवन भी राजनीति से पूर्ण होता है।

ध्यान है प्रकाश की भांतिः जब ध्यान का आविर्भाव होता है, तो राजनीति मिट जाती है। इसलिए तुम एक साथ ध्यानी और राजनीतिक नहीं हो सकते, यह असंभव है; तुम असंभव की मांग कर रहे हो। ध्यान का कोई ओर-छोर नहीं है; ध्यान सभी तरह के संघर्ष, द्वंद्व, महत्वाकांक्षाओं, का अभाव है।

मैं तुम से एक प्रसिद्ध सूफी-कथा कहना चाहूंगा। ऐसा हुआः

एक सूफी गुरु ने कहा, 'मनुष्य को तब तक नहीं समझा जा सकता जब तक कि उसे लोभ, बाध्यता, और असंभावना के बीच के संबंध का बोध न हो जाए।'

इस पर शिष्य ने कहा, 'यह एक ऐसी पहेली है जिसे मैं नहीं समझ सका।'

सूफी फकीर ने कहा, 'जब तुम अनुभव के द्वारा इसे सीधे ही जान सकते हो, तो पहेली की तरह हल करने की कोशिश मत करना।'

वह गुरु शिष्य को एक वस्त्रों की दुकान में ले गया जहां चोगे मिलते थे। 'आपके यहां का सब से अच्छा चोगा दिखाइए,' उस सूफी फकीर ने दुकानदार से कहा, 'क्योंकि इस वक्त मेरा मन बहुत पैसा खर्च करने का है।'

दुकानदार ने एक सुंदर सी पोशाक उस सूफी फकीर को दिखाई और उस पोशाक की बहुत ज्यादा कीमत बताई। 'यह पोशाक! यह तो वैसी ही है जैसी कि मैं चाहता था,' उस सूफी फकीर ने कहा, 'लेकिन मैं चाहूंगा कि कॉलर के आसपास कुछ थोड़ी जरी-सितारे इत्यादि लगे हुए हों और थोड़ी-बहुत फर भी लगी हो।'

'इसमें क्या मुश्किल है, यह तो बहुत ही आसान है,' वस्त्र बेचने वाले ने कहा, 'क्योंकि ठीक ऐसी ही पोशाक मेरी दुकान के गोदाम में पड़ी हुई है।'

वह थोड़ी देर के लिए वहां से चला गया और फिर उसी पोशाक में फर और जरी-सितारे इत्यादि लगाकर ले आया।

'और इसकी कितनी कीमत है?' सूफी फकीर ने पूछा।

'पहली वाली पोशाक से बीस गुना अधिक,' दुकानदार बोला।

'बहुत अच्छा,' सूफी फकीर ने कहा, 'मैं दोनों ही खरीद लेता हूं।'

अब दुकानदार थोड़ी मुश्किल में पड़ा, क्योंकि यह वही पहली वाली पोशाक थी। सूफी फकीर ने यह प्रकट कर दिया कि लोभ एक तरह की असंभावना होती है: लोभ में असंभावना अंतर्निहित होती है।

अब बहुत लोभी मत बनो। क्योंकि यह सब से बड़ा लोभ है: एक साथ ध्यानी और राजनीतिज्ञ दोनों होने की मांग करना। यह बड़े से बड़ा लोभ है, जो कि असंभव है। इधर तुम महत्वाकांक्षी होने की मांग कर रहे हो और साथ ही उधर दूसरी तरफ तुम तनावरहित भी होना चाहते हो। इधर तो तुम लड़ने की, संघर्ष की, हिंसा की, लोभी होने की मांग कर रहे हो और दूसरी तरफ शांत और विश्रांत भी होना चाहते हो। अगर ऐसा संभव होता, तो संन्यास की कोई जरूरत ही नहीं थी, तब ध्यान की कोई आवश्यकता ही न थी।

तुम्हें दोनों चीजें एक साथ नहीं मिल सकतीं। एक बार तुम ध्यान करना शुरू करते हो, तो राजनीति बिदा होने लगती है। राजनीति के साथ ही साथ उसके जो प्रभाव होते हैं, वह भी बिदा होने लगते हैं। तनाव, चिंता, उद्वेग, संताप, हिंसा, लोभ—वे सभी बिदा होने लगते हैं। राजनीतिक मन की ही उप-उत्पत्ति है, मन की ही बाई-प्रॉडक्ट है।

तुम्हें निर्णय लेना होगा: या तो तुम राजनीतिक हो सकते हो, या तुम ध्यानी हो सकते हो। तुम दोनों एक साथ नहीं हो सकते। क्योंकि जब ध्यान होता है, तो अंधकार तिरोहित हो जाता है। तुम्हारे संसार में ध्यान का ही अभाव है। और जब ध्यान घटित होता है, तो यह संसार अंधकार की भांति तिरोहित हो जाता है।

इसीलिए पतंजलि, शंकर और सभी लोग जिन्होंने भी जाना है, कहते आए हैं कि संसार माया है, सत्य नहीं। अंधकार की तरह उसका कोई अस्तित्व नहीं है। जब होता है, तब वास्तविक लगता है। लेकिन जब भीतर ध्यान के प्रकाश का आविर्भाव हो जाता है, तो अचानक पता चलता है कि अंधकार सत्य नहीं था, उसकी कोई सत्ता न थी।

थोड़ा कभी अंधकार पर गौर करना कि उसकी कैसी वास्तविकता है, वह कैसे वास्तविक मालूम पड़ता है। वह सभी ओर से तुम्हें घेरे रहता है। केवल इतना ही नहीं, तुम उससे भयभीत भी रहते हो। अवास्तविकता तुम्हारे भीतर भय निर्मित कर देती है। वह तुम्हें मार भी डाल सकती है, और जबकि वह है ही नहीं। प्रकाश लाना। और द्वार पर किसी को खड़ा कर देना कि वह अंधकार को द्वार से बाहर जाते हुए देख पाता है या नहीं। कोई कभी अंधकार को बाहर जाते नहीं देख पाया है, और न ही कभी कोई अंधकार को भीतर आते हुए देख पाया है। अंधकार भासता है कि है और होता नहीं है।

इच्छाओं, आकांक्षाओं और महत्वाकांक्षाओं के तथाकथित राजनीति के संसार का होना केवल लगता है कि है और वह होता नहीं है। जब तुम ध्यान में गहरे जाते हो, तो तुम अपनी उन

सभी नासमझियों पर, और उन सभी दुख-स्वप्नों पर हंसते हो, जो कि प्रकाश के आते ही तिरोहित हो जाती हैं।

तो फिर कृपा करके ऐसी असंभव बात के लिए प्रयास मत करना। अगर ऐसा प्रयास तुमने जारी रखा, तो तुम द्वंद्व में पड़ोगे, और तुम्हारा व्यक्तित्व एक खंडित व्यक्तित्व हो जाएगा।

'...क्या मैं राजनीति और ध्यान दोनों को चुन सकता हूं? क्या मैं एक साथ स्वयं को और संसार को बदलने की बात चुन सकता हूं?'

ऐसा संभव नहीं।

सच तो यह है तुम्हीं हो संसार। जब तुम स्वयं को बदलना शुरु करते हो, तो संसार को बदलना तुमने शुरु कर ही दिया—इसके अतिरिक्त और कोई उपाय नहीं है। अगर तुम दूसरों को बदलने के लिए जाते हो, तो तुम स्वयं को न बदल सकोगे; और जो स्वयं को नहीं बदल सकता, वह किसी दूसरे को भी नहीं बदल सकता। वह केवल ऐसा मान सकता है कि वह बहुत बड़ा काम कर रहा है; जैसा कि तुम्हारे राजनीतिज्ञ मानते हैं।

तुम्हारे सभी तथाकथित क्रांतिकारी रुग्ण हैं, तनाव में हैं, पागल हैं, विक्षिप्त हैं—लेकिन उनकी रुग्णता और विक्षिप्तता ऐसी है कि अगर उन्हें अकेला छोड़ दिया जाए तो वे पूरी तरह से पागल हो जाएंगे, इसलिए वे अपनी विक्षिप्तता को किसी न किसी कार्य में उलझा देते हैं। या तो वे समाज को बदलने में लग जाते हैं, समाज को सुधारने में लग जाते हैं, या यह करेंगे, वह करेंगे, कुछ न कुछ करने लगते हैं...पूरे संसार को बदलने निकल पड़ते हैं। और उनकी विक्षिप्तता ऐसी होती है कि वे उस विक्षिप्तता में छिपी हुई मूढ़ता को नहीं देख पाते: तुमने स्वयं को तो बदला नहीं है, तो तुम किसी दूसरे को कैसे बदल सकते हो?

स्वयं के निकट आने से प्रारंभ करो। पहले स्वयं को बदलो, पहले अपने भीतर का दीया जलाओ, तब तुम योग्य हो पाओगे...सच तो यह है फिर यह कहना कि दूसरों को बदलने की योग्यता आ जाएगी, यह भी ठीक नहीं है। वस्तुतः जब तुम स्वयं को बदलते हो तो असीम ऊर्जा के स्रोत बन जाते हो, और वह ऊर्जा अपने से ही दूसरों को बदल देती है। ऐसा नहीं है कि इसके लिए श्रम की आवश्यकता होती है या शहीद होना पड़ता है। नहीं, ऐसा कुछ नहीं है। तुम स्वयं में ही बने रहते हो, लेकिन वह ऊर्जा, उसकी शुद्धता, उसकी निर्दोषता, उसकी सुवास, उसकी तरंग चारों ओर फैलती चली जाती है। उसकी खबर संसार के कोने-कोने तक हो जाती है। तुम्हारे बिना किसी प्रयास के ही एक क्रांति प्रारंभ हो जाती है। और जब क्रांति बिना किसी प्रयास के होती है, तो वह सुंदर होती है। और जब क्रांति प्रयासपूर्ण होती है, तो उसमें हिंसा होती है, क्योंकि तब तुम अपने विचारों को जबर्दस्ती दूसरों के ऊपर लादते हो।

स्टैलिन ने लाखों लोगों की हत्या कर दी, क्योंकि वह क्रांतिकारी था। वह समाज को बदलना चाहता था। और जहां भी उसे लगता कि कोई भी व्यक्ति उसके मार्ग में किसी तरह की बाधा खड़ी कर रहा है, तो वह उसकी हत्या करके उसे अपने मार्ग से हटा देता था। कई बार ऐसा होता है कि जो लोग दूसरों की मदद करने की कोशिश करते हैं, उनकी मदद खतरनाक हो जाती है। फिर वे लोग इस बात की फिक्र ही नहीं करते कि सामने वाला व्यक्ति बदलना भी चाहता है या नहीं; उनके पास तो

बदलने की धारणा होती है। वे व्यक्ति की इच्छा के विरुद्ध उसे बदल देंगे। फिर वे किसी की नहीं सुनेंगे। इस तरह की क्रांति हिंसात्मक क्रांति होती है।

और क्रांति हिंसात्मक नहीं हो सकती, क्योंकि क्रांति तो हृदय की होनी चाहिए। एक सच्चा क्रांतिकारी किसी को बदलने कभी कहीं नहीं जाता। वह स्वयं में ही स्थित रहता है; और जो लोग रूपांतरित होना चाहते हैं, वे उसके पास आ जाते हैं। वे दूर-दूर के देशों से चले आते हैं। वे उसके पास पहुंच जाते हैं। उसकी सुवास उन तक पहुंच जाती है। जो कोई व्यक्ति स्वयं को रूपांतरित करना चाहता है वह सूक्ष्म रास्तों से, अज्ञात तरीकों से क्रांतिकारी को खोज ही लेता है, उसे पा ही लेता है।

सच्चा क्रांतिकारी स्वयं में थिर होता है, और एक शीतल जल-स्रोत की तरह उपलब्ध रहता है। और जिस व्यक्ति को भी सच्ची प्यास होती है, वह उसे खोज ही लेता है। जल-स्रोत तुम्हें खोजने के लिए नहीं जाएगा और चूंकि तुम प्यासे हो, इसलिए जल-स्रोत तुम्हें अपनी ओर खींच ही लेगा, तुम जल-स्रोत तक पहुंच ही जाओगे। और अगर तुम उसकी नहीं भी सुनोगे तो भी जल-स्रोत तुम्हें अपनी ओर खींच ही लेगा।

स्टैलिन ने बहुत लोगों की हत्या करवाई। क्रांतिकारी उतने ही हिंसात्मक होते हैं जितने कि प्रतिक्रिया करने वाले लोग होते हैं। और कई बार तो क्रांतिकारी उनसे भी ज्यादा हिंसात्मक होते हैं।

कृपा करके असंभव को करने की कोशिश मत करना। बस, स्वयं को ही रूपांतरित करो। सच तो यह है, यह इतना असंभव कार्य है कि अगर इस जीवन में ही तुम स्वयं को रूपांतरित कर सको, तो तुम इस अस्तित्व के प्रति अनुग्रह से भर जाओगे। और तब तुम कह उठोगे, 'मुझे मेरी पात्रता से अधिक मिला है।'

दूसरों की फिक्र मत करना। वे भी जीवित प्राणी हैं, उनके पास भी चेतना है, उनके पास भी आत्मा है। अगर वे स्वयं को रूपांतरित करना चाहें, तो उनके मार्ग में कोई बाधा नहीं डाल रहा है। ठंडे, शीतल झरने की तरह बहो। अगर वे लोग प्यासे होंगे तो वे अपने से तुम्हारे पास चले आएंगे। बस, तुम्हारी शीतलता ही उनके लिए आमंत्रण बन जाएगी, तुम्हारे जल की निर्मलता ही उनके लिए आकर्षण बन जाएगी।

'...क्या मैं एक साथ क्रांतिकारी और संन्यासी हो सकता हूं?'

नहीं, अगर तुम संन्यासी हो तो तुम स्वयं में एक क्रांति हो, क्रांतिकारी नहीं। तुम्हें क्रांतिकारी होने की जरूरत नहीं है: अगर तुम संन्यासी हो तो तुम एक क्रांति हो ही। मैं जो कह रहा हूं उसे समझने की कोशिश करना। तब तुम लोगों को बदलने के लिए कहीं जाओगे नहीं, और न ही किसी क्रांति की आवाज बुलंद करोगे। तब तुम क्रांति की कोई योजना नहीं बनाओगे, तब तो तुम स्वयं ही क्रांति को जीने लगोगे। तब तुम्हारी जीवन-शैली ही एक क्रांति हो जाएगी। फिर जहां भी तुम्हारी आंख उठ जाएगी, या जहां कहीं भी स्पर्श हो जाएगा, वहीं क्रांति हो जाएगी तब जीवन में क्रांति श्वास की भांति सहज-स्फूर्त हो जाएगी।

एक और सूफी कथा मैं तुमसे कहना चाहूंगा:

एक जाने-माने सूफी फकीर से पूछा गया, 'अदृश्यता क्या है?' उस सूफी फकीर ने उत्तर दिया, 'मैं इसका उत्तर तब दूंगा जब कोई ऐसी घटना घटेगी, क्योंकि तब प्रत्यक्ष रूप से मैं तुम्हें बता सकूंगा।'

सूफी फकीर ज्यादा बोलते नहीं हैं। वे परिस्थितियों का निर्माण करते हैं। वे ज्यादा कुछ कहते नहीं और परिस्थितियों के द्वारा वे सब बता देते हैं। इसलिए उस सूफी फकीर ने कहा, 'जब कभी कोई अवसर होगा, तो मैं तुम्हें उसके स्पष्ट दर्शन करा दूंगा।'

कुछ समय बाद, वह सूफी फकीर और वह व्यक्ति, जिसने प्रश्न पूछा था—उन्हें कुछ सिपाहियों ने रोक लिया। उन सिपाहियों ने उनसे कहा, 'हमें आज्ञा हुई है कि सभी सूफी फकीरों को जेल में बंद कर दें। क्योंकि इस देश के राजा का कहना है कि सूफी फकीर उसकी आज्ञाओं का पालन नहीं करते और वे इस तरह की बातें करते हैं जो आम जनता के सुख-चैन के लिए अच्छी नहीं हैं। इसलिए हमें सभी सूफी फकीरों को जेल में बंद करना है।'

जब कभी कोई सच्चा धार्मिक होता है, सच्चा क्रांतिकारी होता है, तो सभी राजनीतिज्ञ उससे भयभीत हो जाते हैं। क्योंकि उसकी मौजूदगी, उसकी उपस्थिति ही उन्हें विक्षिप्त और क्रुद्ध कर देने के लिए पर्याप्त होती है। उसकी मौजूदगी ही पुराने समाज को नष्ट कर देने के लिए, पुरानी शासन-व्यवस्था को मिटा देने के लिए पर्याप्त होती है। और एक नया संसार बनाने के लिए उसकी मौजूदगी, उसकी उपस्थिति ही पर्याप्त होती है।

उसकी मौजूदगी तो बस माध्यम होती है। जहां तक अहंकार का संबंध है, वहां अहंकार जैसा कुछ बचता ही नहीं है; वह तो परमात्मा का माध्यम बन जाता है। जो भी शासन करने वाले लोग हैं, या चालाक लोग हैं, वे हमेशा से धार्मिक लोगों से भयभीत रहते हैं। धार्मिक लोगों से वे इसलिए भयभीत रहते हैं, क्योंकि धार्मिक आदमी से बड़ा और कोई खतरा उनके लिए नहीं हो सकता। वे क्रांतिकारियों से इसलिए भयभीत नहीं होते हैं, क्योंकि उनकी नीतियां, चालबाजियां एक जैसी होती हैं। वे क्रांतिकारियों से इसलिए भयभीत नहीं होते, क्योंकि वे उसी भाषा, उसी शब्दावली का उपयोग करते हैं; वे भी उनके जैसे ही लोग हैं; उनसे कुछ अलग नहीं।

कभी दिल्ली जाकर राजनेताओं को देखो। वे राजनेता जो सत्ता में हैं और वे राजनेता जो सत्ता में नहीं हैं, वे सब एक जैसे ही लोग हैं। जो सत्ता में हैं वे प्रतिक्रियावादी मालूम होते हैं, क्योंकि उन्हें सत्ता मिल गई होती है। अब वे किसी भी तरह से अपनी सत्ता को बचाकर रखना चाहते हैं। अब वे साम-दाम-दंड से सत्ता को अपने हाथ में रखना चाहते हैं, इसलिए वे व्यवस्था का हिस्सा जान पड़ते हैं। और वे लोग जो कि सत्ता में नहीं हैं, वे क्रांति की बातें करते हैं, क्योंकि वे उन्हें हटा देना चाहते हैं जो कि सत्ता में हैं। जब वे स्वयं सत्ता में आ जाएंगे तब वे प्रतिक्रियावादी बन जाएंगे, और वे लोग जो सत्ता में थे, जिन्हें राजसत्ता से हटा दिया गया है, वे क्रांतिकारी बन जाएंगे।

एक सफल क्रांतिकारी मृत होता है, और एक शासक जिसे सत्ता से हटा दिया गया है, वह क्रांतिकारी बन जाता है। और इस तरह से ये लोगों को धोखे पर धोखा दिए चले जाते हैं। चाहे जो सत्ता में होते हैं उन्हें चुनो, या जो कि सत्ता में नहीं होते हैं उन्हें चुनो, उनमें कुछ भेद नहीं होता है। तुम एक जैसे लोगों को ही चुन लेते हो। बस ऊपर के लेबल अलग-अलग होते हैं, लेकिन उनमें जरा भी भेद नहीं होता।

धार्मिक व्यक्ति खतरनाक होता है। उसका 'होना' ही खतरनाक होता है, क्योंकि वह अपने साथ एक नए जगत और एक नई हवा को ले आता है।

तो सिपाहियों ने उस सूफी फकीर और उसके शिष्य को घेर लिया और कहा कि वे सूफी फकीरों की खोज में हैं, और सभी सूफी फकीरों को कैद करना है, क्योंकि यह राजा की आज्ञा है। राजा का कहना है कि सूफी फकीर ऐसी बातें करते हैं जो आम जनता के लिए हितकर नहीं हैं, और वे इस इस तरह की बातें करते हैं जो आम जनता के सुख-चैन के लिए अच्छी नहीं हैं।

उस सूफी फकीर ने कहा, 'तो तुम्हें ऐसा ही करना चाहिए...'

उस सूफी फकीर ने उन सिपाहियों से कहा कि तुम्हें ऐसा ही करना चाहिए।

'...तुम्हें अपना फर्ज पूरा करना चाहिए।'

'तो क्या आप लोग सूफी नहीं हैं?' सिपाहियों ने पूछा।

'पहले हमारी जांच-पड़ताल कर लो,' सूफी फकीर ने कहा।

एक आफिसर ने एक सूफी ग्रंथ निकालकर उनके सामने रख दिया और पूछा, 'यह क्या है?'

सूफी फकीर ने उस ग्रंथ के मुख-पृष्ठ को देखा और कहा, 'तुम इसे जलाओ, उससे पहले मैं ही तुम्हारे सामने इसे जला देता हूं।' और ऐसा कहकर उसने उस ग्रंथ में आग लगा दी। यह देखकर वे सिपाही संतुष्ट होकर वहां से चले गए।

फकीर के साथी ने उससे पूछा, 'आपके द्वारा इस तरह से ग्रंथ को जला देने का क्या मतलब?'

सूफी फकीर बोला, 'मेरे इस कृत्य से हम लोग बच गए। क्योंकि सांसारिक आदमी के सामने होने का मतलब है कि तुम्हारा आचार-व्यवहार, तुम्हारा तौर-तरीका ढंग, तुम्हारा उठना-बैठना ऐसा हो, जिसकी वह तुमसे आशा रखता है। अगर वह उससे कुछ अलग हो, तो तुम्हारा सच्चा स्वरूप, सच्चा स्वभाव प्रकट हो जाएगा, और जो उसकी समझ के बाहर होता है।'

धार्मिक व्यक्ति के जीवन में अदृश्य रूप से क्रांति होती है—क्योंकि प्रकट होना स्थूल होना है, प्रकट होना अंतिम सीढ़ी पर खड़े होना है। एक सच्चा धार्मिक व्यक्ति, एक संन्यासी स्वयं में ही एक क्रांति होता है और फिर भी अप्रकट होता है। लेकिन फिर भी उसकी अदृश्य ऊर्जा का स्रोत चमत्कार करता चला जाता।

अगर तुम संन्यासी हो तो क्रांतिकारी होने की कोई जरूरत नहीं है : तुम क्रांति हो ही। और मैं क्रांति इसलिए कहता हूं, क्योंकि क्रांतिकारी तो पहले से ही जड़-विचार और निश्चित धारणा का व्यक्ति होता है, और उसी में वह जीता है। मैं इसे 'क्रांति' कहता हूं : क्योंकि यह एक गतिमान प्रक्रिया है। संन्यासी के कोई पहले से बने-बनाए जड़-विचार नहीं होते हैं; वह तो क्षण-क्षण, पल-पल जीता है। वह जिस क्षण, जिस पल जैसा अनुभव करता है, वैसा ही करता है, वैसे ही जीता है—वह किन्हीं बंधी-बंधाई विचारों और धारणाओं के साथ नहीं जीता है।

थोड़ा खयाल करना। अगर किसी कम्युनिस्ट से बात करो, तो तुम पाओगे कि वह बात को सुन ही नहीं रहा है। वह यूं ही हां-हूं में सिर हिला रहा हो, लेकिन वह सुन नहीं रहा है। किसी कैथोलिक से बात करो, वह नहीं सुन रहा है। किसी हिंदू से बात करो, वह नहीं सुन रहा है। जब तुम उनसे बात कर रहे होते हो तो वह अपना उत्तर अपने पुराने सड़े-गले, जड़-विचारों में से ही तैयार कर रहा होता है। उसके चेहरे के हाव-भाव से देख सकते हो कि उसके भीतर कहीं कोई संवेदना नहीं हो रही है, उनके चेहरे पर एक तरह की जड़ता और मायूसी छाई है।

अगर किसी बच्चे से बात करो तो वह बात को ध्यानपूर्वक सुनता है। जब बच्चा कुछ सुनता है, तो पूरी एकाग्रता और ध्यान से सुनता है। और अगर नहीं सुनता है तो फिर वह बिलकुल ही नहीं सुनता है, लेकिन जो भी करता है पूरी समग्रता से करता है। किसी बच्चे से अगर बात करो, तो उसमें एक निर्दोषता और ताजगी होती है।

संन्यासी भी बच्चे की भांति सरल और निर्दोष होता है। वह अपनी किन्हीं बंधी-बंधाई धारणाओं से नहीं जीता; और न ही वह किसी विचारधारा का गुलाम होता है। वह अपनी चेतना से जीता है, वह होशपूर्वक, बोधपूर्वक जीता है। वह पल-पल जीता है। वह न तो भूत में जीता है, न भविष्य में, वह केवल वर्तमान के क्षण में जीता है।

जब जीसस को सूली दी जा रही थी, तो एक चोर जो उनके पास ही खड़ा हुआ था, उसे भी सूली दी जा रही थी। वह जीसस से बोला, 'हम अपराधी हैं, हमें सूली पर चढ़ाया जा रहा है, यह तो ठीक है—इसे हम समझ सकते हैं। लेकिन आप तो बिलकुल निर्दोष मालूम होते हैं। लेकिन मैं इस बात से खुश हूं कि मुझे आपके साथ सूली पर चढ़ाया जा रहा है, मैं बहुत ही खुश हूं। मैंने अपने जीवन में कभी कोई अच्छा काम नहीं किया है।'

वह एक घटना बिलकुल भूल ही गया था। जब जीसस का जन्म हुआ था, उस समय जब जीसस के माता-पिता देश छोड़कर भाग रहे थे, क्योंकि उस देश के राजा ने एक सुनिश्चित अवधि में पैदा हुए बालकों का सामूहिक वध करने की आज्ञा दी हुई थी। राजा के भविष्यवक्ताओं ने राजा को यह बताया था कि इस सुनिश्चित अवधि में जो बच्चे जन्म लेंगे, उनमें से एक बच्चा क्रांति करेगा, और वह क्रांति खतरनाक सिद्ध होगी। तो पहले से ही सतर्क और सावधान रहना अच्छा होगा। इसलिए राजा ने उस समय पैदा हुए सभी बच्चों की सामूहिक वध की आज्ञा दे दी थी। जीसस के माता-पिता भी जीसस को लेकर बचने को भाग रहे थे।

एक रात कुछ चोर और डाकुओं ने जीसस के माता-पिता को घेर लिया—यह चोर उसी दल का था—और वे चोर-डाकू उन्हें लूटने और मारने को तैयार ही थे, कि उसी वक्त इसी चोर ने जब जीसस की ओर देखा, और वह बालक इतना सुंदर, कोमल और शुद्ध था, जैसे कि शुद्धता स्वयं ही उसमें उतर आई हो, और एक अलग ही आभा उसे घेरे हुए थी। और उस बालक को देखकर उसने दूसरे चोरों को रोक दिया और कहा, 'इन्हें जाने दो। जरा इस बालक को तो देखो।' और जब उन्होंने बालक को देखा, तो सभी के सभी चोर-डाकू चकित और सम्मोहित रह गए। वे डाकू जो जीसस के माता-पिता को लूटना और मारना चाहते थे, कुछ न कर सके। और उन्होंने उन्हें छोड़ दिया।

यह वही चोर था जिसने जीसस को बचाया था। लेकिन उसे पता नहीं था कि यह वही आदमी है, जिसे उसने बचाया था।

वह जीसस से कहने लगा, 'मैं नहीं जानता कि मैंने क्या किया है, क्योंकि कोई मैंने कभी अच्छा काम तो किया नहीं है। आप मुझ से बड़ा अपराधी कहीं नहीं खोज सकते हैं। मेरी पूरी जिंदगी पाप और अपराधों से भरी हुई है ऐसे सभी पाप से जिनकी कि आप कल्पना भी नहीं कर सकते हैं। लेकिन फिर भी मैं प्रसन्न हूं। परमात्मा के प्रति अनुगृहीत हूं कि मुझे इतने सरल और निर्दोष आदमी के निकट मरने का सौभाग्य प्राप्त हो रहा है।'

जीसस ने उससे कहा, 'इसी अनुग्रह के भाव के कारण ही आज तुम प्रभु के राज्य में मेरे साथ होओगे।'

जीसस के इस कथन के पश्चात ईसाई तत्वज्ञानी निरंतर विचार-विमर्श करते रहे हैं कि 'आज' से उनका क्या तात्पर्य था। उनका केवल इतना ही तात्पर्य था: 'अभी।' क्योंकि धार्मिक व्यक्ति के पास कोई बीता हुआ कल नहीं होता, न ही कोई आने वाला कल होता है, वह केवल आज में जीता है। उसके लिए यह पल, यह क्षण ही सब कुछ होता है। जब उस चोर से जीसस ने कहा कि 'आज तुम प्रभु के राज्य में मेरे साथ होओगे,' तो वे यह कह रहे थे, 'देखो! तुम पहले से ही वहीं हो। इस क्षण तुम्हारे अनुग्रह के भाव के कारण, और निर्मलता और निर्दोषता को पहचानने के कारण—तुम्हारे पश्चात्ताप के कारण—तुम्हारा अतीत समाप्त हो गया है। हम प्रभु के राज्य में हैं।'

धार्मिक व्यक्ति पहले से बनी हुई निश्चित धारणाओं, विचारों, सिद्धांतों द्वारा नहीं जीता है। वह तो क्षण-क्षण जीता है। उसका प्रत्येक कृत्य उसके बोध और होश से आता है। वह हमेशा तरो-ताजा, निर्मल, निर्झर की भांति स्वच्छ रहता है। उसके ऊपर अतीत का बोझ नहीं होता है।

इसलिए, अगर तुम संन्यासी हो तो तुम एक क्रांति हो। क्रांति किसी भी क्रांतिकारी से ज्यादा बड़ी होती है। क्रांतिकारी वे होते हैं, जो कहीं रुक गए हैं: नदी ठहर गई है, अब वह बहती नहीं है। संन्यासी तो सदा प्रवाहमान है: उनकी नदी कभी ठहरती ही नहीं है—वह आगे और आगे बहती ही चली जाती है, संन्यासी तो एक प्रवाह है।

दूसरा प्रश्न: भगवान, आप योगी हैं, या भक्त हैं, या ज्ञानी हैं, या तांत्रिक हैं?

इन मूर्खताओं में से कुछ भी नहीं।

मेरे ऊपर किसी भी तरह के लेबल लगाने की कोशिश मत करना; न ही मुझे किसी कोटि में रखने की कोशिश करना। तुम्हारा मन मुझे किसी कोटि में रखना चाहेगा, ताकि तुम कह सको कि यह आदमी इस तरह का है और ताकि फिर तुम निश्चिंत हो जाओ। बात इतनी आसान नहीं है। मैं ऐसा नहीं होने दूंगा। मैं तो पारे की भांति हूं, छलक-छलक जाऊंगा जितना अधिक मुझे पकड़ने की कोशिश करोगे, उतना ही छूट-छूट जाऊंगा। जितना अधिक मुझे जानना चाहोगे, उतना ही मैं बिना जाना रह जाऊंगा। या तो मैं सभी कुछ हूं या मैं कुछ भी नहीं हूं—केवल मेरी यही दो कोटियां हो सकती हैं, और मैं बीच की किसी अन्य कोटि में नहीं आता हूं, क्योंकि और कोई सी भी कोटि सत्य की खबर न दे सकेगी। और जिस दिन तुम मुझे या तो सब कुछ की भांति, या फिर कुछ नहीं की भांति जान लोगे, वह दिन तुम्हारे लिए परम अनुभूति का दिन होगा, परम सौभाग्य का दिन होगा।

मैं तुम से एक कथा कहना चाहूंगा जिसे मैं कल ही पढ़ रहा था:

अपनी एक कहानी 'दि कंट्री ऑफ दि ब्लाइंड' में एच.जी.वेल्स ने बताया है कि कैसे एक यात्री एक अजनबी वादी में जा पहुंचा, वह वादी जो कि ऊंचे-ऊंचे पहाड़ों से घिरी हुई थी, शेष सारे संसार से अलग-थलग हो गई थी। वहां पर सभी लोग अंधे थे—वह अंधों की वादी थी। भूल से एक यात्री वहां पहुंच गया। वह उस विचित्र वादी में कुछ दिन रहा, लेकिन वहां के जो मूल निवासी

थे, वे उसे बीमार और अस्वस्थ समझते थे। उस वादी के जो विशेषज्ञ थे, उन्होंने कहा, 'इस आदमी का दिमाग, जिन्हें कि ये आंखें कहते हैं, उसके कारण अस्वस्थ हैं। ये आंखें इसे लगातार उत्तेजक और अशांत रखती हैं।' और उन्होंने यह निष्कर्ष निकाला कि जब तक इस आदमी की आंखें न निकाल दी जाएंगी यह कभी स्वस्थ और स्वाभाविक न हो पाएगा। इसकी 'शल्य-चिकित्सा की सख्त जरूरत है,' उन विशेषज्ञों ने कहा।

वे सभी लोग अंधे थे। वे सोच भी न सकते थे कि कैसे किसी आदमी के पास आंखें भी हो सकती हैं। यह आंखें तो अस्वाभाविक हैं, इस आदमी को स्वाभाविक बनाने के लिए इसकी आंखों को निकाल देना चाहिए।

वह यात्री उस वादी में एक अंधी युवती के प्रेम में पड़ गया। उस स्त्री ने उससे निवेदन किया कि वह अपनी आंखें निकलवा दे जिससे कि वे दोनों सुखपूर्वक रह सकें।

'क्योंकि,' उस युवती ने कहा, 'अगर तुमने अपनी आंखें न निकलवाईं, तो मेरा समाज तुम्हें स्वीकार न करेगा। तुम अस्वाभाविक हो; तुम मेरे समाज के लिए इतने अलग, इतने अजनबी हो कि तुम आंखें निकलवा दो। किसी दुर्भाग्य की मार तुम पर आ पड़ी है। हमने तो कभी इन आंखों के बारे में किसी से कुछ सुना नहीं है। और तुम लोगों से पूछ सकते हो : किसी ने कभी देखा नहीं है। इन्हीं दो आंखों के कारण तुम मेरे समाज में अजनबी हो, और यह समाज के लोग मुझे तुम्हारे साथ रहने की आज्ञा न देंगे। और मुझे भी तुम्हारे साथ रहने में थोड़ा भय लगता है, क्योंकि आंखों के कारण तुम कुछ अलग हो।'

उस युवती ने उस युवक पर बहुत जोर डाला, उसकी बहुत खुशामद और मिन्नतें कीं कि वह अपनी आंखें निकलवा दे, ताकि वे दोनों सुखपूर्वक साथ-साथ रह सकें। और उसने यह प्रस्ताव करीब-करीब स्वीकार कर ही लिया था, क्योंकि वह यात्री उस अंधी युवती के प्रेम में पड़ गया था—उसी प्रेम के वशीभूत होकर और उसके मोह में फंसकर वह अपनी आंखें तक खोने के लिए तैयार हो गया था—लेकिन जब वह निर्णय लेने ही वाला था कि एक सुबह उसने पहाड़ों के बीच में से सूर्योदय होते देखा, और सफेद फूलों से भरी सुंदर हरी-भरी वादियों को उसने देखा...उसके बाद फिर वह अपनी आंखें गंवाकर उस वादी में संतुष्ट रहता, यह उसके लिए संभव न था। वह वापस अपने देश लौट आया।

बुद्ध, जीसस, कृष्ण, जरथुस्त्र, ये लोग अंधों की वादी में आंख वाले लोग हैं। फिर चाहे किसी भी नाम से तुम उनको पुकारो—योगी कहो, बुद्ध कहो, जिन कहो, क्राइस्ट कहो, या भक्त कहो। चाहे किसी भी नाम से पुकारो, लेकिन तुम्हारी सारी कोटियां केवल इतना ही कहती हैं कि वे तुम से अलग हैं, कि उनके पास दर्शन की, देखने की क्षमता है, कि उनके पास आंखें हैं, कि वे ऐसा कुछ देख सकते हैं जिसे तुम नहीं देख सकते हो।

और ऐसे आंख वाले लोगों से तुम नाराज होते हो, प्रारंभ में तो तुम उनका विरोध करते हो और फिर चाहे बाद में, उनका अनुसरण करने लगो, उनकी पूजा करने लगो। क्योंकि उनकी अंतर्दृष्टि, तुम्हारे विरोध के बावजूद, तुम में एक गहन आकांक्षा और अभीप्सा निर्मित कर देती है। अचेतन रूप से तुम्हारा स्वयं का ही स्वभाव तुम से कहता रहता है कि इस दृष्टि को, इस दर्शन को

पाने की तुम्हारी भी संभावना है। फिर ऊपर-ऊपर से तो तुम इनकार करते चले जाते हो; और गहरे में एक अचेतन धारा तुम से यह कहे चली जाती है कि तुम ठीक नहीं हो। शायद इस दृष्टि का ही होना स्वाभाविक है, और तुम अभी जैसे हो अस्वाभाविक हो। संभव है तुम्हारे जैसे दृष्टि-विहीन लोगों की संख्या अधिक हो, लेकिन इसका सत्य से कोई लेना-देना नहीं है।

बुद्ध, जीसस, कृष्ण, जरथुस्त्र इन लोगों का स्मरण उसी भांति रखना होता है, जैसे कि अंधों की वादी में आंख वाले व्यक्तियों का स्मरण किया जाता है।

मैं यहां पर तुम्हारे बीच हूं। मैं तुम्हारी कठिनाई समझता हूं, क्योंकि जो मैं देख सकता हूं, तुम नहीं देख सकते हो, जिसे मैं अनुभव कर सकता हूं, उसे तुम अनुभव नहीं कर सकते हो, जिसका स्पर्श मैं कर सकता हूं, तुम उसका स्पर्श नहीं कर सकते हो। मैं भली-भांति जानता हूं कि अगर किसी तरह तुम मेरे प्रति आश्वस्त हो भी जाओ, तो भी गहरे में तुम्हारे कहीं कोई संदेह बना ही रहता है। संदेह—कि कौन जाने? यह आदमी कल्पना ही कर रहा हो—कौन जाने? यह आदमी धोखा ही दे रहा हो—कौन जाने? क्योंकि जब तक यह तुम्हारा ही अनुभव न बन जाए, तुम कैसे भरोसा कर सकते हो?

मैं जानता हूं, तुम मुझे किसी न किसी कोटि में रखना चाहोगे। वह कम से कम कोई नाम तो दे देगी, कोई लेबल तो लगा देगी, और फिर तुम चैन अनुभव करोगे। तब तुम अगर मुझे किसी कोटि में रख सके तो यह जानोगे, कि ये योगी हैं। फिर कम से कम तुम्हें यह तो लगेगा कि तुम जानते हो। कोई नाम देकर लोग समझने लगते हैं कि वे जानते हैं। यह एक तरह की मानसिक रुग्णता है।

एक बच्चा तुम से पूछता है, 'यह कौन सा फूल है?' वह फूल को लेकर बेचैन है, क्योंकि वह उस फूल से अपरिचित है—वह फूल उसे उसके अज्ञान के प्रति सचेत करता है। तुम उसे बता देते हो, 'यह गुलाब है।' वह खुश हो जाता है। वह उस नाम को दोहराता रहता है : यह गुलाब है, यह गुलाब है। वह बहुत ही प्रसन्न और आनंदित होकर दूसरे बच्चों के पास जाएगा, और उन्हें बताएगा कि देखो, 'यह गुलाब है।'

उसने क्या सीख लिया है? एक नाम! लेकिन अब वह निश्चिंत है कि अब वह अज्ञानी न रहा। अब कम से कम वह अपने अज्ञान को अनुभव तो नहीं कर सकता—अब वह जानकार हो गया है। अब वह फूल उसके लिए अपरिचित नहीं रहा; जानकारी की दुनिया में अब गुलाब उसके लिए किसी अनजान की भांति नहीं रहा; अब गुलाब उसकी जानकारी का हिस्सा बन गया। उसे नाम दे देने से, उसे 'गुलाब' कह देने से, तुमने क्या कर लिया?

जब कभी तुम किसी अजनबी से मिलते हो, तो तुरंत पूछते हो, 'आपका नाम क्या है?' क्यों? तुम बिना किसी नाम के क्यों नहीं रह सकते? जबकि इस दुनिया में हर कोई बिना नाम के आता है। कोई अपने साथ नाम लेकर नहीं आता हर कोई बिना किसी नाम के जन्म लेता है। जब घर में कोई बच्चा आने वाला होता है, तो परिवार के लोग पहले से ही सोचना शुरू कर देते हैं कि उसे कौन सा नाम दिया जाए। तुम्हें इतनी जल्दी क्यों है? क्योंकि तुम्हारे संसार में फिर से कोई अनजाना और अजनबी आ रहा है। कोई न कोई लेबल उस पर तुरंत लगाना है। जब तुम बच्चे पर लेबल लगा देते हो, तब तुम संतुष्ट हो जाते हो : तब तुम जानते हो कि यह राम है, कि रहीम है—कुछ तो है।

सभी नाम निरर्थक हैं। और जब कोई छोटा बच्चा जन्म लेता है, तो उसके पास कोई नाम नहीं होता। वह परमात्मा की भांति अनाम होता है। लेकिन फिर भी उसे कोई नाम देना पड़ता है : मनुष्य के मन में नाम के लिए एक खास तरह का आकर्षण और एक तरह की बंधी-बंधाई धारणा होती है कि जब किसी को कोई नाम दे दिया गया, तो जैसे कि उसको हमने जान लिया। तब हम पूरी तरह से संतुष्ट हो जाते हैं।

लोग मेरे पास आकर मुझसे पूछते हैं, 'आप कौन हैं? हिंदू हैं, जैन हैं, मुसलमान हैं, ईसाई हैं—कौन हैं आप?'

अगर वे मुझे हिंदू की कोटि में रखते हैं, तो वे संतुष्टि अनुभव करते हैं—कि वे मुझको जानते हैं। अब यह 'हिंदू' शब्द, उन्हें यह जानने की एक झूठी अनुभूति दे देगा कि वे मुझे जानते हैं।

तुम मुझसे पूछते हो, 'आप कौन हैं? आप भक्त हैं, योगी हैं, ज्ञानी हैं, तांत्रिक हैं?'

अगर तुम मेरे ऊपर किसी तरह का लेबल लगा सके, या मेरे लिए कोई नाम खोज सके, तो तुम निश्चिंत हो जाओगे। तब तुम्हें चैन और शांति मिलेगी, तब फिर कहीं कोई समस्या नहीं रहेगी।

लेकिन क्या मेरे ऊपर किसी तरह का लेबल लगा देने से तुम मुझको जान लोगे?

सच तो यह है अगर तुम सच में ही मुझे जानना चाहते हो, तो कृपा करके मेरे और अपने बीच कोई नाम मत लाना। सभी तरह की कोटियां गिरा देना। और मुझे बिना किसी नाम और कोटि के आंखें खुली रखकर सीधे देखना। मुझे बिना किसी जानकारी के, सीधी-सरल, निर्दोष दृष्टि से देखना; ऐसी दृष्टि से जिसमें कोई धारणा, सिद्धांत और पूर्वाग्रह न हों। और तब तुम मुझे समग्ररूपेण देख सकोगे। फिर तुम मुझे सीधे देख सकोगे। यही एकमात्र ढंग है मुझे जानने का, यही एकमात्र ढंग है सत्य को जानने का।

गुलाब की तरफ देखना, लेकिन 'गुलाब' शब्द को भूल जाना। वृक्ष की तरफ देखना, लेकिन 'वृक्ष' शब्द को भूल जाना। हरियाली को देखना, लेकिन 'हरा' शब्द भूल जाना। और शीघ्र ही तुम परमात्मा की अदभुत उपस्थिति के प्रति जागरूक हो जाओगे जो कि तुम्हें चारों ओर से घेरे हुए है।

अगर परमात्मा को नाम दे दो, तो वह संसार बन जाता है। अगर संसार को कोई नाम न दो, तो वह फिर से परमात्मा बन जाता है। तुम्हारे मन में जिस परमात्मा की धारणा है, वह संसार का ही रूप है; संस्कारमुक्त, असीम, अज्ञात संसार ही परमात्मा है।

मेरी ओर बिना किन्हीं शब्दों के शून्य और मौन होकर देखो।

तीसरा प्रश्न : अगर मैं स्वयं से ही भयभीत हूं तो समर्पण कैसे करूं? और मेरे हृदय में पीड़ा हो रही है कि प्रेम का द्वार कहां है?

समर्पण करने के लिए कहीं कोई 'कैसे' नहीं होता। अगर तुम अहंकार की मूढ़ता, अहंकार के अज्ञान, अहंकार की पीड़ा को जान लो, तो तुम अहंकार को गिरा दोगे। कहीं कोई 'कैसे' नहीं होता है। अहंकार की इस पीड़ा को अगर तुम ठीक से देख लो तो तुम उसे सिर्फ दुख, पीड़ा और नर्क से भरा हुआ पाओगे, फिर तुम अहंकार अपने से गिरा दोगे।

तुम अहंकार को अभी भी इसीलिए पकड़े हुए हो, क्योंकि अहंकार के माध्यम से तुमने कुछ स्वप्न संजोकर रखे हुए हैं। तुमने उसकी पीड़ा, उसके नरक को अभी जाना नहीं है; तुम अभी भी आशा कर रहे हो कि उसमें कोई खजाना छिपा हो सकता है।

स्वयं में गहरे उतरकर देखो। मत पूछो कि अहंकार को गिराना कैसे है। बस, देखो कि तुम उससे कैसे चिपके हो; कैसे उसे पकड़े हो। अहंकार को पकड़ना ही समस्या है। अगर तुम अहंकार को नहीं पकड़ते हो, तो वह अपने से ही गिर जाता है। और अगर तुम मुझसे पूछते हो कि अहंकार को कैसे गिराएं और तुम यह नहीं देख रहे हो कि तुमने ही अहंकार को पकड़ा हुआ है, तो मैं तुम्हें कोई विधि दे सकता हूं; तो तुम अहंकार को तो पकड़े ही रहोगे, और मैं जो विधि दूंगा उसको भी पकड़ लोगे। क्योंकि तुम किसी भी चीज को पकड़ने की प्रक्रिया को नहीं समझते हो।

मैंने एक कहानी सुनी है। दर्शनशास्त्र के एक प्रोफेसर बहुत भुलक्कड़ किस्म के व्यक्ति थे, जैसा कि दार्शनिकों की आदत होती है—भुलक्कड़ होने की। ऐसा नहीं है कि वे मन के पार चले गए हैं, या अ-मन को उपलब्ध हो गए हैं; क्योंकि उनका मन तो साधारण आदमी से भी अधिक व्यस्त रहता है, उन्हें तो किसी बात का खयाल ही नहीं रहता। दार्शनिक लोग केवल मस्तिष्क में जीते हैं। तो वह जो प्रोफेसर थे, सब चीजें इधर-उधर रख देते थे, हर चीज को गलत जगह पर रख देते थे। एक दिन वे कहीं अपनी छतरी भूल आए। उनकी पत्नी अनुमान लगाने का प्रयास कर रही थी कि वे छतरी कहां छोड़ आए हैं। तो उनकी पत्नी ने उनसे पूछा, 'आप मुझे ठीक-ठीक बताएं, आपको किस समय मालूम हुआ कि छतरी आपके पास नहीं है?'

अब पहली तो बात भुलक्कड़ आदमी से यह पूछना ही गलत है; 'आपको किस समय मालूम हुआ कि छतरी आपके पास नहीं है?' यह प्रश्न पूछना ही गलत है उस आदमी से, क्योंकि जो आदमी छतरी कहीं भूल आया है, उसे अब तक यह भी भूल गया होगा कि कब!

उनकी पत्नी ने पूछा, 'आप मुझे बताएं कि किस समय आपको पहली बार छतरी न होने का खयाल आया?'

'प्रिय,' उन्होंने उत्तर दिया, 'बारिश बंद होने के बाद जब मैंने छतरी बंद करने के लिए हाथ ऊपर उठाया, तब मुझे पता चला कि छतरी तो है ही नहीं।'

तुम ही अहंकार को पकड़े हुए हो और पूछते हो कि अहंकार को कैसे गिराना। और पकड़ने वाला मन तो विधि को भी पकड़ना शुरू कर देगा।

कृपा करके मत पूछना 'कैसे?' बल्कि इसके विपरीत अपने भीतर खोजना—कि तुम क्यों अहंकार को पकड़ रहे हो। अब तक तुम्हारे अहंकार ने तुम्हें क्या दे दिया है? क्या वायदों के अतिरिक्त कुछ और भी दिया है अहंकार ने कभी? क्या अहंकार ने कभी कोई वायदा पूरा किया है? क्या अहंकार के द्वारा तुम्हें हमेशा इसी तरह से छला जाता रहेगा? क्या अहंकार के द्वारा तुम अभी तक पूरी तरह से छले नहीं गए हो? क्या तुम्हें अभी तक संतुष्टि नहीं हुई है? क्या तुम्हें अभी तक पता नहीं चला है कि यह तुम्हें कहीं ले नहीं जा रहा है, उन्हीं पुराने सपनों में चक्कर लगाते जाते हो, लगाते जाते हो। जब-जब हताशा और निराशा हाथ लगती है, क्या तुम्हें नहीं मालूम होता है कि एकदम आरंभ से ही वायदा झूठा था। अगर तुम निराश भी होते हो, तो तुम उसी क्षण फिर से नई

आशा के सपने संजोने लगते हो। और अहंकार तुम्हें आशा पर आशा दिए चला जाता है। अहंकार नपुंसक है। वह केवल वायदे कर सकता है; वायदों को पूरा नहीं कर सकता। अहंकार को जरा गौर से, जरा ध्यान से देखना। पहले वायदे और फिर वायदों की पूर्ति न होना, इन दोनों के बीचः बहुत अधिक पीड़ा, हताशा, और दुख होता है।

जिस नरक के बारे में तुमने सुना है वह किसी भूगोल का हिस्सा नहीं है, वह कहीं पृथ्वी के नीचे कहीं पाताल में नहीं है। वह तुम्हारे अहंकार में ही है। जब सच में तुम अहंकार की पीड़ा को ठीक से जान लोगे, तो अहंकार के ऊपर से तुम्हारी पकड़ छूट जाएगी। और अहंकार के बिदा होते ही समर्पण अपने से हो जाता है। समर्पण अहंकार की अनुपस्थिति है।

लेकिन तुम यह नहीं पूछते हो कि 'मैं अहंकार को क्यों पकड़ता हूं?' तुम पूछते हो, 'समर्पण कैसे करूं?'

तुम गलत प्रश्न पूछ रहे हो।

और फिर हजारों बातें लोग तुम से कहते हैं। और तुम उनको पकड़ने लगते हो। तुम दुनिया भर की तथाकथित विधियों, प्रणालियों, सिद्धांतों, धर्मों, मंदिरों-चर्चों को पकड़े हुए हो। केवल मात्र एक अहंकार को गिरा देने के लिए दुनिया में तुमने तीन सौ धर्म बनाए हुए हैं। केवल एक छोटे से अहंकार को गिराने के लिए! और इसके लिए हजारों तरह की विधियां और प्रणालियां बनाई गई हैं, किताबों पर किताबें लिखी गई हैं—कि अहंकार को कैसे गिराएं। और जितना अधिक पढ़ते हो, उतने ही जानकार होते चले जाते हो, उतनी ही अहंकार को गिराने की संभावना कम होती चली जाती है—क्योंकि अब पकड़ने के लिए तुम्हारे पास बहुत कुछ है। क्योंकि अब तक तो अहंकार और प्रतिष्ठित भी हो चुका होता है...।

मैं एक जाने-माने प्रसिद्ध उपन्यासकार की आत्मकथा पढ़ रहा था। अपने जीवन के अंतिम समय में सभी से यही कहते रहे और यही शिकायत करते रहे, कि मेरा पूरा जीवन बर्बाद हो गया। मैं कभी भी उपन्यासकार नहीं बनना चाहता था—कभी भी नहीं।'

किसी ने उससे पूछा, 'तो तुमने उपन्यास लिखना बंद क्यों नहीं कर दिया? क्योंकि कम से कम बीस साल से तो मैं यही बात सुन रहा हूं, और मैं ऐसे लोगों को भी जानता हूं जो तुम्हारी इस शिकायत को और भी पहले से सुनते आ रहे हैं, तो तुमने उपन्यास लिखना बंद क्यों नहीं कर दिया?'

वे बोले, 'मैं ऐसा कैसे कर सकता था? क्योंकि जिस समय मुझे मालूम हुआ कि उपन्यास लिखना मेरे अनुकूल नहीं है, उस समय तक तो मैं बहुत प्रसिद्ध हो चुका था। जिस समय मैंने जाना कि उपन्यास लिखना मेरे अनुकूल नहीं है, तब तक मैं एक प्रसिद्ध उपन्यासकार हो चुका था।'

अगर अहंकार को सजाते और संवारते ही चले जाओ, तो उसे गिराना मुश्किल है। तुम्हारा ज्ञान और तुम्हारी जानकारी तुम्हारे अहंकार को सजाती-संवारती चली जाती है। तुम्हारा चर्च चले जाना अहंकार को सजा-संवार देता है—क्योंकि फिर तुम धार्मिक कहलाने लगते हो। बाइबिल या गीता पढ़ लेना,. अहंकार को संवार देता है। 'मैं औरों से अधिक पवित्र हूं'—इस दृष्टि से तुम दूसरों को देखने लगते हो। पूरे संसार को तुम इस निंदा के भाव से देखने लगते हो कि बस, तुम्हारे अतिरिक्त और पूरा संसार नरक में पड़ने वाला है।

तुम ऊपर से विनम्र बनने की, सीधे-सरल बनने की कोशिश करते हो, लेकिन कहीं गहरे में तुम्हारी सरलता में भी अहंकार छिपा बैठा होता है, वह तुम पर सवार रहता है। और इसके लिए तुम बहुत से तर्क और कारण खोज लेते हो। और सभी तर्क और कारण अहंकार को सजाने के आभूषण ही होते हैं।

भारत में एक सम्राट था, हैदराबाद का निजाम, अभी कुछ वर्ष पहले ही उनकी मृत्यु हुई। वह पूरी दुनिया में सर्वाधिक धनी व्यक्तियों में से एक था। उसके सामने राकफेलर और फोर्ड तो कुछ भी नहीं हैं। वह दुनिया का सबसे धनी आदमी था। सच तो यह है कि उसके पास कितना धन था, कोई भी नहीं जानता। क्योंकि उसके पास अनगिनत हीरे-जवाहरात थे। सात बड़े-बड़े कमरों में उन हीरों को रखा गया था : वे कमरे पूरे हीरों से भरे हुए थे। यहां तक कि निजाम को तो यह भी न मालूम था कि कितने हीरे हैं।

लेकिन फिर भी हैदराबाद का जो निजाम था, वह बहुत ही कंजूस था—तुम भरोसा भी न कर सकोगे, इतना कंजूस। तुम्हें यही लगेगा कि मैं गलत कह रहा हूं। वह इतना कंजूस था कि जब उसके महल में मेहमान आते और वे अपनी अधूरी जली सिगरेटें ऐश-ट्रे में छोड़ जाते, तो वह उन जली हुई सिगरेटों को इकट्ठी करके, उनको पीता था। शायद तुम्हें मेरी बात पर भरोसा नहीं आएगा, लेकिन यह सच है।

जब वह हैदराबाद का निजाम बना, जब से वह गद्दी पर बैठा, चालीस वर्षों तक वह एक ही टोपी का उपयोग करता रहा। वह दुनिया की सब से गंदी टोपी थी। उस टोपी को कभी भी धोकर साफ नहीं किया गया था, क्योंकि उसे भय था कि धोने से कहीं टोपी खराब न हो जाए। वह एक गरीब आदमी की तरह जीया। और वह अपनी प्रजा से कहा करता था कि 'मैं एक सीधा-सादा आदमी हूं। शायद मैं सबसे ज्यादा अमीर आदमी हूं दुनिया का, लेकिन मैं गरीब आदमी का जीवन जीता हूं।'

लेकिन वह गरीब नहीं था, वह कंजूस था। वह कहता था, चूंकि उसे दिखावे में रस नहीं है, इसलिए वह इतना सीधा-सरल जीवन जीता है। वह अपने को फकीर समझता था। लेकिन वह ऐसा था नहीं। उस जैसा कंजूस कभी कोई हुआ नहीं : सबसे ज्यादा अमीर और सबसे ज्यादा कंजूस। लेकिन अपनी कंजूसी के लिए, वह सभी प्रकार के तर्क और कारण ढूंढ लिया करता था।

वह बहुत ही भयभीत, और अंधविश्वासी भी था... वह प्रार्थना करता था और ऐसा दिखाने की कोशिश करता था कि वह बड़ा महान धार्मिक है। लेकिन ऐसा था नहीं। वह तो केवल डरा हुआ, भयभीत आदमी था। रात्रि को जब वह सोता था, तो एक बड़ी ही अजीब चीज को साथ लेकर सोता करता था। उसके पास एक बड़ा सा पात्र था, जिसे वह नमक से भर लेता था, और उस नमक के पात्र में अपना एक पैर रख लेता था—रात भर वह ऐसे ही सोता था। क्योंकि मुसलमानों में एक धारणा है कि अगर तुम्हारा पैर नमक को छू रहा हो, तो भूत-प्रेत तुम्हें नहीं सता सकते।

इतना डरा हुआ आदमी कैसे प्रार्थना कर सकता है? जिसे भूत-प्रेतों का इतना भय हो, वह परमात्मा को कैसे प्रेम कर सकता है? क्योंकि जो परमात्मा से प्रेम करता है, उसका भय मिट जाता है। लेकिन उसने बहुत लोगों को धोखा दिया। और अगर उसने बहुत लोगों को धोखा नहीं भी दिया, तो भी कम से कम स्वयं को तो धोखा दिया ही।

ध्यान रहे, हमेशा शुरुआत से ही प्रारंभ करना। इसे देखना कि तुम्हारी पकड़ कहां है और तुम क्यों पकड़ रहे हो।

यह मत पूछो कि 'कैसे समर्पण करूं?' बस, देखना और पता लगाना कि अहंकार को क्यों पकड़ रहे हो, क्यों तुम अहंकार को पकड़ने की जिद किए हुए हो।

अगर तुम्हें अभी भी लगता हो कि अहंकार तुम्हारे लिए कोई स्वर्ग ले आएगा, तो प्रतीक्षा करना—फिर समर्पण करने की कोई जरूरत नहीं है। अगर तुम्हें ऐसा लगता है कि सभी आशाएं व्यर्थ और झूठ हैं और अहंकार से भी सिवाय पीड़ा और दुख के कुछ नहीं मिलता, तब फिर यह पूछने की जरूरत क्या है कि समर्पण कैसे करूं?

किसी पर भी अपनी पकड़ मत बनाओ। सच तो यह है कि जब तुम यह जान लेते हो कि अहंकार आग है तो वह अपने से ही गिर जाता है। फिर उसको पकड़ने का सवाल ही नहीं उठता है, फिर तो वह गिर ही जाता है। जब घर में आग लगी हो, तो किसी से पूछना नहीं पड़ता कि घर से बाहर कैसे आएं, छलांग लगाकर तुम अपने-आप बाहर आ जाते हो।

एक बार ऐसा हुआ, मैं एक घर में मेहमान था, और उस घर के सामने जो घर था, उसमें आग लग गई। वह तीन मंजिल का मकान था, और एक मोटा आदमी जो तीसरी मंजिल पर रहता था, वह खिड़की से कूदने की कोशिश कर रहा था। और नीचे जो भीड़ खड़ी थी वह चिल्ला रही थी, कूदना मत, छलांग मत लगाना; हम सीढ़ी लेकर आते हैं।

लेकिन जब घर में आग लगी हो, तो कौन सुनता है? वह आदमी कूद पड़ा। वह सीढ़ी के आने तक इंतजार नहीं कर सका। और उस समय तक कोई खतरा भी नहीं था, क्योंकि आग केवल पहली मंजिल पर ही लगी थी, तीसरी मंजिल तक पहुंचने में तो समय लगता। और भीड़ में से कुछ लोग सीढ़ी लेने के लिए गए थे। और लोग चिल्ला-चिल्ला कर उससे कह रहे थे, ठहरो, कूदो मत। लेकिन उसने किसी की नहीं सुनी। वह तीसरी मंजिल से कूद पड़ा और उसका पांव टूट गया।

बाद में जब मैं उसे देखने के लिए गया तो मैंने उनसे पूछा, 'आपनें तो कमाल कर दिया। आपने तो पूछा भी नहीं कि कैसे छलांग लगाऊं। क्या आपने पहले भी कभी तीसरी मंजिल से छलांग लगाई है?'

वे कहने लगे, 'कभी नहीं लगाई।'

'क्या कभी इसका अभ्यास किया था?'

वे बोले, 'कभी नहीं।'

'कोई प्रशिक्षण लिया था?'

वे कहने लगे, 'क्या कह रहे हैं आप! ऐसा तो पहली बार ही हुआ है!'

'क्या किसी पुस्तक से सीखा है? या किसी शिक्षक से इस बारे में कुछ पूछा था? या इस बारे में किसी व्यक्ति से कुछ पूछा था?'

वे कहने लगे, 'आप कैसी बातें कर रहे हैं? मैं तो अपने पत्नी-बच्चों के आने का भी इंतजार न कर सका, और मेरी समझ में ही नहीं आ रहा था कि लोग क्यों चिल्ला रहे हैं। बाद में, जब मैं जमीन पर गिर गया, तब मेरी समझ में आया कि वे लोग सीढ़ी लेने के लिए जा रहे थे।'

जब घर में आग लगी हो, तो तुम तुरंत छलांग लगा देते हो। तुम यह नहीं पूछते कि 'कैसे' छलांग लगाएं। और जब मैं तुमसे कहता हूं कि तुम्हारे घर में आग लगी है, तो तुम तुरंत पूछने लगते हो कि 'इसके बाहर छलांग कैसे लगाएं?' नहीं, तुम बात को समझे ही नहीं। तुम्हें अभी भी नहीं लगता कि तुम्हारे घर में आग लगी है। मैं कहता हूं, इसलिए मेरे कहने के कारण तुम्हारे मन में एक विचार उठता है कि 'इसके बाहर कैसे छलांग लगाएं?' अगर सच में ही तुम्हारे घर में आग लगी हो, तो भला मैं कितना ही चिल्लाऊं कि मैं सीढ़ी लेने जा रहा हूं। ठहरो! तो भी तुम प्रतीक्षा न करोगे, तुम छलांग लगा ही दोगे। चाहे फिर पांव ही क्यों न टूट जाएं।

लेकिन तुम तो बड़े ही आराम से, बिना किसी फिकर के पूछ लेते हो कि 'समर्पण कैसे करूं?'

कहीं कोई 'कैसे' नहीं है। केवल उस पीड़ा को देखना और समझना है जिसे अहंकार निर्मित करता है। अगर तुम उस पीड़ा को अनुभव कर सको तो तुम अहंकार के बाहर आ जाओगे।

'...और मेरे हृदय में पीड़ा हो रही है...।'

ऐसा तो होगा ही। अहंकार के साथ तो पीड़ा होगी ही।

और तुम पूछते हो, '...प्रेम का द्वार कहां है?'

अहंकार के बाहर आ जाओ। प्रेम का द्वार मौजूद ही है। अहंकार को छोड़ो और हृदय का द्वार मिल जाता है। अहंकार ही प्रेम के मार्ग में रुकावट बन रहा है। अहंकार ही ध्यान में अवरोध पैदा करता है, अहंकार ही प्रार्थना करने से रोकता है, अहंकार ही परमात्मा के मार्ग में रुकावट है; लेकिन फिर भी तुम अहंकार की ही सुनते चले जाते हो। फिर जैसी तुम्हारी मर्जी।

ध्यान रहे, अहंकार का चुनाव तुम्हारा चुनाव है। अगर तुमने अहंकार को चुना है, तो ठीक। फिर 'कैसे' की बात ही मत उठाना। और अगर तुम अहंकार का चुनाव नहीं करते, तो फिर 'कैसे' का सवाल ही नहीं उठता है।

चौथा प्रश्नः जब भी मैं आपके प्रवचनों को ध्यानपूर्वक सुनने की कोशिश करता हूं, तो प्रवचन के पश्चात मैं स्मरण क्यों नहीं कर पाता हूं कि प्रवचन में आपने क्या कहा?

इसकी कोई आवश्यकता भी नहीं है। अगर तुमने मुझे ध्यानपूर्वक सुना है, तो जो मैं कहता हूं उसे स्मरण रखने की कोई आवश्यकता नहीं। फिर वह बात तुम्हारे जीवन का एक अंग बन जाती है।

जब तुम भोजन करते हो तो क्या तुम्हें यह स्मरण रखना पड़ता है कि तुमने क्या खाया? स्मरण रखने का प्रयोजन क्या है? वह भोजन तुम्हारे शरीर का अंग बन जाता है, वह भोजन तुम्हारे शरीर का रक्त, मांस-मज्जा बन जाता है। वह भोजन तुम्हारा अंग बन जाता है। जब तुम कुछ खाते हो, तो फिर खाने को भूल जाते हो। वह पेट में जाकर पच जाता है, उसे स्मरण रखने की कोई आवश्यकता नहीं रह जाती।

अगर तुम मेरे को समग्रता से सुनते हो, तो मैं तुम्हारे रक्त में घुल-मिल जाता हूं, तुम्हारे साथ एक हो जाता हूं। मैं तुम्हारा रक्त-मांस-मज्जा बन जाता हूं मैं तुम्हारे अस्तित्व में समा जाता हूं। तुम मुझे अपने में आत्मसात कर लेते हो।

मेरे शब्दों को स्मरण रखने की कोई आवश्यकता भी नहीं। जब कभी कोई ऐसी परिस्थिति बनेगी, तो प्रत्युत्तर तुम्हारे भीतर से अपने-आप ही आ जाएगा : और उस प्रत्युत्तर में जो कुछ तुमने सुना है, जिस पर ध्यान दिया है, वह पूरा का पूरा उसमें समाहित होगा—लेकिन फिर भी वह याद की हुई बात नहीं होगी, बल्कि तुम्हारे जीवन से, तुम्हारे अनुभव से आई हुई बात होगी।

और इन दोनों बातों के भेद को स्मरण रखना।

मेरा प्रयास तुम्हें और अधिक जानकार, ज्ञानी या पंडित बना देने का लिए नहीं है। तुम्हें थोड़ी और अधिक जानकारी दे देने के नहीं है। मेरे बोलने का और तुम्हारे साथ होने का मेरा यह उद्देश्य बिलकुल नहीं है। मेरा यहां पर पूरा प्रयास इस पर है कैसे तुम अपने अस्तित्व को, कैसे तुम अपनी सत्ता को उपलब्ध हो जाओ; तुम्हें और अधिक जानकार बनाने के लिए नहीं। तो मेरे साथ रहना, मुझे समग्रता से सुनना; बाद में मेरी बातों को याद रखने की कोई आवश्यकता नहीं है। वे तुम्हारे अस्तित्व का हिस्सा हो जाती हैं। जब कभी भी उनकी आवश्यकता होगी, वे जीवंत हो जाएंगी। और तब वे बातें तुम्हारी किसी स्मृति की भांति न होंगी, कि तोते की तरह तुमने उन्हें दोहरा दिया; बल्कि वे तुम्हारी जीवंत प्रतिसंवेदना की भांति होंगी, वे तुमसे आएंगी।

वरना तो हमेशा इस बात का भय रहता है कि कहीं वे तुम्हारी स्मृति न बन जाएं। अगर तुम रूपांतरित नहीं होते हो, स्वयं को नहीं बदलते हो, तब तो केवल तुम्हारी स्मृति बड़ी से बड़ी होती चली जाती है। तुम्हारे दिमाग का कंप्यूटर और अधिक सूचनाएं एकत्रित करता चला जाता है। और जब कभी किन्हीं परिस्थितियों में तुम्हें उसकी आवश्यकता होगी, तो तुम उन्हें भूल जाओगे। और अगर वह तुम्हारे होने का, तुम्हारे अस्तित्व का हिस्सा बन जाती हैं, तब तुम स्मृति की तरह कार्य नहीं करोगे, उस समय अपनी समझ का उपयोग करोगे। उस समय मुझे भूल जाओगे। जब कोई ऐसी परिस्थिति न होगी और तुम लोगों के साथ विवाद या तर्क कर रहे होगे, तो वे बातें तुम्हें स्मरण रहेंगी।

थोड़ा ध्यान देना। अगर मेरी बातें केवल तुम्हारी स्मृति का हिस्सा मात्र हैं, तो फिर वे विवाद के लिए, तर्क के लिए, विचार-विमर्श करने के लिए ठीक हैं। लोगों के सामने तुम्हारे ज्ञान का प्रदर्शन हो जाएगा, और वे समझेंगे कि तुम बड़े ज्ञानी हो, तुम बहुत कुछ जानते हो—तुम अन्य लोगों की अपेक्षा अधिक जानते हो। दिखावे के लिए, प्रदर्शन के लिए, लोगों को यह बताने के लिए कि तुम बहुत कुछ जानते हो, इसके लिए तो यह ठीक है।

लेकिन जीवन की वास्तविक परिस्थिति में...अगर प्रेम के बारे में बातचीत कर रहे हो, तो जो कुछ मैंने तुमसे कहा तुम अपनी स्मृति का उपयोग करके बहुत कुछ कह सकोगे, लेकिन जब ऐसी परिस्थिति आ जाएगी कि तुम किसी के प्रेम में पड़ गए हो—उस समय तुम अपनी ही समझ से प्रेम कर सकोगे। जो कुछ सुना है, उसके द्वारा नहीं। क्योंकि जब भी कभी कोई ऐसी परिस्थिति आ जाती है, तो कोई भी व्यक्ति मृत-स्मृति के माध्यम से कार्य नहीं कर सकता है, उस समय तो सहज-स्फुरणा ही काम आती है।

मैंने एक कथा सुनी है :

एक दिन एक अन्वेषक जंगल में भटकते-भटकते एक नरभक्षी जनजाति से मिला। उस समय वे लोग अपनी पसंद का भोजन करने की तैयारी में थे। आश्चर्य की बात यह थी कि उस आदिवासी

जाति का जो मुखिया था, वह बहुत ही अच्छी अंग्रेजी बोल रहा था। जब उससे इसका कारण पूछा गया; तो उस मुखिया ने बताया कि वह अमरीका के एक कॉलेज में एक वर्ष तक रहा है।

'आप कॉलेज में पढ़ चुके हैं,' वह अन्वेषक थोड़ा आश्चर्य से बोला, 'और फिर भी आप अभी तक मनुष्य का मांस खाते हैं।'

'हां, मैं अभी भी मनुष्य का मांस खाता हूं,' मुखिया ने स्वीकार किया। फिर वह शांत और संतुष्ट स्वर में बोला, 'लेकिन निस्संदेह, अब मैं मांस खाने में कांटे और छुरी का उपयोग करता हूं।'

ऐसा ही होगा, अगर तुम मुझे अपनी स्मृति का हिस्सा बना लोगे तुम फिर भी नरभक्षी के नरभक्षी ही रहोगे लेकिन अब तुम कांटे-छुरियों का उपयोग करने लगोगे। केवल इतना ही फर्क होगा एकमात्र अंतर। लेकिन अगर तुम मुझे अपने अस्तित्व के अंतर्गृह में प्रवेश करने देते हो, मुझे समग्र रूपेण सुनते हो—यही अर्थ है समग्ररूपेण सुनने का—तब तुम अपने दिमाग के कंप्यूटर को और स्मृति को भूल जाना, उसकी कोई आवश्यकता भी नहीं है।

किसी विश्वविद्यालय के परीक्षा भवन में जाकर परीक्षा दे आना सच्ची परीक्षा नहीं है। असली परीक्षा तो अस्तित्व के विश्व विद्यालय में ही होगी। वहीं मिलेगा प्रमाण कि तुमने मुझे सुना है या नहीं। अचानक तुम पाओगे कि तुम कुछ बदल गए हो, तुम अब अधिक प्रेमपूर्ण हो गए हो, परिस्थिति तो वही पुरानी की पुरानी है लेकिन प्रत्युत्तर तुम से कुछ अलग ही आ रहा है। अगर कोई तुम्हें परेशान करना भी चाहे, तो तुम परेशान नहीं होते हो। कोई क्रोध दिलवाने की कोशिश भी करे, तो भी तुम मौन और शांत ही बने रहते हो। कोई अपमान भी करता है, तो भी तुम अछूते के अछूते ही बने रहते हो। जैसे कि कमल पानी में होता है, लेकिन फिर भी पानी उसे छूता नहीं है; ठीक ऐसे ही तुम संसार में रहोगे, लेकिन संसार तुम्हें छुएगा नहीं। तब तुम अनुभव कर सकोगे कि मेरे साथ रहने से तुम्हें क्या उपलब्ध हुआ है।

यह अस्तित्व का अस्तित्व से हस्तांतरण है, ज्ञान का संप्रेषण नहीं।

अंतिम प्रश्नः मैं आप से कुछ छोटे-छोटे मजेदार प्रश्न पूछना चाहता हूं जैसे आप प्रवचन के अंत में लेते हैं, और आप से यह सुनना चाहता हूं कि 'यह प्रश्न धीरेन्द्र का है।' अगर मैं ध्यान करना जारी रखूं, तो क्या ऐसा हो सकेगा?

कभी नहीं। और तब ध्यान करना बंद कर दो। अगर तुम प्रश्न चाहते हो, तो कृपा करके ध्यान मत करो। क्योंकि अगर तुम ध्यान करोगे, तो सभी प्रश्न समाप्त हो जाएंगे, केवल उत्तर ही बच रहेगा। अगर प्रश्न पूछने हैं, तो ध्यान करना बंद कर दो। तब तुम हजारों प्रश्न पूछ सकते हो।

और सभी प्रश्न मूढ़तापूर्ण और हास्यास्पद ही होते हैं, इसलिए उनके बारे में चिंतित होने की कोई जरूरत नहीं है। लेकिन तब तुम्हें केवल एक ही बात का खयाल रखना होगाः ध्यान मत करना। अगर तुम मूढ़तापूर्ण और हास्यास्पद प्रश्न ही करना चाहते हो, तो ध्यान मत करना। और मैं फिर कहता हूं, सभी प्रश्न हास्यास्पद और मूढ़ता से भरे ही होते हैं। अगर ध्यान करोगे, तो वे सभी प्रश्न खो जाएंगे; केवल मौन ही रह जाएगा। और मौन ही उत्तर है।

ध्यान रखना, या तो तुम्हारे पास प्रश्न होते हैं और या फिर उत्तर होते हैं। दोनों साथ-साथ नहीं होते। जब प्रश्न होते हैं, तो उत्तर नहीं होता है। मैं तो उत्तर दे दूंगा, लेकिन वह उत्तर तुम तक पहुंचेगा नहीं। और जब वह तुम तक पहुंचेगा, तब तक तुम उस उत्तर को फिर से हजारों-हजारों प्रश्नों में बदल चुके होगे। जब तुम्हारे पास प्रश्न होते हैं, तो प्रश्न ही होते हैं। जब तुम्हारे पास उत्तर होता है, और मैं इसे 'उत्तर' कहता हूं बहुत सारे उत्तर नहीं, क्योंकि सभी प्रश्नों का केवल एक ही उत्तर है—तो जब तुम्हारे पास उत्तर होता है, तो प्रश्न नहीं होते हैं।

अगर तुम्हें वह उत्तर चाहिए, जो कि सभी प्रश्नों का उत्तर है, तो ध्यान करो। अगर तुम प्रश्न ही करते जाना चाहते हो, तो ध्यान करना बंद कर दो।

और एकमात्र उत्तर ध्यान ही है।

[redacted]

प्रवचन 3

आंतरिकता का अंतरंग

योग-सूत्र

तस्य भूमिषु विनियोगः।।६।।

संयम को चरण-दर-चरण संयोजित करना होता है।

त्रयमन्तरङ्गं पूर्वेभ्यः।।७।।

धारणा, ध्यान और समाधि—ये तीनों चरण प्रारंभिक पांच चरणों की अपेक्षा आंतरिक होते हैं।

तदपि बहिरङ्गं निर्बीजस्य।।८।।

लेकिन निर्बीज समाधि की तुलना में ये तीनों बाह्य ही हैं।

व्युत्थाननिरोधसंस्कारयोरभिभवप्रादुर्भावौ निरोधक्षणचित्तान्वयो निरोधपरिणामः।।९।।

निरोध परिणाम मन का वह रूपांतरण है जब मन में निरोध की अवस्थिति व्याप्त हो जाती है, जो तिरोहित हो रहे भाव-संस्कार और उसके स्थान पर प्रकट हो रहे भाव-विचार के बीच क्षणमात्र को घटित होती है।

तस्य प्रशान्तवाहिता संस्कारात्।।१०।।

यह प्रवाह पुनरावृत्त अनुभूतियों-संवेदनाओं द्वारा शांत हो जाता है।

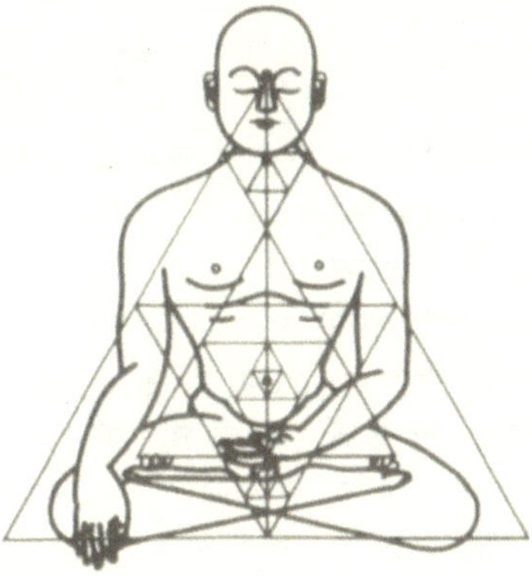

जैसा कि मुझे कहा गया है कि परंपरागत रूप से जर्मनी में चिंतन की दो विचारधाराएं हैं। औद्योगिक और व्यावहारिक, जर्मनी के उत्तरी भाग का दर्शन सिद्धांत है: स्थिति गंभीर है, लेकिन फिर भी निराशाजनक नहीं है। जर्मनी के दक्षिणी भाग का दर्शन अधिक भावमय है, लेकिन कुछ कम व्यावहारिक मालूम होता है: स्थिति निराशाजनक है, लेकिन फिर भी गंभीर नहीं है। अगर तुम मुझसे पूछो, तो स्थिति इन दोनों में से कुछ भी नहीं है—न तो निराशाजनक है और न ही गंभीर है। और मैं बात कर रहा हूं मनुष्य की स्थिति की।

मनुष्य की स्थिति गंभीर मालूम होती है, क्योंकि हमें सदियों-सदियों से गंभीर होने की शिक्षा दी जाती रही है। मनुष्य की स्थिति निराशाजनक मालूम होती है, क्योंकि हम स्वयं के साथ कुछ गलत कर रहे हैं। हम ने अभी तक यह जाना ही नहीं कि सहज और स्वाभाविक होना ही जीवन का लक्ष्य है, और जीवन में जिन सभी लक्ष्यों की हमें शिक्षा दी जाती है, वे हमें और-और असहज, अस्वाभाविक बना देते हैं।

स्वाभाविक होने, अस्तित्व की लय के साथ एक हो जाने को ही पतंजलि संयम कहते हैं। स्वाभाविक होना और अस्तित्व की धड़कन के साथ एक हो जाना ही 'संयम' है। संयम को आरोपित नहीं किया जा सकता है। संयम को बाहर से थोपा नहीं जा सकता है। व्यक्ति के अंतस-स्वभाव का खिल जाना ही संयम है। जो आपका स्वभाव है, वही हो जाना संयम है। अपने स्वभाव में वापस लौट आना संयम है। अपने स्वभाव में लौटना कैसे हो? मनुष्य का स्वभाव क्या है? जब तक हम स्वयं के ही भीतर गहरे नहीं जाते, हम कभी नहीं जान सकेंगे कि मनुष्य का स्वभाव क्या है।

व्यक्ति को स्वयं के भीतर जाना होता है; और योग की पूरी की पूरी प्रक्रिया तीर्थयात्रा है, अंतर्यात्रा है। एक-एक कदम के माध्यम से, आठ चरणों के द्वारा पतंजलि वापस घर की ओर ले जा रहे हैं। पहले पांच चरण—यम, नियम, आसन, प्राणायाम, प्रत्याहार—वे शरीर से पार स्वयं की गहराई में उतरने में मदद करते हैं। शरीर पहली सतह है, अस्तित्व का पहला संकेंद्रित घेरा है। दूसरा चरण है, मन के पार जाना। धारणा, ध्यान, समाधि तीन आंतरिक चरण मन के पार ले जाते हैं। शरीर और मन के पार है स्वभाव, और यही अस्तित्व का भी केंद्र है। अस्तित्व के उसी केंद्र को पतंजलि 'निर्बीज समाधि—कैवल्य' कहते हैं। पतंजलि उसे ही: अपने अस्तित्व का, अपने मूल केंद्र का साक्षात्कार करना और यह जान लेना कि मैं कौन हूं, कहते हैं।

तो पूरी की पूरी यात्रा को तीन भागों में विभक्त किया जा सकता है।

पहला : शरीर का अतिक्रमण कैसे करना।

दूसरा : मन का अतिक्रमण कैसे करना।

और तीसरा : स्वयं के अस्तित्व से कैसे मिलना।

करीब-करीब पूरी दुनिया में, सभी संस्कृतियों में, सभी देशों में, कोई सा भी परिवेश क्यों न हो, उसमें हमें शिक्षा दी जाती है कि लक्ष्य की, उद्देश्य की प्राप्ति हमें स्वयं से बाहर कहीं करनी है। और वह लक्ष्य चाहे धन-संपत्ति का, सत्ता, पद-प्रतिष्ठा का हो, या वह लक्ष्य परमात्मा या स्वर्ग की प्राप्ति का हो, इससे कुछ अंतर नहीं पड़ता है : सभी लक्ष्य और उद्देश्य तुमसे बाहर हैं। और सच्चा लक्ष्य है, जहां से हम आए हैं, उस स्रोत में वापस लौट जाना। तभी वर्तुल पूरा होता है।

बाहर के सभी लक्ष्यों को गिराकर भीतर जाना है। यही योग का संदेश है। बाहर के सभी लक्ष्य आरोपित होते हैं। और तुम्हें बस यही सिखाया जाता है कि कहीं जाना है। वे कभी भी स्वाभाविक नहीं होते; वे स्वाभाविक हो नहीं सकते हैं।

मैंने जी.के.चेस्टरट्न के बारे में सुना है कि :

एक बार जब वे रेलगाड़ी में सफर कर रहे थे तो कुछ पढ़ रहे थे। जब कंडक्टर ने उन्हें टिकट दिखाने को कहा, तो चेस्टरटन ने घबराकर इधर-उधर अपनी जेब टटोलना शुरू कर दीं।

'श्रीमान जी, कोई बात नहीं,' कंडक्टर ने आश्वस्त होकर कहा, 'मैं थोड़ी देर बाद आऊंगा। मुझे पक्का भरोसा है कि टिकट आपके पास है।'

'मुझे मालूम है कि टिकट मेरे पास है,' चेस्टरटन ने हकलाते हुए कहा, 'लेकिन मैं तो यह जानना चाहता हूं कि आखिर मैं जा कहां रहा हूं?'

तुम कहां जा रहे हो? तुम्हारी नियति क्या है? तुम्हें कुछ निश्चित वस्तुएं प्राप्त कर लेना है, यह बात सिखाई जाती है। तुम इस संसार में कुछ प्राप्त करने के लिए बने हो। मन को इसी ढंग से किसी तरह से खींच-तानकर तैयार किया जाता है। मन को बाहर से—माता-पिता, परिवार, शिक्षा, समाज, और सरकार द्वारा नियंत्रित किया जाता है। सभी का बस यही प्रयास है कि व्यक्ति अपनी नियति को उपलब्ध न हो सके। और यही लोग तुम्हारे लिए लक्ष्य निर्धारित करते हैं, और व्यक्ति उस जाल में गिर पड़ता है। और जबकि लक्ष्य तो पहले से ही भीतर मौजूद है।

कहीं जाना नहीं है। स्वयं की पहचान, स्वयं का बोध पाना है—कि मैं कौन हूं। और जब स्वयं का बोध हो जाता है, तो फिर कहीं भी जाओ लक्ष्य की प्राप्ति हो ही जाएगी, क्योंकि वह लक्ष्य तुम अपने साथ ही लिए हुए हो। तब कहीं भी जाओ, एक गहन परितृप्ति साथ ही रहती है। तब तुम्हारे चारों ओर एक शीतल और शांत आभा सी छाई रहती है। उसे ही पतंजलि संयम कहते हैं : एक शीतल, निर्मल, शांत आभा-मंडल जो कि तुम्हारे साथ-साथ गतिमान होता है।

फिर जहां कहीं भी तुम जाओ, तुम्हारा आभा-मंडल तुम्हारे साथ-साथ रहता है और कोई भी इसको अनुभव कर सकता है। दूसरे लोग भी इसका अनुभव करते हैं, चाहे उन्हें इस आभा-मंडल का पता चलता हो या न चलता हो। अगर कोई संयमवान व्यक्ति तुम्हारे निकट आ जाए, तो अचानक ही तुम्हें अपने आसपास एक तरह की शीतल, शांत, ठंडी हवा की अनुभूति होती है, कोई अज्ञात सुवास

उसके पास से आती हुई मालूम होती है। वह सुवास तुम्हें भी छू लेती है, और शांत कर जाती है। वह किसी मीठी लोरी की भांति होती है।

तुम अशांत थे, और अगर कोई संयमवान व्यक्ति तुम्हारे निकट आ जाए, तो अचानक तुम्हारी अशांति कम होने लगती है। तुम क्रोध में थे, अगर संयमी व्यक्ति निकट आ जाए, तो तुम्हारा क्रोध गायब हो जाता है। क्योंकि संयमवान व्यक्ति की अपनी एक चुंबकीय शक्ति होती है। उसकी तरंगों पर सवार होकर तुम भी तरंगायित हो जाते हो। ऐसे व्यक्ति के सान्निध्य में, उसके सत्संग में तुम अधिक ऊपर उड़ान भर सकते हो, जितना कि अकेले में संभव नहीं होता है।

इसलिए पूरब में हमने एक सुंदर परंपरा का निर्माण किया, कि जो व्यक्ति संयम को उपलब्ध है, उनके निकट जाओ और उनके पास बैठो। इसे ही हम दर्शन, इसे ही हम सत्संग कहते हैं: संयम को उपलब्ध व्यक्ति के निकट जाना और उसके पास रहना। पश्चिम के लोगों को यह बात समझ नहीं आती है, क्योंकि कई बार ऐसा होता है कि वह व्यक्ति कुछ बोलता ही नहीं है, वह मौन ही रहता है। और लोग आते रहते हैं, और उसके पांव छूते रहते हैं, उसके पास आंख बंद करके बैठे रहते हैं, किसी तरह की कोई बातचीत नहीं, कोई शाब्दिक संवाद नहीं, और वे घंटों बैठे रहते हैं; और फिर जब वे भर जाते हैं, तृप्त हो जाते हैं, तो वे गहन अनुग्रह से पांव छूकर चले जाते हैं। और अगर व्यक्ति थोड़ा भी संवेदनशील हो, तो देख सकता है कि कोई चीज उनके बीच संप्रेषित हो गई कुछ उपलब्ध हो गया है। और किसी तरह का कहीं कोई शाब्दिक संप्रेषण नहीं होता है—प्रकट रूप से कुछ भी लिया-दिया नहीं गया है। सत्संग का अर्थ है: सत्य को उपलब्ध, प्रामाणिक, संयमी व्यक्ति के साथ होना।

उसके सान्निध्य में रहने मात्र से ही, तुम्हारे भीतर भी कुछ होने लगता है, तुम्हारे भीतर भी कुछ प्रतिसंवेदित होने लगता है।

लेकिन संयम की अवधारणा बहुत ही गलत की जाती है, क्योंकि लोग संयम को बाहर से आरोपित करते हैं। लोग बाहर से स्वयं को शांत करना शुरू कर देते हैं, वे एक तरह की शांति का, मौन का अभ्यास कर लेते हैं, वे स्वयं को एक विशेष अनुशासन के ढांचे में ढाल लेते हैं। बाहर से देखने पर वे संयमपूर्ण व्यक्ति जैसे ही मालूम पड़ते हैं। वे जरूर संयमी जैसे दिखेंगे, लेकिन वे होंगे नहीं। और अगर उनके निकट तुम जाओ, तो देखने में चाहे वे मौन लगते हों, लेकिन अगर तुम उनके पास मौन होकर बैठो, तो किसी तरह की कोई शांति का अनुभव नहीं होगा। कहीं भीतर गहरे में अशांति छिपी ही रहती है। भीतर से वे ज्वालामुखी की तरह होते हैं। ऊपर सतह पर तो उनके सब कुछ मौन और शांत रहता है; लेकिन भीतर गहरे में ज्वालामुखी किसी भी क्षण फूट पड़ने को तैयार रहता है।

इसे खयाल में ले लेना: किसी भी चीज को स्वयं पर जबर्दस्ती आरोपित करने की कोशिश मत करना। किसी भी चीज को स्वयं पर आरोपित करने का मतलब है खंड-खंड हो जाना, निराश और हताश हो जाना, और सच्चाई को, वास्तविकता को चूक जाना क्योंकि तुम्हारे अंतर्तम अस्तित्व को तुम्हारे ही माध्यम से प्रवाहित होना है। तुम्हें तो केवल मार्ग की बाधाएं हटाकर, उसे प्रवाहित होने का मार्ग देना है। तुम्हें स्वयं में कुछ भी नया नहीं जोड़ना है। सच कहा जाए तो जैसे अभी तुम हो, अगर उसमें कुछ कम हो जाए, तो तुम परिपूर्ण हो जाओगे। कुछ भी नहीं जोड़ना है। तुम पहले से ही परिपूर्ण हो। बस मार्ग में कुछ चट्टानें, कुछ अवरोध आ गए हैं, उन चट्टानों को हटा भर देना है,

जिससे कि तुम्हारे भीतर झरना निर्बाध होकर बह सके। अगर मार्ग की उन चट्टानों को हटा दो, तो तुम परिशुद्ध हो ही और जो प्रवाह अवरुद्ध हो गया था, वह फिर से फूट पड़ता है।

ये आठ चरण, पतंजलि के ये अष्टांग, मार्ग की चट्टानों को हटा देने का क्रमबद्ध ढंग हैं।

लेकिन मनुष्य बाह्य अनुशासन से इतना प्रभावित क्यों हो जाता है? इसके पीछे जरूर कोई कारण, कोई तर्क होगा। और कारण है। क्योंकि बाह्य रूप से किसी चीज को स्वयं पर आरोपित कर लेना अधिक आसान और सस्ता होता है, क्योंकि उसके लिए किसी तरह का कोई मूल्य नहीं चुकाना पड़ता है। यह तो ठीक ऐसे ही है जैसे कि कोई व्यक्ति सुंदर न हो, लेकिन बाजार से सुंदर मुखौटा खरीदकर चेहरे पर लगा सकता है। यह सस्ता भी है, महंगा भी नहीं है, और इसके द्वारा दूसरों को थोड़ा-बहुत धोखा भी दिया जा सकता है।

लेकिन धोखा ज्यादा देर नहीं दिया जा सकता, क्योंकि मुखौटा निर्जीव होता है, और निर्जीव चीज देखने में तो सुंदर हो सकती है, लेकिन सच में सुंदर नहीं होती। सच कहा जाए तो व्यक्ति पहले से भी ज्यादा असुंदर हो जाता है। कम से कम मौलिक चेहरा जीवंत तो था, उसमें जीवन की, बुद्धिमत्ता की झलक तो थी। अब नकली और निर्जीव मुखौटे के पीछे जो असली रूप छिपा होता है वह भी छिप जाता है।

लोग संयम को बाह्य रूप से सजाने-संवारने में रस लेने लगते हैं। मान लो कि एक आदमी क्रोधी है और वह क्रोध को छोड़ना चाहता है तो क्रोध छोड़ने के लिए उसे बहुत प्रयास करना पड़ेगा, और यह यात्रा लंबी है। इसके लिए उसे कुछ मूल्य भी चुकाना पड़ेगा। लेकिन स्वयं के ऊपर जबर्दस्ती करना, क्रोध को दबाना, कहीं अधिक आसान होता है। सच तो यह है कि क्रोध की ऊर्जा का उपयोग क्रोध को दबाने में ही किया जा सकता है। इसमें कोई मुश्किल भी नहीं है, क्योंकि कोई भी क्रोधित व्यक्ति क्रोध को बड़ी ही आसानी से जीत सकता है। केवल क्रोध को, क्रोध की ऊर्जा को स्वयं की ओर मोड़ देना है। पहले वह दूसरों के ऊपर क्रोधित होता था; अब वह स्वयं के ऊपर ही क्रोधित होता है, और क्रोध को दबाता रहता है। लेकिन वह चाहे क्रोध को कितना ही दबाए, क्रोध उसकी आंखों में छाया की भांति रहता ही है।

और ध्यान रहे, कभी-कभी क्रोधित हो जाना उतना बुरा नहीं है, जितना क्रोध को दबा देना। और हमेशा क्रोधित बने रहना बहुत खतरनाक होता है। यही घृणा और घृणा के भाव के बीच का अंतर है। जब व्यक्ति क्रोध में भभक उठता है, तो वह घृणा करने लगता है। लेकिन वह घृणा क्षणिक होती है। वह आती है और चली जाती है। उसके लिए चिंतित होने की बात नहीं।

लेकिन जब क्रोध को दबा दिया जाता है, तो घृणा ही जीवन का स्थायी ढंग बन जाती है। तब दबाया हुआ क्रोध व्यक्ति के व्यवहार को, उसके संबंधों को निरंतर प्रभावित करता रहता है। फिर ऐसा नहीं होता कि कभी-कभी ही क्रोध आता है, अब वह पूरे समय क्रोधित ही रहता है। अब क्रोध किसी व्यक्ति विशेष के प्रति नहीं होता है; अब क्रोधित रहना उसका सहज स्वभाव ही बन जाता है। अब क्रोध उसके साथ ही रहता है; या कहना चाहिए कि वह क्रोध ही हो जाता है। अब वह यह ठीक-ठीक नहीं बता सकता क्रोध किसके प्रति है। अब तो क्रोधित रहना उसके जीवन का एक ढंग बन चुका है। वह क्रोध ही हो जाता है।

यह बुरी आदत है, क्योंकि फिर यह जीवन की एक स्थायी शैली हो जाती है। पहले तो क्रोध एक विस्फोट की तरह था। कुछ बात हुई और आप क्रोधित हो गए। पहले तो वह केवल परिस्थिति या घटना के साथ होता था, और फिर चला जाता था। पहले तो क्रोध ऐसे था जैसे छोटे बच्चे क्रोधित हो जाते हैं : वे एकदम आग के अंगारे की तरह लाल हो जाते हैं, और फिर जब क्रोध चला जाता है, तो वे एकदम पहले जैसे शांत हो जाते हैं। जैसे तूफान के बाद एकदम शांति छा जाती है, ठीक ऐसे ही थोड़ी देर में वे सब कुछ भूलकर पहले जैसे ही प्रेमपूर्ण, सरल और शांत हो जाते हैं।

लेकिन धीरे-धीरे जब क्रोध को दबाया जाता है, तो क्रोध रक्त-मांस-मज्जा की तरह शरीर का अंग बन जाता है। भीतर ही भीतर क्रोध निरंतर उबलता रहता है। और जब यह जीवन का अंग बन जाता है, तो धीरे-धीरे श्वास भी उससे प्रभावित होने लगती है। फिर जो कुछ भी आप करते हैं, क्रोध में ही करते हैं। तब अगर प्रेम भी करते हैं तो उस प्रेम में भी क्रोध छिपा होता है। तब प्रेम में भी एक तरह की आक्रामकता और हिंसा ही होती है। आपके जाने-अनजाने, चाहे आप ऐसा नहीं भी करना चाहते हों, फिर भी क्रोध मौजूद रहता है। और तब वह जीवन की राह में एक बड़ी चट्टान बन जाता है।

प्रारंभ में तो बाहर से किसी चीज को आरोपित करना बहुत ही आसान होता है, लेकिन धीरे-धीरे बाद में यही बात स्वयं के लिए घातक और हानिकारक सिद्ध होने लगती है।

और लोगों को यह और आसान लगता है, क्योंकि इन सब बातों को सिखाने के लिए समाज में जानकार लोग मौजूद हैं। एक बच्चा जब जन्म लेता है तो माता-पिता जानकार व्यक्ति की तरह उसे बहुत सी बातें सिखाने लगते हैं। जबकि वे जानकार हैं नहीं। क्योंकि उनसे स्वयं की समस्याएं तो सुलझती नहीं हैं, और बच्चों को समझाए चले जाते हैं। अगर माता-पिता सच में ही अपने बच्चे से प्रेम करते हैं, तो वे स्वयं को उस पर आरोपित न करेंगे।

लेकिन प्रेम करता ही कौन है? किसी को पता ही नहीं है कि प्रेम क्या होता है।

वे अपने उन्हीं पुराने तौर-तरीकों को, जिसमें कि वे स्वयं फंसे होते हैं, बच्चों पर जबर्दस्ती आरोपित करते रहते हैं। उन्हें इस बात का होश भी नहीं कि वे क्या कर रहे हैं। वे स्वयं उसी जाल में फंसे हैं और इस कारण उनका पूरा जीवन दुखी रहा है, और अब वे वही ढर्रा-ढांचा अपने बच्चों को दे रहे हैं। बच्चे निर्दोष होते हैं, उन्हें क्या सही है और क्या गलत है, इस बात का कुछ बोध होता नहीं है, वे भी उसी के शिकार हो जाते हैं।

और ये तथाकथित जानकार, जो कि जानकार होते नहीं हैं—क्योंकि वे स्वयं कुछ भी जानते नहीं हैं, उनसे स्वयं की कोई समस्या सुलझती नहीं है—और चूंकि उन्होंने बच्चे को जन्म दिया है, इसलिए वे उस फूल जैसे सुकोमल, नाजुक बच्चे को उसी पुराने सड़े-गले ढांचे में ढालना अपना अधिकार समझ बैठते हैं। और चूंकि बच्चा बेसहारा होता है, तो उसे उनका अनुसरण करना पड़ता है। और जब तक वह थोड़ा होश सम्हालता है, थोड़ा बड़ा और समझदार होता है, तब तक वह उनके बने जाल में फंस चुका होता है।

उसके बाद फिर स्कूल हैं, विश्वविद्यालय हैं, समाज में कई तरह के विशेषज्ञ और जानकार हैं, और फिर स्कूल, विश्वविद्यालय और हजार तरह के संस्कार, समाज के जानकार लोग—और सभी यह समझ रहे हैं कि वे जानते हैं। लेकिन कोई भी जानता हो, ऐसा मालूम नहीं पड़ता है।

तुम ऐसे तथाकथित जानकारों से सावधान रहना। अगर तुम अपने अंतर्तम केंद्र पर पहुंचना चाहते हो, तो अपने जीवन की बागडोर अपने हाथों में लेना। ऐसे तथाकथित विशेषज्ञों और जानकारों की सुनना ही मत; अभी तक उनकी बहुत सुन ली।

मैंने एक छोटी सी कथा सुनी है :

लोगों की कार्य-क्षमता जांचने वाला एक विशेषज्ञ किसी सरकारी कार्य की जांच-पड़ताल कर रहा था। इसी सिलसिले में वह एक आफिस में गया, जहां दो युवक एक डेस्क पर आमने-सामने बैठे हुए थे, और उन दोनों में से कोई भी काम नहीं कर रहा था।

'तुम्हें क्या काम सौंपा गया है?' उस विशेषज्ञ ने उन में से एक से पूछा।

'मैं यहां पर छह महीने से हूं और मुझे अभी तक कोई काम नहीं सौंपा गया है,' उस युवक ने उत्तर दिया।

'और तुम्हारे जिम्मे कौन-कौन से काम हैं?' कार्य-क्षमता जांचने वाले विशेषज्ञ ने दूसरे युवक से पूछा।

'मैं भी यहां छह महीने से हूं और मुझे भी अभी तक कोई काम नहीं दिया गया है,' उसने उत्तर दिया।

'ठीक है, तब फिर तुम में से एक को जाना होगा,' उस विशेषज्ञ ने बड़े ही रूखेपन से कहा। 'एक ही काम को दो-दो लोग कर रहे हैं!'

दो व्यक्ति एक ही काम को—कुछ भी न करने के काम को—कर रहे हैं।

विशेषज्ञ हमेशा जानकारी की भाषा में ही सोचता-विचारता है। किसी ऐसे व्यक्ति के पास जाना जो प्रज्ञावान हो। वह कभी भी जानकारी की भाषा में नहीं सोचता। वह तुम्हें अपनी प्रज्ञा की आंख से देखता है। अभी तक दुनिया में तथाकथित जानकारों और विशेषज्ञों का शासन रहा है। और यह संसार प्रज्ञावान व्यक्ति के पास होना भूल ही गया है। और मजा यह है कि विशेषज्ञ भी उतना ही सामान्य है, उतना ही जानकार है जितने कि तुम हो। विशेषज्ञ और तुम्हारे बीच केवल अंतर है तो इतना ही कि उसने कुछ पुरानी बातों की जानकारी इकट्ठी कर ली है। वह तुमसे थोड़ा अधिक जानता है, लेकिन उसकी जानकारी में उसका स्वयं का बोध नहीं है। उसने भी वह सभी जानकारी बाहर से ही एकत्रित की होती है, और वह तुम्हें सलाह दिए चला जाता है।

जीवन में किसी प्रज्ञावान व्यक्ति को खोजना, उसके पास जाना, उसके पास उठना-बैठना, यही है सदगुरु की खोज। पूरब में लोग ऐसे सदगुरु की खोज के लिए निकलते हैं, जो सच में ही ज्ञान को उपलब्ध हो गया है। और फिर जब वे उसे खोज लेते हैं—जो केवल ऊपर-ऊपर से दिखावा नहीं कर रहा है, जो सच में बुद्धत्व को उपलब्ध है, जिसके अंतर्तम का फूल खिल गया है—तो वे उस प्रज्ञावान, संयमवान व्यक्ति के साथ होने का, उसके सत्संग में रहने का, उसके साथ उठने-बैठने का प्रयास करते हैं—वह फूल बाहर से उधार लिया हुआ नहीं होता है। वह तो स्वयं के अंतर्तम का खिलना है।

ध्यान रहे, पतंजलि के संयम की अवधारणा कोई बाहर से संयम को थोप लेने की अवधारणा नहीं है। पतंजलि की अवधारणा तुम्हारे भीतर जो खिलने की संभावना छिपी हुई है उसे अभिव्यक्त

होने में सहयोग देने की है। बीज तुम्हारे भीतर विद्यमान है, बीज को केवल सम्यक भूमि, मिट्टी और खाद-पानी की आवश्यकता है। बीज को तुम्हारे थोड़े ध्यान की, प्रेम से उसके साज-सम्हाल की आवश्यकता है, और जब ठीक समय आता है तो बीज टूटकर फूल बन जाता है। और उस बीज में जो सुवास छिपी हुई थी वह हवाओं में बिखर जाती है, और हवाएं उस सुवास को सभी दिशाओं में ले जाती हैं।

संयमवान व्यक्ति स्वयं को छिपा नहीं सकता। वह स्वयं को छिपाने की कोशिश करता है, लेकिन वह स्वयं को छिपा नहीं सकता है, क्योंकि हवाओं में उसकी सुवास समाई रहती है। भले ही वह पहाड़ों में चला जाए, या गुफा में जाकर बैठ जाए, लेकिन उसकी सुवास लोगों तक पहुंच जाएगी, और वहां पर भी लोग उसके पास आने लगेंगे। जो लोग साधना के पथ पर चल रहे हैं, किसी भी तरह से, किन्हीं अनजान मार्गों से, किसी न किसी तरह से खोज ही लेंगे। उसको कोई जरूरत नहीं उन्हें खोजने की; वे ही उसे खोज लेंगे।

क्या तुम्हें स्वयं के साथ भी कभी ऐसा अनुभव हुआ है? क्योंकि तब इन सूत्रों को समझना तुम्हारे लिए आसान होगा।

तुम सच में ही किसी से प्रेम करते हो, और किसी के साथ प्रेम का दिखावा करते हो; क्या तुमने इन दोनों में फर्क देखा है? अगर कोई दोस्त तुम्हारे घर आ जाए तो तुम हृदय से उसका स्वागत करते हो। उसके आने से तुम खुशी से झूम उठते हो, तुम पूरे हृदय से उसका स्वागत करते हो। और फिर कोई दूसरा मेहमान आ जाए, तो तुम उसका स्वागत इसलिए करते हो, क्योंकि घर आए मेहमान का स्वागत-सत्कार करना चाहिए। क्या तुमने इन दोनों के भेद पर ध्यान दिया है?

जब तुम सच में ही किसी का हृदय से स्वागत करते हो, तो तुम एक प्रेम के प्रवाह में होते हो—तुम्हारे उस स्वागत में एक तरह की समग्रता होती है। और जब तुम किसी मेहमान का स्वागत नहीं करना चाहते हो, केवल शिष्टाचार वश, और मजबूरी में तुम्हें ऐसा करना पड़ता है, तो उसमें कोई गरमाहट नहीं होती है। अगर मेहमान थोड़ा भी संवेदनशील होगा तो वह इस बात को तुरंत समझ जाएगा और वापस चला जाएगा। घर के अंदर प्रवेश ही नहीं करेगा। अगर वह सच में ही संवेदनशील है, तो वह तुम्हारे व्यवहार से तुरंत समझ जाएगा। तब तुम अगर हाथ मिलाने के लिए हाथ भी आगे बढ़ाते हो, तो उसमें किसी तरह की ऊर्जा का अनुभव नहीं होता है। ऊर्जा का प्रवाह मेहमान की ओर होता ही नहीं है। उसकी ओर केवल एक निष्प्राण हाथ ही आगे बढ़ा हुआ होता है।

जब भी तुम कुछ ऊपर-ऊपर से करते हो तो तुम्हारे भीतर द्वंद्व पैदा हो जाता है। वह करना सच्चा नहीं है, उसमें तुम मौजूद नहीं होते।

ध्यान रहे, जो कुछ भी तुम करते हो—अगर तुम उसे कर रहे हो—तो उसे समग्रता से करना। अगर नहीं करना चाहते हो, तो बिलकुल मत करना। जो भी करो उसमें समग्रता का ध्यान रखना। क्योंकि करना महत्वपूर्ण नहीं है, उसमें समग्रता महत्वपूर्ण है। अगर ऐसे आधे-अधूरे मन से तुम कुछ भी करते रहते हो—एक मन करना चाहता है, एक मन नहीं करना चाहता है—तो तुम अपने अंतस की खिलावट में बाधा बन रहे हो। धीरे-धीरे तुम उस प्लास्टिक के फूल की तरह हो जाओगे, जिसमें न तो कोई सुगंध होती है, और न ही कोई जीवन होता है।

एक बार ऐसा हुआः

मुल्ला नसरुद्दीन एक पार्टी में गया था। जब वह पार्टी से जाने लगा तो उसने मेजबान-महिला से कहा, 'मुझे आमंत्रित करने के लिए आपका बहुत-बहुत धन्यवाद। मुझे अभी तक जिन पार्टियों में आमंत्रित किया गया था, उनमें से यह सबसे अच्छी पार्टी है।' और पार्टी कुछ विशेष थी भी नहीं, बिलकुल साधारण सी थी।

वह मेजबान महिला चकित होकर बोली, 'ओह, ऐसा कैसे कह रहे हैं आप।'

इस पर मुल्ला ने जवाब दिया, 'लेकिन मैं तो ऐसा ही कहता हूं। मैं तो हमेशा से ऐसा ही कहता आ रहा हूं।'

अब यह कहकर तो पूरी बात ही बेकार हो गई। फिर कहने का कोई मतलब ही नहीं रहा।

बाहरी दिखावे और शिष्टाचार का जीवन व्यर्थ है, ऐसा जीवन मत जीओ। प्रामाणिक और सच्चा जीवन जीओ। मैं जानता हूं, तुम्हारे लिए ऊपरी शिष्टाचार, प्रचलित रीति-रिवाजों के अनुसार जीवन जीना ज्यादा सुगम और सुविधापूर्ण है। लेकिन वह धीरे-धीरे तुम्हें मार डालता है। सच्चा और प्रामाणिक जीवन जीना उतना सुविधाजनक नहीं है। वह जोखम से भरा होता है। लेकिन वह जीवन सच्चा होता है, प्रामाणिक होता है। और उस खतरे को, उस जोखम को उठाना मूल्यवान है। उस खतरे और जोखम के लिए तुम्हें कभी भी पछतावा न होगा।

जब एक बार उस प्रामाणिक और सच्चे जीवन का, स्वानुभूति का स्वाद तुम्हें लग जाएगा और तुम आनंदित रहने लगोगे—और जब तुम बंटे-बंटे, खंड-खंड और बिखरे हुए नहीं रहोगे, तब तुम जानोगे कि अगर इसके लिए सब कुछ भी दांव पर लगाना पड़े, तो भी वह कुछ नहीं है। उसकी एक झलक के लिए पूरा जीवन दांव पर लगाया जा सकता है। क्योंकि वह एक झलक भी बहुत मूल्यवान है, और उससे यह मालूम हो जाता है कि जीवन क्या है और उसकी नियति क्या है। और ऐसे तो सौ वर्ष भी तुम जीवन की गहराई से भयभीत सतह पर ही जीते रहोगे, और तब तुम जीवन के एक महत्वपूर्ण अवसर को गंवा दोगे।

यही वह निराशा और हताशा है, जिसे हमने अपने चारों ओर निर्मित कर लिया है—जींना भी चाहते हो और जी भी नहीं पाते हो, उन सब कामों को करते रहते हो जिन्हें कभी करना नहीं चाहते थे, उन संबंधों से घिरे रहते हो जिन्हें तुम नहीं चाहते हो, ऐसे व्यापार-व्यवसाय को करते रहते हो जिसे करने की कभी कोई इच्छा नहीं थी—तो इस प्रकार असत्य में जीते हुए, कैसे यह असत्य से घिरे हुए, तुम आशा रख सकते हो कि तुम जान सकोगे कि जीवन क्या है? असत्य और झूठ से घिरे होने के कारण ही तो तुम जीवन को चूक रहे हो। इन उधार के झूठे मुखौटों के कारण ही तुम जीवन के प्रवाह के साथ नहीं जुड़ पाते हो।

और अगर तुम्हें इस वस्तु-स्थिति का पता भी चलता है, तो फिर एक दूसरी समस्या खड़ी हो जाती है। जब भी लोग अपने असत्य और झूठे जीवन के प्रति सचेत होते हैं, तो तुरंत वे दूसरी विपरीत अति की ओर सरक जाते हैं। यह मन का ही जाल होता है, क्योंकि अगर तुम एक झूठ से दूसरी तरफ जाते हो, तो तुम फिर से एक दूसरे झूठ की ओर ही सरक जाते हो। जबकि सत्य इन दो विपरीत ध्रुवों के बीच ही होता है।

संयम का अर्थ है संतुलन। संयम का अर्थ है परम संतुलनः इन दोनों अतियों की ओर न सरकना, बल्कि ठीक मध्य में रहना। जब न तो तुम दक्षिणपंथी हो और न ही वामपंथी, जब न तो तुम समाजवादी हो और न ही पूंजीवादी, जब तुम न तो यह होते हो, न वह होते हो, बल्कि मध्य में होते हो, तो अचानक तुम्हारे जीवन में संयम का परम फूल खिल जाता है।

एक बार ऐसा हुआ कि मुल्ला नसरुद्दीन बहुत ही भयभीत था। वह भय उसके लिए जरूरत से ज्यादा ही हुआ जा रहा था। तो मैंने मुल्ला को सलाह दी कि तुम किसी मनस्विद के पास जाकर उससे इलाज करवाओ। जब कुछ सप्ताह के बाद वह मुझे मिला तो मैंने मुल्ला से पूछा, 'मुझे मालूम हुआ है कि तुम उस मनस्विद के पास जा रहे हो, जिसके पास जाने की सलाह मैंने तुम्हें दी थी। क्या तुम्हें उससे कुछ फायदा हुआ है?'

'हां, उससे फायदा हुआ है। अभी कुछ दिन पहले तक तो जब फोन की घंटी बजती थी, तो मैं रिसीवर उठाकर जवाब देने में बुरी तरह से घबराता था।'

जब भी फोन की घंटी बजती, और वह भय के मारे कांपने लगता था। यह भय उसे सदा से ही था। बस, फोन की घंटी बजती और वह कांपने लगता। कौन जाने क्या बात हो? कौन सी बुरी खबर हो? कौन फोन कर रहा हो?

'अभी कुछ दिन पहले तक तो मेरी यह हालत थी कि जब भी फोन की घंटी बजती थी, तो मैं रिसीवर उठाकर जवाब देने में बुरी तरह से घबराता था।'

'और अब?' मैंने पूछा।

वह बोला, 'और अब? अब चाहे घंटी बजे या न बजे मैं तो सीधे फोन की तरफ जाता हूं और जवाब दे देता हूं।'

व्यक्ति एक अति से दूसरी अति की ओर, एक झूठ से दूसरे झूठ तक, एक भय से दूसरे भय तक सरक जाता है। अगर वह बाजार छोड़ेगा तो मठ की, मंदिर की शरण ले लेगा। संसार छोड़ेगा, तो संन्यासी हो जाएगा। यह एक अति से दूसरी अति की ओर जाना है। जो लोग बाजार में रहते हैं, वे भी असंतुलित हैं। और जो लोग मठ में, मंदिर में रहते हैं, वे भी असंतुलित हैं। वे दूसरी अति पर जीते हैं, लेकिन दोनों ही असंतुलित हैं।

संयम का अर्थ होता है संतुलन। यही मेरे संन्यास का अर्थ हैः संतुलित रहना। बाजार में रहना, लेकिन फिर भी बाजार को अपने भीतर न आने देना। अगर तुम्हारा मन बाजार में नहीं है, तो बाजार में रहकर भी कोई समस्या नहीं होती। मठ में, मंदिर में जाकर तुम अकेले भी रह सकते हो; लेकिन अगर साथ में भीतर बाजार आ जाए तो...जो कि पीछे-पीछे आ ही जाएगा, क्योंकि सच में तो बाजार बाहर नहीं है—बाजार तो भीतर विचारों की भीड़ में और शोर-शराबे में होता है। और जब तक मन रहेगा, तब तक बाजार तुम्हारा पीछा करता ही रहेगा। यह कैसे संभव हो सकता है कि मन में तो विचारों की भीड़ चल रही हो, और तुम कहीं और चले जाओ? जहां कहीं भी तुम जाओगे, अपने मन के साथ ही तो जाओगे न? और तब फिर तुम जहां कहीं भी जाओगे, वैसे के वैसे ही रहोगे।

इसलिए परिस्थितियों से भागने की कोशिश मत करना। बल्कि ज्यादा जागरूक होने की, ज्यादा होशपूर्ण होने की कोशिश करना। स्वयं के अंतस को बदलने का प्रयास करो, बाहर की

परिस्थितियों को बदलने की फिक्र मत करो। इसी के लिए प्रयत्नशील रहो, क्योंकि जिसके लिए कोई मूल्य न चुकाना पड़े वह बात मन के लिए हमेशा लुभावनी होती है। मन कहता है, 'चूंकि बाजार में हजारों तरह की झंझटें हैं, चिंताएं हैं, परेशानियां हैं, इसलिए मंदिर में, मठ में जाकर छिप जाओ, और सभी झंझटें समाप्त हो जाएंगी। क्योंकि सारी झंझटों की जड़ ही—काम-काज की चिंता है, बाजार में भाव ऊपर जा रहे हैं या नीचे जा रहे हैं, घर-परिवार की चिंता है—अच्छा है कि मंदिर में या मठ में जाकर शरण ले लो।

नहीं, चिंता का कारण बाजार नहीं है, चिंता का कारण घर-परिवार और संबंध नहीं है—चिंता का कारण तुम स्वयं हो। यह सब तो बस बहाने हैं। अगर तुम मंदिर में या मठ में भी चले जाओ, तो यही चिंताएं कोई नए कारण खोज लेंगी, लेकिन चिंताएं बनी रहेंगी।

जरा अपने मन में झांकना, और तुम पाओगे वहां सब कितना गड़बड़ है। और यह गड़बड़ी परिस्थितियों ने नहीं बनायी है। यह सब गड़बड़ी तुम्हारे भीतर मौजूद है। परिस्थितियां तो बस ज्यादा से ज्यादा बहाना हैं। तुम सोचते हो कि लोग तुम्हें क्रोधित कर देते हैं, तो कभी इस प्रयोग को करके देखना। इक्कीस दिन का मौन रखना। तुम मौन में हो और अचानक, बिना किसी कारण के—चूंकि अब कोई व्यक्ति तो तुम्हारे सामने मौजूद नहीं है तुम्हें क्रोधित कर देने के लिए—तुम्हें मालूम पड़ेगा कि तुम कई बार क्रोधित हो जाते हो। तुम सोचते हो सुंदर स्त्री या सुंदर पुरुष के दिख जाने के कारण तुम कामवासना से भर जाते हो? तुम गलत सोचते हो। जरा इक्कीस दिन का मौन रखकर देखना। अकेले रहना और तुम्हें कई बार ऐसा लगेगा कि अचानक, बिना किसी कारण के अकारण ही तुम कामवासना से भर जाते हो। वह वासना तुम्हारे भीतर ही है।

एक बार दो महिलाएं आपस में बातचीत कर रही थीं। उनकी बातचीत मेरे कानों में भी पड़ गई, इसमें मेरा कोई कसूर नहीं है।

श्रीमती ब्राउन बहुत गुस्से से बोलीं : 'देखो श्रीमती ग्रीन। श्रीमती ग्रे ने मुझे बताया है कि तुमने उसे वह राज बता दिया है जिस राज को बताने के लिए मैंने तुम से मना किया था।'

श्रीमती ग्रीन : 'ओह, वह कितनी खराब है। और मैंने उससे कहा था कि वह तुम्हें न बताए कि मैंने उसे बता दिया है।'

श्रीमती ब्राउन : 'अच्छा सुनो, अब उससे मत कह देना कि मैंने तुम्हें बता दिया है कि उसने मुझे बताया।'

यह है मन का शोर, जो चलता ही रहता है, चलता ही रहता है। इस मन के शोर को किसी जोर-जबर्दस्ती से नहीं, समझ के द्वारा ठहराना है।

पहला सूत्र :

'संयम को चरण-दर-चरण संयोजित करना होता है।'

पतंजलि अकस्मात संबोधि को उपलब्ध हो जाने की बात नहीं करते हैं; और वह सभी के लिए है भी नहीं। अकस्मात संबोधि तो बहुत ही दुर्लभ घटना है, वह तो कुछ थोड़े से असाधारण लोगों को ही घटित होती है। और पतंजलि की दृष्टि बहुत ही वैज्ञानिक है : वे थोड़े से असाधारण लोगों की फिक्र नहीं करते हैं। पतंजलि इसीलिए नियम का अन्वेषण करते हैं। और पतंजलि के अनुसार जो

लोग असाधारण भी हैं, जिन्हें अकस्मात संबोधि की प्राप्ति भले ही हो जाती हो, फिर भी वे नियम को ही सिद्ध करते हैं, और कुछ नहीं। और जो लोग असाधारण हैं वे तो अपना मार्ग स्वयं भी तय कर सकते हैं; उनके लिए सोचने-विचारने की कोई जरूरत नहीं। एक साधारण मनुष्य धीरे-धीरे, एक-एक कदम चलकर आगे बढ़ता है। अकस्मात संबोधि के लिए बहुत ही अदभुत साहस की आवश्यकता होती है, जो कि सभी में नहीं होता है।

और अकस्मात संबोधि में बहुत जोखम भी है—इसमें व्यक्ति पागल भी हो सकता है और संबुद्ध भी हो सकता है—इसमें दोनों संभावनाएं होती हैं। क्योंकि वह इतनी अकस्मात होती है कि शरीर और मन की उसके लिए तैयारी नहीं होती है। तो अगर शरीर और मन की तैयारी न हो तो वह व्यक्ति को पागल भी कर सकती है। इसलिए पतंजलि उसके बारे में बात नहीं करते। सच तो यह है वे इस बात पर जोर देते हैं कि संयम की उपलब्धि विकास की विभिन्न अवस्थाओं द्वारा होनी चाहिए, ताकि तुम धीरे-धीरे आगे बढ़ सको, धीरे-धीरे विकसित होते जाओ और दूसरे चरण में प्रवेश करने के पहले उसके लिए तैयार हो जाओ। पतंजलि के अनुसार जब तुमको संबोधि की घटना घटे, तो वह तुमको मूर्च्छा में न पाए। क्योंकि संबोधि इतनी विराट घटना है कि संभव है कि अगर तुम उसके लिए तैयार न हो, तो इतना गहरा सदमा लग सकता है—कि उस सदमे के कारण तुम्हारी मृत्यु भी हो सकती है या तुम पागल भी हो सकते हो—इसलिए पतंजलि इस बारे में कोई बात नहीं करते हैं, और न ही इस पर कोई विशेष ध्यान देते हैं।

यही पतंजलि और झेन के बीच अंतर है। झेन असाधारण लोगों के लिए, असामान्य लोगों के लिए है। पतंजलि नियम से चलने वाले हैं, सामान्य से सामान्य व्यक्ति भी उन नियमों से चलकर संबोधि को उपलब्ध हो सकता है। अगर झेन इस दुनिया से खो भी जाए, तो भी कुछ नहीं खोएगा, क्योंकि जो थोड़े से असाधारण लोग हैं, वे तो स्वयं भी किसी न किसी तरह बुद्धत्व को उपलब्ध हो ही जाएंगे। लेकिन अगर इस दुनिया से पतंजलि खो जाएं, तो बहुत कुछ खो जाएगा, क्योंकि वे नियम बताते हैं कि कैसे बुद्धत्व को उपलब्ध होना है।

पतंजलि सामान्य और साधारण लोगों के लिए हैं—सब के लिए हैं। तिलोपा छलांग ले सकते हैं या बोधिधर्म छलांग लगाकर अस्तित्व में विलीन हो सकते हैं। ये लोग बहुत ही साहसी हैं, जिन्हें जोखम से भरे कार्य करने में आनंद आता है, लेकिन यह सभी का मार्ग नहीं होता है। साधारण आदमी को ऊपर-नीचे आने-जाने के लिए सीढ़ी की आवश्यकता होती ही है; वह बालकनी से छलांग नहीं लगा सकता। और वैसा जोखम उठाने की कोई आवश्यकता भी नहीं है, जबकि एक-एक कदम चलते हुए बहुत ही गरिमा के साथ आगे बढ़ा जा सकता है।

झेन का मार्ग मौज मस्ती से भरा है क्योंकि कुछ थोड़े से लोग ही अपवाद होते हैं, विरले होते है; कहना चाहिए कि वह विशिष्ट लोगों के लिए है, असाधारण लोगों के लिए है। पतंजलि का मार्ग समतल भूमि जैसा है। इसलिए साधारण और सामान्य आदमी के लिए भी पतंजलि बहुत सहयोगी हैं।

पतंजलि कहते हैं, 'संयम को चरण-दर-चरण संयोजित करना होता है।'

जल्दी मत करो, धीरे-धीरे आगे बढ़ो, धीरे-धीरे विकसित होओ, ताकि अगला चरण उठाने के पहले तुम तैयार हो सको। जब तुम ध्यान में विकसित हो रहे होते हो, तब बीच-बीच में थोड़े

अंतरालों को आने देना। क्योंकि उन अंतराल के क्षणों में जो कुछ भी उपलब्ध हुआ है, उसे आत्मसात हो जाने दो, उसे तुम्हारी मांस-मज्जा बन जाने दो, तुम्हारे अस्तित्व का हिस्सा बन जाने दो...और फिर आगे बढ़ जाना। जल्दी करने की, दौड़ने की जरा भी जरूरत नहीं है। क्योंकि जल्दी करने से, दौड़ने से उस जगह पहुंच सकते हो जिसके लिए तुम तैयार नहीं हो। और अगर तैयारी नहीं है, तो वह तुम्हारे लिए खतरनाक हो सकती है।

लोभी मन सभी कुछ अभी और यहीं प्राप्त कर लेना चाहता है। मेरे पास लोग आकर कहते हैं, 'आप हमें ऐसा कुछ क्यों नहीं दे देते, जिससे हम अभी संबोधि को उपलब्ध हो जाएं?' लेकिन ये वही लोग होते हैं, जो तैयार नहीं हैं। अगर वे तैयार होते तो उनके पास धैर्य होता। अगर वे तैयार होते तो वे कहते, 'संबोधि कभी भी घटित हो, हमें कोई जल्दी नहीं है; हम प्रतीक्षा करेंगे।'

ये लोग सच्चे नहीं हैं; ये लोभी लोग हैं। सचाई तो यह है कि वे स्वयं भी नहीं जानते हैं कि वे क्या मांग रहे हैं। वे आमंत्रण तो विराट को दे रहे हैं, लेकिन अगर विराट को झेलने की तैयारी नहीं है तो वे छिन्न-भिन्न हो जाएंगे; वे उसे अपने में समा न सकेंगे।

पतंजलि कहते हैं, 'संयम को चरण-दर-चरण संयोजित करना होता है।'

और उन्होंने इन आठ अवस्थाओं की व्याख्या की है।

'ये तीन चरण...'

वे तीन अवस्थाएं जिनके बारे में हमने पहले बात की थी।

'धारणा, ध्यान और समाधि—ये तीनों चरण प्रारंभिक पांच चरणों की अपेक्षा आंतरिक होते हैं।'

हम उन पांचों अवस्थाओं के बारे में बात कर चुके हैं। ये तीनों अपने से पहले वाली पांचों अवस्थाओं की तुलना में आंतरिक हैं।

'लेकिन निर्बीज समाधि की तुलना में ये तीनों बाह्य ही हैं।'

अगर इनकी तुलना यम, नियम, आसन, प्राणायाम, प्रत्याहार से की जाए, तब तो ये आंतरिक हैं। लेकिन बुद्ध-पतंजलि के परम अनुभव के साथ इनकी तुलना की जाए, तो फिर ये भी बाह्य अवस्थाएं ही हैं। ये अवस्थाएं ठीक मध्य में हैं। पहले शरीर का अतिक्रमण, वे बाह्य चरण हैं; फिर मन का अतिक्रमण, ये आंतरिक चरण हैं; लेकिन जब कोई अपने शुद्ध अस्तित्व को उपलब्ध हो जाता है, तो जो कुछ अभी तक आंतरिक मालूम होता था, वह भी अब बाहर का ही मालूम होने लगेगा। वह भी पूरी तरह से आंतरिक नहीं होता है।

मन भी पूरी तरह अंतस का हिस्सा नहीं है। शरीर की अपेक्षा वह जरूर अंतस का है। अगर व्यक्ति साक्षी हो जाए, तो फिर वह भी बाहर का हिस्सा हो जाता है; तब स्वयं के विचारों को देखा जा सकता है। और जब कोई अपने ही विचारों को देख सकता हो, तो विचार भी बाहर के हिस्से हो जाते हैं। तब विचार विषय होते हैं, और वह देखने वाला द्रष्टा होता है।

निर्बीज समाधि का अर्थ होता है: कि अब कोई जन्म नहीं होगा, कि अब संसार में फिर लौटना न होगा, कि अब फिर से समय-काल में प्रवेश नहीं होगा। निर्बीज का अर्थ होता है: इच्छाओं और कामनाओं के बीज का पूरी तरह से दग्ध हो जाना।

यहां तक कि जब कोई योग की ओर आकर्षित होता है, या भीतर की ओर यात्रा प्रारंभ करता है, तो वह भी एक तरह की आकांक्षा ही होती है—स्वयं को प्राप्त करने की आकांक्षा, शांति की आकांक्षा, आनंद प्राप्ति की आकांक्षा, सत्य को पाने की आकांक्षा—ये भी आकांक्षाएं ही हैं। जब पहली बार समाधि की उपलब्धि होती है—धारणा और ध्यान के बाद जब समाधि की प्राप्ति हो जाती है, जहां विषय और विषयी एक हो जाते हैं, वहां भी आकांक्षा की हल्की सी छाया मौजूद रहती ही है—सत्य को जानने की आकांक्षा, सत्य के साथ एक हो जाने की आकांक्षा, परमात्मा का साक्षात्कार करने की आकांक्षा, या कोई भी नाम इस आकांक्षा को दे सकते हो, फिर भी वह होती आकांक्षा ही है, चाहे वह बहुत सूक्ष्म, अदृश्य ही क्यों न हो, लेकिन फिर भी वह मौजूद होती है। क्योंकि पूरे जीवन उसके साथ रहते आए हो, इसलिए वह होगी ही। लेकिन अंत में उस आकांक्षा को भी गिरा देना है।

अंत में तो समाधि को भी छोड़ देना होता है। जब ध्यान पूर्ण हो जाता है, तो ध्यान को भी छोड़ देना होता है...तब ध्यान को भी छोड़ा जा सकता है। और जब ध्यान जीवन-शैली हो जाता है तो उसको करने की जरूरत नहीं रहती है, तब ध्यान भी छूट जाता है, तब कहीं जाने की कोई जरूरत नहीं रहती है—न तो बाहर जाने की और न ही भीतर आने की—जब बाहर और भीतर की सभी यात्राएं समाप्त हो जाती हैं, तब सभी तरह की इच्छा, आकांक्षा, वासना भी छूट जाती है।

आकांक्षा ही बीज है। पहले वह बाहर की तरफ ले जाती है; फिर अगर कोई व्यक्ति समझदार है, बुद्धिमान है, तो उसे यह समझ आते देर नहीं लगती है कि वह गलत दिशा की ओर बढ़ रहा है। तब वही आकांक्षा उसे भीतर की तरफ मोड़ देती है; लेकिन फिर भी आकांक्षा किसी न किसी रूप में मौजूद रहती ही है। वही आकांक्षा जो बाहर निराशा और हताशा का अनुभव करती है, भीतर की खोज प्रारंभ कर देती है। इसलिए जड़ को ही काट देना, आकांक्षा को ही गिरा देना।

यहां तक कि समाधि के बाद, समाधि को भी गिरा देना होता है। तब जाकर निर्बीज समाधि फलित होती है। निर्बीज समाधि चरम अवस्था है। वह इसीलिए उपलब्ध नहीं होती है कि तुमने उसकी आकांक्षा की है, क्योंकि अगर उसकी आकांक्षा की तो फिर वह निर्बीज न रहेगी। इसको थोड़ा समझ लेना। जब आकांक्षा मात्र की व्यर्थता और निरर्थकता दिखाई दे जाती है—यहां तक कि भीतर जाने की आकांक्षा की भी—तभी निर्बीज समाधि का जन्म होता है। आकांक्षा की व्यर्थता की समझ से ही आकांक्षा गिरती है। निर्बीज समाधि की आकांक्षा नहीं की जा सकती। जब सभी प्रकार की आकांक्षाएं गिर जाती हैं, तब अकस्मात निर्बीज समाधि फलित हो जाती है। इसका किसी भी तरह के प्रयास से कोई संबंध नहीं है। यह तो बस घटित होती है।

समाधि तक तो प्रयास मौजूद रहता है; क्योंकि प्रयास के लिए भी किसी आकांक्षा की उद्देश्य की, जरूरत रहती है। जब आकांक्षा ही चली जाती है, तो फिर प्रयास भी चला जाता है। जब आकांक्षा ही गिर जाती है, तो फिर कुछ करने का प्रयोजन नहीं रह जाता है—न तो कुछ करने का प्रयोजन रहता है और न ही कुछ होने का प्रयोजन रह जाता है। व्यक्ति पूरी तरह से खाली और रिक्त हो जाता है, उसे ही बुद्ध ने 'शून्य' कहा है—वह अपने से आता है। और यही उसका सौंदर्य है: किसी भी प्रकार की आकांक्षा और अभीप्सा से अछूता, किसी लक्ष्य या उद्देश्य की प्राप्ति द्वारा दूषित नहीं; वह स्वयं में परिशुद्ध और निर्दोष होता है। यही है निर्बीज समाधि।

इसके बाद फिर कोई जन्म शेष नहीं रह जाता है। बुद्ध अपने शिष्यों से कहा करते थे, 'जब तुम समाधि को उपलब्ध हो, तो सचेत हो जाना। समाधि पर ही रुक जाना, ताकि तुम लोगों की सहायता कर सको।' क्योंकि अगर समाधि पर ही न रुके, और निर्बीज समाधि फलित हो गई, तो तुम हमेशा के लिए गएः गते-गते, परागते! गए-गए, हमेशा-हमेशा के लिए गए! फिर तुम किसी की मदद नहीं कर सकते।

तुमने यह 'बोधिसत्व' शब्द सुना होगा। मैंने यह नाम बहुत से संन्यासियों को दिया है। बोधिसत्व का अर्थ होता है, जिसे समाधि उपलब्ध हो गई है और वह 'निर्बीज समाधि' को आने नहीं दे रहा है। वह 'समाधि' पर ही रुक गया है, क्योंकि जब कोई समाधि पर ही रुक जाता है, तब वह लोगों की मदद कर सकता है, लोगों की सहायता कर सकता है। वह अभी भी इस संसार में मौजूद रह सकता है, कम से कम संसार से जोड़ने वाली एक कड़ी अभी भी मौजूद रहती है।

बुद्ध के विषय में एक कथा है कि बुद्ध स्वर्ग के द्वार पर खड़े हैं, द्वार खुले हैं और उन्हें भीतर आने के लिए आमंत्रित किया जाता है, लेकिन वे बाहर ही खड़े रहते हैं। देवता उनसे कहते हैं, 'आप आएं भीतर। हम कब से आपकी प्रतीक्षा कर रहे हैं।'

लेकिन बुद्ध कहते हैं, 'अभी मैं कैसे भीतर आ सकता हूं? अभी बहुत से ऐसे लोग हैं जिन्हें मेरी आवश्यकता है। मैं द्वार पर ही खड़ा रहूंगा और लोगों को राह दिखाने में उनकी सहायता करूंगा। मैं सबसे अंत में प्रवेश करूंगा। जब सब लोग प्रवेश कर चुके होंगे, जब एक भी व्यक्ति बाहर न रह जाएगा, तब मैं प्रवेश करूंगा। अगर मैं अभी प्रवेश कर जाता हूं, तो मेरे प्रवेश के साथ ही द्वार फिर से खो जाएगा; और ऐसे बहुत से लोग हैं जो बुद्धत्व प्राप्ति के लिए संघर्ष कर रहे हैं। जो द्वार के निकट आ रहे हैं। मैं बाहर खड़ा रहूंगा, मैं भीतर न आऊंगा; क्योंकि जब तक मैं यहां खड़ा रहूंगा आपको द्वार खुला रखना ही पड़ेगा। आपको मेरी प्रतीक्षा करनी ही है, और जब तक आप प्रतीक्षा करेंगे, द्वार खुला रहेगा, और मैं लोगों को बता सकूंगा कि यह रहा द्वार।'

यह है बोधिसत्व की अवस्था। बोधिसत्व का अर्थ होता है वह व्यक्ति, जो कि बुद्धत्व के द्वार तक आ पहुंचा है। सच कहा जाए तो वह अस्तित्व में हमेशा-हमेशा के लिए विलीन हो जाने के लिए तैयार है, लेकिन करुणा के वशीभूत होकर वह स्वयं को रोककर रखता है। लोगों की मदद करने की आकांक्षा से वह वहां रुका रहता है। इस अंतिम आकांक्षा से कि लोगों की मदद करनी है—यह भी एक आकांक्षा ही है—उसे अस्तित्व में बनाए रखती है।

यह बहुत ही कठिन होता है, कहना चाहिए यह असंभव ही है—जब संसार से जुड़ी हुई सारी कड़ियां टूट जाती हैं, तो करुणा के नाजुक धागे द्वारा जुड़े रहना लगभग असंभव ही होता है। लेकिन यही कुछ घड़ियां होती हैं, जब कोई बोधिसत्व की अवस्था को उपलब्ध होता है और वहीं ठहरा रहता है : वही कुछ ऐसी घड़ियां होती हैं जब संपूर्ण मनुष्य-जाति के लिए द्वार खुला होता है, कि बोधिसत्व के माध्यम से द्वार को देख लें, उस द्वार को अनुभव कर लें, उस द्वार को जान लें और अंततः उसमें प्रवेश कर लें।

'अपने से पहले के पांच चरणों की तुलना में ये तीनों चरण—धारणा, ध्यान, समाधि—ये आंतरिक हैं, लेकिन फिर भी निर्बीज समाधि की तुलना में तो ये तीनों बाह्य ही हैं।'

'निरोध परिणाम मन का वह रूपांतरण है जब मन में निरोध की अवस्थिति व्याप्त हो जाती है, जो तिरोहित हो रहे भाव-संस्कार और उसके स्थान पर प्रकट हो रहे भाव-विचार के बीच क्षणमात्र को घटित होती है।'

यह सूत्र तुम्हारे लिए बहुत महत्वपूर्ण है, क्योंकि तुम तुरंत इसको व्यवहार में ला सकते हो। पतंजलि इसे निरोध कहते हैं। निरोध का अर्थ होता है, 'मन का क्षणिक स्थगन' अ-मन की क्षणिक अवस्था। इसका अनुभव सभी को होता है, लेकिन यह इतना सूक्ष्म और क्षणिक होता है कि इसका अहसास नहीं होता है। जब तक थोड़ी जागरूकता, थोड़ा होश न हो, इसे अनुभव करना असंभव है। पहले तो मैं यह बता दूं कि यह होता क्या है।

जब कभी मन में कोई विचार आता है, तो मन उसके द्वारा ऐसे आच्छादित हो जाता है जैसे आकाश पर कोई बादल छा जाए। लेकिन कोई भी विचार स्थायी नहीं हो सकता है। विचार का स्वभाव ही अस्थायी है। एक विचार आता है, वह चला जाता है; फिर कोई दूसरा विचार आता है और वह पहले वाले विचार का स्थान ले लेता है। जब एक विचार जा रहा होता है और उसकी जगह दूसरा विचार आ रहा होता है, तब इन दो विचारों के बीच एक बहुत ही सूक्ष्म अंतराल होता है। जब एक विचार जा रहा होता है, और दूसरा अभी आया नहीं है, वही क्षण निरोध का होता है—एक सूक्ष्म अंतराल, जब तुम निर्विचार होते हो। एक विचार का बादल गुजर गया और दूसरा अभी आया नहीं है; उस बीच के क्षणिक अंतराल में आकाश की तरह चित्त साफ होता है। अगर कोई थोड़ा भी जागरूक हो, तो इसे देख सकता है।

बस, चुपचाप शांत बैठ जाओ और देखो। विचार ऐसे आते-जाते रहते हैं जैसे सड़क पर यातायात गुजरता रहता है। एक कार जाती है, दूसरी आ रही होती है—लेकिन इन दो कारों के आने-जाने के बीच एक अंतराल होता है और बीच में थोड़ी देर के लिए सड़क खाली होती है। जल्दी ही दूसरी कार आ जाएगी और सड़क फिर भर जाएगी और खाली न रहेगी। अगर तुम इन दो विचारों के बीच के अंतराल को देख सको, तब क्षण भर को वही अवस्था उपलब्ध हो जाती है, जैसे कि समाधि को उपलब्ध व्यक्ति की होती है—क्षणिक समाधि, उसकी केवल झलक मात्र ही मिलती है। शीघ्र ही वह अंतराल दूसरे आते हुए विचार से भर जाएगा, जो कि आ ही रहा होता है।

देखना, ध्यानपूर्वक देखना। एक विचार जा रहा होता है, दूसरा आ रहा होता है, और दोनों के बीच एक अंतराल होता है: उस अंतराल में तुम ठीक उसी अवस्था में होते हो जिस अवस्था में कोई समाधि को उपलब्ध व्यक्ति होता है। लेकिन तुम्हारी वह अवस्था मात्र एक क्षणिक घटना होती है। पतंजलि इसे निरोध की अवस्था कहते हैं। यह क्षणिक होती है, इतनी क्षणिक कि पूरे समय यह बदल रही होती है। यह इतनी शीघ्रता से बदलती है जैसे: एक लहर जा रही होती है, और दूसरी आ रही होती है; इन दोनों के बीच...कहीं कोई लहर नहीं होती है। इन को जरा ध्यान से देखने की कोशिश करना।

सर्वाधिक महत्वपूर्ण ध्यान विधियों में से यह एक ध्यान विधि है। और कुछ भी करने की कोई जरूरत नहीं है। बस, तुम शांत और मौन, बैठकर ध्यानपूर्वक इन आते-जाते विचारों को देखते रहो। विचारों के बीच के अंतराल को देखना। प्रारंभ में यह कठिन होगा। धीरे-धीरे तुम सजग और जागरूक होने लगोगे और विचारों के बीच के अंतरालों को देख पाओगे। विचारों पर ज्यादा ध्यान

मत देना। अपना पूरा ध्यान विचारों के बीच जो अंतराल आता है उस पर लगाना, विचारों पर नहीं। जब विचारों का यातायात बंद हो, कोई भी विचार न गुजर रहा हो, वहां स्वयं को केंद्रित कर लेना। थोड़ा अपने देखने का ढंग बदल देना। साधारणतया तो हम विचारों पर ध्यान केंद्रित करते हैं, बीच के अंतराल पर नहीं। लेकिन अब अपना ध्यान अंतराल पर केंद्रित करना, विचारों पर नहीं।

एक बार ऐसा हुआ : योग का एक मास्टर अपने शिष्यों को निरोध के विषय में समझा रहा था। उसके पास एक ब्लैक-बोर्ड था। उसने उस ब्लैक-बोर्ड पर चाक से एक बहुत छोटा सा बिंदु, जो कि मुश्किल से दिखाई दे, बनाया। और फिर उसने अपने शिष्यों से पूछा कि ब्लैक-बोर्ड पर तुम्हें क्या दिखाई दे रहा है? उन सब शिष्यों ने एक साथ कहा, 'एक छोटा सा सफेद बिंदु।' वह मास्टर हंसने लगा। उसने कहा, 'तुम में से किसी को भी ब्लैक-बोर्ड दिखाई नहीं देता? सभी को केवल यह छोटा सा सफेद बिंदु ही दिखाई दे रहा है?'

किसी को भी ब्लैक-बोर्ड दिखाई नहीं दिया। इतना बड़ा ब्लैक-बोर्ड मौजूद था, सफेद बिंदु भी मौजूद था, लेकिन सभी ने उस सफेद बिंदु को ही देखा।

अपने देखने का ढंग बदलो।

तुमने बच्चों की पुस्तकें देखी हैं? उनमें चित्र होते हैं, ऐसे चित्र होते हैं जो समझने में बहुत ज्यादा अर्थपूर्ण होते हैं। किसी युवा स्त्री का चित्र है; तुम देख सकते हो उसको, लेकिन उन्हीं रेखाओं में, उसी चित्र में, एक वृद्ध स्त्री भी छिपी होती है। अगर देखते जाओ, देखते जाओ, तो अचानक युवा स्त्री गायब हो जाती है और वृद्ध स्त्री का चेहरा दिखायी देने लगता है। फिर वृद्ध स्त्री के चेहरे की ओर देखते चले जाओ, अचानक ही वह वृद्ध चेहरा खो जाता है और फिर से युवा स्त्री का चेहरा प्रकट हो जाता है। लेकिन दोनों को एक साथ नहीं देखा जा सकता है; दोनों को एक साथ देखना असंभव है। एक समय में एक ही चेहरा देखा जा सकता है। दूसरा चेहरा नहीं देखा सकता है। अगर एक बार दोनों चेहरे जवान और वृद्ध देख लिए जाते हैं, तब यह जानना आसान होता है कि दूसरा चेहरा भी वहां पर मौजूद है, लेकिन फिर भी दोनों को एक साथ नहीं देखा जा सकता है। और मन निरंतर बदलता रहता है, इसलिए एक बार युवा चेहरा दिखाई पड़ता है, तो दूसरी बार वृद्ध चेहरा दिखाई देता है।

वृद्ध से युवा, युवा से वृद्ध, फिर वृद्ध से युवा ऐसे जीवन का गेस्टाल्ट बदलता रहता है, लेकिन दोनों पर एक साथ ध्यान केंद्रित नहीं किया जा सकता। इसलिए जब विचारों पर ध्यान केंद्रित होता है, उस समय बीच के अंतरालों पर ध्यान केंद्रित नहीं हो सकता। अंतराल वहां पर हमेशा विद्यमान रहता है। इसलिए इन बीच के अंतरालों पर ध्यान केंद्रित करो, और अचानक तुम पाओगे कि धीरे-धीरे बीच के अंतराल बढ़ते जा रहे हैं, और विचार धीरे-धीरे कम होते जा रहे हैं; और उन्हीं विचारों के बीच के अंतरालों में समाधि की पहली झलक आने लगती है।

और आगे की यात्रा के लिए समाधि का थोड़ा स्वाद तुम्हें होना चाहिए, क्योंकि जो कुछ मैं कह रहा हूं, या जो कुछ पतंजलि कह रहे हैं, वह तुम्हारे लिए केवल तभी अर्थपूर्ण हो सकता है, जब तुमने समाधि का थोड़ा-बहुत स्वाद पहले से चखा हो। अगर एक बार तुम्हें विचारों के बीच के अंतरालों का आनंद मालूम हो जाता है कि वह कितना आनंदपूर्ण होता है, तो एक अदभुत आनंद की वर्षा हो जाती है—क्षणभर को ही सही, और चाहे फिर वह खो जाती है—लेकिन तब तुम जान लेते हो कि अगर यह

विचारों के बीच का अंतराल स्थायी हो सके, अगर यह शून्यता मेरा स्वभाव बन सके, तब यह आनंद सदा-सदा के लिए उपलब्ध हो जाएगा। और तब तुम कठोर श्रम करने लग जाते हो।

यही है निरोध परिणाम: 'निरोध परिणाम मन का वह रूपांतरण है जब मन में निरोध की अवस्थिति व्याप्त हो जाती है, जो तिरोहित हो रहे भाव-संस्कार और उसके स्थान पर प्रकट हो रहे भाव-विचार के बीच क्षणमात्र को घटित होती है।'

अभी कोई दस वर्ष पहले जापान में शाही रत्नों की सूची बनाई गई। पहले वह शाही खजाना सोशुन नामक एक सुरक्षित इमारत में रखा हुआ था। नौ सौ वर्ष से हीरे-जवाहरात वहीं सोशुन नामक स्थान पर सुरक्षित रखे हुए थे। जब एम्बर नामक मोतियों की माला का परीक्षण किया गया, तो माला के बीच में एक मोती दूसरे मोतियों से अलग मालूम हुआ। पहले तो सदियों-सदियों से मनकों पर जो धूल एकत्रित हो गई थी, उसे साफ किया गया और फिर बीच वाले मनके का परीक्षण बहुत उत्सुकता के साथ किया गया। जो लोग खजाने की खोज कर रहे थे वह उन्हें मिल गया। वह विशिष्ट मनका शेष दूसरे मनकों जैसा न था। वह मनका बहुत ही उत्तम क्वालिटी का था। कोई नौ सौ वर्षों तक तो वह विशेष मनका एम्बर ही माना जाता रहा, लेकिन अब पूरी बात बदल गई थी।

हम कितनी ही देर भ्रांति में जीते रहें, इससे कुछ भेद नहीं पड़ता है। लेकिन आत्म-निरीक्षण हमारे सच्चे और शांत स्वभाव को प्रकट कर ही देता है।

एक बार जो तुम हो जब उस सत्य की झलक मिल जाती है, तब सभी झूठे तादात्म्य अचानक तिरोहित हो जाते हैं। अब उन तादात्म्यों से तुम स्वयं को और अधिक धोखा नहीं दे सकते हो। यह निरोध परिणाम तुम्हें तुम्हारे सच्चे स्वभाव की पहली झलक दे देता है। वह धूल की पर्तों के नीचे जो चमकता हुआ सच्चा मोती छिपा है, उसकी प्रथम झलक दे देता है। वे धूल की पर्तें और कुछ भी नहीं—वे पर्तें विचारों की, संस्कारों की, कल्पनाओं की, स्वप्नों की, इच्छाओं की पर्तें ही हैं—बस, वहां पर विचार ही विचार होते हैं। अगर एक बार भी उस सत्य की झलक मिल जाए, तो फिर तुम पहले जैसे नहीं रह सकते हो, फिर तो तुम परिवर्तित हो ही चुके।

इसे ही मैं रूपांतरण कहता हूं। जब कोई हिंदू ईसाई बनता है या जब कोई ईसाई हिंदू बनता है, मेरी दृष्टि में वह रूपांतरण नहीं है। वह तो ऐसे ही है जैसे एक कैद से दूसरी कैद की ओर सरकना। रूपांतरण तो तब घटित होता है जब विचार से निर्विचार तक मन से अ-मन तक पहुंचना हो जाता है। रूपांतरण तो तब होता है जब दो विचारों के बीच का अंतराल देखते-देखते और अकस्मात बिजली की कौंध की भांति सत्य उदघटित हो जाता है। और फिर से अंधकार छा जाता है, लेकिन उस एक झलक मात्र से तुम फिर वही व्यक्ति नहीं रह जाते हो। तुमने उस सत्य के दर्शन कर लिए हैं, जिसे अब भूलना संभव नहीं है। इसी कारण अब तुम उसकी खोज बार-बार करोगे।

आने वाला सूत्र यही कह रहा है:

'यह प्रवाह पुनरावृत्त अनुभूतियों-संवेदनाओं द्वारा शांत हो जाता है।'

अगर विचारों के बीच का अंतराल गहराने लगे, तो धीरे-धीरे, मन बिदा होने लगता है। जब विचारों का प्रवाह शांत हो जाता है, निर्विचार की अवस्था सहज और स्वाभाविक हो जाती है, जब निर्विचार होना तुम्हारा सहज-स्फूर्त स्वभाव हो जाता है तब उस निर्विचार की अवस्था से तुम अपने

ही अस्तित्व को, अपने को देख सकते हो। तब स्वयं के भीतर छिपा हुआ खजाना मिल जाता है। पहले तो, छोटे-छोटे अंतरालों के बीच में छोटी-छोटी झलकियां मिलती हैं, फिर धीरे-धीरे अंतराल बड़े होने लगते हैं, तो झलकियां भी बड़ी होने लगती हैं। फिर एक दिन ऐसा आता है : जब अंतिम विचार बिदा हो जाता है और उसकी जगह कोई दूसरा विचार नहीं आता है, तब एक गहन और शाश्वत मौन छा जाता है। और वही मंजिल है। ऐसा कठिन है, दुष्कर है, लेकिन फिर भी संभव है।

ऐसा कहा जाता है कि जब जीसस को सूली दी गई, तो उनकी मृत्यु के थोड़ी देर पहले, एक सिपाही ने केवल यह देखने के लिए कि वे अभी जीवित हैं या नहीं, उनकी छाती में बरछा बेध दिया। वे उस समय भी जीवित थे। जीसस ने अपनी आंखें खोलीं, सिपाही की ओर देखा और बोले, 'मित्र, इसकी अपेक्षा तो इससे एक छोटा मार्ग है जो मेरे हृदय की ओर जाता है।' सिपाही ने तो उनके हृदय में बरछा बेधा था और जीसस कहते हैं, 'मित्र, इसकी अपेक्षा तो इससे एक छोटा मार्ग है, जो मेरे हृदय की ओर जाता है।'

सदियों-सदियों से लोग विचारते रहे हैं, कि जीसस का इससे क्या मतलब था। इसकी हजारों व्याख्याएं संभव हैं, क्योंकि यह वचन बहुत ही गहरा है। लेकिन जिस ढंग से मैं इसे देखता हूं और जो अर्थ मुझे इसमें दिखाई पड़ता है, वह यह है कि : अगर तुम अपने ही हृदय में उतरो तो वही सब से निकट का, सबसे छोटा और सुगम मार्ग है जीसस के हृदय तक पहुंचने का। अगर अपने ही हृदय में उतर जाओ, अगर भीतर की ओर चल पड़ो, तो जीसस के अधिक निकट आ जाओगे।

और चाहे जीसस जिंदा हों या न हों, तुम्हें अपने भीतर देखना ही होगा, अपने जीवन का स्रोत खोजना ही होगा; और तब यह जान सकोगे कि जीसस की कभी मृत्यु संभव नहीं है। वे शाश्वत हैं। सूली पर जिस शरीर को चढ़ाया था, वह मर सकता है; लेकिन वे कहीं और प्रकट होंगे। शारीरिक रूप से चाहे वे कहीं प्रकट न भी हों, लेकिन फिर भी वह अनंत के हृदय में समाए रहेंगे।

जब जीसस ने कहा था, 'मित्र, इसकी अपेक्षा तो एक छोटा मार्ग है जो मेरे हृदय की ओर जाता है,' उनका अर्थ था : 'स्वयं के भीतर जाओ, अपने स्वभाव को देखो, और तुम मुझे वहां पाओगे। प्रभु का राज्य तुम्हारे भीतर है।' और वह शाश्वत है। वह ऐसा जीवन है जिसका कोई अंत नहीं; वह ऐसा जीवन है जिसकी कोई मृत्यु नहीं।

अगर व्यक्ति निरोध को जान ले, तो उस जीवन को जान लेगा जिसकी कोई मृत्यु नहीं, और जिसका न कोई प्रारंभ है और न ही कोई अंत है।

और एक बार अगर उस दिव्यता का, उस अमृत का स्वाद मिल जाए तो कोई भी बात फिर आकांक्षा नहीं बन सकेगी। तब तो केवल वह स्वाद ही एकमात्र आकांक्षा बन कर रह जाता है। और अंततः वही आकांक्षा समाधि तक ले जाती है। लेकिन अंत में उस आकांक्षा को भी छोड़ देना पड़ता है, उस आकांक्षा को भी गिरा देना होता है। उसने अपना कार्य कर दिया। उसने तुम्हारे जीवन में एक गति दे दी, वह तुम्हें अस्तित्व के द्वार तक ले आई; अब उसे भी गिरा देना है।

एक बार जब वह भी गिर जाती है, तो फिर तुम भी नहीं बचते...केवल परमात्मा ही होता है। यही है निर्बीज समाधि।

प्रवचन 4

बीज हो जाओ

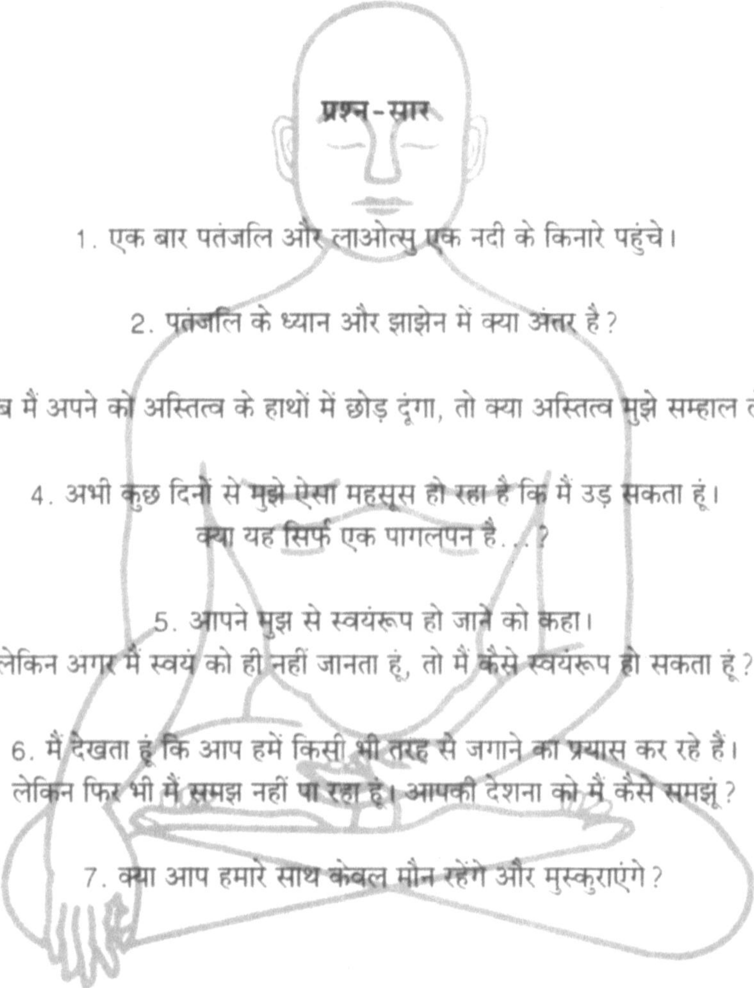

प्रश्न-सार

1. एक बार पतंजलि और लाओत्सु एक नदी के किनारे पहुंचे।

2. पतंजलि के ध्यान और झाझेन में क्या अंतर है?

3. जब मैं अपने को अस्तित्व के हाथों में छोड़ दूंगा, तो क्या अस्तित्व मुझे सम्हाल लेगा?

4. अभी कुछ दिनों से मुझे ऐसा महसूस हो रहा है कि मैं उड़ सकता हूं।
क्या यह सिर्फ एक पागलपन है...?

5. आपने मुझ से स्वयंरूप हो जाने को कहा।
लेकिन अगर मैं स्वयं को ही नहीं जानता हूं, तो मैं कैसे स्वयंरूप हो सकता हूं?

6. मैं देखता हूं कि आप हमें किसी भी तरह से जगाने का प्रयास कर रहे हैं।
लेकिन फिर भी मैं समझ नहीं पा रहा हूं। आपकी देशना को मैं कैसे समझूं?

7. क्या आप हमारे साथ केवल मौन रहेंगे और मुस्कुराएंगे?

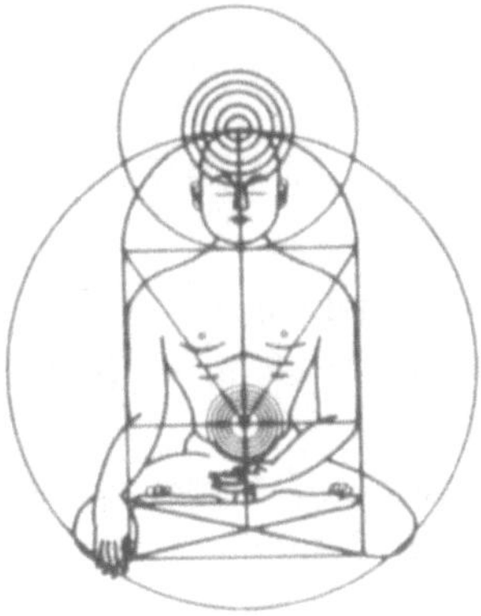

पहला प्रश्नः भगवान, मैंने सुना है कि एक बार पतंजलि और लाओत्सु एक नदी के किनारे पहुंचे। पतंजलि पानी पर चलते हुए नदी पार करने लगे। लाओत्सु किनारे पर ही खड़े रहे और पतंजलि को वापस आने के लिए कहने लगे।

पतंजलि ने पूछा, 'क्या बात है?'

लाओत्सु ने कहा, 'नदी पार करने का यह कोई ढंग नहीं है।' और पतंजलि को उस जगह ले गए जहां पानी गहरा न था, और उन्होंने साथ-साथ नदी पार की।

यह कहानी यात्री ने भेजी है। यह कहानी सत्य है। लेकिन यात्री, इस कहानी की तुम सबसे महत्वपूर्ण बात तो भूल ही गए। पूरी कहानी को मैं तुम से फिर से कहता हूंः

मैंने सुना है कि पतंजलि और लाओत्सु एक नदी के किनारे पहुंचे। पतंजलि पानी पर चलते हुए नदी पार करने लगे। लाओत्सु किनारे पर ही खड़े रहे और उन्हें वापस आने के लिए कहने लगे।

पतंजलि ने पूछा, 'क्या बात है?'

लाओत्सु ने कहा, 'नदी पार करने की कोई जरूरत नहीं, क्योंकि यही किनारा दूसरा किनारा है।'

लाओत्सु का पूरा जोर इसी बात पर हैः कि कहीं जाने की कोई जरूरत नहीं है; दूसरा किनारा यहीं है। कुछ करने की जरूरत नहीं है। एकमात्र आवश्यकता है होने भर की। किसी भी प्रकार का प्रयास करना व्यर्थ है, क्योंकि जो कुछ तुम हो सकते हो, वह तुम हो ही। कहीं जाना नहीं है। किसी मार्ग का अनुसरण नहीं करना है। कुछ खोजना नहीं है। क्योंकि जहां कहीं भी तुम जाओगे, वह जाना ही लक्ष्य को चुका देगा। क्योंकि यहां सभी कुछ पहले से ही उपलब्ध है।

मैं एक और कहानी तुम्हें कहना चाहूंगा, जो सर्वाधिक महत्वपूर्ण कहानियों में से एक है। इस कहानी का संबंध जरथुस्त्र से है। कहना चाहिए दूसरा लाओत्सु, जो कि सहज, स्वाभाविक, सरल, होने मात्र में भरोसा रखता था।

एक बार पर्शिया का राजा विशतस्पा, जब युद्ध जीतकर लौट रहा था, तो वह जरथुस्त्र के निवास के निकट जा पहुंचा। उसने इस रहस्यदर्शी संत के दर्शन करने की सोची। राजा ने जरथुस्त्र के पास जाकर कहा, 'मैं आपके पास इसलिए आया हूं कि शायद आप मुझे सृष्टि और प्रकृति के नियम के विषय में कुछ समझा सकें। मैं यहां पर अधिक समय तो नहीं रुक सकता हूं, क्योंकि मैं

युद्ध-स्थल से लौट रहा हूं, और मुझे जल्दी ही अपने राज्य में वापस पहुंचना है, क्योंकि राज्य के महत्वपूर्ण. मसले महल में मेरी प्रतीक्षा कर रहे हैं।'

जरथुस्त्र राजा की ओर देखकर मुस्कुराया और जमीन से गेहूं का एक दाना उठाकर राजा को दे दिया और उस गेहूं के दाने के माध्यम से यह बताया कि 'गेहूं के इस छोटे से दाने में, सृष्टि के सारे नियम और प्रकृति की सारी शक्तियां समाई हुई हैं।'

राजा तो जरथुस्त्र के इस उत्तर को समझ ही न सका, और जब उसने अपने आसपास खड़े लोगों के चेहरे पर मुस्कान देखी तो वह गुस्से के मारे आग-बबूला हो गया। और उसे लगा कि उसका उपहास किया गया है, उसने गेहूं के उस दाने को उठाकर जमीन पर पटक दिया। और जरथुस्त्र से उसने कहा, 'मैं मूर्ख था जो मैंने अपना समय खराब किया, और आप से यहां पर मिलने चला आया।'

वर्ष आए और गए। वह राजा एक अच्छे प्रशासक और योद्धा के रूप में खूब सफल रहा, और खूब ही ठाठ-बाट और ऐश्वर्य का जीवन जी रहा था। लेकिन रात को वह सोने के लिए अपने बिस्तर पर जाता तो उसके मन में बड़े ही अजीब-अजीब से विचार उठने लगते और उसे परेशान करतेः 'मैं इस आलीशान महल में खूब ठाठ-बाट और ऐश्वर्य का जीवन जी रहा हूं, लेकिन आखिरकार मैं कब तक इस समृद्धि, राज्य, धन-दौलत से आनंदित होता रहूंगा? और जब मैं मर जाऊंगा तो फिर क्या होगा? क्या मेरे राज्य की शक्ति, मेरी धन-दौलत, संपत्ति मुझे बीमारी से और मृत्यु से बचा सकेगी? क्या मृत्यु के साथ ही सब कुछ समाप्त हो जाता है?'

राजमहल में एक भी आदमी राजा के इन प्रश्नों का उत्तर नहीं दे सका। लेकिन इसी बीच जरथुस्त्र की प्रसिद्धि चारों ओर फैलती चली जा रही थी। इसलिए राजा ने अपने अहंकार को एक तरफ रखकर, धन-दौलत के साथ एक बड़ा काफिला जरथुस्त्र के पास भेजा और साथ ही अनुरोध भरा निमंत्रण भेजा उसमें उसने लिखा कि 'मुझे बहुत अफसोस है, जब मैं अपनी युवावस्था में आपसे मिला था, उस समय मैं जल्दी में था और आपसे लापरवाही से मिला था। उस समय मैंने आपसे अस्तित्व के गूढ़तम प्रश्नों की व्याख्या जल्दी करने के लिए कहा था। लेकिन अब मैं बदल चुका हूं, और जिसका उत्तर नहीं दिया जा सकता, उस असंभव उत्तर की मांग मैं नहीं करता। लेकिन अभी भी मुझे सृष्टि के नियम और प्रकृति की शक्तियों को जानने की गहन जिज्ञासा है। जिस समय मैं युवा था उस समय से कहीं अब ज्यादा जिज्ञासा है यह सब जानने की। मेरी आपसे प्रार्थना है कि आप मेरे महल में आएं। और अगर आपका महल में आना संभव न हो, तो आप अपने सबसे अच्छे शिष्य में से किसी एक शिष्य को भेज दें, ताकि वह मुझे जो कुछ भी इन प्रश्नों के विषय में समझाया जा सकता हो समझा सके।'

थोड़े दिनों के बाद वह काफिला और संदेशवाहक वापस लौट आए। उन्होंने राजा को बताया कि वे जरथुस्त्र से मिले। जरथुस्त्र ने अपने आशीष भेजे हैं, लेकिन आपने उनको जो खजाना भेजा था, वह उन्होंने वापस लौटा दिया है। जरथुस्त्र ने उस खजाने को यह कहकर वापस कर दिया कि उसे तो खजानों का खजाना मिल चुका है। और साथ ही जरथुस्त्र ने एक पत्ते में लपेटकर कुछ छोटा सा उपहार राजा के लिए भेजा और संदेशवाहकों से कहा कि वे राजा से जाकर कह दें कि इसमें ही वह शिक्षक है जो कि उसे सब कुछ समझा सकता है।

राजा ने जरथुस्त्र के भेजे हुए उपहार को खोला और फिर उसमें से उसी गेहूं के दाने को पाया—गेहूं का वही दाना जिसे जरथुस्त्र ने पहले भी उसे दिया था। राजा ने सोचा कि जरूर इस दाने में कोई रहस्य या चमत्कार होगा, इसलिए राजा ने एक सोने के डिब्बे में उस दाने को रखकर अपने खजाने में रख दिया। हर रोज वह उस गेहूं के दाने को इस आशा के साथ देखता कि एक दिन जरूर कुछ चमत्कार घटित होगा, और गेहूं का दाना किसी ऐसी चीज में या किसी ऐसे व्यक्ति में परिवर्तित हो जाएगा जिससे कि वह सब कुछ सीख जाएगा जो कुछ भी वह जानना चाहता है।

महीने बीते, और फिर वर्ष पर वर्ष बीतने लगे, लेकिन कुछ भी चमत्कार घटित न हुआ। अंततः राजा ने अपना धैर्य खो दिया और फिर से बोला, 'ऐसा मालूम होता है कि जरथुस्त्र ने फिर से मुझे धोखा दिया है। या तो वह मेरा उपहास कर रहा है, या फिर वह मेरे प्रश्नों के उत्तर जानता ही नहीं है, लेकिन मैं उसे दिखा दूंगा कि मैं बिना उसकी किसी मदद के भी प्रश्नों के उत्तर खोज सकता हूं।' फिर उस राजा ने एक बड़े भारतीय रहस्यदर्शी के पास अपने काफिले को भेजा, जिसका नाम तशंग्रेगाचा था। उसके पास संसार के कोने-कोने से शिष्य आते थे, और फिर से उसने उस काफिले के साथ वही संदेशवाहक और वही खजाना भेजा जिसे उसने जरथुस्त्र के पास भेजा था।

कुछ महीनों के पश्चात संदेशवाहक उस भारतीय दार्शनिक को अपने साथ लेकर वापस लौटे। लेकिन उस दार्शनिक ने राजा से कहा, 'मैं आपका शिक्षक बनकर सम्मानित हुआ हूं, लेकिन यह मैं साफ-साफ बता देना चाहता हूं कि मैं खास करके आपके देश में इसीलिए आया हूं, ताकि मैं जरथुस्त्र के दर्शन कर सकूं।'

इस पर राजा सोने का वह डिब्बा उठा लाया जिसमें गेहूं का दाना रखा हुआ था। और वह उसे बताने लगा, 'मैंने जरथुस्त्र से कहा था कि मुझे कुछ समझाएं-सिखाएं। और देखो, उन्होंने यह क्या भेज दिया है मेरे पास। यह गेहूं का दाना वह शिक्षक है जो मुझे सृष्टि के नियमों और प्रकृति की शक्तियों के विषय में समझाएगा। क्या यह मेरा उपहास नहीं?'

वह दार्शनिक बहुत देर तक उस गेहूं के दाने की तरफ देखता रहा, और उस दाने की तरफ देखते-देखते जब वह ध्यान में डूब गया तो महल में चारों ओर एक गहन मौन छा गया। कुछ समय बाद वह बोला, 'मैंने यहां आने के लिए जो इतनी लंबी यात्रा की उसके लिए मुझे कोई पश्चात्ताप नहीं है, क्योंकि अभी तक तो मैं विश्वास ही करता था, लेकिन अब मैं जानता हूं कि जरथुस्त्र सच में ही एक महान सदगुरु हैं। गेहूं का यह छोटा सा दाना हमें सचमुच सृष्टि के नियमों और प्रकृति की शक्तियों के विषय में सिखा सकता है, क्योंकि गेहूं का यह छोटा सा दाना अभी और यहीं अपने में सृष्टि के नियम और प्रकृति की शक्ति को अपने में समाए हुए है। आप गेहूं के इस दाने को सोने के डिब्बे में सुरक्षित रखकर पूरी बात को चूक रहे हैं।

'अगर आप इस छोटे से गेहूं के दाने को जमीन में बो दें, जहां से यह दाना संबंधित है, तो मिट्टी का संसर्ग पाकर, वर्षा-हवा-धूप, और चांद-सितारों की रोशनी पाकर, यह और अधिक विकसित हो जाएगा। जैसे कि व्यक्ति की समझ और ज्ञान का विकास होता है, तो वह अपने अप्राकृतिक जीवन को छोड़कर प्रकृति और सृष्टि के निकट आ जाता है, जिससे कि वह संपूर्ण ब्रह्मांड के अधिक निकट हो सके। जैसे अनंत-अनंत ऊर्जा के स्रोत धरती में बोए हुए गेहूं के दाने की

ओर उमड़ते हैं, ठीक वैसे ही ज्ञान के अनंत-अनंत स्रोत व्यक्ति की ओर खुल जाते हैं, और तब तक उसकी तरफ बहते रहते हैं जब तक कि व्यक्ति प्रकृति और संपूर्ण ब्रह्मांड के साथ एक न हो जाए। अगर गेहूं के इस दाने को ध्यानपूर्वक देखो, तो तुम पाओगे कि इसमें एक और रहस्य छुपा हुआ है—और वह रहस्य है जीवन की शक्ति का। गेहूं का दाना मिटता है, और उस मिटने में ही वह मृत्यु को जीत लेता है।'

राजा ने कहा, 'आप जो कहते हैं वह सच है। फिर भी अंत में तो पौधा कुम्हलाएगा और मर जाएगा और पृथ्वी में विलीन हो जाएगा।'

उस दार्शनिक ने कहा, 'लेकिन तब तक नहीं मरता, जब तक यह सृष्टि की प्रक्रिया को पूरी नहीं कर लेता और स्वयं को हजारों गेहूं के दानों में परिवर्तित नहीं कर लेता। जैसे छोटा सा गेहूं का दाना मिटता है तो पौधे के रूप में विकसित हो जाता है, ठीक वैसे ही जब तुम भी जैसे-जैसे विकसित होने लगते हो तुम्हारे रूप भी बदलने लगते हैं। जीवन से और नए जीवन निर्मित होते हैं, एक सत्य से और सत्य जन्मते हैं, एक बीज से और बीजों का जन्म होता है। केवल जरूरत है तो एक ही कला सीखने की और वह है मरने की कला। उसके बाद ही पुनर्जन्म होता है। मेरी सलाह है कि हम जरथुस्त्र के पास चलें, ताकि वे हमें इस बारे में कुछ अधिक बताएं।'

कुछ ही दिनों के पश्चात वे जरथुस्त्र के बगीचे में आए। प्रकृति की पुस्तक ही उसकी एकमात्र पुस्तक थी, और उसने अपने शिष्यों को उस प्रकृति की पुस्तक को ही पढ़ने की शिक्षा दी। इन दोनों ने जरथुस्त्र के बगीचे में एक और बड़े सत्य की शिक्षा पाई : कि जीवन और कार्य, अवकाश और अध्ययन, एक ही चीज हैं; जीने का सही ढंग सरल और स्वाभाविक जीवन जीना है। जीवन सृजनात्मक होना चाहिए, उसी में व्यक्ति का विकास समग्रता से और सक्रियता से होता है।

अस्तित्व और जीवन के नियमों को पढ़ते-सीखते उनका एक वर्ष बीत गया। अंततः राजा अपने नगर लौट आया और उसने जरथुस्त्र से निवेदन किया कि वह अपनी महान शिक्षा के सार-तत्व को व्यवस्थित रूप से संगृहीत कर दे। जरथुस्त्र ने वैसा ही किया, और उसी के परिणामस्वरूप पारसियों की महान पुस्तक 'जेंदावेस्ता' का आविर्भाव हुआ।

यह पूरी कहानी बस यही बताती है कि मनुष्य परमात्मा कैसे हो सकता है।

जो कुछ मनुष्य में बीज रूप छिपा हुआ है, वह अगर उदघाटित हो जाए, प्रकट हो जाए, तो मनुष्य परमात्मा हो सकता है।

बीज हो जाओ। तुम हो भी, लेकिन अभी भी सोने के डिब्बे में ही कैद पड़े हुए हो। पृथ्वी से—जिससे कि तुम जुड़े ही हुए हो—उसमें गिर जाओ, और उसमें विलीन होने को, मिटने को तैयार हो जाओ। मृत्यु से भयभीत न होओ, क्योंकि जो व्यक्ति मृत्यु से भयभीत हैं, वे स्वयं को जीवन से, एक महान जीवन से वंचित कर रहे हैं। मृत्यु जीवन का द्वार है। जीवन की प्रथम पहचान मृत्यु है। इसलिए जो लोग मृत्यु से भयभीत हैं, वे जीवन के द्वार बंद कर रहे हैं। फिर वे सोने के डिब्बे में सुरक्षित पड़े रहेंगे, लेकिन तब उनका विकास न हो सकेगा। मृत्यु से भयभीत होकर कोई भी स्वयं को पुनर्जीवित नहीं कर सकता। वस्तुतः तो जो लोग सोने के डिब्बे में बंद पड़े रहते हैं, उनका जीवन मृत्यु के अतिरिक्त और कुछ भी नहीं है।

पृथ्वी में, मिट्टी में गिरकर मरना जीवन का अंत नहीं प्रारंभ है। लेकिन सोने के डिब्बे में ही बंद पड़े रहना जीवन का वास्तविक अंत है। उसमें कहीं भी जीवन की आशा नहीं है।

तुम बीज हो। तुम्हें कहीं जाने की कोई जरूरत नहीं है। जो भी तुम्हारी जरूरत है, वह तुम्हारे पास आने को तैयार है, लेकिन बीज के खोल को तो टूटना ही होगा। बीज को टूटकर अपने अहंकार को पृथ्वी में विलीन करना पड़ता है, अहंकार को मिटाना पड़ता है। इधर अहंकार मिटा नहीं कि उधर संपूर्ण अस्तित्व तुम्हारी तरफ उमड़ पड़ता है। तुम वह होने लगते हो, जैसा होने की नियति तुम्हारी सदा से रही है। तुम अपनी वास्तविक नियति को उपलब्ध हो जाते हो।

सच तो यह है यही किनारा दूसरा किनारा भी है। कहीं और जाने की जरूरत नहीं है। एकमात्र जरूरत है तो केवल भीतर जाने की। कुछ और नहीं करना है, बस स्वयं के भीतर छलांग लगानी है, स्वयं के अंतर स्वर के साथ संगति बिठा लेनी है। लाओत्सु, दूसरे किनारे तक कैसे पहुंचा जाए, इसका मार्ग नहीं बताएंगे।

हम इसी कथा को दूसरे ढंग से भी देख सकते हैं। यहां पर तीन लोग हैं: पतंजलि, बुद्ध लाओत्सु। पतंजलि पानी पर चलने का प्रयास करेंगे, वे ऐसा कर सकते हैं। वे चेतना के अंतर्जगत के बड़े वैज्ञानिक हैं। वे जानते हैं कि गुरुत्वाकर्षण के पार कैसे जाना।

बुद्ध वही कहेंगे, जो यात्री ने कथा में कहा था। बुद्ध कहेंगे, 'नदी पार करने का यह ढंग नहीं है। आओ, मैं तुम्हें वह रास्ता दिखाता हूं जहां ऐसे कठिन काम की कोई जरूरत नहीं। मार्ग सरल है। नदी गहरी नहीं है, हमें कुछ मील और चलना है और फिर नदी जहां पर गहरी नहीं है उस जलधार पर चला जा सकता है। इस महान कला को सीखने की कोई जरूरत नहीं है। यह तो बड़ी आसानी से किया जा सकता है।' बुद्ध ऐसा कहेंगे।

और लाओत्सु? वे तो हंस पड़ेंगे, और वे बुद्ध और पतंजलि से कहेंगे, 'यह क्या कर रहे हो? अगर इस किनारे को छोड़ दोगे तो इधर-उधर भटकोगे, क्योंकि यही है वह दूसरा किनारा। अभी और यहीं सभी कुछ वैसा ही है जैसा होना चाहिए। कहीं जाने की कोई जगह नहीं है। सत्य का खोजी, किसी मार्ग का अनुसरण नहीं करता, क्योंकि सारे मार्ग कहीं न कहीं ले जाते हैं, और सत्य तो अभी और यहीं है।'

लाओत्सु कहेंगे, बस स्वयं में विश्रांत रहो। यह कोई यात्रा नहीं है; यह तो बस स्वयं में विश्रांत हो जाना है। किसी प्रकार की तैयारी की कोई जरूरत नहीं है, क्योंकि यह कोई यात्रा थोड़े ही है। तुम जैसे भी हो, वैसे ही विश्रांत हो जाओ। अपने स्वभाव में ठहर जाओ। सभी व्यर्थ की बातें—नैतिकता, धारणा, सिद्धांत, धर्म—इन सभी सोने की जंजीरों को छोड़ दो। सभी तरह के कूड़े-कचरे को छोड़ दो। जिस जमीन पर खड़े हो, उससे भयभीत मत हो और स्वर्ग की मांग मत करो। इस पृथ्वी पर पैर जमाकर जीना है। भयभीत मत हो कि हाथों में मिट्टी चिपक जाएगी। अपने स्वभाव में उतरो, क्योंकि केवल अपने स्वभाव में उतरकर ही समग्र समष्टि के साथ जुड़ना हो सकता है।

जरथुस्त्र ने ठीक ही कहा था। उसने राजा का कोई उपहास नहीं किया था। वह एक सीधा-सरल आदमी था। और चूंकि राजा ने स्वयं ही कहा था कि उसके पास अधिक समय नहीं है और राज्य में बहुत से काम उसकी प्रतीक्षा कर रहे हैं, इसलिए उसे जल्दी जाना है। इसीलिए जरथुस्त्र ने संकेत रूप

वह गेहूं का दाना दिया था। लेकिन राजा पूरी बात ही चूक गया। वह समझ ही नहीं पाया कि यह किस तरह का संदेश है। जरथुस्त्र ने तो उसे पूरी की पूरी 'जेंदावेस्ता' ही बीज रूप में दे दी थी; कुछ भी शेष न छोड़ा था। सच्चे धर्म का पूरा संदेश ही यही है। शेष सब तो मात्र व्याख्या ही होती है।

जिस दिन जरथुस्त्र ने राजा को बीज दिया था, उसने ठीक वैसा ही किया था जैसा कि बुद्ध ने महाकाश्यप को फूल दिया था। जरथुस्त्र ने जो बीज के रूप में दिया था, वह फूल से अधिक महत्वपूर्ण है। इन प्रतीकात्मक संदेशों को समझने की कोशिश करना।

बुद्ध ने महाकाश्यप को फूल दिया। फूल खिलावट का परम और अंतिम रूप है। वह केवल महाकाश्यप को ही दिया जा सकता है, जिसका स्वयं का फूल खिल गया है, जो परम को उपलब्ध है। जरथुस्त्र ने बीज दिया। बीज प्रारंभ है। वह उसे ही दिया जा सकता है, जिसने खोज अभी प्रारंभ ही की हो, जो अभी खोज के मार्ग पर ही हो, जो अभी मार्ग खोज लेने का प्रयास कर रहा हो; जो अंधकार में भटक रहा हो, खोज रहा हो। बुद्ध ने जो फूल दिया, वह हर किसी को नहीं दिया जा सकता है; उसके लिए महाकाश्यप जैसा व्यक्ति ही चाहिए। सच तो यह है, वह केवल उसे ही दिया जा सकता है जिसे फूल की कोई जरूरत ही न हो। महाकाश्यप उनमें से हैं जिन्हें फूल की जरूरत नहीं। फूल केवल उसे ही दिया जा सकता है, जिसे फूल की जरूरत नहीं। जरथुस्त्र का बीज उन्हें दिया जा सकता है, जिन्हें बीज की आवश्यकता है। और बीज देकर उन्होंने इतना ही कहा था कि 'बीज हो जाओ। तुम बीज ही हो। तुम्हारे भीतर परमात्मा छिपा हुआ है। कहीं और नहीं जाना है।'

जरथुस्त्र का धर्म एकदम स्वाभाविक है : जैसा जीवन है उसे वैसा ही स्वीकार कर लेना, जैसा जीवन है उसे वैसे ही जीना। असंभव की मांग मत करना। जीवन को उसकी सहजता में स्वीकार करना। जरा चारों ओर आंख उठाकर तो देखो, सत्य सदैव मौजूद ही है; केवल तुम्हीं मौजूद नहीं हो। यही किनारा दूसरा किनारा है; और कोई किनारा नहीं है। यही जीवन वास्तविक जीवन है, और कोई जीवन नहीं है।

लेकिन इस जीवन को दो ढंग से जीया जा सकता है : या तो तुम कुनकुने रूप से जीओ, या फिर समग्र रूप से। अगर जीवन को कुनकुने जीते हो, तो बीज की भांति जीते हो। अगर जीवन को एक खिले हुए फूल की भांति जीते हो, तो तुम समग्र और संपूर्ण रूप से जीते हो। अपने जीवन के बीज को फूल बनने दो। वह बीज स्वयं ही फूल बन जाएगा। तुम स्वयं दूसरा किनारा बन जाओगे। तुम सत्य रूप हो जाओगे।

इसे स्मरण रखना। अगर तुम इसे स्मरण रख सके, कि सहज और स्वाभाविक होना है, तो तुमने वह सब समझ लिया जो जीवन का मूल आधार है, वह सब जो जीवन का आधारभूत सत्य है, वह जिसे समझना अत्यंत आवश्यक है।

दूसरा प्रश्न : पतंजलि के ध्यान और झाझेन में क्या अंतर है?

पतंजलि का ध्यान एक चरण है; उनके आठ चरणों में एक चरण है ध्यान। झाझेन में, ध्यान ही एकमात्र चरण है; और कोई चरण नहीं है। पतंजलि क्रमिक विकास में भरोसा करते हैं। झेन का

भरोसा सडन एनलाइटेनमेंट, अकस्मात संबोधि में है। तो जो केवल एक चरण है पतंजलि के अष्टांग में, झेन में ध्यान ही सब कुछ है—झेन में बस ध्यान ही पर्याप्त होता है, और किसी बात की आवश्यकता नहीं। शेष बातें अलग निकाली जा सकती हैं। शेष बातें सहायक हो सकती हैं, लेकिन फिर भी आवश्यक नहीं—झाझेन में केवल ध्यान आवश्यक है।

ध्यान की यात्रा में—प्रारंभ से लेकर अंत तक सभी आवश्यकताओं के लिए—पतंजलि एक पूरी की पूरी क्रमबद्ध प्रणाली दे देते हैं। वे ध्यान के बारे में सब कुछ बता देते हैं। पतंजलि के मार्ग में ध्यान कोई अकस्मात घटी घटना नहीं है; उसमें तो धीरे-धीरे, एक-एक क़दम चलते हुए ध्यान में विकसित होना होता है। जैसे-जैसे तुम ध्यान में विकसित होते हो और ध्यान को आत्मसात करते जाते हो, तुम अगले चरण के लिए तैयार होते जाते हो।

झेन तो उन थोड़े से दुर्लभ लोगों के लिए है, उन थोड़े से साहसी लोगों के लिए है, जो बिना किसी आकांक्षा के सभी कुछ दांव पर लगा सकते हैं, जो बिना किसी अपेक्षा के सभी कुछ दांव पर लगा सकते हैं।

झेन सभी के लिए संभव नहीं है। अगर तुम सावधानी से आगे बढ़ते हो—और सावधानी से आगे बढ़ने में कुछ गलत भी नहीं है। अगर सावधानी से आगे बढ़ना तुम्हारे स्वभाव के अनुकूल हो, तो वैसे ही आगे बढ़ना। तब छलांग लगाने की मूढ़तापूर्ण कोशिश मत करना। अपने स्वभाव की सुनना, उसे समझना। अगर तुम्हें लगे कि जोखम उठाना, सब कुछ दांव पर लगा देना ही तुम्हारा स्वभाव है, तो फिर सावधानी से चलने की चिंता मत करना, तो क्रमिक रूप से आगे बढ़ने की परवाह ही मत करना। या तो सीढ़ियों से नीचे उतर सकते हो या फिर सीधी छत से छलांग लगाई जा सकती है। सब कुछ तुम पर निर्भर करता है। लेकिन हर हाल में अपने स्वभाव की ही सुनना।

ऐसे कुछ लोग हैं जो एक-एक कदम चलने की फिक्र न करेंगे, वे प्रतीक्षा करने को तैयार ही नहीं हैं। एक बार जब उन्हें उस अज्ञात के स्वर सुनाई पड़ जाते हैं, तो वे तुरंत छलांग लगा देते हैं। जैसे ही अज्ञात के स्वर उन्हें सुनाई पड़े, वे एक क्षण की भी प्रतीक्षा नहीं कर सकते हैं, वे छलांग लगा ही देते हैं। लेकिन इस तरह से छलांग लगाने वाले बहुत ही दुर्लभ लोग होते हैं।

जब मैं कहता हूं 'दुर्लभ', तो मेरा मतलब किसी भी मूल्यांकन करने वाले ढंग से नहीं होता है। मैं मूल्यांकन नहीं कर रहा हूं। जब मैं दुर्लभ कहता हूं, तो मेरा मतलब श्रेष्ठ से नहीं है, यह तो बस तथ्यगत बात है: कि इस तरह के लोगों की संख्या बहुत अधिक नहीं होती। मैं यह नहीं कह रहा हूं—मेरी बात को समझने में चूक मत जाना—मैं यह नहीं कह रहा हूं कि वे साधारण व्यक्तियों से कुछ ज्यादा श्रेष्ठ हैं। न तो कोई श्रेष्ठ है और न ही कोई निम्न है—लेकिन हर एक व्यक्ति में भिन्नता तो होती ही है। कुछ ऐसे लोग होंगे जो छलांग लगाना पसंद करेंगे, उन्हें झेन का मार्ग चुनना चाहिए। और कुछ ऐसे लोग भी हैं जो आराम से, सावधानी से, धीरे-धीरे, क्रमबद्ध रूप से चलकर मंजिल तक पहुंचना चाहेंगे। इसमें भी कुछ गलत नहीं है, यह भी एकदम ठीक है। अगर तुम्हारा वही ढंग है, वही मार्ग है; तो धीरे-धीरे, एक-एक कदम शालीनता से ही उठाकर आगे बढ़ना।

हमेशा इस बात का स्मरण रहे कि तुम्हें स्वयं ही, तुम्हारे अपने व्यक्तित्व को ही, तुम्हारे स्वभाव को ही निर्णायक बनना है। अपने स्वभाव के विपरीत पतंजलि या झेन के पीछे मत चल

पड़ना। सदैव अपने स्वभाव की ही सुनना। पतंजलि और झेन तुम्हारे लिए हैं, तुम उनके लिए नहीं। धर्म मनुष्य के लिए है, मनुष्य धर्म के लिए नहीं। सभी धर्म तुम्हारे लिए हैं, न कि तुम धर्मों के लिए। तुम्हीं लक्ष्य हो।

तीसरा प्रश्न : जब मैं अपने भाव-विचार और अंतस की आवाज को सुनता हूं, तो वे मुझे कहते हैं कि कुछ भी मत करो, बस खाओ-पीओ, सोओ और समुद्र के किनारे घूमो, मजा करो। मुझे यह मानकर चलने में डर भी लगता है, क्योंकि साथ ही मुझे लगता है कि मैं इतना कमजोर हो जाऊंगा कि इस संसार में जीना कठिन हो जाएगा।

जब मैं अपने को अस्तित्व के हाथों में छोड़ दूंगा, तो क्या अस्तित्व मुझे सम्हाल लेगा?

पहली बात : इस संसार में बने रहने की कोई आवश्यकता नहीं है। यह संसार एक पागलखाना है। इसमें बने रहने की कोई जरूरत नहीं है। महत्वाकांक्षा, राजनीति और अहंकार के संसार में बने रहने की जरा भी जरूरत नहीं है। यही है रोग। लेकिन एक और भी ढंग है होने का, जो कि धार्मिक ढंग है : कि तुम संसार में रहो, और संसार तुम में न रहे।

'जब मैं अपने भाव-विचार और अंतस की आवाज को सुनता हूं, तो वे मुझे कहते हैं कि कुछ भी मत करो...।'

तो कुछ भी मत करो। तुमसे ऊपर कोई नहीं है, और परमात्मा तुमसे सीधे बात करता है। अपनी अंतस की अनुभूतियों पर भरोसा रखो। फिर कुछ भी मत करो।

अगर तुम्हें लगता है कि 'बस खाओ-पीओ, सोओ और समुद्र के किनारे घूमो, मजा करो', तो यह बिलकुल ठीक है। इसे ही तुम्हारा धर्म होने दो। फिर भयभीत मत होओ।

तुम्हें भय को गिराना होगा। और अगर यह प्रश्न आंतरिक अनुभूति और भय के बीच चुनाव करने का हो, तो आंतरिक अनुभूति को ही चुनना। भय को मत चुनना। इस तरह बहुत से लोगों ने अपना धर्म भय के कारण चुन लिया है, इसीलिए वे कैद में जीते हैं। ऐसे लोग न तो धार्मिक हैं और न ही सांसारिक। ऐसे लोग डांवाडोल स्थिति में जीते हैं।

भय से कोई मदद मिलने वाली नहीं है। भय का अर्थ है, अज्ञात का भय। भय का अर्थ है, मृत्यु का भय। भय का अर्थ है, स्वयं के अस्तित्व के खो जाने का भय।

लेकिन अगर तुम सच में ही जीवंत रहना चाहते हो, तो अपने अस्तित्व के खोए जाने की संभावना को स्वीकार कर लेना। अज्ञात की असुरक्षा को, जो कि अपरिचित और अनजानी है, असुविधा और कष्ट को स्वीकार करना होगा। उस आनंद के लिए जो इतनी तकलीफों और कष्टों के बावजूद भी आ जाता है, कुछ मूल्य तो चुकाना ही होगा। और बिना मूल्य चुकाए कुछ भी उपलब्ध नहीं होता है। उसके लिए मूल्य तो चुकाना ही होगा, अन्यथा तो भय के मारे सदा पंगु ही बने रहोगे, और इस भय में ही पूरा जीवन समाप्त हो जाएगा।

जो कुछ भी तुम्हारी अंतर अनुभूति हो उसी का आनंद मनाओ।

'मुझे लगता है इस तरह इतना कमजोर हो जाऊंगा कि इस संसार में जीना कठिन हो जाएगा।'

कोई जरूरत भी नहीं है। यह तुम्हारे भीतर का भय बोल रहा है। भय और ज्यादा भय को निर्मित कर रहा है। भय से और ज्यादा भय जन्मता है।

'...क्या अस्तित्व मुझे सम्हाल लेगा?'

फिर से भय ही आश्वासन और सुरक्षा की मांग कर रहा है। यहां पर है कौन जो तुम्हें गारंटी देगा? कौन तुम्हें जीवन की गारंटी दे सकता है? तुम एक तरह की सुरक्षा की मांग कर रहे हो। नहीं, ऐसी कोई संभावना नहीं है। अस्तित्व में कुछ भी सुरक्षित नहीं है—कुछ सुरक्षित हो भी नहीं सकता। और यह अच्छा भी है। अन्यथा, अगर अस्तित्व सुरक्षा की गारंटी दे दे, तो तुम पहले से ही ढीले-ढाले जी रहे हो, फिर तो तुम एकदम ही ढीले हो जाओगे। तब तेज हवाओं में जैसे कोई सुकुमार, कोमल पत्ता आनंदित होकर नाचता है, झूमता है, वह पूरी की पूरी पुलक और रोमांच ही समाप्त हो जाएगा।

जीवन सुंदर है, क्योंकि असुरक्षित है। जीवन सुंदर है, क्योंकि उसमें मृत्यु विद्यमान है। जीवन इसीलिए सुंदर है, क्योंकि वह खो भी सकता है। अगर जीवन खो नहीं सकता हो, तो फिर वह भी परतंत्रता हो जाता, तब जीवन भी एक कारागृह बन जाता। तब तुम जीवन से भी आनंदित नहीं हो सकोगे। अगर तुम्हें आनंदित होने की भी जबर्दस्ती हो, तुम्हें स्वतंत्रता भी जबर्दस्ती दे दी जाए, तो आनंद और स्वतंत्रता दोनों ही खो जाते हैं।

'...जब मैं अपने को अस्तित्व के हाथों में छोड़ दूंगा, तो क्या अस्तित्व मेरी रक्षा करेगा?'

प्रयास करके देखना। मैं तुमको केवल एक ही बात कह सकता हूं...ध्यान रहे, मैं तुम्हारे भय के लिए नहीं बोल रहा हूं। मैं तो तुमको केवल एक ही बात कह सकता हूं, जिन-जिन लोगों ने अपने को अस्तित्व के हाथों में छोड़ा है उन्होंने पाया है कि अस्तित्व बचाता है। लेकिन मैं तुम्हारे भय की बात नहीं कर रहा हूं। मैं तो केवल तुम्हारे साहस को बढ़ावा दे रहा हूं, बस इतना ही। मैं तो तुम्हें किसी भी तरह से राजी कर रहा हूं, किसी न किसी बहाने से तैयार कर रहा हूं, ताकि तुम साहस पूर्वक अपने अभियान की ओर अग्रसर हो सको। मैं तुम्हारे भय के लिए नहीं बोल रहा हूं। जिसने भी अपने को अस्तित्व के हाथों में छोड़ा है, उसने पाया है कि अस्तित्व ही एकमात्र सुरक्षा है।

लेकिन मैं नहीं समझता कि तुम उस सुरक्षा को समझ सकते हो जो संपूर्ण अस्तित्व तुम्हें देता है। तुम जिस सुरक्षा की मांग कर रहे हो, वह सुरक्षा अस्तित्व के द्वारा नहीं मिलती, क्योंकि तुम्हें यही नहीं मालूम कि तुम क्या मांग रहे हो। तुम तो अपने ही हाथों मृत्यु की मांग कर रहे हो। क्योंकि केवल मृत शरीर ही पूरी तरह से सुरक्षित होता है, जो भी जीवंत है, जिसमें भी जीवन धड़क रहा है वह तो हमेशा खतरे में रहता है। जीवित रहना तो एक जोखम है। जितना अधिक व्यक्ति जीवंत होता है—उतनी ही अधिक उसके जीवन में जोखम, संकट, खतरा होता है।

नीत्शे ने अपने घर की दीवार पर एक आदर्श वाक्य लिखकर लगाया हुआ था: खतरे में जीओ। किसी ने उससे पूछा, 'आपने ऐसा क्यों लिखकर रखा है?' नीत्शे ने जवाब दिया, 'केवल मुझे याद दिलाते रहने के लिए, क्योंकि मेरा भय भयंकर है।'

खतरे में जीओ, क्योंकि वही जीने का एकमात्र ढंग है। और कोई ढंग है भी नहीं। हमेशा अज्ञात की पुकार सुनो, और उसी की ओर बढ़ो। कहीं भी रुको मत। रुकने का मतलब है मृत्यु; और वह अपरिपक्व मृत्यु होती है।

मैं एक छोटी सी लड़की की जन्मदिन पार्टी में गया था। वहां पर ढेर सारे खिलौने और उपहार रखे हुए थे। और वह लड़की बहुत ही खुश थी क्योंकि उसकी सभी सहेलियां वहां थीं, और वे सब नाच-कूद रही थीं। खेलते-खेलते अचानक उस छोटी लड़की ने अपनी मां से पूछा—'मां, क्या पहले भी कभी आपके जीवन में ऐसे सुंदर दिन हुआ करते थे, जब आप खुश रहा करती थीं, और जीवन को जीती थीं?'

अधिकांश लोग अपनी मृत्यु के पहले ही मर जाते हैं। वे जीवन में सुरक्षा, आराम, सुविधा में ही रुककर रह जाते हैं। उनका जीवन बस एक कब्र का जीवन बनकर रह जाता है।

मैं तुम्हारे भय के बारे में नहीं बोल रहा हूं।

'...जब मैं अपने को अस्तित्व के हाथों में छोड़ दूंगा, तो क्या अस्तित्व मेरी रक्षा करेगा?'

अस्तित्व तो सदा ही रक्षा करता है, और मैं नहीं समझता कि अस्तित्व तुम्हारे साथ कुछ अलग ढंग अपनाएगा। मैं नहीं मान सकता कि वह इसके अतिरिक्त कुछ और ढंग अपनाएगा। अस्तित्व सदा से ऐसा ही रहा है। अस्तित्व उन लोगों को ही बचाता है जिन्होंने अपने को उसके हाथों में छोड़ दिया है, जिन्होंने स्वयं को बीच से हटा लिया है, जिन्होंने अस्तित्व के सामने अपने को समर्पित कर दिया है।

तो अपने स्वभाव की सुनना, और अपने आंतरिक स्वभाव का अनुसरण करना।

मैं एक कथा पढ़ रहा था, और मुझे वह कथा बहुत ही अच्छी लगी।

कोलंबिया विश्वविद्यालय पर वसंत का मौसम छाया हुआ था और लॉन पर, जो कि थोड़े समय पहले ही ठीक किया गया था, 'कीप ऑफ' की सूचना लगा दी गई थी। विद्यार्थियों ने उन चेतावनियों पर कोई ध्यान नहीं दिया। इसके बाद भी उनसे बार-बार निवेदन किया गया, लेकिन उन्होंने किसी की एक न सुनी और वे घास को रौंदते हुए चलते ही रहे। जब यह बात सीमा के बाहर हो गई, तो आखिरकार उस बिल्डिंग और उस क्षेत्र के अफसर इस समस्या को, जनरल आइजनहॉवर के पास ले गए, जो कि उस समय विश्वविद्यालय के अध्यक्ष थे।

आइजनहॉवर ने पूछा, 'क्या आप लोगों ने कभी ध्यान दिया कि जहां आपको जाना है उस ओर एकदम सीधे-सीधे जाने से कितनी जल्दी पहुंचा जा सकता है? तो आप लोग यह क्यों नहीं पता लगा लेते हैं कि विद्यार्थी कौन से रास्ते से जाना पसंद करेंगे, और वहीं फुटपाथ क्यों नहीं बनवा देते हैं?'

जिंदगी ऐसी ही होनी चाहिए। सड़कें हों या रास्ते हों या सिद्धांत हों, उन्हें पहले से तय नहीं कर लेना चाहिए।

स्वयं को अस्तित्व के हाथों में छोड़ दो। स्वाभाविक रहो और उसे ही अपना मार्ग होने दो। चलो और चलने के द्वारा ही अपना मार्ग बनाओ। राजपथों का अनुसरण मत करो। वे मुर्दा होते हैं, और उनके द्वारा तुम्हें कुछ मिलने वाला नहीं है। हर चीज पहले से ही वहां से हटी हुई है। अगर तुम किन्हीं बने-बनाए राजपथ का अनुसरण करते हो, तो तुम अपने स्वभाव से दूर जा रहे हो। क्योंकि स्वभाव किन्हीं बने बनाए मार्गों को, या किन्हीं जड़-मुर्दा ढांचों को नहीं जानता है। वह तो अपने ही स्वभाव के अनुरूप प्रवाहित होता है, लेकिन तब सभी कुछ स्वतः, सहज-स्फूर्त होता है। समुद्र के तट पर जाकर बैठना और समुद्र को देखना। समुद्र में लहरों पर लहरें उठ रही हैं, लेकिन प्रत्येक लहर

अपने आप में अनूठी और अलग होती है। तुम एक जैसी दो लहरें नहीं खोज सकते हो। एक लहर किसी दूसरी लहर का अनुसरण नहीं करती है।

कोई भी आत्मवान व्यक्ति किसी सुनिश्चित ढांचे के पीछे नहीं चलता है।

मेरे पास लोग आकर कहते हैं कि 'हमें मार्ग बताएं।' मैं उनसे कहता हूं, 'यह मत पूछो। मैं तो केवल इतना ही बता सकता हूं कि आगे कैसे बढ़ना है; मैं तुम्हें कोई मार्ग नहीं बता सकता।'

जरा इस भेद को समझने की कोशिश करना!

मैं तुम्हें केवल इतना ही बता सकता हूं कि चलना कैसे है, बढ़ना कैसे है—और साहसपूर्वक आगे कैसे बढ़ना है। मैं तुम्हें कोई बना-बनाया मार्ग नहीं बता सकता, क्योंकि बना-बनाया मार्ग तो कायरों के लिए होता है। जो जानते नहीं हैं कि कैसे चलना है, जो पंगु होते हैं, बना-बनाया मार्ग उनके लिए होता है। जो जानते हैं कि कैसे चलना है, वे ऊबड़-खाबड़ बीहड़ से भरे जंगल के रास्तों पर चलते चले जाते हैं, और चलने से ही वे अपने मार्ग का निर्माण कर लेते हैं।

और प्रत्येक व्यक्ति अलग-अलग मार्गों से परमात्मा तक पहुंचता है। कोई भी व्यक्ति किसी समूह के साथ, या भीड़ के साथ परमात्मा तक नहीं पहुंच सकता है। प्रत्येक व्यक्ति अकेला, नितांत अकेला ही परमात्मा तक पहुंच सकता है।

परमात्मा अपनी स्वाभाविक अवस्था में ही है। वह अभी सभ्य नहीं हुआ है। और मुझे पक्का भरोसा है कि वह कभी सभ्य होगा भी नहीं। परमात्मा अभी भी स्वाभाविक है; और वह सहजता से, स्वाभाविकता से ही प्रेम करता है। तो अगर तुम्हारा अंतस स्वभाव समुद्र के तट पर आराम करने को कहता है, तो वही करो। शायद वहीं से परमात्मा तुमको पुकार रहा है।

मैं तो तुम्हें बस अपने सहज स्वभाव में प्रतिष्ठित हो सको, यही सिखाता हूं और कुछ भी नहीं। तुम्हारे अपने भय के कारण मुझे समझना बहुत कठिन है, क्योंकि तुम तो चाहोगे कि मैं तुम्हें जीवन का एक बना-बनाया ढांचा दे दूं, जीवन की एक सुनिश्चित अनुशासन शैली दे दूं, एक बना-बनाया जीवन-मार्ग दे दूं। मेरे जैसे लोगों को हमेशा गलत समझा गया है। लाओत्सु हों कि जरथुस्त्र कि एपीक्यूरस, उन्हें हमेशा गलत ही समझा गया है। इस पृथ्वी के सर्वाधिक धार्मिक व्यक्तियों को हमेशा अधार्मिक माना गया है, क्योंकि अगर सच में ही कोई धार्मिक होगा, तो तुम्हें स्वतंत्रता सिखाएगा; वह तुम्हें प्रेम सिखाएगा। वह तुम्हें कोई नियम इत्यादि न सिखाएगा; वह तुम्हें प्रेम सिखाएगा। वह जीवन के मृत ढांचे के विषय में नहीं बताएगा। वह अराजकता, अव्यवस्था, सिखाएगा क्योंकि केवल उस अराजकता और अव्यवस्था में से ही प्रज्ञावान लोगों का जन्म होता है। और केवल वही तुम्हें मुक्त होना सिखा सकते हैं।

मैं जानता हूं कि तुम्हें भय लगता है, स्वतंत्रता से भय लगता है; अन्यथा इस संसार में इतने कारागृह क्यों हों? क्यों लोग निरंतर अपने जीवन को इतने कारागृहों के घेरे से बांधकर रखते? ऐसे कारागृह के घेरे हैं जो दिखाई भी नहीं देते हैं; अदृश्य घेरे हैं। केवल दो तरह के कैदियों से मेरा सामना हुआ है : कुछ तो वे हैं जो दिखाई पड़ने वाले हैं, जो कारागृह में जीते हैं। और दूसरी तरह के वे लोग हैं जो अदृश्य कैद में जीते हैं। वे विवेक के नाम पर, नैतिकता के नाम पर, परंपरा के नाम पर, इस उस नाम पर अपनी कैदें अपने साथ लिए घूमते हैं।

बंधन और गुलामी के हजारों नाम हैं। स्वतंत्रता का कोई नाम नहीं है। स्वतंत्रता बहुत प्रकार की नहीं होती है; स्वतंत्रता का एक ही प्रकार है। क्या कभी तुमने इस पर गौर किया है? सत्य एक ही होता है। असत्य के कई रूप हैं। असत्य को कई तरह से बोला जा सकता है; लेकिन सत्य को कई तरह से नहीं कहा जा सकता। सत्य सीधा-सरल है : उसे कहने के लिए एक ही ढंग पर्याप्त होता है। प्रेम एक है; लेकिन प्रेम के नाम पर लाखों नियम हैं। इसी तरह स्वतंत्रता तो एक है; लेकिन स्वतंत्रता के नाम पर कैदें अनेक हैं।

और जब तक तुम सचेत और जागरूक नहीं होते हो, तुम कभी भी स्वतंत्र रूप से चलने के योग्य न हो सकोगे। ज्यादा से ज्यादा कैदें बदल लोगे। एक कैद से दूसरी कैद में चले जाओगे, और इन दोनों कैदों के बीच आने-जाने का मजा जरूर ले सकते हो।

यही तो इस दुनिया में चल रहा है। कैथोलिक कम्युनिस्ट बन जाता है, हिंदू ईसाई बन जाता है, मुसलमान हिंदू बन जाता है, और वे लोग इस बदलाव में बहुत ही खुश और आनंदित होते हैं—हां, जब वे एक कैद से दूसरी कैद में जा रहे होते हैं, तो उन्हें उन दोनों के बीच की यात्रा में थोड़ी स्वतंत्रता का अनुभव जरूर होता है। उन्हें थोड़ी राहत जरूर महसूस होती है। लेकिन फिर से वे उसी जाल में एक अलग नाम के साथ गिर जाते हैं।

कोई सी भी विचारधारा हो, सिद्धांत हो, सभी कैदें हैं। मैं तुम्हें उन सभी के प्रति सजग रहना सिखा रहा हूं—यहां तक कि मेरी विचारधारा, मेरे सिद्धांत के प्रति भी तुम्हें सजग और जागरूक रहना सिखा रहा हूं।

चौथा प्रश्न : अभी कुछ दिनों से मुझे ऐसा महसूस हो रहा है कि मैं उड़ सकता हूं। और मैंने सूक्ष्म रूप से यह भी अनुभव किया है कि मैं गुरुत्वाकर्षण से भी मुक्ति पा सकता हूं और बहुत ही ऊब के साथ मैंने अपने शरीर के एक सौ पचास पौंड के वजन को देखा है। क्या यह सिर्फ पागलपन है... ?

नहीं, तुम दो आयामों के मिलन बिंदु हो। एक आयाम पृथ्वी से संबंधित है : गुरुत्वाकर्षण से, शरीर के एक सौ पचास पौंड वाले यथार्थ से—जो कि तुम्हें नीचे खींचता है। दूसरा आयाम परमात्मा के प्रसाद से संबंधित है : परमात्मा से, स्वतंत्रता से, जहां तुम ऊपर, और ऊपर जा सकते हो और जहां पर बिलकुल भार नहीं होता है, निर्भार होता है।

ध्यान में ऐसा होता है। बहुत बार गहरे ध्यान में तुम्हें अचानक ऐसा अनुभव होगा कि गुरुत्वाकर्षण खो गया है : अब कोई भी चीज तुम्हें नीचे की ओर नहीं पकड़ती है, अब यह तुम पर निर्भर करता है कि उड़ान लो या नहीं, अब यह पूरी तरह से तुम पर निर्भर है—अगर तुम चाहो तो आकाश में उड़ान भर सकते हो...और पूरा आकाश तुम्हारा है। लेकिन जब अचानक आंखें खोलते हो, तो शरीर वहां पर मौजूद होता है। पृथ्वी भी, गुरुत्वाकर्षण भी सभी कुछ वहां मौजूद होता है। जब आंख बंद करके ध्यान में डूबे हुए थे, तो शरीर भूल गया था। तुम एक अलग ही आयाम में, सुंदर आयाम में विचरण कर रहे थे।

ये दोनों बातें ठीक से समझ लेनाः गुरुत्वाकर्षण का नियम तुम्हें नीचे की ओर खींचता है; परमात्मा का प्रसाद वह नियम है जो तुम्हें ऊपर खींचता है। विज्ञान अभी तक उसे खोज नहीं सका है, और शायद वह इस दूसरे नियम को कभी खोज भी नहीं सकता है। उसने एक ही नियम को, गुरुत्वाकर्षण के नियम को ही खोजा है।

तुमने कथा सुनी है न—ऐसा हुआ कि नहीं, यह महत्वपूर्ण नहीं है—न्यूटन बगीचे में बैठा था, और एक सेब पेड़ से नीचे गिरा। उस सेब को गिरते हुए देखकर, न्यूटन सोचने लगा, सेब पृथ्वी पर ही क्यों गिरता है? सीधे पृथ्वी की ओर ही क्यों आता है? इधर-उधर क्यों नहीं गिरता है? सेब ऊपर की ओर क्यों नहीं जाता है? और उसके साथ ही गुरुत्वाकर्षण के नियम की खोज हुई कि पृथ्वी के पास खींचने की एक शक्ति है और वह प्रत्येक चीज को अपनी ओर खींचती है।

लेकिन न्यूटन ने नीचे गिरते हुए फल को तो देखा, लेकिन उसने ऊपर की ओर बढ़ते वृक्ष को नहीं देखा। यह बात मुझे हमेशा खयाल में आती है...जब भी मैंने यह कथा पढ़ी, मैंने हमेशा अनुभव किया कि उसने छोटे से फल को पृथ्वी पर गिरते हुए तो देखा; उसने वृक्ष को ऊपर उठते हुए नहीं देखा। एक पत्थर को ऊपर फेंको, तो वह वापस नीचे आ जाता है, यह सत्य है। लेकिन एक वृक्ष ऊपर और ऊपर बढ़ता चला जाता है। कोई ऐसी चीज होती है जो वृक्ष को ऊपर खींचती है। पत्थर मृत होता है; वृक्ष जीवंत होता है। जीवन ऊपर, और ऊपर, और-और ऊपर बढ़ता चला जाता है।

इसी पृथ्वी पर मनुष्य ने अपनी चेतना के उच्चतम शिखर को छुआ है। जब संसार से दृष्टि हट जाती है, और जब तुम ध्यान में, प्रार्थना में, आनंद की अवस्था में होते हो—तो अचानक शरीर वहां पर नहीं रह जाता। तुम अपने भीतर के वृक्ष के प्रति सजग हो जाते हो, और वह ऊपर, और ऊपर बढ़ता जाता है, और अचानक तुम्हें लगता है कि तुम उड़ सकते हो।

इसमें कोई पागलपन नहीं है, लेकिन कृपा करके ऐसा करने की कोशिश मत करना। खिड़की से छलांग लगाकर मत उड़ने लगना। तब तो यह पागलपन होगा। कुछ लोगों ने एल एस डी और मारिजुआना के नशे के प्रभाव में आकर ऐसा किया है। ध्यान की अवस्था में किसी ने ऐसा कभी नहीं किया है। यही तो है ध्यान का सौंदर्य, और नशों का यही खतरा है। कुछ लोगों को नशीली दवाओं के प्रभाव में, किसी रासायनिक नशे के गहरे प्रभाव में परमात्मा की झलक मिलने का भ्रम हुआ है, और उन्हें ऐसा लगता है कि वे उड़ सकते हैं। वे लोग शरीर को भूल जाते हैं। और कुछ लोगों ने ऐसी कोशिशें की हैं।

न्यूयार्क में एक लड़की ने ऐसा ही किया। वह लड़की एक बिल्डिग की चालीसवीं मंजिल की खिड़की से कूद पड़ी—बस, फिर न्यूटन का सिद्धांत काम कर गया। फिर तुम वृक्ष की तरह ऊपर नहीं बढ़ सकते, तुम फल बनकर नीचे आ गिरते हो। फिर पृथ्वी पर आकर गिर जाते हो और टुकड़े-टुकड़े हो जाते हैं। नशे का खतरा यही है। क्योंकि नशे की हालत में व्यक्ति के अज्ञात की कुछ झलकियां, सत्य की कुछ झलकियां मिलती हैं—लेकिन नशे की हालत में होश नहीं होता है। नशे की हालत में व्यक्ति कुछ भी ऐसा काम कर सकता है, जो खतरनाक सिद्ध हो।

लेकिन ध्यान की अवस्था में ऐसा कभी भी नहीं हुआ है, क्योंकि ध्यान में दो बातें एक साथ घटित होती हैंः ध्यान एक तो व्यक्ति के सामने नए-नए आयाम खोल देता है, और साथ ही होश

और जागरूकता को भी बढ़ा देता है। इसलिए उन नए आयामों के साथ इस बात का भी होश बना रहता है कि शरीर भी विद्यमान है। इस तरह से दो आयामों में बंटना हो जाता है।

एक दिन, एक बहुत ही मोटे स्थूलकाय सज्जन अपने टेनिस खेलने की तकनीक के विषय में बातचीत कर रहे थे। 'मेरा मस्तिष्क मुझे बताता जाता है कि तेजी से आगे दौड़ना है, कि अभी ऐसा करना है, कि अभी वैसा करना है, कि गेंद को तेजी से जाली पर मारना है।'

मैंने उनसे पूछा, 'और फिर क्या होता है?'

वे बोले, 'और फिर?' वे सज्जन तो बहुत उदास हो गए और बोले, 'मेरा शरीर कहता है : क्या मुझे करना होगा यह सब?'

ध्यान रहे, तुम शरीर और चेतना दोनों ही हो। तुम दो आयामों में फैले हुए हो। तुम पृथ्वी और आकाश, पदार्थ और परमात्मा के मिलन हो। इसमें कुछ पागलपन नहीं है। यह एक सीधा सत्य है।

और कई बार ऐसा होता है, चूंकि कई बार ऐसा हुआ है, तो अच्छा होगा कि मैं तुम्हें इस बारे में सजग कर दूं : कई बार सच में ही ऐसा होता है कि शरीर थोड़ा ऊपर उठ जाता है। बेवेरिया में एक स्त्री है, जो ध्यान करते समय चार फीट ऊपर उठ जाती है। उसका सभी तरह से वैज्ञानिक परीक्षण किया गया और पाया गया कि किसी भी ढंग से वह स्त्री कोई धोखा नहीं दे रही है। वह स्त्री कोई चार-पांच मिनट तक चार फीट ऊपर हवा में लटकी रहती है।

यह योगियों के सर्वाधिक प्राचीन अनुभवों में से एक अनुभव है। ऐसा कभी-कभी ही होता है, लेकिन पहले भी ऐसा हुआ है और अभी भी कई बार ऐसा होता है। तुम में से भी किसी को भी ऐसा हो सकता है। अगर ऊपर की ओर ज्यादा खिंचाव हो जाए तो संतुलन बिगड़ जाता है, और तब ऐसा होता है। यह कोई अच्छी बात नहीं है। और न ही ऐसा करने का प्रयास करना, और न ही ऊपर उठने की आकांक्षा करना। यह एक तरह का असंतुलन है, और जो जीवन के लिए खतरनाक भी हो सकता है। जब ऊपर के आयाम का खिंचाव बहुत ज्यादा हो जाता है और गुरुत्वाकर्षण का खिंचाव उससे बहुत कम रह जाता है, तब ऐसा होता है : उस समय शरीर ऊपर की ओर उठ सकता है। फिर भी अपने को पागल मत समझ लेना और ऐसा मत समझने लगना कि तुम में पागलपन जैसी कोई बात घट रही है।

न्यूटन के सिद्धांत में पूरा सत्य नहीं है। न्यूटन के सिद्धांत से कहीं ज्यादा बड़े-बड़े सत्य मौजूद हैं। और गुरुत्वाकर्षण का नियम ही एकमात्र नियम नहीं है; अस्तित्व में और भी कई नियम हैं।

मनुष्य अनंत है, असीम है, और हम मनुष्य के अंश में ही विश्वास करते हैं। इसलिए जब कभी किसी दूसरे आयाम से कोई चीज प्रवेश करती है, तो हमें लगता है कि कुछ गलत हो रहा है।

पश्चिम में बहुत से ऐसे लोग हैं जिन्हें पागल और मानसिक रोगी माना जाता है, उन्हें मानसिक रूप से विक्षिप्त माना जाता है और जो पश्चिम में पागलखानों में पड़े हुए हैं, मानसिक रोगियों के अस्पतालों में हैं; जबकि वे पागल नहीं हैं। उन में से बहुत से ऐसे हैं जिन्हें अज्ञात की कुछ झलकियां मिली हैं। लेकिन चूंकि पश्चिम का समाज अज्ञात जैसा कुछ है, इस को स्वीकार नहीं करता है, तो ऐसे लोगों को तो स्वीकार करने का सवाल ही नहीं उठता है। पश्चिम में उन लोगों पर कोई ध्यान नहीं दिया जाता है। जब कभी किसी व्यक्ति को अज्ञात की कोई झलक मिलती है, तो उसे

पागल मान लिया जाता है, और उन्हें पागलखाने में डाल दिया जाता है। क्योंकि तब वह व्यक्ति समाज के लिए अजनबी बन जाता है। हम उसकी बातों पर भरोसा नहीं कर पाते हैं।

पश्चिम में जीसस पर कुछ ऐसी पुस्तकें लिखी गई हैं जिनमें उन्हें मानसिक रोगी बताया गया है, क्योंकि वे परमात्मा की आवाज को सुनते थे।

मोहम्मद के विषय में जो ग्रंथ लिखे गए हैं उसमें कहा गया है कि वे पागल थे : उन्होंने बेहोशी में कुरान की आयतें सुन ली होंगी—क्योंकि वार्तालाप के लिए वहां पर मौजूद कौन है? और उन्होंने अल्लाह की आवाज सुनी, कि लिख! और मोहम्मद लिखने लगे।

चूंकि तुम्हारे पास इस तरह का कोई अनुभव नहीं है, तो यह कह देना मन की स्वाभाविक प्रकृति है कि मोहम्मद को जरूर कोई पागलपन का दौरा पड़ा होगा, या बेहोशी की हालत में रहे होंगे, या जोर का बुखार चढ़ आया होगा, क्योंकि ऐसी बातें केवल बेहोशी की हालत में ही घटित होती हैं।

हां, ऐसी बातें पागलपन में भी घटती हैं, और ऐसी बातें परम संतुलन, परम चेतन अवस्था में भी घटित होती हैं। क्योंकि पागल व्यक्ति सामान्य अवस्था से नीचे आ जाता है, वह अपने मन पर नियंत्रण खो बैठता है। और जब व्यक्ति का अपने मन पर नियंत्रण खो जाता है, तो व्यक्ति अज्ञात की शक्तियों के प्रति उपलब्ध हो जाता है। एक योगी, या रहस्यदर्शी संत अपनी चेतना पर नियंत्रण पाकर संयम को उपलब्ध हो जाता है, वह चेतना के उच्चतम शिखर को छू लेता है और वह सामान्य के ऊपर उठता जाता है—फिर उसे अज्ञात उपलब्ध हो जाता है। लेकिन एक पागल और संत में इतना भेद है कि एक पागल आदमी अज्ञात के आधीन होता है और संत उस अज्ञात का मालिक हो जाता है। हो सकता है दोनों के बात करने का ढंग, हाव-भाव एक जैसे हों। और तुम दोनों को एक जैसा समझने की गलती कर बैठो। भ्रम में पड़ सकते हो।

अपने को पागल मत समझो। जो भी हो रहा है, एकदम ठीक हो रहा है। लेकिन इसके लिए किसी प्रकार की कोशिश या प्रयास मत करना। इससे आनंदित होना, इसे घटने देना; क्योंकि अगर कहीं तुम्हें ऐसा लगने लगा कि यह पागलपन है, तो तुम इसे रोकने का प्रयास करोगे और वह रोकने का प्रयास ही तुम्हारे ध्यान को अस्त-व्यस्त कर देगा। आनंदित होना, जैसे कि तुम किसी स्वप्न में उड़ रहे हो। अपनी आंखें बंद कर लेना; फिर ध्यान में तुम चाहे जहां चले जाना। और-और ऊपर आकाश में उठना और बहुत सी बातें तुम्हारे सामने खुलने लगेंगी—और भयभीत मत होना। यह बड़े से बड़ा अभियान है—यह चांद पर जाना भी इतना बड़ा अभियान नहीं, चांद पर जाने पर से भी बड़ा अभियान है। अपने अंतर आकाश के अंतरिक्ष-यात्री हो जाना ही सबसे बड़ा अभियान है।

पांचवां प्रश्न: आपने मुझ से स्वयंरूप हो जाने को कहा। मुझे यह बात नहीं समझ आती। अगर मैं स्वयं को ही नहीं जानता हूं, तो मैं कैसे स्वयंरूप हो सकता हूं?

चाहे तुम जानो या न जानो, तुम अपने से अलग कुछ और हो नहीं सकते हो। स्वयं को जानने के लिए किसी ज्ञान की आवश्यकता नहीं है। एक गुलाब का पौधा गुलाब का पौधा ही होता है। ऐसा नहीं कि गुलाब का पौधा जानता है कि वह गुलाब का पौधा है। एक चट्टान एक चट्टान ही होती है।

ऐसा नहीं कि चट्टान जानती है कि वह एक चट्टान है। जानने की कोई आवश्यकता नहीं। सच तो यह है कि इस जानने के कारण ही तुम स्वयं के हो जाने की बात को चूक रहे हो।

तुम पूछते हो: 'आप ने मुझ से स्वयंरूप हो जाने को कहा। मुझे यह बात नहीं समझ आती। अगर मैं स्वयं को ही नहीं जानता हूं तो?'

जानकारी ही समस्या खड़ी कर रही है। जरा गुलाब के पौधे को देखो। उसे कोई भ्रांति नहीं है, उसे कोई उलझन नहीं है। हर रोज वह गुलाब का पौधा ही रहता है। किसी दिन भी वह किसी भ्रांति में नहीं पड़ता है। अचानक सुबह गुलाब का पौधा गेंदे के फूल नहीं उगाने लगता है। वह गुलाब का पौधा ही बना रहता है। वह कभी किसी भ्रांति में नहीं पड़ता है।

होने के लिए किसी जानकारी की आवश्यकता नहीं। सच तो यह है अधिक जानकारी के कारण ही तुम स्वयं को चूक रहे हो, और जानकारी ही अनावश्यक रूप से समस्या खड़ी करती है।

मैं डडले नामक एक व्यक्ति के बारे में पढ़ रहा था:

अंकल डडले का पचहत्तरवां जन्मदिन मनाने के लिए विमान चलाने वाले एक बड़े उत्साही व्यक्ति ने उन्हें विमान द्वारा उस छोटे से पश्चिमी वर्जीनिया शहर की सैर करने के लिए आमंत्रित किया, जहां कि उन्होंने अपना पूरा जीवन गुजारा था। अंकल डडले ने उसके आमंत्रण को स्वीकार कर लिया।

जब बीस मिनट में उन्होंने पूरे शहर का चक्कर लगा लिया, तो वापस जमीन पर आकर उनके मित्र ने पूछा, 'अंकल डडले क्या आप भयभीत हो गए थे?'

'नहीं,' उन्होंने सकुचाते हुए कहा, 'मैंने तो अपना पूरा वजन विमान में रखा ही नहीं।'

विमान में तुम अपना पूरा वजन चाहे रखो या न रखो, विमान तो वजन उठाता ही है।

तुम स्वयं को जानते हो या नहीं, यह महत्वपूर्ण नहीं है। लेकिन तुम्हारी जानकारियां तुम्हारे होने के मार्ग में रुकावट सिद्ध हो रही हैं। जरा सोचो: अगर अंकल डडले के साथ विमान में एक चट्टान भी होती, तो चट्टान ने अपना पूरा वजन उसमें रख दिया होता। और क्या तुम समझते हो कि अंकल डडले कुछ कर सकते हैं, किसी ढंग से कोई उपाय करके अपना वजन विमान में रखने से रोक सकते हैं? क्या कोई ऐसी संभावना है कि वह अपना पूरा वजन विमान में न रखें? उनका पूरा वजन तो विमान में ही है, लेकिन वे व्यर्थ ही परेशान हो रहे हैं। चट्टान की तरह उसमें आराम से भी बैठ सकते थे, विश्राम कर सकते थे। लेकिन चट्टान के पास कोई जानकारी नहीं है, और अंकल डडले के पास जानकारी है।

मनुष्य जाति की पूरी की पूरी समस्या ही यही है कि मनुष्य जाति सब कुछ जानती है। और इस जानने के कारण ही अस्तित्व के होने को व्यर्थ ही भुला दिया गया है।

जानकारियों को गिरा देने की विधि का नाम ही तो ध्यान है। ध्यान का अर्थ है, फिर से निर्दोष, सरल, अज्ञानी कैसे हो जाएं। ध्यान का अर्थ है, फिर से कैसे बच्चे की भांति हो जाएं, फिर से कैसे गुलाब की झाड़ी हो जाएं फिर से कैसे चट्टान हो जाएं। ध्यान का अर्थ है, होना मात्र रह जाए, विचार बिदा हो जाएं।

जब मैं तुम से स्वयंरूप होने को कहता हूं, तो मेरा मतलब ध्यान से है। किसी अन्य व्यक्ति की तरह होने की कोशिश मत करने लग जाना। तुम किसी दूसरे व्यक्ति की तरह हो ही नहीं सकते

हो। तुम दूसरे व्यक्ति की तरह होने की कोशिश जरूर कर सकते हो, और इस तरह से तुम स्वयं को धोखा दे सकते हो, स्वयं को आश्वासन दे सकते हो और तुम आशा कर सकते हो कि एक दिन वह व्यक्ति बन जाओगे। लेकिन ऐसा संभव नहीं है। किसी अन्य व्यक्ति की तरह होने की कोशिश करना यह केवल एक भ्रम है। वे केवल स्वप्न होते हैं, वे कभी भी यथार्थ में परिणित नहीं हो सकेंगे। तुम कुछ भी करो, तुम तुम ही रहोगे।

तो फिर विश्राम में क्यों नहीं हो जाते? अंकल डडले अपना पूरा वजन विमान में रख दो और विश्रांत हो जाओ।

जब तुम शिथिल हो जाते हो, अचानक तुम अपने होने का मजा लेने लगते हो। और फिर दूसरे के जैसे होने का प्रयास समाप्त हो जाता है। यही तुम्हारी चिंता है कि कैसे दूसरा हो जाऊं? कैसे मैं दूसरे के जैसा हो जाऊं—कैसे बुद्ध जैसा हो जाऊं? कैसे पतंजलि जैसा हो जाऊं?

तुम केवल तुम्हारे जैसे ही हो सकते हो। इसे स्वीकारो, इसी में आनंद मनाओ और विश्रांत रहो। झेन गुरु अपने शिष्यों से कहा करते हैं, 'बुद्ध से सावधान रहना। अगर मार्ग पर तुम्हारा कभी उनसे मिलना भी हो जाए तो तुरंत उनकी हत्या कर देना।'

उनका यह कहने का क्या मतलब है? उनका यह कहने का मतलब है कि मनुष्य की प्रवृत्ति नकल करने की होती है।

अंग्रेजी में एक पुस्तक है, इमीटेशन ऑफ क्राइस्ट—क्राइस्ट की नकल। इससे पहले और इसके बोद कभी किसी पुस्तक को इतना खराब शीर्षक नहीं दिया गया। नकल? लेकिन फिर भी एक ढंग से यह शीर्षक बहुत प्रतीकात्मक है। वह मनुष्य-जाति के पूरे के पूरे मन को प्रकट कर देता है। अधिकांश लोग नकल करने की, किसी अन्य व्यक्ति की तरह हो जाने की कोशिश में रहते हैं।

कोई भी व्यक्ति क्राइस्ट नहीं हो सकता है, और वस्तुतः इसकी कोई जरूरत भी नहीं है—अगर सभी लोग क्राइस्ट हो जाएं तो परमात्मा भी बोर हो जाएगा। परमात्मा भी नए को, मौलिक को पसंद करता है। परमात्मा तुम्हें चाहता है, और वह चाहता है कि तुम जैसे हो वैसे ही रहो, तुम तुम्हारे जैसे ही रहो।

छठवां प्रश्नः जब आप हमसे छलांग लगा देने की बात कहते हैं, तो मुझे लगता है कि मैं छलांग लगा दूं। लेकिन साथ ही मुझे ऐसा भी लगता है कि मैं उस किनारे पर नहीं हूं, जहां से छलांग लगाई जाती है। मैं देखता हूं कि आप हमें किसी भी तरह से जगाने का प्रयास कर रहे हैं। लेकिन फिर भी मैं समझ नहीं पा रहा हूं। उस किनारे तक मैं कैसे आऊं? आपकी देशना को मैं कैसे समझूं?

हर एक व्यक्ति किनारे पर ही है। अगर साहस करो, तो किसी भी क्षण छलांग लगाना संभव है। हर पल तुम्हें किनारा उपलब्ध है। और जब तुम पूछते हो कि किनारे तक कैसे आऊं, तो तुम चालाकी कर रहे हो। होशियार बनने की कोशिश मत करना। तुम्हारा प्रश्न होशियारी से भरा हुआ है, तुम अपनी होशियारी के द्वारा स्वयं को सांत्वना दे सकते हो कि तुम कायर नहीं हो, क्योंकि जब किनारा ही नहीं है, तो छलांग कहां से लगाएं?

इसलिए पहले तो किनारा खोजना है—और वह कभी मिलेगा नहीं, क्योंकि वह तो तुम्हारे सामने ही मौजूद है। जहां कहीं भी तुम खड़े हो, हमेशा किनारे पर ही खड़े हो, जहां से तुम कभी भी, किसी भी पल छलांग लगा सकते हो।

और तुमने बड़ी ही होशियारी का प्रश्न पूछा है : कि 'पहले तो मुझे यह सिखाएं कि किनारा कैसे पाना है?'

थोड़ा अपने आगे देख लेना। बस, ठीक से देख लेना। तुम कहीं भी हो, उससे कुछ अंतर नहीं पड़ता है।

और तुम कहते हो, '...मैं देखता हूं कि आप हमें किसी भी तरह से जगाने का हर संभव प्रयास कर रहे हैं, लेकिन फिर भी मैं समझ नहीं पा रहा हूं।'

समस्या इस बात की नहीं है कि तुम सोए हुए हो। अगर तुम सोए हुए हो, तो तुम्हें किसी भी तरह से नींद से बाहर ले आना कहीं ज्यादा आसान है। लेकिन तुम तो केवल दिखावा कर रहे हो कि तुम सोए हुए हो। फिर मामला थोड़ा मुश्किल है। तुम देख सकते हो कि मैं तुम्हें सब तरह से जगाने का प्रयास कर रहा हूं, लेकिन फिर भी तुम हो कि सोने का दिखावा किए चले जा रहे हो अगर तुम सच में ही सोए हुए हो, तो तुम कैसे देख सकते हो कि मैं तुम्हें जगाने का हर संभव प्रयास कर रहा हूं।

मैं तुम से एक कथा कहना चाहूंगा :

गर्मी की एक दोपहर एक पिता ने बच्चों को वादा किया कि वे लोग सैर के लिए जाएंगे, लेकिन उसकी जाने की बिलकुल भी इच्छा नहीं थी। कई महीनों से वह उस छुट्टी की प्रतीक्षा कर रहा था कि उस दिन आराम करना है। इसलिए उसने दिखाया ऐसे जैसे कि वह गहरी नींद में है। पिता सोने का नाटक कर रहा था, और बच्चे पूरी कोशिश कर रहे थे कि किसी भी तरह से रविवार की दोपहर वे अपने पिता को सोने न दें, ताकि उन्होंने जो वादा किया है उसके मुताबिक वे उन्हें सैर के लिए ले जाएं। लेकिन बच्चों की सभी कोशिशें असफल रहीं। उन्होंने पिता को जगाने की तरह-तरह की कोशिशें कीं। उन्होंने पिता को झंझोड़ा, वे उनके पास जोर-जोर से चिल्लाए, लेकिन कोई फायदा नहीं हुआ। उनकी सभी कोशिशें असफल हो गईं। बच्चे भयभीत हो गए कि आखिर पिता को हो क्या गया है। और पिता था कि सोए रहने का दिखावा ही किए जा रहा था। जब बच्चों से रहा न गया तो, आखिरकार उनकी चार वर्ष की बालिका ने जोर से उनकी पलक खोल दी, सावधानी से चारों ओर देखा, फिर बोली, 'वे अभी जिंदा हैं।'

और मैं जानता हूं कि तुम भी जाग रहे हो। और तुम भी जानते हो कि तुम सोने का दिखावा कर रहे हो।

सब तुम पर निर्भर करता है। जब तक तुम चाहो खेल को चला सकते हो, क्योंकि अंततः उसके लिए तुम्हें ही मूल्य चुकाना पड़ेगा। मुझे इसकी कोई चिंता नहीं। अगर तुम दिखावा करना चाहते हो, बहाना करना चाहते हो, तो ठीक। बिलकुल ठीक। ऐसा ही करो। लेकिन मैं समझ सकता हूं...मैं देख सकता हूं कि तुम सब बहाना कर रहे हो सोए हुए होने का...तुम जागने से भयभीत हो, अपने जीवन को जानने से भयभीत हो।

जरा इस सत्य को समझने की कोशिश करना। उन उपायों के बारे में मत पूछने लगना कि तुम किनारा कैसे ढूंढ सकते हो। तुम उसी पर तो खड़े हुए हो।

होशियार बनने की कोशिश मत करो, क्योंकि अंतर्जगत में होशियार होना मूढ़ता है। अंतर्जगत में मूढ़ होना होशियार होना है। अंतर्जगत में जो जानकारी से भरे हुए नहीं हैं, वे जानकार लोगों की अपेक्षा कहीं अधिक जल्दी बुद्धत्व को उपलब्ध होते हैं। अंतर्जगत में जो निर्दोष हैं—और अज्ञानता ही निर्दोषता है...निर्दोषता सौंदर्यपूर्ण होती है, अज्ञानता अदभुत रूप से सुंदर होती है और निर्दोष होती है।

मैं जो कह रहा हूं थोड़ा समझने की कोशिश करना मैं जानता हूं कि तुम सुन रहे हो। मैं तुम्हारी आंखों में देख सकता हूं कि तुम अभी जिंदा हो। तुम मरे नहीं हो, तुम सोए नहीं हो। तुम तो बस सोए रहने का दिखावा कर रहे हो।

और जब भी—यह सब तुम पर निर्भर है—जब भी तुम दिखावा न करने का निर्णय लोगे, तो मैं तुम्हारी मदद करने के लिए मौजूद हूं। मैं तुम्हारी मर्जी के खिलाफ कुछ नहीं कर सकता। ऐसा संभव नहीं, परमात्मा ऐसा होने नहीं देता, क्योंकि उसने तुम्हें पूर्ण स्वतंत्रता दी है। और पूर्ण स्वतंत्रता में सभी कुछ सम्मिलित है—भटकाना, सोए रहना, स्वयं को नष्ट करना, सभी कुछ सम्मिलित है—पूर्ण स्वतंत्रता में सभी कुछ सम्मिलित है। और परमात्मा स्वतंत्रता से प्रेम करता है। क्योंकि परमात्मा स्वतंत्रता है, वह परम मुक्ति है।

अंतिम प्रश्नः भगवान, कंप्यूटर ने आपके बहुत से शब्दों को इकट्ठा कर लिया है। लेकिन आपकी मुस्कुराहट—यह उसकी समझ के बिलकुल बाहर है।

यह आधा प्रश्न है। बाकी का आधा प्रश्न मैं बाद में पढूंगा। पहले मैं इस आधे प्रश्न का उत्तर दे दूं।

फ्रांस के भूतपूर्व राष्ट्रपति रेन कोटि एक कला प्रदर्शनी देखने के लिए गए। वहां पर उन से पूछा गया कि वे इन चित्रों को समझ पाए या नहीं।

उन्होंने एक ठंडी सांस भरते हुए कहा, 'जब मेरी पूरी जिंदगी बीत गई, तब कहीं मैं यह समझ पाया कि हर बात को समझना कोई जरूरी नहीं है।'

अब आगे का आधा प्रश्नः
क्या कभी आप हमारे साथ केवल मौन बैठेंगे और मुस्कुराएंगे?

तुम उसे देख नहीं सकोगे। जिस मुस्कान को तुम देख सकते हो, वह मेरी मुस्कान नहीं; और जो मुस्कान मेरी है, तुम उसे देख न सकोगे। जिस मौन को तुम समझ सकते हो, वह मेरा मौन नहीं; और जो मेरा मौन है, तुम उसे समझ नहीं सकोगे, क्योंकि तुम केवल उसे ही समझ सकते हो जिसका स्वाद तुम्हारे पास पहले से है।

मैं मुस्करा भर सकता हूं—सच तो यह है मैं हर क्षण मुस्करा ही रहा हूं—लेकिन अगर वह मेरी मुस्कुराहट है तो तुम उसे देख, समझ नहीं सकोगे। जब मैं तुम्हारे हिसाब से मुस्कुराता हूं, तब तुम समझते हो; लेकिन तब फिर समझने का कोई सार नहीं।

मैं हमेशा, हर पल, मौन ही हूं। जब मैं बोल भी रहा होता हूं तो मौन ही होता हूं, क्योंकि यह बोलना मेरे मौन को, मेरी शांति को जरा भी भंग नहीं कर पाता। अगर बोलने के द्वारा मौन भंग होता हो, तो फिर उस मौन का कोई मूल्य नहीं। मेरा मौन विशाल है, विराट है। उसमें शब्द भी समा सकते हैं, उसमें बोलना भी समा सकता है। मेरा मौन शब्दों से खंडित नहीं होता है।

तुमने ऐसे लोग देखे होंगे जो मौन रहते हैं, फिर वे कभी बोलते ही नहीं। उनका मौन वाणी के विरुद्ध दिखाई पड़ता है—और वह मौन जो कि वाणी के, बोलने के विरुद्ध हो, फिर भी वह वाणी का ही हिस्सा है। वह अभाव है; उपस्थिति नहीं।

मेरा मौन वाणी का अभाव नहीं है। मेरा मौन एक मौजूदगी है। वह तुम से बात कर सकता है, वह तुम्हें गीत सुना सकता है; मेरे मौन में अपार ऊर्जा है। उसमें किसी तरह की रिक्तता नहीं है; वह एक परिपूर्णता है।

[redacted]

प्रवचन 5

अस्तित्व के शून्यों का एकत्रीकरण

योग-सूत्र

सर्वार्थतैकाग्रतयोः क्षयोदयौ चित्तस्य समाधिपरिणामः।।११।।

समाधि परिणाम वह आंतरिक रूपांतरण है, जहां चित्त को तोड़ने वाली अशांत वृत्तियों का क्रमिक ठहराव आ जाता है और साथ ही साथ एकाग्रता उदित होती है।

शान्तोदितौ तुल्यप्रत्ययौ चित्तस्यैकाग्रतापरिणामः।।१२।।

एकाग्रता परिणाम वह एकाग्र रूपांतरण है, चित्त की ऐसी अवस्था है जहां चित्त का विचार-विषय जो कि शांत हो रहा होता है, वह अगले ही क्षण ठीक वैसे ही विचार विषय द्वारा प्रतिस्थापित हो जाता है।

एतेन भूतेन्द्रियेषु धर्मलक्षणावस्थापरिणामा व्याख्याताः।।१३।।

जो कुछ अंतिम चार सूत्रों में कहा गया है, उसके द्वारा मूल-तत्वों और इंद्रियों की विशिष्टताओं, उनके गुण-धर्म और उनकी अवस्थाओं के रूपांतरणों की व्याख्या भी हो जाती है।

शान्तोदिताव्यपदेश्यधर्मानुपाती धर्मी।।१४।।

चाहे वे सुप्त हों या सक्रिय हों या अव्यक्त हों, सारे गुण-धर्म आधार तत्व में अंतर्निष्ठ होते हैं।

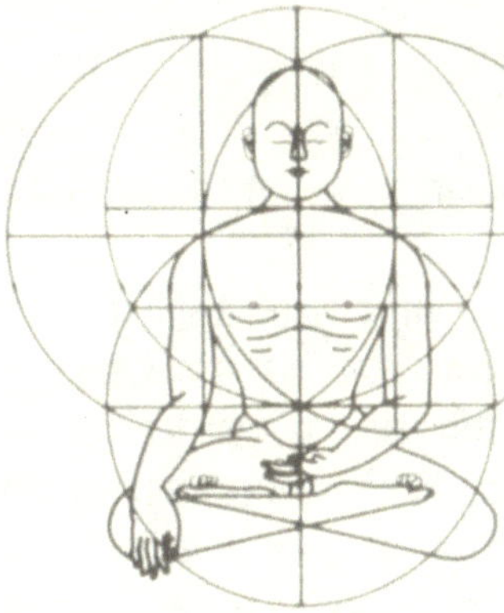

रूस के एक महान उपन्यासकार लिओ टाल्सटाय के बारे में कहा जाता है कि एक दिन जब वह जंगल में घूम रहे थे तो अचानक उन्होंने देखा कि एक चट्टान पर एक गिरगिट धूप में मजे से बैठा है। टाल्सटाय उस गिरगिट से कहने लगे, 'तुम्हारा हृदय धड़क रहा है, चारों ओर धूप खिली हुई है, तुम प्रसन्न हो।' और क्षणभर के बाद ही वे बोले, 'लेकिन मैं प्रसन्न नहीं हूं।'

गिरगिट क्यों प्रसन्न है और मनुष्य प्रसन्न क्यों नहीं है? संपूर्ण सृष्टि में चारों ओर उत्सव चल रहा है, लेकिन मनुष्य आनंदित क्यों नहीं है? मनुष्य के अतिरिक्त पेड़-पौधे, जीव-जंतु, हर कोई क्यों स्वयं के साथ और संपूर्ण अस्तित्व के साथ बहुत ही सुंदर ढंग से जुड़ा हुआ है? मनुष्य ही केवल अपवाद क्यों है? मनुष्य को क्या हो गया है? कौन सा दुर्भाग्य उस पर टूट पड़ा है? जितने गहरे से इसे समझ सको समझ लेना, क्योंकि उसी समझ से ही मार्ग की शुरुआत होती है, उसी समझ से खोज की शुरुआत होती है, उसी समझ के माध्यम से तुम मनुष्य के रोग का हिस्सा नहीं रह जाते। तुम उसका अतिक्रमण करने लगते हो।

गिरगिट वर्तमान में जीता है। गिरगिट को न तो अतीत का कुछ पता है, न ही भविष्य का कुछ पता है। गिरगिट तो बस अभी और यहीं धूप का आनंद ले रहा है। वर्तमान का क्षण ही गिरगिट के लिए सब कुछ है, लेकिन मनुष्य के लिए वर्तमान का क्षण पर्याप्त नहीं है—और यहीं से रोग का प्रारंभ होता है, क्योंकि जब भी होता है, बस एक क्षण ही होता है। दो क्षण एक साथ कभी नहीं होते हैं। और जहां कहीं भी तुम होओगे, हमेशा वर्तमान में ही होओगे। अतीत अब है नहीं, और भविष्य अभी आया नहीं है। और हम भविष्य के लिए जो कि अभी आया नहीं है, और अतीत जो कि कभी का बीत चुका है। सब कुछ खोए चले जाते हैं।

जैसे गिरगिट चट्टान पर धूप सेंक रहा है, उस क्षण धूप का आनंद ले रहा है, ठीक उसी तरह ध्यानी होता है। वह भी अतीत और भविष्य दोनों को छोड़कर वर्तमान क्षण में जीता है।

अतीत और भविष्य को छोड़ देने का क्या अर्थ है?

इसका अर्थ है: विचार को गिरा देना, क्योंकि सभी विचार या तो अतीत उन्मुख होते हैं या भविष्य उन्मुख होते हैं। कोई भी विचार वर्तमान से संबंधित नहीं होता है। विचार के साथ वर्तमान-काल नहीं जुड़ा होता है—या तो विचार मृत होता है या अभी उसका जन्म ही नहीं हुआ है। विचार कभी भी यथार्थ का हिस्सा नहीं होता—विचार या तो स्मृति का हिस्सा होता है या कल्पना

का। विचार कभी सत्य नहीं होता है। और जो सत्य है, वह विचार नहीं होता है। सत्य एक अनुभव है। सत्य एक अस्तित्वगत अनुभव है।

तुम नृत्य कर सकते हो, धूप का आनंद ले सकते हो, गाना गा सकते हो, किसी को प्रेम कर सकते हो, लेकिन केवल विचार के माध्यम से यह सब कुछ यथार्थ में संभव नहीं है—क्योंकि विचार हमेशा किसी के 'आसपास' होता है और वही सारे दुखों की जड़ है। उसी के चारों ओर तुम घूमते रहते हो—और उस तक नहीं पहुंच पाते हो जो कि हमेशा उपलब्ध ही था।

सभी ध्यान की प्रक्रियाओं का कुल सार इतना ही है कि गिरगिट की तरह, धूप में चट्टान पर विश्रांत होकर बैठ जाना, वर्तमान के क्षण में, अभी और यहीं में ठहर जाना। और समग्र अस्तित्व का हिस्सा बन जाना। कहीं कोई भविष्य की दौड़ नहीं, और न ही किसी अतीत की चिंता। उस अतीत का व्यर्थ ही बोझा ढोना जो कि है ही नहीं। जब अतीत का बोझ न हो, भविष्य की चिंता न हो, तो कोई कैसे दुखी रह सकता है? लिओ टाल्सटाय पर अगर अतीत का बोझ न हो और भविष्य की चिंता न हो, तो दुखी कैसे हो सकते हैं? तब दुख का अस्तित्व ही कहां रहता है? फिर दुख स्वयं को कहां छिपाकर रख सकेगा। जब न तो अतीत का बोझ रहता है और न ही भविष्य की चिंता, तब अकस्मात व्यक्ति एक विस्फोट के साथ अलग ही आयाम में चला जाता है: वह समय के पार चला जाता है, और अनंत का हिस्सा बन जाता है।

जैसे ग्रामोफोन रिकार्ड पर सुई अटक जाती है, और वही-वही दोहराए चला जाता है; ऐसे ही हम भी ग्रामोफोन रिकार्ड की भांति स्वयं को दोहराते हुए जीए चले जाते हैं।

मैंने सुना है :

दो लड़कियां एक बगीचे में बातचीत कर रही थीं। उनमें से एक लड़की बहुत ही उदास और दुखी थी, दूसरी लड़की उसके दुख में सहानुभूति अनुभव कर रही थी। वह उस मिंक कोट में सजी गुड़िया सी लड़की को आलिंगन में लेते हुए बोली, 'एंजलीन, तुम्हें क्या दुख है?'

एंजलीन कंधे उचकाकर बोली, 'ओह, कोई खास बात तो नहीं है। लेकिन कोई पंद्रह दिन पहले मिस्टर शार्ट मर गए। तुम्हें उनकी याद है न? वे हमेशा मेरे साथ अच्छा व्यवहार करते थे। खैर, वे मर गए और मेरे लिए पचास हजार रुपया छोड़ गए। फिर अभी पिछले हफ्ते बेचारे वृद्ध मिस्टर पिल्किनहाउस को भी दौरा पड़ा और वे भी चल बसे, और मेरे लिए साठ हजार रुपया छोड़ गए। और इस हफ्ते—इस हफ्ते कुछ भी नहीं हुआ।'

यही है तकलीफ—हमेशा दूसरों से अपेक्षाएं रखना, और अधिक की मांग करते जाना। और इस मांग का कहीं कोई अंत नहीं है। और जो कुछ भी मिला है, मन उससे अधिक और अधिक की कल्पना करके हमेशा के लिए दुखी रह सकता है।

गरीब आदमी दुखी हों, यह बात समझ में आती है। लेकिन अमीर आदमी भी दुखी होते हैं। जिनके पास सब कुछ है, वे उतने ही दुखी रहते हैं, जितने कि वे जिनके पास कुछ भी नहीं है। रोगी आदमी दुखी हो, यह बात समझ में आती है। लेकिन स्वस्थ आदमी भी दुखी है। दुख की जड़ कहीं और ही है। धन से, स्वास्थ्य से या किसी अन्य वस्तु से दुख का कोई संबंध नहीं है। दुख तो आदमी के भीतर एक अंतर्धारा और अंतःप्रवाह की तरह बना ही रहता है।

अधिक, और अधिक की मांग में ही दुख छिपा हुआ है, और मनुष्य का मन सदैव अधिक, और अधिक की मांग किए चला जाता है। क्या कभी तुम ऐसी कल्पना कर सकते हो जहां और अधिक की मांग न हो? असंभव है। यहां तक कि स्वर्ग में भी और अधिक की मांग हो सकती है। कोई भी व्यक्ति किसी ऐसी परिस्थिति की कल्पना नहीं कर सकता है जहां कि और अधिक की मांग न हो, जहां और बेहतर सुख-सुविधा, धन-समृद्धि की मांग न हो। इससे इतना ही स्पष्ट होता है कि व्यक्ति कहीं भी रहे, दुखी ही रहेगा। स्वर्ग भी उसके लिए पर्याप्त न होगा, इसलिए स्वर्ग की भी प्रतीक्षा मत करना। अगर स्वर्ग मिल भी गया, तो वह भी पर्याप्त न होगा। वह उतना ही दुखी रहेगा जितना कि पहले था, शायद उससे भी अधिक। क्योंकि यहां कम से कम आशा तो थी—कि कहीं कोई स्वर्ग है और एक न एक दिन स्वर्ग में प्रवेश मिलेगा। अगर स्वर्ग में प्रवेश मिल जाए, तो वह आशा भी समाप्त हो जाती है।

तुम जैसे भी हो, नरक में ही रहोगे, क्योंकि स्वर्ग और नरक तो चीजों को देखने के ढंग हैं। वे कोई भौतिक स्थान नहीं हैं; वे तो देखने के दृष्टिकोण हैं कि किस भांति तुम चीजों को देखते हो।

एक गिरगिट भी स्वर्ग में हो सकता है और लिओ टाल्सटाय भी नरक में हो सकते हैं। लिओ टाल्सटाय जैसा आदमी भी! लिओ टाल्सटाय विश्व विख्यात व्यक्ति था, उससे ज्यादा प्रसिद्धि की कल्पना भी नहीं की जा सकती है। कुछ थोड़े से गिने-चुने लोगों में उसका नाम भी हमेशा इतिहास में गिना जाएगा। उसके लिखे उपन्यास हमेशा पढ़े जाते रहेंगे। वह बहुत ही प्रतिभाशाली आदमी था। लेकिन तुम उससे ज्यादा दुखी व्यक्ति की कल्पना नहीं कर सकते हो।

लिओ टाल्सटाय रूस के धनवान व्यक्तियों में से एक था। वह राज-परिवार से संबंधित था, वह राजकुमार था। एक सुंदर राज-परिवार की लड़की से उसका विवाह हुआ था। लेकिन तुम उससे ज्यादा दुखी आदमी की कल्पना नहीं कर सकते, जो हमेशा आत्महत्या के बारे में सोचा करता था। धीरे-धीरे उसे लगने लगा कि वह शायद इसलिए दुखी है, क्योंकि वह बहुत धनवान है, तो फिर उसने एक गरीब आदमी की तरह, एक किसान की तरह रहना प्रारंभ कर दिया; लेकिन फिर भी वह दुखी ही रहा।

उसकी तकलीफ क्या थी? वह एक कल्पनाशील व्यक्ति था—उपन्यासकार को ऐसा होना भी चाहिए। उसकी कल्पना शक्ति अदभुत थी, इसलिए उसे जो कुछ भी उपलब्ध होता था, वह हमेशा कम ही होता था। क्योंकि जो कुछ भी उसे उपलब्ध था, वह उससे अधिक की, उससे बेहतर की कल्पना कर सकता था। और यही बात उसकी पीड़ा, और उसके दुख का कारण बन गई।

स्मरण रहे, अगर जीवन से तुम्हें कुछ आशा और अपेक्षा है, तो तुम जीवन में कुछ भी प्राप्त न कर सकोगे। अगर अपेक्षा न हो, तो चीजें अपनी परिपूर्ण महिमा के साथ उपस्थित हैं। कोई अपेक्षा कोई मांग न हो, तो अस्तित्व के सभी चमत्कार तुम पर बरस जाते हैं। अस्तित्व का संपूर्ण जादू तुम्हारे सामने प्रकट हो जाता है। उस समय की प्रतीक्षा करो, जब कि कोई विचार न हो...लेकिन यह तो असंभव मालूम होता है।

ऐसा नहीं है कि तुम्हारे जीवन में कभी निर्विचार के क्षण न आते हों। पतंजलि कहते हैं, वैसे क्षण आते हैं। वे सभी प्रज्ञावान पुरुष जिन्होंने मनुष्य के अंतस्तल में प्रवेश किया है, वे जानते हैं कि

मनुष्य के जीवन में निर्विचार के, अंतराल के क्षण आते हैं लेकिन वह उन्हें चूक-चूक जाता है, क्योंकि वे अंतराल के क्षण, वर्तमान में होते हैं। और व्यक्ति एक विचार से दूसरे विचार में छलांग लगाता चला जाता है, और उन दो विचारों के बीच में ही अंतराल का क्षण होता है। स्वर्ग बीच में है—और व्यक्ति है कि एक नरक से दूसरे नरक तक छलांग लगाता रहता है।

स्वर्ग बीच में है, लेकिन तुम उन दोनों के बीच में नहीं हो। तुम एक विचार से दूसरे विचार के बीच में छलांग भरते रहते हो। और प्रत्येक विचार तुम्हारे अहंकार को पोषित करता रहता है, तुम्हारे होने को पोषित करता रहता है, तुम्हें विशेष सिद्ध करता रहता है। तुम्हें एक निश्चित ढांचा, आकार, रूप दे देता है, और तुम्हारा उसी निश्चित ढांचे, रूप और आकार के साथ तादात्म्य स्थापित हो जाता है। तुम दो विचारों के बीच के अंतराल को देखना ही नहीं चाहते, क्योंकि उस अंतराल में देखना अपने मौलिक चेहरे को देखना है, जिसका कहीं कोई तादात्म्य नहीं है। उस अंतराल में देखना शाश्वत को देखना है, जहां कि तुम विलीन ही हो जाओगे।

दो विचारों के बीच के शून्य या अंतराल को देखने से तुम इतने भयभीत हो, कि तुमने ऐसी व्यवस्था कर ली है कि तुम उन्हें देखो ही नहीं, कि तुम उन्हें भूल ही जाओ।

दो विचारों के बीच में अंतराल होता है, लेकिन तुम उसे देख नहीं पाते हो। एक विचार दिखाई पड़ता है, फिर दूसरा विचार दिखाई पड़ता है, फिर कोई और विचार...थोड़ा ध्यान देना। दो विचार कभी भी एक-दूसरे पर चढ़ते नहीं हैं। प्रत्येक विचार अपने में अलग होता है। तो फिर दो विचारों के बीच अंतराल होगा ही। दो विचारों के बीच अंतराल होता ही है, और वही अंतराल शून्य में जाने का द्वार है। उसी द्वार से निर्विचार में, अस्तित्व में फिर से प्रवेश संभव हो सकता है। उसी द्वार से तो तुम्हें गार्डन ऑफ ईदन के बाहर कर दिया गया है। उसी द्वार से फिर से स्वर्ग में प्रवेश मिलेगा, जब तुम फिर से चट्टान पर धूप सेंकते हुए उस गिरगिट की भांति विश्रांत हो जाओगे।

मैंने सुना है :

एक बार एक परिवार गांव से शहर आया। छोटा बॉबी जब अपने मित्र से मिलने उसके घर जा रहा था तो मां ने बॉबी को यातायात के बारे में कुछ हिदायत देते हुए कहा, 'जब तक सड़क से सभी कारें न गुजर जाएं, तब तक कभी सड़क पार मत करना।' कोई एक घंटे बाद बॉबी रोता हुआ वापस आया। उसकी मां ने घबराकर पूछा, 'बॉबी क्या हुआ?' बॉबी बोला, 'मैं अपने दोस्त के घर नहीं जा सका। मैं इंतजार करता रहा, लेकिन कोई कार गुजरी ही नहीं।'

उससे कहा गया था कि जब तक सड़क से सभी कारें न गुजर जाएं, तब तक वह सड़क पार न करे, प्रतीक्षा करे, लेकिन कोई कार गुजरी ही नहीं। सड़क खाली पड़ी थी, और वह कारों के निकलने की प्रतीक्षा कर रहा था।

यही तुम्हारे भीतर की स्थिति है। सड़क हमेशा खाली है, उपलब्ध है, लेकिन तुम हो कि कारें ही खोजते रहते हो। तुम स्वयं ही विचारों को पकड़े रहते हो, और फिर परेशान होते हो। तुम्हारे भीतर विचार ही विचार चलते रहते हैं। उनकी भीड़ रोज-रोज बढ़ती चली जाती है। वे भीतर ही भीतर प्रतिध्वनित होते रहते हैं, गूंजते रहते हैं; और तुम हो कि उनके ऊपर ध्यान दिए चले जाते हो। तुम्हारा पूरा का पूरा दृष्टिकोण ही गलत है।

दृष्टि को बदलो। अगर विचारों को देखोगे तो मन निर्मित होता चला जाएगा। अगर विचारों के बीच के अंतरालों को देखोगे, तो अपने से ही ध्यान घटने लगेगा। दो विचारों के बीच के अंतरालों का जोड़ ही ध्यान है; और दो विचारों के जोड़ का नाम ही मन है। यह दो दृष्टियां हैं, और यही दो संभावनाएं हैं तुम्हारे अस्तित्व की : या तो मन के द्वारा, विचारों के द्वारा जी सकते हो; या फिर ध्यान के द्वारा जी सकते हो, यही दो संभावनाएं हैं।

विचारों के बीच के अंतरालों को देखो। अंतराल तो मौजूद हैं ही, वे सहज और स्वाभाविक रूप से उपलब्ध हैं। ध्यान कोई ऐसी बात नहीं है जिसे किसी प्रयास के माध्यम से प्राप्त करना है। ध्यान तो मन की भांति पहले से ही मौजूद है। सच तो यह है ध्यान मन से भी अधिक मौजूद है, क्योंकि मन तो केवल लहरों की भांति सतह पर ही होता है, और ध्यान समुद्र की अथाह गहराई की तरह मौजूद है।

परमात्मा भी तुम्हें उतना ही खोज रहा है जितना कि तुम परमात्मा को खोज रहे हो। शायद तुम परमात्मा को होशपूर्वक नहीं खोज रहे हो। शायद तुम उसे अलग-अलग नामों में, रूपों में खोज रहे होओगे। शायद तुम परमात्मा को प्रसन्नता में, आनंद में खोज रहे होओगे। शायद तुम परमात्मा को संगीत में, नृत्य में खोज रहे होओगे। शायद तुम परमात्मा को प्रेम में खोज रहे होओगे। तुम परमात्मा को अलग-अलग ढंग, अलग-अलग रूपों में खोज रहे हो। नाम-रूप से कुछ भेद नहीं पड़ता है। लेकिन जाने-अनजाने उसकी खोज जारी है—तुम परमात्मा को खोज जरूर रहे हो। और एक बात खयाल रखना कि वह भी तुम्हें खोज रहा है। क्योंकि जब तक दोनों तरफ से ही खोज और तड़पन न हो, मिलन संभव नहीं है।

समग्र भी अंश को उतना ही खोज रहा है, जितना कि अंश समग्र को खोज रहा है। फूल सूर्य को उतना ही खोज रहा है, जितना सूर्य फूल को खोज रहा है। केवल गिरगिट ही धूप का आनंद नहीं ले रहा है; सूर्य भी, गिरगिट के आनंद में भाग ले रहा है। अस्तित्व में सभी कुछ एक-दूसरे से जुड़ा हुआ है। ऐसा ही होना भी चाहिए, अन्यथा पूरा अस्तित्व ही बिखर जाएगा। पूरा अस्तित्व एक है, उसमें एक ही हृदय धड़क रहा है, एक ही नृत्य हो रहा है। सभी कुछ एक-दूसरे के साथ जुड़ा हुआ है। अस्तित्व को इस भांति होना ही है; अन्यथा सभी कुछ अलग-अलग हो जाएगा और फिर अस्तित्व अस्तित्व न रह जाएगा—वह खो जाएगा।

तुम्हें यह बात मैं एक कथा के माध्यम से कहना चाहूंगा। जरा इस कथा पर ध्यान देना :

इसे ऐसे समझो कि एक आदमी पर्वत पर चढ़ गया—क्योंकि वह घाटी में तो बहुत जी चुका था और घाटी में उसने बहुत से सपने देखे, विचारों की उड़ानें भरीं, बहुत सी कल्पनाएं संजोईं, लेकिन हमेशा उसे केवल हताशा और निराशा ही हाथ लगी। घाटी में वह रहा अवश्य, लेकिन हमेशा उसे कुछ खाली-खाली, कुछ अधूरा-सा ही लगता रहा। अतः एक दिन उसने सोचा कि पर्वत के शिखर पर जरूर परमात्मा रहता होगा।

घाटी में तो वह रह चुका था। पर्वत का शिखर तो घाटी से बहुत दूर था; जब सूर्य की किरणों में वह पर्वत चमकता था, तो वह उसे बहुत ही आकर्षित करता था। दूर की चीजें हमेशा आकर्षित लगती हैं, वे हमेशा तुम्हें पुकारती रहती हैं, आमंत्रित करती रहती हैं। अपने निकट की वस्तु को

देखना बहुत ही कठिन होता है। जो पास में है, उसमें रस होना बहुत मुश्किल होता है। और जो दूर है, उसमें कोई रस न हो, आकर्षण न हो, यह भी मुश्किल होता है। दूर की वस्तु में तो बहुत ही अदभुत आकर्षण रहता है, और इसीलिए पर्वत की चोटी निरंतर पुकारती हुई मालूम होती है।

और जब घाटी में कुछ खाली-खाली लगे, रिक्तता का अनुभव हो, तो निस्संदेह ऐसा सोचना तर्क संगत भी है कि जिसे हम खोज रहे हैं वह घाटी में तो नहीं है। वह जरूर पर्वत के शिखर पर ही होगा। मन के लिए यह एकदम सहज और स्वाभाविक है कि वह एक अति से दूसरी अति की ओर सरक जाए, वह तुरंत घाटी से शिखर तक पहुंच जाता है।

मनुष्य सोचता है कि परमात्मा कहीं दूर पर्वत के ऊपर मौजूद है। मनुष्य जहां नीचे घाटी में रहता है, वहां मनुष्य की इच्छाएं भी हैं, वासनाएं भी हैं, परेशानियां भी हैं, प्रेम भी है, घृणा भी है और युद्ध भी है, सारी की सारी समस्याएं वहां पर मौजूद हैं। घाटी में तो चिंताओं पर चिंताएं इकट्ठी होती चली जाती हैं, और इसी तरह चिंताओं के बोझ से दबे-दबे ही एक दिन मृत्यु की गोद में समा जाते हो।

घाटी आदमी को अपनी कब्र की तरह मालूम होने लगती है। मनुष्य उस कब्र में से निकलकर कहीं भाग जाना चाहता है। इसी कारण फिर मनुष्य मुक्ति की, मोक्ष की बात सोचने लगता है। वह सोचने लगता है कि जो घाटी अब उसके लिए एक कारागृह बन गई है उससे निकलना कैसे हो। मोह से, प्रेम से कैसे छुटकारा हो; महत्वाकांक्षा, हिंसा, युद्ध से कैसे छुटकारा हो; समाज के बाहर कैसे आया जाए, जो केवल चिंता, पीड़ा और तनाव के अतिरिक्त और कुछ नहीं देता है; सच तो यह है समाज पीड़ा और तनाव की ओर जबर्दस्ती धकेलता है।

मनुष्य इससे बचकर भागने की कोशिश करने लगता है, लेकिन यह बचकर भाग निकलना तो पलायन है। सच तो यह है, शिखर पर तो जाना होता नहीं है, लेकिन घाटी से पलायन शुरू हो जाता है। ऐसा नहीं है कि शिखर पुकारता नहीं है। सच तो यह है, जिस घाटी में हम रहते हैं, वह ही हमें शिखर की ओर जाने के लिए प्रेरित करती है। घाटी कितना ही शिखर की ओर जाने के लिए प्रेरित करे; लेकिन फिर भी घाटी से मुक्त या स्वतंत्र होना संभव नहीं। क्योंकि जब तक व्यक्ति को अपने ही होश और जागरण से यह समझ में नहीं आता है कि घाटी में कठिनाइयां हैं, तब तक मुक्ति या स्वतंत्रता संभव नहीं है। जिस घाटी में मनुष्य रहता है, वह घाटी तो सिर्फ ऐसी परिस्थिति का निर्माण कर देती है, जिससे कि तुम और अधिक वहां न रह सको। धीरे-धीरे जीवन बोझ होने लगता है। प्रत्येक व्यक्ति के जीवन में एक न एक घड़ी ऐसी अवश्य आती है जब जीवन बोझ होने लगता है, संसार व्यर्थ लगने लगता है। और जीवन के उसी बोझ और व्यर्थता से व्यक्ति बचकर भाग निकलना चाहता है।

वही घड़ी ऐसी होती है जब मनुष्य शिखर की ओर भागता है। फिर आगे की कथा कहती है, जो कि इस कथा का सबसे महत्वपूर्ण भाग है कि दूसरी ओर परमात्मा पर्वत से उतर रहा होता है। क्योंकि परमात्मा अपनी शुद्धता और अकेलेपन से थक जाता है।

मनुष्य भीड़ से, अशुद्धता से थक जाता है; परमात्मा अपने अकेलेपन से, अपनी शुद्धता से थक जाता है।

क्या कभी तुमने इस बात पर ध्यान दिया है? अकेले रहकर खुश रहना, आनंदित रहना बहुत ही आसान है। किसी दूसरे के साथ रहकर खुश रहना, आनंदित रहना बहुत कठिन है। अकेला

व्यक्ति आसानी से आनंदित रह सकता है, उसमें कोई विशेष बात नहीं। उसके लिए कोई मूल्य भी नहीं चुकाना पड़ता है। लेकिन दो व्यक्ति साथ रहें और फिर भी आनंदित रह सकें, यह थोड़ा कठिन होता है। जब दो व्यक्ति साथ रहते हैं, तब खुश रहना बहुत कठिन है। तब तो अप्रसन्न रहना, दुखी रहना अधिक आसान है—उसके लिए कुछ मूल्य भी नहीं चुकाना पड़ता है, वह तो बहुत ही सरल और आसान है। और जब तीन व्यक्ति एक साथ हों, तो आनंदित होना असंभव होता है—तब तो किसी भी कीमत पर, किसी भी मूल्य पर आनंद की कोई संभावना ही नहीं होती है।

आदमी भीड़ से थक गया है। यहां पर हिलने-डुलने की भी जगह नहीं बची है। पृथ्वी पर इतनी भीड़ हो गई है कि व्यक्ति की अपनी स्पेस ही खतम हो गई है। जहां देखो वहां भीड़ और चारों ओर आसपास हमेशा दर्शक ही दर्शक मौजूद रहते हैं—जैसे कि व्यक्ति किसी रंगमंच पर अभिनय कर रहा हो—और भीड़ की आंखें चारों तरफ से उस पर लगी रहती हैं। कहीं कोई एकांत स्थान ही नहीं बचा है। धीरे धीरे व्यक्ति बिलकुल थक जाता है, ऊब जाता है।

लेकिन परमात्मा भी अपने एकांत से, शांति से ऊब जाता है। परमात्मा अपनी परिशुद्धता और एकांत में है, लेकिन इतनी परिशुद्धता भी थका देने वाली, उबा देने वाली बन जाती है; जब वह हमेशा-हमेशा के लिए उसी तरह से स्थायी हो जाती है। परमात्मा घाटी की ओर उतरकर आ रहा है; उसकी आकांक्षा संसार में उतर आने की है। मनुष्य की आकांक्षा संसार से बाहर छलांग लगाने की है, और परमात्मा की आकांक्षा वापस संसार में आ जाने की है। मनुष्य की अभीप्सा परमात्मा हो जाने की है, और परमात्मा की अभीप्सा मनुष्य हो जाने की है।

संसार से बाहर जाना भी सत्य है और संसार में वापस लौटना भी सत्य है। मनुष्य हमेशा संसार से छूट जाने की कोशिश करता है, और परमात्मा हमेशा संसार में लौट आने की कोशिश करता है। अगर परमात्मा किसी न किसी रूप में संसार में वापस न आता, तो संसार की सृजनात्मकता बहुत पहले ही समाप्त हो जाती।

यह एक वर्तुल है। गंगा समुद्र में गिरती है और समुद्र बादलों के रूप में वापस उमड़ते-घुमड़ते हैं और वे बादल ही हिमालय पर पानी बनकर बरसते हैं—और फिर से गंगा में आकर मिल जाते हैं और इस तरह से गंगा निरंतर बहती जाती है। गंगा हमेशा आगे और आगे दौड़ी चली जाती है, और समुद्र हमेशा बादल बनकर लौटता रहता है।

ऐसे ही मनुष्य हमेशा परमात्मा को खोजता रहता है, परमात्मा हमेशा मनुष्य को खोजता रहता है : यह एक संपूर्ण वर्तुल है।

अगर केवल मनुष्य ही परमात्मा की खोज कर रहा होता, तो परमात्मा मनुष्य के पास कभी नहीं आता, और यह संसार बहुत पहले ही समाप्त हो गया होता। संसार कभी का समाप्त हो गया होता, क्योंकि एक न एक दिन सभी मनुष्य परमात्मा तक पहुंच जाते, और परमात्मा किसी रूप में संसार की तरफ वापस नहीं आ रहा होता, फिर तो यह संसार समाप्त हो ही जाता।

लेकिन शिखर का अस्तित्व बिना घाटी के नहीं है। और परमात्मा का अस्तित्व बिना संसार के नहीं हो सकता है; और दिन का अस्तित्व बिना रात के नहीं हो सकता है; और मृत्यु के बिना जीवन की कल्पना करना असंभव है।

इस बात को समझना थोड़ा कठिन है कि परमात्मा हमेशा अलग-अलग रूपों में संसार में आता रहता है, और मनुष्य हमेशा परमात्मा में वापस लौट जाने का प्रयास करता है—इसीलिए मनुष्य संसार को छोड़कर, संसार को त्याग कर जंगल की ओर भागता है, संन्यासी हो जाता है; और परमात्मा हमेशा उत्सव और आनंद के रूप में संसार में वापस लौटता रहता है।

मनुष्य का परमात्मा की तरफ लौटना, और परमात्मा का अनेक-अनेक रूपों में संसार में लौटना, दोनों ही सत्य हैं। अगर परमात्मा और संसार दोनों अलग-अलग हैं, तो पृथक रूप में दोनों अधूरे हैं, आंशिक हैं; लेकिन परमात्मा और संसार दोनों साथ-साथ होकर एक सत्य बन जाते हैं, एक समग्र सत्य।

अगर धर्म केवल त्याग ही त्याग है, तो वह आधा है। धर्म तभी पूर्ण हो सकता है, जब वह सृजनात्मक भी हो। धर्म व्यक्ति को स्वयं में उतरना तो सिखाए ही, लेकिन धर्म को साथ ही यह भी सिखाना चाहिए कि वापस बाहर संसार में फिर से कैसे आना। क्योंकि इसी भीतर आने और जाने के बीच, कहीं घाटी और शिखर के बीच ही परमात्मा और मनुष्य का मिलन संभव होता है।

अगर तुम परमात्मा को चूकते हो...और पूरी संभावना इसी बात की है, क्योंकि अगर तुम पर्वत पर चढ़ रहे हो और परमात्मा पर्वत से उतर रहा है, तो तुम उसकी ओर देखोगे भी नहीं। हो सकता है परमात्मा को पर्वत से उतरता हुआ देखकर तुम्हारी आंखों में निंदा का भाव भी हो—कि यह कैसा परमात्मा है, जो फिर से घाटी की ओर जा रहा है? शायद तुम परमात्मा की ओर इस दृष्टि से भी देख सकते हो कि 'इससे तो मैं ही ज्यादा पवित्र हूं।'

स्मरण रहे: जब भी कभी परमात्मा से तुम्हारा मिलना होगा, तुम उसे संसार की ओर वापस लौटता हुआ पाओगे; और तुम संसार को त्यागकर जा रहे होओगे। इसीलिए तुम्हारे तथाकथित साधु-संत, कभी नहीं समझ पाते कि परमात्मा यानी क्या। तुम्हारे ये तथाकथित साधु-संत परमात्मा के बारे में बनी-बनाई मृत धारणा को ही ढोते चले जाते हैं, उन्हें मालूम ही नहीं है कि परमात्मा यानी क्या? क्योंकि वे तो अपनी बनी-बनाई मृत धारणाओं के कारण परमात्मा को हमेशा चूकते ही चले जाते हैं: अगर कहीं मार्ग पर परमात्मा से तुम्हारा मिलना भी हो जाए, तो तुम उसे पहचान न सकोगे, क्योंकि तुम्हारी सड़ी-गली धारणाओं के कारण तो तुम्हें परमात्मा भी पापी मालूम होगा; कि परमात्मा और संसार की ओर वापस लौट रहा है!

लेकिन अगर ऐसे लोग पर्वत की चोटी पर पहुंच भी जाएं तो वे उसे खाली पाएंगे। संसार की घाटी भरी हुई है; लेकिन पर्वत की चोटी तो एकदम खाली है। ऐसे लोग वहां परमात्मा को नहीं पाएंगे, क्योंकि परमात्मा तो हमेशा किसी न किसी रूप में संसार में वापस लौट रहा होता है। अलग-अलग आकारों में अलग-अलग रूपों में हमेशा सृजन कर रहा होता है। उसका सृजन तो न समाप्त होने वाला सृजन है। उसका सृजन तो अनंत है। परमात्मा का स्वयं का कोई रूप या आकार नहीं है। उसके तो अनंत रूप और आकार हैं, और अनंत रूपों और आकारों में निरंतर उसके सृजन की प्रक्रिया चल रही है।

अगर मार्ग पर कभी तुम्हारा परमात्मा से मिलना हो जाए, और मार्ग पर तुम उसे पहचान सको, केवल तभी यह संभावना है कि तुम शिखर पर जाने का विचार छोड़ दो...शायद तुम बीच में

से ही वापस लौट आओ। जो लोग भी संसार को त्यागकर साधना के लिए जंगल में गए थे, बुद्धत्व प्राप्ति के बाद वे वापस संसार में ही लौट आए। वे अपने बुद्धत्व की सुवास के साथ वापस संसार में ही लौट आए। उन्हें संसार में वापस आना ही पड़ा। जब उन्होंने जीवन के सार को पहचान लिया; उन्होंने जीवन की पूर्णता को, पवित्रता को पहचान लिया; तो उन्हें वापस संसार में लौट ही आना पड़ा। तब उन्होंने जाना कि बाह्य और अंतर अलग नहीं हैं, सृजनात्मकता एवं सृजन अलग नहीं हैं, पदार्थ और मन अलग नहीं हैं, लौकिक और अलौकिक अलग नहीं हैं—वे एक ही हैं। उनके लिए सभी द्वैत समाप्त हो गए। इसी दुई के मिट जाने को ही मैं अद्वैत कहता हूं—यही वेदांत का और योग का वास्तविक संदेश है।

संसार से थक जाना स्वाभाविक है। मुक्ति की खोज करना एकदम स्वाभाविक है, इसमें कुछ विशिष्टता नहीं है।

एक बार ऐसा हुआ :

मुल्ला नसरुद्दीन अपने विवाह की पच्चीसवीं वर्षगांठ मना रहा था उसने अपने सभी दोस्तों के लिए एक बड़ी पार्टी का आयोजन किया। उस पार्टी में उसने मुझे भी बुलाया। लेकिन पार्टी में मेजबान तो कहीं दिखायी ही नहीं दे रहा था। चारों ओर मैंने बहुत खोजा, आखिर में मैंने मुल्ला को लाइब्रेरी में ब्रांडी पीते हुए देखा और मुल्ला था कि आग की ओर देखे जा रहा था।

मैंने मुल्ला से कहा, 'मुल्ला, तुम्हें तो अपने मेहमानों के साथ उत्सव मनाना चाहिए। तुम उदास क्यों हो? और तुम यहां क्या कर रहे हो?'

मुल्ला बोला, 'बताऊं मैं उदास क्यों हूं? जब मेरे विवाह के पांच वर्ष हुए थे, तो मैंने सोचा अपनी पत्नी की हत्या कर दूं। मैंने अपने वकील को जाकर बताया कि मैं क्या करने जा रहा हूं। वकील ने कहा कि अगर मुल्ला तुमने ऐसा किया तो बीस साल के लिए जेल जाना पड़ेगा।' मुल्ला मुझसे कहने लगा, 'जरा सोचिए, कम से कम आज तो मैं स्वतंत्र हो गया होता।'

ऐसा स्वाभाविक है। यह संसार बहुत ही कष्ट और पीड़ाओं से भरा हुआ है। यहां सिर्फ चिंता और परेशानी के अतिरिक्त कुछ भी नहीं है। संसार व्यक्ति के लिए सिर्फ कारागृह खड़े करता है, इसलिए मुक्ति की, स्वतंत्रता की खोज करना स्वाभाविक है—इसमें कोई विशेष बात नहीं है। विशिष्टता तो तब है, जब तुम शिखर से घाटी में पैरों में एक नए ही नृत्य की थिरकन लेकर वापस लौटते हो, तुम्हारे होंठों पर नया गान होता है, तुम्हारा पूरा अस्तित्व ही बदल गया होता है, तुम्हारा पूरा रूप ही नया होता है—जब इस अशुद्ध संसार में तुम शुद्धता की भांति बिना किसी भय के आते हो, क्योंकि अब तुम्हें अशुद्ध नहीं किया जा सकता।

जब संसार के कारागृह में अपनी स्वेच्छा से वापस लौट आते हो, जब मुक्त मनुष्य की भांति कारागृह में लौट आते हो, और कारागृह को स्वीकार कर लेते हो, अपनी ही कारागृह की कोठरी में लौट आते हो; तो फिर कारागृह कारागृह नहीं रह जाता है, क्योंकि स्वतंत्रता को कारागृह में नहीं रखा जा सकता है। केवल गुलाम आदमी ही कारागृह में कैद रह सकता है। मुक्त आदमी किसी भी प्रकार की कैद में नहीं रह सकता है—संभव है वह कारागृह में रहता हो, लेकिन फिर भी मुक्त होता है। जब तक तुम्हारी स्वतंत्रता इतनी शक्तिशाली नहीं हो जाती है, तब तक उसका कोई मूल्य नहीं है।

अब हम सूत्रों में प्रवेश करेंगे :

'समाधि' शब्द को अंग्रेजी में अनुवाद करना बहुत कठिन है। इसके समानांतर अंग्रेजी में कोई शब्द नहीं है। लेकिन ग्रीक भाषा में ऐसा शब्द है जो कि समाधि के समानांतर है : वह है 'ऐटरेक्सिआ'। ग्रीक भाषा के इस शब्द का अर्थ है : मौन, शांति, गहन आंतरिक संतोष।

यही 'समाधि' का भी अर्थ है : इतने संतुष्ट हो जाना कि फिर कोई चीज अशांत न कर पाए, कि कोई भी बात शांति को भंग न कर पाए। अस्तित्व के साथ एक लयबद्धता, एक तालमेल हो जाए; अस्तित्व के साथ एक रूप हो जाए—कि अस्तित्व और तुम अलग-अलग न रह जाओ। फिर कोई समस्या ही नहीं रह जाती है। अब कोई दूसरा है ही नहीं जो कि शांति को भंग कर सके; फिर दूसरा जैसा कुछ बचता ही नहीं, एक ही रह जाता है। दूसरा तो विचारों के बिदा होने के साथ-साथ ही बिदा हो जाता है। जहां विचार होते हैं, वहीं दूसरा होता है। निर्विचार अवस्था ही समाधि है, ऐटरेक्सिआ है। निर्विचार अवस्था ही शांति है, मौन है।

जब निर्विचार अवस्था उपलब्ध हो जाती है, तो ऐसा नहीं है कि विचार की क्षमता नहीं रह जाती है। नहीं, ऐसा नहीं होता है। सोचने की, विचारने की शक्ति समाप्त हो जाएगी, ऐसा नहीं है। इसके विपरीत सच तो यह है जब शून्य में, निर्विचार में व्यक्ति जीता है, तो पहली बार विचारने की, मनन की क्षमता का आविर्भाव होता है।

इससे पहले तो व्यक्ति केवल सामाजिक वातावरण का, स्वयं के ही विचारों का शिकार होता है, जिनसे कि वह निरंतर घिरा होता है—एक विचार भी स्वयं का नहीं होता है। विचार तो हमेशा मौजूद रहते हैं, लेकिन विचार करने की क्षमता नहीं होती है। वे विचार मन में ऐसे ही बसेरा कर लेते हैं, जैसे शाम को पक्षी वृक्षों पर आकर बसेरा कर लेते हैं। वे विचार दूसरों के द्वारा दिए गए विचार हैं। वे विचार मौलिक नहीं हैं; सब उधार हैं।

तुम्हारा जो जीवन है, वह उधार का जीवन है। इसीलिए तुम उदास और दुखी रहते हो। इसीलिए तुम में जीवन जैसा कुछ दिखाई नहीं पड़ता है, तुम जीवन को ढोते हुए मालूम पड़ते हो, जहां कहीं कोई आनंद-उत्साह की तरंग नहीं है। इसीलिए तुम्हारे जीवन में कोई आनंद, कोई उत्सव नहीं है। उधार विचारों के नीचे सब कुछ दब गया है। तुम्हारा पूरा का पूरा अंतर्प्रवाह अवरुद्ध हो गया है। उधार विचारों के कारण जीवन की जीवंत धारा के साथ बह सकना संभव नहीं हो पाता है। लेकिन जब तुम समाधि के, ऐटरेक्सिआ के हिस्से हो जाते हो, तो भीतर गहन शांति और विराम छा जाता है, तब पहली बार सोचने-विचारने की क्षमता का जन्म हो पाता है—लेकिन अब जो विचार हैं वे तुम्हारे अपने हैं। अब जो जीवन होगा वह मौलिक और यथार्थ होगा। जो जीवंत होगा, जिसमें सुबह की भांति ताजगी होगी, उसमें सुबह की ठंडी हवा जैसी शीतलता और ताजगी होगी। और तब तुम जो भी करोगे उसमें सृजनात्मकता होगी।

'समाधि' में तुम सर्जक हो जाते हो, या कहो कि जो कुछ भी तुम करते हो उसमें सृजन ही होता है, क्योंकि समाधि में तुम परमात्मा के अंश हो जाते हो।

पास्कल का एक वचन है कि मनुष्य की बहुत सी मुसीबतों का कारण है कि वह चुपचाप शांति से अपने कमरे में नहीं बैठ सकता है।

और पास्कल के इस वचन में सचाई है। अगर व्यक्ति अपने में शांत होकर बैठ सके तो लगभग सभी मुसीबतें और सभी परेशानियां समाप्त हो जाएंगी। चित्त का भटकाव ही परेशानियों और मुसीबतों के जन्म का कारण है। और उन विचारों के साथ अनावश्यक रूप से जुड़ जाने से जो कि स्वयं के नहीं हैं, व्यक्ति स्वयं के लिए मुसीबतें और परेशानियां खड़ी कर लेता है। और विचारों को व्यक्ति इसलिए निर्मित करता है, क्योंकि वह शांत नहीं बैठ सकता है।

'समाधि परिणाम वह आंतरिक रूपांतरण है, जहां चित्त को तोड़ने वाली अशांत वृत्तियों का क्रमिक ठहराव आ जाता है और साथ ही साथ एकाग्रता उदित होती है।'

पहले पतंजलि ने 'निरोध परिणाम' की बात कही, जिसमें दो विचारों के बीच के अंतराल को देखना है। अगर तुम विचारों को देखते ही जाओ, देखते ही चले जाओ, तो धीरे-धीरे विचारों में ठहराव आने लगता है, वे शांत होने लगते हैं।

जैसे किसी पहाड़ी नदी में से कोई बैलगाड़ी गुजरी हो तो उन बैलगाड़ी के पहियों के निकलने के कारण, जो नदी अभी तक एकदम स्वच्छ और शांत बह रही थी, उसका पानी गंदा और अस्वच्छ हो जाएगा। वही नदी जिसका जल अभी कुछ क्षण पहले एकदम स्वच्छ और साफ था अब गंदा हो गया, उसमें गंदगी घुल गयी। लेकिन फिर बैलगाड़ी वहां से जा चुकी; और नदी फिर पहले की तरह बहती ही चली जा रही है; तो धीरे-धीरे जैसे-जैसे समय निकलता है, गंदगी और धूल फिर से नीचे बैठ जाती है, नदी फिर से साफ-स्वच्छ हो जाती है।

ठीक ऐसे ही है जब दो विचारों के बीच के अंतरालों पर ध्यान दो, तो विचारों की बैलगाड़ियां, विचारों की वह भीड़ जिसने कि जीवन को पूरी तरह अस्त-व्यस्त कर दिया था, धीरे-धीरे दूर होने लगता है और चैतन्य का प्रवाह थिर होने लगता है।

इसे ही पतंजलि 'समाधि परिणाम', आंतरिक रूपांतरण कहते हैं।

'...जहां चित्त को तोड़ने वाली अशांत वृत्तियों का क्रमिक ठहराव आ जाता है और साथ ही साथ एकाग्रता उदित होती है।'

तब दो बातें होती हैं। एक ओर तो अशांत अवस्थाएं शांत हो जाती हैं और दूसरी ओर एकाग्रता का जन्म होने लगता है।

जब तुम्हारे मस्तिष्क में बहुत ज्यादा विचार भरे होते हैं, उस समय तुम एक नहीं होते हो, विभक्त होते हो। उस समय तुम एक चेतना नहीं होते; उस समय भीड़ की तरह होते हो, तुम्हारे भीतर विचारों की भीड़ ही भीड़ होती है। जब तुम्हारे भीतर विचारों की भीड़ चल रही हो, और तुम विचारों को देख रहे होते हो, तो तुम अपने ही भीतर अलग-अलग भागों में विभक्त हो जाते हो; उतने ही भागों में विभक्त हो जाते हो जितने कि मन में विचार चल रहे होते हैं। प्रत्येक विचार तुम्हारे अस्तित्व को विभक्त करता चला जाता है।

तुम बहु-चित्तवान हो जाते हो; एक-मन नहीं रह जाते हो। तब तुम एक नहीं रह जाते हो, तुम बंट जाते हो, क्योंकि प्रत्येक विचार में तुम्हारी ऊर्जा प्रवाहित होती है, जो कि तुम्हें विभक्त कर देती है—और वह विचारों की भीड़ सभी दिशाओं में चारों ओर दौड़ती रहती है। तुम करीब्र-करीब विक्षिप्तता की अवस्था में पहुंच जाते हो।

मैंने एक कथा सुनी है :

एक वृद्ध स्कॉटिश गाइड एक नव-निर्वाचित पादरी को एक पथरीले इलाके में तीतर के शिकार के लिए लेकर गया। जब वह थका-मांदा वापस आया तो आग के सामने अपनी कुर्सी खींचकर बैठ गया।

उसकी पत्नी ने कहा, 'एंगस, तुम्हारे लिए गर्म-गर्म चाय लायी हूं। यह तो बताओ कि क्या यह नया पादरी अच्छा निशानेबाज है?'

उस वृद्ध आदमी ने पहले अपने पाइप का एक कश भरा, फिर जवाब दिया, 'हां, वह अच्छा निशानेबाज है। लेकिन सच में यह भी कितना चमत्कार है कि जब वह गोली चलाता है, तो परमात्मा की कृपा पक्षियों की रक्षा करती है।'

तुम अपना लक्ष्य चूक रहे हो, क्योंकि तुम एकाग्र नहीं हो। मनुष्य की सारी पीड़ा और दुख का कारण ही यही है कि वह एक साथ बहुत सी दिशाओं में भाग रहा है—बिना किसी निर्णय के, बिना किसी लक्ष्य के वह भागा चला जा रहा है। वह जानता ही नहीं है कि कहां जा रहा है, क्यों जा रहा है, किसलिए जा रहा है। बस जा रहा है।

मैंने सुना है कि एक मनोविश्लेषक के द्वार पर दो राजनीतिज्ञों का मिलना हुआ। एक राजनीतिज्ञ बाहर आ रहा था, और दूसरा राजनीतिज्ञ जो कि भीतर जा रहा था, वह पूछने लगा, 'आप भीतर आ रहे हैं या बाहर जा रहे हैं?' जो बाहर आ रहा था वह कहने लगा, 'अरे, अगर मुझे यह मालूम होता कि मैं बाहर जा रहा हूं या भीतर आ रहा हूं, तो मैं यहां पर आता ही क्यों।'

कोई भी नहीं जानता है कि वह बाहर आ रहा है या भीतर जा रहा है। आखिर तुम जा कहां रहे हो? तुम किसे खोज रहे हो? तुम्हारा लक्ष्य हमेशा बदलता रहता है, इसलिए तुम चूकते चले जाते हो। लक्ष्य निरंतर बदलते रहते हैं। तुम हजारों लक्ष्यों से घिरे रहते हो, और उन हजारों लक्ष्यों की प्राप्ति के लिए तुम्हारे उतने ही रूप हो जाते हैं, तुम एक भीड़ हो जाते हो—एक ऐसी भीड़ जो कि प्रत्येक लक्ष्य पर निशाना साधने की कोशिश कर रही होती है। और अंत में पाते हो कि हाथ खाली के खाली ही रह गए पूरा जीवन व्यर्थ ही चला गया।

'समाधि परिणाम वह आंतरिक रूपांतरण है, जहां चित्त को तोड़ने वाली अशांत वृत्तियों का क्रमिक ठहराव आ जाता है और साथ ही साथ एकाग्रता उदित होती है।'

जब विचार मिट जाते हैं—विचार चित्त को विभक्त करते हैं—तब एकाग्रता उदित होती है। तब तुम एक हो जात्ते हो। तब चेतना का प्रवाह एक ही दिशा में होने लगता है, चेतना को दिशा मिल जाती है। चेतना के पास अब एक सुनिश्चित दिशा होती है। जिसके माध्यम से अब लक्ष्य तक पहुंचा जा सकता है; और पूर्णता की प्राप्ति हो सकती है।

'एकाग्रता परिणाम वह एकाग्र रूपांतरण है, चित्त की ऐसी अवस्था है जहां चित्त का विचार-विषय जो कि शांत हो रहा होता है, वह अगले ही क्षण ठीक वैसे ही विचार-विषय द्वारा प्रतिस्थापित हो जाता है।'

साधारणतया जब एक विचार जा रहा होता है, और उसकी जगह दूसरा विचार आ रहा होता है तो उसका स्वरूप बिलकुल ही अलग होता है। उदासी जाती है, तो प्रसन्नता आ जाती है। प्रसन्नता

जाती है, तो निराशा आ जाती है। निराशा नहीं होगी तो क्रोध आने लगेगा। क्रोध नहीं होगा तो उदासी घेरने लगेगी। जब आसपास का वातावरण बदलता है, तो उस वातावरण के साथ-साथ तुम भी बदलते हो। हर क्षण तुम्हारी भाव-दशा अलग-अलग होती है। इसलिए, अगर तुम्हें यह पता न हो कि तुम कौन हो तो इसमें कोई आश्चर्य नहीं कि—क्योंकि सुबह तुम क्रोध में आग-बबूला हो रहे थे, दोपहर के भोजन के समय तुम खुश थे, थोड़ी देर बाद उदासी ने घेर लिया होता है, शाम को एकदम निराश हो गए होते हो। तुम जानते ही नहीं हो कि तुम कौन हो। तुम क्षण-क्षण इसलिए बदलते चले जाते हो, क्योंकि कोई सा भी भाव जो तुम्हारे पास से गुजरता है, कुछ पलों के लिए तुम उसके साथ एक हो जाते हो, तुम भूल ही जाते हो कि यह तुम्हारा वास्तविक रूप नहीं है।

एकाग्रता परिणाम चेतना की वह अवस्था है, जहां भावों का क्षण-क्षण में बदलना समाप्त हो जाता है। तुम एकाग्रचित्त हो जाते हो। केवल इतना ही नहीं, अगर तुम एक ही अवस्था में रहना चाहो, तो तुमने उस अवस्था में रहने की क्षमता अर्जित कर ली होती है। अगर प्रसन्न रहना चाहते हो, तो फिर प्रसन्न रह सकते हो, और फिर तुम्हारी प्रसन्नता बढ़ती ही चली जाती है। अगर आनंदित रहना चाहते हो, तो आनंदित ही रह सकते हो। अगर उदास रहना चाहते हो, तो उदास रह सकते हो; फिर सब कुछ तुम्हारे ऊपर निर्भर करता है। अब मालिक तुम ही होते हो। वरना बिना एकाग्रता के, बाहर तो सभी कुछ बदलता रहता है।

जब मैं तुम्हें देखता हूं, तो तुम्हें देखकर मुझे भरोसा ही नहीं आता है कि आखिर तुम सब कुछ चला कैसे लेते हो। कभी-कभी प्रेमी मेरे पास आ जाते हैं और कहते हैं, 'हम एक-दूसरे के गहरे प्रेम में हैं। हमें आशीर्वाद दें।' और दूसरे ही दिन वे आकर कहते हैं, 'हम आपस में हमेशा लड़ते-झगड़ते रहते हैं, इसलिए हम अलग हो गए हैं।'

इसमें सत्य क्या है? प्रेम या झगड़ा। तुम्हारे साथ तो कोई भी बात सत्य मालूम नहीं होती है। इस क्षण प्रेम में होते हो, तो अगले ही क्षण झगड़ा शुरू हो जाता है। क्षण में सब कुछ बदल जाता है, कुछ भी स्थायी नहीं है। जो कुछ भी होता है, वह तुम्हारे अस्तित्व का हिस्सा नहीं होता है। सभी कुछ तुम्हारे सोचने-विचारने की प्रक्रिया का ही हिस्सा होता है—एक विचार के साथ तुम कुछ होते हो, दूसरे विचार के साथ कुछ और हो जाते हो। प्रत्येक विचार तुम्हें अपने रंग में रंगता चला जाता है।

ऐसा हुआ : एक लड़की की दृष्टि कमजोर थी और उसे चश्मा लगाना अच्छा नहीं लगता था। उसने विवाह करने की ठानी। आखिरकार उसका विवाह भी हो गया। और वह अपने पति के साथ हनीमून मनाने के लिए नियाग्रा-फाल्स गई। जब वह हनीमून मनाकर वापस लौटी तो उसको देखकर उसकी मां एकदम चीख पड़ी। जल्दी से दौड़कर उसने आंखों के डाक्टर को फोन किया।

'डाक्टर,' वह हांफते हुए बोली, 'बिलकुल अभी आपको यहां आना होगा। बहुत ही संकट की घड़ी है। मेरी बेटी को चश्मा लगाना बिलकुल अच्छा नहीं लगता, और अभी वह हनीमून से लौटी है, और...'

'मैडम,' डाक्टर बीच में ही टोकते हुए बोला, 'कृपया अपने पर नियंत्रण रखें। आपकी बेटी मेरे अस्पताल में आ जाए। चाहे उसकी आंखें कितनी ही खराब क्यों न हों, फिर भी यह कोई बहुत बड़ा संकट नहीं है।'

'ओह, नहीं?' मां ने कहा, 'सुनिए तो जरा, अब जो आदमी उसके साथ है वह वही आदमी नहीं है, जिसके साथ वह नियाग्रा-फाल्स देखने गई थी।'

लेकिन यही तो सभी की हालत है। जिस आदमी से तुम सुबह प्रेम करते हो, शाम को उसी से घृणा करने लगते हो। सुबह जिस आदमी से घृणा करते हो, शाम को उसी आदमी से प्रेम करने लगते हो। स्त्री या पुरुष जो एक दिन सुंदर मालूम होता था, आज सुंदर नहीं मालूम होता है।

यही है इमरजेंसी केस, यही है संकट की घड़ी।

और इसी तरह से तुम जीए चले जाते हो। बहते हुए लकड़ी के टुकड़े की तरह, जिधर हवा उसे ले जाती है, वह उधर ही चला जाता है। हवा का रुख बदलता है, लकड़ी के टुकड़े का रुख भी बदल जाता है। ठीक ऐसे ही तुम्हारे विचार बदलते हैं, तुम बदल जाते हो। तुम्हारे पास अपनी कोई चेतना, अपनी कोई आत्मा नहीं है।

गुर्जिएफ अपने शिष्यों से कहा करता था, 'पहले आत्मवान बनो, क्योंकि अभी तो तुम्हारा होना अस्तित्व ही नहीं रखता है। अपने जीवन का एकमात्र यही लक्ष्य बन जाने दो, आत्मवान बनो।'

अगर कोई गुर्जिएफ से पूछता, 'हम प्रेम कैसे करें?'

वह कहता, 'नासमझी की बातें मत पूछो। पहले आत्मवान बन जाओ, क्योंकि जब तक तुम आत्मवान न होओगे, तुम प्रेम कैसे कर सकते हो?'

जब तक तुम आत्मवान नहीं बनोगे, तुम कैसे आनंदित हो सकते हो? जब तक आत्मवान नहीं बनोगे, कैसे कुछ कर सकते हो? सर्वप्रथम तो आत्मवान होना है, फिर उसके बाद ही सभी कुछ संभव हो सकता है।

जीसस कहा करते थे, 'पहले तुम प्रभु का राज्य खोज लो, और फिर सब अपने से मिल जाएगा।' मैं इसमें थोड़ा परिवर्तन करना चाहूंगा : पहले अपने अंतर-अस्तित्व को, अपने प्रभु के अस्तित्व के राज्य को खोज लो, और फिर सब अपने से मिल जाएगा। और जीसस का भी प्रभु के राज्य से यही मतलब है। अस्तित्व के राज्य को ही पुरानी शब्दावली में प्रभु का राज्य कहा जाता है। पहले आत्मवान, अस्तित्ववान हो जाओ—तब सभी कुछ संभव है। लेकिन अभी तो जब मैं तुम्हारी आंखों में देखता हूं, तो तुम वहां मौजूद ही नहीं होते। बहुत से अतिथि वहां होते हैं, लेकिन मेजबान ही वहां नहीं होता है।

'एकाग्रता परिणाम', चेतना की एकाग्रता की आधारभूत रूप से आवश्यकता है, जिससे तुम्हारा अस्तित्व जीवंत हो सके। अगर तुम हमेशा परिवर्तित होते रहो, अस्तित्ववान होने की कोई संभावना ही नहीं है। अधिक से अधिक आज यह रूप होगा, तो कल वह रूप होगा, तो कभी कुछ और रूप होगा, लेकिन अस्तित्ववान कभी न हो सकोगे।

'जो कुछ अंतिम चार सूत्रों में कहा गया है, उसके द्वारा मूल-तत्वों और इंद्रियों की विशिष्टताओं उनके गुण-धर्म और उनकी अवस्थाओं के रूपांतरणों की व्याख्या भी हो जाती है।'

और पतंजलि कहते हैं, यही स्थिति है : तुम्हारे आसपास संसार बदल रहा है, शरीर बदल रहा है, इंद्रियां बदल रही हैं, मन बदल रहा है, सभी कुछ बदल रहा है—और अगर तुम भी इनके साथ बदल रहे हो, तो फिर अपरिवर्तनीय को, शाश्वत को खोजने की कोई संभावना नहीं बचती है।

यह सत्य है कि शेष सभी कुछ परिवर्तित हो रहा है। संसार निरंतर परिवर्तित हो रहा है। और तीव्रता से परिवर्तित हो रहा है; उसमें ठहराव जैसा कुछ भी नहीं है। संसार का परिवर्तित होना एक अनवरत प्रवाह है। और संसार को ऐसा होना ही है। संसार में केवल एक ही चीज स्थायी है, और वह है स्वयं परिवर्तन। परिवर्तन के अतिरिक्त शेष सभी कुछ बदल रहा है। केवल परिवर्तन ही स्थायी रूप में बना रहता है।

हर पल शरीर बदल रहा है। रोज-रोज शरीर की उम्र बढ़ रही है, शरीर आगे बढ़ रहा है; अगर शरीर विकासमान न हो तो आदमी वृद्ध कैसे होगा, युवा कैसे होगा, बालक से जवान कैसे हो सकेगा? क्या कोई यह बता सकता है कि कब बच्चा बालक से युवा हो गया, या युवा आदमी से किस समय वृद्ध हो गया? कठिन है बताना। सच तो यह है कि अगर किसी फिजीशियन से पूछा जाए तो उन्हें अभी भी यह स्पष्ट नहीं है कि ठीक-ठीक किस समय पता चलता है कि कोई आदमी अभी जीवित था और थोड़ी देर बाद मर गया। कुछ भी बताना असंभव है। इसकी परिभाषा अभी भी स्पष्ट नहीं है, क्योंकि जीवन एक प्रक्रिया है, गतिमयता है। सच तो यह है जब कोई आदमी मर भी जाता है और उसके घर-परिवार के लोग, नाते-रिश्तेदार, मित्र उसके पास से हट भी जाएं, तो भी शरीर में थोड़ी-बहुत प्रक्रिया जारी रहती है—जैसे नाखूनों का बढ़ना, बालों का बढ़ना फिर भी जारी रहता है। शरीर का कोई हिस्सा अभी भी जीवित और विकासमान रहता है।

कब व्यक्ति को मृत घोषित किया जाए, अभी तक फिजीशियन लोग भी ठीक से नहीं समझ पाए हैं। सच तो यह है जीवन और मृत्यु की कोई परिभाषा की भी नहीं जा सकती है, क्योंकि शरीर एक प्रवाह है। शरीर निरंतर परिवर्तित हो रहा है, मन परिवर्तित हो रहा है—हर क्षण मन परिवर्तित हो रहा है।

अगर इस परिवर्तनशील संसार के साथ तुम भी निरंतर परिवर्तित हो रहे हो; और साथ ही अगर सत्य की, परमात्मा की, आनंद की खोज कर रहे हो, तो सिवाय निराशा और हताशा के कुछ भी हाथ नहीं लगेगा। स्वयं के भीतर जाओ, और विचारों के बीच के उन अंतरालों में डुबकी मारो जहां न संसार का अस्तित्व होता है, न मन का अस्तित्व होता है, और न ही शरीर का अस्तित्व होता है। उन्हीं अंतरालों में पहली बार उस शाश्वत से साक्षात्कार होता है, जिसका न कोई प्रारंभ है और न कोई अंत है; जो कभी परिवर्तित नहीं होता है।

'चाहे वे सुप्त हों या सक्रिय हों या अव्यक्त हों, सारे गुणधर्म आधार-तत्व में अंतर्निष्ठ होते हैं।'

पतंजलि कहते हैं कि चाहे फूल खिला हुआ हो या मुर्झा गया हो, उससे कुछ भेद नहीं पड़ता। जब फूल खिला हुआ होता है तो उसके मुर्झा जाने की प्रक्रिया प्रारंभ हो जाती है, और जब फूल वृक्ष की डाली से टूटकर गिर जाता है तो वह फिर से खिलने की तैयारी कर रहा होता है। इसी तरह सृष्टि के क्रम में सृजन फिर असृजन, फिर सृजन चलता रहता है, इसी प्रक्रिया द्वारा सृष्टि चलती रहती है। इसे ही पतंजलि प्रकृति कहते हैं। प्रकृति शब्द का अनुवाद नहीं किया जा सकता है। प्रकृति शब्द का अर्थ केवल सृजन ही नहीं है : इसमें सृजन और अ-सृजन दोनों सम्मिलित हैं।

प्रकृति में सभी कुछ अभिव्यक्त होता है, फिर प्रकृति में ही वापस चला जाता है, उसी में लुप्त हो जाता है; लेकिन फिर भी वह प्रकृति में मौजूद रहता है। वह फिर से लौट आता है। जैसे गर्मी

आती है, चली जाती है; वर्षा आती है, चली जाती है; सर्दी आती है, चली जाती है, इसी तरह से चक्र घूमता रहता है। प्रकृति में सभी कुछ गतिमान है। फूल खिलते हैं, मुर्झा जाते हैं; बादल आते हैं, चले जाते हैं—संसार का चक्र चलता ही चला जाता है।

हर चीज की दो अवस्थाएं हैं: व्यक्त और अव्यक्त। लेकिन तुम उन दोनों के पार हो। तुम न तो व्यक्त हो और न ही अव्यक्त हो; तुम तो साक्षी हो। 'निरोध परिणाम' के द्वारा, दो विचारों के बीच के अंतराल के द्वारा उसकी पहली झलक मिल सकती है। फिर उन विचारों के बीच के अंतराल को बढ़ाते जाना, बढ़ाते जाना। और हमेशा इस बात का खयाल रखना, कि जब कभी विचारों के बीच के दो अंतराल जुड़ जाते हैं, तो वे एक हो जाते हैं। और जब दो अंतराल आपस में मिलते हैं, तो वे दो वस्तुओं की तरह नहीं होते हैं; वे शून्यता की भांति होते हैं। और शून्य कभी भी दो नहीं हो सकते। जब दो शून्यों को निकट लाओ, तो वे एक हो जाते हैं, वे एक-दूसरे में मिल जाते हैं। क्योंकि दो शून्य दो अलग-अलग शून्यों की भांति अपना अस्तित्व नहीं रख सकते। शून्य हमेशा एक ही होता है। चाहे कितने शून्यों को तुम ले आओ—वे आपस में मिलकर एक हो जाएंगे।

इसलिए विचारों के बीच के अंतरालों को, शून्यों को एकत्रित करते जाना, और धीरे-धीरे एक ऐसी घड़ी आएगी, जिसे पतंजलि ने पहले निरोध कहा है, वही समाधि में परिवर्तित हो जाएगी। 'समाधि' में मन खोने लगता है, मन बिदा होने लगता है...और फिर अंत में वह मिट जाता है और तुम्हारे भीतर एकाग्रता का जन्म हो जाता है। तब पहली बार तुम प्रकृति की सृजन और अ-सृजन की लीला, मन में उठती हुई तरंगों और लहरों, जीवन के सुख-दुख, मन के क्षण-क्षण बदलते भावों, और जीवन की क्षण-भंगुरता के पार जाते हो—तब पहली बार स्वयं की झलक मिलती है। साक्षी का जन्म होता है। तुम साक्षी हो जाते हो।

वह साक्षी ही तुम्हारा वास्तविक अस्तित्व है। और उसको उपलब्ध कर लेना ही योग का एकमात्र लक्ष्य है।

योग का अर्थ है: यूनिओ मिस्टिका। इसका अर्थ है जुड़ाव, स्वयं के साथ एक हो जाना, स्वयं के साथ जुड़ जाना। और अगर स्वयं के साथ एक हो जाओ, तब अकस्मात इस बात का भी बोध होता है कि तुम संपूर्ण अस्तित्व के साथ, परमात्मा के साथ एक हो गए। क्योंकि जब तुम अपने में गहरे जाते हो तो वहां शून्यता और मौन ही होता है...और परमात्मा भी परम मौन है। तब फिर दो मौन अलग-अलग नहीं रह सकते—वे एक-दूसरे में मिलकर एक हो जाते हैं।

जब तुम स्वयं में गहरे उतरते हो और परमात्मा अनेक-अनेक रूपों में, संसार में अनेक-अनेक माध्यमों से वापस आ रहा होता है, उसी बीच तुम्हारा परमात्मा से मिलना हो जाता है, और तुम परमात्मा के साथ एक हो जाते हो। योग का यही अर्थ है: एक हो जाना। योग का अर्थ है: परमात्मा के साथ एक हो जाना।

[redacted]

प्रवचन 6

तुम यहां से वहां नहीं पहुंच सकते

प्रश्न-सार

1. मैं हमेशा एक ही जैसे प्रश्न बार-बार क्यों पूछती हूं?

2. मुझे आपके प्रवचनों में आज तक एक भी विरोधाभास नहीं मिला। क्या मुझ में कुछ गलत है?

3. 'तुम यहां से वहां नहीं पहुंच सकते।'

4. क्या स्वच्छ होने की प्रक्रिया मन की झलकों को नए रूप देगी?

5. मेरा शरीर रोगी है, मेरा मन भोगी है, और मेरा हृदय करीब-करीब योगी है। क्या मेरे इस जन्म में संबुद्ध होने की कोई संभावना है?

6. जब आप शरीर छोड़ें, तो मैं भी आपके साथ मर जाना चाहता हूं।

7. जब भी मैं आपके निकट होता हूं तो तनाव अनुभव करता हूं।

8. अनुग्रह प्रकट करने के लिए मैं आपके लिए क्या कर सकती हूं?

9. कृपया संगीत और ध्यान के विषय में कुछ कहें!

10. आप कुर्सी पर इतने आराम से बैठे होते हैं कि एकदम भारविहीन मालूम पड़ते हैं। आप गुरुत्वाकर्षण के नियम के साथ क्या करते हैं?

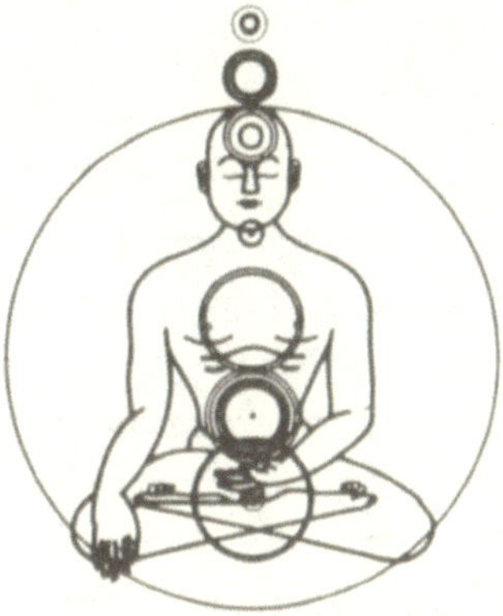

पहला प्रश्न: मैं हमेशा एक ही जैसे प्रश्न बार-बार क्यों पूछती हूं?

क्योंकि मन स्वयं ही एक पुनरुक्ति है। मन कभी भी मौलिक नहीं हो सकता है। मन कभी भी स्वाभाविक नहीं हो सकता है; मन का स्वभाव ही ऐसा है। मन एक उधार वस्तु है। मन नया कभी नहीं होता है; हमेशा पुराना ही होता है। मन का अर्थ होता है अतीत—वह हमेशा तिथि-बाह्य होता है। धीरे-धीरे मन का एक सुनिश्चित ढांचा, एक सुनिश्चित आदत, एक यांत्रिक व्यवस्था बन जाती है। फिर इस बने-बनाए यांत्रिक जीवन को जीने में तुम बहुत कुशल हो जाते हो। फिर तुम एक रूटीन में जीए चले जाते हो।

तुम एक जैसे ही प्रश्न इसलिए पूछते चले जाते हो, क्योंकि तुम्हारा मन तो वैसा का वैसा ही रहता है। जब तक तुम नए नहीं होते, तुम्हारे प्रश्न भी नए न हो सकेंगे। जब तक तुम पुराने मन को पूरी तरह से, गिरा नहीं देते हो, तब तक नए प्रश्नों का जन्म नहीं हो सकता है। क्योंकि तुम पहले से ही पुराने प्रश्नों से इतने भरे हुए हो कि जरा भी कहीं कोई रिक्त स्थान नहीं है। और मन स्वयं को ही बार-बार दोहराते चले जाने में बहुत कुशल होता है। मन बहुत ही अड़ियल और जिद्दी होता है। अगर मन स्वयं के रूपांतरण का दिखावा करता भी है तो वह रूपांतरण वास्तविक नहीं होता है, वह मात्र एक दिखावा ही होता है, पुरानी आदतों का ही सुधरा हुआ रूप होता है। हो सकता है मन अलग शब्दावली का प्रयोग करे, पूछने का ढंग अलग हो, लेकिन गहरे में प्रश्न वही का वही होता है। और मन वैसा ही बना रहता है।

इसे समझना। यह प्रश्न अच्छा है। कम से कम यह प्रश्न तो पुराना नहीं है।

प्रश्न सरोज का है। वह अक्सर प्रश्न भेजती रहती है, और मैंने उसके प्रश्नों का कभी उत्तर नहीं दिया है, लेकिन आज मैंने तय किया है कि उत्तर देना है, क्योंकि उसे एक नई झलक मिली है और उसे एक बात समझ आ गई है: कि वह फिर-फिर वही पुराने प्रश्न करती है। यह समझ नई है। उसके भीतर एक नई सुबह का, एक नई उषा-काल का, एक नई भोर का उदय हुआ है। उसकी चेतना निश्चित रूप से मन के पुराने ढांचे के प्रति सजग हुई है। इस सजगता को बढ़ाना; इस सजगता को बढ़ने में सहयोग देना। तो धीरे-धीरे तू स्वयं को दो आयामों में देखने लगेगी: मन का आयाम—जो पुराना है, अतीत का है; और चैतन्य का आयाम—जो सदा ताजा है, नया है, मौलिक है।

मैं तुम से एक कथा कहना चाहूंगा :

एक आदमी ने बहुत ही गुस्से में दौड़ते हुए सड़क पार की, और एक आदमी जो अपने रास्ते जा रहा था, उसके पास जाकर खूब जोर से उसकी पीठ पर एक मुक्का जमा दिया।

उसका अभिवादन करते हुए वह बोला, 'पॉल पोर्टर, तुम्हें देखकर मैं कितना खुश हो गया हूं! लेकिन पाल, जरा यह तो बताओ कि आखिर तुम्हें हो क्या गया था? पिछली बार जब मैं तुमसे मिला था, तब तुम छोटे और मोटे थे। अचानक तुम लंबे और पतले कैसे लगने लगे हो।'

उलझन में पड़े हुए उस आदमी ने कहा, 'देखिए जनाब, मैं पॉल पोर्टर नहीं हूं।'

उस निर्भीक आदमी ने तिरस्कारपूर्ण ढंग से जोर से कहा, 'ओह! अच्छा, तो तुम ने अपना नाम भी बदल लिया है?'

मन की स्वयं में ही विश्वास किये जाने की जिद्दी आदत होती है—चाहे उसके खिलाफ कितने ही विरोधी तथ्य क्यों न मौजूद हों। चाहे पुराना मन दुख, नरक और पीड़ा के अतिरिक्त कुछ भी न देता हो, फिर भी तुम उसी पर विश्वास किए चले जाते हो।

लोग कहते हैं, यह अविश्वास का जमाना है। मुझे ऐसा नहीं लगता। मन में आज भी वही पुराना विश्वास जमा हुआ है। कोई हिंदू है; वह हिंदू धर्म में विश्वास करता है, क्योंकि उसका मन हिंदू होने के लिए संस्कारित हो गया है। कोई ईसाई है; वह ईसाइयत में विश्वास करता है, क्योंकि उसका मन ईसाई होने के लिए संस्कारित हो गया है। कोई कम्युनिस्ट है, वह कम्युनिस्ट होने में ही विश्वास किए चला जाता है—क्योंकि उसका मन कम्युनिस्ट होने के लिए ही आबद्ध हो गया है। ये तीनों एक जैसे ही लोग हैं, वे कुछ अलग-अलग नहीं हैं। उनके नाम और उन पर लगे हुए लेबल अलग-अलग हो सकते हैं, ये सभी लोग अपने-अपने संस्कारों को और मन को पकड़े हुए हैं और ये सभी लोग मन में विश्वास करते हैं।

मैं धार्मिक उसे कहता हूं, जो मन के पार चला जाता है। मैं धार्मिक उसे कहता हूं, जो मन की सभी कंडीशन, सभी शर्तों को छोड़ देता है, जो मन की पकड़ को ही छोड़ देता है; और धीरे-धीरे चैतन्य में उतरने लगता है, मन के जड़-संस्कारों और मन की संकीर्ण धारणाओं के प्रति अधिकाधिक जागरूक होने लगता है।

और एक दिन उसी जागरूकता में मन के जड़-और संकीर्ण संस्कार धारणाएं छूट जाती हैं—और तब व्यक्ति पहली बार स्वतंत्र होता है। और वही स्वतंत्रता एकमात्र स्वतंत्रता है। शेष अन्य सभी बातें स्वतंत्रता के नाम पर कूड़ा-कचरा हैं। स्वतंत्रता के नाम पर वे सभी बातें चाहे वे राजनीतिक हों, आर्थिक हों, या सामाजिक हों—बस कूड़ा-कचरा ही होती हैं। यथार्थ में तो केवल एक ही स्वतंत्रता का अस्तित्व है—और वह स्वतंत्रता है, जड़-संस्कारों से स्वतंत्रता, मन की संकीर्ण धारणाओं से स्वतंत्रता, मन से स्वतंत्रता; और रोज-रोज अधिकाधिक सचेत और जागरूक होते जाना और अपने अस्तित्व के नए-नए आयामों में प्रवेश करते चले जाना।

सरोज, अच्छा हुआ कि तू इस बात के प्रति सचेत हो गयी कि प्रश्न हर बार वही के वही होते हैं। इसीलिए तो मैं उनका उत्तर नहीं देता हूं। क्योंकि जब मन अपनी पुरानी आदतों पर ही चलता रहता है तो फिर वह कुछ सुनना ही नहीं चाहता है। फिर प्रश्नों का उत्तर देना भी व्यर्थ होता है।

हमेशा नए की और ताजे की खोज करना—उसकी खोज करना जो कि बस अभी-अभी जन्म ले ही रहा है। इससे पहले कि मन बासा और पुराना हो जाए, नए को पकड़ लेना, इससे पहले कि मन कोई बना-बनाया निश्चित ढांचे को पकड़े, नए के साथ एक हो जाना। अपने जीवन को कभी भी किसी निश्चित ढांचे में मत ढाल लेना। जीवन में गति होनी चाहिए, जीवन हमेशा तरल और अज्ञात की ओर प्रवाहमान होना चाहिए।

और मन का अर्थ होता है, सब कुछ जाना-पहचाना, ज्ञात, जड़। और तुम अज्ञात हो।

अगर तुम इसे समझ लो, तो तुम मन का उपयोग कर सकते हो और तब मन तुम्हारा उपयोग कभी न कर सकेगा।

दूसरा प्रश्न : ऐसे बहुत से लोग हैं जो आपके प्रवचनों में एक प्रकार का विरोधाभास अनुभव करते हैं। एक बार आपने हमें समझाया भी था कि ऐसा क्यों होता है। लेकिन मुझे आपके प्रवचनों में आज तक एक भी विरोधाभास नहीं मिला, जबकि कहीं न कहीं विरोधाभास तो होगा ही। लेकिन चाहे मैं उसे समझने की कितनी ही कोशिश क्यों न करूं, मैं उसे नहीं समझ सकता हूं। क्या मुझ में कुछ गलत है? कृपया इसे समझाएं।

नहीं, तुम में कुछ भी गलत नहीं है। गलत वे लोग हैं जो कि विरोधाभासों को देखते ही चले जाते हैं। लेकिन अधिक संख्या उन्हीं लोगों की है, उनके सामने तुम अकेले पड़ जाओगे। इसलिए तुम उन लोगों से प्रभावित मत हो जाना। ऐसे लोगों की संख्या अधिक है, अतः उनके प्रभाव में मत आ जाना। अकेले बने रहना। सत्य कभी भी भीड़ के साथ नहीं होता है; सत्य हमेशा व्यक्तिगत होता है। सत्य भीड़ के साथ नहीं होता है; वह बहुत थोड़े से विरले लोगों के साथ ही होता है। सत्य भीड़ के साथ नहीं होता है; वह तो थोड़े से बेजोड़ लोगों के साथ होता है। इस भेद को समझ लेना।

जगत में वैज्ञानिक सत्य ही एकमात्र सत्य नहीं है। सच तो यह है, विज्ञान सत्य को स्वीकार नहीं कर पाता है; विज्ञान तो केवल जो बात बार-बार दोहराई जाती है उसकी ही सुनता है। विज्ञान में यही माना जाता है कि जब तक कोई प्रयोग बार-बार दोहराया नहीं जाए, उस पर विश्वास नहीं किया जा सकता। जब कोई प्रयोग बार-बार दोहराया जाए और उसका एक ही परिणाम आए, तब वह सत्य है।

धार्मिक सत्य अकेले का होता है। बुद्ध जैसा दूसरा व्यक्ति फिर से नहीं हो सकता, जीसस जैसा व्यक्ति फिर से नहीं हो सकता। वे एक बार ही होते है और फिर खो जाते हैं। वे अंधकार में चमकते हुए सूरज की तरह आते हैं, और फिर शून्य में विलीन हो जाते हैं—और फिर से उनके होने का कोई उपाय नहीं है। इसीलिए विज्ञान उन्हें अस्वीकार करता चला जाता है, क्योंकि विज्ञान केवल उसी बात में विश्वास करता है जो यंत्र की तरह दोहराई जा सकती हो। अगर बुद्ध फोर्ड-कारों की तरह किसी फैक्टरी में बनकर तैयार हो सकते हों, तब विज्ञान उन पर भरोसा कर सकता है। लेकिन बुद्धों के साथ ऐसा संभव नहीं है।

धर्म तो उन थोड़े से बेजोड़, अद्वितीय, विरले लोगों का होता है, जिन्हें दोहराने का कोई उपाय नहीं है, जिनकी कोई पुनरावृत्ति नहीं हो सकती है। और विज्ञान पुनरावृत्ति में, दोहराने में भरोसा करता

है। इसीलिए विज्ञान मन का ही हिस्सा है, और धर्म मन के पार जाता है। क्योंकि जिस किसी चीज की भी पुनरावृत्ति की जा सकती हो, जिस किसी चीज को दोहराया जा सकता हो; उसे मन समझ सकता है उसे समझना मन के लिए आसान होता है।

लोगों को मुझमें विरोधाभास दिखाई देता है, क्योंकि मैं किसी चीज को दोहराता नहीं हूं। वे मुझ में विरोधाभास देखते हैं, क्योंकि उनका मन एक तरह के अरस्तूगत तर्क में प्रशिक्षित हो चुका है। अरस्तू का तर्क कहता है कि या तो काला होता है या सफेद। अगर कोई चीज सफेद है तो वह काली नहीं हो सकती है; अगर वह काली है तो सफेद नहीं हो सकती है। अरस्तू का तर्क कहता है कि या तो वह काली ही हो सकती है, या वह सफेद ही हो सकती है। ऐसा ही होता है, और यही तर्क सभी वैज्ञानिकों के मन का आधार है।

धार्मिक मन कहता है कि वह दोनों है : सफेद काला भी होता है, और काला सफेद भी होता है। इससे अन्यथा कुछ हो भी नहीं सकता, क्योंकि धर्म किसी भी चीज को इतनी गहराई में जाकर देखता है कि वहां पर दो विपरीत तत्व एक हो जाते हैं।

जीवन में मृत्यु भी छिपी होनी चाहिए, और मृत्यु में जीवन भी छिपा होना चाहिए। क्योंकि धार्मिक चेतना को यह बात स्पष्ट दिखाई देती है कि वे दोनों बातें कहीं न कहीं एक दूसरे में मिल रही हैं—भीतर वे तुम में मिली ही हुई हैं। कुछ ऐसा होता है जो तुम में मर रहा होता है, और कुछ हमेशा उत्पन्न हो रहा होता है। हर पल मैं तुम्हें मरते हुए और जन्म लेते हुए देखता हूं। तुम हमेशा एक जैसे नहीं रहते हो। हर पल तुम्हारे भीतर कुछ मिट रहा होता है, और हर पल कुछ नया अस्तित्व में प्रकट हो रहा होता है। लेकिन चूंकि तुम उसके प्रति जागरूक नहीं हो, इसलिए तुम उसको नहीं देख पाते हो। क्योंकि तुम उसको नहीं देख पाते हो, इसलिए वह हमेशा एक जैसा ही मालूम पड़ता है।

धर्म का भरोसा किन्हीं विरोधाभास में नहीं है—विरोधाभास हो नहीं सकता—क्योंकि अस्तित्व एक है। धर्म का यह विश्वास है और धर्म ऐसा देखता है कि कहीं कोई विरोध नहीं है। अगर कोई विरोध होता भी है तो वह सहयोगी होता है, विपरीत नहीं; वे एक-दूसरे के लिए पूरक होते हैं, क्योंकि अस्तित्व अद्वैत है; एक है। जीवन मृत्यु से अलग नहीं हो सकता, और रात दिन से अलग नहीं हो सकती। गर्मी सर्दी से अलग नहीं हो सकती और वृद्धावस्था बचपन से अलग नहीं हो सकती। बचपन ही वृद्धावस्था में बदल जाता है, रात ही दिन में बदल जाती है, दिन ही रात में बदल जाता है। इस अस्तित्व में सही और गलत, हां और नहीं, जैसा कुछ भी नहीं है; वे दोनों साथ-साथ हैं। वे एक ही रेखा पर खड़े हुए दो बिंदु हैं—वे दोनों विपरीत छोरों पर हो सकते हैं, लेकिन उन्हें जोड़ने वाली रेखा एक ही है।

तो जब कभी कोई धार्मिक व्यक्ति संसार में जन्म लेता है, तो वह उस ढंग से सुसंगत नहीं हो सकता, जैसा कि कोई वैज्ञानिक हो सकता है। जबकि एक धार्मिक व्यक्ति में कहीं ज्यादा गहरी सुसंगति होती है। वह सुसंगति सतह पर दिखाई नहीं देती है; वह उसके अस्तित्व में गहरे में होती है।

मैं कोई दार्शनिक नहीं हूं। और मैं तुम्हारे सामने किसी सिद्धांत को प्रमाणित करने की कोशिश नहीं कर रहा हूं, और न ही मैं यहां तुम्हारे सामने किसी सिद्धांत को प्रमाणित करने के लिए बोल रहा हूं। प्रमाणित करने को कुछ है नहीं। सत्य तो मौजूद ही है, वह तो तुम्हें मिला ही हुआ है। धर्म को

कुछ भी प्रमाणित नहीं करना है; धर्म के पास कोई सिद्धांत इत्यादि नहीं हैं। वह तो केवल जो पहले से उपलब्ध ही है, उसे देखने-समझने का मार्ग बता देता है।

मैं तुमसे रोज-रोज बोले चला जाता हूं—ऐसा नहीं है कि मेरे पास भी कोई सिद्धांत है। अगर मेरे पास भी कोई सुनिश्चित सिद्धांत होता, तो फिर मैं भी दूसरों जैसा ही हो जाऊंगा। फिर उनमें और मुझ में कोई भी भेद न होगा। फिर तो मैं हमेशा यही देखता रहूंगा कि कोई बात मेरे सिद्धांत के अनुकूल बैठ रही है या नहीं: अगर वह अनुकूल नहीं बैठ रही है, तो मैं उसे छोड़ दूंगा।

लेकिन मेरे पास कोई बना-बनाया सिद्धांत नहीं है। हर चीज मेरे अनुकूल होती है। अगर मेरा कोई सिद्धांत होता, तब तो मुझे अपने सिद्धांत की जांच-पड़ताल करनी पड़ती। तब तो फिर मेरे लिए सत्य दोयम हो जाता और सिद्धांत प्राथमिक हो जाता। फिर तो अगर सत्य सिद्धांत के अनुकूल बैठता, तब तो ठीक; अगर वह अनुकूल नहीं बैठता, तो मुझे उसकी उपेक्षा करनी पड़ती।

मेरा कोई सिद्धांत नहीं है। प्रत्येक सत्य, सत्य होने मात्र से ही, मेरे अनुकूल होता है—पूर्ण रूप से मेरे अनुकूल होता है। केवल थोड़े से लोग ही इस बात को समझ पाएंगे। इसलिए चिंता की कोई बात नहीं। अगर दूसरे लोग मुझमें विरोधाभास देखते हैं, तो उनके संस्कार अरस्तू के हैं।

यहां पर मेरा पूरा का पूरा प्रयास तुम्हारी जड़ता को पिघलाने में मदद देने का है, जिससे कि तुम्हारा जड़ ढांचा गिर जाए और तुम विपरीत को भी पूर्ण की भांति देख सको। अगर तुम सच में ही मुझसे प्रेम करते हो तो शीघ्र ही तुम इसे समझ जाओगे, क्योंकि हृदय और प्रेम किसी विरोधाभास को नहीं जानते हैं। अगर ऊपर सतह पर कोई विरोध होता भी है, तो हृदय जानता है कि कहीं गहरे में संगति होनी ही चाहिए। यह विरोध कहीं न कहीं गहरे में मिल रहे होंगे, यह विरोध भीतर किसी न किसी ऐसी चीज से अवश्य जुड़े हुए होंगे जो विरोध के पार होती है।

मैं तो अद्वैत हूं। अगर तुम मुझे ध्यान से देखो, अगर तुम मुझे प्रेम करते हो, तो तुम उस अद्वैत को देख सकते हो। अगर एक बार मेरे अद्वैत से तुम्हारी पहचान हो जाए, एक बार तुम उसे देख लो, तो जो कुछ भी मैं कहता हूं वह उस 'अद्वैत' से ही आ रहा है। तब तुम्हें उसमें कहीं कोई विरोध दिखाई नहीं पड़ेगा, एक संगति दिखाई पड़ेगी। चाहे बुद्धि से, तर्क से यह बात तुम्हें समझ में आए या नहीं, सवाल उसका नहीं है। लेकिन हृदय के पास अपनी एक समझ होती है, और वह समझ बुद्धि से, तर्क से कहीं ज्यादा गहरी होती है।

वे लोग जो मेरे प्रेम में नहीं हैं, वे लोग जो मेरे प्रति प्रतिबद्ध नहीं हैं, वे लोग जो गहरे में मेरे साथ नहीं जुड़े हैं, वे लोग जो अज्ञात की यात्रा में मेरे साथ नहीं चल रहे हैं; ऐसे लोग जब मुझे सुनते हैं, तब जो कुछ भी मैं कहूंगा उसे वे अपने ही ढंग से सुनेंगे और अपने ही ढंग से समझेंगे—फिर वे उसकी व्याख्या अपने ही ढंग से करते हैं।

तब फिर बात वही नहीं रह जाती है जो मैंने कही होती है, उसका अर्थ कुछ और ही हो जाता है। तब उसमें उनकी अपनी व्याख्याएं प्रवेश कर जाती हैं। और चूंकि उनकी अपनी व्याख्याएं होती हैं, तो उन व्याख्याओं के कारण पूरी की पूरी बात ही बदल जाती है। मैंने जो कहा होता है, उसका अर्थ ही बदल जाता है और तब फिर समस्याएं उत्पन्न होती हैं। लेकिन वे समस्याएं उनकी अपनी ही बनायी हुई होती हैं।

मैंने एक कथा सुनी है :

पैट्रिक परंपरागत ढंग से अपने पापों को स्वीकार करने के लिए गया वहां जाकर वह पादरी से बोला, 'फादर, मैं अपने पड़ोसी से प्रेम करता हूं।'

पादरी ने कहा, 'यह तो अच्छी बात है। मैं यह जानकर अत्यंत खुश हूं कि इस चर्च के धार्मिक अनुष्ठानों ने तुम्हें लाभ पहुंचाया है और ईश्वर की ओर बढ़ने का मार्ग प्रशस्त किया है। अच्छे और भले काम करते रहो। यही तो जीसस का संदेश है—कि अपने पड़ोसी को भी उसी तरह प्रेम करो जैसे कि स्वयं को करते हो।'

पैट्रिक घर गया, कुछ सुंदर और अच्छे वस्त्र पहनकर पड़ोसी के घर गया। पड़ोसी के घर जाकर पैट्रिक ने घंटी बजायी और पूछा, 'सब ठीक तो है न?'

एक स्त्री ने दरवाजा खोला और बोली, 'अल्बर्ट बाहर गए हुए हैं, दोपहर का समय है और दिन का तेज प्रकाश है। ऐसे में कोई तुम्हें यहां आते हुए देख सकता है।'

पैट्रिक बोला, 'ओह, सब ठीक है, मैंने फादर ब्रीन से विशेष छूट ले ली है।'

अपने पड़ोसी को उसी तरह प्रेम करो जैसे कि स्वयं को करते हो,' जब जीसस ऐसा कहते हैं तो उनकी बात का बिलकुल ही अलग अर्थ होता है। जब पैट्रिक उसकी व्याख्या करता है, तो उस बात का मतलब बिलकुल ही अलग हो जाता है। अपने पड़ोसी से प्रेम करो—यह एक प्रार्थना है, यह एक ध्यान है, यह एक ढंग है होने का, लेकिन जब कोई साधारण मन यह बात सुनता है तो उसका रंग-रूप कुछ अलग ही हो जाता है। तब प्रेम कामवासना बन जाता है, प्रार्थना आसक्ति बन जाती है। और मन बहुत चालाक है : वह कोई भी आधार—कोई भी आधार, कहीं से भी उपलब्ध हो—मन अपने आखिरी समय तक अपनी व्याख्याएं करता चला जाता है।

जब तुम मुझे सुनो, तो जागरूक रहना। तुम अपने ढंग से मेरी व्याख्या कर सकते हो। जब मैं कहता हूं, 'स्वतंत्रता' तो तुम 'खुली छूट' की भांति इसका अर्थ कर सकते हो। थोड़ा ध्यानपूर्वक इसे देखना। जब मैं कहता हूं 'प्रेम' तो तुम उसका अर्थ 'कामवासना' के रूप में ले सकते हो। थोड़ा ध्यान से इसे देखना। समय-समय पर अपनी व्याख्याओं की जांच-पड़ताल करते रहना, क्योंकि वे ही जाल हैं—और तब तुम मुझ में बहुत से विरोधाभासों को पाओगे, क्योंकि मैं तो मिट चुका हूं : अब तो तुम्हीं मुझ में प्रतिबिंबित हो रहे हो। तुम्हारे भीतर बहुत से विरोधाभास हैं। तुम उलझन की स्थिति में हो। तुम्हारे भीतर बहुत से मन हैं, और उनके द्वारा तुम कई-कई ढंग से चीजों की व्याख्या किए चले जाते हो, और फिर तुम्हारी अपनी ही व्याख्याओं के कारण, तुम्हारे अपने ही अर्थों के कारण तुम्हें विरोधाभास दिखाई देने लगता है।

मुझे सुनो। सुनने से भी ज्यादा मेरे साथ यहां पर उठो-बैठो, मेरे साथ जीओ। फिर धीरे-धीरे तुम्हारे सारे विरोधाभास समाप्त हो जाएंगे।

तीसरा प्रश्न एक सुंदर कथा है, जो देवतीर्थ ने भेजी है।

भगवान, अंकल डडले की बात मुझे वेस्ट वर्जीनिया की एक और कहानी की याद दिलाती है। कहानी इस प्रकार है कि एक अजनबी जब वर्जीनिया पहुंचा तो वह किसी जगह को खोज रहा था।

और जब वह खोज रहा था, तो खोजते-खोजते वह जिस मार्ग से आया था, वह उस मार्ग को पूरी तरह से भूल गया। तब वह खोजते-खोजते मार्ग में एक वृद्ध किसान के पास रुका और उससे मार्ग के बारे में पूछने लगा।

वृद्ध व्यक्ति ने जवाब दिया, 'उत्तर की ओर तीन मील तक जाना, वहां पुल पर से दायीं ओर चले जाना, लकड़ी का बाड़ा आए तो बायीं तरफ मुड़ जाना...ओह नहीं, इस तरह से न खोज पाओगे।'

उसने फिर से समझाने का प्रयत्न किया, 'इसी रास्ते पर ही चार मील तक चलते चले जाना, खाड़ी के मोड़ के पास जो चेस्टनट का पेड़ है, वहां से दायीं ओर मुड़ जाना, उसी सड़क पर आगे दो मील तक चलते चले जाना, फिर जहां पर रुकने का संकेत है, वहां से बायीं ओर मुड़ जाना...ओह, नहीं-नहीं, फिर से गड़बड़ हो गयी।'

एक बार फिर कोशिश करते हुए वृद्ध व्यक्ति कहने लगा, पश्चिम की ओर सीधे चले जाना जब तक कि तुम ग्रूबर्ज जनरल स्टोर तक न पहुंच जाओ, फिर पुल से दायीं ओर पांच मील तक चले जाना, पीले मकान के पास दायीं ओर मुड़ जाना, फिर तीन पहाड़ियां पार करने के बाद सड़क जहां दो हिस्सों में बंटती है वहां से दायीं ओर...ओह, नहीं-नहीं, ऐसे भी न पहुंच पाओगे।'

मुझे अफसोस है, वृद्ध किसान ने बड़ी गंभीरता से सोच-विचार करने के बाद कहा, 'तुम यहां से वहां नहीं पहुंच सकते।'

मुझे यह कथा सदा प्यारी रही है। यह कथा बड़ी सांकेतिक है। मैं इसके अंतिम भाग को फिर से दोहराता हूं। उसने कहा, 'मुझे अफसोस है, तुम यहां से वहां नहीं पहुंच सकते।'

सच तो यह है तुम यहां से केवल यहीं तक पहुंच सकते हो। यहां से वहां तक पहुंचने का कोई उपाय नहीं है। यहां से तुम सदा यहीं तक पहुंच सकते हो—यहां से वहां तक जाने का कोई मार्ग नहीं है। हर पल 'अभी' ही मौजूद होता है हमेशा—क्योंकि सदा वर्तमान ही मौजूद होता है। आज से आने वाले कल तक कभी भी पहुंचना संभव नहीं है।

स्मरण रहे, आज के दिन से आज तक ही बार-बार पहुंचते हैं—क्योंकि कहीं कोई आने वाला कल होता नहीं है। आज का दिन ही हमेशा वर्तमान में विद्यमान रहता है; वह शाश्वत होता है। 'अभी' शाश्वत का हिस्सा है, और 'यहीं' ही एकमात्र स्थान है।

कोई आदमी चाहे कितनी ही शराब पी ले, लेकिन कई बार शराबी आदमी बड़े अदभुत सत्य बोल जाते हैं। क्योंकि शराब के नशे में आदमी अरस्तू के तर्क के घेरे में नहीं रह जाता। शायद इसी कारण शराब का, नशीले पदार्थों का इतना आकर्षण है: उनसे आदमी तनाव-रहित होकर और विश्रांत हो जाता है। तुम्हारे सिर को तो अरस्तू ने विभाजित कर दिया है—यहां और वहां के बीच, अब और तब के बीच, आज और कल के बीच—शराब के नशे में वह विभाजन मिट जाता है, और आदमी गहरे में स्वयं में प्रतिष्ठित हो जाता है। वह फिर से अपने खोए हुए बचपन को पा लेता है, बचपन में कुछ भी अलग नहीं दिखाई पड़ता था, सभी कुछ एक ही दिखाई पड़ता था, कहीं किसी प्रकार की कोई विभाजन रेखा न थी।

कभी किसी बच्चे को देखना। जब वह सुबह सोकर उठता है तो रो रहा होता है, क्योंकि उसने सपने में देखा है कि उसका खिलौना खो गया है। सच तो यह है बच्चे के लिए सपने में और दिन में कोई भेद नहीं होता है, उन दोनों के बीच कोई सीमा-रेखा नहीं होती है। बच्चे के लिए दिन और सपना एक जैसे ही हैं—बच्चे के लिए स्वप्न और यथार्थ के बीच कहीं कोई सीमा नहीं है। उसके लिए सभी कुछ आपस में परस्पर जुड़ा हुआ है, एक दूसरे में घुला-मिला हुआ है। बच्चा बिलकुल अलग ही संसार में जीता है—उस संसार में जो एक है। उसी संसार में तो रहस्यवादी संत जीते हैं, वही संसार अद्वैतवादियों का है, जहां पर कहीं कोई विभेद नहीं, जहां चीजें एक-दूसरे के विपरीत विभाजित नहीं होती हैं।

वह वृद्ध व्यक्ति शायद उस दिन शराब पीए होगा। अन्यथा, जब तुम होश में होते हो तो ऐसी बातें नहीं कह सकते। उसने सब तरह से कोशिश की कि किसी तरह से भी याद आ जाए, जो कि शराब के प्रभाव से धुंधली पड़ गई थी। उसने मार्ग को याद करने की बहुत कोशिश की, लेकिन फिर-फिर वह भूल जाता था। अंततः उसने कहा कि ऐसा संभव ही नहीं है, 'मुझे अफसोस है, तुम यहां से वहां नहीं पहुंच सकते हो।'

कथा की इस तरह की निष्पत्ति झेन गुरुओं को बहुत प्यारी लगेगी। वे इसमें छिपे अर्थ को समझते हैं, क्योंकि वे भी शराब पीए हुए हैं—परमात्मा की शराब। तब फिर वही होता है: सभी तरह की कोटियां खो जाती हैं, सभी भेद मिट जाते हैं। लाओत्सु कहता है, 'मुझे छोड़कर हर कोई बुद्धिमान है, केवल मैं ही भ्रमित हूं।' लाओत्सु और भ्रमित? लाओत्सु कहता है, 'सभी को सभी कुछ मालूम है,, केवल मैं ही कुछ नहीं जानता हूं। हर कोई बुद्धिमान है, केवल मैं ही अज्ञानी हूं।' 'लाओत्सु' शब्द का अर्थ ही होता है 'अनुभवी साथी', या 'अनुभवी अज्ञानी'। शायद लाओत्सु के शत्रु उसे लाओत्सु कहकर इसीलिए बुलाते होंगे कि इसका अर्थ अनुभवी अज्ञानी होता है, और उसके मित्र उसे लाओत्सु इसलिए कहते होंगे कि इसका अर्थ होता है अनुभवी साथी: लेकिन वह दोनों ही था।

स्मरण रहे, कि कहीं जाने को कोई जगह नहीं है। जहां कहीं भी रहो 'अभी' और 'यहीं' में होते हो। जहां कहीं भी जाते हो हमेशा 'यहीं' का अस्तित्व होता है; जहां कहीं भी जाते हो 'अभी' का अस्तित्व रहता है। 'यहीं' और 'अभी' शाश्वत हैं, और वे दो नहीं हैं। भाषा की दृष्टि से हम उन्हें दो रूप में देखने और कहने के अभ्यस्त हो गए हैं, क्योंकि भाषा के जगत में आइंस्टीन अभी आए नहीं हैं। आइंस्टीन ने अब इसे एक वैज्ञानिक तथ्य की भांति प्रमाणित कर दिया है कि स्थान और समय दो चीजें नहीं हैं। इसके लिए उसने एक नए ही शब्द, 'स्पेसिओ-टाइम' को गढ़ा है। अगर आइंस्टीन की बात सही है तो 'यहां' और 'अब' दो नहीं हो सकते हैं। 'यहीं-अभी' भविष्य का शब्द है। भविष्य में कभी जब आइंस्टीन की बात बोलचाल की भाषा में आ जाएगी, तो 'अभी' और 'यह' जो दो शब्द हैं, अपना भेद खो देंगे। तब शब्द होगा 'यहीं-अभी'।

यह कथा सुंदर है। कई बार छोटी-छोटी कथाओं में, लोक कथाओं में बहुत गूढ़ अर्थ छिपे होते हैं। इन कथाओं को लेकर केवल हंसना मत। कई बार हंसने से हम ऐसी चीज से वंचित रह जाते हैं, ऐसी चीज को खो देते हैं, जो जीवन में बेचैनी पैदा कर सकती है, जो पूरे जीवन में खलबली मचा देती है। इन कथाओं को लिखा नहीं जाता है; ये वृक्षों की भांति अपने-आप विकसित होती हैं।

सदियों-सदियों तक, हजारों मन-मस्तिष्क उन पर काम करते हैं। ये कथाएं हमेशा समय के अनुसार बदलती रहती हैं, और समय-समय पर परिष्कृत होती रहती हैं। लेकिन ये कथाएं मनुष्य-जाति की परंपरा का हिस्सा हैं। जब भी कभी कोई हास-परिहास की बात सुनाए तो सिर्फ हंसकर उसे भुला मत देना। हंसो, हंसना एकदम ठीक है, लेकिन हंसने में उसमें छिपी हुई बात को मत चूक जाना। उसमें कोई बहुत ही मूल्यवान बात छिपी हुई हो सकती है। अगर तुम उसे देख सको, तो तुम्हारी अपनी चेतना में कुछ जुड़ जाएगा, वह समृद्ध हो जाएगी।

चौथा प्रश्नः अभी कुछ दिन पहले मुझे शून्य की एक झलक मिली। अपने काम में मैं इन भिन्न-भिन्न प्रकार की झलकों के माध्यम से संवाद करता हूं। क्या स्वच्छ होने की प्रक्रिया उन झलकों को नए रूप में उदित होने देगी, या कि जब मैं बिदा होऊंगा तो मेरा कार्य भी बिदा हो जाएगा?

यह तो तुम पर निर्भर करता है। अगर तुम्हारा कार्य मात्र एक व्यवसाय है, तो जब तुम बिदा होगे संसार से, तो तुम्हारा कार्य भी बिदा हो सकता है। ध्यान की गहराई में जब अहंकार खो जाता है, तो फिर व्यवसाय भी खो सकता है।

लेकिन यदि तुम्हारा व्यवसाय केवल पेशा ही नहीं है, बल्कि वह कार्य तुम्हारे अंतस से प्रस्फुटित होता है, तुम्हारी आंतरिक योग्यता से आता है, तब वह कार्य मात्र एक कार्य नहीं होता, बल्कि एक पुकार होती है। जब कार्य को तुम किसी दबाव में आकर या किसी जोर-जबर्दस्ती से नहीं कर रहे होते हो, बल्कि उसकी जड़ें तुम्हारे भीतर ध्यान की गहराई में होती हैं; जब कार्य बोझ न होकर तुम्हारी अपनी ही अंतः प्रेरणा और अंतः स्रोत से आता है तब उस कार्य में अहंकार तिरोहित हो जाता है, और तब पहली बार काम काम न रहकर प्रेम हो जाता है, पूजा हो जाती है, प्रार्थना हो जाती है; तब तुम जो भी करते हो वह कार्य न होकर सृजन होता है, तुम सृजनात्मक हो जाते हो।

जब जीवन से अहंकार बिदा हो जाता है तो बहुत बड़ी मात्रा में ऊर्जा मुक्त हो जाती है, क्योंकि जीवन की अधिकांश ऊर्जा तो अहंकार में ही व्यर्थ नष्ट हो जाती है—अधिकांश ऊर्जा अहंकार में ही व्यर्थ नष्ट हो जाती है। किसी दिन चौबीस घंटे थोड़ा इस पर ध्यान देना। अहंकार के कारण अधिकांश ऊर्जा क्रोध में, घृणा में, संघर्ष में और मानसिक भटकावों में व्यर्थ ही नष्ट हो जाती है। जीवन में अधिकांश ऊर्जा तो इसी में व्यर्थ नष्ट हो जाती है। और जब अहंकार बिदा हो जाता है, तो वही सारी की सारी ऊर्जा सृजनात्मक कार्य के लिए, और स्वयं के लिए उपलब्ध हो जाती है।

अभी तक जो ऊर्जा अहंकार में नष्ट हो रही थी, अब वही ऊर्जा सृजनात्मक हो जाती है, लेकिन अब उस सृजन की गुणवत्ता बिलकुल ही भिन्न होती है, उसका स्वाद, उसका रस अलग होता है। फिर ऐसा नहीं होता कि 'तुम' सृजन कर रहे हो; तब तुम तो अस्तित्व के माध्यम बन जाते हो। तब तुम किसी ऐसी चीज से आविष्ट हो जाते हो, जो तुमसे कहीं अधिक बड़ी है, जिसने तुम्हें अपना उपकरण, अपना माध्यम बना लिया है। तब तो खाली बांस की पोंगरी होते हो, और अब उसमें से परमात्मा ही अपने गीत गाता है। तुम तो बस अस्तित्व को स्वयं के द्वारा बहने देने के लिए मार्ग बन जाते हो। अगर अहंकार लौट-लौटकर बीच में आ जाता है, और कहीं कुछ गलत होता है तो वह

तुम्हारे कारण होता है। लेकिन अगर कहीं अस्तित्व में कुछ सौंदर्य घटित होता है, तो वह परमात्मा का है। अगर कुछ गलत होता है, तो तुम्हारे कारण ही गलत होता है। अगर अस्तित्व तुम्हारे माध्यम से कुछ सृजन करता है, तो तुम अपने को अस्तित्व के प्रति अनुगृहीत अनुभव करते हो। और अगर अस्तित्व तुम्हारे माध्यम से सृजन नहीं कर पा रहा है, तो उसका कारण तुम ही हो, फिर सारी की सारी गलती तुम्हारी ही है, क्योंकि तब तुम ही किसी न किसी तरह अस्तित्व के मार्ग में बाधा खड़ी कर रहे हो। अस्तित्व और तुम्हारे बीच में कहीं कुछ अवरोध है, तुम पूरी तरह से खाली और रिक्त नहीं हो कि तुम्हारे माध्यम से परमात्मा प्रवाहित हो सके, लेकिन इस जगत में जब भी कभी सौंदर्य या सृजन की घटना घटती है—जैसे कोई चित्र, कोई कविता, कोई नृत्य या अन्य कुछ भी—तब वह तभी घटती है जब तुम परमात्मा के प्रति गहन अनुग्रह के भाव से भरे होते हो। तब हृदय में प्रार्थना उठती है; हृदय परमात्मा के प्रति अहोभाव से भर जाता है।

और जब परमात्मा तुम्हारे माध्यम से सृजन करता है, तब सृजन बहुत ही मौन और शांत होता है। अभी तो जो सृजन है, वह अहंकार से भरा हुआ है, इसलिए उसमें बड़ी अशांति और उपद्रव है। अहंकार के साथ तो मैं सृजन करने वाला हूं, मैं सृजनकर्ता हूं, इस 'मैं' के शोर के अतिरिक्त और कुछ भी नहीं होता। किसी कवि की कविता चाहे किसी काम की न हो, दो कौड़ी की ही क्यों न हो, लेकिन कवि छत पर चढ़कर चिल्लाए ही चला जाता है। इसी तरह किसी चित्रकार की चित्रकला चाहे कोई मूल्य की न हो, उसमें कोई मौलिकता न हो, चाहे वह किसी दूसरे की एक नकल मात्र ही हो, लेकिन फिर भी चित्रकार अपना सिर गर्व से ऊंचा उठाए ही चलता है कि मैं चित्रकार हूं। अहंकार शोरगुल मचा कर अपने को कुछ सिद्ध करने की कोशिश करता है।

जब अहंकार बिदा हो जाता है, तब ऊर्जा अनेक रूपों में प्रवाहित होती है, लेकिन तब उसमें किसी तरह का शोरगुल नहीं होता है, तब हर चीज बड़ी शांत और सहज रूप से मौन होती है।

मैंने सुना है :

किसी ने एक बार हार्वर्ड के प्रोफेसर, चार्ल्स टाउनसेंड कोपलेंड से पूछा कि वे हॉलिस हाल की सबसे ऊपर की मंजिल में अपने छोटे से, धूल भरे पुराने कमरों में क्यों रहते हैं?

उन्होंने उत्तर दिया, 'मैं हमेशा यहीं रहूंगा। कैंब्रिज में केवल यही एकमात्र ऐसी जगह है जहां केवल परमात्मा ही मुझ से ऊपर है।' फिर एक क्षण रुककर वे बोले, 'परमात्मा हमेशा व्यस्त रहता है, लेकिन फिर भी वह मौन रहता है।'

हां, परमात्मा व्यस्त है, अदभुत रूप से व्यस्त है—क्योंकि अस्तित्व में वही तो चारों ओर विद्यमान है। चारों ओर दृष्टि उठाकर थोड़ा देखो तो सही, वह कितनी चीजों को एक साथ किए जा रहा है। यह अपार असीम अस्तित्व का विस्तार उसी का तो है। तुमने हिंदुओं के देवी-देवताओं के चित्र देखे होंगे जिनके हजारों हाथ होते हैं। वे हाथ बहुत प्रतीकात्मक हैं। वे हाथ दर्शाते हैं कि परमात्मा दो हाथ से कार्य नहीं कर सकता है। क्योंकि कार्य इतना विराट और विशाल है कि दो हाथ पर्याप्त न होंगे। तुमने तीन सिरों वाले हिंदू देवताओं के चित्र देखे होंगे जो तीन दिशाओं में देख रहे होते हैं—क्योंकि अगर उसके पास केवल एक सिर हो, तो उसकी पीछे वाली दिशा का क्या होगा? परमात्मा को तो सभी दिशाओं में देखना होता है। वह अपने हजारों हाथों के साथ सभी दिशाओं में

व्यस्त रहता है...लेकिन इतनी शांति और मौन के साथ कि उसमें कहीं भी यह दावा नहीं होता है कि मैंने बहुत कुछ कर लिया है।

और तुम कोई छोटा सा काम भी करते हो—जरा दो-चार शब्दों को सुव्यवस्थित ढंग से जोड़ लेते हो, तो तुम सोचने लगते हो कि यह तो कविता हो गई—और फिर तुम गर्व से सिर उठाकर चलने लगते हो, और तुम पागल से हो जाते हो। और तुम दावा करने लगते हो कि तुमने किसी महान कविता की रचना की है। ध्यान रहे, दावा वही लोग करते हैं जिनमें कोई योग्यता या पात्रता नहीं होती है। जिसमें योग्यता या पात्रता होती है, वह कभी दावा नहीं करते हैं। वे तो विनम्र हो जाते हैं, वे जानते हैं कि उनका अपना तो कुछ भी नहीं है। वे तो केवल माध्यम ही हैं।

जब महाकवि रवींद्रनाथ भावाविष्ट हो जाते थे, तो वे अपने कमरे में चले जाते थे, और दरवाजा बंद कर लेते थे। कई-कई दिनों तक वे न तो भोजन लेते थे, और न ही अपने कमरे से बाहर आते थे। बस वे अपने को परिशुद्ध करते थे, ताकि वे परमात्मा के सम्यक माध्यम बन सकें, परमात्मा उनके माध्यम से कविताओं की रचना कर सके। अपने कमरे में बंद वे रोते और सिसकते थे और वे लिखते चले जाते थे। और जब कभी कोई उनसे इस बारे में पूछता तो वे सदा यही कहते, 'जो कुछ सुंदर है वह मेरा नहीं है; और जो कुछ भी साधारण है वह जरूर मेरा ही होगा, मैंने ही कविता में उसे अपनी तरफ से जोड़ दिया होगा।'

जब कूलरिज की मृत्यु हुई, तो लगभग चालीस हजार अधूरी कविताएं और कहानियां मिलीं—चालीस हजार अधूरी रचनाएं! उसके मित्र हमेशा उससे पूछते रहते थे कि 'तुम इन अधूरी रचनाओं को पूरी क्यों नहीं कर देते हो?'

तो वह कहता, 'मैं कैसे पूरी कर सकता हूं? वही प्रारंभ करता है, वही पूरी भी करे—जब भी वह चाहे पूरी करे। मैं तो असहाय हूं, अवश हूं। किसी दिन जब वह मुझ पर आविष्ट हो जाता है, तो कुछ शब्द, कुछ पंक्तियां उतर आतीं हैं—और उसमें अगर कहीं केवल एक पंक्ति की भी कमी रह गयी तो; मैं उसे न जोड़ूंगा, क्योंकि वह एक पंक्ति पूरी कविता को ही नष्ट कर देगी। तब सात पंक्तियां तो आकाश की होंगी और एक पृथ्वी की होगी? नहीं, वह एक पंक्ति भी आकाश की ओर जो पंख फैले हैं, उन्हें भी काट देगी। मैं प्रतीक्षा करूंगा। जब उसे ही कोई जल्दी नहीं है, तो मैं कौन होता हूं बीच में चिंता करने वाला?'

ऐसा होता है एक सच्चा रचनाकार। एक सच्चा रचनाकार तो रचना करने वाला होता ही नहीं है। वह तो अस्तित्व के हाथों एक माध्यम बन जाता है; वह तो उसी की शक्ति से संचालित होता है। परमात्मा की परम शक्तियां उसे संचालित करती हैं, परमात्मा का असीम अपार रूप ही उसके प्राणों पर छा जाता है। वह तो उसका संदेशवाहक बन जाता है। वह कुछ बोलता है, लेकिन शब्द उसके अपने नहीं होते हैं। वह चित्र बनाता है, लेकिन रंग उसके अपने नहीं होते। वह गीत गाता है, लेकिन स्वर उसके अपने नहीं होते। वह नृत्य करता है, लेकिन वह नृत्य ऐसे करता है जैसे कि कोई आंतरिक प्रेरणा उसे चला रही हो, उसके द्वारा कोई और ही नृत्य कर रहा हो।

तो यह निर्भर करता है। प्रश्न यह है कि अगर तुम्हारा अहंकार ध्यान में विलीन हो जाता है तो तुम्हारे कार्य का क्या होगा?

अगर वह व्यवसाय होगा, तो वह खो जाएगा। और अच्छा होगा कि वह खो ही जाए। क्योंकि किसी भी आदमी को व्यवसायिक तो होना ही नहीं चाहिए। जो कुछ कार्य भी तुम कर रहे हो, उससे तुमको प्रेम होना चाहिए; अन्यथा तो वह कार्य विनाशकारी हो जाता है। तब तो काम एक बोझ हो जाता है, किसी न किसी भांति तुम उसे खींचे चले जाते हो और तब पूरा का पूरा जीवन नीरस और उबाऊ हो जाता है। तब जीवन में एक खालीपन होता है, और हमेशा अतृप्ति छाई रहती है। पहली तो बात तुम ऐसा कार्य कर रहे होते हो जिसे तुमने कभी न करना चाहा था। तब वह कार्य तुम्हारे ऊपर जबर्दस्ती हो जाती है। वह कार्य तुम्हारे लिए आत्मघाती हो जाता है—तुम उस कार्य के माध्यम से धीरे-धीरे स्वयं की ही हत्या कर रहे होते हो, अपने ही जीवन में जहर घोल रहे होते हो। किसी को भी व्यवसायिक नहीं होना चाहिए। तुम को कार्य से प्रेम होना चाहिए, काम ही तुम्हारी पूजा और प्रार्थना होना चाहिए काम तुम्हारा धर्म होना चाहिए व्यवसाय नहीं।

तुम्हारे और तुम्हारे काम के बीच एक प्रीति संबंध होना चाहिए। जब तुमने सच में ही तुम्हारे स्वभाव के अनुकूल काम को पा लिया होता है, तो वह प्रीति संबंध जैसा हो जाता है। तब ऐसा नहीं होता कि काम तुम्हें करना पड़ता है। तब ऐसा नहीं होता कि तुम्हें काम करने के लिए स्वयं पर जबर्दस्ती करनी पड़ती है। जब काम तुम्हारे अनुकूल होता है, तब तुम्हारे काम करने की शैली ही बदल जाती है, तुम्हारा काम करने का भाव और ढंग ही बदल जाता है। तब तुम्हारे पैरों में एक अलग ही नृत्य की थिरकन आ जाती है, तुम्हारे हृदय में गीत गूंजने लगता है। पहली बार तुम्हारा मन और शरीर एक लयबद्धता में काम करने लगता है।

और तब एक तरह की संतुष्टि और संतृप्ति अनुभव होती है। तब उस काम के माध्यम से तुम अपने जीवन अस्तित्व को उपलब्ध हो सकते हो—तब वह काम दर्पण बन जाएगा; और उसमें तुम अपने को देख सकते हो। चाहे वह एक छोटा सा काम ही क्यों न हो। फिर कोई ऐसा जरूरी नहीं है कि केवल बड़े काम से ही ऐसा संभव हो सकता है। नहीं, ऐसा कोई जरूरी नहीं है। फिर छोट काम भी बड़ा हो जाता है। तुम बच्चों के खिलौने बनाते हो, या जूते बनाते हो, या कपड़ा बनाते हो, या कोई सा भी काम करते हो—उससे कोई फर्क नहीं पड़ता है।

इससे कुछ फर्क नहीं पड़ता कि क्या करते हो, लेकिन अगर तुम उस कार्य से प्रेम करते हो, अगर तुम उस काम के प्रेम में पड़ जाते हो, अगर उस काम को तुम बेशर्त भाव से, अस्तित्व के हाथों में छोड़कर उसके साथ प्रवाहित हो रहे हो, अगर तुम स्वयं को रोक नहीं रहे हो, अगर तुम स्वयं के साथ जबर्दस्ती करके काम को नहीं कर रहे हो—बल्कि उसी काम को हंसते, गाते, नाचते कर रहे हो—तो वह कार्य तुम्हारे जीवन को रूपांतरित कर देगा। धीरे-धीरे विचार बिदा हो जाएंगे। और एक गहन मौन संगीत तुम पर छा जाएगा और धीरे-धीरे तुम अनुभव करने लगोगे कि वह काम केवल काम ही नहीं है, बल्कि वही तुम्हारे होने का ढंग है। तब जीवन में एक तरह की संतृप्ति और संतुष्टि होती है, और भीतर फूल ही फूल खिल जाते हैं।

और वह व्यक्ति सर्वाधिक समृद्ध होता है जिसे अपने आंतरिक स्वभाव के अनुकूल काम मिल जाता है। और वह व्यक्ति सर्वाधिक समृद्ध होता है जो अपने काम के माध्यम से हार्दिक तृप्ति अनुभव करता है। तब उसका संपूर्ण जीवन ही पूजा और प्रार्थना बन जाता है।

काम पूजा-अर्चना की तरह होना चाहिए, लेकिन ऐसा केवल तभी संभव है जब तुम्हारा ध्यान रोज-रोज गहरा होने लगे। ध्यान के द्वारा ही तुम्हें बल मिलेगा। ध्यान के द्वारा बाह्य पेशे से हटकर अपने अंतर स्वभाव के अनुकूल काम की ओर बढ़ने का तुममें साहस आएगा।

व्यवसाय के द्वारा शायद तुम धन इकट्ठा करके समृद्ध हो सकते हो; लेकिन वह समृद्धि बाहर-बाहर की होती है। लेकिन अपने स्वभाव के अनुकूल काम करके तुम दरिद्र रह सकते हो; तुम बहुत धनवान शायद न भी हो सको, क्योंकि समाज के व्यक्ति को देखने के अपने प्रयोजन होते हैं, अपने मापदंड होते हैं। तुम कविताएं लिखो और हो सकता है कि कोई उन्हें खरीदे भी नहीं, क्योंकि समाज को कविता की जरूरत नहीं है। समाज बिना कविता के रह सकता है—समाज इतना मूढ़ है कि बिना कविता के रहने में समर्थ हो सकता है। हां, अगर तुम युद्ध के लिए, हिंसा के लिए कुछ बना सकते हो, तो वह समाज के लिए उपयोगी है, वह समाज के फायदे की है। लेकिन अगर तुम प्रेम के लिए कुछ करो—तो लोग अधिक प्रेमपूर्ण हो जाएंगे—तब समाज उसके लिए कुछ नहीं कर सकता। समाज को सैनिकों की, बमों की, हथियारों की आवश्यकता है; समाज को पूजा-प्रार्थना, प्रेम की आवश्यकता नहीं है।

तो अगर तुम अपने स्वभाव के अनुकूल काम करते हो, तो समाज उसके बदले में तुम्हें कुछ न देगा, तुम दरिद्र भी रह सकते हो। लेकिन एक बात मैं तुमसे कहना चाहूंगा कि वह दरिद्रता, वह जोखम जीने योग्य है, क्योंकि तब तुम्हारे भीतर की समृद्धि तुम्हें मिल जाएगी। जहां तक बाह्य संसार का संबंध है, तुम गरीब आदमी के रूप में मर सकते हो, लेकिन जहां तक तुम्हारे अंतर-अस्तित्व का संबंध है तुम सम्राट की भांति मरोगे—और अंततः उसका ही मूल्य है।

पांचवां प्रश्नः मेरा शरीर रोगी है, मेरा मन वैज्ञानिक ढंग से भोगी है, और मेरा हृदय करीब-करीब योगी है। मुझमें बच्चे जैसी प्रामाणिकता, भोलापन, निर्दोषता और सच्चाई है। क्या मेरे इस जन्म में संबुद्ध होने की कोई संभावना है? कृपया मेरा मार्ग-दर्शन करें एवं प्रभु के राज्य में प्रवेश में मेरी मदद करें।

वैसे तो मैं हर हाल के लिए तैयार हूं, लेकिन फिर भी आशा अच्छे की ही रखता हूं।

शरीर अगर स्वस्थ हो तो सहायक होता है, लेकिन यह कोई अंतिम शर्त नहीं है—शरीर स्वस्थ हो तो सहायक तो होता है लेकिन फिर भी आवश्यक नहीं है। अगर तुम शरीर के साथ बने हुए तादात्म्य को गिरा दो, अगर यह अनुभव करने लगो कि तुम शरीर नहीं हो, तब फिर कुछ फर्क नहीं पड़ता कि शरीर अस्वस्थ है कि स्वस्थ। अगर तुम शरीर के पार चले जाते हो, उसका अतिक्रमण करने लगते हो, उसके साक्षी बनने लगते हो, तब रोगी शरीर में भी रहकर संबोधि मिल सकती है।

मैं यह नहीं कह रहा हूं कि तुम सभी बीमार हो जाओ। मेरा कहने का अभिप्राय इतना ही है कि अगर शरीर बीमार भी हो तो निराश मत होना, अपने को असहाय अनुभव मत करना। अगर शरीर स्वस्थ हो तो सहायक अवश्य होता है। स्वस्थ शरीर का अतिक्रमण करना, एक अस्वस्थ शरीर की अपेक्षा कहीं ज्यादा आसान होता है, क्योंकि अस्वस्थ शरीर थोड़ा तुम्हारा ध्यान मांगता है। अस्वस्थ

शरीर को भुला पाना कठिन होता है। वह निरंतर दुख, पीड़ा और अस्वस्थता की याद दिलाता रहता है। वह निरंतर तुम्हारा ध्यान अपनी ओर खींचता रहता है। अस्वस्थ शरीर की देखभाल करना आवश्यक होता है। उसे भुला पाना कठिन होता है—और अगर शरीर को भुलाया न जा सके, तो उसके पार जाना कठिन होता है। लेकिन 'कठिन' ही होता है—मैं असंभव नहीं कह रहा हूं।

इसलिए उसकी चिंता में मत पड़ना। अगर तुम्हें लगता है कि शरीर रोगी है, बहुत समय से रोगी है और उसे स्वस्थ करने का कोई उपाय नहीं है, तो फिर भूल जाना उसके बारे में। साक्षी को उपलब्ध होने के लिए तुम्हें थोड़ा अधिक प्रयास करना होगा, थोड़ा अतिरिक्त प्रयास करना होगा, लेकिन फिर भी साक्षी-भाव को उपलब्ध तो किया जा सकता है।

मोहम्मद का स्वास्थ्य कोई बहुत अच्छा न था। बुद्ध तो हमेशा रोगग्रस्त रहते थे, उन्हें तो अपने साथ हमेशा एक चिकित्सक रखना पड़ता था। बुद्ध के चिकित्सक का नाम जीवक था, जो निरंतर बुद्ध की देखभाल करता रहता था। शंकर की मृत्यु तो तैंतीस वर्ष की अवस्था में ही हो गई थी। इससे पता चलता है कि शंकर का कोई स्वस्थ शरीर न था अन्यथा वे थोड़ा अधिक जीवित रहते। तैंतीस वर्ष की आयु कोई मृत्यु की नहीं है। इसलिए चिंता मत करना, इस बात को एक बाधा मत बना लेना।

दूसरी बात तुम कहते हो, 'मेरा मन वैज्ञानिक ढंग से भोगी है।'

अगर वह सच में ही वैज्ञानिक ढंग से भोगी है, तो तुम उसके पार जा सकते हो। केवल एक अवैज्ञानिक ढंग का मन ही भोग में डूबने की मूढ़ता को दोहराए चला जा सकता है। अगर तुम सच में थोड़े होशपूर्ण हो, वैज्ञानिक रूप से चीजों को जागरूकता के साथ देखते हो, तो देर-अबेर तुम उसका अतिक्रमण कर ही जाओगे—क्योंकि एक ही मूढ़ता को तुम कैसे और कब तक दोहराए चले जा सकते हो?

उदाहरण के लिए कामवासना को ही लो। उसमें कुछ बुरा नहीं है, लेकिन जीवनभर उसी को दोहराते रहना यही बताता है कि तुम मूढ़ हो। मैं नहीं कहता कि उसमें कुछ पाप है—नहीं। वह तो बस यही बताती है कि तुम थोड़े मूढ़ हो। अभी तक सभी धर्म तुम्हें समझाते रहे हैं कि कामवासना पाप है। मैं ऐसा नहीं कहता हूं। वह तो बस एक नासमझी है। वह स्वीकृत होनी चाहिए, उसमें कुछ भी बुराई नहीं है, लेकिन अगर तुम थोड़े भी बुद्धिमान होगे तो एक न एक दिन जरूर कामवासना के पार चले जाओगे। जितने अधिक बुद्धिमान होगे, उतनी ही जल्दी तुम समझ लोगे कि 'हां, कामवासना ठीक है, जवानी में यह ठीक है, इसका अपना समय है। लेकिन फिर उसके बाहर आ जाना है।' क्योंकि कामवासना है तो बचकानी बात ही।

मैं तुम से एक कथा कहना चाहूंगा:

एक वृद्ध जोड़ा अदालत में तलाक के मुकदमे के लिए गया। पुरुष की आयु बानवे वर्ष की थी और स्त्री की आयु चौरासी वर्ष थी। जज ने पहले पुरुष से पूछा, 'तुम कितने वर्ष के हो?'

'बानवे वर्ष का हूं, योर ऑनर।'

फिर उसने स्त्री से पूछा।

स्त्री ने शरमाते हुए कहा, 'मैं चौरासी वर्ष की हूं।'

जज ने पुरुष से पूछा, 'तुम दोनों का विवाह हुए कितने वर्ष हो गए हैं?'

अनुभवी वृद्ध ने मुंह बनाते हुए जवाब दिया, 'सड़सठ वर्ष।'

'और जो विवाह सत्तर वर्ष के लगभग चला, उसे अंत कर देना चाहते हो?' स्थिति पर विश्वास न करते हुए जज ने पूछा।

वृद्ध आदमी कंधे उचकाकर बोला, 'देखिए, योर ऑनर, आप चाहे जिस ढंग से इस पर सोचें, लेकिन अब बहुत हो चुका।'

तो चाहे जिस ढंग से इस पर सोचो...अगर तुम बुद्धिमान हो, तो तुम बानवे वर्ष तक प्रतीक्षा न कर सकोगे। सीमा के बाहर बात जाए, उससे पहले ही तुम उसके बाहर आ जाओगे। जितने ज्यादा तुम बुद्धिमान होगे, उतनी ही जल्दी वह घटित होगी। बुद्ध ने भोग-विलास के संसार का त्याग तब ही कर दिया जब वे युवा थे। जब उनका पहला बेटा पैदा हुआ था, और केवल एक महीने का ही था, तब वे सब कुछ छोड़कर जंगल चले गए थे। वैराग्य उनको बहुत जल्दी घटित हो गया था। सच में वे बुद्धिमान थे। जितनी अधिक बुद्धि होती है, उतने ही जल्दी उसके पार जाना हो जाता है।

तो अगर तुम समझते हो कि तुम वास्तव में वैज्ञानिक ढंग के हो—तो अनुभवी व्यक्ति के लिए यही समय है यह समझ लेने का कि बस, अब बहुत हो चुका।

और तुम कहते हो,...'मेरा हृदय करीब-करीब योगी है।' करीब-करीब? यह हृदय की भाषा नहीं है। करीब-करीब शब्द मन की शब्दावली है। हृदय तो केवल समग्रता को जानता है—या तो इस तरफ या फिर उस तरफ। या तो सभी कुछ या फिर कुछ भी नहीं। हृदय 'करीब-करीब' जैसी किसी बात को नहीं जानता है। किसी स्त्री के पास जाकर उससे कहो कि 'मैं तुम से करीब-करीब प्रेम करता हूं।' तब तुम्हें पता चलेगा। तुम करीब-करीब प्रेम कैसे प्रेम कर सकते हो? वस्तुतः इसका अर्थ क्या हुआ? इसका अर्थ यही हुआ कि तुम प्रेम नहीं करते हो।

नहीं, अभी हृदय से यह बात नहीं आई है। तुमको ऐसा लग रहा है कि हृदय से खबर आई है, लेकिन तुम उसे समझे नहीं हो। हृदय जो भी काम करता है, हमेशा समग्रता से करता है। फिर वह बात चाहे पक्ष में हो या कि विपक्ष में हो उससे कुछ अंतर नहीं पड़ता है, लेकिन वह होता सदा समग्र ही है। हृदय किसी भेद को नहीं जानता; सारे भेद मन से ही आते हैं।

अगर शरीर रोगी हो, तो कोई समस्या नहीं है। थोड़ा अधिक प्रयास करना पड़ेगा। बस, इतना ही है। मन भोग में डूबा हो तो भी कोई बहुत बड़ी समस्या नहीं है। एक न एक दिन जब भी भीतर से इस बात की समझ आएगी, उसका अतिक्रमण हो जाएगा। लेकिन असली समस्या तो तीसरे के साथ, करीब-करीब के साथः करीब-करीब से काम न चलेगा। इसलिए फिर से देखना। अपने हृदय में गहरे देखना। जितना संभव हो सके उतना हृदय में गहरे देखना, ध्यानपूर्वक, होशपूर्वक देखना। अपने हृदय की सुनना।

अगर हृदय सच में योग से प्रेम करता है—योग का मतलब है खोज, जीवन का वास्तविक सत्य क्या है, इसकी खोज—अगर हृदय में सच में ही खोज की अभीप्सा है, तो फिर उसे कोई रोक नहीं सकता है। तब न तो भोग बाधा बनेगा और न ही कोई रोग बाधा बनेगा। हृदय किसी भी परिस्थिति के पार जा सकता है। हृदय ऊर्जा का वास्तविक स्रोत है, इसलिए हृदय की सुनना। हृदय पर श्रद्धा रखना, और हृदय की ही सुनना, और हृदय की सुनकर ही आगे बढ़ना।

और संबोधि इत्यादि की चिंता में मत पड़ना, क्योंकि वह चिंता भी मन की ही होती है। हृदय तो भविष्य के बारे में कुछ भी नहीं जानता है; वह तो वर्तमान में; इसी घड़ी में, इसी पल में जीता है। अतः खोजो, ध्यान करो, प्रेम करो, वर्तमान के क्षण में जीओ और संबोधि की फिक्र मत करो; वह अपने से उपलब्ध हो जाती है। संबोधि की फिक्र क्यों है? अगर तुम तैयार हो, तो संबोधि तो उपलब्ध हो ही जाएगी। और अगर तैयार नहीं हो, तो उसके बारे में निरंतर सोचते रहना तुम्हें उसके लिए तैयार नहीं करेगा, बल्कि सोचना बाधा बन जाएगा। इसलिए संबोधि की बात तो भूल ही जाओ, और न ही इसकी फिक्र करो कि संबोधि इस जीवन में घटित होगी या नहीं होगी।

जब तुम तैयार होगे तो वह घटेगी। संबोधि इसी क्षण, इसी पल, अभी और यहीं घट सकती है। वह तुम्हारी तैयारी पर निर्भर करती है। जब फल पक जाता है तो अपने से गिर जाता है। सब कुछ तुम्हारी परिपक्वता पर निर्भर करता है। इसलिए अपने आसपास व्यर्थ की समस्याएं मत खड़ी करना। बस, अब बहुत हो चुका। तुम रोगी हो, यह एक समस्या है। तुम भोगी हो, यह एक समस्या है। और हृदय 'करीब-करीब' योगी है, यह करीब-करीब भी एक समस्या है। अब कोई और नई समस्या मत बनाना। कृपा करके संबोधि को बीच में मत लाओ। उसके बारे में भूल जाओ। संबोधि का तुम से और तुम्हारे सोचने-विचारने से, और तुम्हारी आशाओं और अपेक्षाओं से, और आकांक्षाओं से कुछ लेना देना नहीं है। उन बातों के साथ उसका जरा भी संबंध नहीं है। जब भी भीतर किसी भी प्रकार की आकांक्षा शेष नहीं रह जाती है, और फल पक गया होता है, तो संबोधि अपने से घट जाती है।

छठवां प्रश्न : जब आप शरीर छोड़ें, तो मैं भी आपके साथ मर जाना चाहता हूं। क्या ऐसा संभव है? क्या आप मेरी मदद कर सकते हैं?

मैं तो बिलकुल अभी तैयार हूं तुम्हारी मदद करने के लिए। उतनी देर भी प्रतीक्षा क्यों करनी? उस बात को स्थगित क्यों करना?

और जब मैं जीवित हूं, शरीर में मौजूद हूं, अगर तब तुम मुझे चूक जाते हो तो जब मैं नहीं रहूंगा तब तुम कैसे मुझ तक पहुंच सकोगे? जब मैं यहां मौजूद हूं, तब अगर तुम मेरे साथ मेरी धारा में प्रवाहित नहीं हो सकते हो, तो जब मैं नहीं रहूंगा तब तो यह बहुत ही मुश्किल हो जाएगा। इसलिए स्थगित क्यों करना?

तुम्हारे भीतर प्यास मौजूद है और मैं तुम्हारी प्यास बुझाने के लिए इसी पल इसी क्षण तैयार हूं, तो फिर भविष्य की बात क्यों सोचनी? तुम इतने भयभीत क्यों हो? और अगर तुम आज इतने भयभीत हो, तो कल तो और भी ज्यादा भयभीत हो जाओगे। क्योंकि आज का भय भी उसमें समाहित हो जाएगा। रोज-रोज तुम्हारा भय बढ़ता चला जाएगा।

मृत्यु के भय को गिर जाने दो। मृत्यु की तैयारी ही पुनर्जीवन की तैयारी है।

मुझे एक बहुत ही प्यारी कथा याद आती है। उसे मैं तुम से भी कहना चाहूंगा :

तीन कछुए थे। उनमें से एक दो सौ एक वर्ष का था, दूसरा एक सौ पैंतीस वर्ष का था, और तीसरा सत्तानबे वर्ष का था। उन तीनों ने लंदन में शराबघरों की सैर करने का निर्णय लिया।

पहले तो वे गए 'स्टार एंड गार्टर' में। पंद्रह दिन के बाद वे पहुंचे एक दूसरे शराबघर में। जैसे ही वे भीतर जा रहे थे, तो उनमें से जिसकी आयु सबसे अधिक थी, बोला, 'ओह, अब क्या होगा। मैं तो अपना पर्स दूसरे शराबघर में ही छोड़ आया हूं।'

उन तीनों में जो सबसे छोटा था वह कहने लगा, 'तुम बहुत बूढ़े हो, इतनी दूर कैसे वापस जाओगे। मैं तुम्हारा पर्स ला देता हूं।' और ऐसा कहकर वह पर्स लेने चला गया। दस दिन के बाद जब वे दोनों वृद्ध कछुए बार-रेलिंग के पास पहुंचे तो उन में से एक बोला, 'युवा ऑर्नाल्ड तो तुम्हारा पर्स लाने में बहुत देर लगा रहा है।'

तो दूसरा कहने लगा, 'वह तो ऐसा ही है। उसके ऊपर बिलकुल भरोसा नहीं किया जा सकता है। और वह बहुत ही सुस्त है।'

अचानक द्वार की ओर से एक आवाज सुनाई पड़ी, 'धिक्कार है तुम दोनों को! इसीलिए तो मैंने सोचा कि मैं जाऊंगा ही नहीं।'

इतने सुस्त मत बनो और बात को स्थगित मत करते जाओ।

सातवां प्रश्नः जब भी मैं आपके निकट होता हूं तो तनाव अनुभव करता हूं। और मुझे इस बात के लिए प्रकट रूप से तो तीन कारण दिखाई पड़ते हैं। पहलाः मुझे लगता है कि मेरी परीक्षा ली जा रही है। दूसराः मैंने आप से इतना कुछ पाया है कि बदले में मैं भी कुछ आपको देना चाहता हूं—और ऐसा असंभव भी लगता है। और तीसराः मुझे ऐसा लगता है कि अभी भी आपसे कुछ ग्रहण करना है, और मुझे डर लगता है कि कहीं उसे चूक न जाऊं।

पूछा है अजित सरस्वती ने, डॉक्टर फड़नीस ने। तीनों कारण ठीक हैं, और मुझे इस बात की प्रसन्नता है कि वे इन बातों के प्रति सजग हैं और चीजों को गहराई में देख सकते हैं। हां, सभी कारण बिलकुल ठीक हैं।

जब भी वह मेरे निकट होते हैं, तो मुझे भी लगता है कि वे थोड़े घबराए हुए हैं, भीतर ही भीतर थोड़े कंपित हैं। और यही है कारण। और यह अच्छा है, इसमें कुछ गलत नहीं है। ऐसा ही होना भी चाहिए।

अगर तुम मेरी मौजूदगी को अनुभव करने लगो, तो मेरे और तुम्हारे बीच तुम्हें एक अंतराल दिखाई पड़ने लगता है। तब लगता है अभी तो बहुत यात्रा शेष है। तब एक तरह की घबराहट अनुभव होती है कि मालूम नहीं ऐसा संभव हो सकेगा या नहीं। मैं तुम्हें बहुत कुछ दे रहा हूं, और जितना अधिक तुम ग्रहण करते हो, उतने ही अधिक ग्रहण करने में सक्षम होते जाओगे। और यही संभावना कि और अधिक, और अधिक ग्रहण किया जा सकता है, एक घबराहट पैदा कर देती है, क्योंकि तब एक बड़ा उत्तरदायित्व तुम्हारे ऊपर आ जाता है।

विकसित होते चले जाना, यह एक बड़ा उत्तरदायित्व है। विकास एक जिम्मेदारी है। यह सर्वाधिक बड़ा उत्तरदायित्व है जो कि...और फिर यह भय कि अगर कहीं अवसर आ गया और कहीं चूकना न हो जाए। यह बात घबराहट पैदा करती है।

और तुम ठीक कहते हो, जब मुझ से तुम्हें कुछ मिलता है तो तुरंत तुम्हारा हृदय कहता है कि बदले में कुछ दे दो। और वह बात असंभव है। यह मैं समझता हूं। तुम सिवाय अपने मुझे और क्या दे सकते हो।

तुम्हारे तीनों ही कारण ठीक हैं और यह शुभ है कि तुम इनके प्रति सजग होते जा रहे हो।

आठवां प्रश्नः आपने मेरे लिए इतना कुछ किया है। आपने कभी नहीं कहा कि मैं ऐसी बनूं या वैसी बनूं। मैं जैसी भी हूं आपने मुझे स्वीकार किया है। आप मेरी पीड़ा को कम करते जा रहे हैं और मुझे आनंद का मार्ग दिखाते जा रहे हैं। अनुग्रह प्रकट करने के लिए मैं आपके लिए क्या कर सकती हूं?

पूछा है आमिदा ने। यही प्रश्न कभी न कभी बहुतों के हृदय में उठेगा। प्रश्न सुंदर है, लेकिन इससे परेशान मत हो जाना। मेरे लिए कुछ भी करने की जरूरत नहीं है। मेरे लिए तो बस तुम्हारा होना काफी है, तुम्हारा होना काफी है; कुछ भी करना नहीं है। कुछ करने को है भी नहीं। बस तुम अपने अस्तित्व को उपलब्ध हो जाओ, यह मेरे लिए सबसे आनंद की बात है।

ऐसा नहीं है कि मैं अभी प्रसन्न नहीं हूं, लेकिन जैसे किसी नए गुलाब के पौधे में फूल खिलने पर माली और बगीचा प्रसन्नता से खिल उठते हैं, ऐसे ही जब तुम में से कोई अपने स्वरूप को उपलब्ध होता है और उसका हृदय कमल खिल जाता है, तो मैं भी आह्लादित हो जाता हूं।

जैसे कोई चित्रकार चित्र बनाता है, उस चित्र को बनाने के लिए बहुत मेहनत करता है, ऐसे ही मैं तुम पर कार्य करता हूं। तुम ही मेरी कविताएं हो, तुम ही मेरे गुलाब हो, तुम ही मेरे चित्र हो। उस चित्र का होना ही काफी होता है, फिर किसी और चीज की जरूरत नहीं होती है।

नौवां प्रश्नः कृपया संगीत और ध्यान के विषय में कुछ कहें!

वे दो नहीं हैं। संगीत ध्यान है—एक निश्चित आयाम में, एक ही दिशा में अवस्थित हुआ ध्यान है। और ध्यान संगीत है—एक ऐसा संगीत जिसकी कोई सीमा नहीं है, कोई ओर-छोर नहीं है। वे दोनों दो नहीं हैं।

अगर तुम संगीत से प्रेम करते हो, तो केवल इसीलिए प्रेम करते हो, क्योंकि संगीत के माध्यम से तुमको ध्यान का अनुभव होता है। संगीत के माध्यम से तुम स्वयं में हो जाते हो। संगीत को सुनते-सुनते अज्ञात का कुछ तुम में उतरने लगता है...परमात्मा के स्वरों का संस्पर्श मिलने लगता है। तुम्हारा हृदय एक अलग ही लय पर थिरकने लगता है, ब्रह्मांड के साथ उसका तालमेल बैठ जाता है। अचानक अस्तित्व के साथ तुम्हारे तार जुड़ जाते हैं। एक अपरिचित नृत्य तुम्हारे हृदय में उतर आता है—और वे द्वार जो हमेशा से बंद थे, खुलने लगते हैं। एक शीतल हवा का झोंका और तुम तरोताजा हो जाते हो, और वह शीतल हवा का झोंका सदियों-सदियों से जमी हुई धूल उड़ाकर ले जाता है। और ऐसा लगता है जैसे आत्मा का स्नान हो गया हो—और वह स्वच्छ, ताजा हो गई हो।

संगीत ध्यान है; ध्यान संगीत है। ये एक ही जगह पहुंचने के दो द्वार हैं।

अंतिम प्रश्न : जब आपको कुर्सी पर बैठे हुए देखता हूं तो मैं और अधिक उलझन में पड़ जाता हूं। क्योंकि आप कुर्सी पर इतने अविश्वसनीय ढंग से विश्रांत और आराम से बैठे होते हैं कि आप एकदम भारविहीन मालूम पड़ते हैं। आप गुरुत्वाकर्षण के नियम के साथ क्या करते हैं?

गुरुत्वाकर्षण के नियम के साथ कुछ भी करने की जरूरत नहीं है। जब भी कोई व्यक्ति ध्यान में होता है, तो उसके लिए अलग ही नियम काम करता है : प्रसाद का नियम। तुम एक अलग ही जगत के लिए : प्रसाद के जगत के लिए उपलब्ध हो जाते हो। तब वह प्रसाद ऊपर की ओर खींचने लगता है। जैसे गुरुत्वाकर्षण नीचे की ओर खींचता है, वैसे ही कोई चीज ऊपर की ओर खींचने लगती है।

गुरुत्वाकर्षण के साथ कुछ भी करने की जरूरत नहीं है। तुम्हें तो बस अपने अस्तित्व में एक नया द्वार खोल लेना है, जहां से परमात्मा का प्रसाद तुम्हें उपलब्ध हो सके।

[redacted]

प्रवचन 7

उदासीन ब्रह्मांड में

योग-सूत्र

कमान्यत्वं परिणामन्यत्वे हेतुः।।१५।।

आधारभूत प्रक्रिया में छिपी अनेकरूपता द्वारा रूपांतरण में कई रूपांतरण घटित होते हैं।

परिणामत्रयसंयमादतीतानागतज्ञानम्।।१६।।

निरोध, समाधि, एकाग्रता—इन तीन प्रकार के रूपांतरणों में संयम उपलब्ध करने से—अतीत और भविष्य का ज्ञान उपलब्ध होता है।

शब्दार्थप्रत्ययानामितरेतराध्यासात् संकरस्तत्प्रविभागसंयमात्सर्वभूतरुतज्ञानम्।।१७।।

शब्द और अर्थ और उसमें अंतर्निहित विचार, ये सब उलझावपूर्ण स्थिति में, मन में एक साथ चले आते हैं। शब्द पर संयम पा लेने से पृथकता घटित होती है और तब किसी भी जीव द्वारा निःसृत ध्वनियों के अर्थ का व्यापक बोध घटित होता है।

संस्कार साक्षात्करणात्पूर्वजातिज्ञानम्।।१८।।

अतीतगत संस्कारबद्धताओं का आत्म-साक्षात्कार कर उन्हें पूरी तरह समझने से पूर्व-जन्मों की जानकारी मिल जाती है।

फ्रेडरिक नीत्शे की 'दि गे साइंस' में एक कथा आती है :

एक पागल आदमी हाथ में लालटेन लेकर, रोता-चिल्लाता बाजार पहुंच गया, 'मैं ईश्वर को जानता हूं! मैं ईश्वर को जानता हूं!' लेकिन फिर भी बाजार की व्यस्त भीड़ ने उसके चिल्लाने पर कोई ध्यान नहीं दिया और उसके इस हास्यास्पद व्यवहार पर हंसने लगी। अचानक भीड़ की ओर मुड़कर उस आदमी ने पूछा, 'कहां है ईश्वर? मैं तुम्हें बताता हूं। हमने उसे मार डाला है—तुमने और मैंने उसे मार डाला है।' लेकिन जब भीड़ ने उसकी इस उदघोषणा की भी उपेक्षा कर दी, तो अंततः उसने अपनी लालटेन जमीन पर पटकी और चिल्लाया, 'मैं बहुत जल्दी आ गया हूं। मेरा समय अभी भी नहीं आया है। यह अदभुत घटना अभी आने को है।'

यह कथा बहुत महत्वपूर्ण है। जैसे-जैसे आदमी विकसित होता है, उसका परमात्मा बदलता जाता है। ऐसा होगा ही, क्योंकि मनुष्य अपना परमात्मा अपनी कल्पना में ही निर्मित करता है, अपनी कल्पना के विपरीत नहीं। ऐसा नहीं है जैसा कि बाइबिल में कहा गया है कि परमात्मा अपनी कल्पना से मनुष्य का निर्माण करता है। मनुष्य ही अपनी कल्पना से परमात्मा की प्रतिमा बना लेता है। जब आदमी की कल्पना बदलती है, तो निश्चित रूप से उसका परमात्मा भी बदल जाता है। और जब विकास अपने चरम उत्कर्ष पर पहुंच जाता है, तब परमात्मा पूरी तरह तिरोहित हो जाता है।

व्यक्तिगत परमात्मा मनुष्य के अपरिपक्व मन का ही परिणाम है। अस्तित्व का परमात्मा रूप हो जाना एक बिलकुल ही अलग अवधारणा है। तब परमात्मा कहीं आकाश में बैठा, संसार पर शासन करता, संसार को चलाता, नियंत्रित करता, व्यवस्थित करता कोई व्यक्ति नहीं होता है।

नहीं, जब मनुष्य परिपक्व होता है तो वे सारी नासमझियां खो जाती हैं। यह तो बचपन में बनी परमात्मा की अवधारणा है, परमात्मा की बचकानी अवधारणा। अगर किसी छोटे बच्चे को परमात्मा को समझाना हो, तो वह परमात्मा को किसी व्यक्ति की भांति ही जान सकता है। जब मनुष्य-जाति विकसित और परिपक्व होती है, तो परमात्मा की पुरानी धारणा भी समाप्त हो जाती है। तब एक सर्वथा अलग ही अस्तित्व प्रकट होता है। तब संपूर्ण अस्तित्व ही परमात्मा का रूप हो जाता है—तब ऐसा नहीं होता है कि कहीं कोई परमात्मा बैठा हुआ है।

यह बोध कि कहीं कोई व्यक्तिगत परमात्मा नहीं है, स्वयं नीत्शे को भी बहुत भारी पड़ा। वह इसे बर्दाश्त नहीं कर सका, और वह पागल हो गया। जो अंतर्दृष्टि उसे मिली थी, वह उसके लिए

तैयार न था। वह स्वयं अभी बच्चा ही था, उसे व्यक्तिगत परमात्मा की जरूरत थी। लेकिन इस बात पर जब उसने चिंतन-मनन किया, और जैसे-जैसे उसने इस पर चिंतन-मनन किया वह इस बात के प्रति अधिकाधिक जागरूक होता चला गया कि कहीं कोई आकाश में परमात्मा बैठा हुआ नहीं है। परमात्मा तो बहुत पहले ही मर चुका है। और साथ ही उसे इस बात का बोध भी हुआ कि हम लोगों ने ही उसे मार दिया है।

निस्संदेह, अगर परमात्मा हमारे द्वारा निर्मित हुआ था तो उसे मरना भी हमारे द्वारा ही था। मनुष्य ने अपनी अपरिपक्व अवस्था में इस अवधारणा को निर्मित कर लिया था। मनुष्य के परिपक्व होने के साथ ही परमात्मा की अवधारणा समाप्त हो गई। जैसे कि जब तुम बच्चे थे तो खिलौनों से खेला करते थे, फिर जब बड़े हुए तो तुम खिलौनों के विषय में सब कुछ भूल गए। अचानक किसी दिन घर के किसी कोने में, कहीं पुराने सामान में तुम्हें कोई पुराना खिलौना दिखाई पड़ जाता है, तब तुम्हें याद आता है कि तुम उस खिलौने को कितना चाहते थे, कितना प्यार करते थे। लेकिन अब वही खिलौना तुम्हारे लिए व्यर्थ है, उसका अब तुम्हारे लिए कोई मूल्य नहीं है। अब तुम उसे फेंक देते हो, क्योंकि अब तुम बच्चे नहीं हो।

मनुष्य ने स्वयं ही व्यक्तिगत परमात्मा का निर्माण किया, फिर मनुष्य ने ही उसे नष्ट कर दिया। इस बात का बोध, स्वयं नीत्शे के लिए बहुत भारी पड़ा, और वह पागल हो गया। उसकी विक्षिप्तता इस बात का संकेत है कि वह उस अंतर्दृष्टि के लिए तैयार न था, जो उसे घटित हुई थी।

लेकिन पूरब में, पतंजलि पूर्णतः परमात्मा विहीन हैं, वे पूरी तरह से परमात्मा को अस्वीकार करते हैं। पतंजलि से बड़ा नास्तिक खोजना मुश्किल है, लेकिन पतंजलि को यह बात बेचैन नहीं करती है, क्योंकि पतंजलि सच में ही परिपक्व हैं। चेतनागत रूप से विकसित हैं, परिपक्व हैं, अस्तित्व के साथ एक हैं। बुद्ध के देखे भी परमात्मा का कहीं कोई अस्तित्व नहीं है...।

अगर कहीं कोई व्यक्तिगत परमात्मा हुआ भी, तो वह फ्रेडरिक नीत्शे को माफ कर सकता है, क्योंकि वह समझ लेगा कि इस आदमी को अभी भी उसकी जरूरत थी। नीत्शे स्वयं इस बात के प्रति स्पष्ट नहीं था कि परमात्मा है या नहीं। वह अभी भी डांवाडोल और उलझन में था—उसका आधा मन हां कह रहा था और आधा मन न कह रहा था।

अगर कोई व्यक्तिगत परमात्मा होता तो वह गौतम बुद्ध को भी क्षमा कर देता, क्योंकि कम से कम उन्होंने परमात्मा का होना अस्वीकार तो किया। बुद्ध ने कहा, 'कोई परमात्मा नहीं है,' यह कहना भी परमात्मा के प्रति ध्यान देना ही है। लेकिन अगर कोई व्यक्तिगत परमात्मा हुआ तो वह पतंजलि को क्षमा न कर पाएगा। पतंजलि ने परमात्मा शब्द का उपयोग किया है। पतंजलि ने केवल परमात्मा को अस्वीकार ही नहीं किया कि वह नहीं है, बल्कि पतंजलि ने तो इस अवधारणा का विधि की भांति उपयोग किया है। उन्होंने कहा, 'मनुष्य के परम विकास के लिए परमात्मा की अवधारणा का भी परिकल्पना की भांति, हाइपोथीसिसं की भांति उपयोग किया जा सकता है।'

पतंजलि परमात्मा के प्रति पूरी तरह से उदासीन हैं, गौतम बुद्ध की अपेक्षा कहीं अधिक उदासीन, क्योंकि 'नहीं' कहने में भी एक प्रकार का भाव होता है, और 'हां' कहने में भी एक तरह का भाव होता है—फिर कहने में चाहे प्रेम हो, या घृणा हो एक प्रकार का भाव ही होता है। लेकिन

पतंजलि पूर्णतः तटस्थ हैं। वे कहते हैं, 'हां, परमात्मा की अवधारणा का उपयोग किया जा सकता है।' पतंजलि दुनिया के बड़े से बड़े नास्तिकों में से हैं।

लेकिन पश्चिम में नास्तिक की अवधारणा पूरी तरह भिन्न है। पश्चिम में नास्तिकता अभी तक परिपक्व नहीं हुई है। वह भी उसी जहाज पर सवार है जहां कि आस्तिक है। आस्तिक कहे चला जाता है 'ईश्वर है।' बच्चों को ईश्वर पिता के रूप में बताया जाता है। और नास्तिक अस्वीकार करता है—कि ऐसा कोई ईश्वर नहीं है। वे दोनों एक ही जहाज पर सवार हैं।

पतंजलि सच्चे अर्थों में नास्तिक हैं, लेकिन इसका यह अर्थ नहीं है कि वे अधार्मिक हैं। वे सच्चे अर्थों में धार्मिक हैं। सच्चा धार्मिक व्यक्ति परमात्मा में विश्वास नहीं कर सकता। मेरी यह बात थोड़ी विरोधाभासी मालूम होगी।

एक सच्चा धार्मिक व्यक्ति परमात्मा में विश्वास नहीं कर सकता, क्योंकि परमात्मा में विश्वास करने के लिए उसे अस्तित्व को दो भागों में बांटना पड़ता है—परमात्मा और परमात्मा नहीं, सृजन और सृजन करने वाला, यह संसार और वह संसार, पदार्थ और मन—वह विभक्त हो जाता है। और एक धार्मिक व्यक्ति विभक्त कैसे हो सकता है?

एक धार्मिक व्यक्ति परमात्मा में विश्वास नहीं करता; वह तो अस्तित्व की दिव्यता को ही जान लेता है। तब उसके लिए संपूर्ण जगत ही दिव्य हो जाता है; तब तो जो भी मौजूद हो वह दिव्य ही होता है। तब उसके लिए हर स्थान मंदिर होता है। कहीं भी जाओ, कुछ भी करो, परमात्मा में ही होता है, और कुछ भी करो परमात्मा का ही कार्य कर रहे होते हो। संपूर्ण अस्तित्व—जिसमें तुम भी शामिल हो—दिव्य हो जाता है। इस बात को ठीक से समझ लेना।

योग एक संपूर्ण विज्ञान है। योग विश्वास नहीं सिखाता; योग जानना सिखाता है। योग अंधानुकरण बनने के लिए नहीं कहता; योग सिखाता है कि आंखें कैसे खोलनी हैं। योग परम सत्य के विषय में कुछ नहीं कहता है। योग तो बस दृष्टि के बारे में बताता है कि दिव्य दृष्टि कैसे उपलब्ध हो; देखने की क्षमता, वे आंखें कैसे उपलब्ध हों, जिससे कि जो कुछ भी मौजूद है वह सब उदघटित हो जाए। जितना तुम अनुमान लगा सकते हो वह उससे कहीं अधिक है; तुम्हारे सभी परमात्मा एक साथ मिला दिए जाएं, उससे भी अधिक। वह तो अपरिसीम दिव्यता, अलौकिकता है।

इस कथा के संबंध में एक बात और। उस पागल आदमी ने कहा था, 'मैं बहुत जल्दी आ गया हूं। मेरा समय अभी तक आया नहीं है।' पतंजलि सच में ही जल्दी आ गए। उनका समय अभी तक आया नहीं है। वे अभी भी अपने समय आने की प्रतीक्षा कर रहे हैं। हर बुद्ध-पुरुष के साथ सदा ऐसा ही होता आया है : जिन लोगों को सत्य का बोध हुआ है, वे हमेशा समय से पहले ही होते हैं—कई बार तो हजारों साल पहले।

पतंजलि अभी भी समय से पूर्व ही हैं। पतंजलि को हुए पांच हजार वर्ष बीत चुके हैं; लेकिन उनका समय अभी भी आया नहीं है। मनुष्य के अंतर्जगत को अभी भी विज्ञान का आधार नहीं मिला है। और पतंजलि ने अंतर्जगत के विज्ञान को सभी आधार, संपूर्ण संरचना दे दी है। पतंजलि ने अंतर्जगत के विज्ञान को जो ढांचा, जो संरचना दी है, वह अभी भी प्रतीक्षा कर रही है कि मनुष्य जाति उस अंतर्जगत के करीब आए और उसे समझ सके।

हमारे सभी तथाकथित धर्म अभी बचकाने ही हैं। पतंजलि विराट हैं, मनुष्य की पराकाष्ठा हैं, मनुष्य के चरम शिखर हैं। उनकी ऊंचाई इतनी अधिक है कि चोटी तो दिखाई ही नहीं देती; वह कहीं दूर बादलों में छिपी हुई है। लेकिन उनकी हर बात एकदम स्पष्ट है। अगर इसकी तैयारी हो अगर उनके द्वारा बताए हुए मार्ग पर चलने की तैयारी हो, तो सभी कुछ पूर्णतया स्पष्ट है। पतंजलि के योग में रहस्य जैसा कुछ भी नहीं है। वे तो रहस्य के गणितज्ञ हैं; वे अतार्किक के तार्किक हैं; वे अज्ञात के वैज्ञानिक हैं। और यह जानकर भी बहुत आश्चर्य होता है कि एक अकेले व्यक्ति ने संपूर्ण विज्ञान को उदघटित कर दिया। उन्होंने कुछ भी छोड़ा नहीं है। लेकिन फिर भी अंतर्जगत का विज्ञान अभी भी प्रतीक्षा कर रहा है कि मनुष्य-जाति उसके करीब आए ताकि उसे समझा जा सके।

मनुष्य केवल उसे ही समझता है जिसे वह समझना चाहता है। उसकी समझ उसकी इच्छाओं से संचालित होती है। इसीलिए पतंजलि, बुद्ध, जरथुस्त्र, लाओत्सु को हमेशा यही अनुभव होता रहा कि वे समय से बहुत पहले आ गए। क्योंकि आदमी तो अभी भी खेलने के लिए खिलौनों की ही मांग कर रहा है। वह विकसित होने को तैयार ही नहीं है। वह विकसित होना ही नहीं चाहता। वह अपनी मूढ़ताओं को ही पकड़े रहना चाहता है। और अपनी अज्ञानता को पकड़े अपने को ही धोखा दिए चला जाता है।

थोड़ा अपने को देखना। जब तुम परमात्मा के बारे में बात कर रहे होते हो, तो तुम परमात्मा के बारे में बात नहीं कर रहे होते—तुम 'अपने' परमात्मा की बात कर रहे होते हो। और तुम्हारा परमात्मा किस प्रकार का परमात्मा हो सकता है? वह तुम से बड़ा नहीं हो सकता, वह तुम से कुछ कम ही हो सकता है। वह तुम से ज्यादा सुंदर नहीं हो सकता, वह तुम से थोड़ा कम ही सुंदर होगा। फिर वह परमात्मा भी एक भ्रम ही होगा, क्योंकि तुम्हारे परमात्मा की अवधारणा में तुम निहित होओगे। इसलिए वह तुम से ज्यादा ऊंचा नहीं हो सकता है। तुम्हारी ऊंचाई ही तुम्हारे परमात्मा की ऊंचाई होगी।

लोग अपनी ही इच्छा, महत्वाकांक्षा, अहंकार के अनुरूप सोचते हैं, और फिर सभी कुछ उसी रंग में रंगता चला जाता है।

ऐसा हुआ कि मुल्ला नसरुद्दीन ने एक बार चुनाव लड़ा। उसे केवल तीन वोट मिले। उसकी पत्नी को जब पता चला कि मुल्ला को तीन वोट मिले हैं, तो वह मुल्ला पर बरसती हुई बोली, 'मुझे तो पहले से ही मालूम था कि तुमने एक दूसरी स्त्री रखी हुई है!'

एक वोट तो नसरुद्दीन का अपना, एक उसकी पत्नी का और फिर तीसरा वोट कहां से आया?

ईर्ष्यालु मन ईर्ष्या की भाषा में ही सोचता है। पजेसिव मन पजेशन की भाषा में ही सोचता है। क्रोधी मन क्रोध की भाषा में ही सोचता है।

जरा यहूदी परमात्मा की ओर देखो। वह उतना ही पजेसिव है जितना कि कोई मनुष्य हो सकता है। वह उतना ही अहंकारी है जितना कि कोई मनुष्य हो सकता है। वह उतना ही बदले की भावना से भरा हुआ है जितना कि कोई मनुष्य हो सकता है। उसमें कुछ भी दिव्यता मालूम नहीं होती है। वह परमात्मा की अपेक्षा शैतान अधिक मालूम होता है। ईदन के बगीचे से अदम के निकाल दिए जाने की पौराणिक कथा अदम के बारे में कुछ अधिक नहीं कहती है, बल्कि वह परमात्मा के बारे में ही अधिक कहती है। 'क्योंकि अदम ने आज्ञा नहीं मानी'—यह किस तरह का परमात्मा है जो इतनी छोटी

सी अवज्ञा को सहन नहीं कर सका? यह परमात्मा तो बहुत ही असहनशील है, जो इतनी सी स्वतंत्रता को बर्दाश्त नहीं कर सकता है? ऐसा परमात्मा गुलामों का मालिक तो हो सकता है, लेकिन वह परमात्मा नहीं हो सकता है।

वस्तुतः अदम का पाप क्या था? कि उसे जिज्ञासा थी, उत्सुकता थी, और कुछ भी तो नहीं। क्योंकि परमात्मा ने उससे कहा था, 'इस वृक्ष का फल मत खाना। यह ज्ञान का वृक्ष है।' और इसी कारण अदम को जिज्ञासा जगी। यह स्वाभाविक और मनुष्य-मन के अनुरूप है। इसके विपरीत कुछ और सोचना असंभव है। और इतनी छोटी सी बात को पाप कैसे कहा जा सकता है?

और विज्ञान की खोज का पूरा आधार ही पहले जिज्ञासा और फिर खोज है। फिर तो सभी वैज्ञानिक पापी हैं। फिर तो पतंजलि, बुद्ध, जरथुस्त्र सभी पापी हैं, क्योंकि ये लोग सत्य क्या है, जीवन क्या है यह जानने के लिए अत्यधिक जिज्ञासु थे, ये लोग सभी अदम हैं।

लेकिन यहूदी परमात्मा यह बिलकुल बर्दाश्त नहीं कर सकता था, वह क्रोध से भर गया। उसने अदम को बगीचे से बाहर निकाल दिया : यह सब से बड़ा पाप था।

जिज्ञासा पाप है? अज्ञात को जानना क्या पाप है? तब तो सत्य को खोजना भी पाप है। तब तो आज्ञा का उल्लंघन करना, विद्रोही, बगावती होना पाप है? फिर तो सभी धार्मिक व्यक्ति पापी हैं, क्योंकि वे सभी विद्रोही और बगावती हैं।

नहीं, इसका परमात्मा के साथ कुछ भी लेना-देना नहीं है। इसका यहूदी मन के साथ संबंध है, उस संकीर्ण मन के साथ जो परमात्मा के संबंध में अपनी ही धारणाओं के अनुसार सोच-विचार करता है, अपनी ही धारणाओं के अनुसार परमात्मा का निर्माण करता है।

एक बार मुल्ला नसरुद्दीन रेलगाड़ी से उतरा तो घबराया हुआ सा था, उसका रंग एकदम फीका पड़ रहा था। मैं उसे लेने स्टेशन गया था। उसने बताया, 'दस घंटे तक गाड़ी की विपरीत दिशा में बैठकर सफर करना, इस बात को मैं सहन नहीं कर सकता था।'

'क्यों?' मैंने पूछा, 'तुमने सामने बैठे व्यक्ति से सीट बदल लेने के लिए क्यों नहीं कहा?'

'मैं ऐसा नहीं कर सकता था,' मुल्ला ने कहा, 'वहां कोई था ही नहीं।'

तुम्हारी प्रार्थना सुनने के लिए वहां आकाश में कोई नहीं बैठा है। जो कुछ भी करना चाहते हो, करो। वहां आकाश में कोई नहीं है जो तुम्हें वैसा करने की इजाजत देगा। जो कुछ होना चाहते हो, हो जाओ। वहां आकाश में कोई परमात्मा बैठा हुआ नहीं है, जिससे तुम अनुमति लो। अस्तित्व तो मुक्त है और उपलब्ध है।

यही योग की पूरी समझ है कि अस्तित्व प्रत्येक व्यक्ति के लिए उपलब्ध है। जो कुछ भी तुम होना चाहते हो, हो सकते हो। सभी कुछ उपलब्ध है। किसी की स्वीकृति की प्रतीक्षा मत करो, क्योंकि वहां कोई नहीं है। सामने की सीट खाली है—अगर तुम उस पर बैठना चाहते हो तो बैठ सकते हो।

मुल्ला पागल मालूम होता है, अजीब लगता है, लेकिन पूरी मनुष्य जाति सदियों-सदियों से यही तो कर रही है : आकाश की ओर हाथ उठाकर प्रार्थना कर रही है और अनुमति मांग रही है। और मजेदार बात यह है उससे, जो वहां मौजूद ही नहीं है। प्रार्थना नहीं, ध्यान करो। और प्रार्थना और ध्यान में अंतर क्या है? जब तुम प्रार्थना करते हो तो तुम्हें किसी में विश्वास करना पड़ता है कि वह

तुम्हारी प्रार्थना सुन रहा है। जब तुम ध्यान करते हो तो तुम अकेले ही ध्यान करते हो। प्रार्थना में दूसरे की जरूरत होती है; ध्यान में तुम अकेले ही पर्याप्त होते हो।

योग ध्यान है। उसमें प्रार्थना के लिए कोई स्थान नहीं है, क्योंकि उसमें परमात्मा के लिए कोई जगह नहीं है। उसमें परमात्मा के लिए किसी बचकानी धारणा के लिए कोई स्थान नहीं है।

स्मरण रहे: अगर तुम सच में ही धार्मिक होना चाहते हो, तो तुम्हें नास्तिकता से होकर गुजरना ही होगा। अगर तुम सच में ही प्रामाणिक रूप से धार्मिक होना चाहते हो, तो आस्तिकता से प्रारंभ मत करना। नास्तिक होने से प्रारंभ करना। अदम से प्रारंभ करना। अदम क्राइस्ट का प्रारंभ है। अदम वर्तुल का प्रारंभ करता है और क्राइस्ट वर्तुल का अंत करते हैं। 'न' से प्रारंभ करना, ताकि तुम्हारी 'हां' में कुछ अर्थ हो। भयभीत मत होना और न ही भय के कारण विश्वास कर लेना। अगर किसी दिन विश्वास करना ही हो, तो केवल स्वयं की जानकारी और प्रेम के आधार पर ही विश्वास करना—भय के कारण नहीं।

इसी कारण ईसाइयत योग को विकसित न कर सके, यहूदी योग को विकसित न कर सके, इस्लाम योग को विकसित न कर सका। योग उन लोगों द्वारा विकसित हुआ जो इतने साहसी थे कि सभी विश्वासों, सभी अंधविश्वासों को 'न' कह सकते थे। जो विश्वास करने की सुविधा को इनकार कर सकते थे, और जो स्वयं के अंतर्तम अस्तित्व की गहनतम खोज में जा सकते थे।

यह एक बड़ा उत्तरदायित्व है। नास्तिक होना बहुत बड़ा उत्तरदायित्व है, क्योंकि जब परमात्मा नहीं है तो इस विराट संसार में तुम अकेले हो जाते हो। जब परमात्मा नहीं है, तो व्यक्ति इतना अकेला हो जाता है कि फिर पकड़ने को कोई खूंटी, कोई सहारा नहीं रह जाता है। तब बड़े साहस की जरूरत होती है, और व्यक्ति को स्वयं में ही वह साहस और ऊष्मा निर्मित करनी होती है। यही योग का पूरा का पूरा सार है: अपने ही अस्तित्व से ऊष्मा का निर्माण करना। अस्तित्व तो एकदम तटस्थ है, निरपेक्ष है। कोई काल्पनिक परमात्मा ऊष्मा नहीं दे सकता। तुम केवल स्वप्न देखते हो। संभव है इससे इच्छा पूरी होती मालूम होती है, लेकिन वह सत्य नहीं होती। और अकेले रहकर सत्य पर डटे रहना ज्यादा बेहतर है, बजाए असत्य के साथ रहकर ऊष्मा अनुभव करने के।

योग का कहना है कि इस सत्य को जान लो कि तुम अकेले हो। तुम्हें जन्म मिला है; अब तुम्हें इसमें से कोई अर्थ निर्मित करना है। अर्थवत्ता पहले से ही मिली हुई नहीं है।

पश्चिम के अस्तित्ववादी जो कहते हैं, उसके साथ पतंजलि पूरी तरह से राजी होंगे। पश्चिम के अस्तित्ववादी कहते हैं, अस्तित्व सार-तत्व से भी पहले घटित होता है।

मुझे इसकी व्याख्या करने दो।

एक चट्टान है। चट्टान को मूलभूत तत्व मिला हुआ है; वह मिला ही होता है। उसका अस्तित्व उसका मूलभूत तत्व है। चट्टान का कोई विकास नहीं होगा; वह तो वैसी ही है जैसी कि हो सकती है। लेकिन मनुष्य कुछ अलग है: मनुष्य जन्म लेता है—वह अपने अस्तित्व के साथ जन्म लेता है, लेकिन सार-तत्व अभी भी उसे दिया नहीं गया है। वह रिक्तता की भांति आता है। अब उसे वह रिक्तता स्वयं अपने प्रयास के द्वारा आपूरित करनी है। उसे अपने जीवन में अर्थ निर्मित करना है? उसे अंधकार में टटोलना है; उसे यह खोज करनी है कि जीवन का अर्थ क्या है। उसे इसे खोजना है,

इसके लिए उसे सृजनशील होना है। शरीर तो मिल गया है, लेकिन अर्थ को निर्मित करना है—और क्षण-क्षण जिस ढंग से तुम जीते हो, तुम स्वयं की अर्थवत्ता निर्मित करते जाते हो। अगर जीवन की उस अर्थवत्ता को निर्मित नहीं करते हो तो तुम उसे उपलब्ध न कर पाओगे।

लोग मेरे पास आते हैं और पूछते हैं, 'कृपया हमें बताएं कि जीवन का अर्थ क्या है?' जैसे कि जीवन का अर्थ कहीं और छिपा है।

जीवन का अर्थ दिया नहीं जा सकता, तुम्हें उसे निर्मित करना होगा। और यह सुंदर है। अगर जीवन का अर्थ पहले से ही मिला होता, तो मनुष्य चट्टान की भांति हो जाता। तब विकसित होने की कोई संभावना ही न रहती, न ही खोज की कोई संभावना होती, और न ही जोखम उठाने की कोई संभावना होती—कोई संभावना ही न होती। सच तो यह है, तब सभी द्वार-दरवाजे बंद होते, फिर तो एक चट्टान चट्टान ही रहती है, उसकी संभावना का कोई आयाम ही नहीं बचता। वह वही होती जो कि वह हो सकती है, लेकिन मनुष्य पहले से वही नहीं होता है...केवल एक संभावना होता है, एक अज्ञात संभावना होता है, वह अपने साथ एक अपरिसीम भविष्य लिए होता है, हजारों-हजारों विकल्प उसके समक्ष होते हैं। यह सब तुम पर निर्भर करता है कि तुम कौन और क्या होते हो।

पूरा उत्तरदायित्व तुम्हारा है। जब कोई परमात्मा नहीं है, तो पूरा उत्तरदायित्व तुम्हारा ही है। इसीलिए तो भीड़ और कमजोर लोग परमात्मा में विश्वास किए चले जाते हैं। केवल साहसी आदमी ही अकेले खड़े रह सकते हैं।

लेकिन यही बुनियादी आवश्यकता है—योग की यही बुनियादी मांग है—कि तुम अकेले खड़े हो। और इस बात का स्पष्ट बोध हो जाना चाहिए कि जीवन का अर्थ मिला हुआ नहीं है, तुम्हें ही उसकी खोज करनी है। जीवन में अर्थ तुम्हें डालना है। तुम जीवन का अर्थ पा सकते हो, जीवन अर्थवान हो सकता है, लेकिन वह अर्थ तुम्हें अपने प्रयास से ही खोजना होगा। फिर जो कुछ भी करोगे, वह तुम्हें उदघाटित करता चला जाएगा। फिर प्रत्येक कृत्य तुम्हारे जीवन को, तुम्हारे अस्तित्व को और-और अर्थपूर्ण बना देगा।

अगर इतनी तैयारी हो, तभी केवल योग संभव है। वरना चाहे प्रार्थनाएं करो और चाहे पृथ्वी पर घुटने टेककर झुको, तुम अपने ही भावों-विचारों, अपनी ही कल्पनाओं में खोए रहोगे और अपनी प्रार्थना के अपने ही अर्थ करते चले जाओगे। और इस तरह एक भ्रामक पूर्ण अवस्था में, भ्रम में जीए चले जाओगे।

सिग्मंड फ्रायड ने एक पुस्तक लिखी है। पुस्तक का नाम बहुत महत्वपूर्ण है: 'दि फ्यूचर ऑफ एन इल्यूजन।' यह पुस्तक धर्म के विषय में है। इसे एक दुर्भाग्य ही कहना चाहिए कि फ्रायड को पतंजलि के बारे में कुछ भी खबर नहीं थी, अन्यथा उसने यह पुस्तक नहीं लिखी होती। क्योंकि धर्म का अस्तित्व बिना भ्रम के ही होता है।

सिग्मंड फ्रायड के लिए धर्म का अर्थ है: ईसाइयत और यहूदीवाद। उसे पूरब के धर्मों की गहराइयों का कुछ पता ही न था। पश्चिमी धर्म कम या अधिक रूप से राजनैतिक अधिक है। उनमें से अधिकांश धर्म तो धर्म हैं ही नहीं; उनमें कोई गहराई नहीं है, वे एकदम सतही और ऊपर-ऊपर हैं। पूरब के धर्म मनुष्य की चेतना में एकदम गहरे उतरे हैं—और उसी गहराई के कारण परमात्मा को

अस्वीकार किया और कहा कि अब परमात्मा पर निर्भर रहने की कोई आवश्यकता नहीं है। जब भी कभी ऐसा लगता है कि किसी की जरूरत है, जिस पर निर्भर रहा जा सके, तो तुम एक भ्रम निर्मित कर रहे हो।

इस बात का बोध हो जाना कि इस विराट ब्रह्मांड में तुम अकेले हो—और कोई भी नहीं है जिससे प्रार्थना की जा सके, कहीं कोई नहीं है जिससे शिकायत की जाए, कोई भी नहीं है जो तुम्हारी मदद कर सके, केवल तुम्हीं हो—यह एक बड़ा उत्तरदायित्व है। इस बात से ही आदमी के नीचे की जमीन खिसकने लगती है, वह लड़खड़ाने लगता है, वह भयभीत हो उठता है, कंपने लगता है उसे बड़ी गहन पीड़ा होती है, और यह सत्य कि तुम अकेले हो, चिंता का कारण बन जाता है।

'परमात्मा मर चुका है,' नीत्शे ने यह बात केवल सौ वर्ष पहले ही कही; पतंजलि तो इसे पांच हजार वर्ष पहले से ही जानते थे। वे सभी लोग जो सत्य को जानते हैं, उन्होंने इस बात को अनुभव किया है कि परमात्मा मनुष्य की कल्पना है, वह आदमी की अपनी व्याख्या है, एक झूठ है—स्वयं को सांत्वना देने के लिए। इससे आदमी थोड़ी राहत महसूस करता है।

लोग अपने-अपने ढंग से व्याख्या किए चले जाते हैं। योग का पूरा का पूरा अभिप्राय ही यही है कि तुम सारी व्याख्याएं गिरा दो, अपनी दृष्टि को किसी भी तरह की कल्पित धारणा और विश्वास के बादलों से धुंधला न होने दो। चीजों को सीधे, स्पष्ट, भ्रम-रहित दृष्टि से देखो। अपनी ज्योति-शिखा को निर्धूम होकर जलने दो और जो कुछ भी विद्यमान है, मौजूद है उसे ही देखो।

एक बगीचे में दो आदमी अपनी-अपनी पत्नियों की व्याख्या कर रहे थे:

'मेरी पत्नी वीनस डिमिलो है।'

'तुम्हारा मतलब है कि उसका शरीर सुंदर है और वह लगभग नग्न ही रहती है?' दूसरे आदमी ने पूछा।

'नहीं, वह एंटीक है और थोड़ी पागल है।'

'मेरी पत्नी तो मुझे मोनालिसा की याद दिलाती है।'

'तुम्हारा अर्थ है कि वह फ्रेंच है और उसकी मुस्कान रहस्यमयी है?'

'नहीं, वह तो कैनवास की भांति सपाट है और उसे तो म्यूजियम में होना चाहिए।'

लोग अपने-अपने अर्थ, अपनी-अपनी व्याख्याएं किए चले जाते हैं।

हमेशा उनके पीछे छिपे अर्थ, उनके अभिप्राय को ही देखना, उनके शब्दों को नहीं। हमेशा उनके भीतर झांककर देखना, सुनना, उन बातों को मत सुनना जिन्हें वे कहते हैं। महत्वपूर्ण यह नहीं है कि वे क्या कहते हैं, महत्वपूर्ण यह है कि वे क्या हैं।

तुम्हारा परमात्मा, तुम्हारी पूजा-प्रार्थना महत्वपूर्ण नहीं हैं; तुम्हारे चर्च, तुम्हारे मंदिर महत्वपूर्ण नहीं हैं; केवल महत्वपूर्ण हो तो तुम ही। जब तुम प्रार्थना करते हो तो मैं तुम्हारी प्रार्थना को नहीं सुनता हूं, मैं तुम्हें सुनता हूं। जब तुम पृथ्वी पर घुटनों को झुकाते हो तो मैं तुम्हारे झुकने को नहीं देखता हूं, मैं तुम्हें देखता हूं। यह सभी बातें भय से आती हैं—और भय से निकला हुआ धर्म कोई धर्म नहीं हो सकता है। धर्म तो केवल समझ से ही संभव हो सकता है। और पतंजलि का पूरा प्रयास ही यह है कि धर्म भय रहित हो।

लेकिन लोग हैं कि पतंजलि की भी व्याख्या किए चले जाते हैं। वे अपने अनुरूप उनकी व्याख्याएं करते चले जाते हैं और फिर उनकी व्याख्याओं में पतंजलि तो खो जाते हैं। वे पतंजलि के नाम पर अपने ही हृदय की धड़कनों को सुनने लगते हैं।

किसी छोटे से स्कूल में एक शिक्षक ने देर से आने वाले एक विद्यार्थी से पूछा, 'तुम देर से क्यों आए?'

'ठीक है, बताता हूं। नीचे गली में एक सूचना लिखी हुई थी...'

शिक्षक बीच में ही टोकते हुए विद्यार्थी से बोला, 'भला उस सूचना का इस बात से क्या संबंध हो सकता है?'

विद्यार्थी ने कहा, 'उस पर लिखा था कि आगे स्कूल है, धीरे चलो।'

यह सब तुम पर निर्भर करता है कि जब तुम पतंजलि को पढ़ोगे तो क्या समझोगे, क्या उनकी व्याख्या करोगे। जब तक तुम स्वयं को हटाकर एक ओर न रख दोगे। तब तक तुम जो भी समझोगे गलत ही समझोगे। समझ केवल तभी संभव है जब तुम अनुपस्थित हो जाओ—तुम किसी प्रकार का हस्तक्षेप न करो, कोई अवरोध खड़ा न करो, बीच में कोई बाधा न डालो, उस पर किसी तरह का कोई रंग न चढ़ाओ, कोई रूप, आकार नहीं दो। तुम केवल द्रष्टा होकर—बिना किंसी धारणा, बिना किसी पूर्वाग्रह के समझने का प्रयास करो।

अब सूत्रों की बात करें :

'आधारभूत प्रक्रिया में छिपी अनेकरूपता द्वारा रूपांतरण में कई रूपांतरण घटित होते हैं।'

तुमने बहुत से चमत्कारों के विषय में, बहुत सी सिद्धियों के विषय में सुना होगा। पतंजलि कहते हैं कि किसी चमत्कार की कोई संभावना नहीं है : सभी चमत्कार एक सुनिश्चित नियम के अनुसार ही घटित होते है, या एक सुनिश्चित नियम का ही अनुसरण करते हैं। शायद तुम उस नियम को जानते हो। जब नियम ज्ञात नहीं होता है, तो लोग अपने अज्ञान के कारण सोचते हैं कि यह कोई चमत्कार है। पतंजलि किन्हीं चमत्कार इत्यादि में विश्वास नहीं करते। वे अपनी समझ, अपने ज्ञान में पूर्णतः वैज्ञानिक हैं। वे कहते हैं कि अगर कोई चमत्कार जैसा मालूम होता है, तो जरूर पीछे में कहीं कोई नियम भी विद्यमान होगा। हो सकता है शायद नियम के विषय में कुछ मालूम न हो, शायद तुम उस नियम से अनभिज्ञ हो—यहां तक कि जो व्यक्ति चमत्कार दिखा रहा हो, उसे भी शायद नियम का कुछ पता न हो, लेकिन फिर भी संयोगवशात वह जानता है उसके हाथ यह बात लग गई है कि उसका उपयोग कैसे करना, और वह उसका उपयोग करने लगता है।

सभी चमत्कारों का यह एक आधारभूत सूत्र है : 'आधारभूत प्रक्रिया में छिपी अनेकरूपता द्वारा रूपांतरण में कई रूपांतरण घटित होते हैं।'

अगर आधारभूत प्रक्रिया बदल जाती है, तो उसका प्रकट रूप भी बदल जाता है। शायद तुम्हें उस नियम की आधारभूत प्रक्रिया का पता न हो; तुम केवल चमत्कार का प्रकट रूप ही देखते हो। क्योंकि तुम केवल प्रकट रूप ही देख सकते हो, तुम उसमें गहरे जाकर उसके भीतर छिपी हुई प्रक्रिया को नहीं देख पाते हो, नियम की आधारभूत अंतर्धारा को नहीं देख पाते हो, तो तुम सोचने लगते हो कि कोई चमत्कार घटित हुआ है। चमत्कार जैसी कोई चीज होती ही नहीं है।

उदाहरण के लिए, पश्चिम के रसायन-शास्त्रियों ने साधारण धातु को सोने में बदल देने के लिए सदियों-सदियों तक बहुत कठोर श्रम किया। कुछ ऐसे विवरण भी मिले हैं जिससे मालूम होता है कि उनमें से कुछ को सफलता भी मिली है। अभी तक वैज्ञानिक इस बात को हमेशा अस्वीकार करते आए थे, लेकिन अब स्वयं विज्ञान ने इसमें सफलता पा ली है। अब उसे अस्वीकार नहीं किया जा सकता है—क्योंकि अब हम उस प्रक्रिया को जानते हैं। भौतिक-वैज्ञानिकों का कहना है कि सारा जगत अणुओं के जोड़ से बना है, और अणु इलेक्ट्रांस से बने हैं। तो फिर सोने और लोहे के बीच क्या अंतर है? यथार्थ में तो कोई अंतर नहीं है; दोनों तत्व इलेक्ट्रांस से, विद्युत कणों से मिलकर बने हैं। तब फिर क्या अंतर है? फिर वे एक दूसरे से भिन्न क्यों हैं? लेकिन सोना और लोहा दोनों एक-दूसरे से भिन्न हैं। और भेद क्या है? भेद केवल संरचना में है, आधारभूत तत्व में कोई भेद नहीं है।

कई बार इलेक्ट्रांस ज्यादा होते हैं, कई बार कम होते हैं—इससे ही भेद पड़ता है। मात्रा का भेद होता है, लेकिन तत्व तो वही होता है। संरचना अलग-अलग हो सकती है। एक ही तरह की ईंटों से कई तरह के भवन बन सकते हैं, ईंटें एक जैसी होती हैं। उन्हीं ईंटों से गरीब की कुटिया बन सकती है और उन्हीं ईंटों से राजा का महल खड़ा हो सकता है—ईंटें वही होती हैं। आधारभूत सत्य एक है। अगर चाहो तो कुटिया महल में परिवर्तित हो सकती है और महल कुटिया में परिवर्तित हो सकता है।

यह पतंजलि का आधारभूत सूत्र है: 'आधारभूत प्रक्रिया में छिपी अनेकरूपता द्वारा रूपांतरण में कई रूपांतरण घटित होते हैं।'

इसलिए अगर आधार में निहित प्रक्रिया समझ में आ जाए, तो तुम उन बातों को करने में सक्षम हो सकते हो जिन्हें सामान्य व्यक्ति नहीं कर सकते हैं।

'निरोध, समाधि, एकाग्रता—इन तीन प्रकार के रूपांतरणों में संयम उपलब्ध करने से—अतीत और भविष्य का ज्ञान उपलब्ध होता है।'

अगर व्यक्ति 'निरोध' पर एकाग्र होता है, दो विचारों के बीच के अंतराल पर एकाग्र होता है, और अगर उन अंतरालों को जोड़ता चला जाए, उन अंतरालों का संग्रह करता चला जाए—तो इसे ही पतंजलि 'समाधि' कहते हैं। और तब एक ऐसी स्थिति आती है जब व्यक्ति एक हो जाता है—एकाग्र हो जाता है। एकाग्रता—अगर यह स्थिति घटित हो जाती है: तो अतीत और भविष्य का ज्ञान होने लगता है।

अगर व्यक्ति भविष्य के बारे में जानता हो, तो बाह्य संसार के लिए यह अवश्य एक चमत्कारिक बात हो जाएगी। लेकिन इसमें किसी प्रकार का कोई चमत्कार नहीं है।

पश्चिम के एक बहुत ही अनूठे और विरले आदमी, स्विडनबर्ग के बारे में एक रिकार्ड मिला है। उसने एक प्रसिद्ध पादरी, वैसले को पत्र लिखा था और पत्र में उसने लिखा था 'अध्यात्म के जगत में मैंने एक उड़ती हुई खबर सुनी है कि आप मुझ से मिलना चाहते हैं।'

वैसले तो बड़ा हैरान हुआ, क्योंकि वह स्विडनबर्ग से मिलने के लिए सोच ही रहा था, लेकिन उसने यह बात किसी से कही न थी। उसे तो इस बात पर भरोसा ही न आया। वैसले ने स्विडनबर्ग को पत्र लिखकर पूछा, 'मैं तो बहुत ही चकित भी हूं और साथ में हैरान भी, क्योंकि मुझे नहीं मालूम कि आपका अध्यात्म के जगत से क्या मतलब है। मुझे नहीं मालूम कि आपने खबर सुनी है, आपका

इससे क्या मतलब है। लेकिन एक बात सुनिश्चित है कि मैं आप से मिलने की सोच ही रहा था—और यह बात मैंने किसी से कही भी नहीं है! मैं फलां-फलां तारीख को आपसे मिलने आऊंगा, क्योंकि मैं भ्रमण के लिए जा रहा हूं और तीन-चार महीने के बाद ही मैं आपके पास आ सकूंगा।'

स्विडनबर्ग ने उसे लिखा, 'वैसा संभव नहीं है, क्योंकि अध्यात्म के जगत में मैंने खबर सुनी है कि ठीक उसी दिन मैं मर जाऊंगा।'

और ठीक उसी दिन उसकी मृत्यु हो गई।

ऐसे ही एक बार स्विडनबर्ग अपने कुछ दोस्तों के साथ कहीं ठहरा हुआ था और अचानक वह चिल्लाने लगा, 'आग-आग!' स्विडनबर्ग के दोस्तों को कुछ समझ ही नहीं आया कि क्यों चिल्ला रहा है। लेकिन उसके आग-आग चिल्लाने पर वे वहां से भाग खड़े हुए। लेकिन बाहर जाकर देखते हैं तो वहां पर कहीं कोई आग इत्यादि न लगी थी, कुछ भी न था—बस वहां पर एक छोटा सा समुद्र के किनारे पर बसा हुआ गांव था। उसके दोस्तों ने स्विडनबर्ग से पूछा कि वह आग-आग क्यों चिल्लाया—और स्विडनबर्ग तो पसीने से ऐसे तरबतर हो रहा था और ऐसे कांप रहा था जैसे कि जहां वे ठहरे थे, वहीं पर आग लगी हुई हो। थोड़ी देर बाद वह बोला, 'कोई तीन सौ मील दूर एक शहर में बहुत जोर की आग लगी हुई है।' उसकी बात में कितनी सचाई है, यह जानने के लिए एक घुड़सवार को तुरंत वहां से रवाना किया गया। और जब घुड़सवार ने आकर बताया कि वहां पर आग लगी हुई है, तब कहीं जाकर उसके दोस्तों को भरोसा आया कि स्विडनबर्ग ठीक ही कह रहा था। वहां उस शहर में आग लगी हुई थी, और जिस समय वह चिल्लाया था, 'आग-आग!' उसी क्षण उस शहर के लोग सावधान हो गए थे।

स्वीडन की महारानी स्विडनबर्ग से प्रभावित थी। उसने स्विडनबर्ग से कहा, 'क्या आप मुझे ऐसा कोई प्रमाण दे सकते हैं, जिससे मैं यह विश्वास कर सकूं कि आपको भूत-भविष्य और वर्तमान का ज्ञान है?' स्विडनबर्ग ने अपनी आंखें बंद कर लीं और बोला, 'आपके महल में,' जहां कि वह कभी गया नहीं था, क्योंकि उसे महल में पहले कभी बुलाया नहीं गया था, और महल कोई सार्वजनिक स्थान तो था नहीं जहां हर कोई जा सकता हो...उसने बताया, 'अमुक कमरे में,' उसने कमरे का नंबर बताया, 'एक दराज है, जिसमें ताला लगा हुआ है और उसकी चाबी फलां-फलां कमरे में है। उस दराज को खोलो। उसमें तुम्हारे पति तुम्हारे लिए एक पत्र छोड़ गए हैं।' स्वीडन की महारानी के पति की मृत्यु हुए करीब बारह वर्ष बीत चुके थे। 'और पत्र में यह संदेश है...' उसने वह संदेश लिखकर दे दिया। कमरा खोजा गया, चाबी खोजी गई, वह दराज खोली गई। और उस दराज में वह पत्र रखा हुआ था और उसमें ठीक वही शब्द लिखे हुए थे जो स्विडनबर्ग ने लिखकर दिए थे।

पतंजलि कहते हैं, अगर 'निरोध' पूर्णता को उपलब्ध हो जाए, तो वही समाधि बन जाता है। अगर समाधि उपलब्ध हो जाए, तो व्यक्ति एकाग्रचित्त हो जाता है, उसकी चेतना एक तलवार की भांति तेज धार वाली हो जाती है : और उसके साथ ही अतीत और भविष्य के ज्ञान का आविर्भाव हो जाता है। क्योंकि तब समय मिट जाता है और व्यक्ति शाश्वत का हिस्सा हो जाता है। तब न तो अतीत अतीत रह जाता है और न ही भविष्य भविष्य रह जाता है। तब समय मिट जाता है और तीनों एक साथ उपलब्ध हो जाते हैं।

लेकिन इसमें चमत्कार जैसा कुछ भी नहीं है। इसके पीछे सीधा-साफ, आधारभूत नियम है। कोई भी इसे समझकर इसका उपयोग कर सकता है।

'शब्द और अर्थ और उसमें अंतर्निहित विचार, ये सब उलझावपूर्ण स्थिति में, मन में एक साथ चले आते हैं। शब्द पर संयम पा लेने से पृथकता घटित होती है और तब किसी भी जीव द्वारा निःसृत ध्वनियों के अर्थ का व्यापक-बोध घटित होता है।'

पतंजलि कहते हैं, अगर व्यक्ति ध्वनि पर संयम को उपलब्ध कर लेता है—अर्थात धारणा, ध्यान और समाधि, अगर इन तीनों को कोई व्यक्ति किसी भी जीवित-प्राणी द्वारा बोली गई कोई भी ध्वनि पर एकाग्र कर ले—चाहे वह ध्वनि किसी भी पशु या पक्षी की हो—तो व्यक्ति उसका अर्थ, उसका भाव पहचान लेगा।

पश्चिम में सेंट फ्रांसिस के विषय में ऐसी कथाएं हैं कि वे जानवरों से बातें किया करते थे। यहां तक कि वे गधों से भी बातें करते थे और उन्हें ब्रदर डंकी, कहकर पुकारा करते थे। फ्रांसिस जंगल में चले जाते और पक्षियों से बात करना शुरू कर देते थे और पक्षी उनके चारों ओर मंडराने लगते थे। फ्रांसिस नदी के किनारे जाकर मछलियों को आवाज लगाते, बहनो, और हजारों मछलियां नदी के भीतर से सिर ऊपर निकालकर फ्रांसिस की बातें सुनने लगती थीं। और ये वे विवरण हैं, जिनके साक्षी बहुत से लोग हैं बहुत से लोगों ने फ्रांसिस को इस तरह से पशु-पक्षियों से बातें करते हुए देखा था।

लुकमान, जिसने यूनानी चिकित्सा-शास्त्र की आधारशिला रखी, उसके विषय में कहा जाता है कि वह वृक्षों के पास चला जाता और वृक्षों से उनकी विशेषताओं, उनके गुणों के बारे में पूछता: 'सर, आपका उपयोग कौन से रोग के लिए किया जा सकता है?' और वृक्ष उत्तर देते थे। सच तो यह है कि लुकमान ने इतनी दवाइयों के नाम और विवरण बताए हैं कि आधुनिक वैज्ञानिक चकित हैं, क्योंकि उस समय दवाइयों के नाम जानने के लिए किसी तरह की कोई प्रयोगशालाएं तो थी नहीं, कोई भी वैज्ञानिक पद्धति तो मौजूद न थी; इसलिए प्रयोग करने की कोई संभावना न थी। केवल अभी कुछ समय से हम वस्तुओं के भीतर छिपे हुए विशिष्ट तत्वों को जानने-समझने में सक्षम हो पा रहे हैं, लेकिन लुकमान उन दवाइयों के बारे में पहले से ही बता चुका है।

पतंजलि कहते हैं, इसमें भी कोई चमत्कार नहीं है। अगर व्यक्ति एकाग्रचित्त होकर अपने ध्यान को केंद्रित कर लेता है—तो वह एक हो जाता है, केंद्रित हो जाता है, और तब निर्विचार होकर किसी भी ध्वनि को सुना जा सकता है—तब वह ध्वनि ही अपने भीतर छिपे हुए सत्य को उदघाटित कर देती है। और इस ध्वनि को सुनने के लिए भाषा के ज्ञान की आवश्यकता नहीं है, बल्कि केवल व्यक्ति को मौन को समझना आना चाहिए। अगर व्यक्ति भीतर से शांत हो तो मौन को समझ सकता है साधारणतः तो ऐसा होता है कि अगर व्यक्ति को अंग्रेजी भाषा आती है तो अंग्रेजी समझ सकता है, अगर फ्रेंच आती हो तो फ्रेंच समझ सकता है। ठीक ऐसे ही: अगर व्यक्ति भीतर से निर्विचार और शांत हो तो मौन को समझ सकता है। और मौन ही इस अस्तित्व की, इस ब्रह्मांड की भाषा है।

इस तरह से एकाग्रता के द्वारा व्यक्ति पूर्णरूपेण शांत और मौन हो जाता है। और उस परम शांत मौन की अवस्था में ही उसके समक्ष सभी कुछ उदघाटित हो जाता है, प्रकट हो जाता है—लेकिन इसमें चमत्कार जैसी कोई बात नहीं है।

पतंजलि चमत्कार शब्द को पसंद नहीं करते हैं। पतंजलि शुद्ध वैज्ञानिक हैं। अगर इस अस्तित्व में कुछ घटित होता है, तो उसमें चमत्कार जैसी कोई बात नहीं, उनकी तरफ से यह बात एकदम सीधी-साफ है।

एक दिन मैं मुल्ला नसरुद्दीन के घर गया, तो मुल्ला नसरुद्दीन और उसकी पत्नी रसोईघर में बर्तन साफ कर रहे थे। मैं और नसरुद्दीन का छोटा बेटा फजलू बाहर के कमरे में बैठे टेलीविजन देख रहे थे। कि अचानक जोर से बर्तन गिरने की आवाज आई। मैंने और फजलू ने बर्तन गिरने की आवाज तो सुनी, लेकिन फिर कोई और आवाज सुनाई नहीं पड़ी।

थोड़ी देर बाद फजलू बोला, 'यह मां ही है जिसने बर्तन पटके हैं।'

मैं थोड़ा हैरान हुआ, मैंने उससे पूछा, 'तुम्हें कैसे पता?'

'क्योंकि वह कुछ और बोली नहीं है।'

जब कुछ कहा नहीं जाता है, तो उसे समझने का एक ढंग होता है—क्योंकि वह न कहना ही कुछ कह देता है। मौन का अर्थ रिक्तता या खालीपन नहीं होता है। मौन के अपने संदेश हैं। क्योंकि व्यक्ति इतना अधिक विचारों से भरा हुआ है कि वह भीतर के उस निःशब्द स्वर को समझ ही नहीं सकता है, सुन ही नहीं सकता है,।

कभी जब कोयल बोलती हो तो उसकी आवाज को सुनना, कोयल के गीत को सुनना। पतंजलि कहते हैं, जब सुनो तो इतने ध्यानमग्न हो जाना कि तुम्हारे भीतर चलते हुए विचार तिरोहित हो जाएं—तब उस घड़ी निरोध का आविर्भाव होता है। निरोध कोई धीरे-धीरे घटित नहीं होता है: निरोध तो समाधि की भांति बरस जाता है। जब कोई विचार बाधा नहीं डालता है, चित्त में कहीं कोई अशांति नहीं होती है: तब एकाग्रता का प्रादुर्भाव होता है। अचानक कोयल को सुनते-सुनते उसके साथ एक हो जाते हो, तुम समझते हो कि वह क्यों पुकार रही है, क्योंकि हम सभी एक ही ब्रह्मांड के, एक ही अस्तित्व के हिस्से हैं। कोयल की उस पुकार में उसके हृदय का कोई भाव छिपा हुआ है। अगर तुम मौन हो, शांत हो तुम्हारे चित्त में किसी तरह की कोई हलचल नहीं है तो तुम कोयल की उस पुकार को, उसके हृदय में छिपे हुए भाव को समझ सकोगे।

पतंजलि कहते हैं: 'शब्द और अर्थ और उसमें अंतर्निहित विचार, ये सब उलझावपूर्ण स्थिति, मन में एक साथ चले आते हैं। शब्द पर संयम पा लेने से पृथकता घटित होती है और तब किसी भी जीव द्वारा निःसृत ध्वनियों के अर्थ का व्यापक बोध घटित होता है।'

मुल्ला नसरुद्दीन सारी दोपहर नीलामी-कक्ष में खड़ा-खड़ा चार सौ पचपन नंबर क्रोमियम के पिंजरे में रखे दक्षिण अफ्रीका के तोते को खरीदने की प्रतीक्षा कर रहा था। आखिरकार जब उसका नंबर आया और तोते को बिक्री के लिए लाया गया तो मुल्ला ने उस तोते को खरीद लिया लेकिन मुल्ला ने उस तोते को जितने में खरीदने का सोचा था, उससे कहीं अधिक दामों में वह तोता उसे खरीदना पड़ा। मुल्ला कुछ कर भी नहीं सकता था, क्योंकि मुल्ला की पत्नी उसी तोते को खरीदने के लिए मुल्ला के पीछे पड़ी हुई थी।

जब नीलाम करने वाले का सहायक मुल्ला के पास उसका नाम-पता लेने के लिए आया तो उसने मुल्ला से कहा, 'श्रीमान, आपने अपने लिए एक बहुत ही अच्छा तोता खरीदा है।'

इस पर मुल्ला बोला, 'हां-हां, मुझे मालूम है, यह तोता बहुत सुंदर है। लेकिन महाशय, एक बात पूछना तो मैं भूल ही गया कि क्या यह तोता बोलता भी है?'

सहायक ने थोड़ी हैरानी के साथ कहा, 'क्या कहा बोलता भी है? पिछले पांच मिनट से वही तो आपके खिलाफ बोली लगा रहा था।'

लेकिन हम तो अपने ही विचारों में ऐसे घिरे रहते हैं कि सुनता ही कौन है। तोते की कौन सुनता है? लोग तो अपने प्रेमियों की भी नहीं सुनते हैं। पत्नी की कौन सुनता है? पति की कौन सुनता है? पिता की कौन सुनता है? या बच्चे की कौन सुनता है? अपने ही मस्तिष्क में चलते विचारों में ऐसे तल्लीन और व्यस्त रहते हैं, अपने ही विचारों के घेरे से जकड़े रहते हैं, कि सुनने की कोई संभावना ही नहीं बचती है। सुनने के लिए मौन और शांत चित्त चाहिए। सुनने के लिए जागरूकता और सजगता चाहिए रहती है। सुनने के लिए एक गहन सहनशीलता और ग्राहकता की आवश्यकता होती है। श्रवण की कला ध्यान, सजगता, होश, और बोध की कला है; लेकिन यह तभी संभव है जब व्यक्ति निष्क्रिय और निश्चेष्ट हो।

'अतीतगत संस्कारबद्धताओं का आत्म-साक्षात्कार कर उन्हें पूरी तरह समझने से पूर्व-जन्मों की जानकारी मिल जाती है।'

और जब व्यक्ति मौन हो जाता है, शांत हो जाता है—जिसे पतंजलि 'एकाग्रता परिणाम' कहते हैं—वह रूपांतरण ही चेतना की एकाग्रता उपलब्ध करा देता है। जब वह एकाग्रता उपलब्ध हो जाती है तब अतीत के संस्कारों को देखना संभव है। तब व्यक्ति अपने अतीत में जाकर अपने पूर्व-जन्मों को देख सकता है। और अपने पूर्व-जन्मों को देख लेना बहुत ही महत्वपूर्ण है। क्योंकि अगर व्यक्ति अपने पूर्व-जन्मों को देख ले, तो तत्क्षण व्यक्ति कुछ अलग हो जाता है, फिर वह वही व्यक्ति नहीं रह जाता है। उसमें कुछ रूपांतरण हो जाता है। क्योंकि आदमी वह सब भूल जाता है जिसे वह पहले भी जी चुका है, और फिर वही-वही नासमझियों को दोहराए चला जाता है।

अगर हम पीछे की ओर मुड़कर अपने पूर्व-जन्मों में झांक सकें तो हम पाएंगे कि हम फिर-फिर उसी ढर्रे-ढांचे, उसी बंधी-बंधाई लकीरों में जीते रहे हैं...कि उसी तरह से ईर्ष्या से भरे हुए थे, दूसरों के मालिक होना चाहते थे, घृणा और क्रोध था, लालची थे, कि तुम संसार में स्वयं की सत्ता कैसे स्थापित हो जाए इसका प्रयत्न करते रहे; किसी भी तरह से धन, सफलता और महत्वाकांक्षा की प्राप्ति हो जाए, और हमेशा असफलता ही हाथ लगी और हमेशा की तरह मृत्यु ने आ घेरा, और सभी कुछ छिन्न-भिन्न हो गया। लेकिन फिर से जन्म और वही खेल फिर से शुरू हो जाता है...अगर व्यक्ति अपने पूर्व-जन्मों में फैले अपने अनंत जन्मों को देखने में सक्षम हो सके तो फिर वैसे के वैसे बने रहना संभव नहीं है? और जब एक बार वही क्रोध, वही घृणा, वही लोभ, वही हताशा को देख लेने पर उसी तरह से जीए चले जाना संभव नहीं है?

लेकिन हम हर बार भूल जाते हैं। हमारा अतीत अज्ञात में धूमिल होकर गहन अंधकार में खो जाता है। हमें पूर्व-जन्मों का पूर्णतः विस्मरण हो जाता है, कुछ भी याद नहीं रहता। हमारी स्मृति पर विस्मरण का एक पर्दा पड़ जाता है, और जब स्मृति पर विस्मरण का पर्दा पड़ जाता है तो फिर अतीत की ओर लौटना संभव नहीं हो सकता।

बंबई में एक आर्ट गैलरी का मालिक एक ग्राहक को चित्र दिखा रहा था, उस ग्राहक को अपनी पसंद का कुछ मालूम ही नहीं था कि उसकी पसंद क्या है। आर्ट गैलरी के मालिक ने उसे एक लैंडस्केप, पेंटिंग, पोर्ट्रेट, कुछ फूलों के चित्र दिखाए। लेकिन उसे दिखाने का कुछ भी नतीजा न निकला। 'क्या आप नग्न-चित्र देखना पसंद करेंगे?' आर्ट गैलरी के मालिक ने आखिरकार हारकर जोर से पूछा, 'क्या आप नग्न-चित्र देखना पसंद करेंगे?'

उस देखने वाले ग्राहक ने कहा, 'ओह नहीं-नहीं, मैं तो गाइनोकोलॉजिस्ट हूं।'

मेहरबानी करके डा. फड़नीस पर संदेह मत करने लगना। फड़नीस ने मुझ से कहा है कि यह बात मैं तुम लोगों से न कहूं।

अगर तुम गाइनोकोलॉजिस्ट हो, स्त्री-रोग विशेषज्ञ हो, तो तुम नग्न-चित्र में कैसे उत्सुक हो सकते हो? सच तो यह है फिर तो जो शरीर का आकर्षण भी होता है, वह भी समाप्त होने लगता है। जितनी अधिक शरीर की जानकारी होती है उतना ही शरीर का आकर्षण कम होता चला जाता है। जितना अधिक शरीर के बारे में जानकारी हो, उतना ही शरीर का सम्मोहन, शरीर का आकर्षण कम हो जाता है। जितनी अधिक शरीर की जानकारी हो, उतनी ही शरीर की व्यर्थता का बोध बढ़ जाता है।

अगर कोई व्यक्ति अपने पूर्व-जन्मों की स्मृतियों में उतर सके—और यह बहुत ही आसान है, इसमें कुछ भी मुश्किल नहीं है—बस केवल एकाग्रता चाहिए। बुद्ध ने अपने पूर्व-जन्मों की कथाएं कही हैं, जातक कथाएं—वे जातक कथाएं मनुष्य के लिए खजाना हैं। बुद्ध से पहले ऐसा कभी किसी ने नहीं किया था। प्रत्येक कथा महत्वपूर्ण और प्रतीकात्मक है—क्योंकि यही तो संपूर्ण मनुष्य-जाति की कथा है—वही मनुष्य की मूर्खता, वही लोभ, वही ईर्ष्या, वही क्रोध, वही करुणा, वही प्रेम—यही तो संपूर्ण मनुष्य-जाति की कथा है। अगर कोई व्यक्ति अपने अतीत में झांककर देख सके; तो वह देखना, वह दृष्टि पूरे भविष्य को बदल देती है। फिर वैसे के वैसे बने रहना संभव नहीं है।

एक सत्तर वर्ष के वृद्ध सज्जन ने बहुत ही साहस से हवाई जहाज में उड़ान भरने का निश्चय किया। और वे हवाई जहाज में जाकर बैठ गए। जब उड़ान पूरी होने के बाद वे हवाई जहाज से बाहर निकलने लगे तो पायलट की ओर मुड़कर बोले, 'श्रीमान, मैं आपको दोनों उड़ानों के लिए धन्यवाद देना चाहता हूं।'

'आप क्या कह रहे हैं?' पायलट ने कहा, 'आपने तो एक ही उड़ान भरी है।'

'नहीं, जनाब,' उस वृद्ध सज्जन ने कहा, 'मैंने दो उड़ानें भरी हैं—मेरी जिंदगी की पहली और अंतिम उड़ान।'

अनुभव आदमी को रूपांतरित कर देता है, लेकिन रूपांतरित होने के लिए अनुभव में होश और बोध होना चाहिए। लेकिन अगर अनुभव अमूर्च्छा में हो, बेहोशी में हो, तो रूपांतरण संभव नहीं है। हमने वैसा ही जीवन पहले जीया है जैसा कि हम अभी जी रहे है—कई-कई बार, कई-कई जन्मों में हमने ऐसा ही जीवन जीया है—लेकिन हम उसे भूल-भूल जाते हैं। और हम फिर से उसी लीक पर चलना शुरू कर देते हैं, और यह समझकर जैसे कि फिर से नए जन्म का प्रारंभ हो रहा है, हम फिर-फिर उसी तरह जीने लगते हैं और फिर से वही निराशा और हताशा ही हाथ लगती है। और इस तरह से हम पुनः-पुनः उन्हीं पुराने मार्गों पर चलते रहते हैं।

हो सकता है हमारा शरीर नया हो, लेकिन मन नया नहीं होता है, मन तो वही पुराना का पुराना होता है। शरीर तो नई बोतल की भांति होता है, और उसमें मन वही पुरानी शराब की भांति होता है। बोतलें बदलती चली जाती हैं और शराब वही की वही रहती है।

पतंजलि कहते हैं, अगर तुम एकाग्र हो जाओ—और यह संभव है, क्योंकि इसमें कोई रहस्य छिपा हुआ नहीं है। केवल थोड़ा सा प्रयास, संकल्प, दृढ़ता, और धैर्य की आवश्यकता है—तब जिन रूपों, आकारों में पहले रह चुके हो, वह सभी रूप और आकारों को देखने में तुम सक्षम हो जाओगे। और उसकी एक झलक भर, और पुराना ढर्रा-ढांचा सब ढह जाएगा। और इसमें जरा भी चमत्कार नहीं है। यह तो प्रकृति के नियम के अनुकूल सीधी-सरल बात है।

समस्या का मूल कारण है कि हम बेहोश हैं, मूर्च्छित हैं। समस्या इसलिए पैदा होती है, क्योंकि हम बार-बार मरते हैं और बार-बार जन्म लेते रहते हैं, लेकिन हर बार किसी न किसी तरह मूर्च्छा का पर्दा, बेहोशी का पर्दा बीच में आ जाता है और हमारा अपना अतीत ही हमसे छिप जाता है। हम बर्फ की उस चट्टान की भांति हैं—बर्फ की चट्टान का एक छोटा सा हिस्सा ही सतह पर होता है और बड़ा हिस्सा तो सतह के नीचे होता है—अभी तो हमारा व्यक्तित्व बिलकुल उस बर्फ की चट्टान के छोटे से हिस्से की भांति है, जो सतह से थोड़ा सा बाहर निकला हुआ है। हमारा पूरा अतीत तो सतह के नीचे छिपा हुआ है। जब व्यक्ति उस अतीत के प्रति जागरूक हो जाता है, तो फिर किसी और चीज की आवश्यकता नहीं रहती है। तब तो वह जागरूकता ही क्रांति बन जाती है।

रंगरूटों की एक टोली की परीक्षा लेने के लिए नौसेना के सार्जेंट ने उनमें से एक रंगरूट से पूछा, 'जोन्स, जब तुम राइफल साफ करते हो तो सब से पहले तुम क्या करते हो?'

'नंबर देखता हूं,' तत्काल जोन्स ने उत्तर दिया।

'भला राइफल साफ करने से इसका क्या संबंध है?' सार्जेंट ने पूछा।

जोन्स ने उत्तर दिया, 'मैं यह पक्का कर लेना चाहता हूं कि मैं अपनी ही राइफल साफ कर रहा हूं न!'

यही वह पाइंट है जिसे प्रत्येक व्यक्ति चूकता चला जाता है। हम नहीं जानते कि हम कौन हैं; हम नहीं जानते कि हमारा नंबर क्या है; हम नहीं जानते कि अब तक हम क्या करते रहे हैं। हम चीजों को भूलने में बहुत कुशल हो गए हैं। मनस्विदों का कहना है कि मनुष्य के लिए जो कुछ भी पीड़ादायी होता है, मनुष्य की प्रवृत्ति उसे भुला देने की होती है। ऐसा नहीं है कि हम सच में ही उसे भूल जाते हैं—हम उसे भूलते नहीं हैं वह सब हमारे अचेतन का हिस्सा बनता चला जाता है। और जब हम गहन सम्मोहन की अवस्था में होते हैं, तो जो कुछ भी अचेतन में छिपा होता है, वह ऊपर आ जाता है, और ऊपर आकर फूट पड़ता है। गहन सम्मोहन की अवस्था में हमारे अचेतन में जो कुछ भी छिपा होता है, वह वापस लौट आता है।

उदाहरण के लिए अगर मैं तुमसे पूछूं कि तुमने एक जनवरी उन्नीस सौ इकसठ के दिन क्या किया था। तो तुम्हें कुछ याद नहीं आएगा। हालांकि तुम एक जनवरी को मौजूद थे। एक जनवरी उन्नीस सौ इकसठ को तुम जीवित थे। तुम सभी उस दिन मौजूद थे, लेकिन सुबह से लेकर शाम तक तुमने क्या किया, यह तुममें से किसी को भी याद नहीं।

फिर किसी सम्मोहनविद के पास जाकर स्वयं को सम्मोहित होने दो। जब सम्मोहन की गहन अवस्था में वह तुमसे पूछेगा, 'तुमने एक जनवरी उन्नीस सौ इकसठ के दिन क्या किया था?' तो तुम सभी कुछ बता दोगे। यहां तक कि तुम एक-एक मिनट के बारे में बता दोगे—कि सुबह तुम सैर को गए थे और वह सुबह बहुत ही सुहावनी थी, और घास पर ओस की बूंदें चमक रही थीं, और तुम्हें अभी भी उस दिन की सुबह की ठंडक याद है, और बगीचे के किनारे लगी हुई झाड़ियां और बेलें काटी जा रही थीं, और वे सभी छोटी-छोटी बातें तुम्हें अभी भी याद हैं, और तुम अभी-अभी काटी हुई बेलों की सुगंध को फिर से भर सकते हो और सूर्योदय...और ऐसी ही छोटी-छोटी सभी बातें, पूरे विवरण और ब्योरे के साथ तुम्हें याद आने लगती हैं। और वह पूरा दिन तुम्हारे सामने ऐसे उपस्थित हो जाता है जैसे कि तुम फिर से उसे जीने लगे हो।

जब भी मन को ऐसा लगता है कि यह सब स्मरण रखना बहुत अधिक हो जाएगा, सभी कुछ स्मरण रखना एक बड़ा बोझ हो जाएगा, तो हम उसे अचेतन के तहखाने में फेंकते चले जाते हैं। और हमें उस तहखाने को खोजना होगा, क्योंकि उस अचेतन में बड़े खजाने भी छिपे हुए हैं। और हमें अचेतन के तहखाने की खोज करनी ही होती है, क्योंकि उनकी खोज के द्वारा ही हमें केवल उन मूढ़ताओं के प्रति होश आता है जिन्हें कि हम निरंतर दोहराए चले जाते हैं। इन मूढ़ताओं के पार हम केवल तभी जा सकते हैं जब कि अचेतन को पूरी तरह से देख लें, उसे समझ लें। अचेतन की अतल गहराइयों की समझ ही हमें स्वयं के अस्तित्व के ऊपर ले जाने का एक मार्ग बन जाती है।

आधुनिक मनोविज्ञान का कहना है कि चेतना के दो भेद हैं—चेतन और अवचेतन। लेकिन योग के मनोविज्ञान का कहना है कि एक और भेद है—और वह है परम चेतना। हम समतल भूमि पर रहते हैं, वह चेतना का तल है। उसके नीचे एक और तल है, अवचेतन का—जहां कि हमारे सारे अतीत का संग्रह मौजूद रहता है। और जब मैं कहता हूं कि संपूर्ण अतीत का संग्रह रहता है, तो मेरा मतलब है मनुष्य के रूप में होने वाले सभी जन्म, पक्षियों के रूप में होने वाले सभी जन्म, पेड़-पौधों के रूप में होने वाले सभी जन्म, चट्टानों, खनिज पदार्थों के रूप में होने वाले सभी जन्म—एकदम प्रारंभ से, अगर कोई प्रारंभ रहा होगा, या एकदम प्रारंभविहीन प्रारंभ से—वे सभी तरह के रूपांतरण जो पहले घटित हुए हैं, वे सब के सब अवचेतन में संगृहीत रहते हैं। और हर मनुष्य को उन रूपों में से होकर गुजरना ही पड़ता है।

और इस बात की प्रत्यभिज्ञा ही कि हर मनुष्य को उनमें से होकर गुजरना ही पड़ता है, उन सोपानों की कुंजी दे देती है जहां से यात्रा प्रारंभ की जा सकती है।

पतंजलि का कहना है कि सभी चमत्कार प्रकृति के नियम के तहत ही घटित होते हैं। सभी चमत्कार प्रकृति के नियमानुसार ही घटित होते हैं: और वह नियम है जब व्यक्ति एकाग्र चित्त हो जाता है। केवल एक ही चमत्कार है, और वह चमत्कार है एकाग्र चित्त होने का।

ये सूत्र वर्तमान के लिए या फिर कभी भविष्य के विज्ञान के विकास के लिए आधारभूत सूत्रों में से हैं। अब इस पर पश्चिम में बुनियादी कार्य का प्रारंभ हो गया है। जहां तक अतींद्रिय ज्ञान का संबंध है, पश्चिम में इस पर काफी कुछ किया जा रहा है; प्रकृति के पार क्या है, उसे जानने के लिए बहुत कुछ किया जा रहा है। लेकिन फिर भी अभी सभी कुछ अंधकार में है; अभी लोग केवल

अनजान में, अज्ञान में टटोल रहे हैं। जब यह सब बातें अधिक साफ और सुस्पष्ट हो जाएंगी, तब मनुष्य-चेतना के इतिहास में पतंजलि अपने सही स्थान में प्रतिष्ठित हो पाएंगे। पतंजलि मनुष्य-चेतना के इतिहास में अतुलनीय हैं—वे अंतर्जगत के प्रथम वैज्ञानिक हैं जो किसी तरह के अंधविश्वास में, किसी तरह के चमत्कार में विश्वास नहीं करते, और जो हर बात को वैज्ञानिक कसौटी के आधार पर प्रमाणित करते हैं।

'अतीतगत संस्कारबद्धताओं का आत्म-साक्षात्कार कर उन्हें पूरी तरह समझने से पूर्व-जन्मों की जानकारी मिल जाती है।'

हम यहां पर प्राइमल थेरेपी में इस दिशा में थोड़ा कार्य करते हैं; प्राइमल थेरेपी में हम थोड़ा पीछे की ओर, इसी जन्म में थोड़ा पीछे की ओर वापस लौटते हैं। लेकिन वह तो एक तैयारी भर है। अगर तुम उसमें सफल हो जाते हो तो फिर तुम्हें और भी गहरे ढंग से सहायता मिल सकती हैः जब तुम मां के गर्भ में थे, उन दिनों को याद करने में मदद मिल सकती है। मैं यहां पर एक नई चिकित्सा का प्रारंभ कर रहा हूं, हिप्नोथेरेपी। अग।र तुम प्राइमल थेरेपी में गहरे उतर सको तो और अधिक गहरे जाने में, मां के गर्भ में रहने के दिनों को याद करने में हिप्नोथेरेपी तुम्हारी मदद कर सकती है। फिर और गहरे जाना और अपने पिछले जन्म को स्मरण करना, कब तुम्हारी मृत्यु हुई थी; फिर और भी गहरे जाना, और इस तरह से अपने पिछले जीवन की घटनाओं में उतरते चले जाना।

अगर तुम पिछले एक भी जीवन की घटनाओं की स्मृतियों में उतर सको, तो तुम्हारे हाथ पूर्व-जन्म में उतरने की कुंजी लग जाएगी, फिर उस एक कुंजी के माध्यम से सभी अतीत के द्वार खोले जा सकते हैं।

लेकिन अतीत के द्वारों को खोलना क्यों पड़ता है? क्योंकि हमारे अतीत में ही हमारा भविष्य छिपा हुआ है। अगर हमें अपना अतीत ज्ञात हो, तो भविष्य में हम फिर से वही बातें नहीं दोहराएंगे। अगर उन बातों का बोध न हो, तो हम उन्हीं बातों को बार-बार दोहराते चले जाएंगे। फिर अतीत में जिस घटना क्रम को हमने बार-बार पुनरुक्त किया है, अब भविष्य में उसे पुनरुक्त करना संभव नहीं हो सकेगा। तब फिर भविष्य में हम पूर्णरूपेण एक नए मनुष्य होंगे।

योग इसी नए मनुष्य का विज्ञान है।

[redacted]

प्रवचन 8

नहीं और हां के गहनतम तल

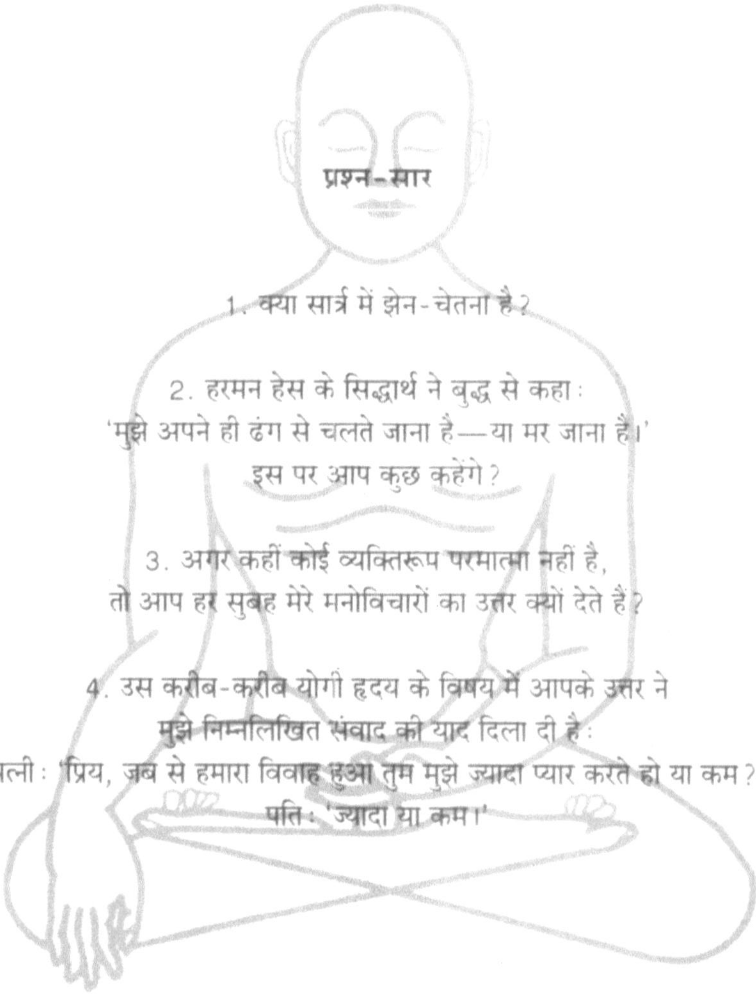

प्रश्न-सार

1. क्या सार्त्र में झेन-चेतना है?

2. हरमन हेस के सिद्धार्थ ने बुद्ध से कहा :
'मुझे अपने ही ढंग से चलते जाना है—या मर जाना है।'
इस पर आप कुछ कहेंगे?

3. अगर कहीं कोई व्यक्तिरूप परमात्मा नहीं है,
तो आप हर सुबह मेरे मनोविचारों का उत्तर क्यों देते हैं?

4. उस करीब-करीब योगी हृदय के विषय में आपके उत्तर ने
मुझे निम्नलिखित संवाद की याद दिला दी है :
पत्नी : 'प्रिय, जब से हमारा विवाह हुआ तुम मुझे ज्यादा प्यार करते हो या कम?'
पति : 'ज्यादा या कम।'

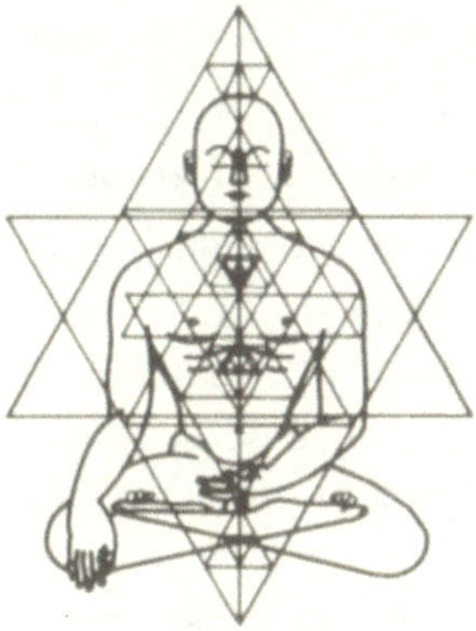

पहला प्रश्न: भगवान, एक बार आपने सार्त्र के विषय में बोलते हुए कहा था कि एक इंटरव्यू में जब उससे पूछा गया कि आपके जीवन में सबसे ज्यादा महत्वपूर्ण क्या है? तो सार्त्र ने उत्तर दिया था: 'सभी कुछ—जीवन को प्रेम करना, जीवन को जीना, सिगरेट पीना, सभी कुछ।'

और इस पर बोलते हुए आपने कहा था कि यह उत्तर बहुत कुछ झेन की भांति है। लेकिन क्या सार्त्र में झेन-चेतना है?

इसीलिए मैंने कहा था, यह उत्तर बहुत कुछ झेन की भांति है। पूरी तरह झेन नहीं है, लेकिन बहुत कुछ झेन की भांति है। वह करीब-करीब उस सीमा पर है जहां कि वह झेन हो सकता है। वह वहीं का वहीं चिपका हुआ भी रह सकता है जहां कि वह खड़ा हुआ है, और तब वह झेन न बन सकेगा। लेकिन अगर वह छलांग लगा सके तो झेन बन सकता है। सार्त्र वहीं खड़ा है जहां बुद्ध भी संबोधि को उपलब्ध होने से पहले खड़े थे, लेकिन बुद्ध भविष्य के लिए खुले हुए थे। बुद्ध अभी खोज रहे थे; वे अभी यात्रा पर थे। और सार्त्र अपनी नकारात्मकता में ही ठहर गया था।

जीवन में नकारात्मकता जरूरी है, लेकिन पर्याप्त नहीं। इसीलिए मैं तुमसे निरंतर कहे चला जाता हूं कि जब तक तुम परमात्मा के प्रति न कहने में सक्षम नहीं हो जाते, तुम हां कहने में भी कभी सक्षम न हो पाओगे। लेकिन केवल न कहना ही पर्याप्त नहीं है। न कहना आवश्यक है, लेकिन व्यक्ति को आगे जाते जाना है—न से हां तक, नकारात्मक से विधायक तक।

सार्त्र अभी भी नकारात्मक को ही पकड़े हुए है, नहीं को ही पकड़े हुए है। अच्छा है वह कम से कम वहां तक तो आ पहुंचा, लेकिन केवल नकारात्मकता पर्याप्त नहीं है। एक कदम और, फिर जहां नकारात्मकता भी खो जाती है, जहां नकारात्मकता को भी नकार दिया जाता है। नकारात्मक को नकार देना पूर्णरूपेण विधायक हो जाना है। और जब कोई नकारात्मकता को भी नकार देता है, तब उसके संपूर्ण अस्तित्व से हां आती है।

समझो कि तुम उदास हो। और तुम अपनी उदासी को भी स्वीकार कर लेते हो, तुम उदासी को इस भांति स्वीकार कर लेते हो जैसे कि 'यही अंत है।' तब यात्रा रुक जाती है। तब फिर कोई खोज, कोई तलाश शेष नहीं रह जाती है—तब तुम नकार में ही ठहर जाते हो। तुम अपना घर न में ही, नकार में ही बना लेते हो। तब तुम गतिमान नहीं रह जाते हो; तुम जड़ हो जाते हो, अवरुद्ध हो जाते

हो। फिर नहीं ही तुम्हारी जीवन-शैली बन जाती है। कभी भी किसी चीज को अपनी जीवन-शैली मत बनने देना। अगर तुमने नहीं को उपलब्ध कर लिया है तो वहीं पर मत रुक जाना। क्योंकि खोज अंतहीन है। चलते जाना, चलते ही चले जाना...।

एक दिन जब नहीं के एकदम गहन तल तक पहुंच जाओगे, तब तुम ऊपर सतह की ओर बढ़ने लगते हो। नहीं में जितने गहरे जा सकते हो, उतने गहरे जाओ। एक दिन तुम नहीं के गहनतम तल तक पहुंच जाओगे। फिर उसी जगह पर टर्निंग पाइंट आता है : जब तुम विपरीत दिशा की ओर बढ़ने लगते हो। तब हां का जगत प्रारंभ होता है। पहले तुम नास्तिक थे, अब तुम आस्तिक हो जाते हो। अब तुम संपूर्ण अस्तित्व के प्रति हां कहने में सक्षम हो जाते हो। तब वही उदासी आनंद में बदल जाती है, तब वही नहीं हां में बदल जाती है। लेकिन यह भी अंत नहीं है। आगे और आगे बढ़ते चले जाना है। जैसे नहीं चला गया, ऐसे ही एक दिन हां भी चला जाएगा।

यही है झेन का सार कि जहां हां और नहीं दोनों खो जाते हैं, और व्यक्ति पूरी तरह से धारणा-विहीन हो जाता है। तब किसी भी तरह का कोई विचार नहीं रह जाता है—बस उसके पास एक सुस्पष्ट-साफ नग्न-निर्वसन दृष्टि बच रहती है, जो किसी भी चीज से आच्छादित नहीं होती है—यहां तक कि अब हां भी नहीं बचता है। किसी तरह का कोई विचार, कोई मत, कोई सिद्धांत, कोई शिक्षा नहीं बच रहती है—फिर कोई भी विचार अवरुद्ध नहीं करता है, कोई बाधा शेष नहीं रह जाती है। इसे ही पतंजलि निर्बीज समाधि कहते हैं, बीज रहित समाधि कहते हैं। क्योंकि हां में तो फिर भी कहीं न कहीं बीज निहित रह सकता है।

जिस क्षण हां भी बिदा हो जाता है, वही घड़ी रूपांतरण की घड़ी है। यह वह बिंदु है जहां व्यक्ति पूरी तरह से तिरोहित हो जाता है, और साथ ही साथ उसी पल, उसी क्षण समग्र भी हो जाता है। इसी कारण बुद्ध परमात्मा के लिए न तो कभी हां कहेंगे, और न ही कभी न कहेंगे। अगर कोई बुद्ध से पूछे, 'ईश्वर है?' तो ज्यादा से ज्यादा वे मुस्कुरा देंगे। वह मुस्कान उनके ज्ञान को दर्शाती है। वे हां भी नहीं कहेंगे, वे न भी नहीं कहेंगे, क्योंकि वे जानते हैं कि दोनों ही बातें रास्ते के पड़ाव हैं, मंजिल नहीं—और अंततः दोनों ही बातें बचकानी हैं। वस्तुतः किसी भी चीज के साथ जब कोई चिपकने लगता है तो वह बचकानी हो जाती है। क्योंकि केवल एक बच्चा ही किसी चीज से चिपकता है, उसे पकड़ता है। परिपक्व व्यक्ति की तो सारी पकड़ छूट जाती है। और परिपक्वता वही है जिसमें किसी तरह की कोई पकड़ न हो—यहां तक कि हां की पकड़ भी न हो।

बुद्ध जितने ईश्वरमय हैं, उतने ही ईश्वर-विहीन भी हैं। जो लोग भी बुद्धत्व को उपलब्ध होते हैं, वे हां और नहीं दोनों के पार उठ जाते हैं, वे दोनों के पार चले जाते हैं।

स्मरण रहे, सार्त्र कहीं न कहीं अभी भी नहीं के छोर को, नकार के छोर को ही पकड़े हुए है। इसीलिए वह निरंतर उदासी, हताशा, चिंता, पीड़ा-व्यथा की ही चर्चा किए चला जाता है। नकार की ही चर्चा किए चला जाता है। उसने एक पुस्तक लिखी है, जो कि उसकी एक बड़ी महान साहित्यिक रचना है, 'बीइंग एंड नथिंगनेस।' इस पुस्तक में उसने यह प्रमाणित करने की कोशिश की है कि बीइंग, अस्तित्व जैसा कुछ भी नहीं है—उसने उस पुस्तक में अस्तित्व को समग्र रूप से नकारा है। इसके बावजूद भी वह उसे ही पकड़े रहे।

फिर भी सार्त्र एक प्रामाणिक व्यक्ति है। उसकी नहीं में, उसकी नकार में सच्चाई है। उसने इस नकार कहने को अर्जित किया है। उसने केवल परमात्मा को अस्वीकार ही नहीं किया है: वह उस अस्वीकार में जीया भी है। और इसके लिए उसने पीड़ा उठायी है, दुख उठाया है; इसके लिए उसने त्याग किया है। इसलिए उसकी नकार में, नहीं में एक प्रामाणिकता है।

तो दुनिया में दो तरह के नास्तिक होते हैं—जैसा कि प्रत्येक आयाम में, प्रत्येक दिशा में दो तरह की संभावनाएं होती हैं: प्रामाणिक और अप्रामाणिक। व्यक्ति किन्हीं गलत कारणों से भी नास्तिक बन सकता है। एक कम्युनिस्ट भी नास्तिक होता है, लेकिन वह सच्चा नास्तिक नहीं होता है। उसके नास्तिक होने के कारण झूठे होते हैं; उसके नास्तिक होने के कारण बनावटी होते हैं। उसने अपनी नकार को, नहीं को जीया नहीं है। उसके लिए उसने कुछ दांव पर नहीं लगाया है।

नहीं को, नकार को जीने का मतलब नकारात्मकता की वेदी पर स्वयं को बलिदान कर देने जैसा होता है। भयंकर पीड़ा और विषाद को झेलना पड़ता है। व्यक्ति अंधकार में टटोलता हुआ भटकता रहता है, और कभी-कभी मन की उस निराश अवस्था में चला जाता है जहां सिवाय अंतहीन अंधकार के और कुछ नहीं बचता है और जीवन में किसी तरह की कोई आशा नहीं रह जाती है। नहीं को जीने का मतलब है बिना किसी उद्देश्य के, बिना किसी अर्थ के जीना। और उस समय किसी भी तरह से किसी भी प्रकार के भ्रम का निर्माण नहीं करना है; क्योंकि बहुत से प्रलोभन मौजूद होते हैं। क्योंकि जब गहन अंधकार हो तो ऐसे बहुत से प्रलोभन उठते हैं कि कम से कम सुबह का सपना ही देख लो, सुबह के बारे में विचार ही कर लो, अपने आसपास सुबह को पा लेने का एक भ्रम ही खड़ा कर लो। और जब आशा का निर्माण होने लगता है, तो उसमें विश्वास भी आने लगता है, क्योंकि बिना विश्वास के आशा संभव ही नहीं है। अगर व्यक्ति विश्वास करता है तो आशा कर सकता है। जबकि विश्वास भी अप्रामाणिक होता है, अविश्वास भी अप्रामाणिक होता है।

सार्त्र की नहीं में, नकार में सचाई है। वह उस नकार में जीया है; उसने उसके लिए पीड़ा झेली है। इसलिए वह किसी भी विश्वास को नहीं पकड़ सकेगा। कैसा भी प्रलोभन हो, वह स्वप्न नहीं देखेगा। वह किसी भी तरह की आशा के लिए या भविष्य के लिए, या परमात्मा के लिए, या स्वर्ग के लिए वह स्वप्न नहीं देख सकेगा—नहीं, वह किसी प्रलोभन में नहीं पड़ेगा। वह अपनी नकार में अडिग रहेगा। वह तथ्य के साथ जुड़ा रहेगा: और उसके लिए तथ्य यह है कि जीवन का कोई अर्थ नहीं है। कहीं कोई परमात्मा इत्यादि आकाश में बैठा हुआ दिखायी नहीं पड़ता है, आकाश खाली नजर आता है। इस दुनिया में कहीं कोई न्याय दिखायी नहीं पड़ता है। अस्तित्व तो बस एक सांयोगिक घटना है—इस दुनिया में कहीं कोई सुव्यवस्था या संगति नहीं है, बल्कि असंगति और अव्यवस्था है।

और अव्यवस्था के साथ रहना थोड़ा कठिन होता है, या कहना चाहिए कि असंभव ही होता है। कहना चाहिए इतनी अव्यवस्था के बीच रहना या तो यह अमानवीय कार्य है, या अतिमानवीय कार्य है—इतनी अव्यवस्था के बीच रहना और कोई दिवास्वप्न नहीं देखना। क्योंकि उस अव्यवस्था के बीच व्यक्ति को ऐसा लगने लगता है जैसे कि वह पागल हो रहा है। यही वह अवस्था है जहां नीत्शे पागल हो गया था—उसी अवस्था में जिसमें सार्त्र है। नीत्शे पागल हो गया। इस नए विचार को प्रतिष्ठित करने वाला वह पहला आदमी था, प्रथम पथ-प्रदर्शक जिसने प्रामाणिकता के साथ नहीं

के लिए प्रयास किया। लेकिन अंत में वह स्वयं विक्षिप्त हो गया था। अगर बहुत से लोग नहीं को जीने की कोशिश करेंगे तो पागल हो ही जाएंगे—क्योंकि तब तो फिर दुनिया में कहीं कोई प्रेम नहीं रह जाएगा, किसी तरह की कोई आशा नहीं रह जाएगी, कहीं तब फिर जीने का कोई अर्थ नहीं रह जाएगा। तब व्यक्ति का जन्म अकारण होता है, सांयोगिक होता है। इसी कारण उसके भीतर और बाहर एक तरह की रिक्तता होती है, एक तरह का खालीपन होता है...क्योंकि जीवन का कहीं कोई उद्देश्य या लक्ष्य नहीं रह जाता है। तब कहीं कुछ पकड़ने को नहीं रह जाता है, तब जीवन में कहीं जाना नहीं है—फिर इस पृथ्वी पर होने के लिए, या रहने का कोई कारण नहीं बचता है।

इसलिए नकार में जीवन को जीना बहुत ही कठिन है, लगभग असंभव ही है।

सार्त्र ने इस नकार को अर्जित किया है, वह इसमें जीया है। सार्त्र एक ईमानदार आदमी है—एक ईमानदार अदम। उसने परमात्मा की अवज्ञा की। उसने नहीं कहने का साहस किया। और उसे आशाओं के, स्वप्नों के, इच्छाओं के बगीचे के बाहर उठाकर फेंक दिया गया। सार्त्र एकदम अकेला नग्न और निर्वसन होकर इस तटस्थ, भावना से शून्य ठंडे संसार में जीया था।

सार्त्र एक सुंदर व्यक्ति है, लेकिन अभी उसे एक कदम उठाने की और आवश्यकता है। उसे थोड़े से साहस की और आवश्यकता है। क्योंकि उसने अभी भी शून्य की गहराई को स्पर्श नहीं किया है।

और वह शून्य की गहराई को छूने के योग्य क्यों नहीं हो पाया? क्योंकि उसने शून्य के विषय में दर्शन-सिद्धांत बना लिया था। अब वह दर्शन ही उसे अपने अर्थ दे देता है। वह उदासी की बात करता है। क्या तुमने कभी किसी आदमी को अपनी उदासी के विषय में बात करते हुए देखा है? वह बात इसलिए करता है, क्योंकि बात करना उदासी को भगा देने में मदद करता है। इसीलिए तो लोग उदासी के बारे में बात किए चले जाते हैं। लोग अपने दुखी जीवन के बाबत बात किए चले जाते हैं। वे केवल बात करने के लिए ही बात करते हैं, और थोड़ी देर बाद सब भूल जाते हैं।

सार्त्र निरंतर कहे चले जाता है, इस बारे में तर्क करता चला जाता है कि जीवन में कुछ भी अर्थपूर्ण नहीं है, पूरा जीवन ही अर्थहीन है, व्यर्थ है। अब यही बात कि जीवन अर्थहीन है, व्यर्थ है सार्त्र के लिए अर्थपूर्ण हो गयी—कि अब इस बात के लिए कि जीवन अर्थहीन है, व्यर्थ है, इसके लिए तर्क करना है, इसके लिए संघर्ष करना है। यही वह बिंदु है जहां सार्त्र चूक गया। अगर वह थोड़ा और गहरे जाता, तो शून्य की अनंत गहराई निकट ही थी। अगर वह नकार की थोड़ी और गहराई में चला जाता, तो वापस वह हां की तरफ, विधायक की तरफ लौट आता।

नहीं से ही हां का जन्म होता है। अगर नहीं से हां का जन्म न हो तो जरूर कहीं कुछ गड़बड़ है। वरना तो ऐसा होना ही चाहिए। तुम देखते हो न, रात्रि के गहन अंधकार में से ही भोर का जन्म होता है। अगर रात्रि के बाद भोर न हो, सूरज नहीं उगे तो कहीं कुछ जरूर गड़बड़ है। और ऐसा भी हो सकता है कि सूरज मौजूद भी हो, लेकिन आदमी ने अपने मन में सोच लिया हो कि आंखें नहीं खोलनी हैं। वह अंधकार का अभ्यस्त हो गया होता है, या फिर वह अंधा हो गया होता है, या फिर आदमी अंधकार में इतना रह लिया है कि प्रकाश से उसकी आंखें चौंधिया जाती हैं और उसे अंधा बना देती हैं।

इस जीवन में या आगे के जीवन में एक कदम और, और सार्त्र सच में झेन हो जाएगा। वह हां कहने के योग्य हो जाएगा। और वह हां नहीं के ही कारण कह पाएगा। लेकिन स्मरण रहे, उसकी हां प्रामाणिक और सच्ची नहीं के कारण ही होगी।

क्या कभी तुमने किसी स्त्री की झूठी गर्भावस्था की घटना पर ध्यान दिया है? एक स्त्री को ऐसा विश्वास हो जाता है कि वह गर्भवती है। और केवल मात्र विश्वास करने के कारण, केवल मात्र विचार के द्वारा ही वह आत्म-सम्मोहित हो जाती है कि वह गर्भवती है। उसे लगने लगता है कि उसका पेट बढ़ रहा है—और पेट सच में ही बढ़ने लगता है। हो सकता है वहां हवा के अतिरिक्त और कुछ न हो। और उसका पेट हर महीने बड़ा और बड़ा, और बड़ा होता चला जाता है। बस उसका मन, उसका विचार पेट में हवा भरने में मदद करता है। और वहां है कुछ भी नहीं—भीतर कोई गर्भ नहीं है, कोई बच्चा नहीं है। वहां एक झूठा गर्भ है, इससे किसी बच्चे का जन्म न होगा।

जब कोई व्यक्ति बिना किसी मूल्य को चुकाए, बिना किसी अर्जन के, बिना जीए 'नहीं' कहता है—उदाहरण के लिए अब रूस में 'नहीं' कहना एक शासकीय नियम ही बन गया है। वहां हर आदमी कम्युनिस्ट हो गया है, और हर आदमी नास्तिक बन गया है। अब यह जो नहीं होगी, यह बोगस और बनावटी होगी, उसमें कोई अर्थ नहीं होगा—उतनी ही बोगस और बनावटी जितनी कि भारतीयों की हां होती है। अब यह जो नहीं है, यह एक तरह का कृत्रिम गर्भ है। लेकिन रूस में यह प्रशासकीय धर्म है; अब यह जो नहीं है, वह वहां की सरकार के द्वारा प्रचारित है। रूस में हर एक स्कूल में, कालेज में और यूनिवर्सिटी में, नहीं की ही पूजा हो रही है। अब नास्तिकता ही रूस का धर्म बन गई है, और हर एक व्यक्ति को नास्तिकता की शिक्षा दी जा रही है।

तो रूस में यह नहीं कृत्रिम गर्भ की तरह होगा। उनकी नहीं भी दूसरों के द्वारा नापी-तौली हुई होगी। जैसे कि कोई व्यक्ति ईसाई घर में या हिंदू घर में या मुसलमान घर में पैदा हो जाए और फिर उसे उसी धर्म के अनुसार शिक्षा दी जाए जिसमें कि वह पैदा हुआ है, तो धीरे-धीरे वह उसी में विश्वास करने लगता है।

एक छोटा बच्चा अगर अपने पिता को प्रार्थना करते हुए देखता है तो वह भी प्रार्थना करने लगता है, क्योंकि बच्चे हमेशा अपने बड़ों का अनुकरण करते हैं। अगर पिता चर्च में जाता है, तो बच्चा चर्च चला जाता है। जब वह यह देखता है कि यहां पर तो हर कोई किसी न किसी बात में विश्वास कर रहा है, तो वह भी विश्वास का दिखावा करने लगता है।

अब इसी से कृत्रिम गर्भ का जन्म होता है। अब पेट तो बढ़ता चला जाएगा, लेकिन उसमें से किसी बच्चे का जन्म नहीं होगा, उसमें से किसी जीवन का जन्म न होगा। केवल बढ़े हुए पेट के कारण व्यक्ति जरूर कुरूप हो जाएगा।

झूठी 'हां' भी हो सकती है, झूठी 'नहीं' भी हो सकती है; तब फिर उसमें से कुछ भी बाहर नहीं आएगा। वृक्ष की पहचान उसके फल से होती है, और कार्य का पता उसके परिणाम से ही चलता है। हम प्रामाणिक हैं या नहीं, इसका पता हमारे पुनर्जन्म से ही चलता है। यह तो हुई एक बात।

दूसरी बात ध्यान में रखने की यह है कि शायद तुम सच में ही गर्भ धारण किए हो, लेकिन अगर मां बच्चे को जन्म देने से ही मना कर दे, तो वह बच्चे को ही मार डालेगी। गर्भ में अगर बच्चा

हो, तो भी उस बच्चे को जन्म देने के लिए मां को सहयोग तो करना ही पड़ता है। जब नौ महीने के विकास के बाद बच्चा गर्भ से बाहर आना चाहता है, तो मां को भी सहयोग करना पड़ता है। क्योंकि बच्चे को जन्म देने में मां सहयोग नहीं देती है, इसीलिए उसे इतनी अधिक पीड़ा झेलनी पड़ती है। बच्चे का जन्म इतनी स्वाभाविक, और प्राकृतिक घटना है कि मां को कोई पीड़ा होनी ही नहीं चाहिए।

और जो लोग जानते हैं, उनका कहना है कि अगर मां बच्चे को जन्म देने में सहयोग करे तो बच्चे के जन्म की घटना स्त्री के जीवन के सर्वाधिक आनंदमयी घटनाओं में से एक है। उस स्त्री के लिए उस जैसी आनंद की कोई और बात नहीं है। स्त्री के लिए कोई भी संभोग का अनुभव इतना गहरा और आनंद का अनुभव नहीं होता है जितना कि जब एक स्त्री बच्चे के जन्म की प्रक्रिया में सहभागी हो रही होती है। एक नए जीवन को जन्म देने में, एक नए अस्तित्व के जन्म के साथ स्त्री का रोयां-रोयां तरंगायित और आंदोलित हो जाता है। बच्चे को जन्म देने में वह परमात्मा का माध्यम बन जाती है। तब वह स्रष्टा बन जाती है। उसके शरीर का रोआं-रोआं, उसके शरीर का पोर-पोर एक नयी धुन के साथ थिरकने लगता है; उसके अस्तित्व में एक नया गीत, नई धुन सुनायी देने लगती है। वह परम आनंद में डूब जाती है। कोई भी संभोग का अनुभव इतना गहरा नहीं होता, जितना कि स्त्री के मां बनने का अनुभव होता है।

लेकिन अभी तो ठीक इसके विपरीत हो रहा है। स्त्री का रोआं-रोआं आनंदित होने की अपेक्षा, वह एक भयंकर पीड़ा से गुजरती है। और वह पीड़ा से इसलिए गुजरती है, क्योंकि बच्चे को जन्म देते समय वह संघर्ष करती है। बच्चा बाहर आ रहा होता है, बच्चा गर्भ छोड़ रहा होता है, बच्चा बाहर आने को तैयार होता है—वह बाहर बड़े विशाल संसार में आने को तैयार होता है—और मां बच्चे को पकड़े रहती है, उसे बाहर आने में मदद नहीं देती है। वह बंद रहती है, बच्चे को बाहर आने में मदद करना तो दूर, वह उसके बाहर आने में बाधा डालती है। वह खुली नहीं होती है। अगर स्त्री सच में ही बंद रहे तो बच्चे को मार भी डाल सकती है।

ऐसा ही सार्त्र के साथ हो रहा है: सार्त्र के गर्भ में बच्चा तैयार है, और उसने सच में गर्भ धारण किया है, लेकिन अब वह बच्चे को जन्म देने से भयभीत है। अब नहीं ही उसके जीवन का एकमात्र ध्येय बन गया है, जैसे कि स्वयं गर्भ ही ध्येय हो, बच्चा ध्येय न हो। जैसे कि किसी स्त्री को गर्भ ढोने में इतना आनंद आता हो कि बच्चे को जन्म देने से वह भयभीत हो कि अगर बच्चा पैदा हो गया तो वह कुछ खो देगी। लेकिन गर्भावस्था जीवन-शैली नहीं बननी चाहिए। गर्भावस्था तो एक प्रक्रिया है, वह प्रारंभ होती है और समाप्त होती है। उसे पकड़ना नहीं चाहिए। सार्त्र उसे पकड़ रहा है, उससे चिपक रहा है, वहीं पर वह चूक रहा है। दुनिया में ऐसे बहुत से नास्तिक हैं, जो व्यर्थ के नास्तिक हैं। दुनिया में ऐसे बहुत थोड़े से नास्तिक हैं, जो सच्चे अर्थों में नास्तिक हैं। लेकिन अगर कोई सच्चे अर्थ में नास्तिक हो, तब भी वह चूक सकता है।

किसी भी तरह के विचार को, या दृष्टि को अपना सिद्धांत मत बन जाने देना, क्योंकि अगर एक बार वह हमारा सिद्धांत बन जाती है तो उसके साथ हमारा अहंकार जुड़ जाता है, और तब फिर हम उसका सब भांति बचाव करते हैं, उसके बचाव के लिए तर्क करते हैं, और उसे सिद्ध करने के लिए सभी प्रकार के प्रमाण जुटाते हैं।

अमिताभ ने एक छोटी सी कहानी भेजी है। उसे समझना ठीक होगा :

ब्रुकलिन के एक यहूदी संत ने एक दूसरे यहूदी संत से पूछा, 'वह हरी चीज क्या है जो दीवार पर लटकी रहती है और सीटी बजाती है?'

एक पहेली : कि वह हरी चीज कौन सी है, जो दीवार पर लटकी रहती है और सीटी बजाती है?

दूसरे यहूदी संत ने गंभीरतापूर्वक कहा, 'मैं नहीं जानता।'

पहले संत ने कहा, 'एक लाल हिलसा।'

दूसरा संत बोला, 'मगर तुमने तो कहा था कि वह हरी है।'

पहला संत, 'तुम उसको हरे रंग में रंग सकते हो।'

लाल हिलसा, लेकिन फिर भी तुम उसे रंग तो सकते हो!

दूसरा संत : 'लेकिन तुमने तो कहा था कि वह दीवार पर लटकी रहती है।'

पहला संत : 'निश्चित ही तुम उसे दीवार पर लटका सकते हो।'

दूसरे संत ने कहा, 'लेकिन तुमने तो कहा था वह सीटी बजाती है।'

पहला संत : 'ऐसे वह सीटी नहीं बजाती है।'

इस तरह लोग बात को आगे और आगे चलाए चले जाते हैं। मौलिक बात तो बचती नहीं है, लेकिन तो भी उसे पकड़े चले जाते हैं। और फिर यही उनकी इगो-ट्रिप बन जाती है, उनका अहंकार बन जाता है।

सार्त्र एक प्रामाणिक और ईमानदार आदमी है, लेकिन उसकी पूरी यात्रा इगो-ट्रिप बन गयी है, अहंकार की यात्रा बन गयी है। उसे थोड़े से साहस की और हिम्मत की आवश्यकता है। हां, मैं तुम से कहता हूं कि नहीं कहने के लिए साहस चाहिए; लेकिन हां कहने के लिए तो और भी अधिक साहस चाहिए। क्योंकि नहीं कहने में तो अहंकार भी सहयोगी हो सकता है, उसमें तो अहंकार का भी पोषण हो सकता है। प्रत्येक नहीं के साथ अहंकार सहयोगी हो सकता है। नहीं कहना अच्छा लगता है, क्योंकि उससे अहंकार को पोषण मिलता है, उससे अहंकार और अधिक मजबूत होता है। लेकिन हां कहने में समर्पण चाहिए; इसलिए हां कहने के लिए अधिक साहस की आवश्यकता होती है।

सार्त्र को अपने ढंग में, अपने व्यवहार में पूरी तरह से रूपांतरण की जरूरत है, जहां कि अंततः नहीं हां में रूपांतरित हो जाती है। तब सार्त्र झेन की भांति न होगा, वह झेन ही होगा।

और झेन के भी पार है बुद्धावस्था। बुद्धावस्था है झेन के भी पार : परम संबोधि, पतंजलि की निर्बीज समाधि, बीज रहित समाधि—जहां हां भी गिर जाता है, क्योंकि हां भी नहीं के विरुद्ध ही होता है। जब नहीं सच में गिर जाता है, तो हां को ढोने की भी जरूरत नहीं रह जाती है।

हम क्यों कहते हैं कि परमात्मा है? क्योंकि हमें इस बात का भय है कि कौन जाने शायद परमात्मा न हो। हम नहीं कहते कि अभी दिन है। हम नहीं कहते कि यही सूर्योदय है, क्योंकि हम जानते हैं कि ऐसा है ही। जब कभी हम जोर देते हैं कि यह ऐसा है, तो हमारे गहरे अचेतन में कहीं भय छिपा होता है। हम भयभीत होते हैं कि शायद ऐसा न भी हो। उसी भय के कारण हम जोर दिए चले जाते हैं, और हां कहे चले जाते हैं। और इसी तरह से लोग कट्टर और मतांध बन जाते हैं। और फिर वे अपनी मतांध धारणाओं के लिए मरने-मारने को भी तैयार हो जाते हैं।

दुनिया में इतनी मतांधता क्यों है? क्योंकि लोग सच में ही जानते नहीं हैं। भीतर से तो वे भयभीत हैं। वे भयभीत हैं—अगर कोई आदमी नहीं कह देता है, तो वह दूसरों के लिए चिंता का कारण बन जाता है। क्योंकि दूसरे लोग भी नहीं कहना तो चाहते हैं, लेकिन वे अपनी नहीं को अभी भी कहीं भीतर छिपाए हुए रहते हैं। अगर कोई नहीं कह देता है तो उनकी नहीं भी जीवंत होने लगती है, और तब वे स्वयं से ही भयभीत होने लगते हैं। इसीलिए वे मतांधता की आड़ में एकदम बंद जीवन जीते हैं, ताकि कोई उनके विचारों को, सिद्धांतों को हिला न डाले।

लेकिन जो सच में ही हां को उपलब्ध हो जाता है, उसे हां कहने की भी क्या जरूरत होगी? बुद्ध परमात्मा के विषय में कुछ नहीं कहते हैं, कोई बात ही नहीं करते हैं परमात्मा की। बुद्ध तो बस हां और नहीं की पूरी की पूरी मूढ़ता पर मुस्कुराते हैं। बुद्ध के पास जीवन की कोई व्याख्या नहीं है। क्योंकि बुद्ध के लिए जीवन परिपूर्ण है—आत्यंतिक रूप से परिपूर्ण और परिशुद्ध है। परमात्मा के बारे में कुछ बताने के लिए किसी विचारधारा की, या किसी सिद्धांत की आवश्यकता नहीं होती है। परमात्मा को सुनने के लिए तो बस मौन और शांत होना पर्याप्त है। हम परमात्मा में हो सकते हैं, उसे महसूस कर सकते हैं, उसमें जी सकते हैं। लेकिन हमेशा स्मरण रहे : जो लोग बहुत ज्यादा हां से जुड़े होते हैं, वे जरूर कहीं न कहीं अपने भीतर नहीं को दबा रहे होते हैं।

दूसरा प्रश्न पूछा है अमिताभ ने :

हरमन हेस के सिद्धार्थ ने बुद्ध से कुछ इस प्रकार कहा है :

'ओ श्रेष्ठतम, असीम प्रतिष्ठा के स्वामी, निस्संदिग्ध रूप से मैं आपकी देशनाओं पर श्रद्धा करता हूं। आपके द्वारा बताई हुई हर बात एकदम स्पष्ट और स्वयंसिद्ध है। आप संसार को एक समग्र, अटूट श्रृंखला के रूप में बताते हैं, जो पूर्णरूपेण सुसंगत है, और बड़े और छोटे, सभी को एक ही धारा-प्रवाह में आबद्ध किए हुए है। एक क्षण को भी मुझे आपके बुद्ध होने के प्रति संदेह नहीं होता है। आप उस परमावस्था को उपलब्ध हो गए हैं जहां पहुंचने के लिए न जाने कितने लोग प्रयासरत हैं। आपने स्वयं के असाध्य श्रम और खोज से बुद्धत्व को हासिल किया है। आपने किन्हीं भी धर्म-देशनाओं द्वारा कुछ भी नहीं सीखा है। और इसीलिए मैं सोचता हूं, ओ श्रेष्ठतम, असीम प्रतिष्ठा के स्वामी, कि कोई भी व्यक्ति धर्म-देशनाओं द्वारा मुक्ति नहीं पा सकता है। आप अपनी देशनाओं के माध्यम से किसी को यह नहीं बता सकते कि आपको संबोधि के क्षण में क्या घटित हुआ—वह रूपांतरण जिसे बुद्ध ने स्वयं अनुभव किया, वह गुह्यतम रहस्य क्या है—जिसे लाखों-लाखों लोगों में सिर्फ बुद्ध ने अनुभव किया।

'इसीलिए मुझे अपने ही ढंग से चलते जाना है—किसी दूसरे और बेहतर सदगुरु की तलाश नहीं करनी है, क्योंकि कोई और बेहतर है ही नहीं, पहुंचना तो अकेले ही है—या मर जाना है।'

भगवान इस पर आप कुछ कहेंगे?

हरमन हेस की सिद्धार्थ बहुत ही विरल पुस्तकों में से एक है, वह पुस्तक उसकी अंतर्तम गहराई से आयी है। हरमन हेस सिद्धार्थ से ज्यादा सुंदर और मूल्यवान रत्न कभी न खोज पाया, जैसे

वह रत्न तो उसमें विकसित ही हो रहा था। वह इससे अधिक ऊंचाई पर नहीं जा सकता था। सिद्धार्थ, हेस की पराकाष्ठा है।

सिद्धार्थ बुद्ध से कहता है, 'आप जो कुछ कहते हैं सच है। इससे विपरीत हो ही कैसे सकता है? आपने वह सब समझा दिया है जिसे पहले कभी नहीं समझाया गया था; आपने सभी कुछ स्पष्ट कर दिया है। आप बड़े से बड़े सदगुरु हैं। लेकिन आपने संबोधि स्वयं के असाध्य श्रम से ही उपलब्ध की है। आप कभी किसी के शिष्य नहीं बने। आपने किसी का अनुसरण नहीं किया; आपने अकेले ही खोज की। आपने अकेले ही यात्रा करके संबोधि उपलब्ध की है, आपने किसी का अनुसरण नहीं किया।'

'मुझे आपके पास से चले जाना चाहिए,' सिद्धार्थ गौतम बुद्ध से कहता है, 'आप से ज्यादा बड़े सदगुरु को खोजने के लिए नहीं, क्योंकि आपसे बड़ा सदगुरु तो कोई है ही नहीं। बल्कि इसलिए कि सत्य की खोज मुझे स्वयं ही करनी है। केवल आपकी इस देशना के साथ मैं सहमत हूं...।'

क्योंकि बुद्ध की यह देशना है: अप्प दीपो भव! अपने दीए स्वयं बनो! किसी का अनुसरण मत करो; खोजो, अन्वेषण करो, लेकिन किसी का अनुसरण मत करो, किसी के पीछे मत चलो।

'मैं इससे सहमत हूं,' सिद्धार्थ ने कहा, 'इसलिए मुझे जाना ही होगा।'

सिद्धार्थ उदास है। बुद्ध को छोड़कर जाना उसके लिए बड़ा कठिन रहा होगा; लेकिन उसे जाना ही होगा—क्योंकि उसे सत्य को खोजना है, सत्य को जानना है, या फिर मर जाना है। उसे अपना मार्ग खोजना है।

इस संबंध में मेरी अपनी दृष्टि क्या है?

संसार में दो तरह के लोग हैं। निन्यानबे प्रतिशत लोग हैं जो अकेले नहीं जा सकते। अकेले अगर वे खोजने का प्रयास करेंगे, तो वे हमेशा गहरी नींद में ही सोए रहेंगे। अकेले यात्रा करना, स्वयं के सहारे यात्रा करना, इसकी संभावना कम ही होती है। उन्हें कोई चाहिए जो कि उन्हें जगा दे; उन्हें कोई चाहिए जो उन्हें झंझोड़कर, उन्हें आघात करके, उन्हें चोट करके उन्हें उनकी नींद से जगा दे। उन्हें कोई चाहिए जो उनकी मदद करे। लेकिन दूसरी तरह के लोग भी हैं। जो कि केवल एक प्रतिशत हैं, जो अपना मार्ग स्वयं ही खोज सकते हैं।

बुद्ध इसी प्रथम रूप से संबंधित हैं। बुद्ध विरले लोगों में से हैं, जो एक प्रतिशत ही होता है। सिद्धार्थ भी इसी एक प्रतिशत वाले मार्ग का प्रतिनिधित्व करता है। वह बुद्ध को समझता है, वह बुद्ध से प्रेम करता है, वह बुद्ध का आदर करता है, उसकी बुद्ध पर श्रद्धा है, वह बुद्ध के प्रति भक्ति-भाव से भरा है। बुद्ध को छोड़कर जाते समय उसका हृदय बहुत ही उदास और पीड़ा से भर गया, लेकिन साथ ही वह जानता है कि उसे जाना ही होगा। उसे अपना मार्ग स्वयं ही खोजना होगा। उसे सत्य को स्वयं ही पाना होगा। वह बुद्ध की छाया नहीं बन सकता है; बुद्ध की छाया बनना उसके लिए संभव नहीं है, क्योंकि उसका वैसा ढंग नहीं है। लेकिन इसका यह मतलब भी नहीं है कि प्रत्येक व्यक्ति को अपने से ही खोज करनी है।

इस सदी में दो लोग बहुत महत्वपूर्ण हुए हैं: गुर्जिएफ और कृष्णमूर्ति। उनके होने के ढंग बिलकुल भिन्न हैं। कृष्णमूर्ति इस बात पर जोर देते हैं कि प्रत्येक व्यक्ति को स्वयं पर ही निर्भर होना

है। अकेले ही खोजना है और अकेले ही पहुंचना है। और गुर्जिएफ का जोर इस बात पर है कि सामूहिक प्रयास की आवश्यकता है—अकेले तो व्यक्ति कभी भी कैद से बाहर नहीं आ सकेगा। उन सभी शक्तियों से जो मनुष्य के लिए कैद का निर्माण कर रही हैं, उनका सामना करने के लिए सभी कैदियों को एकसाथ मिलना होगा। और सभी कैदियों को एकसाथ कैद से बाहर आने के साधन और तरीके खोजने होंगे—और उन्हें किसी ऐसे व्यक्ति का सहयोग चाहिए जो कैद से बाहर हो। अन्यथा वे बाहर आने का मार्ग न खोज पाएंगे, वे खोज न पाएंगे कि इस कैद से बाहर कैसे निकलना है। उन्हें किसी ऐसे व्यक्ति का सहयोग और मदद चाहिए जो कभी जेल में था और किसी भांति बाहर निकल आया है: ऐसा व्यक्ति ही सदगुरु होता है।

दोनों में कौन ठीक है? कृष्णमूर्ति को मानने वाले गुर्जिएफ की न सुनेंगे, गुर्जिएफ को मानने वाले कृष्णमूर्ति की न सुनेंगे, और अनुयायी हमेशा यही सोचते हैं कि दूसरा गलत है। लेकिन मैं तुम से कहता हूं कि दोनों सही हैं, क्योंकि मनुष्य-जाति में दोनों तरह के लोग हैं।

और कोई किसी से ऊपर नहीं है। तुम किसी भी तरह के मूल्यांकन करने की कोशिश मत करना। ठीक ऐसे ही जैसे कोई स्त्री है और कोई पुरुष है—कोई किसी से ऊंचा नहीं है कोई किसी से नीचा नहीं है; उनकी शरीर संरचना अलग-अलग ढंग की है। कुछ लोग हैं जो अकेले ही पा सकते हैं और उन्हें किसी की मदद की और सहयोग की जरूरत नहीं है—लेकिन इसमें और कुछ लोग हैं जिन्हें खोज के लिए किसी की मदद और सहयोग चाहिए रहता है। कोई किसी से ऊंचा नहीं है और कोई किसी से नीचा नहीं है; हर व्यक्ति का अपना-अपना ढंग है।

जो व्यक्ति अकेले नहीं पा सकता है, उस व्यक्ति के लिए समर्पण मार्ग होगा, प्रेम उसका मार्ग होगा, भक्ति उसका मार्ग होगा, श्रद्धा उसका मार्ग होगा। ऐसा मत सोचना कि श्रद्धा आसान है। श्रद्धा उतनी ही कठिन है जितना कि अकेले अपने से बढ़ना। कई बार तो श्रद्धा उससे भी अधिक कठिन होती है। और कुछ ऐसे लोग भी हैं जो अकेले ही यात्रा पर जाएंगे, अकेले ही खोज पर जाएंगे।

अभी कुछ दिन पहले एक युवक मेरे पास आया, और उसने मुझ से पूछा, 'क्या मैं स्वयं अकेले ही खोज नहीं कर सकता हूं? क्या मुझे आपका शिष्य होना पड़ेगा? क्या मुझे संन्यासी होना होगा? क्या मैं अपने से सत्य की खोज पर नहीं जा सकता? क्या मैं स्वयं ही मार्ग नहीं खोज सकता?' मैंने उससे कहा, 'तो फिर तुम मुझसे यह पूछने भी क्यों आए? तुम उस ढंग के नहीं हो जो अपने से मार्ग पर बढ़ सके। इतनी सी बात का निर्णय भी तुम नहीं कर सकते, तुम मुझसे पूछते हो! तो फिर क्या खाक किसी बात का निर्णय तुम अपने से कर पाओगे? यह भी तुम मुझसे पूछने आ गए। इस बात का निर्णय भी मुझे करना है—तो तुम शिष्य हो ही!' लेकिन वह बहस करने लगा; वह बोला, 'लेकिन आप तो कभी किसी गुरु के शिष्य नहीं रहे।' मैंने कहा, 'यह ठीक है, लेकिन मैं कभी किसी से पूछने भी नहीं गया। इस के लिए मैं कभी किसी के पास पूछने नहीं गया।'

और मेरी समझ यह है: कि जो लोग अकेले ही स्वयं की खोज के लिए जाते हैं उनमें विरले ही ऐसे होते हैं जो उपलब्ध होते हैं—क्योंकि बहुत बार अहंकार कहेगा कि तुम विरले व्यक्ति हो, कि तुम अपने आप अकेले ही बढ़ सकते हो, किसी का अनुसरण करने की कोई जरूरत नहीं है; और इस तरह से तुम्हारा अहंकार ही तुम्हें धोखा देगा, तुम अपने ही अहंकार के द्वारा धोखा खा जाओगे।

तुम किसी का अनुसरण न करो; तुम अपने ही अहंकार, अपनी ही कल्पना का अनुगमन करो—और यह बात तुम्हें न जाने कितनी खाइयों और खड्डों में ले जाएगी। और सच तो यह है, अहंकार की आड़ में तुम स्वयं का ही अनुगमन कर रहे होते हो, तुम आगे नहीं बढ़ रहे होते हो; तुम स्वयं के ही पीछे-पीछे चल रहे होते हो। और जबकि तुम अभी स्वयं ही उलझे हुए और अस्त-व्यस्त हो। ऐसी उलझन से भरी भ्रांत अवस्था में तुम कहां जाओगे? कैसे जाओगे?

इस बात को ठीक से और स्पष्ट रूप से समझ लेना। हमेशा अपने अंतस की आवाज सुनना। कहीं यह तुम्हारा अहंकार तो नहीं जो कह रहा हो कि किसी के अनुयायी मत बनो? अगर यह अहंकार कह रहा है, तो फिर तुम कहीं के न रहोगे। फिर तो तुम अहंकार के घेरे में ही उलझ जाओगे और उसी घेरे में चक्कर लगाते रहोगे। फिर तो किसी का अनुसरण करना ही अच्छा है। फिर तो किसी ऐसे समूह को जो एक ही यात्रा-पथ के सहभागी हों, या किसी सदगुरु को खोज लेना। इस अहंकार को गिर जाने दो कि तुम अकेले ही खोज सकते हो। क्योंकि यही अहंकार तुम्हें और-और नासमझियों में और व्यर्थ के खाई-खड्डों में ले जाएगा।

थोड़ा सिद्धार्थ के इन शब्दों की ओर ध्यान दो। वह कहता है:

'इसीलिए तो मुझे अपने ही ढंग से चलते जाना है—किसी दूसरे और बेहतर सदगुरु की तलाश नहीं करनी है, क्योंकि कोई और बेहतर है ही नहीं...'

सिद्धार्थ बुद्ध से बहुत अधिक प्रेम करता है; वह बुद्ध का आदर करता है। वह कहता है, आप जो कुछ भी कहते हैं बिलकुल स्पष्ट है। इससे पहले कभी किसी ने इतने स्पष्ट ढंग से नहीं समझाया है। चाहे आप बड़ी बात के विषय में कहें या छोटी बात के विषय में, जो कुछ भी आप कहते हैं पूरी तरह बोधमय होती है, हृदय को छूती है, हृदय को परिवर्तित करती है, और आपकी बातों के साथ मुझे एक तरह की समानुभूति अनुभव होती है। यह सब मैं भलीभांति जानता हूं।

फिर वह आगे कहता है, 'आप उपलब्ध हो चुके हैं। मैं आप से दूर इसलिए नहीं जा रहा हूं कि आपके प्रति मुझे कुछ संदेह है। नहीं, मुझे आपके प्रति बिलकुल संदेह नहीं है। मेरी आप पर श्रद्धा है। मैंने आपके सान्निध्य में, आपके माध्यम से कुछ अज्ञात की झलकें पायी हैं। आपके माध्यम से मैंने यथार्थ को देखा है, सचाई का साक्षात्कार किया है। मैं आपके प्रति अनुगृहीत हूं, लेकिन फिर भी मुझे जाना होगा।'

सिद्धार्थ का व्यक्तित्व ही ऐसा नहीं है जो शिष्यत्व ग्रहण कर सकता हो। इसके बाद वह संसार में वापस लौट जाता है, और वह संसार में जीने लगता है। कुछ समय तक सिद्धार्थ एक वेश्या के साथ रहता है। उसके साथ रहकर वह यह जानने-समझने की कोशिश करता है कि भोग का, आसक्ति का, मोह का, बंधन का रंग-ढंग और रूप क्या होता है। उसके साथ रहकर वह संसार के रंग-ढंग और पाप की प्रक्रिया की जानकारी प्राप्त करता है। और इस तरह संसार को भोगते हुए उसे धीरे-धीरे बहुत सी पीड़ाओं, निराशाओं, हताशाओं से गुजरकर उसमें बोध का उदय होता है। उसका मार्ग लंबा है, लेकिन वह बिना किसी भय के निर्भीकतापूर्वक, थिर मन से आगे बढ़ता चला जाता है। उसके लिए उसे चाहे कोई भी कीमत क्यों न चुकानी पड़े, वह तैयार है, या तो मरना है या पाना है। सिद्धार्थ ने अपने स्वभाव को पहचान लिया है और वह उसी के अनुरूप चल पड़ता है।

अपने सहज-स्वभाव को पहचान लेना आध्यात्मिक खोज में सर्वाधिक आधारभूत और महत्वपूर्ण बात है। अगर व्यक्ति इस बात को लेकर दुविधा में है कि उसका स्वभाव या स्वरूप किस प्रकार का है—क्योंकि लोग मेरे पास आते हैं, और आकर वे कहते हैं, 'आप कहते हैं कि अपने सहज-स्वभाव को, अपने स्वरूप को पहचान लेना सब से महत्वपूर्ण बात है, लेकिन हम तो जानते ही नहीं कि हमारा स्वभाव किस प्रकार का है, हमारा स्वरूप किस प्रकार का है'—तो फिर एक बार सुनिश्चित रूप से समझ लेना कि तुम्हारा ढंग अकेले होने का नहीं है। क्योंकि तुम तो अपने स्वभाव, अपनी प्रकृति के बारे में भी सुनिश्चित नहीं हो, उसका निर्णय भी किसी और को करना है, फिर तो तुम अकेले बढ़ ही न सकोगे। फिर इस अकेले होने के अहंकार को छोड़ देना। फिर तो वह केवल तुम्हारा अहंकार ही है।

ऐसा है, छिपे हुए गड्ढे बहुत से होते हैं। अगर तुम जाकर कृष्णमूर्ति के शिष्यों को देखो : तो सभी तरह के लोग वहां इकट्ठे हो गए हैं। सिद्धार्थ की तरह के लोग नहीं—क्योंकि ऐसे लोग क्यों जाएंगे कृष्णमूर्ति के पास? इस तरह के लोग, जिन्हें कोई गुरु चाहिए—और फिर भी वे अपने अहंकार को गिराने के लिए तैयार नहीं हैं; इस तरह के लोगों को तुम कृष्णमूर्ति के आसपास इकट्ठा हुआ पाओगे। यह एक सुंदर व्यवस्था है। कृष्णमूर्ति कहते हैं, 'मैं कोई गुरु नहीं हूं,' इससे उनके आसपास जो लोग इकट्ठे होते हैं, उनके अहंकार सुरक्षित रहते हैं। कृष्णमूर्ति नहीं कहते, 'समर्पण करो;' इसलिए उनके साथ किसी को कहीं कोई अड़चन नहीं आती है। सच तो यह है, कृष्णमूर्ति उन लोगों के अहंकार को बढ़ाते हैं, उनके अहंकार को पोषित करते हैं, उनके अहंकार में वृद्धि करते हैं : कि 'हर व्यक्ति को अपना मार्ग, अपना पथ अकेले ही खोजना है।' और यह सब सुनना, जो लोग उनके आसपास इकट्ठे होते हैं, उन्हें अच्छा लगता है। और वे लोग इसी तरह से कई-कई वर्षों से कृष्णमूर्ति को सुनते चले आ रहे हैं।

ऐसे बहुत से लोग हैं, जो कृष्णमूर्ति को चालीस वर्ष से सुनते चले आ रहे हैं। कई बार कृष्णमूर्ति को सुनने वाले लोग मेरे पास आ जाते हैं। और मैं उनसे पूछता हूं, अगर सच में ही तुमने कृष्णमूर्ति को सुना है, समझा है, तो तुम उनके पास जाना बंद क्यों नहीं कर देते? क्योंकि वे कहते हैं कि कोई गुरु नहीं है, और वे तुम्हारे गुरु नहीं हैं, और सिखाने को कुछ है नहीं और सीखने को भी कुछ नहीं है; जीवन में स्वयं के कठोर श्रम से ही व्यक्ति को खोज करनी है; व्यक्ति को स्वयं ही पहुंचना है। तो फिर तुमने कृष्णमूर्ति के साथ चालीस वर्ष क्यों नष्ट किए? और मैं उनके चहरे से पहचान सकता हूं कि पूरी समस्या यह है कि उन्हें गुरु की जरूरत है, लेकिन वे समर्पण नहीं करना चाहते। इसलिए यह एक तरह का आपस में अच्छा समझौता है : कृष्णमूर्ति कहते हैं कि समर्पण करने की कोई जरूरत नहीं है, और वे ऐसा ही लोगों को सिखाते चले जाते है; और उन्हें सुनने वाले ऐसा सुनते चले जाते हैं और यही सीखते चले जाते हैं।

कृष्णमूर्ति की अपेक्षा गुर्जिएफ के पास तुम कहीं अधिक बेहतर लोगों को पाओगे—जो लोग समर्पण कर सकते हैं, जो समर्पण करने के लिए तैयार हैं, जो समर्पण करने को एकदम तैयार हैं। लेकिन इसमें बचने के रास्ते भी हैं। क्योंकि ऐसे लोग भी हैं जो कुछ भी करना नहीं चाहते हैं। और जब वे कुछ करना नहीं चाहते हैं तो वे सोचते हैं कि यही समर्पण है। कुछ ऐसे लोग भी हैं जो कुछ

भी नहीं करना चाहते। वे कहते हैं, 'हम समर्पण कर देते हैं। लेकिन अब पूरी जिम्मेवारी आपकी है। अब अगर कुछ गलत हो गया तो आप उत्तरदायी होंगे। लेकिन गुर्जिएफ ऐसे लोगों को अपने पास नहीं फटकने देंगे। इस मामले में गुर्जिएफ बहुत कठोर थे। गुर्जिएफ इस तरह के लोगों के लिए ऐसी परिस्थिति उत्पन्न कर देते थे कि इस तरह के आलतू-फालतू के लोग अपने आप से ही कुछ घंटों में ही वहां से भाग खड़े होते थे। केवल कुछ थोड़े से ऐसे विरले लोग, जिन्होंने सच में ही समर्पण किया हो वहां टिक पाते थे।

उदाहरण के लिए, एक बार एक बहुत ही कुशल संगीतज्ञ गुर्जिएफ के पास आया। वह संगीतज्ञ अपनी कला के लिए बहुत विख्यात था। गुर्जिएफ ने उस संगीतज्ञ से कहा, अपना संगीत बंद करो और जाकर बगीचे में गड्ढे खोदो। और प्रतिदिन बारह घंटे उसे बगीचे में गड्ढे खोदने हैं। उस संगीतज्ञ ने ऐसा कठोर श्रम पहले तो कभी किया नहीं था। उसने हमेशा संगीत को ही बजाया था—साज ही बिठाया था। चूंकि वह संगीतज्ञ था, उसने हमेशा संगीत ही बजाया था, तो उसके हाथ भी बहुत ही नाजुक और कोमल थे; उसके हाथ कोई मजदूर के या किसी श्रमिक के कठोर हाथ तो थे नहीं। उसके हाथ अत्यंत सुकोमल स्त्रैण हाथ थे, और वे हाथ केवल एक ही कार्य जानते थे—वे हाथ केवल संगीत बजा सकते थे। जीवनभर तो उसने संगीत बजाया है, और अब यह आदमी कहता है...दूसरे दिन से ही उस संगीतज्ञ ने बगीचे में जाकर गड्ढे खोदने शुरू कर दिए।

इस तरह दिन भर वह गड्ढा खोदता और शाम को गुर्जिएफ आता और उससे कहता, 'अच्छा; बहुत अच्छा। अब मिट्टी को वापस गड्ढों में डाल दो। गड्ढों को वापस मिट्टी से भर दो। और जब तक तुम गड्ढों को वापस मिट्टी से भर न दो, तब तक सोना मत।' और वह फिर से चार-पांच घंटे तक लगातार गड्ढे भरता रहता था—और ठीक वैसे ही मिट्टी भरनी होती थी, जैसे वे पहले थे—क्योंकि गुर्जिएफ सुबह आकर देखेगा। सुबह गुर्जिएफ आता और कहता, 'ठीक है। अब दूसरे गड्ढे खोदो।' और ऐसा कोई तीन महीने तक चला।

ऐसे देखो तो गड्ढे खोदना व्यर्थ का काम है, लेकिन सवाल यह है कि अगर तुमने समर्पण कर दिया है, तो कर ही दिया है। फिर तुम्हें इस बात की फिकर लेने की जरूरत नहीं है कि गुर्जिएफ तुमसे क्या करवा रहा है। तुमको तो अपने मन को, अपने तर्क को, अपने विवाद को समर्पित कर देना है।

तीन महीने में उस संगीतज्ञ का रूप ही बदल गया, वह आदमी ही कुछ और हो गया। तब गुर्जिएफ ने उस संगीतज्ञ से कहा, अब तुम संगीत बजा सकते हो। अब तुम्हारे भीतर एक नए संगीत ने जन्म ले लिया है, जो पहले वहां नहीं था। अब तुमने अज्ञात को जान लिया है, अब तुमने अज्ञात के संगीत को सुन लिया है। उस संगीतज्ञ ने गुर्जिएफ से शिष्यत्व ग्रहण किया, उसने गुर्जिएफ पर श्रद्धा की, और जैसा गुर्जिएफ ने उससे कहा वैसा उसने किया।

जो लोग धोखा देने की कोशिश करेंगे, ऐसे लोग गुर्जिएफ के पास न टिक सकेंगे; वे तुरंत भाग निकलेंगे। कृष्णमूर्ति के साथ ऐसे लोग रह सकते हैं। क्योंकि कृष्णमूर्ति के साथ करने को तो कुछ है नहीं, न ही ध्यान करने को कुछ है...और कृष्णमूर्ति ठीक कहते हैं! लेकिन वे केवल एक प्रतिशत लोगों के लिए ही ठीक हैं। और यही है समस्याः क्योंकि तब वे एक प्रतिशत लोग कभी कृष्णमूर्ति को सुनने न जाएंगे। वे एक प्रतिशत लोग अपने से ही चलते हैं। अगर ऐसा आदमी कभी

संयोगवशात कृष्णमूर्ति को मिल भी गया, तो वह उनको धन्यवाद देगा। और आगे चल पड़ेगा। यही तो सिद्धार्थ ने किया।

सिद्धार्थ का बुद्ध से मिलना हुआ। उसने बुद्ध को सुना। जो कुछ बुद्ध कह रहे थे उस सौंदर्य को उसने अनुभव किया। उनकी उपलब्धि, उनकी संबोधि को सिद्धार्थ ने महसूस किया। बुद्ध की ध्यान की ऊर्जा ने सिद्धार्थ के हृदय को छुआ। बुद्ध के सानिध्य में उसने अज्ञात के आमंत्रण की पुकार सुनी; लेकिन सिद्धार्थ अपने स्वभाव को समझता था, अपने स्वभाव को पहचानता था। और फिर भी वह अपने हृदय में गहन श्रद्धा, प्रेम, और उदासी के साथ वहां से चला जाता है। वह कहता है, 'मैं आपके साथ रहना चाहता हूं, लेकिन मैं जानता हूं कि मुझे जाना होगा।'

वह बुद्ध को छोड़कर अपने किसी अहंकार के कारण नहीं गया। वह किसी और बड़े सदगुरु की तलाश में नहीं गया। वह गया, क्योंकि वह जानता है कि वह किसी का अनुयायी नहीं बन सकता है। उसका मन कहीं कोई बाधा नहीं डाल रहा है; उसने बुद्ध को बिना किसी मन के अवरोध के सुना; उसने बुद्ध को पहचाना, उसने बुद्ध को समझा। उसने बुद्ध को पूरी समग्रता से पहचाना और समझा, इसीलिए उसे जाना पड़ा।

अगर कोई व्यक्ति कृष्णमूर्ति को सच में ही ठीक से समझ ले, तो उसे कृष्णमूर्ति को छोड़कर जाना ही पड़ेगा। तब ऐसे व्यक्ति के पास बने रहने में कोई सार नहीं है; तब उसे जाना ही पड़ेगा। तुम गुर्जिएफ के साथ रह सकते हो। तुम कृष्णमूर्ति के साथ नहीं रह सकते, क्योंकि उनकी पूरी देशना ही अकेले की है, किसी मार्ग का अनुसरण नहीं करना है—सत्य का कोई मार्ग नहीं है, सत्य का द्वार तो द्वारविहीन द्वार है—और उस द्वार तक पहुंचने की केवल एक ही विधि है और वह है होशपूर्ण, जागरूक, और सचेत होने की। और कुछ भी नहीं करना है। जब यह बात समझ आ जाती है, तो तुम अनुगृहीत अनुभव करते हो, तब तुम श्रद्धा से भर उठते हो और अपने मार्ग पर बढ़ते चले जाते हो। लेकिन यह बात केवल एक प्रतिशत लोगों के लिए ही है।

और स्मरण रहे, अगर तुम्हारा वैसा ढंग नहीं है, तुम्हारा वैसा स्वभाव नहीं है, तो वैसा होने का दिखावा मत करना। क्योंकि तुम अपनी निजता को, अपने स्वभाव को बदल नहीं सकते हो। और कोई भी व्यक्ति अपने स्वभाव के अनुकूल होकर ही अपने स्वभाव के पार जा सकता है, अपने स्वभाव के प्रतिकूल होकर नहीं।

तीसरा प्रश्न : अगर कहीं कोई व्यक्तिरूप परमात्मा नहीं है, तो आप हर सुबह मेरे मनोविचारों का उत्तर क्यों देते हैं?

अगर सुनना मौजूद रहे, तो मेरे पश्चिम लौटने पर भी क्या यही प्रक्रिया निरंतर बनी रहेगी?

हां, मैं हर सुबह तुम्हारे मन में चलते हुए विचारों का उत्तर देता हूं। चाहे तुम मुझसे प्रश्न पूछो या न पूछो, चाहे तुम मुझे प्रश्न लिखकर भेजो या न भेजो। मैं तुम्हारे मन में चलते हुए विचारों का उत्तर देता हूं, क्योंकि कहीं कोई व्यक्तिरूप परमात्मा नहीं है। जब मैं कहता हूं कि कहीं कोई व्यक्ति के रूप में परमात्मा नहीं है, तो मेरा इससे अभिप्राय क्या है, प्रयोजन क्या है?

अगर कहीं कोई व्यक्ति रूप परमात्मा होगा तब तो वह बहुत ज्यादा व्यस्त हो जाएगा, तब तो तुम्हारे प्रश्नों का उत्तर देना ही असंभव हो जाएगा। वह अत्याधिक व्यस्त हो जाएगा—फिर तो उसके समक्ष सारे ब्रह्मांड की समस्याएं आ खड़ी होंगी। क्योंकि यह पृथ्वी ही तो कोई अकेली पृथ्वी नहीं है। जरा सोचो, अगर किसी व्यक्ति को, परमात्मा को केवल इसी पृथ्वी की ही समस्याओं को लेकर सोचना पड़े और तमाम चिंताओं और परेशानियों और प्रश्नों पर विचार करना पड़े, तो वह निश्चित रूप से पागल हो जाएगा—और यह पृथ्वी तो कुछ भी नहीं है। यह पृथ्वी तो धूल का एक कण मात्र है। वैज्ञानिक कहते हैं और ऐसा लगभग सुनिश्चित ही है कि जैसी यह पृथ्वी है, और इस पृथ्वी पर जितना विकसित जीवन है, इसी तरह की पचास हजार पृथ्वियां हैं, जिनमें से कुछ पृथ्वियां तो इस पृथ्वी से भी ज्यादा विकसित हैं—यह तो केवल अनुमान है—पचास हजार पृथ्वियां इस पृथ्वी से भी ज्यादा विकसित हैं, जितना गहरे हम ब्रह्मांड में जाएंगे, उतनी ही सीमाएं दूर होती चली जाती हैं, दूर होती ही चली जाती हैं। और एक बिंदु ऐसा आता है जब सीमाएं तिरोहित हो जाती हैं, क्योंकि यह ब्रह्मांड असीम है, इसका कोई ओर-छोर नहीं है। अगर कोई व्यक्तिरूप परमात्मा होता तो या तो वह बहुत पहले ही पागल हो गया होता, या फिर उसने आत्महत्या कर ली होती।

क्योंकि जब कहीं कोई व्यक्तिरूप परमात्मा नहीं है, तो चीजें बड़ी सीधी और सरल हो जाती हैं। तब संपूर्ण अस्तित्व ही परमात्मामय हो जाता है। तब कहीं कोई चिंता नहीं बचती है, कहीं कोई फिक्र नहीं है, कहीं कोई भीड़-भाड़ नहीं है। परमात्मा की आभा इस संपूर्ण अस्तित्व पर, इस संपूर्ण ब्रह्मांड पर फैली हुई है, वह किसी व्यक्तिगत परमात्मा तक ही सीमित नहीं है।

जब मैं तुम्हारे प्रश्नों का उत्तर देता हूं, और अगर मैं कोई व्यक्ति रूप होऊं तो फिर प्रश्नों के उत्तर देना बहुत कठिन हो जाएगा। फिर तुम लोगों की संख्या तो अधिक है, और मैं अकेला हूं। अगर मेरे ऊपर तुम सभी के मन एकसाथ कूद पड़ें, तो मैं पागल ही हो जाऊंगा। चूंकि मेरे भीतर कोई व्यक्ति नहीं रह गया है, इसलिए पागल होने की कोई संभावना नहीं है। मैं तो एक खाली घाटी के समान हूं। वहां पर कोई भी नहीं है जो कि प्रतिध्वनित हो रहा हो, बस खाली घाटी ही प्रतिध्वनित हो रही है। या फिर समझो कि मैं दर्पण मात्र हूं। तुम मेरे सामने आते हो : उस समय प्रतिबिंब बनता है और फिर प्रतिबिंब चला जाता है। दर्पण फिर खाली का खाली हो जाता है।

मैं यहां पर व्यक्ति के रूप में मौजूद नहीं हूं। मैं तो केवल एक शून्यता की भांति तुम्हारे बीच मौजूद हूं, इसलिए तुम्हारे प्रश्नों या विचारों के उत्तर देना मेरे लिए किसी तरह का कोई प्रयास नहीं है। और बात एकदम सीधी और साफ है, चूंकि तुम मेरे सामने मौजूद होते हो, तो जैसे तुम हो, मैं तुम्हें वैसा का वैसा प्रतिबिंबित कर देता हूं। और दर्पण के लिए प्रतिबिंब करना कोई प्रयास नहीं है।

किसी ने माइकल एंजलो से पूछा, 'तुम्हारे कार्य में एक तरह की अंतःप्रेरणा मालूम होती है।' माइकल एंजलो ने कहा, 'हां, तुम ठीक कहते हो। ऐसा ही है। लेकिन वह केवल एक प्रतिशत ही है। एक प्रतिशत अंतःप्रेरणा है और निन्यानबे प्रतिशत मेरा अथक श्रम है।' और वह ठीक कहता है।

लेकिन मेरे साथ अथक श्रम जैसी कोई बात नहीं है। मेरे साथ तो सौ प्रतिशत अंतःप्रेरणा ही है। मैं तुम्हारी समस्याओं के बारे में नहीं सोचता हूं। यहां तक कि मैं तुम्हारी बिलकुल फिक्र ही नहीं करता हूं। मैं तुम्हारे लिए चिंतित नहीं हूं। मैं तुम्हारी किसी तरह की कोई मदद करने की कोशिश नहीं

कर रहा हूं। तुम मौजूद हो, मैं मौजूद हूं: बस, इस मौजूदगी में ही दोनों के बीच कुछ घटित हो जाता है—मेरे शून्य और तुम्हारी उपस्थिति के बीच कुछ घटित हो जाता है जिसका न तो मेरे से कोई संबंध है, और न ही जिसका तुम्हारे साथ कुछ संबंध है। बस, ऐसे ही जैसे एक खाली, रिक्त, शून्य घाटी में तुम कोई गीत गाते हो; और खाली घाटी उसे दोहरा देती है, उसे प्रतिध्वनित कर देती है।

तो इससे कुछ अंतर नहीं पड़ेगा कि तुम यहां पर रहो या कि पश्चिम में रहो। अगर तुम्हें अपने भीतर कुछ अंतर महसूस होता है, तो वह तुम्हारे ही कारण है, मेरे कारण नहीं। जब तुम मेरे निकट होते हो, मेरे करीब होते हो, तो तुम ज्यादा खुला हुआ अनुभव करते हो। और यह भी तुम्हारा विचार मात्र ही है तुम्हारी ही धारणा है कि तुम यहां पर हो, इसलिए तुम ज्यादा खुला हुआ अनुभव करते हो। फिर जब तुम पश्चिम चले जाते हो, यह भी तुम्हारी ही धारणा है, तुम्हारा ही विचार है—कि अब तुम मुझसे बहुत दूर हो, अब तुम मेरे प्रति खुले हुए कैसे हो सकते हो—इस धारणा और विचार के कारण तुम बंद हो जाते हो।

इस धारणा को गिरा देना। और जहां कहीं भी तुम हो, मैं तुम्हें उपलब्ध रहता हूं। क्योंकि मेरी उपस्थिति कोई व्यक्तिगत उपस्थिति नहीं है, इसलिए इसे समय और स्थान से नहीं जोड़ा जा सकता है। इसका समय और स्थान से कोई संबंध नहीं है। तुम चाहे पश्चिम चले जाओ, या पृथ्वी के किसी भी छोर पर चले जाओ, लेकिन बस तुम मेरे प्रति खुले हुए रहना।

और इसे थोड़ा आजमाकर देखना। तुम में से बहुत से लोग यहां से जाने को हैं। रोज सुबह, भारतीय समय के अनुसार आठ बजे, उसी भांति बैठ जाना जैसे कि तुम यहां बैठते हो। और तुम उसी तरह प्रतीक्षा करना जैसे कि तुम यहां प्रतीक्षा करते हो, और तुरंत तुम्हें अनुभव होगा कि तुम्हारी समस्याओं के उत्तर मिल रहे हैं। और मेरे निकट होने की अपेक्षा यह अनुभूति कहीं ज्यादा सुंदर होगी, क्योंकि तब शरीर की निकटता न रहेगी। और तब यह अनुभव और अधिक प्रगाढ़ होता है। और अगर तुम ऐसा कर सको तो सभी तरह के स्थान की दूरी खो जाती है। क्योंकि सदगुरु और शिष्य के बीच कहीं कोई स्थान की दूरी नहीं होती है।

और तब फिर एक और चमत्कार की संभावना है: तब एक दिन समय को भी गिरा देना। क्योंकि एक न एक दिन मैं इस शरीर को छोड़ दूंगा; मैं यहां तुम्हारे बीच शरीर में मौजूद नहीं रहूंगा। अगर मेरे शरीर छोड़ देने के पहले तुम समय का अतिक्रमण नहीं कर पाते हो, तब तो फिर मैं तुम्हें उपलब्ध नहीं रह सकूंगा, तब तो मैं तुम्हें अनुपलब्ध ही रहूंगा। ऐसा नहीं है कि मैं अनुपलब्ध रहूंगा, मैं तो उपलब्ध रहूंगा ही, लेकिन यह तुम्हारा ही विचार होगा कि मैं संसार से बिदा हो चुका हूं, तो तुम मुझसे कैसे जुड़ सकते हो...तब तुम मेरे प्रति बंद हो जाओगे।

यह तुम्हारा अपना विचार है। तो सबसे पहले समय और स्थान से जुड़े विचार को गिरा देना। तो जहां कहीं भी तुम हो, भारतीय समय के अनुसार ठीक आठ बजे ध्यान में बैठना, और फिर समय को भी गिरा देना। किसी भी समय ध्यान में बैठने की कोशिश करना। पहले स्थान की सीमा को गिरा देना, फिर समय की सीमा को भी गिरा देना। और यह जानकर तुम आनंदित होगे कि जहां कहीं भी तुम हो, मैं तुम्हें उपलब्ध हूं। फिर कहीं कोई समस्या नहीं रह जाती है, तब फिर कोई प्रश्न नहीं रह जाता है।

बुद्ध ने जब शरीर छोड़ा तो उनके बहुत से शिष्य रोने-चिल्लाने लगे, लेकिन कुछ शिष्य थे जो बस शांत और मौन बैठे रहे। उन शिष्यों में मंजुश्री भी वहां था। वह बुद्ध के प्रमुख शिष्यों में से एक शिष्य था, वह पेड़ के नीचे बैठा हुआ था; वह वैसा का वैसा ही बैठा रहा। उसने जब सुना कि बुद्ध ने शरीर छोड़ दिया है, तो वह ऐसे ही बैठा रहा जैसे कि कुछ हुआ ही न हो। यह मनुष्य-जाति के इतिहास की बड़ी से बड़ी घटनाओं में से एक घटना है। क्योंकि इस पृथ्वी पर कभी-कभार ही बुद्ध जन्म लेते हैं, तो बुद्ध के संसार से चले जाने की बात ही नहीं उठती है; कभी सदियों में ऐसा घटित होता है। मंजुश्री के पास किसी ने जाकर कहा कि 'यहां इस वृक्ष के नीचे बैठे हुए आप क्या कर रहे हैं? क्या आपको यह बात सुनकर इतना अधिक सदमा पहुंचा है कि आप हिल-डुल भी नहीं रहे हैं? क्या आपको नहीं मालूम है कि बुद्ध ने शरीर छोड़ दिया है।' मंजुश्री हंसा और बोला, 'उनके जाने के पहले ही मैंने समय और स्थान की दूरी को गिरा दिया था। वे जहां कहीं भी होंगे, मेरे लिए उपलब्ध रहेंगे। इसलिए मुझे ऐसी व्यर्थ की सूचनाएं मत दो।' मंजुश्री अपनी जगह से हिला भी नहीं। बुद्ध के अंतिम समय में वह बुद्ध के दर्शन के लिए भी नहीं गया। वह एकदम शांत औंर मौन था। वह जानता था कि बुद्ध की मौजूदगी किसी समय और स्थान में सीमित नहीं है।

बुद्ध उन लोगों को ही उपलब्ध होते हैं, जो उनके प्रति सुलभ होते हैं, जो उनके प्रति खुले होते हैं। मैं तुम्हें उपलब्ध रहूंगा अगर तुम मेरे प्रति खुले हुए और सुलभ रहे। इसलिए मेरे प्रति खुलना और उपलब्ध होना सीख लेना।

अंतिम प्रश्नः भगवान, उस करीब-करीब योगी हृदय के विषय में आपके उत्तर ने मुझे निम्नलिखित संवाद की याद दिला दी है:

पत्नी: 'प्रिय, जब से हमारा विवाह हुआ तुम मुझे ज्यादा प्यार करते हो या कम?'

पतिः 'ज्यादा या कम।'

कम और ज्यादा की भाषा में प्रेम के विषय में पूछना मूढ़ता है, क्योंकि प्रेम न तो ज्यादा हो सकता है और न ही कम हो सकता है। या तो प्रेम होता है और या फिर नहीं होता है। प्रेम की कोई मात्रा नहीं होती; प्रेम तो गुण है। उसे मापा नहीं जा सकता है। प्रेम को अधिक या कम की भाषा में नहीं सोचा जा सकता। यह प्रश्न ही असंगत है। लेकिन प्रेमी हैं कि पूछते ही चले जाते हैं, क्योंकि वे जानते ही नहीं हैं कि प्रेम होता क्या है। प्रेम के नाम पर वे जो कुछ भी जानते हैं वह कुछ और ही होता होगा, वह प्रेम नहीं हो सकता है। क्योंकि प्रेम की कोई मात्रा नहीं होती।

कैसे तुम ज्यादा प्रेम कर सकते हो? कैसे तुम कम प्रेम कर सकते हो?

या तो तुम प्रेम करते हो, या तुम प्रेम नहीं करते हो।

या तो प्रेम तुम्हें चारों ओर से घेर लेता है और तुम्हें पूर्णरूप से भर देता है, या फिर प्रेम पूर्णरूप से तिरोहित हो जाता है और होता ही नहीं है—फिर प्रेम का एक निशान भी नहीं बचता है। प्रेम एक संपूर्णता है। उसे विभक्त नहीं किया जा सकता है, प्रेम का विभाजन संभव ही नहीं है। प्रेम अविभाज्य होता है। अगर प्रेम अविभाज्य नहीं है तो सचेत हो जाना। तो फिर जिसे तुमने अभी तक

प्रेम जाना है वह खोटा सिक्का है। ऐसे प्रेम को छोड़ देना—और ऐसे प्रेम को जितनी जल्दी छोड़ सको उतना ही अच्छा है—और असली सिक्के की, असली प्रेम की तलाश करना।

असली और नकली प्रेम में क्या फर्क होता है? असली और नकली प्रेम में फर्क यह है कि जब तुम खोटे सिक्के की भांति नकलीपन लिए प्रेम करते हो, तो तुम बस कल्पना ही कर रहे होते हो कि तुम प्रेम कर रहे हो। यह मन की चालाकी ही होती है। तुम कल्पना करते हो कि तुम प्रेम करते हो—जैसे कि सारा दिन भूखे रहो, उपवास करो और रात तुम सोने के लिए जाओ और सपने में देखो कि भोजन कर रहे हो। क्योंकि आदमी इतना प्रेम विहीन जीवन जीता है कि मन प्रेम के सपने ही देखता रहता है और अपने आसपास प्रेम के झूठे, एकदम झूठे सपने गढ़ता रहता है। वे सपने किसी भांति जीवन जीने में तुम्हारी मदद करते हैं। और इसीलिए सपने बार-बार टूटते हैं, प्रेम बिखरता है और तुम फिर से कोई दूसरा प्रेम का सपना बुनने लगते हो—लेकिन फिर भी कभी इस बात के प्रति कभी जागरूक नहीं होते कि इन सपनों से प्रेम में कोई मदद मिलने वाली नहीं है।

किसी ने गुर्जिएफ से पूछा कि प्रेम कैसे करें?

गुर्जिएफ ने कहा, पहले प्रामाणिक होओ, अन्यथा सभी प्रेम झूठे होंगे। अगर तुम्हारा प्रेम प्रामाणिक है, और तुम सच में ही प्रेम करते हो, और तुम्हारे प्रेम में होश और बोध है, तभी केवल प्रेम की संभावना होती है, वरना प्रेम की कोई संभावना नहीं है।

प्रेम तो आदमी की छाया की भांति होता है। केवल बुद्ध, क्राइस्ट, पतंजलि ही प्रेम कर सकते हैं। तुम तो अभी जैसे हो, प्रेम नहीं कर सकते हो। क्योंकि प्रेम तो तुम्हारे होने का एक ढंग है। अभी तुम्हारा होना ही पूर्ण नहीं है, अभी तो तुम पूरी तरह से जागरूक भी नहीं हो तो फिर प्रेमपूर्ण कैसे हो सकते हो।

प्रेम में जागरूकता और होश की आवश्यकता होती है। सोए-सोए, नींद में, मूर्च्छा में तुम प्रेम नहीं कर सकते हो। अभी तो तुम्हारा जो प्रेम है, वह प्रेम की अपेक्षा घृणा अधिक है—इसीलिए किसी भी क्षण तुम्हारा प्रेम खटाई में पड़ जाता है, किसी भी क्षण प्रेम टूट जाता है। किसी भी क्षण तुम्हारा प्रेम ईर्ष्या बन जाता है। तुम्हारा प्रेम किसी भी क्षण घृणा बन जाता है। तुम्हारा प्रेम सही अर्थों में प्रेम है ही नहीं। तुम्हारा तथाकथित प्रेम एक शारीरिक आवश्यकता है। उसमें कोई स्वतंत्रता नहीं है। उसमें परतंत्रता ही अधिक होती है—और फिर परतंत्रता किसी भी प्रकार की क्यों न हो, वह कुरूप और असुंदर होती है। एक सच्चा और वास्तविक प्रेम व्यक्ति को मुक्त करता है, वह व्यक्ति को पूर्ण स्वतंत्रता देता है। उसमें कोई शर्त नहीं होती है, वह बेशर्त होता है। वह कुछ मांगता नहीं है। वह तो बस अपने प्रेम को बांटता है, और दूसरे लोगों को उसमें सहभागी बनाता है। और इस बात के लिए प्रसन्न और अनुगृहीत होता है कि मैं अपने प्रेम में दूसरों को सहभागी बना सका, उसे दूसरों के साथ बांटना संभव हो पाया। और तुमने उसे स्वीकार किया इसके लिए वह अनुगृहीत होता है।

सच्चे प्रेम में किसी तरह की मांग नहीं होती है। यह बात दूसरी है कि सच्चे प्रेम के पास बहुत कुछ चला आता है, लेकिन उसकी तरफ से कोई मांग नहीं होती है।

अभी हमारे लिए ऐसा प्रेम कैसे संभव हो सकता है? क्योंकि अभी मुक्त बहने की हमारी तैयारी ही नहीं है। इसलिए हम प्रेम के नाम पर दूसरों को धोखा दिए चले जाते हैं। और ऐसा नहीं है

कि हम दूसरों को ही धोखा देते हैं : सच तो यह है हम स्वयं को भी धोखा देते हैं। और इसीलिए हम देखते हैं, और लगभग प्रतिदिन प्रत्येक विवाह में यह मजाक घटित होता है। पति को हमेशा चिंता लगी रहती है कि उसकी पत्नी उसे प्रेम करती है या नहीं? पत्नी को चिंता सताती रहती है कि उसका पति उसे प्रेम करता है या नहीं—कम या ज्यादा, कितना प्रेम करता है।

ऐसे व्यर्थ के प्रश्न पूछा ही मत करो। तुम स्वयं को देखना कि क्या तुम प्रेम करते हो? क्योंकि इसमें केवल दूसरे व्यक्ति का, सामने वाले व्यक्ति का ही सवाल नहीं है। वह कितना प्रेम करता है, या वह कितना प्रेम करती है, यह प्रश्न ही गलत है। हमेशा अपने से ही पूछना कि क्या तुम प्रेम करते हो? और अगर तुम प्रेम नहीं करते हो तो तुम और अधिक प्रामाणिक और प्रेम के प्रति सच्चे होने का प्रयास करना।

और तब फिर चाहे प्रेम के लिए सब कुछ दांव पर लगाना पड़े तो लगा देना। क्योंकि प्रेम इतना बहुमूल्य है कि उसके लिए सब कुछ दांव पर लगाना पड़े, तो भी वह कम है। जब तक व्यक्ति के पास प्रेम नहीं है, तब तक बाहर के सभी भोग-विलास के साधन और जो कुछ भी पास है वह सभी कुछ व्यर्थ है। प्रेम के लिए तो सब कुछ दांव पर लगा देना। क्योंकि प्रेम से ज्यादा कुछ भी मूल्यवान नहीं है। जब तक तुम प्रेम की गुणवत्ता को नहीं पा लेते हो, तब तक तुम्हारे बाहर के सभी कोहिनूर और हीरे-जवाहरात दो कौड़ी के हैं, उनका कोई मूल्य नहीं है। और अगर प्रेम की संपदा तुम्हारे पास हो, तो परमात्मा की भी आवश्यकता नहीं होती है, प्रेम ही अपने आप में पर्याप्त होता है।

मेरे देखे, अगर व्यक्ति सच में ही प्रेम करे, तो 'परमात्मा' शब्द संसार से बिदा हो जाएगा; इसकी कोई जरूरत न रहेगी। प्रेम ही अपने आप में इतना परिपूर्ण होगा कि वह परमात्मा की जगह ले लेगा। अभी तो लोग हैं कि परमात्मा के बारे में बोलते ही चले जाते हैं, क्योंकि वे अपने जीवन में प्रेम से पूरी तरह से खाली और रिक्त हैं। प्रेम उनके जीवन में है नहीं, और वे परमात्मा हो जाने की कोशिश कर रहे हैं। लेकिन परमात्मा तो निष्प्राण है—एक संगमरमर की ठंडी प्रतिमा, जिसमें कोई प्राण नहीं हैं।

प्रेम ही सच्चा परमात्मा है। प्रेम ही एकमात्र परमात्मा है। और परमात्मा कभी कम या ज्यादा नहीं होता—या तो होता है और या फिर नहीं होता है। तुम परमात्मा को खोजना। तुम्हें एक गहन खोज की आवश्यकता है; और ध्यान रहे परमात्मा की खोज के लिए एक निरंतर सजगता की आवश्यकता होती है। बिना सजगता के परमात्मा को नहीं खोजा जा सकता है।

और एक बात स्मरण रहे, अगर तुम प्रेम कर सको, तो तुम प्रेम करने में ही परिपूर्ण हो जाओगे। और अगर तुम प्रेम कर सको, तो तुम उत्सव मना सकोगे, और इस अस्तित्व के प्रति तुम अनुगृहीत होगे, और तब तुम अपने पूरे हृदय के साथ अस्तित्व को धन्यवाद दे सकोगे। अगर तुम प्रेम करने में समर्थ हो, तो मात्र शरीर में होना ही अदभुत आनंददायी हो जाता है। फिर किसी दूसरी चीज की आवश्यकता नहीं होती है। तब प्रेम ही आशीष बन जाता है।

[redacted]

प्रवचन 9

अनूठे अस्तित्व में

योग-सूत्र

प्रत्ययस्य परचित्तज्ञानम्।।१९।।

जो प्रतिछवि दूसरों के मन को घेरे रहती है, उसे संयम द्वारा जाना जा सकता है।

न च तत्सालम्बनं तस्याविषयीभूतत्वात्।।२०।।

लेकिन संयम द्वारा आया बोध उन मानसिक तथ्यों का ज्ञान नहीं करवा सकता
जो कि दूसरे के मन की छवि-प्रतिछवि को आधार देते हैं,
क्योंकि वह बात संयम की विषय-वस्तु नहीं होती है।

कायरूपसंयमात्तद्ग्राह्यशक्तिस्तम्भे चक्षुः प्रकाशासंप्रयोगेऽन्तर्धानम्।।२१।।

ग्राह्य-शक्ति को हटा देने के लिए, शरीर के स्वरूप पर संयम संपन्न करने से
द्रष्टा की आंख और शरीर से उठती प्रकाश-किरणों के बीच संबंध टूट जाता है,
और तब शरीर अदृश्य हो जाता है।

एतेन शब्दाद्यन्तर्धानमुक्तम्।।२२।।

यही नियम शब्द के तिरोहित हो जाने की बात को भी स्पष्ट कर देता है।

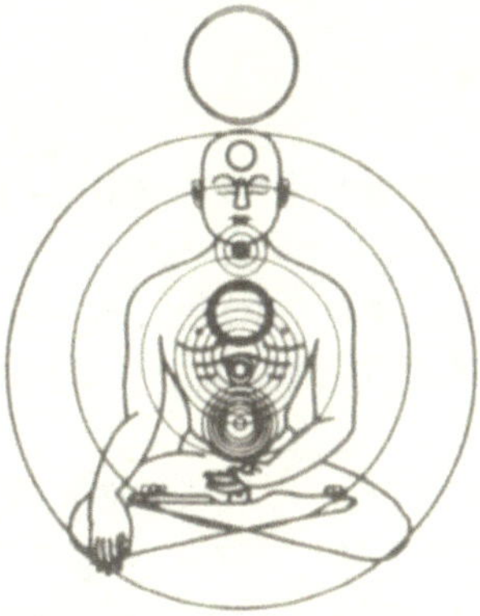

एक युवा सेल्समैन ने अपने मित्र से कहा, 'मुझे मेरी योग्यता पर से विश्वास उठने लगा है, आज का दिन बहुत ही खराब रहा और जरा भी बिक्री नहीं हुई। मुझे किसी ने भी घर में घुसने नहीं दिया, और मेरा चेहरा देखते ही लोगों ने जोर से दरवाजे बंद कर लिए, मुझे सीढ़ियों से धक्के मार-मारकर उतार दिया और मेरे सामान के जो नमूने थे, वे भी फेंक दिए और लोगों ने गुस्से से भरकर मुझे गालियां दीं और मेरे साथ मार-पिटाई करने की भी कोशिश की।'

उसके मित्र ने पूछा, 'तुम्हारा व्यवसाय क्या है?'

'बाइबिल,' उस युवा सेल्समैन ने कहा।

धर्म एक गंदा शब्द क्यों बनकर रह गया है? जैसे ही धर्म, परमात्मा या ऐसे ही किसी शब्द का नाम लेते ही लोग घृणा से क्यों भर जाते हैं? क्यों सारी की सारी मनुष्य-जाति इसके प्रति इतनी उपेक्षापूर्ण हो गयी है? जरूर कहीं कुछ धर्म के साथ गलत हो गया है। इसे ठीक से समझ लेना, क्योंकि यह कोई साधारण बात नहीं है।

धर्म जीवन की इतनी महत्वपूर्ण घटना है कि मनुष्य धर्म के बिना जीवित नहीं रह सकता है। और धर्म के बिना जीना, बिना किसी उद्देश्य के जीना है। धर्म के बिना जीवन, काव्यविहीन, सौंदर्यविहीन जीवन है। धर्म के बिना जीवित रहना उबाऊ है—यही सार्त्र कह रहा है जब वह कहता है: 'मैन इज़ ए यूज़लेस पैशन।' धर्म के बिना मनुष्य ऐसा हो जाता है। मनुष्य यूज़लेस पैशन नहीं है, लेकिन बिना धर्म के मनुष्य निश्चित ही ऐसा हो जाता है। अगर तुमसे ज्यादा ऊंचा कुछ न हो, तो फिर जीवन के सारे उद्देश्य तिरोहित हो जाते हैं। अगर मनुष्य को अपने से ऊपर पहुंचने की कोई ऊंची जगह न हो, ऊपर उठने को कुछ न हो, तो फिर मनुष्य के जीवन का कोई लक्ष्य, कोई उद्देश्य, कोई अर्थ नहीं रह जाता है। मनुष्य को अपने से ऊपर उठने के लिए, आकर्षित करने के लिए, उसे ऊपर की ओर खींचने के लिए उससे श्रेष्ठ कुछ होना चाहिए। कुछ इतना श्रेष्ठ होना चाहिए, ताकि वह नीचे अटककर न रह जाए।

बिना धर्म के मनुष्य का जीवन एक ऐसा जीवन होगा जिसमें फल-फूल नहीं आते। हां, तब बिना धर्म के मनुष्य एक यूज़लेस पैशन ही हो सकता है। लेकिन धर्म के साथ होकर मनुष्य के जीवन में एक सौंदर्य और खिलावट आ जाती है, जैसे कि परमात्मा ने उसे भर दिया हो। तो इसे ठीक से समझ लेना कि धर्म शब्द इतना गंदा क्यों हो गया है।

कुछ ऐसे लोग हैं जो निश्चित ही धर्म विरोधी हैं। कुछ ऐसे लोग भी हैं जो शायद पूरी तरह से धर्म विरोधी नहीं भी होंगे, लेकिन फिर भी वे धर्म के प्रति उपेक्षापूर्ण होते हैं। ऐसे लोग भी हैं जो धर्म के प्रति उपेक्षापूर्ण तो नहीं हैं, लेकिन जो केवल पाखंडी हैं, जो यह दिखावा करते हैं कि उनकी धर्म में रुचि है। और ये तीन ही तरह के लोग रह गए हैं। और जो सच्चा धार्मिक आदमी है, वह खो गया है।

ऐसा क्यों हुआ है?

पहली तो बात: आज जीवन के प्रति एक नए दृष्टिकोण को खोज लिया गया है, अब विज्ञान की खोज हो चुकी है—अब विज्ञान के माध्यम से मनुष्य के पास एक नया द्वार खुल गया है—और धर्म अभी तक विज्ञान के इस नए आयाम को आत्मसात नहीं कर पाया है। धर्म विज्ञान को अपने में आत्मसात कर लेने में इसलिए असफल हो गया है, क्योंकि तथाकथित साधारण धर्म विज्ञान को अपने में आत्मसात करने में असमर्थ है।

जीवन के प्रति तीन प्रकार की दृष्टियां संभव हैं।

पहली तो है तार्किक, बौद्धिक, वैज्ञानिक। दूसरी है अबौद्धिक, अंधविश्वास से भरी और अतार्किक। और तीसरी दृष्टि है तर्कातीत, अनुभवातीत।

साधारण धर्म ने अतार्किक दृष्टिकोण को ही पकड़ कर रखा था। और वही बात धर्म के लिए आत्मघात बन गयी, वही बात धर्म के लिए जहर हो गयी। धर्म को आत्महत्या कर लेनी पड़ी, क्योंकि वह जीवन के दुर्बलतम दृष्टिकोण—अबौद्धिक दृष्टिकोण पर ही रुक कर रह गया, वह उसी पर अटक कर रह गया। जब मैं अबौद्धिक शब्द का उपयोग करता हूं, तो उससे मेरा क्या अभिप्राय है? उससे मेरा अभिप्राय है, अंधविश्वास। इस सदी तक धर्म इसी अंधविश्वास के सहारे फलता-फूलता रहा, और गतिमान होता रहा। और ऐसा इस कारण हो सका क्योंकि धर्म का और कोई प्रतियोगी न था, और धर्म के पास इससे बेहतर कोई दृष्टिकोण न था।

लेकिन जब विज्ञान का जन्म हुआ, तो एक अधिक सशक्त, अधिक प्रौढ़, अधिक प्रामाणिक, और अधिक तर्कसंगत दृष्टिकोण का जन्म हुआ। और विज्ञान के अस्तितव में आने से द्वंद्व खड़ा हो गया। विज्ञान के अस्तित्व में आने से धर्म शंकित और भयभीत हो गया, क्योंकि यह नया दृष्टिकोण धर्म को नष्ट करने के लिए पूरी तरह से तैयार था। और इसी उधेड़-बुन में धर्म अपनी सुरक्षा का इंतजाम करने लगा। और इस तरह से धीरे-धीरे धर्म बंद होता चला गया।

शुरू में तो विज्ञान के समकक्ष धर्म ने खड़े रहने की कोशिश की—क्योंकि उस समय तक तो धर्म शक्तिशाली था, प्रतिष्ठित था, और सामाजिक व्यवस्था का अंग था—इसी कारण धर्म ने गैलेलियो द्वारा की गई वैज्ञानिक खोजों को अस्वीकार कर उन्हें नष्ट कर देने का पूरा प्रयास किया। लेकिन धर्म को यह न मालूम था कि यह विनाशकारी कार्य स्वयं उसके लिए ही आत्मघाती होने वाला है। और इस तरह से धर्म ने विज्ञान के साथ एक लंबी लड़ाई की शुरुआत कर दी—और निस्संदेह हार जाने वाली लंबी लड़ाई की शुरुआत कर दी।

कोई भी कमजोर दृष्टिकोण सशक्त दृष्टिकोण के साथ लड़ नहीं सकता है। दुर्बल दृष्टिकोण कभी न कभी असफल होगा ही—आज नहीं तो कल, लेकिन असफल होगा ही। अधिक से अधिक यही हो सकता है कि दुर्बल बात लड़ाई, और पराजय को स्थगित कर दे। लेकिन लड़ाई से, पराजय

से बचा नहीं जा सकता है। जब भी कभी सशक्त दृष्टिकोण मौजूद होता है, तो कमजोर को मिटना ही होता है। या तो उसे बदलना होता है; या उसे और अधिक परिपक्व होना होता है।

धर्म की मृत्यु हो गयी, क्योंकि धर्म परिपक्व नहीं हो पाया। साधारण धर्म, तथाकथित धर्म की मृत्यु हो गयी, क्योंकि वह स्वयं को पतंजलि के तल तक ऊपर नहीं उठा सका है।

पतंजलि धार्मिक भी हैं और वैज्ञानिक भी हैं। विज्ञान के वर्तमान युग में केवल पतंजलि का धर्म ही जीवित रह सकता है। उससे कम के धर्म से अब काम नहीं चलेगा। मनुष्य ने विज्ञान के माध्यम से अब अधिक ऊंची चेतना का स्वाद पा लिया है; सत्य के लिए उसने अधिक प्रामाणिक, तर्कसंगत और ठोस प्रमाण की प्राप्ति कर ली है। अब आदमी को जोर-ज़बर्दस्ती से किसी भी तरह के भ्रम में, अंधकार में और अंधविश्वास में नहीं रखा जा सकता है, अब यह बिलकुल असंभव है। आज आदमी वयस्क हो गया है। अब वह पुराने ढंग से बच्चा बना हुआ नहीं रह सकता है, और धर्म अभी तक बचकाना ही बना हुआ है।

स्वभावतः, अगर फिर धर्म एक गंदा शब्द बन जाए, तो कोई विशेष बात नहीं है।

दूसरा दृष्टिकोण है, तार्किक दृष्टिकोण। यह पतंजलि की दृष्टि है। पतंजलि किसी भी बात में विश्वास कर लेने को नहीं कहते हैं। पतंजलि कहते हैं, प्रयोगात्मक बनो। पतंजलि कहते हैं कि जो कुछ भी कहा जाता है, वह अनुमान पर आधारित होता है—लेकिन व्यक्ति को अपने अनुभव के द्वारा उसे प्रमाणित करना है, और दूसरा कोई प्रमाण नहीं है। पतंजलि कहते हैं कि दूसरों की बात का भरोसा मत करना और न ही उधार ज्ञान को ही ढोते रहना।

धर्म की मृत्यु इसीलिए हो गयी, क्योंकि वह केवल उधार का ज्ञान बनकर रह गया। जीसस ने कहा, 'परमात्मा है,' और ईसाई इस बात पर विश्वास करते चले जा रहे हैं। कृष्ण ने कहा, 'परमात्मा है,' और हिंदू इस पर विश्वास किए चले जाते हैं। और मोहम्मद कहते हैं, 'परमात्मा है, और मैंने उसका साक्षात्कार किया है और मैंने उसकी आवाज सुनी है,' और मुसलमान इस बात पर विश्वास किए चले जाते हैं। यह बात उधार है। पतंजलि इस दृष्टि से एकदम भिन्न हैं। वे कहते हैं, 'किसी दूसरे का अनुभव तुम्हारा अपना अनुभव नहीं हो सकता है। तुम्हें स्वयं ही अनुभव करना होगा। और तभी केवल तभी—सत्य तुम्हारे सामने उदघटित हो सकता है।'

मैं एक छोटी सी कथा पढ़ रहा था :

दो अमरीकी सैनिक कहीं सुदूर पूर्व की किसी खाई में छिपकर बैठे हुए आक्रमण की प्रतीक्षा कर रहे थे। उनमें से एक सैनिक कागज और पेंसिल निकालकर चिट्ठी लिखने लगा, लेकिन तभी उससे पेंसिल की नोंक टूट गयी। दूसरे सिपाही की ओर मुड़कर वह सिपाही बोला, 'सुनो मैक, क्या तुम मुझे अपना बॉलपेन दे सकते हो?' उस दूसरे सिपाही ने बॉलपेन उसे दे दिया। 'सुनो मैक,' उस चिट्ठी लिखने वाले सिपाही ने फिर कहा, 'क्या तुम्हारे पास लिफाफा है?' उस दूसरे सिपाही ने अपनी जेब से एक मुड़ा-तुड़ा लिफाफा निकाला और उसे दे दिया। पहला सिपाही कुछ लिखता रहा, और फिर थोड़ी देर बाद उसने इधर-उधर देखा और बोला, 'क्या तुम्हारे पास टिकट है?' उस दूसरे सिपाही ने उसे टिकट दे दिया। उसने पत्र को लिफाफे में डाला, टिकट लगाया और बोला, 'सुनो मैक, तुम्हारी प्रेमिका का पता क्या है?'

हर चीज उधार की—यहां तक कि प्रेमिका का पता भी उधार!

तुम्हारे पास भी जो परमात्मा का पता है, वह उधार का है। हो सकता है वह परमात्मा जीसस की प्रेमिका रहा हो, लेकिन वह तुम्हारी प्रेमिका तो नहीं है। वह परमात्मा कृष्ण की प्रेमिका रहा हो, लेकिन वह तुम्हारी प्रेमिका तो नहीं है। सभी कुछ उधार का है—बाइबिल हो या कुरान हो या गीता हो—सभी कुछ उधार का है। उधार के अनुभव के द्वारा हम कब तक स्वयं को धोखा दे सकते हैं? एक न एक दिन तो बात की निरर्थकता, उसका बेतुकापन, उसकी असंगतता और व्यर्थता दिखाई पड़ेगी ही। एक न एक दिन उधार की बात बोझ बन ही जाने वाली है। उधार ज्ञान सिवाय पंगु बनाकर नष्ट कर देने के और कुछ भी नहीं करता है। और ऐसा ही हुआ भी है।

पतंजलि उधार अनुभव में विश्वास नहीं करते हैं। पतंजलि का विश्वास करने में ही भरोसा नहीं है। यही तो उनका वैज्ञानिक दृष्टिकोण है। वे अनुभव करने में विश्वास करते हैं, वे प्रयोग करने में विश्वास करते हैं। पतंजलि को गैलेलियो और आइंस्टीन के माध्यम से बड़ी आसानी से समझा जा सकता है। और गैलेलियो और आइंस्टीन को पतंजलि के माध्यम से समझा जा सकता है। वे आपस में एक-दूसरे के सहयात्री हैं।

आने वाला भविष्य पतंजलि का है। भविष्य बाइबिल का नहीं है, कुरान का नहीं है, गीता का नहीं है; भविष्य है योग-सूत्र का—क्योंकि पतंजलि वैज्ञानिक भाषा में बात को कहते हैं। योग-सूत्र में वे केवल वैज्ञानिक ढंग से बात को प्रस्तुत ही नहीं करते हैं, बल्कि वे वैज्ञानिक हैं भी, क्योंकि जीवन के संबंध में उनकी दृष्टि वैज्ञानिक और तर्कपूर्ण दृष्टि है।

एक तीसरी दृष्टि और भी है: तर्कातीत दृष्टि। वह दृष्टि झेन की है। कभी कहीं दूर भविष्य में झेन दृष्टि संभव हो सकती है। लेकिन अभी तो वह मात्र एक कल्पना जान पड़ती है। हो सकता है कोई ऐसा समय आए जब झेन संसार का धर्म बन जाए, लेकिन अभी तो वह बहुत दूर की बात है, क्योंकि झेन तर्कातीत है। इसे ठीक से समझ लेना।

अविवेक, जो कि विवेक-बुद्धि से निम्नतर होता है, वह भी परम बुद्धि जैसा प्रतीत होता है। वह उस जैसा मालूम पड़ता है, लेकिन वह उस जैसा होता नहीं है; वह नकली सिक्का होता है। ऐसे दोनों ही अतार्किक हैं, लेकिन दोनों ही अलग ढंग से। दोनों में बहुत गहरा और विराट भेद है।

अविवेक वह है जो विवेक बुद्धि के तल से नीचे होता है: जो अंधविश्वास के अंधेरे में रहता है, जो उधार ज्ञान के साथ जीता है, जिसमें किसी भी तरह के प्रयोग करने का साहस नहीं होता है, उसमें इतना साहस भी नहीं होता है कि वह अपने ही अज्ञात में उतर सके। उसका पूरा जीवन उधार, अप्रामाणिक, नीरस, घिसटता हुआ, संवेदनहीन होता है।

वह व्यक्ति जो कि परम विवेक की ओर बढ़ जाता है वह भी अतार्किक, असंगत मालूम होता है, लेकिन ऐसा वह बिलकुल ही अलग ढंग से होता है: उसकी अतार्किकता में, असंगति में विवेक होता है और वह उससे भी कहीं ऊपर उठ चुका होता है। ऐसा व्यक्ति विवेकबुद्धि का भी अतिक्रमण कर चुका होता है।

अविवेकी व्यक्ति तर्क-बुद्धि से सदा भयभीत होगा, क्योंकि बुद्धि हमेशा अपनी रक्षा के उपाय ढूंढती रहती है। इसीलिए बुद्धि हमेशा भय खड़ा करती है। बुद्धि के साथ एक खतरा हमेशा मौजूद

रहता है: अगर बुद्धि को सफलता मिलती है तो आस्था, विश्वास इन्हें खत्म होना होता है, क्योंकि तब—व्यक्ति इन्हें बुद्धि विरोधी के रूप में पकड़ता है। परमबुद्धि का व्यक्ति बुद्धि से भयभीत नहीं होता है। वह उससे आनंदित होता है। श्रेष्ठ हमेशा निम्न को स्वीकार कर सकता है—केवल स्वीकार ही नहीं कर सकता, वह उसे अपने में समाहित भी कर सकता है; वह उसे पोषित भी कर सकता है, और वह उसके कंधों का सहारा लेकर खड़ा हो सकता है। वह उसका भी उपयोग कर सकता है। लेकिन निम्न हमेशा अपने से श्रेष्ठ से भयभीत रहता है।

अगर व्यक्ति में विवेक न हो तो उसमें कुछ कम होता है—कुछ ऋणात्मक बात है। और व्यक्ति में परम विवेक का होना एक विशेषता, एक गुण होता है—कुछ धनात्मकता का होना है। विश्वास बुद्धि का अभाव है। और बुद्धि के पार श्रद्धा होती है—अनुभव के द्वारा आयी हुई श्रद्धा। श्रद्धा उधार नहीं होती है, बल्कि जो व्यक्ति परम विवेकशील होता है, वह यह समझता है कि जीवन तर्क से कहीं अधिक बड़ा होता है। परम विवेकवान व्यक्ति बुद्धि को स्वीकार कर लेता है, वह बुद्धि को भी अस्वीकृत नहीं करता है। बुद्धि और तर्क वहीं तक ठीक होते हैं जहां तक उनकी पहुंच होती है; इसलिए उनका भी उपयोग कर लेना चाहिए।

लेकिन जीवन की समाप्ति बुद्धि और तर्क पर ही नहीं हो जाती है। ये ही जीवन की सीमा नहीं हैं; जीवन उससे कहीं अधिक बड़ा है। तर्क तो बुद्धि का केवल एक अंग है—अगर बुद्धि संपूर्ण अस्तित्व की एक संघटित इकाई बनी रहे, तब तो वह सुंदर है। अगर बुद्धि अलग घटना बन जाए और अपने से कार्य करने लगे, तब वह कुरूप हो जाती है, असुंदर हो जाती है। अगर बुद्धि संपूर्ण अस्तित्व से अलग किसी द्वीप की भांति हो जाती है, तो वह कुरूप और असुंदर हो जाती है। अगर वह इस विराट अस्तित्व का हिस्सा बनी रहती है, तो सुंदर होती है; फिर उसके अपने उपयोग हैं।

जो व्यक्ति परम विवेकशील होता है, वह बुद्धि के विपरीत नहीं होता है; बल्कि वह बुद्धि के पार होता है। वह जानता है कि बुद्धि और अविवेक दोनों ही दिन और रात की तरह जीवन और मृत्यु की तरह जीवन के हिस्से हैं। तब ऐसे व्यक्ति के लिए उनमें कोई विरोधाभास नहीं रह जाता है, उसके लिए वे एक दूसरे के पूरक हो जाते हैं।

झेन का ढंग अतिक्रमण का है। पतंजलि का ढंग गणित का है, तर्क का है। अगर तुम पतंजलि के साथ चलो, तो अंत में परम शिखर पर पहुंचकर तुम तर्कातीत तक पहुंच जाओगे। सच तो यह है, जैसे साधारण धार्मिक व्यक्ति विज्ञान से और गणित से और तर्क से भयभीत रहता है; वैसे ही वे लोग जो वैज्ञानिक दृष्टिकोण को पकड़े हैं, वे झेन से भयभीत रहते हैं। अगर तुम आर्थर कोएस्लर की पुस्तकें पढ़ो, तो पाओगे कि वह है तो बड़ा तर्कपूर्ण व्यक्ति, लेकिन वह उसी स्थिर दशा में मालूम होता है जिसमें कि साधारण धार्मिक व्यक्ति पड़े हुए हैं। अब तर्क ही उसका धर्म बन गया है: और कोएस्लर झेन से बहुत भयभीत है। जो कुछ भी उसने झेन के विषय में लिखा है उसमें उसका भय, उसकी घबड़ाहट और उसकी शंका मौजूद है—क्योंकि झेन तो सभी तरह की कोटियों और श्रेणियों को तहस-नहस कर देता है।

तुम्हारे तथाकथित ईसाई, हिंदू, मुसलमान धर्म, वे सब तर्क-बुद्धि से नीचे पड़ते हैं। कुछ थोड़े से असाधारण ईसाई संत—जैसे इकहार्ट, ब्रोहेम; सूफी फकीर कबीर, ये सब बुद्धि के, तर्क के पार

हैं। सामान्य मनुष्य-जाति के लिए, या एक सामान्य धार्मिक व्यक्ति के लिए, झेन की ओर अग्रसित होने में, पतंजलि सेतु का कार्य कर सकते हैं। झेन और मनुष्य-जाति के बीच केवल पतंजलि ही एकमात्र सेतु हैं; दूसरा अन्य कोई सेतु नहीं है जो झेन को सामान्य मनुष्य से जोड़ सके। पतंजलि अंतर्जगत के वैज्ञानिक हैं।

मनुष्य दो तरह का जीवन जी सकता है : एक तो बर्हिमुखी जीवन, बाहर-बाहर का बर्हिमुखी, जीवन। और मनुष्य एक दूसरी तरह का जीवन भी जी सकता है : अंतर्मुखी जीवन, अतंर्मुखता का जीवन। पतंजलि इन दोनों के बीच सेतु हैं। जिसे पतंजलि संयम कहते हैं, वह अंतर और बाह्य के बीच का संतुलन है—ऐसा संतुलन जहां कि व्यक्ति मध्य में खड़ा होता है; कोई भी उसका मार्ग अवरुद्ध नहीं कर सकता; वह अंदर और बाहर दोनों जगत के लिए उपलब्ध रहता है।

इसीलिए पतंजलि आइंस्टीन से कहीं ज्यादा बड़े वैज्ञानिक हैं। किसी न किसी दिन आइंस्टीन को अंतर्जगत के विज्ञान के बारे में पतंजलि से सीखना होगा। लेकिन पतंजलि को आइंस्टीन से कुछ भी नहीं सीखना है, क्योंकि बाह्य जगत के विषय में जो भी ज्ञान होता है, वह सूचना से अधिक कुछ नहीं होता है। वह कभी भी सच्चा, प्रामाणिक और वास्तविक ज्ञान नहीं बन सकता है, क्योंकि अंततः हम उससे बाहर ही रहते हैं। सच्चा, प्रामाणिक और वास्तविक ज्ञान तो केवल तभी संभव है जब हम जानने के अंतर-स्त्रोत तक पहुंच जाएं—और तब बड़े से बड़ा चमत्कार घटित होता है। और भी बहुत से चमत्कार घटित होते हैं, लेकिन तब सच में बड़े से बड़ा चमत्कार घटित होता है।

सबसे बड़ा चमत्कार तो यही घटित होता है कि जिस क्षण व्यक्ति ज्ञान के स्त्रोत तक पहुंचता है, व्यक्ति मिट जाता है। जैसे-जैसे स्त्रोत के निकट पहुंचना होता है, उतने ही तुम मिटने लगोगे। जब तुम उस अवस्था में स्थित हो जाते हो, तो तुम नहीं बचते; और फिर भी पहली बार तुम होते हो। अब तुम वैसे ही नहीं रहते जैसा कि तुम स्वयं के बारे में सोचते थे। अब तुम्हारा अहंकार नहीं बचता है, वह यात्रा समाप्त हो चुकी होती है। पहली बार तुम आत्मवान होते हो।

और जब तुम आत्मवान होते हो, तो बड़े से बड़ा चमत्कार घटित होता है : तुम अपने केंद्र पर लौट आते हो, अपने घर वापस आ जाते हो। उसे ही पतंजलि समाधि कहते हैं। समाधि का अर्थ है, सभी समस्याओं का समाधान, सभी प्रश्नों का गिर जाना, सभी चिंताओं का निवारण हो जाना। अब तुम अपने घर वापस लौट आए। पूरी तरह से विश्रांत, शिथिल और शांत कुछ भी अब चित्त को भ्रमित नहीं करता। अब केवल आनंद ही शेष बचता है। अब हर पल, हर क्षण आनंद बन जाता है।

तो पहली तो बात : धर्म केवल अतार्किकता के कांटे में फंसकर रह गया। और दूसरी बात : तथाकथित धार्मिक व्यक्ति अधिकाधिक अप्रामाणिक और व्यर्थ की बातों में फंसकर रह गए—उनके सभी विश्वास उधार के हो कर रह गए। और तीसरी बात : आज दुनिया में लोग बहुत जल्दी में हैं, उनमें धैर्य तो जैसे बचा ही नहीं है। लोग क्यों इतनी जल्दी में हैं—कहीं जाना भी नहीं है, फिर भी जल्दी में हैं। लोग बस तेजी से दौड़ते-भागते चले जा रहे हैं। उनसे यह मत पूछो, कहां जा रहे हैं? क्योंकि उससे वे परेशान और बेचैन हो जाते हैं। उनसे ऐसा मत पूछो। यह पूछना कि तुम इतनी तेजी से कहां जा रहे थे, या तुम कहां जा रहे हो, एक असभ्य और अशिष्ट बात हो जाती है। क्योंकि हम यह जानते ही नहीं हैं कि हम कहां जा रहे हैं, क्यों जा रहे हैं।

हम सभी लोग जल्दी में हैं, और धर्म एक ऐसा वृक्ष है, जिसके विकास के लिए धैर्य चाहिए। उसके विकास के लिए असीम धैर्य की जरूरत होती है। उसके लिए किसी भी प्रकार की जल्दी नहीं चाहिए। अगर किसी भी प्रकार की जल्दबाजी या अधैर्य किया तो धर्म से चूकना हो जाएगा। वर्तमान आधुनिक जीवन में व्यक्ति की दौड़ इतनी क्यों बढ़ गयी है? यह जल्दबाजी, यह दौड़ कहां से आई है? क्योंकि जल्दबाजी में तो हम ज्यादा से ज्यादा चीजों के साथ खिलवाड़ ही कर सकते हैं; वस्तुओं के साथ क्षण दो क्षण को खेल सकते हैं। लेकिन धर्म की यात्रा के लिए तो असीम धैर्य की और प्रतीक्षा की आवश्यकता होती है। उसका विकास असीम धैर्य और प्रतीक्षा में होता है, जल्दी में उसका विकास नहीं होता है। धर्म की यात्रा कोई मौसमी फूल जैसी नहीं है। ऐसा नहीं है कि वह मौसमी फूलों की तरह एक महीने के भीतर वह फूलों से भर जाए। धर्म की यात्रा में फूलों को आने में समय लगता है। धर्म तो जीवन का शाश्वत वृक्ष है। उसे किसी भी तरह की जल्दबाजी में नहीं पाया जा सकता है।

इसी कारण से अधिकाधिक लोग बाह्य वस्तुओं में उत्सुक हो जाते हैं, क्योंकि बाह्य वस्तुओं को तो बहुत जल्दी और आसानी से हासिल किया जा सकता है, इसी कारण आज व्यक्ति वस्तुओं तक ही सीमित रह गया है। आदमी की आदमी से दूरी बढ़ती जा रही है, वह अपने ही घेरे में सिकुड़कर रह गया है। सच तो यह है, आदमी का उपयोग भी हम वस्तुओं की भांति करते हैं और वस्तुओं से हम इस भांति प्रेम करते हैं जैसे कि वे कोई व्यक्ति हों।

मैं ऐसे लोगों को जानता हूं, जो कहते हैं कि मुझे अपनी कार से प्रेम है। वे अपनी पत्नी के प्रेम के लिए इतने सुनिश्चित नहीं हैं—उन्हें अपनी पत्नी से प्रेम है भी नहीं। वे दावे के साथ नहीं कह सकते कि, 'मैं अपनी पत्नी से प्रेम करता हूं,' लेकिन वह अपनी कार से जरूर प्रेम करते हैं। ऐसे लोग अपनी पत्नी का तो वस्तु की भांति उपयोग करते हैं और कार से प्रेम करते हैं। अब इस तरह के लोगों के साथ पूरी की पूरी बात ही गड़बड़ हो गयी।

वस्तुओं का और चीजों का उपयोग करो, और आदमी से प्रेम करो। लेकिन ध्यान रहे, किसी दूसरे को प्रेम करने के पहले हमें स्वयं प्रेमपूर्ण होना होगा। इसमें समय लगता है, और इसके लिए लंबी तैयारी की आवश्यकता होती है।

इसी कारण जब लोग पतंजलि को पढ़ते हैं, तो भयभीत हो उठते हैं: वह एक बहुत ही लंबी यात्रा मालूम होती है। और वह एक लंबी यात्रा है भी।

मैं कल ही पढ़ रहा था:

एक बार अनिद्रा के रोग से पीड़ित एक आदमी को जब डाक्टर ने उसे नींद आने के लिए सस्ती सी दवाई बता दी, तो वह आदमी बहुत ही खुश हो गया।

डाक्टर ने कहा, 'सोने से पहले एक सेब खा लेना।'

'बहुत अच्छा!' रोगी ऐसा कहकर चलने को हुआ।

डाक्टर ने उसे सावधान करते हुए कहा, 'ठहरो, बात केवल इतनी ही नहीं है। सेब को एक खास ढंग से खाना है।' अनिद्रा का रोगी बाकी का नुस्खा सुनने को जरा ठहरा। डाक्टर ने कहा, 'पहले सेब को काटो। आधा भाग खा लो, फिर अपना कोट और हैट पहनकर बाहर आ जाओ, फिर तीन मील पैदल चलो। जब तुम वापस घर आ जाओ तो शेष आधा भाग भी खा लो।'

धर्म कोई सस्ता मार्ग नहीं है। सस्ते मार्ग की बातों द्वारा मूर्ख मत बन जाना : जीवन किन्हीं सस्ते मार्गों को नहीं जानता है। जीवन का मार्ग बहुत लंबा है, और लंबे मार्ग का अपना कुछ अभिप्राय है, अपना कुछ अर्थ है : क्योंकि केवल लंबी प्रतीक्षा में ही जीवन का विकास संभव है, और उस प्रतीक्षा में ही जीवन सुंदर ढंग से विकसित होता है।

लेकिन आधुनिक मनुष्य का मन बहुत जल्दी में है। आखिर क्यों जल्दी में है? जल्दी किस बात की है? आज का मनुष्य इसलिए जल्दी में है क्योंकि आधुनिक मन बहुत ज्यादा अहंकार-केंद्रित है। उसी अहंकार से यह जल्दी आती है। अहंकार को हमेशा मृत्यु का भय रहता है—और उसका यह भय स्वाभाविक भी है, क्योंकि अंततः मृत्यु तो अहंकार की ही होती है। कोई भी उसे नहीं बचा सकता है। कुछ समय तक अहंकार को बचाया जा सकता है, लेकिन कोई भी अहंकार को हमेशा के लिए तो नहीं बचा सकता है। अंततः एक दिन अहंकार की मृत्यु होगी ही। क्योंकि इस विराट अस्तित्व से पृथक होने की मृत्यु तो होगी ही। और जितना अधिक हम इस विराट अस्तित्व से अलग और पृथक महसूस करते हैं, उतने ही अधिक हम मृत्यु से भयभीत होते जाते हैं। अपने को अस्तित्व से पृथक मानने के कारण मृत्यु का भय सताता है। और जितने अधिक हम अस्तित्व से अलग-थलग होते जाते हैं, उतनी ही अधिक चिंताओं, परेशानियों और भय से घिरते चले जाते हैं।

पूरब में लोग अभी भी इतने अधिक एक-दूसरे से पृथक नहीं हैं, जहां लोग अभी भी आदिम अवस्था में हैं, जहां लोग अभी भी समूह का हिस्सा हैं, जहां व्यक्ति अकेला नहीं है : वे लोग किसी जल्दी में नहीं हैं। वे जीवन को बहुत ही आराम से धीरे-धीरे और आनंद से जीते हैं। वे हर काम धीरे-धीरे करते हैं, किसी प्रकार की कोई जल्दबाजी उन्हें नहीं रहती, वे जीवन की यात्रा का पूरी तरह से आनंद लेते हैं।

पश्चिम में जहां कि अहंकार का जोर है और हर व्यक्ति अपने आप में सिकुड़कर अकेला होता जा रहा है : वहां पर लोगों में अधिक चिंता, परेशानी, मानसिक बीमारियां हैं, मृत्यु का भय है। जितना अधिक आदमी अकेला और पृथक होता जाता है, उतना ही अधिक वह अपने को मृत्यु के निकट अनुभव करता है। क्योंकि जितना आदमी अकेला अस्तित्व से, प्रकृति से पृथक और अलग होता जाता है, उसी अनुपात में उसकी मृत्यु घटित होती है, क्योंकि मृत्यु तो केवल व्यक्ति के अहंकार की ही होती है। आदमी के भीतर जो सर्वव्यापी-तत्व है, वह फिर भी जीवित रहता है, उसकी मृत्यु नहीं होती, वह मर नहीं सकता। वह तो जन्म से पहले भी मौजूद था और मृत्यु के बाद भी मौजूद रहेगा।

मैंने एक बहुत सुंदर कथा सुनी है :

एक डींग हांकने वाले आदमी ने कहा, 'हां, मेरे परिवार की वंश-परंपरा को मेफ्लावर तक खोजा जा सकता है।'

उसके मित्र ने कटाक्ष करते हुए कहा, 'मुझे लगता है, अब आगे तुम हमें यह बताओगे कि तुम्हारे पूर्वज नूह के साथ नाव में थे।'

उसने कहा, 'निश्चित ही ऐसा नहीं था, क्योंकि मेरे पूर्वजों की अपनी नाव थी।'

अहंकार की यात्रा इसी ढंग से चलती चली जाती है, और वह व्यक्ति को एकदम अकेला और पृथक कर देती है। और यही पृथकता मृत्यु का कारण है।

क्योंकि मृत्यु आ रही है, इसलिए हम हमेशा जल्दी में ही रहते हैं—जीवन छोटा है, समय कम है, और इस छोटे से जीवन में बहुत से कार्य करने को हैं। ध्यान करने को किसके पास समय है? योग करने के लिए किसके पास समय है? लोग सोचते हैं कि यह सब तो केवल पागलों के लिए है। झेन में किसको रुचि है? क्योंकि अगर ध्यान करो तो लंबे समय तक, कई-कई वर्षों तक आतुरता से प्रतीक्षा करनी होती है, लेकिन उस आतुरता में भी धैर्य और जागरूकता चाहिए होती है, उसमें तो केवल प्रतीक्षा ही की जा सकती है। लेकिन पश्चिमी मन को, या कहें आधुनिक मन को—क्योंकि आधुनिक मन पश्चिम की दृष्टि से ही जुड़ा हुआ है—आधुनिक मन को किसी भी बात के लिए प्रतीक्षा करना समय की बर्बादी लगता है। इसी अधैर्य और आतुरता के कारण ही पृथ्वी पर धर्म के फूल का खिलना असंभव हो गया है।

अधिकांश लोग बस इस बात का दिखावा करते हैं कि वे धार्मिक हैं, लेकिन सच्चे वास्तविक और प्रामाणिक धर्म से वे बचते हैं। अभी तो धर्म एक सामाजिक औपचारिकता बनकर रह गया है। लोग चर्च में केवल इस कारण से जाते हैं कि चर्च जाने से समाज में आदर और सम्मान मिलेगा। आदमी आदमी को नहीं जानता, आदमी आदमी से प्रेम नहीं करता है—क्योंकि समय किसके पास है? जीवन थोड़ी देर का है और अभी तो बहुत से काम करने हैं।

अधिकांश लोगों का वस्तुओं में अधिक रस रह गया है: उन्हें बड़ी कार खरीदनी है, उन्हें बड़ा घर बनाना है, उन्हें बड़ा बैंक-बैलेंस बनाना है—लोगों की पूरी की पूरी ऊर्जा इन्हीं वस्तुओं के संग्रह में नष्ट हो जाती है—हम इस बात को तो पूरी तरह से भुला ही बैठे हैं कि असली बात स्वयं की प्रत्यभिज्ञा, स्वयं के अस्तित्व की पहचान है। जीवन का वास्तविक उद्देश्य स्वयं की सत्ता को, और स्वयं के अस्तित्व को पा लेना है—न कि बड़ी कार, बड़ा नया मकान या बैंक-बैलेंस को बड़ा करते जाना है। क्योंकि बैंक-बैलेंस कितना ही बड़ा हो अंत में यहीं का यहीं पड़ा रह जाएगा। सभी कुछ यहीं का यहीं पड़ा रह जाएगा, अंत में तो केवल हमारा होश, हमारा बोध, और हमारी जागरूकता ही हमारे साथ जा सकेगी।

योग व्यक्ति के आंतरिक अस्तित्व का विज्ञान है। आत्मा को जानने का विज्ञान है। अंतस में हम कैसे अधिकाधिक विकसित और जागरूक हों, इसका विज्ञान है। कैसे अधिकाधिक...कि कैसे हम भगवत्ता को उपलब्ध हो जाएं, और समग्र अस्तित्व के साथ एक हो जाएं, अस्तित्व से जुड़ जाएं।

अब हम सूत्रों में प्रवेश करेंगे:

'जो प्रतिछवि दूसरों के मन को घेरे रहती है, उसे समय द्वारा जाना जा सकता है।'

अगर व्यक्ति एकाग्रता को पा ले, समाधि को उपलब्ध कर ले, और उसके भीतर इतना गहन मौन, शांति और सन्नाटा छा जाए कि एक भी विचार की तरंग, एक भी विचार की लहर मन में न उठे; तो दूसरे लोगों के मन में उठती हुई कल्पनाएं, विचार और भाव को देखने में व्यक्ति सक्षम हो जाता है। फिर दूसरे के विचारों को पढ़ा भी जा सकता है।

मैंने सुना है कि एक बार दो योगी मिले। दोनों ही योगी समाधि को उपलब्ध थे। इसलिए दोनों के बीच वार्तालाप करने जैसा कुछ था भी नहीं। लेकिन फिर भी जब किसी से मुलाकात होती है तो कुछ न कुछ बात तो करनी ही होती है।

तो उनमें से एक योगी ने कहा, 'मैं तुम्हें एक चुटकुला सुनाता हूं, और तुम्हारे साथ उस चुटकुले का आनंद लेना चाहता हूं। चुटकुला बहुत पुराना है। एक बार की बात है...' और बस दूसरे योगी ने जोर-जोर से हंसना शुरू कर दिया।

और वह पूरा का पूरा चुटकुला यही है। क्योंकि वह दूसरा योगी उस पूरे के पूरे अनकहे चुटकुले को समझ सकता था।

अगर हम मौन हों, शांत हों, भीतर किसी भी प्रकार की कोई विचार या भाव की तरंग न उठती हो, तो हम अपनी निस्तरंग झील में दूसरे के मन को जानने-समझने के योग्य हो जाते हैं। और उसके लिए किसी तरह का कोई प्रयास नहीं करना पड़ता। पतंजलि उन सभी बातों की चर्चा कर रहे हैं जो इस मार्ग पर आती हैं। वस्तुतः एक सच्चा योगी, सच्चा साधक कभी भी दूसरों के विचारों को देखने की, या पढ़ने की चेष्टा नहीं करता। क्योंकि दूसरे के विचारों को पढ़ना दूसरे की स्वतंत्रता में अनधिकार हस्तक्षेप करना है, दूसरे के एकांत में बाधा डालना है। लेकिन फिर भी अंतस यात्रा में ऐसा होता है, ऐसे बहुत से पड़ाव आते हैं।

और 'विभूतिपद' के इस अध्याय में पतंजलि इन सारे चमत्कारों की बात इसलिए नहीं कर रहे हैं कि हमें इन चमत्कारों को पाने के लिए प्रयास करना है। नहीं, पतंजलि हमें बल्कि इन चमत्कारों के प्रति सजग और सचेत कर रहे हैं कि इस-इस तरह के चमत्कार मार्ग में घटते हैं और तुम इन चमत्कारों के चक्कर में मत आ जाना, और उनका उपयोग मत करने लगना—क्योंकि एक बार जब हम उनका उपयोग करने लगते हैं, तो फिर हमारी आगे की विकास यात्रा रुक जाती है। तब ऊर्जा सारी की सारी चमत्कारों में ही अटककर रह जाती है।

इसलिए पतंजलि सचेत कर रहे हैं कि उन चमत्कारों का उपयोग मत करना। यह सारे के सारे सूत्र हमें सजग और सचेत करने के लिए ही हैं, कि मार्ग में यह-यह बातें घटेंगी, और मन की यह एक प्रवृत्ति होती है, मन का एक प्रलोभन होता है कि इन चमत्कारों का उपयोग कर लो। कौन नहीं चाहेगा, दूसरे के मन को जान लेना? और उस समय हमारे पास दूसरे पर अधिकार जमा लेने की अदभुत शक्ति भी होती है। लेकिन योग कोई शक्ति-यात्रा नहीं है, और एक सच्चा योगी, एक सच्चा साधक ऐसा कभी करेगा भी नहीं।

लेकिन ऐसा घटित होता है। कुछ ऐसे लोग हैं जो केवल उस शक्ति को उपलब्ध करने की ही कोशिश करते हैं, उसके लिए ही ध्यान-साधना करते हैं—और उसे उपलब्ध किया भी जा सकता है। उस शक्ति को बिना धार्मिक हुए भी पाया जा सकता है। योग के वास्तविक शिष्य हुए बिना भी उसे पाया जा सकता है।

और कभी-कभी ऐसा संयोगवश भी घटित हो जाता है। अगर हमारा मन किसी ढंग से मौन और शांत हो जाता है, तो हम दूसरे के मन के विचारों के प्रतिबिंब को देखने में समर्थ हो सकते हैं, क्योंकि अगर हमारा मन शांत और मौन है तो दूसरा मन हमसे बहुत दूर नहीं है, वह हमारे निकट ही है। जब हमारा मन विचारों की भीड़ से भरा होता है, तब दूसरे का मन हमसे दूर चला जाता है, क्योंकि हमारे अपने ही विचारों की भीड़ हमारा स्वयं के ध्यान को भंग कर देती है। हमारे स्वयं के भीतर चलते विचारों का शोर इतना अधिक होता है कि तब हम दूसरे के विचारों को नहीं सुन पाते हैं।

क्या कभी तुमने ध्यान दिया है? कई बार साधारण आदमी, जिसका ध्यान से कोई लेना-देना नहीं है, जिसका योग से या किसी टेलिपैथी शक्तियों से कोई संबंध नहीं है, या जिसका किन्हीं देहातीत अलौकिक संवेदन-शक्तियों से कोई संबंध नहीं है, वे भी कई बार स्वयं में घटने वाली किन्हीं-किन्हीं बातों के प्रति सजग हो जाते हैं।

उदाहरण के लिए, अगर दो प्रेमी एक-दूसरे को अत्यधिक प्रेम करते हैं, तो धीरे-धीरे उनका एक-दूसरे के साथ इतना तालमेल बैठ जाता है कि उन्हें आपस में एक-दूसरे के विचारों का पता चलने लगता है। पत्नी को पति के मन में क्या चल रहा है इसका पता चल जाता है। और हो सकता है वह इस बात के प्रति वह जागरूक न हो, लेकिन फिर भी सूक्ष्म रूप से वह यह अनुभव करने लगती है कि पति के मन में क्या चल रहा है। चाहे यह बात उसे एकदम से स्पष्ट न भी हो, हो सकता है यह सब कुछ उसको बहुत ही धुंधले रूप में हो, उसे एकदम साफ न हो, अस्पष्ट हो; लेकिन फिर भी अगर प्रेमी एक-दूसरे के साथ गहन प्रेम में हों, तो वे धीरे-धीरे एक दूसरे के विचारों को, भाव को अनुभव करने लगते हैं। कोई मां अगर वह बच्चे को प्रेम करती है, तो बच्चे के बिना कुछ कहे, बिना कुछ उसके बताए, वह बच्चे की आवश्यकताओं को जान लेती है।

कहीं न कहीं कोई ऐसा सूक्ष्म धागा होता है, जिसके द्वारा हम दूसरे से जुड़े होते हैं। इसी सूक्ष्म धागे के माध्यम से हम सभी लोग इस विराट अस्तित्व के साथ जुड़े हुए हैं।

पतंजलि कहते हैं, 'संयम के द्वारा...' एकाग्रता को उपलब्ध करने से, आंतरिक संतुलन, समाधि, मौन और शांति को पाने से, 'दूसरे के मन को जिस प्रतिछवि ने घेरा हुआ है, उसे जाना जा सकता है।'

हमें तो बस दूसरे की ओर स्वयं को केंद्रित करना है। गहन मौन और शांति से दूसरे पर ध्यान देना है, दूसरे की तरफ देखना है। और तुम पाओगे कि उसका मन तुम्हारे सामने एक पुस्तक की भांति खुलता चला जा रहा है। लेकिन फिर भी ऐसा करने की कोई जरूरत नहीं है। क्योंकि अगर एक बार ऐसा हो जाता है, तो और भी बहुत सी संभावनाएं इसके साथ-साथ चली आती हैं। फिर दूसरे के विचारों में हस्तक्षेप किया जा सकता है : दूसरे के विचारों को निर्देशित किया जा सकता है। फिर हम दूसरे के विचारों में प्रवेश करके अपने विचारों को वहां प्रक्षेपित कर सकते हैं। फिर दूसरे के मन को अपनी इच्छा के अनुसार चलाया जा सकता है और सामने वाला व्यक्ति कभी नहीं समझ पाएगा कि उसके मन को दूसरे के द्वारा परिचालित किया जा रहा है। वह तो यही समझेगा कि वह उसके स्वयं के ही विचार हैं और वह अपने ही विचारों और धारणाओं के अनुसार जी रहा है। लेकिन इन शक्तियों का उपयोग नहीं करना है।

'लेकिन संयम द्वारा आया बोध उन मानसिक तथ्यों का ज्ञान नहीं करवा सकता जो कि दूसरे के मन की छवि-प्रतिछवि को आधार देते हैं, क्योंकि वह बात संयम की विषय-वस्तु नहीं होती है।'

हम किसी के भी मन में चलते विचारों की प्रतिछवि को देख सकते हैं—लेकिन उसके विचारों की प्रतिध्वनि को देख लेने का यह मतलब नहीं है कि हम उसके अभिप्राय को भी समझ सकेंगे। अभिप्राय को समझने के लिए अभी और भी गहरे जाना होगा। उदाहरण के लिए, हम किसी को देखते हैं और साथ-साथ हम उसके मन के भीतर की वैचारिक प्रतिछवि को भी देख सकते हैं। जैसे

उदाहरण के लिए, चांद की एक प्रतिछवि होती है। सफेद बादलों के बीच घिरे हुए पूर्णिमा के सुंदर चांद की एक प्रतिछवि होती है। हम चंद्रमा की प्रतिछवि को देख सकते हैं, यह तो ठीक है, लेकिन चंद्रमा की छवि का अस्तित्व क्यों है उसके प्रयोजन के बारे में हमें कुछ पता नहीं होता है। अगर कोई चित्रकार सफेद बादलों से घिरे हुए पूर्णिमा के चांद को देखेगा तो उसके देखने का नजरिया, उसके देखने का ढंग अलग होगा, और अगर कोई प्रेमी देखेगा तो उसके देखने का ढंग कुछ अलग होगा, और अगर कोई वैज्ञानिक देखेगा तो उसके देखने का ढंग कुछ और ही होगा।

तो किसी के विचारों का अभिप्राय क्या है, उसके विचारों की प्रतिछवि वहां क्यों मौजूद है—केवल उस छवि को देखने से हम उसके पीछे छिपे अभिप्राय को नहीं पहचान सकते हैं। क्योंकि विचारों को बनाने वाली प्रेरणा, छवि की अपेक्षा अधिक सूक्ष्म होती है। छवि तो स्थूल होती है। वह तो केवल मन के पर्दे पर प्रतिबिंबित होती है, उसको देखा जा सकता है। लेकिन वह छवि होती क्यों है? वह मन के पर्दे पर क्यों प्रतिबिंबित होती है? चांद के बारे में व्यक्ति सोचता ही क्यों है—फिर चाहे वह चित्रकार हो, कवि हो, या कोई पागल आदमी ही क्यों न हो। लेकिन किसी के विचारों को केवल छिपकर देख लेने मात्र से हमें उसके उद्देश्य का पता नहीं चल सकता है। उसके विचारों के अभिप्राय को, उद्देश्य को समझने के लिए हमें स्वयं में और भी गहरे जाना होगा।

किसी व्यक्ति के विचारों के अभिप्राय का ज्ञान, या उसके प्रयोजन का ज्ञान केवल तभी हो सकता है, जब व्यक्ति निर्बीज समाधि को उपलब्ध हो जाए। इससे पहले विचारों के अभिप्राय का ज्ञान संभव नहीं है। क्योंकि अभिप्राय को जानना बहुत ही सूक्ष्म बात है। उसकी कोई प्रतिछवि नहीं होती, कुछ भी दिखाई नहीं देता; क्योंकि वह आदमी के गहरे अचेतन में छिपी हुई उसकी इच्छा होती है। जब व्यक्ति पूरी तरह से सजग और जागरूक हो जाता है और जब उसकी सभी इच्छाएं तिरोहित हो जाती हैं...तब देखना। जब विचार बिदा हो जाते हैं तो हम दूसरों के विचारों को पढ़ने में सक्षम हो जाते हैं; जब हमारी इच्छाएं समाप्त हो जाती हैं तो हम दूसरों की इच्छाओं को जानने में सक्षम हो जाते हैं।

'ग्राह्य-शक्ति को हटा देने के लिए, शरीर के स्वरूप पर संयम संपन्न करने से द्रष्टा की आंख और शरीर से उठती प्रकाश किरणों के बीच संबंध टूट जाता है, और तब शरीर अदृश्य हो जाता है।'

तुमने उन योगियों की कथाएं-कहानियां अवश्य सुनी होंगी जो अदृश्य हो सकते हैं। पतंजलि हर बात को वैज्ञानिक नियम में बिठाने का प्रयास करते हैं। पतंजलि का कहना है, इसमें भी कोई चमत्कार नहीं है। व्यक्ति किसी अनुकूल नियम के तहत भी अदृश्य हो सकता है। और वह नियम क्या है? अब भौतिक-विज्ञान कहता है कि अगर हम एक-दूसरे को देख पाते हैं तो केवल इसीलिए देख पाते हैं, क्योंकि सूर्य की किरणें हम पर पड़ रही हैं और फिर वे सरकती हुई, हमसे प्रतिबिंबित होती हैं। वे सूर्य की किरणें हमारी आंखों पर पड़ रही हैं, इसीलिए तो हम एक-दूसरे को देख पाते हैं, अगर कोई ऐसा तरीका हो कि हम सूर्य की किरणों को सोख लें और वे फिर प्रतिबिंबित न हों, तो हम एक-दूसरे को नहीं देख सकेंगे। हम केवल तभी देख सकते हैं जब सूर्य की किरणें हम तक आती हैं। अगर अंधकार हो और कहीं से भी सूर्य की किरणें न आ रही हों तो हम नहीं देख सकते हैं। लेकिन अगर हम सभी सूर्य-किरणों को केवल सोखते जाएं और वापस कुछ भी प्रतिबिंबित न हो, तो हम एक-दूसरे को नहीं देख सकेंगे। फिर केवल एक काला धब्बा ही दिखायी देगा।

यही आधुनिक भौतिक-विज्ञान कहता है; इसी भांति हम रंगों को देखते हैं। उदाहरण के लिए, अगर कोई व्यक्ति लाल रंग के कपड़े पहने हुए हो, तो मैं देख सकता हूं कि वह लाल रंग के कपड़े पहने हुए है। इसका क्या अर्थ है? इसका केवल इतना ही अर्थ है कि उसके वस्त्र लाल रंग की किरणों को वापस फेंक रहे हैं। और शेष सारी किरणें वस्त्रों के द्वारा सोख ली जा रही हैं। केवल लाल रंग की किरण ही वापस आ रही है। जब सफेद रंग को देखते हैं, तो उसका अर्थ होता है कि सभी किरणें वापस फेंकी जा रही हैं। सफेद कोई रंग नहीं है; सभी रंग वापस फेंके जा रहे हैं। सफेद रंग का अर्थ है, सभी रंगों का जोड़। अगर सभी रंगों को एकसाथ मिला दिया जाए, तो वे सफेद बन जाते हैं। सफेद का अर्थ है सभी रंग, इसलिए वह कोई रंग नहीं है। और अगर काला वस्त्र हो, तो कुछ भी वापस नहीं फेंका जा रहा है; सभी किरणें उसमें समाहित हो रही हैं। इसीलिए काले वस्त्र काले दिख़ायी पड़ते है। काला रंग भी कोई रंग नहीं है; वह रंग-विहीन है। काले रंग के द्वारा सभी सूर्य की किरणों को सोख लिया जाता है।

इसीलिए अगर किसी गरम देश में काले रंग के कपड़े पहनो, तो बहुत गरमी महसूस होती है। तेज धूप में काले रंग के कपड़े मत पहनना। क्योंकि तब बहुत अधिक गरमी लगेगी, क्योंकि काला रंग सूरज की प्रत्येक किरण को सोखता चला जाता है। सफेद रंग ठंडा और शीतल होता है। सफेद रंग को देखने मात्र से ही ठंडक का अहसास होता है। सफेद रंग के कपड़े पहनने से शीतलता अनुभव होती है, क्योंकि सफेद रंग अपने में कुछ भी आत्मसात नहीं करता, वह सभी सूरज की किरणों को वापस फेंक देता है।

भारत में जैन धर्म ने त्याग की परंपरा के कारण ही अपना रंग सफेद चुना—क्योंकि जैन धर्म में सभी का त्याग कर देना होता है। सफेद रंग त्याग का प्रतीक है। सफेद रंग सभी कुछ वापस फेंक देता है, अपने में कुछ भी समाविष्ट नहीं करता। मृत्यु को सभी जगह कालिमा की भांति चित्रित किया जाता है, क्योंकि काला रंग सभी अपने में सोख लेता है, उससे कुछ भी वापस नहीं आता है, सभी कुछ उसमें समाहित हो जाता है और उसमें खो जाता है। काला रंग एक ब्लैक होल की तरह होता है। शैतान को सभी जगह काले के रूप में ही चित्रित किया जाता है, बुराई को भी काले की भांति ही चित्रित किया जाता है, क्योंकि काले रंग में किसी भी चीज को त्यागने की क्षमता नहीं होती। काला रंग पज़ेसिव होता है। वह कुछ भी वापस नहीं दे सकता है; वह कुछ भी बांट नहीं सकता है।

हिंदुओं ने अपने संन्यासियों के लिए एक विशेष कारण से गेरुआ या भगवा रंग को अपना रंग चुना है, क्योंकि लाल किरणें वापस प्रतिबिंबित हो जाती हैं। लाल किरणें शरीर में प्रवेश करके कामुकता और हिंसा को जन्म देती हैं। लाल रंग हिंसा का, खून का रंग है। लाल किरण शरीर में पहुंचकर हिंसा, कामुकता, उद्वेग, अशांति को जगाती है। अब तो वैज्ञानिक भी कहते हैं कि अगर किसी व्यक्ति को ऐसे कमरे में छोड़ दिया जाए जो कि पूरी तरह लाल हो, तो सात दिन के भीतर वह आदमी पागल हो जाएगा। और किसी भी चीज की जरूरत नहीं है; बस सात दिन तक लगातार लाल रंग को देखने से ही वह पागल हो जाएगा। कमरे में—पर्दे, फर्नीचर हर सामान, हर चीज लाल हो—यहां तक कि दीवारें भी लाल हों। तो सात दिन के भीतर व्यक्ति पागल हो जाएगा; लाल रंग उसके लिए असहनीय हो जाएगा।

हिंदुओं ने अपने लिए लाल रंग और लाल रंग से मिलते-जुलते रंगों को चुना है, जैसे नारंगी, गैरिक और इसी तरह के दूसरे रंग। क्योंकि वे आदमी के भीतर की उत्तेजना और हिंसा को कम करने में सहयोगी होते हैं। लाल किरण वापस फेंक दी जाती है; वह शरीर के भीतर प्रविष्ट नहीं हो पाती।

पतंजलि कहते हैं कि अगर कोई व्यक्ति अपने पर पड़ने वाली सारी किरणों को सोख ले, तो फिर वह अदृश्य हो सकता है। फिर उसे देख सकना संभव नहीं है। फिर तो बस एक रिक्तता, काली रिक्तता दिखाई दे सकती है, लेकिन व्यक्ति अदृश्य हो जाएगा। योगी ऐसा कैसे कर पाता है? और कई बार योगी ऐसा करते हैं। योगी के साथ कई बार ऐसा होता है और योगी को इसका पता भी नहीं होता है। अतः इसकी पूरी प्रक्रिया को ठीक से समझ लें।

पतंजलि की दर्शन-प्रणाली में बाह्य संसार और आंतरिक संसार में एक गहन तालमेल है। वैसा ही होना भी चाहिए; वे एक-दूसरे के साथ जुड़े हुए हैं। हमें प्रकाश दिखाई देता है; प्रकाश सूर्य से आता है। आंखें उसे ग्रहण करती हैं। अगर आंखें उसके प्रति ग्राहक न हों, तो सूर्य मौजूद भी रहे, लेकिन हम अंधकार में ही जीएंगे। अंधे आदमी के साथ ऐसा ही तो होता है, अंधे आदमी की आंखें कुछ ग्रहण नहीं करतीं।

तो आंखों का सूर्य के साथ तालमेल है। आंखें शरीर में सूर्य का प्रतिनिधित्व करती हैं; वे परस्पर जुड़े हुए हैं। सूर्य आंखों को प्रभावित करता है; आंखें सूर्य के प्रति संवेदनशील और ग्राहक होती हैं। इसी तरह से ध्वनि कानों पर प्रभाव डालती है। ध्वनि बाहर होती है, कान शरीर के अंग होते हैं। बाहर की वास्तविकता तत्व-रूप में जानी जाती है, भौतिक-तत्व के रूप में; और भीतर की गतिमयता तन्मात्र कहलाती है, भीतर के मूल-तत्व के रूप में। पतंजलि की दर्शन-प्रणाली में इन दोनों को समझना बहुत महत्वपूर्ण है। 'तत्व' जो है वह बाहर की वास्तविकता है, सूर्य और बाहर की वस्तुओं के बीच तालमेल। और भीतर की गतिमयता जिसे पतंजलि 'तन्मात्र' कहते हैं, भीतर के मूल-तत्व कहलाते हैं। इसीलिए आंख और सूर्य के बीच, ध्वनि और कान के बीच, नाक और गंध के बीच एक तरह का तालमेल और संवाद रहता है। एक अदृश्य तालमेल जो दिखायी तो नहीं पड़ता है, लेकिन फिर भी उनके बीच कुछ जुड़ा हुआ और सेतु बद्ध होता है।

जब व्यक्ति ध्यान में गहरा जाता है और ध्यान की गहराई में शून्यता के अंतरालों को, गेपों को समझ सकता है, तो पहले तो 'निरोध' घटित होता है, और वही अंतराल धीरे-धीरे बढ़ते हुए समाधि बन जाते हैं, उसके बाद 'एकाग्रता परिणाम' का उदय होता है; तब व्यक्ति 'तन्मात्राओं' को, आंतरिक मूल तत्वों को, सूक्ष्म तत्वों को जान सकता है। हम सूर्य को तो आंख से देख सकते हैं, लेकिन हमने स्वयं की आंख को अभी तक नहीं देखा है। केवल गहन शून्यता की स्थिति में, जागरूक होकर ही हम स्वयं की आंख को देख सकते हैं। हम ध्वनि सुनते हैं, लेकिन हमने ध्वनि के प्रति अपने कान को प्रतिध्वनित होते नहीं सुना है। जो ध्वनि-तरंग कान के द्वारा आती है, वह एक सूक्ष्म तरंग होती है, हमने अभी भी उसे सुना नहीं है। वह ध्वनि बहुत सूक्ष्म होती है और हम बहुत स्थूल हैं। हम अभी इतने परिष्कृत नहीं हुए हैं कि उस सूक्ष्म ध्वनि को सुन सकें। अतः अभी उस सूक्ष्म संगीत को सुनना हमारे लिए संभव नहीं है। हम एक गुलाब के फूल को तो सूंघ लेते हैं, लेकिन हम अभी स्वयं के भीतर के उस सूक्ष्म तत्व को नहीं सूंघ पाए हैं जो गुलाब को सूंघता है, जो तन्मात्र है।

योगी उस अंतर-ध्वनि को जो निपट सन्नाटा है, मौन है, उसको सुनने में सक्षम हो जाता है। योगी आंख को भीतर की उस आंख को देखने में सक्षम हो जाता है, जो परिशुद्ध निर्मल दृष्टि है। और उसी में अदृश्य हो जाने की पूरी प्रक्रिया समाहित है।

'...शरीर के स्वरूप पर संयम संपन्न करने से...'

अगर योगी केवल अपनी काया पर, अपने ही शरीर के स्वरूप पर ध्यान केंद्रित करता है, तो बस स्वरूप पर ध्यान केंद्रित करने के माध्यम से ही वह सूर्य की किरणों को शरीर में सोख लेता है, और वे किरणें फिर वापस प्रतिबिंबित नहीं होती हैं। जब हम काया पर या शरीर पर, ध्यान करते हैं, तो शरीर खुलता है। शरीर के सभी बंद द्वार खुल जाते हैं और सूरज की किरणें शरीर में प्रविष्ट हो जाती हैं, और तब काया का तन्मात्र सूरज के तत्व को सोख लेता है और अचानक व्यक्ति अदृश्य हो जाता है, और तब कोई भी व्यक्ति उस आदमी को नहीं देख सकता। क्योंकि देखने के लिए तो प्रकाश वापस प्रतिबिंबित होना चाहिए।

ऐसा ही ध्वनि के साथ होता है :

'यही नियम शब्द के तिरोहित हो जाने की बात को भी स्पष्ट कर देता है।'

जब योगी अपने कान के आंतरिक 'तन्मात्र' पर ध्यान करता है, तो सारी ध्वनियां उसमें आत्मसात हो जाती हैं। और जब सारी ध्वनियां आत्मसात हो जाती हैं, तब योगी की मौजूदगी मात्र ही हमें मौन का स्वाद दे देगी। अगर हम किसी योगी के निकट जाएं तो अचानक हमें ऐसा लगता है कि हम मौन में प्रवेश कर रहे हैं। उसका कारण है कि योगी के आसपास कोई ध्वनि निर्मित नहीं होती। इसके विपरीत चारों तरफ की जो ध्वनियां उस पर पड़ती हैं, वे भी उसमें आत्मसात होकर विलीन हो जाती हैं। और ऐसा ही उसकी सभी इंद्रियों के साथ होता है। इसी कारण योगी कई-कई ढंगों से अदृश्य हो जाता है।

अगर तुम कभी किसी योगी के पास जाओ तो यही कुछ मापदंड हैं जो ध्यान में रखने के हैं। यही कुछ मापदंड हैं। और ऐसा भी नहीं है कि योगी इन बातों को साधने की या करने की कोशिश करता है। वह ऐसा नहीं करेगा, वह तो उन्हें टालना चाहेगा। लेकिन कभी-कभी ऐसा घटित होता है। कभी-कभी किसी सदगुरु के सान्निध्य में...

यहां ऐसा बहुत से लोगों के साथ होता है; और वे मुझे लिखते हैं...। अभी कुछ दिन पहले ही एक प्रश्न था : 'आपको देखकर मुझे क्या हो जाता है? कहीं मैं पागल तो नहीं होता जा रहा हूं? आपको देखते-देखते कभी-कभी तो आप अदृश्य हो जाते हैं।'

अगर तुम मुझे एकटक देखते ही चले जाओ, देखते ही चले जाओ तो तो देखते-देखते एक ऐसा क्षण आएगा जब मैं अदृश्य हो जाऊंगा। मेरे शब्दों को सुनते-सुनते अगर तुम ध्यानपूर्वक उन्हें सुन रहे हो, तो अचानक तुम्हें ऐसा आभास होगा कि वे शब्द किसी गहन सन्नाटे और मौन से आ रहे हैं। और जब तुम्हें ऐसा अनुभव होता है, तभी तुम मुझे सच में सुनते हो, उससे पहले नहीं।

और ऐसा नहीं है कि ऐसा जान-बूझकर किया जाता है। असल में योगी तो कभी कुछ करता ही नहीं है। वह तो बस अपने अस्तित्व के केंद्र में प्रतिष्ठित रहता है और उसके आसपास घटनाएं घटती रहती हैं। सच तो यह है, योगी इन घटनाओं से बचना चाहता है, लेकिन फिर भी उसके आसपास

घटनाएं घटती रहती हैं, चमत्कार घटित होते रहते हैं। हालांकि कोई चमत्कार इत्यादि हैं नहीं, लेकिन जो समाधि को उपलब्ध हो जाता है, उसके पास चमत्कार घटित होते ही रहते हैं। जो व्यक्ति समाधि को उपलब्ध हो जाता है, उस व्यक्ति के पीछे-पीछे छाया की भांति चमत्कार चले आते हैं।

इसे ही मैं धर्म का विज्ञान कहता हूं। पतंजलि ने धर्म के विज्ञान के आधार दिए हैं। लेकिन अभी भी बहुत कुछ करना शेष है। पतंजलि ने तो केवल उसका एक ढांचा दे दिया है—अभी उन अंतरालों में, गेपों में बहुत कुछ भरना है। वह तो केवल एक सीमेंट-कांक्रीट का ढांचा है, अभी उसके ऊपर दीवारें खड़ी करनी हैं, भवन का निर्माण करना है। केवल सीमेंट-कांक्रीट के ढांचे में रहना संभव नहीं है। अभी उस ढांचे पर भवन का निर्माण करना है। लेकिन फिर भी पतंजलि ने एक आधारभूत संरचना तो दे ही दी है।

और पतंजलि को हुए पांच हजार साल बीत गए हैं और भवन की नींव अभी नींव ही है; वह अभी तक मनुष्य के रहने लायक भवन नहीं बन पाया है। आदमी अभी भी परिपक्व नहीं हुआ है।

आदमी खिलौनों से खेलता रहता है, और जो होने के लिए वह आया है, जो उसकी वास्तविकता है वह उसकी प्रतीक्षा ही करती रहती है—इस बात की प्रतीक्षा कि जब भी कभी आदमी पूर्ण रूप से परिपक्व होगा तो उसका उपयोग करेगा। और इसके लिए कोई दूसरा जिम्मेवार नहीं है, हम ही इसके लिए जिम्मेवार हैं। इस पृथ्वी को जिस विराट मूर्च्छा ने घेरा हुआ है, उसके लिए हम सभी जिम्मेवार हैं। मेरे देखे तो यह ऐसा ही है जैसे कि एक कुहासा पूरी पृथ्वी पर छाया हुआ हो, और मनुष्य गहन मूर्च्छा में सो रहा हो।

मैंने सुना है एक दिन ऐसा हुआ: एक बहुत ही परिश्रमी समाज सेविका ने सड़क पर लड़खड़ाते हुए शराब में धुत्त एक आदमी से पूछा, 'ओ भलेमानस, ऐसी कौन सी बात है जो तुम्हें इस तरह शराब पीने के लिए मजबूर कर देती है?'

खुशी में झूमता हुआ वह शराबी लापरवाही से बोला, 'मैडम, कोई मुझे मजबूर नहीं करता। मैं वालंटियर हूं, मैं स्वेच्छा से ऐसा करता हूं।'

मनुष्य अपनी इच्छा से अंधकार में जी रहा है। स्वेच्छा से ही मनुष्य अधंकार में जीता है। किसी ने भी हमें अंधकार में रहने के लिए मजबूर नहीं किया है। उस अंधकार से बाहर आने की जिम्मेवारी हमारी अपनी है। शैतान को और दुष्ट राक्षसी शक्तियों को दोष मत देना कि वे हमें बिगाड़ रहे हैं। कोई भी ऐसी शक्ति नहीं है जो हमें बिगाड़ सके। हम स्वयं ही इसके लिए जिम्मेवार हैं। और जब तक हम मूर्च्छा में हैं, तब जिसे भी हम देखते हैं, वह विकृत हो जाती है, जिसे भी हम छूते हैं वह विकृत हो जाती है—जिस चीज को भी हमारे हाथ का स्पर्श होता है, वह कुरूप और गंदी हो जाती है।

दो शराबी रेलवे लाइन से होते हुए घर लौट रहे थे, वे लड़खड़ाते कदमों से रेलवे लाइन के स्लीपर पर स्लीपर पार करते जा रहे थे। अचानक आगे चल रहा व्यक्ति बोला, 'ओह ट्रेवर! मैंने आज तक शायद ही कभी इतनी लंबी सीढ़ियां देखी होंगी!'

पीछे से उसका मित्र चिल्लाया, 'सीढ़ियों की मुझे परवाह नहीं है, जार्ज। लेकिन इतनी नीची रेलिंग मुझे परेशान किए डाल रही है।'

हम अहंकार की शराब, वस्तुओं की शराब को पीए चले जाते हैं, और जीवन की वास्तविकता से हम अनभिज्ञ ही रह जाते हैं। और फिर जो कुछ भी हम देखते हैं या छूते हैं वह विकृत हो जाता है। फिर यह विकृति ही हमारे लिए भ्रामक संसार का, झूठी कल्पनाओं के संसार का निर्माण करती है। संसार माया नहीं है। संसार तो माया हमारे मूर्च्छित और बेहोश मन के कारण ही माया हो जाता है। जिस क्षण हमारी मूर्च्छा, हमारी बेहोशी टूट जाती है, और हम जागरूक हो जाते है, उसी क्षण यह जगत एक अदभुत और अभूतपूर्व सौंदर्य के साथ जगमगा उठता है—तब संसार ही परमात्मा हो जाता है।

परमात्मा और जगत कोई दो अलग-अलग घटनाएं नहीं हैं। वे दो की भांति प्रतीत होते हैं, क्योंकि हम सोए हुए हैं, मूर्च्छित हैं, बेहोश हैं। जिस क्षण हम जाग्रत हो जाएंगे, वे दो नहीं रह जाएंगे; वे एक हैं। और जैसे ही हम उस अदभुत सौंदर्य को—जो कि हमें चारों ओर से घेरे हुए है—जान लेते हैं; वे ही हमारी उदासी, निराशा, दुख, पीड़ा सभी कुछ समाप्त हो जाते हैं। तब एक अलग ही आयाम में हम जीने लगते हैं, हमारे ऊपर आर्शीवादों की वर्षा हो जाती है।

योग संसार को सजग और जाग्रत दृष्टि से देखने के अतिरिक्त और कुछ नहीं है...और तब यह संसार ही परमात्मा हो जाता है। फिर परमात्मा को कहीं और ढूंढने जाने की आवश्यकता नहीं है। सच तो यह है, तब परमात्मा इत्यादि को भूलकर बस, और अधिकाधिक जागरूक होते जाना है। और उसी जागरूकता से ही एक दिन परमात्मा प्रकट हो जाता है; हमारी मूर्च्छा में, हमारी बेहोशी में वह खो जाता है। परमात्मा कहीं खो नहीं जाता है; केवल हम ही अपनी मूर्च्छा में, अपनी बेहोशी में खो गए होते हैं। मूर्च्छा में हम भूल जाते हैं कि हम कौन हैं।

जब केवल जागरूकता ही रह जाए, तो वह जागरूकता का अपने शिखर तक पहुंच जाना ही समाधि है। मौन की पराकाष्ठा ही समाधि है। प्रत्येक व्यक्ति समाधि को उपलब्ध हो सकता है, क्योंकि समाधि प्रत्येक व्यक्ति का जन्मसिद्ध अधिकार है। अगर हमने ही समाधि की मांग नहीं की है, तो उसका उत्तरदायित्व हमारे ऊपर है। और समाधि तब तक क्वांरी ही बनी रहती है, और प्रतीक्षा ही करती रहती है।

अब बहुत हो चुका अब और अधिक समय मत गंवाओ। अब जीवन के प्रत्येक क्षण, प्रत्येक पल का उपयोग, जीवन की श्वास-श्वास का उपयोग अब केवल एक ही बात के लिए करो : कि कैसे अधिकाधिक जागरूक हो जाएं, कैसे अधिकाधिक होश से भर जाएं।

मैं तुम्हें एक कथा सुनाता हूं :

दो यहूदी स्त्रियां, सराह और ऐमी, बीस वर्ष के बाद मिलीं। वे दोनों कालेज में साथ-साथ पढ़ी थीं और उनमें आपस में बड़ी गहरी मित्रता थी। लेकिन बीस वर्ष से न तो वे एक-दूसरे से मिली थीं और न उन्होंने एक-दूसरे को देखा था। जब इतने वर्षों के बाद वे मिलीं, तो पहले वे प्रेमपूर्वक एक-दूसरे के गले मिलीं, एक-दूसरे को खूब चूमा।

फिर सराह ने पूछा, 'ऐमी तुम कैसी हो?'

'एकदम ठीक। इतने वर्षों के बाद तुम से मिलना कितना अच्छा लग रहा है। और तुम अपनी सुनाओ सराह, तुम कैसी हो?'

'शायद तुम्हें यह जानकर और सुनकर हैरानी होगी कि जब हेरी और मेरी शादी हुई तो वह मुझे

हनीमून पर ले गया—तीन महीने मेडीटेरेनीयन में और एक महीने हम लोग इजरायल में थे। यह सब जानकर तुम्हें कैसा लग रहा है?'

'फेंटास्टिक!' एमी ने कहा।

'फिर जब हनीमून के बाद हम घर वापस लौटे तो हेरी ने मुझे वह नया घर दिखाया जो उसने मेरे लिए खरीदा था। उस घर में सोलह कमरे थे, दो स्वीमिंग पूल थे और एक नयी मर्सिडीज कार थी। तुम्हें कैसा लग रहा है यह सुनकर ऐमी?

'फेंटास्टिक!'

'और अब हमारी शादी की बीसवीं वर्षगांठ की खुशी में उसने मुझे यह हीरे की अंगूठी दी है—दस कैरट की।'

'फेंटास्टिक।'

'और अब हम समुद्री जहाज से पूरी दुनिया घूमने जाने वाले हैं।'

'वाह! फेंटास्टिक!'

'ओह ऐमी, हेरी ने मेरे लिए क्या-क्या किया और आगे वह क्या-क्या करने वाला है, यह सब बातें मैं इतनी तेजी से कह गई कि मैं यह पूछना तो भूल ही गई कि तुम्हारे ऐबी ने तुम्हारे लिए क्या-क्या किया?'

'ओह, हमारी जिंदगी साथ-साथ खूब अच्छी गुजरी।'

'लेकिन उसने विशेष रूप से तुम्हारे लिए क्या-क्या किया?'

'उसने मुझे चार्म-स्कूल में पढ़ने के लिए भेजा।'

'तुम्हें चार्म-स्कूल में पढ़ने के लिए भेजा? तुम चार्म-स्कूल में किसलिए जाती थीं?'

'यह सीखने के लिए कि व्यर्थ की बकवास को फेंटास्टिक कैसे कहना!'

यही तो है योग का सार-तत्व—कि तुम अपने इस अनूठेपन के प्रति, फेंटास्टिक के प्रति जागरूक हो जाओ। समाधि खड़ी तुम्हारी प्रतीक्षा कर रही है, और तुम हो कि अभी भी कचरे में ही पड़े हुए हो। तुम्हें स्वयं को बंधनों से मुक्त करके, उन बंधनों से बाहर होना है। बिना समाधि के अब बहुत हो चुका।

और इसका निर्णय कोई दूसरा नहीं ले सकता है। इसका निर्णय तुमको ही लेना है। अभी जैसे तुम हो यह तुम्हारा अपना ही निर्णय है। और तुमको ही परिवर्तित होना है, तुमको ही रूपांतरित होना है, यह निर्णय भी अपना ही होगा।

मैं तुम से केवल इतना ही कह सकता हूं कि जीवन अनूठा है। और वह तुम्हारे करीब ही है और तुम उसे अपने ही कारण चूक रहे हो। अब और चूकने की आवश्यकता नहीं है।

और योग कोई ऐसा दर्शन नहीं है जो केवल आस्था और विश्वास के आधार पर खड़ा हो। योग तो एक संपूर्ण विधि है, एक वैज्ञानिक विधि। उस विलक्षणता को कैसे उपलब्ध कर लेना, यह जानने की एक वैज्ञानिक विधि है।

[redacted]

प्रवचन 10

खतरे में जीओ

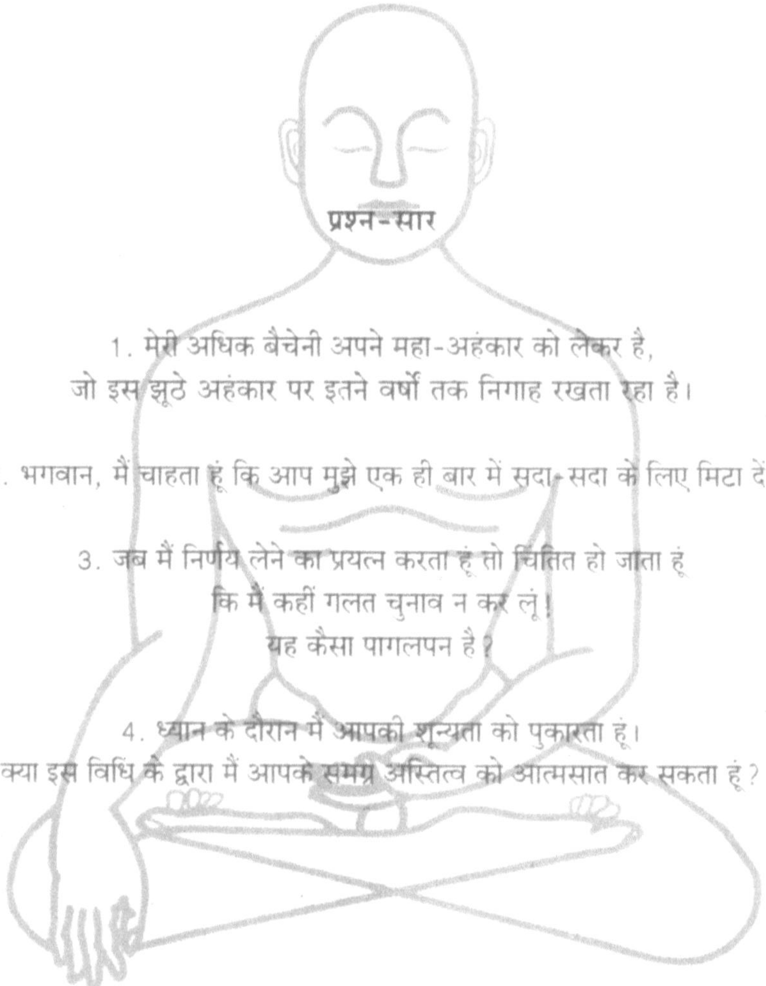

प्रश्न-सार

1. मेरी अधिक बैचेनी अपने महा-अहंकार को लेकर है,
जो इस झूठे अहंकार पर इतने वर्षों तक निगाह रखता रहा है।

2. भगवान, मैं चाहता हूं कि आप मुझे एक ही बार में सदा-सदा के लिए मिटा दें।

3. जब मैं निर्णय लेने का प्रयत्न करता हूं तो चिंतित हो जाता हूं
कि मैं कहीं गलत चुनाव न कर लूं!
यह कैसा पागलपन है?

4. ध्यान के दौरान मैं आपकी शून्यता को पुकारता हूं।
क्या इस विधि के द्वारा मैं आपके समग्र अस्तित्व को आत्मसात कर सकता हूं?

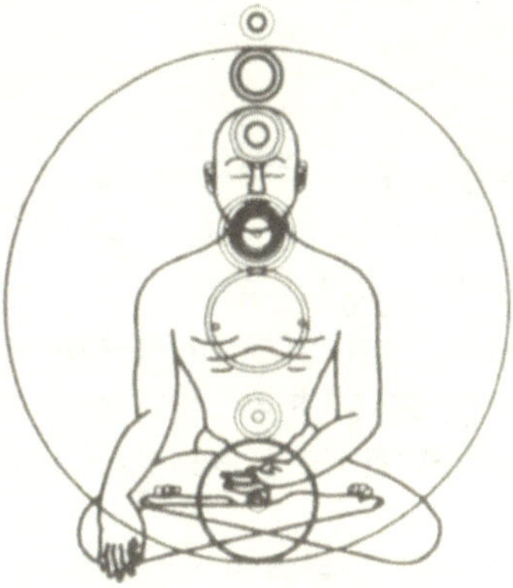

पहला प्रश्न, परितोष ने पूछा है: पूना वापस आने के बाद आपके प्रवचनों को सुनते हुए, मैं कुछ अशांत अनुभव कर रहा हूं। मुझे ऐसा लगता है कि वस्तुतः मेरा अहंकार अस्तित्व ही नहीं रखता।

अब मेरी अधिक बैचेनी अपने महा-अहंकार को लेकर है, वह भी संभवतः अस्तित्व नहीं रखता, जो इस झूठे अहंकार पर इतने वर्षों तक निगाह रखता रहा है।

अपनी इस दुविधाग्रस्त स्थिति में मुझे किसी अनाम कवि की कुछ पंक्तियां याद आ रही हैं, जो कुछ इस तरह से हैं:

जब मैं सीढ़ियां चढ़ रहा था
मेरे करीब से वह व्यक्ति गुजरा जो वहां नहीं था
आज वह फिर नहीं आया
मैं सच में आकांक्षा करता हूं कि वह चला जाए।

अहंकार सब से बड़ी दुविधा है। और इसे ठीक से समझ लेना, अन्यथा तुम अनंत-अनंत काल तक पुराने अहंकार के साथ लड़ते हुए नया अहंकार निर्मित करते चले जाओगे।

अहंकार है क्या? अहंकार का वास्तविक स्वरूप क्या है? अहंकार स्वयं को ही मालिक मान लेता है। और वह स्वयं में ही भेद खड़े कर लेता है—मालिक और सेवक, श्रेष्ठ और निम्न, पापी और पुण्यात्मा, अच्छे और बुरे के भेद खड़े कर लेता है। सच तो यह है, अहंकार ही परमात्मा और शैतान के बीच का भेद खड़ा कर लेता है। और हम सुंदर, श्रेष्ठ और अच्छे के साथ तो तादात्म्य बनाते चले जाते हैं; और निम्न की निंदा किए चले जाते हैं।

अगर भीतर यह विभाजन विद्यमान है, तो जो कुछ भी हम करेंगे उसमें अहंकार मौजूद रहेगा। हम उस विभाजन को गिरा भी सकते हैं, लेकिन उसको गिराने के माध्यम से भी हम अहंकार निर्मित कर ले सकते हैं। फिर इसी तरह से धीरे-धीरे महा-अहंकार तुम्हारे लिए मुसीबतें खड़ी करने लगेगा, क्योंकि सभी तरह के भेद और विभाजन अंततः व्यक्ति को दुख में ले जाते हैं। विभाजन का न होना ही आनंददायी है; और विभाजन का होना ही दुख है। तब फिर वह महा-अहंकार, सुपर ईगो नयी समस्याएं, नयी चिंताएं खड़ी करेगा। और फिर तुम अपने महा-अहंकार को गिराओगे और फिर महा से महा अहंकार निर्मित कर लोगे—और अनंत-अनंत काल तक तुम यही किए चले जा सकते हो।

और इससे तुम्हारी समस्या का समाधान नहीं होगा। तुम उस समस्या को बस दूसरी तरफ सरका दोगे। तब तुम समस्या को पीछे धकेलकर समस्या से बचने की कोशिश करते हो।

मैंने एक ऐसे कैथोलिक के बारे में सुना है जो वर्जिन मेरी, परमात्मा और कैथोलिक धर्म का कट्टर अनुयायी था। फिर एक दिन इन सबसे तंग आकर उसने यह सब छोड़ दिया और वह नास्तिक हो गया। और नास्तिक होकर उसने कहना प्रारंभ कर दिया, 'कहीं कोई परमात्मा नहीं है, और वर्जिन मेरी उसकी मां है।' अब यह तो वही पुराना ढंग है, और इस ढंग से कहना तो और भी बेतुका और बेढंगा हो गया।

मैंने एक यहूदी के बारे में सुना है, जो बहुत ही सीधा-सादा और सरल आदमी था। वह यहूदी एक छोटे से शहर में दर्जी का काम करता था। एक दिन वह दर्जी चर्च नहीं गया। और उस दिन यहूदियों का कोई धार्मिक दिवस था, उस दिन वह चर्च नहीं गया। वैसे वह हमेशा चर्च जाया करता था। धीरे-धीरे पूरे शहर में यह अफवाह फैल गयी कि वह दर्जी नास्तिक हो गया है। वह दर्जी नास्तिक हो गया है, इस बात से पूरा शहर चकित था और परेशान भी था। उस छोटे से शहर के लिए यह एक बड़ी घटना थी कि दर्जी नास्तिक हो गया है। उस शहर में ऐसा कभी नहीं हुआ था; कोई कभी नास्तिक नहीं हुआ था। तो शहर के सभी लोग मिलकर दर्जी की दुकान पर गए। उन्होंने दर्जी से पूछा, 'कल धार्मिक दिन था, पूरा शहर चर्च में इकट्ठा हुआ था, कल तुम क्यों नहीं आए?' दर्जी ने कोई जवाब न दिया। वह मौन ही रहा।

दूसरे दिन फिर वे उस दर्जी के पास गए। क्योंकि शहर में किसी भी आदमी का कामकाज में मन नहीं लग रहा था। पूरा शहर दर्जी के बारे में चिंतित था—कि वह नास्तिक क्यों हो गया है? फिर उन्होंने कुछ लोगों का एक प्रतिनिधि-मंडल बनाया और शहर का एक मोची, जो थोड़ा लड़ने-झगड़ने में तेज था, उसे नेता बना दिया। वे फिर उस दर्जी की दुकान पर गए। मोची ने आगे बढ़कर दर्जी के पास जाकर पूछा, 'क्या तुम नास्तिक हो गए हो?'

दर्जी ने बड़े ही इत्मीनान से कहा, 'हां, मैं नास्तिक हो गया हूं।'

उन लोगों को तो जैसे अपने कानों पर भरोसा ही नहीं आया। उन्हें ऐसी आशा न थी कि वह ऐसा जवाब देगा। उन्होंने दर्जी से पूछा, 'तो फिर कल तुम क्यों चुप रहे?'

वह बोला, 'क्या? आखिर तुम लोग कहना क्या चाहते हो! क्या मैं सबथ के दिन यह कहूं कि मैं नास्तिक हो गया हूं?'

अगर तुम नास्तिक भी हो जाओगे, तो भी तुम्हारा पुराना ढर्रा-ढांचा उसी तरह चलता रहता है।

मैंने एक नास्तिक के बारे में सुना है जो कि मृत्यु-शय्या पर था, और पादरी को भी बुला लिया गया था। पादरी ने आकर नास्तिक से कहा, 'अब यही समय है कि तुम परमात्मा का स्मरण कर लो।'

नास्तिक ने अपनी आंखें खोलीं और बोला, 'परमात्मा का शुक्र है कि मैं नास्तिक हूं।'

सब कुछ ऐसा ही चलता चला जाता है। तुम वैसे ही बने रहते हो, केवल लेबल बदल जाते हैं। तो मेहरबानी करके अपने अहंकार को समझने की कोशिश करो और इस समझने में महा-अहंकार को निर्मित मत कर लेना। बस, इतना ही जानने-समझने की कोशिश करना कि अहंकार क्या है, क्यों है, और कैसा होता है।

अहंकार का मतलब होता है, इस संपूर्ण अस्तित्व से पृथक हो जाना, अलग हो जाना : स्वयं इस विराट अस्तित्व से पृथक महसूस करने लगना। और अस्तित्व से पृथक होने का भाव केवल एक विचार मात्र होता है, वास्तविकता नहीं। केवल यह एक कल्पना मात्र होती है, इसमें सच्चाई जरा भी नहीं होती है। यह एक तरह का सपना ही होता है जिसे हम अपने आसपास निर्मित कर लेते हैं। हम इस अस्तित्व से पृथक नहीं हैं। और पृथक हम हो भी नहीं सकते हैं, क्योंकि जैसे ही हम अस्तित्व से पृथक होते हैं तो फिर हमारा अस्तित्व भी नहीं रह जाता। तब तो जीवन-ऊर्जा का प्रवाह भी नहीं रहेगा। और वह जीवन-ऊर्जा निरंतर हम में प्रवाहित होती रहती है, चाहे हम सोचें भला कि हम पृथक हैं। अस्तित्व इस बात की फिकर नहीं करता। वह निरंतर हमें पोषित करता चला जाता है और हमारी देखभाल किए चला जाता है। अस्तित्व अनेकानेक ढंग से हमें भरता ही चला जाता है।

लेकिन तुम्हारा यह विचार कि हम अस्तितव से पृथक हैं, अस्तित्व से अलग अलग हैं बहुत सी चिंताओं, और परेशानियों का कारण बन जाता है। हमारा इतना सोचना मात्र कि हम अस्तित्व से पृथक हैं, तुरंत हम अपने भीतर एक विभाजन खड़ा कर लेते हैं। इसी विभाजन के कारण वह सब जो हमारे में स्वाभाविक रूप से होता है, वही हमें निम्न मालूम होने लगता है—क्योंकि वह संपूर्ण अस्तित्व से संबंधित मालूम होता है। इसीलिए कामवासना के लिए हमारे मन में निंदा का भाव आ जाता है, क्योंकि वह संपूर्ण अस्तित्व से जुड़ी हुई मालूम पड़ती है।

इसी कारण दुनिया के सभी तथाकथित धर्म कामवासना की निंदा किए चले जाते हैं। और मैं तुम से कहना चाहता हूं कि जब तक हम कामवासना को पूर्णरूप से स्वीकार नहीं कर लेते, तब तक कोई भी व्यक्ति धार्मिक नहीं हो सकता, क्योंकि धर्म उसी कामवासना की ऊर्जा का रूपांतरण है। कामवासना को अस्वीकार नहीं किया जा सकता है, कामवासना को तो स्वीकार करना ही होगा। हां, कामवासना का रूपांतरण जरूर संभव है। लेकिन कामवासना का रूपांतरण केवल तभी संभव है, जब वह हमारे अस्तित्व की गहन स्वीकृति से आता हो। अगर हम प्रकृति को स्वीकार कर लें, तो फिर वह पूरी तरह से बदल जाती है। प्रकृति को अस्वीकार करने में ही सभी कुछ तिक्त और कड़वा हो जाता है; और तब हम अपने ही हाथों नर्क का निर्माण कर लेते हैं।

लेकिन अहंकार की यह आदत है कि वह किसी की भी निंदा करके प्रसन्न होता है, क्योंकि केवल निंदा करके ही हम अपने को थोड़ा सुपीरियर थोड़ा श्रेष्ठ अनुभव कर सकते हैं।

मैं कहीं पढ़ रहा था, एक बार ऐसा हुआ :

एक चर्च में उपदेश देने वाले पादरी ने अपनी-सभा में कहा, 'वे सभी लोग खड़े हो जाएं जिन्होंने पिछले हफ्ते पाप किए हैं।' सभा में बैठे हुए लोगों में से आधे लोग खड़े हो गए। फिर पादरी ने कहा, 'अब वे लोग खड़े हो जाएं, जिन्हें अगर पाप करने का अवसर मिला होता तो उन्होंने पाप कर लिया होता। सभा में बैठे हुए शेष लोग भी खड़े हो गए।

तभी एक स्त्री अपने पति के कान में फुसफुसायी, 'ऐसा लगता है कि जैसे यहां एकमात्र अच्छा आदमी यह पादरी ही है।'

तो उस आदमी ने अपनी स्त्री से कहा, 'तुमने ऐसा कैसे मान लिया? हम लोगों में से सबसे पहले तो वही खड़ा हुआ था।'

यह सुपर ईगो जो निरंतर निंदा किए चला जाता है, जो निरंतर कहे चला जाता है कि ऐसा करना पाप है, यह खराब है, वह गलत है, यह बुरा है; वह स्वयं ही संसार की एकमात्र बुराई, एकमात्र पाप होता है। तो फिर हम क्या करें? फिर हम अहंकार की ही निंदा करने लगते हैं, और तब हम उस निंदा के द्वारा महा-अहंकार को निर्मित कर लेते हैं। निंदा के भाव को गिरा दो—सभी तरह की निंदा के भाव को—और तब फिर बिना किसी महा-अहंकार को बनाए ही अहंकार मिट जाता है। सभी तरह की निंदा को गिरा देना।

क्योंकि निर्णय करने वाले हम कौन होते हैं? क्या गलत है और क्या सही है, यह कहने वाले हम कौन होते हैं? अस्तित्व को दो भागों में विभक्त करने वाले हम कौन होते हैं? अस्तित्व एक है। अस्तित्व एक जीवंत इकाई है, एक आर्गेनिक यूनिटी है। फिर दिन और रात, अच्छा और बुरा—सभी एक हैं। ये जो भेद हैं, ये मनुष्य के द्वारा बनाए हुए अहंकार के भेद हैं—ये भेद मनुष्य के द्वारा निर्मित हैं। बस, तुम किसी भी चीज की निंदा मत करना।

अगर हम किसी भी बात की निंदा करते हैं, तो हम कुछ न कुछ निर्मित करते चले जाएंगे। किसी भी बात की निंदा करना बंद करो, और फिर देखोः तुम पाओगे कि कहीं कोई अहंकार नहीं बचता है। तो वास्तविक समस्या अहंकार की नहीं है। वास्तविक समस्या तो निंदा करने की, किसी भी बात के लिए अपना मंतव्य बना लेने की, और चीजों को विभक्त करने की है। इसलिए अहंकार के बारे में भूल जाओ, क्योंकि जो कुछ भी तुम अहंकार के साथ करोगे वह एक और नया अहंकार खड़ा कर लेगा।

इस पृथ्वी पर जितने व्यक्ति हैं, उतने ही अहंकार हैं। किसी को इस बात का अहंकार होता है कि मेरे पास धन है, पद है, प्रतिष्ठा है; और किसी को इस बात का अहंकार होता है कि मैं बड़ा धार्मिक आदमी हूं। कोई व्यक्ति यह बताना चाहता है कि उसके पास कितना धन है, और पद है, प्रतिष्ठा है; और कोई व्यक्ति घोषणा करके यह सिद्ध करना चाहता है उसने कितना त्याग किया है। लेकिन दोनों के अहंकार में फर्क जरा भी नहीं है।

एक तथाकथित संत मृत्यु-शय्या पर था और उसके सभी शिष्य उसके आसपास इकट्ठे हो गए थे। गुरु अपने जीवन की अंतिम घड़ियां गिन रहा था और उसके शिष्य शय्या के निकट ही अपने गुरु के बारे में बातचीत कर रहे थे।

उन शिष्यों में से किसी शिष्य ने कहा, अब कभी कोई ऐसा आदमी न होगा जो इतना नैतिक हो। फिर किसी दूसरे शिष्य ने कहा, मैंने अपने गुरु से बहुत कुछ सीखा है। मुझे भी कोई ऐसा आदमी नहीं मिला जो इतना ज्ञानवान हो। हम उन्हें हमेशा-हमेशा के लिए खो देंगे। फिर किसी ने कुछ कहा, किसी ने कुछ कहा। किसी शिष्य ने कहा कि उन्होंने पूरे संसार का त्याग कर दिया था। और इस तरह से वे शिष्य मृत्यु-शय्या पर पड़े अपने गुरु के बारे में बातें कर रहे थे। वे अपने गुरु के ज्ञान की चर्चा कर रहे थे, उनके त्याग की चर्चा कर रहे थे, वे उनके तपश्चर्या से भरे जीवन की चर्चा कर रहे थे, उनके अनुशासित चरित्र की चर्चा कर रहे थे।

और तभी मृत्यु-शय्या पर पड़े गुरु ने अपनी आंखें खोलीं और कहा, किसी ने भी मेरी विनम्रता के बारे में कुछ भी नहीं कहा!

तो आदमी की विनम्रता भी अहंकार बन जाती है। तब विनम्र होना भी अहंकार को ढांकने का एक आवरण बन जाता है। और तब अहंकार भी पवित्र हो जाता है। और जब कोई विषाक्त चीज पवित्र हो जाती है, तो वह और अधिक विषाक्त हो जाती है।

इसलिए अगर तुम मुझे ठीक से समझो, तो कृपा करके अहंकार की निंदा मत करने लगना, अन्यथा तुम निंदा के माध्यम से महा-अहंकार खड़ा कर लोगे। और फिर तुम परेशान और बेचैन रहोगे, क्योंकि कोई भी आदमी स्वयं को विभक्त करके, दूसरों की निंदा करके, निरंतर स्वयं को ही मालिक मानते हुए कैसे चैन से रह सकता है? अतः निंदा के भाव को गिराकर और स्वयं को किसी भी बात का निर्णायक मत मानना। तुम जैसे भी हो, अपने को स्वीकार करो। केवल स्वीकार ही नहीं करो, बल्कि जैसे भी हो उसका स्वागत करो। केवल स्वागत ही न करो, उसमें आनंदित होओ। और अचानक तुम पाओगे कि कहीं कोई अहंकार नहीं है, और न ही कहीं कोई महा-अहंकार है। वे कभी थे ही नहीं। तुम ही उन्हें बना रहे थे; तुम ही उनका निर्माण कर रहे थे।

आदमी ने केवल एक ही चीज का निर्माण किया है, और वह है अहंकार। और शेष सभी तो परमात्मा के द्वारा बनाया हुआ है।

दूसरा प्रश्नः मैं ध्यान में, कार्य में और प्रेम में गहरे जा रहा हूं, लेकिन फिर भी लगता है कि इतना पर्याप्त नहीं है। भगवान, मैं चाहता हूं कि आप मुझे एक ही बार में सदा-सदा के लिए मिटा दें।

पूछा है आनंद बोधिसत्व ने। कोई भी अनुभव, चाहे कोई सा भी अनुभव क्यों न हो वह पर्याप्त नहीं होता। फिर चाहे वह कार्य का अनुभव हो, या प्रेम का अनुभव हो, या फिर चाहे वह ध्यान का अनुभव ही क्यों न हो, या तुम उसे परमात्मा का अनुभव भी कह सकते हो—कोई भी अनुभव पर्याप्त न होगा, तृप्तिदायक नहीं होगा, क्योंकि सभी अनुभव हम से बाहर ही घटित होते हैं। और तुम अनुभवों के पीछे ही छिपे रहते हो। क्योंकि तुम साक्षी हो, तुम अनुभवों के भी साक्षी हो। अनुभव तुम्हें घटता है, लेकिन तुम अनुभव नहीं हो।

तो कैसा भी अनुभव हो, कोई भी अनुभव कभी भी पूर्ण न होगा। क्योंकि अनुभव करने वाला, वह व्यक्ति जो अनुभव कर रहा है, वह सदा अनुभव से अधिक बड़ा है। और अनुभव तथा अनुभव करने वाले के बीच का भेद वहां हमेशा विद्यमान रहता है—उन दोनों के बीच एक अंतराल सदा विद्यमान रहता है—और वही अंतराल तुमसे कहे चला जाता है कि, 'हां, कुछ घट तो रहा है, लेकिन फिर भी पर्याप्त नहीं है। कुछ और अधिक चाहिए।'

यही है मनुष्य के मन की पीड़ा, मनुष्य के मन का संताप। इसीलिए मन और-और की मांग किए चला जाता है। तुम धन कमाते हो, और मन कहता है, और अधिक चाहिए। तुम मकान बनाते हो; मन कहता है, और बड़ा मकान बनाओ। तुम किसी राज्य का निर्माण करते हो और मन कहता है, और अधिक बड़ा राज्य चाहिए। फिर अगर तुम ध्यान करो तो वही मन कहता है, अभी ध्यान परिपूर्ण नहीं हुआ। अभी तो और भी बहुत से शिखर हैं जिन पर अभी पहुंचना है। और यह सब ऐसा ही चलता रहेगा, क्योंकि यह स्वयं अनुभव का ही स्वभाव है कि अनुभव कभी पूर्ण नहीं हो सकता।

तो फिर मन के लिए कौन सी बात पूर्ण हो सकती है? तो फिर मन कैसे पूरी तरह से तृप्त हो सकता है? तुम तो बस अनुभव के साक्षी बने रहना : अनुभव में खो मत जाना, अनुभवों में भटक मत जाना। बस, तुम तो साक्षी बने रहना। और यह जानते हुए कि यह भी एक अस्थायी भावदशा है, यह भी बीत जाएगा। अच्छा-बुरा, सुंदर-असुंदर, आनंद-दुख—सभी भाव दशाएं क्षणभंगुर हैं, यह भी बीत जाएंगी : तुम मौन रहकर इन सबको शांति से देखते रहना। इनके साथ तादात्म्य मत बनाना। अन्यथा तुमको न तो प्रेम से तृप्ति होगी, और न ही ध्यान से। क्योंकि वस्तुतः ध्यान है क्या? ध्यान कोई अनुभव नहीं है : ध्यान है साक्षी के प्रति जागरूक हो जाना। बस द्रष्टा हो जाओ, केवल द्रष्टा और जब द्रष्टा ही रह जाए तब सभी कुछ परिपूर्ण हो जाता है। बिना द्रष्टा के सभी कुछ अपूर्ण रहता है। द्रष्टा के साथ सभी कुछ समग्र और पूर्ण हो जाता है; वरना बिना द्रष्टा के कोई भी चीज पूरी तरह से संतृप्ति नहीं दे सकती।

अगर तुम साक्षी में रहते हो, तो फिर जीवन का छोटे से छोटा कृत्य भी, फिर वह चाहे स्नान करना ही क्यों न हो, इतना तृप्तिदायी और संतोषप्रद होता है कि तुम उससे कुछ ज्यादा की अपेक्षा ही नहीं कर सकते। फिर चाहे भोजन करना हो, या चाय पीना हो, इतना अधिक आनंदपूर्ण होता है कि तुम सोच भी नहीं सकते, कल्पना भी नहीं कर सकते कि इससे अधिक आनंददायी भी कुछ हो सकता है। तब जीवन का हर क्षण, हर पल अपने आप में अमूल्य हो जाता है, और तब जीवन का प्रत्येक अनुभव फूल की भांति खिल उठता है—लेकिन तब इन सब अनुभवों के प्रति भी तुम जागरूक और सजग बने रहते हो। तुम उन अनुभवों में खो नहीं जाते हो, उन अनुभवों के साथ तादात्म्य नहीं बना लेते हो।

बोधिसत्व, मैं समझ सकता हूं। तुम एक कठिन कार्य कर रहे हो। तुंम काम भी कर रहे हो, ध्यान भी कर रहे हो। तुम वह सभी कुछ कर रहे हो, जो एक व्यक्ति कर सकता है। इससे अधिक तुम कुछ कर भी नहीं सकते हो।

सच तो यह है कि अगर तुम कुछ और अधिक करोगे तो उससे मदद मिलने वाली नहीं है। अब तुम उस जगह पहुंच गए हो, जहां अब साक्षी हो जाना है। अनुभवों को गुजरने दो—उन्हें आने दो, जाने दो; उनके द्वारा विचलित और परेशान मत होना। और न ही उनसे आकर्षित होओ। बस, जागरूक और तटस्थ होकर—मन में चलते हुए यातायात को देखते रहो, मन के आकाश में गुजरते हुए बादलों को देखते रहो। बस, द्रष्टा हो जाओ और अचानक तुम पाओगे कि फिर किसी पक्षी का बोलना, या किसी छोटे से फूल का खिल जाना—ऐसी छोटी-छोटी बातें गहन परितृप्ति दे जाती हैं। और संतोष से भर जाती हैं।

बासो का एक हाइकू है। जापान में एक बहुत ही छोटा फूल होता है, जिसे नाजुना कहकर पुकारते हैं। वह फूल एकदम छोटा सा, सामान्य, साधारण, और इतना दरिद्र होता है कि कोई उस फूल की तरफ देखता भी नहीं है, और न ही उसके बारे में कोई बात करता है। कवि गुलाब की चर्चा करते हैं। बेचारे नाजुना की बात कौन करता है? नाजुना एक जंगली फूल है। और बहुत सी भाषाओं में तो इस फूल के लिए कोई नाम तक नहीं है, क्योंकि कौन उस बेचारे फूल के नाम की परवाह करता है? लोग उस फूल के पास से बिना देखे ही निकल जाते हैं, उसकी ओर देखते तक नहीं हैं।

जिस दिन बासो को पहली सतोरी की झलक मिली और वह अपनी कुटिया से बाहर निकले तो उनकी नजर सबसे पहले नाजुना पर पड़ी। और बासो ने अपने हाइकू में कहा है, 'मैंने पहली बार नाजुना के सौंदर्य को देखा और जाना। वह नाजुना का फूल अनूठा और अपूर्व था। सभी स्वर्गों को नाजुना फूल के सामने एकसाथ मिला दिया जाए, तो भी कुछ नहीं है।'

बासो के लिए नाजुना कैसे इतना सौंदर्यपूर्ण हो गया? और बासो कहते हैं, 'नाजुना में वह सौंदर्य तो सदा से मौजूद था, और मैं न जाने कितनी बार उसके पास से गुजरा था, लेकिन इससे पहले मैंने ऐसा सौंदर्य कभी नहीं देखा था।' क्योंकि बासो स्वयं वहां पर मौजूद न था।

मन केवल वही देखता है, या वही देखना चाहता है जो उसके अहंकार की पूर्ति करता है। बेचारे नाजुना की परवाह कौन करता है? वह बेचारा गरीब फूल, किसी भी ढंग से मन और आंख को संतुष्ट नहीं करता। हां, कमल हो, गुलाब हो, तब तो ठीक है। लेकिन नाजुना! बेचारा साधारण जंगली फूल, इतना छोटा, इतना दरिद्र कि किसी को उसकी ओर ध्यान देने की, उसकी तरफ देखने की क्या पड़ी है। वह न तो किसी को आकर्षित ही कर पाता है, न ही किसी का ध्यान अपनी ओर खींच पाता है...लेकिन वह दिन, वह सुबह, वह सूर्य का उदय होना, और बासो ने नाजुना फूल को देखा; बासो कहते हैं, 'पहली बार मेरा साक्षात्कार नाजुना की वास्तविकता से हुआ'—लेकिन ऐसा केवल इसी कारण संभव हो सका, क्योंकि बासो ने स्वयं की रिएलिटी से, स्वयं की वास्तविकता से साक्षात्कार कर लिया था।

जिस घड़ी हम साक्षी होते हैं—और वही सतोरी है, वही समाधि है—जिस क्षण हम साक्षी होते हैं सभी कुछ बदल जाता है, सभी कुछ अलग ही रंग-रूप ले लेता है। तब साधारण हरा रंग फिर कोई साधारण हरा रंग नहीं रह जाता; वह असाधारण हो जाता है। तब कोई भी चीज साधारण नहीं रह जाती है। जिस क्षण हम साक्षी हो जाते हैं, उसी क्षण हर चीज असाधारण, भव्य और दिव्य हो जाती है।

जीसस अपने शिष्यों से कहा करते थे, 'जरा, बाहर खिले हुए लिली के फूलों को तो देखो।' साधारण से लिली के फूल—लेकिन जीसस के लिए वे लिली के फूल साधारण नहीं हैं, क्योंकि जीसस एक अलग ही आयाम में जी रहे हैं। जीसस की यह बात सुनकर शिष्य तो जरूर आश्चर्य में पड़ गए होंगे कि जीसस लिली के फूलों की चर्चा क्यों कर रहे हैं? लिली के फूलों के बारे में कहने को है क्या? लेकिन जीसस कहते हैं, 'सोलोमन भी अपने ऐश्वर्य और वैभव में लिली के फूलों के सामने कुछ भी न था।' सोलोमन भी कुछ न था! सोलोमन यहूदी पुराण कथा का सर्वाधिक समृद्ध, और धनी सम्राट था—वह भी कुछ न था लिली के साधारण से फूलों के सामने! जीसस ने उन लिली के फूलों में वह देखा, जिसे शिष्य देखने से चूक रहे हैं।

क्या देखा जीसस ने उन लिली के फूलों में? अगर तुम साक्षी हो जाओ, तो अस्तित्व अपने सारे रहस्य तुम्हारे सामने खोल देता है। मैं तुम से कहता हूं कि तब सभी कुछ तृप्तिदायी हो जाता है।

किसी ने एक झेन गुरु से पूछा, 'सतोरी उपलब्ध होने के बाद आप क्या करते हैं?'

वह झेन गुरु बोले, 'पहले की तरह मैं अब भी लकड़ी काटता हूं, कुएं से पानी भरता हूं, जब भूख लगती है तब भोजन कर लेता हूं, जब थक जाता हूं तो सो जाता हूं।'

सतोरी उपलब्ध होने के बाद सभी कुछ, छोटे-छोटे कृत्य भी सौंदर्य से भर जाते हैं। प्रत्येक छोटे-छोटे काम भी, फिर वह चाहे लकड़ी काटना हो या कुएं से पानी भरना...सभी कुछ दिव्य और भव्य हो जाता है।

थोड़ा इसे समझने की कोशिश करो।

निकोस कजानजाकिस ने जो उपन्यास सेंट फ्रांसिस के विषय में लिखा है उसमें फ्रांसिस बादाम के वृक्ष के साथ बातें करता है। सेंट फ्रांसिस आते हैं, एक बादाम का पेड़ वहां पर है, और सेंट फ्रांसिस कहते हैं, 'सिस्टर, मुझे परमात्मा के विषय में कोई गीत सुनाओ।' और इतना कहते ही वह बादाम का पेड़ खिल जाता था। और यह उस बादाम के वृक्ष का तरीका था परमात्मा के लिए गीत गाने का।

बादाम का वृक्ष तुम्हारे बगीचे में भी खिलता है, फलता-फूलता है, लेकिन तुम उसके पास जाकर कभी कहते ही नहीं हो कि 'सिस्टर, परमात्मा का गीत सुनाओ। परमात्मा के बारे में कुछ कहो।' बादाम के वृक्ष के पास जाकर यह कहने के लिए कोई सेंट फ्रांसिस चाहिए। बादाम का वृक्ष तो हमारे बगीचों में भी फलते-फूलते हैं। इसी तरह से हमारे जीवन में भी हजारों फूल खिलते हैं, लेकिन उन फूलों को देखने के लिए हम वहां होते ही नहीं हैं।

स्वयं में वापस लौट आओ, और साक्षी हो जाओ, और तब सभी कुछ—फिर चाहे कार्य हो, प्रेम हो, या ध्यान हो—तब सभी कुछ परिपूर्ण तृप्तिदायी हो जाता है। तब सभी कुछ इतना परिपूर्ण और तृप्तिदायी होता है कि फिर और अधिक की न तो आकांक्षा ही रह जाती है और न ही अधिक की मांग रह जाती है। और जब अधिक की आकांक्षा या मांग नहीं रह जाती है, तब ही हम सच में जीना प्रारंभ करते हैं, उससे पहले नहीं।

मैं तुम्हारी पीड़ा को समझता हूं—'भगवान, मैं चाहता हूं कि आप मुझे एक ही बार में सदा-सदा के लिए मिटा दें।'

अगर ऐसा करना मेरे हाथ में होता, तो मैंने ऐसा कभी का कर दिया होता। अगर ऐसा करना मुझ पर निर्भर होता, तो मैं तुम्हारे कहने की भी प्रतीक्षा न करता। फिर तो मैं तुम से पूछता भी नहीं। लेकिन यह केवल मुझ पर ही निर्भर नहीं है। तुमको भी मेरे साथ सहयोग करना पड़ेगा। सच तो यह है, मैं तो सिर्फ एक बहाना हूं—करना तो तुमको ही है।

और किसी भी तरह की जल्दी मत करना, अधीर मत होना। इस पथ पर बड़े धैर्य की आवश्यकता होती है। लेकिन पश्चिम में धैर्य खो गया है, अधैर्यता मन का हिस्सा हो गयी है। लोग धैर्य के और प्रतीक्षा के सौंदर्य को भूल ही गए हैं।

मैं एक कथा पढ़ रहा था :

एक डाक्टर अपने मरीज को स्वस्थ होने की नयी विधि के विषय में समझा रहा था।

'आपरेशन के बाद जितना जल्दी हो सके, तुम चलने लगना। पहले दिन तुम पांच मिनट घूमना, दूसरे दिन दस मिनट, और तीसरे दिन पूरे एक घंटे घूमना। मेरी बात समझ में आई न?'

'हां डाक्टर,' घबराए हुए मरीज ने कहा, 'लेकिन क्या यह उचित होगा कि मैं आपरेशन के समय लेटा ही रहूं?'

थोड़े और धैर्य की जरूरत है। अभी तुम आपरेशन टेबल पर ही हो। कृपा करके, कृपा करके शिथिल और शांत रहो, और मेरे साथ सहयोग करो, क्योंकि यह ऐसा आपरेशन नहीं है जो तुम्हारी मूर्च्छा में, तुम्हारी बेहोशी की अवस्था में किया जा सकता हो। यह ऐसा आपरेशन नहीं है, जिसमें एनसथीसिया दिया जा सकता हो। जब तुम पूर्ण होश में सचेत और जागरूक होगे, उस समय पूरा आपरेशन हो सकता है। सच तो यह है तुम जितने अधिक होशपूर्ण, जाग्रत और सचेत होते हो, उतनी ही अधिक आसानी से इस आपरेशन को किया जा सकता है—क्योंकि यह पूरा का पूरा आपरेशन होश का ही है। अगर तुम आपरेशन करने के प्रतिकूल हो, तो मैं यह आपरेशन नहीं कर सकता हूं; बिना तुम्हारे सहयोग के तो मैं यह कर ही नहीं सकता। जब तक तुम पूरी तरह मेरे साथ नहीं होते हो, मैं ऐसा नहीं कर सकता।

सच तो यह है, जब तुम समग्ररूपेण मेरे साथ होते हो, तब तुम स्वयं ही वैसा कर लेते हो; मैं तो केवल एक बहाना हूं। जिस दिन घटना घटेगी, उस दिन तुम जानोगे कि मैंने कुछ भी नहीं किया है, तुमने स्वयं ही सब कुछ किया है। मैंने तो बस तुममें थोड़ा सा आत्मविश्वास जगाया था। मैंने तो केवल तुम्हें विश्वास दिलाया था कि ऐसा भी संभव है। मैंने तो केवल इतना भरोसा दिलाया था कि तुम व्यर्थ नहीं भटक रहे हो, कि तुम सही मार्ग पर चल रहे हो—मैंने तो बस इतना ही किया था।

इस आपरेशन में मरीज ही डाक्टर भी होता है। डाक्टर तो इसमें एक ओर खड़ा रहता है। बस उसकी मौजूदगी, उसकी उपस्थिति मात्र ही तुम्हारे लिए सहायक होती है—और जब डाक्टर वहां खड़ा होता है तो तुम्हें भय नहीं लगता, तुम स्वयं को अकेला महसूस नहीं करते।

और एक ढंग से यह अच्छा ही है कि कोई दूसरा तुम्हारे लिए कुछ नहीं कर सकता। क्योंकि अगर कोई दूसरा तुमको मुक्त कर सकता हो, तो तुम्हारी मुक्ति वास्तविक मुक्ति न होगी, सच्ची मुक्ति न होगी। अगर कोई दूसरा व्यक्ति तुमको मुक्त कर सकता है, तो फिर दूसरा व्यक्ति तुमको गुलाम भी बना सकता है। कोई तुम्हें मुक्त नहीं कर सकता। मुक्ति तुम्हारा अपना चुनाव है। इसीलिए मुक्ति परम है, फिर कोई उसे तुम से छीन नहीं सकता। अगर मुक्ति दी जा सकती हो, तो फिर उसे छीना भी जा सकता है।

सच तो यह है, मैं तुम्हारी कोई मदद नहीं कर सकता हूं। अगर तुम चाहो, तो मेरे से जो भी मदद संभव हो सकती है, वह ले सकते हो।

तुम थोड़ा मेरी बात को समझने की कोशिश करो।

मैं तुम्हारी कोई मदद नहीं कर सकता, क्योंकि मैं तुम्हारे साथ कोई जबर्दस्ती नहीं कर सकता हूं। मैं तुम्हारी हत्या नहीं कर सकता, लेकिन मेरी मौजूदगी में तुम आत्मघात कर ले सकते हो।

क्या तुम मेरी बात को समझ रहे हो? मेरी मौजूदगी के माध्यम से तुम आत्मघात कर ले सकते हो; मैं तुम्हारी हत्या नहीं कर सकता हूं। मैं तो बस उपलब्ध हूं। मेरे माध्यम से तुम स्वयं अपनी मदद कर सकते हो। और जिस दिन ऐसा होगा उसे तुम समझ सकोगे, केवल तभी तुम समझ सकोगे, कि ऐसा तुम अपने आप भी कर सकते थे। लेकिन अभी तो अकेले ऐसा करना संभव नहीं है, लगभग असंभव ही है। यहां तक कि मेरे साथ होकर भी जब ऐसा कर पाना इतना कठिन है, तो अकेले तो असंभव ही है।

अधैर्य न करो, प्रतीक्षा करो और अधिकाधिक अपने साक्षी-चैतन्य में प्रतिष्ठित हो जाओ।

जब पीड़ा हो, दुख हो तो उस समय उनसे तादात्म्य न बनाना बहुत आसान होता है। लेकिन असली परेशानी और समस्या तो तब खड़ी होती है जब हम गहन प्रेम में हों, आनंदित हों, खुश हों, प्रसन्न हों, गहन ध्यान में लीन हों, आनंद-मग्न हों, तब तादात्म्य न बना पाना बहुत कठिन होता है। लेकिन तब हम वहीं पर रुक जाते हैं। वही है असली घड़ी, जब इस बात का होश रहे कि तादात्म्य स्थापित न हो जाए। स्मरण रहे, जब तुम आनंदित होते हो, तब भी जागरूक रहना कि यह भी एक भावदशा ही है; यह भी आई है और चली जाएगी। जैसे बादल आते हैं, और चले जाते हैं; बादल सुंदर है। उस आनंद की अवस्था के प्रति अनुगृहीत होना, परमात्मा को धन्यवाद देना, लेकिन फिर भी उससे अछूते ही बने रहना। जल्दी मत करना और उसके साथ तादात्म्य मत बनाना। उसी तादात्म्य के कारण और अधिक की आकांक्षा उठती है, मांग खड़ी होती है।

अगर तुम उससे दूर, तटस्थ, कहीं दूर उदासीन खड़े हो तो और अधिक पाने की आकांक्षा का विचार उठता ही नहीं है। ऐसा क्यों होता है? क्योंकि जब द्रष्टा अनुभव के साथ तादात्म्य स्थापित कर लेता है तो वह मन बन जाता है। और मन जो है वही अधिक और अधिक की आकांक्षा है। लेकिन जब अनुभव बादलों की भांति गुजरते हैं, उस समय अगर द्रष्टा केवल द्रष्टा ही बना रहता है, तब मन का अस्तित्व नहीं होता। तब दृश्य और द्रष्टा के बीच एक अंतराल होता है; उनके बीच कहीं कोई सेतु नहीं होता। जब दृश्य और द्रष्टा के बीच कोई सेतु नहीं होता है, उस अवस्था में अधिक की कोई आकांक्षा नहीं रह जाती है—तब कहीं किसी तरह की कोई आकांक्षा होती ही नहीं है। तब तुम परिपूर्ण परितृप्ति होते हो, तुम परम संतुष्ट होते हो।

बोधिसत्व, वह अवस्था आने को है। किसी तरह की जल्दबाजी मत करना और धैर्य मत खोना।

तीसरा प्रश्न: मेरा ऐसा विश्वास है कि विकसित होने के लिए मुझे जोखिम उठाने होंगे, और जोखिम उठाने के लिए मुझे निर्णय लेने होंगे। फिर जब मैं निर्णय लेने का प्रयत्न करता हूं तो चिंतित हो जाता हूं कि मैं कहीं गलत चुनाव न कर लूं, जैसे कि मेरा जीवन इसी पर ही निर्भर करता हो।

आखिर यह कैसा पागलपन है?

यह बात तुमको अभी भी विश्वास जैसी ही मालूम हो रही है, यह तुम्हारी समझ नहीं बनी है। विश्वास से कोई मदद नहीं मिलने वाली है। विश्वास का अर्थ होता है, उधार। विश्वास का अर्थ होता है, तुम्हें अभी भी समझ नहीं है।

शायद तुम समझ से आकर्षित हो गए हो, या तुमने ऐसे लोग देखे होंगे जिन्होंने जोखिम उठाई है और जोखिम के माध्यम से उनका विकास हुआ है। लेकिन तो भी तुमने अभी तक यह नहीं जाना है कि जोखिम ही जीने का एकमात्र ढंग है, और दूसरा कोई मार्ग नहीं है। जिंदगी में अगर जोखिम न हो तो कुछ गलत है; जोखिम के साथ कुछ भी गलत नहीं है।

जोखिम उठाने में तुम गलत नहीं हो सकते, क्योंकि अगर तुम जोखिम से हमेशा भयभीत रहो, कि कहीं कुछ गलत हो जाएगा, तब तो तुम जोखिम उठा ही नहीं रहे हो। अगर हर बात की पूरी

गारंटी हो और फिर तुम जोखिम उठाओ, और सभी कुछ पहले से ही निर्धारित हो और सभी कुछ ठीक-ठाक हो; तभी तुम जोखिम उठाओ—तो फिर जोखिम हुआ ही कहां? नहीं, जोखिम में गलत हो जाने की संभावना होती है; इसीलिए तो उसे जोखिम कहा जाता है। और यह जानते हुए कि जोखिम में कुछ ठीक भी हो सकता है, और कुछ गलत भी हो सकता है, फिर भी जोखिम उठाने में संकोच न करना, सुंदर है।

और व्यक्ति का विकास जोखिम के साथ ही, रिस्क के साथ ही होता है, क्योंकि अगर तब कुछ गलत भी होगा, तो फिर पहले जैसे बने रहना संभव नहीं है। उस गलती के माध्यम से कुछ समझ विकसित हो जाती है। और अगर कहीं भटक भी जाओ तो जिस क्षण तुम्हें भटकने का बोध हो जाए उसी क्षण तुम वापस लौट सकते हो। और जब वापस लौटना होता है तो कुछ सीखकर ही वापस लौटना होता है—और निश्चित ही उस सीखने में बहुत कीमत चुकानी पड़ती है। और तब वह सीखना मात्र स्मरण का सीखना नहीं होता है, वह सीखना खून, हड्डी, मांस-मज्जा का अंग बन जाता है। इसलिए भटकने से कभी भी मत डरना। जो लोग भटकने से डरते हैं, वे लोग पंगु हो जाते हैं। वे कभी जोखिम उठाने की चेष्टा ही नहीं करते हैं।

और जीवन का मतलब ही जोखिम है, क्योंकि जीवन एक जीवंत घटना है; जीवन कोई मृत वस्तु नहीं है। केवल कब्र में ही किसी तरह का कोई खतरा नहीं होता है। मृत्यु के पश्चात, कहीं कोई खतरा नहीं बचता है।

लाओत्सु के किसी शिष्य ने लाओत्सु से पूछा, 'क्या जीवन में सुख-चैन और आराम से जीना संभव नहीं है?'

लाओत्सु ने कहा, 'थोड़ा ठहरो। जब तुम्हारी मृत्यु हो जाएगी, तो कब्र में तुम सदा-सदा के लिए, अनंतकाल तक सुख-चैन-आराम से रह सकोगे।'

इसलिए जीवन को व्यर्थ मत गंवाओ, क्योंकि मृत्यु तो होने ही वाली है। जीवन के जो कुछ क्षण मिले हैं इन्हें जी लो। और जीने का दूसरा कोई उपाय नहीं है: जीने का मतलब ही है खतरे में जीना, जोखिम में जीना। जीवन में खतरा तो सदा मौजूद ही रहता है। और खतरा तो होना ही है, क्योंकि जीवन एक प्रवाह है। इस प्रवाह में तुम कहीं भी जा सकते हो।

मैंने एक ऐसे आदमी के बारे में सुना है जो निर्णय लेने में हमेशा भयभीत रहता था, डरता था। लेकिन आखिरकार व्यक्ति को निर्णय तो लेना ही पड़ता है, इसलिए उसे निर्णय तो लेना ही पड़ता था। और वह जो भी निर्णय लेता था हमेशा गलत ही होता था, और यह उसके जीवन का अंग बन चुकी थी। और वह स्वयं भी जानता था कि वह जो भी निर्णय लेगा वह गलत ही होगा। अगर वह व्यापार करेगा तो उसमें उसे लाभ न होगा; जिस ट्रेन से वह जाने की सोचेगा, वह चूक जाएगी; जिस स्त्री से वह विवाह करने की सोचेगा वह किसी और से प्रेम करने लगेगी; इस तरह वह हमेशा चूकता ही रहा था।

एक दिन उसे व्यापार के काम से दूसरे शहर जाना था, और उसके शहर से एक ही हवाई-कंपनी का केवल एक ही विमान उपलब्ध था—अतः उसके निर्णय लेने का कोई प्रश्न ही न था। क्योंकि निर्णय लेने की कोई झंझट न थी इसलिए वह बहुत खुश था; क्योंकि दूसरा कोई विकल्प

भी न था। उसे वही विमान पकड़ना था। लेकिन जैसे ही हवाई-जहाज उड़ा और थोड़ी देर बाद बीच में ही इंजन बंद हो गया।

वह आदमी तो बड़ा घबड़ा गया; घबड़ाकर वह बोला, 'हे परमात्मा! इस बार तो मैंने कोई निर्णय नहीं लिया था। मेरे सामने कोई और विकल्प ही न था। अब तो यह बात सीमा के बाहर हुई जा रही है। अगर मेरे और मेरे निर्णय के साथ कुछ गलत हो जाए तो ठीक भी है, लेकिन इस बार तो मैंने कोई निर्णय लिया ही नहीं था। आपने ही निर्णय लिया था।'

वह आदमी सेंट फ्रांसिस का अनुयायी था, इसलिए वह पुकारने लगा, 'ओ सेंट फ्रांसिस, मुझे बचाओ! कम से कम इस बार तो बचाओ। मैंने आज तक आप से कभी किसी तरह की कोई मदद नहीं मांगी, क्योंकि निर्णय हमेशा मैं ही लेता था, इसलिए मैं जानता था कि चूंकि मैं ही गलत हूं, इसीलिए सभी कुछ गलत हो जाता है। इस बार तो मेरी कोई गलती नहीं है?'

तभी आकाश में एक हाथ प्रकट हुआ और उस हाथ ने उसे विमान में से उठा लिया। वह बहुत खुश हुआ। और तभी आकाश से आवाज सुनायी दी, 'कौन सा फ्रांसिस? फ्रांसिस जेवियर या ऑसिसी के फ्रांसिस? बताओ तुमने किसे पुकारा है!'

अब फिर से वही मुसीबत...तुम बचकर भाग नहीं सकते। भागोगे कहां, जीवन हमेशा जोखिम से भरा है। तुम्हें चुनाव करना ही पड़ेगा। और अपने चुनाव के द्वारा ही तुम विकसित होते हो; अपने स्वयं के चुनाव के द्वारा ही तुम परिपक्व होते हो। चुनाव से तुम गिरते भी हो और फिर से उठते भी हो।

गिरने से कभी भयभीत मत होना; वरना तुम्हारे पांव चलने की क्षमता खो देंगे। और गिरने में कुछ गलत भी नहीं है। गिरना चलने का ही हिस्सा है, गिरना जीवन का ही हिस्सा है। गिरो, और फिर से उठ खड़े हो, और हर बार का गिरना तुम्हें और अधिक मजबूत बना देगा; और जब-जब तुम भटकोगे तुम पहले से अधिक मजबूत और अनुभवी हो जाओगे। अधिक सजग और जागरूक हो जाओगे। और फिर से अगर वही परिस्थिति तुम्हारे सामने आएगी, तो तुम उद्विग्न नहीं होगे, और उस परिस्थिति से घबराओ नहीं। जीवन में जितनी गलतियां कर सकते हो, उतनी गलतियां करना—बस केवल एक बात खयाल रखना कि वही गलती बार-बार मत करना।

और गलतियां करने में कुछ भी गलत नहीं है। जितनी अधिक से अधिक गलतियां कर सकते हो, करो—जितनी गलतियां अधिक कर सको उतना ही अच्छा है। क्योंकि जितना अधिक अनुभव होगा, उतनी अधिक जागरूकता तुममें आएगी। ऐसे ही मत बैठे रहना, अनिश्चय की मनःस्थिति में ही मत झूलते रहना। निर्णय लो! और निर्णय न लेना ही एकमात्र गलत निर्णय है, क्योंकि तब तुम सभी कुछ चूक जाते हो।

थामस अल्वा एडीसन के विषय में कहा जाता है कि वह किसी प्रयोग को कर रहा था, और उस प्रयोग में हजारों बार वह असफल हुआ। कोई तीन साल से निरंतर वह उस पर कार्य कर रहा था, और वह उसमें बार-बार असफल हो रहा था। सभी तरह से उसने कोशिश की, लेकिन वह सफल नहीं हो पा रहा था। उसके साथ जो शिष्य थे वे हताश हो गए, निराश हो गए। एक दिन एक शिष्य ने एडीसन से कहा, 'आप कम से कम एक हजार बार प्रयोग कर चुके हैं। और प्रत्येक प्रयोग असफल

हो रहा है। लगता है हम आगे नहीं बढ़ पा रहे हैं।' एडीसन ने उस शिष्य की तरफ आश्चर्य से भरकर देखा; और कहा, 'तुम कह क्या रहे हो? आखिर तुम कहना क्या चाहते हो? हम कहीं नहीं बढ़ रहे हैं? हमारे सामने एक हजार गलत द्वार बंद हो चुके हैं, अब ठीक द्वार कोई बहुत दूर नहीं होगा। हमने एक हजार गलतियां कर ली हैं, इतना तो हम सीख ही चुके हैं। ऐसा कहकर तुम क्या यह कहना चाहते हो कि हम अपना समय व्यर्थ बर्बाद कर रहे हैं? अब यह एक हजार गलतियां हमें अपनी ओर आकर्षित नहीं कर सकेंगी। अब हम मंजिल के निकट पहुंच ही रहे हैं, सत्य अब हम से दूर नहीं है। आखिरकार सत्य कब तक हम से बच सकता है।

गलतियां करने से, भूल करने से, कुछ गलत करने से कभी भी भयभीत मत होना।

यह प्रश्न प्रेम निशा का है। वह हमेशा गलतियां करने से भयभीत रहती है। वह इतनी अधिक भयभीत है: कि वह यहां भी छिपकर बैठती है; मैं उसे कभी देख ही नहीं पाता हूं। शायद मेरी एक दृष्टि, और उसे खतरा हो जाएगा। तो वह स्वयं को छिपाकर रखती है। मैं जानता हूं कि वह यहां पर मौजूद है, हर रोज वह यहीं कहीं बैठी होती है। लेकिन वह ऐसे कहीं किसी खंभे के पीछे छिपकर बैठती है, कि मैं उसे देख नहीं पाता हूं। और अगर कभी मेरे सामने भी बैठी होती है, तो वह अपना सिर इतना नीचे झुका लेती है कि मैं उसे पहचान ही नहीं पाता कि वह कहां है।

जीवन एक प्रवाह है। तुम बैठे भी रह सकते हो, लेकिन तब जीवन मृत्यु की तरह होगा। उठो और चल पड़ो। जोखिम उठाओ, खतरे में जीओ।

निशा की हालत उस छोटे से लड़के की भांति है:

वाइज विनिफ्रेड वन-विहार की शिक्षा, पदयात्रा और जल-यात्रा के पुरस्कार लेकर एक ग्रीष्म-शिविर से घर वापस लौटा था; और उसे एक छोटा स्टार भी मिला था। जब उससे पूछा कि उसे यह स्टार किस बात के लिए मिला है, तो विनिफ्रेड बोला, 'घर लौटते समय, अपना समान बहुत ही अच्छे ढंग से ट्रंक में बंद करने के लिए उसे यह पुरस्कार मिला है।' उसकी मां तो बहुत खुश थी, जब तक विनिफ्रेड ने यह नहीं बताया कि मैंने उस ट्रंक को खोलकर कभी कुछ निकाला ही नहीं था।

तो निशा, बंद सामान को खोलो। इससे भयभीत मत होओ कि शायद तुम उतने अच्छे ढंग से उसे फिर से पैक नहीं कर पाओगी। थोड़ी-बहुत अव्यवस्था अच्छी होती है, उसमें कुछ हर्ज नहीं है। लेकिन बंधा हुआ और बंद जीवन जीए चले जाना, जीवन के साथ एकमात्र गलती है। यह जीवन के प्रति एक अस्वीकृति है।

और जीवन को अस्वीकार करना परमात्मा को अस्वीकार करना है। अस्तित्व ने तुम्हें यहां जीने के लिए भेजा है—जितना संभव हो सके उतने गहन रूप से जीने के लिए; जितना संभव हो सके उतने खतरनाक ढंग से जीने के लिए। संपूर्ण अस्तित्व चाहता है कि तुम जीवंत हो जाओ, तुम्हारा रोआं-रोआं जीवंत हो जाए, इतना जीवंत कि जीवंतता की पराकाष्ठा पर पहुंच जाए—इसीलिए तुम्हें यहां भेजा गया है। और तुम भयभीत हो कि कहीं कुछ गलत न हो जाए।

परमात्मा को तुम्हें भेजने में कोई भय नहीं है। वह जरा भी भयभीत नहीं है। वह सभी तरह के लोगों को भेजता है—अच्छे-बुरे, पुण्यात्मा-पापी सभी तरह के लोगों को भेजता है। वह लोगों को भेजता ही चला जाता है। वह जरा भी भयभीत नहीं है।

अगर परमात्मा भयभीत या डरा हुआ होता तो यह संसार बहुत पहले ही समाप्त हो गया होता, या फिर यह संसार बना ही न होता। अगर वह भयभीत होता कि अगर मैं मनुष्य की रचना करूं और वह कुछ गलत कर बैठे, अगर वह भटक गया...वस्तुतः पहला आदमी अदम भटक गया था। आदमी को वैसा ही होना पड़ता है। परमात्मा ने पहला आदमी बनाया, और उसने विद्रोह कर दिया और परमात्मा की आज्ञा का उल्लंघन किया, और उसने ईडन के बगीचे की सभी सुख-सुविधाओं को छोड़ने का जोखिम उठाया। उसने खतरे से भरा मार्ग चुना। जरा अदम के बारे में तो सोचो—कितने खतरे में जीया होगा वह। और परमात्मा भी अदम को बनाकर रुक नहीं गया। अन्यथा वह अदम को बनाकर ही रुक जाता। इसकी कोई आवश्यकता न थी। उसने पहले आदमी की रचना की और वह पहला आदमी ही भटक गया—तो फिर उसके बाद परमात्मा को आदमी की रचना करने की क्या आवश्यकता थी। लेकिन उसके बाद फिर भी परमात्मा सृष्टि की रचना करता ही चला जा रहा है।

सच तो यह है, ऐसा लगता है कि परमात्मा ने ही इन सारी परिस्थितियों का निर्माण किया है। परमात्मा ने अदम से कहा, 'इस वृक्ष के फल को मत चखना।' और परमात्मा के मना करने के कारण ही अदम के अंदर एक आकर्षण पैदा कर दिया। ईसाई जब कहते हैं कि शैतान ने अदम को प्रलोभित किया—एकदम गलत है यह बात। परमात्मा ने यह कहकर कि 'इस ज्ञान के वृक्ष के फल को मत चखना,' अदम को प्रलोभित किया। इससे अधिक और कौन से प्रलोभन की तुम कल्पना कर सकते हो? किसी भी बच्चे के साथ जरा इसको आजमा कर देखना। किसी बच्चे से कहना कि तुम फलां कमरे में मत जाना। और सबसे पहले वह बच्चा जो करेगा, वह यही करेगा कि वह उस कमरे में जाएगा।

एक छोटा संन्यासी, धीरेश लंदन वापस जा रहा था। मैंने उसे एक डिब्बी दी और उससे कहा कि वह उसे खोले नहीं। उसने मेरे से कहा भी, 'हां, मैं इसे नहीं खोलूंगा।' और फिर मैंने उसकी मां से कुछ बात की और मैंने उससे फिर से कहा, 'ध्यान रहे, इस डिब्बी को खोलना नहीं है।' वह बोला, 'मैं कभी इसे नहीं खोलूंगा।' उसकी मां बोली, 'उसने तो डिब्बी पहले ही खोलकर देख ली है!'

यह परमात्मा ही है जो ध्यान आकर्षित करवाता है। जब उसने अदम से कहा, 'इस वृक्ष के फल को मत चखना तो किसी शैतान की कोई जरूरत नहीं है। परमात्मा स्वयं ही सब से बड़ा प्रलोभन देने चला है, क्योंकि वह चाहता है तुम संसार में जाओ, अनुभव करो। यहां तक कि अगर तुम भटक भी जाओ, तो भी तुम परमात्मा से अलग नहीं हो सकते। क्योंकि परमात्मा से अलग होकर तुम जा कहां सकते हो? अगर कुछ गलत हो भी जाए, तो क्या गलत हो जाएगा? क्योंकि हर कहीं वही व्याप्त है? तुम उससे अलग होकर कुछ कर ही नहीं सकते हो। ऐसी कोई संभावना ही नहीं है। यह तो बस आंख-मिचौनी का ही खेल है। परमात्मा तुम्हें जोखिम से खेलने के लिए भेजता है, और फिर तरह-तरह के प्रलोभन देता है—क्योंकि यही एकमात्र ढंग है आदमी के विकसित होने का।

हां, किसी न किसी दिन तुम्हें लौटना ही होगा। अदम बगीचे से बाहर जाता है, जीसस वापस लौट आते हैं। जीसस वापस लौट आए अदम हैं। यही है वापस घर लौट आना, वापस घर लौट आने की यात्रा। जीसस वह अदम हैं, जिन्होंने जान लिया है; जो भूल के प्रति, गलती के प्रति जाग गए हैं; लेकिन अगर प्रारंभ में अदम ही न हो, तो फिर जीसस की भी कोई संभावना नहीं होगी।

एक पादरी छोटे बच्चों को सिखा रहा था कि परमात्मा से प्रार्थना कैसे करना, और कैसे तुम्हारी गलतियां परमात्मा माफ कर सकता है। ऐसा सब सिखाने के पश्चात उस पादरी ने बच्चों से प्रश्न पूछे; उसने पूछा, 'तुमको परमात्मा माफ कर सके इसके लिए सब से जरूरी बात क्या है?' एक छोटा बच्चा खड़ा होकर बोला, 'पाप करना।'

माफी पाने के लिए गलती करना नितांत आवश्यक है। जीसस होने के लिए अदम चाहिए। अदम प्रारंभ है भटकने का; जीसस घर वापस लौट आना है।

लेकिन जीसस अदम से पूर्णतया भिन्न हैं। अदम निर्दोष था। जीसस प्रज्ञावान हैं—निर्दोष होने के साथ-साथ उससे कुछ अधिक भी हैं। वह कुछ अधिक हैं, क्योंकि वे भटकते हुए दूर निकल गए थे। अब वे जीवन के ढंग को और उसकी पूर्णता को अच्छे.से जानते हैं।

प्रत्येक व्यक्ति को यही नाटक बार-बार करना पड़ता है। जीसस होने के लिए अदम होना ही पड़ता है। इससे किसी चिंता में और सोच-विचार में मत पड़ जाना। हिम्मत जुटाओ, साहस जुटाओ। डरो मत, भयभीत मत हो। प्रवाहमान रहो, गतिमान रहो।

और मैं तुम से कहता हूं कि भटक जाना भी ठीक ही है। बस, एक ही भूल को बार-बार मत दोहराते जाना, एक बार में एक भूल पर्याप्त है, क्योंकि अगर बार-बार तुम एक ही भूल करते हो, उसी भूल को बार-बार दोहराते हो, तो तुम मूढ़ हो। और अगर कभी भी भूल नहीं करते हो, तब तो मूढ़ आदमी से भी गए बीते हो, या कहो कि महामूढ़ हो। जब कभी करो तो नयी-नयी भूलें करो, तो तुम धीरे-धीरे विवेकपूर्ण होते चले जाओगे। और चूंकि विवेक अनुभव के द्वारा ही आता है, उसे पाने का अन्य कोई उपाय भी नहीं है। उसके लिए कोई शार्टकट नहीं है, अन्य कोई उपाय नहीं है।

'मेरा ऐसा विश्वास है कि विकसित होने के लिए मुझे जोखिम उठाने होंगे...'

इस विश्वास को जाने दो, इस विश्वास को बिदा होने दो। यह विश्वास का प्रश्न ही नहीं है। जीवन को थोड़ा ध्यान से देखो, स्वयं के जीवन पर थोड़ा ध्यान दो। इस बात को केवल विश्वास ही नहीं, स्वयं की अंतर्दृष्टि बनने दो। ऐसा नहीं कि मैं कहता हूं इसीलिए तुम विश्वास कर लो, बल्कि समझने की कोशिश करो।

अगर तुम भयभीत और डरे हुए रहोगे, तो तुम हमेशा पंगु ही बने रहोगे और तुम आगे न बढ़ पाओगे। अगर कोई बच्चा चलने से भयभीत है, चलने से डरता है और इस डर के कारण चलने की कोशिश ही न करे...और सभी को मालूम है कि वह जब चलना शुरू करेगा तो कई-कई बार गिरेगा—उसे चोट भी लग सकती है, उसे घाव भी हो सकता है, ऐसा होगा भी; लेकिन चलना सीखने का यही एकमात्र तरीका है। और ऐसे ही गिरते-उठते धीरे-धीरे वह संतुलन बनाना सीख जाता है। जो बच्चा चलने की कोशिश कर रहा हो, जो बच्चा चलना सीख रहा हो, उस पर थोड़ा ध्यान देना। पहले तो वह अपने दोनों हाथ और पांव के सहारे चलता है। फिर वह दो पैरों पर खड़े होने की कोशिश करता है, जो कि बच्चे के लिए बहुत ही जोखिम भरा काम है।

बच्चे का दो पैरों पर खड़े होकर चलने को मैं इसे सबसे बड़ा जोखिम कहता हूं, क्योंकि सारी मनुष्य जाति इसी जोखिम से विकसित हुई है। जानवर चार पैरों के सहारे चलते हैं; केवल मनुष्य ने ही दो पैरों पर खड़े होकर चलने की कोशिश की है। जानवर अधिक सुरक्षापूर्ण ढंग से चलते हैं।

मनुष्य प्रारंभ से ही खतरों के प्रति आकर्षित रहा है, आकर्षित ही नहीं अत्याधिक आकर्षित रहा है—इसीलिए उसने दो पैरों के सहारे चलने की कोशिश की।

थोड़ा उस पहले आदमी के बारे में सोचो, जो दो पैरों पर खड़ा हुआ होगा। वह आदमी शायद सर्वाधिक स्वच्छंद, खुले विचारों का और अंधविश्वास और रूढ़ियों के विरुद्ध रहा होगा—सब से बड़ा क्रांतिकारी, विद्रोही रहा होगा—और निश्चित ही उस समय सभी उस के इस अजीब से ढंग पर हंसे होगें। जरा सोचो, जब सभी लोग चार पैरों के सहारे चल रहे थे और अचानक एक आदमी दो पैरों पर खड़ा हो गया होगा : पूरा समाज जरूर उस पर हंसा होगा। उन्होंने कहा होगा, 'अरे, यह क्या है? यह तुम क्या कर रहे हो? क्या पागल हो गए हो? आज तक कोई भी तो दो पैरों पर खड़ा होकर नहीं चला है। तुम गिर पड़ोगे, तुम्हारी हड्डी-पसलियां टूट जाएंगी। छोड़ो यह सब, अपने पुराने ढंग पर लौट आओ।' और यह अच्छा ही हुआ कि उस आदमी ने उनकी बात नहीं सुनी। वे लोग उस आदमी पर खूब हंसे होंगे। उन्होंने सभी तरह से कोशिश की होगी कि वह फिर से चारों पैर से चलने लगे, लेकिन उसने उनकी नहीं सुनी और वह दो पैरों पर ही चलता रहा।

वे रूढ़िवादी, दकियानूसी अभी भी वृक्षों पर चढ़े हुए बैठे हैं। वे बंदर, बड़े-बड़े बंदर—वे ही रूढिवादी संकुचित जीव हैं। उनमें जो क्रांतिकारी थे, वे तो मनुष्य बन गए। वे अभी भी वृक्षों पर चढ़े, वृक्षों से चिपके हुए बैठे हैं और चारों पैरों के सहारे चल रहे हैं। वे अभी भी यही सोचते होंगे, 'आखिर क्यों यह लोग भटक गए? कौन सा दुर्भाग्य इन पर टूट पड़ा है?'

लेकिन अगर तुम नए के लिए कोशिश करते हो, तो तुरंत उसी क्षण से तुम नए के लिए उपलब्ध हो जाते हो। भयभीत मत होओ। चरैवेति-चरैवेति, चलते जाओ, चलते जाओ। शुरू में छोटे-छोटे कदम उठाओ, छोटे-छोटे निर्णय लो। और खयाल रखो कि हमेशा नए की संभावना होती है, और तुम कुछ गलती भी कर सकते हो। कुछ भूल भी कर सकते हो। और गलत होने में भी गलत है क्या? तुम फिर से लौट आना। और जब तुम वापस लौटकर आओगे, तो तुम और अधिक बुद्धिमान और अनुभवी हो जाओगे।

इसे मात्र विश्वास ही मत रहने देना। इसे अपने जीवन की समझ बनने देना। केवल तभी यह तुम्हारे लिए उपयोगी और सार्थक हो सकती है।

'...और जोखिम उठाने के लिए मुझे निर्णय लेने होंगे।'

निस्संदेह व्यक्ति को निर्णय लेने ही होते हैं। और यह जीवन की सुंदरतम बातों में से एक बात है कि आदमी को निर्णय लेना ही पड़ता है। आदमी के निर्णय लेने की क्षमता ही यह दर्शाती है कि आदमी स्वतंत्र है। तुम चाहोगे तो यह कि कोई दूसरा तुम्हारे लिए निर्णय ले; तब तो तुम गुलाम हो जाओगे। इससे तो जानवर कहीं अधिक अच्छी हालत में हैं—उनके लिए सभी कुछ पहले से ही तय है। उनका भोजन निश्चित है, जीवन जीने का एक निश्चित ढांचा उनके पास है। वे स्वयं कोई निर्णय नहीं लेते, वे कभी चिंता, परेशानी और उलझन में नहीं पड़ते।

आदमी ही एकमात्र ऐसा जानवर है जो हमेशा उलझन से भरा रहता है, लेकिन यही उसका गौरव भी है, क्योंकि उसे निर्णय लेना ही होता है। मनुष्य हमेशा हिचकिचाहट में ही रहता है, हमेशा दो विकल्पों के बीच ही झूलता रहता है—ऑसिसी के संत फ्रांसिस, कि संत फ्रांसिस जेवियर—और

जोखिम सदा विद्यमान रहता है। थोड़ा उस आदमी के बारे में सोचो। अगर आकाश से उतरा वह हाथ ऑसिसी के संत फ्रांसिस का हो और वह कहे संत फ्रांसिस जेवियर—तो बस बात खतम।

लेकिन निर्णय लेना ही पड़ता है। निर्णय के द्वारा ही आत्मा का जन्म होता है निर्णय लेने के माध्यम से ही तुम पूर्ण होते हो।

निर्णय लो—चाहे निर्णय तुम्हारा कुछ भी हो। अनिश्चिय की हालत में डांवाडोल मत बने रहो। अगर तुम अनिश्चय की हालत में डांवाडोल स्थिति में रहते हो तो तुम हमेशा द्वंद्व में रहोगे। तुम एकसाथ एक ही समय में दोनों ओर बढ़ते रहोगे—क्योंकि बिना निर्णय के भी जीना तो पड़ता ही है। फिर तुम्हारा पचास प्रतिशत मन उत्तर की ओर जाएगा, और पचास प्रतिशत दक्षिण की ओर जाएगा। और तब सिवाय दुख, पीड़ा, व्यथा, संताप और परेशानी के कुछ भी हाथ नहीं आता है।

एक आदमी तेजी से इनकम टैक्स के ऑफिस में घुसा और मैनेजर का गिरेबान पकड़कर बोला, 'सुनो, मैं बहुत घबराया हुआ हूं। मेरी पत्नी कहीं खो गयी है।'

अधिकारी ने कहा, 'क्या सचमुच वह खो गयी है। यह तो बहुत ही बुरा हुआ, लेकिन यह तो इनकम टैक्स आफिस है। आपको तो पुलिस को खबर करनी चाहिए।'

इस पर वह आदमी गंभीर मुद्रा में अपना सिर हिलाते हुए बोला, 'यह तो मैं जानता हूं। लेकिन अब मैं फिर से धोखा खाने वाला नहीं हूं। पिछली बार जब मेरी पत्नी खो गयी थी, तो मैं पुलिस के पास ही गया था और पुलिस ने उसे खोज निकाला था।'

फिर इनकम टैक्स आफिस में भी खबर करने के लिए क्यों जाना? लेकिन मन का एक हिस्सा कहता है कि पत्नी खो गयी है, तो पति को कुछ तो करना ही चाहिए; कुछ न कुछ तो करना चाहिए। और मन का दूसरा हिस्सा प्रसन्नता अनुभव करता है और कहता है, 'अच्छा हुआ कि पत्नी खो गयी। पुलिस-स्टेशन मत जाओ, कौन जाने, वे फिर से पत्नी को खोज लें।'

जीवन इसी तरह चलता जाता है—आधा-आधा, और फिर तुम अपने ही मन के कारण खंड-खंड हो जाते हो। एक पति की, एक इज्जतदार पति की अगर पत्नी खो जाए, तो कुछ तो करना ही होता है; और उसके भीतर का आदमी जो कि पत्नी से मुक्ति चाहता है, वह कुछ और ही करना चाहता है। वह भीतर ही भीतर प्रसन्न होता है कि चलो अच्छा हुआ पत्नी चली गयी। पति ऊपर से तो दुखी दिखाई देता है, या दुखी होने का दिखावा करता है—ऊपर से तो अपने को दुखी दिखाता है, और डरता भी है कि कहीं लोगों को पता न चल जाए कि वह भीतर से खूब प्रसन्न है। और ऐसा ठीक नहीं है, क्योंकि अगर लोगों को यह मालूम हो गया कि पति प्रसन्न है, तो यह तो अहंकार के सम्मान को तोड़ देने वाली बात होगी।

तो पति को दिखाने के लिए कुछ न कुछ करना पड़ता है। वह पुलिस-स्टेशन नहीं जाना चाहता है, तो वह किसी दूसरी जगह चला जाता है, इनकम टैक्स आफिस चला जाता है।

अपने जीवन का निरीक्षण करो। और अपने जीवन को इस तरह से व्यर्थ ही नष्ट मत कर देना।

जीवन में निर्णय लेना अनिवार्य है। हर क्षण, हर पल जीवन में व्यक्ति को निर्णय लेना ही पड़ता है। जो क्षण बिना निर्णय के खो जाता है, तुम्हारे भीतर एक खंडित स्थिति का निर्माण कर देता है, तुमको भीतर से तोड़ देता है। अगर हर क्षण तुम्हारे स्वयं के निर्णय से आता हो तो धीरे-धीरे तुम

एक हो जाते हो, अखंड हो जाते हो, तुम बंटे-बंटे नहीं रहते। फिर एक घड़ी ऐसी आती है जब तुम पूर्ण हो जाते हो। निर्णय लेना कोई खास बात नहीं है : बात है तुम्हारी दृढ़ता की। और निर्णय लेने की क्षमता के माध्यम से तुम दृढ़ और संकल्पवान हो जाते हो।

एक बार ऐसा हुआ :

एक युवा स्त्री घबराई हुई दांत के डाक्टर के पास गई और उसके वेटिंग-रूम में जाकर बैठ गई। उसके साथ एक तीन महीने का बच्चा भी था, उस बच्चे को सम्हालने के लिए उसकी बहन उसके साथ थी। जल्दी ही उसका नंबर आ गया।

जैसे ही वह कुर्सी पर बैठी, उसने घबराकर डाक्टर से कहा, 'मुझे नहीं मालूम कि ज्यादा मुसीबत की बात कौन सी है—दांत निकलवाना या बच्चा पैदा करना।'

दांत के डाक्टर ने कहा, 'ठीक है, कृपया जल्दी से अपना निर्णय ले लें। मेरे यहां और भी बहुत से लोग प्रतीक्षा कर रहे हैं।'

और ऐसा ही मैं निशा से भी कहना चाहूंगा। वह यहां रहती है, पर हमेशा डांवाडोल स्थिति में ही रहती है। यहां रहना है तो पहले निर्णय लो। इस भांति डांवाडोल स्थिति में रहना ठीक नहीं है। यहां रहो या कहीं और रहो, लेकिन जहां भी रहो समग्र होकर रहो। अगर तुम यहां रहना चाहती हो तो यहां पर रहो, लेकिन फिर समग्ररूपेण यहां पर रहो। तब यही तुम्हारा संपूर्ण संसार बन जाए और यह क्षण तुम्हारे लिए समग्र और शाश्वत हो जाए। या फिर यहां पर मत रहो, यहां से चली जाओ, लेकिन इस तरह डांवाडोल स्थिति में मत रहो। कहीं और रहना चाहती हो, वहां रहो; यह भी अच्छा है। तो फिर पूर्णरूप से वहीं रहो।

सवाल यह नहीं है कि तुम कहां हो। सवाल यह है कि क्या तुम परिपूर्ण रूप से वहां उपस्थित हो, जहां तुम रहते हो? बंटे हुए, विभक्त मन के साथ मत रहो। सभी दिशाओं में एकसाथ मत दौड़ो, वरना तुम विक्षिप्त हो जाओगे।

समर्पण कर देना ही निर्णय है, सबसे बड़ा निर्णय है। किसी पर श्रद्धा करना भी स्वयं में एक निर्णय है। हालांकि उसमें जोखिम है। कौन जाने? हो सकता है वह आदमी सिर्फ धोखा ही दे रहा हो। जब हम किसी स्त्री के प्रेम में पड़ते हैं, तो केवल श्रद्धा और विश्वास ही कर सकते हैं। स्त्री पुरुष के प्रेम में पड़ती है, तो केवल श्रद्धा और विश्वास ही करती है। किसे पता है, कौन जानता है? कौन जाने रात्रि में पुरुष हत्या ही कर दे। कौन जानता है? कौन जाने पत्नी तुम्हारा सारा बैंक-बैलेंस लेकर ही भाग जाए। लेकिन फिर भी व्यक्ति जोखिम उठाता है; नहीं तो प्रेम संभव ही नहीं है।

हिटलर कभी भी किसी स्त्री को अपने कमरे में नहीं सोने देता था। यहां तक कि उसकी गर्ल-फ्रेंड्स को भी अनुमति नहीं थी रात को हिटलर के कमरे में सोने की। वह उनसे दिन में मिलता था। लेकिन रात को कमरे में वह उनसे कभी भी नहीं मिलता था। क्योंकि वह इतना अधिक भयभीत था। कौन जाने? कोई स्त्री रात को उसे जहर ही दे दे, रात उसका गला ही दबा दे।

थोड़ा सोचो ऐसे व्यक्ति की तकलीफ। वह स्त्री पर भी विश्वास नहीं कर सकता था। उसने किस तरह का जीवन गुजारा होगा—नर्क जैसा जीवन। न ही केवल वह स्वयं नर्क में जीया, जो लोग भी उसके आसपास थे वे भी नर्क में ही जीए।

ऐसा कहा जाता है कि एक बार वह अपने मकान की सातवीं मंजिल पर बैठे हुए किसी ब्रिटिश कूटनीतिज्ञ से बातें कर रहा था। और वह ब्रिटिश सरकार के दूत पर ऐसा प्रभाव जमाने की कोशिश कर रहा था कि उसका विरोध और सामना करने का प्रयत्न व प्रयास करना व्यर्थ है। इसलिए अच्छा है कि समर्पण कर दो। और हिटलर उससे कहने लगा, 'हम तो सारी दुनिया जीत ही लेंगे। कोई भी हमें जीतने से नहीं रोक सकता है।' वहां पास में ही एक सिपाही खड़ा हुआ था। केवल उस ब्रिटिश राजदूत को प्रभावित करने के लिए उसने उस सिपाही से कहा, 'खिड़की से कूद जाओ!' सिपाही ने सातवीं मंजिल की उस खिड़की से छलांग लगा दी। ब्रिटिश राजदूत को तो भरोसा ही नहीं आया। यहां तक कि वह सिपाही जरा हिचकिचाया भी नहीं। और फिर उसने दूसरे सिपाही से कहा, 'कूद जाओ!' और वह दूसरा सिपाही भी कूद पड़ा। अब तो उस ब्रिटिश राजदूत की समझ के बाहर हो गया। तभी हिटलर अपनी बात को ठीक से सिद्ध करने के लिए और उसके ऊपर अपना प्रभाव दिखाने के लिए तीसरे सिपाही से बोला, 'कूद जाओ!'

लेकिन अब तक ब्रिटिश राजदूत बहुत घबरा चुका था, और चकित भी था। उस ब्रिटिश राजदूत ने जाकर उस तीसरे सिपाही को, जो कि कूदने ही वाला था, पकड़ लिया और कहा, 'ठहरो! तुम्हारी आत्महत्या करने के लिए इतनी तैयारी कैसे है? क्या तुम्हें अपनी जिंदगी खोने में जरा भी हिचकिचाहट नहीं है?' वह सिपाही बोला, 'मुझे छोड़ दें! आप इसे जिंदगी कहते हैं?' और इतना कहकर वह भी कूद गया।

हिटलर स्वयं तो नर्क में ही जीता था और उसने दूसरों के लिए भी नर्क निर्मित कर रखा था—'क्या आप इसे जिंदगी कहते हैं?'

जीवन में अगर प्रेम न हो, तो जीवन में फिर किसी बात की कोई संभावना ही नहीं होती है। जीवन की गहराई का अर्थ है प्रेम, और प्रेम की गहराई का अर्थ है जीवन। और प्रेम श्रद्धा है, विश्वास है, जोखिम है।

मेरे निकट होने का अर्थ है, अत्यधिक प्रेम में होना। क्योंकि मेरे निकट होने का यही एकमात्र ढंग है। मैं यहां किन्हीं सिद्धांतों और शिक्षाओं के प्रचार के लिए नहीं हूं। मैं कोई शिक्षक नहीं हूं। मैं तो जीवन जीने के लिए एक अलग ही दृष्टि का सूत्रपात कर रहा हूं। और यह जोखिम भरा काम है। मैं यह बताने का प्रयास कर रहा हूं कि जिस ढंग से तुम आज तक जीए हो, वह गलत है। जीवन जीने का एक ढंग और भी है—निस्संदेह वह दूसरा ढंग अपरिचित है, भविष्य के गर्भ में छिपा हुआ है। तुमने कभी उसका स्वाद नहीं लिया है। तुमको मेरे ऊपर श्रद्धा और भरोसा करना ही होगा; तुमको मेरे साथ अंधकार में भी चलना होगा। और इन सब बातों के साथ भय भी पकड़ेगा, खतरा भी होगा। और यह बहुत ही पीड़ादायी भी होगा—यही तो है विकास की पूरी की पूरी प्रक्रिया—लेकिन उस पीड़ा से गुजरकर ही कोई आनंद की अवस्था तक पहुंच सकता है। केवल पीड़ा से गुजरकर ही आनंद को पाया जा सकता है।

अंतिम प्रश्न: ध्यान के दौरान मैं आपकी शून्यता को पुकारता हूं, ताकि वह मुझमें उतर जाए। और मुझे लगता है कि धीरे-धीरे आपकी शून्यता मेरे रोएं-रोएं में समा जाती है।

क्या इस विधि के द्वारा मैं आपके समग्र अस्तित्व को आत्मसात कर सकता हूं? क्या मैं आपकी समग्रता को अपने में संपूर्णतया उतार सकता हूं?

कृपया आप मुझे अपने आशीष दें। (चाहें तो आप शब्दों में उत्तर न भी दें।)

मैं कभी भी केवल शाब्दिक उत्तर नहीं देता हूं। जब कभी मैं उत्तर देता हूं, तो वह उत्तर द्वि-आयामी होता है। वह एकसाथ दो धरातलों पर चलता है। एक तो शाब्दिक आयामः वह उनके लिए होता है जो किसी दूसरे आयाम को समझ नहीं सकते हैं—वह बहरे, अंधे और जड़ लोगों के लिए होता है। फिर उसके साथ ही एक दूसरा आयाम भी है; जो शब्दों का संप्रेषण नहीं है, जो मौन का संप्रेषण हैः वह उन लोगों के लिए है जो सुन सकते हैं, जो देख सकते हैं, जो जीवंत हैं।

और तुम मेरे आशीषों की मांग कभी मत करना, क्योंकि वे तो हमेशा बरस ही रहे हैं, चाहे तुम उन्हें मांगो या न मांगो। चाहे तुम मेरे साथ सहयोग करो या नहीं, चाहे तुम मेरे पक्ष में रहो या विपक्ष में, इससे मेरे आशीषों में कोई अंतर नहीं पड़ता। मेरे आशीष कोई मेरा कृत्य नहीं है। वह तो बस श्वास की भांति हैं; जैसे श्वास हमेशा चलती रहती है, ऐसे ही मेरे आशीष हमेशा बरसते रहते हैं। अगर तुम अनुभव कर सको, तो तुम सदा उन्हें पाओगे। मैं यहां पर तुम्हारे बीच अपने आशीष के रूप में ही विद्यमान हूं।

और तुम्हारा ठीक विधि से साक्षात्कार हो गया हैः

'ध्यान के दौरान मैं आपकी शून्यता को पुकारता रहता हूं ताकि वह मुझमें उतर जाए और मुझे लगता है कि धीरे-धीरे आपकी शून्यता मेरे रोएं-रोएं में समा जाती है। क्या इस विधि के द्वारा मैं आपके समग्र अस्तित्व को आत्मसात कर सकता हूं?'

हां, पूरी तरह से आत्मसात कर सकते हो। इसी भांति चलते चलो। बस भयभीत मत होना, क्योंकि देर-अबेर जब शून्यता तुम्हें घेरेगी तो तुमको भय लगेगा—क्योंकि शून्यता का अर्थ होता हैः मृत्यु। शून्यता का अर्थ हैः तिरोहित हो जाना, खो जाना। और इससे पहले कि तुम्हारी वास्तविकता तुम्हारे सामने प्रकट हो, तुम्हें पूरी तरह अनुपस्थित हो जाना होगा। इससे पहले कि तुम अपनी वास्तविकता को अनुभव कर सको, तुम्हें अपना होना मिटाना होगा। इससे पहले कि तुम अपने अस्तित्व की परिपूर्णता को अनुभव कर सको, तुम्हें बिलकुल खाली हो जाना होगा। उन दोनों के बीच में एक अंतराल आता है—जब तुम पूरी तरह से खाली हो जाते हो, रिक्त हो जाते हो, शून्य हो जाते हो। वहां पर एक छोटा सा अंतराल आता है, और वही अंतराल मृत्यु जैसा होता है। तुम तो जा चुके होते हो और परमात्मा अभी आया नहीं होता है—एकदम बारीक, एकदम छोटा अंतराल आता है। लेकिन वही छोटा सा अंतराल उस समय अनंत जैसा मालूम होता है।

किसी अदालत में एक कत्ल का मुकदमा चल रहा था। ज्यूरी के लोग और न्यायाधीश यही फैसला देने वाले थे कि वह आदमी निर्दोष है, क्योंकि ऐसे विश्वसनीय गवाह मौजूद थे जो कह रहे थे कि वह आदमी केवल तीन मिनट के लिए बाहर गया था और फिर शीघ्र ही वह वापस लौट आया था। केवल तीन मिनट के लिए ही वह उनके साथ नहीं था, और तीन मिनट में कोई किसी का कत्ल कर सकता है, यह बात जरा अविश्वसनीय ही लगती है।

इस पर वहां पर उपस्थित विरोधी पक्ष के वकील ने कहा, 'मुझे एक प्रयोग करने दें।' उसने अपनी जेब-घड़ी बाहर निकाली और वह बोला, 'अब, प्रत्येक व्यक्ति अपनी आंखें बंद कर ले और चुप हो जाए। तीन मिनट के बाद मैं आपको संकेत दूंगा कि तीन मिनट पूरे हो गए हैं।'

सभी लोग चुप रहे।

अगर तुम तीन मिनट तक चुप रह सको, तो तीन मिनट लंबा समय है, बहुत लंबा; वे तीन मिनट अंतहीन जैसे मालूम होते हैं। वे तीन मिनट समाप्त होते मालूम नहीं होते हैं। क्या कभी तुम मौन खड़े हुए हो? कभी कोई मर जाता है, कोई राजनेता या कोई अन्य व्यक्ति और तुम्हें एक मिनट के लिए मौन खड़े रहना पड़ता है। तो वह एक मिनट इतना लंबा मालूम होता है कि ऐसा लगता है कि इस राजनेता को मरना ही नहीं था।

तीन मिनट...और तीन मिनट समाप्त होने के बाद वह वकील बोला, 'मुझे अब कुछ और नहीं कहना है।' और ज्यूरी के लोगों ने फैसला दिया कि इस आदमी ने ही कत्ल किया है। उन्होंने अपनी राय को बदल दिया। तीन मिनट इतना लंबा समय होता है।

जब कभी तुम मौन होगे, तो मौन का एक क्षण भी बहुत लंबा मालूम होगा। और जब तुम रहोगे ही नहीं, तुम अनुपस्थित होगे, उसकी तो कल्पना करना ही असंभव है: अंतराल चाहे एक ही क्षण का क्यों न हो, तो भी वह शाश्वत क्षण की भांति प्रतीत होता है। उस समय व्यक्ति बहुत भयभीत हो जाता है। और उस भय के कारण ही व्यक्ति अतीत को पकड़ने के लिए वापस लौट जाना चाहता है।

जल्दी ही ऐसा भय लगेगा। उस समय ध्यान रखना, भयभीत मत होना। पीछे मत लौटना, अपनी राह से हट मत जाना; आगे बढ़ना। मृत्यु को स्वीकार कर लेना, क्योंकि केवल मृत्यु के माध्यम से ही जीवन का आनंद है। केवल मृत्यु के माध्यम से ही शाश्वतता उपलब्ध हो सकती है।

वह शाश्वतता सदा से तुम्हारी प्रतीक्षा कर रही है। वह शाश्वतता तुम से बाहर नहीं है, वह तुम्हारे अस्तित्व का वास्तविक केंद्र है। लेकिन तुम्हारा तादात्म्य नश्वर के साथ, शरीर के साथ, मन के साथ है। ये सभी क्षणिक और बदलने वाले हैं। तुम्हारे भीतर ही शुद्ध चेतना विद्यमान है—जो अछूती है, और क्वांरी है। वही शुद्ध चेतना तुम्हारा वास्तविक स्वभाव है।

योग का संपूर्ण प्रयास अस्तित्व के उसी शुद्ध स्वरूप तक, कुंआरेपन तक पहुंचने का है—उसी कुंआरेपन से जीसस का जन्म हुआ है। एक बार अगर तुम अपने उस कुंआरेपन को छू लो, तो तुम्हारा नया जन्म हो जाता है, तुम्हारा पुनर्जन्म हो जाता है।

मुझे तुम्हारी मृत्यु बन जाने दो, ताकि तुम फिर से जन्म ले सको। सदगुरु मृत्यु भी है और जीवन भी, सूली भी है और पुनर्जीवन भी।

तुम्हारे हाथ एकदम ठीक विधि लग गई है, अब आगे बढ़ो। उस शून्यता को, उस रिक्तता को अधिकाधिक आत्मसात करते जाओ, और भीतर से खाली और रिक्त हो जाओ। शीघ्र ही सब बदल जाएगा—अंत में शून्यता भी, रिक्तता भी विलीन हो जाएगी। पहले दूसरी बातें विलीन होती हैं और भीतर शून्यता एकत्रित होती जाती है; और फिर जब शून्यता समग्र हो जाती है तब वह भी विलीन हो जाती है।

बुद्ध अपने शिष्यों से इस घटना के बारे में कहा करते थे कि यह ऐसे ही है जैसे रात तुम दीया जलाते हो। सारी रात दीया जलता रहता है। अग्नि की लौ दीए को, दीए की बत्ती को जलाए रखती है। लौ उस दीपक को प्रज्वलित किए रहती है। दीए की बत्ती धीरे-धीरे जलती जाती है, और अंत में पूरी तरह जलकर राख हो जाती है। सुबह होने तक वह दीए की बाती पूरी तरह से जलकर राख हो चुकी होती है। अंतिम क्षण में, जब बत्ती जलकर राख होने वाली होती है, उस समय दीए की लौ भभककर जलती है और फिर विलीन हो जाती है। पहले वह दीए की बाती को मिटाती है, फिर वह स्वयं भी मिट जाती है।

इसी तरहः अगर तुम शून्यता को, रिक्तता को, खालीपन को, अहंकार-शून्यता को आत्मसात करने का प्रयत्न करते हो, तो यह शून्यता पहले अन्य सभी कुछ को मिटा देगी। वह आग की लपट की भांति सभी को जलाकर राख कर देगी। जब सब कुछ मिट जाता है और तुम पूरी तरह से खाली हो जाते हो; तब लौ की अंतिम छलांग—और तब शून्यता भी विलीन हो जाती है। और तब पूर्ण रूप से संतुष्ट, परिपूर्ण होकर तुम वापस घर लौट आते हो।

यही वह घड़ी है जब मनुष्य परमात्मा हो जाता है।

[redacted]

प्रवचन 11

मृत्यु और कर्म का रहस्य

योग-सूत्र

सोपक्रमं निरूपक्रमं च कर्म तत्संयमादपरान्तज्ञानमरिष्टेभ्यो.वा।।२३।।

सक्रिय व निष्क्रिय या लक्षणात्मक व विलक्षणात्मक—इन दो प्रकार के कर्मों पर संयम पा लेने के बाद मृत्यु की ठीक-ठीक घड़ी की भविष्य सूचना पायी जा सकती है।

मैत्र्यादिषु बलानि।।२४।।

मैत्री पर संयम संपन्न करने से या किसी अन्य सहज गुण पर संयम संपन्न करने से उस गुणवत्ता विशेष में बड़ी सक्षमता आ मिलती है।

बलेषु हस्तिबलादीनि।।२५।।

हाथी के बल पर संयम निष्पादित करने से हाथी की सी शक्ति प्राप्त होती है।

प्रवृत्त्यालोकन्यासात्सूक्ष्मव्यवहितविप्रकृष्टज्ञानम्।।२६।।

पराभौतिक मनीषा के प्रकाश को प्रवर्तित करने से सूक्ष्म का बोध होता है, प्रच्छन्न का और दूरस्थ तत्वों का ज्ञान प्राप्त होता है।

भुवनज्ञानं सूर्ये संयमात्।।२७।।

सूर्य पर संयम संपन्न करने से संपूर्ण सौर-ज्ञान की उपलब्धि होती है।

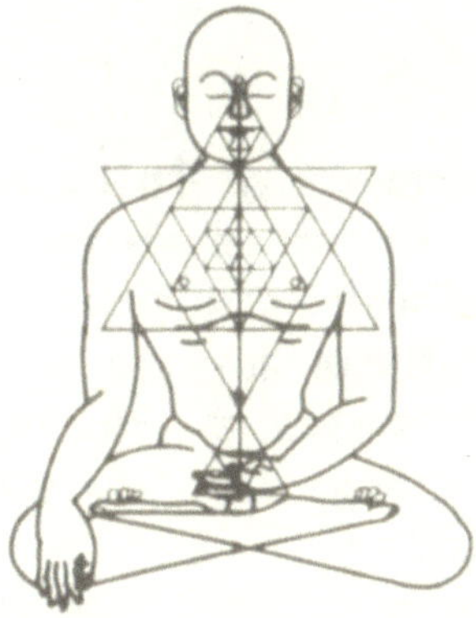

मैं ने एक सुंदर कथा सुनी है। एक बहुत बड़ा मूर्तिकार था, वह एक चित्रकार और साथ ही, एक महान कलाकार भी था। उसकी कला इतनी श्रेष्ठ थी कि जब वह किसी आदमी की प्रतिमा बनाता था, तो आदमी और प्रतिमा के बीच भेद करना कठिन होता था। वह प्रतिमा इतनी सजीव, इतनी जीवंत और ठीक वैसी ही होती थी जैसा आदमी हो। एक ज्योतिषी ने उसे बताया कि उसकी मृत्यु होने वाली है, शीघ्र ही उसकी मृत्यु हो जाएगी। स्वभावतः, वह तो बहुत ही घबरा गया, और एकदम डर गया—और जैसा कि प्रत्येक आदमी मृत्यु से बचना चाहता है, वह भी मृत्यु से बचना चाहता था। उसने इस विषय पर खूब सोचा विचारा, ध्यान किया, और अंततः उसे एक सूत्र मिल ही गया। उसने अपनी ही ग्यारह प्रतिमाएं बना डालीं। जब मृत्यु ने उसके द्वार पर दस्तक दी और मृत्यु का देवता भी आ गया तो वह अपनी ही बनाई हुई ग्यारह प्रतिमाओं के बीच छिपकर खड़ा हो गया। अपनी श्वास को रोककर वह उन ग्यारह प्रतिमाओं के बीच छिपकर खड़ा हो गया।

मृत्यु का देवता भी थोड़ा सोच-विचार और उलझन में पड़ गया, उसे अपनी ही आंखों पर भरोसा नहीं आ रहा था। इससे पहले ऐसा कभी नहीं हुआ था, यह तो एकदम ही अजीब और अनहोनी घटना थी। परमात्मा तो कभी एक जैसे दो आदमी बनाता ही नहीं है, परमात्मा तो हमेशा एक तरह का एक ही आदमी बनाता है। उसका भरोसा एक ही जैसे दो आदमी बनाने में बिलकुल नहीं है। वह एक ही तरह का उत्पादन नहीं करता। परमात्मा कार्बन-कॉपी के बहुत खिलाफ है; वह तो केवल मौलिक का ही निर्माण करता है। फिर ऐसा कैसे हो गया? सभी बारह के बारह आदमी एक जैसे? बिलकुल एक जैसे? अब मृत्यु उनमें से किसे ले जाए? क्योंकि ले जाना तो केवल एक आदमी को ही था। अंततः मृत्यु और मृत्यु का देवता कोई निर्णय न ले सके। वे तो उलझन में पड़ गए, और चिंतित, परेशान घबराकर वापस लौट गए। उन्होंने परमात्मा से पूछा, आपने यह क्या किया? बारह आदमी बिलकुल एक जैसे! और मुझे उन में से केवल एक आदमी को ही लाना है। बारह आदमियों में से मैं एक का चुनाव कैसे करूं?

परमात्मा हंसा और परमात्मा ने मृत्यु के देवता को अपने निकट बुलाकर उसके कान में एक मंत्र फूंक दिया। और परमात्मा ने उसे सूत्र दिया कि सत्य और असत्य के बीच कैसे भेद करना होता है। परमात्मा ने उसे मंत्र दिया और उससे कहा, बस अब जाकर इस मंत्र का उच्चारण उस कमरे में कर दो, जहां उस कलाकार ने स्वयं को अपनी ही प्रतिमाओं के बीच छिपाया हुआ है।

मृत्यु के देवता ने परमात्मा से पूछा, 'यह सूत्र कैसे काम करेगा?'

परमात्मा ने कहा, 'चिंता मत करो। बस जाओ और जैसा मैंने कहा है, वैसा करो।'

मृत्यु का देवता आ गया। लेकिन उसे अभी भी भरोसा नहीं आ रहा था कि यह सूत्र कैसे काम करेगा। लेकिन जब परमात्मा ने कह दिया था, तो उसे वैसा करना ही था। वह उस कमरे में पहुंचा, उसने चारों ओर एक नजर घुमाई और बिना किसी को संबोधित करते हुए वह ऐसे ही बोला, 'श्रीमान, सभी कुछ ठीक है केवल एक बात को छोड़कर। आपने प्रतिमाएं तो बहुत ही सुंदर बनायी हैं, लेकिन आप एक बात चूक गए हैं। एक गलती उनमें रह गयी है।

वह मूर्तिकार यह भूल ही गया कि वह स्वयं को छिपाए हुए है। वह फटाक से कूदकर सामने आ गया, और बोला—'कौन सी गलती?'

और मृत्यु का देवता हंस पड़ा। और उसने कहा, 'तुम पकड़ में आ गए हो। यही है एकमात्र गलतीः तुम स्वयं को नहीं भुला सकते। अब आओ, मेरे साथ चलो।'

मृत्यु अहंकार की ही होती है। अगर अहंकार बना रहता है, तो मृत्यु भी बनी रहती है। जिस क्षण अहंकार विलीन हो जाता है, मृत्यु भी विलीन हो जाती है। स्मरण रहे, तुम नहीं मरोगे, लेकिन अगर तुम सोचते हो कि तुम हो, तो तुम्हारी मृत्यु भी होगी। अगर तुम सोचते हो कि तुम्हारा अपना अलग अस्तित्व है, अलग होना है, तो तुम्हारी मृत्यु होगी ही। अहंकार के इस झूठे रूप की मृत्यु होगी ही, लेकिन अगर तुमने स्वयं को अभौतिक, निर-अहंकार के रूप में जाना, तो फिर कहीं कोई मृत्यु नहीं है—फिर तुम अमृत को उपलब्ध हो जाते हो। तुम अमृत को उपलब्ध हो ही; अब तुम्हें इस सत्य का बोध हो जाता है।

वह मूर्तिकार पकड़ में आ गया, क्योंकि वह अपने मूर्तिकार होने के अहंकार को छोड़ न सका।

बुद्ध अपने धम्मपद में कहते हैं: अगर तुम मृत्यु को देख सको, तो मृत्यु तुम्हें नहीं देख सकेगी। अगर मृत्यु आने के पूर्व तुम मर जाओ, तो फिर कोई मृत्यु नहीं है; और फिर मूर्तियां बनाने की कोई जरूरत नहीं है। मूर्तियां बनाने से कुछ मदद मिलने नहीं वाली है। अपने स्वयं के भीतर की मूर्ति को तोड़ दो, तो फिर ग्यारह और प्रतिमाएं बनाने की कोई जरूरत नहीं रह जाती। हमको अहंकार की प्रतिमा को ही तोड़ देना है। फिर और अधिक प्रतिमाएं बनाने की, और अधिक प्रतिछवियां बनाने की कोई जरूरत नहीं रह जाती है। धर्म एक अर्थों में विध्वंसात्मक है। एक तरह से धर्म नकारात्मक है। धर्म तुम्हें मिटाता है—वह तुम्हें संपूर्ण और आत्यंतिक रूप से मिटा देता है।

अगर तुम किसी परिपूर्णता को पाने की किन्हीं धारणाओं को लेकर मेरे पास आते हो, तो और मैं यहां तुमको और तुम्हारी धारणाओं को पूरी तरह मिटा देने के लिए हूं। तुम्हारे पास अपने कुछ मत हैं, विचार हैं, धारणाएं हैं; मेरे अपने ढंग हैं। तुम परिपूर्ण होना चाहते हो—अपने अहंकार को परिपूरित और पुष्ट करना चाहते हो—और मैं चाहूंगा कि तुम अपने अहंकार को गिरा दो, विलीन कर दो, तिरोहित कर दो, क्योंकि उसके बाद ही परिपूर्णता आती है। अहंकार केवल रिक्तता और खालीपन को ही जानता है; इसीलिए वह सदा अतृप्त रहता है। अहंकार अपने स्वभाव के कारण, अपने मूलभूत स्वभाव के कारण ही वह परिपूर्णता को उपलब्ध नहीं हो पाता है। जब अहंकार नहीं होता है, तो तुम भी नहीं होते हो, और उसके साथ ही परितृप्ति उतर आती है। फिर चाहे परमात्मा

कहो या वह नाम दे दो जो पतंजलि चाहते हैं—समाधि—परम की उपलब्धि होना। लेकिन यह घटना तभी घटती है जब तुम नहीं बचते हो, तुम विलीन हो जाते हो, तिरोहित हो जाते हो।

पतंजलि के ये सूत्र स्वयं को कैसे मिटाना, कैसे मृत्यु को उपलब्ध हो जाना, कैसे जीते जी मर जाना, कैसे वास्तविक आत्महत्या कर लेना की वैज्ञानिक विधियां हैं। मैं केवल उसे ही वास्तविक और सच्ची आत्महत्या कहता हूं, क्योंकि अगर हम अपने शरीर की हत्या करते हैं तो वह सच्ची और वास्तविक आत्महत्या नहीं है। अगर हम अपने अहंकार की हत्या कर देते हैं, तो वही सच्ची और प्रामाणिक आत्महत्या है। और यही विरोधाभास है : फिर अगर मृत्यु घटित भी होती है तो शाश्वत जीवन उपलब्ध हो जाता है। अगर हम जीवन को पकड़ने की कोशिश करेंगे, तो बार-बार मरना पड़ेगा। और जीवन इसी भांति चलता चला जाएगा...जन्म होगा, मृत्यु होगी; फिर जन्म होगा, फिर मृत्यु होगी और यह एक दुष्चक्र की भांति चलता चला जाएगा। और अगर हम उस चक्र को पकड़े रहे, तो हम चक्र के साथ चलते ही रहेंगे।

जन्म-मरण के चक्र से बाहर हो जाओ। इसके बाहर कैसे होना? यह बहुत ही असंभव मालूम होता है, क्योंकि हमने स्वयं को कभी न होने की भांति जाना ही नहीं है, हमने स्वयं को कभी आकाश की भांति शुद्ध आकाश की भांति जाना ही नहीं है, जहां भीतर कोई भी नहीं होता है।

ये सूत्र हैं। प्रत्येक सूत्र को बहुत गहरे में समझ लेना। सूत्र बहुत ही सघन होता है। सूत्र बीज की भांति होता है। सूत्र को अपने हृदय में बहुत गहरे बैठ जाने देना; वह बीज हृदय में बैठ सके, उसके लिए हृदय की भूमि को उपजाऊ बनाना होता है। तभी वह बीज प्रस्फुटित होता है। और बीज प्रस्फुटित हो सके तभी उसकी सार्थकता है।

मैं तुम्हें इसीलिए फुसला रहा हूं कि तुम खुलो, ताकि बीज तुम्हारे अंतस्तल में ठीक जगह गिर सके, और बीज तुम्हारे न होने के गहन अंधकार में बढ़ सके। धीरे-धीरे वह तुम्हारे भीतर न होने के अंधकार में बढ़ने लगेगा, विकसित होने लगेगा। सूत्र एक बीज की भांति है। बौद्धिक रूप से सूत्र को समझ लेना बहुत आसान है। लेकिन उसकी सार्थकता को शुद्ध सत्ता के रूप में पाना बहुत कठिन है। लेकिन पतंजलि भी यही चाहेंगे, और मैं भी यही चाहूंगा कि तुम शुद्ध सत्ता के रूप में सूत्र को समझ लो।

तो यहां पर मेरे साथ मात्र बौद्धिक बनकर मत बैठे रहना। मेरे साथ एक अंतर-संबंध और ताल-मेल बैठाना। मुझे केवल सुनना ही मत, बल्कि मेरे साथ हो लेना। सुनना तो गौण बात है, मेरे साथ हो जाना प्राथमिक बात है। बुनियादी बात तो यह है कि बस तुम मेरे संग-साथ हो जाना। तुम स्वयं को अभी और यहीं पर समग्ररूपेण मेरे साथ, मेरी मौजूदगी में होने की अनुमति दो, क्योंकि वैसी मृत्यु मुझे घटित हो चुकी है। वह तुम्हारे लिए संक्रामक हो सकती है। मैंने वैसी आत्महत्या कर ली है। अगर तुम मेरे निकट आते हो, और मेरे सान्निध्य में एक क्षण को भी मेरी अंतर्वीणा के साथ तुम्हारे अंतर-स्वर मिल जाते हैं, तो तुम्हें मृत्यु की झलक मिल जाएगी।

और जब बुद्ध कहते हैं तो बिलकुल ठीक कहते हैं, 'अगर तुम मृत्यु को देख सको तो मृत्यु तुम्हें न देख सकेगी क्योंकि जिस क्षण हम मृत्यु को जान लेते हैं, हम मृत्यु का अतिक्रमण कर जाते हैं। तब फिर कहीं कोई मृत्यु नहीं रह जाती है।

पहला सूत्रः

'सक्रिय व निष्क्रिय या लक्षणात्मक व विलक्षणात्मक—इन दो प्रकार के कर्मों पर संयम पा लेने के बाद, मृत्यु की ठीक-ठीक घड़ी की भविष्य सूचना पायी जा सकती है।'

बहुत सी बातें समझ लेने जैसी हैं। पहली तो बात कि मृत्यु की ठीक-ठीक घड़ी जानने की चिंता ही क्यों करनी? उससे मदद क्या मिलने वाली है? उसमें सार क्या है? अगर हम पश्चिमी मनस्विदों से पूछें, तो वें इस ढंग के चित्त को अस्वाभाविक मानसिक विकार ही कहेंगे। मृत्यु के बारे में इतना विचार ही क्यों करना? मृत्यु से तो जितना हो सके बचो। और अपने मन में यह धारणा बनाए रहो कि मेरी मृत्यु कभी नहीं होगी—कम से कम मुझे मृत्यु घटित नहीं होगी। मृत्यु हमेशा दूसरों की होती है। हम लोगों को मरते हुए देखते हैं, हमने स्वयं को कभी मरते हुए नहीं देखा है। तो फिर कैसा भय? क्यों भयभीत होना? हो सकता है हम अपवाद हों।

लेकिन ध्यान रहे, कोई भी अपवाद होता नहीं है; और मृत्यु तो हमारे जन्म के साथ ही घटित हो गयी होती है, इसलिए हम मृत्यु से बच नहीं सकते हैं।

फिर जन्म तो हमारे हाथ के बाहर की बात है। हम जन्म के लिए कुछ नहीं कर सकते; जन्म तो हो ही चुका है। जन्म तो अब अतीत की बात हो गयी, जन्म तो हो ही चुका है। अब उसे अघटित नहीं किया जा सकता है। मृत्यु की घटना अभी होने को है, अतः उसके लिए कुछ करना संभव है।

पूरब के सभी धर्म, मृत्यु के दर्शन पर आधारित हैं, क्योंकि वही एक ऐसी संभावना है जिसे अभी होना है। अगर मृत्यु को पहले से ही जान लिया जाए, तो संभावनाओं के द्वार खुल जाते हैं, बहुत से द्वार खुल जाते हैं। तब मृत्यु हमारे हाथ में होती है। हम अपने ढंग से मर सकते हैं, फिर हम अपनी ही मृत्यु पर अपने हस्ताक्षर कर सकते हैं। फिर यह हमारे हाथ में होता है कि हम ऐसा इंतजाम कर लें कि दोबारा जन्म न लेना पड़े—और जीवन का पूरा का पूरा अर्थ यही तो है। और इसमें कुछ मन की रुग्णता नहीं है। यह एकदम वैज्ञानिक है। जब प्रत्येक व्यक्ति को मरना ही है, तो मृत्यु के विषय में सोचा ही न जाए उस पर ध्यान न दिया जाए, उस पर ध्यान केंद्रित न किया जाए यह तो नितांत मूढ़ता होगी। मृत्यु को गहराई से समझा न जाए, यह तो सबसे बड़ी मूढ़ता होगी।

मृत्यु तो होगी ही। लेकिन अगर मृत्यु को जान लिया जाए तो फिर जीवन में बहुत सी संभावनाओं के द्वार खुल जाते हैं।

पतंजलि कहते हैं कि यहां तक कि किस दिन, किस समय, किस मिनट, किस क्षण मृत्यु घटित होने वाली है, पहले से जाना जा सकता है। अगर पहले से ठीक-ठीक मालूम हो कि मृत्यु कब घटित होने वाली है, तो हम तैयार हो सकते हैं। तब हम मृत्यु को घर आए अतिथि की तरह स्वीकार कर सकते हैं, उसका गुणगान कर सकते हैं। क्योंकि मृत्यु कोई शत्रु नहीं है। सच तो यह है मृत्यु परमात्मा के द्वारा दिया हुआ उपहार है। मृत्यु से होकर गुजरना एक महान अवसर है। अगर हम सजग होकर, होशपूर्वक और जागरूक होकर मृत्यु में प्रवेश कर सकें, मृत्यु हमारे लिए एक ऐसा द्वार बन सकती है, कि फिर हमारा कभी जन्म नहीं होगा—और जब जन्म नहीं होगा, तो फिर कहीं कोई मृत्यु भी नहीं बचती है। अगर इस अवसर को चूक गए, तो फिर से जन्म होगा ही। अगर चूकते ही गए, चूकते ही गए तो बार-बार तब तक जन्म होता ही रहेगा, जब तक कि हम मृत्यु का पाठ न सीख लेंगे।

इसे ऐसे समझें: पूरा का पूरा जीवन मृत्यु को सीखने के अतिरिक्त और कुछ भी नहीं है, जीवन मृत्यु की ही तैयारी है। इसीलिए तो मृत्यु अंत में आती है। मृत्यु जीवन का ही शिखर है।

खासतौर से पश्चिम के मनस्विद आज इस बारे में जागरूक हो रहे हैं कि गहन प्रेम के क्षणों में परम आनंद उपलब्ध किया जा सकता है। प्रेम के क्षणों में आनंद का चरम रूप उपलब्ध हो सकता है जो बहुत ही तृप्तिदायी, उल्लास से आपूर्ति, आनंद में डुबा देने वाला होता है। उसके बाद व्यक्ति परिशुद्ध हो जाता है। उसके बाद व्यक्ति ताजा, युवा और प्राणवान अनुभव करता है—सारी धूल-धवांस ऐसे चली जाती है जैसे कि किसी ऊर्जा से स्नान कर लिया हो।

लेकिन पश्चिम के मनस्विदों को अभी भी इस बात का पता नहीं चला है कि काम-पूर्ति एक बहुत ही छोटी मृत्यु के समान है। और जो व्यक्ति गहन काम के आनंद में होता है, वह स्वयं को प्रेम में मरने देता है। वह एक छोटी मृत्यु है, लेकिन फिर भी मृत्यु की तुलना में कुछ भी नहीं है। मृत्यु तो सबसे बड़ा आनंद है, सबसे बड़ी मृत्यु है।

जब व्यक्ति मरने वाला होता है, तो मृत्यु की प्रगाढ़ता इतनी तीव्र होती है कि अधिकांश लोग मृत्यु के समय बेहोश हो जाते हैं, मूर्च्छित हो जाते हैं। ऐसे लोग मृत्यु का सामना नहीं कर पाते हैं। जिस घड़ी मृत्यु आती है, आदमी इतना भयभीत हो जाता है, इतनी चिंता और पीड़ा से भर जाता है कि उससे बचने के लिए बेहोश हो जाता है। लगभग निन्यानबे प्रतिशत लोग मूर्च्छा में, बेहोशी में ही मरते हैं। और इस तरह से वे एक सुंदर अवसर को अपने हाथों खो देते हैं।

जीवन में ही मृत्यु को जान लेना केवल मात्र एक विधि है, जो इसके लिए तैयार होने में मदद करती है कि जब मृत्यु आए तो हम पूरी तरह से होशपूर्वक, जाग्रत रहकर मृत्यु की प्रतीक्षा कर सकें। जब भी मृत्यु हमारे द्वार पर आए, तो हम मृत्यु के साथ जाने के लिए तैयार रहें, हम मृत्यु के सामने समर्पण कर सकें, और जब मृत्यु आए तो उसे हम सहर्ष गले से लगा सकें, उसे अंगीकार कर सकें।

जब भी कोई व्यक्ति होशपूर्वक मृत्यु में प्रवेश करता है, फिर उसके लिए कहीं कोई जन्म शेष नहीं रह जाता है—क्योंकि उसने अपना पाठ सीख लिया है, वह जीवन की परीक्षा में उत्तीर्ण हो गया है। अब संसार की पाठशाला में लौटने की उसे जरूरत नहीं है। यह जीवन एक पाठशाला है—मृत्यु को सीखने, समझने का एक शिक्षण स्थल है। और इसमें कुछ भी गलत नहीं है।

दुनिया के सभी धर्म मृत्यु से संबंधित हैं। और अगर किसी धर्म का संबंध मृत्यु से नहीं है, तो फिर वह धर्म धर्म नहीं हो सकता। वह समाज-शास्त्र, नीति-शास्त्र, राजनीति तो हो सकता है, लेकिन फिर उसका धर्म से कोई संबंध नहीं हो सकता। धर्म तो अमृत की खोज है, अमृत की तलाश है; लेकिन मृत्यु से गुजरकर ही अमृत की उपलब्धि हो सकती है।

पहला सूत्र कहता है: 'सक्रिय व निष्क्रिय या लक्षणात्मक व विलक्षणात्मक—इन दो प्रकार के कर्मों पर संयम पा लेने के बाद, मृत्यु की ठीक-ठीक घड़ी की भविष्य सूचना पायी जा सकती है।'

कर्म के विषय में पूरब का विश्लेषण कहता है कि तीन प्रकार के कर्म होते हैं। उन्हें समझ लेना। पहला कर्म, संचित कर्म कहलाता है। संचित का अर्थ होता है समग्र, पिछले जन्मों के सभी कर्म। हमने जो कुछ भी किया है, जिस तरह से परिस्थितियों के साथ प्रतिक्रिया की, जो कुछ भी सोचा, या जो भी इच्छाएं, वासनाएं और कामनाएं कीं, जो कुछ भी खोया-पाया, उन सबका

समग्ररूप—हमारे सभी जन्मों के कर्मों का, विचारों का, भावों का समग्ररूप संचित कहलाता है। संचित शब्द का अर्थ होता है: संपूर्ण, पूर्ण रूप से संचित।

दूसरे प्रकार का कर्म प्रारब्ध कर्म, कहलाता है। दूसरे प्रकार का कर्म संचित का ही हिस्सा होता है, जिसे हमको इस जीवन में पूरा करना होता है, जिस पर इस जीवन में कार्य करना होता है। हमने बहुत से जीवन जीए हैं, उन सभी जीवनों में हमने बहुत कुछ संचित किया है। अब उन्हीं कर्मों को इस जीवन में अभिव्यक्त होने का, चरितार्थ होने का अवसर मिलेगा। हमको इस जीवन में किसी न किसी समय दुख, पीड़ा, कष्ट में से होकर गुजरना ही पड़ेगा, क्योंकि इस जीवन की भी अपनी सीमा है—सत्तर, अस्सी या ज्यादा से ज्यादा सौ वर्ष। और सौ वर्षों में सारे के सारे पिछले कर्मों को जीना संभव नहीं है—वे कर्म जो संचित हैं, जो इकट्ठे हो गए हैं—केवल उनका कोई हिस्सा, कोई भाग। वही भाग जो जीवन में पिछले कर्मों के रूप में आता है, प्रारब्ध कहलाता है।

फिर है तीसरे प्रकार का कर्म, जो क्रियामान कहलाता है। यह दिन-प्रतिदिन का कर्म है। पहला तो है संचित-समग्र, फिर उसका छोटा हिस्सा है जो इस जीवन के लिए है, फिर उससे भी छोटा हिस्सा जिसे वर्तमान पल में जीना होता है। हर क्षण, हर पल हमारे लिए एक अवसर है, हम कुछ करें या न करें। अगर कोई हमारा अपमान कर देता है: हम क्रोधित हो जाते हैं। हम प्रतिक्रिया करते हैं, हम कुछ न कुछ तो करते ही हैं। लेकिन अगर हम सजग हों, जाग्रत हों, तो बस हम साक्षी रह सकते हैं, हम क्रोधित नहीं होंगे। तब हम केवल साक्षी बने रह सकते हैं। तब हम कुछ भी नहीं करें, किसी भी प्रकार की प्रतिक्रिया नहीं करें। बस शांत, स्वयं में थिर और केंद्रित रहें। फिर दूसरा कोई भी हमको अशांत नहीं कर सकता।

जब हम दूसरे के द्वारा अशांत हो जाते हैं और जो प्रतिक्रिया करते हैं, तब क्रियामान कर्म संचित कर्म के गहन कुंड में जा गिरता है। तब हम फिर से कर्मों का संचय करने लगते हैं, और तब वे ही कर्म हमारे भविष्य के जन्मों के लिए एकत्रित होते चले जाते हैं। अगर हम किसी तरह की कोई प्रतिक्रिया नहीं करें, तो पिछले कर्म धीरे-धीरे समाप्त होने लगते हैं। उदाहरण के लिए, अगर मैंने किसी जन्म में किसी आदमी का अपमान किया है, तो अब इस जन्म से उसने मेरा अपमान कर दिया; तो बात समाप्त हो गयी, हिसाब-किताब बराबर हो गया। अगर व्यक्ति जागरूक हो तो वह प्रसन्नता अनुभव करेगा कि चलो कम से कम यह हिस्सा तो पूरा हुआ। अब वह थोड़ा मुक्त हो गया।

एक बार एक आदमी बुद्ध के पास आया और उनका अपमान करके चला गया। बुद्ध जैसे बैठे थे, वैसे ही शांत बैठे रहे। वह जो भी कह रहा था, बुद्ध ध्यानपूर्वक उसकी बात सुनते रहे। और जब थोड़ी देर बाद वह शांत हो गया, तो बुद्ध ने उस आदमी को धन्यवाद दिया। उस आदमी को तो कुछ समझ में नहीं आया। वह बुद्ध से बोला, क्या आप पागल हैं, आपका दिमाग तो ठीक है न? मैंने आपका इतना अपमान किया, आपको इतनी पीड़ा पहुंचाई, और आप मुझको धन्यवाद दे रहे हैं? बुद्ध बोले—हां, क्योंकि मैं तुम्हारी ही प्रतीक्षा कर रहा था। मैंने कभी अतीत में तुम्हारा अपमान किया था। और मैं तुम्हारी प्रतीक्षा ही करता था, क्योंकि जब तक तुम आ न जाओ मैं पूरी तरह से मुक्त न हो सकता था। तुम ही एकमात्र अंतिम आदमी बचे थे; अब मेरा लेन-देन समाप्त हुआ। यहां आने के लिए तुम्हारा धन्यवाद। तुम शायद और थोड़ी देर से आते, या शायद तुम इस जन्म में आते ही नहीं,

तब तो मुझे तुम्हारी प्रतीक्षा करनी ही पड़ती। और मैं इससे ज्यादा कुछ नहीं कह सकता, क्योंकि अब बहुत हो चुका। मैं अब किसी नयी श्रृंखला का निर्माण नहीं करना चाहता हूं।

इसके बाद आता है क्रियामान कर्म; जो दिन-प्रतिदिन का कर्म है, जो कहीं संचित नहीं होता, जो कर्मों के जाल में वृद्धि नहीं करता; सच तो यह है, अब पहले की अपेक्षा कर्मों के जाल में थोड़ी कमी आ जाती है। और यही सच है प्रारब्ध कर्म के लिए—इसी पूरे जीवन में कर्मों का जाल कट जाता है। अगर इस जीवन में प्रतिक्रिया करते ही चले जाओ, तो फिर कर्मों का जाल और बढ़ता चला जाता है। और इस तरह से फिर कर्मों के जाल की जंजीरों पर जंजीरें बनती चली जाती हैं, और व्यक्ति को फिर-फिर बंधनों में बंधना पड़ता है।

पूरब में जो मुक्ति की अवधारणा है, उसे समझने की कोशिश करो। पश्चिम में मुक्ति का अर्थ है : राजनीतिक मुक्ति। भारत में हम राजनीतिक मुक्ति की कोई बहुत ज्यादा फिकर नहीं लेते, क्योंकि हम कहते हैं कि अगर कोई व्यक्ति आत्मिक रूप से मुक्त है, तो इस बात से कुछ फर्क नहीं पड़ता कि फिर वह राजनीतिक रूप से मुक्त है या नहीं। आत्मिक रूप से मुक्त होना बुनियादी बात है, आधारभूत बात है।

बंधन हमारे द्वारा किए हुए कर्मों के कारण निर्मित होते हैं। जो कुछ भी हम मूर्च्छा में, बेहोशी की अवस्था में करते हैं, वह कर्म बन जाता है। जो कार्य मूर्च्छा में किया जाता है वह कर्म बन जाता है। क्योंकि कोई भी कार्य जो मूर्च्छा में किया जाए वह कार्य होता ही नहीं, वह तो प्रतिक्रिया होती है। जब पूरे होश के साथ, पूरी जागरूकता के साथ कोई कार्य किया जाता है तो वह प्रतिक्रिया नहीं होती, वह क्रिया होती है, उसमें सहज-स्फुरणा और समग्रता होती है। वह अपने पीछे किसी प्रकार का कोई चिह्न नहीं छोड़ती। वह कार्य स्वयं में पूर्ण होता है, वह अपूर्ण नहीं होता। और अगर वह क्रिया अपूर्ण है तो किसी न किसी दिन उसे पूर्ण होना ही होगा। तो अगर इस जीवन में व्यक्ति सजग और जागरूक रह सके, तो प्रारब्ध कर्म मिट जाता है और कर्मों का भंडार धीरे-धीरे खाली हो जाता है। फिर कुछ जन्म और, फिर यह कर्मों का जाल बिलकुल टूट जाता है।

यह सूत्र कहता है, '...इन दो प्रकार के कर्मों पर संयम पा लेने के बाद...'

पतंजलि का संकेत संचित और प्रारब्ध कर्म की ओर है, क्योंकि क्रियामान कर्म तो प्रारब्ध कर्म के ही एक भाग के अतिरिक्त कुछ और नहीं है, इसलिए पतंजलि कर्मों के दो ही भेद मानते हैं।

संयम क्या है? थोड़ा इसे समझने की कोशिश करें। संयम मानवीय चेतना का सबसे बड़ा जोड़ है, वह तीन का जोड़ है : धारणा, ध्यान, समाधि का जोड़ संयम है।

साधारणतया मन निरंतर एक विषय से दूसरे विषय तक उछल-कूद करता रहता है। एक पल को भी किसी विषय के साथ एक नहीं हो पाता। मन निरंतर इधर से उधर कूदता रहता है, छलांग मारता रहता है। मन हमेशा चलता ही रहता है, मन एक प्रवाह है। अगर इस क्षण कोई चीज मन का केंद्र-बिंदु है, तो दूसरे ही क्षण कोई और चीज होती है, उसके अगले क्षण फिर कोई और ही चीज उसका केंद्र-बिंदु होती है। यह साधारण मन की अवस्था है।

मन की इस अवस्था से अलग होने का पहला चरण है—धारणा। धारणा का अर्थ होता है—एकाग्रता। अपनी समग्र चेतना को एक ही विषय पर केंद्रित कर देना, उस विषय को ओझल न

होने देना, फिर-फिर अपनी चेतना को उसी विषय पर केंद्रित कर लेना, ताकि मन की उन अमूर्च्छित आदतों को जो निरंतर प्रवाहमान हैं, उन्हें गिराया जा सके। क्योंकि अगर मन के निरंतर परिवर्तित होने की आदत गिर जाए मन की चंचलता मिट जाए, तो व्यक्ति अखंड हो जाता है, उसमें एक तरह की थिरता आ जाती है। जब मन में बहुत से विषय लगातार चलते रहते हैं, बहुत से विषय गतिमान रहते हैं, तो व्यक्ति खंड-खंड हो जाता है, विभक्त हो जाता है, टूट जाता है। इसे थोड़ा समझने की कोशिश करें। हम विभक्त रहते हैं, क्योंकि हमारा मन थिर नहीं रहता है, बंटा हुआ रहता है।

उदाहरण के लिए, तुम आज किसी एक स्त्री से प्रेम करते हो, कल किसी दूसरी स्त्री से, फिर तीसरे दिन किसी और स्त्री से। तो यह जो मन की स्थिति है, यह तुम्हारे भीतर विभाजन निर्मित कर देगी। फिर तुम एक नहीं रह सकोगे, तुम बहुत से रूपों में विभक्त हो जाओगे। तुम एक भीड़ बन जाओगे।

इसीलिए पूरब में हमारा जोर इस बात पर है कि प्रेम ज्यादा से ज्यादा लंबे समय के लिए हो। पूरब ने ऐसे प्रयोग किए हैं कि कोई जोड़ा कई-कई जन्मों तक साथ-साथ ही रहता है—वही स्त्री, वही पुरुषः यह बात स्त्री और पुरुष दोनों को एक परिपूर्णता देती है। बार-बार स्त्री या पुरुष को बदलना अस्तित्व को नष्ट करता है, खंडित करता है।

इसलिए अगर आज पश्चिम में स्कीजोफ्रेनिया एक स्वाभाविक बात बनती जा रही हो, तो इसमें कोई आश्चर्य की बात नहीं। इसमें कुछ भी आश्चर्यजनक नहीं है, यह स्वाभाविक है। पश्चिम में आज सभी कुछ बहुत तेजी से, बहुत तीव्रता से बदल रहा है।

मैंने सुना है कि हालीवुड की एक अभिनेत्री ने अपने ग्यारहवें पति से विवाह किया। वह घर आयी, और उसने अपने बच्चों से नए पिता का परिचय करवाया। बच्चे तुरंत एक रजिस्टर उठाकर ले आए, और पिता से बोले, कृपया इस रजिस्टर में हस्ताक्षर कर दें। क्योंकि आज तो आप यहां हैं, क्या पता कल आप चले जाएं? और हम अपने सभी पिताओं के हस्ताक्षर और आटोग्राफ ले रहे हैं।

पश्चिम में आदमी सभी कुछ तेजी से बदल रहा है, मकान बदल रहा है, हर चीज बदल रहा है। अमरीका में किसी आदमी की नौकरी की अवधि अधिक से अधिक तीन वर्ष की होती है। वे कार्य भी निरंतर बदलते रहते हैं। मकान की तो बात अलग—किसी एक ही शहर में रहने की आम आदमी की औसत सीमा भी तीन वर्ष है। विवाह की औसत सीमा भी अमरीका में तीन वर्ष है।

कुछ भी हो, इन तीन वर्ष का जरूर कुछ राज मालूम होता है। ऐसा मालूम होता है कि अगर कोई आदमी चौथे वर्ष भी उसी स्त्री के साथ रहे, तो उसे भय लगता है कि जीवन में कहीं कोई ठहराव न आ जाए। अगर कोई आदमी एक ही कार्य तीन वर्ष से अधिक समय तक करता रहे, तो उसे भय लगने लगता है कि कहीं वह एक ही जगह तो नहीं रुककर रह गया है। इसीलिए अमरीका में लोग हर तीन वर्ष में सब कुछ बदल देते हैं; वे खानाबदोश का जीवन जीते है। लेकिन इससे आदमी भीतर से बंटा हुआ हो जाता है।

पूरब में आदमी जो भी कार्य करता है, वह उसके जीवन का ही भाग बन जाता है। जो व्यक्ति ब्राह्मण घर में पैदा हुआ है, वह जीवन भर ब्राह्मण ही बना रहेगा। और जीवन में थिरता के लिए, जीवन को ठहराव देने के लिए यह बात एक बड़ा प्रयोग बन जाती थी। एक आदमी अगर मोची के

घर में पैदा हुआ है, तो वह जीवन भर मोची ही बना रहेगा। फिर कुछ भी हो—चाहे विवाह हो, परिवार हो, कार्य हो, लोग जीवन भर उसी परिवार में रहते थे, और एक ही कार्य करते रहते थे। लोग जिस शहर में जन्म लेते थे, वे उसी शहर में ही मर जाते थे, उस शहर से बाहर भी कभी नहीं जाते थे।

लाओत्सु ने एक जगह कहा है, 'मैंने सुना है कि पुराने समय में लोग नदी के उस पार नहीं गए थे।' वे लोग दूसरी ओर से कुत्तों के भौंकने की आवाजें सुनते थे, नदी के उस पार से आती आवाजें सुनते थे। और वे अनुमान लगाते थे कि उधर जरूर कोई शहर होगा, क्योंकि सांझ को वे लोग दूसरी ओर से धुआं उठता देखते थे—तो लोग जरूर भोजन भी बनाते होंगे। वे कुत्तों का भौंकना सुनते थे, लेकिन उन्होंने उधर जाकर देखने की कभी फिकर नहीं की। लोग एक ही जगह सुख-चैन और शांति से रहा करते थे।

यह जो आदमी का मन निरंतर बदलाव चाहता है, वह इतना ही बताता है कि आदमी का मन अशांत है। व्यक्ति कहीं भी, किसी भी जगह अधिक देर तक टिककर नहीं रह पाता है, तब उसका पूरा जीवन ही निरंतर परिवर्तन का जीवन बन जाता है। ठीक वैसे ही जैसे कि किसी वृक्ष को अगर बार-बार पृथ्वी से उखाड़ा जाए और उसे अपनी जड़ों को पृथ्वी में जमाने का मौका ही न मिल सके। तब वृक्ष केवल देखने भर को जीवित रहेगा, वह वृक्ष कभी भी खिल न पाएगा। वैसा संभव ही नहीं है, क्योंकि फूल खिलने के पहले वृक्ष को अपनी जड़ें पृथ्वी में जमानी होंगी।

तो एकाग्रता का अर्थ होता है अपनी चेतना को किसी एक विषय पर केंद्रित कर देना और वहीं बने रहने की क्षमता पा लेना—फिर वह विषय कोई भी हो सकता है। अगर आप एक गुलाब के फूल को देखते हैं, तो उसे ही देखते चले जाएं। मन बार-बार इधर-उधर जाना चाहेगा, मन इधर-उधर दौड़ेगा; लेकिन आप मन को फिर से गुलाब के फूल पर ही लौटा लाएं। धीरे-धीरे मन थोड़ा अधिक समय तक गुलाब के साथ होने लगेगा। जब मन अधिक समय तक गुलाब के साथ एक होकर रह सकेगा, तब आप पहली बार जान सकेंगे कि गुलाब क्या है, गुलाब का फूल क्या है। तब आपके लिए गुलाब का फूल केवल मात्र गुलाब का फूल ही नहीं रह जाएगा : तब आपको गुलाब के माध्यम से परमात्मा ही मिल जाता है। तब उसमें से उठती सुवास केवल गुलाब की ही नहीं होती, वह सुवास दिव्य की परमात्मा की हो जाती है। लेकिन हम ही हैं कि गुलाब के साथ एक नहीं हो पाते, और उसके अपूर्व सौंदर्य से वंचित रह जाते हैं।

किसी वृक्ष के पास जाकर बैठ जाओ और उसके साथ एक हो जाओ। जब अपने प्रेमी या प्रेमिका के निकट बैठो तो उसके साथ एक हो जाओ। और अगर मन इधर-उधर जाए भी, तो स्वयं को वहीं केंद्रित किए रहो। अन्यथा होता क्या है? प्रेम हम स्त्री से कर रहे होते हैं, और सोच किसी और चीज के बारे में रहे होते हैं—शायद उस समय किसी दूसरी ही दुनिया में खो गए होते हैं। प्रेम में भी हम एकाग्रचित्त नहीं हो पाते हैं। तब हम बहुत कुछ चूक जाते हैं। उस क्षण अदृश्य का एक द्वार खुलता है, लेकिन हम वहां पर होते ही नहीं हैं देखने को। और जब तक हम लौटकर आते हैं, वह द्वार बंद हो चुका होता है।

हर क्षण, हर पल हमें परमात्मा को देखने के लाखों अवसर उपलब्ध होते हैं, लेकिन तुम स्वयं में मौजूद ही नहीं होते हो। परमात्मा आता है द्वार खटखटाता है, लेकिन हम वहां होते ही नहीं हैं। हम

कभी मिलते ही नहीं हैं। हमारा मन न जाने कहां-कहां भटकता रहता है। इधर-उधर भटकता रहता है। यह मन का भटकना, यह मन का घूमना कैसे बंद हो जाए धारणा का अर्थ यही है। संयम की ओर बढ़ने के पूर्व धारणा पहला चरण है।

दूसरा चरण है : ध्यान। धारणा में, एकाग्रता में हम अपने मन को एक केंद्र में ले आते हैं, एक विषय पर केंद्रित कर लेते हैं। धारणा में जिस विषय पर मन केंद्रित होता है, वह विषय महत्वपूर्ण होता है। जिस विषय पर मन को केंद्रित करना है, उस विषय को बार-बार अपनी चेतना में उतारना होता है : उसमें विषय की धारा खोनी नहीं चाहिए। धारणा में विषय महत्वपूर्ण होता है।

दूसरा चरण है : ध्यान, मेडीटेशन। ध्यान में विषय महत्वपूर्ण नहीं रह जाता, विषय गौण हो जाता है। ध्यान में चेतना का प्रवाह महत्वपूर्ण हो जाता है—चेतना जो विषय पर उंडेली जा रही है। फिर चाहे उसमें कोई भी विषय काम देगा, लेकिन चेतना को उस पर सतत रूप से प्रवाहित होना चाहिए, उसमें जरा भी अंतराल नहीं आना चाहिए।

क्या कभी तुमने गौर किया है? अगर एक पात्र से दूसरे पात्र में पानी डालो, तो उसमें थोड़े-थोड़े गैप्स, अंतराल आते हैं। अगर एक पात्र से दूसरे पात्र में तेल को डालो, तो उसमें बिलकुल गैप्स या अंतराल नहीं आते। तेल में एक सातत्य होता है, एक प्रवाह होता है; पानी में सातत्य नहीं होता है। ध्यान का, मेडिटेशन का अर्थ है कि चेतना का एकाग्रता के विषय पर सतत रूप से गिरना। नहीं तो चेतना हमेशा कंपायमान रहती है, टिमटिमाते दीए की भांति होती है, उसमें कोई प्रकाश नहीं होता। और कई बार चेतना अपनी पूरी प्रगाढ़ता के साथ होती है, लेकिन फिर लुप्त हो जाती है; और इस तरह से चेतना की लौ कंपायमान रहती है। लेकिन ध्यान में चेतना की धारा निरंतर प्रवाहमान बनी रहे, इस पर ध्यान रखना होता है।

जब चेतना की धारा निरंतर प्रवाहमान रहती है, तो व्यक्ति अत्यधिक शक्तिशाली हो जाता है। उस समय पहली बार अनुभव होता है कि जीवन क्या है। पहली बार तुम्हारा जीवन छिद्ररहित होता है। पहली बार व्यक्ति अपने साथ, अपने में पूर्ण होता है। और स्वयं के साथ होने का अर्थ है, चेतना के साथ एक होना। अगर चेतना पानी की बूंदों की भांति अलग-थलग है और उसमें कोई सातत्य नहीं है, तो फिर व्यक्ति सच में चेतना संपन्न नहीं हो सकता। तब तो वे गैप्स, वे अंतराल जीवन में अशांति बन जाएंगे। तब जीवन एकदम बुझा-बुझा सा नीरस और निष्प्राण हो जाएगा; उसमें किसी तरह की ऊर्जा, शक्ति और ओज नहीं होगा। और जब चेतना की धारा नदी की भांति सतत प्रवाहित होती है, तो व्यक्ति ऊर्जा का झरना, ऊर्जा का स्रोत बन जाता है।

यह है संयम का द्वितीय चरण। और फिर संयम का तीसरा चरण जो परम और अंतिम है—वह है समाधि। धारणा में विषय महत्वपूर्ण होता है, क्योंकि उसमें बहुत से विषयों में से किसी एक विषय को चुनना होता है। ध्यान में, मेडीटेशन में चेतना महत्वपूर्ण होती है, उसमें चेतना को एक निरंतर प्रवाह बना देना होता है। समाधि में द्रष्टा महत्वपूर्ण होता है, लेकिन अंत में द्रष्टा को भी गिरा देना होता है।

तुमने बहुत से विषयों को गिराया। जब बहुत से विषय होते है, तो विचारों की एक भीड़ होती है, चित्त बहु-चित्तवान होता है—तब एक चित्त नहीं होता, बहुत से चित्त होते हैं। लोग मेरे पास

आकर कहते हैं, हम संन्यास लेना चाहते हैं, लेकिन...वही 'लेकिन' दूसरे चित्त को, दूसरे मन को बीच में ले आता है। हम सोचते हैं कि वे दोनों एक ही हैं, किंतु वह 'लेकिन' ही दूसरे मन को बीच में ले आता है। वे दोनों एक नहीं हैं। वे संन्यास लेना भी चाहते हैं और साथ ही वे संन्यास लेना भी नहीं चाहते हैं—वे अपने दो मन, दो विचारों के बीच निर्णय नहीं ले पाते। अगर हम इस बात का निरीक्षण करें, तो हम पाएंगे कि हमारे भीतर बहुत से विचार निरंतर चल रहे हैं—हमारे भीतर विचारों की एक भीड़ मची हुई है।

जब मन में बहुत सारे विषय होते है, तो उनसे संबंधित बहुत से विचार भी होते हैं। जब एक ही विषय होता है, तो एक ही मन रह जाता है—फिर एक मन एकाग्र होता है, स्वयं में केंद्रित होता है, स्वयं में प्रतिष्ठित होता है, स्वयं में निहित होता है। लेकिन अब अंत में इस एक मन को भी गिरा देना होता है; अन्यथा हम अहंकार से जुड़े रहेंगे, अहंकार फिर भी बिदा नहीं होगा।

पहले मन से बहुत से विचारों की भीड़ चली गई; अब उस एक विचार को एक विषय को भी गिरा देना है। समाधि में इस एक मन को भी गिरा देना होता है। और जब मन गिर जाता है, तो वह एक विषय भी मिट जाता है, क्योंकि बिना मन के वह भी नहीं रह सकता। वे दोनों साथ-साथ में ही अस्तित्व रखते हैं।

समाधि में केवल चैतन्य शुद्ध आकाश की तरह बच रहता है।

इन तीनों के सम्मिलन को ही संयम कहते हैं। संयम मानवीय चेतना का सबसे बड़ा जोड़ है।

अब तुम्हें इन सूत्रों को समझना आसान होगा: 'सक्रिय व निष्क्रिय या लक्षणात्मक व विलक्षणात्मक—इन दो प्रकार के कर्मों पर संयम पा लेने के बाद, मृत्यु की ठीक-ठीक घड़ी की भविष्य सूचना पायी जा सकती है।'

अब अगर चित्त एकाग्र हो, ध्यान करते हो, और समाधि के साथ तुम्हारे तार मिले हुए हैं, तो मृत्यु की ठीक-ठीक घड़ी को जाना जा सकता है। अगर संयम के साथ-साथ चैतन्य की ओर भी अग्रसर होते हो, तो इससे जो विराट शक्ति का उदय हुआ है; जब मृत्यु की घड़ी निकट आएगी, तुम्हें तुरंत पता चल जाएगा कि तुम कब मरने वाले हो।

ऐसा कैसे होता है? जब किसी अंधेरे कमरे में हम जाते हैं, तो हमें कुछ दिखाई नहीं देता है कि वहां क्या है, क्या नहीं है। लेकिन जब कमरे में प्रकाश होता है तो कमरे में क्या है, और क्या नहीं है, हम देख सकते हैं। इसी तरह हम पूरे जीवन लगभग अंधकार में ही चलते रहते हैं, इसलिए हमको इस बात की जानकारी ही नहीं होती कि कितना प्रारब्ध कर्म अभी भी बचा हुआ है—प्रारब्ध कर्म यानी वे कर्म जिनका इस जीवन में चुकतारा करना है, भुगतान करना है। जब हम संयम में से होकर गुजरते हैं, तो हमारे भीतर तीव्र प्रकाश होता है, उस भीतर के प्रकाश से हम जान लेते हैं कि अभी कितना प्रारब्ध शेष बचा है। जब हम देखते हैं कि पूरा घर खाली है, बस घर के एक कोने में थोड़ा सा सामान, थोड़ी सी वस्तुएं रह गयी हैं, शीघ्र ही वे भी नहीं रहेंगी, वे भी बिदा हो जाएंगी। तो फिर भीतर के उस शून्य में हम देख सकते हैं कि हमारी मृत्यु कब होने वाली है।

रामकृष्ण के विषय में ऐसा कहा जाता है कि रामकृष्ण को भोजन में बहुत रस था, सच तो यह है भोजन ही उनकी एकमात्र अंतिम वासना रह गई थी। और उनके शिष्यों को रामकृष्ण की यह आदत

कुछ अजीब सी लगती थी। यहां तक कि उनकी पत्नी शारदा भी रामकृष्ण की इस आदत से परेशान थीं, और कभी-कभी अपने आपको बहुत ही शर्मिंदा महसूस करती थीं। क्योंकि रामकृष्ण एक बड़े संत थे उनकी दूर-दूर तक प्रसिद्धि थी। लेकिन उनकी केवल यह एक ही बात बड़ी अजीब लगती थी कि वे खाने की वस्तुओं में जरूरत से ज्यादा रस लेते थे। उनका भोजन में इतना अधिक रस था कि जब वे अपने शिष्यों के साथ बैठे कुछ चर्चा कर रहे होते, और अचानक ही बीच में वे कहते, ठहरो, 'मैं अभी आता हूं।' और वे रसोईघर में देखने चले जाते, कि आज क्या भोजन बन रहा है। रसोई घर में जाकर वे शारदा से पूछते, 'आज क्या भोजन बन रहा है?' और पूछकर फिर वापस लौट आते और अपना सत्संग फिर से शुरू कर देते।

उनके निकट जो शिष्य थे, वे रामकृष्ण की इस आदत से परेशान और चिंतित थे। उन्होंने रामकृष्ण से कहा भी कि 'परमहंस देव, यह अच्छा नहीं लगता। और सभी कुछ इतना सुंदर है—इससे पहले इतना सुंदर और श्रेष्ठ आदमी कभी पृथ्वी पर नहीं हुआ—लेकिन यह छोटी सी बात, आप अपनी इस आदत को छोड़ क्यों नहीं देते हैं।' रामकृष्ण हंसे और उन्होंने उनकी बात का कुछ जवाब नहीं दिया।

एक दिन उनकी पत्नी ने रामकृष्ण से यह जानने के लिए कि उनकी भोजन में इतनी रुचि क्यों है। बहुत ही अनुरोध किया। तब रामकृष्ण बोले, 'ठीक है, अगर तुम्हारा इतना ही अनुरोध है, तो मैं बताता हूं। मेरा प्रारब्ध कर्म समाप्त हो चुका है, और अब मैं केवल भोजन के माध्यम से ही इस शरीर से जुड़ा हुआ हूं। अगर मैं भोजन की पकड़ छोड़ दूं, तो मैं जीवित नहीं रह सकूंगा।'

रामकृष्ण की पत्नी शारदा तो इस बात पर भरोसा ही न कर सकी। वैसे भी पत्नियों को अपने पतियों की बात पर भरोसा करना थोड़ा कठिन होता है—फिर चाहे रामकृष्ण परमहंस जैसा ही पति क्यों न हो, उससे कुछ फर्क नहीं पड़ता है। पत्नी ने तो यही सोचा होगा कि रामकृष्ण मजाक कर रहे हैं, या फिर मूर्ख बना रहे हैं। शारदा को ऐसी हालत में देखकर रामकृष्ण बोले, 'देखो, मैं समझ सकता हूं कि तुम लोग मुझ पर भरोसा नहीं करोगे, लेकिन एक दिन तुम जान लोगी। जिस दिन मेरी मृत्यु आने को होगी, उसके तीन दिन पहले, मेरी मृत्यु के तीन दिन पहले, मैं भोजन की ओर देखूंगा भी नहीं। तुम मेरी भोजन की थाली भीतर लाओगी और मैं दूसरी ओर देखने लगूंगा; तब तुम जान लेना कि मुझे केवल तीन दिन ही यहां इस शरीर में और रहना है।'

शारदा को रामकृष्ण की बात पर भरोसा नहीं आया, और धीरे-धीरे वे लोग इस बारे में भूल ही गए। फिर रामकृष्ण के देह त्याग के ठीक तीन दिन पहले जब रामकृष्ण लेटे हुए थे, शारदा भोजन की थाली लायीं : रामकृष्ण करवट बदलकर दूसरी ओर देखने लगे। अचानक शारदा को रामकृष्ण की बात स्मरण आई। और तभी शारदा के हाथ से थाली छूट गयी, और वह फूट-फूटकर रोने लगी। रामकृष्ण शारदा से बोले, 'अब रोओ मत। मेरा कार्य अब समाप्त हो गया है, मुझे अब किसी भी चीज को पकड़ने की आवश्यकता नहीं है। और ठीक तीन दिन बाद रामकृष्ण ने देह त्याग दी।

रामकृष्ण करुणावश भोजन को पकड़े हुए थे। बस, भोजन के माध्यम से वे अपने को शरीर में बांधे हुए थे। जब बंधन की अवधि समाप्त हो गई, तो उन्होंने शरीर छोड़ दिया। वे करुणावश ही इस किनारे पर थोड़ा और बने रहने के लिए शरीर से बंधे हुए थे। ताकि जो लोग उनके आसपास एकत्रित

हो गए थे, वे उनकी मदद कर सकें। लेकिन रामकृष्ण परमहंस जैसे लोगों को समझ पाना कठिन होता है। ऐसे आदमी को समझना कठिन होता है जो सिद्ध हो गया है, बुद्ध हो गया है, जिसने अपने समस्त संचित कर्मों का कुंड खाली कर दिया है, ऐसे आदमी को समझ पाना बहुत कठिन होता है। उसके पास इस शरीर में बने रहने के लिए कोई गुरुत्वाकर्षण नहीं रह जाता है, इसीलिए रामकृष्ण भोजन के सहारे अपने को बांधे हुए थे। चट्टान में गुरुत्वाकर्षण होता है। वह भोजन की चट्टान को पकड़े हुए थे, ताकि वे और थोड़ी देर इस पृथ्वी पर रह सकें।

जब व्यक्ति के पास संयम आ जाता है, और उसकी चेतना पूर्णरूप से जागरूक हो जाती है, तब यह जाना जा सकता है कि कितने कर्म और शेष हैं। यह ठीक ऐसे ही है जैसे कि कोई चिकित्सक आकर मरते हुए आदमी की नाड़ी छूकर देखता है और बताता है कि, बस अब यह आदमी दो या तीन घंटे से ज्यादा जिंदा नहीं रहेगा। जब चिकित्सक यह कह रहा है तो वह क्या कह रहा है? अपने अनुभव के आधार पर वह जान लेता है कि जब कोई व्यक्ति मृत्यु के करीब होता है, तो उसकी नाड़ी किस भांति स्पंदित होती है, उसकी नाड़ी किस तरह से चलने लगती है। ठीक उसी तरह से, जो व्यक्ति जागरूक है वह यह जान लेता है कि उसका कितना प्रारब्ध कर्म और शेष रहा है—कितनी श्वासें और बची हैं—और वह जानता है कि उसे कब जाना है।

इसे दो प्रकार से जाना जा सकता है। सूत्र कहता है कि या तो मृत्यु पर ध्यान केंद्रित करके जो कि प्रारब्ध कर्म है...

'सक्रिय व निष्क्रिय या लक्षणात्मक व विलक्षणात्मक—इन दो प्रकार के कर्मों पर संयम पा लेने के बाद मृत्यु की ठीक-ठीक घड़ी की भविष्य सूचना पायी जा सकती है।'

तो इसे दो प्रकार से जाना जा सकता है; या तो प्रारब्ध को देखकर या फिर कुछ लक्षण और पूर्वाभास हैं जिन्हें देखकर जाना जा सकता है।

उदाहरण के लिए, जब कोई व्यक्ति मरता है तो मरने के ठीक नौ महीने पहले कुछ न कुछ होता है। साधारणतया हम जागरूक नहीं हैं, हम बिलकुल भी जागरूक नहीं हैं, और वह घटना बहुत ही सूक्ष्म है। मैं लगभग नौ महीने कहता हूं—क्योंकि प्रत्येक व्यक्ति में इसमें थोड़ी भिन्नता होती है। यह निर्भर करता है: समय का जो अंतराल गर्भधारण और जन्म के बीच मौजूद रहता है, उतना ही समय मृत्यु को जानने का रहेगा। अगर कोई व्यक्ति गर्भ में नौ महीने रहने के बाद जन्म लेता है, तो उसे नौ महीने पहले ही मालूम होगा। अगर कोई दस महीने गर्भ में रहने के बाद जन्म लेता है, तो उसे दस महीने पहले मृत्यु का आभास होगा। अगर कोई व्यक्ति गर्भ में सात महीने रहने के बाद जन्म लेता है, तो उसे सात महीने पहले मृत्यु का आभास होगा। यह इस बात पर निर्भर करता है कि गर्भधारण और जन्म के समय के बीच कितना समय रहा।

मृत्यु के ठीक उतने ही महीने पहले हारा में, नाभि-चक्र में कुछ होने लगता है। हारा सेंटर को क्लिक होना ही पड़ता है, क्योंकि गर्भ में आने और जन्म के बीच नौ महीने का अंतराल था: जन्म लेने में नौ महीने का समय लगा, ठीक उतना ही समय मृत्यु के लिए लगेगा। जैसे जन्म लेने के पूर्व नौ महीने मां के गर्भ में रहकर तैयार होते हो, ठीक ऐसे ही मृत्यु की तैयारी में भी नौ महीने लगेंगे। फिर वर्तुल पूरा हो जाएगा। तो मृत्यु के नौ महीने पहले नाभि-चक्र में कुछ होने लगता है।

जो लोग जागरूक हैं, सजग हैं, वे तुरंत जान लेंगे कि नाभि-चक्र में कुछ टूट गया है; और अब मृत्यु निकट ही है। इस पूरी प्रक्रिया में लगभग नौ महीने लगते हैं।

या फिर उदाहरण के लिए, मृत्यु के और भी कुछ अन्य लक्षण तथा पूर्वाभास होते हैं। कोई आदमी मरने से पहले, अपने मरने के ठीक छह महीने पहले, अपनी नाक की नोक को देखने में धीरे-धीरे असमर्थ होने लगता है, क्योंकि आंखें धीरे-धीरे ऊपर की ओर मुड़ने लगती हैं। मृत्यु में आंखें पूरी तरह ऊपर की ओर मुड़ जाती हैं, लेकिन मृत्यु के पहले ही लौटने की यात्रा का प्रारंभ हो जाता है। ऐसा होता है : जब एक बच्चा जन्म लेता है, तो बच्चे की दृष्टि थिर होने में करीब छह महीने लगते हैं—साधारणतया ऐसा ही होता है, लेकिन इसमें कुछ अपवाद भी हो सकते हैं—बच्चे की दृष्टि ठहरने में छह महीने लगते हैं। उससे पहले बच्चे की दृष्टि थिर नहीं होती। इसीलिए तो छह महीने का बच्चा अपनी दोनों आंखें एक साथ नाक के करीब ला सकता है, और फिर किनारे पर भी आसानी से ले जा सकता है। इसका मतलब है बच्चे की आंखें अभी थिर नहीं हुई हैं। जिस दिन बच्चे की आंखें थिर हो जाती है : फिर वह दिन छह महीने के बाद हो, या नौ महीने के बाद, या दस, या बारह महीने बाद हो, ठीक उतना ही समय लगेगा; फिर उतने ही समय के पूर्व आंखें शिथिल होने लगेंगी और ऊपर की ओर मुड़ने लगेंगी। इसीलिए भारत में गांव के लोग कहते हैं, निश्चित रूप से इस बात की खबर उन्हें योगियों से ही मिली होगी—कि मृत्यु आने के पूर्व व्यक्ति अपनी ही नाक की नोक को देख पाने में असमर्थ हो जाता है।

और भी बहुत सी विधियां हैं जिनके माध्यम से योगी निरंतर अपनी नाक की नोक पर ध्यान देते हैं। वह नाक की नोक पर अपने को एकाग्र करते हैं। जो लोग नाक की नोक पर एकाग्र चित्त होकर ध्यान करते हैं, अचानक एक दिन वे पाते हैं कि वे अपनी ही नाक की नोक को देख पाने में असमर्थ हैं, वे अपनी ही नाक की नोक नहीं देख सकते हैं। इस बात से उन्हें पता चल जाता है कि मृत्यु अब निकट ही है।

योग के शरीर-विज्ञान के अनुसार व्यक्ति के शरीर में सात चक्र होते हैं। पहला चक्र है मूलाधार, और अंतिम चक्र है सहस्रार, जो सिर में होता है; इन दोनों के बीच में पांच चक्र और होते हैं। जब भी व्यक्ति की मृत्यु होती है, तो वह किसी एक निश्चित चक्र के द्वारा अपने प्राण त्यागता है। व्यक्ति ने किस चक्र से शरीर छोड़ा है, वह उसके इस जीवन के विकास को दर्शा देता है। साधारणतया तो लोग मूलाधार से ही मरते हैं, क्योंकि जीवनभर लोग काम-केंद्र के आसपास ही जीते हैं। वे हमेशा सेक्स के बारे में ही सोचते रहते हैं, उसी की कल्पनाएं करते हैं, उसी के स्वप्न देखते हैं, उनका सभी कुछ सेक्स को लेकर ही होता है—जैसे कि उनका पूरा जीवन काम-केंद्र के आसपास ही केंद्रित हो गया हो। ऐसे लोग मूलाधार से, काम-केंद्र से ही प्राण छोड़ते हैं। लेकिन अगर कोई व्यक्ति प्रेम को उपलब्ध हो जाता है, और कामवासना के पार चला जाता है, तो वह हृदय-केंद्र से प्राण को छोड़ता है। और अगर कोई व्यक्ति पूर्णरूप से विकसित हो जाता है, सिद्ध हो जाता है, तो वह अपनी ऊर्जा को, अपने प्राणों को सहस्रार से छोड़ेगा।

और जिस केंद्र से व्यक्ति की मृत्यु होती है, वह केंद्र खुल जाता है। क्योंकि तब पूरी जीवन-ऊर्जा उसी केंद्र से निर्मुक्त होती है...

अभी कुछ दिन पहले ही विपस्सना की मृत्यु हुई। विपस्सना के भाई वियोगी से उसके सिर पर मारने को कहा गया; भारत में यह बात प्रतीक के रूप में प्रचलित है कि जब कोई व्यक्ति मरता है और उसे चिता पर रखा जाता है, तो सिर को डंडे से मारकर फोड़ा जाता है, उसकी कपाल-क्रिया की जाती है। यह एक प्रतीक है, क्योंकि अगर कोई व्यक्ति बुद्धत्व को उपलब्ध हो जाता है, तो सिर अपने से ही फूट जाता है; लेकिन अगर व्यक्ति बुद्धत्व को उपलब्ध नहीं हुआ है, तो फिर भी हम इसी आशा और प्रार्थना के साथ उसकी खोपड़ी को तोड़ते हैं।

तो जिस केंद्र से व्यक्ति प्राणों को छोड़ता है, व्यक्ति का निर्मुक्ति देने वाला बिंदु-स्थल खुल जाता है। उस बिंदु-स्थल को देखा जा सकता है। किसी दिन जब पश्चिमी चिकित्सा विज्ञान योग के शरीर-विज्ञान के प्रति सजग हो सकेगा, तो यह भी पोस्टमार्टम का हिस्सा हो जाएगा कि व्यक्ति कैसे मरा। अभी तो चिकित्सक केवल यही देखते हैं कि व्यक्ति की मृत्यु स्वाभाविक हुई है, या उसे जहर दिया गया है, या उसकी हत्या की गयी है, या उसने आत्महत्या की है—यही सारी साधारण सी बातें चिकित्सक देखते हैं। सबसे आधारभूत और महत्वपूर्ण बात को चिकित्सक चूक ही जाते हैं, जो कि उनकी रिपोर्ट में होनी चाहिए—कि व्यक्ति के प्राण किस केंद्र से निकले हैं: काम केंद्र से निकले हैं, हृदय केंद्र से निकले हैं, या सहस्रार से निकले हैं—किस केंद्र से उसकी मृत्यु हुई है।

और इसकी संभावना है, क्योंकि योगियों ने इस पर बहुत काम किया है। और इसे देखा जा सकता है, क्योंकि जिस केंद्र से प्राण-ऊर्जा निर्मुक्त होती है वही विशेष केंद्र टूट जाता है। जैसे कि कोई अंडा टूटता है और कोई चीज उससे बाहर आ जाती है; ऐसे ही जब कोई विशेष केंद्र टूटता है, तो ऊर्जा वहां से निर्मुक्त होती है।

जब कोई व्यक्ति संयम को उपलब्ध हो जाता है, तो मृत्यु के ठीक तीन दिन पहले वह सजग हो जाता है कि उसे कौन से केंद्र से शरीर छोड़ना है। अधिकतर तो वह सहस्रार से ही शरीर को छोड़ता है। मृत्यु के तीन दिन पहले एक तरह की हलन-चलन, एक तरह की गति, ठीक सिर के शीर्ष भाग पर होने लगती है।

यह संकेत हमें मृत्यु को कैसे ग्रहण करना, इसके लिए तैयार कर सकते हैं। और अगर हम मृत्यु को उत्सवपूर्ण ढंग से, आनंद से, अहोभाव से नाचते-गाते कैसे ग्रहण करना है, यह जान लें—तो फिर हमारा दुबारा जन्म न होगा। तब इस संसार की पाठशाला में हमारा पाठ पूरा हो गया। इस पृथ्वी पर जो कुछ भी सीखने को है उसे हमने सीख लिया है। अब हम तैयार हैं किसी महान लक्ष्य महाजीवन और अनंत-अनंत जीवन के लिए। अब ब्रह्मांड में, संपूर्ण अस्तित्व में समाहित होने के लिए हम तैयार हैं। और इसे हमने अर्जित किया है।

इस सूत्र के बारे में एक बात और। क्रियामान कर्म, दिन-प्रतिदिन के कर्म, वे तो बहुत ही छोटे-छोटे कर्म होते हैं; आधुनिक मनोविज्ञान की भाषा में हम इसे 'चेतन' कह सकते हैं। इसके नीचे होता है प्रारब्ध कर्म; आधुनिक मनोविज्ञान की भाषा में हम इसे 'अवचेतन' कह सकते हैं। उससे भी नीचे होता है संचित कर्म; आधुनिक मनोविज्ञान की भाषा में इसे हम 'अचेतन' कह सकते हैं।

साधारणतया तो आदमी अपनी प्रतिदिन की गतिविधियों के बारे में सजग ही नहीं होता है, तो फिर प्रारब्ध या संचित कर्म के बारे में कैसे सचेत हो सकता है? यह लगभग असंभव ही है। तो तुम

दिन-प्रतिदिन की छोटी-छोटी गतिविधियों में सजग होने का प्रयास करना। अगर सड़क पर चल रहे हो, तो सड़क पर सजग होकर, होशपूर्वक चलना। अगर भोजन कर रहे हो, तो सजगता पूर्वक करना। दिन में जो कुछ भी करो, उसे होशपूर्वक, सजगता से करना। कुछ भी कार्य करो, उस कार्य में पूरी तरह से डूब जाना, उसके साथ एक हो जाना। फिर कर्ता और कृत्य अलग-अलग न रहें। फिर मन इधर-उधर ही नहीं भागता रहे। जीवित लाश की भांति कार्य मत करना। जब सड़क पर चलो तो ऐसे मत चलना जैसे कि किसी गहरे सम्मोहन में चल रहे हो। कुछ भी बोलो, वह तुम्हारे पूरे होश सजगता से आए, ताकि तुम्हें फिर कभी पीछे पछताना न पड़े।

जब तुम कहते हो, 'मुझे खेद है, मैंने वह कह दिया जिसे मैं कभी नहीं कहना चाहता था,' तो इससे इतना ही पता चलता है कि तुम सोए-सोए, मूर्च्छा में थे। तुम होश में न थे, जागे हुए न थे। जब तुम कहते हो, 'मेरे से गलत हो गया, मुझे नहीं मालूम क्यों और कैसे हो गया।' मुझे नहीं मालूम कि ऐसा कैसे हुआ, ऐसा मेरे बावजूद हो गया। तब स्मरण रहे, तुमने सोए-सोए, मूर्च्छा में ही कृत्य किया है। तुम नींद में चलने वाले रोगी की तरह हो, तुम सोम्नाबुलिस्ट हो।

स्वयं को अधिक जागरूक और होशपूर्ण होने दो। यही है अभी और यहीं का अर्थ।

इस समय तुम मुझे सुन रहे हो: तो तुम केवल कान भी हो सकते हो, सुनना मात्र ही हो सकते हो। इस समय तुम मुझे देख रहे हो: तो तुम केवल आंखें भी हो सकते हो—पूरी तरह से सजग, एक विचार भी तुम्हारे मन में नहीं उठता है, भीतर कोई अशांति नहीं, भीतर कोई धुंध नहीं, बस मुझ पर केंद्रित हो—समग्ररूपेण सुनते हुए, समग्ररूपेण देखते हुए—मेरे साथ अभी और यहीं पर हो: यह है प्रथम चरण।

अगर तुम इस प्रथम चरण को उपलब्ध कर लेते हो, तो फिर दूसरा चरण अपने से सुलभ हो जाता है; तब तुम अवचेतन में उतर सकते हो।

तो फिर जब कोई तुम्हारा अपमान करता है, तो जिस समय तुम्हें क्रोध आया, जागरूक हो जाओ। जब किसी ने तुम्हारा अपमान किया—और क्रोध की एक छोटी सी तरंग, जो कि बहुत ही सूक्ष्म होती है, तुम्हारे अस्तित्व के अवचेतन की गहराई में उतर जाती है। अगर तुम संवेदनशील और जागरूक नहीं हो, तो तुम उस उठी हुई सूक्ष्म तरंग को पहचान न सकोगे—जब तक कि वह चेतन में न आ जाए, तुम उसे नहीं जान सकोगे। वरना धीरे-धीरे तुम सूक्ष्म बातों को, भावनाओं को सूक्ष्म तरंगों के प्रति सचेत होने लगोगे—वही है प्रारब्ध, वही है अवचेतन।

और जब अवचेतन के प्रति सजगता आती है, तो तीसरा चरण भी उपलब्ध हो जाता है। जितना अधिक व्यक्ति का विकास होता है, उतने ही अधिक विकास की संभावना के द्वार खुलते चले जाते हैं। तीसरे चरण को, अंतिम चरण को, देखना संभव है। जो कर्म अतीत में संचित हुए थे, अब उनके प्रति सजग हो पाना संभव है। जब व्यक्ति अचेतन में उतरता है—तो इसका अर्थ है कि वह चेतना के प्रकाश को अपने अस्तित्व की गहराई में ले जा रहा है—व्यक्ति संबोधि को उपलब्ध हो जाएगा। संबुद्ध होने का अर्थ यही है कि अब कुछ भी अंधकार में नहीं है। व्यक्ति का अंतस्तल का कोना-कोना प्रकाशित हो गया। तब वह जीता भी है, कार्य भी करता है, लेकिन फिर भी किसी तरह के कर्म का संचय नहीं होता है।

दूसरा सूत्र :

'मैत्री पर संयम संपन्न करने से या किसी अन्य सहज गुण पर संयम संपन्न करने से उस गुणवत्ता विशेष में बड़ी सूक्ष्मता आ मिलती है।'

सर्वप्रथम तो जागरूकता—और ठीक उसके बाद आता है द्वितीय चरण : अपने संयम को, प्रेम पर, करुणा पर ले आना।

मैं तुम से एक कथा कहना चाहूंगा : एक बार ऐसा हुआ कि एक बौद्ध भिक्षु, जिसका नाम तामिनो था, वह ध्यान करता ही गया, करता ही गया, उसने बहुत कठोर श्रम किया और वह सतोरी को उपलब्ध हो गया—संयम की अवस्था को उपलब्ध हो गया। और उस अवस्था में उसे किसी बात का, किसी चीज का होश न रहा...

जब व्यक्ति होशपूर्ण होता है तो उसे किसी विशेष चीज के प्रति होश नहीं रहता। वह केवल होश के प्रति ही होशपूर्ण होता है। वैसा कहना भी ठीक नहीं है, क्योंकि तब तो होश भी विषय-वस्तु की तरह प्रतीत होने लगता है। नहीं, इसे ऐसा कहें कि व्यक्ति किसी विशेष के प्रति होशपूर्ण नहीं होता है—वह बस होश ही रह जाता है।

...और तब तामिनो किसी विशेष बात या किसी विशेष चीज के प्रति होशपूर्ण न रहा और उसकी आत्मा किसी स्वरूप की भांति न रही। और यह अवस्था शांतिपूर्ण अवस्था के भी पार की थी, और वह हमेशा के लिए उसी अवस्था में रहकर आनंदित था...

स्मरण रहे, जब कोई व्यक्ति संयम को उपलब्ध हो जाता है, तो वह सदा-सदा के लिए उसी अवस्था में रहना चाहता है, वह उससे बाहर नहीं आना चाहता—लेकिन यही यात्रा का अंत नहीं है। यह तो अभी केवल आधी यात्रा ही हुई। जब तक समाधि प्रेम नहीं बन जाती है, जब तक कि व्यक्ति अपने भीतर के खजानों को बाहर के विराट जगत में बांट नहीं देता है, जब तक कि अपनी समाधि के आनंद को दूसरों के साथ बांट नहीं लेता, तब तक वह स्वयं को कंजूस ही प्रमाणित कर रहा होता है। समाधि लक्ष्य नहीं है, लक्ष्य प्रेम है। तो जब कभी यह तुमको होगा, या तुम में से किसी को भी होगा, तो तुम भी उस अवस्था में पहुंचोगे जहां से फिर कोई भी बाहर नहीं आना चाहता है। वह इतना सौंदर्यपूर्ण और आनंददायी होता है कि फिर उससे बाहर आने की कौन फिकर करता है?

...और यह अवस्था शांति की अवस्था के भी पार की थी, और तामिनो हमेशा-हमेशा के लिए उसमें बने रहने में ही आनंदित अनुभव कर रहा था। लेकिन जैसा कि होना था, एक दिन वह ध्यान करने के लिए अपने मठ के निकट जंगल में गया। और जैसे ही वह बैठा, ध्यान में खो गया। कुछ ही देर बाद एक यात्री वहां से गुजरा। उस यात्री पर चोरों के एक गिरोह ने हमला कर दिया और उसे घायल कर दिया। उसका सभी सामान लूट लिया, और यह समझकर कि वह मर गया है, उस यात्री को वहीं छोड़कर वे भाग गए। वह घायल यात्री सहायता के लिए तामिनो को पुकारता रहा, लेकिन तामिनो तो अपनी ध्यानस्थ अवस्था में बैठा हुआ था, उसे तो कुछ भी नहीं दिखाई दे रहा था और न ही कुछ सुनाई दे रहा था...

तामिनो वहां पर बैठा हुआ था, और वह यात्री वहां पर घायल पड़ा हुआ था, और वह यात्री बार-बार सहायता के लिए पुकार रहा था। लेकिन तामिनो ध्यान में इतना तल्लीन था कि उसे उस

यात्री की किसी प्रकार की कोई आवाज सुनाई ही न दी। उसे कुछ सुनाई नहीं दिया, उसे कुछ दिखाई न दिया—उसकी आंखें जरूर खुली थीं, लेकिन वह उन आंखों में मौजूद न था। वह अपने अंतर्तम की गहराई में उतर गया था। बस केवल परिधि पर उसका शरीर ही श्वास ले रहा था, लेकिन वह परिधि पर मौजूद न था। वह अपने अंतस्तल के केंद्र पर विराजमान था।

और वह यात्री खून से लथपथ जमीन पर पड़ा हुआ था, और उसी समय तामिनो अपने शरीर में लौटा, अपनी इंद्रियों के प्रति होश में आया। उस खून से लथपथ घायल यात्री को देखकर तामिनो तो स्तब्ध रह गया और बड़ी देर तक उसे समझ ही न आया कि वह क्या देख रहा है। उसे समझ ही नहीं आ रहा था कि वह करे तो क्या करे...

जब व्यक्ति अपने अंतस्तल की गहराई में डूब जाता है, तो उसे फिर से शरीर की परिधि के साथ जुड़ने में थोड़ा समय लगता है। केंद्र पर व्यक्ति बिलकुल ही अलग तरह का होता है। केंद्र पर व्यक्ति एकदम अज्ञात जगत में होता है। और केंद्र से वापस आकर परिधि के साथ ताल-मेल बिठा पाना थोड़ा कठिन होता है।

यह वैसा ही है जैसे कि कोई चांद से पृथ्वी पर वापस आए: जब कोई चांद से पृथ्वी पर वापस आता है, तो तीन सप्ताह तक उसे एक विशेष घर में रखा जाता है, जो विशेष रूप से उनके लिए तैयार किया जाता है—ताकि वह फिर से पृथ्वी पर चलने के लिए तैयार हो सके। अगर चांद से लौटकर व्यक्ति सीधे अपने घर चला जाए, तो वह पागल हो जाएगा, या उनका मस्तिष्क विकृत हो जाएगा; क्योंकि चांद की दुनिया बिलकुल ही अलग ढंग की होती है। चांद पर गुरुत्वाकर्षण अधिक नहीं है—पृथ्वी के गुरुत्वाकर्षण का आठवें भाग के बराबर ही चांद पर गुरुत्वाकर्षण होता है—चांद पर व्यक्ति साठ फीट, सत्तर फीट तक बड़ी आसानी से कूद सकता है। कोई किसी की भी छत पर कूद सकता है, कोई परेशानी नहीं है। चांद पर गुरुत्वाकर्षण नहीं के बराबर होता है। और चांद एकदम खाली है, वहां पर कोई भी नहीं है, तो व्यक्ति एकदम स्तब्ध रह जाता है। और चांद पर मौन इतना अदभुत है—जो कि लाखों-करोड़ों वर्षों से अविच्छिन्न चला आ रहा है—तो चांद पर मौन इतना सघन है, कि जब कोई व्यक्ति चांद से वापस लौटकर आता है, तो यह ठीक ऐसे ही होता है जैसे कि कोई व्यक्ति मर गया हो और फिर से पृथ्वी पर वापस आया हो।

जब पहले आदमी ने चांद की जमीन पर कदम रखा, वह आदमी कोई आस्तिक न था, लेकिन फिर भी वह अचानक घुटनों के बल झुककर प्रार्थना करने लगा। तो चांद पर पहला काम जो किया गया, वह थी प्रार्थना। क्या हुआ चांद पर पहुंचने वाले उस प्रथम आदमी को? वहां पर मौन इतना गहन था, इतना गहरा था और वह एकदम अकेला था, कि अचानक उसे परमात्मा की याद आ गयी। उस नितांत एकांत में, सन्नाटे में, एकाकीपन में, उस अकेलेपन में, वह भूल ही गया कि वह परमात्मा में भरोसा नहीं करता, कि उसका मन हर जगह संदेह उठाता है, कि वह हर चीज पर अविश्वास करता है—वह सब कुछ भूल गया। वह झुका और प्रार्थना करने लगा।

जब कोई व्यक्ति चांद पर से पृथ्वी पर वापस आता है, तो उसे पृथ्वी के वातावरण के अनुकूल होने में थोड़ा समय लगता है; लेकिन यह भी उसकी तुलना में कुछ नहीं है जब व्यक्ति अपने अस्तित्व के केंद्र पर पहुंचकर और फिर वहां से वापस आता है।

...तामिनो तो एकदम स्तब्ध रह गया और बहुत देर तक तो उसे समझ ही नहीं आया कि उसने क्या देखा है और अब उसे क्या करना चाहिए। लेकिन जैसे ही वह शरीर में वापस आया वह उस घायल आदमी के पास गया और अच्छी तरह से उसने उसके घावों पर पट्टी बांधी। लेकिन उस आदमी का खून बहुत देर से बह रहा था, उसका बहुत सा खून बह चुका था। उसने एक बार तामिनो की ओर देखा और वह मर गया—और फिर तामिनो उस मरते हुए आदमी की आंखों को कभी न भूल सका। और उस मरते हुए आदमी की आंखें उसका पीछा करने लगीं; और इस बात से वह इतना अशांत और परेशान हो गया कि उसकी सतोरी पूरी तरह से खो गयी—वह अपने अंतस-केंद्र के बारे में सब कुछ भूल गया। वह पूरी तरह से दुविधा में पड़ गया, उलझन में पड़ गया। उसे कुछ समझ में ही नहीं आए कि वह क्या करे?

और उस मरते हुए आदमी के आंखों में तामिनो ने कुछ ऐसी भाव दृष्टि देखी जैसी कि उसने एक बार युद्धक्षेत्र में देखी थी—और उसकी सारी शांति, जिसे कि उसने इतने कठोर परिश्रम के बाद पाया था, उसे छोड़कर न जाने कहां चली गयी। वह मठ में वापस आया और फिर वह उस टापू को छोड़कर, पर्वत की सबसे ऊंची चोटी पर चला गया, और वहां पर जाकर गौतम बुद्ध की प्रतिमा के पास बैठ गया। सांझ का समय था, डूबते हुए सूरज का प्रकाश उस पत्थर की प्रतिमा के मुख पर पड़ रहा था, और वह पत्थर की प्रतिमा जीवन की चमक से भरी हुई दिखाई दे रही थी।

तामिनो ने उस मूर्ति की आंखों में झांका और बोला, 'भगवान बुद्ध, क्या आपकी धर्म-देशना सत्य थी?'

प्रतिमा ने उत्तर दिया, 'सत्य भी थी और असत्य भी।'

तामिनो ने पूछा, 'उसमें सत्य क्या था?'

'करुणा और प्रेम।'

'और उसमें झूठ क्या था?'

'जीवन से भागना, पलायन।'

'तो क्या मुझे जीवन में फिर से लौटना होगा?'

लेकिन तब तक उस मुख-मंडल की आभा धुंधली होने लगी और वह फिर से पत्थर में परिवर्तित हो गयी।

यह बड़ी सुंदर कथा है। हां, तामिनो को जीवन में वापस लौटना पड़ा। व्यक्ति को समाधि से फिर प्रेम पर वापस आना होता है। इसीलिए समाधि—जिसमें मृत्यु का अनुभव मिलता है, उसके तुरंत बाद आता है पतंजलि का यह सूत्र: 'मैत्री पर संयम संपन्न करने से या किसी अन्य सहज गुण पर संयम संपन्न करने से उस गुणवत्ता विशेष में बड़ी सक्षमता आ मिलती है।'

समकालीन मनोवैज्ञानिक भी इससे किसी सीमा तक सहमत होंगे। अगर निरंतर किसी एक ही बात के बारे में सोचा जाए, तो धीरे-धीरे वह मूर्त रूप लेने लगती है। तुमने एमाइल कुए का नाम सुना होगा, और अगर तुमने उसका नाम नहीं सुना है तो तुमने उसका यह वाक्य जरूर सुना होगा: प्रतिदिन मैं अच्छे से अच्छे होता जा रहा हूं। उसने हजारों मरीजों की—जो बहुत ही पीड़ा तकलीफ और परेशानी में थे, ऐसे हजारों पीड़ित लोगों की एमाइल कुए ने बहुत मदद की थी। और यही उसकी

एकमात्र दवाई थी। वह बस मरीजों से यही कहता था कि दोहराते रहो : प्रतिदिन मैं अच्छे से अच्छा होता जा रहा हूं। बस इसे दोहराते रहो, और उसे अनुभव करो, अपने चारों ओर बस इसी विचार की तरंगों को फैलाओ कि 'मैं ठीक हो रहा हूं, मैं ज्यादा स्वस्थ हो रहा हूं, मैं ज्यादा प्रसन्न हूं।' और हजारों लोगों को इससे मदद मिली और इस बात के दोहराने से बहुत से लोग स्वस्थ हो गए। उनकी मानसिक बीमारियां ठीक हो गईं। वे अपनी मुसीबतों व चिंताओं से मुक्त हो गए। वे ठीक होकर सामान्य होने लगे, उनमें फिर से जीवन का संचार हो गया, और इसके लिए उन्हें कुछ खास नहीं करना पड़ा—बस एक छोटा सा मंत्र।

लेकिन असल में होता क्या है : जिस संसार में हम रहते है, वह हमारे ही द्वारा बनाया गया संसार है। जिस शरीर में हम रहते हैं, हमारा ही निर्माण है। जिस मन में हम रहते हैं, वह भी हमारी अपनी ही रचना है। हम अपनी धारणाओं के द्वारा ही सारे संसार का निर्माण करते हैं। जो कुछ भी हम सोचते हैं, देर-अबेर वह वास्तविकता बन ही जाती है। प्रत्येक विचार अंततः सत्य ही हो जाता है।

और ऐसा हर एक साधारण मन के साथ होता है, जो हर क्षण विषय को बदलता रहता है, जो यहां से वहां भागता रहता है। फिर संयम की तो बात ही कहां उठती है? जब मन नहीं रह जाता है, मन बिदा हो जाता है और केवल मैत्री भाव ही रह जाता है, तो व्यक्ति मैत्री की अवधारणा के साथ इतना एक हो जाता है कि वह स्वयं भी मैत्री ही हो जाता है।

बुद्ध ने कहा था, 'अब जब मैं संसार में दुबारा आऊंगा तो मेरा नाम मैत्रेय होगा, मेरा नाम मित्र होगा।'

बुद्ध की यह बात बहुत ही प्रतीकात्मक है। चाहे बुद्ध इस संसार में आएं या न आएं, सवाल इसका नहीं है। लेकिन यह बात बड़ी प्रतीकात्मक है। बुद्ध कह रहे हैं कि संबुद्ध होने के बाद मित्र होना ही होता है। जब कोई व्यक्ति समाधि को उपलब्ध हो जाता है, तो वह करुणावान भी हो जाता है। करुणा की कसौटी पर ही हम परख सकते हैं कि समाधि सत्य है या नहीं।

स्मरण रहे, कंजूस मत होना; क्योंकि हमारी आदतें वही पुरानी रहती हैं। अगर बाहर के संसार में व्यक्ति कंजूस है और वस्तुओं को पकड़े रखना चाहता है—धन को, संपत्ति को या किन्हीं भी वस्तुओं को पकड़े रखना चाहता है—तो जब समाधि उपलब्ध होगी, तो वह समाधि को भी पकड़े रहना चाहेगा। पकड़ जारी रहेगा—और पकड़ को ही गिराना है। इसीलिए अमृत को उपलब्ध होने के पश्चात, जब कि व्यक्ति मृत्यु से मुक्त हो जाता है, पतंजलि कहते हैं, मैत्री का आविर्भाव होने दो, अब अपनी समाधि में दूसरों को भी सहभागी बनाओ, उसे बांटो।

पैलेस्टाइन में दो समुद्र हैं। एक समुद्र में तो है ताजा और चमकता हुआ पानी। उस समुद्र के आसपास पेड़-पौधे हैं, विभिन्न प्रकार के फल-फूल उगते हैं। उसमें मछलियां रहती हैं, और उसके किनारे-किनारे हरियाली छायी हुई है। इस समुद्र का पानी इतना शुद्ध और ताजा है कि उस पानी से बीमारियां ठीक हो जाती हैं, वह माउंट हर्मन की पहाड़ियों से होता हुआ जोर्डन नदी के माध्यम से वहां तक पहुंचता है...

जीसस को यह नदी बहुत प्रिय थी। और चूंकि यह नदी इस समुद्र में गिरती है, इसलिए जीसस को यह समुद्र भी बहुत प्रिय था। उनके साथ इसी जगह के आसपास बहुत से चमत्कार भी घटित हुए।

...उस सदगुरु को इस सागर से प्रेम था, और उनके सत्संग की कई आनंद की घड़ियां इसी समुद्र के आसपास व्यतीत हुई थीं। अभी भी वह स्थान शांत व ऊर्जा से भरा हुआ है।

जोर्डन नदी दक्षिण की ओर एक दूसरे सागर में जाकर मिलती है। उस समुद्र के किनारे किसी प्रकार का कोई जीवन नहीं है, न तो वहां पर पक्षियों के गीत हैं, न ही बच्चों की हंसी वहां सुनायी पड़ती है। उस समुद्र की हवाएं मृत और बोझिल सी हैं—और न तो कोई मनुष्य ही, और न कोई पशु, और न ही कोई पक्षी इस समुद्र का पानी पीता है। यह सागर मृत है।

फिर आखिरकार वह ऐसी कौन सी चीज है जो पैलेस्टाइन के इन दोनों सागरों के बीच इतना बड़ा अंतर ले आती है—एक तो समुद्र इतना अदभुत रूप से जीवंत है, और दूसरा समुद्र एकदम मृत है?

अंतर यह है कि गेलाइली का सागर ग्रहण तो करता है किंतु जोर्डन नदी के पानी को अपने में रोककर, ठहराकर नहीं रखता। उसमें पानी प्रवाहमान, बहता हुआ रहता है। अगर नया पानी आता है, तो पुराना बाहर भी जाता है। जितना आनंद से वह देता है, उसके बदले में वह उससे अधिक ग्रहण करता है। गेलाइली का सागर जीवंत सागर है।

दूसरा जो सागर है वह नदी की प्रत्येक बूंद को अपने में ही रोककर रखता है और बदले में कुछ नहीं देता है। चूंकि गैलाइली का सागर निरंतर प्रवाहमान है और दूसरी नदियों को पानी देता है, इसलिए जीवंत है। दूसरा सागर कुछ देता नहीं है, इसलिए उसमें जीवंतता भी नहीं है। उसे बिलकुल ठीक ही नाम दिया गया है—मरा हुआ मृतसागर, डेड-सी।

और ठीक यही बात मनुष्य के जीवन पर लागू होती है। हम गैलाइली का सागर भी बन सकते हैं, या फिर मृत सागर, डेड सी भी बन सकते हैं। अगर गैलाइली का सागर बनते हैं, तो एक न एक दिन जीसस-चेतना को अपनी ओर खींच ही लेंगे। सदगुरु की उपस्थिति फिर हमारे आसपास ही घटित होने लगेगी। फिर वह अपने शिष्यों के साथ हमारे आसपास ही होंगे, फिर से हम एक अलग ही दुनिया में पहुंच जाएंगे। हमें फिर से परमात्मा का दिव्य-स्पर्श मिलने लगेगा। या फिर हम मृत सागर भी बन सकते हैं। तब हम चारों ओर से लेते तो चले जाएंगे लेकिन वापस देंगे कुछ भी नहीं; तब बस एकत्रित ही करते जाएंगे और देंगे कुछ भी नहीं। वह सागर मृत कैसे हो गया? कंजूस आदमी मृत ही होता है; वह प्रतिदिन ही मरा-मरा सा ही जीता है। बांटो, जो कुछ भी है उसे बांटो, और तब फिर हम अधिक ग्रहण कर सकने के योग्य हो जाते हैं। यही है मैत्री भाव का अर्थ।

और पतंजलि कहते हैं कि अपना संयम करुणा, प्रेम और मैत्री भाव पर ले आओ; और तब सब अपने से विकसित हो जाएगा। ऐसा नहीं है कि हम मैत्री-पूर्ण हो जाएंगे : बल्कि तब हम मैत्री भाव हो जाएंगे। तब ऐसा नहीं कि हम प्रेम करेंगे : हम प्रेम ही हो जाएंगे, प्रेम हमारे होने का ढंग हो जाएगा।

तीसरा सूत्र :

'हाथी के बल पर संयम निष्पादित करने से हाथी की सी शक्ति प्राप्त होती है।'

जो कुछ भी हम चाहते हैं, उसी पर संयम को केंद्रित कर देना है और फिर वैसा ही घटित होने लगता है—क्योंकि व्यक्ति अनंत है, असीम है। जैसा रूप या स्वरूप हम पाना चाहते है वैसा ही संयम से पा सकते हैं। फिर सभी तरह के चमत्कार संभव हो जाते हैं; सब कुछ हम पर निर्भर करता

है। तब अगर हम हाथी के समान शक्तिशाली होना चाहते हैं, तो हम हाथी जैसे शक्तिशाली भी हो सकते हैं। बस, उस विचार को बीज की भांति भीतर संजोकर और फिर उसे संयम द्वारा पोषित करके हम वही हो जाएंगे।

क्योंकि इस सूत्र का लोगों ने बहुत दुरुपयोग किया है। यह सूत्र कुंजी है, लेकिन अगर कोई व्यक्ति शैतान का रूप रखना चाहता है, या कोई गलत रूप रखना चाहता है तो वह उस भांति हो सकता है। जितना गलत उपयोग हम विज्ञान का कर सकते हैं, उतना ही गलत उपयोग हम योग का भी कर सकते हैं। विज्ञान ने आणविक ऊर्जा की खोज की है। अब हम किसी भी जगह पर इसके घातक प्रक्षेपण करके लाखों लोगों की हत्या कर सकते हैं। और इस तरह से कितने ही नगरों को हिरोशिमा और नागासाकी बना सकते हैं—पूरी पृथ्वी को जलाकर भस्म कर सकते हैं, और इस पृथ्वी को एक कब्रिस्तान में बदल सकते हैं।

लेकिन उसी आणविक ऊर्जा का सृजनात्मक उपयोग भी किया जा सकता है। आणविक ऊर्जा के माध्यम से इस पृथ्वी पर जितनी भी गरीबी है वह मिनटों में मिटायी जा सकती है। जितने तरह के खाद्य पदार्थों की आवश्यकता है, उनका उत्पादन किया जा सकता है—और केवल जिन थोड़े लोगों के पास ऐश्वर्य और सुख-सुविधा के साधन हैं, वे प्रत्येक आदमी के सामान्य जीवन का अंग बन सकते हैं। हमारे रास्ते में कोई दूसरा रुकावट नहीं है, किसी तरह का कहीं कोई अवरोध नहीं है, लेकिन हमको ही सृजन करने की समझ नहीं है हम जानते ही नहीं हैं कि सृजन कैसे करना।

योग का भी इसी ढंग से गलत उपयोग किया गया है।

सभी ज्ञान शक्ति को जन्म देते हैं, और शक्ति का उपयोग सकारात्मक और नकारात्मक दोनों रूपों में किया जा सकता है।

मैंने एक कथा सुनी है :

एक शराबी एक धनी आदमी के पास पहुंचा और उससे एक कप काफी के लिए पच्चीस पैसे मांगे। बहुत ही दयालु व्यक्ति होने के कारण उसने उसे दस शिलिंग का नोट दे दिया।

इस पर वह शराबी बोला, 'यह हुई न कोई बात। इससे तो कोई कॉफी के बीस प्याले भी ले सकता है।'

दूसरे दिन शाम को उस धनी आदमी को फिर वही आवारा शराबी दिखायी पड़ा।

उस धनी आदमी ने उससे बहुत ही प्रसन्नता से पूछा, 'आज तुम कैसे हो?'

पहले तो उस आवारा शराबी ने उसकी ओर घूरकर देखा, और फिर अत्यंत ही रुखाई के साथ बोला, 'आप यहां से चले जाएं, आप और आपकी बीस कप कॉफी! उन्होंने कल सारी रात मुझे जगाए रखा।'

तो यह सब्र तुम पर निर्भर करता है। आशीर्वाद अभिशाप भी बन सकता है। पतंजलि जो कह रहे हैं वह तो व्हाइट मैजिक है। और हम इसे ब्लैक मैजिक में भी बदल सकते हैं, और तब हम दूसरों के लिए घातक हो जाएंगे, और साथ ही स्वयं के लिए भी घातक हो जाएंगे। इसे खयाल में ले लेना। इसीलिए पहले तो पतंजलि मैत्रीपूर्ण होने को कहते हैं; उसके बाद वे शक्ति की, पावर की बात करते है।

पतंजलि जैसे लोग बहुत ही सावधानी बरतते हैं, वे एक-एक कदम फूंक-फूंककर रखते हैं। और पतंजलि को हम जैसे लोगों के कारण ही सावधान रहना पड़ता है। पहले तो वे यह बताते हैं कि संयम को कैसे उपलब्ध करना : फिर तुरंत ही वे करुणा की, और मैत्री की बात करने लगते हैं : उसके बाद कहीं जाकर वे शक्ति की बात करते हैं। क्योंकि जब व्यक्ति में करुणा का जन्म हो जाता है, तो फिर शक्ति का गलत उपयोग नहीं हो सकता।

'पराभौतिक मनीषा के प्रकाश को प्रवर्तित करने से सूक्ष्म का बोध होता है, प्रच्छन्न का और दूरस्थ तत्वों का ज्ञान प्राप्त होता है।'

एक बार अगर हम नहीं हो जाना जान लें तो—'सूक्ष्म, प्रच्छन्न और दूरस्थ'—सभी प्रकार के आयाम उपलब्ध हो जाते हैं। एक बार यह ज्ञात हो जाए कि बिना अहंकार के कैसे होना है, एक बार यह ज्ञात हो जाए कि बिना विषय और बिना वस्तु के शुद्ध चेतना कैसे पानी है, तो हर चीज संभव हो जाती है। फिर सब कुछ जाना जा सकता है। अगर एक को ठीक से जान लिया जाए तो सभी कुछ जानना संभव है, नहीं तो कुछ भी नहीं जाना जा सकता है।

'सूर्य पर संयम संपन्न करने से संपूर्ण सौर-ज्ञान की उपलब्धि होती है।'

यह सूत्र थोड़ा जटिल है—अपने आप में यह सूत्र जटिल नहीं है, किंतु व्याख्या करने वालों के कारण यह सूत्र जटिल हो गया है। पतंजलि की व्याख्या करने वाले सभी व्याख्याकार इस सूत्र के विषय में ऐसी व्याख्या करते हैं जैसे पतंजलि किसी बाहर के सूर्य की बात कर रहे हों। पतंजलि बाह्य सूर्य की बात नहीं कर रहे हैं; पतंजलि उसकी बात कर ही नहीं सकते। पतंजलि कोई ज्योतिषी तो हैं नहीं, और उन्हें ज्योतिष में कोई रुचि भी नहीं है। उनकी रुचि मनुष्य में है। उनकी रुचि मनुष्य की चेतना का नक्शा तैयार करने में है। और सूर्य मनुष्य से बाहर नहीं है।

योग की भाषा में मनुष्य एक लघु ब्रह्मांड है। सूक्ष्म ढंग से मनुष्य एक छोटा सा ब्रह्मांड है, मनुष्य एक छोटे से अस्तित्व में सघन रूप से समाया हुआ है। यह जो ब्रह्मांड है, यह जो संपूर्ण अस्तित्व है, यह और कुछ नहीं मनुष्य का विस्तार ही है। यह योग की भाषा है : लघु ब्रह्मांड व संपूर्ण ब्रह्मांड। जो कुछ बाहर अस्तित्व रखता है, ठीक वही मनुष्य के भीतर भी अस्तित्व रखता है।

बाहर के सूर्य की भांति मनुष्य के भीतर भी सूर्य छिपा हुआ है; बाहर के चांद की ही भांति मनुष्य के भीतर भी चांद छिपा हुआ है। और पतंजलि का रस इसी में है कि वे अंतर्जगत के आंतरिक व्यक्तित्व का संपूर्ण भूगोल हमें दे देना चाहते हैं। इसलिए जब वे कहते हैं कि—'भुवन ज्ञानम् सूर्ये संयमात'—'सूर्य पर संयम संपन्न करने से सौर ज्ञान की उपलब्धि होती है।' तो उनका संकेत उस सूर्य की ओर नहीं है जो बाहर है। उनका मतलब उस सूर्य से है जो हमारे भीतर है।

हमारे भीतर सूर्य कहां है? हमारे अंतस के सौर-तंत्र का केंद्र कहां है? वह केंद्र ठीक प्रजनन-तंत्र की गहनता में छिपा हुआ है। इसीलिए कामवासना में एक प्रकार की ऊष्णता, एक प्रकार की गर्मी होती है। जानवरों के लिए कहा जाता है कि जब भी कोई स्त्री-पशु गर्भाधान के लिए तैयार होती है, तो हम कहते हैं कि—शी इज़ इन हीट। यह मुहावरा एकदम ठीक है। कामवासना का केंद्र सूर्य होता है। इसीलिए तो कामवासना व्यक्ति को इतना ऊष्ण और उत्तेजित कर देती है। जब कोई व्यक्ति कामवासना में उतरता है तो वह उत्तप्त से उत्तप्त होता चला जाता है। व्यक्ति कामवासना के

प्रवाह में एक तरह से ज्वर-ग्रस्त हो जाता है, पसीने से एकदम तर-बतर हो जाता है, उसकी श्वास भी अलग ढंग से चलने लगती है। और उसके बाद व्यक्ति थककर सो जाता है।

जब व्यक्ति कामवासना से थक जाता है, तो तुरंत भीतर चंद्र ऊर्जा सक्रिय हो जाती है। जब सूर्य छिप जाता है तब चंद्र का उदय होता है। इसीलिए तो काम-क्रीड़ा के तुरंत बाद व्यक्ति को नींद आने लगती है। सूर्य ऊर्जा का काम समाप्त हो चुका, अब चंद्र ऊर्जा का कार्य प्रारंभ होता है।

भीतर की सूर्य ऊर्जा काम-केंद्र है। उस सूर्य ऊर्जा पर संयम केंद्रित करने से, व्यक्ति भीतर के संपूर्ण सौर-तंत्र को जान ले सकता है। काम-केंद्र पर संयम करने से व्यक्ति काम के पार जाने में सक्षम हो सकता है। काम-केंद्र के सभी रहस्यों को जान सकता है। लेकिन बाहर के सूर्य के साथ उसका कोई भी संबंध नहीं है।

लेकिन अगर कोई व्यक्ति भीतर के सूर्य को जान लेता है, तो उसके प्रतिबिंब से वह बाहर के सूर्य को भी जान सकता है। सूर्य इस अस्तित्व के सौर-मंडल का काम-केंद्र है। इसी कारण जिसमें भी जीवन है, प्राण है, उसको सूर्य की रोशनी, सूर्य की गर्मी की आवश्यकता है। जैसे कि वृक्ष अधिक से अधिक ऊपर जांना चाहते हैं। किसी अन्य देश की अपेक्षा अफ्रीका में वृक्ष सबसे अधिक ऊंचे हैं। कारण अफ्रीका के जंगल इतने घने हैं और इस कारण वृक्षों में आपस में इतनी अधिक प्रतियोगिता है कि अगर वृक्ष ऊपर नहीं उठेगा, तो सूर्य की किरणों तक पहुंच ही नहीं पाएगा, उसे सूर्य की रोशनी मिलेगी ही नहीं। और अगर सूर्य की रोशनी वृक्ष को नहीं मिलेगी तो वह मर जाएगा। इस तरह से सूर्य वृक्ष को उपलब्ध न होगा और वृक्ष सूर्य को उपलब्ध न होगा, वृक्ष को सूर्य की जीवन-ऊर्जा मिल ही न पाएगी।

जैसे सूर्य जीवन है; वैसे ही कामवासना भी जीवन है। इस पृथ्वी पर जीवन सूर्य से ही है, और ठीक इसी तरह से कामवासना से ही जीवन जन्म लेता है—सभी प्रकार के जीवन का जन्म काम से ही होता है।

अफ्रीका में वृक्ष अधिक से अधिक ऊंचे जाना चाहते हैं, ताकि वे सूर्य को उपलब्ध हो सकें और सूर्य उन्हें उपलब्ध हो सके। इन वृक्षों को ही देखो। जिस तरह के वृक्ष इस ओर हैं—यह पाइन के वृक्ष, ठीक वैसे ही वृक्ष दूसरी ओर भी हैं—और उस तरफ के वृक्ष छोटे ही रह गए हैं। इस तरफ के वृक्ष ऊपर बढ़ते ही चले जा रहे हैं। क्योंकि इस ओर सूर्य की किरणें अधिक पहुंच रही हैं, दूसरी ओर सूर्य की किरणें अधिक नहीं पहुंच पा रही हैं।

काम भीतर का सूर्य है, और सूर्य सौर-मंडल का काम-केंद्र है। भीतर के सूर्य के प्रतिबिंब के माध्यम से व्यक्ति बाहर के सौर-तंत्र का ज्ञान भी प्राप्त कर सकता है, लेकिन बुनियादी बात तो आंतरिक सौर-तंत्र को समझने की ही है।

इसलिए ध्यान रहे, मेरा जोर इसी बात पर रहेगा कि पतंजलि आंतरिक भूमि के मानचित्र ही बना रहे हैं। और निस्संदेह यह केवल सूर्य से ही प्रारंभ हो सकता है, क्योंकि सूर्य हमारा केंद्र है। सूर्य लक्ष्य नहीं है, बल्कि केंद्र है। परम नहीं है, फिर भी केंद्र तो है। हमको उससे भी ऊपर उठना है, उससे भी आगे निकलना है, फिर भी यह केवल प्रारंभ ही है। यह अंतिम चरण नहीं है, यह प्रारंभिक चरण ही है। यह ओमेगा नहीं है, अल्फा है।

जब पतंजलि हमें बताते हैं कि संयम को उपलब्ध कैसे होना; करुणा में, प्रेम में व मैत्री में कैसे उतरना; करुणावान कैसे होना, प्रेमपूर्ण होने की क्षमता कैसे अर्जित करनी; तब वे आंतरिक जगत में पहुंच जाते हैं। पतंजलि की पहुंच अंतर-अवस्था के पूरे वैज्ञानिक विवरण तक है।

'सूर्य पर संयम संपन्न करने से, संपूर्ण सौर-ज्ञान की उपलब्धि होती है।'

इस पृथ्वी के लोगों को दो भागों में विभक्त किया जा सकता है: सूर्य-व्यक्ति और चंद्र-व्यक्ति, या हम उन्हें यांग और यिन भी कह सकते हैं। सूर्य पुरुष का गुण है; स्त्री चंद्र का गुण है। सूर्य आक्रामक होता है, सूर्य सकारात्मक है; चंद्र ग्रहणशील होता है, निष्क्रिय होता है। सारे जगत के लोगों को सूर्य और चंद्र इन दो रूपों में विभक्त किया जा सकता है। और हम अपने शरीर को भी सूर्य और चंद्र में विभक्त कर सकते हैं; योग ने इसे इसी भांति विभक्त किया है।

योग ने तो शरीर को इतने छोटे-छोटे रूपों में विभक्त किया है कि श्वास तक को भी बांट दिया है। एक नासापुट में सूर्यगत श्वास है, तो दूसरे में चंद्रगत श्वास है। जब व्यक्ति क्रोधित होता है, तब वह सूर्य के नासापुट से श्वास लेता है। और अगर शांत होना चाहता है, तो उसे चंद्र नासापुट से श्वास लेनी होगी। योग में तो संपूर्ण शरीर को ही विभक्त कर दिया गया है: व्यक्ति का आधा भाग पुरुष है और आधा भाग स्त्री है। इसी तरह से योग में मन भी विभक्त है: मन का एक हिस्सा पुरुष है, मन का दूसरा हिस्सा स्त्री है। और व्यक्ति को सूर्य से चंद्र की ओर बढ़ना है, और अंत में दोनों के भी पार जाना है, दोनों का अतिक्रमण करना है।

[redacted]

प्रवचन 12

मैं एक पूर्ण झूठ हूं

प्रश्न-सार

1. आपके शिष्य अचानक संबोधि को उपलब्ध होंगे,
या चरण दर चरण विकास के द्वारा संबुद्ध होंगे?

2. क्या अज्ञान के कारण किए कर्मों के लिए भी व्यक्ति उत्तरदायी होता है?

3. रामकृष्ण ने भोजन का उपयोग शरीर में रहने के लिए खूंटी की भांति किया।
आप शरीर में बने रहने के लिए किस खूंटी का उपयोग करते हैं?

4. आपने कहा कि काम-वृत्ति पर एकाग्रता ले आने से व्यक्ति संबुद्ध हो सकता है।
लेकिन क्या काम-वृत्ति पर एकाग्रता ले आने से व्यक्ति का अहंकार नहीं बढ़ता?

5. कृपा करके संयम और संबोधि के भेद को हमें समझाएं।

6. एक शराबी की दूसरे से गुफ्तगू: आपकी शराब सबसे मधुर और मीठी है!

7. क्या कभी आप झूठ बोलते हैं?

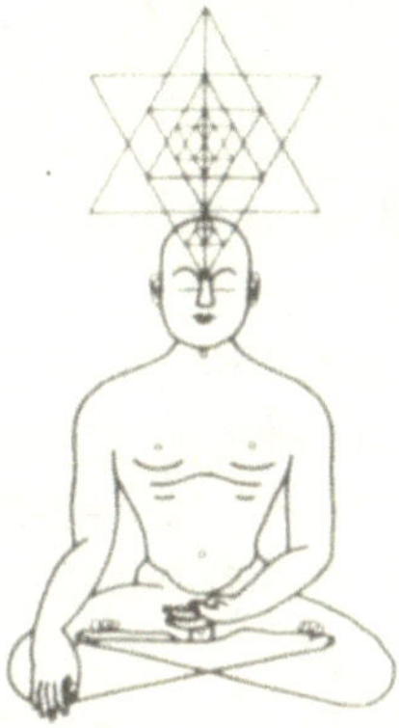

पहला प्रश्न : भगवान, आपके शिष्य अचानक संबोधि को उपलब्ध होंगे, या धीरे-धीरे, चरण दर चरण विकास के द्वारा संबुद्ध होंगे?

आपका मार्ग-विहीन मार्ग प्रत्येक व्यक्ति के लिए है, या केवल कुछ थोड़े से दुर्लभ लोगों के लिए ही है?

पहली बात जो समझ लेने जैसी है वह यह है कि यह शब्द 'उपलब्धि' आध्यात्मिक नहीं है। यह तुम्हारे लालच का ही एक हिस्सा है। उपलब्ध होने का विचार ही सांसारिक है। फिर तुम चाहे सम्मान पाना चाहो या धन या पद या परमात्मा या निर्वाण, उससे कुछ अंतर नहीं पड़ता। उपलब्ध होने की आकांक्षा ही सांसारिक है; वह पदार्थ के जगत का ही अंग है।

आध्यात्मिक क्रांति केवल तभी संभव है जब हम उपलब्ध होने के इस लालच को भी गिरा देते हैं, जब कुछ होने का, कुछ पाने का विचार ही छूट जाता है। हम वही हैं। हम वहीं हैं ही, इसलिए उपलब्ध होने के लालच में मत पड़ो। हम जिसे पाने की कोशिश कर रहे हैं, उसके अतिरिक्त हम कभी कुछ और थे ही नहीं।

परमात्मा तो अभी भी इस क्षण हमारे भीतर विद्यमान है—स्वस्थ और प्रसन्न है। क्योंकि परमात्मा हमसे या जीवन से अलग नहीं है। लेकिन हमारा अपना लोभ ही समस्या है; और हमारे लोभ के कारण ही इस पृथ्वी पर शोषण करने वाले लोग हमेशा रहे हैं, जो उपलब्ध होने का मार्ग दिखाते हैं।

मेरा पूरा प्रयास, मेरा पूरा जोर यहां इसी बात के लिए है कि तुम्हें इस बात का बोध हो जाए कि जो पाना है वह पहले से ही तुममें मौजूद है। किसी उपलब्धि का तो कोई प्रश्न ही नहीं उठता। भविष्य का कोई सवाल ही नहीं है। जैसे ही हम उपलब्धि की भाषा में सोचने लगते हैं, तो भविष्य सामने आ जाता है। और यह भी एक तरह कि आकांक्षा ही है। इसका मतलब है कि हम वह हो जाना चाहते हैं जो कि हम हैं नहीं—और ऐसा होना संभव भी नहीं है। हम वही हो सकते हैं जो कि हम पहले से हैं।

कुछ होना या हो जाना, एक स्वप्न है; होना ही सत्य है। लेकिन हमारे इस लोभ के कारण ही कुछ लोग हमें बताते हैं कि उपलब्ध कैसे होना है—और हम स्वीकार कर लेते हैं। हम स्वीकार

इसलिए नहीं करते कि वे जो कह रहे हैं वह सत्य है, बल्कि इसलिए स्वीकार करते हैं, क्योंकि वे हमारे लोभ को, लालच को बढ़ावा दे रहे होते हैं।

अगर तुम यह सीखना चाहते हो, जानना चाहते हो तो मेरे निकट आओ : अपने लोभ को जाने दो। लोभ को बिदा होने दो। अभी इसी क्षण लोभ को जाने दो। इसे स्थगित नहीं करना है। ऐसा मत सोचो कि 'हां, हम भविष्य में एक न एक दिन लोभ को गिरा देंगे।' नहीं, लोभ को समझने की कोशिश करो। और लोभ के पीछे छिपी हुई पीड़ा क्या होती है, इसके पीछे चला आने वाला नर्क कैसा होता है, इसे जानने-समझने की कोशिश करो।

अगर तुम यह देख लेते हो और जान लेते हो कि लोभ से नर्क और पीड़ा ही मिलती है, तो फिर क्यों कल? फिर इसी अंतर्दृष्टि और समझ के साथ ही लोभ मिट जाता है। सच तो यह है, तुम ही लोभ को नहीं छोड़ना चाहते हो, वरना वह तो स्वयं ही गिर जाता है।

और जब उपलब्धि का विचार ही मूढ़तापूर्ण है, तो फिर यह पूछने में भी क्या सार है कि संबोधि अचानक मिलेगी या धीरे-धीरे क्रमिक रूप से मिलेगी? फिर यह सभी बातें अप्रासंगिक हो जाती हैं।

तुम वही हो—इसे अपना सतत स्मरण बनने दो। क्षण भर के लिए भी यह मत भूलो कि तुम परमात्मा हो, तुम परम शक्ति हो। स्त्री-पुरुष की भाषा में सोचना छोड़ो! ऐसी व्यर्थ की बातों को भूल जाओ। स्मरण रहे कि तुम परमात्मा हो, परम शक्ति हो। इससे कम पर कभी राजी मत होना।

तो मुझे तुम्हारी गलत धारणाओं को मिटा डालना है। वे गलत धारणाएं तुम में जरूरत से ज्यादा भर दी गयी हैं—आध्यात्मिकता के नाम पर सदियों-सदियों से उन्हें बेचा जाता रहा है।

मैं तुमसे एक कथा कहना चाहूंगा :

एक कैथोलिक युवती और एक यहूदी युवक एक दूसरे के प्रेम में पड़ गए। लेकिन उन दोनों के धर्म और उनके कायदे-कानून और विश्वास अलग-अलग थे।

आयरिश कैथोलिक मां ने अपनी बेटी को सलाह दी कि वह 'उस युवक को अपने धर्म से परिचित करवाए। उसे बताए कि कैथोलिक होने का क्या मजा है और कैसा आनंद है। उस युवती की मां ने कहा कि सबसे पहले तो उस युवक को कैथोलिक बनाओ।'

युवती ने अपनी मां की सलाह के अनुसार ऐसा किया भी। वह उस युवक को अपना धर्म सिखाती रही और इसी बीच विवाह की तिथि भी तय हो गयी। विवाह से एक दिन पहले वह युवती अपने घर आकर जोर-जोर से रोने लगी और अपनी मां से बोली, 'हमारा विवाह टूट गया।'

मां ने पूछा, 'क्यों? क्या तुमने उस युवक के दिमाग में अपने धर्म के विचार ठूंस-ठूंसकर नहीं भरे थे?'

इस पर वह युवती अपनी मां से बोली, 'मुझे ऐसा लगता है कि मैंने थोड़ा जरूरत से ज्यादा उसे अपने धर्म की शिक्षा दे दी। अब तो वह युवक पादरी होना चाहता है।'

आध्यात्मिकता के सौदागर सदियों-सदियों से उपलब्ध होने की धारणा तुमको बेचते चले आ रहे हैं। धर्म के नाम पर उन्होंने तुम्हारा शोषण किया है। इसे ठीक से समझ लेना। हम वही हो सकते हैं, जो हम हैं, इसके अतिरिक्त और कुछ भी होने की हमारी संभावना नहीं है। यह एक शाश्वत सत्य

है, और यह प्रत्येक व्यक्ति को अस्तित्व का दिया हुआ उपहार है। तो आध्यात्मिकता किसी प्रकार की उपलब्धि नहीं है; बल्कि वह तो एक बोध है, एक स्मृति है। हम उसे भूल गए हैं, हमें उसका विस्मरण हो गया है—बस इतनी सी बात है। तुम भी परमात्मा को भूल गए हो, बस इतनी सी बात है। लेकिन परमात्मा हमेशा हमारे भीतर विद्यमान है।

और इसी प्रश्न में पूछा है कि : 'आपका मार्ग-विहीन मार्ग प्रत्येक व्यक्ति के लिए है या कुछ थोड़े से दुर्लभ लोगों के लिए है?'

केवल दुर्लभ लोगों के लिए! लेकिन प्रत्येक व्यक्ति स्वयं में बेजोड़ है, दुर्लभ ही है, अनूठा है। क्योंकि मैंने आज तक एक भी ऐसा आदमी नहीं देखा जो अनूठा न हो, बेजोड़ न हो। मुझे कभी भी साधारण पुरुष या साधारण स्त्री नहीं मिली। मैंने बहुत खोजने की कोशिश की, बहुत लोगों को देखा, क्योंकि मेरे पास बहुत लोग आते हैं; मुझे तो हमेशा बेजोड़ और अनूठे लोग ही मिले हैं, एकदम अनूठे लोग ही मिले हैं।

परमात्मा कभी भी एक जैसे दो व्यक्ति नहीं बनाता, वह दोहराता नहीं है, रिपीट नहीं करता। उसका सृजन मौलिक है—वह कार्बन-कॉपी नहीं बनाता है। वह कभी भी एक जैसे दूसरे व्यक्ति की रचना नहीं करता। परमात्मा का सामान्य या साधारण आदमी बनाने में तो भरोसा ही नहीं है। वह तो केवल असाधारण और बेजोड़ लोगों का ही सृजन करता है।

थोड़ा इसे समझने की कोशिश करना। क्योंकि समाज हमारे ऊपर निरंतर यह धारणा आरोपित करता रहता है कि तुम तो एक सामान्य से व्यक्ति हो। इसी कारण कुछ थोड़े से लोग स्वयं को असामान्य सिद्ध करने की कोशिश में लगे रहते हैं। और इसे वे केवल तभी सिद्ध कर सकते हैं जब वे दूसरे लोगों को सामान्य सिद्ध कर दें। अब जैसे राजनीतिज्ञ हैं—वे कभी मान ही नहीं सकते कि प्रत्येक व्यक्ति अनूठा और बेजोड़ होता है। अगर सभी लोग बेजोड़ हैं, तो फिर वे प्रधानमंत्री या राष्ट्रपति के रूप में क्या कर रहे हैं? तब तो वे मूर्ख ही मालूम होंगे। लेकिन वे अनूठे लोग हैं, चुने हुए लोग हैं; बाकी तो सभी सामान्य और साधारण हैं, भीड़-भाड़ है। उनका अहंकार स्वयं को असाधारण सिद्ध करने के साथ ही एक और बात सिद्ध कर देता है कि बाकी लोग साधारण हैं।

और वे यह भी कहते हैं कि तुमको अपनी असाधारणता सिद्ध करके दिखलानी ही होगी! फिर धनवान बनो, या राकफेलर हो जाओ, या राजनीति में पद हासिल कर लो, निक्सन बन जाओ या फोर्ड हो जाओ; या फिर कम से कम कोई बड़े कवि ही हो जाओ, इजरा पाउंड या क्यूमिग्ज बन जाओ; या बड़े चित्रकार, पिकासो या वानगाग बन जाओ; या कोई बड़े अभिनेता बन जाओ—बस कुछ बनकर दिखला दो, अपने को असाधारण सिद्ध करके दिखला दो। जीवन के किसी भी क्षेत्र में कुछ तो बन जाओ, स्वयं को विशिष्ट तो सिद्ध करके दिखला दो। बस, अपनी प्रतिभा, अपनी विशिष्टता, अपनी योग्यता को किसी भांति प्रमाणित करके दिखला दो। और फिर जो लोग स्वयं को किसी भी ढंग से असाधारण सिद्ध करके नहीं दिखा पाते हैं, वे जनसाधारण लोग हैं, लेकिन प्रत्येक व्यक्ति असाधारण और विशिष्ट है।

लेकिन मैं तुमको कहना चाहूंगा कि प्रत्येक व्यक्ति विशिष्ट और असाधारण रूप में ही जन्म लेता है। इसे प्रमाणित या सिद्ध करने की कोई जरूरत नहीं है। और जो व्यक्ति इसे प्रमाणित या सिद्ध

करना चाहते हैं, वे केवल इस बात की खबर दे रहे होते हैं कि उन्हें अपने अनूठेपन पर भरोसा नहीं है। थोड़ा इसे समझने की कोशिश करो। केवल हीन-भावना से ग्रस्त व्यक्ति, जिनके भीतर हीन-भावना गहरे में बैठी है, स्वयं को श्रेष्ठ सिद्ध करने की चेष्टा करते हैं। हीन-भावना व्यक्ति को प्रतियोगी होने में मदद देती है और स्वयं को श्रेष्ठ प्रमाणित करने के लिए प्रेरित करती है ताकि व्यक्ति यह सिद्ध कर सके कि वह श्रेष्ठ है। लेकिन मौलिक-रूप से, प्रत्येक व्यक्ति अनूठा ही पैदा होता है—और इसे प्रमाणित करने की या सिद्ध करने की कोई आवश्यकता भी नहीं है।

अगर तुम्हें कविता रचने में सच में ही आनंद मिलता है तो इस सृजन से आनंदित हो लेना, लेकिन इसे अपना अहंकार मत बना लेना। अगर तुम्हें पेंटिंग बनाना अच्छा लगता है तो पेंटिंग बनाना, लेकिन इसे अपना अहंकार मत बना लेना। तुम थोड़ा इन चित्रकारों को, कवियों को ध्यान से देखो; वे इतने अधिक अहंकार से भरे हुए दिखाई देते हैं कि लगभग पागल ही मालूम होते हैं। इनको क्या हुआ है? चित्र बनाना, कविता की रचना करना इनके लिए आनंद नहीं है। कविता रचने को या चित्र बनाने को वे मंजिल पर पहुंचने की सीढ़ियों की भांति उपयोग करते हैं, ताकि फिर वे यह घोषणा कर सकें कि मैं असाधारण हूं, अनूठा हूं, और तुम साधारण ही हो।

इन्हीं बीमार लोगों के कारण ही तो...और ये रुग्ण लोग हैं; इन्हें मनो-चिकित्सा की आवश्यकता है। सभी राजनेताओं को, सभी सत्ता के लिए लालायित लोगों को और अहंकार की यात्रा पर चलने वाले लोगों को मनो-चिकित्सा की आवश्यकता है। ऐसे लोगों को पागलखाने में होना चाहिए। क्योंकि उनकी रुग्ण प्रतियोगी प्रवृत्ति और स्वयं को विशेष सिद्ध करने के उनके विक्षिप्त प्रयास के कारण, दूसरे लोगों को लगता है कि वे तो कुछ भी नहीं हैं, वे विशिष्ट नहीं हैं, वे तो व्यर्थ हैं—उन्हें तो बस ऐसे ही जीना है और ऐसे ही मर जाना है।

धारणा जो कि तुम में बहुत गहरे धंस गई है यह बहुत ही खतरनाक, जहरीली और विषाक्त है। इसे स्वयं के भीतर से उखाड़कर फेंक दो।

लेकिन ध्यान रहे, जब मैं कहता हूं कि तुम अनूठे हो, विलक्षण हो, तो मेरा अभिप्राय किसी तुलनात्मकता से नहीं है। मैं यह नहीं कह रहा कि तुम किसी दूसरे से ज्यादा अनूठे हो। जब मैं कहता हूं कि तुम अनूठे हो, बेजोड़ हो, तो मैं ऐसा निरपेक्ष अर्थों में कह रहा हूं—मैं किसी के संबंध में, या तुलना के रूप में नहीं कह रहा हूं। मैं यह नहीं कह रहा हूं कि तुम दूसरे की अपेक्षा अधिक अनूठे हो। तुम बस अनूठे हो। जितना कोई दूसरा व्यक्ति अनूठा है, उतने ही तुम भी अनूठे हो—तुम उतने ही अनूठे और अद्वितीय हो, जितना तुम्हारा पड़ोसी। अनूठा होना तुम्हारा स्वभाव है।

तुमने पूछा है: 'क्या आपका मार्ग विहीन मार्ग प्रत्येक व्यक्ति के लिए है या केवल थोड़े से दुर्लभ लोगों के लिए ही है?'

वह केवल दुर्लभ लोगों के लिए ही है, लेकिन प्रत्येक व्यक्ति अपने आप में दुर्लभ है।

मैं तुम से एक कथा कहना चाहूंगा:

एक बहुत ही खराब स्वभाव का राजा था। वह राजा इस बात को बर्दाश्त नहीं कर सकता था कि कोई व्यक्ति उससे अधिक श्रेष्ठ है...

वह जरूर कोई शुद्ध राजनेता रहा होगा—शुद्धतम जहर रहा होगा।

...तो जैसा कि विशेष अवसरों पर होता ही था, उसने राज्य भर के सभी पंडितों को आमंत्रित किया और उनसे यही उसने पूछा: हम दोनों में से कौन ज्यादा महान है, मैं या परमात्मा?

क्योंकि जब कोई व्यक्ति अहंकार के मार्ग पर चल पड़ता है तो अंततः उसकी लड़ाई परमात्मा के विरुद्ध प्रारंभ हो जाती है—और यह अंतिम लड़ाई होती है। अंतिम होना भी परमात्मा के विरुद्ध होता है, क्योंकि एक न एक दिन यह समस्या उठने ही वाली है: कि श्रेष्ठ कौन है, परमात्मा या मैं? फ्रेडरिक नीत्शे ने कहा है, मैं परमात्मा में भरोसा नहीं करता, क्योंकि अगर मैं परमात्मा पर भरोसा करने लगूं तो मैं हमेशा परमात्मा से नीचे रहूंगा—हमेशा नीचे ही रहूंगा, तब तो श्रेष्ठ होने की कोई संभावना ही न रहेगी। इसलिए नीत्शे कहता है, 'परमात्मा की धारणा को गिरा देना ही ठीक है।' नीत्शे का कहना है, कि दो एक जैसे श्रेष्ठ व्यक्तित्व मैं और परमात्मा कैसे अस्तित्व रख सकते हैं?' यह दुष्ट राजा जरूर नीत्शेवादी रहा होगा।

...बेचारे पंडित-पुरोहित भय के मारे कांपने लगे—क्योंकि वे जानते थे कि अगर वे कह दें कि परमात्मा श्रेष्ठ है, तो तुरंत उनको मृत्यु-दंड की सजा दे दी जाएगी, उन्हें मार दिया जाएगा, उनकी हत्या कर दी जाएगी। चूंकि पंडितों का धंधा ही चालाकी का है तो उन्होंने राजा से थोड़ा समय मांगा, और इस तरह से अपनी पुरानी आदत के अनुसार वे अपने-अपने पदों से चिपके ही रहे। लेकिन उन कुछ पंडितों में से कुछ ऐसे लोग भी थे जो परमात्मा को भी नाराज नहीं करना चाहते थे, इसलिए कुछ पंडित बहुत दुखी भी थे। जब उन पंडितों में जो सबसे वृद्ध पंडित था, उसने उन्हें विश्वास दिलाया कि 'इसे मुझ पर छोड़ दो, कल मैं राजा से बात करूंगा।'

दूसरे दिन जब राजदरबार लगा, तो वह वृद्ध पंडित अपने दोनों हाथ जोड़कर, माथे पर सफेद भभूत लगाकर शांत मुद्रा में दरबार में पहुंचा। वह अपना सिर झुकाकर जोर-जोर से इन शब्दों का उच्चारण करने लगा: 'ओ सर्वशक्तिमान, निस्संदेह आप ही महान हो'—राजा ने अपनी लंबी मूंछें शान से मरोड़ीं—'आप ही महान सम्राट हो, आप हमें राज्य के बाहर निकाल सकते हैं, लेकिन परमात्मा हमें अपने राज्य के बाहर नहीं निकाल सकता। क्योंकि उसका राज्य तो सब जगह है, इसलिए उसके राज्य से बाहर जाने को कहीं कोई जगह ही नहीं है।'

परमात्मा से अलग होने का, उसके राज्य से बाहर जाने की कहीं कोई जगह ही नहीं है। यही व्यक्ति की अद्वितीयता है, उसका अनूठापन है—और यही सभी की अद्वितीयता और अनूठापन है। परमात्मा के अतिरिक्त और कुछ होने का कोई उपाय ही नहीं है। यही व्यक्ति की अद्वितीयता और उसका अनूठापन है, और यही सभी का अनूठापन है।

स्वयं का सम्मान करो और दूसरों का भी सम्मान करो। जिस क्षण हम स्वयं को श्रेष्ठ सिद्ध करने में लग जाते हैं, हम स्वयं का ही अपमान करने लगते हैं, क्योंकि स्वयं को श्रेष्ठ सिद्ध करने का प्रयास ही यह दर्शाता है कि हम यह मानते हैं कि हम अद्वितीय और अनूठे नहीं हैं—इसीलिए इसे सिद्ध करने का प्रयास करते हैं—और इस तरह से हम दूसरों का भी असम्मान करते हैं।

अपना सम्मान करो, दूसरों का भी सम्मान करो, क्योंकि कहीं गहरे में हम एक-दूसरे से अलग नहीं हैं। हम एक-दूसरे के साथ जुड़े हुए हैं, हम एक हैं। हम एक-दूसरे के सहयोगी हैं। हम छोटे-छोटे द्वीपों की तरह नहीं है; हम परमात्मा के विशाल महाद्वीप हैं।

दूसरा प्रश्न: पतंजलि कहते हैं कि व्यक्ति अज्ञान के कारण अज्ञान एकत्रित करता चला जाता है, कर्मों को संचित करता चला जाता है। और हम आप से सुनते आए हैं कि जब तक व्यक्ति एक सुनिश्चित क्रिस्टलाइजेशन को नहीं उपलब्ध हो जाता है, तब तक वह अपने कर्मों के लिए उत्तरदायी नहीं होता है—इसके विपरीत, कर्ता तो परमात्मा होता है, वही उत्तरदायी भी होता है।

कृपया क्या आप इन विरोधाभासी जैसी दिखने वाली बातों को स्पष्ट करेंगे?

ये बातें तुम्हें विरोधाभासी मालूम होती हैं। इन विरोधाभासी जैसी दिखने वाली बातों को स्पष्ट करने की जगह मैं तुम्हें स्पष्ट करना चाहूंगा। मैं तुम्हें पूरी तरह से साफ करना चाहूंगा कि तुम वहां बचो ही नहीं। तब तुमको कहीं कोई विरोधाभास दिखायी नहीं पड़ेगा।

विरोधी बातें हमें बुद्धि के द्वारा ही दिखायी पड़ती हैं। जब बुद्धि बीच में नहीं आती और दृष्टि साफ-स्वच्छ, शुद्ध होती है—जब चेतना में विचार की कोई तरंग नहीं उठती; हम संयम की अवस्था में होते हैं, पूर्णरूप से खाली होते हैं—तब हमको कभी कहीं कोई विरोधाभास दिखाई नहीं पड़ेगा। तब सभी विरोधी बातें एक-दूसरे की पूरक मालूम होंगी। और वे एक-दूसरे की पूरक होती भी हैं। लेकिन हमारे मन को प्रशिक्षण बुद्धिजीवियों के द्वारा, तार्किक लोगों के द्वारा और अरस्तू जैसे लोगों के द्वारा मिला है। हमको चीजों को एक-दूसरे के विपरीत बांटना सिखाया गया है—दिन और रात, जीवन और मृत्यु, अच्छा और बुरा, परमात्मा और शैतान, पुरुष और स्त्री—अलग-अलग खानों में विभक्त करना सिखाया गया है।

तो अगर मैं यह कहूं कि प्रत्येक स्त्री के भीतर पुरुष छिपा है और प्रत्येक पुरुष के भीतर स्त्री छिपी है, तो तुम तुरंत कह उठोगे, 'ठहरो, यह तो एक-दूसरे के विरोधी बात है, यह तो एक-दूसरे के विपरीत बात है। पुरुष कैसे स्त्री हो सकता है, और स्त्री कैसे पुरुष हो सकती है? पुरुष पुरुष है और स्त्री स्त्री है—एकदम सीधी साफ तो बात है।'

लेकिन ऐसा नहीं है। क्योंकि जीवन अरस्तूगत तर्क में विश्वास नहीं करता है, या जीवन अरस्तू के तर्क से नहीं चला करता है; जीवन अरस्तू के तर्क से कहीं अधिक विशाल है, कहीं अधिक विराट है। पुरुष और स्त्री एक दूसरे के पूरक हैं, विरोधी नहीं।

क्या तुमने ताओ का प्रतीक—यिन और यांग—देखा है? दो विपरीतताएं एक-दूसरे में घुल-मिल रही होती हैं, एक-दूसरे में विलीन हो रही होती हैं: दिन मिल रहा है रात से, रात मिल रही है दिन में; जीवन मिल रहा है मृत्यु में, मृत्यु मिल रही है जीवन में। और यही सत्य भी है। जीवन और मृत्यु का कोई अलग-अलग अस्तित्व नहीं है, वे एक-दूसरे से पृथक नहीं हैं। उनके बीच कहीं कोई अंतराल नहीं है, कोई गैप या खाली स्थान नहीं है। जीवन ही मृत्यु बन जाता है, और मृत्यु ही फिर से जीवन बन जाती है।

कभी समुद्र के पास चले जाना और वहां पर किसी लहर को उठते हुए देखना। जब लहर उठती है तो एक खाली गड्ढा बन जाता है, लहर ऊपर-नीचे चलती है। तो उस लहर के ऊपर-नीचे उठने के बीच खाली गड्ढा बनता है। तो वह लहर और गड्ढा अलग-अलग नहीं हैं। जब कोई विराट पर्वत होता है, तो उसके साथ-साथ ही उतनी ही विशाल घाटी भी होती है। घाटी और पर्वत अलग-अलग नहीं

हैं। घाटी और कुछ नहीं है, केवल कहीं पर्वत ऊपर हो गया है और कहीं नहीं। और ऐसे ही पर्वत और कुछ नहीं है, घाटी कहीं नीचे रह गई है, ऊपर चोटी की ओर नहीं बढ़ पायी है।

पुरुष और स्त्री, या ऐसी ही दूसरी अन्य विपरीत बातें केवल देखने में ही बस, परस्पर विपरीत दिखायी पड़ती हैं। जब एक बार तुम इस सत्य को देख लोगे, जान लोगे तो फिर तुम हमेशा-हमेशा के लिए यह जान लोगे कि मुझे विरोधाभासी ढंग से बात कहनी पड़ती है तो केवल इसीलिए क्योंकि मुझे संपूर्ण अस्तित्व की, समग्र की बात कहनी है। और जब मैं कुछ भी कहता हूं, तो उस समय केवल एक हिस्से की ही बात कही जाती है, दूसरा हिस्सा तो छूट ही जाता है: तो मुझे उस छूटे हुए हिस्से की भी बात तुमसे कहनी होती है। जब मैं उस दूसरे हिस्से की बात करता हूं, तो तुम कह उठते हो, 'ठहरें, आप तो विरोधाभासी बातें कर रहे हैं।'

चूंकि भाषा तो अभी भी अरस्तू के समय की ही चली आ रही है, और मुझे नहीं लगता है कि कभी गैर-अरस्तूगत भाषा की भी कोई संभावना है। ऐसा होना बहुत कठिन है, क्योंकि हमें अपने उद्देश्यों की प्राप्ति के लिए चीजों को दो भागों में बांटना ही पड़ता है—काले और सफेद में स्पष्ट रूप से बांटना ही पड़ता है। काला और सफेद हमें एकदम अलग-अलग दिखायी पड़ते हैं, लेकिन जीवन तो इंद्रधनुष की भांति है—सभी रंगों का जोड़, सभी रंगों से भरपूर। संभव है किसी का एक पक्ष सफेद हो, और दूसरा पक्ष काला हो; लेकिन बीच में और भी कई सोपान हैं, जो कि परस्पर जुड़े हुए हैं। जीवन सभी रंगों का जोड़ है, जीवन इंद्रधनुषी है। अगर हम बीच के सोपानों को गिरा देंगे, तो चीजें हमें परस्पर विरोधी दिखायी पड़ने लगेंगी। यह हमारी दृष्टि ही है जो कि अभी तक स्वच्छ नहीं हुई है, साफ नहीं हुई है, अभी धुंधली ही है।

मैंने सुना है कि एक दिन ऐसा हुआ:

एक शराबी जन्म-मृत्यु के रजिस्ट्रेशन आफिस में जा घुसा—'सज्जनो,' वह हिचकी लेते हुए बोला, 'मैं जुड़वां बच्चों का नाम रजिस्टर करना चाहता हूं।'

रजिस्ट्रार ने पूछा, 'आप सज्जनो शब्द का उपयोग क्यों कर रहे हैं? क्या आप नहीं देख रहे हैं कि मैं यहां बिलकुल अकेला हूं?'

नए बने पिता ने डगमगाते हुए हांफते-हांफते कहा, 'आप अकेले हो? तब तो शायद यही उचित होगा कि मैं फिर से अस्पताल जाऊं और वहां जाकर ठीक से देखूं।'

शायद वे जुड़वां न हों, वहां एक ही बच्चा हो। यह हमारी अपनी ही मूर्च्छा है, जो जीवन के प्रति विकृत दृष्टि दे देती है। और फिर तुमको हमेशा मेरी बातों में विरोधाभास ही दिखाई पड़ता रहेगा। हां, मेरी बातों में विरोधाभास है, लेकिन वह विरोधाभास केवल ऊपर-ऊपर से ही है। गहरे में मेरी बातें एक दूसरे से जुड़ी हुई हैं।

अब हम विशेष रूप से विरोधाभास की बात करें:

'पतंजलि कहते हैं कि व्यक्ति अज्ञान के कारण अज्ञान एकत्रित करता चला जाता है, कर्मों को संचित करता चला जाता है। और हम आप से सुनते आए हैं कि जब तक व्यक्ति एक सुनिश्चित क्रिस्टलाइजेशन को नहीं उपलब्ध हो जाता है, तब तक वह अपने कर्मों के लिए उत्तरदायी नहीं होता है—इसके विपरीत, कर्ता तो परमात्मा होता है, वही उत्तरदायी भी होता है।'

ये दोनों मार्ग विरोधाभासी मालूम होते हैं। एक तो यह कि हम सब कुछ ही परमात्मा पर छोड़ दें—लेकिन समग्ररूप से, पूर्णरूप से। तब हम किसी बात के लिए जिम्मेवार नहीं होते। लेकिन स्मरण रहे, समर्पण पूरी तरह से होना चाहिए; समग्र रूप से समर्पण भाव होना चाहिए। तब अगर कुछ अच्छा भी होता है, तो परमात्मा ही उसे करने वाला होता है; अगर कुछ बुरा होता है, तब तो निस्संदेह परमात्मा ने ही किया होता है।

तो टोटैलिटी, समग्रता का हमेशा ध्यान रहे। तो एक दिन वही समग्रता तुमको रूपांतरित कर देगी। तो होशियारी मत दिखाना, चालाकी मत चलना, क्योंकि इस बात की हमेशा संभावना रहती है कि जो कुछ भी हमको अच्छा नहीं लगता है, उसके लिए हम परमात्मा को उत्तरदायी ठहरा देते हैं। जिस बात से भी हमको अपराध भाव पकड़ता है, उसका उत्तरदायित्व हम परमात्मा पर डाल देते हैं। और जिन बातों से हमारे अहंकार की वृद्धि होती है, हमारे अहंकार को बढ़ावा मिलता है, तब हम कहते हैं, यह मैंने किया है। हो सकता है प्रकट रूप से ऐसा न भी कहें, लेकिन अपने अंतर्तम में हम यही कहते हैं। अगर कोई अच्छी कविता लिखेंगे, तो हम कहेंगे, मैं हूं इस कविता को लिखने वाला कवि। अगर कोई सुंदर चित्र बनाएंगे, तो हम कहेंगे, मैं हूं चित्रकार, मैंने इसे बनाया है। और जब नोबल पुरस्कार मिल रहा हो तो हम यह न कहेंगे कि यह नोबल पुरस्कार परमात्मा को दे दो। हम तुरंत कह उठेंगे, हां, मैं तो इसकी प्रतीक्षा ही कर रहा था—यह पुरस्कार मुझे देर से मिल रहा है, लोगों ने मुझे पहचानने में देर कर दी—यह पुरस्कार मुझे बहुत देर से मिल रहा है।

जब बर्नार्ड शा को नोबल पुरस्कार दिया गया, तो बर्नार्ड शा ने उसे लेने से इनकार कर दिया। उन्होंने कहा, 'मैंने बहुत समय तक प्रतीक्षा की। अब यह पुरस्कार मेरी प्रतिष्ठा के अनुकूल नहीं है।' बर्नार्ड शा बड़े से बड़े अहंकारियों में से एक था—अब यह पुरस्कार मेरी प्रतिष्ठा के अनुकूल नहीं है। जब मैं युवा था, तब मैं इस पुरस्कार के लिए लालायित था, तब मैं नोबल पुरस्कार मिलने के सपने देख रहा था। अब तो मैं वृद्ध हो चुका हूं, अब मुझे इस पुरस्कार की आवश्यकता नहीं है। अब तो वैसे ही पूरे संसार में मेरी ख्याति हो गयी है। लोगों से मुझे इतनी प्रशंसा, इतना गौरव मिला है कि अब मुझे किसी नोबल पुरस्कार की कोई जरूरत नहीं है। अब नोबल पुरस्कार के मिलने से मुझे कुछ और अधिक सम्मान तो मिल नहीं जाएगा।'

जब बर्नार्ड शा ने पुरस्कार लेने से इनकार कर दिया, तो उन पर चारों ओर से दबाव डाला गया कि वह पुरस्कार को अस्वीकार न करें, इससे नोबल प्राइज कमेटी का बड़ा अपमान हो जाएगा—तब कहीं जाकर बर्नार्ड शा ने नोबल प्राइज को स्वीकार किया। और फिर जैसे ही बर्नार्ड शा को पुरस्कार मिला, तुरंत उन्होंने उस पुरस्कार में मिली धनराशि को एक संस्था को अनुदान में दे दिया। इससे पहले कभी भी किसी ने उस संस्था का नाम तक न सुना था। बर्नार्ड शा स्वयं ही उस संस्था के एकमात्र सदस्य थे और साथ ही उस संस्था के अध्यक्ष भी थे।

और जब बाद में उनसे पूछा गया कि आपने ऐसा क्यों किया? क्या बात थी? तो जानते हो बर्नार्ड शा ने क्या कहा। बर्नार्ड शा ने कहा, 'जब किसी को नोबल पुरस्कार मिल जाता है, तो एक बार ही उसका नाम समाचार-पत्रों की सुर्खियों में आता है। जब मैंने उसे अस्वीकार किया, तो अगले दिन फिर से मेरा नाम सुर्खियों में था। और जब मैंने उसे स्वीकार कर लिया, तो दूसरे दिन फिर से मेरा

नाम सुर्खियों में था। फिर जब पुरस्कार में मिली धनराशि मैंने अनुदान में दे दी, तो मेरा नाम फिर से सुर्खियों में आ गया। मैंने वह धनराशि स्वयं को ही अनुदान में दे दी थी, तो फिर से मेरा नाम सुर्खियों में था। मैंने उसका जितना उपयोग हो सकता था, उसका पूरा उपयोग कर लिया।'

बर्नार्ड शा इस अवसर को चूका नहीं, उसने उसका पूरी तरह से रस निचोड़ लिया।

तो संभावना इसी बात की है कि तुम्हारा अहंकार चुनाव किए चला जाएगा। इसे खयाल में ले लें...जब भी तुम में अपराध भाव जागेगा, तो तुम उसके लिए परमात्मा को ही उत्तरदायी ठहराओगे। और जब भी कुछ अच्छा होगा, तो तुम कहोगे कि 'हां मैं ही हूं, मैंने ही किया है यह।' तो फिर अच्छा हो या बुरा, उसे पूरा का पूरा परमात्मा के चरणों में चढ़ा सको, इसकी आवश्यकता होती है।

अब, थोड़ा इस बात पर ध्यान दो; क्योंकि यह अलग मार्ग है, यह मार्ग पतंजलि का, महावीर का, बुद्ध का है। पतंजलि कहते हैं कि सारा उत्तरदायित्व तुम्हारा है—पूरा उत्तरदायित्व तुम्हारा ही है। पतंजलि का किसी परमात्मा इत्यादि में भरोसा नहीं है। इस दृष्टि से पतंजलि वैज्ञानिक हैं। वे कहते हैं, परमात्मा भी एक विधि है निर्वाण पाने की, मोक्ष पाने की, संबोधि को उपलब्ध होने की। परमात्मा भी एक मार्ग है—बस एक मार्ग ही है, मंजिल नहीं।

इस मामले में पतंजलि बुद्ध और महावीर की तरह हैं, जिन्होंने परमात्मा को पूरी तरह से अस्वीकार कर दिया है। उन्होंने कहा, 'कोई परमात्मा इत्यादि नहीं है। परमात्मा की कोई जरूरत भी नहीं है; केवल आदमी ही हर बात के लिए उत्तरदायी है।'

लेकिन हर बात के लिए। केवल अच्छी बातें ही नहीं, बल्कि बुरी बातों के लिए भी मनुष्य स्वयं ही उत्तरदायी है। अब थोड़ा इसे समझना, क्योंकि यह दोनों विरोधाभासी दिखाई पड़ने वाली बातें परस्पर एक दूसरे से जुड़ जाती हैं। दोनों की ही मांग समग्रता की है; वही उन्हें जोड़ने वाली अंतर्धारा है। सच में ही समग्रता अपना कार्य करती है : या तो सभी कुछ परमात्मा को समर्पित कर दो, या फिर पूरा उत्तरदायित्व अपने कंधों पर ले लो, इससे कुछ अंतर नहीं पड़ता है। महत्वपूर्ण बात जो है वह यह है कि तुम टोटल हो या नहीं।

इसलिए जो कुछ भी करो, समग्रता के साथ, टोटैलिटी के साथ करो और यही समग्रता एक दिन तुम्हारी मुक्ति बन जाएगी। टोटल हो जाना, समग्र हो जाना ही मुक्त हो जाना है।

तो ये दोनों बातें परस्पर विरोधी मालूम होती हैं, लेकिन विरोधी हैं नहीं। दोनों के आधार में एक ही बात है—टोटैलिटी, समग्रता।

दो प्रकार के लोग होते हैं, इसीलिए दो प्रकार की विधियों की आवश्यकता है। स्त्री-मन के लिए समर्पण करना, झुक जाना, त्याग करना बहुत आसान होता है। पुरुष-मन के लिए झुकना, समर्पण करना, त्याग करना बहुत कठिन है। इसलिए पुरुष-मन को पतंजलि चाहिए, एक ऐसा मार्ग जहां पूरा का पूरा उत्तरदायित्व व्यक्ति का ही होता है। स्त्री-मन को चाहिए श्रद्धा, समर्पण का मार्ग चाहिए—नारद का, मीरा का, चैतन्य का, जीसस का मार्ग। सभी कुछ परमात्मा का है : उसी का राज्य सब ओर है, उसकी मर्जी पूरी हो; सभी कुछ उसका है। जीसस कहते हैं 'मैं परमात्मा का बेटा हूं।' जब जीसस कहते हैं, 'परमात्मा पिता है और मैं उसका बेटा हूं,' तो उनका यही मतलब है, जैसे कि बेटा और कुछ नहीं पिता की चेतना का ही फैलाव होता है, उसी भांति मैं भी हूं।

स्त्री-मन को, ग्राहक मन को, निष्क्रिय मन को पतंजलि से कोई विशेष मदद नहीं मिल सकती है, उसे तो प्रेम की बात, प्रेम का मार्ग चाहिए—ऐसा मार्ग चाहिए जहां कि स्वयं को पूरी तरह मिटाया जा सके, पूरी तरह से मिटना हो जाए, स्वयं को पूर्णरूप से समर्पित किया जा सके। स्त्री-मन मिटना चाहता है, विलीन हो जाना चाहता है। लेकिन पुरुष-मन के लिए पतंजलि ही ठीक हैं। दोनों ही अपनी-अपनी जगह हैं, क्योंकि अंततः दोनों हैं तो मन ही; और पूरी मनुष्य जाति इन दो रूपों में विभक्त है।

तुमको विरोधाभास इसलिए दिखायी पड़ता है, क्योंकि तुम पूरे के पूरे मन को नहीं समझ सकते। लेकिन इन दोनों मार्गों द्वारा—चाहे इनमें से कोई भी मार्ग चुनो, चाहे कोई सा भी मार्ग चुनो, अंततः तुम टोटल हो जाओगे, समग्र हो जाओगे; और शनैः-शनैः समग्र मन खिल उठेगा।

तीसरा प्रश्न : प्यारे भगवान, रामकृष्ण ने भोजन का उपयोग शरीर में रहने के लिए खूंटी की भांति किया। क्या शरीर में बने रहने के लिए केवल करुणा का आकर्षण ही पर्याप्त नहीं होता है?

कृपया व्यक्तिगत प्रश्न पूछने के लिए मुझे माफ करें। क्या आप बताएंगे कि आप शरीर में बने रहने के लिए किस खूंटी का उपयोग करते हैं?

पहली तो बात, करुणा पर्याप्त नहीं है। क्योंकि करुणा अपने आप में इतनी विशुद्ध, इतनी पवित्र होती है कि उसके द्वारा कोई खूंटी बनाना संभव नहीं है। करुणा इतनी निर्मल, इतनी पवित्र, इतनी विशुद्ध होती है कि पृथ्वी की गुरुत्वाकर्षण शक्ति उस पर कोई काम नहीं कर सकती है। इसलिए पृथ्वी पर बने रहने के लिए व्यक्ति को किसी पदार्थ का ही सहारा लेना पड़ेगा। शरीर को भौतिक पदार्थ चाहिए ही, क्योंकि शरीर पृथ्वी का ही हिस्सा है। जब कोई व्यक्ति मरता है तो पदार्थ पृथ्वी में मिल जाता है—मिट्टी मिट्टी में मिल जाती है। तो शरीर में बने रहने के लिए मात्र करुणा ही पर्याप्त नहीं होती है।

सच तो यह है जिस दिन व्यक्ति में करुणा का जन्म होता है, व्यक्ति शरीर छोड़ने के लिए तैयार हो जाता है। करुणा व्यक्ति को एक अलग ही आकर्षण-शक्ति की ओर खींचती है—वह आकर्षण कहीं असीम से, किसी ऊंचाई से, ऊपर से आता है। तो जब करुणा का जन्म होता है, तो व्यक्ति किसी परम ऊंचाई की ओर खिंचने लगता है। उसके लिए शरीर में बने रहना लगभग असंभव ही हो जाता है। नहीं, अगर इस धरती पर बने रहना है तो इतनी परिशुद्धता काम न देगी। पृथ्वी से और शरीर से जुड़े रहने के लिए थोड़ी अशुद्धि, थोड़ी अपवित्रता चाहिए ही, कुछ भौतिक चाहिए ही। भोजन इसके लिए एकदम ठीक है। भोजन पृथ्वी का ही अंग है, भोजन पदार्थ का ही रूप है। तो इस पृथ्वी के गुरुत्वाकर्षण से बंधे रहने के लिए भोजन व्यक्ति को वजन दे सकता है।

इसीलिए बुद्धत्व को उपलब्ध लोगों ने इस पृथ्वी पर बने रहने के लिए अलग-अलग चीजों का उपयोग अलग-अलग ढंग से किया है, लेकिन शुद्ध करुणा का उपयोग नहीं किया जा सकता है। सच तो यह है, शुद्ध करुणा तो और-और ऊर्ध्वगामी होने में, और-और ऊपर उठने में मदद करती है। इसलिए मैं तुमसे एक शब्द कहना चाहूंगा: और वह है प्रसाद। गुरुत्वाकर्षण नीचे की ओर

खींचता है और परमात्मा का प्रसाद ऊपर की ओर खींचता है। जिस क्षण व्यक्ति करुणा से आपूरित होता है, करुणा से लबालब भरा होता है, तो उस पर परमात्मा का प्रसाद काम करने लगता है उस पर परमात्मा का प्रसाद बरसने लगता है। तब व्यक्ति इतना भार-विहीन हो जाता है कि लगभग वह उड़ने की स्थिति में आ जाता है, वह उड़ने लगता है। नहीं, इसलिए ऐसा कोई पेपरवेट चाहिए जो दबाव डाल सके और वह पृथ्वी से जुड़ा रह सके।

रामकृष्ण ने ऐसा ही किया; उनका पेपरवेट उनका भोजन था। वे एकदम भार-विहीन हो गए थे, पृथ्वी का गुरुत्वाकर्षण उन पर काम नहीं कर सकता था: उन्हें पृथ्वी से जुड़े रहने के लिए किसी खूंटी की आवश्यकता थी, ताकि गुरुत्वाकर्षण अपना काम करता रहे।

अब तुम मुझसे पूछ रहे हो...

मैं तुम से एक कथा कहना चाहूंगा:

चार धार्मिक व्यक्ति आपस में कोई गुप्त वार्तालाप कर रहे थे, और उस वार्तालाप में वे अपने-अपने अवगुणों की चर्चा कर रहे थे।

रब्बी ने कहा, 'मुझे पोर्क पसंद है।'

प्रोटेस्टेंट धर्म-पुरोहित ने कहा, 'मैं बार्बन की एक बोतल एक दिन में पी जाता हूं।'

पादरी ने स्वीकार किया, 'मेरी एक गर्ल-फ्रेंड है।'

फिर वे सब बेपटिस्ट धर्म पुरोहित की ओर आतुरता से देखने लगे कि अब वह क्या बताएगा। उसने लापरवाही से कंधे उचका दिए: 'कौन मैं? मुझे गपशप करना पसंद है।'

यही मेरा उत्तर भी है—मुझे गपशप करना पसंद है। यही मेरा पेपरवेट है। यहां जो प्रवचन चल रहे हैं, और कुछ नहीं बस गपशप ही तो हैं। अगर इससे तुम्हारे अहंकार पर चोट पड़ती है, तो इन्हें तुम अस्तित्व की गपशप कह सकते हो, दिव्य की, परमात्मा की गपशप कह सकते हो—लेकिन फिर भी ये प्रवचन गपशप ही हैं।

चौथा प्रश्न: मैं विनम्रतापूर्वक एक प्रश्न करना चाहता हूं और साथ ही निष्ठापूर्वक यह आशा करता हूं कि कल आप इसका उत्तर जरूर देंगे। मैं सिंगापुर से आया हूं और जल्दी ही वापस चला जाऊंगा।

आज सुबह आपने कहा कि अहंकार ही सबसे बड़ी बाधा है, और केवल अहंकार पर विजय प्राप्त कर लेने से या अहंकार का अतिक्रमण करने से ही हम अपने वास्तविक स्वभाव को उपलब्ध हो सकते हैं। फिर बाद में आप ने कहा कि काम-वृत्ति पर एकाग्रता ले आने से व्यक्ति संबुद्ध हो सकता है। क्या आपको ऐसा नहीं लगता है कि ये दोनों कथन परस्पर विरोधी हैं, क्योंकि अगर कोई व्यक्ति कामवासना पर या काम-वृत्ति पर एकाग्र होता है तो वह कर्ता हो जाता है और अहंकारी बन जाता है?

हम तो सोचते हैं कि कामगत इच्छाओं से मुक्त होकर ही हमें लक्ष्य की प्राप्ति हो सकती है। मेरी विनम्र प्रार्थना है कि आप इस विषय पर प्रकाश डालेंगे और मेरे मन की भ्रांतियों को मिटाएंगे।

यह प्रश्न जरूर किसी भारतीय का होगा। यह प्रश्न है: पी. गंगाराम का।

मैं चाहूंगा कि तुम भी इसे खयाल में ले लो कि ऐसा प्रश्न भारतीय का ही हो सकता है, क्योंकि यह प्रश्न भारतीय मन के सारे गुणधर्मों को प्रगट कर देता है। अब इस प्रश्न की एक-एक बात को देखने का प्रयास करना।

'मैं विनम्रतापूर्वक एक प्रश्न करना चाहता हूं और साथ ही निष्ठापूर्वक यह आशा करता हूं कि आप कल इसका उत्तर जरूर देंगे...।'

इन सब बातों की जरा भी जरूरत नहीं है। लेकिन भारतीय मन बहुत औपचारिक है, भारतीय मन ईमानदार नहीं रह गया है। वह सीधा और सरल नहीं है। भारतीय मन हमेशा स्वयं को सिद्धांतों और शब्दों के पीछे छिपाए रहता है। वह लगता जरूर विनम्र है, लेकिन ऐसा है नहीं। क्योंकि विनम्र मन तो सीधा और सरल होता है। तुम्हें अपने को किन्हीं औपचारिकताओं या शिष्टाचार के पीछे नहीं छिपाना है—कम से कम यहां तो ऐसा करने की जरा भी आवश्यकता नहीं है।

परमात्मा कोई औपचारिकता नहीं है, और जीवन की समस्याओं को सुलझाने के लिए शिष्टाचार से, किसी भी ढंग से, किसी भी तरह की कोई मदद मिलने वाली नहीं है। इससे तुम्हारी समस्या और परेशानी ही बढ़ेगी।

'आज सुबह आपने कहा कि अहंकार ही सबसे बड़ी बाधा है, और केवल अहंकार पर विजय प्राप्त कर लेने से या अहंकार का अतिक्रमण करने से ही हम अपने वास्तविक स्वभाव को उपलब्ध हो सकते हैं।'

पहली तो बात, तुमने कुछ ऐसा सुन लिया है जो मैंने कहा ही नहीं है। यह भी भारतीय मन की आदत है। भारतीय मन के लिए जो कुछ कहा जाता है उसे ही सुन पाना कठिन होता है। उसके मन में पहले से ही अपने विचार भरे होते है, सच तो यह है ढेर से विचार भरे रहते हैं। उसके पास अपना दर्शन, अपना धर्म, अपनी बड़ी भारी प्राचीन परंपरा, और इसी तरह का बहुत व्यर्थ का कूड़ा-कचरा भरा हुआ है; और फिर वह सभी को अपने ही व्यर्थ के कूड़े-कचरे में मिलाए चला जाता है।

अब, मैंने तो तुम से कहा था कि व्यक्ति रूपांतरित हो सकता है, लेकिन यह तो नहीं कहा कि विजित हो सकता है।

अब ये सज्जन कह रहे हैं कि 'आपने कहा कि अहंकार ही बाधा है, और केवल उस पर विजय पाकर ही या उसका अतिक्रमण करके ही...।'

वे पर्यायवाची नहीं हैं। किसी भी चीज पर विजय पाना दमन करना है: 'विजय प्राप्त कर लेना।' किसी के ऊपर कुछ भी जबर्दस्ती आरोपित कर देना हिंसा है, फिर चाहे वह हम स्वयं ही क्यों न हों। यह तो फिर स्वयं के साथ ही संघर्ष करना है। और जब भी संघर्ष उठ खड़ा होता है तो अहंकार का अतिक्रमण संभव नहीं है, क्योंकि अहंकार तो संघर्ष के बल पर ही जिंदा रहता है। तो विजय से अहंकार कभी हारता नहीं है। जितना अधिक जीतने का प्रयास करो, उतना ही अधिक व्यक्ति अहंकारी हो जाता है।

निस्संदेह, अब जो अहंकार होगा वह धार्मिक अहंकार होगा, पवित्र होगा। और ध्यान रहे, जितना अहंकार पवित्र बनता चला जाता है, उतना ही अधिक वह सूक्ष्म और खतरनाक होता चला जाता है। तब वह शुद्ध जहर बन जाता है।

तो किसी भी चीज पर विजय प्राप्त कर लेना कोई रूपांतरण नहीं है। तो फिर क्या भेद है?

रूपांतरण समझ से आता है, और विजय संघर्ष के द्वारा प्राप्त होती है। व्यक्ति लड़ता है, झगड़ता है, दूसरे को जबर्दस्ती झुकाने की कोशिश करता है, दूसरे की छाती के ऊपर चढ़कर बैठ जाता है, उसके लिए कुश्ती लड़ता है, वह किसी भी तरह विजय प्राप्त कर लेना चाहता है। लेकिन उसमें अहंकार तो पहले से ही मौजूद रहता है, और इस तरह से व्यक्ति एक तरह के जाल में उलझता चला जाता है। अब उसे छोड़ा भी नहीं जा सकता, क्योंकि जिस क्षण तुम उसे छोड़ोगे, वह फिर तुम पर सवार हो जाएगा।

तो जो अहंकारी व्यक्ति अपने अहंकार को हराने का प्रयास करता है, वह विनम्र हो जाएगा, लेकिन अब उसकी विनम्रता में भी, अहंकार होगा। और तुम विनम्र व्यक्तियों से ज्यादा बड़े अहंकारी नहीं खोज सकते। वे कहते हैं, 'हम तो कुछ भी नहीं हैं,' लेकिन जरा उनकी आंखों में झांककर देखना। वे कहते हैं, 'हम तो आपके चरणों की धूल हैं, लेकिन जरा उनकी आंखों में झांककर देखना, जरा देखना कि वे क्या कह रहे हैं।'

मैं तुमसे एक कथा कहना चाहूंगा :

रोगी ने शिकायत की, 'डाक्टर, मेरे सिर में बहुत भयंकर दर्द हो रहा है। आप इसके लिए कुछ कर सकते हैं?'

डाक्टर ने पूछा, 'क्या आप बहुत ज्यादा सिगरेट पीते हैं?'

रोगी ने उत्तर दिया, 'नहीं। मैं तो सिगरेट छूता तक नहीं। फिर शराब भी कभी नहीं पीता हूं और बीस साल से किसी स्त्री के साथ भी नहीं रहा हूं।'

डाक्टर ने कहा, 'ऐसी बात है, तो इसी कारण तुम्हारा सिर बहुत ज्यादा कस गया है।'

जबर्दस्ती करने से यही होगा—तुम्हारा सिर बहुत ज्यादा कस जाएगा और हमेशा सिर में दर्द रहेगा।

सभी तथाकथित धार्मिक व्यक्तियों के साथ ऐसा ही होता है। वे अत्यधिक जड़, ढोंगी, असहज और अप्रामाणिक हो जाते हैं। अगर उनको क्रोध भी आता है, तो ऊपर से वे मुस्कुराए चले जाते हैं। निस्संदेह, उनकी मुस्कुराहट नकली और झूठी होती है। इस तरह से वे अपने क्रोध को जोर-जबर्दस्ती से गहरे अचेतन में धकेल देते हैं; और व्यक्ति जिसका भी दमन करता है वही जीवन में फैलता चला जाता है, फिर वही उसकी जीवन-शैली बन जाती है। तब फिर ऐसा होता है कि एक तथाकथित धार्मिक आदमी क्रोधित होने के अपराध से तो बच सकता है, ऊपर से देखने पर वह क्रोधित दिखाई नहीं देता, लेकिन फिर क्रोध ही उसकी जीवन-शैली बन जाता है। फिर शायद उसे क्रोध करते हुए कभी नहीं देखा जा सके, लेकिन उसके व्यवहार से यह अच्छी तरह अनुभव किया जा सकता है कि वह सदा क्रोध में, गुस्से में ही रहता है। फिर क्रोध उसकी नस-नस में और खून में बहने लगता है। जो कुछ भी वह करता है, अहंकार की एक अंतर्धारा उसके प्रत्येक कृत्य में दिखाई देती है। असल में जिस-जिस चीज पर व्यक्ति विजय पाता है, वह उनसे अधिक ही जुड़ जाता है। और अपनी जीत को सिद्ध करने के लिए या उसके बचाव के लिए वह कुछ न कुछ करता ही रहता है। वह हमेशा उसके बचाव करने की कोशिश में ही लगा रहता है।

नहीं, विजय से, जीत से अतिक्रमण संभव नहीं है। अतिक्रमण का तो अपना ही सौंदर्य है; किसी पर भी जबर्दस्ती विजय पाना कुरूप है। जब व्यक्ति अतिक्रमण करता है, तब वह अहंकार की सारी मूढ़ताओं को समझ लेता है, उसकी जड़ता को जान लेता है। वह अहंकार के द्वारा दिखाए गए झूठे भ्रम-जालों को और अहंकार की खोखली आकांक्षाओं को समझ लेता है। और अगर अहंकार का यह रूप दिखाई पड़ जाए, तो फिर अहंकार अपने से ही मिट जाता है। फिर ऐसा नहीं कि हम अहंकार को छोड़ते हैं, क्योंकि अगर हम अहंकार को छोड़ेंगे, तो हम दूसरे ढंग से अहंकार को जीने लगेंगे। और यह भी हमारा अहंकार ही होगा कि 'मैंने अपने अहंकार को स्वयं मिटा दिया।' अहंकार तो स्वयं की ही समझ से बिदा होता है। और समझ आग के समान कार्य करती है, उसमें अहंकार जलकर राख हो जाता है।

और ध्यान रहे, यह हम कैसे जानेंगे कि हमने अहंकार पर विजय पायी है या अहंकार का अतिक्रमण किया है। अगर अहंकार पर विजय पायी है, तो व्यक्ति विनम्र हो जाता है। और अगर अहंकार का अतिक्रमण किया है तो न तो व्यक्ति अहंकारी होगा और न ही विनम्र होगा। क्योंकि तब पूरी बात ही बदल जाती है। अहंकारी व्यक्ति ही विनम्र हो सकता है। जब अहंकार ही नहीं बचा, तो विनम्र कैसे हो सकते हो? फिर कैसी विनम्रता? फिर विनम्र होने को भी कौन बचेगा? तब तो पूरी बात ही बदल जाती है।

तो जब कभी अहंकार पर जबर्दस्ती विजय पायी जाती है, तो वह विनम्रता बन जाता है। जब अहंकार का अतिक्रमण होता है, तो व्यक्ति उस जाल से मुक्त हो जाता है—वह न तो विनम्र ही होता है और न ही अहंकारी रह जाता है। तब वह सीधा-सरल, सच्चा और प्रामाणिक होता है। व्यक्ति किसी भी तरह की अति पर नहीं जाता, व्यक्ति मध्य में ठहर जाता है।

किसी भी तरह की अति अहंकार का ही हिस्सा है। पहले हम सोचते हैं कि 'मैं सब से अच्छा आदमी हूं।' फिर हम सोचने लगते हैं कि 'मैं सब से ज्यादा विनम्र हूं, मुझसे ज्यादा विनमा कोई भी नहीं।' पहले हम यह बढ़ा-चढ़ाकर बताने की कोशिश करते हैं कि 'मैं कुछ हूं, मैं विशिष्ट हूं।' फिर यह बताने की कोशिश करते हैं कि 'मैं कुछ भी नहीं हूं, लेकिन यही कुछ न होना मेरी विशिष्टता है।'

पहले तो हम चाहते हैं कि संसार हमारी विशिष्टता को पहचान कर प्रशंसा करे। फिर जब लगता है कि ऐसा नहीं हो रहा है...क्योंकि दूसरे भी इसी प्रतियोगिता में सम्मिलित हैं, और किसी को किसी के विशिष्ट होने से कुछ लेना-देना नहीं है। दूसरे भी विशिष्ट हैं और वे अपने-अपने ढंग से चल रहे हैं। और जब ऐसा लगने लगता है कि यह प्रतियोगिता तो बहुत कठिन है, और विशिष्ट होने से बात बनने वाली नहीं है, तब हम दूसरा रास्ता अपनाते हैं—ज्यादा चालाक, ज्यादा होशियारी से भरा मार्ग अपनाते हैं। हम कहना प्रारंभ करते हैं, 'मैं कुछ भी नहीं हूं, मैं तो ना-कुछ हूं।' लेकिन कहीं गहरे में हम प्रतीक्षा करते रहते हैं कि अब तो लोग मेरे इस ना-कुछ होने को पहचानेंगे और मुझे सम्मानित करेंगे। लोग आएंगे और कहेंगे, 'आप बड़े महान संत हैं। आपने अपने अहंकार को पूरी तरह मिटा दिया है, आप बहुत विनम्र हैं।' और भीतर ही भीतर हम मुस्कुराएंगे, अहंकार खूब फूलेगा और संतुष्ट होगा और तब हम कहेंगे, 'अच्छा, तो सम्मान देने वाले आ ही गए।'

ध्यान रहे, किसी भी चीज पर विजय प्राप्त कर लेना उसका अतिक्रमण नहीं है।

'आज सुबह आपने कहा कि अहंकार ही सबसे बड़ी बाधा है, और केवल अहंकार पर विजय प्राप्त कर लेने से या अहंकार का अतिक्रमण करने से ही हम...।'

विजय और अतिक्रमण के बीच 'या' शब्द का उपयोग कभी मत करना, क्योंकि वे दोनों अलग-अलग घटनाएं हैं, नितांत भिन्न घटनाएं हैं।

'...हम अपने वास्तविक स्वभाव को उपलब्ध हो सकते हैं।'

'फिर बाद में आपने कहा कि काम-वृत्ति पर एकाग्रता ले आने से...।'

मैंने ऐसा कभी नहीं कहा। मैंने संयम कहा—केवल 'एकाग्रता' की बात नहीं की। संयम तो एकाग्रता, ध्यान, समाधि, आनंद का जोड़ है—उसमें तो सभी कुछ समाहित है। इस तरह से तुमको जो सुनना होता है, वह तुम सुन लेते हो। मुझे एक ही बात को कई-कई बार दोहराना पड़ता है, तो भी तुम चूकते ही चले जाते हो।

अगर तुम्हें कल का स्मरण हो, तो मैंने 'संयम' शब्द को बार-बार दोहराया था, और मैंने यह समझाने की कोशिश की कि इसका क्या मतलब होता है। इसका मतलब केवल एकाग्रता ही नहीं होता। एकाग्रता तो संयम का पहला चरण है। दूसरा चरण ध्यान है, ध्यान में एकाग्रता गिर जाती है। उसे गिराना ही होता है, क्योंकि जब आगे की सीढ़ी पर कदम रखना हो तो पीछे की सीढ़ी पर रखा कदम उठाना ही पड़ता है, अन्यथा आगे कदम कैसे बढ़ाओगे? जब आगे की सीढ़ियां चढ़नी हों, तो पीछे की कई सीढ़ियां छोड़नी भी पड़ती हैं। पहला सोपान दूसरे सोपान के आने तक स्वयं ही छूट जाता है; एकाग्रता ध्यान में गिर जाती है। धारणा ध्यान में समा जाती है। और फिर आता है तीसरा चरण: समाधि, आनंद। जब ध्यान भी छूट जाता है, तब व्यक्ति समाधि को उपलब्ध हो ज़ाता है। और इन तीनों अवस्थाओं को ही संयम के नाम से पुकारा जाता है।

जब व्यक्ति काम-वासना पर संयम ले आता है, तो ब्रह्मचर्य फलित होता है—लेकिन केवल एकाग्रता से ब्रह्मचर्य फलित नहीं होता है।

'फिर बाद में आपने कहा कि काम-वृत्ति पर एकाग्रता ले आने से व्यक्ति संबुद्ध हो सकता है।'

हां, किसी आवेग पर संयम ले आने से, व्यक्ति उससे मुक्त हो सकता है। क्योंकि समाधि की गहराई से प्रज्ञा का आविर्भाव होता है—और केवल प्रज्ञा ही व्यक्ति को मुक्त कर सकती है। और प्रज्ञावान को जरूरत ही नहीं होती कि वह अपना बचाव करे या उससे बचकर दूर भागे। फिर व्यक्ति उसका सामना कर सकता है। सभी तरह की समस्याएं मिट जाती हैं, विलीन हो जाती हैं: प्रज्ञा की अग्नि में सभी प्रकार की समस्याएं जलकर राख हो जाती हैं।

हां, तब अगर हम काम-वृत्ति पर संयम ले आएं तो काम-वृत्ति की इच्छा तिरोहित हो जाएगी। और फिर यह कोई काम-इच्छा को पराजित करना नहीं है; हम उसका अतिक्रमण कर लेते हैं, उसके पार चले जाते हैं।

'क्या आपको ऐसा नहीं लगता है कि यह दोनों कथन परस्पर विरोधी हैं...?'

नहीं, मैं ऐसा नहीं समझता। तुम एकदम उलझे हुए आदमी हो, और यह उलझाव तुम्हारे ही सिद्धांतों और तुम्हारी ही विचारधारा के कारण पैदा हुआ है। सिद्धांत हमेशा ही उलझाने वाले होते हैं।

तुम हमेशा अपने सिद्धांतों और शास्त्रों की आड़ में सुनने-समझने की कोशिश करते हो। और ऐसे एक भी भारतीय को खोज पाना बहुत कठिन है जो सीधे-सीधे कुछ सुनने की कोशिश करे। उसके भीतर तो भगवद्गीता, और वेद, और उपनिषद के श्लोक चल रहे होते हैं। भारतीय लोग तोता-रटंत हो गए हैं। वे किसी बात को बिना समझे ही दोहराए चले जाते हैं, क्योंकि अगर समझ हो तो फिर किसी तरह की कोई भगवद्गीता की जरूरत ही नहीं रह जाती है।

अगर स्वयं की समझ हो तो व्यक्ति का अपना ही दिव्य गीत जन्म लेने लगता है, वह अपना ही गीत गाता है। तब स्वयं की निजता से ही कुछ जन्मने लगता है। कृष्ण ने अपनी बात कही, तुम वैसा ही क्यों करना चाहते हो? क्यों कृष्ण की अनुकृति बनना चाहते हो, क्यों उनका अनुसरण करते हो? और इस तरह नकल करके तुम एक अनुकृति मात्र बनकर रह जाओगे। सभी भारतीय, लगभग सभी भारतीय बस दूसरों का अनुकरण ही करते रहते हैं; उनके चेहरे नकली हैं, वे मुखौटे लगाए हुए हैं। और भारतीय लोग यही माने चले जा रहे हैं कि उनका देश बड़ा धार्मिक है। जब कि ऐसा नहीं है। भारत दुनिया के सबसे होशियार-चालाक देशों में से एक है।

'क्या आपको ऐसा नहीं लगता कि यह दोनों कथन परस्पर विरोधी हैं, क्योंकि अगर कोई व्यक्ति कामवासना पर या काम-वृत्ति पर एकाग्र होता है तो वह कर्ता हो जाता है और अहंकारी बन जाता है?'

यह तुमसे किसने कहा कि अगर तुम कामवासना पर संयम ले आओ तो कर्ता हो जाओगे? संयम का अर्थ है: साक्षी हो जाना, विशुद्ध रूप से साक्षी हो जाना। जब तुम साक्षी हो जाते हो, तो कर्ता नहीं रह सकते हो। जब तुम काम-वृत्ति को ठीक से देख-समझ लेते हो तो फिर तुम कैसे कर्ता बने रह सकते हो? जब तुम काम-वृत्ति को साक्षी भाव से देख लेते हो, तो तुम उससे अलग हो जाते हो। दृश्य द्रष्टा से अलग हो जाता है। तुम यहां मुझे देख रहे हो। निश्चित ही तुम अलग हो और मैं अलग हूं। मैं तुम्हें देख रहा हूं: तुम मेरी दृष्टि के घेरे में आए विषय हो और मैं अपनी दृष्टि का, उस देखने वाली क्षमता का साक्षी हूं। तुम अलग हो, मैं अलग हूं।

ज्ञात ज्ञाता से भिन्न होता है, द्रष्टा दृश्य से भिन्न होता है। और जब किसी आवेग पर संयम आ जाता है—तो चाहे वह आवेग काम का हो, लोभ का हो, या अहंकार का हो—हम उससे कहीं अलग हो जाते हैं, क्योंकि अब हम उसे देख सकते हैं। तब वह आवेग विषय-वस्तु की भांति वहां मौजूद होता है—और हम भी मौजूद होते हैं, लेकिन हम उसको देखने वाले द्रष्टा हो जाते हैं। तो कैसे हम कर्ता बन सकते हैं?

कोई व्यक्ति जब साक्षी भाव खो जाता है तभी कर्ता बनता है; वह विषय-वस्तु के साथ तादात्म्य स्थापित कर लेता है। वह समझता है, यह काम का आवेग मुझ से जुड़ा है, यह मैं ही हूं। शरीर में उठ रही भूख, यह मेरी है, यह मैं ही हूं। अगर हम भूख को ध्यान से देखें, तो वह भूख शरीर में होती है, शरीर की ही होती है, हम उस भूख से कहीं दूर होते हैं।

कभी इस प्रयोग को करके देखना। जब तुम्हें भूख लगे तो बस बैठ जाना, आंखें बंद कर लेना और भूख को ध्यान से देखते रहना। जब भूख के साथ तुम्हारा तादात्म्य स्थापित हो जाता है, उसी क्षण साक्षीभाव खो जाता है, और तुम कर्ता बन जाते हो।

साक्षी होने की समस्त कला ही यही है कि जिस-जिस चीज को हम पकड़े हुए हैं उनसे स्वयं को अलग जानने में वह हमारी मदद करे।

नहीं, संयम के साथ कर्ता का अस्तित्व ही नहीं हो सकता। संयम के साथ तो कर्ता मिट जाता है, खो जाता है। और इस बात का बोध हो जाता है कि मैंने तो कभी कुछ किया ही नहीं है—चीजें अपने से घटित होती हैं, लेकिन मैंने कुछ नहीं किया। मैं कर्ता नहीं हूं। मैं तो शुद्ध साक्षी हूं, देखने वाला हूं, विटनेस हूं। और यही समस्त धर्मों का अंतिम सत्य है।

'...हम तो सोचते हैं कि कामगत इच्छाओं से मुक्त हो कर ही हमें लक्ष्य की प्राप्ति हो सकती है...।'

इसी से सारी समस्या खड़ी हो रही है, क्योंकि तुम्हारे पास पहले से कुछ बनी बनाई धारणा और विचार विद्यमान हैं—तुम 'सोचते' हो। अगर तुम्हारे पास अपने कुछ विचार और सिद्धांत हैं, तो उन्हें आचरण में उतार लो और तब तुम उनकी व्यर्थता को पहचान सकोगे। और वे विचार और सिद्धांत कितने समय से तुम्हारे साथ हैं, तुम अभी भी उनसे थके और ऊबे नहीं हो? उन धारणाओं और विचारों के रहते तुम्हारा हुआ क्या? कौन सा रूपांतरण तुममें घटित हो गया? कौन सी मुक्ति तुमको मिल गयी? थोड़ी समझ का और बुद्धि का उपयोग करो। थोड़ा इसे देखने की कोशिश करो: कि तुम जिन विचारों को जीवनभर ढोते रहे हो उनसे हुआ क्या? वे सब विचार तुम्हारे भीतर कूड़े-कचरे की तरह पड़े हुए हैं, उनसे कुछ भी तो नहीं हुआ। अब तो अपने भीतर की सफाई करो।

यहां मैं तुम्हें किन्हीं विचारों से, सिद्धांतों से और विकल्पों से नहीं भरना चाहता हूं। मेरा संपूर्ण प्रयास तुम कैसे शून्य हो जाओ, कैसे तुम पूरी तरह मिट जाओ, इसके लिए है। तुम्हारा मन पूरी तरह मिट जाए और तुम अ-मन की अवस्था को उपलब्ध हो जाओ, तुम्हारे पास एकदम साफ-सुथरी दृष्टि हो, बस इतना ही मेरा प्रयास है।

मेरा किसी विचारधारा या सिद्धांत में कोई विश्वास नहीं है, और न ही मैं चाहता हूं कि तुम किसी विचारधारा या सिद्धांत को पकड़कर बैठ जाओ। सभी सिद्धांत, और विचार अवास्तविक हैं, झूठे हैं। और मैं कहता हूं सभी विचारधाराएं—उसमें मेरी भी विचारधारा सम्मिलित है। क्योंकि कोई सी भी विचारधाराएं तुम्हें सत्य तक नहीं ले जा सकती हैं। सत्य तो केवल तभी जाना जा सकता है जब तुम्हारे मन में सत्य के लिए पहले से कोई बनी बनायी धारणा न हो।

सत्य हमेशा मौजूद है, और हम इतने अधिक विचारों से, धारणाओं से भरे होते हैं कि हम उसे चूकते ही चले जाते हैं। मुझे सुनते समय अगर तुम अपनी धारणाओं को बीच में लाकर सुनते हो, तब तो तुम और भी अधिक उलझते चले जाओगे।

तो मेहरबानी करके, जब तुम यहां मौजूद हो तो कुछ देर के लिए अपने विचारों को उठाकर थोड़ा एक तरफ रख देना। बस, केवल मुझे सुनने की कोशिश करना। मैं यह नहीं कह रहा हूं कि जो कुछ मैं कह रहा हूं उस पर तुम विश्वास कर लो। मैं कह रहा हूं, बस सुनना, थोड़ा मुझे मौका देना, और फिर बाद में जितना मर्जी सोच-विचार कर लेना। लेकिन होता क्या है: मैं कहता कुछ हूं, और तुम्हारे मन में कुछ और ही चलता रहता है। अपने भीतर चलते हुए टेप को बंद करो। सारे पुराने टेप्स बंद कर दो, अन्यथा तुम मुझे न समझ पाओगे कि मैं क्या कह रहा हूं।

और असल में मैं बहुत ज्यादा कह भी नहीं रहा हूं, बल्कि इसके विपरीत मेरा यहां पर होना कुछ कह रहा है। मेरा बोलना तो बस तुम्हारे साथ यहां होने का एक बहाना है।

तो अगर तुम अपने विचारों को थोड़ा एक तरफ रख सको...मैं यह नहीं कह रहा हूं कि उन्हें हमेशा के लिए एक तरफ रख दो, या उन्हें फेंक दो—बस उन्हें एक ओर हटाकर मुझे सुनो, अगर उसके बाद तुम्हें लगे कि तुम्हारे विचार ज्यादा ठीक हैं, तो फिर तुम उन्हें वापस ले आना। लेकिन मेरे बोलने को और अपने विचारों को मिलाओ मत।

मैं तुमसे एक कथा कहना चाहूंगा :

एक यहूदी, जो अत्यंत वृद्ध था, अपने बेटे से मिलने अमेरिका गया। उस वृद्ध पिता को यह देखकर कि उसका बेटा यहूदी नियमों की परवाह ही नहीं करता है, बड़ा धक्का लगा। वह कहने लगा, 'तुम भोजन के संबंध में अपने जो नियम हैं उनका पूरा पालन नहीं करते हो?'

'पापा, मुझे रेस्टोरेंटों में भोजन करना पड़ता है, और कोशेर के मुताबिक चलना कुछ आसान नहीं है।'

'तो कम से कम तुम सैब्बथ तो पूरा करते हो न?'

'मुझे अफसोस है पापा, यहां अमेरिका में उसे निभाना भी बहुत कठिन है।'

वृद्ध ने तिरस्कारपूर्ण ढंग से कहा, 'अच्छा बेटे, मुझे यह तो बताओ, क्या तुम अभी भी खतना की रस्म सम्हाले हुए हो?'

इसी भांति वृद्ध मन काम करता रहता है। अपने मन को उठाकर एक ओर रख दो, केवल तभी तुम मुझे समझ सकोगे। वरना तो मुझे समझ पाना असंभव है।

पांचवां प्रश्नः कल आपने संयम को एकाग्रता, ध्यान और समाधि के जोड़ के रूप में विश्लेषित किया। कृपा करके संयम और संबोधि के भेद को हमें समझाएं।

ऐसा क्यों है कि पतंजलि ने तो कभी रेचन के संबंध में कुछ कहा ही नहीं, जब कि आप तो रेचन पर बहुत जोर दिए चले जाते हैं?

आत्मिक शक्तियों के गलत उपयोग के लिए किए जाने वाले मुख्य प्रतिकार के विषय में कृपया कुछ समझाएं।

कोई व्यक्ति कैसे जान सकता है कि वह प्रारब्ध कर्म को, भाग्य को अनकिया कर रहा है या कि वह नए कर्मों की उत्पत्ति कर रहा है?

अगर व्यक्ति की मृत्यु का समय सुनिश्चित है, तो इसका मतलब तो यह हुआ कि उसे समय से पहले मरने की भी स्वतंत्रता नहीं है और न ही उसे अपनी जीवन-अवधि बढ़ाने की भी कोई स्वतंत्रता है?

सबसे पहले : 'कृपया संयम और परम संबोधि के भेद को समझाएं।'

संबोधि की तो फिकर ही मत करना। और उसे समझाने का या उसकी व्याख्या करने का तो कोई उपाय भी नहीं है। अगर तुम्हें सच में ही संबोधि में रस है, तो मैं तुम्हें संबोधि देने के लिए भी

तैयार हूं; लेकिन संबोधि की परिभाषा, उसकी व्याख्या आदि के विषय में कुछ मत पूछो। संबोधि की व्याख्या करने की अपेक्षा, तुम्हें संबोधि दे देना कहीं ज्यादा आसान होगा—क्योंकि उसकी कितनी भी व्याख्या करो पूरी न होगी, उसकी कोई व्याख्या की नहीं जा सकती है। कोई कभी उसकी व्याख्या नहीं कर पाया है। संयम की व्याख्या की जा सकती है, क्योंकि संयम विधि है। संबोधि की व्याख्या नहीं की जा सकती, क्योंकि संबोधि संयम के द्वारा घटित होती है।

संयम तो ऐसे है जैसे बीज को बो दिया और फिर उसमें पौधा आया और पौधे को पानी से सींचा, फिर पौधे की सुरक्षा का खयाल रखा—संयम तो इसी भांति है। फिर एक दिन वृक्ष पर फूल खिल उठते हैं। फूलों के विषय में कुछ कहना कठिन है। फूलों के खिलने से पहले तो सब कहा जा सकता है, क्योंकि वे सभी बातें मात्र विधियां हैं, टेक्नीक्स हैं।

मैं तुमसे टेक्नीक के विषय में, विधियों के विषय में तो बात कर सकता हूं। अगर तुम उन टेक्नीक्स और विधियों का अनुसरण करते हो, तो एक दिन तुम संबोधि को उपलब्ध हो जाओगे। संबोधि तो अभी इसी क्षण भी घटित हो सकती है, अगर तुम स्वयं को पूरी तरह से छोड़ देने के लिए राजी हो जाओ। जब मैं कहता हूं कि स्वयं को पूरी तरह से छोड़ देने के लिए, तो मेरा उससे क्या अभिप्राय है? मेरा उससे अभिप्राय है, पूरी तरह से समर्पण कर देना।

अगर तुम मुझे अनुमति दो, तो तुम्हें संबोधि इसी पल, इसी क्षण घटित हो सकती है, क्योंकि मेरे अंदर संबोधि का दीया जल रहा है। वह लौ तुम्हारे भीतर भी उतर सकती है, लेकिन तुम ऐसा होने नहीं देते हो। तुम अपनी चारों ओर से इतनी अधिक सुरक्षा किए हुए बैठे हो—जैसे कि तुम्हारा कुछ खोने वाला है। मेरे देखे, तुम्हारे पास खोने के लिए कुछ भी नहीं है। तुम्हारे पास खोने को कुछ है नहीं, लेकिन तुम सुरक्षा के ऐसे सख्त उपाय किए बैठे हो जैसे न जाने कितने खजाने तुम्हारे भीतर छिपे हुए हैं और अगर तुमने अपने हृदय को खोल दिया तो उन खजानों की चोरी हो जाएगी। और वहां कुछ भी नहीं है—वहां मात्र अंधकार है, और न जाने कितने-कितने जन्मों का कूड़ा-कचरा वहां पड़ा हुआ है।

अगर तुम मेरे प्रति खुल सको, अगर तुम मुझे सुलभ हो सको, तुम समर्पण कर सको; और जब तक शिष्य गुरु के प्रति समर्पित नहीं हो जाता है, गुरु के प्रति समर्पण नहीं कर देता, तब तक उसका गुरु के साथ संपर्क नहीं हो पाता, गुरु के साथ तार नहीं जुड़ पाता है। और समर्पण पूरा होना चाहिए, फिर पीछे कुछ भी बच नहीं रहना चाहिए। अगर तुम संबोधि के लिए तैयार हो, तो फिर व्यर्थ समय मत गंवाना : अपने को पूर्णरूप से समर्पित कर देना। मुझे पूरी तरह से सुलभ हो जाना।

यह थोड़ा कठिन है। हमें लगता है कि अगर समर्पण कर दिया तो सब खो जाएगा। ऐसा लगता है कि हम जा कहां रहे हैं? ऐसा लगता है जैसे हमारे सारे खजाने खो रहे हैं। और पास में कुछ है नहीं—कोई खजाना नहीं है—खोने के लिए कुछ है नहीं। और जो भीतर का खजाना है उसका तो खोने का कोई उपाय ही नहीं। और जो खो सकता है वह तुम नहीं हो, जो नहीं खो सकता है वही तुम हो। सभी तरफ से खुले होने से तुम जो कुछ खो दोगे वह तुम्हारा अहंकार होगा। तुम कुछ खो दोगे, लेकिन तुम स्वयं को नहीं खो सकते हो। सच तो यह है, सभी प्रकार का व्यर्थ का कूड़ा-कचरा खोकर पहली बार तुम अपने प्रामाणिक अस्तित्व को सच्चे स्वरूप को उपलब्ध होगे।

इसलिए संबोधि के विषय में मत पूछना। बुद्ध ने कहा है, 'बुद्ध पुरुष केवल मार्ग का संकेत दे सकते हैं। मार्ग के विषय में कोई भी नहीं बतला सकता है।'

मैं तुम्हें पानी तक ले जा सकता हूं, लेकिन तुम मुझसे यह मत पूछना कि जब पानी से प्यास बुझती है तो कैसा अनुभव होता है। उसे मैं कैसे बता सकता हूं? पानी यहां उपलब्ध है। फिर क्यों न पानी का स्वाद ले लो? क्यों न पानी को पी लो? मुझे पीकर तुम अपनी प्यास को बुझा सकते हो। और तब तुम जानोगे कि पानी क्या है, पानी को पीकर कैसा अनुभव होता है। पानी का स्वाद तो लिया जा सकता है, लेकिन उसकी व्याख्या नहीं की जा सकती। यह ठीक वैसे ही है जैसे प्रेम होता है: अगर तुम कभी किसी के प्रेम में पड़े हो, तो तुम जानते होगे कि प्रेम क्या होता है। लेकिन अगर कोई तुमसे पूछे कि प्रेम क्या है? तो तुम उलझन में पड़ जाओगे, तुम कोई उत्तर न दे सकोगे।

अगस्टीन का प्रसिद्ध कथन है: 'मैं जानता हूं कि समय क्या है, लेकिन जब कोई मुझसे पूछता है कि समय क्या है, तो मैं नहीं जानता कि क्या कहूं?' हम भी जानते हैं कि समय क्या है। और अगर कोई हमसे पूछे समय क्या है, तो उसके विषय में बता पाना कठिन होगा।

मैंने एक महान उपन्यासकार लिओ टालस्टाय के बारे में सुना है कि एक बार जब वह लंदन में था, और उसे अंग्रेजी ज्यादा नहीं आती थी, और वह जानना चाहता था कि समय क्या हुआ है। तो उसने एक सज्जन से पूछा, 'प्लीज टेल मी व्हाट इज़ टाइम?' वह अंग्रेज अपने कंधे उचकाकर बोला, 'जाकर किसी दार्शनिक से पूछो।'

व्हाट इज़ टाइम? तुम कह सकते हो, 'व्हाट इज़ दि टाइम?' लेकिन तुम यह नहीं कह सकते, 'व्हाट इज़ टाइम?' हम समय को जानते हैं, हम उसे अनुभव करते हैं, क्योंकि हम समय में जीते हैं। समय हमेशा विद्यमान है और समय लगातार गुजर रहा है, गुजर रहा है। व्यक्ति समय में ऐसे जीता है जैसे मछली पानी में जीती है, लेकिन फिर भी मछली यह नहीं बता सकती कि पानी क्या है।

मैंने ऐसी एक कथा भी सुनी है कि एक दार्शनिक किस्म की मछली बहुत चिंतित और परेशान थी, क्योंकि उसने सागर के विषय में बहुत दार्शनिक बातें सुन रखी थीं—और उसने कभी सागर देखा नहीं था, वह कभी सागर के संपर्क में आयी न थी। इसलिए वह हमेशा सागर के बारे में ही सोचती रहती थी। एक बार राजा मछली आई और उसने उस मछली को ठीक से देखा तो उसे लगा कि जरूर इस मछली के साथ कहीं कुछ गड़बड़ है, यह मछली बहुत चिंतित और परेशान मालूम हो रही है। तो उस राजा मछली ने पूछा, तुम्हें क्या हो गया है? तुम्हारे साथ क्या गलत हो गया है? पूछने पर वह मछली बोली, 'मैं बहुत चिंतित और परेशान हूं, क्योंकि मैं जानना चाहती हूं कि सागर क्या है, कैसा है? मैंने सागर के विषय में बहुत कुछ सुना है, लेकिन मेरा कभी उससे मिलना नहीं हुआ है।' और उस मछली की यह बात सुनकर वह राजा मछली जोर से हंस पड़ी और बोली, 'अरे मूढ़, तू उसी में तो है, तू सागर में ही तो है!'

लेकिन जब कोई चीज हमारे एकदम निकट होती है, या कहें कि हम उसी में होते हैं, तो उसे पहचानना कठिन होता है। फिर कभी हमारा उससे मिलना नहीं होता। हम समय में जीते हैं, लेकिन समय के साथ हमारा मिलना कभी नहीं होता, क्योंकि समय को पकड़ा नहीं जा सकता। उसकी व्याख्या करना असंभव है।

हम परमात्मा में ही हैं, इसलिए परमात्मा की व्याख्या करना बहुत कठिन है। हमें संबोधि मिली ही हुई है, बस थोड़ा सा भीतर मुड़कर देखने की बात है। थोड़ी सी साफ-सुथरी दृष्टि, स्वयं से पहचान, और स्मृति की बात है। इसीलिए मैं कहता हूं कि मैं तो तैयार हूं तुम्हें संबोधि दे देने के लिए : क्योंकि संबोधि तो मौजूद है ही। संबोधि के लिए करने को कुछ है नहीं।

अगर तुम मुझे थोड़ी देर के लिए तुम्हारा हाथ पकड़ने दो—तो बस इतना पर्याप्त है।

दूसरी बात पूछी है : 'ऐसा क्यों है कि पतंजलि ने तो कभी रेचन के संबंध में कुछ कहा ही नहीं, जब कि आप तो रेचन पर बहुत जोर दिए चले जाते हैं?'

इस बात को मैं तुम से एक कथा के माध्यम से कहना चाहूंगा :

एक लड़खड़ाते हुए शराबी ने अपने पास से गुजरते आदमी को रोका और उससे समय पूछा। उस आदमी ने अपनी घड़ी देखी और समय बता दिया।

वह शराबी तो चकित और विस्मय-विमुग्ध होकर अपना सिर हिलाने लगा, और नशे में झूमता हुआ बोला, 'मुझे तो कुछ समझ में ही नहीं आ रहा है, सारी रात मुझे अलग-अलग उत्तर ही मिलते रहे हैं।'

सारी रात! जब तुम मेरे और पतंजलि के विषय में कुछ सोच-विचार आरंभ करो, तो पांच हजार वर्षों के भेद को खयाल में रखना। और तब सारी रात तुम्हें अलग-अलग उत्तर मिलते रहेंगे?

जब पतंजलि इस पृथ्वी पर मौजूद थे, तो उस समय आदमी बिलकुल अलग ही ढंग का था। उस समय मनुष्य जाति बिलकुल ही अलग तरह की थी। उस समय रेचन की कोई जरूरत न थी। लोग नैसर्गिक थे, स्वाभाविक थे, सहज थे, सरल थे और बच्चों के समान भोले-भाले थे। किसी बच्चे को रेचन की कोई जरूरत नहीं होती; केवल अधिक उम्र के लोगों को ही रेचन की आवश्यकता होती है। बच्चे के पास किसी प्रकार का लोभ, मोह, क्रोध या अन्य किसी प्रकार की कोई ग्रंथि नहीं होती, उसके भीतर अभी कुछ संगृहीत नहीं हुआ है।

कभी किसी बच्चे को देखना। जब कोई बच्चा क्रोध में होता है तो वह पूरी तरह से क्रोध में होता है—वह क्रोध में चीजें फेंकेगा, कूदेगा, चीखेगा, चिल्लाएगा। और जब उसका क्रोध ठंडा हो जाएगा, तो वह फिर से मुस्कुराने लगेगा और क्रोध को पूरी तरह से भूल जाएगा—इस तरह से उसका रेचन हो जाता है यही उसके रेचन का ढंग है। जब वह प्रेम से भरा होता है, तो वह तुम्हारे करीब आएगा, तुम से लिपट जाएगा और प्यार करने लगेगा। और जब बच्चा प्रेम करता है, या कुछ भी करता है, तौ कभी भी किसी प्रकार के शिष्टाचार, रीति-रिवाज और ऐसी किन्हीं बातों की कोई फिकर नहीं करता। और हम भी बच्चे की बात की ज्यादा फिकर नहीं करते और यह कह कर टाल देते हैं कि अभी तो वह बच्चा है, बड़ा नहीं हुआ है, अभी उसमें समझ नहीं है—यही इसका मतलब है कि बच्चा अभी विषाक्त नहीं हुआ है, अभी वह शिक्षित नहीं हुआ है; अभी वह किसी प्रकार के बंधनों में नहीं बंधा है।

जब भी कोई बच्चा रोना-चीखना-चिल्लाना चाहता है तो वह रोता-चीखता-चिल्लाता है। वह पूरी स्वतंत्रता में जीता है, इसलिए तो उसे किसी प्रकार के रेचन की कोई आवश्यकता नहीं होती। वह हर क्षण अपना रेचन करता ही रहता है, वह अपने भीतर किसी प्रकार की कोई ग्रंथि का निर्माण नहीं

करता, वह कुछ भी संग्रह नहीं करता है। लेकिन एक बूढ़ा आदमी? पचास, साठ या सत्तर वर्ष के बाद वही बच्चा बूढ़ा हो जाएगा, तब तक वह अपने भीतर बहुत सा कूड़ा-कचरा इकट्ठा कर चुका होगा। जब उसे गुस्सा आएगा, क्रोध आएगा, वह क्रोध न कर सकेगा।

कई बार ऐसी परिस्थितियां होती हैं जब व्यक्ति क्रोध करना तो चाहता है, लेकिन कर नहीं सकता—उस समय क्रोध करना परिस्थिति के अनुकूल नहीं होता है, या उसके लिए आर्थिक रूप से खतरनाक हो सकता है। जब बॉस डांटता-डपटता भी है तो भी तुम्हें ऊपर से मुस्कुराना पड़ता है। वैसे अगर तुम्हारा वश चले, तो तुम उसे मार डालो, लेकिन फिर भी ऊपर से तुम मुस्कुराते चले जाते हो। फिर भीतर उठ रहा था जो क्रोध उसका क्या होगा? वह दब जाएगा, उसका दमन हो जाएगा।

सामाजिक जीवन में ऐसा ही होता है। पतंजलि के समय में लोग आदिम अवस्था में थे, वे अधिक सभ्य नहीं हुए थे। अगर तुम आदिवासी क्षेत्रों में जाकर देखो, जहां आदिम जनजातियां अभी भी रहती हैं, तो स्मरण रहे उन्हें अभी भी सक्रिय ध्यान की आवश्यकता नहीं है। वे तुम पर हंसेंगे; वे कहेंगे, क्या?...यह क्या कर रहे हो तुम? यह सब करने की जरूरत क्या है? जब दिनभर का कार्य समाप्त हो जाता है, तो रात्रि को वे नाचते हैं, गाते हैं और सारी रात नृत्य में डूबे रहते हैं। रात को बारह, एक बजे तक, वे नाचते रहते हैं। ढोल की थाप पर वे सहज, प्राकृतिक रूप से नृत्य की ऊर्जा में आनंद के साथ डूबे रहते हैं। और फिर बाद में वृक्षों के नीचे सो जाते हैं। और दिनभर वे काम क्या करते हैं...लकड़ियां काटना; तब फिर कैसे भीतर क्रोध एकत्रित हो सकता है? वे किसी आफिस में क्लर्क तो हैं नहीं। वे अभी भी सभ्य नहीं हुए हैं। वे जीवन को उसकी सहजता और सरलता में ही जीते हैं। लकड़ी काटते-काटते उनके भीतर की पूरी हिंसा विलीन हो जाती है, वे अहिंसक हो जाते हैं—उन्हें अहिंसा की शिक्षा के लिए किसी महावीर की आवश्यकता नहीं है। अहिंसक होने के लिए उन्हें किसी जैन-दर्शन या सिद्धांत की भी कोई आवश्यकता नहीं है।

हां, एक व्यापारी को अहिंसा के दर्शन की आवश्यकता है: इसीलिए सारे जैन लोग व्यापारी हैं। बस, गद्दी पर बैठे-बैठे ऊपर से मुस्कुराते रहना। और करोगे भी क्या...और अगर फिर तुम हिंसक हो जाओ तो क्या बड़ी बात है। तब स्वयं पर नियंत्रण रखने के लिए अहिंसा का दर्शन चाहिए होता है। वरना बिना किसी कारण के दूसरे की गर्दन तुम क्यों पकड़ोगे। लेकिन जब कोई आदमी लकड़ियां काटता है, तो उसे अहिंसा के सिद्धांत की, अहिंसा के दर्शन की जरूरत ही नहीं होती है। जब शाम को थककर वह घर लौटता है तो वह हिंसा को पूरी तरह फेंक चुका होता है, वह अहिंसक होकर घर वापस लौटता है।

इसीलिए पतंजलि रेचन की बात ही नहीं करते हैं। उस समय उसकी कोई जरूरत नहीं थी। उस समय समाज बिलकुल आदिम और सरल अवस्था में जी रहा था। लोग बालकों जैसे निर्दोष थे, लोग बिना किसी दमन के जी रहे थे। रेचन की आवश्यकता तो तब होती है जब मनुष्य का मन दमित होने लगता है। समाज जितना ज्यादा दमित होगा, उतनी ही अधिक रेचन की विधियों की आवश्यकता होगी। तब भीतर के दमन को बाहर लाने के लिए कुछ न कुछ तो करना ही पड़ेगा।

और मैं तुम से कहना चाहता हूं कि अपना क्रोध किसी दूसरे पर फेंकने की अपेक्षा कहीं ज्यादा अच्छा होगा सक्रिय ध्यान करना। क्योंकि अगर तुम अपना क्रोध किसी दूसरे पर फेंकते हो, तो तुम्हारे

संचित कर्मों में वृद्धि होती चली जाएगी। अगर सक्रिय ध्यान में तुम सभी प्रकार के दमित भावों का, दमित आवेगों का रेचन कर देते हो, तो तुम्हारे संचित कर्म खाली हो जाते हैं। तब तुम अपना क्रोध किसी दूसरे की तरफ नहीं फेंकते। तब फिर अगर तुम क्रोधित भी होते हो तो बस क्रोधित ही होते हो—किसी व्यक्ति विशेष के प्रति क्रोधित नहीं होते हो। रेचन करते समय तुम चीखते-चिल्लाते हो—लेकिन किसी व्यक्ति विशेष के विरोध में नहीं। और रेचन करते समय तुम जब रोते हो, तो बस रोते हो। और रेचन करते समय रोना, चीखना-चिल्लाना, क्रोधित होना, तुमको स्वच्छ कर जाता है; और इस कारण फिर भविष्य में किसी भी प्रकार के कर्मों की कोई श्रृंखला निर्मित नहीं होती।

तो पतंजलि संयम के विषय में जो कुछ कहते हैं, मैं रेचन को भी संयम के अंतर्गत ही रखूंगा। क्योंकि मुझे पतंजलि की चिंता नहीं है, मुझे तुम्हारी चिंता है—और मैं तुम्हें खूब अच्छे से जानता हूं। अगर तुम भीतर के दमित भावों को, आवेगों को बाहर आकाश में नहीं फेंकोगे, तो फिर तुम कहीं न कहीं, किसी न किसी पर तो फेंकोगे ही; और फिर उससे कर्मों की एक श्रृंखला निर्मित होती चली जाएगी।

आने वाले भविष्य में रेचन व्यक्ति के लिए आवश्यक हो जाएगा। क्योंकि आदमी जितना सभ्य होता चला जाएगा, उतनी ही रेचन की आवश्यकता होगी।

तीसरी बात: 'आत्मिक शक्तियों के गलत उपयोग के लिए किए जाने वाले मुख्य प्रतिकार के विषय में कृपया कुछ समझाएं।'

आत्मिक शक्तियों के गलत उपयोग का एकमात्र प्रतिकार प्रेम है; अन्यथा शक्ति कोई सी भी हो, विकृत ही करती है। सभी तरह की शक्तियां विकृत करती हैं। फिर वह शक्ति चाहे धन की हो, या पद-प्रतिष्ठा, आदर, मान-सम्मान की हो, या सत्ता की राजनीति की शक्ति हो, या मानसिक शक्ति हो—उससे कुछ फर्क नहीं पड़ता। जब भी व्यक्ति शक्तिशाली होता है, उसके हाथ में किसी भी प्रकार की शक्ति होती है तो अगर प्रतिकार के रूप में उसके पास प्रेम नहीं है, तो उसकी शक्ति दूसरों के लिए संकट बनने ही वाली है, अभिशाप बनने वाली है; क्योंकि शक्ति की ताकत, व्यक्ति को अंधा बना देती है। प्रेम दृष्टि को खोलता है, प्रेम दृष्टि को साफ कर देता है...प्रेमपूर्ण व्यक्ति के ज्ञान चक्षु एकदम साफ हो जाते हैं। शक्ति व्यक्ति को अंधा बना देती है।

मैं तुम से एक कथा कहना चाहूंगा:

एक धनी आदमी था, लेकिन साथ में वह कंजूस भी था। वह कभी भी किसी जरूरत मंद की मदद नहीं करता था। उसका जो रब्बी था उसने उससे कहा कि वह एक निर्धन परिवार की मदद करे, उन्हें भोजन और दवाइयों इत्यादि की जरूरत है। लेकिन उस कंजूस धनवान ने मदद करने से इनकार कर दिया।

रब्बी ने उसके हाथ में एक दर्पण दिया और उससे कहा, 'इस दर्पण में देखो। तुम्हें इस दर्पण में क्या दिखायी पड़ रहा है?'

वह कंजूस बोला, 'मुझे इसमें अपना चेहरा ही दिखायी दे रहा है, और तो कुछ भी दिखायी नहीं दे रहा है।'

रब्बी ने फिर कहा, 'अब जरा इस खिड़की में से देखो। तुम्हें वहां क्या दिखायी पड़ रहा है?'

वह कंजूस बोला, 'मुझे कुछ पुरुष और कुछ स्त्रियां दिखायी दे रही हैं। प्रेम में डूबा हुआ एक जोड़ा भी दिखायी पड़ रहा है। और कुछ बच्चे खेलते हुए दिखायी दे रहे हैं। लेकिन आप मुझसे यह सब क्यों पूछ रहे हैं?'

रब्बी ने कहा, 'तुमने अपने ही प्रश्न का उत्तर दिया है, खिड़की के पार तुमने जीवन को देखा; दर्पण में तुम ने स्वयं को देखा। खिड़की की तरह दर्पण भी शीशे का बना होता है, लेकिन उसके पीछे चांदी का लेप चढ़ाया होता है। जैसे यह चांदी की चमक जीवन को देखने नहीं देती है, दृष्टि को ढांक लेती है, और तुम केवल अपने स्वार्थ को ही देख पाते हो; ऐसा ही कुछ तुम्हारे चांदी के सिक्कों ने, और तुम्हारे धन ने किया है। तुम्हारी दृष्टि से पूरा ओझल हो गया है, इस कारण तुम केवल अपने ही विषय में सोचते हो, और स्वयं को ही देखते हो।'

उस धनी आदमी ने अपना सिर झुका लिया। वह बोला, 'आप ठीक कहते हैं। मुझे सोने-चांदी ने अंधा बना दिया था।'

तो सभी तरह की शक्तियां हमें अंधा बना देती हैं। फिर चाहे वह सोना हो या चांदी हो, या चाहे फिर वह आत्मिक शक्ति हो, कुछ भी हो, सभी शक्तियां हमें अंधा बना देती हैं। तब हम केवल अपने ही स्वार्थ देखते हैं।

इसीलिए पतंजलि का जोर इस बात पर है कि जैसे ही संयम उपलब्ध हो, तत्क्षण मैत्री और प्रेम का आविर्भाव होने देना। संयम के बाद पहली बात प्रेम का आविर्भाव होने देना जिससे संपूर्ण ऊर्जा प्रेम का प्रवाह बन जाए, बांटने का उत्सव बन जाए। तो फिर जो कुछ भी हो तुम्हारे पास, तुम उसे बांटते चले जाना। तब किसी भी प्रकार की शक्ति के गलत उपयोग की कोई संभावना ही नहीं रह जाएगी।

छठवां प्रश्नः भगवान, एक शराबी की दूसरे से गुफ्तगूः आपकी शराब सबसे मधुर और मीठी है।

यह प्रश्न है पूर्णिमा का। मुझे केवल एक ही बात कहनी हैः पूर्णिमा, मैंने तो तुझे सिर्फ एपीटाइजर ही दिया है। शराब तो अभी प्रतीक्षा ही कर रही है—तैयार हो जाओ। एपीटाइजर से ही नशे में मत डूब जाना।

जो कुछ मैं तुमसे कह रहा हूं वह तो केवल एपीटाइजर है।

अंतिम प्रश्नः प्यारे भगवान, क्या कभी आप झूठ बोलते हैं?

मैं एक झूठ हूं, और पूर्ण झूठ हूं—और, यह जो कह रहा हूं यह भी एक झूठ ही है।

[redacted]

प्रवचन 13

अंतर-ब्रह्मांड के साक्षी हो जाओ

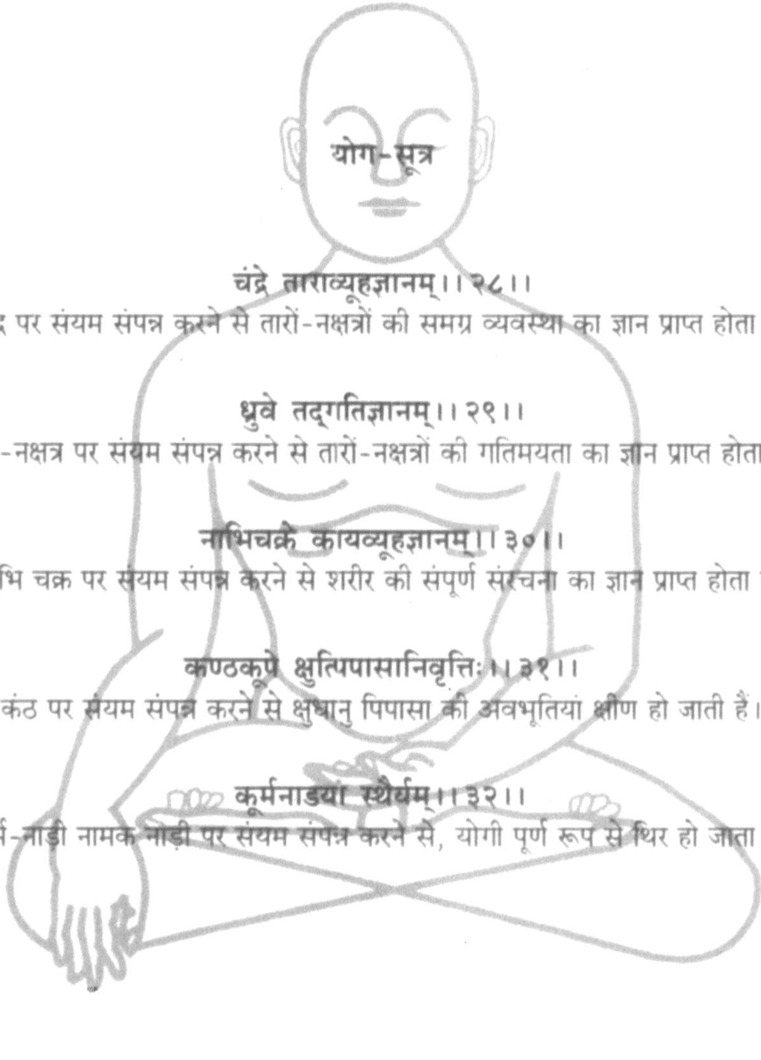

योग-सूत्र

चंद्रे ताराव्यूहज्ञानम्।।२८।।

चंद्र पर संयम संपन्न करने से तारों-नक्षत्रों की समग्र व्यवस्था का ज्ञान प्राप्त होता है।

ध्रुवे तद्गतिज्ञानम्।।२९।।

ध्रुव-नक्षत्र पर संयम संपन्न करने से तारों-नक्षत्रों की गतिमयता का ज्ञान प्राप्त होता है।

नाभिचक्रे कायव्यूहज्ञानम्।।३०।।

नाभि चक्र पर संयम संपन्न करने से शरीर की संपूर्ण संरचना का ज्ञान प्राप्त होता है।

कण्ठकूपे क्षुत्पिपासानिवृत्तिः।।३१।।

कंठ पर संयम संपन्न करने से क्षुधा व पिपासा की अनुभूतियां क्षीण हो जाती हैं।

कूर्मनाड्यां स्थैर्यम्।।३२।।

कूर्म-नाड़ी नामक नाड़ी पर संयम संपन्न करने से, योगी पूर्ण रूप से थिर हो जाता है।

पतंजलि कोई चिंतक नहीं हैं। वे किसी हवाई और काल्पनिक लोक के दार्शनिक नहीं हैं; वे पूरी तरह से इस पृथ्वी के हैं और पृथ्वी की ही बात करते हैं। पतंजलि एकदम व्यावहारिक हैं, जैसे कि मैं व्यावहारिकता के लिए कहता हूं। पतंजलि की दृष्टि वैज्ञानिक है। उनकी दृष्टि ही उन्हें दूसरों से अलग खड़ा कर देती है। दूसरे लोग सत्य के विषय में सोचते हैं। पतंजलि सत्य के बारे में सोचते नहीं हैं; वे तो बस इस बात की तैयारी करवाते हैं कि सत्य को ग्रहण कैसे करना, सत्य को ग्रहण करने के लिए ग्राहक कैसे होना।

सत्य सोचने-विचारने की बात नहीं है, सत्य को तो केवल जीया जा सकता है। सत्य तो पहले से ही विद्यमान है, उसके विषय में सोचने का कोई उपाय नहीं। जितना ज्यादा हम सत्य के विषय में सोचेंगे, उतने ही हम सत्य से दूर होते चले जाएंगे। सत्य के बारे में सोचना भटकना है। सत्य के बारे में सोचना ऐसे ही है जैसे आकाश में बादल इधर-उधर भटकते रहते हैं; जैसे ही हम सोचते हैं, हम अपने से दूर चले जाते हैं।

सत्य को देखा जा सकता है, उसका विचार नहीं किया जा सकता। पतंजलि का पूरा प्रयास यही है कि सत्य को देखने की स्पष्ट दृष्टि कैसे निर्मित की जाए। निस्संदेह यह बहुत ही कठिन कार्य है, सत्य को देखना कोई कविता करना या मीठे स्वप्न देखना नहीं है। सत्य का साक्षात्कार करने के लिए हमें स्वयं को एक प्रयोगशाला बनाना पड़ता है, अपने पूरे जीवन को एक प्रयोग में रूपांतरित करना पड़ता है—केवल तभी सत्य को जाना जा सकता है, केवल तभी सत्य को पाया जा सकता है।

तो पतंजलि के सूत्रों को सुनते समय यह मत भूल जाना कि वे किन्हीं सिद्धांतों की बात नहीं कर रहे हैं: वे हमें सत्य को जानने की विधि दे रहे हैं, जो विधि हमें रूपांतरित कर सकती है, हमें बदल सकती है। लेकिन फिर भी सब हम पर ही निर्भर है।

धर्म में रुचि रखने वाले लोग चार प्रकार के होते हैं। उनमें पहले प्रकार के लोगों की संख्या सर्वाधिक है, उन्हें केवल धर्म के नाम पर कुतूहल होता है। वे धर्म के नाम पर मनोरंजन चाहते हैं, किसी दिलचस्प, मनमोहक, और लुभावनी चीज की खोज में होते हैं। पतंजलि ऐसे लोगों के लिए नहीं हैं। क्योंकि जो लोग कुतूहलवश धर्म की तलाश में आते हैं, वे लोग कभी भी इतने गहन रूप से धर्म में रुचि नहीं रखते हैं कि वे अपने जीवन को बदलने के लिए तैयार हो सकें। वह धर्म के नाम पर भी किसी सनसनी की तलाश में होते हैं। पतंजलि उनके लिए नहीं हैं।

फिर हैं दूसरे प्रकार के लोग, जिन्हें हम विद्यार्थी कह सकते हैं। वे बौद्धिक रूप से धर्म से जुड़े होते हैं: वैसे लोग जानना तो चाहेंगे कि पतंजलि क्या कह रहे हैं, क्या बता रहे हैं—लेकिन फिर भी उनकी उत्सुकता जानकारी एकत्रित करने में ही होती है। उनकी रुचि जानने में नहीं, बल्कि जानकारी में होती है। उनका रस ज्यादा से ज्यादा जानकारियां एकत्रित करने में होता है। वह स्वयं को बदलने के लिए तैयार नहीं होते; वह जैसे हैं वैसे ही वह बने रहना चाहते हैं और उनकी रुचि ज्यादा से ज्यादा ज्ञान और जानकारियां एकत्रित कर लेने में ही होती है। ऐसे लोग अहंकार के रास्ते पर ही चलते रहते हैं। पतंजलि इस तरह के लोगों के लिए भी नहीं हैं।

फिर उसके बाद तीसरे प्रकार के लोग हैं, जो शिष्य हैं। शिष्य वह होता है जो अपने जीवन में शिष्यत्व ग्रहण कर लेने को तैयार होता है, जो अपने संपूर्ण अस्तित्व को एक प्रयोग में परिवर्तित करने के लिए तैयार होता है, जो इतना साहसी होता है कि आंतरिक यात्रा पर जाने के लिए तैयार है—जो कि सर्वाधिक कठिन और साहसपूर्ण यात्रा है, क्योंकि उस समय व्यक्ति को यह मालूम नहीं होता कि वह कहां जा रहा है। व्यक्ति अज्ञात में कदम बढ़ा रहा होता है। व्यक्ति अपनी ही अतल गहराई में जा रहा होता है। बिना किसी नक्शे के वह अज्ञात में गतिमान हो रहा होता है। योग शिष्य के लिए है, लेकिन शिष्य पतंजलि के साथ ताल-मेल बैठा सकता है।

फिर हैं चौथी अवस्था के लोग या चौथी प्रकार के लोग, मैं उस तरह के लोगों को भक्त कहूंगा। शिष्य अपने को रूपांतरित करने के लिए राजी होता है, लेकिन फिर भी वह पूरी तरह से स्वयं को छोड़ने को, स्वयं का विसर्जन करने के लिए तैयार नहीं होता। भक्त स्वयं के विसर्जन के लिए राजी होता है।

शिष्य लंबे समय तक पतंजलि के साथ चलेगा, लेकिन आखिरी समय तक नहीं। आखिरी समय तक तो तभी चल सकेगा जब वह भक्त हो जाए। जब तक वह यह ठीक से न जान ले कि जिस रूपांतरण की बात धर्म करता है उसका रूपांतरित होने से, परिवर्तित होने से कोई संबंध नहीं है। धर्म केवल व्यक्ति को रूपांतरित ही नहीं करता है, व्यक्ति को अच्छा ही नहीं बनाता है; धर्म मृत्यु है और उसमें अपने को पूरी तरह से मिटा देना होता है। और यह जो मृत्यु है, यह है अपने अतीत से अलग हो जाने की, अपने अतीत को पूरी तरह से विस्मृत कर देने की।

जब शिष्य तैयार होता है—केवल अपने को रूपांतरित करने के लिए ही नहीं, बल्कि मृत्यु के लिए तैयार होता है—तो वह भक्त बन जाता है। तो भी शिष्य लंबे समय तक, दूर तक पतंजलि के साथ चल सकता है। और अगर वह ऐसे चलता चला जाता है तो एक न एक दिन वह भक्त हो जाता है। और जब शिष्य अपने को पूरी तरह से मिटा देता है, केवल तभी वह समग्र रूप से पतंजलि को उनके सौंदर्य को, उनकी भव्यता को, उस अदभुत द्वार को जिसे पतंजलि अज्ञात के लिए खोल देते हैं, समझ सकता है।

लेकिन बहुत से लोग ऐसे हैं, जो केवल कुतूहल से भरे हुए हैं, और उन्होंने बहुत सी पुस्तकें पतंजलि के ऊपर लिखी हैं बहुत से लोग जो केवल विद्यार्थी ही हैं, उन्होंने अपनी विद्वता और पांडित्य प्रकट करने के लिए बड़े-बड़े ग्रंथों की रचना की है और ऐसे लोगों ने ही मनुष्य-जाति को अत्यधिक नुकसान पहुंचाया है। इन पांच हजार वर्षों में ये लोग पतंजलि की व्याख्या पर व्याख्याएं करते चले

जा रहे हैं। केवल इतना ही नहीं, बल्कि व्याख्याओं की भी व्याख्याएं होती चली जा रही हैं। इन व्याख्याओं के जाल में पतंजलि तो न जाने कहां खो गए हैं, उनको खोज पाना बहुत कठिन है।

भारत में यह संकट हर उस बुद्धपुरुष के साथ रहा है जिसने भी सत्य को मानव-चेतना के प्रति उदघाटित किया है। लोग ऐसे बुद्धपुरुषों की निरंतर व्याख्या करते रहे हैं, और ये लोग किसी स्पष्टता की अपेक्षा भ्रम ही अधिक फैलाते हैं, क्योंकि पहली तो बात यह है कि वे शिष्य ही नहीं होते। और अगर उनमें से कुछ लोग शिष्य हो भी गए हों, तो उन्होंने उस गहराई को नहीं छुआ होता कि वे उसकी ठीक से व्याख्या कर सकें। केवल भक्त ही...लेकिन साधारणतया भक्त तो इसकी फिकर ही नहीं लेता है।

इसीलिए मैंने पतंजलि को बोलने के लिए चुना है। इस व्यक्ति पर बहुत अधिक ध्यान दिया जाना चाहिए, क्योंकि ऐसे बहुत ही दुर्लभ और विरले व्यक्ति हैं जो पतंजलि की ऊंचाई को छू सकें, उनकी वैज्ञानिक दृष्टि तक पहुंच सकें। पतंजलि ने धर्म को करीब-करीब विज्ञान ही बना दिया है। वे धर्म को व्यर्थ के रहस्य-जालों से बाहर लेकर आए हैं; लेकिन टीकाकार और व्याख्याकार इसी कोशिश में हैं कि पतंजलि के सभी सूत्रों को जोर-जबर्दस्ती से फिर से रहस्यवाद के संसार में धकेल दिया जाए। यही उनके न्यस्त स्वार्थ हैं। अगर पतंजलि लौटकर आकर उन व्याख्याओं को देखें जो उनके सूत्रों पर की गयी हैं, तो उन्हें भरोसा ही नहीं आएगा।

और शब्द बड़े खतरनाक होते हैं। शब्दों के साथ बड़े ही आसानी से खिलवाड़ किया जा सकता है। शब्द वेश्याओं की भांति होते हैं; शब्दों का उपयोग तो किया जा सकता है, लेकिन उन पर भरोसा बिलकुल नहीं किया जा सकता। प्रत्येक नए व्याख्याकार, टीकाकार के साथ उनका अर्थ बदलता चला जाता है—छोटा सा परिवर्तन, एक अल्पविराम का यहां से वहां बदलना—और संस्कृत बहुत ही काव्यपूर्ण भाषा है—संस्कृत में प्रत्येक शब्द के कई-कई अर्थ होते हैं—तो उसमें किसी बात को रहस्यपूर्ण बना देना बहुत आसान है।

मैंने सुना है, एक बार दो मित्र एक होटल में ठहरे। वे पहाड़ों की यात्रा पर थे और वे सुबह-सुबह उठकर बाहर जाना चाहते थे—वे सुबह तीन बजे ही निकल जाना चाहते थे—पास की चोटी पर जाकर उन्हें सूर्योदय देखना था। तो रात को उन्होंने अलार्म लगा दिया। जब अलार्म बजा तो उनमें जो बड़ा आशावादी था, वह बोला, 'गुड मार्निंग, गॉड।' दूसरा जो निराशावादी था, वह बोला, 'गुड गॉड, मार्निंग?'

शब्द दोनों के वही हैं, लेकिन फिर भी भेद बहुत बड़ा है।

मैंने एक सूफी कथा सुनी है। एक सदगुरु के दो शिष्य मठ के बगीचे में बैठे ध्यान कर रहे थे।

उनमें से एक बोला, 'अच्छा होता, अगर हमें धूम्रपान करने की इजाजत होती।'

दूसरा बोला, 'ऐसा संभव नहीं है, गुरुजी ऐसी आज्ञा कभी नहीं देंगे।'

फिर वे दोनों आपस में कहने लगे, 'कोशिश कर लेने में क्या हर्ज है? गुरु से पूछने में क्या हर्ज है? हमें एक बार उनसे पूछ तो लेना चाहिए।'

दूसरे ही दिन उन्होंने अपने गुरु से पूछा। पहले शिष्य से गुरु ने कहा, 'नहीं, बिलकुल धूम्रपान नहीं करना है।' दूसरे से उन्होंने कहा, 'हां, बिलकुल धूम्रपान कर सकते हो।'

बाद में जब वे दोनों मिले, और उन्होंने बताया कि गुरु ने उनसे क्या कहा है, तो उन्हें यह भरोसा ही नहीं आया कि आखिर यह गुरु है कैसा? तो उनमें से एक ने पूछा, 'अच्छा यह बताओ कि तुमने गुरु से पूछा कैसे?'

जिससे गुरु ने कहा था—नहीं, बिलकुल धूम्रपान नहीं करना है—उसने बताया, मैंने उनसे पूछा, 'क्या मैं ध्यान करते समय धूम्रपान कर सकता हूं?' तो वे बोले, 'नहीं, बिलकुल नहीं!'

फिर उसने दूसरे साथी से पूछा, 'तुमने कैसे पूछा था?'

वह बोला, 'अच्छा, अब मेरी समझ में सब आ गया। मैंने पूछा था, 'क्या मैं धूम्रपान करते समय ध्यान कर सकता हूं?' तो उन्होंने कहा, 'हां, बिलकुल कर सकते हो।'

पूछने के ढंग से ही फर्क पड़ा है। शब्द वेश्याओं की भांति होते हैं; और हम शब्दों के साथ कैसे भी खिलवाड़ कर सकते हैं।

मैं कोई व्याख्याकार नहीं हूं। जो कुछ भी मैं कह रहा हूं, उसे मैं अपनी प्रामाणिकता से कह रहा हूं—पतंजलि के आधार पर नहीं कह रहा हूं। क्योंकि मेरे अनुभव और उनके अनुभव परस्पर मेल खाते हैं, इसीलिए मैं उन पर बोल रहा हूं। लेकिन मैं पतंजलि को प्रमाणित करने का प्रयास नहीं कर रहा हूं। मैं कैसे प्रमाणित कर सकता हूं? मैं यह प्रमाणित करने का प्रयास भी नहीं कर रहा कि पतंजलि सत्य हैं। यह मैं कैसे प्रमाणित कर सकता हूं? मैं तो केवल अपने बारे में ही कुछ कह सकता हूं। तो मैं क्या कह रहा हूं? मैं यह कह रहा हूं कि मैंने भी वही अनुभव किया है, लेकिन पतंजलि ने उसी बात को सुंदर भाषा में, सुंदर ढंग से अभिव्यक्ति दे दी है। और जहां तक वैज्ञानिक व्याख्या या वैज्ञानिक अभिव्यक्ति का प्रश्न है, तो पतंजलि में कुछ जोड़ना या उनकी बात को और परिष्कृत करना कठिन है। इसे स्मरण रखना।

अगर वे वापस लौटकर आएं, तो उनकी हालत ऐसी होगी...मैं एक कथा पढ़ रहा था और उसे पढ़ते समय मुझे पतंजलि का स्मरण हो आया।

एक बार ऐसा हुआ कि तीन चोरों ने गधे पर सवार एक आदमी को नगर में प्रवेश करते हुए देखा। गधे के पीछे-पीछे एक बकरी भी चल रही थी। उस बकरी की गर्दन में बंधी हुई घंटी बज रही थी। उनमें से एक चोर ने गर्व के साथ कहा, 'मैं तो उसकी बकरी चुरा लूंगा।'

दूसरा चोर बोला, 'इसमें कोई बड़ी बात नहीं है। मैं तो उस गधे की ही चोरी कर लूंगा जिस पर वह सवार है।'

इस पर तीसरा चोर कहने लगा, 'जो कपड़े वह पहने हुए है, मैं तो उन्हें ही चुरा लूंगा।'

पहला चोर उस आदमी के पीछे-पीछे चलने लगा और जैसे ही सड़क का मोड़ आया, वह गधे की पूंछ में घंटी बांधकर बकरी को चुराकर ले गया। चूंकि घंटी बज रही थी तो उस ग्रामीण ने सोचा कि बकरी पीछे-पीछे आ रही है।

वह जो दूसरा चोर था, जो दूसरे मोड़ पर खड़ा उसकी प्रतीक्षा कर रहा था, वह उस आदमी के सामने आकर खड़ा हो गया और बोला, 'वाह! क्या नया रिवाज आया है? गधे की पूंछ में घंटी बंधी हुई है?'

उस आदमी ने पीछे मुड़कर देखा और आश्चर्य के साथ बोला, 'मेरी बकरी कहां गायब हो गई!'

उस चोर ने कहा, 'अभी-अभी मैंने सड़क पर एक आदमी को बकरी के साथ जाते हुए देखा था।'

'तो क्या आप मेरे गधे का खयाल रखेंगे,' ऐसा कहकर वह ग्रामीण आदमी अपनी बकरी लेने के लिए भागा।'

तब तक वह दूसरा चोर भी गधे पर बैठकर भाग निकला।

उस बेचारे ने बड़ी देर तक बकरी चुराने वाले चोर की तलाश की, लेकिन उसकी कोशिश बेकार गयी। उसे बकरी कहीं दिखायी न पड़ी। जब उसे बकरी न मिल सकी, तो वह अपना गधा लेने के लिए वापस आया। वहां आकर वह देखता है कि उसका गधा भी गायब है। अंत में जब वह दुखी और परेशान होकर जा रहा था कि थोड़ी देर बाद ही अचानक उसे राह के किनारे एक कुएं के पास बैठा हुआ एक आदमी रोता हुआ दिखाई पड़ा।

उसने उस आदमी से पूछा, 'तुम्हारे साथ क्या हुआ है? मेरी बकरी और मेरा गधा तो कोई चुराकर ले गया है, लेकिन तुम क्यों इस तरह से रो चिल्ला रहे हो?

यह पूछने पर वह तीसरा चोर बोला, 'मेरे पास एक छोटी सी तिजोरी थी जो कुएं में गिर गयी है। मुझे कुएं के अंदर उतरने में बहुत भय लग रहा है। अगर तुम वह तिजोरी निकालकर ला दो, तो हम दोनों उस धन को आधा-आधा बांट लेंगे।'

अपने नुकसान की क्षतिपूर्ति करने के खयाल से उस ग्रामीण ने जल्दी से कपड़े उतारे और वह कुएं में उतर गया। जब वह कुएं से बाहर आया, तो उसके हाथ खाली थे। बाहर आकर उसने देखा कि उसके कपड़े भी गायब हैं। फिर उसने एक बड़ी सी लकड़ी उठाई और उसे तेजी से इधर-उधर घुमाने लगा। बहुत से लोग उसे देखने के लिए इकट्ठे हो गए थे।

'मेरे पास जो कुछ भी था वह सब उन चोरों ने चुरा लिया है। अब मुझे डर है कि कहीं वे मुझे भी न चुरा लें।'

अगर पतंजलि वापस लौटकर आएं तो ऐसी ही स्थिति में अपने को पाएंगे पतंजलि पर हुई व्याख्याओं ने पतंजलि को तो बहुत पीछे छोड़ दिया है। उन्होंने सब कुछ चुरा लिया है; उन्होंने पतंजलि के तन के कपड़े भी नहीं छोड़े हैं। और ऐसा उन्होंने इतनी कुशलता से किया है कि किसी को कभी कोई संदेह भी न उठेगा। वस्तुतः तो, पांच हजार वर्ष के बाद जो लोग पतंजलि के ऊपर की गई व्याख्याओं और टीकाओं को पढ़ते रहे हैं, उन्हें जो कुछ मैं कह रहा हूं यह सब बड़ा अजीब लगेगा। मेरी बातें उन्हें बहुत अजीब लगेंगी। वे इसी भाषा में सोचेंगे कि मैंने उन टीकाकारों और व्याख्याकारों की बातों को नए अर्थ दे दिए हैं। मैं कोई नए अर्थ नहीं दे रहा हूं, लेकिन पतंजलि को इतने लंबे समय से गलत ढंग से व्याख्यायित किया जाता रहा है कि अगर मैं पतंजलि के अभिप्राय को ठीक-ठीक बताऊंगा, तो मेरे कथन बहुत ही अजीब और अनोखे लगेंगे, लगभग अविश्वसनीय ही लगेंगे।

अंतिम सूत्र 'सूर्य' के विषय में था। सौर-मंडल के अंतर्गत सूर्य के विषय में सोचना स्वाभाविक लगता है; इसी तरह से तमाम व्याख्याकारों ने उसकी व्याख्या की है। लेकिन ऐसा नहीं है। सूर्य का संबंध व्यक्ति के काम-तंत्र से है—जो व्यक्ति के भीतर जीवन-शक्ति का, ऊर्जा का व ऊष्मा का स्रोत है।

अंग्रेजी में एक विशेष स्नायु-तंत्र को सोलर प्लेक्सेज कहते हैं—लेकिन लोग सोचते हैं कि सोलर प्लेक्सेज नाभि के नीचे होता है। यह बात गलत है। सूर्य-ऊर्जा काम-केंद्र में अस्तित्व रखती है, नाभि में नहीं। क्योंकि वहीं से तो सारे शरीर को ताप व ऊष्मा मिलती है। लेकिन यह व्याख्या बहुत ही अस्वाभाविक और अकल्पनीय लगेगी; इसलिए मैं उसकी और अधिक व्याख्या करना चाहूंगा। और फिर दूसरे कई हैं—चंद्रमा है, तारे हैं, ध्रुव तारा है। पतंजलि जिस भाषा का उपयोग कर रहे हैं, उससे तो ऐसा लगता है जैसे कि पतंजलि सौर-व्यवस्था के विषय में ज्योतिष की भाषा में या खगोल-विज्ञान की भाषा में बात कर रहे हों। लेकिन पतंजलि व्यक्ति के आंतरिक ब्रह्मांड के विषय में बात कर रहे हैं। जैसे बाहर ब्रह्मांड है, ठीक ऐसे ही मनुष्य के भीतर भी एक ब्रह्मांड है। जो कुछ भी बाहर है, वैसा ही मनुष्य के भीतर भी है। मनुष्य लगभग एक लघु ब्रह्मांड ही है।

मनुष्य को दो हिस्सों में बांटा जा सकता है: सूर्य प्रकृति और चंद्र प्रकृति। सूर्य प्रकृति के लोग आक्रामक होते हैं, हिंसात्मक होते हैं, बहिर्गामी होते हैं, बहिर्मुखी होते हैं। चंद्र प्रकृति के लोग अंतर्मुखी होते हैं, अंतर्गामी होते हैं, आक्रामक नहीं होते, निष्क्रिय होते हैं, ग्रहणशील होते हैं। या उन्हें यांग और यिन भी कह सकते हैं, या फिर उन्हें पुरुष और स्त्री भी कह सकते हैं। पुरुष बहिर्मुखी होता है, स्त्री अंतर्मुखी होती है। पुरुष विधायक, पॉजिटिव होता है; स्त्री निष्क्रिय, निगेटिव होती है। उनकी क्रियाशीलता में भेद होता है, क्योंकि वे भिन्न-भिन्न केंद्रों से कार्य करते हैं। पुरुष कार्य करता है सूर्य-केंद्र से; स्त्री कार्य करती है चंद्र-केंद्र से।

इसलिए सच में अगर देखा जाए तो जब पुरुष पागल होता है, तो उसे लूनाटिक नहीं कहना चाहिए। केवल जब कोई स्त्री पागल हो जाए, तो उसे लूनाटिक कहना चाहिए। पागल के लिए जो यह अंग्रेजी शब्द लूनाटिक है, यह लूनार से आया है—मून-स्ट्रक यानी जो चांद से विक्षिप्त हुआ हो। जब कोई पुरुष पागल होता है तो वह सन-स्ट्रक होता है, वह मून-स्ट्रक नहीं होता। और जब कोई पुरुष पागल होता है, तो वह आक्रामक हो जाता है, हिंसा से भर जाता है। जब कोई स्त्री पागल होती है, तो वह बस सनकी हो जाती है, अपनी समझ खो बैठती है।

जब मैं 'पुरुष' और 'स्त्री' इन शब्दों का प्रयोग करता हूं; तो मेरा अर्थ सभी पुरुष और सभी स्त्रियों से नहीं है, क्योंकि ऐसे पुरुष हैं जिनमें पुरुषत्व से अधिक स्त्रीत्व होता है, और ऐसी स्त्रियां है जिनमें स्त्रीत्व से अधिक पुरुषत्व होता है। इसलिए उलझन में मत पड़ जाना। कोई पुरुष होकर भी चंद्र केंद्रित हो सकता है और कोई स्त्री होकर भी सूर्य-केंद्रित हो सकती है। उनकी ऊर्जाएं कहां से अपनी शक्ति पा रही हैं, कौन से स्रोत से ऊर्जा पा रही हैं इस पर सब निर्भर करता है।

चंद्रमा का अपना कोई ऊर्जा-स्रोत नहीं होता, वह तो केवल सूर्य को ही प्रतिबिंबित करता है। चंद्रमा केवल सूर्य का प्रतिबिंब है, इसीलिए वह इतना शीतल होता है। वह सूर्य की ऊर्जा को, ऊष्णता से शीतलता में परिवर्तित कर देता है। स्त्री भी काम-केंद्र से ही ऊर्जा प्राप्त करती है, वह चंद्र-केंद्र से होकर गुजरती है।

चंद्र-केंद्र हारा का केंद्र है। वह नाभि के ठीक नीचे होता है, नाभि के दो इंच नीचे एक केंद्र होता है, जापानी लोग उसे हारा कहकर पुकारते हैं। जापानी लोगों का यह शब्द हारा एकदम ठीक है। इसीलिए वे आत्महत्या को हारा-किरी कहते हैं; क्योंकि चंद्र-केंद्र मृत्यु का केंद्र होता है—जैसे सूर्य

का केंद्र जीवन का केंद्र होता है। पूरा का पूरा जीवन सूर्य से आता है, और ठीक वैसे ही मृत्यु चंद्र-केंद्र से आती है।

गुर्जिएफ कहा करता था कि मनुष्य चांद का भोजन है। असल में वह पतंजलि की तरह ही कह रहा था—और गुर्जिएफ उन थोड़े से लोगों में से है जो पतंजलि के एकदम निकट हैं, लेकिन पश्चिम के लोग समझ ही न सके कि गुर्जिएफ कहना क्या चाहता है। गुर्जिएफ कहा करता था कि हर चीज किसी न किसी के लिए भोजन का काम करती है। अस्तित्व की इकोलॉजी में हर चीज किसी दूसरे के लिए भोजन बन जाती है। हम कुछ खाते हैं, तो हम किसी दूसरे के द्वारा खाए जाएंगे, वरना अस्तित्व का जो सातत्य और वर्तुल है, वह टूट जाएगा। मनुष्य फल खाता है, फल सूर्य ऊर्जा को, पृथ्वी तत्व को, पानी को ग्रहण करता है। तो मनुष्य की भी बारी आएगी किसी न किसी के द्वारा खाए जाने की। मनुष्य को कौन खाता है? गुर्जिएफ कहा करता था कि चंद्रमा मनुष्य को खाता है। गुर्जिएफ बड़ा मौजी किस्म का आदमी था। उसकी भाषा वैज्ञानिक नहीं है, उसकी अभिव्यक्ति वैज्ञानिक नहीं है। लेकिन अगर कोई उनमें गहरे उतरे, तो वह उनमें हीरे खोज सकता है।

अब पहला सूत्रः

चंद्रे ताराव्यूहज्ञानम्।

'चंद्र पर संयम संपन्न करने से तारों-नक्षत्रों की समग्र व्यवस्था का ज्ञान प्राप्त होता है।'

तो चंद्र-केंद्र हारा है, जो नाभि के ठीक दो इंच नीचे स्थित है। अगर हारा पर जोर से चोट की जाए, तो आदमी की मृत्यु हो जाती है। बाहर से देखने पर खून की एक बूंद भी न टपकेमी और आदमी मर जाएगा। और उसे किसी भी तरह की कोई पीड़ा, तकलीफ भी नहीं होगी। इसीलिए जापानी लोग हारा-किरी के द्वारा आत्महत्या कर लेते हैं, और कोई वैसे नहीं कर सकता है। वे चाकू को हारा केंद्र में ही घोंप लेते हैं—लेकिन वे जानते हैं कि हारा केंद्र कहां है, और ठीक किस जगह पर चाकू मारना है—और वे मर जाते हैं। शरीर का तादात्म्य आत्मा से टूट जाता है।

चंद्र-केंद्र मृत्यु का केंद्र होता है। इसीलिए पुरुष स्त्रियों से भयभीत रहते हैं। बहुत से पुरुष मेरे पास आते हैं, और वे कहते हैं कि उन्हें स्त्रियों से भय लगता है। उन्हें स्त्री से कौन सा भय है? भय यही है कि स्त्री हारा है, चंद्र है—और वह पुरुष को समाप्त कर देती है। इसीलिए पुरुष हमेशा से स्त्री को दबाने की, उसे अपने नियंत्रण में रखने की कोशिश करते आए हैं; वरना स्त्री पुरुष को समाप्त कर देती है, उसे तहस-नहस कर देती है, उसे मिटा देती है। स्त्री पर हमेशा यही दबाव डाला जाता है कि वह किसी पुरुष के बंधन में रहे।

इसे समझने की कोशिश करें। पूरी दुनिया में आखिर क्यों पुरुष हमेशा से स्त्रियों को जोर-जबर्दस्ती के द्वारा गुलाम बनाता आ रहा है? क्यों? जरूर कहीं कोई भय होगा, स्त्रियों के लिए पुरुष के मन में कहीं कोई गहरा भय होगा। कि अगर स्त्रियों को स्वतंत्रता दे दी जाए तो पुरुष का जीना संभव नहीं। और इसमें सचाई भी है। पुरुष को काम-क्रिया में एक समय में केवल एक ऑर्गाज्म का अनुभव होता है; स्त्री को एक काम-क्रिया में कई बार ऑर्गाज्म के अनुभव हो सकते हैं। पुरुष एक समय में केवल एक ही स्त्री के साथ काम-क्रीड़ा में उतर सकता है; स्त्री जितने चाहे उतने पुरुषों के साथ प्रेम कर सकती है। अगर स्त्री को पूर्ण स्वतंत्रता दे दी जाए, तो कोई एक पुरुष

किसी भी एक स्त्री को पूरी तरह से संतुष्ट न कर पाएगा—कोई भी पुरुष। अब तो मनस्विद भी इस पर सहमत हैं। अभी वर्तमान की मास्टर्स एंड जानसन की ताजा खोजें और किन्से की रिपोर्ट एकदम सुनिश्चित तौर पर इस बात पर सहमत हैं कि कोई भी पुरुष किसी स्त्री की कामवासना को संतुष्ट कर सकने के लिए पर्याप्त नहीं है। अगर स्त्रियों को पूरी स्वतंत्रता दे दी जाए, तो एक स्त्री को पूर्ण संतुष्ट करने के लिए पुरुषों के एक समूह की आवश्यकता होगी। एक पुरुष और एक स्त्री साथ-साथ नहीं रह सकते—अगर उन्हें पूर्ण स्वतंत्रता दे दी जाए तो। तब स्त्री यह मांग करेगी कि वह अभी भी संतुष्ट नहीं हुई है, और यही बात पुरुष के लिए मृत्यु के समान हो जाएगी।

काम-ऊर्जा हमें जीवन प्रदान करती है। जितना अधिक हम काम-ऊर्जा का उपयोग करते हैं, मृत्यु उतने ही अधिक हमारे निकट आती जाती है। इसी कारण योगी काम-ऊर्जा को निष्कासित करने से इतने भयभीत रहते हैं, और इसीलिए वे काम-ऊर्जा को संचित करने लगते हैं। क्योंकि वे अपनी उम्र को लंबाना चाहते हैं, ताकि वे जिस साधना में लगे हुए हैं, स्वयं पर वे जो कार्य कर रहे हैं, वह उनका कार्य पूरा हो जाए। अपना कार्य पूरा होने से पहले कहीं उनकी मृत्यु न हो जाए, वरना अगले जन्म में उसी कार्य को उन्हें फिर से प्रारंभ करना पड़ेगा।

काम-ऊर्जा हमको जीवन प्रदान करती है। जिस क्षण काम-ऊर्जा देह छोड़ने लगती है, व्यक्ति मृत्यु की ओर सरकने लगता है। ऐसे बहुत से छोटे-छोटे कीट-पतंगे हैं जो एक ही काम-क्रीड़ा में मर जाते हैं। कुछ ऐसे मकोड़े होते हैं जो एक ही संभोग में मर जाते हैं। वे जीवन में एक ही संभोग करते हैं। और इतना ही नहीं, तुम यह जानकर चकित होओगे कि जब वे संभोग कर रहे होते हैं, तो जो स्त्री मकड़ी होती है वह उन्हें खाना शुरू कर देती है। वस्तुतः वह उन्हें खा जाती है। क्योंकि मरे हुए मकोड़े का करो भी क्या?

सारे कामवासना के संबंधों में मृत्यु का भय निहित होता है, फिर पुरुष धीरे-धीरे स्त्री से भयभीत होने लगता है। स्त्री को कामगत प्रेम से ऊर्जा मिलती है, और पुरुष की ऊर्जा उसमें खोती है। क्योंकि स्त्री का हारा केंद्र क्रियाशील होता है। स्त्री उष्ण-ऊर्जा को शीतल-ऊर्जा में परिवर्तित कर लेती है। चूंकि स्त्री ग्रहणशील ग्राहक होती है, स्त्री एक निष्क्रिय द्वार और एक गहन आमंत्रण है, इसलिए स्त्री ऊर्जा को आत्मसात कर लेती है, और पुरुष ऊर्जा को खो देता है।

यह जो हारा-केंद्र है या इसे चंद्र-केंद्र भी कह सकते हैं, पुरुष में भी होता है, लेकिन पुरुष में वह सक्रिय नहीं होता। यह केंद्र पुरुष में तभी सक्रिय हो सकता है, अगर वह इसे रूपांतरित करने के लिए, इसे सक्रिय करने के लिए वह प्रयास करे।

ताओ का पूरा का पूरा विज्ञान और कुछ नहीं, बस यही है कि चंद्र-केंद्र को पूर्णतया क्रियाशील कैसे बनाना, पूर्णतया सक्रिय कैसे करना। इसीलिए ताओ की पूरी की पूरी दृष्टि ग्रहणशील, स्त्रैण और निष्क्रिय है। योग का भी वही मार्ग है, लेकिन योग का आयाम भिन्न है। योग बाहर की सौर-ऊर्जा को, बाहर की सूर्य ऊर्जा को, शरीर के भीतर की सूर्य-ऊर्जा पर कार्य करना चाहता है, और सूर्य-ऊर्जा से उसे चंद्र-केंद्र तक ले आना चाहता है। ताओ और तंत्र, चंद्र-केंद्र पर कार्य करके उसे अधिकाधिक ग्रहणशील और चुंबकीय बनाते हैं, ताकि वह सूर्य-ऊर्जा को अपनी ओर खींच ले। योग है सूर्य-विधि, ताओ और तंत्र चंद्र-विधियां हैं, लेकिन उन दोनों का कार्य एक ही होता है।

योग के सारे आसन सूर्य-ऊर्जा को चंद्र-केंद्र की ओर प्रवाहित करने में सहयोग करते हैं। और ताओ और तंत्र की सभी विधियां चंद्र-केंद्र को इतना चुंबकीय बनाने के लिए हैं, ताकि वह सारी ऊर्जा जो सूर्य-केंद्र द्वारा निर्मित होती है उसे अपनी और खींचकर उसे रूपांतरित कर दें।

इसीलिए तो बुद्ध हों या महावीर, पतंजलि हों या लाओत्सु, जब वे अपनी पूर्णता में खिलते हैं, तो वे पुरुष की अपेक्षा कहीं अधिक स्त्री जैसे सुकोमल मालूम होते हैं। पुरुष की जो कठोरता होती है, वह उनसे छूट जाती है; वे अधिक स्त्रैण, सरल-सुकोमल हो जाते हैं। उनका शरीर स्त्री जैसा हो जाता है। उनमें स्त्री जैसा लालित्य और प्रसाद आ जाता है। उनकी आंखें, उनका चेहरा, उनका चलना, उनका बैठना—सभी कुछ स्त्रैण हो जाता है। वे फिर कठोर, आक्रामक, उग्र नहीं रह जाते।

'चंद्र पर संयम संपन्न करने से तारों-नक्षत्रों की समग्र व्यवस्था का ज्ञान प्राप्त होता है।'

अगर व्यक्ति संयम को, अपने साक्षी भाव को हारा केंद्र तक ले आए, तो वह अपनी देह के भीतर के सभी नक्षत्रों को जान सकता है—अपने भीतर के सभी केंद्रों को जान सकता है। क्योंकि जब व्यक्ति सूर्य-केंद्र पर केंद्रित होता है तो वह इतना उत्तेजित, इतना उत्तप्त होता है कि उसे कुछ भी दिखाई नहीं पड़ता, उसे स्पष्टता उपलब्ध हो ही नहीं सकती। स्पष्टता उपलब्ध करने के लिए पहले चंद्र-केंद्र तक आना होता है। ऊर्जा-रूपांतरण में चंद्र-केंद्र एक विराट घटना का कार्य करता है।

थोड़ा इसे समझने की कोशिश करें।

आकाश में भी चंद्रमा को ऊर्जा सूर्य से ही मिलती है, फिर चंद्रमा सूर्य की रोशनी को ही प्रतिबिंबित करता है। उसकी अपनी स्वयं की तो कोई ऊर्जा, कोई रोशनी होती नहीं है, वह तो केवल सूर्य की रोशनी को ही प्रतिबिंब करता है। लेकिन फिर भी चंद्रमा सूर्य की रोशनी की गुणवत्ता को पूरी तरह से बदल देता है। चंद्रमा की तरफ देखने से हमें एक तरह की शांति और शीतलता अनुभव होती है, सूर्य की तरफ देखने से उत्तेजना और पागलपन छाने लगता है। चंद्रमा की तरफ देखने से ऐसा लगता है कि जैसे चारों ओर बहुत ही शांति छा गयी हो।

बुद्ध पूर्णिमा की रात को ही संबोधि को उपलब्ध हुए थे।

असल में जो लोग भी संबोधि को उपलब्ध हुए हैं, वे सभी रात्रि के समय ही संबोधि को उपलब्ध हुए हैं। एक भी आदमी दिन के समय संबोधि को उपलब्ध नहीं हुआ। महावीर रात्रि के समय संबोधि को उपलब्ध हुए। जिस रात महावीर संबोधि को उपलब्ध हुए अमावस की रात थी, चारों ओर पूरी तरह से अंधकार था। और बुद्ध पूर्णिमा की रात संबोधि को उपलब्ध हुए। लेकिन दोनों ही रात के समय संबोधि को उपलब्ध हुए। ऐसा तो कभी हुआ ही नहीं कि कोई भी दिन के समय संबोधि को उपलब्ध हुआ हो। ऐसा होगा भी नहीं, क्योंकि संबोधि के लिए ऊर्जा को सूर्य से चंद्रमा की ओर बढ़ना होता है। क्योंकि संबोधि की अवस्था में सभी प्रकार की उत्तेजना शांत हो जाती है, सारे तनाव शिथिल हो जाते हैं। संबोधि परम विश्रांति है—परम विश्रांति की अवस्था है। जिसमें जरा भी कहीं कोई हलन-चलन, कंपन नहीं रह जाता।

थोड़ा इस प्रयोग को करके देखना। जब कभी तुम्हारे पास समय हो, तो बस अपनी आंखें बंद कर लेना...प्रारंभ में अनुभव करने के लिए नाभि के दो इंच नीचे की जगह अपनी अंगुलियों से दबा देना, और उसके प्रति सजग हो जाना, जागरूक हो जाना। तुम्हारी श्वास वहीं तक जाएगी। जब तुम

स्वाभाविक रूप से श्वास लेते हो, तो पेट ऊपर होता है, फिर नीचे होता है, फिर पेट ऊपर होता है, नीचे होता है, इस भांति ऊपर-नीचे होता रहता है। धीरे-धीरे तुम अनुभव करने लगोगे कि तुम्हारी श्वास ठीक हारा को छू रही है। श्वास हारा को छुएगी ही।

इसीलिए तो जब श्वास रुक जाती है तो व्यक्ति मर जाता है, क्योंकि तब श्वास हारा को नहीं छू रही होती है। श्वास का संबंध हारा से टूट चुका होता है, जब श्वास का संबंध हारा से टूट जाता है तो व्यक्ति मर जाता है। मृत्यु हारा-केंद्र से ही होती है।

जब पुरुष युवा होता है तो वह सूर्य के समान ऊर्जा से भरा होता है; जब पुरुष वृद्धावस्था की ओर बढ़ने लगता है तो वह चंद्रमा के समान शीतल और ठंडा होने लगता है। जब स्त्री युवा होती है तो वह चंद्र के समान शीतल और ठंडी होती है, जब वह वृद्ध होने लगती है तो वह सूर्य के समान तेज हो जाती है। इसीलिए तो बहुत सी स्त्रियां जब वे वृद्ध होने लगतीं हैं तो उनकी मूंछें निकलने लगती हैं, वे सूर्यगत हो जाती हैं। वर्तुल घूम जाता है, वर्तुल पूरा हो जाता है। बहुत से पुरुष जब वे वृद्धावस्था की ओर बढ़ने लगते हैं तो वे झगड़ालू, चिड़चिड़े, क्रोधी हो जाते हैं, वे क्रोध में ही जीने लगते हैं—हर समय, हर बात के लिए वे क्रोधित रहते हैं। वे चंद्र-केंद्र की ओर बढ़ रहे होते हैं। उन्होंने अपनी ऊर्जा को रूपांतरित नहीं किया है, वे केवल एक सांयोगिक जीवन जीते हैं। स्त्रियां वृद्धावस्था में अधिक आक्रामक हो जाती हैं, क्योंकि उनका चंद्र-केंद्र खाली हो जाता है। उन्होंने उस केंद्र का उपयोग कर लिया होता है; उनका सूर्य-केंद्र अभी भी ताजा और नवीन होता है, उसका उपयोग अभी किया जा सकता है।

पुरुष अपनी वृद्धावस्था में स्त्रियों जैसा व्यवहार करने लगता है, और वह ऐसे काम करने लगता है जिनकी उनसे कभी अपेक्षा ही नहीं की जा सकती थी। उदाहरण के लिए प्रत्येक बात में स्त्री और पुरुष में भिन्नता होती है। अगर पुरुष क्रोधित होता है, तो वह सामने वाले को चोट पहुंचाना चाहता है; अगर स्त्री क्रोधित होती है तो वह बड़बड़ाने लगती है और सामने वाले को सताने लगती है और...लेकिन फिर भी वह किसी को चोट नहीं पहुंचाती है। वह आक्रामक नहीं होती है, फिर भी वह निष्क्रिय ही रहती है।

मैंने सुना है कि एक स्त्री अपने भाषण में बंदूक की गोली जैसे दागती हुई बोली, 'आज तक,' वह जोर से चिल्लायी, गुस्से से भरकर गरजते हुए, खूब ऊंची आवाज में बोली, 'स्त्रियों को हजारों ढंग से प्रताड़ित किया गया है और कई-कई ढंगों से उन्हें सताया गया है।'

फिर वह यह देखने के लिए थोड़ा रुकी कि उसकी बात का जनता पर क्या प्रभाव पड़ा है।

आगे की पंक्ति में बैठे हुए एक विनम्र और छोटे आदमी ने अपना हाथ उठाया और बोला, 'मुझे मालूम है, एक ढंग ऐसा भी है जिसमें स्त्रियों ने कभी कोई पीड़ा, कभी कोई कष्ट नहीं उठाया है।'

भाषण करने वाली स्त्री ने उसकी ओर घूरकर देखा और कड़ककर पूछा, 'वह कौन सा ढंग है?'

उसने जवाब दिया, 'स्त्रियां कभी भी चुप रहने वाली पीड़ा को नहीं उठाती हैं।'

निष्क्रिय ऊर्जा झंझट खड़ी करने वाली होती है। क्या तुमने कभी इस पर ध्यान दिया है? लड़कों के बोलने से पहले ही लड़कियां बोलना शुरू कर देती हैं। जहां तक बोलने का संबंध है लड़कियां हमेशा बोलने में आगे रहती हैं—स्कूल हो, कालेज हो, या विश्वविद्यालय हो—बोलने में

लड़कियां हमेशा लड़कों से आगे रहती हैं। लड़के पीछे बोलना शुरू करते हैं, लड़कियां उनसे छह या आठ महीने पहले ही बोलना शुरू कर देती हैं। और लड़की बोलने में बहुत जल्दी कुशल हो जाती है, एकदम कुशल हो जाती है। हो सकता है कि वह व्यर्थ की बकवास ही करती हो, लेकिन बोलती वह बड़ी कुशलता से है। लड़का बोलने में हमेशा पीछे रह जाता है। वह लड़ सकता है, दौड़ सकता है, आक्रामक हो सकता है, लेकिन बोलने में वह लड़कियों के समान कुशल नहीं होता है।

स्त्री और पुरुष दोनों की ऊर्जाएं अलग-अलग ढंग से कार्य करती हैं। जो चंद्र-ऊर्जा होती है, अगर जीवन ठीक से न चल रहा हो तो वह उदास हो जाती है। सूर्य-ऊर्जा जीवन के ठीक से गतिमान न होने पर क्रोधित हो जाता है।

इसीलिए स्त्रियां बहुत जल्दी उदास हो जाती हैं, और पुरुष बहुत जल्दी क्रोध से भर जाते हैं। अगर पुरुष को लगता है कि कहीं कुछ गलत हो रहा है, तो वह उसे ठीक करने की कोशिश करेगा, लेकिन स्त्री प्रतीक्षा करती रहेगी। अगर पुरुष क्रोधित होता है तो वह किसी की हत्या कर देना चाहेगा। अगर स्त्री क्रोधित होगी तो वह आत्महत्या करना चाहेगी। क्रोधित पुरुष के मन में पहली बात यही आती है कि जाकर किसी की हत्या कर दे, और अगर स्त्री क्रोधित होगी तो उसके मन में पहली बात आत्महत्या कर लेने की, स्वयं को ही खतम कर देने की आएगी। क्या तुमने कभी पति-पत्नी को झगड़ते हुए देखा है? अगर पति क्रोधित होगा तो पत्नी को मारने लगेगा, और अगर पत्नी क्रोधित होगी तो वह स्वयं को ही मारने लगेगी। उनकी क्रियाशीलता में भेद होता है।

लेकिन एक समग्र मनुष्य दोनों ही ऊर्जाओं का जोड़ होता है—सूर्य और चंद्र का जोड़ होता है। जब दोनों ऊर्जाएं बराबर-बराबर अनुपात में और संतुलित होती हैं, तो व्यक्ति शांत हो जाता है। जब भीतर के स्त्री और पुरुष संतुलित हो जाते हैं, तो ऐसी शक्ति व थिरता प्राप्त हो जाती है, जो इस पृथ्वी की नहीं होती है। सूर्य चंद्र में समाहित हो जाता है, चंद्र सूर्य में समाहित हो जाता है, और व्यक्ति शांत हो जाता है...तब व्यक्ति अपने में प्रतिष्ठित रहता है, उसके भीतर कहीं कोई कंपन नहीं होता, फिर कोई विशेष उद्देश्य नहीं रह जाता, और न ही किसी तरह की कोई आकांक्षा शेष रह जाती है।

और जब हारा की क्रियाशीलता को अनुभव करना संभव हो और जब सूर्य-ऊर्जा हारा के माध्यम से रूपांतरित हो जाती है, तब फिर स्वयं के भीतर बहुत सी चीजें देखी जा सकती हैं। स्वयं के भीतर के पूरे सौर-मंडल को और भीतर के छिपे हुए तारों को देखा जा सकता है। यह तारे कैसे होते हैं? हमारे भीतर का केंद्र तारे ही होते हैं।

अंतस आकाश का प्रत्येक केंद्र एक तारे की तरह होता है, और प्रत्येक केंद्र को जानने के लिए संयम को वहां प्रतिष्ठित करना जरूरी होता है, क्योंकि प्रत्येक तारे के पीछे कई रहस्य छिपे होते हैं। तब वे रहस्य उदघटित हो जाते हैं। व्यक्ति एक विराट पुस्तक है—सब से बड़ी पुस्तक है—और जब तक व्यक्ति स्वयं को ही नहीं पढ़ लेता है तब तक शेष सभी पढ़ाई व्यर्थ है।

जब सुकरात जैसे लोग कहते हैं कि स्वयं को जानो, तो उनका यही अर्थ होता है। उनका अर्थ होता है कि तुम्हें तुम्हारे अंतर-अस्तित्व के संपूर्ण जगत को जान लेना है, उसके प्रत्येक अंश को जान लेना है। स्वयं के प्रत्येक कोने-कोने को देख लेना है, उसे प्रकाशित कर लेना है, और तब व्यक्ति स्वयं को जान सकेगा कि वह क्या है—व्यक्ति एक ब्रह्मांड है, उतना ही असीम और विशाल जितना

कि बाहर का ब्रह्मांड है; उससे भी ज्यादा विशाल क्योंकि व्यक्ति उसके प्रति जागरूक भी होता है, क्योंकि व्यक्ति केवल जीवित ही नहीं होता, बल्कि यह भी जानता है कि वह जीवित है, क्योंकि वह जीवन के प्रति साक्षी भी हो सकता है।

ध्रुवे तद्गतिज्ञानम्।

'ध्रुव-नक्षत्र पर संयम संपन्न करने से तारों-नक्षत्रों की गतिमयता का ज्ञान प्राप्त होता है।'

और हमारे अंतर-अस्तित्व का ध्रुव तारा कौन सा है? ध्रुव तारा बहुत प्रतीकात्मक है। पौराणिक कथाओं के अनुसार यही समझा जाता है कि ध्रुव तारा ही एकमात्र ऐसा तारा है जो पूर्णतया गति विहीन है, उसमें कोई गति नहीं है, वह थिर है। लेकिन यह बात सच नहीं है। उसमें गति है, लेकिन उसकी गति बहुत धीमी होती है। लेकिन फिर भी यह बहुत प्रतीकात्मक है: हमको अपने भीतर कुछ ऐसा खोज लेना है जो कि गति विहीन हो, जिसमें किसी प्रकार की गति न हो, पूरी तरह थिर हो। वही हमारा स्वभाव है, केवल वही हमारा वास्तविक अस्तित्व है, हमारा सच्चा स्वरूप है: ध्रुवतारे जैसा—गति विहीन, पूर्णरूपेण गति विहीन। क्योंकि जब भीतर कहीं कोई गति नहीं होती है, तब शाश्वतता होती है; जब गति होती है, तो समय भी होता है।

गति के साथ ही समय की आवश्यकता होती है; रुकने के लिए, ठहरने के लिए समय जरूरी नहीं है। अगर हम गतिवान होते हैं तो उसका कहीं प्रारंभ होगा तो कहीं अंत भी होगा। सारी गतिशीलताओं का प्रारंभ भी होता है और अंत भी होता है; उनका जन्म भी होता है और मृत्यु भी होती है। लेकिन अगर किसी प्रकार की कोई गति न हो, तो न तो प्रारंभ ही होता है, और न ही अंत होता है। तब न तो जन्म होता है और न ही मृत्यु होती है।

तो हमारे भीतर वह ध्रुव तारा कहां है?

उसे ही योग साक्षी कहता है, विटनेस कहता है। साक्षी ही है हमारे भीतर का ध्रुव तारा। तो पहले अपना संयम सूर्य-ऊर्जा पर ले आओ, क्योंकि साधारणतया व्यक्ति जैविक रूप से वहीं पर जीता है। वहीं तुम अपने को पा सकते हो। जो कि पहले से ही है। फिर उस सूर्य-ऊर्जा को चंद्र-ऊर्जा में रूपांतरित करना है: और शीतल, एकाग्रचित्त और शांत होते जाना है। सभी तरह की उत्तेजनाओं को, उत्ताप को, बिदा होने दो, ताकि तुम अंतर-आकाश को देख सको। और फिर पहली बात जो जानने की होती है: वह यह है कि इन सबको देखने वाला कौन है? इन सबको जो देखता है वही तो है ध्रुव तारा, क्योंकि द्रष्टा ही तो भीतर एकमात्र अचल थिर और देखने वाला है।

इसे ऐसे समझने की कोशिश करो।

तुम क्रोधित होते हो, लेकिन तुम हमेशा-हमेशा के लिए क्रोध में नहीं रह सकते हो। यहां तक कि कितना ही बड़े से बड़ा क्रोधी आदमी हो, वह भी थोड़ा-बहुत तो हंसता ही है, उसे हंसना ही पड़ता है। वह क्रोध की अवस्था स्थायी हो नहीं सकती। उदास से उदास आदमी भी मुस्कुराता है; और जो आदमी हमेशा हंसता रहता है, वह भी कई बार रोता है, चीखता है, चिल्लाता है। आदमी की भावदशा और संवेदनाएं हमेशा एक जैसी नहीं रहती हैं। इसीलिए तो अंग्रेजी में इसे इमोशंस कहते हैं; यह आया है मोशन से, यानी गति से। वे गतिशील रहती हैं, मोशन में रहती हैं, इसीलिए वे इमोशंस कहलाती हैं। हमारी भावदशाएं हमेशा बदलती रहती हैं। अभी हम उदास हैं, तो दूसरे ही क्षण प्रसन्न

हो जाते हैं। अभी हम क्रोधित हैं, तो दूसरे क्षण ही बहुत करुणावान हो जाते हैं। अभी प्रेमपूर्ण हैं तो दूसरे ही क्षण घृणा से भर जाते हैं। सुबह सुंदर और सुहावनी है तो सांझ कुरूप, असुंदर और बोझिल हो जाती है। इसी भांति जीवन चलता जाता है।

लेकिन यह हमारा वास्तविक स्वभाव नहीं है, क्योंकि इन सभी परिवर्तनों के पीछे कोई ऐसा धागा तो होना ही चाहिए जो इन सबको थामे रहे। जैसे किसी माला में पिरोए हुए फूल तो दिखायी पड़ते हैं, लेकिन धागा दिखायी नहीं पड़ता; लेकिन धागा सारे फूलों को एक साथ जोड़े रखता है। तो हमारी यह सभी भावनात्मक अवस्थाएं, इमोशंस फूलों की भांति ही हैं : हम कभी क्रोध में होते हैं, तो कभी उदास होते हैं। कभी आनंद के, खुशी के फूल होते हैं, तो कभी पीड़ा के, व्यथा से भरे फूल होते हैं। लेकिन यह सभी अवस्थाएं फूलों जैसी हैं, और हमारा पूरा जीवन फूलों की माला है। हमारे जीवन को एक सूत्र में पिरोए रखने के लिए जरूर कहीं कोई धागा भी होगा, वरना हम बहुत पहले ही बिखर गए होते। हमारा अस्तित्व तो हमेशा रहता है।

तो वह कौन सा धागा है, वह कौन सा ध्रुव तारा है? वह हमारे भीतर का स्थायी तत्व क्या है?

धर्म की पूरी की पूरी खोज यही तो है कि व्यक्ति के भीतर शाश्वत और स्थायी तत्व कौन सा है। अगर हम नश्वर के साथ ही संबंध बनाए रखते हैं, तो हम संसार में जीते हैं। जैसे ही हम अपना ध्यान अपने भीतर की शाश्वतता पर केंद्रित कर देते हैं, हम धार्मिक होने लगते हैं।

साक्षी हो जाओ, विटनेस हो जाओ। तुम अपने क्रोध के साक्षी हो सकते हो। तुम अपनी उदासी के साक्षी हो सकते हो। तुम अपने संताप के साक्षी हो सकते हो। तुम अपने आनंद के भी साक्षी हो सकते हो। कोई सी भी भाव दशा हो, साक्षीभाव वही का वही रहता है।

उदाहरण के लिए, रात को हम सोते हैं। दिन तो जा चुका है और जिस छवि को लेकर हम दिनभर घूमते रहे—कि मैं कौन हूं क्या हूं—वह भी रात्रि में सोने में खो जाती है। दिन में मैं बहुत ही धनी आदमी हो सकता हूं, लेकिन रात सपने में भिखारी हो सकता हूं।

सम्राट अपने सपनों में भिखारी बन जाते हैं, भिखारी अपने सपनों में सम्राट बन जाते हैं, क्योंकि सपना एक परिपूर्ति होता है। यहां तक कि कई बार सम्राट भी भिखारियों के प्रति ईर्ष्या और जलन अनुभव करते हैं, क्योंकि भिखारी सड़कों पर स्वतंत्र रूप से, मस्ती में घूमते हैं—जैसे उन्हें किसी बात से कुछ लेना-देना नहीं है। और फिर भी पूरी दुनिया का आनंद उठा सकते हैं। और फिर वह धूप का, सूरज की किरणों का आनंद ले सकता है। एक सम्राट तो वैसा नहीं कर सकता, उसे तो दूसरे बहुत से काम करने होते हैं। वह तो हमेशा व्यस्त होता है। सम्राट देखता है कि भिखारी रात्रि में चांद-तारों के नीचे मजे से गीत गा रहे हैं। एक सम्राट तो ऐसा कर नहीं सकता, सम्राट को ऐसा करना शोभा नहीं देता है। तो वे भिखारियों से ईर्ष्या अनुभव करने लगते हैं। सम्राट रात में यही स्वप्न देखते हैं कि वे भिखारी बन गए हैं, भिखारी स्वप्न देखते हैं कि वे सम्राट हो गए हैं, क्योंकि भिखारी भी सम्राट से ईर्ष्या करते हैं। वे महलों के ऐश्वर्य को, धन-वैभव को, वहां चलते आमोद-प्रमोद को देखते रहते हैं। भिखारी भी चाहते हैं कि उन्हें यह सब मिल जाए।

तो जीवन में जो कुछ भी नहीं मिलता है, जिसका हमारे जीवन में अभाव होता है,. वे सभी चीजें हमारे स्वप्नों में आती रहती हैं; सपने परिपूरक होते हैं। अगर स्वप्नों का ठीक-ठीक अध्ययन

किया जाए, तो यह मालूम किया जा सकता है कि जीवन में क्या-क्या कमी है। जब जीवन में किसी भी चीज की कमी नहीं रह जाती, तो तत्क्षण स्वप्न खो जाते हैं, स्वप्न बिदा हो जाते हैं।

इसलिए संबोधि को उपलब्ध व्यक्ति सपने नहीं देख सकता है, उसे सपने आते ही नहीं। स्वप्न देखना उनके लिए असंभव होता है, क्योंकि संबुद्ध व्यक्ति को किसी चीज का कोई अभाव होता ही नहीं है। वह तृप्त होता है, पूर्णरूपेण तृप्त होता है। अगर वह भिखारी भी है, तो भी वह इतना तृप्त होता है कि वह अपने भिखारीपन में भी अपना सम्राट होता है।

एक बार ऐसा हुआ कि एक महान सूफी संत था इब्राहिम, वह एक भिखारी के साथ रहता था। इब्राहिम ने अपना राजपाट त्याग दिया था, क्योंकि उसने उसकी व्यर्थता और मूढ़ता को पहचान लिया था। और इब्राहिम एक साहसी आदमी था। वह अपने राज-पाट को छोड़कर भिक्षुक बन गया। एक बार एक भिक्षुक कुछ दिनों के लिए इब्राहिम के पास आकर ठहरा। वह भिक्षु रोज रात्रि को परमात्मा से प्रार्थना करता, 'हे परमात्मा, कुछ तो कृपा करो। आपने मुझको ही इतना गरीब क्यों बनाया? पूरा संसार तो मजे कर रहा है, सुख-चैन, शांति से रह रहा है। बस, एक मैं ही गरीब हूं। मुझे पेट भर खाना भी नसीब नहीं है, पहनने के लिए मेरे पास कपड़े नहीं हैं, रहने को जगह नहीं है। कुछ तो कृपा करो? कई बार तो मुझे शक होने लगता है कि आप हो भी या नहीं, क्योंकि मेरी प्रार्थना अधूरी ही है।'

इब्राहिम ने उस भिक्षु की यह प्रार्थना एक बार सुनी, दो बार सुनी, तीन बार सुनी; आखिर में एक दिन जब इब्राहिम से रहा न गया तो वह उस भिक्षु से बोला, 'जरा ठहरो। ऐसा लगता है तुम्हें गरीबी बिना कोई कीमत चुकाए मिल गयी है।' वह भिक्षु बोला, 'गरीबी की कीमत? आपका क्या मतलब है? आप क्या कह रहे हैं? क्या गरीबी की भी कीमत चुकानी पड़ती है?'

इब्राहिम बोला, 'हां, मैंने गरीबी को अपना पूरा राज्य देकर पाया है, और तब मैंने गरीबी के सौंदर्य को जाना है। तुमने तो इसे मुफ्त में ही पा लिया है, इसलिए तुम गरीबी का मजा नहीं जानते हो। गरीबी जो स्वतंत्रता देती है तुम उसे नहीं जानते हो, इसलिए तुम इसकी कीमत और इसके महत्व को नहीं जानते हो। तुम्हें नहीं मालूम कि गरीबी क्या होती है। इसलिए पहले तो आवश्यक है कि तुम अमीर आदमी की पीड़ा को जानो, फिर तुम गरीबी के सौंदर्य को जान पाओगे। मैंने दोनों अवस्थाएं देखी हैं...मैं पूरी तरह संतुष्ट हूं।'

इब्राहिम ने कहा, 'सच पूछो तो मैं प्रार्थना भी नहीं कर सकता। क्योंकि मेरे यह समझ में ही नहीं आता है कि मैं प्रार्थना करूं भी तो किस के लिए करूं। ज्यादा से ज्यादा मैं यह कह सकता हूं, 'हे परमात्मा, आपका धन्यवाद।' बस, हो गयी प्रार्थना। कहने को कुछ है ही नहीं। मैं इतना परितृप्त हूं।'

संबुद्ध व्यक्ति स्वप्न नहीं देख सकता : वह अपने आप में परितृप्त होता है। और मैं तुम से कहता हूं कि वह इतना भी नहीं कहेगा कि 'हे परमात्मा, आपका धन्यवाद।' क्यों परमात्मा को व्यर्थ ही परेशान करना? या फिर वह यह बात एक बार कहेगा, और फिर वह रोज डिट्टो कह देगा। कहने में सार भी क्या है? और सचाई तो यह है, परमात्मा जानता ही होगा कि तुम्हारा पूरा हृदय कह रहा है, 'हे प्रभु, धन्यवाद,' तो फिर कहने में सार भी क्या है?

रात जब तुम स्वप्न देखते हो तो तुम अपनी वह छवि भूल जाते हो, जो दिनभर तुम में मौजूद रही। दिन में शायद तुम बड़े विद्वान रहे होगे, रात सोने में भूल जाते हो। दिन में शायद तुम सम्राट

होगे, और रात सोने में भूल जाते हो कि तुम सम्राट हो। दिन में शायद तुम कोई बड़े संन्यासी होगे जो संसार का त्याग कर चुका है, और रात स्वप्न में सुंदर स्त्रियां तुम्हें घेरे रहती हैं और स्वप्न में तुम भूल जाते हो कि तुम एक संन्यासी हो, कि भिक्षु हो और यह अच्छा नहीं है। दिन में अच्छा या बुरा जो कुछ भी होता है वह रात्रि में सोने पर सब कहीं खो जाता है, रात्रि स्वप्न में तुम बिलकुल अलग ही व्यक्ति हो जाते हो। तुम्हारी भावदशा बदल जाती है, आसपास का वातावरण बदल जाता है। लेकिन एक बात हमेशा बनी रहती है, वह है द्रष्टा होने की दिन में अगर तुम अपनी गतिविधियों पर ध्यान रख सको, जैसे—सड़क पर चल रहे हो, या भोजन कर रहे हो, या आफिस जा रहे हो, या आफिस से घर लौट रहे हो, क्रोध में हो या प्रेमपूर्ण हो—अगर प्रतिदिन की इन सब छोटी-छोटी गतिविधियों में होशपूर्वक हो सको, उनके द्रष्टा हो सको, तो रात स्वप्न में भी तुम द्रष्टा रह सकते हो, और तब स्वप्न में भी तुम यह जान सकोगे कि यह तो स्वप्न ही है। मैं तो स्वप्न में ही सम्राट था? ठीक है। तब तुम सब चीजों के द्रष्टा हो सकते हो।

चौबीस घंटों में केवल एक ही चीज स्थायी है और वह है द्रष्टा का होना, साक्षी का होना। यही हमारे भीतर का ध्रुवतारा है।

'ध्रुव-नक्षत्र पर संयम संपन्न करने से तारों-नक्षत्रों की गतिमयता का ज्ञान प्राप्त होता है।'

और ध्यान रहे, पहले तो पतंजलि कहते हैं कि चंद्र पर संयम संपन्न करने से तारों-नक्षत्रों की समग्र व्यवस्था का ज्ञान प्राप्त होता है—कि कौन सा तारा कहां है, और कैसा है।

'ध्रुव-नक्षत्र पर संयम संपन्न करने से तारों-नक्षत्रों की गतिमयता का ज्ञान प्राप्त होता है।'

क्योंकि गति का अनुभव केवल उसी चीज के परिप्रेक्ष्य में हो सकता है जो थिर होती है। अगर कुछ भी थिर न हो तो गतिशीलता को जाना ही नहीं जा सकता है। और अगर सभी कुछ गतिमान हो और हमारे पास ऐसा कोई आधार न हो जिसकी कोई गति न हो; तो हम गति को कैसे जान सकेंगे?

इसीलिए पृथ्वी लगातार घूमती रहती है, लेकिन हमें उसकी गति का आभास नहीं होता। पृथ्वी घूम रही है, और इतनी तीव्रता से घूम रही है कि हम उसकी कल्पना भी नहीं कर सकते। पृथ्वी एक अंतरिक्ष-यान है, जो निरंतर गतिशील है: अपने केंद्र पर लगातार घूम रही है और साथ ही सूर्य के चारों ओर भी बड़ी तीव्रता के साथ चक्कर लगा रही है। पृथ्वी लगातार घूमती चली जा रही है, लेकिन उसकी गति को अनुभव नहीं किया जा सकता—क्योंकि शेष सभी कुछ भी उसी गति से घूम रहा है: पेड़-पौधे, घर, आदमी सभी कुछ उसी गति से घूम रहा है। इसलिए उसकी गति को अनुभव करना असंभव है, क्योंकि उसकी तुलना करने का कोई उपाय नहीं है।

इसे ऐसे सोचो, जैसे तुम्हारे पास खड़े होने को कोई छोटी सी चीज है—सारी पृथ्वी तो घूम रही है, लेकिन तुम नहीं घूम रहे हो—तब तुम समझ सकोगे कि गति क्या है। क्योंकि शेष सभी चीजें इतनी तेजी से घूम रही हैं कि तुम चकरा जाओगे; तब तुम्हारा पूना में रहना असंभव है। फिर कभी फिलेडेलिफिया तुम्हारे सामने से गुजर रहा होगा, तो कभी टोकियो गुजर रहा होगा, और बार-बार...और पृथ्वी घूमती चली जा रही है, परिभ्रमण करती ही चली जा रही है।

पृथ्वी बहुत तेजी से घूम रही है, उस गति को अनुभव करने के लिए हमें थिर होना होगा। मनुष्य इतनी सदियों से पृथ्वी पर रह रहा है और केवल तीन सौ वर्ष पूर्व ही हमें गैलीलियो और

कोपरनिकस द्वारा पता चला कि पृथ्वी घूम रही है। वरना इससे पहले मनुष्य यही समझता रहा कि पृथ्वी केंद्र है, पृथ्वी गति विहीन केंद्र है और दुनिया की शेष अन्य सभी चीजें गतिशील हैं। चांद-तारे, सूर्य सभी घूम रहे हैं, केवल पृथ्वी ही थिर है और वही सभी का केंद्र है।

हमारे भीतर भी साक्षी के अतिरिक्त, विटनेस के अतिरिक्त शेष सभी कुछ गतिशील है। हमारे होश और जागरूकता के अतिरिक्त सभी कुछ निरंतर गतिवान है। जब हम इस साक्षीभाव को जान लेते हैं, या जब हम साक्षी को उपलब्ध हो जाते हैं, तभी केवल यह देख पाना संभव है कि शेष सभी कुछ कितनी तेजी से गतिवान है, शेष सभी कुछ कितनी तेजी से घूम रहा है।

अब थोड़ा एक बहुत ही जटिल बात को भी ठीक से समझ लेना। उदाहरण के लिए, अब तक तो मैं इस ढंग बोल रहा था जैसे कि भीतर के केंद्र थिर होते हैं। लेकिन वे केंद्र थिर नहीं होते हैं। कई बार काम-केंद्र हमारे सिर में होता है, काम-केंद्र हमारे सिर में गतिशील होता है, वह वहां सरक रहा होता है। इसीलिए तो हमारा मन इतना कामवासना से भर जाता है। इसीलिए हम कामवासना के संबंध में निरंतर सोचते रहते हैं, और कामवासना से संबंधित स्वप्नों को संजोए चले जाते हैं। कई बार काम-केंद्र हमारे हाथों में सरक जाता है, और स्त्री को या पुरुष को छू लेने का मन करता है। कई बार काम-केंद्र आंखों में होता है और फिर जो कुछ भी हम देखते हैं, उसे वासना में बदल देते हैं। इसी तरह से फिर मन अश्लील हो जाता है—फिर जो कुछ भी हम देखेंगे, वह काम में, सेक्स में परिवर्तित हो जाती है। कई बार काम-केंद्र कानों में होता है, फिर जो कुछ भी हम सुनेंगे उससे हम कामुक होने लगेंगे।

फिर ऐसा संभव है कि हम मंदिर जाएं और अगर उस समय हमारा काम-केंद्र कानों में गतिमान हो रहा है, तब वहां भजन को सुनते हुए, भक्ति गान को सुनते हुए हम कामुकता का अनुभव करने लगेंगे। और साथ में चिंतित भी होने लगेंगे कि यह क्या हो रहा है? मैं मंदिर में हूं, मैं तो एक भक्त की तरह मंदिर में आया हूं, और यह क्या हो रहा है? और कई बार ऐसा भी होता है कि तुम अपनी प्रेमिका या अपनी पत्नी के बैठे हो, और वह एकदम निकट ही बैठी होती है—केवल निकट ही नहीं होती है, बल्कि आमंत्रण दे रही होती है, प्रतीक्षा कर रही होती है—और उस समय तुम्हें कामवासना की कोई इच्छा ही नहीं होती है। इसका मतलब है उस समय काम-केंद्र अपने केंद्र पर नहीं है, जहां कि उसे होना चाहिए। कई बार ऐसा होता है जब तुम कामवासना की कल्पना कर रहे होते हो, कामवासना के स्वप्नों में खोए होते हो, उस समय तुम अपने को ज्यादा आनंदित अनुभव करते हो; और जब स्त्री के साथ प्रेम कर रहे होते हो उस समय तुम्हें जरा भी आनंद का अनुभव नहीं कर होता है, बिलकुल भी आनंदित नहीं होते हो।

उस समय क्या होता है? हम यह जानते ही नहीं हैं कि हमारा केंद्र कहां पर है। लेकिन जब कोई व्यक्ति साक्षी को उपलब्ध हो जाता है, तो कौन सा केंद्र किस जगह है, उसके प्रति वह बोधपूर्ण हो जाता है उस केंद्र के प्रति वह होश से भर जाता है। और जब व्यक्ति बोध और होश से भर जाता है, तभी कुछ घटने की संभावना होती है।

जब वह केंद्र कानों में होता है, तो वह कानों को ऊर्जा प्रदान करती है। उस समय अगर उन क्षणों का ठीक से उपयोग किया जा सके, तो व्यक्ति एक कुशल संगीतकार बन सकता है। जब वह

केंद्र आंखों में होता है, अगर उस क्षण का उपयोग ठीक से किया जाए, तो व्यक्ति एक कुशल चित्रकार, या एक कुशल कलाकार बन सकता है। तब वृक्षों का हरा रंग कुछ अलग ही दिखायी पड़ता है। तब गुलाब के फूलों का खिलना और उनका गुणधर्म कुछ अलग ही हो जाता है, तब उनके साथ एक प्रकार का तादात्म्य स्थापित हो जाता है। अगर वह काम-केंद्र जिह्वा पर आ जाए, तो व्यक्ति एक बड़ा वक्ता बन सकता है—अपने बोलने के माध्यम से वह लोगों को सम्मोहित कर सकता है। तब एक शब्द भी जब सुनने वालों के हृदय में उतरता है, तो लोग एकदम सम्मोहित हो जाते हैं। यही वे क्षण होते हैं...अगर व्यक्ति का काम-केंद्र आंखों में है, तो बस किसी की तरफ एक दृष्टि का पड़ना और वह व्यक्ति सम्मोहित हो जाता है। तब व्यक्ति चुंबक की तरह हो जाता है, उसमें सम्मोहन की शक्ति आ जाती है। जब काम-केंद्र हाथों में आ जाता है, तो फिर किसी भी चीज को छूने भर से वह सोना बन जाती है। क्योंकि काम-ऊर्जा जीवन से भरी हुई ऊर्जा है।

और यही बात चंद्र-केंद्र के संबंध में भी सत्य है।

अभी तक मैंने केंद्रों की स्थिर स्थितियों के विषयों पर बात की है। साधारणतया वे वहीं पाए जाते हैं, लेकिन फिर भी कुछ स्थिर नहीं है, सभी कुछ गतिवान है। अगर व्यक्ति का मृत्यु-केंद्र उसके हाथ में है और तब अगर ऐसे व्यक्ति को डाक्टर दवाई भी देगा तो भी रोगी मर जाएगा। चाहे चिकित्सक कुछ भी करे, तो भी रोगी को बचाना संभव नहीं है। भारत में यह कहा जाता है, 'डाक्टर के पास चिकित्सक के हाथ होते हैं: जो कुछ भी वह छूता है, वह दवा बन जाती है।' और जो डाक्टर ऐसा न हो, उसके पास भूलकर मत जाना: क्योंकि तब कोई साधारण सी बीमारी का भी वह इलाज़ नहीं कर पाएगा, और मरीज की हालत पहले से भी ज्यादा खराब हो जाएगी।

इस मामले में योगी एकदम सचेत और जागरूक होता है। आयुर्वेद, जो चिकित्सा-विज्ञान भारत में योग के साथ-साथ ही विकसित हुआ है, उसके अंतर्गत चिकित्सक को योगी भी होना पड़ता था। जब तक कोई आदमी योगी न हो जाए, वह चिकित्सक भी नहीं हो सकता था। क्योंकि उसके बिना कोई सच्चा चिकित्सक हो नहीं सकता था। इससे पहले कि कोई चिकित्सक किसी रोगी के पास उसकी चिकित्सा करने के लिए जाए, उस चिकित्सक को अपने अंतर्जगत की व्यवस्था को ठीक से समझना और देखना होता था। अगर मृत्यु-केंद्र उसके हाथों में आ गया हो, तो वह नहीं जाएगा। अगर मृत्यु-केंद्र आंखों में हो, तो वह वहां नहीं जाएगा। उस चिकित्सक का मृत्यु-केंद्र हारा में स्थित होना चाहिए, और जीवन-केंद्र उसके हाथों में होना चाहिए, तभी वह रोगी को देखने कि लिए जाता था। जब सभी केंद्र अपने-अपने स्थान पर होते थे, तभी वह रोगी को देखने जाता था।

जब व्यक्ति अपने अंतर्जगत को जान लेता है, तो बहुत सी बातें जान सकना संभव हो जाता है। तुमने भी इस पर कई बार ध्यान दिया होगा, लेकिन तुम्हें मालूम नहीं होता है कि क्या हो रहा है। कई बार बिना किसी विशेष प्रयास के सफलता मिलती चली जाती है। और कई बार कठोर परिश्रम करने के बाद भी सफलता नहीं मिल पाती; सभी काम असफल होते चले जाते हैं। इसका मतलब है कि उस समय तुम्हारी अंतर-व्यवस्था ठीक नहीं है। तुम गलत केंद्र से काम कर रहे हो।

जब कोई योद्धा युद्ध के मैदान में जाता है, युद्ध के मोर्चे पर जाता है, तो उसे तब ही जाना चाहिए जब मृत्यु-केंद्र उसके हाथ में हो। तब...तब वह बड़ी आसानी से लोगों को मार सकता है।

तब वह साक्षात मृत्यु का ही रूप धारण कर लेता है। 'बुरी नजर का' यही अर्थ होता है : वह व्यक्ति जिसका मृत्यु-केंद्र उसकी आंखों में ठहर गया है। अगर ऐसा आदमी किसी की ओर देख भी ले, तो वह मुसीबतों में फंसता चला जाएगा। उसका देखना भी अभिशाप हो जाता है।

और ऐसे लोग भी हैं जिनकी आंखों में जीवन-केंद्र होता है। वे अगर किसी की तरफ देख भर लें, तो ऐसा लगता है जैसे आशीष बरस गए हों; ऐसे व्यक्ति का देखना और सामने वाला आदमी आनंद से भर जाता है। उसका देखना और सामने वाला व्यक्ति एकदम जीवंत सा हो जाता है।

'ध्रुव-नक्षत्र पर संयम संपन्न करने से तारों-नक्षत्रों की गतिमयता का ज्ञान प्राप्त होता है।'

नाभिचक्रे कायव्यूहज्ञानम्।

'नाभि-चक्र पर संयम संपन्न करने से शरीर की संपूर्ण संरचना का ज्ञान प्राप्त होता है।'

नाभि केंद्र शरीर का केंद्र है, क्योंकि नाभि केंद्र द्वारा ही व्यक्ति मां के गर्भ में पोषित होता है। नौ महीने केवल नाभि-केंद्र के द्वारा ही बच्चा जिंदा रहता है। मां के गर्भ में बच्चा नाभि से जुड़ा रहता है, वही उसके जीवन का स्रोत और सेतु होता है। और जब बच्चे का जन्म हो जाता है, और नाभि केंद्र से जुड़ने वाले रज्जु काट दिया जाता है, तो बच्चा मां से अलग होकर एक स्वतंत्र प्राणी हो जाता है। जहां तक शरीर का संबंध है, नाभि केंद्र बहुत ही महत्वपूर्ण केंद्र है।

'नाभि चक्र पर संयम संपन्न करने से शरीर की संपूर्ण संरचना का ज्ञान प्राप्त होता है।'

और शरीर की संरचना बहुत ही जटिल संरचना है। शरीर बहुत ही नाजुक और कोमल होता है। हमारे शरीर में लाखों-लाखों कोष होते हैं, हमारे छोटे से सिर में लाखों नसें हैं। वैज्ञानिकों ने कई बड़ी-बड़ी जटिल यंत्र-व्यवस्थाएं खोजी हैं, लेकिन आदमी के शरीर की तुलना में वे कुछ भी नहीं हैं—और ऐसी कोई संभावना भी नहीं है कि वे कभी ऐसी कोई और जटिल यंत्र-व्यवस्था निर्मित कर पाएंगे, जो कि इतनी कुशलता से कार्य कर सके। मनुष्य का शरीर सच में ही एक चमत्कार है। और आदमी का शरीर निरंतर सत्तर वर्ष तक, सौ वर्ष तक स्वचालित ढंग से, अपने आप कार्य करता रहता है।

शरीर का अंग-अंग इस ढंग से बना हुआ है जो कि अपने आप में पूर्ण है। शरीर के हर अंग-प्रत्यंग की व्यवस्था अपने आप चलती रहती है : जैसे भोजन; जब कभी हमको भूख लगती है, और जब हमारा पेट भर जाता है, तो भीतर से संकेत मिल जाता है—कि अब बस खाना बंद करो। शरीर भोजन पचाता है; और उससे ही रक्त, हड्डी, मांस-मज्जा का निर्माण होता है। और तो व्यर्थ का खाद्य-पदार्थ भीतर होता है, उसे शरीर बाहर फेंककर स्वयं को स्वच्छ करता रहता है। क्योंकि शरीर में प्रतिपल न जाने कितने कोष मर रहे होते हैं, शरीर को कोषों को निकालकर बाहर भी फेंकना होता है। इस तरह शरीर कोषों का निर्माण भी करता है, और मृत कोषों को बाहर फेंककर स्वयं को स्वच्छ एवं सुव्यवस्थित भी करता रहता है। और यह सभी कुछ स्वचालित ढंग से चलता रहता है।

अगर व्यक्ति जीवन के सहज-स्वभाव का अनुसरण करे, तो शरीर अपने आप बहुत ही सुंदर और सुव्यवस्थित ढंग से कार्य करता है। और तब शरीर के साथ एक तरह की लयबद्धता निर्मित हो जाती है।

नाभि केंद्र को जान लेने से शरीर की संपूर्ण कार्य व्यवस्था को जाना जा सकता है।

इसी तरह से योग के शरीर-विज्ञान को जाना गया। योग के शरीर-विज्ञान को बाहर से नहीं जाना गया है, या योग ने इसे किसी पोस्टमार्टम की रिपोर्ट से नहीं जाना है। क्योंकि योग के अनुसार जब किसी व्यक्ति की मृत्यु हो जाती है, तब जो कुछ भी हम उस आदमी के विषय में जानते हैं, वही बात जीवित आदमी के विषय में सच नहीं होती। क्योंकि मृत व्यक्ति जीवित व्यक्ति से एकदम अलग होता है। अब वैज्ञानिकों को इस तथ्य का थोड़ा-थोड़ा आभास होने लगा है कि पोस्टमार्टम की रिपोर्ट बस एक अनुमान ही है; क्योंकि जब किसी व्यक्ति की मृत्यु हो जाती है, तब शरीर कुछ अलग हो जाता है, और जब व्यक्ति जीवित होता है, तब शरीर अलग ढंग से कार्य करता है। इसलिए मृत शरीर के संबंध में हम जो कुछ भी जानतें हैं, वह जीवित शरीर के साथ थोड़ा-बहुत मेल खा सकता है, लेकिन एकदम वैसा ही नहीं हो सकता है।

योग ने अंतर्जगत के माध्यम से शरीर-विज्ञान को जाना है। योग ने शरीर-विज्ञान को जीवन की जागरूकता और होश के माध्यम से आविष्कृत किया है। इसी कारण बहुत सी ऐसी बातें जिनकी योग बात करता है, लेकिन आधुनिक शरीर-विज्ञान उससे सहमत नहीं है। क्योंकि आधुनिक शरीर-विज्ञान मृत व्यक्ति की लाश के आधार पर निर्णय लेता है, और योग का सीधा संबंध जीवन से है।

थोड़ा सोचो। जब बिजली तारों से होकर गुजर रही हो, उस समय अगर तुम तारों को काट दो, तो तुम्हें एक तरह का अनुभव होगा। और जब बिजली तारों से नहीं गुजर रही हो, उस समय तारों को काटो, तो तुम्हें दूसरी तरह का अनुभव होगा। और यह दोनों अनुभव एक-दूसरे से एकदम अलग होंगे।

तुम मृत शरीर की चीर-फाड़ कर सकते हो, जीवित शरीर की इस तरह से चीर-फाड़ नहीं की जा सकती है, क्योंकि उसकी चीर-फाड़ करने में ही व्यक्ति मर जाएगा। इसलिए एक न एक दिन शरीर-वैज्ञानिकों को योग के अन्वेषण से सहमत होना ही पड़ेगा कि अगर जीवंत शरीर को जानना है, तो उसे उसी समय जाना जा सकता है जब उसमें विद्युत तत्व प्रवाहित हो रहे हों, जब उसमें प्राणों का संचार हो रहा हो। और यह केवल स्वयं के भीतर उतरकर ही जाना जा सकता है कि शरीर क्या है, और उसकी कैसी व्यवस्था है।

अगर किसी मृत शरीर के संबंध में जानना हो, उसमें कुछ खोजना हो, तो किसी ऐसे घर में जाना जिसका मालिक घर में न हो। वहां तुम्हें थोड़ा-बहुत फर्नीचर और सामान पड़ा हुआ मिल जाएगां, लेकिन वहां पर कोई जीवित आदमी न होगा। जब घर का मालिक घर में हो, तब उसके घर में जाओ, तो उस आदमी की उपस्थिति पूरे घर में होती है। ऐसे ही जब कोई व्यक्ति जीवंत होता है, तो उसकी जीवंतता प्रत्येक कोषिका को गुणात्मक रूप से कुछ भिन्न बना रही होती है। जब कोई व्यक्ति मर जाता है, तो बस केवल एक मृत शरीर ही पड़ा होता है, केवल पदार्थ ही पड़ा रह जाता है।

'कंठ पर संयम संपन्न करने से क्षुधा व पिपासा की अनुभूतियां क्षीण हो जाती हैं।'

ये आंतरिक अन्वेषण हैं। योग जानता है कि अगर हमको भूख लगती है, तो भूख पेट में ही अनुभव नहीं होती है। जब प्यास लगती है, तो वह ठीक-ठीक गले में ही अनुभव नहीं होती। पेट मस्तिष्क को भूख की सूचना देता है, और फिर मस्तिष्क हम तक इसकी सूचना पहुंचाता है; उसके पास कुछ अपने संकेत होते हैं। उदाहरण के लिए, जब हमें प्यास लगती है, तो मस्तिष्क ही गले में

प्यास की अनुभूति को जगा देता है। जब शरीर को पानी चाहिए होता है, तो मस्तिष्क गले में प्यास के लक्षण जगा देता है, और हमको प्यास लगने लगती है। जब हमें भोजन चाहिए होता है, तो मस्तिष्क पेट में कुछ निर्मित करने लगता है और भूख सताने लगती है।

लेकिन मस्तिष्क को बड़ी आसानी से धोखा दिया जा सकता है: पानी में शक्कर घोलकर पी लो और भूख शांत हो जाती है। क्योंकि मस्तिष्क केवल शक्कर की ही बात समझ सकता है। तो इसलिए अगर शक्कर खा लो, या पानी में शक्कर घोलकर पी लो, तो तुरंत मस्तिष्क को यह लगने लगता है कि अब कुछ और नहीं चाहिए; भूख मिट जाती है। इसीलिए जो लोग बहुत ज्यादा मीठे पदार्थ खाते हैं उनकी भोजन में रुचि समाप्त हो जाती है। शक्कर की थोड़ी सी मात्रा से पोषण नहीं हो सकता है, लेकिन मस्तिष्क मूर्ख बन जाता है। शक्कर खाकर व्यक्ति मस्तिष्क तक यह सूचना पहुंचा देता है कि उसने कुछ खा लिया है। तत्क्षण मस्तिष्क सोचता है शक्कर की मात्रा शरीर में बढ़ गयी है, तो बस अब दूसरे भोजन की आवश्यकता नहीं है। मस्तिष्क को लगता है कि तुमने खूब खा लिया और भोजन में शक्कर की मात्रा ज्यादा हो गयी है। तुमने तो शक्कर की गोली ही खायी है: इस तरह से मस्तिष्क को एक भ्रम निर्मित हो जाता है।

योग ने यह बात खोज ली है कि किन्हीं सुनिश्चित केंद्रों पर संयम संपन्न करने से चीजें तिरोहित हो सकती हैं। उदाहरण के लिए, अगर कोई कंठ पर संयम ले आए, तो उसे न तो प्यास लगेगी, और न ही भूख लगेगी। इसी तरह से योगी लोग लंबे समय तक उपवास कर लेते थे। महावीर के लिए ऐसा कहा जाता है कि वे कई बार तीन महीने, चार महीने तक निरंतर उपवास करते थे। जब महावीर अपनी ध्यान और साधना में लीन थे, तो कोई बारह वर्ष की अवधि में करीब ग्यारह वर्ष तक वे उपवासे ही रहे, भूखे ही रहे। तीन महीने उपवास करते और फिर एक दिन थोड़ा आहार लेते थे, फिर एक महीने उपवास करते, और फिर बीच में दो दिन भोजन ले लेते थे; इसी तरह से निरंतर उनके उपवास चलते रहते थे। तो बारह वर्षों में कुल मिलाकर एक वर्ष उन्होंने भोजन लिया; इसका अर्थ हुआ कि बारह दिन में एक दिन भोजन और ग्यारह दिन उपवास।

वे ऐसा कैसे करते थे? कैसे वे ऐसा कर सकते थे? यह बात तो असंभव ही मालूम होती है, आम आदमी के लिए असंभव है भी। लेकिन योग के पास कुछ रहस्य हैं।

अगर कोई व्यक्ति कंठ में एकाग्र रहता है...थोड़ा कोशिश करके देखना। अब जब तुम्हें प्यास लगे, तो अपनी आंखें बंद कर लेना, और अपना पूरा ध्यान कंठ पर एकाग्र कर लेना। जब पूरा ध्यान उसी में स्थित हो जाता है, तो तुम पाओगे कि कंठ एकदम शिथिल हो गया है। क्योंकि जब तुम्हारा पूरा ध्यान किसी एक चीज पर एकाग्र हो जाता है, तो तुम उस से अलग हो जाते हो। कंठ में प्यास लगती है, और हमें लगता है जैसे मैं ही प्यासा हूं। अगर तुम प्यास के साक्षी हो जाओ, तो अचानक ही तुम प्यास से अलग हो जाओगे। प्यास के साथ जो तुम्हारा तादात्म्य हो गया था वह टूट जाएगा। तब तुम जानोगे कि कंठ प्यासा है, मैं प्यासा नहीं हूं। और तुम्हारे बिना तुम्हारा कंठ कैसे प्यासा हो सकता है?

क्या तुम्हारे बिना शरीर को भूख लग सकती है? क्या किसी मृत आदमी को कभी भूख या प्यास लगती है? चाहे पानी की एक-एक बूंद शरीर से उड़ जाए, शरीर से पानी की एक-एक बूंद

विलीन हो जाए, तो भी मृत व्यक्ति को प्यास का अनुभव नहीं होगा। शरीर को प्यास अनुभव करने के लिए शरीर के साथ तादात्म्य चाहिए।

कभी इस प्रयोग को करके देखना। जब कभी तुम्हें भूख लगे तो अपनी आंखें बंद कर लेना, और अपने कंठ तक गहरे उतर जाना... फिर ध्यान से देखना। तुम देखोगे कि कंठ तुम से अलग है। और जैसे ही तुम देखोगे कि कंठ तुम से अलग है, तो शरीर यह कहना बंद कर देगा कि शरीर भूखा है। शरीर भूखा हो नहीं सकता है, शरीर के साथ तादात्म्य ही भूख को निर्मित करता है।

'कूर्म-नाड़ी नामक नाड़ी पर संयम संपन्न करने से, योगी पूर्ण रूप से थिर हो जाता है।'

कूर्म-नाड़ी प्राण की, श्वास की वाहिका है। अगर हम चुपचाप, शांतिपूर्वक अपने श्वसन पर ध्यान दें, किसी भी ढंग से श्वास की लय न बिगड़े, न तो श्वास तेज हो और न ही धीमी हो; बस उसे स्वाभाविक और शिथिल रूप से चलने दें। तब अगर हम केवल श्वास को देखते रहें, तो हम धीरे-धीरे थिर होने लगेंगे। फिर भीतर किसी तरह की कोई हलन-चलन नहीं होगी। क्यों? क्योंकि सभी हलन-चलन, गति श्वास के द्वारा ही होती है। श्वास से ही पूरी की पूरी गति होती है। श्वास ही सारी हलन-चलन और गतियों का संचरण करती है। जब श्वास रुक जाती है, तो व्यक्ति मर जाता है—फिर वह चल-फिर नहीं सकता, हिल-डुल नहीं सकता।

अगर व्यक्ति निरंतर श्वास पर ही संयम करता रहे, कूर्म-नाड़ी पर ही केंद्रित रहे, तो धीरे-धीरे एक ऐसी अवस्था आ जाएगी जहां पर श्वास करीब-करीब रुक ही जाती है।

योगी इस ध्यान की प्रक्रिया को दर्पण के सामने करते हैं, क्योंकि योगी की श्वास धीरे-धीरे इतनी शांत हो जाती है कि उसे श्वास चल रही है या नहीं इसकी प्रतीति भी नहीं रह जाती है। अगर दर्पण पर श्वास की कुछ धुंध आ जाए, तो ही उन्हें मालूम पड़ता है कि उनकी श्वास चल रही है। कई बार योगी ध्यान में इतने शांत और थिर हो जाते हैं कि उन्हें यह मालूम ही नहीं पड़ता है कि वे भी जिंदा हैं या नहीं। ध्यान की गहराई में तुम्हें भी यह अनुभव कभी न कभी घटेगा। उससे भयभीत मत होना। उस समय श्वास लगभग रुक सी जाती है। जब होश अपनी परिपूर्णता पर होता है, उस समय श्वास लगभग ठहर जाती है, लेकिन उस समय परेशान मत होना, भयभीत मत होना। वह कोई मृत्यु नहीं है, वह तो केवल शांत अवस्था है।

योग का संपूर्ण प्रयास ही इस बात के लिए है कि व्यक्ति को ऐसी गहन शांत अवस्था तक ले आए कि फिर उस शांति को कोई भी भंग न कर सके। चेतना ऐसी शांत अवस्था को उपलब्ध हो जाए कि फिर उसकी शांति भंग न हो सके।

मैंने सुना है कि एक बार रास्ते चलते किसी पागल ने एक दुकान पर जाकर एक व्यापारी से पूछा, 'तुम दिनभर सुबह से लेकर रात तक यहां पर बैठे कैसे रहते हो?'

'लाभ कमाने के लिए।'

पागल आदमी ने पूछा, 'लाभ क्या होता है?'

'लाभ कमाने का मतलब है एक के दो बनाना,' व्यापारी ने कहा।

वह पागल बोला, 'यह कोई लाभ कमाना हुआ? लाभ तो तब है जब तुम दो का एक कर दो।'

वह पागल आदमी कोई साधारण पागल न था, वह जरूर कोई प्रज्ञा-पुरुष रहा होगा। वह सूफी गुरु था।

हां, लाभ तो तभी होता है जब तुम दो का एक कर देते हो। लाभ तभी होता है जहां सारे द्वैत गिर जाते हैं, जहां केवल एक ही बचता है।

'योग' का अर्थ है, एक होने की विधि। योग का अर्थ है, जो कुछ अलग-अलग जा पड़ा है उसे फिर से जोड़ना। योग का अर्थ ही है जोड़। योग का अर्थ है, यूनिओ मिस्टिका। योग का अर्थ है, एकता। हां, लाभ की प्राप्ति तभी होती है जब हम दो का एक कर सकें।

और योग का पूरा प्रयास ही इसके लिए है कि शाश्वतता को कैसे पा सकें, चीजों के पीछे छिपी एकात्मकता को कैसे पा सकें, सभी परिवर्तनों, सभी गतियों के पीछे छिपी थिरता को कैसे प्राप्त कर सकें—अमृत को कैसे उपलब्ध हो सकें, मृत्यु का अतिक्रमण कैसे कर सकें।

निश्चित ही हमारी आदतें बाधा खड़ी करेंगी, क्योंकि लंबे समय से हम इन्हीं गलत आदतों के साथ जीते आ रहे हैं। हमारे मन का गलत आदतों के साथ तालमेल बैठ गया है—इसी कारण हम हमेशा हर चीज को खंड-खंड में तोड़ देते हैं। आदमी की बुद्धि इसी के लिए प्रशिक्षित हुई है कि पहले हर चीज को विभक्त कर दो और फिर चीजों का विश्लेषण करो और एक चीज को बहुत रूपों में विभाजित कर दो। मनुष्य आज तक बुद्धि से ही जीता आया है, और वह भूल ही गया है कि चीजों को कैसे जोड़ना है, कैसे एक करना है।

एक आदमी सूफी फकीर, फरीद के पास एक सोने की कैंची भेंट करने के लिए आया। कैंची सच में ही बहुत सुंदर और मूल्यवान थी। लेकिन फरीद ने जैसे ही उस कैंची को देखा, वे उस कैंची को देखकर जोर से हंस पड़े और बोले, 'मैं इस कैंची का क्या करूंगा, क्योंकि मैं किसी चीज को कभी काटता ही नहीं हूं। इस कैंची को तुम ही रखो। हां, ऐसा करो, इस कैंची की बजाय तो तुम मुझे एक सुई लाकर दे दो। और सोने की सुई लाने की भी कोई आवश्यकता नहीं है, कोई सी भी सुई चलेगी—क्योंकि मेरा सारा प्रयास चीजों को जोड़ने का है, उन्हें एक करने का है।

लेकिन हमारी पुरानी आदतें चीजों को विश्लेषित करने की, चीर-फाड़ करने की हैं। हमारी पुरानी आदतें यही हैं कि उसे खोजना है जो निरंतर परिवर्तनशील है। मन तो हमेशा नए में और परिवर्तन में ही रोमांच का अनुभव करता है। अगर कुछ भी बदले नहीं, सब कुछ वैसा का वैसा ही रहे, तो मन उदास हो जाता है। हमें मन की इन आदतों के प्रति सचेत होना होगा; अन्यथा आदतें तो किसी न किसी रूप में बनी ही रहेंगी...और मन बहुत चालाक है।

मैं तुम से एक कथा कहना चाहूंगा :

मौलाना अरशाद वायज एक बहुत बड़ा उपदेशक और एक बड़ा अच्छा वक्ता था, लेकिन था वह एक भिक्षु। एक बार बादशाह ने मौलाना अरशाद को अपने दरबार में बुलाया और कहा, 'मौलाना अपने मंत्रियों के कहने से मैं तुम्हें अपना प्रतिनिधि बनाकर शिराज में शाह शोजाज के दरबार में भेज रहा हूं। फिर भी मैं चाहता हूं कि तुम मुझसे वायदा करो कि बाहर के मुल्क में तुम भिक्षा न मांगोगे—क्योंकि मैं नहीं चाहूंगा कि मेरे द्वारा भेजा हुआ प्रतिनिधि बाहर के मुल्क में भीख मांगे, तो तुम्हें इसके लिए वायदा करना होगा।'

मौलाना से जैसा कहा गया था उसने वैसा ही किया और शिराज की ओर रवाना हो गया।

जिस लक्ष्य से वह आया था जब वह सफल हो गया तो एक दिन शिराज के शाह ने उससे कहा, 'आपके उपदेशों की ख्याति हमारे यहां तक पहुंच चुकी है और हमें आपके उपदेश सुनने की बेहद तमन्ना है।'

सम्राट के ऐसा कहने पर मौलाना राजी हो गया।

नियत दिन, शुक्रवार को मौलाना ने अपना प्रवचन दिया, और उसने इतना हृदय-स्पर्शी प्रवचन दिया कि सुनने वालों की आंखों में आंसू आ गए। लेकिन इससे पहले कि वह मंच से उतरता, वह अपनी भिक्षा मांगने की आदत को रोक न सका।

वह बोला, 'ओ मुसलमानो! कुछ हफ्ते पहले तक मैं भीख मांगता था। लेकिन यहां आने से पूर्व वहां के बादशाह ने मुझे यह शपथ दिलवायी कि मैं आपके शहर में रहते हुए भीख न मांगूंगा। मैं आप से ही पूछता हूं, मेरे भाइयो, अगर मैंने भीख न मांगने की कसम खायी है, तो क्या आप सब ने भी मुझे कुछ भी न देने की कसम खायी है?'

मन बहुत चालाक होता है। वह अपने रास्ते खोज लेता है: 'अगर मैं भीख नहीं मांग सकता, तुम तो दे सकते हो न।'

ध्यान रहे कि मन की आदत है विश्लेषण करने की, और योग है संश्लेषण। तो जब कभी मन विश्लेषण करे, उसे उठाकर एक तरफ रख देना। विश्लेषण के द्वारा तुम अंतिम छोर तक, छोटे से छोटे अणु-परमाणु तक पहुंच जाओगे, लेकिन संश्लेषण के द्वारा तुम विराट और समग्र तक पहुंच जाओगे। विज्ञान खोज करते-करते अणु तक जा पहुंचा, और योग खोजते-खोजते आत्मा तक पहुंच गया। अणु का अर्थ है: लघु, और छोटा। और आत्मा का अर्थ है: विराट। योग ने संपूर्ण को जाना है, समग्र को अनुभव किया है; और विज्ञान ने छोटे और उससे भी छोटे तत्व को जाना है, और इसी तरह वह लघु की ओर चलता चला जा रहा है।

पहले तो विज्ञान ने पदार्थ को अणु में विभाजित किया, फिर विज्ञान ने पाया कि अणु को विभाजित करना कठिन है; फिर जब वे अणु का भी विभाजन करने में सफल हो गए, तो उन्होंने उसे परमाणु कहा। अणु का अर्थ ही होता है वह तत्व जो अविभाज्य हो, जिसे अब और अधिक विभाजित न किया जा सके—लेकिन विज्ञान ने उसे भी विभाजित कर दिया। फिर विज्ञान इलेक्ट्रान व न्यूट्रान तक जा पहुंचा, और उसने सोचा कि अब और विभाजन संभव नहीं है, क्योंकि पदार्थ लगभग अदृश्य ही हो गया है—उसे अब देखना संभव नहीं है। जब इलेक्ट्रान दिखाई ही नहीं देता है, तो कैसे उसका विभाजन संभव हो सकता है? लेकिन अब विज्ञान उसे भी विभाजित करने में सफल हो गया है। बिना इलेक्ट्रान को देखे, वैज्ञानिकों ने उसको भी विभक्त कर दिया है।

वैज्ञानिक इसी तरह से चीजों को विभक्त करते चले जाएंगे...अब सभी कुछ हाथ के बाहर हो गया है।

योग ठीक इसके विपरीत प्रक्रिया है: योग संश्लेषण की प्रक्रिया है। योग जुड़ते जाने की और अधिकाधिक जुड़ते जाने की प्रक्रिया है, जिससे अंत में व्यक्ति अपने पूर्ण स्वरूप तक जा पहुंचे, स्वयं के साथ एक हो जाए। अस्तित्व एक है।

मन को भी सूर्य-मन और चंद्र-मन में विभक्त किया जा सकता है। सूर्य-मन वैज्ञानिक होता है, चंद्र-मन काव्यात्मक होता है। सूर्य-मन विश्लेषणात्मक होता है, चंद्र-मन संश्लेषणात्मक होता है। सूर्य-मन गणितीय, तार्किक, अरस्तूगत होता है, चंद्र-मन बिलकुल अलग ही ढंग का होता है—असंगत होता है, अतार्किक होता है। सूर्य-मन और चंद्र-मन दोनों इतने अलग-अलग ढंग से कार्य करते हैं कि उनके बीच कहीं कोई संवाद नहीं हो पाता।

एक जिप्सी अपने बेटे के साथ बहुत लड़-झगड़ रहा था। वह लड़के से बोला, 'तुम आलसी हो, कुछ भी नहीं करते हो। कितनी बार तुम्हें मैं कहूं कि तुम्हें काम करना चाहिए और अपनी जिंदगी यूं ही आलस में नहीं गुजारनी चाहिए? कितनी बार मुझे तुमसे कहना पड़ेगा कि कलाबाजियां और विदूषक की कला सीख लो, ताकि तुम अपना जीवन सुख-चैन के साथ व्यतीत कर सको।'

फिर बाप ने बेटे को डराने-धमकाने के अंदाज में अपना हाथ उठाया और बोला, 'भगवान कसम, अगर तुम मेरी बात पर ध्यान नहीं दोगे, तो मैं तुम्हें स्कूल में डाल दूंगा; तब तुम बहुत सी मूर्खतापूर्ण जानकारियां इकट्ठी कर लोगे और एक बड़े विद्वान बन जाओगे और अपनी बची हुई जिंदगी को मुसीबतों में और दुख में गुजारोगे।'

यह है जिप्सी मन, अ-मन। जिप्सी सोचता है कि मस्त घुमक्कड़ बन जाओ, चाहे विदूषक ही बन जाओ, पर आनंद से जीओ। और जिप्सी कहता है, 'मैं तुम्हें स्कूल में डाल दूंगा, ताकि तुम सब तरह की उल्टी-सीधी जानकारियां इकट्ठी कर लोगे और विद्वान बन जाओगे—और तब तुम्हारी पूरी जिंदगी व्यर्थ हो जाएगी। तुम दुख में ही जीओगे।'

तुम कौन से केंद्र पर हो यह जानने का प्रयत्न करो: तुम सूर्य-मन हो—तब गणित और तर्क तुम्हारे जीवन-शैली होगी; अगर चंद्र-मन हो—तो काव्य, कल्पनाशीलता तुम्हारी जीवन-शैली होगी। तो तुम क्या हो और तुम्हारी क्या स्थिति है, पहले तो इसे जानना जरूरी है।

और ध्यान रहे, दोनों मन आधे-आधे होते हैं। तुम्हें दोनों के ही पार जाना है। अगर तुम सूर्य-मन हो तो पहले चंद्र-मन तक आना होगा, फिर उसके भी आगे जाना है। अगर तुम गृहस्थ हो, तो पहले जिप्सी हो जाओ।

यही है संन्यास। मैं तुम्हें जिप्सी बना रहा हूं, घुमक्कड़ बना रहा हूं। अगर तुम बहुत ज्यादा तार्किक हो, तो मैं तुमसे कहता हूं श्रद्धा करो, समर्पण करो, त्याग करो, सर्व-स्वीकार भाव से झुको। अगर तुम बहुत ज्यादा तार्किक हो, तो मैं तुम से कहूंगा कि यहां तर्क की कोई जरूरत नहीं है। बस, मेरी ओर देखो और प्रेम में डूबो। अगर ऐसा कर सको तो अच्छा है। क्योंकि यह एक प्रेम का नाता है। अगर तुम श्रद्धा में जी सकते हो, तो तुम्हारी ऊर्जा सूर्य से चंद्र की ओर सरक जाएगी।

जब तुम्हारी ऊर्जा सूर्य से चंद्र की ओर सरक जाती है, तो एक नयी ही संभावना का द्वार खुलता है: तुम फिर चंद्र के भी पार जा सकते हो, तब तुम साक्षी हो जाते हो। और वही है उद्देश्य, वही है मंजिल।

[redacted]

प्रवचन 14

अहंकार अटकाने को खूंटा नहीं

प्रश्न-सार

1. क्या संबुद्ध होना और साथ ही संबोधि के प्रति चैतन्य होना संभव है?
क्या संबुद्ध होने का विचार स्वयं में अहंकार उत्पन्न नहीं कर देता है?

2. मैं अक्सर दो मन में रहता हूं—सूर्य और चंद्र मन में। कृपया कुछ कहें।

3. आप कहते हैं कि बुद्ध पुरुष कभी स्वप्न नहीं देखते।
फिर च्वांगत्सु ने कैसे स्वप्न देखा कि वह तितली बन गया है?

4. स्व-निर्भर होने के लिए पतंजलि की विधि या आपकी विधि क्या है?
आध्यात्मिक व्यक्ति ठीक-ठीक वर्तमान के क्षणों में कैसे जी सकता है?
रोज के व्यावहारिक जीवन में क्षण-क्षण, वर्तमान में जीने की आदत कैसे बनायी जाए?

5. क्या राम संबोधि को उपलब्ध हो गया है?

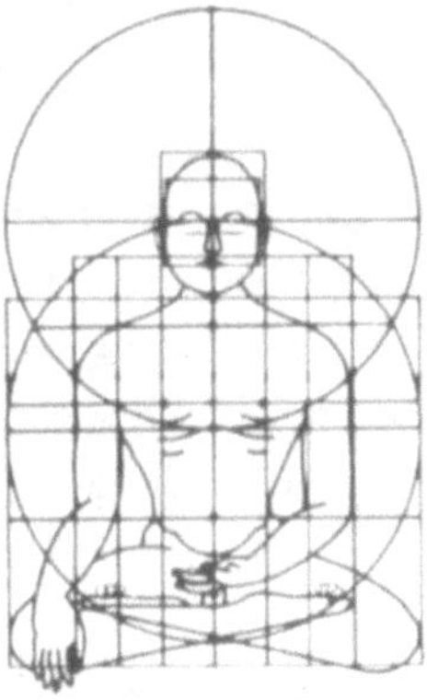

पहला प्रश्नः क्या संबुद्ध होना और साथ ही संबोधि के प्रति चैतन्य होना संभव है? क्या संबुद्ध होने का विचार स्वयं में अहंकार उत्पन्न नहीं कर देता है? कृपया समझाएं।

पहली बात जो समझ लेने की है वह यह है कि अहंकार क्या है?

अहंकार कोई वास्तविकता नहीं है। असल में तो अहंकार होता ही नहीं है। अहंकार एक विचार मात्र है, एक ऐसा विकल्प है जिसके बिना व्यक्ति का जीना मुश्किल हो जाता है। क्योंकि तुम यह तो जानते ही नहीं हो कि तुम कौन हो, तुम्हें जीने के लिए अपने बारे में एक निश्चित प्रकार की धारणा बनानी पड़ती है; अन्यथा तो तुम विक्षिप्त ही हो जाओगे। तुम्हें अपने लिए कुछ ऐसे संकेत बना लेने पड़ते हैं जिनसे तुम जान सको—'हां, मैं यह हूं।'

मैंने सुना है कि एक बार एक मूढ़ आदमी एक नगर में गया। वहां वह एक सराय में ठहरा। और भी बहुत से लोग उस सराय में ठहरे हुए थे; इससे पहले वह इतने सारे लोगों के साथ कभी सोया नहीं था। वह थोड़ा परेशान भी था और घबराया हुआ भी था। उसे इस बात का भय था कि अगर वह सो गया तो फिर सुबह जब वह जागेगा तो कैसे ज़ानेगा कि सचमुच में वह स्वयं ही है। इतने सारे लोग, और वह तो सदा अपने कमरे में अकेला ही सोता आया था, इसलिए कभी कोई समस्या ही न उठी थी, क्योंकि किसी गड़बड़ी की कोई संभावना ही न थी। चूंकि वह अकेला सोता आया था तो कोई खतरा नहीं था, लेकिन अब इतने लोगों की भीड़ में सोना, क्या पता वह उनमें कहां गुम हो जाए। जब जाग रहे हों तब तो ठीक है, तब तो स्वयं का स्मरण रखा जा सकता है; लेकिन नींद आने के बाद तो कोई भी अपने को खो दे सकता है, भूल सकता है। सुबह होने तक कौन जाने क्या से क्या हो जाए, चीजें कितनी बदल जाएं? कौन जाने उस बड़ी भीड़ में गुम ही हो जाए?

उसे परेशान और अपने बिस्तर में गुमसुम बैठा देखकर, किसी ने उससे पूछा, क्या बात है? तुम सोते क्यों नहीं हो?

उस मूढ़ ने अपनी सारी समस्या उस आदमी को बतायी। उसकी समस्या सुनकर उसे जोर से हंसी आ गई। वह उस मूढ़ से बोला, इस समस्या को सुलझाना तो बहुत आसान है। जरा उस ओर तो देखो, कोई बच्चा अपना गुब्बारा वहां छोड़ गया है। उसे लाकर तुम अपने पैर से बांध लो, ताकि सुबह होने पर गुब्बारे को देखकर तुम जान लोगे कि तुम्हीं हो।

वह मूढ़ बोला, बात तो ठीक है। और उसे नींद भी आ रही थी, क्योंकि वह बहुत थका हुआ भी था। तो उसने गुब्बारे में धागा बांधकर उसे अपने पैर से बांध लिया और सो गया।

जब वह मूढ़ सो गया तो उस आदमी को मजाक सूझा। रात को जब वह मूढ़ खर्राटे भरने लगा, उसने गुब्बारा उसके पैर से खोलकर अपने पैर में बांध लिया।

सुबह जब वह मूढ़ उठा और उसने अपने चारों ओर देखा और उसे गुब्बारा नजर नहीं आया, तो वह जोर-जोर से रोने-चिल्लाने लगा। उसका रोना-चिल्लाना सुनकर बहुत से लोग उसके आसपास इकट्ठे हो गए और उससे पूछने लगे, 'क्या बात है, क्या हुआ?'

वह मूढ़ कहने लगा, 'मैं यह तो जानता ही हूं कि वह आदमी तो मैं ही हूं—लेकिन फिर मैं कौन हूं?'

और यही है पूरी की पूरी समस्या। अहंकार इसीलिए है, क्योंकि तुम जानते नहीं कि तुम कौन हो। तो अहंकार को अपनी पहचान बनाए रखने के लिए नाम, पता, पद-प्रतिष्ठा, यश—यह सारी बातें अहंकार को बनाए रखने में मदद करती हैं। यह सभी पहचान गुब्बारों की भांति तुम्हारे साथ बंधी रहती हैं। अगर अचानक तुम किसी दिन दर्पण में देखो और दर्पण में वह चेहरा न पाओ तुम जिसे आज तक देखते आए हो, तो तुम पागल हो उठोगे—कि वह पहचान का बंधा हुआ गुब्बारा कहां चला गया। हमारा चेहरा तो निरंतर परिवर्तित होता रहा है, लेकिन परिवर्तन इतनी धीमी गति से होता है कि उसे पहचानना मुश्किल होता है।

जरा घर में पड़ी हुई बचपन की तस्वीरों के एलबम को फिर से देखना। चूंकि तुम जानते हो कि वह तुम्हारा ही एलबम है, इसलिए तुम्हें शायद ज्यादा फर्क मालूम भी नहीं पड़े, लेकिन थोड़ा उन तस्वीरों को ध्यानपूर्वक देखना कि तुम में कितना कुछ बदल चुका है। वही चेहरा अब नहीं है, क्योंकि कहीं भीतर गहरे में तुम में कोई चीज स्थायी रूप से वही रहती है। और हो सकता है तुम्हारा नाम बदल गया हो; यही तो मैं प्रतिदिन कर रहा हूं। मैं तुम्हारे नाम बदलता रहता हूं, तुम्हें इस बात की अनुभूति देने के लिए कि नाम तो केवल तुम से बंधा हुआ गुब्बारा है, उसे बदला जा सकता है, ताकि नाम के साथ तुम्हारा तादात्म्य टूट जाए।

अहंकार आत्मा के झूठे विकल्प के अतिरिक्त और कुछ भी नहीं है। तो इसलिए जब व्यक्ति जान लेता है कि वह कौन है, तो अहंकार की फिर कोई संभावना नहीं रह जाती है।

तुमने मुझसे पूछा है, 'क्या संबुद्ध होने का विचार स्वयं में अहंकार उत्पन्न नहीं कर देता है?'

विचार तो अहंकार केवल तभी हो सकता है, जब वह केवल विचार मात्र ही हो। तब तो वस्तुतः यह कहना भी ठीक नहीं है कि अहंकार उसे निर्मित कर सकता है : तब तो अहंकार पहले से मौजूद ही होता है। यह विचार भी अहंकार के माध्यम से ही आया होता है। अगर अहंकार विलीन हो जाए, तो तुम सच में ही संबोधि को उपलब्ध हो जाओगे...और यही तो है संबोधि का अर्थ : अहंकार से आत्मा में चले जाना, अवास्तविकता से वास्तविकता की ओर चले जाना, मन से अ-मन की ओर चले जाना, शरीर से अ-शरीर की ओर चले जाना। एक बार अगर यह जान लो कि तुम कौन हो, तो फिर मुझे ऐसा नहीं लगता कि कोई भी तुम्हें इसके लिए राजी कर सके कि स्वयं का स्मरण रखने के लिए पैर में गुब्बारा बांध लो। ऐसा असंभव है।

संबोधि को उपलब्ध व्यक्ति में अहंकार रह ही नहीं सकता है। वह जो कुछ भी कहता है... चूंकि तब वह कोई भी बात दावे के साथ कहता है, तो उनके दावे के साथ कही हुई बात तुम्हें अहंकार पूर्ण लग सकती है। जैसे कृष्ण गीता में अपने शिष्य अर्जुन से कहते हैं, 'सब कुछ छोड़कर मेरी शरण में आ जा। मैं ही हूं संसार को रचने वाला परमात्मा।' इतना अहंकार से भरा हुआ वक्तव्य! क्या इससे बड़े और अहंकारी को खोजा जा सकता है? और जीसस कहते है : 'परमात्मा के राज्य में मेरे पिता और मैं हम दोनों एक ही हैं।' वे कह रहे हैं, 'मैं हूं परमात्मा।' बहुत ही अहंकार से भरा हुआ वक्तव्य है! मंसूर ने उदघोषणा की कि मैं सत्य हूं, मैं परम सत्य हूं—'अनलहक।' मुसलमान तो बहुत नाराज हो गए मंसूर से, उन्होंने मंसूर को मार ही डाला। यहूदियों ने जीसस को सूली दे दी। इन लोगों के वचन हमें अहंकार से भरे हुए लगते हैं। उपनिषद कहते हैं, 'अहं ब्रह्मास्मि!' मैं ब्रह्म हूं। मैं पूर्ण हूं, समग्र हूं।

लेकिन ये वचन अहंकार से भरे हुए नहीं हैं, हमने उन्हें गलत समझा है। ये लोग जो कुछ कह रहे हैं वह सत्य है।

मैंने एक ऐसे आदमी के बारे में सुना है—जो अपनी हीनता की ग्रंथि से बहुत चिंतित और परेशान था, इसलिए वह एक एडलेरियन मनोविश्लेषक के पास गया। और मनोविश्लेषक के पास जाकर उसने कहा, 'मैं अपनी हीनता की ग्रंथि से बहुत ज्यादा पीड़ित और परेशान हूं। क्या आप मेरी कुछ मदद कर सकते हैं?' मनोविश्लेषक ने उसकी ओर देखा और कहा, 'लेकिन तुम तो हीन हो ही। इसमें हीनता की ग्रंथि का सवाल ही कहां उठता है। तुम तो हीन हो ही, तो फिर मैं क्या तुम्हारी मदद कर सकता हूं?'

जब कृष्ण कहते हैं, 'मैं परमात्मा हूं,' तो वे परमात्मा ही हैं। इससे वे कोई अहंकारी नहीं कहलाने लगेंगे। इसमें वे क्या कर सकते हैं? अगर वे कहते हैं, 'मैं कुछ भी नहीं हूं,' तो यह बात असत्य होगी। अगर वे कहते, जैसे कि तुम्हारे तथाकथित संत-महात्मा कहते हैं—कि मैं तो आपके चरणों की धूल हूं—तो वे असत्य होंगे, उनकी बात गलत होगी। तब तो वे तथ्य को छिपा रहे हैं। जब मंसूर कहता है, 'मैं सत्य हूं,' तो वह है।

लेकिन समस्या मंसूर, कृष्ण या जीसस के साथ नहीं है; समस्या तुम्हीं में है। तुम अहंकार की भाषा ही समझ सकते हो। तुम अपने ही ढंग से चीजों की व्याख्या किए जाते हो।

मैं तुम से एक कथा कहना चाहूंगा :

एक दुकानदार के पास बहुत ही सुंदर तोता था। वह तोता उस दुकानदार की हमेशा मदद करता था। वह दुकान पर आने वालें ग्राहकों का दिल बहलाता, और दुकानदार की अनुपस्थिति में दुकान की देख-रेख भी करता था।

एक दिन जब वह दुकानदार किसी काम से बाहर गया हुआ था और तोता ऊपर बैठा हुआ दुकान की निगरानी कर रहा था, उसी समय दुकानदार की बिल्ली बिना किसी पूर्व सूचना के एक चूहे पर जाकर झपटी। वह तोता भय के मारे दुकान में इधर से उधर उड़ने लगा। और उसके उड़ने से बादाम के तेल का बर्तन गिर गया।

जब वह दुकानदार वापस लौटा और उसने यह सब दृश्य देखा तो एकदम आगबबूला हो

गया। उसने क्रोध में एक छड़ी उठायी और तोते के सिर पर तब तक मारता गया, जब तक उसकी खोपड़ी के सारे पंख नहीं निकल गए।

बेचारा गंजा तोता एक कोने में जाकर चुपचाप बैठ गया। और कई दिन तक वह कुछ बोला नहीं। अब दुकानदार को अपने किए पर बहुत पश्चात्ताप हो रहा था। उसने अपने तोते साथी को मनाने की बहुत कोशिश की। इसके लिए उसने अपने ग्राहकों की भी मदद ली।

लेकिन उसकी सभी कोशिशें बेकार गईं, वह तोता नहीं बोला तो नहीं बोला।

एक दिन जब तोता रोज की तरह चुपचाप बैठा हुआ था, तो एक गंजा दरवेश दुकान में आया। तोता आकर काउंटर पर बैठ गया और बोला, 'अच्छा, तो आपने भी बादाम के तेल का बर्तन गिरा दिया था।'

तोता समझा कि वह दरवेश भी इसलिए गंजा हुआ है, क्योंकि उसने भी बादाम के तेल का बर्तन गिरा दिया होगा। अब वहां पर एक दरवेश आया, जो कि गंजा था; तो तत्क्षण उस तोते ने अपने अनुसार उसकी व्याख्या कर डाली।

हम वही भाषा समझ पाते हैं, जिसे हम ने अब तक जाना-समझा होता है।

संबुद्ध व्यक्ति में कहीं कोई अहंकार नहीं होता—न ही उसमें कोई विनम्रता भी होती है। विनम्रता तो परिष्कृत अहंकार ही है। जब अहंकार मिट जाता है, तो विनम्रता भी मिट जाती है।

संबुद्ध व्यक्ति जानता है कि वह कौन है, इसलिए उसे किसी प्रकार के झूठे व्यक्तित्व को ओढ़े रखने की कोई आवश्यकता नहीं होती। तुम्हें तो अहंकार पहले चाहिए होता है, वरना तो तुम कहीं किसी भीड़ में खो गए होते। तुम्हारा अहंकार के बिना जीना मुश्किल हो गया होता। जब तक व्यक्ति अज्ञानी रहता है, तब तक अहंकार की आवश्यकता होती है। लेकिन जब व्यक्ति संबुद्ध हो जाता है, बुद्धत्व को उपलब्ध हो जाता है, तब अहंकार अपने से ही गिर जाता है।

यह तो ऐसे ही है जैसे कोई अंधा आदमी अपनी लकड़ी के सहारे टटोल-टटोलकर चले, अंधा आदमी रास्ते पर पूछ-पूछकर चलता है। लेकिन जब उसकी आंखें ठीक हो जाएंगी तब वह लकड़ी के सहारे टटोल-टटोलकर चलेगा या नहीं? तब हम क्या कहेंगे? हम कहेंगे, 'जब आंखें ठीक हो जाती हैं तो लकड़ी का सहारा छोड़ दिया जाता है। फिर कौन लकड़ी पकड़ता है? और पकड़े भी क्यों? जब आंखें ठीक हों, तो कोई क्यों लकड़ी से टटोल-टटोलकर चलेगा?' लकड़ी का सहारा तो आंखों का विकल्प है—बहुत ही कमजोर विकल्प—लेकिन फिर भी जब आंखें न हों, अंधापन हो, तो लकड़ी के सहारे की आवश्यकता तो होती ही है।

अब थोड़ा इस प्रश्न को समझना: 'क्या संबुद्ध होना और साथ ही संबोधि के प्रति चैतन्य होना संभव होता है? क्या संबुद्ध होने का विचार स्वयं में एक अहंकार उत्पन्न नहीं कर देता है?'

अगर अहंकार पहले से ही मौजूद हो तो फिर वह निर्मित कैसे हो सकता है—वह तो पहले से ही वहां पर विद्यमान है और संबोधि का विचार भी अहंकार के ही द्वारा निर्मित होता है। अगर अहंकार सच में मिट चुका हो और अहंकार के अंधकार में से जागरूकता, होश, बोध और आत्मा के प्रकाश का सूर्योदय हो जाए, तब फिर कुछ भी अहंकार का विचार निर्मित नहीं कर सकता, कोई भी चीज ऐसा नहीं कर सकती है। तब तुम अपनी भगवत्ता की उदघोषणा कर सकते हो; यहां तक कि

तब स्वयं की भगवत्ता की घोषणा भी पुराने अहंकार के ढांचे का निर्माण नहीं करेगी—तब कुछ भी अहंकार को निर्मित नहीं कर सकता।

'क्या संबोधि के प्रति चैतन्य होना संभव है...?'

संबोधि चैतन्य स्वरूप ही है। तुम तो फिर से वही अपनी पुरानी भाषा का उपयोग कर रहे हो। मैं तुम्हारी बात को समझ सकता हूं, पर इस तरह से पूछना गलत है। तुम चैतन्य के प्रति कैसे चैतन्य हो सकते हो? अन्यथा तो तुम अंतहीन चक्र के शिकार हो जाओगे। तब तो तुम अपने चैतन्य के प्रति चैतन्य के प्रति चैतन्यपूर्ण होते जाओगे, और इसका कोई अंत नहीं आने वाला है। फिर कहीं कोई अंत नहीं है: पहला होश, तुम उसके प्रति होशपूर्ण होओगे; फिर दूसरा होश, तुम उसके प्रति होशपूर्ण होओगे; फिर तीसरा होश...और तुम इसी ढंग से चलते चले जा सकते हो। नहीं, ऐसा नहीं होता है; एक बार होश से भर जाना पर्याप्त होता है।

तो जब कोई व्यक्ति बुद्धत्व को उपलब्ध होता है तो वह होशपूर्ण ही होता है, लेकिन फिर भी वह होश के प्रति होशपूर्ण नहीं होता है। वह बस पूर्णरूप से चैतन्यपूर्ण होता है, लेकिन उस चैतन्य के लिए किसी विषय-वस्तु की आवश्यकता नहीं होती। बस, वह तो चैतन्य-मात्र होता है, जैसे कि प्रकाश अपने आसपास के अंधकार को निरंतर प्रकाशित कर रहा हो। उसका कहीं कोई किसी विशेष विषय-वस्तु से संबंध नहीं होता है। फिर ऐसा नहीं होता है कि कुछ विशेष विषय-वस्तु ही उसके प्रकाश के द्वारा प्रकाशित हो सकेगी। वहां तो केवल शुद्ध चैतन्य की उपस्थिति होती है। विषय-वस्तु मिट जाती है, और आत्मा समग्र रूप से खिल जाती है। अब कहीं कोई विषय-वस्तु नहीं बच रहती है—और इसलिए कोई विषय भी नहीं बचता है। दृश्य और द्रष्टा दोनों ही मिट जाते हैं, केवल चैतन्य मात्र रह जाता है। किसी विशेष के प्रति चैतन्य नहीं शेष रह जाता है, बस चैतन्य मात्र रह जाता है। तुम चैतन्य हो ही।

मैं तुम्हें इसे अलग ही आयाम से समझाना चाहूंगा, जिसे समझना शायद कहीं ज्यादा आसान होगा। अगर तुमने कभी प्रेम किया होगा, तो तुम जानते होगे कि जब तुम प्रेम करते हो तब तुम प्रेमी नहीं होते: तुम प्रेम ही हो जाते हो। ऐसा नहीं कि इसके लिए तुम्हें कुछ करना पड़ता है। जब तुम कर्ता नहीं रह जाते हो, तो फिर कैसे तुम स्वयं को प्रेमी कह सकते हो? सही मायने में तुम प्रेम ही हो जाते हो।

जब लोग मेरे पास आते हैं और मैं उनकी आंखों में छिपी हुई किसी बड़ी आशा को देखता हूं, तो मैं उनसे ऐसा नहीं कहता हूं कि तुमसे बहुत आशा है। मैं कहता हूं, 'तुम से ही एकमात्र आशा है।'

और थोड़ा समझना इस भेद को। जब कोई किसी से कहता है कि 'तुम से बड़ी आशाएं है,' तो यह कोई बड़ी बात नहीं है। लेकिन अगर उससे कहो कि तुम से ही एकमात्र आशा है—तो इस बात का बड़ा मूल्य होता है, बड़ा महत्व होता है। जब तुम किसी से कहते हो, तुम से बड़ी आशा है, तो इसका मतलब होता है कि उस आदमी का उपयोग तुम अपनी किसी आकांक्षापूर्ति के लिए करना चाहते हो। जैसे कि एक पिता अपने बेटे से कहता है, 'तुम से बड़ी आशाएं हैं', तो उसका मतलब है कि मैं धनवान होना चाहता था, लेकिन मैं नहीं हो सका। तुम धनवान बन सकते हो—मुझे तुम से बड़ी आशाएं हैं।' यह पिता की आकांक्षा है, वह समझ रहा है कि यह आकांक्षा बेटे के द्वारा पूरी हो सकती है।

जब मैं तुमसे कहता हूं कि तुमसे आशा है, तो मेरे पास ऐसी कोई आकांक्षा नहीं है जिसे मैं तुम्हारे द्वारा पूरी करना चाहता हूं। मैं तो बस कुछ कह देता हूं: इसका मेरे साथ कोई लेना-देना नहीं है। मैं तो अपने आप में परितृप्त हूं। मैं किसी के माध्यम से किसी प्रकार की परितृप्ति पाने की कोई आकांक्षा नहीं कर रहा हूं। जब मैं कहता हूं, 'तुमसे आशा है,' तो मैं तुम्हारी एक वास्तविकता, एक संभावना के बारे में बता रहा हूं। मेरा ऐसा कहना तो केवल तुम्हारी क्षमता को, तुम्हारी संभावना को दर्शाता है।

और कभी तुमने खयाल किया। अगर तुम एक संगीतकार हो और तुम्हारे बेटे में संगीतकार बनने की कोई संभावना नहीं है, उसकी ऐसी प्रवृत्ति ही नहीं है, उसकी ऐसी इच्छा ही नहीं है, उसमें ऐसी प्रतिभा ही नहीं है; तो तुम उससे किसी प्रकार की आशा नहीं कर सकोगे। वही बेटा किसी ऐसे बाप के लिए आशापूर्ण हो सकता है जो गणितज्ञ हो, लेकिन तुम्हारे लिए वह आशापूर्ण सिद्ध न होगा; वह इसके ठीक विपरीत होगा। जब तुम किसी से कोई आशा करते हो, तो उसमें तुम्हारी अपनी आकांक्षा जुड़ी होती है।

जब मैं कहता हूं कि 'तुम से आशा है', तो मेरा मतलब होता है कि चाहे कोई सी भी दिशा हो, कोई सी भी दिशा तुम आगे बढ़ने के लिए चुन लो—तुम में विकसित होने की, खिलने की अदभुत क्षमता है।

जब तुम प्रेम में होते हो, तो तुम्हें ऐसा नहीं लगेगा कि तुम प्रेमी हो। उस समय यही प्रतीति होती है कि प्रेम ही हो। इसीलिए जीसस कहते हैं, परमात्मा प्रेम है। उन्हें कहना चाहिए था, 'परमात्मा बड़ा प्रेमपूर्ण है।' उनकी भाषा ठीक नहीं है। आखिर इसका मतलब क्या है कि 'परमात्मा प्रेम है?' वे कह रहे हैं कि परमात्मा और प्रेम पर्यायवाची हैं। वस्तुतः उनका यह कहना कि 'परमात्मा प्रेम है', यह एक पुनरुक्ति ही है। ऐसा कहा जा सकता है कि वे कह रहे हैं, प्रेम प्रेम है, या परमात्मा परमात्मा है। प्रेम परमात्मा का गुणधर्म नहीं है परमात्मा का होना ही प्रेम है। परमात्मा प्रेममय नहीं है, परमात्मा प्रेम है।

ऐसा ही तब होता है जब कोई व्यक्ति संबोधि को उपलब्ध हो जाता है। वह अपनी संबोधि के प्रति होशपूर्ण नहीं होता है, वह तो बस होश ही होता है। वह चैतन्य में ही जीता है, वह चैतन्य में ही सोता है, वह चैतन्य में ही उठता-बैठता है। वह चैतन्य में ही जीता है, वह चैतन्य में ही मरता है। चैतन्य स्वरूप होना उसके लिए एक शाश्वत स्रोत बन जाता है। उसके जीवन में चैतन्य अवस्था उसके अस्तित्व की न डगमगाने वाली लौ के समान होती है। कुल मिलाकर हम कह सकते हैं कि यह अवस्था एक थिर अवस्था बन जाती है। यह व्यक्ति का गुण नहीं होता है, यह कोई सांयोगिक बात नहीं है। लेकिन जब व्यक्ति चैतन्य अवस्था को उपलब्ध हो जाता है, तो इसे छीना नहीं जा सकता है। उसका संपूर्ण अस्तित्व ही चैतन्यमय हो जाता है।

दूसरा प्रश्न: मैं अक्सर दो मन में रहता हूं—सूर्य और चंद्र मन में। कृपया कुछ कहें।

मन अक्सर ही दो भागों में विभाजित रहता है, इसी भांति तो मन कार्य करता है। पहले तो तुम्हें मन की पूरी प्रक्रिया को समझना होगा कि वह किस भांति कार्य करता है।

मन की आदत चीजों को तोड़ने की, विभाजन करने की होती है। अगर विभाजन करना छोड़ दो तो मन मिट जाता है। मन को विभाजन चाहिए होता है। मन हमेशा विपरीत अवस्थाओं को निर्मित करता है। मन कहता है : मैं तुम्हें पसंद करता हूं, मैं तुम्हें पसंद नहीं करता। मैं तुमसे प्रेम करता हूं, मैं तुमसे घृणा करता हूं। मन कहता है : यह सुंदर है, वह असुंदर है। मन कहता है : यह करना, वह मत करना। मन हमेशा चुनाव के सहारे ही जीता है। इसीलिए कृष्णमूर्ति का जोर इस बात पर है कि अगर तुम चुनाव करना छोड़ दो, तो तुम अ-मन को उपलब्ध हो सकते हो। चुनाव रहित होने का अर्थ है कि संसार को बांटना छोड़ देना, विभक्त करना छोड़ देना।

थोड़ा सोचो। अगर मनुष्य इस पृथ्वी पर न रहे, तो क्या फिर सौंदर्य जैसा कुछ रह जाएगा? फिर क्या कुछ असुंदर और कुरूप रहेगा? फिर क्या कुछ अच्छा और बुरा होगा?

मनुष्य-जाति के बिदा होते ही सारे भेद विलीन हो जाएंगे। संसार तो वैसे का वैसा ही रहेगा। फूल खिलते रहेंगे, तारे चलते रहेंगे, सूर्य निकलेगा, अस्त होगा—सभी कुछ उसी तरह चलता रहेगा। लेकिन मनुष्य के जाते ही भेद और विभाजन भी चला जाएगा। मनुष्य ही इस जगत में विभाजन को लाया है। 'मनुष्य' का अर्थ है 'मन'।

बाइबिल में एक कथा है, उस पूरी कथा का अर्थ ही कुछ इसी तरह से है। परमात्मा ने अदम से कहा कि ज्ञान के वृक्ष का फल न चखना। अच्छा हो कि ज्ञान के वृक्ष को हम मन का वृक्ष कहें। तब पूरी कथा झेन कथा हो जाएगी। और इसका अर्थ भी यही है। ज्ञान का वृक्ष मन का वृक्ष है; वरना परमात्मा क्यों चाहेगा कि उसके बच्चे अज्ञानी रहें? नहीं, परमात्मा चाहता था कि आदमी बिना मन के जीए। परमात्मा चाहता था कि मनुष्य बिना किसी विभाजन के एक समस्वरता में, एक सुसंगतता में जीए। बाइबिल की कथा का यही अर्थ है। अगर किसी झेन गुरु को इस पर कुछ कहना हो, या मुझे इस पर कुछ कहना हो, तो मैं यही कहूंगा कि इसे मन का वृक्ष कहना ही ज्यादा अच्छा है। तब पूरी बात एकदम साफ हो जाती है।

परमात्मा यही चाहता था कि अदम बिना मन के अ-मन होकर जीए। जीवन को जीना, लेकिन जीवन को उसकी पूर्णता में, बिना विभक्त किए जीना; तब जीवन की गहराई अदभुत होती है। विभाजन व्यक्ति को भी विभक्त कर देता है।

क्या तुमने कभी इस पर ध्यान दिया है? जब कभी भी तुम विभाजन खड़े करते हो, तुम भीतर से सिकुड़ जाते हो, तुम में भी कुछ टूट जाता है। जिस क्षण तुम कहते हो, 'मैं उसे पसंद करता हूं,' तो तुरंत हाथ उस व्यक्ति की तरफ फैल जाता है। जिस क्षण तुम कहते हो, 'मैं उसे पसंद नहीं करता,' तो हाथ पीछे हो जाता है। तब तुम जीवन के प्रति समग्ररूपेण खुले नहीं होते हो। परमात्मा चाहता था कि अदम पूर्ण रहे, टोटल रहे।

और बाइबिल की कथा यही कहती है कि जब तक व्यक्ति अपने ज्ञान को छोड़ नहीं देगा, तब तक वह परमात्मा के बगीचे में वापस नहीं आ सकता। जीसस ने अपने ज्ञान को छोड़ दिया था। इसीलिए तो जीसस असंगत मालूम होते हैं, विरोधाभासी मालूम होते हैं। जो कुछ अदम ने परमात्मा के विपरीत किया था, जीसस ने उसे मिटा दिया, उसे जीसस ने मनुष्य जाति की चेतना से पोंछ दिया, हटा दिया। अदम परमात्मा के बगीचे से बाहर आ गया, जीसस फिर से परमात्मा के बगीचे में प्रविष्ट

हुए। जीसस फिर से कैसे प्रविष्ट हो गए? मन की विभाजन करने की प्रक्रिया को मिटाकर, वे फिर से परमात्मा के बगीचे में प्रविष्ट हो गए।

मन हमेशा विभाजन की प्रक्रिया के माध्यम से ही कार्य करता है। बस, मन की इस विभाजन की आदत को गिरा देना। जब किसी फूल को देखो : तो मत कहना कि फूल सुंदर है। ऐसा कहने की कोई आवश्यकता भी नहीं है। तुम्हारे बिना कहे भी वह तो सुंदर रहेगा ही। ऐसा कहकर तुम कोई फूल को और अधिक सुंदर तो बना नहीं दोगे। तो फिर कहने में सार भी क्या है?

लाओत्सु के विषय में एक छोटी सी कथा है। वह रोज सुबह सैर के लिए जाया करता था। जब लाओत्सु जाता था, तो एक पड़ोसी भी उसके पीछे-पीछे हो लिया करता था। वह पड़ोसी इस बात को जानता था कि लाओत्सु बात करना पसंद नहीं करता, वह स्वयं तो सदा चुप ही रहता था। लेकिन एक बार उस पड़ोसी के यहां उसका एक मित्र आया हुआ था, और वह भी सुबह की सैर के लिए साथ आना चाहता था। तो उसका मित्र भी उसके साथ सैर के लिए आया।

लाओत्सु और लाओत्सु का पड़ोसी तो चुपचाप ही चलते रहे। लेकिन उस मित्र को चुपचाप चलने में थोड़ी अड़चन महसूस हो रही थी, लेकिन फिर भी वह किसी तरह चुप ही रहा, क्योंकि उसके मित्र ने उससे कहा था कि एकदम चुप रहना। जब वे सैर के लिए जा रहे थे, उस समय सूर्योदय हो रहा था और बहुत ही सुंदर सुबह थी। वह मित्र यह सब देखकर चुप रहना भूल गया और बोला, वाह, कितनी सुंदर सुबह है। केवल उसने इतना ही कहा। दोनों में से किसी ने कोई प्रत्युत्तर नहीं दिया—न तो उसका मित्र कुछ बोला और न ही लाओत्सु ने कुछ कहा।

घर वापस आकर लाओत्सु ने अपने पड़ोसी से कहा, 'इस आदमी को फिर से कभी अपने साथ मत लाना। यह बहुत ही बातूनी आदमी है।'

बहुत ही बातूनी?

लाओत्सु का पड़ोसी बोला, 'उसने कुछ विशेष तो कहा नहीं था, उसने तो केवल इतना ही कहा था कि कितनी सुंदर सुबह है।'

लाओत्सु ने कहा, 'मैं भी तो वहीं पर था, फिर ऐसा कहने की क्या आवश्यकता थी? और सुबह तो बिना कहे भी सुंदर ही रहती। मन को बीच में लाने की जरूरत ही क्या थी? नहीं, यह आदमी बहुत ज्यादा बातूनी है, आगे से उसे साथ मत लाना।'

उसने सुबह का पूरा मजा ही खराब कर दिया। उसने जगत का विभाजन कर दिया। उसने कहा कि सूर्योदय सुंदर है। जब हम कभी किसी चीज को सुंदर कहते हैं, तो उसके साथ ही किसी अन्य चीज की निंदा हो ही जाती है, क्योंकि कुरूप के बिना सुंदर का अस्तित्व ही नहीं हो सकता। जिस क्षण किसी चीज को सुंदर कहा, उसी क्षण यह भी कह दिया कि कुछ कुरूप है। जिस क्षण तुम कहते हो कि मैं तुमसे प्रेम करता हूं, तो तुमने साथ ही यह भी कह दिया कि तुम्हें किसी दूसरे से घृणा भी है।

अगर व्यक्ति अखंड रूप से बिना विभाजन किए, एक होकर जीता है...बस फूल को देखना। वह जैसा भी है उसे वैसा ही रहने देना। उसे उसके स्वरूप में ही रहने देना, कुछ भी कहना मत। बस, उसे देखना। केवल बाहर से बोलकर ही कुछ नहीं कहना है, बल्कि भीतर भी कुछ नहीं कहना है।

फूल के लिए किसी भी प्रकार की मन में कोई धारणा मत बनाना। बस, फूल जैसा है उसे उसी भांति रहने देना, और तब तुम एक बड़े बोध को उपलब्ध हो जाओगे।

जब तुम्हें उदासी का अनुभव हो, तो उसे उदासी मत कहना। मैंने इस ध्यान की प्रक्रिया को बहुत लोगों को दिया है, और वे चकित हुए हैं। मैं उनसे कहता हूं, 'अगली बार जब तुम्हें उदासी पकड़े, तो उसे उदासी मत कहना। बस उसे देखते रहना।' तुम्हारा उसे उदास कहना ही उसे उदासी बना देता है। जो कुछ भी वह है, बस उसे देखना। मन को बीच में मत लाना, किसी तरह का कोई विश्लेषण मत करना, उस पर किसी प्रकार का कोई लेबल मत चिपकाना।

मन हर चीज को विभक्त कर देता है। मन बड़ा विभाजन कर्ता है, और वह निरंतर चीजों पर लेबल लगाता रहता है, उन्हें कोटियों में, श्रेणियों में बांटता रहता है। चीजों को कोटिबद्ध मत करना। सत्य को स्वयं ही अस्तित्व में आने देना, सत्य जैसा है उसको वैसा ही रहने देना, और तुम केवल साक्षी रहना। फिर एक दिन तुम कह सकोगे, 'अब समझ में आया कि उदासी कोई उदासी नहीं है, और प्रसन्नता कोई प्रसन्नता नहीं है, जैसा कि हम पहले समझा करते थे।'

जब हम चीजों को बांटना, उन्हें विभक्त करना छोड़ देते हैं, तो धीरे-धीरे सीमाएं आपस में विलीन हो जाती हैं, मिट जाती हैं, और एक दूसरे में समाहित हो जाती हैं। और तब तुम यह जान सकोगे कि वह एक ही ऊर्जा है—चाहे वह प्रसन्नता हो या उदासी—वे दोनों एक ही हैं। तुम्हारी व्याख्याएं ही उसमें विभेद खड़ा कर देती हैं, ऊर्जा तो एक ही है। आनंद व पीड़ा दोनों एक ही हैं, तुम्हारी व्याख्या उन्हें दो बना देती है। संसार और परमात्मा एक ही हैं, तुम्हारी अपनी व्याख्या उन्हें दो बना देती है।

अपनी व्याख्याओं को गिरा देना, और सत्य को सीधा देखना। कोई भी बात बिना व्याख्या के सत्य है, और व्याख्या के साथ वह भ्रामक हो जाती है।

प्रश्न है: 'मैं अक्सर दो मन में रहता हूं।'

मन तो हमेशा ही दो मन में जीता है। इसी ढंग से मन कार्य करता है, इसी ढंग से मन फलता-फूलता और जीता है।

'सूर्य और चंद्र...।'

इन्हें भी ठीक से समझ लेना। क्योंकि प्रत्येक पुरुष स्त्री भी है और प्रत्येक स्त्री पुरुष भी है।

तो इसकी पूरी संभावना है कि तुम भीतर से बंटे हुए, विभक्त भी रह सकते हो—पुरुष स्त्री से अलग होता है, भीतर की स्त्री भीतर के पुरुष से अलग होती है। तब तो वहां हमेशा ही संघर्ष बना रहेगा, एक प्रकार की खींचतान ही चलती रहेगी। यह मनुष्य-जाति की सामान्य अवस्था है। अगर भीतर के पुरुष और स्त्री गहन आलिंगन में लीन हो जाएं, एक-दूसरे में मिल जाएं; तो पहली बार तुम एक हो सकोगे—न तो पुरुष होगा और न ही स्त्री होगी। तुम दोनों का अतिक्रमण कर जाओगे, दोनों के पार हो जाओगे।

मैं तुम से एक कथा कहना चाहूंगा, जो कि बहुत ही निर्भीक और साहसी कथाओं में से एक कथा है। ऐसी साहसिक कथा केवल भारत में ही संभव हो सकती है। वर्तमान के भारत में नहीं, क्योंकि वर्तमान का भारत तो बहुत ही कायर और भीरु हो गया है।

तुमने भारत में शिवलिंग अवश्य ही देखा होगा। भारत में ऐसे सैकड़ों मंदिर हैं जहां शिवलिंग की पूजा होती है। सच तो यह है, शिव की प्रतिमा तो तुम्हें कहीं देखने को मिलेगी ही नहीं। शिव की प्रतिमाएं तो हैं ही नहीं, केवल उनका प्रतीक ही बचा हुआ है। प्रतीक केवल लिंग के रूप में ही नहीं है, वहां पर योनि भी है। उसमें दोनों हैं—पुरुष भी और स्त्री भी। वहां पुरुष स्त्री में विलीन हो रहा है, वहां सूर्य चंद्रमा में विलीन हो रहा है। यह पुरुष और स्त्री के मिलन का प्रतीक है। उसमें यिन और यांग एक दूसरे के गहन प्रेम में आलिंगनबद्ध हैं। यह एक संकेत सूत्र है कि भीतर के स्त्री और पुरुष कैसे एक दूसरे से मिलते हैं, क्योंकि भीतर के स्त्री-पुरुष का कोई चेहरा नहीं होता। इसी कारण भारत में शिव की प्रतिमाएं लुप्त हो गईं। अंतः अस्तित्व तो मात्र ऊर्जा है, इसीलिए लिंग का कोई रूप या आकार नहीं होता है; वह मात्र ऊर्जा है।

लेकिन कथा कहती है कि...इससे घबरा मत जाना, क्योंकि पश्चिमी मन वास्तविकता से, सच्चाई से बहुत अधिक भयभीत है...कथा कहती है कि शिव अपनी देवी के साथ गहन प्रेम में लीन थे। और निस्संदेह जब शिव अपनी पत्नी के साथ प्रेम करते हैं, तो वह कोई साधारण प्रेम नहीं होता। और वे द्वार-दरवाजे बंद करके प्रेम नहीं करते, द्वार-दरवाजे भी खुले थे।

उस समय देवताओं के जगत में कोई आपातकालीन परिस्थिति आ गयी थी। इसलिए ब्रह्मा और विष्णु और बहुत से देवताओं की भीड़ शिव के पास आई कि वे उनकी इस आपातकालीन समस्या को सुलझा दें। तो वे सब शिव के पास पहुंचे—शिव का एकांत तो समाप्त हो गया, और वहां एक बाजार बन गया—लेकिन शिव प्रेम में इतने गहन रूप से डूबे हुए थे कि उन्हें कुछ ध्यान ही न रहा कि उनके चारों तरफ खड़ी भीड़ उन्हें देख रही है।

सारे देवता तो शिव को प्रेम करते हुए देखने में ही मग्न हो गए। वे वहां से हट भी नहीं सकते थे, क्योंकि कुछ अभूतपूर्व वहां पर घट रहा था। कुछ अदभुत घटना घट रही थी। उन दोनों के प्रेम की गहराई में ऊर्जा अपने परम शिखर पर थी, देवताओं की भीड़ भी उस ऊर्जा को अनुभव कर रही थी। तो वे देवता वहां से जाना भी नहीं चाहते थे। और साथ वे उन्हें विघ्न भी नहीं पहुंचाना चाहते थे, क्योंकि उनकी प्रेम में तल्लीनता, वह पूरा का पूरा कृत्य पवित्र और दिव्य था।

और शिव प्रेम में गहरे और गहरे डूबते ही चले गए। देवताओं को तो चिंता सताने लगी कि यह कभी समाप्त भी होगा या नहीं। और वे एक ऐसी समस्या से घिरे हुए थे कि उन्हें तुरंत समाधान की जरूरत थी। लेकिन शिव तो प्रेम में बिलकुल खोए हुए थे। वे और देवी तो जैसे वहां थे ही नहीं—पुरुष और स्त्री पूर्ण रूप से आपस में विलीन हो गए थे। प्रेम में वे दोनों एक हो गए थे, उनकी ऊर्जाएं एक दूसरे में विलीन हो गई थीं, उनकी ऊर्जा एक ही लय में, एक ही स्वर में धड़क रही थीं।

वे देवता वहीं पर रुक जाना चाहते थे, लेकिन साथ ही वे दूसरे देवताओं से भयभीत भी हो रहे थे। ऐसे ही तार्किक मन काम करता है। उन्हें शिव और पार्वती को प्रेम में तल्लीन और डूबा हुआ देखने में बहुत मजा आ रहा था, लेकिन साथ ही वे भयभीत भी थे। साथ ही क्योंकि अगर दूसरे लोग उन्हें इस तरह से देखते हुए और उसका मजा लेते हुए देख लेते, तो उनके सम्मान को, उनकी प्रतिष्ठा को बड़ा धक्का पहुंचता। इसलिए उन्होंने शिव को अभिशाप्र दिया कि: 'आज से तुम्हारी रूपाकृति संसार से लुप्त हो जाएगी और तुम्हें सदा लिंग के प्रतीक के रूप में ही स्मरण किया जाएगा'—योनि

में लिंग, चंद्र में सूरज, कमल में रत्न। 'अब तुम्हें लिंग के रूप में ही स्मरण किया जाएगा।' यही उन देवताओं का अभिशाप था।

ऐसा सदा से होता आया है। मेरे एक मित्र हैं, जो अश्लील साहित्य के बड़े विरोधी हैं, और उनकी पूरी लाइब्रेरी अश्लील पुस्तकों से भरी पड़ी है—एक बार मैं उनके यहां गया था, मैंने उनसे पूछा, 'यह सब क्या है?' वे बोले, 'मुझे यह सब अश्लील पुस्तकें उनकी आलोचना करने के लिए पढ़नी पड़ती हैं। मुझे इस बात के प्रति हमेशा सचेत रहना पड़ता है कि अश्लील साहित्य के जगत में क्या-क्या हो रहा है? क्योंकि मैं अश्लील साहित्य के एकदम खिलाफ हूं।' वे हैं कुछ और बताते कुछ और हैं—उनकी कथनी और करनी में बड़ा अंतर है।

दूसरे सभी देवताओं ने शिव को अभिशाप दे दिया था, लेकिन मेरे देखे वह अभिशाप वरदान बन गया, क्योंकि प्रतीक तो सच में ही बड़ा सुंदर है। वह संसार भर में एकमात्र ऐसा प्रतीक है, जिसकी बिना किसी निंदा भाव के ईश्वर की तरह पूजा की जाती है। हिंदू तो भूल ही गए हैं कि वह लिंग का प्रतीक है; हिंदू तो भूल ही गए हैं कि वह लिंग है। उन्होंने उसे पूरी तरह से स्वीकार कर लिया है। और यह प्रतीक बहुत ही सुंदर है, क्योंकि वहां केवल शिव ही नहीं हैं, वहां स्त्री की योनि भी है—यिन भी है वहां। लिंग योनि में समाहित है; दोनों मिल रहे है। यह प्रतीक मिलन का प्रतीक है, ऊर्जाओं के एक होने का प्रतीक है।

ऐसा ही हमारे भीतर भी घटित होता है, लेकिन यह केवल तभी घटित होता है जब मन पूरी तरह से गिर जाता है। प्रेम केवल तभी संभव है जब मन बीच में से हट जाए। लेकिन अगर मन बीच में से हट जाए, तो केवल प्रेम ही नहीं बल्कि परमात्मा भी संभव है; क्योंकि प्रेम ही परमात्मा है।

अगर सूर्य और चंद्र के बीच कोई आंतरिक द्वंद्व बना रहता है तो व्यक्ति की रुचि हमेशा बाहर की स्त्री में बनी रहेगी। अगर तुम पुरुष हो, तो तुम्हारा आकर्षण बाहर की स्त्री में बना ही रहेगा। तुम बाहर की स्त्री से आकर्षित होते ही रहोगे। अगर तुम स्त्री हो, तो तुम बाहर के पुरुष से आकर्षित होते रहोगे। जब भीतर का द्वंद्व शांत हो जाता है, और सूर्य-ऊर्जा चंद्र-ऊर्जा में प्रवाहित होने लगती है और भीतर कहीं कोई द्वंद्व, कोई छोटी सी दरार, कोई लकीर भी नहीं रह जाती है; तो उन दोनों ऊर्जाओं के बीच सेतु निर्मित हो जाता है। तब तुम बाहर की स्त्री या बाहर के पुरुष के प्रति आकर्षित न हो सकोगे। पहली बार तुम काम के प्रति, सेक्स के प्रति संतुष्ट हो सकोगे।

मैं यह नहीं कह रहा हूं कि तब तुम बाहर की स्त्री का त्याग ही कर दोगे। इसकी कोई आवश्यकता भी नहीं है। या तुम बाहर के पुरुष का त्याग ही कर दोगे। नहीं, इसकी कोई आवश्यकता नहीं है। लेकिन अब पूरा का पूरा संबंध ही बदल जाएगा—अब उसमें एक समस्वरता और तालमेल होगा। अब वह संबंध शारीरिक पूर्ति का न रह जाएगा, बल्कि अब वह संबंध बांटने का, एक दूसरे के साथ सहभागी होने का होगा। अभी तो जब पुरुष स्त्री से प्रेम का निवेदन करता है तो वह उसकी शारीरिक आवश्यकता ही होती है। वह स्त्री का उपयोग किसी साधन की भांति करना चाहता है। स्त्री पुरुष का उपयोग साधन की भांति करना चाहती है। इसीलिए तो सभी स्त्रियां और सभी पुरुष सतत संघर्ष में, सतत कलह में जी रहे हैं; और अगर इस बात की गहराई में जाकर देखा जाए तो वे अपने भीतर ही संघर्षरत हैं। भीतर का संघर्ष ही बाहर प्रतिबिंबित होता है।

और जब तुम स्त्री का उपयोग कर रहे होते हो, तो कैसे तुम सोच सकते हो कि वह स्त्री तुम्हारे साथ आराम से, सुख-चैन-शांति से और सहजता से रह सकती है? कैसे उसकी हृदय की धड़कन तुम्हारी धड़कन के साथ एक हो सकती है? स्त्री को लगता है वह तो भोग का साधन मात्र है। और फिर चाहे पुरुष हो या स्त्री, कोई भी साधन नहीं बनना चाहता है। स्त्री को लगता है कि उसका उपयोग किसी वस्तु की तरह किया जा रहा है, उसे वस्तुओं की कैटेगरी में ले आया गया है। उसे लगता है जैसे उसके पास तो कोई आत्मा है नहीं, वह तो बस एक भोग-विलास का साधन मात्र है, इसीलिए वह क्रोधित रहती है। और स्त्री भी पुरुष को वस्तु की कैटेगरी में ले आती है। वह पति को अपने वश में रखने की कोशिश करती है; और उसे अपनी इच्छा के अनुसार चलाने की कोशिश करती है। और बस यह खेल चलता चला जाता है।

यह जो पति-पत्नी के बीच का संबंध है, इसमें प्रेम कम कलह अधिक होती है—एक सतत कलह और संघर्ष चलता रहता है। पति-पत्नी के बीच प्रेम की अपेक्षा लड़ाई-झगड़ा अधिक होता है। प्रेम की अपेक्षा घृणा अधिक होती है।

जब व्यक्ति अपने भीतर की स्त्री और भीतर के पुरुष के साथ एक हो जाता है, तब दूसरे के अंतस स्वर के साथ उसके स्वर भी जुड़ जाते हैं। तब भीतर और बाहर का संघर्ष समाप्त हो जाता है। बाहर की अवस्था तो बस भीतर की अवस्था की छाया मात्र है। उसके बाद अगर वह किसी के साथ संबंधित होना चाहे तो हो सकता है, और अगर नहीं होना चाहे तो नहीं हो सकता है। तब व्यक्ति पूरी तरह से स्वतंत्र होता है। फिर जो भी वह चुनना चाहे, चुन सकता है। अगर संबंधित होना चाहे, तो संबंधित हो सकता है; लेकिन फिर उसमें कहीं किसी प्रकार का कोई द्वंद्व नहीं होता है। और अगर वह अकेले ही रहना चाहता है, किसी से संबंध नहीं बनाना चाहता है, तो वह अकेले रह सकता है। उस अकेलेपन में कहीं कोई अकेलापन नहीं होता। यही तो वह अप्रतिम सौंदर्य होता है जब व्यक्ति भीतर से एक हो जाता है, भीतर से आर्गेनिक यूनिटी को उपलब्ध हो जाता है।

पतंजलि का पूरा का पूरा प्रयास इसी बात के लिए है कि सूर्य-ऊर्जा चंद्र-ऊर्जा में कैसे रूपांतरित हो जाए। और उसके पश्चात व्यक्ति उन दोनों ऊर्जाओं के प्रति साक्षी कैसे हो जाए। और जो ऊर्जाएं आपस में मिल रही हैं, एक दूसरे में विलीन हो रही हैं, अंत में उनका भी अतिक्रमण कैसे हो जाए।

मन ऐसा कभी न होने देगा; जब तक कि मन को छोड़ ही न दो। मन हमेशा बंटा-बंटा, विभाजित रहता है, क्योंकि यही मन का सच्चा स्वभाव है; विभाजन के आधार पर ही मन जिंदा रहता है। तो पुरुष हो या स्त्री हो—यह विभाजन है, और यही है मन। बुद्ध कौन हैं—पुरुष हैं या स्त्री हैं? शिव का एक और रूप—अर्द्धनारीश्वर की प्रतिमा के रूप में—हमारे पास एक प्रतीक के रूप में है—आधा पुरुष, आधी स्त्री। वह प्रतीक पूर्ण है। और यह ठीक भी है, क्योंकि हमारा जन्म माता और पिता के सम्मिलन से होता है—हमारे भीतर आधा अंश हमारे पिता का है, और आधा अंश हमारी मां का है। तो स्त्री और पुरुष में बाहर से ही भेद होता है; उनकी गुणवत्ता में कोई भेद नहीं होता। स्त्री चेतन रूप से स्त्री होती है, और अचेतन रूप से पुरुष होती है। पुरुष चेतन रूप से पुरुष होता है, अचेतन रूप से स्त्री होता है। बस, स्त्री-पुरुष के बीच का भेद इतना ही है।

चूंकि हमारा मन पुरुष या स्त्री होने के लिए संस्कारित हो चुका है, और समाज में पुरुष और स्त्री की भूमिकाओं पर बड़ा जोर है, इसलिए बड़ी कठिनाई खड़ी हो जाती है। समाज व्यक्ति को सहज जीवन नहीं जीने देता; वह व्यक्ति को एकदम कठोर बना देता है। लड़का और लड़की जैसे ही थोड़े बड़े होते हैं और जब वे समझदार होने लगते हैं तो माता-पिता उन्हें कहने लगते हैं, 'तुम लड़के हो, गुड़िया से मत खेलो। लड़कों के लिए गुड़ियों से खेलना अच्छी नहीं। तुम्हें तो बड़े होकर मर्द बनना है। यह खेल तो लड़कियों के लिए हैं।' और पुरुष लड़कियों को तो कुछ समझते ही नहीं हैं। 'औरतों जैसी, लड़कियों जैसी बातें मत करो, मर्द बनो।' और एक छोटा बच्चा, जिसे कुछ समझ तो होती नहीं, मर्द बनने की कोशिश करता रहता है। और धीरे-धीरे इस तरह वह बच्चा अपने स्वभाव से, अपनी प्रकृति से दूर होता चला जाता है। वह मर्द तो बन जाता है, लेकिन वह उसके अस्तित्व का आधा हिस्सा ही होता है। और लड़की स्त्री बन जाती है, जो उसके अस्तित्व का आधा हिस्सा ही होती है। लड़की से कहा जाता है कि वृक्षों पर मत चढ़ो, वृक्ष पर तो केवल लड़के ही चढ़ते हैं। कैसी नासमझी है। वृक्ष तो सब के लिए होते हैं। नदी में तैरने मत जाओ; तैरना तो लड़कों का काम है। जब कि नदी तो सब के लिए है—स्त्री-पुरुष सबके लिए है।

इसी तरह से मनुष्य-जाति एक ढांचे में व्यवस्थित होती चली गयी।...समाज के द्वारा लड़की को एक निश्चित प्रकार की भूमिका दे दी जाती है और लड़के को भी एक निश्चित प्रकार की भूमिका दे दी जाती है। इस ढांचे में उनकी अपनी प्रकृति, अपना स्वभाव बिलकुल नष्ट ही हो जाता है। वे निश्चित सीमाओं में ही बंधकर रह जाते हैं। पूरे आकाश को देखने की उनकी क्षमता नष्ट हो जाती है; छोटी-छोटी सीमाएं और झरोखे ही उनके लिए सब कुछ हो जाते हैं।

पुरुष और स्त्री को समाज के द्वारा एक तरह का ढांचा दे दिया गया है—वह तुम्हारा वास्तविक स्वरूप नहीं है। उस ढांचे के साथ तादात्म्य मत बना लेना। उस ढांचे से मुक्त हो जाना।

जब व्यक्ति इस सामाजिक ढांचे की पकड़ से मुक्त होने लगता है, समाज के बंधनों से जब वह मुक्त लगता है; और सामाजिक उपेक्षा और अस्वीकृति को आत्मसात कर लेता है, तो वह अविश्वसनीय, अकल्पनीय रूप से, समृद्ध हो जाता है। तब उसका होना पूर्ण हो जाता है।

और जब मैं कहता हूं कि तुम धार्मिक हो जाओ तो मेरा अभिप्राय भी यही है। धार्मिक होने से मेरा मतलब यह नहीं है कि तुम कैथोलिक पादरी हो जाओ, या बौद्ध भिक्षु हो जाओ, या जैन मुनि हो जाओ। वे सब तो मूढ़ताएं हैं। मैं तो चाहता हूं कि तुम संपूर्ण अर्थों में धार्मिक हो जाओ। तुम समग्र हो जाओ, पूर्ण हो जाओ। जो भी समाज के द्वारा निंदित किया गया है उसे फिर से ग्रहण कर लो; उसे फिर से प्राप्त कर लेने से डरो नहीं, भयभीत मत होओ। अगर तुम पुरुष हो, तो कभी भी स्त्री-स्वरूप से मत घबराओ।

अगर कभी कोई मर जाता है, तो तुम पुरुष होने के कारण रो नहीं सकते हो। क्योंकि आंसू तो केवल स्त्रियों के लिए ही होते हैं। आंसू—आंसुओं में कितना सौंदर्य होता है—और समाज में पुरुषों के लिए रोना मना है। तो फिर पुरुष धीरे-धीरे कठोर होता चला जाता है, हिंसा से भर जाता है, तनाव से भर जाता है। और तब अगर अडोल्फ हिटलर जैसे लोग पैदा हो जाएं तो कोई भी आश्चर्य नहीं। जिस पुरुष की आंख के आंसू खो जाएं, आंसू सूख जाएं, वह एक न एक दिन अडोल्फ हिटलर बन

ही जाएगा। जिस पुरुष की आंख के आंसू खो गए हों, वह चंगेज खान बन ही जाएगा। तब उसमें सहानुभूति नाम की कोई चीज न बचेगी। तब वह इतना अधिक कठोर हो जाएगा कि उसमें इस बात की अनुभूति ही न बचेगी कि वह लोगों के प्रति कैसा व्यवहार कर रहा है। हिटलर ने लाखों लोगों को मौत के घाट उतार दिया, और उसके हृदय में दुख की एक छोटी सी लहर तक न उठी। वह सच में एक पुरुष था, उसके भीतर की स्त्री तो पूरी तरह मिट ही चुकी थी—करुणा, प्रेम, यह सब तो गायब हो गए थे। उसकी आंख के आंसू खो चुके थे।

मैं तो चाहूंगा कि पुरुषों को भी स्त्रियों की भांति रो लेना चाहिए। क्योंकि आंसू हृदय को कोमल बना जाते हैं। वे आंसू तुम्हारे हृदय को ज्यादा तरल और सरल बना देते हैं। वे तुम्हारी चौखटों के ढांचों को पिघला देते हैं, और वे आंसू भीतर विराट आकाश उपलब्ध करा देते हैं।

स्त्रियों से सरदार गुरदयाल की भांति ठहाकों वाली हंसी हंसने की भी आशा नहीं की जाती है—किसी स्त्री को जोर से हंसने की अनुमति नहीं है। जोर से हंसना स्त्री की गरिमा के खिलाफ माना जाता है। यह कैसी नासमझी है! अगर व्यक्ति को हंसने की भी स्वतंत्रता नहीं है, और वह अपनी अतल गहराई के साथ हंस भी नहीं सकता है, तो वह बहुत कुछ चूक जाएगा। हंसी ठीक पेट से आनी चाहिए। हंसी को इतना तीव्र होना चाहिए कि उसके साथ पूरा शरीर हिल जाए। हंसी मस्तिष्क से नहीं आनी चाहिए। लेकिन स्त्रियां तो बस मुस्कुरा देती हैं, वे हंसती ही नहीं हैं। जोर की ठहाकेदार हंसी स्त्री की गरिमा के अनुरूप नहीं मानी जाती है। इसीलिए स्त्रियां रुग्ण जीवन जीने लगती हैं। धीरे-धीरे उनका जीवन बनावटी और कृत्रिम हो जाता है; उनका जीवन सच्चा, वास्तविक और प्रामाणिक नहीं रह जाता है।

सज्जन बनने की कोशिश मत करो। पूरी तरह से धार्मिक और समग्र हो जाओ। और समग्रता में सभी कुछ समाहित हो जाता है। और समग्रता में परमात्मा भी शामिल है और शैतान भी; समग्रता में दोनों ही समाविष्ट हो जाते हैं। समग्रता में कोई भेद, कोई विभाजन नहीं रह जाता है, और तब मन गिर जाता है। समग्र मनुष्य में मन नहीं रह जाता है, मन विलीन हो जाता है।

अगर कोई आदमी कैथोलिक बना रहे, तो वह धार्मिक नहीं—क्योंकि उसका मन तो कैथोलिक ही बना रहेगा। अगर कोई आदमी हिंदू ही बना रहे, तो वह धार्मिक नहीं—क्योंकि उसका मन हिंदू ही बना रहेगा।

अभी कुछ दिन पहले मैं पागल बाबा की एक किताब पढ़ रहा था। उनके नाम का अर्थ है 'क्रेजी डैडी'—और पागल बाबा जरूर थोड़े-बहुत तो पागल रहे ही होंगे। और वे सूफी अर्थों में पागल नहीं रहे होंगे, क्योंकि सूफी लोग तो संबुद्ध पुरुषों को पागल कहते हैं। बल्कि वे तो मनोविश्लेषकों के ढंग से पागल रहे होंगे। वे मस्तिष्क रोगी हैं। उन्होंने अपनी पुस्तक में कहा है—मैं तो उसे पढ़कर चकित रह गया और उन्हें धार्मिक समझा जाता है—उन्होंने अपनी पुस्तक में कहा है कि 'बहुत से पश्चिम के लोग मुझसे कहते हैं कि उन्हें हिंदू बनना है, और मुझे उनसे कहना पड़ता है कि उन्हें हिंदू बनाना संभव नहीं है। हिंदू तो व्यक्ति जन्म से होता है, किसी को हिंदू बनाया नहीं जा सकता है।' हां, हिंदू तो जन्म लेता है—व्यक्ति को जन्मों-जन्मों तक उसे अर्जित करना होता है। अगर कोई आदमी कई-कई जन्मों तक अच्छे कर्म करता रहे, तब वह हिंदू के रूप में जन्म

लेता है। किसी को भी हिंदू धर्म में परिवर्तित नहीं किया जा सकता है—यह कोई ईसाई बन जाने जैसी सस्ती बात नहीं है।

और यह धार्मिक आदमी पागल बाबा कहते हैं, 'मुझे उनको मना करना पड़ता है, क्योंकि उन्हें इसे अर्जित करने के लिए बहुत से जीवन लगाने होंगे—हिंदू होना तो भाग्य से मिलता है।' और पागल बाबा कहते हैं कि अगर किसी का हिंदू के रूप में जन्म हो जाए और वह अच्छे कर्म न करे, और धार्मिक कार्य न करे, तो उसे निम्न श्रेणी की मनुष्य जाति में जाना पड़ेगा। उदाहरण के लिए, तब वह शायद अमेरिकन बन जाए। और पूरी पुस्तक इसी तरह की व्यर्थ की बातों से भरी पड़ी है। और मजा तो यह है कि पागल बाबा ने अपनी पुस्तक को प्रकाशित करने के लिए अमरीकी प्रकाशक, साइमन एंड सचस्टर भी खोज निकाला। जिसने उनकी यह पुस्तक प्रकाशित की है।

ऐसे व्यक्ति धार्मिक नहीं होते। ऐसे लोग हिंदू धर्मांध लोग हैं, नासमझ हैं, मस्तिष्क से रुग्ण हैं।

अगर व्यक्ति के पास मन है, तो वह धार्मिक नहीं हो सकता। फिर चाहे उसके पास कितना ही पवित्र मन हो, क्योंकि मन तो अधार्मिक ही रहता है, मन कभी भी अखंड नहीं हो सकता। इसे स्मरण रखना।

एक रात मुल्ला नसरुद्दीन अपनी पत्नी से बोला, 'हमारे लिए थोड़ा पनीर ला दो, क्योंकि पनीर भूख बढ़ाता है और आंखों की रोशनी भी बढ़ाता है।'

पत्नी ने कहा, 'अपने पास तो पनीर खतम हो गया है।'

मुल्ला बोला, 'यह तो बड़ी अच्छी बात है, क्योंकि पनीर दांतों और मसूड़ों को नुकसान पहुंचाता है।'

पत्नी ने मुल्ला से पूछा, 'तब तुम्हारी कौन सी बात सच है?'

मुल्ला ने जवाब दिया, 'अगर घर में पनीर है तो पहली बात, और पनीर नहीं है तो फिर दूसरी बात।'

मन इसी ढंग से कार्य करता है।

अगर कोई स्त्री मिल जाती है, तो तुम उससे प्रेम करते हो; अगर नहीं मिलती तो तुम घृणा करने लगते हो। अगर पनीर घर में मिल जाए तो पहली बात सच, अगर पनीर घर में न हो तो दूसरी बात सच हो जाती है।

अपने भीतर के भेदों को गिरा देना; चीजों को बांटना छोड़ देना। जीवन को उसके समग्र रूप में जीना। मैं समझता हूं, यह तुम्हारे लिए कठिन होगा। क्योंकि सदियों-सदियों से हमारा मन चीजों में विभेद करने के लिए, बांटने के लिए संस्कारित होता आया है। तुम्हारे लिए उससे निर्मुक्त होना, उससे निकलना काफी कठिन हो होगा। लेकिन अगर तुम उससे बाहर आ गए, तो तुम्हारा पूरा जीवन रूपांतरित हो जाएगा—क्योंकि मन के कारण तुम बहुत कुछ चूक रहे हो।

मनस्विद कहते हैं कि मनुष्य का अट्ठानबे प्रतिशत जीवन तो ऐसे ही खो जाता है, उसे लोग ऐसे ही चूक जाते हैं। अट्ठानबे प्रतिशत! केवल दो-प्रतिशत जीवन ही लोग जीते हैं, क्योंकि समाज के तंग ढांचे इससे ज्यादा की अनुमति देते भी नहीं हैं।

समाज के बंधनों को तोड़ दो, तोड़ दो चौखटों को, जला दो उन्हें! तुम अपने हिंदू, ईसाई, जैन

होने को—जला दो! और उन चौखटों से बाहर आ जाओ। अगर तुम अपनी धारणाओं से, सिद्धांतों से, पूर्वाग्रहों से बाहर निकल सको तो तुम समग्रता को, पूर्णता को उपलब्ध हो सकते हो।

तीसरा प्रश्न: आप अक्सर कहते हैं कि संबुद्ध पुरुष कभी भी स्वप्न नहीं देखते हैं। लेकिन आपने हमें बताया कि एक बार च्वांगत्सु ने स्वप्न देखा कि वह तितली बन गया है! कृपया इस पर कुछ कहें।

पूछा है स्वामी योग चिन्मय ने। लगता है कि वे हंसी-मजाक तक को भी नहीं समझ सकते हैं। और मैं जानता हूं कि वे क्यों नहीं समझ सकते: क्योंकि वे बहुत गलत संग-साथ में रहे हैं—वे परंपरागत योगियों और साधुओं के साथ बहुत रहे हैं—और इसी कारण वे हंसी-मजाक को भी भूल गए हैं। और धार्मिक होने के लिए हास्य ही एकमात्र आधारभूत गुणवत्ता है। धार्मिक आदमी विनोदप्रिय होता है। लेकिन चिन्मय तो अभी भी एक निश्चित बंधी-बंधाई धारणा से ही घिरे हुए हैं।

जब मैंने कहा कि च्वांगत्सु ने स्वप्न देखा, तो च्वांगत्सु ने स्वयं उस स्वप्न से संबंधित कुछ बात बतायी थी। ऐसा नहीं कि उसने स्वप्न देखा। इस बहाने उसने स्वयं के ऊपर एक सुंदर मजाक किया है—वह अपने ऊपर ही हंस रहा है।

दूसरों के ऊपर हंस लेना तो बहुत ही आसान बात है; लेकिन अपने ऊपर हंसना बहुत कठिन होता है। लेकिन जिस दिन व्यक्ति स्वयं के ऊपर हंसने में सक्षम हो जाता है, वह निरहंकारिता को उपलब्ध हो जाता है। क्योंकि अहंकार दूसरों के ऊपर हंसकर बहुत प्रसन्नता अनुभव करता है। जब व्यक्ति स्वयं के ऊपर ही हंसने लगते हैं, तो फिर अहंकार का अस्तित्व नहीं रह जाता है।

हां, कोई भी संबुद्ध व्यक्ति कभी स्वप्न नहीं देखता है, लेकिन संबुद्ध व्यक्तियों के पास विनोदप्रियता का गुण होता है। वे हंस सकते हैं, और वे दूसरों को हंसने में सहयोग भी दे सकते हैं।

ऐसा हुआ कि तीन आदमी सत्य की तलाश में थे, इसलिए वे दूर-दूर देशों की यात्रा कर रहे थे। उन तीनों में एक यहूदी था, दूसरा ईसाई था, और तीसरा मुसलमान था। उन तीनों में आपस में बड़ी गहरी दोस्ती थी। एक दिन उन लोगों को कहीं से एक रुपया मिल गया। उस रुपए से उन्होंने हलुवा खरीद लिया। मुसलमान और ईसाई आदमियों ने तो कुछ देर पहले ही कुछ खाया था, इसलिए वे थोड़े परेशान हुए कि कहीं यह यहूदी पूरा हलवा न खा जाए। उनके तो पेट भरे हुए थे, उन्होंने बहुत डटकर खा रखा था। इसलिए उन्होंने सुझाव दिया—उन्होंने यहूदी के विरुद्ध षड्यंत्र रचा—उन्होंने कहा, 'ऐसा करते हैं, अभी तो हम सो जाते हैं। सुबह हम अपने-अपने सपने एक-दूसरे को सुनाएंगे। उनमें से जिसका सपना सबसे अच्छा होगा वही हलवा खाएगा।' और चूंकि उनमें से दो इस बात के पक्ष में थे—तो यहूदी को भी यह बात माननी पड़ी—लोकतांत्रिक ढंग से उसे भी बात माननी पड़ी और उसके पास इसके अलावा कोई उपाय भी न था।

यहूदी जो कि बहुत भूखा था, उसे भूख के कारण नींद ही नहीं आ रही थी। और ऐसे समय में सोना मुश्किल भी होता है जब कि हलवा रखा हो और तुम्हें भूख लगी हो और दो आदमियों ने तुम्हारे विरुद्ध षड्यंत्र रचा हो।

आधी रात वह उठा और हलवा खाकर फिर सो गया।

सुबह सबसे पहले ईसाई ने अपने सपने के बारे में बताया। उसने बताया, 'मेरे सपने में क्राइस्ट आए और जब वे स्वर्ग की यात्रा कर रहे थे तो उन्होंने मुझे भी साथ ले लिया। मैंने अभी तक जितने स्वप्न देखे हैं उसमें यह सबसे दुर्लभ स्वप्न है।'

मुसलमान ने कहा, 'मैंने देखा कि मुहम्मद आए और मुझे स्वर्ग के दौरे पर अपने साथ ले गए...और वहां पर सुंदर-सुंदर युवतियां नाच रही थीं और शराब के चश्मे बह रहे थे—और सोने के पेड़ थे और उन पर हीरों के फूल लगे हुए थे। वहां पर बड़ा अदभुत सौंदर्य बरस रहा था।'

अब इसके बाद यहूदी की बारी थी। वह बोला, 'मोजेज मेरे पास आए और कहने लगे, अरे नासमझ मूढ़, तू इंतजार किस बात का कर रहा है? तेरे एक दोस्त को तो क्राइस्ट अपने साथ स्वर्ग ले गए हैं, दूसरे का मनोरंजन स्वर्ग में मोहम्मद कर रहे हैं—कम से कम तू उठकर हलवा ही खा ले।'

विनोदप्रियता धार्मिकता का ही एक अंग है, और जब कभी तुम्हें कोई धार्मिक आदमी गंभीर मिले, तो वहां से भाग जाना, क्योंकि वह गंभीर आदमी खतरनाक हो सकता है। भीतर से जरूर वह रुग्ण होगा। गंभीरता तो एक प्रकार का रोग है, सर्वाधिक घातक रोगों में से एक रोग है—और धर्म के क्षेत्र में यह रोग प्राचीनतम रोगों में से एक है।

थोड़ा इस बात को समझने की कोशिश करना।

तुम अधिक होशियार, चतुर, चालाक बनने की कोशिश मत करना, क्योंकि वह तो केवल तुम्हारी मूढ़ता को ही दर्शाती है, और किसी बात को नहीं। स्वयं को थोड़ा मूढ़ भी रहने देना, तभी तुम बुद्धिमान होओगे। एक मूढ़ आदमी बुद्धिमत्ता का विरोधी होता है, लेकिन जो व्यक्ति बुद्धिमान होता है वह मूढ़ता को भी स्वयं में समाहित कर लेता है। वह मूढ़ता का विरोधी नहीं होता है, वह उसका भी उपयोग कर लेता है।

इस पृथ्वी पर जो सर्वाधिक असंगत व्यक्ति हुए हैं उनमें से एक च्वांगत्सु एक था। इसीलिए मैंने इस सभागृह को 'च्वांगत्सु आडीटोरियम' नाम दिया है। मुझे उस आदमी से प्रेम है; वह इतना असंगत है...। इस आदमी को प्रेम करने से कोई कैसे बच सकता है।

बुद्ध नहीं कहेंगे कि मैंने सपना देखा। वे थोड़े गंभीर हैं। पतंजलि ऐसा नहीं कहेंगे, क्योंकि वे चिन्मय से घबड़ाएंगे। क्योंकि फिर कोई स्वामी ऐसा प्रश्न उठाएगा ही कि तुमने और सपना देखा? संबुद्ध व्यक्ति तो कभी सपना देखते ही नहीं। क्या कह रहे हो?

च्वांगत्सु को किसी से कोई भय नहीं है। वह कहता है, 'मैंने सपना देखा।' वह बहुत प्यारा आदमी है। वह सच में धार्मिक आदमी है। वह स्वयं हंस सकता है और दूसरों को भी हंसने में मदद कर सकता है; उसकी धार्मिकता हंसी से परिपूर्ण है।

चौथा प्रश्नः स्व-निर्भर होने के लिए पतंजलि की विधि या आपकी विधि क्या है?

इस संबंध में कृपया यह भी समझाएं कि आध्यात्मिक व्यक्ति ठीक-ठीक वर्तमान के क्षणों में कैसे जी सकता है?

रोज के व्यावहारिक जीवन में क्षण-क्षण, वर्तमान में जीने की आदत कैसे बनायी जाए?

यह प्रश्न जरूर किसी ऐसे आदमी ने पूछा है जो मुझे समझ नहीं सका है। यह किसी नए आदमी का प्रश्न है। लेकिन अभी बहुत से लोग नए ही हैं, तो इसे समझ लेना। यह तुम्हारे लिए भी सहयोगी होगा।

'स्व-निर्भर होने के लिए आपकी क्या विधि है?'

तुम्हें स्व-निर्भर बनाने में मेरा रस जरा भी नहीं है, क्योंकि वैसा असंभव है। तुम इस संपूर्ण अस्तित्व के साथ इतने जुड़े हुए हो कि तुम स्व-निर्भर हो कैसे सकते हो? यह भी अहंकार की ही कोशिश है कि स्व-निर्भर होना है। सभी से मुक्त होना है: यह भी अहंकार की ही यात्रा है, अहंकार की ही चरम परिणति है। नहीं, तुम अपने आप से स्व-निर्भर नहीं बन सकते हो। तुम अपने में समग्र अस्तित्व को तो समाहित कर सकते हो, लेकिन स्व-निर्भर नहीं हो सकते। तुम समग्र में समाहित हो सकते हो या समग्र तुम में समाहित हो सकता है, लेकिन तुम स्व-निर्भर नहीं हो सकते हो। तुम स्वयं को इस ब्रह्मांड से कैसे अलग कर सकते हो? इस विराट ब्रह्मांड से अलग होकर तुम पल भर भी जीवित नहीं रह सकते।

अगर तुम श्वास न ले सको, तो तुम जीवित नहीं रह सकोगे। और श्वास भीतर रोककर नहीं रखी जा सकती है, श्वास को बाहर भी छोड़ना होता है। ऐसे हम श्वास को लेते रहते हैं, और छोड़ते रहते हैं। तुम्हारे और अस्तित्व के बीच यह क्रम निरंतर चलता रहता है।

जो लोग जानते हैं, वे कहते हैं कि ऐसा नहीं है कि तुम श्वास लेते हो; इसके विपरीत संपूर्ण अस्तित्व तुम्हारे माध्यम से श्वास लेता है।

अपनी श्वास को शांति से देखना प्रारंभ करो। और श्वास को देखते-देखते ऐसी घड़ी आ सकती है जब अचानक तुम्हारा ध्यान एक नए रहस्य की ओर जाएगा। पहले जब तुम अपनी श्वास पर ध्यान देते हो—अपनी कूर्म-नाड़ी पर, जिसे बुद्ध ने अनापानसती योग कहा है—तो जब तुम अपनी श्वास पर ध्यान देते हो, तुम सोचते हो कि तुम श्वास ले रहे हो, तुम श्वास छोड़ रहे हो। धीरे-धीरे तुम देखोगे—तुम्हें देखना ही होगा, क्योंकि यही सत्य है—कि तुम श्वास नहीं ले रहे हो। श्वास को चलने के लिए तुम्हारी कोई जरूरत नहीं होती है।

इसीलिए तो नींद में भी श्वास की प्रक्रिया जारी रहती है। अगर तुम बेहोश भी हो जाते हो, मूर्च्छित भी हो जाते हो, तो भी तुम श्वास लेते रहते हो। तुम श्वास को नहीं ले रहे हो; अन्यथा तो कई बार तुम श्वास लेना ही भूल जाओगे, और तुम्हारी मृत्यु हो जाएगी। चूंकि श्वास की प्रक्रिया अपने आप चल रही है, इसलिए उसे भूलने का सवाल ही नहीं उठता है।

श्वास की क्रिया अपने से ही चलती रहती है। एक दिन तुम पाओगे कि मैं श्वास ले रहा हूं, यह बात ही नासमझी की है, इसके विपरीत श्वास मुझ में चल रही है। और फिर एक दिन चेतना में एक आत्यंतिक और क्रांतिकारी मोड़ आता है। जब तुम श्वास बाहर छोड़ते हो, और श्वास भीतर लेते हो: एक दिन अचानक तुम पाओगे कि तुम्हारा बाहर श्वास छोड़ना परमात्मा द्वारा श्वास भीतर लिया जाना है, तुम्हारा श्वास भीतर लेना परमात्मा द्वारा श्वास बाहर छोड़ना है। समग्र अस्तित्व श्वास बाहर छोड़ता है: वही घड़ी होती है जब तुम्हें लगता है कि तुम श्वास भीतर ले रहे हो। समग्र अस्तित्व श्वास भीतर लेता है: वही घड़ी होती है जब तुम्हें लगता है कि तुम श्वास बाहर छोड़ रहे हो।

तुम हो कौन? और कैसी नासमझी की और मूढ़तापूर्ण बात तुम पूछ रहे हो—कि स्व-निर्भर कैसे होना है? सूरज के बिना तुम नहीं हो सकते हो। अगर सूरज खो जाए तो तुम भी खो जाओगे: इस पृथ्वी का पूरा का पूरा जीवन ही समाप्त हो जाएगा। हम सब एक दूसरे से अंतर संबंधित हैं। संपूर्ण अस्तित्व एक है, और सभी कुछ एक-दूसरे से जुड़ा हुआ है। अस्तित्व से अलग होकर, स्वतंत्र होकर जीना संभव नहीं है। मैं निर्भरता के लिए नहीं कह रहा हूं, क्योंकि जब स्वतंत्रता ही संभव नहीं है तो परतंत्रता कैसे संभव हो सकती है? मैं अंतर-संबंध की बात कर रहा हूं; वही सत्य है और वास्तविक भी।

तो पहली तो बात यह है कि स्व-निर्भरता की भाषा में मत सोचना। स्व ही तुम्हारा रोग है। उसे त्याग दो। तब संपूर्ण अस्तित्व तुम्हारे लिए उपलब्ध हो जाता है। और केवल तभी तुम वर्तमान में जी सकते हो, वरना तो तुम वर्तमान में नहीं जी सकते हो। अगर तुम स्वयं को बचा रहे हो, स्वयं की सुरक्षा का प्रबंध कर रहे हो, स्वयं के बचाव के साधन जुटा रहे हो, तो कैसे तुम वर्तमान में जी सकते हो? फिर तो तुमको अपने भविष्य की तैयारी करनी है। तुम्हें आने वाले कल की तैयारी करनी है। कौन तुम्हारा ध्यान रखेगा? तुम स्व-निर्भर आदमी हो—तुम्हारे आने वाले कल का कौन ध्यान रखेगा? तो तुम्हें बैंक-बैलेंस को भी ठीक रखना होगा। तब तो तुम्हें स्वयं ही तैयारी करनी होगी। फिर तुम वर्तमान में नहीं जी सकते हो।

केवल वही व्यक्ति जिसे इस बात का बोध हो गया है कि 'मैं नहीं हूं, अस्तित्व है,' वही वर्तमान के क्षण में जी सकता है—क्योंकि तब इसके अतिरिक्त जीने का और कोई तरीका ही नहीं है। भविष्य अभी आया नहीं है—और अगर इस क्षण अस्तित्व मेरी रक्षा कर रहा है, मेरी देखभाल कर रहा है, मुझे सहयोग दे रहा है, जैसे कि आज तक वह मुझे सम्हालता आया है, मेरी देखभाल करता आया है, ऐसे ही आने वाले कल में भी अस्तित्व ही मेरा खयाल रखेगा वही मेरी देखभाल करेगा। और अगर अस्तित्व का यही निर्णय है कि मेरी कोई आवश्यकता नहीं है, और अगर मैं मिट भी जाऊं तो कुछ बिगड़ने वाला नहीं है—क्योंकि मैं विरोध करने वाला होता कौन हूं?

एक धार्मिक व्यक्ति की यही पहचान है: उसका इस संपूर्ण अस्तित्व के प्रति समग्र समर्पण होता है। तब वह जीवन को क्षण-क्षण में जीता है, वह वर्तमान में जीता है।

'इस संबंध में कृपया यह भी समझाएं कि आध्यात्मिक व्यक्ति ठीक-ठीक वर्तमान के क्षणों में कैसे जी सकता है?'

तब वह व्यक्ति स्वयं नहीं जीता है, तब वह अपने माध्यम से परमात्मा को जीने देता है। तभी कोई व्यक्ति आध्यात्मिक होता है, धार्मिक होता है। सांसारिक आदमी स्वयं जीवन को जीता है, आध्यात्मिक आदमी अपना जीवन स्वयं नहीं जीता—वह अपने माध्यम से परमात्मा को जीने देता है। वह तो परमात्मा का एक माध्यम बन जाता है। वह कहता है, 'जैसी तेरी मर्जी, तेरी मर्जी पूरी हो। तुम आओ, तुम्हीं मुझ में जीओ। मेरे भीतर-बाहर तुम्हीं रहो। मैं रिक्त हूं और तैयार हूं। मैं तो बस खाली बांस की पोंगरी हूं। आओ, और मुझे बांस की पोंगरी बनाओ; तुम्हारा गीत मुझ से बहे। फिर चाहे उसमें से तुम्हारा मौन प्रस्फुटित हो या अपना गीत गाओ, लेकिन किसी भी तरह से मुझ में उत्सव मनाओ। मैं तैयार हूं और तुम्हारी प्रतीक्षा कर रहा हूं। मैं तुम्हारे लिए खुला हुआ हूं, तुम्हारे प्रति उपलब्ध हूं।'

एक आध्यात्मिक व्यक्ति हमेशा परमात्मा के लिए रहता है। वह परमात्मा से कहता है, 'जब भी तेरी मर्जी हो, मैं तैयार हूं। मैं अनंत-अनंत काल तक तेरी प्रतीक्षा करता रहूंगा। मुझे कोई जल्दी भी नहीं है। मैं तो अनंतकाल तक तुम्हारी प्रतीक्षा कर सकता हूं।'

आध्यात्मिक आदमी किसी अनुशासन से नहीं जीता। लेकिन भारत में या दूसरे अन्य मुल्कों में भी यही धारणा है कि आध्यात्मिक आदमी बहुत ही अनुशासनात्मक जीवन जीता है। यह आध्यात्मिक आदमी की परिभाषा नहीं है, न ही यह उसका परिचय है। और तुम इससे प्रभावित मत हो जाना, क्योंकि अगर व्यक्ति अपना जीवन स्वयं की मर्जी से जीने लगे, तो वह इस पूरे अस्तित्व के साथ एक अंतहीन संघर्ष में पड़ जाता है। यह तो ऐसे ही है, जैसे कोई व्यक्ति नदी में नदी की धारा के विपरीत तैरने की कोशिश करे।

नदी में नदी की धार के विरुद्ध मत तैरना। नदी की लहरों पर सवार होकर उसके साथ एक हो जाना। लहरों के साथ बहना, उनके साथ बढ़ना—तो एक दिन लहरों के साथ बहते-बहते सागर में पहुंच जाओगे। नदी तो सागर की ओर जा ही रही है, तो चिंता की कोई बात ही नहीं है। सारी चिंता छोड़ दो और धारा के विरुद्ध तैरने का प्रयास मत करो; अन्यथा तुम थकोगे, परेशान होगे। लेकिन एक धार्मिक आदमी के लिए, एक आध्यात्मिक आदमी के लिए हमारी इसी तरह की धारणा है—जैसे कि वह परमात्मा की प्राप्ति के लिए बड़ा संघर्ष कर रहा हो।

गुर्जिएफ अक्सर कहा करता था, 'तुम्हारे सारे तथाकथित धर्म परमात्मा के विरुद्ध हैं।' और वह ठीक ही कहता था। यह तथाकथित धर्म अहंकार के सूक्ष्म आयोजन हैं। इनसे सावधान रहना।

मैं यहां तुम्हें परमात्मा का शत्रु बनाने के लिए नहीं हूं। मेरी सारी की सारी देशना यही है कि परमात्मा के साथ-साथ कैसे बहना, कैसे उसके साथ मैत्रीपूर्ण होना, कैसे उसे अपने में उतरने से रोकना। मैं यहां तुम्हारे सारे के सारे कुशल आयोजनों को तोड़ देने के लिए हूं—फिर वह चाहे तुम्हारी नीति हो, या नैतिकता हो, या अनुशासन हो—यह सभी बातें कुशल आयोजन हैं। तुम इनका उपयोग अपनी सुरक्षा के कवच के रूप में करते हो। इन बातों की आड़ में तुम अस्तित्व से पृथक होकर स्व-निर्भर होने का प्रयास करते हो। मैं यहां पर तुम्हारी इन सभी बातों को पूरी तरह से मिटा डालने को और उनको नष्ट कर देने के लिए हूं।

और जब तुम्हारे सब कुशल आयोजन तुमसे छीन लिए जाते हैं, तो तुम मिट जाते हो। और तुम्हारे मिटने पर ही तुम्हारी आत्मा का जन्म होता है। और इसे किसी प्रयासपूर्ण ढंग से नहीं किया जा सकता है। जब तुम पूरी तरह से, आत्यंतिक रूप से सारे प्रयासों में असफल हो जाते हो, तब तुम्हारे भीतर धार्मिकता का प्रादुर्भाव होता है। तब तुम सच्चे अर्थों में धार्मिक और आध्यात्मिक हो जाते हो। आध्यात्मिक होने के लिए किसी प्रकार की सफलता की आवश्यकता नहीं होती है।

'...क्षण-क्षण वर्तमान में जीने की आदत कैसे...?'

धर्म का आदत से कोई लेना-देना नहीं है। धर्म का आदत से कोई संबंध नहीं है। आध्यात्मिकता कोई आदत नहीं है, आध्यात्मिकता तो जागरूकता है; और आदत जागरूकता के ठीक विपरीत होती है। आदत का मतलब ही मूर्च्छा होता है, बेहोशी होता है। लेकिन अधिकांश लोग इसी भांति जीए चले जाते हैं। उदाहरण के लिए अगर कोई आदमी सिगरेट पीता है; तो वह उसकी एक आदत बन जाती है।

हम कब कहते हैं कि सिगरेट पीना एक आदत बन गयी है? जब सिगरेट पीना इतना स्वचालित हो जाता है कि वह उसे छोड़ नहीं सकता है; तब हम कहते हैं कि यह एक आदत बन गयी है। अब अगर वह सिगरेट नहीं पीए, तो उसे बड़ी परेशानी और उलझन महसूस होती है। उसे सिगरेट पीने की ऐसी तलब उठती है कि वह उसे रोक नहीं पाता है, उसे हर हाल में सिगरेट पीना ही पड़ती है; अब सिगरेट पीना उसकी एक आदत बन चुकी है। इसी ढंग से हम प्रार्थना को भी अपनी आदत बना लेते हैं। हम रोज पूजा-प्रार्थना करते हैं; फिर धीरे-धीरे वह पूजा-प्रार्थना भी धूम्रपान की भांति हो जाती है। फिर अगर पूजा-प्रार्थना नहीं करो तो कुछ खाली-खाली सा लगता है।

इसे तुम धार्मिकता कहते हो? तो फिर धूम्रपान को धार्मिकता क्यों नहीं कहते हो? धूम्रपान में क्या गलत है?

धूम्रपान भी एक मंत्र हो सकता है। एक मंत्र के जाप में तुम क्या करते हो? तुम किसी निश्चित शब्द को दोहराए चले जाते हो; तुम राम, राम, राम, राम...कहते हो। ठीक ऐसे ही धूम्रपान है। तुम सिगरेट का धुआं भीतर खींचते हो, फिर उसे बाहर फेंकते हो, तुम भीतर खींचते हो यह सिगरेट का धुआं बाहर फेंकना और भीतर खींचना मंत्र बन सकता है। यही है भावातीत ध्यान—ट्रांसेनडेंटल मेडीटेशन, टी.एम.।

नहीं, धर्म का आदतों से कोई लेना-देना नहीं है। धर्म का आदतों से कोई संबंध नहीं है। हम सोचते हैं कि धर्म का संबंध अच्छी आदतों से है, बुरी आदतों से नहीं—धूम्रपान बुरी आदत है, पूजा-प्रार्थना करना अच्छी आदत है। लेकिन सभी आदतें हमारी मूर्च्छा से संचालित होती हैं, और धर्म है अमूर्च्छा।

ऐसा भी संभव है कि कोई व्यक्ति अच्छा करने का इतना अभ्यस्त हो जाए कि उसके लिए बुरा करना असंभव ही हो जाए, लेकिन इससे वह कोई आध्यात्मिक नहीं हो जाएगा। इससे समाज में जीने में सुविधा हो सकती है। इससे अच्छे नागरिक बन सकते हो, इससे समाज में आदर-सम्मान मिल सकता है, लेकिन इससे तुम धार्मिक नहीं बन जाओगे। समाज ने व्यक्ति के साथ कुशल चालाकियां चली हैं। फिर तुम अच्छे काम किए चले जा सकते हो, किए चले जा सकते हो, क्योंकि तुम बुरा कर नहीं सकते हो, यह एक आदत ही बन जाती है। लेकिन आदत आदत है, आदत में कोई सच्चाई नहीं होती है। जीवन में जागरूकता चाहिए।

और कई बार ऐसा होता है कि परिस्थिति हमेशा वही की वही नहीं होती है, परिस्थिति बदल जाती है, आदतवश वैसे ही किए चले जाते हैं—हम परिस्थिति की ओर ध्यान दिए बिना बस आदतवश किए चले जाते हैं। कई बार कोई बात परिस्थिति विशेष में खराब होती है, और वही बात किन्हीं अन्य परिस्थितियों में ठीक होती है। किसी परिस्थिति में कोई प्रत्युत्तर पुण्यकारी होता है; किसी दूसरी परिस्थिति में वही प्रत्युत्तर पाप बन सकता है। लेकिन अगर हम आदतों के गुलाम हो जाएं, तो रोबोट की भांति, स्वचालित यंत्र की भांति व्यवहार करने लगते हैं।

मैं तुम से एक कथा कहना चाहूंगा, जो मेरी प्रिय कथाओं में से एक है।

मिस्टर गिन्सबर्ग मृत्यु के बाद स्वर्ग पहुंचे। और स्वर्ग में लोगों का विवरण लिखने वाले स्वर्गदूत ने उनका बड़ी प्रसन्नता से स्वागत किया।

'गिन्सबर्ग, तुम आदमी इतने भले हो कि हम सब तुम्हारी प्रतीक्षा कर रहे हैं। कृपया आप अपना लेखा-जोखा तो देख लें'—और लेखा रखने वाले स्वर्गदूत ने अपना लंबा-चौड़ा खाता खोलकर गिन्सबर्ग के सामने रख दिया और एक के बाद एक पृष्ठ दिखाता चला गया—'जरा इधर तो देखो : अच्छा काम, अच्छा काम, अच्छा काम, अच्छा काम। गिन्सबर्ग, आप तो अच्छे कामों के बोझ के तले दबे हुए हैं।'

लेकिन जैसे-जैसे स्वर्गदूत पृष्ठ पलटता गया, वह गंभीर होने लगा और उसके चेहरे पर चिंता छाने लगी। अंततः स्वर्गदूत खाता बंद करके बोला, 'गिन्सबर्ग, हम बड़ी मुश्किल में पड़ गए हैं।'

'क्यों?' गिन्सबर्ग ने चौंकते हुए पूछा।

'मैंने तो इस बात पर पहले ध्यान ही नहीं दिया—लेकिन अब देखता हूं कि आपके खाते में तो केवल अच्छे ही अच्छे काम दर्ज हैं। एक भी पाप का कहीं नामो-निशान तक नहीं है।'

गिन्सबर्ग ने पूछा, 'लेकिन क्या यही लक्ष्य तो नहीं था?'

विवरण लिखने वाले स्वर्गदूत ने कहा, 'बोलने की दृष्टि से यही ठीक है। लेकिन व्यावहारिक जीवन में हम हमेशा कोई न कोई पाप करते ही हैं। वह देखो उधर जो आदमी है—अच्छा आदमी है। उसने केवल एक पाप किया है, लेकिन फिर भी वह सच में अच्छा आदमी था। अब अगर आपने एक भी पाप नहीं किया है, तो इससे स्वर्ग के लोगों में ईर्ष्या पैदा हो जाएगी, लोग मन ही मन आप से जलने लगेंगे और आपके खिलाफ चुगली प्रारंभ कर देंगे। कुल मिलाकर आपके कारण स्वर्ग में फूट पड़ जाएगी और अशुभ काम करने वाले लोग आ जाएंगे।'

बेचारा गिन्सबर्ग बोला, 'तो मुझे क्या करना चाहिए। मुझे बताएं कि मैं क्या करूं?'

लेखा-जोखा रखने वाला स्वर्गदूत बोला, 'मैं तुम्हें बताता हूं कि क्या करना है। ऐसा नियम तो नहीं है, लेकिन मेरा काम इससे चल सकता है। मैं तुम्हारे विवरण के अंतिम पृष्ठ का लेखा मिटा दूंगा और तुम्हें छह घंटे और दिए जाते हैं। तुम्हें एक और अवसर दिया जाता है। गिन्सबर्ग, कृपया आप कोई पाप कर लेना, कोई सचमुच का पाप—और फिर वापस लौट आना।'

स्वर्गदूत के यह कहते ही गिन्सबर्ग उसकी बात को अमल करने के लिए चल पड़ा। गिन्सबर्ग ने अचानक अपने को पाया कि वह अपने शहर में पहुंच गया है। उसके पास कुछ ही घंटे थे, जिनमें उसे कोई पाप करके अपने अच्छे कार्यों की शृंखला का तोड़ना था। और वह भी ऐसा करने के लिए उत्सुक था, क्योंकि वह स्वर्ग जाना चाहता था। लेकिन उसे समझ ही नहीं आ रहा था कि वह करे तो कौन सा पाप करे? उसने हमेशा अच्छे काम किए थे, वह जानता ही नहीं था कि पाप कैसे करना।

खूब सोचने-विचारने के बाद उसे खयाल आया कि अगर ऐसी स्त्री से—जो अपनी पत्नी न हो, उससे काम-संबंध बनाया जाए, तो ऐसा करना पाप होगा। उसे याद आया कि एक अविवाहित स्त्री, जिसका यौवन बीत चुका था, उसकी ओर बड़े ध्यान से देखा करती थी, और उसने हमेशा उस स्त्री के साथ उपेक्षापूर्ण व्यवहार ही किया था, क्योंकि वह तो बहुत ही नैतिक आदमी जो था। अब वह उसकी उपेक्षा न करेगा। और समय तो तेंजी से बीतता जा रहा था। बहुत ही सधे हुए कदमों से गिन्सबर्ग मिस लेविन के घर की ओर चल पड़ा और वहां पहुंचकर उसने उसका द्वार खटखटाया। स्त्री ने द्वार खोला। गिन्सबर्ग को द्वार पर खड़ा हुआ देखकर वह एकदम चकित रह गयी। फिर भी

साहस बटोरकर बोली, 'अरे मिस्टर गिन्सबर्ग, आप! मैंने तो सुना था कि आप बीमार हैं—और यह भी सुना था कि आप मृत्यु-शय्या पर हैं। लेकिन आप तो पहले जैसे ही एकदम ठीक दिख रहे हैं।'

गिन्सबर्ग ने कहा, 'मैं एकदम ठीक हूं। क्या मैं अंदर आ सकता हूं?'

'क्यों नहीं,' मिस लेविन बड़े ही उत्साह से बोली और उसके अंदर आते ही दरवाजा बंद कर दिया। फिर इसके बाद जो होना था वह हुआ। उन्हें पाप-रत होने में जरा भी देर न लगी। और मिस्टर गिन्सबर्ग की आंखों में उनकी प्रतीक्षा करता हुआ स्वर्ग था—और स्वर्ग में लोग उत्साहपूर्वक उनकी राह देख रहे थे कि उन्होंने कौन से पाप का अनुभव लिया है।

पाप को ठीक से करने की धुन में, जिससे कि लेखा-जोखा रखने वाले स्वर्गदूत एकदम संतुष्ट और प्रसन्न हो जाएं, गिन्सबर्ग ने पूरा खयाल रखा कि किसी तरह की कोई जल्दबाजी न होने पाए। वह तब तक पाप करता ही रहा जब तक कि उसे अपने भीतर से यह भाव नहीं उठा कि उसका समय खतम होने को है।

मन में स्वर्ग की आशा और वहां के आनंद की कल्पना करते हुए गिन्सबर्ग उठा और क्षमा मांगते हुए बोला, 'मिस लेविन, मुझे अब जाना चाहिए। मुझे एक बहुत जरूरी काम से जाना है।'

और मिस लेविन बिस्तर में ही पड़े-पड़े उसकी ओर देखकर मुस्कुराई और बहुत ही मीठे स्वरों में बोली, 'ओह मिस्टर गिन्सबर्ग, डार्लिंग तुमने आज मेरे लिए कितना अच्छा काम किया है।'

कितना अच्छा काम! बेचारा गिन्सबर्ग।

अच्छाई के इतने अधिक अभ्यस्त मत हो जाना। आदतों से इतने ज्यादा मत जुड़ जाना कि फिर मशीन की तरह काम करने लग जाओ।

मत पूछो कि '...क्षण-प्रतिक्षण वर्तमान में जीने की आदत कैसे बनायी जाए?'

इसका आदत से कोई लेना-देना नहीं है; इसका संबंध तुम्हारी जागरूकता से, तुम्हारे होश से, तुम्हारे बोध से है। इसके अतिरिक्त और कुछ भी नहीं है। अतीत जा चुका होता है, भविष्य अभी आया नहीं है। क्या तुम उस अतीत में जी सकते हो जो कि जा चुका है? कैसे तुम उसमें जी सकते हो? क्या तुम भविष्य में जी सकते हो, जो अभी आया ही नहीं है? कैसे तुम उसमें जी सकते हो? यह एकदम सीधी और व्यावहारिक समझ की बात है कि केवल वर्तमान के क्षण में ही जीवन संभव है। इसे आदत नहीं बनाना है। इसका धर्म से कुछ लेना-देना नहीं है; इसका संबंध तो तुम्हारे विवेक से है। अतीत जा चुका है, तो कैसे तुम अतीत में जी सकते हो? भविष्य अभी आया नहीं है, तो कैसे तुम भविष्य में जी सकते हो? बस केवल थोड़ी सी समझ और बुद्धिमत्ता की आवश्यकता है।

केवल वर्तमान का ही अस्तित्व होता है। जो कुछ भी है, वर्तमान ही है; और कुछ भी नहीं है। इसलिए अगर तुम वर्तमान को जीना चाहते हो, तो इसे जी लो। अगर तुम अतीत के और भविष्य के बारे में सोच रहे हो, तो तुम वर्तमान के क्षण को व्यर्थ ही गंवा रहे हो—और जब यही वर्तमान का क्षण भविष्य के रूप में था, तो तुम इसे लेकर तरह-तरह की योजनाएं बना रहे थे। और अब जब यह क्षण तुम्हें उपलब्ध है, तुम्हारे समक्ष मौजूद है; तो तुम उसके प्रति उपलब्ध नहीं हो, तुम मौजूद नहीं हो। तुम या तो अतीत की स्मृतियों में खोए रहते हो या भविष्य के स्वप्न संजोते रहते हो, तुम वर्तमान के क्षण में कभी नहीं होते हो।

अतीत की स्मृतियों को और भविष्य की परिकल्पना को गिर जाने दो। यहीं और अभी में जीओ। और इसका आदत से कोई संबंध नहीं है। केवल आदतवश तुम अभी और यहीं में कैसे जी सकते हो? आदत आती है अतीत से—आदत तुम्हें अतीत की ओर धकेलती है, अतीत की ओर खींचती है। या तो तुम आदत को ही एक अनुशासन बना सकते हो—लेकिन तब तुम भविष्य के लिए सोच रहे होते हो। तुम प्रतीक्षा करते हो: 'आज मैं आदत का निर्माण करूंगा और कल मैं उसका आनंद उठाऊंगा।' लेकिन फिर तुम भविष्य में ही जी रहे होते हो।

आदत का प्रश्न ही नहीं है, इसका आदत से कोई संबंध नहीं है। बस, जागरूक हो जाओ। अगर खाना खा रहे हो, तो खाना ही खाओ—सिर्फ खाना ही खाओ। खाने में पूरी तरह से तल्लीन हो जाओ। अगर प्रेम कर रहे हो, तो शिव हो जाओ और अपनी संगिनी को देवी हो जाने दो। प्रेम करो और सभी देवताओं को देखने दो और आने दो और जाने दो—किसी की कोई चिंता मत लो। जो कुछ भी तुम करो...अगर सड़क पर चल रहे हो, तो बस चलो भर! हवा का, सूरज की धूप का, वृक्षों का आनंद लो—वर्तमान के क्षण में जीओ, उसका आनंद मनाओ।

और ध्यान रहे, मैं तुम्हें इसका अभ्यास करने को नहीं कह रहा हूं। यह तो अभी इसी क्षण, बिना किसी अभ्यास के किया जा सकता है। इसे अभी इसी क्षण किया जा सकता है; केवल थोड़ा सा विवेक, थोड़ी सी बुद्धिमत्ता चाहिए। आदतें और आदतों का अभ्यास यह सब तो मूढ़ लोगों के लिए है। क्योंकि वे बुद्धिमत्ता से नहीं जी सकते हैं। उन्हें आदतों की, अनुशासनों की या इस बात की या उस बात की मदद लेनी होती है।

अगर तुम समझदार हो, बुद्धिमान हो—और मेरे देखे तुम में समझ है, तुम में बुद्धिमत्ता है, मैं तुम पर भरोसा कर सकता हूं—और किसी बात की आवश्यकता नहीं है। बस, प्रारंभ कर दो! यह मत पूछो, कैसे करना है? अभी से प्रारंभ कर दो। तुम मुझे सुन रहे हो। बस केवल सुनो।

तुम में से बहुत से लोग सोच-विचार कर रहे होंगे, सुन नहीं रहे होंगे, अपनी-अपनी पूर्व धारणाओं के साथ तुलना कर रहे होंगे।

जिसने यह प्रश्न पूछा है वह मुझे सुन नहीं रहा है, यह बात मैं एकदम दावे के साथ कह सकता हूं—मैं नहीं जानता कि किसने पूछा है यह प्रश्न। मेरा दावा कहां से आ रहा है! क्योंकि मैं प्रश्न से ही पूछने वाले के मन को समझ सकता हूं। प्रश्न पूछने वाला तो जरूर मेरे ऊपर क्रोधित हो रहा होगा, और साथ ही परेशान भी हो रहा होगा।

लोग प्रश्न सांत्वना पाने के लिए पूछते हैं। लेकिन मैं यहां पर तुम्हें सांत्वना देने के लिए नहीं हूं। मैं तुम्हें पूरी तरह से झकझोर देना चाहता हूं, ताकि तुम पूरी तरह से मिट सको—अंततः तुम अपनी चालाकियों से परेशान होकर उन्हें छोड़ दो।

और मैं जानता हूं, वैसे ही जैसे कि एक बार हुआ:

एक रहस्यवादी, एक सूफी रहस्यवादी शेख फरीद, एक राजा के द्वारा आमंत्रित किया गया। फरीद उस राजदरबार में पहुंचा तो राजा फरीद से बोला, 'मैंने आपके बारे में बहुत से चमत्कारों की बातें सुनी हैं। और अगर आप सचमुच यह दावा करते हैं कि आप एक बड़े संत और रहस्यवादी हैं तो मुझे कोई चमत्कार दिखाएं। क्योंकि आध्यात्मिक लोग हमेशा चमत्कारी हुआ करते हैं।'

फरीद ने राजा की आंखों में झांककर देखा और बोला, 'मैं तुम्हारे विचारों को पढ़ सकता हूं, और उदाहरण देने के लिए मैं बता सकता हूं कि तुम्हारे मन में बिलकुल अभी यही विचार चल रहा है: कि तुम मेरी बात पर भरोसा नहीं कर सकते हो। मैं तुम्हारे विचारों को पढ़ सकता हूं और इस क्षण मैं देख रहा हूं कि तुम मेरी बात पर भरोसा नहीं कर सकते हो। भीतर ही भीतर तुम कह रहे हो, मैं इस आदमी पर भरोसा नहीं कर सकता कि यह जो कह रहा है वह सही है या नहीं।'

राजा ने कहा, 'आपने मुझे रंगे हाथों पकड़ लिया है।'

जिस व्यक्ति ने यह प्रश्न पूछा है वह जरूर बहुत क्रोधित हो रहा होगा। तब तुम चूक जाओगे, क्योंकि क्रोध में तुम मुझे सुन नहीं सकोगे; तुम अभी और यहीं नहीं हो सकोगे।

अंतिम प्रश्न: प्यारे भगवान, कोई कह रहा है कि आपने राम से कहा है कि वह संबोधि को उपलब्ध हो गया है। कोई कह रहा है कि आपको कोई दिलचस्प झूठ बताना था।

राम कहता है कि आप मजाक कर रहे थे और मुझे आप से ही यह बात पूछनी चाहिए।

मैं स्वयं को समझाने की कोशिश भी कर रहा हूं कि इस बात से मेरा कोई लेना-देना नहीं है, लेकिन फिर भी क्या वह संबोधि को उपलब्ध हो गया है? क्या उसने पा लिया है?

पूछा है अनुराग ने।

अगर वह समझ गया है कि मैं मजाक कर रहा था, तो वह जरूर उपलब्ध हो गया है।

[redacted]

प्रवचन 15

सूर्य और चंद्र का सम्मिलन

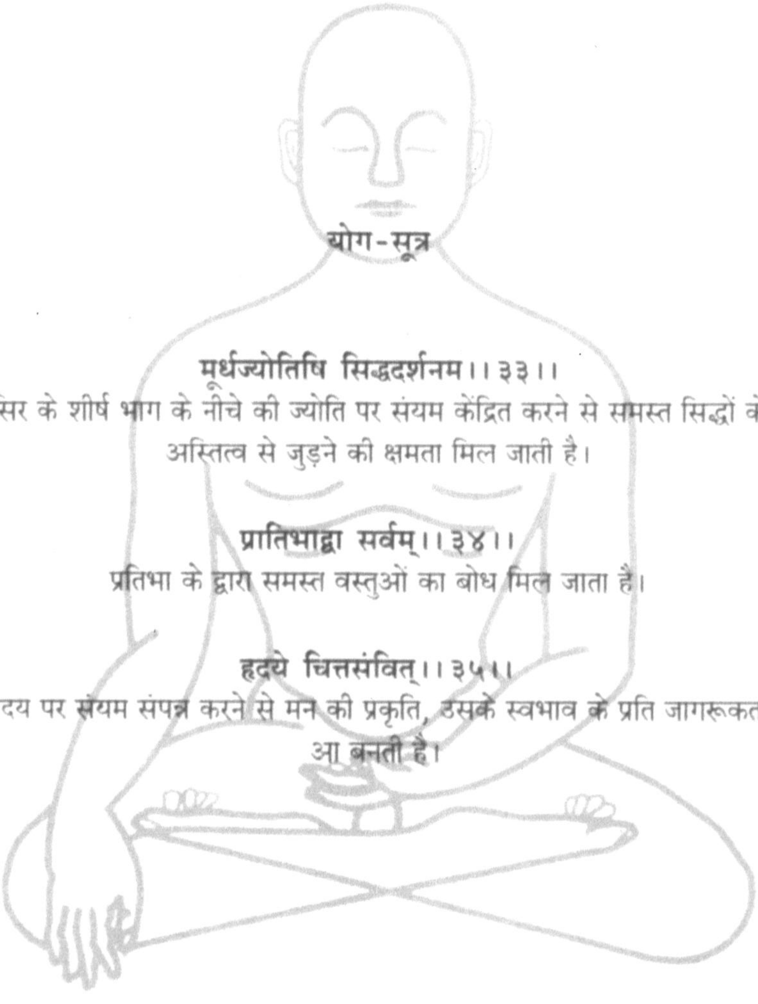

योग-सूत्र

मूर्धज्योतिषि सिद्धदर्शनम।।३३।।

सिर के शीर्ष भाग के नीचे की ज्योति पर संयम केंद्रित करने से समस्त सिद्धों के अस्तित्व से जुड़ने की क्षमता मिल जाती है।

प्रातिभाद्वा सर्वम्।।३४।।

प्रतिभा के द्वारा समस्त वस्तुओं का बोध मिल जाता है।

हृदये चित्तसंवित्।।३५।।

हृदय पर संयम संपन्न करने से मन की प्रकृति, उसके स्वभाव के प्रति जागरूकता आ बनती है।

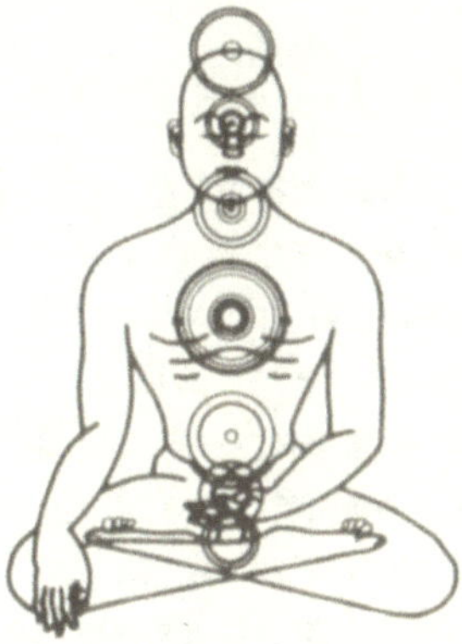

मनुष्य एक क्रमिक विकास है। केवल ऐसा ही नहीं है कि मनुष्य विकसित हो रहा है, वह विकास का माध्यम भी है: वह स्वयं ही विकास है। आदमी के ऊपर यह एक अदभुत उत्तरदायित्व है और इससे आनंदित भी हुआ जा सकता है, क्योंकि यही तो मनुष्य का गौरव और गरिमा है। भौतिक पदार्थ तो प्रारंभिक बात है, परमात्मा अंत है—भौतिक पदार्थ अल्फा पाइंट, प्रारंभिक-तत्व है, परमात्मा ओमेगा पाइंट, अंतिम शिखर है। मनुष्य इन दोनों के बीच का सेतु है—भौतिक पदार्थ मनुष्य से गुजरकर परमात्मा में रूपांतरित हो जाता है। परमात्मा कोई वस्तु नहीं है और ऐसा भी नहीं है कि परमात्मा कहीं बैठकर प्रतीक्षा कर रहा है। परमात्मा हमसे ही विकसित हो रहा है; परमात्मा हमारे माध्यम से ही अस्तित्ववान हो रहा है। मनुष्य ही पदार्थ को परमात्मा में रूपांतरित कर रहा है। मनुष्य अस्तित्व का महानतम प्रयोग है। इसके गौरव के बारे में सोचो और इसी के साथ जुड़े उत्तरदायित्व पर ध्यान दो।

मनुष्य के ऊपर बहुत कुछ निर्भर है, लेकिन अगर हम सोचते हैं कि हम परमात्मा ही हैं, क्योंकि हमारे पास मनुष्य का शरीर है—तो हम अपने मन के द्वारा गलत निर्देशन में जा रहे हैं। मनुष्य के पास केवल मानव शरीर है; मनुष्य केवल मात्र एक संभावना है। सत्य अभी घटित नहीं हुआ है, सत्य अभी घटना है—और हमें सत्य को घटित होने देना है। हमें सत्य के प्रति खुले रहना है।

योग की पूरी देशना यही है कि ऊर्ध्वगामी होने के लिए, अपने से पार जाने के लिए क्या करना है। ओमेगा पाइंट, शिखर-बिंदु तक पहुंचने के लिए कैसे सहयोग करना है जिससे कि संपूर्ण ऊर्जा निर्मुक्त होकर, रूपांतरित हो जाए—पदार्थ परमात्मा में, दिव्यता में रूपांतरित हो जाए। योग मनुष्य की पूरी की पूरी अंतर्यात्रा का, तीर्थयात्रा का नक्शा है—काम से समाधि तक का, निम्नतर तल मूलाधार से, विकास की परम ऊंचाई सहस्रार तक का नक्शा है।

इससे पहले कि हम इन सूत्रों में प्रवेश करें, इन सबको ठीक से समझ लेना है। योग ने मनुष्य को सात पर्तों में, सात चरणों में, सात केंद्रों में विभक्त किया है। पहला है मूलाधार—काम-केंद्र, सूर्य-केंद्र; अंतिम और सातवां है सहस्रार—परमात्मा का केंद्र, ओमेगा पाइंट, शिखर-बिंदु।

काम-केंद्र मूलभूत रूप से नीचे की ओर गतिमान है। इसका संबंध भौतिक पदार्थ के साथ है, जिसे योग मनुष्य की प्रकृति कहता है, नेचर कहता है। प्रकृति के साथ संबंध ही काम-केंद्र है, उस जगत के साथ संबंध जिसे पीछे छोड़ आए हैं, जो अतीत हो चुका है।

अगर व्यक्ति काम केंद्र पर ही रुक जाता है, तो उसका विकास नहीं हो पाता। व्यक्ति वहीं रहेगा जहां कि वह जन्म के समय था। वह अतीत से ही बंधा रहेगा, तब उसका कोई विकास नहीं हो पाएगा, उसका भविष्य से कोई संपर्क नहीं बन पाएगा। व्यक्ति वहीं अटक कर रह जाता है; अधिकांश लोग काम केंद्र में ही अटक कर रह जाते हैं।

लोग सोचते हैं कि वे कामवासना के बारे में सब कुछ जानते हैं। काम के संबंध में वे कुछ भी नहीं जानते, कम से कम वे तो कुछ भी नहीं जानते हैं जो समझते है कि जानते हैं—जैसे कि मनस्विद। मनस्विद समझते हैं कि वे सेक्स के बारे में सब कुछ जानते हैं, लेकिन उन्हें सेक्स के बारे में आधारभूत जानकारी भी नहीं होती है। मनुष्य की यह समझ कि कामवासना ऊर्ध्वगामी प्रक्रिया भी बन सकती है, ऐसी कोई अनिवार्यता नहीं है कि उसे केवल नीचे की ओर ही जाना है। कामवासना नीचे की ओर जाती है, क्योंकि नीचे की ओर जाने का कामवासना का स्वभाव मनुष्य के रचनातंत्र में है—पहले से ही मनुष्य की रचना में है। पशु-पक्षी, पेड़-पौधे सभी में भी ऐसा ही होता है, इसमें कोई विशेष बात नहीं है कि कामवासना केवल मनुष्य में ही है। विशेष और महत्व की बात यह है कि मनुष्य में कुछ और भी अस्तित्व रखता है जो कि अभी तक पेड़-पौधों और पशु-पक्षियों में नहीं है। वे तो प्रकृति की ओर से ही नीचे की ओर सरकने के लिए बंधे ही हुए हैं; प्रकृति की तरफ से ही वे ऊपर की ओर यात्रा नहीं कर सकते हैं, उनके भीतर कोई सीढ़ी या सोपान नहीं है।

मनुष्य के भीतर जो सात केंद्र हैं, हम उन सात केंद्रों का यही अर्थ करते हैं: विकास के सोपान। यह सात चक्र व्यक्ति के भीतर हैं। अगर व्यक्ति चाहे तो अपनी काम ऊर्जा को ऊपर की ओर गतिमान कर सकता है—अगर व्यक्ति चाहे तो। अगर ऐसा नहीं चाहे, तो वह काम ऊर्जा के साथ नीचे की ओर सरक सकता है।

तो जब मनुष्य मानव शरीर धारण कर लेता है, तो उसके विकास की प्रक्रिया अब उसके हाथ में है। अब तक प्रकृति की ओर से सहयोग मिलता रहा। प्रकृति हमें इस बिंदु तक ले आयी है, अब यहां से आगे का उत्तरदायित्व हमें स्वयं लेना होगा। और हमें उत्तरदायित्व लेना ही होगा। मनुष्य परिपक्व हो चुका है, मनुष्य अब ऐसी जगह पहुंच गया है कि अब प्रकृति और अधिक देखभाल नहीं कर सकती है। इसलिए अगर हम होश से, बोध से आगे नहीं बढ़ते हैं, अगर विकसित होनें के लिए सचेत पूर्वक प्रयास नहीं करते हैं, अगर हम अपने उत्तरदायित्व को स्वीकार नहीं करते; तो हम जहां हैं, वहीं अटककर रह जाएंगे, तब मनुष्य से परमात्मा तक का कोई विकास संभव नहीं है।

बहुत से लोग हैं जिन्हें इस बात का बोध होता है कि वे जड़ हो गए हैं, कहीं अटक कर रह गए हैं। लेकिन उन्हें मालूम ही नहीं पड़ता है कि यह अटकाव कहां से आ रहा है। कितने लोग मेरे पास आते हैं और वे मुझ से कहते हैं कि उन्हें एक तरह की जड़ता का, अटकाव का अनुभव हो रहा है। उन्हें ऐसा कुछ महसूस भी होता है कि कुछ संभव है, लेकिन उन्हें यह समझ नहीं आता कि क्या हो रहा है। उन्हें लगता है कि मनुष्य जीवन पर ही नहीं रुक जाना है, आगे बढ़ना है, लेकिन उन्हें यह समझ नहीं आता है कि कैसे बढ़ना है, और किस ओर बढ़ना है। वे जानते हैं क़ि जिस जगह वे हैं, बहुत लंबे समय से वहीं पर अटके हुए हैं और वे नए आयामों, नयी दिशाओं में बढ़ना भी चाहते हैं, लेकिन फिर भी वे अटककर ही रह जाते हैं, उन्हें कुछ समझ नहीं आता है।

मनुष्य के भीतर यह अटकाव मूलाधार केंद्र से, काम-केंद्र से, सूर्य केंद्र से आता है। अभी तक इस तरह की कोई समस्या न थी। यहां तक प्रकृति सहयोग कर रही थी; अब तक प्रकृति मां की तरह तुम्हें सम्हाल रही थी। लेकिन अब तुम बड़े हो गए हो, अब तुम बच्चे नहीं हो। और अब ऐसा नहीं हो सकता है कि प्रकृति तुम्हारा खयाल रखे, तुम्हें स्तन पान कराती ही चली जाए। अब मां कहती है, 'स्तन छोड़ो, अपने से आगे बढ़ो।' मां ने तो बहुत पहले ही कह दिया था, जिन्होंने इसे समझ लिया, उन्होंने अपना उत्तरदायित्व सम्हाल लिया और वे सिद्ध हो गए, बुद्ध हो गए, उपलब्ध हो गए।

अब आगे के मार्ग का निर्णय हमको स्वयं लेना होगा। अब हमें अपने से आगे बढ़ना होगा। इसकी पूरी की पूरी संभावना मूलाधार केंद्र में निहित है: जो ऊर्जा मूलाधार केंद्र से नीचे की ओर जाती है, अब वही ऊर्जा ऊपर की ओर भी जा सकती है। तो आज जो पहली बात समझ लेने की है वह यह है कि तुम यह मत सोचना कि तुम कामवासना को उसकी समग्रता में जानते हो। तुम कामवासना के बारे में अ, ब, स भी नहीं जानते हो।

मैंने सुना है:

एक आदमी अपने बेटे को लेकर एक स्कूल में गया और वहां जाकर उसने अध्यापक से कहा कि मेरा बेटा पक्षियों और मधुमक्खियों के बारे में पूरी जानकारी पाना चाहता है।

अध्यापक ने पूछा, 'क्या आपने अपने बेटे को काम-शिक्षण के बारे में कुछ बताया है।'

पिता ने उत्तर दिया, 'ओह नहीं! मेरा बेटा तो काम विषयक सभी बातें जानता है। वह तो पक्षियों और कीट-पतंगों के विषय में जानना चाहता है।'

लेकिन मैं कहना चाहूंगा कि काम संबंधी सभी बातें हम अभी नहीं जानते हैं। जब तक कोई व्यक्ति परमात्मा को न जान ले, तब तक कामवासना के संबंध में कुछ भी नहीं जान सकता है। क्योंकि काम-ऊर्जा ही रूपांतरित होकर परमात्मा बन जाती है—काम-ऊर्जा की चरम परिणति परमात्मा है। जब तक हम यह नहीं जानते हैं कि हम कौन हैं, हम नहीं जान सकेंगे कि अपनी समग्रता में कि कामवासना वस्तुतः क्या होती है। हम कामवासना को पूरी तरह नहीं समझते हैं। हमें कामवासना का केवल आंशिक रूप ही मालूम है, सूर्य-अंश का ही पता है। चंद्र-अंश का अभी कुछ भी पता नहीं है। स्त्री-ऊर्जा का मनोविज्ञान अभी विकसित होना है। फ्रायड और जुंग और एडलर और दूसरे कई मनस्विद—जो भी प्रयोग करते रहे हैं, वे पुरुष-केंद्रित हैं। स्त्री पर अभी भी इस बारे में काम नहीं हुआ है, स्त्री अभी भी इस क्षेत्र में अन-अन्वेषित है। चंद्र-केंद्र अभी भी जाना नहीं गया है, अभी उसे जानना शेष है।

कुछ लोगों को चंद्र-केंद्र की थोड़ी झलकियां मिली हैं। उदाहरणार्थ जुंग को कुछ झलकियां मिली हैं। फ्रायड तो पूरी तरह सूर्य-केंद्रित, पुरुष-केंद्रित ही रहा। जुंग थोड़ा सा चंद्र-केंद्र, स्त्रैण भाव की ओर गया। निस्संदेह, बहुत ही झिझक के साथ, क्योंकि मन का पूरा प्रशिक्षण वैज्ञानिक है—और चंद्र की ओर बढ़ना एक ऐसे जगत की ओर बढ़ना है जो विज्ञान से पूर्णतया भिन्न है। चंद्र-केंद्र की ओर बढ़ना कल्पित जगत में जाना है। वह काव्य के, कल्पना के जगत में जाना है। अतर्क के, असंगति के जगत में जाना है।

इस संबंध में मुझे तुम से कुछ बातें कहनी हैं।

फ्रायड सूर्य-केंद्रित था; जुंग का थोड़ा सा झुकाव चंद्र-केंद्र की ओर था। इसीलिए फ्रायड अपने शिष्य जुंग के प्रति बहुत नाराज था। और फ्रायडवादी सभी लोग जुंग से बहुत चिढ़े हुए हैं; उन्हें ऐसा लगता है कि उसने अपने गुरु को धोखा दिया।

सूर्य-केंद्रित, पुरुष-केंद्रित व्यक्ति हमेशा यह अनुभव करता है कि चंद्र-केंद्रित, स्त्रैण चित्त व्यक्ति खतरनाक होता है। सूर्य-केंद्रित, पुरुष चित्त व्यक्ति बुद्धि के, तर्क के सीधे-साफ राजपथों पर चलता है; और चंद्र-केंद्रित, स्त्रैण-चित्त व्यक्ति अनजानी राहों पर चलता है। उसका रास्ता जंगल का रास्ता है, जहां कुछ भी सीधा-साफ नहीं है—जहां सभी कुछ जीवंत है, लेकिन कुछ भी सीधा-साफ स्पष्ट नहीं है। और पुरुष को सबसे बड़ा भय स्त्री से होता है। न जाने क्यों पुरुष को ऐसा लगता है कि स्त्री मृत्यु है—क्योंकि जीवन भी स्त्री से ही आता है। प्रत्येक पुरुष स्त्री से ही जन्म लेता है। जब जीवन स्त्री से आया है, तो मृत्यु भी उसी के माध्यम से घटेगी। क्योंकि अंत सदा प्रारंभ में मिल जाता है। केवल तभी वर्तुल पूरा होता है।

भारत में हमने इस बात को जान लिया था। भारतीय पौराणिक गाथाओं में इस बात का जिक्र भी आता है। तुमने मां काली की मूर्तियां और चित्र देखे होंगे। काली स्त्री-मन की प्रतीक है। वह अपने पति शिव की छाती पर नृत्य कर रही है। वह इतने भयंकर रूप से नृत्य करती है कि शिव के प्राण निकल जाते हैं और वह नृत्य करती ही चली जाती है। स्त्री-मन पुरुष-मन की हत्या कर देता है; यही इस पौराणिक गाथा का अर्थ है।

और काली को काले के रूप में क्यों दर्शाया गया है? इसीलिए तो वह काली कहलाती है; काली का अर्थ है ब्लैक। और उसे इतने वीभत्स और भयानक रूप में क्यों दर्शाया गया है? उसके एक हाथ में अभी-अभी कटा हुआ सिर, जिससे रक्त की बूंदें गिर रही हैं। काली मृत्यु का साकार रूप है। और वह तांडव कर रही है—और वह नृत्य अपने पति की छाती पर कर रही है, पति के प्राण निकल गए हैं और वह आनंद और मस्ती में नृत्य किए जा रही है। वह काली क्यों है? क्योंकि मृत्यु को हमेशा काले के रूप में, अंधेरी काली रात्रि माना जाता है। उसी रूप में मृत्यु को चित्रित किया जाता है।

और काली अपने पति की हत्या क्यों कर देती है? चंद्र हमेशा सूर्य की हत्या कर देता है। जब व्यक्ति के अस्तित्व में चंद्र का, स्त्रैण भाव का उदय होता है तो तर्क की मृत्यु हो जाती है। तब तर्क नहीं बचता है, विवाद नहीं बचते हैं। तब व्यक्ति एक सर्वथा अलग ही आयाम में जीने लगता है। कवि से तर्क की, लॉजिक की अपेक्षा कभी नहीं की जा सकती। चित्रकार से, नृत्यकार से, संगीतज्ञ से कभी भी तर्क की अपेक्षा नहीं की जा सकती। वे किसी अंनजान रहस्य के जगत में जीते हैं।

तर्कसंगत बुद्धि हमेशा भयभीत रहती है। इसीलिए पुरुष हमेशा भयभीत रहता है, क्योंकि वह तर्क में, लॉजिक में जीता है। क्या तुमने कभी इस बात पर गौर नहीं किया है, कि पुरुष को हमेशा ऐसा लगता है कि स्त्री और स्त्री के मन को समझ पाना कठिन है। और ऐसा ही स्त्रियों को भी लगता है, कि वे पुरुषों को नहीं समझ सकती हैं। स्त्री और पुरुष के बीच एक गेप हमेशा बना रहता है, जैसे कि वे एक ही मानव जाति से संबंधित न होकर अलग-अलग हों।

मैं तुम से एक कथा कहना चाहूंगा :

एक इतावली एक यहूदी के साथ वाद-विवाद कर रहा था : 'तुम यहूदी लोग बहुत घमंडी होते

हो। पूरी दुनिया इस बात को जानती है कि यहूदी संसार के सब से अधिक बुद्धिमान लोग हैं। कोरी बकवास है! इटली में खुदाई की गयी है, और खुदाई में कम से कम दो हजार साल पुराना एक तार पाया गया है, जिससे प्रमाणित होता है कि उस समय में भी हमारे रोम के पूर्वजों के पास टेलिग्राफ की सुविधा थी।' यहूदी ने जवाब दिया, 'इजरायल में खुदाई की गयी और चार हजार साल पुरानी जमीन में कुछ भी नहीं मिला, इसका मतलब है कि तुम्हारे पास टेलिग्राफ के होने से पहले ही हमारे पास वायरलेस था।'

तर्क के कार्य करने का यह ढंग है। तर्क बाल की खाल निकालता चला जाता है। प्रेम में भी पुरुष बौद्धिकता और तर्क-वितर्क में ही जीता रहता है। पुरुष मन हमेशा कुछ न कुछ प्रमाणित करने का, सिद्ध करने का प्रयास करता रहता है।

इस पर थोड़ा ध्यान देना। स्त्री यह मानकर ही चलती है कि सभी कुछ प्रमाणित हो चुका है, सिद्ध हो चुका है, और पुरुष हमेशा कुछ न कुछ प्रमाणित करने का प्रयास ही करता रहता है, हमेशा अपनी रक्षा के उपाय ही खोजा करता है। इसका मूल कारण कहीं गहरे में उसकी काम-भावना में निहित है। जब पुरुष और स्त्री प्रेम करते हैं तो स्त्री कुछ भी सिद्ध नहीं करती है, प्रमाणित नहीं करती है, वह निष्क्रियता में जी सकती है। लेकिन पुरुष को अपना पौरुष सिद्ध करना होता है, प्रमाणित करना होता है। अपने पौरुष को प्रमाणित करने के लिए पुरुष हमेशा अपनी सामर्थ्य को सिद्ध करने की कोशिश करता रहता है, और हमेशा कुछ न कुछ प्रमाणित करने की कोशिश में लगा रहता है।

पूरा का पूरा दर्शनशास्त्र परमात्मा के प्रमाण जुटाने के अतिरिक्त और कुछ नहीं है। और विज्ञान सिद्धांतों के प्रमाण जुटाने के अतिरिक्त और कुछ भी नहीं है। स्त्रियां कभी भी दर्शनशास्त्र में उत्सुक नहीं होती हैं। वे जीवन को जैसा है वैसा स्वीकार कर लेती हैं। स्त्रियां किसी भी ढंग से कुछ दिखाना नहीं चाहती हैं, जैसे वे प्रमाणित कर ही चुकी हों। स्त्रियां अधिक गोलाई लिए होती हैं, स्त्रियों में वर्तुल जैसे पूर्ण हो जाता है। शायद इसी कारण उनकी देह में अधिक लालित्य और लावण्य होता है। उनका आकार वर्तुल में होता है। पुरुष में इतना लालित्य और लावण्य नहीं होता है, और पुरुष हमेशा लड़ने-झगड़ने को और वादविवाद करने को तैयार रहता है। यहां तक कि प्रेम के क्षणों में भी वह बुद्धि में ही उलझा होता है।

मैं समरसेट माम के बारे में पढ़ रहा था। जब लेखक समरसेट माम करीब निन्यानबे वर्ष का था, उसे इन्फलूएनजा हो गया। एक दिन उसकी एक प्रेमिका ने फोन करके उससे पूछा कि क्या वह उसके लिए कुछ फल और फूल भेज सकती है? माम ने उत्तर दिया, 'फलों के लिए बहुत देर हो चुकी है और फूलों के लिए अभी बहुत समय है।'

प्रेम की सहज अभिव्यक्ति...लेकिन तुरंत तर्क ने प्रवेश कर लिया।

एक बहुत ही प्रसिद्ध स्त्री जो कि नृत्यकार थी, अभिनेत्री थी और सुंदरतम स्त्रियों में से एक थी, उसने बर्नार्ड शा से पूछा, क्या आप मुझसे विवाह करना पसंद करेंगे? बर्नार्ड शा ने कहा, 'मैं विवाह किसलिए करूं?' स्त्री बोली, 'मैं हमेशा सोचती रहती हूं कि मेरा सौंदर्य, मेरी देह, मेरा चेहरा, मेरी आंखें—और आपकी बुद्धिमत्ता, दोनों मिलकर अदभुत सुंदर बच्चों को इस पृथ्वी पर ला सकेंगे। वे बच्चे इस संसार के लिए सुंदर उपहार होंगे।'

बर्नार्ड शा हंसे और बोले, 'थोड़ा रुको। इसके विपरीत भी हो सकता है : बच्चे को तुम्हारी बुद्धि मिल सकती है, जिसका अर्थ है खाली, कुछ भी नहीं—और उसे मेरे जैसा शरीर मिल सकता है, जो कि असुंदर और कुरूप है। बच्चा एकदम विपरीत भी हो सकता है।'

पुरुष मन हमेशा चीजों को तोड़-मरोड़कर देखता है।

जुंग ने अपने संस्मरणों में लिखा है कि एक बार वह फ्रायड के साथ बैठा हुआ था और एक दिन अचानक उसके पेट में बहुत जोर का दर्द उठा। और उसे लगा कि कुछ न कुछ होकर रहेगा और तभी अचानक निकट की अलमारी में से विस्फोट की आवाज आई। दोनों चौकन्ने हो गए। क्या हुआ? जुंग ने कहा, इसका जरूर कुछ न कुछ संबंध मेरी ऊर्जा से है। फ्रायड हंसा और जुंग की हंसी उड़ाता हुआ बोला, 'कैसी नासमझी की बात है, इसका तुम्हारी ऊर्जा से क्या संबंध हो सकता है?' जुंग बोला, थोड़ी प्रतीक्षा करो, अभी एक मिनट में ही फिर पहले जैसे विस्फोट की आवाज आएगी। क्योंकि उसे फिर से लगा कि उसके पेट में तनाव हो रहा है। और एक मिनट के बाद—ठीक एक मिनट के बाद—एक और विस्फोट हुआ।

अब यह है स्त्री-मन। और जुंग ने अपने संस्मरणों में लिखा है, 'उस दिन के बाद फिर कभी फ्रायड ने मुझ पर भरोसा नहीं किया।' यह बात खतरनाक है, क्योंकि इस बात का तर्क से कोई संबंध नहीं है। और जुंग ने एक नए सिद्धांत के विषय में सोचना शुरू कर दिया, जिसे वह सिन्क्रानिसिटि, समक्रमिकता का सिद्धांत कहता है।

जो सिद्धांत सभी वैज्ञानिक प्रयासों का मूल आधार है वह है काजेलिटी—कारण—सभी कुछ कार्य और कारण से जुड़ा हुआ है। जो कुछ भी घटता है, उसका कोई न कोई कारण होता है। और अगर कारण हो, तो परिणाम उसके पीछे-पीछे चला आएगा। जैसे अगर हम पानी को गरम करते हैं तो वह वाष्पीभूत हो जाता है। पानी गरम करना एक कारण है : अगर पानी को सौ डिग्री तक गरम किया जाए तो वह वाष्पीभूत हो जाएगा। पानी का वाष्पीभूत हो जाना परिणाम है। यह एक वैज्ञानिक आधार है। जुंग कहता है एक और सिद्धांत है, वह है—सिन्क्रानिसिटी, समक्रमिकता का सिद्धांत। इसकी व्याख्या करना कठिन है, क्योंकि सभी व्याख्याएं वैज्ञानिक मन से आती हैं। लेकिन जुंग जो कह रहा है, उसको अनुभव करने का प्रयास किया जा सकता है।

दो घड़ियां लेकर उन्हें मिनिट और सेकंड के साथ मिला दिया जाए तो उनकी एक दूसरे के साथ लयबद्धता, सिन्क्रानिसिटी हो जाती है : जब एक घड़ी में एक सुई बारह के अंक पर आए तो दूसरी घड़ी बारह के घंटे बजा दे। एक घड़ी बस चलती है, समय दर्शाती है; दूसरी घड़ी घंटे बजाती है—ग्यारह, बारह, एक, दो। जो कोई भी सुनेगा वह चकित हो जाएगा। क्योंकि पहली घड़ी दूसरी घड़ी के घंटे बजने का कारण नहीं है। उनका आपस में कोई संबंध नहीं है। केवल घड़ी बनाने वाले ने इतना ही किया है उन्हें इस ढंग से बनाया है कि अगर एक घड़ी में कुछ घटता है, तो तत्काल ही दूसरी घड़ी में भी कुछ हो जाता है। वे कार्य और कारण के द्वारा आपस में संबंधित नहीं हैं।

जुंग कहता है कि कार्य-कारण के साथ ही एक और सिद्धांत अस्तित्व रखता है। अगर कहीं कोई सृष्टि को बनाने वाला है, तो उसने सृष्टि की रचना इस ढंग से की है कि इस सृष्टि में ऐसा बहुत कुछ घटित होता है जिसका कार्य और कारण से कोई संबंध नहीं है।

तुमने किसी स्त्री को देखा और अचानक तुम्हारे हृदय में प्रेम उठ आता है। अब इस बात का कार्य और कारण से, या सिन्क्रानिसिटी से इसका कोई संबंध है? जुंग ज्यादा ठीक प्रतीत होता है और सत्य के ज्यादा करीब लगता है। स्त्री पुरुष में प्रेम को उत्पन्न करने का कारण नहीं हो सकती, न ही पुरुष स्त्री में प्रेम के उत्पन्न करने का कारण हो सकता है। लेकिन पुरुष और स्त्री, सूर्य-ऊर्जा और चंद्र-ऊर्जा का निर्माण इस ढंग से हुआ है कि उनके आपस में निकट आने से प्रेम का फूल खिल उठता है। यही है सिन्क्रानिसिटी, समक्रमिकता।

लेकिन फ्रायड इससे भयभीत हो गया। फिर फ्रायड व जुंग कभी आपस में एक-दूसरे के निकट नहीं आ सके। फ्रायड ने जुंग को अपना उत्तराधिकारी चुना था, लेकिन उस दिन उसने अपनी वसीयत को बदल दिया। फिर वे दोनों एक दूसरे से अलग हो गए, एक दूसरे से दूर और दूर होते चले गए।

पुरुष स्त्री को नहीं समझ सकता स्त्री पुरुष को नहीं समझ सकती। स्त्री और पुरुष को समझना सूर्य और चांद को समझने जैसा ही है। जब सूर्य प्रकट होता तो चांद छिप जाता है, जब सूर्य अस्त होता है तो चांद प्रकट होता है, उनका आपस में कभी मिलन नहीं होता है। वे कभी एक दूसरे के आमने-सामने नहीं आते। जब व्यक्ति की आंतरिक प्रज्ञा क्रियाशील होती है तो उसकी बुद्धि, तर्क शक्ति विलीन होने लगती है। स्त्रियों में पुरुष से अधिक अंतर्बोध होता है। उनके पास तर्क नहीं होता है, लेकिन फिर भी उनके पास कुछ अंतर्बोध, अंतर्प्रज्ञा होती है। और उन्हें जो अंतर्बोध होता है वह अधिकांशतः सच ही होता है।

बहुत से पुरुष मेरे पास आकर कहते हैं कि अजीब बात है। अगर हम किसी दूसरी स्त्री के प्रेम में पड़ जाते हैं और अपनी पत्नी को नहीं बताते, तो भी किसी न किसी तरह उसे मालूम हो ही जाता है। लेकिन हमें कभी मालूम नहीं होता कि पत्नी किसी अन्य पुरुष के प्रेम में पड़ी है या नहीं?

ठीक कुछ ऐसी ही स्थिति शीला और चिन्मय की है। चिन्मय किसी के प्रेम में है—और वे दोनों मेरे पास आए। चिन्मय आकर कहने लगा, 'यह बहुत ही अजीब बात है। जब भी मैं किसी के प्रेम में होता हूं, तो तुरंत शीला चली आती है—जहां कहीं भी वह होती है, वह तुरंत कमरे में चली आती है। ऐसे तो वह कभी नहीं आती। वह आफिस में काम कर रही होती है या कहीं और व्यस्त होती है। लेकिन जब भी मुझे कोई स्त्री अच्छी लगती है और मैं उसे अपने कमरे में ले जाता हूं—चाहे सिर्फ बातचीत करने के लिए ही, तो शीला चली आती है। और ऐसा कई बार हुआ है।' और मैंने पूछा 'क्या कभी इससे विपरीत भी हुआ है?' उसने कहा, 'कभी नहीं।'

स्त्री अपनी अनुभूतियों से जीती है। वह तर्क से नहीं चलती, वह तर्क से नहीं जीती। वह तो अनुभव से जीती है—और वह अनुभव उसकी इतनी गहराई से आता है कि वह उसके लिए करीब-करीब सत्य ही हो जाता है। इसीलिए तो कोई पति तर्क में किसी स्त्री को नहीं हरा सकता। वे तुम्हारे तर्क सुनती ही नहीं हैं। वे अपनी बात पर ही अड़ी रहती हैं कि ऐसा ही है, ऐसा ही ठीक है। और तुम भी जानते हो कि ऐसा ही है, लेकिन फिर तुम अपना बचाव किए चले जाते हो। जितना तुम बचाव करते हो, उतना ही वे समझ लेती हैं कि ऐसा ही है।

एक बार ऐसा हुआ कि एक अदालत में मुकदमा चल रहा था। जिस दिन मुकदमे की जांच का

दिन आया, प्रतिवादी ने अपना धैर्य खो दिया, जब उसने देखा कि ज्यूरी के लिए बारह स्त्रियों का चुनाव किया गया। प्रतिवादी ने अपने वकील से पूछा, 'क्या मुझे महिला ज्यूरी द्वारा जांचा जाएगा?'

वकील ने कहा, 'चुप रहो।'

प्रतिवादी ने कहा, 'अब चुप रहने को क्या है! अगर मैं अपनी पत्नी को मूर्ख नहीं बना सकता, तो मैं इन बारह स्त्रियों को क्या खाक मूर्ख बना सकता हूं? मैं अपना अपराध स्वीकार करता हूं।'

स्त्री को मूर्ख बनाना असंभव होता है। उनके पास जानने का एक और ही ढंग होता है, जानने का एक अलग ही ढंग होता है: उनका जानने का तरीका स्त्रैण होता है, उनके जानने का तरीका चंद्र-केंद्रित होता है। स्त्री के मनोविज्ञान को अभी विकसित होना है और जब तक चंद्र-केंद्र का मनोविज्ञान विकसित नहीं हो जाता, मनोविज्ञान को विज्ञान का दर्जा नहीं मिल पाएगा। वह पूर्वाग्रहों से ग्रस्त ही बना रहेगा, वह पुरुष-पूर्वाग्रहों से ग्रस्त ही बना रहेगा। वह पूरी मनुष्य जाति के संबंध में कुछ नहीं कह पाएगा।

फ्रायडवादी मनोविज्ञान सूर्य का, पुरुष का मनोविज्ञान है; जुंगवादी मनोविज्ञान का झुकाव चंद्र की, स्त्री की ओर है। एक व्यक्ति है, रोबर्टो एस्सागियोली—उसका मनोविज्ञान सूर्य और चंद्र के बीच का संश्लेषण है, इसकी उसने अभी केवल शुरुआत ही की है। वह अपने मनोविज्ञान को 'साइको-सिनथीसिस' कहता है।

फ्रायड अपने मनोविज्ञान को साइको-एनालिसिस कहता है। यह एनालिसिस, यह विश्लेषण; सूर्य-केंद्र, पुरुष-चित्त की उपज है; जबकि संश्लेषण चंद्र-केंद्र, स्त्रैण-चित्त से आता है। थोड़ा इस पर गौर करना। जब प्रकाश होता है तो चीजें अलग-अलग दिखाई पड़ती हैं। तब एक वृक्ष यहां दिखाई देता है, एक वृक्ष वहां दिखाई देता है, हर चीज अलग-अलग दिखाई देती है। और जब अंधकार होता है, तो सभी कुछ अंधकार में खो जाता है—चीजों का अलग-अलग दिखाई पड़ना बंद हो जाता है। सभी कुछ एक हो जाता है। अंधकार में सारे भेद मिट जाते हैं।

चंद्र का, स्त्री का मनोविज्ञान संश्लेषणात्मक ही होगा। और सूर्य का, पुरुष का मनोविज्ञान विश्लेषणात्मक, चीजों को तोड़-मरोड़कर, उन्हीं तार्किक रूप से सिद्ध और प्रमाणित करके देखने वाला ही होगा। लेकिन इन दोनों के भी ऊपर के मनोविज्ञान की संभावना भी है। मैं तुम्हें कुछ संकेत देना चाहूंगा, जिसे मैं बुद्धों का मनोविज्ञान कहता हूं। फ्रायड सूर्य है, जुंग चंद्र है, ऐस्सागियोली सूर्य और चंद्र का जोड़ है। बुद्ध होना, सूर्य और चंद्र दोनों का अतिक्रमण है, दोनों के पार होना है । और इस अतिक्रमण से मेरा क्या अर्थ है। और फिर इस अतिक्रमण को भी कई रूपों में जाना जा सकता है।

सूर्य-केंद्रित, पुरुष-चित्त और उसके भी पार: इस रूप में पतंजलि, महावीर, योग आते हैं। उन्होंने जिस भाषा का उपयोग किया है वह पुरुष की भाषा है, सूर्य-केंद्र की भाषा है। लेकिन उनका जो अनुभव है वह उसके भी पार का है, बियांड का है। फिर है सूर्य और चंद्र के भी पार की अवस्था: जिसमें तंत्र है, शिव हैं। उनका अनुभव तो दोनों के पार का है, लेकिन अभिव्यक्ति सूर्य और चंद्र दोनों की है। और फिर हैं चंद्र-केंद्रित, स्त्रैण चित्त और उनके पार की अवस्था: नारद, चैतन्य, मीरा, जीसस। उनका अनुभव दोनों के पार का है, लेकिन अभिव्यक्ति चंद्र-केंद्रित, स्त्रैण-चित्त की है। और फिर है मात्र अतिक्रमण, पार हो जाना: उनमें आते हैं बोधिधर्म, लाओत्सु, च्वांगत्सु, झेन। अभिव्यक्ति

में उनका भरोसा ही नहीं है, इसलिए उन्हें कोई जरूरत ही नहीं है सूर्य या चंद्र पुरुष या स्त्रैण अभिव्यक्ति की; इनका कहना है कि उसे कहा नहीं जा सकता है, उसकी अभिव्यक्ति का कोई उपाय नहीं है। लाओत्सु का कहना है, ताओ को अगर अभिव्यक्त किया जा सके तो वह ताओ नहीं। सत्य को कहा नहीं कि वह झूठ हो जाता है, सत्य को अभिव्यक्त नहीं किया जा सकता है।

ये सारी संभावनाएं हैं, लेकिन वे अभी तक यथार्थ में घटित नहीं हुई हैं। कभी कहीं कोई व्यक्ति संबोधि को उपलब्ध हो जाता है, लेकिन उस उपलब्धि को, उस बोध को इस ढंग से विधिबद्ध करना होगा, इस तरह से वर्गीकृत करना होगा कि वह सामूहिक मनुष्य चेतना का अंग बन जाए।

अब सूत्रः

'सिर के शीर्ष भाग के नीचे की ज्योति पर संयम केंद्रित करने से समस्त सिद्धों के अस्तित्व से जुड़ने की क्षमता मिल जाती है।'

सहस्त्रार सिर के मूर्धन्य भाग के ठीक नीचे होता है। सहस्त्रार सिर का एक सूक्ष्म द्वार है। ठीक वैसे ही जैसे जननेंद्रिय मूलाधार का सूक्ष्म द्वार होती है। इस जननेंद्रिय के सूक्ष्म द्वार से व्यक्ति नीचे की ओर, प्रकृति में, जीवन में, दृश्य जगत में, पदार्थ में, रूप में, आकार में जाता है; ठीक इसी तरह व्यक्ति के सिर के मूर्धन्य भाग में एक निष्क्रिय इंद्रिय होती है, वहां भी एक सूक्ष्म द्वार होता है। जब ऊर्जा सहस्त्रार की ओर जाती है तो वह सूक्ष्म द्वार ऊर्जा के विस्फोट से खुल जाता है, और वहां से व्यक्ति प्रकृति के साथ, अस्तित्व के साथ जुड़ जाता है। फिर इस अवस्था को परमात्मा कहो, या सिद्धावस्था कहो, या जो भी नाम तुम देना चाहो दे सकते हो।

काम-क्रिया के माध्यम से व्यक्ति अपनी तरह कुछ और शरीरों को जन्म दे सकता है। कामवासना सृजनात्मक ऊर्जा है, वह बच्चों का निर्माण कर सकती है। जब व्यक्ति की ऊर्जा सहस्त्रार की ओर, सातवें चक्र की ओर गतिमान होती है, तो व्यक्ति स्वयं को जन्म देता है: यही है पुनर्जन्म। जीसस का यही मतलब है जब वे कहते हैं कि बी रिबोर्न। तब व्यक्ति स्वयं को ही जन्म देकर अपना माता-पिता हो जाता है। तब सूर्य-केंद्र पिता हो जाता है, चंद्र केंद्र मां हो जाती है, और भीतर के सूर्य और चंद्र का मिलन व्यक्ति की ऊर्जा को सिर की ओर, सहस्त्रार की ओर मुक्त कर देता है। यह एक इनर आर्गोज्म है—इसे सूर्य और चंद्र का मिलन कह लो, या इसे शिव और शक्ति का मिलन कह लो, या तुम्हारे भीतर के पुरुष और स्त्री का सम्मिलन कह लो।

हम पुरुष और स्त्री में विभक्त हैं। इसे ठीक से समझ लेना।

तुमने कभी गौर किया, बाएं हाथ का उपयोग करने वाले लोगों को दबा दिया जाता है! अगर कोई बच्चा बाएं हाथ से लिखता है, तो तुरंत पूरा समाज उसके खिलाफ हो जाता है—माता-पिता, सगे-संबंधी, परिचित, अध्यापक सभी लोग एकदम उस बच्चे के खिलाफ हो जाते हैं। पूरा समाज उसे दाएं हाथ से लिखने को विवश करता है। दायां हाथ सही है और बायां हाथ गलत है। कारण क्या है? ऐसा क्यों है कि दायां हाथ सही है और बायां हाथ गलत है? बाएं हाथ में ऐसी कौन सी बुराई है, ऐसी कौन सी खराबी है? और दुनिया में दस प्रतिशत लोग बाएं हाथ से काम करते हैं। दस प्रतिशत कोई छोटा वर्ग नहीं है। दस में से एक व्यक्ति ऐसा होता ही है जो बाएं हाथ से कार्य करता है। शायद चेतनरूप से उसे इसका पता भी नहीं होता हो, वह भूल ही गया हो इस बारे में, क्योंकि शुरू से ही

समाज, घर-परिवार, माता-पिता बाएं हाथ से कार्य करने वालों को दाएं हाथ से कार्य करने के लिए मजबूर कर देते हैं। ऐसा क्यों है?

दायां हाथ सूर्य-केंद्र से, भीतर के पुरुष से जुड़ा हुआ है। बायां हाथ चंद्र-केंद्र से भीतर की स्त्री से जुड़ा हुआ है। और पूरा का पूरा समाज पुरुषोन्मुखी पुरुष-केंद्रित है।

हमारा बायां नासापुट चंद्र-केंद्र से जुड़ा हुआ है। और दायां नासापुट सूर्य-केंद्र से जुड़ा हुआ है। तुम इसे आजमा कर भी देख सकते हो। जब कभी बहुत गर्मी लगे तो अपना दायां नासापुट बंद कर लेना और बाएं से श्वास लेना—और दस मिनट के भीतर ही तुमको ऐसा लगेगा कि कोई अनजानी शीतलता तुम्हें महसूस होगी। तुम इसे प्रयोग करके देख सकते हो; यह बहुत ही आसान है। या फिर तुम ठंड से कांप रहे हो और बहुत सर्दी लग रही है, तो अपना बायां नासापुट बंद कर लेना, और दाएं से श्वास लेना; दस मिनट के भीतर तुम्हें पसीना आने लगेगा।

योग ने यह बात समझ ली और योगी कहते हैं—और योगी ऐसा करते भी हैं: प्रातः उठकर वे कभी दाएं नासापुट से श्वास नहीं लेते। क्योंकि अगर दाएं नासापुट से श्वास ली जाए, तो अधिक संभावना इसी बात की है कि दिन में व्यक्ति क्रोधित रहेगा, लड़ेगा-झगड़ेगा, आक्रामक रहेगा—शांत और थिर नहीं रह सकेगा। इसलिए योग के अनुशासन में यह भी एक अनुशासन है कि सुबह उठते ही सबसे पहले व्यक्ति को यह देखना होता है कि उसका कौन सा नासापुट क्रियाशील है। अगर बायां क्रियाशील है तो ठीक है, वही ठीक क्षण होता है बिस्तर से बाहर आने का। अगर बायां नासापुट क्रियाशील नहीं है तो अपना दायां नासापुट बंद करना और बाएं से श्वास लेना। धीरे-धीरे जब बायां नासापुट क्रियाशील हो जाए, तभी बिस्तर से बाहर पांव रखना।

हमेशा सुबह उसी समय बिस्तर से बाहर आना जब बायां नासापुट क्रियाशील हो, और तब तुम पाओगे कि तुम्हारी पूरी की पूरी दिनचर्या में अंतर आ गया है। तुम कम क्रोधित होगे, चिड़-चिड़ाहट कम होगी और अधिकाधिक शांत, थिर और ठंडे अनुभव करोगे। ध्यान में अधिक गहरे जा सकोगे। अगर लड़ना-झगड़ना चाहते हो, तो उसके लिए दायां नासापुट अच्छा है। अगर प्रेमपूर्ण होना चाहते हो, तो उसके लिए बायां नासापुट एकदम ठीक है।

और हमारी श्वास हर क्षण, हर पल बदलती रहती है। तुमने शायद कभी ध्यान नहीं दिया होगा, लेकिन इस पर ध्यान देना। आधुनिक चिकित्सा-शास्त्र को इसे समझना होगा, क्योंकि रोगी के इलाज में इसका प्रयोग बहुत महत्वपूर्ण सिद्ध हो सकता है। ऐसे बहुत से रोग हैं, ऐसी बहुत सी बीमारियां हैं, जिनके ठीक होने में चंद्र की मदद मिल सकती है। और ऐसे रोग भी हैं जिनके ठीक होने में सूर्य से मदद मिल सकती है। अगर इस बारे में ठीक-ठीक मालूम हो, तो श्वास का उपयोग व्यक्ति के इलाज के लिए किया जा सकता है। लेकिन आधुनिक चिकित्सा-शास्त्र की अभी तक इस तथ्य से पहचान नहीं हुई है।

श्वास निरंतर परिवर्तित होती रहती है: चालीस मिनट तक एक नासापुट क्रियाशील रहता है, फिर चालीस मिनट दूसरा नासापुट क्रियाशील रहता है। भीतर सूर्य और चंद्र निरंतर बदलते रहते हैं। हमारा पेंडुलम सूर्य से चंद्र की ओर, चंद्र से सूर्य की ओर आता-जाता रहता है। इसीलिए हमारी भावदशा अकसर ही बदलती रहती है। कई बार अकस्मात चिड़चिड़ाहट होती है—बिना किसी कारण

के, अकारण ही। बात कुछ भी नहीं है, सभी कुछ वैसा का वैसा है, उसी कमरे में बैठे हो—कुछ भी नहीं हुआ है—अचानक चिड़चिड़ाहट आने लगती है।

थोड़ा ध्यान देना। अपने हाथ को अपने नाक के निकट ले आना और उसे अनुभव करना: तुम्हारी श्वास बायीं ओर से दायीं ओर चली गयी होगी। अभी थोड़ी देर पहले तो सभी कुछ ठीक था; और क्षण भर के बाद ही सभी कुछ बदल गया, कुछ भी अच्छा नहीं लग रहा। बस, लड़ने को, झगड़ने को और कुछ भी करने के लिए तैयार हो।

ध्यान रहे, हमारा पूरा शरीर दो भागों में विभक्त है। हमारा मस्तिष्क भी दो मस्तिष्कों में विभाजित है। हमारे पास एक मस्तिष्क नहीं है; दो मस्तिष्क हैं, दो गोलार्ध हैं। बायीं ओर का मस्तिष्क सूर्य-मस्तिष्क है, दायीं ओर का मस्तिष्क चंद्र मस्तिष्क है। तुम थोड़ी उलझन में पड़ सकते हो, क्योंकि ऐसे तो बायीं ओर सब कुछ चंद्र से संबंधित होता है, तो फिर दायीं ओर के मस्तिष्क का चंद्र से क्या संबंध! दायीं ओर का मस्तिष्क शरीर के बाएं हिस्से से जुड़ा हुआ है। बायां हाथ दायीं ओर के मस्तिष्क से जुड़ा हुआ है, दायां हाथ बायीं ओर के मस्तिष्क से जुड़ा हुआ है, यही कारण है। वे एक-दूसरे से उलटे जुड़े हुए हैं।

दायीं ओर का मस्तिष्क कल्पना को, कविता को, प्रेम को, अंतर्बोध को जन्म देता है। मस्तिष्क का बायां हिस्सा बुद्धि को, तर्क को, दर्शन को, सिद्धांत को, विज्ञान को जन्म देता है।

और जब तक व्यक्ति सूर्य-ऊर्जा और चंद्र-ऊर्जा के बीच संतुलन नहीं पा लेता है, अतिक्रमण संभव नहीं है। और जब तक बायां मस्तिष्क दाएं मस्तिष्क से नहीं मिल जाता है और उनमें एक सेतु निर्मित नहीं हो जाता है, तब तक सहस्रार तक पहुंचना संभव नहीं है। सहस्रार तक पहुंचने के लिए दोनों ऊर्जाओं का एक हो जाना आवश्यक है, क्योंकि सहस्रार परम शिखर है, आत्यंतिक बिंदु है। वहां न तो पुरुष की तरह पहुंचा जा सकता है, न ही वहां स्त्री की तरह पहुंचा जा सकता है। वहां एकदम शुद्ध चैतन्य की तरह—एक होकर, समग्र और संपूर्ण होकर पहुंचना संभव होता है।

पुरुष की कामवासना सूर्यगत है, स्त्री की कामवासना चंद्रगत है। इसीलिए स्त्रियों के मासिक धर्म का चक्र अट्ठाइस दिन का होता है, क्योंकि चंद्र का मास अट्ठाइस दिन में पूरा होता है। स्त्रियां चंद्रमा से प्रभावित होती हैं—चंद्र का वर्तुल अट्ठाइस दिन का होता है।

और इसीलिए बहुत सी स्त्रियां पूर्णिमा की रात थोड़ा पागलपन का अनुभव करती हैं। जब पूर्णिमा की रात आए, तो अपनी पत्नी या अपनी प्रेयसी से सावधान रहना। वह थोड़ी परेशान और अस्त-व्यस्त हो जाती है। जैसे पूर्णिमा की रात समुद्र में ज्वार-भाटा आने लगता है और समुद्र प्रभावित हो जाता है, ऐसे स्त्रियां भी उत्तप्त हो जाती हैं।

क्या तुमने कभी ध्यान दिया है? पुरुष खुली आंखों से प्रेम करना चाहता है। केवल इतना ही नहीं, बल्कि प्रकाश भी पूरा चाहता है। अगर किसी तरह की बाधा न हो, तो पुरुष दिन में प्रेम करना पसंद करता है। और उन्होंने ऐसा करना शुरू भी कर दिया है—विशेषकर अमेरिका में, क्योंकि उस तरह की बाधाएं और समस्याएं अब वहां पर समाप्त हो गयी हैं। वहां लोग रात्रि की अपेक्षा सुबह प्रेम अधिक करते हैं। स्त्री अंधकार में प्रेम करना पसंद करती है, जहां थोड़ी भी रोशनी न हो—और अंधेरे में भी वे अपनी आंखें बंद कर लेती हैं।

चंद्रमा रात्रि में, अंधकार में चमकता है, उसे अंधकार से प्रेम है—रात्रि से।

इसीलिए स्त्रियां अश्लील-साहित्य में उत्सुक नहीं हैं। अब नारी-मुक्ति आंदोलन के कारण, कुछ पत्रिकाओं ने प्लेबाय और इसी तरह की पत्रिकाओं के साथ प्रतिस्पर्धा की शुरुआत की है—इसी प्रतिस्पर्धा के कारण प्लेगर्ल पत्रिका सामने आयी है। लेकिन मूल रूप से स्त्रियां अश्लील साहित्य में, अश्लील पत्रिकाओं में जरा भी उत्सुक नहीं होतीं। असल में तो स्त्रियों को यह समझ ही नहीं आता है कि आखिर पुरुष क्यों इतना अधिक नग्न स्त्रियों के चित्र देखने में उत्सुक रहता है। इस तथ्य को समझने में उन्हें कठिनाई अनुभव होती है।

पुरुष सूर्योमुन्खी होता है, उसे प्रकाश अच्छा लगता है। आंखें सूर्य का हिस्सा हैं, इसीलिए आंखें देखने में सक्षम होती हैं। आंखों का तालमेल सूर्य-ऊर्जा के साथ रहता है। तो पुरुष आंखों से, दृष्टि से अधिक जुड़ा हुआ है। इसीलिए पुरुष को देखना अच्छा लगता है और स्त्री को प्रदर्शन करना अच्छा लगता है। पुरुषों को यह समझ में ही नहीं आता है कि आखिर स्त्रियां स्वयं को इतना क्यों सजाती-संवारती हैं?

मैंने सुना है, एक दंपति हनीमून मनाने के लिए किसी पहाड़ी स्थान पर गए। युवक बिस्तर पर लेटा हुआ पत्नी की प्रतीक्षा कर रहा था। और पत्नी थी कि अपने श्रृंगार करने में लगी हुई थी, अपने को सजाने-संवारने में लगी हुई थी। उसने अपने शरीर पर पाउडर लगाया, बाल संवारे, नाखूनों पर नेल-पालिश लगाई, इत्र की कुछ बूंदें कान के पीछे लगाईं, बस वह अपने को सजाती ही जा रही थी। आखिरकार जब उस युवक से न रहा गया, तो वह बिस्तर से झटके से उठकर खड़ा हो गया। पत्नी ने पूछा, क्या बात है? आप कहां जा रहे हो? वह अपने सूटकेस की तरफ दौड़ा और बोला, अगर यह एक औपचारिक प्रेम ही रहने वाला है तो कम से कम मैं अपने कपड़े तो पहन लूं।

स्त्रियों में प्रदर्शन की प्रवृत्ति होती है—वे चाहती हैं कोई उन्हें देखे। और यह एकदम ठीक भी है, क्योंकि इसी तरह से तो पुरुष और स्त्रियां एक दूसरे के अनुकूल बैठ पाते हैं: पुरुष देखना चाहता है, स्त्री दिखाना चाहती है। वे एक-दूसरे के अनुरूप हैं, यह एकदम ठीक है। अगर स्त्रियों को प्रदर्शन में उत्सुकता न होगी, तो वे दूसरी कई मुसीबत खड़ी कर देती हैं। और अगर पुरुष स्त्री को देखने में उत्सुक नहीं है, तो फिर स्त्री किसके लिए इतना श्रृंगार करेगी, आभूषण पहनेगी, सजेगी-संवरेगी—आखिर किसके लिए? फिर तो कोई भी उनकी तरफ नहीं देखेगा। प्रकृति में हर चीज एक-दूसरे के अनुरूप होती है, उनमें आपस में सिन्क्रानिसिटी, लयबद्धता होती है।

लेकिन अगर सहस्रार तक पहुंचना हो, तो द्वैत को गिराना होगा। परमात्मा तक पुरुष या स्त्री की भांति नहीं पहुंचा जा सकता है। परमात्मा तक तो सहज रूप में, शुद्ध अस्तित्व के रूप में ही पहुंचा जा सकता है, स्त्री और पुरुष के रूप में नहीं।

'सिर के शीर्ष भाग के नीचे की ज्योति पर संयम केंद्रित करने से समस्त सिद्धों के अस्तित्व से जुड़ने की क्षमता मिल जाती है।'

ऊंर्जा को अगर ऊपर की ओर गतिमान करना है, तो इसकी विधि संयम है। पहली बात, अगर तुम पुरुष हो तो तुम्हें तुम्हारे सूर्य के प्रति तुम्हारे सूर्य-ऊर्जा के केंद्र के प्रति, तुम्हारे काम केंद्र के प्रति, पूरी तरह होशपूर्ण होना होगा। तुम्हें मूलाधार में रहना होगा, अपने संपूर्ण चैतन्य को, अपनी पूरी ऊर्जा

को मूलाधार पर बरसा देना होगा। जब मूलाधार पर पूरा होश आ जाता है तो तुम पाओगे कि ऊर्जा हारा केंद्र की ओर उठ रही है, चंद्र की ओर बढ़ रही है।

और जब ऊर्जा चंद्र-केंद्र की ओर गतिमान होगी, तो तुम बहुत संतृप्ति, बहुत आनंदित अनुभव करोगे। सारी कामवासना के आनंद इसकी तुलना में कुछ भी नहीं हैं—कुछ भी नहीं हैं। जब सूर्य-ऊर्जा अपनी ही चंद्र-ऊर्जा में उतरती है, तो उस आनंद की सघनता उससे हजारों गुना अधिक होती है। तब सच में पुरुष और स्त्री का मिलन घटित होता है। बाहर किसी भी स्त्री से कितनी भी निकटता क्यों न हो, कितने भी करीब क्यों न हो, तुम अपने को पृथक और अलग ही अनुभव करते हो। बाहर का मिलन तो बस सतही और औपचारिक ही होता है—दो सतह, दो परिधियां ही आपस में मिलती हैं। दो सतह एक-दूसरे को स्पर्श करती हैं, बस इतना ही होता है। लेकिन जब सूर्य-ऊर्जा चंद्र-ऊर्जा की ओर गतिमान होती है, तब दो ऊर्जा केंद्रों की ऊर्जा आपस में मिल जाती है—और जिस व्यक्ति के सूर्य और चंद्र एक हो जाते हैं, वह परम रूप से आनंदित और संतृप्त हो जाता है—और फिर वह हमेशा आनंदित और संतृप्त बना रहता है, क्योंकि इसको खोने का कोई उपाय ही नहीं है। यह आनंद और मिलन सनातन है।

अगर तुम स्त्री हो तो तुम्हें अपनी संपूर्ण चेतना को हारा तक ले आना होगा, और तब तुम्हारी ऊर्जा सूर्य-केंद्र की ओर बढ़ने लगेगी।

प्रत्येक व्यक्ति में एक केंद्र निष्क्रिय होता है और एक केंद्र सक्रिय होता है। सक्रिय केंद्र को निष्क्रिय केंद्र के साथ जोड़ दो, तो निष्क्रिय केंद्र सक्रिय हो जाता है।

और जब दोनों ऊर्जाओं का मिलन होता है—जब सूर्य-ऊर्जा और चंद्र-ऊर्जा एक हो रहे होते हैं, तो ऊर्जा ऊपर की ओर उठती है। तब व्यक्ति ऊर्ध्वगमन की ओर बढ़ने लगता है।

मैंने सुना है :

एक पागल आदमी अपने दूर के रिश्तेदार के यहां मेहमान था। उसने उसे अपने मकान के तलघरे में ठहरा दिया। कोई आधी रात ऊपर से अपने मेहमान के हंसने की आवाज सुनकर मेजबान की नींद खुल गयी।

उसने पूछा, 'तुम वहां क्या कर रहे हो? तुम्हें तो तलघरे में सोना था।'

मेहमान ने जवाब दिया, 'मैं वहीं पर था। मैं बिस्तर से लुढ़क गया हूं।'

'और तुम ऊपर कैसे पहुंच गए?'

'इसी बात पर तो मुझे हंसी आ रही है।'

हां, ऐसा होता है। जब सूर्य और चंद्र का मिलन हो जाता है, तब उस पागल की तरह ही हो जाते हैं। ऊपर की ओर यात्रा प्रारंभ हो जाती है। और तब हंसी भी आएगी, क्योंकि यह सच में ही अजीब बात है। ऊपर की ओर जाना? कभी किसी ने ऐसा सुना तो नहीं है।

तुमने सुना है न कि एक बार न्यूटन बगीचे में बैठा हुआ था और एक सेब आकर गिरा। सेब का मनुष्य के साथ कुछ ज्यादा ही संबंध मालूम होता है—यही वह सेब था जब अदम सांप के द्वारा फंसा दिया गया था। और फिर यह बेचारा न्यूटन एक बगीचे में बैठा था और एक सेब आकर गिरा और न्यूटन ने गुरुत्वाकर्षण का सिद्धांत खोज निकाला।

लेकिन जब भीतर के सूर्य और चंद्र मिल जाते हैं तो अकस्मात ही व्यक्ति एक अलग ही आयाम में पहुंच जाता है : उसकी ऊर्जा ऊपर की ओर उठने लगती है। यह न्यूटन की अवज्ञा है, यह न्यूटन का अपमान है—इसके सामने गुरुत्वाकर्षण व्यर्थ हो जाता है। तुम ऊपर की ओर खींचे जाने लगते हो! और निस्संदेह अभी तक का पूरा प्रशिक्षण इसी बात का है कि अगर कोई भी चीज ऊपर फेंको तो वह नीचे गिरती है—और सभी कुछ नीचे ही गिरता है। तो फिर हंसी का कारण ठीक ही है।

एक झेन फकीर होतेई के बारे में ऐसा कहा जाता है कि संबोधि को उपलब्ध होने के बाद उसकी हंसी फिर कभी बंद ही न हुई। फिर वह हंसता ही रहा, हंसता ही रहा, अपनी मृत्यु के समय भी वह हंस रहा था। वह हंसते-हंसते एक गांव से दूसरे गांव तक घूमा करता था। उसके बारे में ऐसा कहा जाता है कि जब वह सोता भी था, तो उसकी हंसी की आवाज सुनी जा सकती थी। लोग होतेई से पूछते भी थे, आप हमेशा हंसते क्यों रहते हैं? वह कहता, मैं कैसे बताऊं। लेकिन कुछ हुआ है—कुछ अदभुत हुआ है। कुछ ऐसा जो नहीं होना चाहिए था, जिसका होना अपेक्षित नहीं था—ऐसा कुछ हुआ है।

हां, वह पागल आदमी ठीक कह रहा था। अगर किसी दिन तुम अपने बिस्तर से गिर जाओ और अचानक तुम स्वयं को छत के ऊपर पाओ, तो तुम हंसोगे नहीं तो क्या करोगे। लेकिन ऐसा होता है, और वह पागल आदमी कोई साधारण पागल नहीं है। यह एक सूफी कथा है। वह पागल आदमी जरूर कोई सदगुरु रहा होगा।

यह सूत्र कहता है : 'मूर्धज्योतिषि सिद्धदर्शनम्।'

जिस क्षण चेतना का मिलन सहस्रार से होता है, अचानक तुम पार के जगत के लिए उपलब्ध हो जाते हो—सिद्धों के जगत के लिए उपलब्ध हो जाते हो।

योग में मूलाधार के प्रतीक के रूप में, काम-केंद्र को चार पंखुड़ियों वाला लाल कमल माना जाता है। चार पंखुड़ियां चारों दिशाओं का प्रतिनिधित्व करती हैं। लाल रंग, ऊष्मा का प्रतिनिधित्व करता है, क्योंकि वह सूर्य का केंद्र है। और सहस्रार प्रतिनिधित्व करता है सभी रंगों का, हजार पंखुड़ियों के कमल के रूप में। हजार पंखुड़ियों वाला कमल—सहस्रार पदम—सभी रंगों से परिपूर्ण एक हजार पंखुड़ियों वाला कमल, क्योंकि सहस्रार में संपूर्ण अस्तित्व समाया हुआ है। सूर्य-केंद्र केवल लाल होता है। सहस्रार इंद्रधनुषी होता है—उसमें सभी रंग समाए होते हैं, उसमें समग्रता समाहित होती है।

सामान्यतः सहस्रार, एक हजार पंखुड़ियों वाला कमल सिर में नीचे की ओर लटका हुआ होता है। लेकिन जब इससे ऊर्जा गतिमान होती है, तो ऊर्जा से यह ऊपर की ओर हो जाता है। पहले तो यह ऐसे ही है जैसे कोई कमल ऊर्जा रहित नीचे की ओर लटका हुआ हो—उसका भार ही उसे नीचे की ओर लटका देता है—फिर जब वह ऊर्जा से भर जाता है, तो उसमें जीवन का संचार हो जाता है। वह ऊपर उठने लगता है, वह बियांड के, पार के, जगत के प्रति खुल जाता है।

जब कमल खिल जाता है, तो योग-शास्त्र कहते हैं कि 'तब वह दस लाख सूर्य और दस लाख चंद्र के रूप में देदीप्यमान हो उठता है।' जब भीतर एक चंद्र और एक सूर्य परस्पर मिल जाते हैं, तो फिर वह बाहर के दस लाख सूर्य और दस लाख चंद्र के बराबर होते हैं। तब व्यक्ति उस परम

आनंद की कुंजी को खोज लेता है, जहां दस लाख चंद्र दस लाख सूर्यों से मिलते हैं—दस लाख स्त्रियों का दस लाख पुरुषों से मिलन होता है। तो उस परम आनंद की तुम थोड़ी-बहुत कल्पना कर सकते हो, थोड़ा-बहुत उस बारे में सोच सकते हो।

शिव जब अपनी पत्नी देवी के साथ प्रेम में पाए गए तो उसी आनंद अवस्था में रहे होंगे। वे सहस्त्रार में प्रतिष्ठित रहे होंगे। उनका प्रेम केवल कामवासना वाला प्रेम नहीं हो सकता—वह प्रेम मूलाधार से नहीं हो सकता। वह उनके अस्तित्व के शिखर बिंदु से, ओमेगा पाइंट से आया होगा। इसीलिए कौन वहां खड़ा है, कौन उन्हें देख रहा है इसके प्रति वे पूरी तरह से बेखबर थे। वे समय और स्थान में स्थित नहीं थे। वे समय और स्थान के पार थे। योग का, तंत्र का, सारे आध्यात्मिक प्रयासों का यही तो एकमात्र लक्ष्य है।

पुरुष और स्त्री ऊर्जा का मिलन, शिव और शक्ति का परम मिलन, जीवन और मृत्यु के आत्यंतिक जोड़ की संभावना को निर्मित कर देता है। इस दृष्टि से हिंदुओं के परमात्मा बहुत अनूठे और अदभुत रूप से मानवीय हैं।...थोड़ा ईसाइयों के परमात्मा के बारे में विचार करो। कोई पत्नी नहीं, कोई स्त्री नहीं साथ में! यह बात जड़, एकाकी, रिक्त, पुरुष प्रधान, सूर्यगत और कठोर मालूम होती है। अगर यहूदियों और ईसाइयों के परमात्मा की अवधारणा भयानक और डरावने परमात्मा की है तो इसमें कोई आश्चर्य की बात नहीं।

यहूदी कहते हैं, 'परमात्मा से भयभीत रहो। ध्यान रहे, वह तुम्हारा चाचा नहीं है।' लेकिन हिंदू कहते हैं, 'चिंता की कोई बात नहीं, परमात्मा तुम्हारी मां है।' यहूदियों ने बहुत ही क्रूर परमात्मा की कल्पना की है, जो हमेशा लोगों को अग्नि में जलाने और मारने को तैयार रहता है। और छोटा सा पाप भी, चाहे वह अनजाने में ही हो गया हो और यहूदियों का परमात्मा एकदम क्रुद्ध, आग-बबूला हो जाता है। उनका परमात्मा विक्षिप्त मालूम होता है।

और ईसाइयों की पूरी की पूरी ट्रिनिटी की धारणा—गॉड, होली घोस्ट और सन—यह पूरी की पूरी ट्रिनिटी लड़कों की सभा मालूम पड़ती है—होमोसेक्सुअल, समलैंगिक। कोई स्त्री नहीं। और ईसाई चंद्र-ऊर्जा से, स्त्री से इतने भयभीत हैं कि उनके पास स्त्री की कोई अवधारणा ही नहीं है। आगे चलकर किसी तरह उन्होंने वर्जिन मेरी का नाम जोड़कर इसमें थोड़ा सुधार करने की कोशिश की है। किसी तरह से, क्योंकि यह बात उनके सिद्धांत के बिलकुल विपरीत पड़ती है, उनके सिद्धांत के एकदम खिलाफ है। और फिर भी ईसाई इस बात पर जोर देते हैं कि वह वर्जिन है, कुंआरी है।

ईसाई धारणा में सूर्य और चंद्र का मिलन एकदम अस्वीकृत है। चाहे वे वर्जिन मेरी का आदर करते हैं...निश्चित ही यह एक द्वितीय श्रेणी की पदवी है, क्योंकि ट्रिनिटी में उसके लिए कोई स्थान नहीं है। फिर उन्हें अपनी इस ट्रिनिटी की धारणा में कुछ अपूर्णता का अहसास हुआ, तो उन्होंने पीछे के द्वार से वर्जिन मेरी का प्रवेश करवाया। लेकिन फिर भी ईसाई इस बात पर जोर दिए चले जाते हैं कि वह वर्जिन है, कुंआरी है। आखिर इस बात पर इतना जोर क्यों? पुरुष और स्त्री ऊर्जा के मिलन में आखिर गलत क्या है?'

और अगर तुम बाह्य जगत में पुरुष और स्त्री की ऊर्जा के मिलन से इतने भयभीत हो, तो तुम अंतर्जगत में घटित होने वाले ऐसे ही मिलन के लिए कैसे तैयार हो सकोगे?

हिंदुओं के परमात्मा अधिक मानवीय हैं, अधिक मानवोचित हैं—जीवन के यथार्थ के अधिक निकट हैं—और निश्चित ही उनसे करुणा और प्रेम प्रवाहित होता है।

प्रातिभाद्वा सर्वम्।

'प्रतिभा, के द्वारा समस्त वस्तुओं का बोध मिल जाता है।'

प्रतिभा शब्द को समझाना कठिन है, इसका अंग्रेजी में ठीक-ठीक अनुवाद नहीं किया जा सकता। अगर इसे इन्टयूशन अंतर्बोध कहा जाए तो भी वह बहुत ही अपूर्ण व्याख्या होगी, फिर उसकी भी व्याख्या करनी पड़ेगी। इसका अनुवाद नहीं किया जा सकता, मैं केवल इसका वर्णन कर सकता हूं।

सूर्य बुद्धि है, चंद्र अंतर्बोध है। जब कोई व्यक्ति इन दोनों का अतिक्रमण कर जाता है, तब प्रतिभा का आविर्भाव होता है—और इसके लिए कोई दूसरी शब्दावली नहीं है। सूर्य है बुद्धि, विश्लेषण, तर्क। चंद्र है अंतर्बोध, अंतर्प्रेरणा—अचानक निष्कर्ष पर पहुंच जाना। बुद्धि विधि, प्रणाली और तर्क से संचालित होती है। अंतर्बोध अचानक किसी निष्कर्ष पर पहुंच जाता है—उसकी कोई प्रणाली, कोई विधि, कोई नियमबद्ध तर्क नहीं होता है। तुम अंतर्बोध वाले व्यक्ति से यह नहीं पूछ सकते कि ऐसा क्यों है। अंतर्बोध वाले व्यक्ति के पास कोई 'इसलिए' नहीं है। अचानक कोई रहस्य का पर्दा उठता है—जैसे कि कोई बिजली चमक गयी हो और कुछ दिखाई दे गया हो—और फिर वह बिजली की चमक खो जाए और यह समझ ही न आए कि यह क्या हुआ, लेकिन ऐसा हुआ हो और तुमने कुछ देख लिया हो। सभी आदिम समाज अंतर्बोध से ही जीते थे; अधिकांश स्त्रियां भी अंतर्बोध से ही संचालित होती हैं; बच्चे भी अंतर्बोध से ही जीते हैं; सभी कवि अंतर्बोध से चलते हैं।

प्रतिभा इससे पूर्णतया भिन्न है। पतंजलि के योग-सूत्र के सभी अंग्रेजी अनुवादों में इन्टयूशन शब्द प्रयुक्त हुआ है, लेकिन मैं इसका अनुवाद उस ढंग से न करना चाहूंगा। प्रतिभा का अर्थ है: जब ऊर्जा दोनों के, बुद्धि और अंतर्बोध के पार उठ जाए। ऊर्जा दोनों के पार हो जाए। अंतर्बोध बुद्धि के पार होता है; प्रतिभा उन दोनों के भी पार होती है। अब उसमें कोई तर्क नहीं होता, न ही अकस्मात कोई बिजली चमकती है—सभी कुछ शाश्वत रूप में उदघटित हो जाता है। प्रतिभा से युक्त व्यक्ति सर्वज्ञ, सर्वशक्तिमान, सर्वव्यापी हो जाता है। उसके सामने—अतीत, वर्तमान, और भविष्य—सभी कुछ एकसाथ प्रकट हो जाता है।

यही अर्थ है प्रातिभाद्वा सर्वम् का।

'प्रतिभा के द्वारा समस्त वस्तुओं का बोध मिल जाता है।'

जब ऊर्जा सहस्रार में गतिमान होती है और भीतर के दस लाख सूर्य और दस लाख चंद्र मिल जाते हैं, और जब व्यक्ति आनंद का असीम सागर बन जाता है—जो अनंत है; जब कहीं कोई सीमा नहीं रह जाती है, कोई ओर-छोर नहीं रह जाता है—वही है प्रतिभा। तब व्यक्ति ठीक से देखने और जानने योग्य हो पाता है। तब समय और स्थान की सीमाएं विलीन हो जाती हैं, समय और स्थान की दूरी मिट जाती है।

तो एक मनोविज्ञान सूर्य से संबंधित है, दूसरा मनोविज्ञान चंद्र से संबंधित है। लेकिन एक सच्चा और वास्तविक मनोविज्ञान—मनुष्य का वास्तविक मनोविज्ञान—प्रतिभा से संबंधित होगा। वह पुरुष और स्त्री के बीच बंटा हुआ नहीं होगा। वह इनसे ऊपर और इनके पार होगा।

बुद्धि अंधे व्यक्ति की भांति है : वह हमेशा अंधेरे में ही खोजती रहती है। इसीलिए तो बुद्धि इतना तर्क-वितर्क करती है। अंतर्बोध अंधा नहीं होता, लेकिन वह अपंग आदमी की तरह है : वह आगे नहीं बढ़ सकता, चल नहीं सकता। प्रतिभा स्वस्थ व्यक्ति की तरह है, उसके सारे अंग स्वस्थ हैं।

भारत में एक कथा है कि एक बार एक जंगल में आग लग गयी। उस जंगल में एक अंधा आदमी था और एक लंगड़ा आदमी था। अंधा आदमी देख नहीं सकता था, लंगड़ा आदमी दौड़ नहीं सकता था। लेकिन जब चारों ओर आग लगी हो तो बिना जाने भागना खतरनाक है। लंगड़ा आदमी चल नहीं सकता था, लेकिन देख सकता था। उन दोनों ने आपस में एक समझौता कर लिया : अंधे आदमी ने लंगड़े आदमी को अपनी पीठ पर सवार कर लिया और लंगड़ा आदमी उसे रास्ता बताने लगा। उनके आपस के समझौते से वे जंगल की आग से बचकर बाहर आ गए।

बुद्धि भी अपने आप में आधी होती है, अंतर्बोध भी अपने आप में आधा है। अंतर्बोध दौड़ नहीं सकता—वह क्षण मात्र को चमक जाता है। वह भीतर के रहस्योदघाटन का सतत स्रोत नहीं बन सकता है। और बुद्धि तो हमेशा अंधेरे में ही टटोलती रहती है, अंधेरे में ही खोजती रहती है।

प्रतिभा बुद्धि और इन्टयूशन का जोड़ है और साथ ही दोनों का अतिक्रमण भी है।

अगर कोई व्यक्ति बहुत ज्यादा बुद्धिमान है, तो वह जीवन में कुछ सुंदर चीजों को चूक जाएगा। वह कविता का आनंद न ले सकेगा, उसे गाने में कोई आनंद नहीं आएगा, वह नृत्य में उत्सव न मना सकेगा। यह सब उसे पागलपन मालूम होगा, उसे अपनी बुद्धि से कुछ कम मालूम पड़ेगा। वह कहीं अवरुद्ध हो जाएगा, वह स्वयं को रोककर रखेगा, वह कुछ दबा-दबा सा रहेगा। इससे उसके चंद्र को क्षति उठानी पड़ेगी।

अगर कोई व्यक्ति अंतर्बोध में जीता है, तो हो सकता है वह ज्यादा आनंदित हो, लेकिन तब वह दूसरों की अधिक मदद न कर सकेगा, क्योंकि ऐसे व्यक्ति के पास संप्रेषण का अभाव होता है। ऐसा संभव है कि वह स्वयं सुंदर जीवन जीए, लेकिन वह अपने आसपास किसी सुंदर जगत का निर्माण नहीं कर सकेगा, क्योंकि ऐसा केवल बुद्धि के द्वारा ही संभव हो सकता है।

जिस दिन विज्ञान और कला का मिलन हो सकेगा, तभी एक संपूर्ण जगत का निर्माण संभव है। वरना तो बुद्धि अंतर्बोध की निंदा करती रहेगी और अंतर्बोध बुद्धि की निंदा करता रहेगा।

मैंने सुना है :

एक स्त्री ने एक नई-नई विवाहित हुई स्त्री से पूछा, 'तुम्हारा विवाह हुए कितने वर्ष हो गए हैं?'

दूसरी स्त्री ने जवाब दिया, 'बीस विचित्र वर्ष।'

'तुम उन्हें विचित्र क्यों कहती हो?'

वह स्त्री बोली, 'ठहरो, जब तक तुम मेरे पति को देख न लो।'

अंतर्बोध सोचता है कि बुद्धि विचित्र होती है; बुद्धि सोचती है अंतर्बोध विचित्र होता है। पृथक रूप से वे दोनों विचित्र ही हैं। अगर दोनों का सम्मिलन हो जाए, तो उनसे एक सुंदर संगीत का जन्म होता है।

एक महान फारसी रहस्यदर्शी, रूमी अपनी एक कविता में कहते हैं कि एक दिन पैगंबर मोजेज ने रास्ते में एक चरवाहे को रो-रो कर प्रार्थना करते हुए देखा, 'हे परमात्मा, आप कहां हो? मैं आपकी

सेवा करने को तरस रहा हूं। मैं आपके बालों में कंघी करूंगा, आपके कपड़े धोऊंगा, और अगर आपके सिर में जूएं हुईं तो वह भी निकाल दूंगा—आपके लिए दूध ले आया करूंगा और आपके नन्हे-नन्हे हाथ चूमा करूंगा और आपके छोटे-छोटे पैरों की मालिश कर दिया करूंगा और रात्रि को आपके सोने से पहले आपके छोटे से कमरे को साफ कर दिया करूंगा...।'

पैगंबर मोजेज उस चरवाहे की इन बातों को सुनकर बहुत नाराज हुए और जाकर उस चरवाहे से कठोर शब्दों में बोले, 'अरे मूढ़, नासमझ! तू किससे ऐसी मूढ़तापूर्ण बातें कर रहा है? यह क्या तू परमात्मा के प्रति निंदापूर्ण ढंग से बोल रहा है? परमात्मा से इस प्रकार की बातें करने से कहीं अच्छा होता तू गूंगा हो जाता। तेरा इस तरह से परमात्मा से बोलना पाप पूर्ण है, अपराध है। अरे चरवाहे! अपने मुंह में कपड़ा ठूंस ले। और खबरदार! अब एक भी शब्द अनादर का परमात्मा के प्रति मत बोलना, परमात्मा तुझे एक क्षण में भस्म कर सकता है, एक क्षण में राख कर सकता है।'

और फिर ऐसा कहा जाता है कि उस चरवाहे ने दुख और पीड़ा से भरकर अपने कपड़े फाड़ डाले, एक आह भरी और तेजी से घने जंगल में चला गया।

तब रात को मोजेज के सम्मुख रहस्योदघाटन हुआ। मोजेज से परमात्मा ने कहा, 'मोजेज, तुम्हें तो जगत में लोगों को मुझसे जोड़ने के लिए भेजा गया था, तोड़ने के लिए नहीं। लेकिन तुमने तो मेरे पीछे चलने वाले एक प्यारे से, मेरे एक भक्त से मुझे अलग कर दिया। वह चरवाहा मुझे प्यारा है। मोजेज भूलना नहीं, पूजा करने का चाहे कोई सा भी ढंग हो, वह मेरा ही है। पूजा की अनेक विधियां हैं, धर्म भी अनेक हैं, लेकिन फिर भी सभी धर्म, सभी विधियां मेरे ही हैं। हर एक आदमी का अपना मार्ग है, अपना ढंग है, अपना रूप है, अपनी बोली है। मोजेज, मैं भाषा और शब्दों को नहीं देखता : मैं तो व्यक्ति की आत्मा और उसके आंतरिक भाव को देखता हूं।'

बुद्धि हमेशा अपने ही ढंग से सोचती चली जाती है। अंतर्बोध इस बात के प्रति अबोध व अज्ञानी ही बना रहता है। और अंतर्बोध बुद्धि में विश्वास नहीं कर सकता; वह उसे बहुत सतही मालूम होती है, जिसमें जरा भी गहराई नहीं है।

हमको स्वयं के भीतर की बुद्धि और अंतर्बोध को एक करना है। जब पतंजलि कहते हैं उन्हें मिलाना है—प्रातिभाद्वा सर्वम्—तो उनका यही मतलब है। बुद्धि का और अंतर्बोध का मिलन इतने गहरे से हो जाए कि दोनों आपस में एक दूसरे में समाहित हो जाएं, तब कहीं जाकर प्रतिभा का आविर्भाव होता है—जहां तर्क और प्रार्थना का मिलन हो जाता है, जहां कार्य और पूजा का मिलन हो जाता है, जहां विज्ञान कविता के विरोध में नहीं होता और कविता विज्ञान के विरोध में नहीं होती।

इसीलिए मैं कहता हूं कि आदमी अभी भी विकसित हो रहा है। मनुष्य अभी जैसा है पूर्णरूप से परितृप्त नहीं है, संतुष्ट नहीं है। अभी उसे परितृप्ति को उपलब्ध करना है; उस परितृप्ति की विशाल कीमिया को अभी उसे पाना है। और इसके लिए हमें स्वयं को विकास की एक बड़ी प्रायोगिक प्रयोगशाला बनाना है और मूलाधार से, काम-केंद्र से अपनी ऊर्जा को सहस्रार की ओर लाना है।

हृदये चित्तसंवित्।

'हृदय पर संयम संपन्न करने से मन की प्रकृति, उसके स्वभाव के प्रति जागरूकता आती है।'

यह भी ठीक अनुवाद नहीं है, लेकिन इसका अनुवाद करना भी कठिन है। अनुवाद करने वाले लोग कठिनाई में पड़ जाते हैं।

हृदये चित्तसंवित्।

पहली तो बात, जब पतंजलि हृदय शब्द का उपयोग करते हैं तो उनका मतलब भौतिक या शारीरिक हृदय से नहीं है। योग की पारिभाषिक व्याख्या में, ठीक भौतिक हृदय के पीछे ही वास्तविक और सच्चा हृदय छिपा हुआ है। वह भौतिक शरीर का हिस्सा नहीं है। भौतिक हृदय वास्तविक हृदय से, आध्यात्मिक हृदय से जोड़ने का कार्य करता है। उनके बीच एक सिन्क्रानिसिटी, एक समस्वरता है, लेकिन उनके बीच कोई कार्य-कारण का संबंध नहीं है। और उस हृदय को केवल तभी जाना जा सकता है जब शिखर पर पहुंचना हो जाए। जब ऊर्जा सहस्रार के शिखर-बिंदु तक पहुंच जाती है, ओमेगा पाइंट तक पहुंच जाती है, तभी केवल सच्चे हृदय का, वास्तविक हृदय का बोध होता है, वहीं पर है परमात्मा का सच्चा वास।

हृदये चित्तसंवित्।

'हृदय पर संयम एकाग्र करने से मन की प्रकृति, उसके स्वभाव के प्रति जागरूकता आती है।'

यह भी ठीक नहीं है। चित्तसंवित् का अर्थ होता है चैतन्य का स्वभाव, न कि मन का स्वभाव। मन तो बिदा हो चुका है, बहुत पीछे छूट चुका है, क्योंकि मन या तो सूर्य-मन होता है या चंद्र-मन होता है। जब व्यक्ति सूर्य और चंद्र का अतिक्रमण कर लेता है, तो मन बिदा हो जाता है। असल में चित्तसंवित् अ-मन की अवस्था है।

अगर झेन फकीरों से पूछो तो वे इसे अ-मन कहेंगे। मन बिदा हो जाता है, क्योंकि मन केवल चीजों को विभक्त करके ही रह सकता है; और जब भेद मिट जाता है, तो मन भी मिट जाता है। वे दोनों साथ-साथ ही अस्तित्व रखते हैं, वे एक ही सिक्के के दो पहलू हैं। मन चीजों को विभक्त करता है और उस विभेद के द्वारा ही जीता है—वे दोनों एक दूसरे पर निर्भर हैं, वे एक-दूसरे पर अवलंबित हैं। जब विभेद या विभाजन समाप्त हो जाता है, तो मन भी समाप्त हो जाता है; और जब मन समाप्त हो जाता है तो विभेद या विभाजन भी समाप्त हो जाता है।

अ-मन की अवस्था तक पहुंचने के दो मार्ग हैं। एक तो तंत्र का मार्ग है : मन गिर जाए, तो विभेद भी बिदा हो जाता है। दूसरा है योग का मार्ग : विभेद गिर जाए, तो मन बिदा हो जाता है। इन दोनों में से कोई सा भी मार्ग चुना जा सकता है। दोनों का अंतिम परिणाम एक ही है—अंततः व्यक्ति एक हो जाता है। स्वयं के साथ एक समस्वरता एवं सामंजस्य हो जाता है।

हृदये चित्तसंवित्।

तब चैतन्य का वास्तविक स्वभाव क्या है, यह ज्ञात हो जाता है।

चैतन्य को अंग्रेजी में कांशसनेस कहते हैं। कांशसनेस ऐसा प्रतीत होता है जैसे अनकांशस का विपरीत हो। चित्तसंवित् शब्द अनकांशस के विपरीत नहीं है। चैतन्य में, होश में, अमूर्च्छा में तो सभी कुछ समाहित होता है : बेहोशी, मूर्च्छा भी चैतन्य की ही सोयी हुई अवस्था है, इसलिए उसमें कोई विरोधाभास नहीं है। चेतन-अचेतन, अमूर्च्छा-मूर्च्छा सभी—जब व्यक्ति अपनी जागरूकता को संयम पर, हृदय पर एकाग्र कर देता है तो चैतन्य का वास्तविक स्वभाव उदघटित हो जाता है।

योग में हृदय केंद्र को अनाहत चक्र, अनाहत केंद्र कहते हैं। तुमने एक प्रसिद्ध झेन कोआन के बारे में सुना होगा...जब कोई शिष्य सदगुरु के पास आता है, तो सदगुरु उसे ध्यान करने के लिए कोई बात पकड़ा देता है। उनमें से यह कोआन बहुत ही प्रसिद्ध है।

एक सदगुरु अपने शिष्य से कहता है, 'जाओ, एक हाथ की ताली की आवाज सुनो।'

अब ऐसे देखो तो यह बात बड़ी ही असंगत सी मालूम होती है। क्योंकि एक हाथ से ताली तो बज ही नहीं सकती है और एक हाथ की ताली की आवाज भी नहीं हो सकती है। आवाज करने के लिए तो दो हाथ चाहिए ही, पहले बजाओ और आवाज करो। आहत का अर्थ है: द्वंद्व, अनाहत का अर्थ है: द्वंद्व-विहीन। अनाहत का अर्थ है: एक हाथ की ताली।

जब भीतर की सभी आवाजें विलीन हो जाती हैं, तो उस आवाज को, उस ध्वनि को सुना जा सकता है जो सदा से वहां विद्यमान है, जो कि अस्तित्व का स्वभाव है, जो अस्तित्व का वास्तविक स्वभाव है—जो शांति की, सन्नाटे की, मौन की ध्वनि है, या कहें कि वह ध्वनि विहीन ध्वनि है। हृदय को अनाहत चक्र कहकर पुकारा जाता है, वह स्थान जहां निरंतर बिना किसी द्वंद्व के एक ध्वनि निर्मित होती रहती है—वही है ध्वनियों की ध्वनि, या कहें शाश्वत ध्वनि।

हिंदुओं ने इसी ध्वनि को ओंकार का नाद या ओम कहा है। यह ध्वनि अपने से सुनाई नहीं देती, इस ध्वनि को सुनना होता है। इसलिए जो लोग—ओम, ओम, ओम दोहराए चले जाते हैं... वे मूढ़ता कर रहे हैं। ओम को दोहराने मात्र से वास्तविक ओंकार को, उसकी वास्तविक ध्वनि को, नाद को नहीं सुना जा सकता। क्योंकि ऊपर से ओंकार को दोहराना ताली बजाकर ध्वनि निर्मित करने जैसा है।

तो पहले तो पूरी तरह से मौन और शांत हो जाओ, सभी विचारों को गिर जाने दो, थिर हो जाओ और अचानक वह ध्वनि वहां विद्यमान हो जाती है—वह ध्वनि तो हमेशा से ही वहां थी, लेकिन उस ध्वनि को सुनने के लिए हम ही मौजूद न थे। वह बहुत ही सूक्ष्म ध्वनि है। जब मन से बाहर का संसार बिदा हो जाता है और व्यक्ति केवल इस ध्वनि के प्रति ही जागरूक और सचेत हो जाता है, तब धीरे-धीरे वह इस ध्वनि के प्रति ग्राहक हो जाता है, इस ध्वनि को सुनने के लिए उपलब्ध हो जाता है—फिर धीरे-धीरे इस ध्वनि को सुनना संभव है। फिर इस ध्वनि को सुना जा सकता है।

अगर एक हाथ की ताली सुन ली, तो फिर परमात्मा को और संपूर्ण अस्तित्व को सुनना संभव है।

पतंजलि हमें उस शिखर-बिंदु तक, ओमेगा पाइंट तक धीरे-धीरे एक-एक कदम लेकर चल रहे हैं। यह तीनों सूत्र बहुत प्रतीकात्मक हैं। इन सूत्रों पर फिर-फिर मनन करना, इन पर ध्यान करना। और अपने अंतर-अस्तित्व में इन सूत्रों को अनुभव करना। यह सूत्र परमात्मा के जगत के द्वार को खोलने की कुंजियां बन सकते हैं।

[redacted]

प्रवचन 16

धन्यवाद की कोई आवश्यकता नहीं

प्रश्न-सार

1. क्या आप भी कभी किसी दुविधा में पड़े हैं?

2. बुद्धि, अंतर्बोध और प्रतिभा के प्रासंगिक महत्व को समझाएं।

3. इस सूक्ति को विस्तारपूर्वक समझाएं—'योगियों और साधुओं की बुरी संगत में।'

4. अहंकार सभी परिस्थितियों में पोषित होता मालूम पड़ता है। तो ऐसे में क्या करें?

5. हम अपने मन को कैसे गिरा सकते हैं,
जबकि आप प्रवचनों में दिलचस्प बातें सुनाकर मन में खलबली मचाते रहते हैं!

6. मेरे प्यारे-प्यारे भगवान, जब मैं बुद्धत्व का अनुभव करूं:
क. क्या मैं आप से कहूं?
ख. क्या आप मुझ से कहेंगे?
ग. क्या यह प्रश्न मेरा अहंकार पूछ रहा है?

7. कहीं मैं इतना न खो जाऊं कि आपको धन्यवाद भी न कह सकूं। तो कृपया, क्या मैं अभी आपको धन्यवाद कह सकता हूं, जबकि आप अभी मेरे लिए मौजूद हैं?

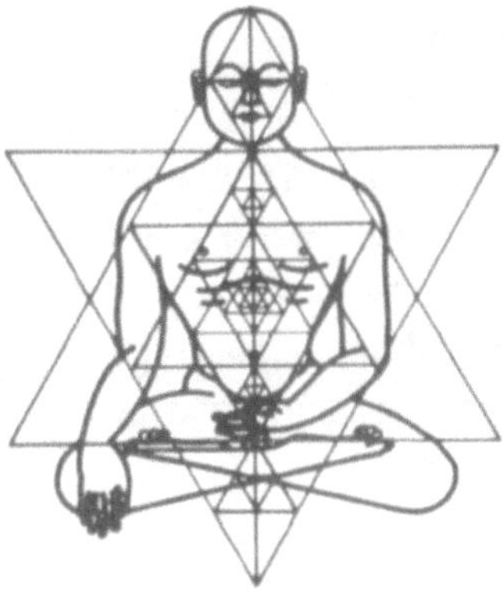

पहला प्रश्नः प्यारे भगवान, आप इतने अदभुत रूप से कुशल और हाजिर जवाब हैं कि कभी-कभी मुझे आश्चर्य होता है कि क्या आप भी कभी किसी दुविधा में पड़े हैं?

पहली तो बात, दुविधा में, असमंजस में होने के लिए व्यक्ति को तर्क पूर्ण होना पड़ेगा। चूंकि मैं तर्क पूर्ण नहीं हूं, इसलिए तुम मुझे किसी दुविधा में नहीं डाल सकते। मैं इतना अतार्किक हूं कि मुझे किसी भी भांति दुविधा में डालना असंभव है।

इसे खयाल में ले लेना, अगर व्यक्ति बुद्धि से चिपका रहे, बुद्धि को पकड़े रहे, तो कभी न कभी उसे किसी दुविधा में, किसी असमंजस में डाला जा सकता है, क्योंकि उसके पास चिपकने को, पकड़ने को कुछ होता है। अगर एक बार भी यह सिद्ध हो जाए कि वह बात गलत है, तार्किक रूप से गलत है, तो फिर दुविधा में पड़ना स्वाभाविक है। और अगर तुम अपने पूर्वाग्रह को तर्क से प्रमाणित नहीं कर सके, तो फिर दुविधा में पड़ना ही होगा। लेकिन मैं पूर्ण रूप से अतार्किक हूं—मेरे पास प्रमाणित करने को कोई पूर्वाग्रह नहीं है, मेरे पास प्रमाणित करने को कुछ भी नहीं है। तुम मुझे दुविधा या असमंजस में कैसे डाल सकते हो?

मैं तुम से एक कथा कहना चाहूंगाः

एक बार एक आदमी परमात्मा होने का दावा कर रहा था। तो उसे खलीफा के पास ले जाया गया। खलीफा ने कहा, 'पिछले साल किसी ने पैगंबर होने का दावा किया था—उसे फांसी पर चढ़ा दिया गया। क्या तुम इस बारे में जानते हो?'

वह आदमी बोला, 'उसे अपनी करनी का ठीक फल मिला। मैंने उसे नहीं भेजा था।'

अब ऐसे आदमी को किसी दुविधा में या परेशानी में नहीं डाला जा सकता है। ऐसा करना असंभव है, क्योंकि अतार्किक दृष्टि, बिना तर्क वाली दृष्टि एक खुली दृष्टि होती है। खुली दृष्टि के साथ कोई दुविधा नहीं हो सकती है, क्योंकि कोई सीमा नहीं है, कोई दीवारें नहीं हैं। यह तो एक खुला आकाश है, जहां व्यक्ति बिलकुल स्वतंत्र है।

तुम्हें दुविधा में तभी डाला जा सकता है अगर तुम बंधे-बंधाए तर्क में जीते हो। अगर तुम खुले आकाश के नीचे बिना किन्हीं पूर्वाग्रहों के जीते हो, तो कैसे तुम्हें दुविधा में डाला जा सकता है? फिर दुविधा में पड़ने का कोई कारण ही नहीं है।

और इसीलिए मेरी देशना है : पूर्वाग्रहों को क्यों पकड़ना, उनसे क्यों चिपकना? अगर तुम हिंदू हो या मुसलमान हो या ईसाई हो तो तुमको दुविधा में डाला जा सकता है। लेकिन अगर तुम इनमें से कुछ भी नहीं हो, तो फिर किसी प्रकार की दुविधा में डालने का कोई सवाल ही नहीं उठता है, वह अपने से ही समाप्त हो जाती है। फिर तो संपूर्ण आकाश तुम्हारा है। और जिस क्षण तुम्हें आकाश के सौंदर्य और उसकी स्वतंत्रता का भान हो जाएगा, उसी क्षण तुम अपने सभी पूर्वाग्रहों और सभी सिद्धांतों को छोड़ दोगे।

मेरा कोई सिद्धांत नहीं है, न ही मुझे कुछ प्रमाणित करना है। मैं तो यहां पर केवल मात्र तुम्हें अपनी एक झलक देने के लिए हूं। और सच में अगर देखा जाए तो मेरे यहां पर होने का कोई कारण भी नहीं है। असल में तो मुझे बहुत पहले ही चले जाना चाहिए था।

अनुराग ने पूछा है, 'कल अचानक सुबह आप रुक गए और आपने अपना हाथ अपने सिर पर रख लिया! क्यों?'

ऐसा कई बार होता है : मैं अपना संपर्क शरीर से खो बैठता हूं। सच तो मुझे बहुत पहले चले जाना चाहिए था। मेरे यहां पर होने का कोई कारण भी नहीं है—किसी भी तरह से मेरा प्रयास यह है कि मैं थोड़ी देर और शरीर में रह सकूं, ताकि मैं थोड़ी तुम्हारी मदद कर सकूं। तुम्हें शायद मालूम भी न होगा, लेकिन ऐसा पहले भी बहुत बार हुआ है।

मन एक यांत्रिक प्रक्रिया है, मैं उसका उपयोग कर रहा हूं, कई बार मेरा मन के साथ संपर्क टूट जाता है। शरीर एक यांत्रिक प्रक्रिया है, मैं उसका उपयोग कर रहा हूं। कई बार मेरा शरीर से संपर्क टूट जाता है। कई बार मैं इतनी तीव्रता से अपनी ही अथाह गहराई में उतरने लगता हूं कि एक क्षण के लिए मुझे रुक जाना पड़ता है।

मैं केवल अतार्किक ही नहीं हूं, बल्कि बिना किसी कारण के, अतर्कयुक्त ढंग से मैं यहां मौजूद हूं। वरना तो मेरे यहां पर होने का कोई कारण नहीं है।

और जो लोग मेरे साथ तर्क में पड़ना चाहेंगे, वे कुछ खो बैठेंगे। वे मुझे पराजित नहीं कर सकते, क्योंकि मैं उनसे कुछ मनवाने का प्रयास नहीं कर रहा हूं, और मैं कुछ प्रमाणित करने की कोशिश भी नहीं कर रहा हूं। तुम्हारे विचारों को परिवर्तित करने में मुझे जरा भी रस नहीं है। मेरा रस तो केवल इतना ही है कि मेरे पास कुछ है, मैंने कुछ पाया है, मैं तुम्हें भी देना चाहता हूं। अगर तुम तैयार हो, तुम मेरे प्रति खुले हुए हो, मेरे प्रेम में हो, मेरे साथ एक आत्म घनिष्ठता में हो, तो तुम उसे ग्रहण कर सकते हो। अन्यथा बाद में तुम बहुत पछताओगे।

एक बार ऐसा हुआ :

एक शराबी अपनी मस्ती में लड़खड़ाते कदमों से शराबघर में पहुंच गया, ग्राहकों को धक्का-मुक्की करते-करते वह बार तक पहुंच गया। अपने रास्ते में आए हुए एक स्त्री-पुरुष को देखकर उसने बड़ी तेजी से स्त्री को एक ओर धकेला, और काउंटर तक पहुंचने के लिए अपना रास्ता लोगों को कोहनी से धकेलते हुए बनाता गया। और काउंटर पर पहुंचते ही [illegible] बहुत जोर से डकार ली। एक आदमी को जिसे वह धक्का मारकर पीछे छोड़ आया था, वह गुस्से में भरा हुआ उसके पास आया।

वह आदमी क्रोध में लाल-पीला होकर बोला, 'तुमने मेरी पत्नी को धक्का देने की हिम्मत कैसे की? और फिर मेरी पत्नी के सामने तुमने इतनी जोर से डकार कैसे ली?'

वह शराबी उस आदमी से क्षमा मांगने लगा।

वह बोला, 'मुझे बहुत अफसोस है कि आपकी पत्नी के सामने मैंने डकार ली। मैं भूल गया कि डकार लेने की उसकी बारी थी।'

मैं उसी शराबी की तरह हूं। तुम मुझे किसी दुविधा में नहीं डाल सकते हो।

यही तो मैं तुम्हारे प्रश्नों के साथ कर रहा हूं। जो उत्तर मैं दे रहा हूं, वे उत्तर महत्वपूर्ण नहीं हैं—इसे समझने की कोशिश करो—मैं तो तुम्हारे प्रश्नों को ही मिटा डाल रहा हूं। मेरे उत्तर कोई उत्तर नहीं हैं, बल्कि तुम्हारे प्रश्नों को मिटा डालने के आयोजन हैं।

बहुत से ऐसे लोग हैं जो तुम्हारे प्रश्नों के उत्तर देते हैं, और वे तुम्हें कुछ सुनिश्चित धारणाओं, सिद्धांतों, मताग्रहों, और धर्म-सिद्धांतों से भर देते हैं—मैं उस ढंग से तुम्हारे प्रश्नों का उत्तर नहीं दे रहा हूं। अगर तुम ध्यान से देख सको, और अगर तुम जागरूक रह सको, तो तुम समझ जाओगे कि मेरा पूरा प्रयास यहां पर तुम्हारे प्रश्नों को मिटा देने का है। ऐसा नहीं है कि तुम्हें उत्तर मिल जाता है, बल्कि तुम्हारा प्रश्न ही मिट जाता है।

अगर किसी दिन तुम प्रश्न-शून्य या विचार-शून्य हो जाते हो, तो वही तुम्हारे लिए आत्मबोध हो जाएगा। ऐसा नहीं है कि तुम्हें कोई उत्तर मिल जाएगा: तुम्हारे पास प्रश्न ही न बचेंगे, बस इतना ही होगा। तुम इसी को उत्तर कह सकते हो—जबकि कोई प्रश्न ही नहीं बच रहता है।

संबुद्ध वह नहीं है जिसके पास सभी चीजों के उत्तर होते हैं; संबुद्ध वह है जिसके पास प्रश्न ही नहीं हैं। जिसका प्रश्न करना मिट चुका है—जिसके लिए प्रश्न करने की बात ही व्यर्थ, अप्रासंगिक हो चुकी है। वह तो बस बिना किसी प्रश्न के मौजूद होता है। और जब मैं कहता हूं कि वह अ-मन होता है, तो मेरा यही अभिप्राय है। मन तो हमेशा प्रश्न करता रहता है, या इसे ऐसा कह लो मन प्रश्न है। जैसे पत्ते वृक्षों में उगते चले जाते हैं, ऐसे ही मन से प्रश्न उठते ही चले जाते है। पुराने पत्ते गिरते रहते हैं, नए पत्ते उगते रहते हैं; पुराने प्रश्न मिटते हैं, नए प्रश्न आते चले जाते हैं।

मैं इस मन के पूरे के पूरे वृक्ष को ही जड़ से उखाड़ देना चाहता हूं।

अगर मैं तुम्हारे किसी प्रश्न का उत्तर दे भी देता हूं, तो उस उत्तर से ही तुम्हारे मन में और न जाने कितने प्रश्न उठ खड़े होंगे। तुम्हारा मन उस उत्तर को भी बहुत से प्रश्नों में बदल लेगा।

मैं तो बिलकुल ही असंगत हूं—मैं कोई दार्शनिक नहीं हूं—एक कवि हो सकता हूं, एक शराबी हो सकता हूं। तुम मुझे प्रेम कर सकते हो, लेकिन मेरा अनुसरण नहीं। तुम मुझ पर श्रद्धा कर सकते हो, लेकिन मेरा अनुसरण नहीं। तुम्हारे प्रेम और तुम्हारी श्रद्धा से ही तुममें कुछ अदभुत और मूल्यवान जुड़ जाएगा। इस प्रेम और श्रद्धा का जो कुछ मैं कहता हूं उससे कुछ लेना-देना नहीं है; इसका संबंध तो जो कुछ मैं हूं उससे है। यहां जो संप्रेषण घटित हो रहा है, वह शास्त्रों के पार का संप्रेषण है।

तो मुझे कभी भी अपने जीवन में किसी प्रकार की दुविधा या असमंजस का सामना नहीं करना पड़ा। यह असंभव है—तुम किसी पागल आदमी को कभी दुविधा में नहीं डाल सकते हो।

दूसरा प्रश्न: कृपा करके, बुद्धि, अंतर्बोध और प्रतिभा के प्रासंगिक महत्व को उनके समुचित परिप्रेक्ष्य में समझाएं।

और आपसे प्रार्थना है कि इसे विशेष रूप से समझाएं कि जीवन क्यों और कैसे प्रतिभा की ओर उन्मुख हो सकता है? और इस प्रकार की प्रतिभा जीवन के लिए और जीवन के उच्चतम व श्रेष्ठतम विकास के लिए कैसे उपयुक्त हो सकती है?

बुद्धि तुम्हारे अस्तित्व की सबसे निम्नतम क्रियाशीलता है, क्योंकि वह सर्वाधिक निम्नतम क्रियाशीलता है, इसलिए उसमें सर्वाधिक सामर्थ्य है। चूंकि वह सबसे नीचे है, इसलिए वह सबसे अधिक विकसित है। क्योंकि निम्न को प्रशिक्षित किया जा सकता है, अनुशासित किया जा सकता है। क्योंकि बुद्धि सबसे नीचे का तल है, तो सभी विश्वविद्यालय, कालेज, स्कूल, बुद्धि प्रशिक्षण के लिए ही हैं। और प्रत्येक व्यक्ति में थोड़ी-बहुत बुद्धि तो होती ही है।

बाहर के संसार के लिए बुद्धि का अदभुत रूप से उपयोग है। संसार में बिना बुद्धि के किसी उपयोग का हो पाना कठिन है। इसीलिए लाओत्सु अपने शिष्यों से कहता है, 'अनुपयोगी हो जाओ।' जब तक तुम अनुपयोगी होने को तैयार नहीं हो जाते, तुम बुद्धि को पीछे छोड़ने को राजी न होओगे, क्योंकि बुद्धि तुम्हें उपयोगिता प्रदान करती ही रहती है। अगर तुम डाक्टर बन जाते हो—तो तुम समाज के लिए उपयोगी हो जाते हो। अगर तुम इंजीनियर बन जाते हो, प्रोफेसर बन जाते हो—कुछ न कुछ बन जाते हो, तो तुम समाज के लिए उपयोगी हो जाते हो। और यह केवल बुद्धि के द्वारा ही संभव हो पाता है कि तुम 'कुछ' बन जाते हो—और तब फिर समाज तुम्हारा उपयोग साधन की भांति कर सकता है। जितने ज्यादा उपयोगी तुम समाज के लिए होते हो, उतना ही अधिक मूल्य तुम्हारा होता है; उतने ही तुम समाज में प्रतिष्ठित होते हो।

इसीलिए ब्राह्मण, क्षत्रिय, वैश्य और शूद्र की श्रेणियां हैं। इन चारों श्रेणियों में सबसे ऊपर है पंडित-विद्वान, जो कि विशुद्ध बुद्धि से जीता है—ब्राह्मण। उससे कुछ नीचे है योद्धा, क्षत्रिय, क्योंकि उसे देश की रक्षा करनी होती है। उससे नीचे है व्यापारी, वैश्य, क्योंकि वह संपूर्ण समाज की रक्त-संचार व्यवस्था है—समाज की पूरी अर्थ-व्यवस्था इन्हीं के ऊपर निर्भर है। और सबसे नीचे है शूद्र, अछूत, सर्वहारा, श्रमजीवी वर्ग, क्योंकि उसका काम शारीरिक श्रम का है। उसमें सबसे कम बुद्धि की आवश्यकता होती है, उसमें कुछ ज्यादा बुद्धि की आवश्यकता नहीं होती है। शूद्र को अधिक बुद्धि के विकास की आवश्यकता नहीं होती है, और ब्राह्मण को बुद्धि के अधिक से अधिक विकास की आवश्यकता होती है। लेकिन यह पूरा विभाजन बुद्धि के कारण है।

बुद्धि की अपनी उपयोगिता है, लेकिन व्यक्ति बुद्धि से कहीं अधिक बड़ा है, बुद्धि से अधिक विराट है। व्यक्ति बुद्धि के माध्यम से डाक्टर, इंजीनियर, प्रोफेसर, व्यापारी, योद्धा तो बन जाएगा, लेकिन व्यक्ति स्वयं के होने को खो बैठता है। उसका स्वयं का अस्तित्व मिट जाता है। तब वह कार्य के साथ इतना अधिक तादात्म्य बना ले सकता है कि अपने अस्तित्व को, अपने होने को भूल सकता है। तब तुम एक इंसान हो, यह भी भूल सकते हो। इंजीनियर, या एक न्यायाधीश, एक राजनेता के रूप में इतना अधिक तादात्म्य हो सकता है कि वह मनुष्य है, यह भी भूल सकता है।

तब वह व्यक्ति स्वयं को दांव पर लगा रहा होता है, और तब वह एक यांत्रिक प्रक्रिया बनकर रह जाता है। समाज व्यक्ति का उपयोग तब तक करता है, जब तक उसका उपयोग किया जा सकता है। और फिर जब वह व्यक्ति समाज के उपयोग के लायक नहीं रह जाता है, तो समाज उसे उठाकर एक तरफ कर देता है। फिर समाज प्रतीक्षा करता है कि कब तुम्हारी मृत्यु हो जाए, क्योंकि अब तुम्हारी कोई उपयोगिता नहीं है।

जो व्यक्ति रिटायर हो जाते हैं, कार्य से अवकाश-प्राप्त कर लेते हैं, वे जल्दी मर जाते हैं। अगर उन्होंने अवकाश ग्रहण न किया होता तो शायद वे देर से मरते, थोड़ी देर और जिंदा रहते। अवकाश-प्राप्त लोग समय से पहले बूढ़े हो जाते हैं। रिटायर होने के बाद उनकी जिंदगी के करीब दस वर्ष कम हो जाते हैं। क्या होता है?

चूंकि वे अनुपयोगी हो जाते हैं, तो उन्हें ऐसा लगने लगता है कि जहां कहीं भी वे जाते हैं उनका कोई उपयोग तो है नहीं, ज्यादा से ज्यादा वे हैं इसलिए लोग उन्हें सहन करते हैं; उनकी आवश्यकता तो है नहीं। और मनुष्य की यह एक बड़ी गहन आकांक्षा होती है कि उसकी आवश्यकता हमेशा बनी रहे—उसकी बड़ी से बड़ी आकांक्षा यही होती है कि उसकी आवश्यकता हमेशा बनी रहे। जब व्यक्ति को ऐसा लगने लगता है कि वह फालतू है, उसका कोई उपयोग नहीं है, उसको कूड़े-कचरे में फेंका जा सकता है, अब समाज के लिए उसकी कोई उपयोगिता नहीं रही है; तो व्यक्ति मृत्यु की तरफ सरकने लगता है। कार्य से अवकाश-ग्रहण करने की तिथि, मृत्यु की तिथि भी बन जाता है—व्यक्ति तेजी के साथ मृत्यु की ओर बढ़ने लगता है। उसे ऐसा लगने लगता है कि अब वह घर-परिवार, समाज के लिए एक बोझ बन गया है, अब लोग उसे चाहते नहीं हैं। हो सकता है, कुछ लोग ऐसे व्यक्ति के प्रति थोड़ी-बहुत सहानुभूति भी दिखाएं, लेकिन फिर भी समाज में, घर-परिवार में उसका कोई सम्मान, प्रतिष्ठा और आदर नहीं रह जाता है। उसे कोई भी प्रेम नहीं करता है, तब व्यक्ति अपने को अकेला और अलग-अलग महसूस करने लगता है।

अगर तुम बुद्धि के साथ बहुत ज्यादा तादात्म्य बना लेते हो तो तुम एक वस्तु बन जाते हो, एक यांत्रिक प्रक्रिया बन जाते हो। जैसे एक अच्छी कार होती है, लेकिन जब उसकी उपयोगिता समाप्त हो जाती है, तो उसे कूड़े-कचरे के ढेर में फेंक दिया जाता है। इसी तरह से समाज में तुम्हारा उपयोग किया जाएगा, और फिर जब तुम समाज के लिए उपयोगी नहीं रह जाओगे तो उठाकर एक तरफ फेंक दिया जाएगा—और तब तुम्हारा अंतर्तम, तुम्हारा हृदय अतृप्त ही रह जाएगा, क्योंकि मात्र वस्तु की भांति उपयोग किए जाने के लिए तुम यहां पर नहीं आए हो। तुम इस संसार में अपने अस्तित्व की खिलावट के लिए आए हो; और वही तुम्हारी सच्ची नियति भी है।

बुद्धि से ऊपर अंतर्बोध है। अंतर्बोध जीवन को थोड़ा प्रेममय, और थोड़ा काव्यात्मक बना देता है। उससे कुछ अपने अनुपयोगी होने की झलकियां मिल जाती हैं, कि तुम्हारा होना एक व्यक्ति की तरह है, वस्तु की तरह नहीं। जब कोई व्यक्ति तुमसे प्रेम करता है, तो वह प्रेम तुम्हारे अंतर्बोध से, तुम्हारे चंद्र-केंद्र से करता है। जब कोई तुम्हारी तरफ मुग्ध होकर, प्रेम से भरकर देखता है, या तुम्हारे प्रति आकर्षित होता है, तो वह देखना भीतर की चंद्र-ऊर्जा को जीवंत कर देता है। अगर कोई तुम से कह दे कि तुम सुंदर हो। तो तुम अपने में कुछ फैलाव, कुछ वृद्धि अनुभव करते हो। लेकिन अगर

कोई तुमसे कह दे कि तुम बहुत उपयोगी हो, तुम्हारा बहुत उपयोग है, तो तुम्हें बहुत चोट लगती है, तुम्हें बहुत पीड़ा पहुंचती है—कि उपयोगी? इसमें कुछ प्रशंसा जैसा नहीं लगता। क्योंकि अगर तुम किसी स्थान के लिए उपयोगी हो तो तुम्हारा विकल्प खोजकर उस स्थान को भरा भी जा सकता है। तब तुम्हें हटाया भी जा सकता है और तब दूसरा व्यक्ति तुम्हारा स्थान ले सकता है। लेकिन अगर तुम सुंदर हो, तो तुम कुछ अद्वितीय और अनूठे हो जाते हो, तब तुम्हारी जगह किसी और को नहीं रखा जा सकता है। फिर तो जब तुम इस संसार से बिदा लोगे, तो तुम्हारे जाने से एक रिक्तता, एक खालीपन आ जाएगा, तुम्हारी कमी हमेशा बनी रहेगी।

इसीलिए हम प्रेम के लिए इतने लालायित रहते हैं। प्रेम अंतर्बोध के लिए आहार है। अगर व्यक्ति को प्रेम नहीं मिले तो उसका अंतर्बोध विकसित नहीं हो पाता है। अंतर्बोध के विकास के लिए जरूरी है कि व्यक्ति पर प्रेम की वर्षा हो जाए। इसीलिए अगर मां बच्चे से प्रेम करती है, तो बच्चा सहज और अपने अंतर्बोध से जीता है। अगर मां बच्चे से प्रेम नहीं करती है, तो बच्चा बौद्धिक हो जाता है, दिमाग से जीता है। अगर बच्चे की परवरिश आनंद से, प्रेमपूर्ण और करुणा से भरे माहौल में होती है—और अगर बच्चे को उसके होने के कारण स्वीकार किया जाता है, न कि इसलिए कि वह किसी उपयोगिता की पूर्ति कर सकता है--तो बच्चे का अंतर-विकास बहुत ही अदभुत रूप से होता है और उसकी ऊर्जा चंद्र-केंद्र से संचालित होने लगती है। नहीं तो चंद्र-केंद्र निष्क्रिय ही रहता है, क्योंकि व्यक्ति को प्रेम मिला ही नहीं होता है।

कभी थोड़ा इस बात पर ध्यान देना। अगर तुम किसी स्त्री से कहते हो कि 'मैं तुमसे प्रेम करता हूं, क्योंकि तुम्हारी आंखें सुंदर हैं,' तो वह आनंदित न होगी। क्योंकि कौन जाने कल वह अपनी आंखें खो बैठे। और उसे कोई रोग भी हो सकता है जिसके कारण वह अंधी भी हो सकती है, या ऐसा भी हो सकता है कि कल को आंखें सुंदर ही न रह जाएं—आंखें तो मात्र सांयोगिक घटना हैं। जब तुम कहते हो, 'मुझे तुमसे प्रेम है, क्योंकि तुम्हारा चेहरा सुंदर है,' तो स्त्री आनंदित नहीं होती। क्योंकि चेहरा तो हमेशा सुंदर नहीं रहेगा। बुढ़ापा तो रोज-रोज करीब आ रहा है। लेकिन अगर तुम कहो कि 'मैं तुमसे प्रेम करता हूं,' तब वह आनंद से भर जाती है। क्योंकि इसमें कुछ स्थायी है, यह बात सांयोगिक नहीं है, इसे कुछ नहीं हो सकता। जब तुम किसी स्त्री से कहते हो कि 'मैं तुमसे प्रेम करता हूं क्योंकि...' तब वह कभी खुश नहीं होती, यह 'क्योंकि' बुद्धि को बीच में ले आता है। तुम बस ऐसे ही कह देते हो, तुम अपने कंधे उचका देते हो और तुम कहते हो कि 'मुझे भी नहीं मालूम, ऐसा क्यों है, लेकिन मैं तुमसे प्रेम करता हूं,' तो चंद्र-केंद्र क्रियाशील होने लगता है—और स्त्री प्रसन्न हो जाती है।

जरा किसी ऐसी स्त्री को ध्यान से देखना जब कोई उसे प्रेम नहीं करता हो, और जब उसे कोई कहता हो, 'मुझे तुमसे प्रेम है,' तब उसे देखना। उसके सौंदर्य में, उसकी चाल में तुरंत फर्क आ जाएगा। एक अदभुत परिवर्तन—उसका पूरा चेहरा किसी नए आलोक से प्रकाशित हो जाएगा, उसके चेहरे पर एक चमक आ जाएगी। क्या हो गया? तब चंद्र-केंद्र पर जो ऊर्जा रुकी हुई थी, वह निर्मुक्त होने लगती है।

तुम ने एक महान डच चित्रकार, विनसेंट वानगाग का नाम अवश्य ही सुना होगा। उसका व्यक्तित्व कोई सुंदर न था, वह बहुत ही कुरूप था और कभी भी किसी स्त्री ने वानगाग से नहीं कहा

था कि 'मुझे तुमसे प्रेम है।' निस्संदेह उसका वह केंद्र अविकसित ही रह गया—उसका चंद्र-केंद्र कभी क्रियाशील ही नहीं हुआ। वह इतना कुरूप था कि उसे देखकर वितृष्णा होती थी। लोग उसे देखते ही उससे बचकर निकल जाते थे। वह एक दुकान में काम करता था और उस दुकान का मालिक उसे रोज दिन-रात देखता था। वह इतना ढीला-ढाला और सुस्त नजर आता था जैसे कि उसके तन-मन पर धूल ही धूल इकट्ठी हो गयी हो। और उसे किसी भी बात में कोई रुचि नहीं थी। ग्राहक आते तो वह उन्हें पेंटिंग्स दिखाता जरूर था, लेकिन दिखाने में उसे कोई रुचि नहीं होती थी। वह हमेशा थका-थका सा रहता था। उसे किसी चीज में कोई उत्सुकता नहीं थी, वह हमेशा तटस्थ रहता था। जब वह चलता भी था, तो उसे देखकर ऐसा लगता था जैसे कि कोई जीवित लाश चली जा रही है—चलना ही पड़ेगा इसलिए वह चलता था, लेकिन उसकी चाल-ढाल में कोई उत्साह, कोई उमंग, कोई जीवन नहीं था।

एक दिन अचानक उस दुकान के मालिक को अपनी आंखों पर भरोसा ही नहीं आया। जब वानगाग दुकान पर आया तो उसे देखकर ऐसा लगता था वह कई महीनों या शायद कई वर्षों के बाद नहाया हो। वह नहा-धोकर, बालों को ठीक से संवार कर आया था। उस दिन वानगाग ने अच्छे कपड़े पहने हुए थे, इत्र भी लगा रखा था और उसके चलने में एक तरह की उमंग थी और साथ में वह कुछ गुनगुना भी रहा था। दुकान के मालिक को तो कुछ समझ ही नहीं आया। सब कुछ बदला-बदला था। दुकान का मालिक चकित था कि आखिर वानगाग को हुआ क्या है।

मालिक ने उसे बुलाकर पूछा, 'वानगाग, आज बात क्या है'? वानगाग बोला, 'आज बात कुछ बन गयी है। एक स्त्री ने कहा है कि वह मुझसे प्रेम करती है। हालांकि वह स्त्री एक वेश्या है, लेकिन फिर भी क्या हुआ। हालांकि उसने ऐसा कहा तो केवल पैसों के लिए है, लेकिन फिर भी किसी स्त्री ने मुझसे कहा तो कि वह मुझसे प्रेम करती है।'

वानगाग ने उस स्त्री से, उस वेश्या से पूछा कि 'तुम मुझसे प्रेम क्यों करती हो?' क्योंकि यह बात उसे हमेशा परेशान किए रहती थी। कोई भी उससे प्रेम नहीं करता था, उसे अपनी कुरूपता का पता था। 'तुम मुझसे प्रेम क्यों करती हो?' उसके लिए यह स्वीकार कर पाना असंभव था कि कोई सिर्फ उसके लिए ही उसे प्रेम कर सकता है—'क्यों?' और वह वेश्या कुछ समझ नहीं पा रही थी कि वह क्या कहे। क्योंकि कहने को कुछ था नहीं, और जो कुछ भी वह कहेगी वह हंसी का पात्र ही लगेगा। वह कह भी नहीं सकती थी कि 'तुम्हारी आंखों के कारण प्रेम करती हूं,' वह यह भी नहीं कह सकती थी कि 'तुम्हारे चेहरे के कारण तुम्हें प्रेम करती हूं,' वह यह भी नहीं कह सकती थी कि 'तुम्हारे शरीर के कारण तुम्हें प्रेम करती हूं'—वह जो कुछ भी कहती गलत ही लगता। वह बोली, 'तुम्हारे कानों के कारण मैं तुम्हें प्रेम करती हूं। तुम्हारे कान बहुत सुंदर हैं।' कान? क्या तुमने कभी ऐसा सुना है कि किसी ने कानों से प्यार किया हो? और वानगाग तो यह सुनकर ऐसा मंत्र मुग्ध हो गया कि घर जाकर उसने एक कान काटा, उसे कपड़े में लपेटा, वापस लौटा और वह कान स्त्री को भेंट कर दिया। वानगाग उस स्त्री से बोला, 'कभी किसी ने मुझ में कुछ भी पसंद नहीं किया। यह एक गरीब आदमी की भेंट है, लेकिन फिर भी तुम इसे स्वीकार कर लो।' वह स्त्री तो वानगाग की ऐसी भेंट को देखकर चकित रह गयी। उसे तो भरोसा ही नहीं आया कि यह किस तरह का पागल आदमी है?

लेकिन वानगाग को बहुत ही अच्छा लग रहा था, वह बहुत खुश था। वह अपने एक पत्र में लिखता है, 'वह मेरी जिंदगी की सबसे बड़ी खुशी थी। किसी ने तो मेरे में कुछ पसंद किया और मैं अपने अस्तित्व को बांट सका।'

थोड़ा ध्यान देना, थोड़ा इस पर गौर करना। जब कभी कोई व्यक्ति तुमसे प्रेम करता है, बस प्रेम करता है, बेशर्त प्रेम करता है, तो वह कहता है, 'मुझे तुमसे प्रेम है क्योंकि तुम तुम हो; मुझे तुमसे प्रेम है क्योंकि तुम हो।' तब उस समय तुम्हारी ऊर्जाओं के बीच क्या होता है? उस समय सूर्य-ऊर्जा चंद्र-ऊर्जा की ओर सरक जाती है। अब सूर्य का उत्ताप उतना नहीं रहता है, चंद्र उसे शीतल कर देता है। और तब उस चंद्र-ऊर्जा की शीतलता का भव्य सौंदर्य तुम्हारे संपूर्ण अस्तित्व पर बरस जाता है। अगर इस संसार में अधिकाधिक प्रेम हो, तो लोग अंतर्बोध से ज्यादा जीएंगे, बुद्धि से कम; और तब वे अधिक सुंदर होंगे। तब आदमी वस्तु की तरह नहीं होगा, तब आदमी आदमी की तरह होगा। तब व्यक्ति उत्साह से, उमंग से, सघनता से जीवन को जीएगा। तब उसके जीवन में एक दीप्ति होगी, और तब जीवन आनंद, उल्लास, उत्सव से भर जाएगा।

अंतर्बोध पूर्णतया भिन्न बात है। अंतर्बोध बिना किसी प्रक्रिया के कार्य करता है—वह तो सीधे परिणाम पर छलांग लगा देता है। सच तो यह है, अंतर्बोध सत्य की ओर खुलने का द्वार है—उसमें सत्य की थोड़ी-थोड़ी झलक आती है। तर्क को तो अंधेरे में ही खोजना होता है; अंतर्बोध कभी अंधेरे में नहीं टटोलता है, उसे तो बस झलक आती है। उसे तो बस देखा जा सकता है।

जो लोग अंतर्बोध से जीते हैं, वे अपने से ही धार्मिक हो जाते हैं। जो लोग बौद्धिक ढंग से जीते हैं, वे अपने से धार्मिक नहीं हो सकते हैं। ज्यादा से ज्यादा वे बौद्धिक रूप से किसी धर्म-दर्शन से जुड़ जाते हैं, धर्म से नहीं। वे किसी धर्म-सिद्धांत से जुड़ जाते हैं, लेकिन धर्म से नहीं। वे परमात्मा के लिए दिए गए प्रमाणों के बारे में बातचीत कर सकते हैं, लेकिन परमात्मा के बारे में बात करना, परमात्मा की बात करना नहीं है। परमात्मा के बारे में बात करना लक्ष्य को चूक जाना है—बारे में—और इसी तरह चक्र घूमता चला जाता है, उसका कोई अंत नहीं है। ऐसे लोग हमेशा इधर-उधर की ही बात करते हैं, वे सीधे लक्ष्य की बात कभी नहीं करते हैं।

बुद्धि में धार्मिक होने की कोई स्वाभाविक प्रवृत्ति नहीं होती है, इसी कारण मंदिरों में, चर्चों में स्त्रियां अधिक दिखाई पड़ती हैं। चंद्र स्वभाव, स्त्री स्वभाव धर्म के साथ एक तरह की समस्वरता का अनुभव करता है। बुद्ध के शिष्यों में पुरुषों से तीन गुनी अधिक संख्या स्त्रियों की थी। यही अनुपात महावीर के साथ भी था, महावीर के संघ में दस हजार साधु थे तो तीस हजार साध्वियां थीं। यही अनुपात जीसस के साथ भी था। और जानते हो जब जीसस को सूली दी गयी, तो उनके सभी पुरुष अनुयायी भाग गए थे।

जब जीसस की देह को सूली पर से उतारा गया, तो केवल तीन स्त्रियां वहां पर मौजूद थीं। क्योंकि पुरुष तो केवल किसी चमत्कार की प्रतीक्षा में भीड़ में खड़े हुए थे। वे अपने सूर्य-केंद्र को, अपने पुरुष होने को यह भरोसा दिलाने की कोशिश कर रहे थे कि 'हां, जीसस परमात्मा के एकमात्र बेटे हैं'—लेकिन कोई भी चमत्कार घटित नहीं हुआ। वे जीसस से चमत्कार की मांग कर रहे थे। वे लोग परमात्मा से और जीसस से प्रार्थना कर रहे थे, 'हमें कोई प्रमाण दें, कोई चमत्कार दिखाएं ताकि

हम भरोसा कर सकें।' जब उन्होंने देखा कि जीसस तो सूली पर एक सामान्य आदमी की तरह, एकदम सामान्य आदमी की तरह ही प्राणों को छोड़ दिए हैं—जब जीसस को सूली दी गई वहां पर दो चोर और भी थे जिनको जीसस के साथ ही सूली दी गयी थी, और जीसस की मृत्यु भी उनकी तरह ही हुई थी, उसमें जरा भी भेद न था—तो जो लोग किसी चमत्कार की आशा में वहां आए थे, वे लोग संदेह से भर गए। वे लोग कहने लगे, यह आदमी तो नकली है—वह सच में ईश्वर का बेटा न था, इसलिए वह ईश्वर न था; और वे लोग वहां से भाग निकले।

लेकिन ऐसा खयाल स्त्रियों के मन में नहीं आया। उन्हें किसी चमत्कार की प्रतीक्षा न थी, वे तो बस जीसस को देख रही थीं। उनका ध्यान किसी चमत्कार की ओर नहीं था, वे तो केवल जीसस को देख रही थीं—और उन्होंने चमत्कार देखा भी : कि जीसस इतने सामान्य और सरल रूप से मृत्यु में प्रवेश कर गए। और यही था असली चमत्कार कि उन्होंने कुछ भी सिद्ध करने का प्रयास नहीं किया। क्योंकि जो लोग कुछ सिद्ध करके दिखाने का प्रयास करते हैं वे सिद्ध करने के द्वारा अपनी रक्षा कर रहे होते हैं। जीसस अपना बचाव नहीं कर रहे थे। उन्होंने परमात्मा से बस यही कहा, 'तेरा प्रभुत्व रहे, तेरी मर्जी पूरी हो।' यही था उनका चमत्कार। और उन्होंने परमात्मा से कहा, 'हे परमात्मा! तू इन लोगों को क्षमा कर देना, क्योंकि ये नहीं जानते कि ये क्या कर रहे हैं।' यही था चमत्कार—कि वे उनके लिए भी प्रार्थना कर सकते थे जो उनकी हत्या कर रहे थे। करुणावश वे उनके लिए भी प्रार्थना कर सकते थे। जीसस ने परमात्मा से प्रार्थना की, 'हे परमात्मा! अपने निर्णय को एक ओर उठाकर रख दो, अपने निर्णय को हटा दो और मेरी बात सुनो। यह लोग निर्दोष हैं, यह लोग नहीं जानते कि यह क्या कर रहे हैं। यह लोग अज्ञानी हैं। कृपया उन पर क्रोध न करें, उन पर नाराज न होएं, इन्हें माफ कर देना।' यही था चमत्कार।

स्त्रियां इसे देख सकती थीं, क्योंकि उन्हें किसी चमत्कार की आकांक्षा न थी। बुद्धि हमेशा कुछ न कुछ मांग ही करती रहती है; अंतर्बोध हमेशा खुला हुआ, ओपन रहता है। उसे किसी विशेष चीज की खोज नहीं होती, वह तो बस केवल खुली आंख से देखता है—वहां तो एक अंतर्दृष्टि होती है। अंतर्बोध का यही अर्थ है।

जब जीसस तीन दिन के बाद पुनः प्रकट हुए, तो पहले वे अपने पुरुष शिष्यों के पास गए। वे उनके साथ-साथ चले, उन्होंने उनसे बात की, लेकिन फिर भी वे लोग उन्हें पहचान नहीं सके। उन्होंने तो यह मान ही लिया था कि जीसस मर चुके हैं—जीसस की मृत्यु हो गई है। सच तो यह है वे लोग दुखी हो रहे थे कि—'हमने अपने जीवन के इतने वर्ष इस आदमी के साथ यूं ही व्यर्थ गंवा दिए।' और तब वे निश्चित ही किसी चमत्कारिक, किसी बाजीगर की तलाश में होंगे; वे जरूर किसी ऐसे ही आदमी की तलाश में रहे होंगे। और जीसस उनके साथ-साथ चले, उनसे बातचीत की और वे लोग थे कि जीसस को पहचान ही न सके। फिर जीसस स्त्रियों के पास गए और जब वे उनके पास गए और मेरी मेग्दालिन ने उन्हें देखा तो वह दौड़कर आयी—वह जीसस के गले लग जाना चाहती थी। उसने तुरंत जीसस को पहचान लिया। और उसने पूछा तक नहीं, 'कैसे यह सब हुआ?—तीन दिन पहले आपको सूली लगी थी।' अंतर्बोध और अंतर्भाव 'कैसे' और 'क्यों' की बात ही नहीं करता है। वह तो बस स्वीकार कर लेता है। उसमें तो गहन और समग्र-स्वीकृति होती है।

अगर तुम प्रेम से भरे वातावरण में रहते हो...और तुम्हें ऐसा वातावरण अपने चारों ओर निर्मित करना ही होता है—और दूसरा तो कोई ऐसा तुम्हारे लिए करेगा नहीं। लोगों को प्रेम करो, ताकि वे तुम्हें प्रेम कर सकें। लोगों के प्रति प्रेममय रहो, ताकि प्रेम फिर से उनसे प्रतिबिंबित हो सके। जिससे प्रेम की प्रतिध्वनि वापस तुम तक लौट-लौट आए। लोगों से प्रेम करो, जिससे फिर से तुम पर प्रेम की वर्षा हो। और जब तुम्हारा अंतर्बोध कार्य करना प्रारंभ कर देगा तो फिर ऐसी चीजें दिखाई पड़ने लगेंगी जिन्हें तुमने पहले कभी नहीं देखा था। और संसार वही का वही रहता है, लेकिन उसमें नए अर्थ दिखाई देने लगते हैं। फूल वही रहते हैं, लेकिन उसमें कुछ नया ही रहस्य प्रकट होने लगता है। वही पक्षी हैं, लेकिन अब उनकी भाषा समझ आने लगती है। तब अचानक उनके साथ एक तरह का संप्रेषण होने लगता है, अकस्मात ही उनके साथ एक तरह का संवाद घटित होने लगता है।

बुद्धि की अपेक्षा अंतर्बोध सत्य के अधिक निकट होता है, क्योंकि वह हमें मानवीय बना देता है—अधिक मानवीय बना देता है—ऐसा बुद्धि से संभव नहीं है।

और फिर आती है प्रतिभा, जो उन दोनों के भी पार होती है—अति अंतर्बोध। उसके विषय में कुछ भी नहीं कहा जा सकता, क्योंकि जो कुछ भी कहा जा सकता है वह या तो सूर्य की भाषा में, पुरुष की भाषा में कहा जा सकता है, या उसे चंद्र की भाषा में, स्त्री की भाषा में कहा जा सकता है। या तो उसकी व्याख्या वैज्ञानिक ढंग से की जा सकती है, या उसे काव्य के ढंग से कहा जा सकता है। लेकिन प्रतिभा की व्याख्या करने का तो कोई उपाय ही नहीं है। वह इन सब के पार होती है। उसे अनुभव किया जा सकता है, उसे तो केवल जीया जा सकता है, यही प्रतिभा को जानने का एकमात्र तरीका है।

लोग गौतम बुद्ध के पास आकर उनसे पूछते, 'हमें परमात्मा के बारे में कुछ बताएं।' और बुद्ध कहते, 'चुप, शांत और मौन हो जाओ। मेरे साथ हो रहो—और तुम्हें भी उसका अनुभव हो जाएगा।'

यह प्रश्न कुछ ऐसा नहीं है जिसे पूछा जा सके और जिसका उत्तर दिया जा सके। और यह कोई ऐसी समस्या नहीं है जिसका समाधान किया जा सकता हो। यह तो ऐसा रहस्य है जिसे जीना होता है। यह तो परम आनंद की अवस्था है। यह तो एक अदभुत और अपूर्व अनुभव है।

बुद्धि इस ढंग से कार्य करती है :

एक दिन मुल्ला नसरुद्दीन गांव की आटे की चक्की पर गया था। वहां पर वह हर किसी के गेहूं में से मुट्ठी भर-भर कर अपना थैला भरता जा रहा था।

किसी ने नसरुद्दीन से पूछा, 'मुल्ला, तुम ऐसा क्यों कर रहे हो?'

मुल्ला ने उत्तर दिया, 'क्योंकि मैं मूढ़ हूं।'

'अगर तुम मूढ़ ही हो तो दूसरों के थैलों में अपना गेहूं क्यों नहीं डालते?'

मुल्ला ने जवाब दिया, 'फिर तो मैं और भी ज्यादा मूढ़ हो जाऊंगा।'

बुद्धि चालाक और स्वार्थी होती है। बुद्धि सदा दूसरों का शोषण करने की कोशिश करती है। अंतर्बोध ठीक इसके विपरीत होता है; वह किसी का शोषण नहीं कर सकता।

अब मुझे तुम से एक बात कहनी है। लोग सोचते हैं कि एक न एक दिन ऐसा समय अवश्य आएगा जब कोई वर्ग नहीं रहेंगे, आर्थिक ऊंच-नीच नहीं रहेगी, किसी तरह का कोई भेदभाव नहीं रह जाएगा—कोई गरीब नहीं होगा, कोई अमीर नहीं होगा। और जिन लोगों ने इस सपने को, इस

आदर्श को पोषित किया है—उनमें मार्क्स, एन्जिल लेनिन और माओ हैं—ये सभी बुद्धि से जीने वाले लोग हैं, बौद्धिक लोग हैं और बुद्धि से कभी भी इस अवस्था तक नहीं पहुंचा जा सकता है। केवल अंतर्बोध के जगत में ही ऐसा संभव है कि वर्ग व्यवस्था समाप्त हो जाए। लेकिन ये लोग अंतर्बोध का विरोध करते हैं। मार्क्सवादी लोगों का सोचना है कि बुद्धि ही सब कुछ है, बुद्धि के पार कुछ भी नहीं है। अगर ऐसा ही है, अगर यही सत्य है तो फिर उनके आदर्श-राज्य की कल्पना कभी साकार नहीं हो सकती—क्योंकि बुद्धि चालाक है और वह तो केवल दूसरों का शोषण करना ही जानती है। बुद्धि हिंसक है, आक्रमण करने वाली है, लड़ाई-झगड़ा करने वाली है, विध्वंसक और विनाशकारी होती है। सूर्य-ऊर्जा बहुत ही उग्र, हिंसक और उत्ताप से भरी हुई होती है। वह सभी कुछ जलाकर राख कर देती है, सभी कुछ जलाकर खत्म कर डालती है।

अगर सच में ही कभी वर्ग-विहीन समाज का, सच्चे साम्यवादी समाज का निर्माण हुआ—तो वहां पर कम्यूनों का अस्तित्व होगा और किसी प्रकार के वर्ग इत्यादि नहीं होंगे—तब वह समाज पूर्णतया मार्क्स विरोधी होगा। और वैसे समाज को अंतर्बोध से ही चलना होगा। और उस समाज के निर्माता राजनेता तो हो नहीं सकते हैं—उस समाज का निर्माण केवल कवि, कल्पनाशील और स्वप्नदर्शी लोग ही कर सकते हैं।

मैं कहना चाहूंगा कि पुरुष उस समाज का स्रष्टा नहीं हो सकता, केवल स्त्री ही उस समाज की स्रष्टा हो सकती है। वर्ग-विहीन समाज का निर्माण स्त्री ही कर सकती है, पुरुष नहीं।

उस आदर्श स्वप्न को साकार करने में बुद्ध, महावीर, जीसस, लाओत्सु तो सहायक हो सकते हैं, लेकिन मार्क्स? नहीं, बिलकुल नहीं। मार्क्स बहुत ही हिसाब-किताब से, गणित से चलने वाला है, वह बहुत ही चालाक और बुद्धि से जीने वाला है। लेकिन अभी तक इस दुनिया पर सूर्य-तत्व का ही, पुरुषों का ही आधिपत्य रहा है। यह भी स्वाभाविक था, क्योंकि सूर्य आक्रामक और हिंसक होता है इसलिए वह संसार पर शासन करता चला आ रहा है।

लेकिन अब इस बात की संभावना है, क्योंकि सूर्य अब थक गया है, रोज-रोज उसकी ऊर्जा समाप्त होती जा रही है, और मनुष्य-जाति इस संसार के संचालन के लिए दूसरे केंद्र की खोज कर रही है। अगर चंद्र-ऊर्जा क्रियाशील हो जाती है : तो दुनिया में स्त्रियों की सच्ची उन्नति होगी।

लेकिन मेरे देखे, पश्चिम में स्त्रियों में जो इतना आक्रोश है, पुरुषों के खिलाफ जो आंदोलन है, क्रांतिकारी और उग्र विचार हैं—लिब मूवमेंट, नारी मुक्ति आंदोलन—वे सब तो ढलान की कगार पर हैं, और वे बौद्धिक आंदोलन ही हैं। क्योंकि वहां पर स्त्रियां पुरुषों जैसी बनने की कोशिश कर रही हैं। अगर स्त्रियां पुरुषों की प्रतिक्रिया करती हैं, तो उस प्रतिक्रिया करने के कारण वे स्वयं पुरुषों जैसी बनती चली जाएंगी। और यह एक खतरनाक बात है।

स्त्री को स्त्री ही रहना चाहिए, तभी केवल एक अलग ढंग के संसार की और अलग ढंग के समाज की—चंद्र-केंद्रित समाज की संभावना है। लेकिन अगर स्त्री स्वयं ही आक्रामक हो जाए, जैसे कि वह होती जा रही है, तब तो वह भी पुरुषों की तरह की मूढ़ताएं, हिंसा और उग्रता को ही सीख लेगी। हो सकता है स्त्रियां इसमें सफल भी हो जाएं, लेकिन फिर उस सफलता में सूर्य-ऊर्जा ही कार्य करेगी।

जब इस पृथ्वी पर संक्रमण का समय होता है, उस समय आदमी को बहुत-बहुत सजग रहना होता है। जब मनुष्य चेतना में संक्रमण का काल होता है उस समय आदमी को बहुत सचेत, सजग और जागरूक रहना होता है। एक छोटा सा भी गलत कदम—और सभी कुछ गलत हो सकता है। अब इस बात की संभावना बनी है कि चंद्र-ऊर्जा क्रियाशील होकर संसार पर शासन कर सकती है, लेकिन अगर स्त्री भी पुरुष की तरह कठोर और आक्रामक हो जाएगी तो वह पूरी बात को ही चूक जाएगी, और इस तरह से पुरुष स्त्री के माध्यम से पुनः विजय हासिल कर लेगा और इस तरह से सूर्य-ऊर्जा ही सत्ता में बनी रहेगी। सूर्य-ऊर्जा ही शासन करती रहेगी।

तो हमें बुद्धि से अंतर्बोध तक जाना है और फिर अंतर्बोध के भी पार जाना है। विकसित होने की सही दिशा यही है: पुरुष से स्त्री तक, और अंत में स्त्री के भी पार जाना है।

एक प्रश्न और पूछा गया है कि जहां तक पुरुष का संबंध है यह बात समझ में आती है। स्त्रियों के संबंध में क्या? वे तो चंद्र-केंद्र में ही रहती हैं। उन्हें क्या करना चाहिए?

उन्हें सूर्य-केंद्र को आत्मसात करना होगा। जैसे कि पुरुष को चंद्र-केंद्र को समाहित करना है, स्त्री को सूर्य-केंद्र को समाहित करना है। अन्यथा स्त्री में किसी न किसी बात का अभाव रहेगा, वह पूर्णरूप से स्त्री न हो सकेगी। तो पुरुष को सूर्य-केंद्र से चंद्र-केंद्र तक बढ़ना है, बुद्धि से अंतर्बोध तक। स्त्री को बुद्धि से जीना भी सीखना है, जीवन का तर्क भी सीखना है। स्त्री प्रेम जानती है, पुरुष तर्क जानता है; पुरुष को प्रेम करना सीखना है, और स्त्री को तर्क सीखना है। तभी जीवन में संतुलन बन सकता है।

स्त्री को सूर्य-केंद्र को आत्मसात करना होगा—और वह बहुत ही सरलता से, आसानी से उसे अपने में आत्मसात कर सकती है, क्योंकि उसका चंद्र-केंद्र क्रियाशील है। बस, चंद्र को थोड़ा सा सूर्य की ओर खुलना है। बस, थोड़ा सा मार्ग का भेद है: पुरुष को अपनी सूर्य-ऊर्जा को चंद्र-ऊर्जा तक ले आना है; स्त्रियों को केवल इतना करना है कि उन्हें अपनी चंद्र-ऊर्जा को सूर्य-ऊर्जा की ओर खोल देना है, और इससे एक-दूसरे में ऊर्जा प्रवाहित होने लगेगी।

लेकिन सूर्य-ऊर्जा और चंद्र-ऊर्जा दोनों को समग्र होना होगा। चेतन को अपने में अचेतन को आत्मसात करना होगा, और सभी तरह के भेद और विभाजनों को गिरा देना होगा।

जीसस जब कहते हैं, पुरुष स्त्री हो जाता है और स्त्री पुरुष हो जाती है तो उनका क्या अभिप्राय है? उनका यही अभिप्राय है कि जब व्यक्ति अपने अस्तित्व की समग्रता को स्वीकार कर लेता है और अपने अस्तित्व के किसी भी अंश को अस्वीकार नहीं करता, तब कहीं जाकर संतुलन कायम होता है। और जब भीतर के स्त्री-पुरुष संतुलित हो जाते हैं, तो वे एक-दूसरे को समाप्त कर देते हैं। और व्यक्ति मुक्त हो जाता है। वे दोनों शक्तियां एक-दूसरे को व्यर्थ कर देती हैं और फिर कहीं कोई बंधन नहीं रह जाता है।

व्यक्ति केवल तभी बंधन में रह सकता है, जब कोई एक ऊर्जा दूसरी ऊर्जा से अधिक शक्तिशाली हो जाए। अगर सूर्य-ऊर्जा, चंद्र-ऊर्जा से अधिक शक्तिशाली है, तब व्यक्ति का पुरुष से बंधन रहेगा—पुरुष मन से। अगर चंद्र-ऊर्जा सूर्य-ऊर्जा से अधिक शक्तिशाली है, तो व्यक्ति का स्त्री से बंधन रहेगा—स्त्रैण रूप से। जब सूर्य-ऊर्जा और चंद्र-ऊर्जा दोनों बराबर होते हैं,

संतुलित होते हैं, तो वे एक दूसरे को व्यर्थ कर देते हैं; और तब ऊर्जा मुक्त हो जाती है। तब कोई आकार नहीं बचता है, व्यक्ति आकार-विहीन हो जाता है, निराकार हो जाता है। वही निराकार प्रतिभा है। तब व्यक्ति अपने अंतस में ऊपर और ऊपर उठने लगता है—और फिर इस विकास का कहीं कोई अंत नहीं है।

जब हम कहते हैं परमात्मा असीम है, उसका यही तो अर्थ है। व्यक्ति अपने अंतस में और-और विकसित होता चला जाता है—अधिक पूर्ण, और-और परिपूर्ण होता चला जाता है...तब हर क्षण अपने आप में परिपूर्ण होता है और हर आने वाला क्षण, हर आने वाला पल उससे भी कहीं अधिक परिपूर्ण और तृप्तिदायी होता है।

तीसरा प्रश्नः भगवान, कृपया इस सूक्ति को विस्तारपूर्वक समझाएंः 'योगियों और साधुओं की बुरी संगत में।'

स्वामी योग चिन्मय।

मैं तुम से एक कथा कहना चाहूंगाः

एक गांव में एक युवक रहता था। गांव वालों ने उसकी नाक काट दी थी, क्योंकि उसने कोई गलत काम किया था। लोग उसकी कटी हुई नाक का मजाक उड़ाते रहते थे। तो जैसा कि स्वाभाविक है, वह अपने को बहुत अधिक अपमानित अनुभव करता था। इस अपमान से बचने के लिए उसने खूब सोच-विचार किया और जल्दी ही उसे एक ऐसा उपाय मिल भी गया जिससे कि लोग उसका आदर और सम्मान करें।

वह युवक उस गांव को छोड़कर दूसरे गांव में चला गया, और वहां जाकर उसने साधु का वेश धारण कर लिया और एक वृक्ष के नीचे जाकर ध्यानस्थ होकर बैठ गया। धीरे-धीरे उस गांव के स्त्री और पुरुष उसके आसपास जमा होने लगे। अंततः जब उसने अपनी बंद आंखें खोलीं तो लोगों ने उससे पूछा कि वह कौन है, और वह उनके लिए क्या कर सकता है।

'मैं तुम्हारे लिए बहुत कुछ कर सकता हूं। अगर तुम अपनी नाक कटवाने के लिए तैयार हो जाओ तो मैं तुम्हें परमात्मा के दर्शन करा सकता हूं—मैंने भी परमात्मा के दर्शन ऐसे ही किए हैं। जब से मैंने अपनी नाक कटवा ली है, मैं परमात्मा के दर्शन सभी जगह प्रत्यक्ष रूप से कर सकता हूं। अब मेरे लिए सभी जगह परमात्मा है।'

उसके आसपास जो भीड़ इकट्ठी हो गई थी, उसमें से तीन आदमी अपनी नाक कटवाने के लिए तैयार हो गए...

तुम कहीं भी अपने से ज्यादा मूढ़ लोगों को हमेशा खोज सकते हो—और वे लोग तुम्हारे अनुयायी बनने के लिए तैयार ही रहते हैं।

...वह युवक उन तीनों आदमियों को कुछ दूर वृक्ष के पास ले गया और उन सबकी उसने नाक काट दी, और खून बंद करने के लिए कोई दवा लगा दी, और उनके कान में फुसफुसाया, 'देखो, अब यह कहने का कोई अर्थ नहीं है कि तुम ने परमात्मा के दर्शन नहीं किए हैं। अगर अब तुम

ऐसा कहोगे तो वे तुम पर हंसेंगे और तुम्हारा मजाक उड़ाएंगे। और तुम गांव भर के लिए हंसी के पात्र बन जाओगे। इसलिए सुनो, अब तुम जाकर पूरे गांव में खबर कर दो कि जैसे ही तुम्हारी नाक कटी, तुम्हें परमात्मा के दर्शन होने लगे।'

वे अपनी इस बेवकूफी भरी गलती पर इस कदर शर्मिंदा थे कि उन्होंने उसकी बात मान ली और गांव में जाकर बड़े ही उत्साह से बोले, 'निस्संदेह, हम परमात्मा को देख सकते हैं—परमात्मा सब जगह मौजूद है।'

और तब उस गांव के रहने वाले हर व्यक्ति ने अपनी नाक कटवा ली और परमात्मा के अनुभव को उपलब्ध हो गए।

तुम्हें भारत में ऐसे बहुत से साधु मिल जाएंगे, जिनकी नाक किसी न किसी रूप में कटी ही हुई है। जब मैं कहता हूं, 'साधुओं और योगियों की बुरी संगत,' तो मेरा अभिप्राय ऐसे ही लोगों से होता है। जब मैं कहता हूं उनकी नाक कट चुकी है, तो मेरा मतलब होता है कि उन्होंने अपने किसी न किसी भाग को अस्वीकृति दे दी है। उन्होंने अपने को पूरी तरह से स्वीकार नहीं किया है—उनकी नाक कटी हुई है। किसी ने अपनी कामवासना को अस्वीकार किया हुआ है, किसी ने अपने क्रोध पर नियंत्रण किया हुआ है, किसी ने अपने लोभ को अस्वीकृति दी हुई है—किसी ने किसी और बात को। लेकिन ध्यान रहे, अस्वीकृत किया हुआ भाग बदला लेता है, और यही साधु-संन्यासी तुम्हारी नाक भी काट लेना चाहते हैं।

जब मैं कहता हूं, 'साधुओं और योगियों की बुरी संगत,' तो मेरा मतलब उन लोगों से है जिन्होंने बिना समझ के बहुत सी बातों का प्रयास किया है और स्वयं को बहुत तरह से अपंग बना लिया है। अगर तुम उनके साथ रहो, तो तुम भी अपंग बन जाओगे।

इन अर्थों में चिन्मय अपंग हो गए हैं। जब मैं उनकी ओर देखता हूं, तो मैं समझ सकता हूं कि वे कहां पर अपंग हैं। और एक बार अगर वह इसे समझ लें, तो वे उसे छोड़कर उससे मुक्त हो सकते हैं, इसमें कोई अड़चन नहीं है। नाक फिर से आ सकती है। नाक कोई ऐसी चीज नहीं है जिसे तुम सच में ही काट दोगे। वह फिर से बढ़ सकती है। बस, एक बार वे इसे जान लें, समझ लें।

उदाहरण के लिए, उन्होंने अपनी हंसी-मजाक की क्षमता को खो दिया है। वे हंस नहीं सकते हैं। अगर वे हंसते भी हैं—तो इसके लिए उन्हें बड़ा प्रयास करना पड़ता है—तुम देख सकते हो कि उनका चेहरा कितना नकली है। वे एक ईमानदार और सच्चे इंसान हैं, लेकिन इसमें गंभीर होने की क्या आवश्यकता है। सच्चाई एक बात है—वे ईमानदार हैं। गंभीरता एक रोग है। लेकिन गंभीरता और सच्चाई को एक समझने की गलती कभी मत करना। तुम्हारा चेहरा लंबा, उदास, लटका हुआ हो सकता है; इससे अध्यात्म से कोई संबंध नहीं है, और न ही इससे अध्यात्म के मार्ग में कोई मदद मिलने वाली है। असल में तो अगर तुम एकदम रूखे-सूखे, बिना हंसी-मजाक के जीते हो, तो तुम्हारा जीवन रूखा-सूखा और नीरस हो जाएगा। हंसी-मजाक तो जीवन में रस घोलने की तरह है: वह जीवन में एक तरलता और प्रवाह देती है।

लेकिन भारत में सभी साधु-संत गंभीर होते हैं। उन्हें गंभीर होना ही पड़ता है, वे हंस नहीं सकते—क्योंकि अगर वे हंसते हैं तो लोग सोचेंगे कि वे भी उनके जैसे ही साधारण हैं—अन्य दूसरे

लोगों की भांति वे भी हंस रहे हैं। भला एक साधु कैसे हंस सकता है? उसे तो कुछ न कुछ असाधारण होना ही चाहिए। यह भी अहंकार का अपना एक आयोजन है।

मैं तुम्हें साधारण होने को कहता हूं, क्योंकि असाधारण होने की कोशिश करना बहुत ही साधारण बात है—क्योंकि हर कोई व्यक्ति असाधारण होना चाहता है। और साधारण होने को स्वीकार करना बहुत असाधारण बात है, क्योंकि कोई भी साधारण होना नहीं चाहता है। मैं तुम्हें साधारण होने को कहता हूं, इतना साधारण कि कोई भी तुम्हें किसी विशिष्ट व्यक्ति के रूप में न पहचाने, इतना साधारण कि तुम भीड़ में खो जाओ। तुम अपने से पूरी तरह स्वतंत्र हो जाओ; अन्यथा तुम हमेशा स्वयं को कुछ न कुछ सिद्ध करने की कोशिश करते रहोगे। तब तुंम हमेशा अपने आपको किसी न किसी रूप में दिखाते रहोगे—और तब यही बात एक तनाव बन जाती है, गंभीरता के रूप में खड़ी हो जाती है, और जीवन में एक बड़ा बोझ बन जाती है।

हमेशा अपने प्रदर्शन की कोई जरूरत नहीं है। तुम थोड़े शिथिल हो जाओ, और थोड़ा हंसो।

जो कुछ भी मानवीय है उसके लिए मैं तुम्हें स्वीकृति देता हूं। जो भी मानवीय है वह सब तुम्हारा है। एक मनुष्य होने के नाते थोड़ा हंसो भी, रोओ भी, चिल्लाओ भी। एकदम साधारण हो जाओ। अगर तुम सहज और साधारण रहोगे तो अहंकार कभी अपना सिर न उठा सकेगा।

विशिष्ट होने का विचार ही अहंकार को जन्म देता है—इसलिए जो दूसरे लोग कर रहे हैं, इसका मतलब यह नहीं है कि तुम्हें भी वही करना है। अगर वे अपने पांवों से चल रहे हैं, तो इसका मतलब है कि तुम्हें अपने सिर के बल खड़े हो जाना है। तब तो लोग आएंगे और तुम्हारी पूजा करने लगेंगे। वे कहेंगे, तुम कितने विशिष्ट हो, तुम कितने महान हो। लेकिन तुम मूढ़ के मूढ़ ही बने रहोगे। उनकी प्रशंसा की फिक्र मत करना, क्योंकि अगर एक बार भी तुम लोगों की प्रशंसा के आदी हो गए, तो तुम उनकी गिरफ्त में आ जाओगे—तब तुम्हें जीवनभर अपने सिर के बल ही खड़े रहना पड़ेगा। तब तुम चलने-फिरने का पूरे का पूरा सौंदर्य ही गंवा बैठोगे। और निस्संदेह, तुम सिर के बल नृत्य तो नहीं कर सकते हो। क्या तुमने कभी किसी योगी को नृत्य करते देखा है? तब तो तुम ज्यादा से ज्यादा मुर्दे की भांति शीर्षासन करते हुए, सिर के बल खड़े रह सकते हो।

जब मैं कहता हूं, 'बुरी संगत,' तो मेरा मतलब है कि तुमने अहंकार की कुछ चालाकियां उन लोगों से सीख ली हैं जो अपने अहंकार में डूबे हुए हैं। जब कोई आदमी अपने किसी अहंकार की पूर्ति में लगा हो तो ऐसे आदमी से बचना और उसके पास से भाग निकलना, क्योंकि तब इसी बात की संभावना अधिक है कि वह अपना कुछ न कुछ रोग तुम्हें भी दे जाएगा।

और अधिकांश लोग नकल के द्वारा, अनुकरण के द्वारा ही जीते हैं।

मैंने सुना है: एक अधिकारी जो अक्सर यात्रा पर रहता था, अपनी इटली यात्रा से लौटा तो न्यूयार्क में एक मित्र को उसने दोपहर के भोजन के लिए आमंत्रित किया।

उसके मित्र ने पूछा, 'जब तुम इटली में थे तो वहां तुमने कोई उत्तेजनापूर्ण कार्य किया या नहीं?'

अमरीकी अधिकारी ने लापरवाही से कहा, 'ओह, तुम ने एक पुरानी कहावत के बारे में सुना है। जब रोम में रहना हो तो रोम के लोगों की तरह व्यवहार करो।'

मित्र ने जोर देकर उससे पूछा, 'ठीक है, तो तुम ने सच में किया क्या?'

अधिकारी ने उत्तर दिया, 'और क्या करता? मैंने एक अमरीकी स्कूल टीचर को बहला-फुसला कर उसे भ्रष्ट किया।'

अब अमरीका से इटली, अमरीकी स्कूल टीचर को बहलाने-फुसलाने के लिए जाना, लेकिन यही तो इटली के लोग कर रहे हैं, और जब रोम में रहना हो तो सब बातें रोम के लोगों की तरह करनी चाहिए।

जब मैं कहता हूं, 'बुरी संगत,' तो मेरा मतलब यही है कि मन अनुकरण करता है। मन अचेतन रूप से अनुकरण करता चला जाता है। और तब तुम चालाकियां सीखना शुरू कर दोगे। और एक बार जब तुम चालाकी सीख लोगे तो फिर उन्हें छोड़ना कठिन होगा—और अगर उन चालबाजियों के साथ तुम्हारे अपने स्वार्थ जुड़े हों तो फिर उन्हें छोड़ना और भी कठिन हो जाता है। अगर लोग तुम्हारे पास आकर तुम्हारी प्रशंसा करें, अगर लोग तुम्हारी गंभीरता का आदर-सम्मान करने लगें, और वे समझें कि तुम बहुत नियंत्रित और अनुशासित जीवन जीते हो; और वे आकर तुम्हारे पांव छूने लगें; तो फिर तुम्हें गंभीरता की आदत को छोड़ पाना बहुत कठिन होगा, क्योंकि फिर तुम अपनी गंभीरता में भी रस लेने लगोगे। अब तुम्हारे रोग में तुम्हारा स्वार्थ भी जुड़ गया।

इसे छोड़ दो, इसे गिरा दो। तुम्हें स्वयं के भीतर का जीवन जीना है, न कि बाहर का। इसकी फिकर छोड़ो कि लोग क्या कहते हैं—वे लोग झूठी प्रशंसा करते हैं। बस, यह देखो कि तुम क्या हो? अगर तुम अपने होने में आनंदित हो, प्रसन्न हो, अगर तुम्हारी आत्मा नृत्य मग्न है—तो पर्याप्त है! तब अगर पूरी दुनिया भी तुम्हारी निंदा करे, तो उसे स्वीकार कर लेना। लेकिन अपने आंतरिक आनंद के साथ कभी कोई समझौता मत करना, क्योंकि अंत में वही आनंद तो निर्णायक होगा कि तुम कौन हो। लोग चाहे कुछ भी कहें, वह अप्रासंगिक है, उसका कोई बहुत मूल्य नहीं है। तुम कौन हो यही प्रासंगिक और मूल्यवान है। हमेशा अपने भीतर झांककर देखना कि तुम स्वयं के लिए क्या कर रहे हो।

और फिर अगर तुम प्रसन्न हो, आनंदित हो तब कोई प्रश्न ही नहीं उठता है। फिर अगर तुम्हें लगे कि तुम अपनी गंभीरता के साथ आनंदित हो, तब कोई समस्या नहीं; तब तुम इस ढंग से आनंदित रह सकते हो, तब वह तुम्हारा अपना चुनाव है। लेकिन मैंने ऐसा कोई आदमी नहीं देखा जो आनंदित भी हो और गंभीर भी हो। तब तो वह तो आह्लादित और उत्सवपूर्ण होगा; वह आनंद मनाएगा और अपने आनंद को बांटेगा—और वह हंसता-नाचता हुआ होगा, आनंदित होगा।

हंसना इतनी बड़ी आध्यात्मिक घटना है कि उसके जैसा और कुछ भी नहीं है। क्या तुमने नहीं देखा? जब तुम अपने अंतस की गहराई से हंसते हो तो सारे तनाव खो जाते हैं। क्या तुमने कभी इस पर ध्यान दिया है? जब तुम अपने अंतस की गहराई से हंसते हो तो अचानक सामने खुला आकाश प्रकट हो जाता है, आसपास की सभी दीवारें गिर जाती हैं। अगर तुम हंस सको तो हमेशा शिथिल और विश्रांति में रह सकते हो।

झेन मठों में भिक्षुओं को यही सिखाया जाता है कि सुबह उठकर उन्हें सबसे पहले हंसना है, दिन की शुरुआत हंसने से करनी है।

यह थोड़ा अजीब सा जरूर लगता है, क्योंकि हंसने का कोई कारण तो होता नहीं है—बस, बिस्तर से उठते ही पहली बात यही करनी है कि हंसना है। शुरू में तो यह थोड़ा कठिन होता है, क्योंकि किस बात पर हंसो? लेकिन यह भी एक ध्यान है और धीरे-धीरे उसके साथ ताल-मेल बैठने लगता है और तब हंसने के लिए किसी कारण की कोई आवश्यकता नहीं रह जाती। हंसना स्वयं में ही एक बहुत बड़ी धार्मिक प्रक्रिया है, किसी कारण की प्रतीक्षा ही क्यों करना। और हंसी पूरे दिन को विश्रांत और शिथिल बना देती है।

मैं इसे सूर्य-ऊर्जा और चंद्र-ऊर्जा की भाषा में कहूंगा। सूर्य-ऊर्जा वाला व्यक्ति गंभीर होता है, चंद्र-ऊर्जा वाला व्यक्ति गैर-गंभीर होता है। सूर्य-ऊर्जा वाला व्यक्ति हंस नहीं सकता, हंसना उसके लिए कठिन होता है। चंद्र-ऊर्जा वाला व्यक्ति आसानी से हंस सकता है, वह सहज और स्वाभाविक रूप से हंस सकता है। चंद्र-ऊर्जा वाले व्यक्ति के लिए कोई सी भी परिस्थिति हंसने का कारण बन सकती है; वह हंसता हुआ ही रहता है। उसे हंसने के लिए किसी बहाने की जरूरत नहीं होती। लेकिन सूर्य-ऊर्जा से संचालित व्यक्ति स्वयं में बंद होता है। उसके लिए हंसना बहुत कठिन होता है—चाहे तुम उसे कोई चुटकुला भी क्यों न सुना दो, लेकिन फिर भी वह हंस नहीं सकेगा। वह चुटकुले को भी ऐसे सुनेगा और देखेगा, वह उसे भी यूं देखेगा समझेगा जैसे कि तुम उसे कोई गणित का प्रश्न हल करने के लिए दे रहे हो।

इसीलिए तो जर्मन लोग चुटकुले को समझ नहीं पाते हैं। एक बार एक चुटकुला प्रिया ने हरिदास से कहा—और हरिदास को वह चुटकुला अभी तक समझ नहीं आया है!

एक आदमी ने एक रेस्टोरेंट में जाकर काफी मंगाई। वेटर बोला, 'आप अपने लिए किस तरह की काफी पसंद करते हैं?'

उस आदमी ने कहा, 'मुझे अपने लिए वैसी ही काफी पसंद है, जैसी मैं अपने लिए गरम-गरम स्त्रियां पसंद करता हूं।'

वेटर ने पूछा, 'काली या सफेद।'

अब अगर तुम चुटकुले के बारे में सोचने लगो, तो बात बहुत मुश्किल हो जाएगी, वरना तो बात एकदम आसान है। इससे ज्यादा सरल और आसान हो भी क्या सकता है? लेकिन अगर इसके बारे में सोचने लगो, अगर उसके लिए गंभीर हो जाओ जैसे कि कोई वेद इत्यादि पढ़ रहे हो, तब पूरी बात ही चूक जाओगे।

सभी गंभीर लोगों की संगत और साथ को छोड़ दो; ऐसे लोगों से बचो जो कुछ न कुछ बनने की कोशिश में लगे हुए हैं। उन लोगों के साथ अधिक से अधिक ताल-मेल बैठाओ, उन लोगों की संगत करो जो अपना जीवन सहज और सरल रूप से जी रहे हैं, जो कुछ बनने की कोशिश में नहीं लगे हैं, जो जैसे हैं बस वैसे ही जी रहे हैं। उनके पास जाओ, वे इस जगत के सच्चे आध्यात्मिक लोग हैं। धार्मिक नेता इस संसार में सच्चे आध्यात्मिक लोग नहीं हैं—वे राजनीतिज्ञ हैं। उन्हें तो राजनीति में होना चाहिए था। उन्होंने धर्म को बुरी तरह से दूषित कर दिया है। उन्होंने धर्म को इतना गंभीर बना दिया है कि चर्च अस्पतालों और कब्रिस्तानों की तरह मालूम होते हैं। वहां पर हंसी-खुशी, उल्लास और आनंद पूरी तरह से खो गया है।

तुम चर्च में नाच नहीं सकते; तुम चर्च में हंस नहीं सकते। हंसना चर्च के बाहर की बात हो गयी है। लेकिन स्मरण रहे, जिस दिन चर्च से हास्य, गान, नृत्य बिदा हो जाता है, वहां से परमात्मा भी बाहर हो जाता है।

मैं तुम से एक बहुत ही प्रसिद्ध कहानी के बारे में कहता हूं:

सैम बर्नज नामक एक दक्षिणी नीग्रो, 'ह्वाइट' चर्च में प्रवेश करने से रोक दिया गया। उस चर्च का जो संरक्षक था उसने नीग्रो से कहा कि वह अपने चर्च में जाकर प्रार्थना करे और ऐसा करने में उसे भी अधिक अच्छा लगेगा।

अगले रविवार वह नीग्रो फिर से उसी चर्च में आ गया। घबराइए मत, उसने चर्च के संरक्षक से कहा, 'मैं जबर्दस्ती भीतर नहीं आया हूं। मैं तो आप से इतना ही कहने आया हूं कि मैंने आपका कहा मान लिया और एक बहुत ही अच्छी घटना घट गयी। मैंने परमात्मा से प्रार्थना की और उसने मुझसे कहा, 'इस बात का बुरा मत मानो सैम। मैं स्वयं कई वर्षों से उस चर्च में प्रवेश करने की कोशिश कर रहा हूं और अभी तक मैं ऐसा नहीं कर पाया हूं।'

जब कोई चर्च ईसाई हो जाता है, मंदिर हिंदू हो जाता है, मस्जिद मुसलमान हो जाती है, तो वहां पर परमात्मा नहीं मिल सकता—तब वहां पर सभी कुछ गंभीर हो जाता है, राजनीति का प्रवेश हो जाता है। और हास्य, विनोद वहां से बिदा हो जाते हैं।

हास्य को अपना मंदिर बनने दो, और तब तुम अपने को परमात्मा के साथ एक गहन संपर्क में पाओगे।

चौथा प्रश्नः अहंकार सभी प्रकार की परिस्थितियों में पोषित होता मालूम पड़ता है और इसे सब से अधिक पोषण और शक्ति तथाकथित आध्यात्मिक परिस्थितियों से मिलती है।

मैं संन्यास लेना चाहता हूं, लेकिन मैं अहंकार की सभी घटनाक्रम को तीव्र, सशक्त ढंग से घटित होते हुए अभी से अनुभव कर सकता हूं। अहंकार को चाहे पोषित करो या इससे बचने की कोशिश करो, इससे पीछे हटो या इसका सामना करो, अहंकार हर ढंग से पोषण प्राप्त कर लेता है। तो ऐसे में क्या करें?

प्रश्न पूछा है माइकल वाइज ने।

बी वाइज, 'बुद्धिमान बनो'—मेरी बात समझने की कोशिश करो। अपना अहंकार मुझे दे दो, यही तो संन्यास है। अगर तुम संन्यास लेने की सोचते हो, तो अहंकार इसके द्वारा अपने को भर ले सकता है। मैं तुम्हें संन्यास देता हूं, तुम बस उसे स्वीकार कर लो। तुम्हें केवल इतना ही साहस करना है और तब अहंकार का अस्तित्व शेष नहीं रहेगाः क्योंकि तुम्हारे द्वारा तो संन्यास लिया नहीं गया है।

जब भी तुम मेरे पास आते हो, तो पहले मैं तुम्हें संन्यास देने का प्रयास करता हूं। लेकिन ऐसे बहुत से मूढ़ लोग भी हैं जो कहते हैं, 'हम सोचेंगे।' वे समझते हैं कि वे बहुत होशियार हैं। वे इस बारे में सोचना शुरू कर देते हैं—'किसी न किसी दिन वे आएंगे'—और वे आते भी हैं और वे संन्यास के लिए कहते हैं और मैं उन्हें संन्यास दे देता हूं। लेकिन जब पहले मैं उनको संन्यास दे रहा

था, तो वह बिलकुल ही अलग बात होती। तब संन्यास मेरी ओर से एक भेंट होती है, तुम्हारी ओर से लिया हुआ नहीं होता। अगर तुम कुछ भी करते हो, तब तुम संन्यास भी लेते हो, तो अहंकार उसके माध्यम से भी पुष्ट होता है। और जब संन्यास मेरी ओर से दी गई एक भेंट होती है, तब अहंकार का कोई प्रश्न ही नहीं उठता है। लेकिन तुम मेरी ओर से दी गई भेंट को चूक जाते हो और फिर तुम दुबारा आकर संन्यास की मांग करते हो; तब उसका सारा सौंदर्य ही समाप्त हो जाता है। तब तुम अपने निर्णय से संन्यास लेते हो; तब अहंकार बीच में खड़ा हो सकता है। अगर तुम संन्यास लेना भी मेरे ऊपर छोड़ दो, तो फिर कोई सवाल ही नहीं है—तब वह मेरी समस्या है। तुम्हें उस बारे में चिंता लेने की कोई जरूरत नहीं है।

अपना अहंकार मुझे सौंप दो और भूल जाओ उसके बारे में और जीना शुरू करो, और मैं तुम्हारे अहंकार को सम्हाल लूंगा।

तो माइकल वाइज, बी वाइज—बुद्धिमान बनो।

पांचवां प्रश्न: हम अपने मन को कैसे गिरा सकते हैं: जबकि आप प्रवचनों में दिलचस्प बातें सुनाकर मन में खलबली मचाते रहते हैं!

अगर तुम मन को अपने से नहीं गिराते हो, तो मैं उसे और भारी और बोझिल बनाता जाऊंगा ताकि वह अपने से ही गिर जाए—तुम उसे पकड़ ही न सको। इसी आयोजन के लिए तो यह मेरे प्रवचन हैं। मैं तुम पर रोज-रोज बोझ डालता ही चला जाता हूं...मैं उस अंतिम तिनके की प्रतीक्षा में हूं, जिससे ऊंट किसी भी करवट के सहारे बैठ ही न सके।

यह तुम्हारे और मेरे बीच एक प्रतियोगिता है।

आशा यही है कि तुम्हारी जीत नहीं हो सकेगी।

छठवां प्रश्न: मेरे प्यारे-प्यारे भगवान, जब मैं बुद्धत्व का अनुभव करूं:

क. क्या मैं आप से कहूं?

ख. क्या आप मुझ से कहेंगे?

ग. क्या यह प्रश्न मेरा अहंकार पूछ रहा है?

तीनों के लिए—नहीं। जब व्यक्ति बुद्धत्व को उपलब्ध होता है, तो बुद्धत्व ही सब कुछ कह देता है, सब कुछ प्रकट कर देता है। तुम्हें मुझसे कहने की कोई जरूरत नहीं, मुझे तुमसे कहने की भी कोई जरूरत नहीं। बुद्धत्व स्वयं ही प्रकट हो जाता है; उसके लिए किसी प्रमाण-पत्र की कोई आवश्यकता नहीं होती है। वह स्वयं ही प्रकट हो जाता है, जैसे कि अचानक रात्रि में कोई प्रकाश की किरण उतर आए। उसके लिए कुछ भी कहने की कोई आवश्यकता नहीं होती है।

सच तो यह है, तुम कहना भी चाहोगे तो कुछ कह न सकोगे—तुम्हारे सभी विचार रुक जाएंगे। इतनी अभूतपूर्व मौन और शांति होती है, और बुद्धत्व अपने-आप में इतना प्रगाढ़ होता है कि

किसी से कुछ पूछने की आवश्यकता ही नहीं होती है। इसलिए मेरी ओर से या तुम्हारी ओर से कहने की कोई आवश्यकता ही नहीं है।

और, 'क्या यह प्रश्न मेरा अहंकार पूछ रहा है?'

नहीं, अहंकार कभी बुद्धत्व के बारे में पूछता ही नहीं है। वह उसके बारे में पूछ ही नहीं सकता, क्योंकि बुद्धत्व तो अहंकार की मृत्यु है।

जब तुम ध्यान और प्रेम में डूबने लगते हो, तुम आनंद से भर जाते हो, और एक अनजाने अपरिचित आयाम में तुम्हारे कदम बढ़ने लगते हैं, तब स्वभावतः यह विचार उठ खड़ा होता है, 'अगर मुझे बुद्धत्व घट गया, तो कौन बताएगा?' क्योंकि अब तक जो कुछ भी हुआ, उसके लिए कोई चाहिए था जो तुमसे कह सके। और यह प्रश्न एक संन्यासिनी का है, मा प्रेम जीवन का है। ऐसा चंद्र-ऊर्जा वाले व्यक्ति को और भी अधिक ऐसा लगता है।

जब स्त्री किसी के प्रेम में पड़ती है, तो वह प्रतीक्षा करती है कि पुरुष उससे कहे कि वह उसे प्रेम करता है। वह यह भी निवेदन नहीं कर सकती कि मैं तुमसे प्रेम करती हूं। चंद्र-केंद्र कभी भी इतना सुनिश्चित नहीं होता है, जितना बौद्धिक-केंद्र हमेशा होता है। चंद्र-केंद्र अनिश्चित होता है, अस्पष्ट और धुंधला-धुंधला होता है। वह अनुभव कर सकता है, लेकिन फिर भी बता नहीं सकता कि वह अनुभव क्या है। स्त्री प्रेम में भी अनिश्चित ही रहती है जब तक कि पुरुष ही आकर उससे न कहे, और उसे भरोसा दिलाए कि 'हां, मुझे तुमसे प्रेम है।' इसीलिए स्त्रियां कभी भी अपनी ओर से पहल नहीं करती हैं, और अगर कोई स्त्री पहल करती भी है, तो पुरुष उस स्त्री से बचकर भाग निकलता है—क्योंकि पहल करने वाली स्त्री स्त्री न होकर पुरुष ही अधिक होती है। अगर स्त्री अपनी ओर से प्रेम का निवेदन करे, तो वह थोड़ा अशोभन मालूम होता है। चंद्र-ऊर्जा, या स्त्री कभी भी अपनी ओर से प्रेम का निवेदन नहीं करती, वह तो प्रतीक्षा करती है।

तो मैं जानता हूं कि यह प्रश्न क्यों उठा है। अगर तुम अपने प्रेम तक के लिए सुनिश्चित नहीं हो, तो जब परमात्मा से तुम्हारा मिलन होगा, तब कौन तुम्हें बताएगा? तब तुम्हें कोई चाहिए होगा जो तुम्हें आश्वस्त कर सके।

इसकी कोई आवश्यकता नहीं, क्योंकि सूर्य-केंद्र में परमात्मा कभी घटित होता ही नहीं है। और सूर्य-केंद्रित लोग इस बारे में भी अपनी मूढ़ता के कारण सुनिश्चित होते हैं; वह चंद्र-केंद्र में भी कभी घटित नहीं होता है, और चंद्र-केंद्रित लोग इस बारे में बड़े ही सुंदर रूप से अनिश्चित होते हैं; बुद्धत्व तो दोनों के पार घटित होता है। बुद्धत्व के लिए पहले से कुछ नहीं कहा जा सकता कि वह कब घटेगा। लेकिन जब भी बुद्धत्व घटता है तो एकदम अनिश्चित और रहस्यमय ढंग से घटता है।

जब व्यक्ति बुद्धत्व को उपलब्ध होता है, तो उसका पूरा संसार रूपांतरित हो जाता है। केवल तुम ही नहीं, तुम्हारा पूरा का पूरा अतीत खो जाता है। बुद्धत्व के उतरने के साथ ही सब कुछ ताजा, नहाया हुआ, नया-नया हो जाता है।

अंतिम प्रश्नः भगवान, पहले तो मैं यह भरोसा ही न कर सका कि ऐसा संभव भी है, लेकिन किसी भांति मैंने आपका अनुसरण किया। लेकिन मैंने यह नहीं सोचा था कि वह कभी इतनी जल्दी

भी हो जाएगा, लेकिन किसी भांति मैं आपके साथ जुड़ा ही रहा। और फिर आपके द्वारा असंभव संभव हो गया है, दूरगामी प्रत्यक्षगामी हो गया है।

हालांकि मैं जानता हूं कि मैंने यात्रा के अभी कुछ चरण ही पूरे किए हैं, आपके साथ अधिकाधिक क्षण मुझे जुड़ने के मिल रहे हैं, जब कि लगता ऐसा है कि यही यात्रा का अंत है। यह बात पीड़ादायी भी है और मधुर भी है: पीड़ादायी इसलिए है, क्योंकि अब आप दिखायी नहीं देते हैं वहां; लेकिन साथ ही यह मधुर भी है कि आप मुझे हर कहीं अनुभव होते हैं।

कहीं मैं इतना न खो जाऊं कि आपको धन्यवाद भी न कह सकूं। तो कृपया, क्या मैं अभी आपको धन्यवाद कह सकता हूं...जबकि आप अभी मेरे लिए मौजूद हैं?

पूछा है स्वामी अजित सरस्वती ने।

तुममें से प्रत्येक को ऐसा होने ही वाला है। तुम्हें किसी न 'किसी भांति' मेरे साथ होना ही पड़ेगा। यह 'किसी भांति' महत्वपूर्ण है। तुम अपने से मेरे साथ नहीं हो सकते, क्योंकि तुम्हें मालूम ही नहीं है कि तुम्हें कहां ले जाया जा रहा है। तुम सोच-विचार से, तर्क से मेरे साथ नहीं हो सकते, क्योंकि मैं तुम्हें अज्ञात में ले जा रहा हूं। मैं तुम्हें वहां ले जा रहा हूं जहां तुम कभी गए नहीं, जिसका तुम्हें कुछ पता नहीं। 'किसी भांति' यह शब्द सही है—किसी न किसी तरह तुम मेरे साथ हो लेते हो। प्रेम में या एक प्रकार के पागलपन में या मेरे में डूबकर तुम मेरे साथ हो जाते हो। तब धीरे-धीरे चीजें घटित होने लगती हैं। निस्संदेह, तुमने कभी विश्वास नहीं किया होगा कि यह सब इतनी जल्दी घटित हो जाएगा।

जिस अंधकार से तुम घिरे हुए हो वह इतना गहन है कि तुम्हें भरोसा ही नहीं आता है कि तुम में कभी प्रकाश भी उतर सकता है। और जब वह प्रकाश तुम में उतरता है तो लगभग असंभव ही मालूम पड़ता है। तुम्हें अपनी ही आंखों पर भरोसा नहीं आता है; तुम्हें ऐसा लगता है जैसे तुम सपना देख रहे हो। लेकिन धीरे-धीरे सपना वास्तविकता में बदलने लगता है और वास्तविकता सपने में बदलने लगती है।

जो अजित को घटा है, ठीक ऐसा ही तुम सबको भी घटित होने वाला है।

मैं इसे फिर से दोहराता हूं: 'पहले तो मैं भरोसा ही न कर सका कि ऐसा संभव भी है, लेकिन किसी भांति मैंने आपका अनुसरण कर लिया।'

जो लोग मेरे साथ हो सकते हैं, किसी न किसी तरह से वे साहसी लोग हैं। मैं तुम्हें अपने साथ होने के लिए कोई जबर्दस्ती नहीं कर सकता, क्योंकि जिसके बारे में तुम जानते ही नहीं हो, उसके बारे में मैं क्या कह सकता हूं। जिसके बारे में तुमने कभी कुछ सुना ही नहीं है, उसके बारे में मैं तुम्हें क्या कह सकता हूं। तुम्हें मेरे ऊपर श्रद्धा करनी होगी, मेरे ऊपर भरोसा करना होगा, तुम्हें किसी न किसी तरह मेरे साथ चलना होगा। मैं कोई तर्क नहीं करना चाहता हूं, क्योंकि जो अनुभव मैं तुम्हें संप्रेषित करना चाहता हूं, जो अनुभव मैं तुम्हें हस्तांतरित करना चाहता हूं, उसके बारे में कोई तर्क नहीं किया जा सकता। वह तर्कातीत बात है। अगर तुम राजी नहीं हो, तो मैं तुम्हें राजी कर भी नहीं सकता। अगर तुम राजी हो, तो मैं तुम्हें अपने साथ ले चल सकता हूं।

इसलिए जो लोग थोड़े पागल हैं, केवल वे ही लोग मेरे साथ चलने को राजी हो सकते हैं। जो लोग होशियार हैं, चालाक हैं, मैं उनके लिए नहीं हूं। उन्हें थोड़ा और भटकना होगा, उन्हें अंधेरे में अभी और थोड़ी ठोकरें खानी पड़ेंगी, उन्हें अंधेरे में अभी और टटोलना होगा।

मैं तुम्हें अज्ञात की भेंट दे सकता हूं, और वह भेंट देने के लिए मैं तो तैयार हूं, लेकिन तुम्हें उस भेंट को ग्रहण करने के लिए तैयार होना होगा। और निस्संदेह, तुम 'किसी न किसी भांति' तैयार हो सकते हो। यह एक चमत्कार है; मेरे साथ होना एक चमत्कार है। यह बात तार्किक रूप से नहीं हो सकती, लेकिन फिर भी घटती है। इसलिए तो लोग तुमसे कहते हैं कि तुम सम्मोहित हो गए हो। एक तरह से तो वे ठीक भी हैं। तुम सम्मोहित नहीं हुए हो, लेकिन तुम अलग ही जगत की शराब की मस्ती में डूब गए हो।

'...लेकिन मैंने यह नहीं सोचा था कि वह कभी इतनी जल्दी भी हो जाएगा, लेकिन किसी भांति मैं आपके साथ जुड़ा ही रहा। और फिर आपके द्वारा असंभव संभव हो गया है, दूरगामी प्रत्यक्षगामी हो गया है।'

'हालांकि मैं जानता हूं कि मैंने यात्रा के अभी कुछ चरण ही पूरे किए हैं, आपके साथ अधिकाधिक क्षण मुझे जुड़ने के मिल रहे हैं, जबकि लगता ऐसा है कि यही यात्रा का अंत है। यह पीड़ादायी भी है और मधुर भी है, पीड़ादायी इसलिए है, क्योंकि अब आप दिखायी नहीं देते हैं वहां...'

जैसे ही तुम स्वयं को देखने में समर्थ हो जाते हो, तो तुम फिर मुझे और नहीं देख पाओगे, क्योंकि फिर दो शून्यताएं एक दूसरे के सामने आ जाएंगी, दो दर्पण एक-दूसरे के सामने हो जाएंगे। वे एक दूसरे में से प्रतिबिंबित होंगे, लेकिन फिर भी कुछ प्रतिबिंबित न होगा।

'...यह बात पीड़ादायी भी है और मधुर भी हैः पीड़ादायी इसलिए है, क्योंकि अब आप दिखायी नहीं देते हैं वहां; लेकिन साथ ही यह मधुर भी है कि आप हर कहीं मुझे अनुभव होते हैं।'

हां, जिस क्षण तुम मुझे इस कुर्सी पर न देख सकोगे, तुम मुझे सब ओर देखने में सक्षम हो जाओगे।

'कहीं मैं इतना न खो जाऊं कि आपको धन्यवाद भी न कह सकूं। तो कृपया, क्या मैं अभी आपको धन्यवाद कह सकता हूं...जबकि आप अभी मेरे लिए मौजूद हैं?'

धन्यवाद की कोई आवश्यकता भी नहीं है। अजित का पूरा अस्तित्व ही मेरे प्रति धन्यवाद से भरा हुआ है। इसे कहने की कोई जरूरत नहीं है...तुम्हारे कहने से पहले ही मैं इसे सुन चुका हूं।

[redacted]

प्रवचन 17

परमात्मा की भेंट ही अंतिम भेंट

योग-सूत्र

सत्त्वपुरुषयोरत्यन्तासंकीर्णयोः प्रत्यायविशेषो भोगः परार्थत्वात् स्वार्थसंयमात्पुरुषज्ञानम्।।३६।।

पुरुष, सद चेतना और सत्व, सदबुद्धि के बीच अंतर कर पाने की अयोग्यता के परिणामस्वरूप अनुभव के भोग का उदभव होता है, यद्यपि ये तत्व नितांत भिन्न हैं। स्वार्थ पर संयम संपन्न करने से अन्य ज्ञान से भिन्न पुरुष ज्ञान उपलब्ध होता है।

ततः प्रातिभश्रावणवेदनादर्शास्वादवार्ता जायन्ते।।३७।।

इसके पश्चात अंतर्बोधयुक्त श्रवण, स्पर्श, दृष्टि, आस्वाद और आघ्राण की उपलब्धि चली आती है।

ते समाधावुपसर्गाव्युत्थाने सिद्धयः।।३८।।

ये वे शक्तियां हैं जो मन के बाहर होने से प्राप्त होती हैं, लेकिन ये समाधि के मार्ग पर बाधाएं हैं।

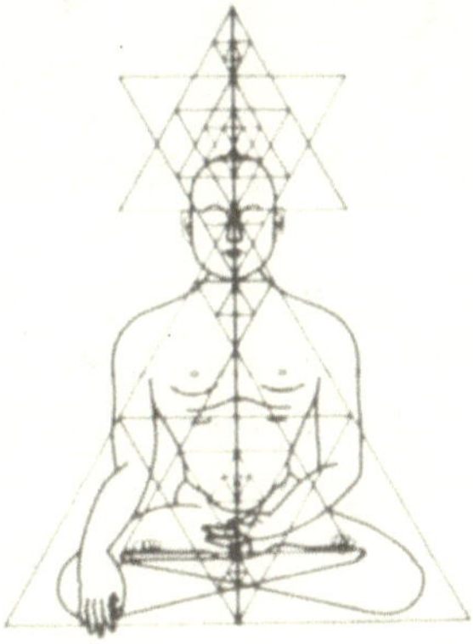

पतंजलि के सर्वाधिक महत्वपूर्ण सूत्रों में से यह सूत्र है—यह सूत्र कुंजी है। पतंजलि के योग-सूत्र का यह अंतिम भाग 'कैवल्यपाद' कहलाता है। कैवल्य का अर्थ होता है—सामम बोनम—परम मुक्ति, चेतना की परम स्वतंत्रता; जो असीम है, जिसमें कोई अशुद्धता नहीं है। यह कैवल्य शब्द अति सुंदर है, इसका अर्थ है: निर्दोष एकांतता; इसका अर्थ है: शुद्ध अकेलापन।

इस अलोननेस शब्द को ठीक से समझ लेना। इसका अर्थ अकेलापन नहीं है। अकेलापन निषेधात्मक होता है: अकेलापन तब होता है जब हम दूसरे के लिए उत्कंठित होते हैं, दूसरे के बिना हमें खाली-खाली अनुभव होता है। अकेलेपन में दूसरे का अभाव महसूस होता है; लेकिन एकांत स्वयं का आत्मबोध है।

अकेलापन असुंदर है; एकांत अदभुत रूप से सुंदर है। एकांत उसे कहते हैं, जब व्यक्ति स्वयं के साथ इतना संतुष्ट होता है कि उसे दूसरे की आवश्यकता ही महसूस नहीं होती, कि दूसरा व्यक्ति चेतना से पूरी तरह चला जाता है—दूसरे व्यक्ति की भीतर कोई छाया नहीं बनती, दूसरा व्यक्ति कोई स्वप्न निर्मित नहीं करता, दूसरा व्यक्ति बाहर की ओर नहीं खींच सकता।

अगर दूसरा व्यक्ति मौजूद हो तो वह निरंतर केंद्र से खींचता है। सार्त्र का प्रसिद्ध वचन है, पतंजलि ने इसे ठीक से पहचान लिया कि 'दूसरा नर्क है।' दूसरा नर्क न भी हो, लेकिन दूसरे की आकांक्षा ही नर्क का निर्माण कर देती है। दूसरे की आकांक्षा ही नर्क है।

और दूसरे की आकांक्षा का न होना ही अपनी मौलिक शुद्धता को पा लेना है। तब तुम होते हो, और समग्र रूप में होते हो—और तुम्हारे अतिरिक्त और कोई भी नहीं होता, किसी का कोई अस्तित्व नहीं होता है। इसे पतंजलि कैवल्य कहते हैं।

और कैवल्य की ओर जाने वाला पहला चरण, सर्वाधिक आवश्यक चरण है विवेक; दूसरा महत्वपूर्ण चरण है वैराग्य; और तीसरा है कैवल्य का बोध।

लेकिन हमको दूसरे की इतनी अधिक आकांक्षा क्यों होती है? ऐसी आकांक्षा ही क्यों होती है—दूसरे व्यक्ति का इतना सतत पागलपन क्यों होता है? गलत कदम कहां उठ गया है? हम स्वयं के साथ संतुष्ट क्यों नहीं होते? हम क्यों सोचते हैं कि किसी भांति हम में कुछ न कुछ अभाव है? यह गलत धारणा हमारे अंदर कैसे घर कर गयी है कि हम अधूरे हैं? हमारा शरीर से अत्यधिक तादात्म्य होने के कारण ही ऐसा है। हम शरीर नहीं हैं। अगर एक बार पहला कदम गलत उठ जाए,

तो फिर दूसरा कदम भी गलत उठेगा, और फिर इसी तरह आगे भी गलत कदम उठते चले जाते हैं, फिर इसका कहीं कोई अंत नहीं है।

विवेक से पतंजलि का अर्थ है : स्वयं को शरीर से पृथक जानना, अलग जानना। इस बात का बोध कि मैं शरीर में हूं, लेकिन मैं शरीर नहीं हूं। इस बात का बोध कि मन मेरे में है, लेकिन मैं मन नहीं हूं। इस बात का बोध कि मैं तो हमेशा शुद्ध साक्षी हूं, द्रष्टा हूं, देखने वाला हूं। मैं दृश्य नहीं हूं, मैं कोई विषय-वस्तु नहीं हूं। मैं शुद्ध आत्मा हूं।

सॉरेन किर्केगाद, जो पश्चिम के सर्वाधिक प्रभावशाली अस्तित्ववादी विचारकों में से एक है, ने कहा है : 'गॉड इज़ सब्जेक्टिविटी।'

उसका यह वक्तव्य पतंजलि के बहुत निकट है। जब वह कहता है, गॉड इज़ सब्जेक्टिविटी तो इसका क्या अर्थ है? जब सभी विषय अलग से जान लिए जाते हैं, तो वे विलीन होने लगते हैं। वे विषय हमारे सहयोग के कारण ही अस्तित्व रखते हैं। अगर हम सोचें कि हम शरीर हैं, तो शरीर का अस्तित्व बना रहता है। शरीर को बने रहने के लिए तुम्हारी मदद चाहिए, तुम्हारी ऊर्जा चाहिए। अगर तुम सोचो कि तुम मन हो, तो मन क्रियाशील हो उठता है। मन को क्रियाशील रहने के लिए हमारी मदद, हमारा सहयोग और हमारी ऊर्जा की आवश्यकता होती है।

मनुष्य के भीतर का रचना-तंत्र ऐसा है, कि बस थोड़ा सा ध्यान भर देने से ही उसका स्वभाव जीवंत हो उठता है, क्रियाशील हो उठता है। हमारी उपस्थिति मात्र से ही, हमारे ध्यान देने मात्र से ही शरीर की इंद्रियां क्रियाशील हो जाती हैं।

योग में वे कहते हैं कि यह तो ऐसे ही है जैसे मालिक घर से बाहर चला गया हो, और फिर वापस घर लौट आया हो। और जब मालिक घर आकर देखे, तो घर के नौकर-चाकर बातचीत में लगे हुए हैं, और कोई सीढ़ियों पर बैठा धूम्रपान कर रहा है, और मकान की किसी को चिंता ही नहीं। लेकिन जैसे ही मालिक का घर में प्रवेश होता है, तो उनकी बातचीत रुक जाती है, फिर वे सिगरेट इत्यादि नहीं पीते, अपनी सिगरेट छिपाकर वे फिर से अपने काम-काज में लग जाते हैं। और अब वे यह दिखाने की कोशिश करते हैं कि वे अपने काम में बहुत व्यस्त हैं, ताकि मालिक यह न सोच सके कि अभी थोड़ी देर पहले वे बातचीत में लगे थे, सीढ़ियों पर बैठकर सिगरेट पी रहे थे, सुस्ता रहे थे, आराम कर रहे थे। बस, मालिक की उपस्थिति और सभी कुछ व्यवस्थित हो जाता है, या जैसे कि कोई शिक्षक कक्षा से बाहर चला जाए और कक्षा में बच्चों का शोरगुल शुरू हो जाता है, बच्चे उठकर इधर-उधर घूमने लगते हैं, और जैसे ही शिक्षक वापस आता है सारे बच्चे अपनी-अपनी जगह बैठ जाते हैं, और लिखना-पढ़ना शुरू कर देते हैं, अपना कार्य करने लगते हैं और कक्षा में एकदम शांति छा जाती है—शिक्षक की उपस्थिति मात्र से ही।

अब वैज्ञानिकों के पास इसके समानांतर कुछ है। इसे वे केटेलेटिक एजेंट, उत्प्रेरक तत्व की उपस्थिति कहते हैं। कुछ वैज्ञानिक घटनाएं ऐसी होती हैं जिनमें एक विशेष तत्व की उपस्थिति मात्र की आवश्यकता होती है। वह कोई कार्य नहीं करता, उसका कोई कार्य नहीं होता, लेकिन उसकी उपस्थिति मात्र से घटना को घटने में मदद मिलती है—अगर वह उपस्थित न हो, तो वह घटना नहीं घटेगी। अगर वह उपस्थित हो—वह स्वयं में प्रतिष्ठित रहता है, वह बाहर नहीं जाता—उसकी

उपस्थिति ही उत्प्रेरणा का कारण बन जाती है। उसकी उपस्थिति ही कहीं पर, किसी में क्रियाशीलता का सृजन कर देती है।

पतंजलि कहते हैं कि व्यक्ति का अंतर्तम अस्तित्व सक्रिय नहीं है, वह निष्क्रिय है। योग में अंतर्तम अस्तित्व को पुरुष कहते हैं। व्यक्ति के भीतर वह केटेलेटिक एजेंट शुद्ध चैतन्य के रूप में है। बस, कुछ न करते हुए वह शुद्ध चैतन्य उपस्थित है—वह सभी कुछ देख रहा है, लेकिन कर कुछ भी नहीं रहा है; हर चीज पर ध्यान दे रहा है, फिर भी किसी से संबंध नहीं बना रहा है। पुरुष की उपस्थिति मात्र से—प्रकृति, मन, शरीर सभी कुछ—क्रियाशील हो उठते हैं।

लेकिन हम शरीर के साथ, मन के साथ तादात्म्य बना लेते हैं: और साक्षी न रहकर कर्ता बन जाते हैं। यही तो मनुष्य का सारा रोग है। विवेक औषधि है—कि घर कैसे लौटा जाए, कि कर्ता होने का झूठा विचार कैसे गिराया जाए, और साक्षी होने की शुद्धता को कैसे उपलब्ध हुआ जाए। इसी की विधि विवेक कहलाती है।

एक बार अगर हम यह जान लें कि हम कर्ता नहीं हैं हम साक्षी हैं तो उसके साथ ही दूसरा चरण घटित हो जाता है—त्याग, संन्यास, वैराग्य का दूसरा चरण घटित हो जाता है: जो कुछ भी हम पहले कर रहे थे, वह अब नहीं कर सकते। पहले बहुत सी चीजों के साथ हमारा अत्यधिक तादात्म्य था, क्योंकि पहले हम सोचते थे कि हम शरीर हैं, मन हैं। अब हम जान लेते हैं कि हम न तो शरीर हैं और न ही मन हैं। पहले हम न जाने कितने ही व्यर्थ की बातों के पीछे भाग रहे थे और उनके लिए पागल हुए जा रहे थे—वे सब सहज ही गिर जाते हैं।

इनका गिर जाना ही वैराग्य है, संन्यास है, त्याग है। जब हमारी समझ से, हमारे विवेक से, रूपांतरण घटित होता है: वही वैराग्य है। और जब वैराग्य भी पूर्ण हो जाता है तो व्यक्ति कैवल्य को उपलब्ध हो जाता है—तब पहली बार हम जानते हैं कि हम कौन हैं।

लेकिन पहला चरण, हमारा हर बात से तादात्म्य, हमको भटका देता है। फिर जब पहला कदम उठ जाता है, और जब पृथकता की उपेक्षा हो जाती है और हम तादात्म्य की पकड़ में आ जाते हैं, तो फिर इसी ढंग से हमारा पूरा जीवन चलता चला जाता है, क्योंकि एक कदम से ही आगे का दूसरा कदम उठता है, फिर उसी से और-और कदम आते हैं, और तब हम इस दलदल में फंसते चले जाते हैं।

मैं तुम से एक कथा कहना चाहूंगा:

दो युवा मित्र समाज में अपनी प्रतिष्ठा स्थापित करने की कोशिश कर रहे थे। उनमें से युवा कोहेन को एक बहुत ही धनी आदमी के उत्तराधिकारी बनने की आशा थी। इसलिए वह अपने साथ लेवी को लड़की के माता-पिता से मिलाने के लिए ले गया। लड़की के माता-पिता युवा कोहेन की ओर देखकर मुस्कुराए और बोले, 'हम जानते हैं तुम कपड़ों का व्यापार करते हो।'

कोहेन ने घबराहट में सिर हिलाते हुए कहा, 'हां, छोटे पैमाने पर।'

लेवी ने उसकी पीठ थपथपाई और बोला, 'यह बहुत विनम्र है, बहुत ही विनम्र है। इसके पास सत्ताईस दुकानें हैं और अभी कई दुकानों के सौदे की बातचीत चल रही है।'

माता-पिता ने पूछा, 'हमें मालूम है कि तुम्हारे पास घर है।'

कोहेन मुस्कुरा दिया, 'हां, साधारण से कुछ कमरे हैं।'

युवा लेवी हंसने लगा, 'ओह, फिर वही सज्जनता, फिर वही विनम्रता! इसके पास पार्कलेन में पेंथहाऊस है।'

माता-पिता ने बातचीत जारी रखते हुए कहा, 'और तुम्हारे पास कार तो होगी ही?'

कोहेन बोला, 'हां, एक अच्छी खासी कार है।'

'अच्छी-खासी की तो बात ही छोड़ो,' लेवी बीच में ही बोला, 'इसके पास तीन रोल्स रायस हैं, और वे सिर्फ शहर में इस्तेमाल करने के लिए हैं।'

इसी बीच कोहेन को छींकें आने लगीं।

माता-पिता ने चिंतित होकर पूछा, 'क्या तुम्हें सर्दी-जुकाम है?'

कोहेन ने उत्तर दिया, 'हां, थोड़ा-बहुत।'

लेवी जोर से बोला, 'थोड़ा-बहुत नहीं, तपेदिक है तपेदिक!'

एक कदम दूसरे तक ले जाता है। और एक बार कोई गलत कदम उठ जाए, तो पूरा जीवन गलत की एक श्रृंखला बनता चला जाता है। और फिर वह अनेकानेक रूपों में प्रतिबिंबित होने लगता है। और अगर हम पहला चरण, प्रारंभिक बात ठीक नहीं कर लेते हैं, तो हम दुनिया भर की बातें ठीक करते रहें, हम ठीक न कर पाएंगे।

गुर्जिएफ अपने शिष्यों से कहा करता था, 'सबसे पहली बात जो समझ लेने की है वह यह है कि तुम्हारा अपने विचारों के साथ, अपने कृत्यों के साथ तादात्म्य नहीं है। और एक बात निरंतर स्मरण रखनी है कि तुम केवल साक्षी हो, चैतन्य हो—न तो कृत्य हो और न ही विचार हो।'

अगर यह स्मरण हमारे भीतर सघनीभूत हो जाए, तो विवेक की उपलब्धि हो जाती है। फिर उसके पीछे-पीछे ही वैराग्य आ जाता है। अगर विवेक की उपलब्धि नहीं होती है, तो फिर संसार ही बना रहता है। अगर हमारा शरीर और मन के साथ तादात्म्य बना रहता है, तो हम बाह्य संसार में ही रहते हैं और हमें ईडन के बगीचे से बाहर निकाल दिया जाता है। अगर इस भेद को देख सको और बात का निरंतर स्मरण रहे कि हम शरीर में हैं और शरीर एक निवास स्थान है, कि हम मालिक हैं और मन तो मात्र एक बाओ कंप्यूटर है, कि हम मालिक हैं और मन तो एक सेवक ही है; तब भीतर की ओर मुड़ना संभव हो सकता है। तब बाहरी संसार की यात्रा समाप्त हो जाती है, क्योंकि संसार यात्रा की प्रथम सीढ़ी नहीं है। जब हमारा संसार के साथ तादात्म्य टूटने लगता है, तो फिर हम अपने भीतर उतरने लगते हैं। और यही है वैराग्य।

और जब भीतर और भीतर उतरते ही चले जाते हैं तो एक ऐसा अंतिम बिंदु आता है जिसके पार जाना संभव नहीं होता; यही है समम्म बोनम, यही कैवल्य है: तब हम एकांत को उपलब्ध हो जाते हैं। अब किसी चीज की जरूरत नहीं रह जाती है। स्वयं को किसी न किसी चीज से भरने के अथक और अनवरत प्रयास की कोई आवश्यकता नहीं रह जाती है। अब हमारी अपनी स्वयं की शून्यता के साथ तालमेल बैठ जाता है। और शून्यता के इस तालमेल के ही साथ शून्यता पूर्ण हो जाती है, हम असीम हो जाते हैं। और इसके साथ ही एक गहन परितृप्ति आ जाती है और स्वयं के अस्तित्व की सार्थकता फलित हो जाती है।

आरंभ में इस पुरुष का अस्तित्व होता है, अंत में इस पुरुष का अस्तित्व होता है और इन दोनों के मध्य में ही संसार का विराट स्वप्न होता है।

पहला सूत्रः

'पुरुष, सदचेतना और सत्व, सदबुद्धि के बीच अंतर कर पाने की अयोग्यता के परिणाम स्वरूप अनुभव के भोग का उदभव होता है, यद्यपि ये तत्व नितांत भिन्न हैं।'

'स्वार्थ पर संयम संपन्न करने से अन्य-ज्ञान से भिन्न पुरुष ज्ञान उपलब्ध होता है।'

प्रत्येक शब्द को ठीक से समझ लेना, क्योंकि प्रत्येक शब्द अदभुत रूप से महत्वपूर्ण है।

'...अंतर कर पाने की अयोग्यता के परिणाम स्वरूप अनुभव के भोग का उदभव होता है।'

सभी अनुभव, फिर वह चाहे कोई सा भी अनुभव हो, भ्रांति मात्र होते हैं। तुम कहते हो, मैं दुखी हूं या तुम कहते हो, मैं सुखी हूं या तुम कहते हो, मुझे भूख लग रही है या तुम कहते हो, बहुत अच्छा लग रहा है और मैं स्वस्थ अनुभव कर रहा हूं—सभी अनुभव भ्रांति हैं, भ्रम हैं।

जब तुम कहते हो, मुझे भूख लगी है, तो वास्तव में तुम्हारा इससे क्या मतलब होता है? तुम्हें कहना चाहिए, मुझे इसका बोध हो रहा है कि शरीर को भूख लगी है। तुम्हें यह नहीं कहना चाहिए, मुझे भूख लगी है। तुम्हें भूख नहीं लगती। भूख शरीर को लगती है, तुम तो बस भूख को जानने वाले होते हो। अनुभव तुम्हारा नहीं होता; केवल बोध और जागरूकता तुम्हारी होती है। अनुभव शरीर का होता है; जागरूकता तुम्हारी होती है। जब तुम दुखी अनुभव करते हो, तो दुख का अनुभव शरीर का या मन का हो सकता है—जो कि दो नहीं हैं।

शरीर और मन एक ही रचना-तंत्र के अंग हैं। शरीर उसी तत्व की स्थूल प्रक्रिया है, और मन सूक्ष्म प्रक्रिया है; लेकिन दोनों एक ही हैं। यह कहना ठीक नहीं है कि शरीर और मन; हमें कहना चाहिए शरीर-मन। शरीर और कुछ नहीं, मन का ही स्थूल रूप है। और अगर तुम अपने शरीर का निरीक्षण करो तो तुम पाओगे कि शरीर भी मन के अनुसार ही कार्य करता है। अगर तुम गहरी नींद में हो, और एक मक्खी तुम्हारे चेहरे पर आकर बैठ जाए, तो तुम बिना जागे ही हाथ से मक्खी को उड़ा देते हो। शरीर अपने से मन के अनुसार कार्य को कर देता है। या पांव पर कोई कीड़ा रेंग रहा हो, तो—शरीर अपने आप उसे हटा देता है—गहन निद्रा में भी। सुबह जब तुम सोकर उठोगे तो तुम्हें कुछ भी स्मरण न रहेगा। शरीर मन के अनुसार ही कार्य करता है—हालांकि करता बहुत ही स्थूल रूप से है, लेकिन शरीर मन के रूप में ही कार्य करता है।

तो शरीर-मन को सभी तरह के अनुभव होते हैं—अच्छे-बुरे, सुख के, दुख के—उससे कुछ अंतर नहीं पड़ता। तुम अनुभव करने वाले कभी नहीं होते हो, तुम हमेशा अनुभव के प्रति जागरूक होते हो। इसलिए पतंजलि का यह वक्तव्य बहुत ही निर्भीक वक्तव्य है।

'...अंतर कर पाने की अयोग्यता के परिणाम स्वरूप अनुभव के भोग का उदभव होता है।'

सभी अनुभव भ्रम हैं, भ्रांति हैं। और भ्रांति इसलिए उत्पन्न होती है, क्योंकि हम भेद नहीं कर पाते हैं, हम नहीं जानते हैं कि कौन क्या है।

बहुत बार ऐसा होता है। अमेजान में आदिवासियों की एक छोटी सी आदिम जनजाति है। उस जनजाति में जब कोई स्त्री बच्चे को जन्म दे रही होती है, तो उस स्त्री का पति भी दूसरी चारपाई पर

लेट जाता है। पत्नी जब प्रसव पीड़ा के कारण चीखना-चिल्लाना शुरू करती है तो पति भी उसके साथ चीखने-चिल्लाने लगता है।

जब पहली बार उन आदिम जनजाति की यह बात पता चली तो लोगों को विश्वास ही नहीं हुआ। पति क्यों चीख-चिल्ला रहा है और किसलिए चिल्ला रहा है? पत्नी तो प्रसव की पीड़ा से गुजर ही रही है, लेकिन पति को क्या हो रहा है? क्या वह केवल अभिनय कर रहा है? और फिर इस बात को लेकर बहुत सी खोजें की गईं और उन खोजों में यह पता चला कि पति अभिनय नहीं करता। जब पत्नी की पीड़ा के साथ पति का तादात्म्य स्थापित हो जाता है, तो सच में ही उसे भी पीड़ा होने लगती है। हजारों वर्षों से आदिवासियों की उस जनजाति का मन इसी तरह से तैयार हो चुका है कि चूंकि पत्नी और पति दोनों ही बच्चे के माता-पिता हैं, तो दोनों को ही पीड़ा उठानी चाहिए।

उनकी बात एकदम ठीक मालूम होती है। नारी मुक्ति आंदोलन को इस आदिम जनजाति से सहमत होना चाहिए। केवल स्त्रियां ही प्रसव पीड़ा को क्यों उठाएं? और पति हैं कि इसी तरह जीए चले जाते हैं, वे पीड़ा क्यों नहीं उठाते? वे नौ महीने तक बच्चे को गर्भ में नहीं पालते, और फिर जब बच्चा पैदा होता है तो पूरी जिम्मेवारी मां की ही होती है। ऐसा क्यों?

लेकिन आदिवासियों की वह जनजाति इसी तरह से रह रही है। मनस्विद और चिकित्सकों ने वहां के पुरुषों का परीक्षण किया है और उन्होंने पाया कि सच में पुरुष को पीड़ा होती है—सच में। हमें यह बात अविश्वसनीय लगती है, क्योंकि हम उस ढंग से तादात्म्य स्थापित नहीं कर पाते। पति अपनी पत्नी के साथ इतना अधिक तादात्म्य बना लेता है—इस तादात्म्य भाव से ही वह पीड़ा उठा रही है—पति को पीड़ा शुरू हो जाती है।

तुमने शायद कभी इस पर ध्यान भी दिया होगा। अगर तुम किसी के अत्यधिक प्रेम में हो और वह व्यक्ति किसी पीड़ा में या दुख में है तो तुम भी पीड़ित और दुखी होने लगते हो। यही है समानुभूति। अगर तुम्हारा प्रेमी पीड़ा में है, तो तुम्हें पीड़ा होने लगती है। अगर तुम्हारा प्रेमी सुखी है, आनंदित है, तो तुम भी सुखी और आनंदित हो जाते हो। तुम्हारा अपने प्रेमी के साथ तालमेल हो जाता है, उसके साथ संगति बैठ जाती है—उसके साथ तुम्हारा तादात्म्य स्थापित हो जाता है।

उस जनजाति की यह बात हमें बहुत ही बेतुकी मालूम होती है, और वह समाज इसी भांति जी रहा है। और पति सच में पत्नी जितना ही पीड़ा को उठाता है, दोनों की पीड़ा में कोई अंतर नहीं होता। फ्रांस के एक मनस्विद ने अब स्त्रियों की पीड़ा पर भी, बहुत गहन रूप से कार्य करके इस बात पर प्रकाश डाला है कि स्त्रियां अगर प्रसव-पीड़ा से गुजर रही हैं तो केवल इसलिए, क्योंकि वे पीड़ा में विश्वास करती हैं। ऐसी जनजातियां भी हैं जहां पत्नी को जरा भी प्रसव-पीड़ा नहीं होती।

भारत में ऐसी जनजातियां हैं, आदिवासियों के समाज हैं—जहां पत्नी खेत में काम कर रही है, लकड़ियां काट रही है, लकड़ियां उठा रही है और अचानक इसी बीच बच्चे का जन्म हो जाता है। वह स्त्री बच्चे को अपनी टोकरी में रखकर घर आ जाती है। स्त्री खेत में काम कर रही है और बच्चे का जन्म हो जाता है, बच्चे को वृक्ष के नीचे लिटाकर वह अपना काम जारी रखती है, जब काम पूरा हो जाता है तो सांझ घर जाते समय वह बच्चे को घर ले जाती है। कहीं कोई दर्द नहीं, कोई पीड़ा नहीं। क्या होता है? यह भी एक विश्वास है, यह भी एक संस्कार है।

और अब पश्चिम में लाखों स्त्रियां बिना किसी पीड़ा के बच्चों को जन्म देने के लिए तैयार हो रही हैं। बिना किसी पीड़ा के बच्चे को जन्म देना; बस विश्वास के ढांचे को बदलना है। स्त्रियों का यह सम्मोहन तोड़ देना है कि यह तो एक धारणा मात्र है—बच्चे को जन्म देने में सच में कोई पीड़ा नहीं होती है; यह केवल एक विचार मात्र ही है। और जब कोई विचार पास में होता है तो तुम वैसे ही बनते चले जाते हो। एक बार तुम्हारे पास कोई विचार होता है, तो फिर वैसे ही घटित होने लगता है—लेकिन वह तुम्हारा अपना प्रक्षेपण है।

पतंजलि कहते हैं कि सभी अनुभव भ्रांति हैं, भ्रम हैं—दृष्टि का भ्रम हैं। जब दृष्य के साथ हमारा इतना तादात्म्य स्थापित हो जाता है कि द्रष्टा यह अनुभव करने लगता है जैसे कि वह स्वयं दृष्य है। हमें भूख अनुभव होती है, लेकिन हम भूख नहीं होते—शरीर भूखा होता है। हमें पीड़ा अनुभव होती है, लेकिन हम पीड़ा नहीं हैं—शरीर में पीड़ा होती है; हम तो केवल पीड़ा के प्रति सचेत होते हैं।

अगली बार जब कभी शरीर में कुछ हो, और शरीर में कुछ न कुछ होता ही रहता है—तो उसे देखना। बस, इस बात का स्मरण रखने का प्रयास करना कि 'मैं साक्षी हूं' और फिर देखना चीजें कितनी बदल जाती हैं। एक बार यह अनुभव हो जाए कि मैं साक्षी हूं, तो बहुत सी चीजें अपने से ही गिर जाती हैं, अपने से मिटने लगती हैं।

और फिर एक दिन ऐसा भी आता है जब सभी अनुभव गिर जाते हैं और तुम संबोधि को उपलब्ध हो जाते हो। तब तुम उस अनुभव के भी पार होते हो : तुम शरीर नहीं रहते, तुम मन नहीं रहते; तुम दोनों का अतिक्रमण कर जाते हो। अचानक तुम बादल की भांति तैरने लगते हो, सब से ऊपर, सब के पार। यह अनुभवातीत अवस्था ही कैवल्य की अवस्था होती है।

अब इससे संबंधित एक बात और। कुछ लोग ऐसे भी हैं जो सोचते हैं कि आध्यात्मिकता भी एक तरह का अनुभव है। ऐसे लोग इस बारे में कुछ जानते ही नहीं हैं। कुछ ऐसे लोग हैं जो मेरे पास आते हैं और कहते हैं, 'हम आध्यात्मिक अनुभव पाना चाहते हैं।'

वे नहीं जानते कि वे क्या कह रहे हैं। जब वे ऐसा कहते हैं, तो वे उसी अनुभव की बात कर रहे होते हैं जो इस जगत के अनुभव होते हैं। उनमें आध्यात्मिक जैसी कोई बात नहीं होती है—वह हो ही नहीं सकती है। किसी अनुभव को 'आध्यात्मिक' कहना ही उसे असत्य ठहरा देना है। अध्यात्म तो केवल विशुद्ध जागरूकता का, पुरुष का बोध है।

ऐसा कैसे संभव होता है? हम तादात्म्य कैसे स्थापित कर लेते हैं? योग की भाषा में सत्य के, परम सत्य के तीन सहज गुणधर्म हैं : सत्-चित्-आनंद—सच्चिदानंद। सत् का अर्थ है : अस्तित्व—शाश्वत की गुणवत्ता, अपरिवर्तनीय होने की गुणवत्ता। चित् : चित् का अर्थ है चैतन्य, जागरूकता—चित्त है ऊर्जा, गतिशीलता, प्रक्रिया। और आनंद : आनंद है परम सुख।

यह तीनों परम सत्य के तीन गुण धर्म कहलाते हैं। यह योग की ट्रिनिटी है; निस्संदेह यह ईसाइयत की ट्रिनिटी से अधिक वैज्ञानिक है, क्योंकि यह परमात्मा, होली घोस्ट और पुत्र के विषय में कोई बात नहीं करती। योग अनुभवों की बात करता है। जब कोई व्यक्ति स्वयं के परम शिखर को उपलब्ध हो जाता है, तो उसे तीन बातों का बोध हो जाता है : एक तो यह कि वह है और वह सदा

रहेगा, यह है सत; दूसरा बोध कि वह चैतन्य है—वह किसी मृत पदार्थ की भांति नहीं है—वह है और वह जानता है कि वह है, यह है चित्, और जो इसे जानता है—वह है आनंद।

अब मैं इनकी व्याख्या करता हूं। इसे आनंदपूर्ण कहना भी ठीक नहीं, क्योंकि तब यह एक अनुभव हो जाता है। इसलिए इसे ऐसा कहना अधिक उचित होगा कि 'व्यक्ति स्वयं ही आनंद है'—'न कि आनंदपूर्ण है।' व्यक्ति ही सत है, व्यक्ति चित् है, व्यक्ति ही आनंद है; व्यक्ति का ही अस्तित्व है, व्यक्ति ही चैतन्य है, व्यक्ति ही आनंद है।

सत्य का आत्यांतिक अनुभव यही है। पतंजलि कहते हैं कि जब यह तीनों उपस्थित होते हैं, तो प्रकृति में तीन गुणवत्ताएं उत्पन्न कर देते हैं। वे केटेलेटिक एजेंट की तरह कार्य करते हैं; वे करते कुछ नहीं हैं। उनकी उपस्थिति मात्र ही प्रकृति में अदभुत क्रियाशीलता निर्मित कर देती है। यह क्रियाशीलता, सत्व, रजस, तमस, इन तीन गुणों से जुड़ी होती है।

सत्व का संबंध आनंद से है, आनंद की गुणवत्ता से। सत्व का अर्थ है, विशुद्ध प्रज्ञा। जितने अधिक व्यक्ति सत्य के निकट आता है, उतना ही अधिक वह आनंदित अनुभव करता है। सत्य आनंद का प्रतिबिंब है। अगर तुम अपने भीतर त्रिकोण की कल्पना कर सको, तो आधार में तो होता है आनंद, और अन्य दो रेखाएं होती हैं सत् की और चित् की। यह पदार्थ के जगत में, प्रकृति में प्रतिबिंबित होता है। निस्संदेह, प्रतिबिंबित होकर वह उलटा हो जाता है; सत्व और राजस—तमस वही त्रिकोण।

तो परम सत्य कुछ न करना है—पतंजलि का सारा का सारा जोर इसी पर है। क्योंकि जब परम सत्य कुछ करता है, तो वह कर्ता हो जाता है और वह संसार में सरक जाता है। पतंजलि के योग में परमात्मा स्रष्टा नहीं है, वह तो केवल केटेलेटिक एजेंट मात्र है। यह बात बहुत ही वैज्ञानिक है, क्योंकि अगर परमात्मा स्रष्टा है तो फिर इस बात का कारण खोजना होगा कि परमात्मा सृजन क्यों करता है? फिर उसमें सृजन की आकांक्षा खोजनी होगी, कि आखिर यह सृजन करता क्यों है? तब तो परमात्मा मनुष्य की तरह ही साधारण हो जाएगा।

नहीं, पतंजलि के योग में परमात्मा परम है, बस उसकी शुद्ध उपस्थिति मात्र है। वह कुछ करता नहीं है, लेकिन उसकी उपस्थिति मात्र से ही घटनाएं घटने लगती हैं। प्रकृति आनंद से नृत्य करने लगती है।

एक पुरानी कहानी है:

एक बार एक राजा ने एक महल बनाया; उस महल का नाम शीशमहल था। उसके फर्श पर, दीवारों पर, छत पर—चारों ओर छोटे-छोटे शीशे ही शीशे जड़े हुए थे। पूरा महल ही शीशे से बना हुआ था, वह शीशमहल था। एक बार ऐसा हुआ कि गलती से रात को राजा का कुत्ता महल के भीतर ही छूट गया और महल के बाहर ताला लगा दिया गया। कुत्ते ने जब अपने चारों ओर देखा तो वह घबरा गया, क्योंकि चारों ओर उसे कुत्ते ही कुत्ते दिखाई दे रहे थे। वही कुत्ता चारों ओर, ऊपर-नीचे प्रतिबिंबित हो रहा था—उसे वहां कुत्ते ही कुत्ते दिखाई दे रहे थे। वह कोई साधारण कुत्ता तो था नहीं, वह राजा का कुत्ता था—बहादुर कुत्ता था—लेकिन फिर भी वह अकेला था। वह एक कमरे से दूसरे कमरे में दौड़ता रहा, लेकिन उसे कहीं कोई निकलने का रास्ता ही नहीं मिल रहा था,

और निकलने का कोई उपाय भी नहीं था। सभी ओर से महल बंद था। तो वह और अधिक घबराने लगा। उसने बाहर निकलने का प्रयत्न भी किया, लेकिन बाहर निकलने का कोई उपाय ही न था, क्योंकि दरवाजा बाहर से बंद था।

तो उसने अपने आसपास के दूसरे कुत्तों को डराने के लिए भौंकना शुरू कर दिया। लेकिन जैसे ही उसने भौंकना शुरू किया तो दूसरे कुत्ते भी भौंकने लगे—क्योंकि वे तो उसी का प्रतिबिंब थे। फिर तो वह और भी घबरा गया। दूसरे कुत्तों को डराने के लिए वह दीवारों से टकराने लगा। तो दूसरे कुत्ते भी चारों ओर से उस पर हमला करने लगे, उससे टकराने लगे। सुबह जब उस महल का दरवाजा खोला गया, तो वह कुत्ता मरा हुआ पाया गया।

लेकिन जैसे ही वह कुत्ता मरा, सभी कुत्ते मर गए। महल खाली हो गया। महल में कुत्ता तो एक ही था और उसी के अनेक प्रतिबिंब थे।

यही पतंजलि की दृष्टि है: कि सत्य तो केवल एक ही होता है, उसके लाखों प्रतिबिंब होते हैं। प्रतिबिंब के रूप में तुम मुझसे पृथक हो। प्रतिबिंब के रूप में मैं तुमसे पृथक हूं, लेकिन अगर हम सत्य की ओर कदम बढ़ाएं तो सभी पृथकता की दीवारें विलीन हो जाएंगी, और हम एक हो जाएंगे। एक प्रतिबिंब दूसरे प्रतिबिंब से अलग होता है; एक प्रतिबिंब को नष्ट किया जा सकता है और दूसरे प्रतिबिंब को बचाया जा सकता है।

इसी भांति एक व्यक्ति की मृत्यु होती है...संसार में ऐसे बहुत से तार्किक हैं जो पूछते हैं, 'अगर केवल एक ही ब्रह्म है, एक ही परमात्मा है, वह एक ही है जो सब ओर फैला हुआ है, तो फिर जब कोई मरता है, तब दूसरे भी क्यों नहीं मर जाते?' बात एकदम सीधी-साफ है। अगर कमरे में हजारों दर्पण हों, तो तुम कोई एक दर्पण नष्ट कर सकते हो: एक ही प्रतिबिंब मिट जाएगा, दूसरे प्रतिबिंब नहीं मिटेंगे। तुम दूसरा प्रतिबिंब नष्ट कर दो: दूसरा प्रतिबिंब नष्ट हो जाएगा, अन्य नहीं। जब कोई एक व्यक्ति मरता है, तो केवल उसका प्रतिबिंब ही मरता है। लेकिन जो उसमें प्रतिबिंबित हो रहा है वह अमर ही रहता है, उसकी कोई मृत्यु नहीं होती। फिर दूसरा बच्चा पैदा होता है—दूसरे दर्पण का जन्म हो जाता है, फिर एक और प्रतिबिंब।

इसी तरह से यह कहानी चलती चली जाती है। इसीलिए तो हिंदुओं ने इस जगत को माया कहा है: माया का अर्थ है: इंद्रजाल। वस्तुतः वहां है कुछ भी नहीं, केवल ऐसा भासता है कि सब कुछ है। और यह संपूर्ण जगत एक भ्रांति है, और हमारी जो भूल है वह है हमारे तादात्म्य की।

'पुरुष, सदचेतना और सत्व, सदबुद्धि के बीच अंतर कर पाने की अयोग्यता के परिणाम स्वरूप अनुभव के भोग का उदभव होता है...।'

पुरुष प्रकृति में सत्व के रूप में प्रतिबिंबित होता है। हमारी बुद्धि तो सच्ची प्रतिभा का एक प्रतिबिंब मात्र है; वह सच्ची प्रतिभा नहीं है। कोई व्यक्ति होशियार है, तार्किक है, अंधेरे में कुछ टटोल रहा है, विचारक है, चिंतन-मनन करने वाला है, सिद्धांत निर्मित करने वाला है, विचार-प्रणालियां बनाता है—यह तो केवल मात्र बुद्धि के ही प्रतिबिंब हैं। यह कोई सच्ची प्रतिभा नहीं है, क्योंकि सच्ची प्रतिभा को खोजने की कोई जरूरत नहीं होती: प्रतिभावान के लिए तो सब कुछ पहले से ही आविष्कृत, पहले से ही उदघटित होता है।

अब थोड़ा दर्शनशास्त्र और धर्म को देखो। दर्शनशास्त्र बुद्धि में प्रतिबिंबित होता है, सत्व में—वह सोचता है, और सोचता है, और सोचता ही चला जाता है, और सोच-विचार के महल खड़े करता चला जाता है। धर्म सरकता है पुरुष में—वह इस तथाकथित बुद्धि को गिरा देता है, इसीलिए ध्यान का पूरा जोर विचार को गिरा देने का होता है।

मैंने सुना है कि एक बार ऐसा हुआ :

मुल्ला नसरुद्दीन ने बाजार में एक छोटे से पक्षी के आसपास एक बड़ी भीड़ को देखा, जो उस पक्षी के लिए बड़ी-बड़ी कीमतें लगा रहे थे। 'इसमें कोई संदेह नहीं कि पक्षियों और मुर्गियों की कीमतें बहुत ज्यादा बढ़ गयी हैं,' मुल्ला ने मन ही मन में सोचा। वह घर पहुंचा और थोड़ी सी भाग-दौड़ करने के बाद वह एक टर्की को पकड़ लेने में सफल हो गया। बाजार में उस टर्की के दाम केवल दो चांदी के सिक्के लगाए गए।

मुल्ला ने कहा, 'यह तो कोई न्यायपूर्ण बात नहीं हुई। मेरा टर्की इस छोटे से पक्षी से सात गुना अधिक बड़ा है जिसे कि ढेर सारे सोने के सिक्कों में नीलाम किया गया था।'

'लेकिन वह पक्षी तो तोता था—वह बोलता है।'

मुल्ला ने एक नजर उस टर्की की ओर देखा जो कि उसकी बांहों में पड़ा ऊंघ रहा था। वह बोला, 'मेरा पक्षी तो ध्यान करता है।'

टर्की हो जाओ—ध्यान करो। सोचना तो तार्किक ढंग से सपने देखना है; वह तो केवल शब्दों का आडंबर है, हवाई महल है। और कई बार व्यक्ति शब्दों के आडंबर में इतना फंस जाता है, कि वह वास्तविकता को, सच्चाई को बिलकुल ही भूल जाता है। शब्द तो केवल प्रतिबिंब हैं।

हम जो शब्दों के इतने अधिक चक्कर में आ गए हैं उसके बहुत से कारणों में से एक कारण भाषा है। उदाहरण के लिए अंग्रेजी में 'आई' शब्द के प्रयोग को गिरा देना बहुत कठिन है। अंग्रेजी में इसका उपयोग एकदम उपयुक्त है। अंग्रेजी का 'आई' शब्द ऐसा है जो—कि लगभग लैंगिक प्रतीक जैसा है। वह लैंगिक प्रतीक जैसा है। इसीलिए ई. ई. क्यूमिंग्ज जैसे लोगों ने 'आई' को छोटे रूप में लिखना शुरू कर दिया। और ऐसा नहीं है कि जब इसे लिखते हैं यह केवल तभी सीधा होता है, लैंगिक होता है। जब हम 'आई' कहते भी हैं, तब भी वह लैंगिक, सीधा खड़ा और अहंकारी जैसा प्रतीत होता है। थोड़ा ध्यान देना इस बात पर कि हमें दिन में कितनी बार 'आई' का प्रयोग करना पड़ता है। और जितना अधिक हम इसका उपयोग करते हैं, उतना ही यह महत्वपूर्ण होता चला जाता है, उतना ही हमारा अहंकार प्रगाढ़ होता चला जाता है—जैसे कि पूरी की पूरी अंग्रेजी भाषा ही 'आई' के आसपास मंडरा रही हो।

लेकिन जापानी भाषा में यह बात एकदम भिन्न है। तुम घंटों बिना आई का प्रयोग किए बातचीत कर सकते हो। बिना 'आई' का उपयोग किए पूरी की पूरी किताब लिखी जा सकती है; इस भाषा की अपनी एकदम अलग ही व्यवस्था है। जापानी भाषा में 'आई' को बड़ी आसानी से गिराया जा सकता है।

अगर जापान संसार का सब से ज्यादा ध्यानी, मेडीटेटिव देश हो गया और उसने झेन के उच्चतम शिखरों को छुआ, सतोरी तथा समाधि के अनुभवों को उपलब्ध हुआ, तो इसमें कोई

आश्चर्य की बात नहीं है। ऐसा जापान में क्यों हुआ? ऐसा बर्मा, थाईलैंड, विएतनाम में ही क्यों हुआ? वे सब देश जो बुद्ध धर्म से प्रभावित हुए, उनकी भाषा उन देशों की भाषा से भिन्न है जो कि बुद्ध धर्म के प्रभाव में कभी नहीं रहे। क्योंकि बुद्ध ने कहा है कहीं कोई 'मैं' नहीं है—अनत्ता, अनात्म, कहीं कोई 'मैं' नहीं है। तो जिन-जिन देशों में बुद्ध धर्म का प्रभाव रहा, वहां की भाषाओं में इसका प्रभाव भी आ गया।

बुद्ध कहते हैं, 'कुछ भी शाश्वत नहीं है।'

इसलिए जब पहली बार बाइबिल का अनुवाद बौद्ध भाषाओं में किया गया, तो उसका अनुवाद करना बहुत कठिन हो गया। और समस्या का बुनियादी कारण यह था कि इसे कैसे कहा जाए कि 'परमात्मा है।' क्योंकि बौद्ध देशों में 'है' एक गंदा शब्द है। सभी कुछ हो रहा है, है जैसा कुछ नहीं है। अगर कहना हो कि वृक्ष है, तो बर्मा की भाषा में इसे कहा जाएगा, 'वृक्ष हो रहा है।' इसका यह अर्थ नहीं है कि 'वृक्ष है।' अगर बर्मा की भाषा में कहना हो कि 'नदी है,' तो बर्मा की भाषा में ऐसा नहीं कहा जा सकता। इसे ऐसे कहा जाएगा 'नदी हो रही है।'

और यह ठीक भी है, क्योंकि नदी कभी 'है' के रूप में नहीं होती। वह हमेशा प्रक्रिया में होती है—नदी, नदी के रूप में बह रही है। नदी कोई संज्ञा नहीं है, वह क्रिया है। नदी बह रही है, नदी हो रही है। किसी भी तरह से नदी को कभी भी उसे 'है' के रूप में नहीं पा सकते। नदी को पकड़कर नहीं रखा जा सकता; वह निरंतर प्रवाहमान है—एक निरंतर प्रक्रिया है। नदी का चित्र नहीं लिया जा सकता। और अगर चित्र लिया भी तो वह चित्र झूठा होगा, क्योंकि चित्र 'है' का होगा, ठहरा हुआ होगा; और नदी कभी है नहीं होती, नदी कभी ठहरी हुई नहीं होती।

बौद्ध भाषाओं का अपना एक अलग ही ढांचा है; इसलिए वे एक अलग ही तरह का मन का ढांचा बनाती हैं। और मन पर भाषा का बहुत प्रभाव पड़ता है; मन का पूरा का पूरा खेल ही भाषा के ऊपर ही चलता है। तो इसके प्रति जागरूक रहना।

मैं तुम से एक कथा कहना चाहूंगा। एक बहुत ही छोटे से सूफी समुदाय में ऐसा हुआ:

एक बार एक महापंडित, जो कि व्याकरण का ज्ञाता था, सूफी लोगों की सभा के निकट से गुजरा और उसने शेख को कहते हुए सुना, 'इन्डीड, वी आर फ्रॉम हिम एंड टु हिम वी विल रिटर्न।' असल में, हम उसी से आए हैं और उसी के पास लौट जाएंगे।

यह बात सुनकर उस व्याकरणविद ने अपने कपड़े फाड़ दिए और रोने-चिल्लाने लगा। उसके इस कृत्य को देखकर उसके चारों ओर लोग एकत्रित हो गए, और साथ में चकित भी थे कि आखिर उसे हुआ क्या है? क्योंकि उसका धर्म की ओर कोई झुकाव ही नहीं था।

यह देखकर कि उस कुरान की लाइन से वह व्याकरणविद एकदम आनंदित अवस्था को उपलब्ध हो गया है, उस शेख ने फिर से कहा, 'इन्डीड, वी आर फ्रॉम हिम एंड टु हिम वी विल रिटर्न।' असल में, हम उसी से आए हैं, उसी में लौट जाएंगे। और फिर से उस व्याकरणविद ने अपना कपड़ा फाड़ा, अपने पांव पर लपेटा, और कराहना और चिल्लाना शुरू कर दिया।

जब सभा समाप्त हुई और उस व्याकरणविद के शरीर पर थोड़ा भी कपड़ा शेष न रहा, तो शेख उसे एक कोने में ले गया, उसके चेहरे पर पानी डाला और बोला, 'श्रीमान, कृपया मुझे बताएं

कि उस कुरान की लाइन से आपको ऐसा क्या हुआ कि आपने अपने कपड़े फाड़ डाले और रोए-चिल्लाए?'

'आखिर ऐसा क्यों नहीं होता!' उस व्याकरणविद ने जोर से कहा, 'अपने पूरे जीवन अपने भाषण और लेखों में, और सभी वर्तमान और अतीत के विद्वान प्रथम पुरुष बहुवचन के साथ 'शैल' का प्रयोग करते हैं 'विल' का नहीं। और जैसा कि आपने कहा, 'टु हिम वी विल रिटर्न!'

प्रश्न 'विल' और 'शैल' का था—'विल' का प्रयोग ठीक नहीं है!

यह बात हमें बहुत ही बेतुकी और व्यर्थ लगती है, पागलपन की मालूम होती है। लेकिन हमारे चारों ओर यही तो हो रहा है। अगर बुद्ध तुम्हारे पास आकर कहें, 'कहीं कोई परमात्मा नहीं है,' तो तुम तुरंत बेचैन, परेशान और चिंतित हो जाओगे। बुद्ध क्या कह रहे हैं? बुद्ध ने केवल इतना ही कहा है जो तुम्हारे भाषागत ढांचे का विपरीत पड़ता है, बस इतना ही। अगर बुद्ध कहते, 'नहीं, कोई आत्मा नहीं है, कोई मैं नहीं है,' तो तुम बेचैन हो जाते। बुद्ध ने ऐसा क्या कह दिया है? बुद्ध ने केवल तुम्हारे अहंकार की तरकीब को छीन लिया है, और कुछ नहीं किया है। उन्होंने तो बस तुम्हारे भाषागत ढांचे को छिन्न-भिन्न कर दिया है।

यहां पर हर रोज यही हो रहा है। जब मैं कुछ कहता हूं—और तुम्हारे किसी भाषागत ढांचे को तोड़ देता हूं, तो तुम परेशान हो जाते हो, तुम क्रोधित हो जाते हो। अगर तुम ईसाई हो, तो निस्संदेह तुम उसी भाषा-शैली का उपयोग करोगे। अगर तुम हिंदू हो, तो तुम उसी तरह की भाषा-शैली का उपयोग करते हो। मैं इन में से कुछ भी नहीं हूं। और मैं यहां पर तुम्हारे सभी भाषागत ढांचों को मिटा देने के लिए हूं। तब तो तुम बहुत ही क्रोध से भर जाते हो, परेशान हो जाते हो। फिर तुम सोचने लगते हो कि अब हम क्या करें?

लेकिन मैं क्या कर रहा हूं। मैं तुमसे छीन क्या सकता हूं? अगर तुमने परमात्मा को पा लिया है, तो क्या बुद्ध तुमसे परमात्मा को छीन सकते हैं—क्या वे तुमसे परमात्मा ले सकते हैं? तब तो फिर परमात्मा के होने का प्रश्न ही नहीं है। लेकिन वे तुम्हारे किसी भाषागत सिद्धांत को छीन सकते हैं; वे तुमसे तुम्हारी परिकल्पनाएं ले सकते हैं।

'पुरुष, सदचेतना और सत्व, सदबुद्धि के बीच अंतर कर पाने की अयोग्यता के परिणाम स्वरूप अनुभव के भोग का उदभव होता है...।'

भाषा का संबंध सत्व से है; सिद्धांतों का संबंध सत्व से है; दर्शन का संबंध सत्व से है। सत्व का अर्थ होता है बुद्धि, मन। लेकिन तुम मन नहीं हो।

ईसाइयत, हिंदुत्व, जैन, बौद्ध, इनका संबंध मन से है। इसीलिए तो बौद्ध भिक्षु कहते हैं, अगर बुद्ध तुम्हें कहीं रास्ते पर मिल जाएं, तो तुरंत उनकी हत्या कर देना। बौद्ध भिक्षु ऐसा क्यों कहते हैं? वे कहते हैं, अगर बुद्ध तुम्हें मिल जाएं, तो तुरंत उनकी हत्या कर देना। वे कह रहे हैं, मन की हत्या कर देना। तुम बुद्ध के संबंध में सिद्धांत इत्यादि मत ढोना; अन्यथा तुम कभी बुद्ध न हो सकोगे। अगर तुम बुद्ध होना चाहते हो, तो बुद्ध के संबंध में सभी धारणाएं, सभी विचार गिरा दो। बुद्ध की हत्या कर दो! वे कहते हैं, 'अगर तुम बुद्ध का नाम भी लेते हो, तो तुरंत अपना मुंह धो लेना—वह शब्द ही गंदा है।'

बौद्ध भिक्षु यह कैसे कह देते हैं? वे बड़े गजब के लोग हैं...सच में ही अदभुत लोग हैं। और उनके इस कहने में, उनकी इस बात में सच में ही दम है। अगर तुम उनकी इस बात को समझ सकते हो तो और भी बहुत सी बातें समझ में आ सकती हैं।

बोधिधर्म कहता है, 'सभी धर्मशास्त्रों में आग लगा दो—यहां तक कि बुद्ध के धर्मशास्त्रों में भी आग लगा दो।' केवल वेदों में ही नहीं, धम्मपद भी उसमें सम्मिलित है, उसमें भी आग लगा दो—सभी धर्मशास्त्रों में आग लगा दो। लिन-ची की एक बहुत ही प्रसिद्ध पेंटिंग, सारे धर्मशास्त्रों की होली जलाते हुए की है। और सच में उनकी बात में गहराई थी। वे क्या कर रहे थे? वे तो बस तुम से तुम्हारा मन छीन ले रहे थे। तुम्हारा वेद कहां है? वह शास्त्रों में नहीं है; वह तुम्हारे मन में है। तुम्हारा कुरान कहां है? वह तुम्हारे मन में है; वह शास्त्र में नहीं है। वह तुम्हारे मन के टेप में है। उन सभी को गिराकर, उनके बाहर हो जाओ।

बुद्धि, मन प्रकृति का अंश है। वह तो केवल प्रतिबिंब ही है। वह लगता सत्य की भांति है, लेकिन ध्यान रहे, चाहे कितना ही सत्य की भांति लगे, फिर भी वह सत्य नहीं होता है। यह तो ऐसे ही है, जैसे पूर्णिमा की रात को शांत-शीतल झील में चांद का प्रतिबिंब दिखाई पड़ता हो। झील में जब कोई लहर नहीं उठती है, तो प्रतिबिंब एकदम पूरा होता है, लेकिन फिर भी वह होता प्रतिबिंब ही है। और अगर प्रतिबिंब इतना सुंदर है, तो जरा सोचो वास्तविकता में वह कितना सुंदर न होगा। इसलिए प्रतिबिंब में ही उलझकर मत रह जाना।

बुद्ध जो कहते हैं, वह प्रतिबिंब है। पतंजलि जो लिखते हैं, वह प्रतिबिंब है। जो मैं कह रहा हूं, वह प्रतिबिंब है। उस प्रतिबिंब को ही पकड़कर मत बैठ जाना। अगर प्रतिबिंब इतना सुंदर है, तो फिर थोड़ा सत्य के लिए भी प्रयास करना। प्रतिबिंब से हटकर असली चांद की ओर बढ़ना।

और मार्ग प्रतिबिंब के ठीक विपरीत है। अगर तुम प्रतिबिंब को ही देखते हो और प्रतिबिंब से ही सम्मोहित हो जाते हो, तो आकाश का चांद कभी नहीं देख सकोगे, क्योंकि वह तो एकदम विपरीत छोर पर है। अगर वास्तविक चांद को देखना हो, तो प्रतिबिंब से दूर हटना पड़ेगा—सभी धर्मशास्त्रों की होली जला देनी होगी, और बुद्ध की हत्या कर देनी होगी। एकदम विपरीत आयाम की ओर, एकदम विपरीत छोर की ओर बढ़ना होगा। तब कहीं जाकर सिर चांद की ओर उठता है; तब प्रतिबिंब को नहीं देखा जा सकता है। फिर तो प्रतिबिंब गायब ही हो जाता है।

सारे के सारे धर्मशास्त्र अधिक से अधिक बुद्धि को प्रशिक्षित और अनुशासित कर सकते हैं। कोई भी धर्मशास्त्र सत्य की ओर, उस शुद्ध पुरुष की ओर—जो साक्षी है, जो जागरूकता है, उसकी ओर नहीं ले जा सकता है।

'...पुरुष, सदचेतना और सत्व, सदबुद्धि के बीच अंतर कर पाने की अयोग्यता...।'

यही है वास्तविक कारण अज्ञान में, अंधकार में, संसार में, पदार्थ में भटकने का। स्वयं की वास्तविकता से दूर हटने का, और अपनी ही धारणाओं और प्रक्षेपणों का शिकार हो जाने का।

'...यद्यपि ये तत्व नितांत भिन्न हैं।'

तुम इसे देख भी सकते हो। यहां तक कि अच्छे से अच्छा विचार भी तुम से भिन्न होता है, अलग होता है—इसे अपने भीतर उठने वाले विषय-वस्तु की भांति देखा भी जा सकता है। अच्छे से

अच्छा विचार भी भीतर किसी वस्तु की तरह ही बना रहता है, और तुम उससे कहीं दूर खड़े रहते हो। जैसे किसी ऊंची पहाड़ी पर खड़ा सजग द्रष्टा, नीचे किसी विचार की ओर देख रहा हो। कभी भी किसी विषय-वस्तु के साथ तादात्म्य मत बना लेना।

'स्वार्थ पर संयम संपन्न करने से अन्य ज्ञान से भिन्न पुरुष ज्ञान उपलब्ध होता है।'

स्वार्थसंयमात्पुरुष ज्ञानम्।

पतंजलि कह रहे हैं, 'स्वार्थ परम ज्ञान ले आता है।'

स्वार्थ। स्वार्थी हो जाओ, यही है धर्म का वास्तविक मर्म। यह जानने का प्रयास करो कि तुम्हारा वास्तविक स्वार्थ क्या है। स्वयं को दूसरों से अलग पहचानने का प्रयास करो—परार्थ, दूसरों से अलग। और यह मत सोचना कि जो लोग तुम से अलग हैं, बाहर हैं, वही दूसरे हैं। वे तो दूसरे हैं ही, लेकिन तुम्हारा शरीर भी दूसरा है। एक दिन तुम्हारा शरीर भी मिट्टी में मिल जाएगा; शरीर भी इस पृथ्वी का ही अंश है। तुम्हारी श्वास भी तुम्हारी नहीं है, वह भी दूसरों के द्वारा दी हुई है; वह हवा में वापस लौट जाएगी। बस, कुछ थोड़े समय के लिए ही तुम्हें श्वास दी गयी है। वह श्वास उधार मिली हुई है; तुम्हें उसे लौटाना ही होगा। तुम यहां नहीं रहोगे, लेकिन तुम्हारी श्वास यहां हवाओं में रहेगी। तुम यहां नहीं रहोगे, लेकिन तुम्हारा शरीर पृथ्वी में रहेगा—मिट्टी मिट्टी में मिल जाएगी। जिसे अभी तुम अपना रक्त समझते हो, वह नदियों में प्रवाहित हो रहा होगा। सभी कुछ यहीं समाहित हो जाएगा।

लेकिन एक चीज तुमने किसी से उधार नहीं ली है: और वह है तुम्हारा साक्षी भाव, वह है तुम्हारी जागरूकता। बुद्धि खो जाएगी, तर्क खो जाएगा। यह सभी ऐसे ही हैं जैसे आकाश में बादल आते हैं: वे आते हैं और फिर चले जाते हैं, लेकिन आकाश वही का वही रहता है। तुम विराट आकाश की भांति ही बने रहोगे। वही अनंत विराट आकाश पुरुष है—अंतर-आकाश ही पुरुष है।

इस अंतर-आकाश को कैसे जाना जा सकता है? इसके लिए स्वार्थ में संयम प्रतिष्ठित करना होता है। धारणा, ध्यान, समाधि इन तीनों को आत्मा पर केंद्रित कर दो—भीतर की ओर मुड़ जाओ। पश्चिम में लोग बाहर की ओर ही भाग रहे हैं—तुम हमेशा बाहर की ओर ही भागते हो। भीतर मुड़ो। अपने चैतन्य को केंद्रीय बिंदु तक ले आना होगा। विषय-वस्तु के बीच की भिन्नता को पहचानना होगा। जब भूख लगे—भूख एक विषय है। फिर तुमने भोजन कर लिया और भोजन करके संतुष्ट हो गए, तो एक प्रकार का सुख मिलता है—यह सुख की प्राप्ति भी एक तरह का विषय है। सुबह होती है—यह भी एक विषय है। सांझ होती है—यह भी एक विषय है। तुम वैसे ही रहते हो—भूख हो या न हो, जीवन हो या मृत्यु हो, दुख हो या सुख हो, तुम उसी भांति साक्षी बने रहते हो।

लेकिन हम तो फिल्म देखते-देखते उसके साथ भी तादात्म्य स्थापित कर लेते हैं। यह मालूम होते हुए भी कि वहां पर केवल सफेद पर्दा है और कुछ भी नहीं है, उसके ऊपर कुछ छायाएं आ जा रही हैं। लेकिन तुम ने सिनेमाघर में बैठे लोगों को देखा है न? जब पर्दे पर कोई दुखद घटना घटती है तो कुछ लोग रोने लगते हैं, उनके आंसू बहने लगते हैं। देखो, पर्दे पर कुछ भी वास्तविक रूप से नहीं घट रहा है; लेकिन फिर भी आंसू आने लगते हैं। पर्दे पर कुछ छायाएं आ-जा रही हैं, जो कि सच नहीं हैं, जो कि झूठ हैं, आंसू लाने का कारण बन जाती हैं। किसी कहानी को पढ़ते-पढ़ते लोग उत्तेजित हो जाते हैं, या किसी नग्न स्त्री का चित्र देखकर कामुक हो जाते हैं। जरा सोचो तो, कुछ भी

वहां पर वास्तविक नहीं है। कुछ थोड़ी सी पंक्तियां—और कुछ भी नहीं हैं। कागज पर थोड़ी सी स्याही फैली हुई है। लेकिन उनकी कामवासना जाग्रत हो जाती है।

यह मन की प्रवृत्ति है: वह विषय-वस्तुओं के साथ तादात्म्य स्थापित कर लेता है, उनके साथ एक हो जाता है।

जब भी कभी विषय-वस्तुओं के साथ तुम्हारा तादात्म्य स्थापित हो, तो अधिक से अधिक जागरूक हो जाना और स्वयं को रंगे हाथों पकड़ लेना। जब भी कभी ऐसा हो, स्वयं को रंगे-हाथों पकड़ लेना और विषय-वस्तुओं को गिरा देना।

तब तुमको एक तरह की शांति का अनुभव होगा, तुम्हारे सभी आवेश, सभी उद्वेग जा चुके होंगे। जिस क्षण इस बात का बोध हो जाता है कि केवल एक पर्दा ही है और कुछ भी नहीं है, तो आखिर क्यों इतने आवेश और उत्तेजना में पड़ना, किसलिए...संपूर्ण संसार ही एक पर्दा है—और जो कुछ भी वहां दिखाई दे रहा है, वह हमारी स्वयं की ही इच्छाओं का प्रक्षेपण है; और हमारी जो आकांक्षा होती है, वही उस पर्दे पर प्रक्षेपित हो जाती है और हम उसमें ही भरोसा करने लगते हैं। यह सारा संसार एक स्वप्न है, भ्रांति है, माया है।

और स्मरण रहे, सब का संसार एक जैसा नहीं होता। हर एक व्यक्ति का अपना अलग संसार है, अपनी अलग दुनिया है। क्योंकि सभी के स्वप्न दूसरे के स्वप्न से भिन्न होते हैं। सत्य एक है; लेकिन स्वप्न उतने ही हैं जितने मन हैं।

अगर व्यक्ति अपने ही मन के स्वप्नों में खोया रहता है, तब वह दूसरे व्यक्ति के साथ संपर्क स्थापित नहीं कर सकता, दूसरे व्यक्ति के साथ नहीं जुड़ सकता है। फिर दूसरे के साथ कोई संबंध नहीं बन सकता है। तब वह अपने ही स्वप्न लोक में खोया रहता है। यही तो होता है: जब हम किसी से संबद्ध होना चाहते हैं, तब हम संबद्ध नहीं हो पाते। किसी न किसी तरह हम एक दूसरे को चूकते चले जाते हैं। प्रेमी-प्रेमिका, पति-पत्नी, मित्र इसी तरह से एक दूसरे को चूक जाते हैं, और चूकते ही चले जाते हैं। और साथ ही उन्हें चिंता भी सताती है कि वे लोगों के साथ संबंधित क्यों नहीं हो पाते हैं। वे कहना कुछ चाहते हैं, लेकिन सामने वाला कुछ और ही समझता है। और फिर वे कहे चले जाते हैं कि 'मेरा यह मतलब नहीं था,' लेकिन फिर भी सामने वाला व्यक्ति कुछ और ही सुनता है।

ऐसा क्यों होता है? क्योंकि सामने वाला व्यक्ति जीता है अपने स्वप्न में; तुम जीते हो अपने स्वप्न में। वह उसी पर्दे पर कोई और फिल्म प्रक्षेपित कर रहा होता है; और तुम उसी पर्दे पर कोई और फिल्म प्रक्षेपित करते हो।

इसीलिए तो सभी तरह के संबंध तनाव और पीड़ा बन जाते हैं। तब व्यक्ति को लगता है कि अकेले होना ही अच्छा और सुखपूर्ण है। और जब कभी किसी के साथ रहना पड़े तो ऐसा लगता है जैसे किसी कीचड़ में फंस रहे हैं, नर्क में जा रहे हैं। जब सार्त्र कहता है कि दूसरा नर्क है, तो वह यह अपने अनुभव से कह रहा है। लेकिन दूसरा हमारे लिए नर्क निर्मित नहीं करता है; बस दो स्वप्न एक-दूसरे से टकरा जाते हैं, स्वप्न के दो संसार एक-दूसरे से संघर्ष में पड़ जाते हैं।

दूसरे के साथ संबंध केवल तभी संभव होता है जब व्यक्ति स्वयं के स्वप्न के संसार को गिरा देता है और दूसरा व्यक्ति भी अपने स्वप्न के संसार को गिरा देता है। तब वे एक दूसरे से संबंध

स्थापित कर सकते हैं—और तब फिर वे दो नहीं रह जाते, क्योंकि वह दुई, वह द्वैत स्वप्न के संसार के साथ ही गिर जाता है। तब वे एक हो जाते हैं।

जब दो बुद्धपुरुष एक दूसरे के सामने होते हैं, तो वे दो नहीं होते। इसीलिए कभी दो बुद्धपुरुषों को वार्तालाप करते हुए नहीं देखा गया—क्योंकि वहां पर वार्तालाप के लिए दो मौजूद ही नहीं होते। वे मिलते भी हैं तो शांत और मौन ही बने रहते हैं।

ऐसी बहुत सी कथाएं मिलती हैं, जब महावीर और बुद्ध जीवित थे...वे दोनों समकालीन थे और वे एक छोटे से प्रांत बिहार में भ्रमण करते थे। बिहार प्रांत को बिहार इन दोनों बुद्धपुरुषों के कारण ही कहा जाता है: बिहार यानी विहार, जिसका अर्थ होता है भ्रमण करना। क्योंकि बुद्ध और महावीर दोनों पूरे बिहार में घूमते रहते थे, तो यह प्रांत उनके भ्रमण का स्थान कहलाने लगा। लेकिन वे कभी भी मिले नहीं। कई बार ऐसा हुआ कि वे एक ही नगर में होते थे; नगर कोई बहुत बड़ा भी नहीं होता था। कई बार वे छोटे से गांव में साथ-साथ ठहरे होते थे। एक बार तो ऐसा हुआ कि वह एक ही धर्मशाला में ठहरे थे, लेकिन फिर भी उनकी आपस में एक दूसरे से भेंट न हुई।

अब सवाल यह उठता है कि: ऐसा क्यों होता है? और अगर तुम बौद्धों से या जैनों से पूछो कि बुद्ध और महावीर एक ही गांव, एक ही धर्मशाला में ठहरे होते थे, फिर भी वे एक-दूसरे से क्यों नहीं मिले, तो उन्हें थोड़ी परेशानी और बेचैनी अनुभव होती है। यह प्रश्न बेचैन करने वाला है, क्योंकि इससे तो यही लगता है कि वे बड़े अहंकारी रहे होंगे? कि कौन किसके पास जाए? बुद्ध जाएं महावीर के पास कि महावीर जाएं बुद्ध के पास? और दोनों में से कोई भी ऐसा नहीं कर सकता था। तो जैन और बौद्ध इस प्रश्न से बचते हैं—उन्होंने कभी इस प्रश्न का उत्तर नहीं दिया।

लेकिन मैं जानता हूं कि वे आपस में एक दूसरे से क्यों नहीं मिले: और कारण यह है कि मिलने के लिए वहां पर दो व्यक्ति मौजूद ही नहीं थे। यह अहंकार की बात नहीं है। इतना ही कि वहां दो व्यक्तियों की मौजूदगी ही नहीं थी! दो शून्यताएं एक ही धर्मशाला में ठहरी हुई हों तो क्या होगा? उन्हें कैसे करीब लाया जा सकता है? और अगर वे एक-दूसरे से मिलेंगे भी, तो वे दो नहीं रहेंगे। केवल वहां एक ही शून्यता होगी। जब दो शून्य मिलते हैं, तो एक शून्य रह जाता है।

'स्वार्थ पर संयम संपन्न करने से अन्य ज्ञान से भिन्न पुरुष ज्ञान उपलब्ध होता है।'

ततः प्रातिभश्रावणवेदनादर्शास्वादवार्ता जायन्ते।

'इसके पश्चात अंतर्बोधयुक्त श्रवण, स्पर्श, दृष्टि, आस्वाद और आघ्राण की उपलब्धि चली आती है।'

फिर से इस प्रतिभा शब्द को समझ लेना। जो व्यक्ति परिपूर्ण ध्यान को उपलब्ध हो जाता है, परिपूर्ण जागरूकता, होश को उपलब्ध हो जाता है, परिपूर्ण अंतर स्पष्टता, निर्दोषता को उपलब्ध हो जाता है, वह व्यक्ति प्रतिभा को उपलब्ध हो जाता है। प्रतिभा अंतरबोध नहीं है। बुद्धि है सूर्य; अंतरबोध है चंद्र, प्रतिभा इन दोनों का अतिक्रमण है। पुरुष बौद्धिक होता है, स्त्री अंतरबोध से जीती है; लेकिन बुद्धपुरुष, न तो पुरुष होता है न स्त्री होता है।

अगर कोई व्यक्ति बुद्धि से जीता है, तो वह आक्रामक होगा। बुद्धि आक्रामक होती है; सूर्य-ऊर्जा आक्रामक होती है। इसीलिए हमने कभी नहीं सुना कि किसी स्त्री ने किसी पुरुष का

बलात्कार किया हो। यह असंभव है। केवल पुरुष ही स्त्री का बलात्कार कर सकता है। सूर्य-ऊर्जा आक्रामक होती है, चंद्र-ऊर्जा ग्राहक होती है। बुद्धि आक्रामक होती है; अंतरबोध ग्राहक होता है। अगर तुममें ग्राहकता है, ग्रहण करने की क्षमता है, तो तुम अंतरबोध से जुड़ जाओगे। फिर वे चीजें दिखाई पड़ने लगती हैं, जिन्हें एक बुद्धि से जीने वाला व्यक्ति कभी नहीं देख सकता, क्योंकि वह खुला हुआ नहीं होता है।

और मजेदार बात यह है कि बुद्धि से जीने वाला आदमी उन्हीं की खोज में होता है और अंतरबोध वाला आदमी उनकी तलाश में नहीं होता है, लेकिन फिर भी उन्हें देख सकता है। सच तो यह है, सभी बड़े-बड़े आविष्कार बौद्धिक लोगों से ही संपन्न हुए हैं—लेकिन वे आविष्कार तभी संभव हो सके हैं जब वे अंतरबोध की भाव दशाओं में होते थे। बड़े-बड़े आविष्कार अंतरबोध से संचालित लोगों के द्वारा नहीं हो पाते हैं, क्योंकि उन्हें उनकी खोज नहीं होती। अगर वे उसके निकट भी आ जाएं, अगर वे उनके ठीक सामने भी आ जाएं, तो भी वे उनको भूल जाते हैं।

इसी कारण तो स्त्रियां कभी कोई आविष्कार नहीं कर पाईं। ऐसा नहीं है कि उनके साथ उस तरह की घटनाएं कभी घटित नहीं हुईं—पुरुषों की अपेक्षा वे घटनाएं उनके साथ अधिक घटित होती हैं। थोड़ा इस बात पर कभी गौर करना। यहां तक कि पाक-विज्ञान, भोजन-शास्त्र भी पुरुषों द्वारा विकसित हुआ है, स्त्रियों के द्वारा नहीं। सभी अच्छे रसोइए पुरुष हैं। कम से कम भोजन के क्षेत्र में तो ऐसा नहीं होना चाहिए था। लेकिन सभी बड़े-बड़े होटल, पांच सितारा होटल, प्रसिद्ध होटल किसी स्त्री को अपने यहां रसोइया नहीं रखते हैं। स्त्रियां वर्षों से भोजन पका रही हैं, लेकिन पाक-शास्त्र से संबंधित सारी खोजें, सब नए प्रयोग पुरुषों ने किए हैं। ऐसा नहीं है कि वे आविष्कार नहीं कर सकती हैं—वे कर सकती हैं—लेकिन वे तो केवल ग्रहणशील होती हैं। कई बार ऐसी परिस्थिति आती है जब वे कुछ आविष्कार कर सकती हैं, लेकिन वह ऐसे ही चली जाती है, वे उस ओर ध्यान ही नहीं देती हैं।

जो बौद्धिक होते हैं, जो लोग बुद्धि से जीते हैं, वे निरंतर खोजबीन में लगे रहते हैं, हर जगह कुछ न कुछ खोजते रहते हैं; वे कोई सी भी बात ऐसी नहीं चाहते हैं, जो बिना प्रकट हुए, बिना उघड़ी रह जाए। वे हर कोने-कांतर को उघाड़ने की कोशिश में लगे रहते हैं। मनस्विदों का कहना है कि सभी वैज्ञानिक खोजों का कारण पुरुष की काम-ऊर्जा है।

तुम किसी छोटे लड़के को कोई खिलौना पकड़ा दो : कुछ मिनट में ही वह खिलौना टूट-फूट जाएगा; वह बच्चा उस खिलौने को खोलेगा, उसे देखेगा। वह उस खिलौने के भीतर देखना चाहता है कि वहां है क्या। तुम किसी छोटी लड़की के हाथ में खिलौना दे दो : वह वर्षों तक उसे सम्हालकर रखेगी। वह उसे अलमारी में रखकर, ताला लगा देगी; या उस खिलौने को सजाएगी-संवारेगी। लेकिन अगर लड़का हुआ तो वह तुरंत उसे तोड़-फोड़ देगा। वह उसे खोलकर देखना चाहता है कि खिलौना कैसे बना? वह जानना चाहता है कि यह खिलौना कैसे चलता है? वह उसकी गहराई में उतरना चाहता है, वह पूरी खोज-बीन कर लेना चाहता है।

पूरा का पूरा विज्ञान एक ढंग से पुरुष की काम-भावना ही है—खोजते जाना, खोजते जाना, और सभी चीजों का आवरण हटा देना है।

मैं तुम से एक कथा कहना चाहूंगा :

एक बहुत ही कठिन कार्य के दौरे के बाद, नौ-सैनिक दल की एक टुकड़ी को आराम करने के लिए भेज दिया गया। सैनिक अड्डे पर उस नौ-सैनिक दल को स्त्री नौ-सैनिकों की एक टुकड़ी मिली जो कि विभिन्न कार्यों, स्थानों की नियुक्ति के लिए प्रतीक्षारत थी। नौ-सेना के कर्नल ने स्त्रियों की कमांडर को चेतावनी दी कि उसके सैनिक बहुत समय से मोर्चे के क्षेत्र में रहे हैं, तो शायद स्त्रियों के प्रति उनका रवैया ज्यादा अच्छा न होगा। उस कर्नल ने चेतावनी दी, 'अगर तुम्हें कोई आफत मोल न लेनी हो तो उन्हें बाहर से बंद कर देना।'

स्त्रियों की कमांडर कटाक्ष करते हुए बोली, 'आफत, परेशानी? कोई आफत आने वाली नहीं है। उसने अपनी खोपड़ी की ओर इशारा करते हुए कहा, मेरी सैनिक स्त्रियों में बुद्धि है।'

कर्नल चिल्लाया, 'मैडम! इससे कुछ अंतर नहीं पड़ता है कि यह बात उनमें कहां है। मेरे पुरुष सैनिक उसे ढूंढ ही निकालेंगे। कृपया, उन्हें ताले में ही बंद करके रखें!'

मनुष्य जाति की पूरी की पूरी कामुकता आक्रामकता और निष्क्रियता में बंटी हुई है। इसीलिए तो स्त्री पुरुष से ज्यादा शक्तिशाली है, लेकिन फिर भी हमेशा पुरुष से दबी रही है। स्मरण रहे, स्त्री पुरुष से कई रूपों में अधिक शक्तिशाली है। पुरुष की अपेक्षा स्त्री ज्यादा समय तक जीवित रहती है, औसतन पांच वर्ष ज्यादा जीवित रहती है। अगर पुरुष पचहत्तर वर्ष जीता है, तो स्त्री अस्सी वर्ष तक जीती है। और वह पुरुष की अपेक्षा कहीं अधिक स्वस्थ जीवन जीती है, कम बीमार पड़ती है, बीमार भी होती है तो पुरुष से जल्दी ठीक हो जाती है।

लेकिन फिर भी स्त्री को दबाया गया, उस पर अत्याचार किए गए। स्त्री में पुरुष से अधिक प्रतिरोधक शक्ति होती है, वह अधिक लचीली होती है, अधिक जीवंत होती है, वह बच्चे को जन्म देती है और फिर भी जीवित बच रहती है—वह अपने शरीर से दूसरों को जन्म देती है, इस तरह से अपने जीवन से वह दूसरे को भी जीवन बांटती है, दूसरों को भी सहभागी बनाती है और फिर भी बहुत ही सुंदर ढंग से जीवित रहती है। स्त्री अधिक शक्तिशाली होती है—शारीरिक रूप से वह अधिक शक्तिशाली न भी हो। और फिर कोई मांस-पेशी का मजबूत होना ही तो शक्तिशाली होने की एकमात्र कसौटी तो नहीं है—लेकिन फिर भी स्त्री को दबाया गया है, क्योंकि स्त्री निष्क्रिय है, ग्रहणशील है, ग्राहक है। स्त्री की ऊर्जा आक्रामक नहीं होती—उसकी ऊर्जा में आमंत्रण अधिक होता है, वह आक्रामक नहीं होती है।

पुरुषों के लिए बुद्धि से जीना आसान होता है, क्योंकि बुद्धि भी उसी दिशा में गति करती है, जिसमें आक्रामकता, तार्किकता गति करती है। स्त्रियां अधिक अंतर्बोध से जीती हैं, वे अपनी अंतस प्रेरणा से जीती हैं। स्त्रियां तुरंत निर्णय ले लेती हैं—इसीलिए किसी भी स्त्री के साथ तर्क करना बहुत कठिन है। वह पहले से ही निर्णय पर पहुंच जाती है, तर्क करने की कोई जगह ही नहीं बचती। स्त्री के साथ तर्क करना अपना समय नष्ट करना है। वह हमेशा पहले से ही जानती है कि अंतिम परिणाम क्या होने वाला है। वह तो केवल परिणाम की घोषणा की प्रतीक्षा में रहती है। तुम किसी भी ढंग से स्त्री से तर्क करो... सब व्यर्थ होने वाला है। वह पहले से ही परिणाम के संबंध में सुनिश्चित होती है।

अंतर्बोध, निश्चयात्मक होता है। इसीलिए स्त्रियों को पहले से ही दूर का बोध हो जाता है। स्त्रियां ज्यादा दिव्य दृष्टि संपन्न होती हैं, और स्त्रियों को बहुत सी अंतर्बोध की घटनाएं घटित होती हैं। सम्मोहन, टेलीपेथी, अतीन्द्रिय दृष्टि, अतीन्द्रिय श्रवण यह सब स्त्रियों के जगत से संबंधित हैं। इसी से संबंधित मैं तुम्हें एक बात बताना चाहूंगा।

जादू-टोने की कला स्त्रियों की कला-कौशल रही है। इसीलिए इसे जादू-टोना कहते हैं। जादूगरनियों का सारा संसार अंतर्बोध से जुड़ा रहा है। पंडित-पुरोहित इस जादू-टोने की कला के विरोध में थे, क्योंकि उनका तो पूरा संसार ही बुद्धि से जुड़ा हुआ था। स्मरण रहे, जादू-टोने से संबंधित लगभग सभी स्त्रियां ही थीं; और लगभग सभी पंडित-पुरोहित पुरुष थे। पहले तो पंडित-पुरोहितों ने जादू-टोने वाली स्त्रियों को जला डालने की कोशिश की। मध्ययुग में यूरोप में इसी कला के कारण हजारों स्त्रियों को जला दिया गया, क्योंकि पंडित-पुरोहितों की समझ के बाहर था अंतर्बोध के जगत को समझना। उनका इसमें विश्वास ही न था—वह बात ही उन्हें खतरनाक लगती थी। वे जादू-टोने वाली स्त्रियों को पूरी तरह से मिटा देना चाहते थे।

और उन्होंने उसे पूरी तरह से नष्ट भी कर दिया। उन्होंने संवेदनशीलतां के सबसे सुंदर माध्यम, सूक्ष्म ज्ञान के सुंदरतम साधन, बुद्धि के जगत से ऊपर के श्रेष्ठतर संभावनाओं के सबसे सुंदर जगत को नष्ट कर देने का प्रयास किया। जहां कहीं भी उन्हें कोई जादू-टोने वाली स्त्री मिली, उन्होंने उसे उसकी हत्या कर दी। और पंडित-पुरोहितों ने स्त्रियों को इतना भयभीत कर दिया कि स्त्रियों ने भय के कारण उस क्षमता को ही खो दिया।

अब फिर से वैसी ही परिस्थिति मौजूद हो गई है। मनोविश्लेषक अंतर्ज्ञान की कला के विरुद्ध हैं—वे सब पुरुष हैं। अब मनोविश्लेषकों ने पंडित-पुरोहितों का स्थान ले लिया है—वे सब पुरुष हैं। फ्रायडवादी, एडलर के पीछे चलने वाले, वे सभी पुरुष हैं। वे स्त्री के विरुद्ध हैं, स्त्री के खिलाफ हैं। और क्या तुम्हें मालूम है उनके यहां आने वाले अधिकांश रोगियों में स्त्रियां ही होती हैं। इसमें जरूर कुछ बात है।

और जब स्त्री जादूगरनियां हुआ करती थीं तो उनके अधिकांश रोगी पुरुष थे। मुझे इस बात से आश्चर्य होता है, लेकिन यह वैसा ही है जैसा इसे होना चाहिए। जब स्त्री जादूगरनियां थीं तो उनके रोगी पुरुष थे: बुद्धि अंतर्बोध का सहयोग चाह रही थी, पुरुष स्त्री की मदद चाह रहा था।

अब इसके ठीक विपरीत हो रहा है। सभी मनोविश्लेषक पुरुष हैं और उनकी सभी रोगी स्त्रियां हैं। अब अंतर्बोध इतना अपंग और विनष्ट हो चुका है कि उसे बुद्धि की मदद लेनी ही पड़ रही है। श्रेष्ठ निम्न का सहयोग खोज रहा है। यह तो मनुष्य जाति का ह्रास है, मनुष्य जाति की दुर्दशा है। यह बहुत ही दुख की बात है। ऐसा नहीं होना चाहिए।

विज्ञान का पूरा इतिहास इसे प्रमाणित भी करता है। जब अंतर्बोध का उपयोग विधि की भांति किया जाता था, तो उसकी कीमिया भी मौजूद थी। जब बुद्धि की शक्ति बढ़ गयी, तो वह कीमिया, वह अल्केमी भी खो गयी, और तब रसायन का, केमिस्ट्री का जन्म हुआ। अल्केमी या कीमिया का संबंध-अंतर्बोध से है; केमिस्ट्री या रसायन का संबंध बुद्धि से है। अल्केमी चंद्र था; केमिस्ट्री सूर्य है। जब चंद्र प्रमुख था, तब अंतर्बोध प्रबल था, ज्योतिष विज्ञान का अस्तित्व था। अब तो गणित,

खगोल-विज्ञान का अस्तित्व है। ज्योतिष तो खो गया है। ज्योतिष है चंद्र; गणित, खगोल है सूर्य। और इस कारण संसार बहुत दरिद्र हो गया है।

जैसे पुरुष को उसके सूर्य-केंद्र पर खिलना है, ऐसे ही स्त्री को उसके चंद्र-तल पर खिलना है, लेकिन प्रतिभा उन दोनों के पार है। बुद्धि मनोविज्ञान है, अंतर्बोध परा मनोविज्ञान है, प्रतिभा उन दोनों के पार का मनोविज्ञान है।

'इसके पश्चात अंतर्बोध युक्त श्रवण, स्पर्श, दृष्टि, आस्वाद और आघ्राण की उपलब्धि चली आती है।'

स्मरण रहे, यह बात दो स्तर पर घट सकती है। अगर तुम चंद्र-केंद्रित व्यक्ति हो, स्त्री तत्व से जुड़े हुए हो—पुरुष हो या स्त्री हो उससे कुछ अंतर नहीं पड़ता है—अगर तुम चंद्र-केंद्र से क्रियाशील होते हो, तो तुम बहुत कुछ ऐसा सुन सकोगे, जिसे दूसरे लोग नहीं सुन सकते हैं, और तुम ऐसा बहुत कुछ देख सकोगे जिसे दूसरे लोग नहीं देख सकते हैं। तुम्हारे भीतर छिपे हुए अज्ञात तत्व की अनुभूति पाने की क्षमता तुममें आ जाएगी। तब अज्ञात का आयाम तुम्हारे लिए अपरिचित और अनजाना न रह जाएगा, अज्ञान तुम्हारे सामने थोड़ा-थोड़ा अपना पर्दा उठाने लगेगा।

आज परा-मनोविज्ञान के द्वारा मनोवैज्ञानिक इसी बात का अध्ययन कर रहे हैं। अब यह बात जोर पकड़ रही है; अब कुछ विश्वविद्यालयों ने परा-मनोविज्ञान के विभाग भी खोले हैं। परा-मनोविज्ञान पर आजकल बहुत अन्वेषण कार्य चल रहा है, यहां तक कि सोवियत रूस में भी। क्योंकि पुरुष तो एक ढंग से असफल हो गया है; सूर्य-केंद्र असफल हो गया है : हम हजारों वर्षों से इसी सूर्य-केंद्र के द्वारा जीते आए हैं; और वे लोग केवल हिंसा, युद्ध, और दुख में ही ले गए हैं। अब दूसरे केंद्र से जुड़ना है।

सोवियत रूस तक में भी, जो कि पूरी तरह से सूर्य-केंद्रित है, कम्युनिस्टों का शासन है, जो किसी भी धर्म में, परमात्मा में विश्वास नहीं रखते हैं, वे भी इसके लिए प्रयास कर रहे हैं। और उन्होंने इस पर बहुत कार्य किया है, और बहुत खोज भी की है। हालांकि वे इसकी व्याख्या बुद्धि की भाषा में ही करते हैं—वे इसे अति-संवेदन कहते हैं। वे इसे परा-मनोविज्ञान नहीं कहते हैं। वे कहते हैं, 'यह भी एक तरह का संवेदन है, बस केवल सूक्ष्म है।'

आंखों को और परिष्कृत करके ऐसी चीजें देखी जा सकती हैं, जिन्हें साधारणतया नहीं देखा जा सकता है। उदाहरण के लिए, आंखें अंतःशरीर को एक्सरे की भांति ही देख सकती हैं। अगर एक्सरे द्वारा उसे देखा जा सकता है तो आंख से भी उसे देखा जा सकता है; बस आंखों को प्रशिक्षित करने की जरूरत है।

और एक तरह से वे ठीक भी हैं। अंतर्बोध इंद्रियों से पार या बाहर की बात नहीं है; वह इंद्रियों का ही सूक्ष्म रूप है। प्रतिभा इंद्रियातीत है, इंद्रियों के पार है—उसमें किसी प्रकार की कोई संवेदना नहीं होती है, वह सीधी या प्रत्यक्ष होती है, प्रतिभा में इंद्रियां गिर चुकी होती हैं।

यह योग की दृष्टि है, कि व्यक्ति अपने भीतर सर्वज्ञाता है—सर्वज्ञान व्यक्ति का वास्तविक स्वभाव ही है। असल में तो हम सोचते हैं कि हम आंखों के द्वारा देखते हैं; योग का कहना है कि तुम आंखों द्वारा नहीं देखते हो—तुम्हारी आंखें ही तुम्हें धोखा देती हैं। इसे थोड़ा समझ लें।

तुम एक कमरे में खड़े होकर एक छोटे से छेद में से बाहर देख रहे हो। निस्संदेह, कमरे में रहते समय तो यह अनुभव होता है कि वह छोटा सा छेद तुम्हें बाहर के जगत की कुछ खबर दे रहा है। तुम उसी छोटे से छेद को सब कुछ समझकर उसी पर केंद्रित हो सकते हो। ऐसा भी सोच सकते हो कि इस छोटे से छेद के बिना बाहर देखना असंभव होगा। योग का कहना है कि तब तुम एक भ्रांति में पड़ रहे हो। इस छेद से देखा जा सकता है, लेकिन यह छेद ही देखने का कारण नहीं है—देखना तुम्हारी गुणवत्ता है। तुम छेद से देख रहे हो; छेद स्वयं नहीं देख रहा है। तुम्हीं द्रष्टा हो। आंखों के द्वारा जगत को देखा जा सकता है; आंखों से तुम मुझे देख रहे हो। आंखें शरीर में छेद की तरह हैं, लेकिन भीतर तुम द्रष्टा हो। अगर शरीर के बाहर आकर देख सको, तो ठीक वैसा ही होगा जैसा कि अगर द्वार खोलकर बाहर आ जाओ तो तुम अपने को विराट आकाश के नीचे खड़ा हुआ पाओगे।

ऐसा नहीं है कि होल के, सुराख के गायब होने से तुम अंधे हो जाओगे या तुम्हारा अस्तित्व ही नहीं रहेगा। सच तो यह है तब तुम्हें अहसास होगा, तब तुम समझोगे कि सुराख तुम्हें अंधा बना रहा था। वह तुम्हें बहुत ही सीमित दृष्टि दे रहा था। और जब संपूर्ण खुले आकाश के नीचे खड़े होगे, तो संपूर्ण अस्तित्व को एक अलग ही दृष्टि से देख सकते हो। अब दृष्टि सीमित नहीं रह जाएगी, किन्हीं सीमित दायरों में बंधी हुई नहीं रह जाएगी, क्योंकि अब आंखें किसी छोटे से छेद से या खिड़की से नहीं देख रही हैं। अब तुम आकाश के नीचे खड़े होकर चारों ओर देख सकते हो।

यही तो योग की दृष्टि है, और ठीक भी है। शरीर में जो इंद्रियां हैं, वह और कुछ नहीं केवल छोटे-छोटे सुराख हैं: कानों से सुना जा सकता है, आंखों से देखा जा सकता है, जीभ से स्वाद लिया जा सकता है, नाक से सूंघा जा सकता है—यह छोटे-छोटे सुराख हैं, होल्स हैं और व्यक्ति उनके पीछे छिपा हुआ है। योग का कहना है, इनके बाहर आ जाओ, इनसे बाहर निकल आओ, इनके पार चले जाओ। अगर व्यक्ति इन सुराखों से, इन इंद्रियों से बाहर आ जाए तो वह सर्वज्ञाता सर्वशक्तिमान और सर्वव्यापी हो जाता है। और यही है प्रतिभा।

'इसके पश्चात . . .।'

फिर वह श्रवण होता है, वह पार का होता है। वह श्रवण न तो बुद्धि द्वारा होता है, न ही अंतर्बोध के द्वारा होता है, बल्कि वह श्रवण प्रतिभा के माध्यम से होता है—और ऐसा ही स्पर्श करने में, देखने में, स्वाद में और सूंघने में होता है।

स्मरण रहे, जो भी व्यक्ति संबोधि को उपलब्ध होता है, वह पहली बार जीवन को उसकी समग्रता में, पूर्णता में जीता है। उपनिषद कहते हैं—तेन त्यक्तेन भुंजिथः—जिन्होंने त्यागा है, उन्होंने ही पाया है। यह बात एकदम विरोधाभासी मालूम होती है: 'कि जिन्होंने त्यागा है, उन्होंने ही पाया है। उन्होंने ही जीवन का आनंद उठाया है, उन्होंने ही जीवन को भोगा है।' शरीर की सीमाएं व्यक्ति को दरिद्र बना देती हैं। इंद्रियों से और शरीर से पार उठते ही व्यक्ति समृद्ध हो जाता है। जो भी व्यक्ति संबोधि को उपलब्ध हो जाता है—फिर वह आंतरिक रूप से दरिद्र नहीं रह जाता—वह बहुत ही अदभुत रूप से समृद्ध हो जाता है। वह परमात्मा हो जाता है।

तो योग संसार के विरोध में नहीं है। असल में तुम्हीं संसार के विरोध में हो। और योग, आनंद, सुख के विरोध में नहीं है—तुम ही आनंद, सुख के विरोध में हो। और योग चाहता है कि

तुम बाह्य सीमाओं के पार हो जाओ, सारे संसार की सीमाओं को छोड़कर असीम हो जाओ। अपने विराट अस्तित्व के साथ एक हो जाओ।

'ये वे शक्तियां हैं जो मन के बाहर होने से प्राप्त होती हैं, लेकिन ये समाधि के मार्ग पर बाधाएं हैं।'

लेकिन पतंजलि इन सबके प्रति हमेशा सजग हैं, और वे तुम्हें बार-बार बताए चले जाते हैं, वे बार-बार उस केंद्र पर चोट करते चले जाते हैं जब तक कि व्यक्ति केंद्र तक पहुंच ही न जाए।

'...कि श्रवण, दर्शन, आस्वाद, घ्राण संवेदन की शक्तियां भी...।'

खयाल रहे वे भी शक्तियां हैं, अगर बाहर की ओर जाना हो तो—लेकिन अगर भीतर जाना हो, तो यही शक्तियां बाधाएं बन जाती हैं। अगर व्यक्ति स्वयं के भीतर जा रहा हो, तो यही शक्तियां बाधा बन जाती हैं।

जो व्यक्ति बाह्य संसार की ओर बढ़ रहा होता है, वह चंद्र से सूर्य की ओर से होता हुआ संसार में जा रहा होता है। और जो व्यक्ति स्वयं के भीतर जा रहा होता है, उसकी ऊर्जा सूर्य से चंद्र की ओर, और फिर चंद्र से भी पार की तरफ जा रही होती है। जो व्यक्ति अंतस की यात्रा पर जा रहा होता है, और एक वह व्यक्ति जो बाह्य संसार की यात्रा पर जा रहा होता है उनके लक्ष्य और उद्देश्य एकदम अलग-अलग होते हैं, एकदम विपरीत होते हैं।

और ऐसा उस समय होता है जब व्यक्ति को कई बार प्रतिभा की, एकदम पार की पहली-पहली झलकियां आने लगती हैं। और वह इतना शक्ति-संपन्न हो जाता है, इतना शक्ति से भर जाता है, इतना शक्तिशाली हो जाता है—वह घड़ी एक ऐसी घड़ी होती है, जब व्यक्ति फिर से नीचे गिर सकता है। शक्ति उसे विकृत कर सकती है, और इस कारण गिरना हो सकता है। तब व्यक्ति अपने को इतना अधिक बुद्धिमान समझने लगता है कि वह अहंकारी हो जाता है—तब् वह उस शक्ति पर सवार होने का मजा लेना चाहेगा। फिर वह चमत्कार या इसी प्रकार की कुछ मूढ़ताएं करने लगेगा।

सभी तरह के चमत्कार दिखाने वाले लोग एक तरह से मूढ़ और मूर्ख ही होते हैं—चाहे वे कहें कुछ भी। वे कह सकते हैं कि वे यह चमत्कार लोगों की मदद करने के लिए कर रहे हैं। वे किसी की भी मदद नहीं करते हैं: स्वयं को ही नुकसान और क्षति पहुंचाते हैं—और अपने साथ दूसरों को भी क्षति पहुंचाते हैं। क्योंकि इन चमत्कारों को दिखाने के चक्कर में वे पार जाने की जगह और नीचे गिर जाते हैं। और तब पूरी बात ही चालाकी और धूर्तता की बनकर रह जाती है।

परा-मनोविज्ञान में इस तरह की चालाकियां की जा सकती हैं; अंतर्बोध के, चंद्र के जगत में कुछ ऐसे दांव-पेंच होते हैं जिन्हें एक बार जान लेने के बाद उनके साथ खिलवाड़ किया जा सकता है। फिर भी वे हैं कलाबाजियां ही, और फिर अहंकार उन कलाबाजियों का उपयोग कर सकता है।

मैंने एक बहुत ही सुंदर कथा सुनी है:

एक कैथोलिक पादरी, एक ऐंग्लिकन पादरी और एक रब्बी एक शांत झील के बीच खड़ी छोटी सी नाव में बैठे मछलियां पकड़ रहे थे। सुबह से लेकर दोपहर तक वे बिना हिले-डुले, बिना कुछ बोले वहां बैठे रहे। तब कैथोलिक पादरी बोला, 'अच्छा, दोपहर के भोजन का समय हो गया है। मैं तुम दोनों से रेस्तरां में मिलूंगा।'

इतना कहकर वह उठ कर खड़ा हो गया, और पानी पर चलते हुए झील के किनारे के रेस्तरां की ओर चला गया।

तब ऐंग्लिकन पादरी ने कहा, 'मुझे लगता है कि मैं भी दोपहर का भोजन कर ही लूं।'

इतना कहते हुए पानी पर चलते हुए वह भी उसी दिशा की ओर बढ़ गया जिधर कैथोलिक पादरी गया था।

रब्बी तो ईसाई एकात्मकता के इस चमत्कार प्रदर्शन पर अवाक रह गया। फिर भी यह सोचकर कि उसका विश्वास और परंपराएं दांव पर लगी हुई हैं, उसने जल्दी से अपने ईश्वर जहोवां के लिए प्रार्थना की और नाव के किनारे को लांघ गया। छपाक की आवाज के साथ वह पानी में एकदम नीचे जाकर गिरा। वह जैसे-तैसे तैर कर ऊपर आया और किनारे पर आकर अब और भी जोश से धार्मिक प्रार्थना की। फिर से छपाक की आवाज आई! वह फिर पत्थर की तरह सीधा पानी में नीचे जाकर गिरा।

कैथोलिक पादरी झील के किनारे खड़ा-खड़ा यह सब देख रहा था और तभी ऐंग्लिकन पादरी भी किनारे पर पहुंच गया, वह बोला, 'हमें इस बेचारे को बता देना चाहिए था कि पैर रखने के लिए पत्थर कहां-कहां पर हैं।'

हर जगह पैर रखने के लिए पत्थर मौजूद हैं। तुम्हारे सारे सत्य साईं बाबा—जो वे कर रहे हैं, उससे बहुत अधिक चकित मत हो जाना। पांव रखने के पत्थरों को भी देख लेना—वे मौजूद हैं। और ये लोग कोई भी आध्यात्मिक लोग नहीं हैं।

पतंजलि कहते हैं, 'यह वे शक्तियां हैं जब मन बाहर की ओर मुड़ रहा होता है, लेकिन यही समाधि के मार्ग में बाधाएं हैं।'

अगर परम को उपलब्ध होना है, तो इन सब मूढ़ताओं को छोड़ना होगा। इन सभी को छोड़ना होगा। और यही एक सच्चे खोजी का ढंग है : मार्ग में उसे जो कुछ भी मिलता है, वह उसे परमात्मा के चरणों में चढ़ा देता है। वह कहता है, 'तुमने मुझे दिया, लेकिन मैं इसका करूंगा क्या? मैं तो फिर से तुम्हारे चरणों में ही चढ़ा देता हूं।' जो कुछ भी उसे प्राप्त होता है, वह उसे परमात्मा के चरणों में चढ़ा देता है, और स्वयं हमेशा रिक्त और खाली का खाली ही रहता है।

यही है सच्ची आध्यात्मिकता : हमेशा उपलब्धि से, या जो भी अस्तितव से मिला है उससे रिक्त और खाली रहना, और जो कुछ भी मार्ग में मिल जाए उसे परमात्मा के चरणों में चढ़ाते चले जाना।

मैं तुम से एक और कथा कहना चाहूंगा :

पुरोहित-पादरियों की एक मंडली इस बात पर चर्चा कर रही थी कि वे अपने धर्म-संचयन में आए दान का उपयोग किस तरह से करें।

एक डिसेंटर पादरी ने उदघोषणा की, 'मेरे लोग जो कुछ भी दान-पेटी में डालते हैं, वह सब का सब परमात्मा के कार्य में चला जाता है—अपने लिए तो मैं एक पैसा तक नहीं रखता!'

ऐंग्लिकन ने उसके उत्साह की प्रशंसा करते हुए स्वीकार किया, 'मैं तांबे को दान-पेटी में डालता हूं, और चांदी की चीजें परमात्मा के पास पहुंचती हैं।'

वहां मौजूद कैथोलिक पादरी ने स्वीकार किया, 'मैं चांदी की चीजें रख लेता हूं, और तांबे का सब सामान परमात्मा के लिए जाता है—मैं तुम्हें यह बता दूं कि गरीबों के चर्च में बहुत तांबा है।'

अब तक रब्बी खामोश था, लेकिन जब उस पर जोर डाला गया तो वह बोला, 'हां, मैं तो इकट्ठा किया गया सारा धन एक कंबल में रख देता हूं, और मैं उसे हवा में उछाल देता हूं। परमात्मा को जो रखना होता है वह रख लेता है और जो वह नहीं चाहता है उसे मैं रख लेता हूं।'

धूर्त और चालबाज मत बनो—रब्बी मत बनो। क्योंकि अंत में तुम्हारा ही नुकसान होगा, परमात्मा का नहीं। अंतर्विकास के मार्ग में जो भी बाधा आती है...और बहुत सी बाधाएं आती भी हैं। आंतरिक पथ पर प्रत्येक क्षण नया अन्वेषण का होता है; हर क्षण कुछ न कुछ घटता रहता है—तुम तो उसकी कल्पना भी नहीं कर सकते हो, तुमने तो कभी उसकी मांग भी न की होगी। अंतर यात्रा के पथ पर अनेक भेंटें अस्तित्व की ओर से मिलती हैं लेकिन परमात्मा को या परम को वही उपलब्ध होता है जो इन भेंटों को वापस परमात्मा के चरणों में समर्पित कर देता है। और अगर उन भेंटों को पकड़ने लगो, तो फिर विकास वहीं का वहीं रुक जाता है। तब फिर व्यक्ति उसी जगह रुक जाता है, वहीं ठहर जाता है।

ते समाधावुपसर्गाव्युत्थाने सिद्धयः।

अगर तुम्हें समाधि की आकांक्षा है, अगर तुम्हें परम शांति चाहिए, परम मौन, परम सत्य चाहिए—तो किसी भी तरह की प्राप्ति से, उपलब्धि से जुड़ाव मत बना लेना—फिर चाहे वह इस लोक की हो या उस लोक की, मनोवैज्ञानिक हो या परा-मनोवैज्ञानिक हो, बौद्धिक हो या अंतर्बोध युक्त हो, कुछ भी हो, किसी भी उपलब्धि के साथ मोह मत जोड़ लेना। उसे परमात्मा के चरणों में समर्पित करते चले जाना...और फिर बहुत कुछ घटेगा! तुम तो बस उसे परमात्मा के चरणों में अर्पित किए चले जाना।

जब व्यक्ति सभी कुछ परमात्मा के चरणों में चढ़ा देता है यहां तक कि अपने को भी परमात्मा के चरणों में चढ़ा देता है, तब परमात्मा आता है। जब सभी कुछ परमात्मा के चरणों में चढ़ा दिया, उसी परम को वापस सौंप दिया, तो फिर परमात्मा अंतिम भेंट की तरह अंतिम उपहार की तरह चला आता है। और परमात्मा ही अंतिम उपहार है, अंतिम भेंट है।

[redacted]

प्रवचन 18

जागरूकता की कोई विधि नहीं है

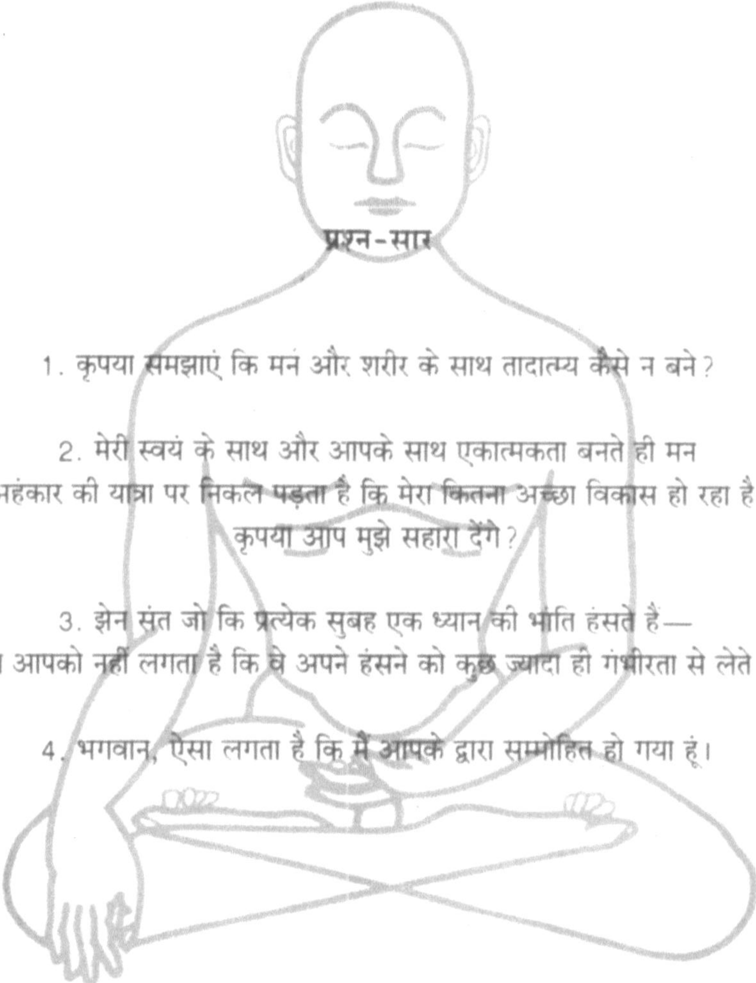

प्रश्न-सार

1. कृपया समझाएं कि मन और शरीर के साथ तादात्म्य कैसे न बने?

2. मेरी स्वयं के साथ और आपके साथ एकात्मकता बनते ही मन अहंकार की यात्रा पर निकल पड़ता है कि मेरा कितना अच्छा विकास हो रहा है। कृपया आप मुझे सहारा देंगे?

3. झेन संत जो कि प्रत्येक सुबह एक ध्यान की भांति हंसते हैं— क्या आपको नहीं लगता है कि वे अपने हंसने को कुछ ज्यादा ही गंभीरता से लेते हैं।

4. भगवान, ऐसा लगता है कि मैं आपके द्वारा सम्मोहित हो गया हूं।

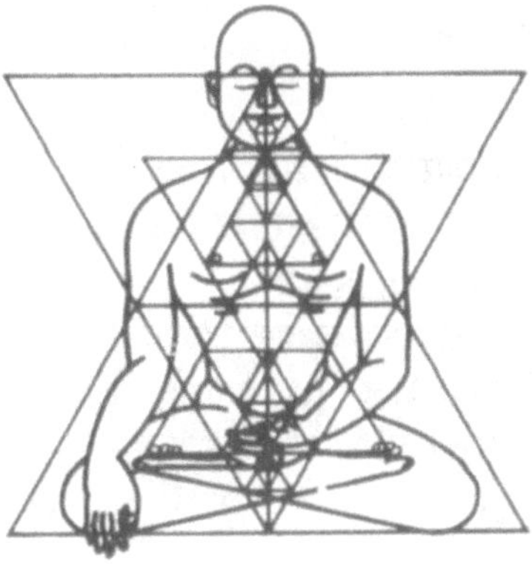

पहला प्रश्नः मन और शरीर के साथ तादात्म्य न बने—ऐसा संभव है, यह मैं अब तक नहीं समझ सका हूं। मैं स्वयं से कहता हूंः तुम मन नहीं हो, इसलिए भयभीत होने की कोई जरूरत नहीं है; स्वयं को प्रेम करो, संतुष्ट रहो इत्यादि-इत्यादि।

कृपया फिर से समझाएं कि तादात्म्य कैसे न बनाया जाए, या कम से कम यह बताएं कि मुझे अब तक भी आपकी बात समझ क्यों नहीं आ पायी है?

यह स्वयं से कहने की बात ही नहीं है कि तुम मन नहीं हो, कि तुम शरीर नहीं हो, क्योंकि जो ऐसा कह रहा है वह भी मन ही है। ऐसे तो तुम कभी भी मन के बाहर न आ पाओगे। यह सब बातें भी मन के द्वारा ही आ रही हैं, इसलिए तुम मन पर ही और-और जोर दिए चले जाओगे। मन बहुत सूक्ष्म है, मन के प्रति बहुत अधिक सजग रहने की आवश्यकता है। मन का उपयोग मत करो। अगर तुम मन का उपयोग करते हो, तो मन मजबूत होता चला जाता है। अगर तुम मन का उपयोग करना बंद कर दो, तो वह अपने से बिदा हो जाता है। अपने मन को समाप्त करने के लिए तुम मन का ही उपयोग नहीं कर सकते। तुम्हें यह बात ठीक से समझ लेनी है कि मन का उपयोग मन की ही समाप्ति के लिए नहीं किया जा सकता है।

जब तुम कहते हो, 'मैं शरीर नहीं हूं,' तो यह बात मन ही कह रहा है। जब तुम कहते हो, 'मैं मन नहीं हूं,' तो यह भी मन ही कह रहा है। सच्चाई को देखो; कुछ भी कहने की कोशिश मत करो। इसके लिए भाषा की, और शब्दों की आवश्यकता नहीं है। बस, एक अंतर्दृष्टि, अपने भीतर भर देखना है, कुछ भी कहना नहीं है।

लेकिन मैं तुम्हारी तकलीफ समझता हूं। एकदम प्रारंभ से ही, बचपन से हमें सिखाया गया है कि देखना नहीं है बल्कि कहना है। जब हम कोई गुलाब का फ़ूल देखते हैं, तो तुरंत कह उठते हैं, कितना सुंदर फूल है। बस, कहा और बात समाप्त हो जाती है। गुलाब का फूल खो जाता है—ऐसा कहकर हमने उसकी हत्या कर दी। अब हमारे और गुलाब के फूल के बीच कुछ खड़ा हो गया। कितना सुंदर फूल है! इतना कहना, यह शब्द दीवार का काम करता है।

इस तरह से एक शब्द दूसरे शब्द तक ले जाता है, और एक विचार दूसरे विचार तक ले जाता है और इस तरह से वे शृंखलाबद्ध रूप से बढ़ते चले जाते हैं, वे पृथक होकर नहीं बढ़ते हैं। कभी भी

कोई विचार अकेला नहीं होता। विचार हमेशा झुंड में रहते हैं, भीड़ में रहते हैं; विचार उन पशुओं की तरह हैं, जो झुंड में रहते हैं। इसलिए एक बार यह कह देना कि 'गुलाब कितना सुंदर है!' इतना कहते ही हमने विचारों को जन्म दे दिया, हम पटरी पर आ गए। अब विचारों की गाड़ी ने आगे सरकना शुरू कर दिया। अब यह 'सुंदर' शब्द याद दिलाएगा, जब किसी स्त्री को तुमने कभी प्रेम किया था। गुलाब भूल जाते हैं, सुंदर शब्द भूल जाता है, और अब उसकी जगह होता है विचार, स्वप्न, कल्पना, किसी स्त्री की स्मृति। और फिर वह स्त्री और-और आगे ले जाएगी। जिस स्त्री से तुमने प्रेम किया था उसका एक सुंदर कुत्ता था। बस अब विचार चले आगे और आगे! और अब इस शृंखला का कोई अंत नहीं है।

अब जरा मन के काम करने के ढंग को देखो कि वह कैसे काम्म करता है, और उस प्रक्रिया का उपयोग मत करो। मन की इस प्रवृत्ति पर रोक लगाओ। मन हमेशा कार्य करता रहता है, क्योंकि हमारा प्रशिक्षण प्रारंभ से इसी तरह से हुआ है। हम करीब-करीब रोबोट की तरह ही काम करते हैं; ऐसा अपने आप ही होता है, यह प्रक्रिया संचालित है।

शिक्षा की दुनिया में जो नयी क्रांति घटित होने जा रही है उसकी कुछ प्रस्तावनाएं हैं, कुछ प्रपोजल्स हैं। उनमें से एक प्रयोजन है कि छोटे बच्चों को पहले भाषा नहीं सिखायी जानी चाहिए। पहले वे अपनी दृष्टि को, अपने अनुभव को परिपक्व करें। उदाहरण के लिए, हाथी के लिए तुम बच्चे से कहो कि 'हाथी सबसे बड़ा जानवर है।' तुम सोचते हो कि तुम कोई व्यर्थ की बात नहीं कह रहे हो, तुम सोचते हो यह बात एकदम उचित है और बच्चे को इस तथ्य के बारे में बता देना चाहिए। लेकिन हाथी के बारे में किन्हीं भी तथ्यों को बता देने की जरूरत नहीं होती। बच्चे को हाथी स्वयं देखना चाहिए, उसे अनुभव होना चाहिए कि हाथी कितना बड़ा जानवर है। क्योंकि उसे तो अनुभव से ही जाना जा सकता है। जिस समय तुम कहते हो, 'हाथी सबसे बड़ा जानवर है,' तुम कुछ ऐसी बात कह रहे हो, जो हाथी का अंश नहीं है। तुम क्यों कहते हो कि हाथी सबसे बड़ा जानवर है? इससे तो तुलना उत्पन्न हो गयी, जो कि तथ्य का हिस्सा नहीं है।

हाथी बस हाथी है, न तो वह बड़ा है और न छोटा है। निश्चित ही अगर हाथी को घोड़े के साथ खड़ा कर दो, तो वह बड़ा है, या हाथी चींटी के पास खड़ा हो तो वह और भी बड़ा हो जाता है। लेकिन जब तुम यह कहते हो कि हाथी सबसे बड़ा जानवर है, तो तुम चींटी को बीच में ले आते हो। तुम कुछ ऐसी बात बीच में ले आए जो वास्तविकता का, सच्चाई का, तथ्य का हिस्सा नहीं है। तुम वास्तविकता को, सच्चाई को, तथ्य को झुठलाने की कोशिश कर रहे हो, अब उसके बीच में तुलना आ गई।

बच्चे को स्वयं देखने दो, उससे कुछ भी कहो मत। उसे अनुभव करने दो। जब बच्चे को किसी बगीचे में ले जाओ, तो बच्चे से मत कहना कि वृक्ष हरे हैं। बच्चे को ही अनुभव करने देना, बच्चे को उसे आत्मसात करने देना। बात सीधी-साफ है, 'घास हरी है'—उसे कहना मत। कहकर उसकी सुंदरता को नष्ट मत करना।

यह मेरा अपना निरीक्षण है, कि बहुत बार जब घास हरी नहीं होती है तब भी वह हरी ही दिखाई देती है—और हरे रंग में भी हजारों तरह के रंग होते हैं। बच्चे से क़भी मत कहना कि वृक्ष हरे

होते हैं, क्योंकि तब बच्चे को केवल वृक्ष हरा ही दिखायी देगा—कोई भी वृक्ष होगा और वह उसे हरा ही देखेगा। हरा रंग कोई एक ही तरह का नहीं होता; हरे रंग के हजारों शेड होते हैं।

बच्चे को स्वयं अनुभव करने दो, बच्चे को वृक्ष के अनूठेपन को, पत्ते-पत्ते को आत्मसात करने दो। बच्चे को समाने दो वृक्ष को अपने में। बच्चे को एक ऐसा स्पंज बनने दो, जो अस्तित्व की वास्तविकता को, सच्चाई को, तथ्यात्मकता को सोख ले, उसे अपने में समा ले। और जब जड़ें ठीक से बच्चे की पृथ्वी में जम जाएं, जब वह परिपक्व हो जाए, तब उसे शब्द-ज्ञान कराना उचित है; तब वे शब्द उसे विचलित न कर सकेंगे। तब वे शब्द उसकी दृष्टि को, उसकी सुस्पष्टता को नष्ट नहीं कर सकेंगे। तब बच्चा भाषा का उपयोग बिना उद्विग्न और विचलित हुए कर पाएगा। अभी तो भाषा हमें विचलित कर देती है।

तो क्या करें? चीजों को बिना किसी नाम के, बिना किसी लेबल के चिपकाए, बिना अच्छा-बुरा कहे, बिना किसी विभाजन के देखना प्रारंभ करो। बस, सत्य को देखो और बिना किसी निर्णय के, निंदा और प्रशंसा के उसे अपने अस्तित्व में उतरने दो। और फिर जो कुछ भी हो सत्य को अपनी नग्नता में मौजूद रहने दो। बस, तुम सत्य के लिए खुले हुए रहो। और भाषा का, शब्दों का उपयोग कैसे कम से कम किया जाए यह सीखो। भीतर चलते हुए सतत विचारों को, संस्कारों को कैसे विस्मृत किया जाए यह सीखो।

ऐसा कोई एकदम से नहीं हो जाएगा। इसे क्रमिक रूप से, धीरे-धीरे करना होगा। केवल तभी अंत में धीरे-धीरे एक ऐसी अवस्था आएगी, जब तुम अपने मन को साक्षीभाव से देख सकोगे। फिर ऐसा कहने की भी जरूरत नहीं है कि 'मैं मन नहीं हूं।' अगर तुम मन नहीं हो, तो फिर इस बात को कहने में भी क्या सार है? फिर तुम मन नहीं हो। और अगर तुम मन हो, तो यह दोहराने में भी क्या सार है कि तुम मन नहीं हो? तुम मन नहीं हो, इसे केवल दोहराने भर से, इस बात का अनुभव या बोध नहीं हो जाएगा।

थोड़ा इस पर ध्यान देना, कहना कुछ भी मत। मन हमारे भीतर सड़क पर चलते हुए यातायात के शोर की भांति निरंतर मौजूद रहता है। उसे ध्यान से देखना। अपने को एक ओर हटा लेना, और विचारों की भीड़ को ध्यान से देखना। देखना कि यही है मन। किसी भी तरह का प्रतिरोध या विरोध करने की कोई आवश्यकता नहीं है, बस देखना।

और देखते-देखते ही एक दिन अचानक चेतना छलांग लगा लेती है, रूपांतरित हो जाती है। चेतना में आमूल रूपांतरण घटित हो जाता है—अगर तुम द्रष्टा हो, देखने वाले हो, तो अचानक तुम दृश्य से द्रष्टा में छलांग लगा जाते हो, तुम द्रष्टा हो जाते हो। उस घड़ी, उस क्षण तुम्हें इस बात का बोध हो जाता है, कि तुम मन नहीं हो।

इसे कहने की कोई आवश्यकता नहीं है, यह कोई मन की कल्पना नहीं है। उस क्षण, उस घड़ी तुम जान लेते हो—इसलिए नहीं कि पतंजलि कह रहे हैं, इसलिए नहीं कि तुम्हारी बुद्धि कह रही है, तुम्हारी समझ कह रही है, तुम्हारा तर्क कह रहा है। फिर कोई कारण नहीं होता है, बस ऐसा होता है। तुम्हारे भीतर सत्य का विस्फोट हो जाता है; सत्य स्वयं को तुम्हारे सामने उदघाटित कर देता है, प्रकट कर देता है।

और तब मन इतना पीछे छूट जाता है कि तुम स्वयं पर ही हंसोगे कि अब तक तुमने माना कैसे कि तुम मन हो, कैसे तुमने विश्वास किया कि तुम शरीर हो। तब यह बात ही अपने आप में व्यर्थ और असंगत मालूम होती है। फिर तुम अभी तक की अपनी मूढ़ताओं पर हंसोगे।

'मन और शरीर के साथ तादात्म्य न बने—यह मैं अब तक समझ नहीं सका हूं।'

यह प्रश्न पूछ कौन रहा है?

'...ऐसा कैसे संभव है?'

इसे तुरंत देखो कि यह प्रश्न पूछ कौन रहा है: 'ऐसा कैसे संभव है?'

यह मन की ही चालबाजी है, यह मन ही है जो तुम्हारे ऊपर शासन करना चाहता है। अब यह मन ही है जो पतंजलि तक का भी उपयोग कर लेना चाहता है।

अब मन कह रहा है, यह एकदम सत्य है। मैंने समझ लिया है कि तुम मन नहीं हो...।'

और अगर एक बार इस बात की समझ आ जाए कि मैं मन नहीं हूं, तो तुम अति-मन हो जाते हो। मन में लोभ उठता है, मन कहता है, अच्छा तो ठीक है, मुझे तो अति-मन होना है।

फिर परम की प्राप्ति के लिए, आनंद के लिए लोभ उठ खड़ा होता है। फिर शाश्वत का, अनंत का, कि परमात्मा होना है इसका लोभ मन में उठ खड़ा होता है। मन कहता है, अब जब तक मैं अनंत को, शाश्वत को उपलब्ध न हो जाऊं, यह जान न लूं मुझे चैन नहीं मिल सकता कि यह है क्या।' मन पूछता है: 'इसे कैसे उपलब्ध कर लूं?'

स्मरण रहे, मन सदा यही पूछता है, किसी बात को कैसे करना है। यह जो 'कैसे' है, यह मन का प्रश्न है। क्योंकि 'कैसे' का अर्थ है कोई विधि, कोई ढंग, कोई तरीका। 'कैसे' का अर्थ है, मुझे वह तरीका वह विधि बताओ जिससे मैं शासन कर सकूं, मैं योजनाएं बना सकूं। इसके लिए मुझे कोई विधि दे दो। मन कोई भी विधि चाहता है: 'बस, मुझे एक विधि दे दो और मैं इसे पूरा कर लूंगा।'

और ध्यान रहे, होश की, जागरूकता की कोई विधि नहीं है। जागरूक होने के लिए तुम्हें जागरूक होना ही पड़ेगा। इसकी कोई टेकनीक या विधि नहीं है। प्रेम के लिए कौन सी विधि है? यह जानने के लिए कि प्रेम क्या है, प्रेम करना पड़ता है। तैरने की कौन सी विधि है? यह जानने के लिए कि तैरना क्या है, तैरना पड़ता है। निस्संदेह, शुरू-शुरू में तैरना थोड़ा ठीक से नहीं होता, बेतरतीब होता है। फिर धीरे-धीरे जब तैरना आ जाता है...लेकिन फिर भी तैरकर ही सीखना होता है, इसके अतिरिक्त और कोई उपाय नहीं है।

अगर कोई तुमसे पूछे कि साइकिल चलाने की क्या विधि है? और तुम साइकिल चलाते हो—लेकिन अगर कोई पूछेगा तो तुम्हें कंधे ही उचकाने पड़ेंगे। तुम कहोगे, बताना मुश्किल है। साइकिल कैसे चलाई जाती है इसकी विधि क्या है, बताना कठिन है। कैसे दो पहियों पर तुम स्वयं का संतुलन बैठाते हो? तुम कुछ न कुछ तो करते होओगे। तुम साइकिल पर संतुलन तो करते हो, लेकिन किसी विधि की तरह नहीं, बल्कि एक कौशल की तरह। विधि वह होती है जो सिखायी जा सकती है—और किसी चीज में कौशल का होना वह है जिसे जानना होता है। विधि वह है जिसे सिखाने में रूपांतरित किया जा सकता है, और कौशल वह है जिसे सीखा तो जा सकता है, लेकिन जिसका प्रशिक्षण नहीं दिया जा सकता। इसलिए धीरे-धीरे जानो और सीखो।

और जटिलता से चीजों का प्रारंभ मत करो। सीधे जटिल चीजों पर मत पहुंच जाओ। यह अंतिम और सर्वाधिक जटिल बात है: मन के प्रति सजग होना, मन को देखना और साथ ही यह जानना कि मैं मन नहीं हूं। इतनी गहराई से देखना कि तुम शरीर न रह जाओ, मन न रह जाओ, यह अंतिम है। और सीधे इन पर छलांग मत लगाना। छोटी-छोटी बातों से प्रारंभ करना।

जब तुम्हें भूख लगे, तो बस भूख को देखना कि भूख कहां है? भूख तुममें है या कहीं तुमसे बाहर है। अपनी आंखें बंद कर लेना, अपने भीतर के अंधेरे में खोजना, भूख को अनुभव करना और पता लगाने की कोशिश करना कि भूख कहां है।

जब तुम्हारे सिर में दर्द हो, एस्प्रीन लेने से पहले थोड़ा उस पर ध्यान करना। फिर यह भी हो सकता है कि शायद तुम्हें एस्प्रीन लेने की जरूरत ही न पड़े। बस, अपनी आंखें बंद कर लेना और इसे महसूस करना कि सिर दर्द कहां है? उसका ठीक-ठीक केंद्र खोज लेना, और उस पर अपना ध्यान केंद्रित कर देना।

और तुम जानकर हैरान होओगे कि सिर दर्द उतनी बड़ी बात नहीं है जितना कि तुम समझ रहे थे, और सिर दर्द सारे सिर में भी नहीं है। उसका एक केंद्र बिंदु है—और जितने अधिक तुम उस केंद्र बिंदु के निकट आओगे, उतने ही अधिक तुम सिर दर्द से दूर होते चले जाओगे। जितना ज्यादा सिर दर्द होता है, उतना ही तुम उससे तादात्म्य बना लेते हो। और जितना सिर दर्द स्पष्ट, केंद्रित, सुनिश्चित, सुनिर्धारित, सीमित होता है उतने ही अधिक तुम उससे दूर होते चले जाते हो।

फिर देखते-देखते एक ऐसा बिंदु आता है, जो पूरी तरह से केंद्रित होता है; कई बार वह बिंदु खो-खो जाएगा, लेकिन फिर जब उस बिंदु पर तुम केंद्रित हो जाओगे तो कहीं कोई सिर दर्द न रह जाएगा। तुम चकित होगे कि सिर दर्द चला कहां गया? लेकिन वह फिर से आ जाएगा। फिर उस बिंदु पर ध्यान केंद्रित करो, वह फिर मिट जाएगा। अगर ध्यान पूरी तरह से उस बिंदु पर केंद्रित हो जाए, तो सिर दर्द मिट जाएगा। क्योंकि पूरी तरह से ध्यान केंद्रित होने पर तुम अपने सिर से इतने दूर होते हो कि तुम सिर दर्द अनुभव ही नहीं कर सकते। इसे प्रयोग करके देखना, इसे आजमा कर देखना। छोटी-छोटी चीजों से शुरू करना; एकदम अंतिम पर सीधे ही छलांग मत लगा देना।

पतंजलि ने भी विवेक के, होश के, बोध के इन सूत्रों तक पहुंचने के लिए बड़ी दूर की यात्रा तय की है। पतंजलि प्रारंभिक तैयारी के लिए जिन आधारभूत बातों की आवश्यकता थी उन बहुत सी बातों के विषय में बताते रहे। जब तक तुम इन्हें पूरा नहीं कर लेते, तब तक तुम्हारे लिए मन और शरीर के साथ स्वयं का तादात्म्य तोड़ पाना कठिन होगा।

इसलिए इस बारे में 'कैसे' की बात कभी मत पूछना। इसका 'कैसे' के साथ कोई लेना देना नहीं है। यह तो बस समझने की बात है। अगर तुम मेरी बात को समझ सको, तो उसी समझ से तुम उस बिंदु को देख सकोगे। मैं यह नहीं कह रहा हूं कि तुम उसे समझ जाओगे। मैं कह रहा हूं, तुम उसे देखने में सक्षम हो जाओगे। क्योंकि जब हम कहते हैं 'समझना' तो बीच में बुद्धि आ जाती है, मन काम करना शुरू कर देता है। 'दर्शन' ऐसी कुछ बात है, जिसका मन के साथ कोई संबंध नहीं है।

जब कभी तुम किसी सुनसान मार्ग पर चल रहे हो और सूर्य ढल रहा हो और अंधेरा उतर रहा हो, और अचानक तुम देखते हो एक सांप रास्ते से गुजर रहा है। तो तुम क्या करोगे? क्या उस समय

तुम विचार में पड़ोगे? तुम सांप के बारे में सोचोगे कि क्या करूं, कैसे करूं, किससे पूछूं? तुम बस छलांग लगाकर रास्ते से हट जाओगे। वह छलांग का लगना ही, देखना है, दर्शन है; उसका मनोभाव से या विचार से कोई संबंध नहीं है। उसका सोच-विचार से कोई लेना-देना नहीं है। अगर उस बाबत विचार भी शुरू होंगे तो थोड़ी देर बाद शुरू होंगे, लेकिन उस क्षण तो केवल यह सत्य देखना ही होता है, कि सांप रास्ते पर है। और जिस क्षण सांप के प्रति सचेत होते हो, वैसे ही छलांग लगाकर तुम रास्ते के बाहर हो जाते हो। और ऐसा होना ही चाहिए, क्योंकि किसी भी बात के लिए मन समय लेता है और सांप देर नहीं लगाता है। मन से पूछे बिना ही छलांग लगानी पड़ती है। मन तो एक प्रक्रिया है; सांप मन से अधिक फास्ट है, तेज है। सांप प्रतीक्षा नहीं करेगा और तुम्हें यह सोचने का समय न देगा कि क्या करना है। अचानक ही उस समय मन एक ओर हो जाता है और सारी प्रक्रियाएं अ-मन के द्वारा संचालित होती हैं, तब शरीर अपने से कार्य करना प्रारंभ कर देता है। जब भी कभी कोई ऐसा खतरा आता है, तब ऐसा ही होता है।

यही कारण है कि लोग खतरे के लिए इतना आकर्षण अनुभव करते हैं। किसी तेज भागती कार में एक घंटे में सौ मील या उससे भी अधिक रफ्तार से जाने में जो रोमांच और पुलक होती है, उसका क्या कारण है?

तेज रफ्तार में गाड़ी चलाने पर जो रोमांच या पुलक का अनुभव होता है, उसके कारण उस तेज रफ्तार में मन रुक जाता है, मन कार्य करना बंद कर देता है, अ-मन की स्थिति आ जाती है, इसीलिए तेज-रफ्तार से गाड़ी चलाने का इतना आकर्षण और पुलक अनुभव होती है। जब तुम हजार मील प्रति घंटे की रफ्तार से कार चलाते हो तो कहीं कुछ सोचने का समय ही नहीं होता है। उस समय बिना मन के ही कार्य करना होता है। अगर कुछ हो जाए और दिमाग अपना काम शुरू कर दे, तो तुम खतम ही हो जाओगे। एक भी क्षण बिना बरबाद किए तुरंत कुछ करना पड़ता है। इसलिए जितनी ज्यादा तेज कार की रफ्तार होगी, उतना ही मन एक ओर हटता चला जाता है, और उस समय एक गहन रोमांच का अनुभव होता है—जैसे कि अब तक तो मृत थे और अचानक तुम जीवित हो गए, और जैसे कि पुनः जीवन का संचार प्रारंभ हो गया हो।

खतरे में, खतरों से खेलने में, एक गहन सम्मोहन होता है। लेकिन यह जो सम्मोहन है वह अ-मन का है, नो-माइंड हो जाने का सम्मोहन है। अगर इस अ-मन की अवस्था को तुम किसी वृक्ष के पास या किसी नदी के पास या कि अपने कमरे में बैठे-बैठे पा सको तो फिर किसी भी प्रकार के खतरे को उठाने की कोई आवश्यकता नहीं है। फिर यह अ-मन की दशा कहीं भी हो सकती है। बस, अपने मन को उठाकर एक तरफ रख दो। जहां कहीं भी तुम मन को हटाकर एक ओर रख सको, और बिना मन को बीच में लाए चीजों को सीधा देख सको; वहीं अ-मन, नो-माइंड की अवस्था उपलब्ध हो जाती है।

मैंने सुना है:

जावा में एक एन्थ्रापालेजिस्ट (मानव विज्ञान विद) एक ऐसी छोटी सी जनजाति के संपर्क में आया जिनमें अंतिम संस्कार की एक विचित्र प्रणाली प्रचलित थी। जब कोई आदमी मर जाता, तो वे उसे साठ दिन तक दबाकर रखते और फिर उसे खोदकर बाहर निकालते। उसे एक अंधेरे कमरे में

एक ठंडी पाटी पर रख दिया जाता और जनजाति की सबसे सुंदर स्त्रियों में से बीस स्त्रियां लाश के आसपास नग्न होकर तीन घंटे तक उत्तेजक नृत्य करती थीं।

'आप लोग ऐसा क्यों करते हैं?' जनजाति के मुखिया से एन्थ्रापालेजिस्ट ने पूछा।

तो उसने जवाब दिया, 'अगर वह नहीं उठता है, तो हमें पक्का हो जाता है कि वह मर गया!'

शायद निषेध का आकर्षण इसी कारण से है। अगर कामवासना का निषेध होता है, तो वह आकर्षण बन जाती है। क्योंकि जो कुछ भी स्वीकृत होता है वह सब मन का हिस्सा बन जाता है। इसे समझने की कोशिश करना।

जो कुछ भी स्वीकृत होता है वह मन का हिस्सा बन जाता है, वह पहले से ही नियोजित हो जाता है। साधारण व्यक्ति से यही अपेक्षा होती है कि वह अपनी पत्नी या अपने पति से प्रेम करे; यह बात हमारे मन का हिस्सा ही है। लेकिन जैसे ही व्यक्ति दूसरे की पत्नी के प्रति रुचि लेने लगता है, तो वह हमारे मन का हिस्सा नहीं है, वह हमारे संस्कारों में नहीं है; उसके लिए हमारे मन की तैयारी नहीं होती। समाज में एक निश्चित प्रकार की बंधी-बंधायी स्वतंत्रता है। समाज उस बंधी-बंधायी लकीर से बाहर सरकने की स्वतंत्रता नहीं देता है। समाज केवल उतनी ही स्वतंत्रता देता है जिसमें हर चीज सुविधाजनक होती है, जहां हर चीज आरामदायक होती है—लेकिन उस आराम और सुविधा के साथ सभी कुछ मुर्दा और मृत भी हो जाता है। तुम किसी दूसरे की पत्नी के प्रति आकर्षित हो जाते हो और हो सकता है वह दूसरा आदमी अपनी पत्नी से तंग आ चुका हो, शायद वह अपने जीवन में रस भरने का, फिर से अपने जीवन में प्राण फूंकने का कोई उपाय ही सोच रहा हो—हो सकता है वह तुम्हारी ही पत्नी के प्रति आकर्षित हो जाए।

सवाल किसी विशेष स्त्री या पुरुष का नहीं है। सवाल निषेध का है, जो स्वीकृत नहीं है, जो अनैतिक है, जो दमित है—जो तुम्हारे स्वीकृत मन का हिस्सा नहीं है। जो समाज, घर-परिवार के द्वारा तुम्हारे मन में भर दिया गया है।

जब तक मनुष्य पूरी तरह से अ-मन की अवस्था को उपलब्ध नहीं हो जाता, ये आकर्षण बने ही रहते हैं।

और मजेदार बात यह है कि यह आकर्षण उन्हीं लोगों के द्वारा बनाए जाते हैं जो स्वयं को नैतिक, विशुद्ध और धार्मिक समझते हैं। और वे जितना अधिक किसी बात को अस्वीकार करते हैं, उतनी ही अधिक वह निषेध आकर्षण का कारण बन जाता है, उतना ही अधिक वह निमंत्रण देता है; क्योंकि वह निषेध समाज की बनी-बनाई लकीर से बाहर आने का अवसर देता है वह सामाजिक सीमाओं से बचकर भाग निकलने का अवसर देता है। अन्यथा हर जगह समाज ही समाज है, हर कहीं तुम भीड़ से घिरे हुए हो। यहां तक कि जब तुम अपनी पत्नी से प्रेम कर रहे होते हो, समाज तब भी कहीं बीच में खड़ा रहता है। तुम पर किसी न किसी रूप में नजर लगाए होता है।

यहां तक कि तुम्हारे एकांत में भी समाज मौजूद रहता है, उतना ही जितना कि कहीं और मौजूद होता है। क्योंकि समाज है तुम्हारे मन में, और वह तुम्हारे मन के उस प्रोग्राम में निहित है जो समाज और परिवार ने तुमको दिए हैं। तो मन के माध्यम से वह कार्य करता रहता है। वह एक बड़ा चालबाज रचना तंत्र है।

कभी न कभी, किसी समय हर एक व्यक्ति को ऐसा लगता है कि बस वही किया जाए जो समाज में, परिवार में स्वीकृत नहीं है। उस बात को ही किया जाए उसी के लिए हां कह दी जाए, जिसके लिए हमेशा नहीं कहने को बाध्य किया जाता है—स्वयं के ही विरुद्ध कोई कार्य किया जाए। क्योंकि यह स्वयं और कुछ नहीं है, सिवाय उस आयोजन के जिसे समाज ने तुम्हें पकड़ा दिया है।

जो समाज जितना अधिक कठोर होता है, वहां उतनी ही अधिक विद्रोह की संभावना होती है। जो समाज जितना स्वतंत्र होता है, वहां उतनी ही कम विद्रोह की संभावना होती है। मैं उस समाज को क्रांतिकारी समाज कहूंगा, जहां विद्रोही खो जाते हैं, क्योंकि फिर उनकी कोई आवश्यकता नहीं रहती। मैं उस समाज को स्वतंत्र समाज कहूंगा, जहां कोई भी बात अस्वीकृत न हो; जिससे किसी के भी मन में कोई विकृत, रुग्ण आकर्षण पैदा न हो। अगर समाज नशीले पदार्थों का विरोध करता है, तो नशीले पदार्थ व्यक्ति को आकर्षित करेंगे, क्योंकि नशीले पदार्थ मन को एक ओर हटा देने का अवसर देते हैं। और चूंकि तुम मन के बोझ के तले बहुत ज्यादा दबे हुए हो, तो नशीले पदार्थों में इसी कारण आकर्षण मालूम होता है।

स्मरण रहे, बिना स्वयं को क्षति पहुंचाए भी ऐसा हो सकता है। जब तुम ऐसा कुछ करते हो जिसकी स्वीकृति समाज नहीं देता है, तो उससे जो रोमांच होता है, वैसा ही रोमांच अ-मन की अवस्था के द्वारा होता है, लेकिन उसके लिए कीमत चुकानी पड़ती है। उन छोटे बच्चों को थोड़ा ध्यान से देखना जो कहीं छिपकर सिगरेट पी रहे हों। उनके चेहरों को देखना—उस समय वे कितने खुश, कितने आनंदित होते हैं। सिगरेट पीते जाएंगे खांसते जाएंगे आंख से आंसू बहेंगे, क्योंकि धुआं भीतर खींचना, फिर उसे बाहर फेंकना केवल मूढ़ता का ही काम तो है। मैं नहीं कहता कि यह पाप है। जैसे ही इसे पाप कहा कि वह आकर्षण का कारण बन जाती है। मैं तो इतना ही कहता हूं कि सिगरेट पीना मूढ़ता है, इसमें कोई बुद्धिमत्ता नहीं है, यह कोई बुद्धिमत्तापूर्ण कार्य नहीं है।

लेकिन किसी छोटे बच्चे को सिगरेट पीते हुए देखना, जरा उसका चेहरा देखना। हो सकता है कि वह किसी तकलीफ में, पीड़ा में हो, उसे श्वास लेने में तकलीफ हो रही हो, उसका जी मितला रहा हो, आंसू बह रहे हों, और वह तनाव भी अनुभव कर रहा हो—लेकिन फिर भी खुश होता है कि वह ऐसा कुछ कर रहा है जो कि स्वीकृत नहीं है। वह कुछ ऐसा कर रहा है जो उसके मन का हिस्सा नहीं है, जो अपेक्षित नहीं है, जिसकी अपेक्षा नहीं की जा सकती। उसमें वह एक तरह की आजादी और स्वतंत्रता का अनुभव करता है।

लेकिन अ-मन होने की कला को ध्यान के माध्यम से बड़ी आसानी से उपलब्ध किया जा सकता है। इस ढंग के आत्मघाती तरीके अपनाने की कोई आवश्यकता नहीं है। अगर तुम यह सीख लो कि मन को एक ओर कैसे हटाना है, मन को एक ओर कैसे हटाया जा सकता है...

जब तुम पैदा हुए तो तुम्हारे पास मन नहीं था; तुमने बिना किसी मन के जन्म लिया है। इसीलिए तुम्हें अपने जीवन के कुछ वर्षों की, उन प्रारंभिक वर्षों की—तीन, चार, पांच साल की उम्र की कोई स्मृति नहीं होती। तुम्हें उनका स्मरण नहीं रहता। क्यों? तुम थे तो सही, लेकिन तुम्हें वे प्रारंभिक वर्ष आखिर क्यों स्मरण नहीं हैं? क्योंकि उस समय तक मन पूरी तरह से निर्मित नहीं हुआ था। अगर तुम पीछे मुड़कर चार वर्ष की अवस्था तक कुछ याद करने की कोशिश करो तो कुछ

थोड़ा-बहुत याद भी आ सकता है, लेकिन फिर सब भूल जाता है, फिर तुम और पीछे की ओर नहीं जा सकते, तुम दो-तीन वर्ष की बातें याद नहीं कर सकते। क्या हो जाता है? उस समय भी तुम जीवित थे। सच तो यह है सबसे अधिक जीवंत जितने फिर कभी नहीं होते।

वैज्ञानिकों का कहना है कि चार वर्ष की आयु में बच्चा अपनी संपूर्ण जानकारी का पचहत्तर प्रतिशत हिस्सा सीख लेता है। चार वर्ष की आयु में पचहत्तर प्रतिशत! तुमने अपने जीवन का पचहत्तर प्रतिशत हिस्सा पहले ही सीख लिया होता है, लेकिन फिर भी उसकी कोई स्मृति नहीं होती है। क्योंकि मन अभी तक निर्मित नहीं हुआ था। अभी भाषा सीखनी शेष थी, अभी चीजों को पहचानना शेष था, उन पर लेबल चिपकाने थे। जब तक तुम किसी चीज पर लेबल नहीं चिपका देते हो, तब तक तुम्हें उसका स्मरण नहीं रहता। तो चार वर्ष की आयु के पूर्व का स्मरण कैसे रहे? अपने मन के किसी कोने में तुम उनको संचित नहीं कर सकते हो। तुम्हारे पास उसका कोई नाम नहीं होता है, तो पहले तो नाम सीखना होता है; तब फिर कहीं उसकी स्मृति रह सकती है।

बच्चा बिना मन के जन्म लेता है। मैं इस बात पर इतना जोर क्यों दे रहा हूं? तुम्हें यह बताने के लिए कि तुम मन के बिना भी इस अस्तित्व में रह सकते हो; इसके लिए मन की कोई आवश्यकता भी नहीं है। मनं तो केवल मात्र एक ढांचा है जो समाज के लिए उपयोगी है, लेकिन मन के उस ढांचे के साथ बहुत अधिक तादात्म्य मत बना लेना। निर्मुक्त और खुले हुए रहना ताकि तुम समाज के इस ढांचे के बाहर निकलकर आ सको। यह कठिन है, लेकिन अगर तुम मन से धीरे-धीरे बाहर आने लगो तो एक न एक दिन तुम मन से मुक्त होने में सक्षम हो जाओगे।

जब तुम आफिस से घर आओ, तो रास्ते में ही आफिस को पूरी तरह से भूल जाने की कोशिश करना। और इस बात का स्मरण कर लेना कि अब तुम घर जा रहे हो, घर पर आफिस को साथ ले जाने की कोई जरूरत नहीं है। कोशिश करना कि आफिस का स्मरण न रहे। जब भी आफिस की याद घर पर आए उस समय अपने को झकझोर लेना और तुरंत सचेत हो जाना, और उस याद से बाहर आ जाना। इस बात को खयाल में रख लेना कि घर में रहकर घर में ही रहना है। और आफिस जाकर घर को भूल जाना। पत्नी, बच्चे, सभी कुछ भूल जाना। इस तरह धीरे-धीरे तुम्हें मन का उपयोग करना सीखना है, न कि मन तुम्हारा उपयोग करे।

हम सो जाते हैं और मन का काम जारी रहता है। हम बार-बार कहें भी कि ठहरो! लेकिन मन सुनता ही नहीं है। क्योंकि हमने मन को प्रशिक्षित ही नहीं किया है हमारी बात सुनने के लिए। अन्यथा जैसे ही उससे कहो ठहरो! तो उसे ठहरना ही चाहिए। क्योंकि मन एक यंत्र है। यंत्र 'नहीं' नहीं कह सकता! जब हम पंखा चलाते हैं, तो उसे चलना ही पड़ता है; हम जब पंखा बंद करते हैं, तो वह ठहर जाता है। जब हम पंखा बंद करते हैं, तो पंखा 'नहीं' नहीं कह सकता, वह नहीं कहता कि मैं तो थोड़ी देर और चलूंगा।

हमारा मन एक बायो कंप्यूटर है। मन एक बहुत ही सूक्ष्म यांत्रिक संरचना है, इसका उपयोग तो है; लेकिन एक गुलाम की तरह, मालिक की तरह नहीं।

तो थोड़ा और सजग हो जाओ, चीजों को और सजगता से देखने की कोशिश करो। अगर हो सके तुम हर रोज कुछ क्षण या कुछ घंटे अ-मन के बिना व्यतीत करना। कभी नदी में तैरने के लिए

जाओ तो जब अपने वस्त्र उतारो तो वहीं कहीं मन को भी छोड़ देना। असल में तुम मन को भी वस्त्रों के साथ छोड़ने की भाव मुद्रा बना लेना। और तब होशपूर्वक, सजगता के साथ, और निरंतर स्मरण के साथ नदी में उतरना। लेकिन मैं ऐसा बातचीत करने के लिए नहीं कह रहा हूं, मैं ऐसा नहीं कह रहा हूं कि तुम स्वयं से बोलते चले जाओ कि 'नहीं मैं मन नहीं हूं,' क्योंकि तब यह भी मन ही तो कहेगा, और ऐसा कहना भी मन का ही होगा। बस, होशपूर्वक समझपूर्वक शांत और मौन हो जाना।

अपने बगीचे की हरी घास पर लेटे हुए, उस समय मन को भूल जाना। उस समय मन की कोई आवश्यकता भी नहीं है। अपने बच्चों के साथ खेलते समय मन को भूल जाना। उस समय भी उसको याद रखने की कोई आवश्यकता नहीं है। जब अपनी पत्नी से प्रेम कर रहे हो, भूल जाना मन को उसकी कोई आवश्यकता नहीं है। जब भोजन करते हो, तो मन को ढोने की क्या आवश्यकता है? या फिर स्नान करते समय स्नानघर में मन को साथ रखने का क्या मतलब है?

बस धीरे-धीरे, धीरे-धीरे...और जरूरत से ज्यादा करने की कोशिश मत करना, क्योंकि अगर जरूरत से ज्यादा करने की कोशिश तुम करोगे तो तुम असफल हो जाओगे। अगर ऐसा करने की बहुत कोशिश की तो फिर कठिन होगा और घबराकर कह उठोगे, 'ऐसा करना असंभव है।' नहीं, इसे धीरे-धीरे, थोड़ा-थोड़ा करने की कोशिश करना।

मैं तुमसे एक कथा कहना चाहूंगा :

कोहन की तीन बेटियां थीं, और वह बहुत ही व्याकुलता के साथ उनके लिए वर की तलाश कर रहा था। जब एक युवक कोहन को ठीक लगा, तो उसने एकदम से उस युवक को पकड़ लेना चाहा। एक आलीशान भोज के बाद तीनों बेटियां उस युवक के सामने आईं। सबसे बड़ी रेचल, जो देखने में एकदम साधारण सी थी—सच तो यह है वह देखने में असुंदर थी। दूसरी बेटी ईस्थर, यूं देखने में तो बुरी नहीं थी, लेकिन थोड़ी मोटी थी—सच तो यह है वह थोड़ी ज्यादा ही मोटी थी। तीसरी सोनिया, जो देखने में बहुत सुंदर और हर तरह से बहुत सुंदर युवती थी।

कोहन ने युवक को एक ओर ले जाकर पूछा, 'तो फिर, इनके बारे में तुम्हारा क्या विचार है?' मेरे पास देने के लिए दहेज भी है—दहेज की फिकर मत करना। रेचल के लिए मेरे पास पांच सौ पाउंड हैं, और ईस्थर के लिए दो सौ पचास पौंड हैं, और सोनिया के लिए तीन हजार पाउंड हैं।

वह युवक तो एकदम अवाक रह गया : 'लेकिन ऐसा क्यों है, आपकी सबसे सुंदर बेटी के लिए इतना ज्यादा दहेज क्यों?'

कोहन ने बात को स्पष्ट करते हुए कहा, 'हां बात ऐसी ही है कि वह कुछ-कुछ, थोड़ी सी, यही कि वह थोड़ी-बहुत गर्भवती है।'

तो रोज-रोज थोड़ा-थोड़ा होश का गर्भ धारण करने से प्रारंभ करना। एकदम थोक के भाव गर्भ धारण मत कर लेना। बस थोड़ा-थोड़ा, धीरे-धीरे होश को सम्हालना। एकदम बहुत अधिक करने की कोशिश मत करना, क्योंकि फिर वह भी मन की ही चालाकी होती है। जब कभी कोई बात दिखायी पड़ती है, तो मन उसे एकदम से करने का प्रयास करता है। निश्चित तब तुम असफल होते हो। और जब तुम असफल हो जाते हो तो मन कहता है, 'देखा न, मैं तुमसे हमेशा यही कहता रहा कि यह असंभव है।' छोटे-छोटे लक्ष्य बनाना। इंच-इंच सरकना। कहीं कोई जल्दी नहीं है। जीवन शाश्वत है।

लेकिन यह मन की ही चालबाजी होती है। मन कहता है, 'अब तुमने देख लिया न। अब इसे तुरंत कर डालो—मन के साथ तादात्म्य छोड़ दो।' और निस्संदेह मन तुम्हारी मूढ़ता पर हंसता है। और कई-कई जन्मों से तुम मन को स्वयं के साथ तादात्म्य बनाने के लिए प्रशिक्षित करते रहे हो; और फिर एक क्षण में तुम उससे बाहर आ जाना चाहते हो। यह इतना आसान नहीं है। थोड़ा-थोड़ा, धीरे-धीरे, इंच-इंच अपने मार्ग पर बढ़ो। और बहुत ज्यादा की मांग मत करो, अन्यथा तुम स्वयं के ऊपर ही भरोसा खो बैठोगे। और एक बार जब स्वयं के ऊपर से भरोसा खो जाता है, तो फिर मन हमेशा-हमेशा के लिए मालिक बन जाता है, मास्टर बन जाता है।

और लोग ऐसा ही करने की कोशिश करते हैं। कोई आदमी तीस वर्ष से सिगरेट पी रहा होता है और फिर अचानक एक दिन वह एक क्षण में यह निर्णय ले लेता है कि अब वह कभी सिगरेट नहीं पीएगा। एक घंटे, दो घंटे तक तो वह अपने को रोके रहता है, लेकिन फिर एकदम तीव्रता से सिगरेट पीने की इच्छा होने लगती है, एकदम बड़ी जबर्दस्त इच्छा होने लगती है। तब व्यक्ति का पूरा का पूरा रचना तंत्र ही गड़बड़ा उठता है, उसका पूरा रचना तंत्र अस्त-व्यस्तं हो जाता है। फिर धीरे-धीरे उसे लगने लगता है कि यह तो स्वयं के साथ बहुत ज्यादती हो गई। उसका सारा काम-काज रुक जाता है, वह फैक्ट्री में काम नहीं कर सकता, वह आफिस में काम नहीं कर सकता। बस, उसे हमेशा सिगरेट पीने की ही इच्छा बनी रहती है। इससे फिर वह बहुत अशांत हो जाता है, और इसके लिए उसे बहुत बड़ी कीमत चुकानी पड़ती है। फिर एक समय ऐसा आता है, जब वह जेब से सिगरेट निकालता है, और सिगरेट पीने लग जाता है और तब कहीं जाकर चैन का अनुभव करता है।

लेकिन उसने बहुत ही खतरनाक प्रयोग किया है। उन तीन घंटों में जब वह सिगरेट नहीं पीता, तो वह स्वयं के बारे में एक बात जान लेता है : कि सिगरेट छोड़ने में वह असमर्थ है, कि वह कुछ कर नहीं सकता, कि वह अपने निर्णय के अनुरूप कुछ नहीं कर सकता, कि उसकी कोई इच्छा-शक्ति नहीं है, कि वह कमजोर और अशक्त है। तब यह बात मन में बैठ जाती है, और हर किसी के मन में कभी न कभी इस तरह की बात बैठ ही जाती है...कभी तुमने सिगरेट के साथ इसे आजमाया होता है, तो कभी अपने भोजन को कम करने में, और कभी किसी और बात को लेकर—और बार-बार तुम असफल हो जाते हो। फिर असफलता तुममें घर कर जाती है। धीरे-धीरे तुम बहती हुई लकड़ी के समान हो जाते हो; तुम कहते हो, मैं कुछ भी नहीं कर सकता हूं। और अगर तुम्हें ही ऐसा लगने लगता है कि तुम कुछ नहीं कर सकते, तो फिर कौन कर सकता है?

लेकिन इन सारी मूढ़ताओं का एक ही कारण है, क्योंकि मन तुम्हारे साथ चालाकी करता है। मन हमेशा उन बातों को जिन्हें करने के लिए प्रशिक्षण और अनुशासन की जरूरत होती है, उन्हें भी करने के लिए कहता है; और फिर जब ऐसा नहीं हो पाता है तो तुम नपुंसक अनुभव करते हो। अगर तुम नपुंसक और अशक्त हो जाते हो तो मन सशक्त हो जाता है। अनुपात सदा यही रहता है : अगर तुम सशक्त होते हो तो मन अशक्त हो जाता है, अगर तुम सशक्त होते हो, तो मन सशक्त नहीं हो सकता है; अगर तुम अशक्त होते हो, तो मन सशक्त हो जाता है। वह तुम्हारी ऊर्जा से जीता है, वह तुम्हारी असफलता से जीता है, वह तुम्हारे हारे हुए व्यक्तित्व द्वारा जीता है, वह तुम्हारी हारी हुई इच्छा शक्ति द्वारा जीता है।

तो कभी भी जल्दबाजी मत करना।

मैंने एक चीनी रहस्यदर्शी, मेनशियस के बारे में सुना है, जो कि कन्फ्यूशियस का शिष्य था। एक बार उसके पास एक अफीमची आया और उससे आकर बोला, मेरे लिए अफीम छोड़ना असंभव है। मैंने सभी तरीके, और उपाय आजमा लिए हैं। अंततः मैं विफल हो जाता हूं। मैं पूरी तरह से असफल हो चुका हूं। क्या आप मेरी कोई मदद कर सकते हैं?'

मेनशियस ने उसकी पूरी बात सुनी। वह समझ गया कि उसके साथ क्या हुआ था : उसने अफीम छोड़ने के लिए बहुत ज्यादा कोशिश की थी। उसने उस आदमी को चाक का एक टुकड़ा दिया और उससे बोला, 'अपनी अफीम को चाक के साथ तौलो, और जब भी तौलो तो लिख लेना—एक, दो, तीन, और दीवार पर लिखते जाना कि तुमने कितनी बार अफीम ली। और मैं एक महीने के बाद फिर आऊंगा।

उस आदमी ने मेनशियस के बताए इस प्रयोग को किया। जब कभी वह अफीम लेता तो उसे चाक के बराबर का वजन रखना पड़ता। और उसकी चाक धीरे-धीरे खत्म होती जा रही थी, क्योंकि हर बार उसे लिखना पड़ता था एक, फिर उसी चाक से दो, तीन लिखना पड़ता था...धीरे-धीरे वह चाक खत्म होने को आ गई। शुरू में तो उसे मालूम ही नहीं पड़ा कि चाक धीरे-धीरे कम होती जा रही है, और उसी मात्रा में उसकी अफीम भी कम होती जा रही थी; लेकिन बहुत ही धीरे-धीरे और सूक्ष्म ढंग से कम हो रही थी।

एक महीने बाद मेनशियस जब उस आदमी को देखने आया तो वह आदमी जोरों से हंसने लगा और बोला, 'आपने मेरे साथ खूब चालाकी की! और...यह आपकी चालाकी काम कर रही है। यह इतने सूक्ष्म ढंग से, इतने धीरे-धीरे हुआ है कि मैं इस परिवर्तन को अनुभव भी नहीं कर सका, लेकिन फिर भी परिवर्तन तो हो ही रहा है। आधी चाक खत्म होने को आई—और आधी चाक के साथ, आधी अफीम भी खत्म हो गई।'

उस आदमी से मेनशियस ने कहा, 'अगर तुम अपने लक्ष्य तक पहुंचना चाहते हो तो कभी भी भागना मत। धीरे-धीरे चलना।'

मेनशियस के सर्वाधिक प्रसिद्ध वाक्यों में से एक वाक्य है, 'अगर लक्ष्य तक पहुंचना चाहते हो, तो दौड़ना कभी मत।' अगर तुम सच में मंजिल तक पहुंचना चाहते हो, तो चलने तक की भी कोई जरूरत नहीं है। अगर तुम सच में ही पहुंचना चाहते हो तो तुम पहले से ही पहुंचे हुए हो। इतना धीमे चलना। अगर यह दुनिया मेनशियस, कन्फ्यूशियस, लाओत्सु और च्वांगत्सु को सुनें तो यह एक अलग ही दुनिया होगी। अगर तुम उनसे पूछो कि ओलंपिक्स खेलों की व्यवस्था कैसे करें, तो वे कहेंगे, उसे पुरस्कार दे दो जो जितनी जल्दी पराजित हो जाता है। प्रथम पुरस्कार उसे दो, जो सबसे धीमे चलता हो। सबसे अधिक तेज दौड़ने वाले को पुरस्कार मत देना। प्रतियोगिता तो होने दो, लेकिन पुरस्कार उसे ही मिलना चाहिए जो सबसे पीछे हो।

अगर जीवन में व्यक्ति बिना किसी जल्दी के आहिस्ता-आहिस्ता चले, तो बहुत कुछ की प्राप्ति हो सकती है, और उस प्राप्ति में प्रसाद होगा, गौरव होगा, गरिमा होगी। जीवन के साथ किसी तरह की जबर्दस्ती मत करो। जीवन किसी जबर्दस्ती से रूपांतरित नहीं हो सकता। जीवन के रूपांतरण

की कला सीखो। बुद्ध के पास इसके लिए एक खास शब्द है; वे इसे उपाय कहते हैं, निपुण बनो, बुद्धिमत्ता से काम लो। यह एक जटिल घटना है। जीवन में प्रत्येक कदम बहुत ही सजगता से, ध्यानपूर्वक और होश से उठाओ। तुम एक ऐसे ही खतरनाक स्थान में चल रहे हो जैसे कि दो पहाड़ों के बीच रस्सी बंधी हो, और उस पर तुम चल रहे हो। जैसे कोई नट रस्सी पर चलता है। जीवन का हर पल, हर क्षण संतुलित हो, और किसी प्रकार की जल्दी मत करो, दौड़ने का प्रयास मत करो, अन्यथा तुम जीवन से चूक जाओगे, तब जीवन में असफलता सुनिश्चित है।

'मन और शरीर के साथ तादात्म्य न बने—ऐसा कैसे संभव है, यह मैं अब तक समझ नहीं सका हूं। मैं स्वयं से कहता हूं: तुम मन नहीं हो इसलिए भयभीत होने की कोई जरूरत नहीं है; स्वयं को प्रेम करो संतुष्ट रहो...।'

इन सारी बेवकूफियों और नासमझियों को छोड़ो। मन से कुछ भी मत कहो, क्योंकि यह कहने वाला भी मन ही है। तुम बस मौन और शांत रहकर सुनो। मौन में मन नहीं बचता। जब मौन में छोटे-छोटे अंतराल आने लगते हैं तो शब्द भी नहीं होते मन भी नहीं होता। मन भाषा में ही जीता है, वह भाषा ही है। अतः धीरे-धीरे मौन के अंतरालों में सरकना शुरू करो। कभी-कभी बस केवल देखो, जैसे कि तुम कोई मूर्ख आदमी हो, जो सोचता नहीं है, देखता है।

कभी जाकर उन लोगों को देखना जिन्हें जड़-बुद्धि, पागल या मूर्ख समझा जाता है। वे बैठे हैं—वे देख भी रहे हैं, लेकिन फिर भी कुछ देख नहीं रहे हैं। वे पूरी तरह से शिथिल होकर बैठे होते हैं, उनके चेहरे पर एक सौंदर्य होता है। उनके चेहरे पर कहीं कोई तनाव नहीं होता है, क्योंकि उन्हें कुछ करना नहीं है। वे पूरी तरह से निश्चिंत और मजे में होते हैं। बस, उन्हें ध्यान से देखना।

अगर प्रतिदिन तुम किसी पागल की तरह एक घंटा बैठो, तो तुम उपलब्ध हो सकते हो।

लाओत्सु ने कहा है, 'मेरे अतिरिक्त सभी कोई होशियार दिखाई देता है। मैं तो मूढ़ मालूम पड़ता हूं।'

सर्वाधिक प्रसिद्ध उपन्यासकारों में से एक उपन्यासकार फयादोर दोस्तोवस्की ने अपनी डायरी में लिखा है कि जब वह युवा था तो उसे एक बार मिर्गी का दौरा पड़ा—और दौरा पड़ने के बाद पहली बार उसे समझ आया कि वास्तविकता क्या है। दौरा पड़ने के बाद हर चीज जैसे कि एकदम शांत हो गयी। विचार रुक गए। दूसरे लोग डाक्टर को बुलाने में और दवाई लाने के लिए भाग रहे थे, और दोस्तोवस्की आनंदित और खुश था। मिर्गी के दौरे ने उसे नो-माइंड, अ-मन की झलक दे दी थी।

तुम्हें यह जानकर आश्चर्य होगा कि ऐसे बहुत से लोग बुद्धत्व को उपलब्ध हो गए थे, जिन्हें मिर्गी के दौरे पड़ते थे। और बहुत से संबुद्ध लोगों को मिर्गी के दौरे पड़ते थे—जैसे रामकृष्ण परमहंस। रामकृष्ण को दौरे पड़ते थे।

भारत में हम इसे दौरा पड़ना नहीं कहते। हम इसे समाधि कहते हैं। भारत के लोग होशियार हैं। जब किसी चीज को नाम देना ही है, तो उसे सुंदर नाम ही क्यों न दिया जाए? अगर हम इसे नो-माइंड या अ-मन कहते हैं, तो बात एकदम ठीक लगती है। अगर मैं कहूं, मूर्ख हो जाओ—तो अशांति, बेचैनी अनुभव करोगे। अगर मैं कहूं, नो-माइंड हो जाओ अ-मन हो जाओ—तो एकदम ठीक लगता है। लेकिन यह अवस्था ठीक मिर्गी के दौरे जैसी ही होती है।

एक पागल आदमी मन के नीचे होता है, और एक ध्यानस्थ व्यक्ति मन के ऊपर, मन के पार होता है, लेकिन दोनों ही बिना मन के होते हैं। मैं यह नहीं कह रहा हूं कि एक पागल आदमी बिलकुल ध्यानी व्यक्ति की तरह ही होता है—लेकिन उनमें कुछ न कुछ समानता होती है। एक पागल आदमी को मन का कुछ पता नहीं होता है, और जो व्यक्ति नो-माइंड, अ-मन की अवस्था को उपलब्ध होता है उसे भी मन का पता नहीं होता है। दोनों में बहुत बड़ा फर्क है, लेकिन कहीं कोई समानता भी है। पागल आदमी और संबोधि को उपलब्ध व्यक्ति के बीच एक तरह की समानता होती है।

सूफी धर्म में ऐसे लोग बावरे कहलाते हैं; उपलब्ध लोग, संबुद्ध लोग पागल की तरह से जाने जाते हैं। एक ढंग से वे पागल ही होते हैं। वे मन के बाहर हो गए होते हैं।

धीरे-धीरे अ-मन होने की कला को सीख लेना। अगर तुम्हें इस परम मूढ़ता के कुछ पल भी मिल सकें, जब कि तुम कुछ भी नहीं सोच रहे होते हो, जब कोई विचार नहीं होता है, जबकि तुम नहीं जानते कि तुम कौन हो, जब तुम जानते नहीं कि तुम क्यों हो, जब तुम कुछ भी नहीं जानते हो, पूरी तरह से अज्ञानी होते हो, गहन अज्ञान में होते हो, अज्ञान की गहन शांति में होते हो; तो उस शांत अवस्था में एक अंतर्दृष्टि उतरने लगेगी, कि तुम शरीर नहीं हो, कि तुम मन नहीं हो। ऐसा नहीं कि तुम इसे कहते फिरोगे? तब यह एक वास्तविकता होगी। ठीक वैसे ही, जैसे सूरज सामने चमक रहा हो, तो यह कहने की कोई आवश्यकता नहीं होती कि सूरज चमक रहा है। जैसे कि पक्षी चहचहा रहे हों, तो यह कहने की कोई आवश्यकता नहीं होती कि पक्षी चहचहा रहे हैं। पक्षियों की आवाज सुनी जा सकती है और बिना कुछ कहे कि वे चहचहा रहे हैं, उसके प्रति होशपूर्ण हो सकते हैं।

धीरे-धीरे स्वयं को तैयार करो और एक दिन तुम जान जाओगे कि तुम न तो शरीर हो और न मन हो—और न ही तुम आत्मा भी हो! तुम एक रिक्तता, एक खालीपन—एक शून्यता हो। तुम हो—लेकिन फिर कोई बंधन नहीं है, कोई सीमा नहीं है, किन्हीं सीमाओं के घेरे में कैद नहीं हो, फिर तुम्हारी कोई व्याख्या या परिभाषा नहीं है। उस परम मौन में व्यक्ति जीवन के, अस्तित्व के परम शिखर पर पहुंच जाता है, पराकाष्ठा पर पहुंच जाता है।

दूसरा प्रश्नः जब भी मेरी स्वयं के साथ और आपके साथ एकात्मकता आ बनती है तो मेरा मन एक बड़ी अहंकार यात्रा पर निकल पड़ता है कि मेरा कितना अच्छा विकास हो रहा है। फिर शीघ्र ही वापस कीचड़ में गिरना हो जाता है। कृपया, आप मुझे सहारा देंगे?

फिर से वही? तुम फिर से कीचड़ में जा पड़ोगे। तुम सहारा देने की बात करते हो? मैं तुम्हें सहारा नहीं दे सकता हूं, मैं तुम्हें प्रोत्साहित नहीं कर सकता हूं। मैं तुम्हें पूरी तरह से निरुत्साहित कर देना चाहता हूं, ताकि तुम फिर कभी कीचड़ में न गिरो। सहारा देने की बात पूछ कौन रहा है? वही अहंकार ही तो पूछ रहा है न सहारा देने की।

तुम अपने प्रश्नों को बदलते रहते हो, लेकिन सूक्ष्म रूप से वे वही के वही होते हैं—जैसे कि तुमने सच्चाई को, वास्तविकता को देखने का निश्चय ही कर लिया है। अब तुमने वास्तविकता को देख लिया है, लेकिन फिर भी तुम उसे झुठलाना चाहते हो।

'जब भी मेरी स्वयं के साथ और आपके साथ एकात्मकता आ बनती है तो मेरा मन एक बड़ी अहंकार यात्रा पर निकल पड़ता है कि मेरा कितना अच्छा विकास हो रहा है। फिर शीघ्र ही वापस से कीचड़ में गिरना हो जाता है।'

अगर अहंकार अपना सिर उठा रहा है, तो देर-अबेर तुम कीचड़ में गिरोगे ही। अगर तुम अहंकार से नहीं बच सकते, तो तुम कीचड़ से भी नहीं बच सकते।

इसे समझने की कोशिश करो। वैज्ञानिक कहते हैं कि यह कहना भी कि 'कल सुबह फिर सूर्योदय होगा,' मात्र एक अनुमान ही है। हो सकता है ऐसा न हो; सूर्योदय होगा ही ऐसा कोई निश्चित नहीं है। ऐसा अब तक होता आया है, लेकिन क्या पक्का है कि कल सुबह फिर से सूर्योदय होगा ही? इस बारे में सुनिश्चित रूप से कुछ भी नहीं कहा जा सकता है। चूंकि प्रतिदिन सूरज निकलता है, इस आधार पर हम कह देते हैं कि कल भी सूर्योदय होगा। लेकिन फिर भी इस वक्तव्य को वैज्ञानिक वक्तव्य तो नहीं माना जा सकता। ऐसा हो भी सकता है, ऐसा नहीं भी हो सकता है।

लेकिन जहां तक आदमी का संबंध है, जिस क्षण उसने जन्म लिया, तो जन्म के साथ ही उसकी मृत्यु सुनिश्चित हो जाती है—कल होने वाले सूर्योदय से भी अधिक सुनिश्चित। क्योंकि वैज्ञानिक भी नहीं कह सकते कि 'शायद तुम्हारी मृत्यु हो या शायद तुम्हारी मृत्यु न भी हो।' नहीं, मृत्यु तो होगी ही। यह एकदम सुनिश्चित है! क्योंकि जन्म के साथ ही मृत्यु भी घटित हो चुकी होती है। जन्म ही मृत्यु है, उसी सिक्के का ही एक पहलू है। इसलिए अगर जन्म होगा, तो मृत्यु भी होगी ही।

वैज्ञानिक कहते हैं कि अगर वक्तव्य देना ही चाहते हो तो इतना ही कह सकते हो : कि अगर सभी कुछ ऐसा ही रहा, अगर यही परिस्थिति रही तो कल फिर से सूर्योदय होगा। इसी शर्त के साथ : कि अगर सभी कुछ इसी तरह रहा तो। लेकिन यह बात मृत्यु पर लागू नहीं होती। चाहे सभी कुछ इसी तरह रहे या न रहे, जो व्यक्ति पैदा हुआ है वह मरेगा ही। मृत्यु ही जीवन की एकमात्र सुनिश्चित बात जान पड़ती है—एकमात्र। बाकी सभी कुछ अनिश्चित है।

यही बात अहंकार और कीचड़ के विषय में भी सच है। जब-जब अहंकार आ जाएगा, तुम कीचड़ में जा पड़ोगे। क्योंकि अहंकार और कीचड़ एक ही सिक्के के दो पहलू हैं। जब व्यक्ति अहंकार पर सवार हो जाता है, तो फिर कीचड़ में गिरने से भी नहीं बचा जा सकता है। अहंकार की लहर पर सवार होने से बचा जा सकता है—इससे बचना संभव है। अगर अहंकार से बचा जा सके, तो फिर कीचड़ से भी बचना हो जाता है। इसलिए एकदम प्रारंभ से ही सजग और सावधान हो जाना।

'...कृपया, आप मुझे सहारा देंगे?'

तुम मुझसे पूछते हो? अगर मैं तुम्हें सहारा दे दूं, तो तुम फिर ऊंचे उड़ने लगोगे। तुम फिर सोचने लगोगे कि तुम जो भी कर रहे हो, ठीक कर रहे हो। नहीं, मैं तुम्हारे सभी सहारे छीन लेने के लिए हूं। मैं यहां पर तुम्हें निरुत्साही करने के लिए हूं, मैं यहां पर तुम्हें मिटाने के लिए हूं, तुम्हें शून्य करने के लिए हूं, ताकि तुम्हारी पूरी की पूरी अहंकार की यात्रा ही समाप्त हो जाए। वरना तुम फिर-फिर वही प्रश्न पूछते रहोगे।

और मेरा उत्तर वही रहेगा। देखने में ऐसा लगता है जैसे कि तुम अलग-अलग प्रश्न पूछ रहे हो। तुम अलग-अलग प्रश्न नहीं पूछ रहे हो। और तुम्हें ऐसा लगता होगा कि जो मैं उत्तर दे रहा हूं, वे

अलग-अलग हैं। यह भी सच नहीं है। तुम वही प्रश्न पूछते हो, तुम्हारे पूछने का ढंग अलग-अलग होता है; मेरा उत्तर वही होता है। मुझे तुम्हारे कारण उसमें कुछ फेर-बदल करना पड़ता है, वरना मेरा उत्तर तो वही का वही होता है।

मैं तुम्हें एक कथा कहना चाहूंगा:

अलस्टर आए हुए एक पर्यटक ने देखा कि गुंडों के एक दुष्ट दल ने उसे घेर लिया है।

उनके सरदार ने बड़े हीं अर्थपूर्ण ढंग से अपने कोशे को हिलाते हुए पूछा, 'तुम कैथोलिक हो या प्रोटेस्टेंट?'

पर्यटक को कुछ समझ ही नहीं आया कि उसे क्या उत्तर देना चाहिए, तो उसने टाल-मटोल का उत्तर दिया। वह बोला, 'वास्तव में तो मैं यहूदी हूं।'

उसकी चालबाजी ने विशेष काम नहीं किया।

सरदार का अगला प्रश्न था, 'कैथोलिक यहूदी या प्रोटेस्टेंट यहूदी?'

तुम बच नहीं सकते हो, प्रश्न का सामना तो करना ही पड़ता है। और प्रश्न का उत्तर तुम्हारे द्वारा आना चाहिए न कि मेरे द्वारा। क्योंकि वह प्रश्न तुम्हारा है।

अगर व्यक्ति के मन में जिस समय यह विचार आता है कि 'मेरा सब कुछ एकदम ठीक चल रहा है, हर काम बिलकुल ठीक हो रहा है,' उस अहंकार के क्षण को देख सके तो अगली बार जब ऐसा विचार आए कि तुम एकदम ठीक काम कर रहे हो, तो इस बात पर जोर से हंस देना, खिलखिलाकर हंस देना। इस विचार के उठते ही तुरंत हंस देना, एक क्षण भी मत गंवाना। अहंकार को मिटाने में खिलखिलाकर हंसना अदभुत रूप से सहयोगी होता है। स्वयं पर हंसो। इसके पीछे छिपे हुए सत्य को जरा समझो: फिर से वही? जोर से, खिलखिलाकर हंस देना, और अचानक तुम पाओगे कि तुम्हारे आसपास कुछ गलत हो रहा है—और तब फिर कहीं कोई कीचड़ नहीं होगा। कीचड़ का जन्म अहंकार के द्वारा ही होता है, वह अहंकार का ही बाई-प्रोडक्ट है।

इस पर थोड़ा ध्यान देना। यह थोड़ा कठिन है, लेकिन एक बार तुम्हें बात समझ में आ जाए, एक बार तुम्हें वह कौशल आ जाए, तो फिर बात एकदम आसान हो जाती है।

और सहारा देने की, प्रोत्साहित करने की बात तो मुझ से कभी करना ही मत। बस, कैसे अधिकाधिक समझ बढ़े, कैसे अधिकाधिक जागरूकता बढ़े इसकी बात करो, न कि अहंकार को सहारा और बढ़ावा देने की। बढ़ावा पाने की भाषा अहंकार की भाषा है। तुम प्रोत्साहन इसलिए पाना चाहते हो, ताकि लोग तुम्हारे लिए तालियां बजाएं, तुम्हारी प्रशंसा करें—और कहें कि तुम जो भी कर रहे हो एकदम ठीक कर रहे हो। तुम चाहते हो कि सारी दुनिया तुम्हें फूल मालाएं पहनाए, और कहे कि तुम महान हो। लेकिन ऐसी आकांक्षा उठती ही क्यों है?

यह आकांक्षा इसलिए उठती है, क्योंकि कहीं गहरे में तुम अपने प्रति सुनिश्चित नहीं हो, तुम्हें पक्का भरोसा नहीं है कि तुम सच में ही ठीक कर रहे हो या नहीं। अगर तुम सच में ठीक कर रहे हो, तो तुम्हें किसी तरह की प्रशंसा की कोई आवश्यकता नहीं होती है। और अगर तुम सच में ठीक ही कर रहे हो, तो फिर कोई ऐसी आकांक्षा और लालसा नहीं बचती कि लोग तुम्हारे लिए तालियां बजाएं और तुम्हारी प्रशंसा करें और तुम्हें फूलमालाएं पहनाएं। इसकी कोई आवश्यकता ही नहीं होती।

इसकी आवश्यकता तभी होती है, जब हम स्वयं के प्रति संदिग्ध होते हैं, उलझे हुए, अस्पष्ट, अनिश्चित होते हैं—तभी इसकी आवश्यकता होती है।

और ध्यान रहे, तुम प्रशंसा करने वाले लोगों की भीड़ अपने आसपास एकत्रित कर सकते हो, लेकिन उससे तुम्हें कोई मदद मिलने वाली नहीं है। उससे तुम्हें कुछ न मिलेगा। हो सकता है तुम स्वयं को ही धोखा दो, लेकिन उससे तुम्हें कुछ भी नहीं मिलेगा, उससे कुछ भी मदद नहीं मिलेगी। यही तो राजनीति का खेल है। राजनीति का पूरा का पूरा खेल और कुछ भी नहीं है, सिवाय दूसरों से प्रोत्साहन और बढ़ावा पाने के अतिरिक्त और कुछ भी नहीं है। तुम देश के राष्ट्रपति बन जाते हो तो तुम्हें बहुत अच्छा लगता है, अपने आपको ऊंचा और श्रेष्ठ अनुभव करने लगते हो। लेकिन पहली तो बात लोगों से प्रशंसा पाने की आकांक्षा, दूसरों से आदर-सम्मान, बढ़ावा पाने की आकांक्षा का होना इसी बात को दर्शाता है कि कहीं गहरे में तुम बहुत हीन अनुभव करते हो, बहुत इनफीरियर अनुभव करते हो, तुम्हारे लिए स्वयं के अस्तित्व का कोई मूल्य नहीं है। और इस सबको जानने के लिए तुम्हें बाजार में खड़े होकर अपनी बोली लगवाना जरूरी है।

मैंने सुना है कि एक बार मुल्ला नसरुद्दीन अपने गधे के साथ बाजार चला गया। वह उस गधे को बेचना चाहता था, क्योंकि वह उससे तंग आ चुका था। वह खराब से खराब गधों में से एक गधा था। जहां मुल्ला उस गधे को ले जाना चाहता वहां वह कभी नहीं जाता था; वह केवल वहीं जाता जहां वह जाना चाहता था। और इसके अलावा वह दुलत्तियां झाड़ता रहता था और वह कहीं भी, किसी भी जगह झंझट खड़ी कर देता था। और इस तरह से भीड़ में वह मुल्ला के लिए मुसीबतें खड़ी कर देता था। अतः उससे तंग आकर एक दिन वह उसे बाजार में बेचने के लिए ले गया। बहुत से ग्राहकों ने गधे के बारे में पूछताछ की और मुल्ला गधे के बारे में पूरी कहानी सुनाता रहा कि यह गधा कैसा है, और उसे कितना परेशान करता है। मुल्ला की ऐसी बातें सुनकर कोई भी व्यक्ति उसे खरीदने के लिए तैयार न हुआ। भला ऐसे गधे को कौन खरीदेगा? और इसी तरह से शाम हो गई। सारे दिन लोग आते रहे, और मुल्ला गधे के बारे में पूरी बात सच-सच लोगों को बताता रहा। लोग आते, उसकी बात सुनते और हंसकर चले जाते।

फिर एक आदमी मुल्ला के पास आकर बोला, 'तुम तो एकदम मूढ़ हो। इस तरह से तो तुम इस गधे को कभी न बेच पाओगे; यह कोई बेचने का तरीका है। अगर तुम मुझे थोड़ा कमीशन दो, तो मैं इसकी नीलामी करवा दूंगा। और तुम देखना यह सब मैं कैसे करता हूं।'

मुल्ला बोला, 'ठीक है।' क्योंकि मुल्ला भी थक चुका था।

वह आदमी एक कुर्सी पर जाकर खड़ा हो गया और जोर-जोर से चिल्लाने लगा, 'आज तक इतना महान गधा कभी नहीं हुआ, जो सुंदर है, प्रेमपूर्ण है, आज्ञाकारी है—यह एक धार्मिक गधा है।'

धीरे-धीरे उसके आसपास भीड़ इकट्ठी हो गयी और लोग उस गधे की बोली लगाने लगे और उसकी बोली खूब ऊपर जाने लगी। गधे की इतनी कीमत लगते देखकर मुल्ला भी अपने को रोक न सका। मुल्ला बोला, 'ठहरो! मैं इतने सुंदर गधे को नहीं बेचना चाहता। मैं इसे नहीं बेच सकता। मुझे इसकी इन खूबियों का तो पता ही नहीं था। तुम अपना कमीशन वापस ले लो; मैं अपने गधे को नहीं बेचना चाहता।'

यही तो राजनीति है। तुम्हें अपना मूल्य नहीं पता है, तुम बाजार में पहुंचकर अपना प्रचार करो, और अपनी बोली लगने दो, और जब लोग आकर तुम्हारी कीमत लगाने लगते हैं, तो तुम्हें अच्छा लगता है। तब तुम्हें लगता है कि तुम्हारा भी कुछ मूल्य है, वरना इतने सारे लोग क्यों तुम्हारे पीछे पागल होते?

जो व्यक्ति स्वयं के प्रति बोध से भर जाता है, उसे किसी तरह के प्रोत्साहन की जरूरत नहीं रहती। स्वयं के प्रति जागरूक होने का प्रयास करो। सभी प्रोत्साहन, सभी तरह की प्रशंसाएं खतरनाक होती हैं, क्योंकि वे तुम्हें और तुम्हारे अहंकार को गुब्बारे की तरह फुला देती हैं। अहंकार को इसमें बड़ा रस आता है, लेकिन अहंकार ही तुम्हारा रोग है। तुम्हें किसी तरह के प्रोत्साहन, सहारे या बढ़ावे की जरूरत नहीं है; तुम्हें समझ की जरूरत है। यह सब देखने के लिए तुम्हें प्रज्ञा की आंख की आवश्यकता है।

और मैं यहां कोई फौज तैयार नहीं कर रहा हूं। कि मैं तुम्हें प्रोत्साहित करूं और तुम्हें प्रेरणा दूं, और तुमसे कहूं कि देश के लिए, धर्म के लिए जाकर लड़ो-मरो, अपना बलिदान कर दो। मैं यहां कोई फौज तैयार नहीं कर रहा हूं, मैं यहां कोई सेना तैयार नहीं कर रहा हूं। मैं व्यक्ति के, इंडिविजुअल के निर्माण के लिए प्रयास कर रहा हूं। मैं तुम्हारे साथ इस बात का सहयोग देने का प्रयास कर रहा हूं, जिससे तुम स्वयं के साथ एक अनूठी समस्वरता को पा लो, कि तुम जान लो कि तुम कहां पर खड़े हो, कि तुम कौन हो, कि तुम क्या कर रहे हो...और इसमें तुम्हें आनंद मिलता है; क्योंकि केवल उसी से जीवन में अर्थवत्ता आती है, तुम्हारे जीवन में फूल खिलते हैं। और जब व्यक्ति अपनी नियति को उपलब्ध हो जाता है, तभी वह आनंदित अनुभव करता है।

मैं यहां तुम्हें कोई हिंदू, ईसाई या मुसलमान बनाने के लिए नहीं हूं। हिंदू, मुसलमान, ईसाई बनाने के लिए प्रोत्साहन की जरूरत होती है, उन्हें राजनीति की आवश्यकता होती है। उन्हें धर्म के नाम पर एक तरह के उन्माद और पागलपन की आवश्यकता होती है। उन्हें धर्म के नाम पर एक ऐसी मतांधता की आवश्यकता होती है जो युद्ध कर सके और लोगों की हत्या भी कर सके। उन्हें एक तरह की हिंसा की आवश्यकता होती है, ताकि वे इस बात के प्रति विश्वस्त हो सकें कि वे कोई महान कार्य कर रहे हैं।

नहीं, मैं यहां पर तुम्हें कोई महान कार्य सिखाने के लिए नहीं हूं। मुझे तुमसे बस एक ही बात कहनी है, एक बहुत ही सीधी-सरल बात, एकदम छोटी और साधारण बात: कि तुम जान लो कि तुम कौन हो। क्योंकि मैं जानता हूं कि तुम साधारण नहीं हो, तुम असाधारण हो। और जब मैं कहता हूं कि तुम असाधारण हो, तो इसमें कोई मैं तुम्हारी प्रशंसा नहीं कर रहा हूं, क्योंकि प्रत्येक व्यक्ति उतना ही असाधारण है, जितने कि तुम हो—तुम से जरा भी कम नहीं, जरा भी ज्यादा नहीं। मेरे देखे इस संसार में प्रत्येक व्यक्ति बेजोड़ है, अनुपम है, अनूठा है। किसी दूसरे के साथ तुलना की कोई आवश्यकता ही नहीं है।

नहीं, इसके लिए कुछ प्रमाणित करने की कोई आवश्यकता नहीं है। तुम प्रमाणित हो ही। तुम इस संसार में हो, अस्तित्व ने तुम्हें स्वीकार किया है, तुम्हें जन्म दिया है। परमात्मा का तुममें वास है ही। इससे अधिक तुम्हें और क्या चाहिए?

तीसरा प्रश्न: झेन संत जो कि प्रत्येक सुबह एक ध्यान की भांति हंसते हैं—क्या आपको नहीं लगता है कि वे अपने हंसने को कुछ ज्यादा ही गंभीरता से लेते हैं।

नहीं, क्योंकि वे फिर से हंसते हैं—एक दूसरी हंसी—पहली हंसी के कारण 'कि हम कितने मूढ़ हैं! हम क्यों हंस रहे हैं?'

अगर तुम केवल एक बार ही हंसते हो, तो उस हंसी में गंभीरता हो सकती है। इसलिए हमेशा ध्यान रखो कि दो बार हंसना है। पहली बार केवल हंसी, और फिर दूसरी बार हंसी के ऊपर हंसो। तब तुम गंभीर नहीं हो सकोगे।

और झेन लोग वैसे धार्मिक लोग नहीं हैं, जिन्हें कि तुम धार्मिक मानते हो। वे वैसे नहीं हैं। झेन कोई धर्म नहीं है; झेन एक दृष्टि है। उसका कोई धर्मशास्त्र नहीं है। उसके पास प्रतीक्षा करने को कुछ भी नहीं है। उसके पास जाने को कोई जगह नहीं है, उसका कोई लक्ष्य नहीं है। झेन के पास कोई लक्ष्य या किसी साध्य प्राप्ति का साधन या कोई विधि नहीं है। वह परम साध्य है।

झेन को समझना बहुत कठिन है। क्योंकि अगर झेन को समझना हो तो तुम्हें अपना ईसाई, हिंदू, मुसलमान, जैन होने को गिरा देना होगा। वह सब गिरा देना होगा, जो तुम अब तक साथ में लिए रहे हो। इन सब नासमझियों को छोड़ देना होगा। यह एक तरह की रुग्णता है। झेन को समझना उसकी आंतरिक गुणवत्ता के कारण कठिन नहीं है, बल्कि तुम्हारे अपने बंधे हुए संस्कारित मन के कारण समझ पाना कठिन है। अगर तुम ईसाई या हिंदू की दृष्टि से झेन को समझना चाहो, तो नहीं समझ सकोगे कि झेन क्या है। झेन तो एकदम शुद्ध दृष्टि है। जो दृष्टि किसी धर्म, मत, वाद, सिद्धांत से आच्छादित है वह झेन को समझने से चूक जाएगी। झेन इतना शुद्ध है कि अगर एक शब्द भी मन में उठा कि तुम झेन को चूक जाओगे। झेन तो संकेत है, इशारा है।

अभी कल रात ही मैं पढ़ रहा था। एक महान झेन संत चाउ-चो से किसी ने पूछा, 'धर्म का सार क्या है?' वह मौन पहले की भांति ही बैठा रहा, जैसे कि उसने शिष्य की बात सुनी ही न हो। शिष्य ने फिर से दोहराया, 'कृपया बताएं कि धर्म का सार क्या है?' गुरु जिधर देख रहा था उधर ही देखता रहा; उसने शिष्य की तरफ मुड़कर भी नहीं देखा। शिष्य ने फिर पूछा, 'आपने मेरी बात सुनी या नहीं? आप क्या सोच रहे हैं?'

गुरु ने कहा, 'आंगन में लगे हुए सरू के वृक्ष की ओर तो देखो।'

बस इतना ही। उसका उत्तर यही है कि 'आंगन में लगे हुए सरू के वृक्ष की ओर तो देखो।'

यह ठीक वैसी ही बात है जैसे बुद्ध ने एक फूल हाथ में लेकर झेन के जगत का शुभारंभ किया था। वह उस फूल की ओर एकदम देखे जा रहे थे और हजारों लोग जो उन्हें सुनने के लिए वहां एकत्रित हुए थे समझ ही न सके कि क्या हो रहा है।

तब बुद्ध का एक भिक्षु महाकाश्यप जोर से हंसा। बुद्ध ने महाकाश्यप को बुलाकर वह फूल उसे दे दिया। और जो लोग बुद्ध को सुनने के लिए आए थे, उनसे बुद्ध बोले, 'जो कुछ बोल कर कहा जा सकता है, मैंने तुमसे कह दिया है। और जिसे बोल कर नहीं कहा जा सकता, वह मैंने महाकाश्यप को दे दिया है।'

बुद्ध ने वह फूल महाकाश्यप को देकर बहुत अच्छा किया। क्योंकि उस हंसी के क्षण में ही महाकाश्यप भी खिल उठा; उसका पूरा अस्तित्व उस फूल की तरह खिल गया।

फूल की ओर देखकर बुद्ध क्या कह रहे थे? फूल की ओर देखकर बुद्ध कह रहे थे, 'वर्तमान के इस क्षण में अभी और यहीं में रहो। बस, फूल की ओर देखो और फूल ही हो जाओ।' जो लोग बुद्ध को सुनने के लिए एकत्रित हुए थे वे कुछ और ही सोच रहे थे, वे किसी और ही बात की कल्पना कर रहे थे। जब चाऊ-चो ने कहा, 'जरा सरू के वृक्ष की ओर देखो,' तो उसने कहा, 'धर्म से संबंधित सभी मूढ़ताओं को गिरा दो, और क्या सार है, क्या असार है इसे भी जाने दो—अभी और यहीं में जीओ। देखो, और इसी देखने में जो अभी वर्तमान का क्षण है—उसी में ही वह सब उदघटित हो जाता है जो धर्म का सार है।'

झेन दूसरे धर्मों से नितांत भिन्न है, एकदम भिन्न है। झेन अद्वितीय है, अनूठा है। अगर तुम जड़ धर्म-सिद्धांतों में जकड़े हुए हो, किन्हीं मतवादों में उलझे हुए हो तो तुम झेन को नहीं समझ सकोगे।

मैं तुमसे एक कथा कहना चाहूंगा :

एक पंद्रह वर्ष की कैथोलिक युवती से मदर सुपीरियर ने पूछा कि 'वह जीवन में क्या बनना चाहती है?

युवती ने उत्तर दिया, 'प्रास्टिटयूट।'

वृद्ध नन ने चिल्लाकर पूछा, 'क्या कहा?'

युवती ने शांत भाव से वही उत्तर दिया, 'प्रास्टिटयूट।'

पवित्र वृद्धा ने कहा, 'ओह! संतों की जय हो। मुझे लगा तुमने कहा प्रोटेस्टेंट!'

इस ढंग का मन कभी झेन को नहीं समझ सकता; वह उनकी समझ के बाहर की बात है। उनका मन तो जड़ सिद्धांतों, मतों और संप्रदायों में ही बंटा रहता है।

झेन लोग गंभीर नहीं होते, लेकिन वे प्रामाणिक लोग हैं, सच्चे लोग हैं। और ये दोनों बातें नितांत भिन्न हैं। उन्हें कभी गलत मत समझना, उनके बीच कभी उलझ मत जाना। एक सच्चा आदमी कभी गंभीर नहीं होता। वह प्रामाणिक होता है। अगर वह हंसता है, तो वह सच में हंसता है। अगर वह प्रेम करता है, तो वह सच में ही प्रेम करता है। अगर वह क्रोधित होता है, तो बस क्रोधित होता है, वह उससे अलग कुछ दिखाने की कोशिश नहीं करता। वह प्रामाणिक होता है, सच्चा होता है। जो कुछ भी है, जैसा भी वह है, उसी रूप में वह तुम्हारे सामने स्वयं को प्रकट कर देता है। वह संवेदनशील होता है। वह किसी तरह के मुखौटों के पीछे स्वयं को नहीं छिपाता है; वह प्रामाणिक होता है, सच्चा होता है। जब कभी वह उदास होता है, तो उदास ही होता है। और जब कभी वह रोता है, तो बस रोता है। वह कुछ छिपाने की कोशिश नहीं करता है, और वह उसे दिखाने की कोशिश नहीं करता है जो वह नहीं है। वह जैसा है वैसा ही रहता है। वह कभी अपने केंद्र से नहीं हटता, और न ही वह दूसरे के द्वारा कभी अपना ध्यान भंग होने देता है।

लेकिन गंभीर व्यक्ति वह है, जो सच्चा नहीं होता, जो प्रामाणिक नहीं होता, लेकिन फिर भी वह ऐसा दिखाने की कोशिश करता है कि वह प्रामाणिक है, कि वह सच्चा है। गंभीर व्यक्ति नकली होता है; बस, वह ऐसा दिखाने की कोशिश जरूर करता है कि वह प्रामाणिक है, सच्चा है। वह हंस

नहीं सकता, क्योंकि उसे भय होता है कि अगर वह हंसेगा तो कहीं उस हंसी के माध्यम से उसका असली चेहरा दूसरे लोगों को दिखायी न दे जाए। क्योंकि हंसी बहुत बार ऐसी चीजों को प्रकट कर देती है, जिन्हें कि व्यक्ति छिपाने की कोशिश कर रहा होता है।

अगर तुम हंसते हो, तो तुम्हारी हंसी यह प्रकट कर सकती है कि तुम कौन हो। क्योंकि हंसी के क्षण में तुम शिथिल हो जाते हो; अगर शिथिल नहीं हो सकते हो, तो तुम हंस नहीं सकते हो। हंसना शिथिल होना है, विश्रांत होना है। और अगर तुम शिथिल और ढीले नहीं हो सकते हो, तो तुम हंस ही नहीं सकते हो। अगर तुम सच में हंसते हो तो सभी तनाव चले जाते हैं, तुम शिथिल हो जाते हो। उस हंसी में तुम्हारी कठोरता, संवेदनहीनता विलीन हो जाती है। तुम चाहो तो उदास, निराश, चेहरा लटकाकर भी रह सकते हो, लेकिन अगर तुम हंसते हो तो अचानक तुम पाओगे कि पूरा शरीर तनाव रहित और शिथिल हो गया है। और उस तनाव रहित क्षण में, उस विश्रांति के क्षण में कुछ ऐसा बाहर आ सकता है, जिसे तुम न जाने कब से छिपाए हुए थे और नहीं चाहते थे कि दूसरे उसे देखें। इसीलिए तो गंभीर लोग हंसते नहीं हैं। केवल सच्चे और प्रामाणिक लोग ही हंस सकते हैं—केवल प्रामाणिक लोग ही हंसते हैं। उनकी हंसी छोटे बच्चों जैसी निर्दोष होती है।

गंभीर लोग न तो कभी चीखेंगे, न चिल्लाएंगे, न रोएंगे—क्योंकि तब हंसना उनकी कमजोरी को प्रकट कर देगा। और वे यह दिखाना चाहते हैं कि वे मजबूत हैं, शक्तिशाली हैं। लेकिन एक सच्चा और प्रामाणिक व्यक्ति जैसा होता है स्वयं को वैसा ही प्रकट कर देता है। वह अपने अंतर-अस्तित्व की गहराई तक तुम्हें ले जाता है।

झेन लोग सच्चे और प्रामाणिक तो होते हैं, लेकिन गंभीर नहीं। कभी-कभी तो इतने प्रामाणिक होते हैं कि वे धार्मिक ही मालूम नहीं होते हैं। उनके इस तरह के होने की कल्पना भी नहीं की जा सकती है। इतने प्रामाणिक कि वे अधार्मिक ही मालूम पड़ते हैं, लेकिन फिर भी वे अधार्मिक नहीं होते हैं। क्योंकि झेन में प्रामाणिक होना ही धार्मिक होने का एकमात्र उपाय है।

मेरा भी पूरा प्रयास यही है कि तुम्हें प्रामाणिक होने में कैसे मदद मिल सके—न कि गंभीर होने में। मैं चाहता हूं तुम हंसो, मैं चाहता हूं तुम रोओ। मैं चाहता हूं कि तुम कभी प्रसन्न होने के लिए रोओ। जो कुछ भी तुम हो, जैसे भी तुम हो, जैसे तुम भीतर हो, वैसे तुम बाहर भी होओ। अगर तुम अपने में केंद्रित हो, अपने में थिर हो; तभी तुम जीवंत, प्रवाहमान, गतिशील, विकासमान हो सकते हो। और तभी तुम अपनी नियति को उपलब्ध हो सकते हो।

अंतिम प्रश्नः भगवान, मैं आपके प्रति बहुत लगाव अनुभव करता हूं। आप मेरी अंतिम शराब हैं, मेरा अंतिम व्यसन हैं, मेरा अंतिम नशा हैं। मैं कुछ समय के लिए यहां से जाना चाहता हूं और फिर भी जा नहीं पा रहा हूं। हर सुबह, घड़ी की तरह ठीक समय पर मैं प्रवचन सुनने के लिए आ जाता हूं। ऐसा लगता है कि मैं आपके द्वारा सम्मोहित हो गया हूं। कृपया कुछ कहें।

मैं तुमसे एक कथा कहना चाहूंगा। और उस कथा का आखिरी हिस्सा तुम्हारे प्रश्न का मेरा उतर है, इसलिए ध्यान से सुनना।

एक जॉज संगीतकार, जो अपने जीवन में कभी चर्च नहीं गया था, वह एक गांव के किसी छोटे से चर्च के पास से गुजर रहा था। उसने देखा कि धर्म उपासना प्रारंभ होने वाली है। जिज्ञासावश उसने भीतर जाने का विचार किया और यह देखना चाहा कि आखिर वहां पर है क्या!

धर्म उपासना के बाद वह पादरी के पास पहुंचा और बोला, क्या कहूं आदरणीय, आपके इतने अच्छे प्रवचनों ने तो मुझे अभिभूत ही कर दिया—मुझे तो सच में उसने धराशायी कर दिया। जीज, बेबी, मेरा तो सिर घूम गया। वह सब इतना तूफानी था, कि उसने मुझे मार डाला।

यह सब सुनकर वह पादरी तो बड़ा संतुष्ट हो गया, लेकिन फिर भी बोला, 'ठीक है, मैं आपको धन्यवाद देता हूं। यह मेरे लिए बहुत प्रसन्नता की बात है, ऐसा मैं विश्वासपूर्वक कहता हूं। फिर भी मेरी इच्छा है कि पवित्र चर्च के प्रवेश द्वार पर आप इस सामान्य शब्दावली का उपयोग न करें।'

लेकिन वह संगीतकार बोलता ही गया 'कि मैं आप से कुछ और भी कहना चाहूंगा, श्रीमान। जब वह तूफानी औरत रोटी की तश्तरी लेकर आयी, तो सारा दृश्य मेरे दिमाग पर कुछ ऐसा छा गया कि मैंने पांच का नोट निकाला।'

'क्रेजी, बेबी, क्रेजी!' पादरी ने कहा।

[redacted]

प्रवचन 19

बंधन के कारण की शिथिलता

योग-सूत्र

बंधकारणशैथिल्यात्प्रचारसंवेदनाच्च चित्तस्य परशरीरावेशः।।३९।।
बंधन के कारण का शिथिल पड़ना और संवेदन-ऊर्जा भरी प्रवाहिनियों को जानना
मन को पर-शरीर में प्रवेश करने देता है।

उदानजयाज्जलपङ्ककण्टकादिष्वसङ्ग उत्क्रांतिश्च।।४०।।
उदना-ऊर्जा प्रवाहिनी को सिद्ध करने से, योगी पृथ्वी से ऊपर उठ पाता है, और किसी आधार, किसी संपर्क के बिना पानी, कीचड़, कांटों को पार कर लेता है।

समानजयाज्ज्वलनम्।।४१।।
समान ऊर्जा प्रवाहिनी को सिद्ध करने से,
योगी अपनी जठर अग्नि को प्रदीप्त कर सकता है।

श्रोत्राकाशयोः संबंधसंयमाद्दिव्यं श्रोत्रम्।।४२।।
आकाश और कान के बीच के संबंध पर संयम ले आने से
परा-भौतिक श्रवण उपलब्ध हो पाता है।

कायाकाशयोः संबंधसंयमाल्लघुतूलसमापत्तेश्चाकाशगमनम्।।४३।।
शरीर और आकाश के संबंध पर संयम ले आने से और साथ ही भार-विहीन चीजों—
जैसे रुई आदि से अपना तादात्म्य बना लेने से योगी आकाशगामी हो सकता है।

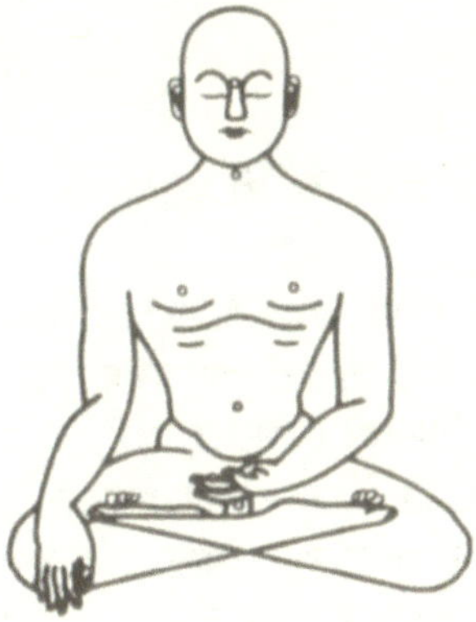

सौ वर्ष पहले दुनिया के महानतम विचारकों में से एक, फ्रेडरिक नीत्शे ने यह घोषणा कर दी कि परमात्मा मर गया है। नीत्शे ऐसी बात की घोषणा कर रहा था जो प्रत्येक व्यक्ति के सामने स्पष्ट होती जा रही थी। उसने तो दुनिया के उन सभी विचारकों की, विशेषकर जो लोग विज्ञान में उत्सुक थे उन लोगों के मन की बात कह दी थी। क्योंकि विज्ञान रोज-रोज तथाकथित धर्मों के अंधविश्वास के विरुद्ध जीत रहा था—और विज्ञान की इतनी अधिक जीत हो रही थी, विज्ञान दुनिया पर इस तेजी से छा रहा था कि यह लगभग सुनिश्चित ही था कि भविष्य में परमात्मा का अस्तित्व नहीं रह सकता, धर्म का अस्तित्व नहीं बच सकेगा। इस बात को पूरी दुनिया में अनुभव किया जा रहा था कि अब परमात्मा इतिहास का हिस्सा हो गया है, और अब परमात्मा म्यूजियम में, लाइब्रेरी में, किताबों में रहेगा, लेकिन मानव चेतना में नहीं रहेगा। ऐसा लगने लगा था जैसे कि पदार्थ ने परमात्मा के साथ अंतिम निर्णायक युद्ध जीत लिया है।

जब नीत्शे ने यह घोषणा की कि परमात्मा मर गया है, तो उसका इतना ही मतलब था कि अब जीवन किसी रूप में नियति या भाग्य का खेल नहीं रहेगा। जीवन अब सांयोगिक घटना है। क्योंकि परमात्मा जीवन को जोड़ने वाले नियम के अतिरिक्त और कुछ नहीं है। परमात्मा जीवन को जोड़ने वाली एक इकाई है। परमात्मा वह ऊर्जा है जिसने हर चीज को परस्पर जोड़ा हुआ है। परमात्मा वह परम नियम है जिसने अव्यवस्था के बीच सुव्यवस्था का निर्माण किया हुआ है।

अगर परमात्मा न हो तो परस्पर जोड़ने का नियम भी नहीं रहेगा, संसार में फिर से अराजकता, अव्यवस्था हो जाएगी, जीवन एक संयोग मात्र रह जाएगा। परमात्मा के साथ ही सभी आदेश समाप्त हो जाते हैं। परमात्मा के साथ ही सभी नियम और सिद्धांत और आदेश मिट जाते हैं। और परमात्मा के साथ ही जीवन को समझने की सारी संभावना मिट जाती है। और परमात्मा के साथ ही मनुष्य भी बिदा हो जाता है।

नीत्शे ने घोषणा कर दी कि परमात्मा मर गया है और मनुष्य अब स्वतंत्र है। लेकिन सचाई तो यह है जब परमात्मा मर गया है, तो मनुष्य का अस्तित्व भी नहीं रह जाता है। तब तो मनुष्य एक पदार्थ मात्र रह जाता है, इसके अतिरिक्त और कुछ नहीं—फिर मनुष्य की व्याख्या की जा सकती है, फिर मनुष्य कोई रहस्य नहीं रह जाता, उसमें कोई गहराई नहीं रह जाती, उसका कोई विराट रूप नहीं रह जाता, उसका कोई अर्थ नहीं रह जाता, उसका कोई महत्व नहीं रह जाता है—फिर तो मनुष्य मात्र

एक सांयोगिक घटना बनकर रह जाता है। फिर तो आदमी का जन्म भी सांयोगिक घटना होगी, और मृत्यु भी सांयोगिक घटना होगी।

लेकिन नीत्शे पूरी तरह से गलत सिद्ध हो गया। ऐसा मालूम होता है कि वह विज्ञान की युवावस्था का युग रहा होगा; उन्नीसवीं शताब्दी का समय विज्ञान के परिपक्व होने का समय था। और जैसा कि प्रत्येक युवा आत्म-विश्वास से भरा होता है, बहुत ज्यादा आशावादी होता है, असल में तो मूढ़तापूर्ण ढंग से आशावादी होता है, ठीक यही अवस्था विज्ञान की भी थी।

तिब्बत में एक कहावत है कि प्रत्येक युवा व्यक्ति वृद्ध आदमी को मूढ़ मानता है, और प्रत्येक वृद्ध आदमी जानता है कि सारे युवा मूढ़ हैं। युवा व्यक्ति तो केवल मानते हैं, लेकिन वृद्ध लोग तो जानते हैं। उस समय विज्ञान युवावस्था में था, और विज्ञान को अपने ऊपर बहुत अधिक आत्मविश्वास था। उसने यह भी घोषित कर दिया कि परमात्मा मर गया है और धर्म की अब कोई प्रासंगिकता नहीं है, वह अप्रासंगिक हो गया है। उन्होंने घोषणा की कि धर्म मनुष्य जाति के बचपन का हिस्सा था। फ्रायड ने एक पुस्तक धर्म के बारे में लिखी, 'दि फ्यूचर आफ एन इल्यूजन'—कि यह मात्र एक भ्रांति है, इल्यूजन है और सच में कहीं कोई भविष्य नहीं है, कहीं कोई फ्यूचर नहीं है।

लेकिन फिर भी परमात्मा का अस्तित्व बना रहा, और इन सौ वर्षों में एक चमत्कार घटित हुआ। अगर नीत्शे वापस लौटकर आए, तो वह भरोसा नहीं कर पाएगा कि यह क्या हो गया। विज्ञान जितना पदार्थ में गहरा उतरता गया, उतना ही उसे समझ में आने लगा कि पदार्थ की कोई सत्ता नहीं है। परमात्मा का अस्तित्व बना रहा, पदार्थ की मृत्यु हो गई। वैज्ञानिक शब्दावली से पदार्थ तो लगभग बिदा ही हो गया। सामान्य भाषा में उसका अस्तित्व बना हुआ है और अगर ऐसा है भी तो पुरानी आदत के कारण; वरना तो अब पदार्थ है ही नहीं।

विज्ञान ने जितनी अधिक खोज की, जितना वे गहराई में गए, उतना ही वे जानते गए कि ऊर्जा है पदार्थ नहीं। पदार्थ एक भ्रांति थी। ऊर्जा इतनी तीव्रता से इतनी अदभुत गति से, बढ़ती है कि वह ठोस होने का भ्रम देती है। वह ठोसपन मात्र एक भ्रांति है। परमात्मा भ्रांति नहीं है। जगत का ठोस दिखाई पड़ना भ्रांति है। इन दीवारों का ठोसपन अवास्तविक है; वे ठोस दिखाई पड़ती हैं, क्योंकि ऊर्जा-कण, इलेक्ट्रांस इतनी तीव्र गति से घूम रहे हैं कि उनकी गति देखी नहीं जा सकती।

जब बिजली का पंखा तेजी से चल रहा होता है, तुमने उस पर कभी ध्यान दिया है? जब पंखा तेज रफ्तार से चल रहा होता है, तब पंखे की पंखुड़ियां दिखाई नहीं पड़ती हैं। और अगर पंखा सच में तीव्र गति से चल रहा हो, जैसे कि इलेक्ट्रांस चलते हैं, तो उस पर बैठा जा सकता है, और उस पर से गिरने की भी संभावना नहीं होती, और न ही कोई गति का अनुभव होता है। अगर पंखे को गोली मारी जाए तो वह उसके बीच में से नहीं निकल सकती, क्योंकि गोली की गति उतनी नहीं होगी जितनी कि पंखे की गति होती है।

ऐसा ही हो रहा है। पदार्थ मिट गया है, अब उसकी कोई तर्क संगति नहीं रही है।

लेकिन फिर भी विज्ञान ने जो कुछ खोजा है वह वस्तुतः कोई अन्वेषण नहीं है; वह पुनर्अन्वेषण है। योग इसके विषय में कम से कम पांच हजार वर्ष पहले से बात कर रहा है। योग उस ऊर्जा को प्राण कहता है, यह प्राण शब्द बहुत महत्वपूर्ण है, बहुत अर्थपूर्ण है। यह संस्कृत की दो मूल

धातुओं से आया है। एक है प्रा। प्रा का अर्थ होता है ऊर्जा की प्राथमिक इकाई, ऊर्जा की सर्वाधिक आधारभूत इकाई। और ण का अर्थ होता है ऊर्जा। प्राण का अर्थ है: ऊर्जा की सर्वाधिक आधारभूत इकाई। पदार्थ तो केवल सतह पर है, ऊपर-ऊपर है। प्राण ही है जो वास्तविक है—और वह वस्तु की भांति तो बिलकुल भी नहीं है। वह वस्तु की भांति नहीं है या फिर उसे ना-कुछ कह सकते हैं—नथिंग। नथिंग का मतलब है नो-थिंग। ना-कुछ का मतलब है वस्तु नहीं। ना-कुछ का अर्थ कुछ भी न होना नहीं है; ना-कुछ का तो केवल इतना ही अर्थ है कि वह कुछ नहीं है, कोई वस्तु नहीं है। वह ठोस नहीं है, वह थिर नहीं है, वह प्रकट नहीं है, वह साकार नहीं है। वह मौजूद है, लेकिन फिर भी उसे छुआ नहीं जा सकता। वह मौजूद है, लेकिन फिर भी उसे देखा नहीं जा सकता। वह प्रत्येक घटना के साथ भी है और प्रत्येक घटना के पार भी है। फिर भी वह सर्वाधिक आधारभूत इकाई है, उसके बाहर नहीं हुआ जा सकता।

संपूर्ण जीवन की आधारभूत इकाई प्राण ही है। पेड़-पौधे, पशु-पक्षी, कंकड़-पत्थर, परमात्मा, सभी अलग-अलग तल पर, अलग-अलग समझ लिए गए हैं, जबकि वे सभी एक ही प्राण की अभिव्यक्ति हैं। वही प्राण अलग-अलग रूपों में, अलग-अलग ढंगों में अभिव्यक्त होता है—लेकिन फिर भी आधारभूत इकाई एक ही है। जब तक तुम स्वयं के भीतर प्राण को नहीं जान लेते, तब तक परमात्मा को भी नहीं जान सकोगे। और अगर तुम उसे स्वयं के भीतर नहीं जान सकते, तो तुम उसे बाहर भी नहीं जान सकते, क्योंकि भीतर तो वह तुम्हारे निकटतम है।

इसीलिए पतंजलि ने इसे अल्बर्ट आइंस्टीन से भी पांच हजार वर्ष पूर्व जान लिया था। इस बात को समझने के लिए विज्ञान के लिए पांच हजार वर्ष का समय काफी लंबा समय है। लेकिन विज्ञान ने इस बात को समझने के लिए जो भी प्रयास किए बाहर-बाहर से किए। पतंजलि ने अपने ही अस्तित्व की गहराई में डुबकी लगाकर उसे जाना; उनका वह आत्मगत अनुभव था। और विज्ञान उसे जानने की कोशिश वस्तुगत रूप से करता रहा। अगर किसी के बारे में वस्तुगत ढंग से कुछ जानना चाहा तो फिर तुमने बहुत लंबा रास्ता पकड़ लिया। इसीलिए विज्ञान को इतनी देर लगी। अगर तुम अपने भीतर उतर जाओ, तो तुमने उसे जानने का सबसे छोटा मार्ग खोज लिया।

साधारणतया तो हमें कुछ पता ही नहीं है कि हम कौन हैं? हम कहां हैं? हम यहां कर क्या रहे हैं? लोग मेरे पास आकर कहते हैं, 'हम कौन हैं? हम किसलिए हैं? हम यहां पर क्या कर रहे हैं?' मैं उनकी उलझन को समझ सकता हूं, लेकिन जहां कहीं भी तुम हो, और जो कुछ भी तुम कर रहे हो, समस्या तो वही की वही रहने वाली है—जब तक कि तुम उस स्रोत को ही न जान लो जहां से तुम आते हो, जब तक तुम अपने अस्तित्व के उस आधारभूत ढांचे को ही न समझ लो, जब तक तुम अपने प्राण को, अपनी ऊर्जा को ही न जान लो—समस्या रहने ही वाली है।

मैंने सुना है एक बार ऐसा हुआ:

मुल्ला नसरुद्दीन एक खेत में गया और वहां पर जाकर उसने अपना झोला खरबूजों से भर लिया। जब मुल्ला खेत से बाहर आ रहा था कि इतने में मालिक आ पहुंचा।

मुल्ला ने सफाई देते हुए कहा, 'मैं यहां से गुजर रहा था, तभी अचानक तेज हवाएं चलीं, और उन हवाओं ने मुझे उड़ाकर इस खेत में डाल दिया।'

मालिक ने पूछा, 'खरबूजों के बारे में क्या कहना है?'

'हवा इतनी तेज थी श्रीमान कि मेरे हाथ जो भी चीज लगी मैंने उसे कसकर पकड़ लिया। और इसी कारण खरबूजे उखड़ गए हैं।'

'लेकिन इन खरबूजों को तुम्हारे झोले में किसने डाल दिया है?'

मुल्ला ने कहा, 'सच-सच बता दूं। मैं खुद भी हैरान हूं कि आखिर ऐसे हुआ कैसे।'

यही हालत हम सब की है। हम यहां कैसे आए? क्यों आए? किसने हमें झोले में डाल दिया? हर कोई चकित है।

लोग कहते हैं, दर्शन-शास्त्र विस्मय से निर्मित हुआ है। लेकिन हमेशा विस्मय में ही मत जीए चले जाना, अन्यथा विस्मय भी एक तरह की भटकन हो जाएगी। फिर कभी पहुंचना नहीं हो सकेगा। विस्मित होते जाने से बेहतर है कुछ करने का प्रयास करना। तुम यहां पर हो, इतना तो सुनिश्चित है। तुम इस बात के प्रति सचेत हो कि तुम हो, इतना भी सुनिश्चित है। अब ये दो बातें योग के प्रयोगों के लिए पर्याप्त हैं। तुम होः तुम्हारा अस्तित्व है। इस बात के प्रति तुम सचेत हो कि तुम्हारा अस्तित्व हैः और तुम्हारे भीतर चेतना का अस्तित्व है। यह दो बातें योग के प्रयोगों के लिए, अपने जीवन को प्रयोगशाला बना देने के लिए पर्याप्त हैं।

योग को कार्य करने के लिए कृत्रिम और जटिल चीजें नहीं चाहिए। योग सरलतम है। योग के लिए दो बातें पर्याप्त हैंः कि तुम हो और तुम्हारी जागरूकता है। यह दोनों बातें तुम में हैं; प्रत्येक व्यक्ति के पास यह दोनों बातें हैं। किसी भी व्यक्ति में इन दोनों की कमी नहीं है। तुम्हारे पास एक सुनिश्चित अनुभूति है कि तुम हो। और निस्संदेह तुम उस सुनिश्चित अनुभूति के प्रति सचेत भी हो। यह दोनों बातें पर्याप्त हैं। इसीलिए योगियों के पास कोई प्रयोगशालाएं नहीं थीं, कोई परिष्कृत उपकरण भी नहीं थे—और उन्हें कोई राकफेलर या फोर्ड से मिलने वाले किसी अनुदान की कोई आवश्यकता नहीं थी। उन्हें थोड़े से भोजन और पानी की आवश्यकता होती थी, और इसी के लिए वे शहर में भिक्षा मांगने के लिए आते थे, और फिर कई-कई दिनों के लिए अंतर्धान हो जाते थे। एक या दो सप्ताह के बाद वे फिर भिक्षा मांगने के लिए आते, और फिर अंतर्धान हो जाते।

योग ने सबसे बड़ा प्रयोग किया हैः मनुष्य जाति के यथार्थ के जगत का सबसे बड़ा प्रयोग किया है। और केवल दो छोटी सी बातों को लेकर, लेकिन वे बातें कोई छोटी नहीं हैं। जब कोई व्यक्ति उन्हें जान लेता है, तो वह सर्वाधिक विराट घटनाओं में से एक घटना है।

तो आज के सूत्रों के बारे में जो सबसे महत्वपूर्ण बात है, वह है प्राण का आविष्कार। यह योग के मंदिर की आधारशिला है। हम श्वास लेते हैं। तो योग का कहना है कि हम केवल वायु को ही श्वास में नहीं भर रहे हैं; हम प्राण को भी श्वास में भर रहे हैं। असल में वायु तो प्राण के लिए एक वाहन मात्र है, एक माध्यम मात्र है। हम केवल श्वास के द्वारा जीवित नहीं रह सकते। श्वास तो घोड़े की तरह है, और हमने अभी तक घुड़सवार को जाना ही नहीं है। उस पर सवारी करने वाला प्राण है।

अब बहुत से मनस्विद इस रहस्य से परिचित हो गए हैं—अब वे उसे जान गए हैं, जो श्वास पर सवारी करता हुआ आता है; श्वास पर सवारी करता हुआ जाता है, जो निरंतर भीतर-बाहर आता-जाता रहता है। लेकिन फिर भी इसे पश्चिम में अभी तक वैज्ञानिक तथ्य के रूप में मान्यता नहीं

मिली है। ऐसा होना चाहिए, क्योंकि आधुनिक विज्ञान का कहना है कि पदार्थ का अस्तित्व नहीं है, हर चीज ऊर्जा के रूप में ही अस्तित्व रखती है। चाहे पत्थर हो या चट्टान हो सभी ऊर्जा के रूप हैं, हम भी वही ऊर्जा हैं। इसलिए हमारे भीतर भी बहुत सी ऊर्जाओं की लहरें लहरा रही हैं।

फ्रायड का परिचय इस वास्तविकता से संयोगवशात हो गया था। मैं कहता हूं, 'संयोगवशात,' क्योंकि उसकी आंखें खुली न थीं; उसकी आंखों पर पट्टी बंधी हुई थी। वह कोई योगी न था। वह फिर से उसी वैज्ञानिक दृष्टि की पकड़ में आ गया जो प्रत्येक चीज को विषय-वस्तु में परिवर्तित कर देती है। उसने इसे 'लिबिडो' कहकर पुकारा।

अगर तुम योगियों से पूछो तो वे कहेंगे लिबिडो का अर्थ है, रुग्ण-प्राण। जब प्राण गतिवान नहीं होता, जब प्राण ऊर्जा रुक जाती है, जब प्राण ऊर्जा अवरुद्ध हो जाती है, इसी तथ्य को फ्रायड ने जाना था। और फ्रायड की बात को समझा जा सकता है, क्योंकि फ्रायड केवल रुग्ण लोगों के साथ, स्नायु रोगियों, पागलों, और विक्षिप्त लोगों के साथ काम कर रहा था। रुग्ण और मानसिक रूप से अस्वस्थ लोगों के साथ काम-करते वह यह जान गया कि उनके शरीर में कोई रुकी हुई ऊर्जा है, और जब तक वह ऊर्जा निर्मुक्त नहीं होती, वे फिर से स्वस्थ नहीं हो सकेंगे। योगियों का कहना है कि लिबिडो का अर्थ है, प्राण के साथ कुछ गलत घट गया है। वह रुग्ण प्राण है। लेकिन फिर भी फ्रायड संयोगवशात उस बात से टकरा गया जो आगे भविष्य में बहुत संकेतपूर्ण हो सकती है।

और फ्रायड के शिष्यों में से एक शिष्य, विलियम रेक इसमें और भी गहरे गया। लेकिन उसे अमेरिका की सरकार ने पकड़ लिया, क्योंकि जो कुछ वह कह रहा था उसे वह बहुत वैज्ञानिक रूप से, बहुत ठोस वस्तुगत रूप से प्रमाणित नहीं कर सकता था। वह एक पागल आदमी की तरह जेल में मरा। अमरीकी सरकार ने उसे पागल करार दे दिया था। पश्चिम में जन्मे अभी तक के महानतम व्यक्तियों में से वह एक था। लेकिन फिर वही कि वह आंखों पर पट्टी बांधकर काम कर रहा था। वह अभी भी कोई ऐसा कार्य नहीं कर रहा था जैसा कि एक योगी करता है। उसका कारण उसकी वैज्ञानिक दृष्टि थी।

रेक ने उसी ऊर्जा से संपर्क बनाना चाहा था जिसे योगी प्राण कहते हैं, और रेक ने उसे 'ऑरगान' कहा। यह 'ऑरगान' 'लिबिडो' से अच्छा शब्द है। क्योंकि लिबिडो शब्द से कुछ ऐसा आभास होता है जैसे काम-ऊर्जा सब कुछ है। 'ऑरगान' उससे ज्यादा अच्छा शब्द है, ज्यादा विराट है, ज्यादा व्यापक है, लिबिडो से कहीं ज्यादा बड़ा है। ऑरगान शब्द से ऐसा आभास होता है, वह ऊर्जा को यह संभावना देता है कि वह कामवासना के पार जाए और स्वयं के अस्तित्व की उन ऊंचाइयों को छू ले जो कि कामवासना नहीं है! लेकिन रेक स्वयं मुश्किल में पड़ गया, क्योंकि उसने इस बात को इतना अधिक अनुभव किया और उसने इस पर इतना अधिक ध्यान दिया कि वह प्राण ऊर्जा को, ऑरगान को डिब्बों में संचित करने लगा। उसने ऑरगान बाक्सेज बनाए।

इसमें कुछ गलत नहीं है; योगी तो इस पर सदियों से काम करते आए हैं। इसीलिए योगी छोटी-छोटी गुफाओं में रहते थे। जो बाक्स के जैसी ही होती थीं। गुफा में केवल एक छोटा सा दरवाजा होता था और कोई खिड़की या झरोखा इत्यादि नहीं होता था। अब देखने में तो वे गुफाएं स्वास्थ्य के लिए बहुत ही हानिप्रद मालूम पड़ती हैं—और कैसे योगी उन गुफाओं में कई-कई वहां

वर्षों तक रहते रहे? भीतर हवा जाने का कोई साधन नहीं था, क्योंकि गुफा में कहीं कोई खिड़की, झरोखे इत्यादि नहीं होते थे, क्रास वेंटिलेशन बिलकुल भी नहीं होता था। वे गुफाएं एकदम अंधेरे से, सीलन से और गंदगी से भरी होती थीं—और योगी उन गुफाओं में एकदम अच्छे से और स्वस्थ जीते थे। यह एक चमत्कार ही था।

योगी वहां क्या कर रहे थे और वे कैसे वहां रह रहे थे? आधुनिक वैज्ञानिक अवधारणा के अनुसार तो उनकी मृत्यु हो जानी चाहिए थी, या फिर उन्हें रुग्ण लोगों की तरह उदास और दुखी होना चाहिए था; लेकिन योगी कभी दुखी नहीं रहे। बल्कि योगी एक सामान्य आदमी की अपेक्षा कहीं अधिक प्राण-ऊर्जा से भरे हुए ओजस्वी और तेजस्वी थे। ऐसा क्यों था? वे क्या कर रहे थे? उनके साथ क्या हो रहा था? वे ऑरगान निर्मित कर रहे थे—और ऑरगान को एक सुनिश्चित स्थान में रहने देने के लिए क्रास वेंटिलेशन, वायु की आवश्यकता नहीं होती; असल में तो क्रास वेंटिलेशन ऑरगान को एकत्रित होने ही न देगा, क्योंकि अगर वहां पर हवा होती है तो ऑरगान ऊर्जा तो घुड़सवार की तरह है—वह हवा पर सवार होकर बाहर निकल जाती है। इसलिए किसी तरह के द्वार-दरवाजों की आवश्यकता नहीं होती थी; किसी भी तरह से वायु नहीं आनी चाहिए; तब ऑरगान की पर्तों पर पर्तें एकत्रित होती चली जाती हैं और उससे व्यक्ति का विकास होता है, और उस ऑरगान के आधार पर वह जीवित रह सकता है।

विलियम रेक ने छोटे-छोटे ऑरगान बाक्सेज बनाए थे, और उनके माध्यम से उसने बहुत से रुग्ण लोगों की मदद भी की थी। वह रोगी से कहता था, ऑरगान बाक्स में लेट जाओ और वह बाक्स को बंद कर देता था और उस बाक्स में वह रोगी को आराम करने के लिए कहता था। और एक घंटे के बाद जब व्यक्ति उससे बाहर आता, तो अपने को अधिक प्राणवान, जीवंत, रोएं-रोएं में ऊर्जा के प्रवाह को अनुभव करता था। और बहुत से लोगों ने कहा भी कि ऑरगान बाक्स के साथ थोड़े से प्रयोग के बाद उनकी बीमारियां गायब हो गईं।

ऑरगान बाक्स इतना प्रभावशाली और इतना असरकारी था कि देश के कानून की फिकर किए बिना विलियम रेक ने उनको विशाल पैमाने पर बनाकर बेचना शुरू कर दिया। अंत में फूड और ड्रग विभाग वालों ने उसे पकड़ लिया, और उसें अपनी बात को प्रमाणित करने के लिए कहा गया।

अब इस बात को प्रमाणित करना थोड़ा कठिन है, क्योंकि ऊर्जा दिखाई तो देती नहीं है। ऊर्जा किसी को दिखायी नहीं जा सकती है। उसे तो अनुभव किया जा सकता है, और यह एक बहुत ही आंतरिक अनुभव है।

अलबर्ट आइंस्टीन से किसी ने नहीं कहा इलेक्ट्रान दिखाने के लिए, लेकिन फिर भी उसकी बात पर भरोसा किया गया, क्योंकि लोगों ने हिरोशिमा और नागासाकी को देखा है। उसके परिणाम को देखा जा सकता है; कारण को नहीं देखा जा सकता। अब तक किसी ने भी अणु को नहीं देखा है, फिर भी अणु है, क्योंकि उसके परिणाम को देखा जा सकता है।

बुद्ध ने सत्य को परिभाषित करते हुए कहा है कि सत्य वह है जो परिणाम ले आए। बुद्ध की सत्य की यह परिभाषा बहुत ही सुंदर है। सत्य की इतनी सुंदर परिभाषा इसके पहले और इसके बाद कभी नहीं की गई : कि सत्य वह जो परिणाम ले आए। अगर परिणाम ला सके तो वह सत्य है।

किसी ने भी अणु को देखा नहीं है, लेकिन फिर भी हमें उसके अस्तित्व को हिरोशिमा और नागासाकी के कारण स्वीकार करना पड़ता है। लेकिन विलियन रेक और उसके रोगियों की बात किसी ने नहीं सुनी। और ऐसे बहुत से लोग थे जो इस बात के लिए प्रमाण-पत्र देने के लिए तैयार थे कि 'हम स्वस्थ हुए हैं,' लेकिन ऐसा ही होता है—और जब कोई दृष्टिकोण सामान्य रूप से स्वीकृत हो जाता है तो लोग अंधे हो जाते हैं। उन्होंने कहा, 'ये सब लोग सम्मोहित हो गए हैं। पहली तो बात यह है कि वे बीमार ही न हुए होंगे। या फिर उन्होंने इसकी कल्पना कर ली होगी कि वे स्वस्थ हो गए हैं। या फिर यह मान्यता के अतिरिक्त और कुछ नहीं है।' अब तुम हिरोशिमा और नागासाकी में मर गए लोगों के पास जाकर तो यह कह नहीं सकते कि 'तुम लोगों ने यह कल्पना कर ली है कि तुम मर गए हो'; वे वहां हैं ही नहीं।

थोड़ा इस बात को देखने की कोशिश करो : जीवन की अपेक्षा मृत्यु कहीं अधिक विश्वसनीय है। और वर्तमान आधुनिक संसार जीवनोन्मुखी होने की अपेक्षा मृत्योन्मुखी अधिक है। अगर कोई व्यक्ति किसी की हत्या कर दे, तो उसकी खबर सभी अखबारों में छप जाएगी; वह सुर्खियों में छा जाएगा। लेकिन अगर कोई व्यक्ति किसी में नए जीवन का संचार कर दे, तो कोई भी व्यक्ति इसे कभी नहीं जान पाएगा। अगर कोई किसी की हत्या कर दे तो उसका नाम प्रसिद्ध हो जाएगा, वह फेमस हो जाएगा। लेकिन अगर कोई व्यक्ति किसी में जीवन का संचार कर दे, तो कोई उसके ऊपर भरोसा न करेगा। लोग कहेंगे, तुम चालाक हो, धूर्त हो, धोखेबाज हो।

ऐसा हमेशा से होता आया है। किसी ने जीसस पर भरोसा नहीं किया; लोगों ने उन्हें मार ही डाला। किसी को सुकरात पर भरोसा नहीं आया; लोगों ने उसकी हत्या कर दी। लोगों ने तो ईसप जैसे निर्दोष और बाल सुलभ आदमी की—जो कि एक प्रसिद्ध कहानी वाचक था—उस तक की हत्या कर दी। उसने कुछ नहीं किया था, उसने कभी कोई धर्म या दर्शन-शास्त्र खड़े नहीं किए थे, और वह किसी के विरुद्ध कुछ भी नहीं कह रहा था—वह तो बस थोड़ी सी सुंदर नीति-कथाओं की रचना कर रहा था। लेकिन उन कथाओं ने ही लोगों को नाराज और रुष्ट कर दिया, क्योंकि उन कथाओं के माध्यम से वह इतने सीधे-सरल ढंग से सच्चाइयों की अभिव्यक्ति कर रहा था कि उसका कत्ल कर दिया गया।

हम उन लोगों की किसी न किसी तरह से हत्या कर देते हैं, जो जीवन के प्रति विधायक हैं, जिनका जीवन के प्रति स्वीकार भाव है, जो जीवन को आगे बढ़ाते हैं, जीवन में वृद्धि करते हैं, जीवन में कुछ नया जोड़ते हैं। हम उनसे प्रमाण-पत्रों की मांग करते हैं, उनसे प्रूफ मांगते हैं।

अगर कोई मेरे पास आकर मुझसे पूछे कि मैं यहां क्या कर रहा हूं, तो यह बताना बहुत कठिन होगा। अगर मैं उन्हें अपना प्रमाण दूं तो वे कहेंगे कि तुम पागल हो गए हो। अब यह बात जरा सोचने जैसी है। अगर कोई मेरे विरोध में है, तो लोग उसका भरोसा कर लेंगे; अगर कोई मेरे पक्ष में है, तो वे उसका भरोसा नहीं करेंगे। अगर कोई विरोध में है—तो चाहे वह कितना ही मूढ़ क्यों न हो—वे उसके साथ किसी विवाद में न पड़ेंगे। वे कहेंगे, ठीक ही कह रहा है। और अगर कोई मेरे साथ है और मेरे पक्ष में है—तो चाहे वह कितना ही बुद्धिमान क्यों न हो—वे उस पर हंसेंगे, उसका मजाक उड़ाएंगे; और जान करके कहेंगे, मुझे पता है, तुम सम्मोहित हो गए हो।

जरा डा. फडनीस से पूछो; लोग उनसे कहते हैं कि वे सम्मोहित हो गए हैं।

यही तर्क का दुष्चक्र है। अगर मैं तुम्हें आश्वस्त कर दूं, तो तुम सम्मोहित मालूम पड़ते हो; अगर मैं तुम्हें आश्वस्त न कर पाऊं, तो मुझे गलत समझा जाता है। तो हर ढंग से मैं गलत ही सिद्ध होता हूं। अगर कोई आश्वस्त है...

ऐसा हुआ था। स्वभाव यहां पर हैं। अभी कुछ साल पहले वे अपने दो भाइयों के साथ यहां आए थे; वे तीनों भाई मेरे साथ वाद-विवाद करने के लिए आए थे। और उन तीनों में स्वभाव सबसे अधिक विवादी थे; लेकिन फिर भी स्वभाव ईमानदार और सीधे-सरल आदमी हैं। धीरे-धीरे स्वभाव के संदेह दूर हो गए। वह दूसरे दो भाइयों के साथ अगुआ बन कर आए थे; फिर वे ही टिक गए। तो दूसरे दोनों भाई उनके विरोधी हो गए। अब वे कहते हैं कि स्वभाव सम्मोहित हो गए हैं। उन दोनों भाइयों ने आना बंद कर दिया, वे मेरी बात नहीं सुनेंगे। अब वे भयभीत हैं कि अगर स्वभाव सम्मोहित हो सकता है, तो वे भी सम्मोहित हो सकते हैं। अब वे बचते हैं, और अपने बचाव के लिए उन्होंने एक सुरक्षा का उपाय खोज लिया है।

अगर मैं दूसरे भाई का संदेह दूर कर सकता हूं—क्योंकि मैं जानता हूं कि एक अब भी मान सकता है—तब जो एक भाई बच रहेगा वह और भी अधिक सुरक्षा के उपाय खोजेगा; और फिर वह कहेगा, दो भाई तो गए काम से। और वह जो एक भाई बचा है, वह भी एक अच्छे दिल का इंसान है; उसके लिए भी संभावना है। तब तो पूरा का पूरा परिवार यही सोचेगा कि तीनों पागल हो गए हैं।

इसी तरह से चीजें चलती जाती हैं। अगर तुम अपनी बात स्वीकृत नहीं करवा सकते, मनवा नहीं सकते तो तुम ग़लत हो; अगर तुम करवा सकते हो, तो भी तुम गलत हो।

तो बहुत से लोग जो बुद्धिमान थे—उनमें पीएच.डी. थे, प्रोफेसर थे, मनस्विद थे—जिनके पास प्रमाण-पत्र थे—लेकिन फिर भी न्यायालय ने उन लोगों की नहीं सुनी। उन्होंने कहा कि इन लोगों की आपस में साजिश है। यह लोग षड़यंत्रकारी हैं। पहले हमें दिखाओ कि वह ऑरगान ऊर्जा है कहां; बाक्स खोलकर हमें दिखाओ कि वह कहां है। यह तो एक साधारण सा बाक्स है, इसमें तो कुछ भी नहीं है। और तुम इसे बेच रहे हो, लोगों को धोखा दे रहे हो, उनके साथ छल-कपट और चालबाजी कर रहे हो।

विलियम रेक की मृत्यु जेल में हुई। ऐसा जान पड़ता है कि मनुष्य-जाति अपने अतीत के इतिहास से कभी कुछ नहीं सीखेगी; वह उसी बात की पुनरावृत्ति बार-बार करती रहेगी।

आखिर प्रेम का इतना विरोध क्यों है? क्योंकि ऑरग़ान ऊर्जा प्रेम ऊर्जा है। लोग जीवन के इतने विरोध में क्यों हैं? और मृत्यु के इतने पक्ष में क्यों हैं? हमारे भीतर कोई चीज ऐसी है जो विकसित नहीं हुई है। हम इतने ऊर्जा-विहीन, इतने बेजान हो गए हैं कि हमें भरोसा ही नहीं आता है कि जीवन में कुछ श्रेष्ठ संभावनाएं भी हैं। और अगर कोई उस ऊंचाई को उपलब्ध हो जाता है, तो हमें भरोसा नहीं आता कि ऐसा भी संभव हो सकता है। हमें इनकार करना ही पड़ता है। क्योंकि यह बात हमारे लिए अपमानजनक है।

अगर मैं कहूं कि मैं भगवान हूं, तो यह बात तुम्हारे लिए अपमानजनक हो सकती है। मैं तो इतना ही कह रहा हूं कि तुम सब भी भगवान हो सकते हो, उससे कम पर कभी राजी मत होना।

लेकिन तुम अपमानित अनुभव करने लगते हो। और ध्यान रहे हम अपनी संभावनाओं का केवल दो प्रतिशत हिस्से का ही उपयोग करते हैं; हमारी संभावनाओं का अट्ठानवे प्रतिशत हिस्सा तो व्यर्थ ही जा रहा है। यह तो ऐसे ही जैसे जीने के लिए सौ दिन मिले हों और हम केवल दो दिन जीकर ही मर गए। यहां तक कि बड़े-बड़े विचारक, चित्रकार, संगीतकार और प्रतिभाशाली लोग भी अपनी संभावनाओं का पंद्रह प्रतिशत हिस्सा ही उपयोग करते हैं।

अगर व्यक्ति अपनी परम ऊर्जा को उपलब्ध हो जाए, तो वह भगवान हो जाता है।

मैं एक कथा के माध्यम से समझाना चाहूंगा :

कोहेन की भेंट अचानक लेवी इसाकस से हो गई, जो कि बेहद उदास दिखाई पड़ रहा था। उसने पूछा, 'क्या बात है?'

खामोश रहने वाला इसाकस बोला, 'मेरा दीवाला निकल गया है, मेरा काम-धंधा ठप्प हो गया है।'

कोहेन बोला, 'ओह, ऐसा है क्या। अच्छा तो तुम्हारी पत्नी के नाम जो जमीन-जायदाद है, उसका क्या हुआ?'

'मेरी पत्नी के नाम कोई जमीन-जायदाद नहीं है।'

'अच्छा तो तुम्हारे बच्चों के नाम जो जमीन-जायदाद है, उसका क्या हुआ?'

'मेरे बच्चों के नाम कोई जमीन-जायदाद नहीं है।'

कोहेन ने लेवी के कंधे पर हाथ रखते हुए कहा, 'लेवी, तुम बहुत गलत सोच रहे हो। तुम्हारा दीवाला नहीं निकला है, तुम बर्बाद हो गए हो।'

अभी जहां पर तुम खड़े हो वहां पर तुम्हारी ऐसी ही अवस्था है : तुम्हारा केवल दीवाला ही नहीं निकला है, तुम बर्बाद भी हो गए हो। अगर तुम प्राणवान नहीं होते, अगर तुम फिर से अपने प्राणों को और ऊर्जा को प्रज्वलित नहीं करते, तो तुम बर्बाद ही हो—और तुम इस मिथ्या विचार के साथ भ्रम में ही जीते रहोगे कि तुम जिंदा हो। और चूंकि तुम्हें अपने आसपास के लोगों का, भीड़ का समर्थन प्राप्त है, क्योंकि वे भी उतने ही निष्प्राण हैं जितने कि तुम, इसीलिए तुम सोचते हो कि ऐसा ही होता होगा, यही नियम है। ऐसा नियम नहीं है।

धर्म की यात्रा का प्रारंभ केवल तभी होता है जब कोई इस सूत्र को समझ लेता है कि जो कुछ भी कर रहा है वह अभी कुछ भी नहीं है। जीवन का स्वर्णिम अवसर खोया जा रहा है। जब तक अपने भीतर के परमात्मा का अनुभव नहीं कर लो, किसी भी बात से संतुष्ट मत हो जाना। यह ठीक है, रात्रि के विश्राम के लिए कहीं ठहर जाओ, लेकिन सुबह होते ही फिर चल पड़ना। परमात्मा को ही अपने जीवन की कसौटी मानना, इससे कम पर राजी मत होना। और स्मरण रहे कि तुम्हारी भगवत्ता ही तुम्हारी संतृप्ति हो सकेगी।

और जिस दिन तुम खिल उठते हो, तुम्हारे प्राण खिल उठते हैं, तुम भगवान हो जाते हो। अभी तो तुम्हारे प्राण पृथ्वी पर घिसट रहे हैं—खड़े होकर चल भी नहीं पा रहे हैं।

मैंने सुना है, एक भिखारी ने एक मकान का द्वार खटखटाया। मकान मालकिन ने दरवाजा खोला। जैसे ही दरवाजा खुला, भिखारी ने एकदम साष्टांग प्रणाम किया। वह उस स्त्री के चरणों पर

पूरी तरह से गिर गया। वह भिखारी मजबूत, तंदरुस्त, स्वस्थ और युवा आदमी था। स्त्री बोली, 'यह आप क्या कर रहे हैं? आप लोगों के चरणों पर झुक-झुककर अपनी शक्ति को क्यों व्यर्थ नष्ट कर रहे हैं। आप क़ुछ काम क्यों नहीं करते। आप लोगों के चरणों में गिर-गिरकर भीख क्यों मांगते हैं?'

उस भिखारी ने स्त्री की तरफ देखा और बोला, 'देवी, मैं वैज्ञानिक मन का आदमी हूं। मैं अल्फाबेटिकली चलता हूं, मैं वर्णमाला के अनुसार चलता हूं।'

स्त्री बोली, 'वर्णों के क्रम से आखिर आपका मतलब क्या है?'

भिखारी बोला, 'आस्किंग—ए। बेगिंग—बी। क्रालिंग—सी। वर्क इज वेरी-वेरी फॉर अवे! वर्क तो अल्फाबेट में बहुत दूर पड़ता है!'

अल्फाबेटिकली! इतने अल्फाबेटिकली मत बनो।

अगर तुम अपने प्राणों को केवल कामवासना के उद्देश्यों के लिए प्रयुक्त कर रहे हो, तो तुम पृथ्वी पर रेंग रहे हो। जब तक कि ऊर्जा सहस्रार तक न पहुंचे, जब तक ऊर्जा प्राणों के शिखर तक ही न पहुंचे, तुम आकाश में उड़ान नहीं भर सकते। तब तक कैद में रहोगे, बंधन में रहोगे और हमेशा दुखी, पीड़ित ही रहोगे। आनंद तो केवल तभी है जब उड़ान आकाश में हो। आकाश खुला, विराट, और असीम हो जब तभी आनंद है। जब व्यक्ति अपने अस्तित्व की परम ऊंचाई को अपने आत्यंतिक शिखर को छू लेता है तभी आनंद है।

अब सूत्र।

'बंधन के कारण का शिथिल पड़ना और संवेदन-ऊर्जा भरी प्रवाहिनियों को जानना मन को पर-शरीर में प्रवेश करने देता है।'

'बंधकारणशैथिल्यात्। बंधन के कारण का शिथिल पड़ना...।'

बंधन का कारण क्या है? तादात्म्य। अगर शरीर के साथ तादात्म्य स्थापित हो जाए, तो शरीर से बाहर निकलना नहीं हो सकता। जहां-जहां तादात्म्य स्थापित हो जाता है, वहीं-वहीं बंधन हो जाता है। अगर तुम सोचते हो कि तुम शरीर हो, तो यह सोचना ही तुम्हें वह न करने देगा, जिसे केवल तभी किया जा सकता है जब कि तुम जान लो कि तुम शरीर नहीं हो। अगर तुम सोचते कि तुम मन हो, तो मन ही एकमात्र संसार बन जाता है; फिर तुम मन के पार नहीं जा सकते।

तुमने एक खास किस्म की भाषा सीख ली है—और उसी भाषा के द्वारा तुम सभी अनुभवों की व्याख्या करते चले जाते हो। फिर अगर तुम्हें ऐसा व्यक्ति भी मिल जाए जो शरीर के पार चला गया हो, तो तुम उसके अनुभवों को भी अपने अनुभव के तल पर ले आओगे। तुम अपने ढंग से ही उसकी व्याख्या करोगे। अगर तुम्हें बुद्ध भी मिल जाएं, तो तुम्हें उनका बुद्धत्व दिखाई नहीं पड़ेगा, तुम्हें केवल उनका शरीर दिखाई पड़ेगा। क्योंकि हम केवल वही देख सकते हैं जो हम स्वयं हैं। हम उससे अधिक कुछ नहीं देख सकते। हम ही अपनी सीमा हैं, हम ही अपना बंधन हैं।

स्मरण रहे, क्षुद्र चीजों के साथ तादात्म्य स्थापित मत करना।

ऐसे बहुत से लोग हैं जो केवल खाने के लिए ही जी रहे हैं। वे जीने के लिए नहीं खाते हैं, वे खाने के लिए जीते हैं। और वे खाते ही रहते हैं, खाते ही चले जाते हैं। वे बस भोजन ही बन जाते हैं और कुछ नहीं। वे रेफ्रिजरेटर की तरह भोजन को अपने में भरते चले जाते हैं। और वे निरंतर खाते

चले जाते हैं और वे सोचते भी नहीं हैं, कि वे कर क्या रहे हैं? भोजन ही उनका एकमात्र जीवन होता है—फिर अगर पूरा जीवन नीरस हो जाए तो कोई खास बात नहीं है।

एक बार मुल्ला नसरुद्दीन बीमार पड़ गया। उसकी पत्नी ने पूछा, 'क्या मैं डाक्टर को बुला लाऊं?'

मुल्ला बोला, 'नहीं, पशुओं के डाक्टर को बुलाओ।'

मुल्ला की पत्नी बोली, 'आप कहना क्या चाहते हैं? आप पागल हो गए हैं या फिर आपको बुखार बहुत तेज चढ़ा हुआ है? आप पशुओं के डाक्टर को ही क्यों बुलाना चाहते हैं?'

मुल्ला बोला, 'मैं पशुओं की तरह ही जी रहा हूं। मैं खच्चर की भांति काम में जुटा रहता हूं, मुझे लगता है जैसे मैं गधा हूं और मैं गाय के साथ सोता हूं। तुम पशुओं के डाक्टर को ही बुलाओ, मैं कोई आदमी थोड़े ही हूं। केवल पशुओं का डाक्टर ही मेरी हालत को समझ सकता है।'

थोड़ा अपने ऊपर ध्यान दो, अपना निरीक्षण करो कि तुम अपने साथ क्या कर रहे हो? बस, जैसे-तैसे जीवन को व्यतीत कर रहे हो। बस, भोजन से स्वयं को भर रहे हो, या फिर ज्यादा से ज्यादा कामवासना के आसपास चक्कर काट रहे हो या स्त्री या पुरुषों के पीछे भाग रहे हो।

एक बहुत ही प्यारी स्त्री ने मुझ से पूछा है, 'भगवान, मैं अकेली रहूं या मैं पुरुषों के पीछे भागती रहूं?'

वह स्त्री अपने यौवन को पार कर चुकी है, उसका यौवन बीत चुका है। अब तो अकेले और आनंदित रहने का समय है, अब तो पुरुषों के पीछे भागना मूढ़ता ही होगी। तो मैंने उससे कहा कि 'अब इसकी कोई जरूरत नहीं।' लेकिन पश्चिम में ऐसी अड़चन है कि एक वृद्ध स्त्री को भी युवा होने का दिखावा करना पड़ता है। और वे पुरुषों के पीछे भागती रहती हैं, क्योंकि वहां पर केवल यही उनका जीवन है। अगर पश्चिम में स्त्री या पुरुष की कामवासना तिरोहित हो जाती है, तो वे लोग समझने लगते हैं कि अब जीवन का कोई अर्थ नहीं है, क्योंकि अब किसके लिए जीना? उनके लिए जीवन का अर्थ केवल स्त्री-पुरुष के पीछे भागना ही है।

उस स्त्री को बात समझ आई। जब तुम मेरे निकट होते हो, तो किसी भी चीज को समझना बहुत आसान होता है। लेकिन जब तुम दूर चले जाते हो, तो समस्याएं फिर लौट आती हैं, क्योंकि वह समझ आने का कारण मैं ही था। मैं तुम पर आविष्ट हो गया था, मेरे प्रकाश में तुम बहुत सी चीजों को आसानी से देख सकते हो।

दूसरे दिन उसने पत्र लिखा, 'भगवान, आपने ठीक कहा। मुझे किसी के पीछे नहीं भागना चाहिए। लेकिन आकस्मिक घटित होने वाले प्रेम संबंधों के बारे में मैं क्या करूं?'

तुम फिर से वहीं पहुंच जाते हो। रेंगो मत, उठकर खड़े हो जाओ।

उपनिषद कहते हैं, उत्तिष्ठः जागृत प्राप्य वरन्नी बौधयात्! उठो, जागृत हो जाओ। क्योंकि जाग्रत होना ही उठने का, ऊपर उठने का और ऊंची उड़ान लेने का एकमात्र उपाय है।

बंधन का कारण तादात्म्य है।

सूत्र कहता है, 'बंधन के कारण का शिथिल पड़ना...।'

अगर तुम स्वयं को अपने शरीर से थोड़ा सा भी निर्मुक्त कर सको, शिथिल कर सको, और

मन से अलग हटा सको, तो तुम एक विराट अनुभव को प्राप्त हो जाओगे। और वह अनुभव है : तुम दूसरे के शरीर में प्रवेश कर सकते हो।

लेकिन यह विराट अनुभव क्यों है? क्योंकि अगर हम दूसरे के शरीर में प्रवेश कर सकें, तो शरीर से तादात्म्य हमेशा के लिए समाप्त हो जाता है। तब इस बात का बोध हो जाता है, कि इससे पहले भी हम बहुत से शरीरों में प्रवेश कर चुके हैं; इससे पहले भी हम कई शरीरों में रह चुके हैं। उस समय भी हमने प्रेम किया, प्रेम की पीड़ा उठाई, घृणा की, और भी न जाने किन-किन परिस्थितियों में से गुजरे; लेकिन जब शरीर के बाहर आकर हम यह सब देखते हैं, तो फिर कोई सा भी शरीर हो, हम शरीर से ऊपर उठकर पूरा खेल देख सकते हैं।

अगर तुम्हारा शरीर के साथ अत्यधिक तादात्म्य न हो, और शरीर के साथ किसी तरह का बंधन न हो, तो इसके लिए प्रयास कर सकते हो।

इसी भांति मृत शरीर में प्रवेश किया जा सकता है। बुद्ध अपने शिष्यों को मरघट पर भेजा करते थे। सूफी लोगों ने इस विधि पर बहुत काम किया है, वे मरघट में रहते थे। लोग लाशों को लेकर आते, और जब किसी शरीर को जलाया जाता, तो वे उस शरीर में प्रवेश करने का प्रयास करते। अगर तुम दूसरे के शरीर में प्रवेश कर सको, तो यह बिलकुल स्पष्ट दिखाई पड़ जाता है कि शरीर तो मात्र एक घर है, जहां कि हम रहते हैं। अगर तुम्हारा अपना मकान हो और तुम हमेशा से उसी में रहते आए हो, तो धीरे-धीरे उस मकान के साथ तादात्म्य स्थापित हो जाता है। तुम सोचने लगते हो कि मैं मकान हूं। लेकिन अगर तुम अपने किसी मित्र के घर चले जाओ, तो तुम्हें इस बात का अहसास होगा कि तुम मकान नहीं हो; तुम्हारा घर तो पीछे छूट गया है, तुम अब दूसरे के घर में हो। तब दृष्टि एकदम साफ हो जाती है।

और यह जो तादात्म्य है, अगर यह दिखाई पड़ने लगे, तो धीरे-धीरे उसमें शिथिलता आने लगती है, फिर धीरे-धीरे तादात्म्य कम होने लगता है। तो तादात्म्य का शिथिल होना या कम होना भी साधक के लिए बहुत सहयोगी है। अगर व्यक्ति अपने बंधनों को शिथिल कर दे, अपने बंधनों को खोल दे, तो भी वह दूसरों के लिए बहुत गहरे में सहयोगी हो सकता है। शक्तिपात की विधियों में से एक विधि यह भी है।

जब कभी कोई सदगुरु अपने किसी शिष्य की मदद करना चाहता है, उसके ऊर्जा के प्रवाह को, ऊर्जा के मार्ग को निर्बाध करना चाहता है—अगर शिष्य की ऊर्जा का प्रवाह अवरुद्ध हो गया है—तो सदगुरु उस पर उतर आता है, उस पर छा जाता है। और सदगुरु की विराट ऊर्जा, जो शुद्ध और असीम होती है, शिष्य की ऊर्जा में प्रवाहित होने लगती है। और शिष्य की ऊर्जा जो अवरुद्ध हो गई थी, वह फिर से प्रवाहित होने लगती है। तब शिष्य की ऊर्जा अपने से गतिमान होने लगती है। यही है शक्तिपात की संपूर्ण कला। अगर शिष्य सच में सदगुरु के प्रति समर्पित हो, तो सदगुरु शिष्य पर छा जाता है, उसे अपनी ऊर्जा से चारों ओर से घेर लेता है, उस पर आविष्ट हो जाता है।

और अगर एक बार शिष्य में सदगुरु की ऊर्जा प्रवाहित हो जाती है, सदगुरु के 'प्राण' शिष्य के आसपास छा जाते हैं, शिष्य में उतर आते हैं, तो फिर शिष्य की यात्रा बहुत आसान हो जाती है। जो काम वह वर्षों में नहीं कर सकता; जिस काम को करने में उसे कई वर्ष लग जाएंगे, क्योंकि वह इस

पर काम करता रहेगा, करता रहेगा...क्योंकि काम कठिन है, मार्ग में बहुत से अवरोध हैं, बहुत सी बाधाएं हैं; वे कई-कई जन्मों से एकत्रित होती जा रही हैं; और ऊर्जा बहुत थोड़ी है, बहुत ही अल्प है, कहना चाहिए, ऊर्जा की थोड़ी सी बूंदें ही हैं। वे ऊर्जा की बूंदें इस विराट रेगिस्तान में फिर-फिर खो जाती हैं। वह ऊर्जा बार-बार अवरुद्ध हो जाती है। लेकिन अगर सदगुरु शिष्य में निर्झर की तरह प्रवेश कर जाए, तो बहुत सी चीजें अपने से ही बह जाती हैं। और जब सदगुरु शिष्य से बाहर आ जाता है, तो शिष्य एकदम बदल जाता है—वह अधिक स्वच्छ, अधिक युवा, अधिक ऊर्जा से भरा हुआ हो जाता है...और उसके सभी ऊर्जा के मार्ग खुल जाते हैं। फिर शिष्य का थोड़ा सा प्रयास, और वह बुद्धत्व को उपलब्ध हो सकता है।

जब कोई सदगुरु किसी शिष्य के शरीर में प्रवेश करता है, तो वह एक बहुत ही स्वर्ण अवसर को, एक बड़ी संभावना को छोड़ जाता है। अगर शिष्य उसका सदुपयोग कर सके तो वह बहुत ही आसानी से, सीधे-सरल ढंग से, बिना किसी प्रयास के बुद्धत्व को उपलब्ध हो सकता है।

ऐसी कुछ विधियां हैं, उन विधियों को सिद्धों की विधियां कहा जाता है। वे अपने शिष्यों को किसी विशेष विधि पर कार्य नहीं करने देते हैं। सिद्ध शिष्य को केवल अपने निकट बैठने और प्रतीक्षा करने के लिए कहते हैं। उनका भरोसा सत्संग में होता है।

और यह बहुत ही अदभुत और शक्तिशाली विधि है, लेकिन सत्संग के लिए श्रद्धा और समर्पण की आवश्यकता होती है। अगर थोड़ा सा भी, रंच मात्र भी संशय भीतर है तो सत्संग नहीं हो सकता। थोड़ी सी भी बाधा या प्रतिरोध हुआ तो सत्संग फलित नहीं हो सकता। उसके लिए व्यक्ति को पूरी तरह से खुला हुआ और ग्राहक होना चाहिए। व्यक्ति को चंद्र-भाव, स्त्रैण-भाव में होना चाहिए, केवल तभी सदगुरु अपना कार्य कर सकता है।

'बंधन के कारण का शिथिल पड़ना और संवेदन-ऊर्जा भरी प्रवाहिनियों को जानना मन को पर-शरीर में प्रवेश करने देता है।'

इसके लिए दो बातें आवश्यक हैं। पहली तो बात है, बंधन का शिथिल होना; और दूसरी बात है, जागरूकता, होश और बोध कि शरीर को कहां से छोड़ना है और फिर कहां से कैसे वापस स्वयं के शरीर में प्रवेश करना है—और दूसरे के शरीर में कैसे प्रविष्ट होना है। क्योंकि अगर यह मालूम न हो कि कहां से तुम्हें अपने शरीर से निकलना है, तो फिर तुम वापस शरीर में प्रवेश नहीं कर पाओगे। इसलिए केवल बंधनों का शिथिल होना पर्याप्त नहीं है; अपने शरीर के आंतरिक जगत के प्रति सजग और जागरूक होना भी आवश्यक है।

साधारणतया तो हम केवल बाह्य शरीर को ही, चमड़ी को ही जानते हैं। इसी कारण लोग चमड़ी पर पाऊडर लगाते हैं, सुगंध लगाते हैं, इत्र-फुलेल लगाते हैं। हां, वही तो है उनका पूरा शरीर। वे शरीर के भीतर छिपी हुई प्रक्रिया को जानते ही नहीं हैं। उसके प्रति जागरूक ही नहीं हैं। उन्हें केवल चमड़ी का, ऊपर की सतह का ही पता है, जो कि बाह्य आवरण के अतिरिक्त और कुछ नहीं है। यह तो ऐसे ही है जैसे तुम ताजमहल देखने जाओ और तुम ताजमहल के बाहर ही बाहर घूमते रहो और बाहर की दीवारों को देखकर ही वापस लौट आओ। या तुम स्वयं को दर्पण में देखो, और दर्पण तो मात्र चमड़ी को, बाहरी ढांचे को ही प्रतिबिंबित करता है; और तुम उसी बाह्य आवरण के

साथ ही तादात्म्य स्थापित कर लेते हो। और सोचने लगते हो, 'मैं यही हूं।' लेकिन तुम वह नहीं हो। तुम उससे अधिक हो, उससे अधिक विराट हो—लेकिन तुम भीतर कभी देखते ही नहीं हो।

पहले शरीर के साथ जो तादात्म्य बना हुआ है उसे तोड़ दो, फिर अपनी आंखें बंद कर लो और शरीर को भीतर से अनुभव करने का प्रयास करो। शरीर को भीतर से स्पर्श करने का प्रयास करो, और देखो कि उसकी भीतरी अनुभूति कैसी है। केंद्रित हो जाओ, और वहां से चारों ओर देखो—और तब समस्त रहस्यों के पर्दे तुम्हारे सामने खुलते चले जाएंगे। इसी तरह से योगी—कहां से शरीर से बाहर जाया जा सकता है और कैसे फिर से शरीर में प्रवेश हो सकता है, और कैसे दूसरे के शरीर में प्रवेश कर सकते हैं—ऊर्जा के मार्ग, केंद्र, नाड़ियों और ऊर्जा-क्षेत्रों की क्रियाओं के विषय में जान सके।

इसके लिए आंतरिक शरीर विज्ञान का ज्ञान होना आवश्यक है। अगर आंतरिक शरीर विज्ञान का ज्ञान न हो, तो इसे नहीं जाना जा सकता। ऐसा बहुत बार हो चुका है।

इसीलिए पतंजलि सूत्र दे देते हैं, उसके विस्तार में नहीं जाते, क्योंकि अगर विस्तार से व्याख्या हो जाए तो ऐसे मूढ़ लोग हैं जो इसे करने के प्रयास में लग जाएंगे। इसीलिए इन सूत्रों में अंतर-विज्ञान के कोई विवरण नहीं दिए गए हैं। इन सूत्रों को पढ़ने मात्र से कुछ नहीं किया जा सकता। सच तो यह है जो भी व्यावहारिक और वास्तविक विवरण हैं, उन्हें तुम्हारे सामने खोला ही नहीं गया है। पतंजलि ने उन्हें छिपाकर रखा है।

वे विवरण केवल उनके लिए हैं जो सदगुरु के साथ काम कर रहे हैं। उन्हें सबके बीच नहीं कहा जा सकता है। क्योंकि कुछ लोग ऐसे भी हैं जो जिज्ञासा से भरे हुए हैं, और वे जिज्ञासावश इसका प्रयोग करने लगेंगे और कभी ऐसा भी संभव हो सकता है कि प्रयोग करते समय वे शरीर से बाहर निकल जाएं, लेकिन फिर वे शरीर के भीतर प्रवेश नहीं कर पाएंगे। या कभी वे दूसरे के शरीर में प्रवेश कर जाएं और फिर संभव है कि बाहर न आ पाएं। तब वे स्वयं के लिए और दूसरे के लिए भी समस्या खड़ी कर देंगे।

इसलिए इस बारे में विस्तार से कुछ नहीं बताया गया है; सदगुरु और शिष्य की अंतरंगता में ही इन्हें शिष्य को सौंपा गया है। यह सूत्र तो केवल इशारे मात्र हैं।

'उदना ऊर्जा-प्रवाहिनी को सिद्ध करने से योगी पृथ्वी से ऊपर उठ पाता है और किसी आधार, किसी संपर्क के बिना पानी, कीचड़, कांटों को पार कर लेता है।'

जब पहली बार एस्किमो जाति के बारे में पता चला, तो पता लगाने वाले यह जानकर बड़े हैरान हुए यह कि बर्फ के लिए उन लोगों के पास करीब-करीब एक दर्जन शब्द हैं—एक दर्जन! उन्हें भरोसा ही नहीं आया कि एक दर्जन शब्दों की जरूरत भी हो सकती है। 'स्नो' शब्द काफी है। या ज्यादा से ज्यादा एक शब्द और हो सकता है—'आइस,' वह फिर भी ठीक है। लेकिन एस्किमो लोगों के पास बर्फ के लिए लगभग एक दर्जन शब्द तो हैं ही और उससे अधिक शब्द भी हो सकते हैं। वे बर्फ में ही जीते हैं, बर्फ के अनेक रंग-रूप देखते हैं। वे उसे कई-कई ढंग से जानते हैं। जो व्यक्ति उष्ण-प्रदेश में रहता है, वह तो इस बात की कल्पना भी नहीं कर सकता कि बर्फ के लिए एक दर्जन शब्दों की क्या आवश्यकता है।

योगी लोगों का कहना है कि व्यक्ति में प्राण के पांच भिन्न-भिन्न रूप, क्रियाएं और ऊर्जा क्षेत्र होते हैं। हम तो यही कहेंगे कि श्वास कहना पर्याप्त है। हम तो केवल दो ही बातें जानते हैं—श्वास को बाहर छोड़ना, श्वास को भीतर लेना—इतना ही। लेकिन योगी तो प्राण के संसार में जीते हैं। और वे इसके सूक्ष्म भेद को समझते हैं, इसलिए उन्होंने इसको पांच भागों में विभक्त किया है। उन पांचों भागों को समझ लेना, वे बहुत महत्वपूर्ण हैं। पहला है प्राण, दूसरा है अपान, तीसरा है समान, चौथा है उदान, पांचवा है व्यान। यह व्यक्ति के भीतर प्राण के पांच विस्तार हैं, और प्रत्येक भीतर अलग-अलग काम कर रहा है।

प्राण है पहला श्वसन। दूसरा है अपान, वह मलोत्सर्ग में मदद देता है, वह मल आदि शरीर से निकालने में मदद करता है। अंतड़ियों की सफाई अपान से होती है। और अगर तुम जान लो कि कैसे इस पर काम करना है, तो तुम इस ढंग से अंतड़ियों की सफाई कर सकते हो जैसा कि कोई और नहीं कर सकता। योगियों की आंतें सर्वाधिक साफ होती हैं। और यह बहुत ही महत्वपूर्ण है, क्योंकि एक बार जब आंतें पूरी तरह साफ हो जाती हैं, जब अंतड़ियां एकदम साफ हो जाती हैं, तो पूरा शरीर एकदम हलका, भार विहीन हो जाता है, जैसे कि उड़ रहे हो। शरीर का भार समाप्त हो जाता है।

साधारणतया तो अंतड़ियों में बहुत सा कचरा और मल भरा रहता है—जीवनभर मल की पर्तों पर पर्तें चढ़ती चली जाती हैं। अंतड़ियों की भीतरी दीवारों पर मल इकट्ठा होता जाता है, वह सूखता जाता है और वह कठोर होता जाता है। जो भीतर जहर बनाता रहता है, उसी से भारी पन आता है। अगर अंतड़ियां साफ हों, तो यह पृथ्वी के गुरुत्वाकर्षण के प्रति तुम्हें ज्यादा खोल देता है। योग ने पेट की सफाई पर बहुत जोर दिया है—ताकि भीतर कोई विषैला पदार्थ न बच पाए वरना वे खून में चक्कर काटते रहते हैं, और वे मस्तिष्क में घूमते रहते हैं और वे व्यक्ति के आसपास एक विशेष तरह का ऊर्जा-क्षेत्र निर्मित कर देते हैं। जो कि बोझिल, उदास, और कालिमा लिए होता है।

जब अंतड़ियां पूरी तरह से स्वच्छ और साफ हो जाती हैं, तो व्यक्ति के सिर के चारों ओर एक प्रकार का आभा-मंडल निर्मित हो जाता है। और जिन लोगों के पास भी आंखें हैं, वे इसे बड़ी आसानी से देख सकते हैं। और जब अंतड़ियां पूरी तरह से स्वच्छ और साफ हो जाती हैं, तो व्यक्ति को ऐसा लगता है जैसे कि उसको पंख लग गए हों।

दूसरा है अपान, मलोत्सर्ग से संबंधित।

तीसरा है समान, वह पाचन शक्ति और शरीर को ऊष्मा प्रदान करता है। अगर तीसरे की क्रियाशीलता का ज्ञान हो जाए, और इसके प्रति सजगता आ जाए कि वह कहां प्रतिष्ठित है, तो पाचन-क्रिया एकदम ठीक हो जाती है।

साधारणतया भोजन तो हम अधिक कर लेते हैं, लेकिन उसे पचा नहीं पाते। कुछ लोग हैं कि खाए चले जाते हैं, और फिर भी संतुष्ट नहीं होते। भोजन पचे या न पचे, लेकिन कुछ लोग हैं कि ठूंस-ठूंस कर खाते चले जाते हैं। अगर व्यक्ति समान का उपयोग करना जानता हो, तो भोजन की थोड़ी सी मात्रा भी भोजन की अधिक मात्रा की अपेक्षा अधिक ऊर्जा देगी।

इसीलिए योगी बिना अपने शरीर को कोई क्षति पहुंचाए कई-कई दिन तक उपवास कर पाते हैं। कभी-कभी वे थोड़ा सा भोजन ले लेते हैं, और उस भोजन को पूरी तरह से पचा लेते हैं, उसे

आत्मसात कर लेते हैं। तुम्हारा भोजन तो पूरी तरह पच भी नहीं पाता है। इसीलिए आदमी का मल दूसरे जानवरों के लिए भोजन बन जाता है और वे उसे पचा सकते हैं। उस मल में बहुत सा भोज्य-पदार्थ अभी भी शेष बच रहता है।

और तीसरे, समान के द्वारा ही शरीर को ऊष्मा भी मिलती है। तिब्बत में समान के आधार पर ही एक पूरी पद्धति ही शरीर ऊष्मा निर्माण की विकसित कर ली है। वे एक सुनिश्चित ढंग से, एक सुनिश्चित लयबद्धता में श्वास लेते हैं, जिससे समान की ऊष्मा किरणें शरीर के भीतर एक विशेष ढंग से कार्य कर सकें। और उससे वे काफी ऊष्मा निर्मित कर लेते हैं। वे अपने भीतर इतनी ऊष्मा निर्मित कर लेते हैं कि चारों ओर बर्फ गिर रही हो और तिब्बती लामा पसीने से भीगा खुले आकाश के नीचे नंगा खड़ा रह सकता है। अगर चारों ओर बर्फ ही बर्फ हो, तो साधारण आदमी तो ठंड के मारे जमने ही लगेगा। इतनी बर्फ में घर से बाहर भी निकलना संभव नहीं है। और तिब्बती लामा है कि पसीने से तर-बतर गिरती हुई बर्फ के नीचे खड़ा रहेगा।

तिब्बत में चिकित्सक की जो परीक्षा ली जाती है, उनमें से यह भी एक परीक्षा है। जब तिब्बत में कोई चिकित्सक बनता है तो पहले उसे एक परीक्षा देनी होती है, जिसमें उसे अपनी शरीर-अग्नि को निर्मित करना पड़ता है। अगर वह उसे निर्मित नहीं कर सकता, तो उसे डाक्टर होने का सर्टिफिकेट नहीं दिया जाता है। यह बहुत कठिन कार्य है। संसार में कोई भी दूसरी चिकित्सा-प्रणाली चिकित्सक से इतनी बड़ी अपेक्षा नहीं रखती है। यह कोई मौखिक परीक्षा ही नहीं है, यह कुछ ऐसा नहीं है कि जिसे किसी तरह से रट लिया और परीक्षा में जाकर लिख दिया। व्यक्ति को सिद्ध करना होता है कि सच में उसने अपनी शरीर-ऊष्मा पर काबू पा लिया है, क्योंकि फिर जीवन भर उसे अपने मरीजों की ऊष्मा-ऊर्जा पर कार्य करना होता है। अगर उस ऊष्मा पर तुम्हारा ही पूरा अधिकार नहीं है, तो कैसे तुम दूसरों पर काम कर सकते हो?

इसलिए पूरी रात गिरती हुई बर्फ में परीक्षार्थी को बाहर खड़े रहना पड़ता है। पूरी रात में नौ बार परीक्षक आता है और हर बार शरीर को छूकर देखता है कि उसे पसीना आ रहा है या नहीं। अगर वह उतनी शरीर-ऊष्मा निर्मित कर सकता है, तो समान का मालिक होता है। अब वह चिकित्सक बन सकता है, अब वह चिकित्सक बनने के योग्य हो गया। अब उसका स्पर्श ही रोगी को चमत्कारिक ढंग से ठीक कर देगा।

तिब्बत में वे चिकित्सक को सिखाते हैं कि जब रोगी के हाथ को या नाड़ी को पकड़ो, तो एक खास ढंग से श्वास लो; केवल तभी चिकित्सक रोगी की श्वास-प्रक्रिया को ठीक से जान सकेगा। और जब एक बार रोगी की श्वास-प्रक्रिया को चिकित्सक ठीक से जान लेता है, तो वह रोगी की पूरी बीमारी को जान लेता है। और अब चिकित्सक को पता होता है कि क्या करना चाहिए। साधारणतया तो डाक्टर मरीज के लक्षणों की जांच करते समय, स्वयं उस स्थिति में नहीं जाते जिसमें रोगी है। लेकिन तिब्बत में—और उनकी पूरी विधि पतंजलि के योग पर आधारित है—पहले तो डाक्टर को स्वयं उस विशेष आयाम में आना होता है जहां वह रोगी को अनुभव कर सके, देख सके कि रोगी की समस्या कहां है, क्या है, कैसी है—रोगी की श्वास प्रक्रिया में कहां पर बाधा है, कहां पर उसकी श्वास अवरुद्ध है, कहां पर आघात करना है, कहां सब से ज्यादा काम करना है।

यही बात एक्यूपंक्चर के संबंध में भी सच है। एक्यूपंक्चर ताओवादी योग से विकसित हुआ है। भीतर ऊर्जा की, प्राण की क्रियाएं, गतियों को देखते हुए उन्हें यह ज्ञात हो गया कि शरीर में सात सौ बिंदु हैं। जो कि ऊर्जा बिंदु हैं, और उन बिंदुओं पर दबाव डालने भर से शरीर का पूरा ऊर्जा क्षेत्र परिवर्तित और रूपांतरित हो सकता है। जब तुम्हारे सिर में दर्द हो तो एक्यूपंक्चर करने वाला चिकित्सक शायद तुम्हारा सिर न छू पाए; उसकी कोई जरूरत भी नहीं। वह कहीं और छुएगा, क्योंकि शरीर की ऊर्जा विपरीत ध्रुवता में, ऋणात्मक और धनात्मक में अस्तित्व रखती है। अगर तुम्हारे सिर में दर्द है तो कहीं दूसरी जगह, कहीं विपरीत ध्रुव पर वह बिंदु को खोजकर उसे सुई से भेद देगा।

सुई से भेदने की भी जरूरत नहीं होती है। एक्यूप्रेशर में—अपने अंगूठे का थोड़ा सा दबाव और सिर का दर्द गायब हो जाता है। और यह चमत्कार है कि ऐसा होता कैसे है? सुई को चुभाने से या हाथ के अंगूठे से दबाने से पूरा ऊर्जा क्षेत्र रूपांतरित हो जाता है। दूसरी जगह पर उसे दबाने से, ऊर्जा का प्रवाह जो कि अवरुद्ध हो गया था, वापस प्रारंभ हो जाता है; अब व्यक्ति के पास एक अलग ही ऊर्जा होती है।

पश्चिम में अब एक्यूपंक्चर अधिकाधिक वैज्ञानिक रूप लेता जा रहा है, और विशेषकर सोवियत रूस में। क्योंकि रूस में एक नए ढंग की फोटोग्राफी खोज ली गई है क्रिलियान फोटोग्राफी। और वे सात सौ बिंदु उस फोटोग्राफी द्वारा उतारे चित्रों से देखने संभव हैं। और ठीक उन्हीं सात सौ बिंदुओं को बिना किसी माध्यम के, बिना किसी फोटोग्राफी के, बिना किसी कैमरे के ताओवादी योगियों ने जाना। उन्हें इन बिंदुओं का पता अपने ही भीतर उतरने पर चला।

चौथा है उदान, वाणी और संप्रेषण। जब तुम बोलते हो, तो चौथे प्रकार के प्राण का उपयोग होता है। और इस प्राण को प्रशिक्षित किया जा सकता है। अगर यह प्राण प्रशिक्षित कर लिया जाए तो व्यक्ति के बोलने में, भाषण देने में, गीत गाने में एक तरह का सम्मोहन होगा। तब वाणी में एक तरह का सम्मोहन होगा। तब बस, आवाज को सुनकर ही लोग चुंबक की तरह खिंचे चले आते हैं।

और ठीक ऐसा ही संप्रेषण के साथ भी होता है। जिन लोगों को संप्रेषण करना कठिन होता है—और बहुत से लोग हैं जो इसी कठिनाई में हैं कि दूसरे व्यक्ति के साथ कैसे संबंधित हों, दूसरे के साथ कैसे कम्यूनिकेट करें, कैसे बातचीत करें, कैसे प्रेम करें, कैसे मैत्री बनाएं कैसे दूसरे के सामने खुल सकें, बंद न रहें—उन सभी की उदान को लेकर ही कोई न कोई कठिनाई है। वे नहीं जानते कि इस प्राण ऊर्जा का उपयोग कैसे करना है, जो कि व्यक्ति को प्रवाहमान बनाती है और ऊर्जा को खोल देती है और तब आसानी से दूसरे के साथ संप्रेषण हो सकता है, दूसरे तक पहुंचना हो सकता है और तब फिर कहीं कोई अवरोध नहीं रहता।

और पांचवीं है व्यान, समन्वय और संघटन।

पांचवीं व्यक्ति को संघटित रखती है। जब पांचवीं शरीर को छोड़ देती है, तो व्यक्ति की मृत्यु हो जाती है। तब शरीर विघटित होना शुरू हो जाता है। अगर पांचवीं मौजूद रहती है, तो चाहे पूरी की पूरी श्वास प्रक्रिया क्यों न रुक जाए, व्यक्ति जीवित रहेगा।

यही तो योगी कर रहे हैं। जब योगी जनता के सामने प्रदर्शन करके यह दिखाते हैं कि वे अपनी हृदयगति को रोक सकते हैं, तो वे पहले के चार प्राणों को रोक देते हैं—पहले चार प्राणों को—वे

पांचवें पर ठहर जाते हैं। लेकिन पांचवीं प्राण ऊर्जा इतनी सूक्ष्म है कि आज तक कोई ऐसा यंत्र नहीं बना है जो उसका पता लगा सके। तो दस मिनट तक सभी तरह से डाक्टर या कोई भी व्यक्ति निरीक्षण कर सकता है और उन्हें लगेगा कि योगी मर गया है। और डाक्टर इसका प्रमाण-पत्र भी दे देंगे कि वह मर गया है, और योगी फिर से जीवित हो जाएगा, फिर से उसकी श्वास प्रारंभ हो जाएगी, फिर से उसका हृदय धड़कना प्रारंभ कर देगा।

पांचवीं प्रक्रिया सर्वाधिक सूक्ष्म है, और यही वह धागा है जो व्यक्ति को एक जैविक एकता में, ऑरगेनिक यूनिटि में बांधकर रखता है।

अगर पांचवें को जान लिया, तो परमात्मा को जाना जा सकता है, उससे पहले परमात्मा को नहीं जाना जा सकता। क्योंकि हमारे भीतर पांचवें का वही कार्य है जो कि परमात्मा का उसकी समग्रता में कार्य है। परमात्मा व्यान है। वह संपूर्ण अस्तित्व को एकसाथ जोड़े हुए है—चांद-तारे, सूरज, संपूर्ण ब्रह्मांड को, सब को एक दूसरे के साथ जोड़े हुए है।

अगर तुम अपने शरीर को जान लो, तब तुम जानोगे कि शरीर एक लघु जगत है, जो कि संपूर्ण ब्रह्मांड का प्रतिनिधि है। संस्कृत में देह को पिंड कहते हैं, लघु ब्रह्मांड; और जो लघु ब्रह्मांड है, वही है संपूर्ण ब्रह्मांड। और व्यक्ति का शरीर ब्रह्मांड का ही एक लघु रूप है। उसमें वह सभी कुछ है जो इस संपूर्ण अस्तित्व में है, उससे कुछ भी कम नहीं है। अगर व्यक्ति अपनी समग्रता को, अपनी पूर्णता को जान ले, तो वह संपूर्ण अस्तित्व की समग्रता को जान सकता है।

हमारी समझ उतनी ही होती है, जहां हम खड़े होते हैं। अगर कोई कहता है कोई परमात्मा नहीं है, तो वह केवल इतना ही कह रहा है कि वह अपने ही अस्तित्व के किसी एकात्मक तत्व को, अपने ही परमात्मा को नहीं जान पाया है—बस, वह इतना ही कह रहा है। ऐसे आदमी के साथ झगड़ा मत करना, उसके साथ किसी तर्क में मत पड़ना, क्योंकि विवाद या तर्क उस व्यक्ति को व्यान का कोई अनुभव नहीं दे सकते। किसी भी तरह के प्रमाण उसे व्यान का अनुभव नहीं दे सकते।

योगी कभी तर्क में नहीं पड़ते। वे कहते हैं आओ, हमारे साथ प्रयोग में उतरो—परिकल्पना के रूप में। हम जो कहते हैं, उसे मानने की कोई जरूरत नहीं। बस कोशिश करो, केवल यह समझने की कोशिश करो कि यह है क्या। जब तुम अपने व्यान को अनुभव कर लोगे, तो परमात्मा का आविर्भाव हो जाता है। तब परमात्मा ही चारों ओर, संपूर्ण अस्तित्व में फैलता चला जाता है।

मैं तुमसे एक कथा कहना चाहूंगा:

एक मकान मालकिन ने अपनी समस्या का समाधान करने के लिए किराएदार से कहा। वह उससे कहने लगी, 'मेरे पास पिंजरे में ये दो तोते हैं; एक पुरुष तोता है और एक स्त्री तोता है, लेकिन मुझे यह समझ नहीं आ रहा है कि इनमें से कौन सा नर है और कौन सी मादा है। क्या यह जानने में आप मेरी कुछ मदद कर सकते हैं?'

किराएदार ने कहा, 'देखिए श्रीमती जी, मुझे तोतों के बारे में कुछ भी मालूम नहीं है। लेकिन फिर भी मैं बताता हूं कि क्या करना चाहिए—आप एक काला कपड़ा उनके पिंजरे पर डाल दें, आधे घंटे के लिए उन्हें अकेला छोड़ दें। फिर वह काला कपड़ा हटा दें और देखें कि कौन से तोते के पंख अस्त-व्यस्त हैं। वही नर तोता होगा।'

मकान मालकिन ने वैसा ही किया, उसने पिंजरे पर काला कपड़ा डाल दिया। उस कपड़े को आधे घंटे तक पिंजरे पर पड़ा रहने दिया। फिर उसने कपड़े को हटा दिया। जैसा कि मालूम ही था, उनमें से एक तोते के पंख थोड़े अस्त-व्यस्त थे।

वह बोला, 'देखो जान लिया न, यही है नर तोता।'

वह बोली, 'हां, एकदम ठीक। लेकिन आगे भविष्य में मैं यह कैसे जान पाऊंगी?'

इस पर वह किराएदार बोला, 'इसकी गर्दन में एक छोटा सा रिबन बांध दो, तो तुम्हें मालूम रहेगा कि कौन सा नर तोता है।'

और मकान मालकिन ने वैसा ही किया।

उसी शाम धर्म पुरोहित चाय-नाश्ते के लिए उस महिला के घर आया। तोते ने एक नजर उसकी टाई को देखा और बोला, 'तो अच्छा! क्या आपको भी उन्होंने इस हालत में पकड़ा है।'

जो कुछ भी हमारे अनुभव में आता है, वही हमारे लिए सारे जगत की व्याख्या बन जाता है। हम अपने अनुभवों की सीमा में बंधे हुए हैं; हम उन्हीं सीमाओं में जीते हैं, उन्हीं बंधी-बंधाई सीमित दृष्टि से संसार को देखते हैं। इसलिए अगर कोई कहता हो कि परमात्मा नहीं है, तो उसके प्रति करुणा का अनुभव करना। उस पर नाराज मत होना। ऐसा कहकर वह केवल इतना ही कह रहा है कि उसका अभी परमात्मा के साथ कोई संबंध स्थापित नहीं हो पाया है। उसने अपने भीतर, अपने अंतर-अस्तित्व में परमात्मा की रोशनी की एक किरण भी नहीं देखी है। वह कैसे भरोसा कर सकता है कि जीवन का और प्रकाश का स्रोत सूर्य वहां पर विद्यमान है। नहीं, वह भरोसा नहीं कर सकता। वह पूरी तरह से अंधा होता है, अभी उसने प्रकाश की एक भी किरण अपनी आंखों से नहीं देखी है। ऐसे व्यक्ति के ऊपर करुणा करना, उसकी मदद करना। उसके साथ तर्क में मत पड़ना, क्योंकि किसी भी तरह का तर्क या वाद-विवाद उसके लिए सहयोगी न होगा।

कोई भी व्यक्ति किसी दूसरे व्यक्ति को इस पर विश्वास नहीं दिलवा सकता कि परमात्मा है। विश्वास के साथ इसका कुछ लेना-देना नहीं है; उसका तो स्वयं के रूपांतरण के साथ संबंध है, वह तो एक रूपांतरण है।

'उदना ऊर्जा-प्रवाहिनी को सिद्ध करने से योगी पृथ्वी से ऊपर उठ पाता है, और किसी आधार, किसी संपर्क के बिना पानी, कीचड़, कांटों को पार कर लेता है।'

अगर व्यक्ति स्वयं के साथ समस्वरता पा लेता है और उदना के नाम से पहचाने जाने वाले प्राण को सिद्ध कर लेता है, तो वह हवा में ऊपर उठ सकता है। क्योंकि यह उदना ही है जो व्यक्ति को गुरुत्वाकर्षण के साथ जोड़ कर रखती है।

तुम आकाश में पक्षियों को, बड़े-बड़े पक्षियों को उड़ते हुए देखते हो। अभी भी वैज्ञानिकों के लिए यह एक रहस्य ही बना हुआ है कि पक्षी इतने भार के साथ कैसे उड़ते हैं। ये पक्षी प्रकृति की ओर से ही उदना के बारे में जानते हैं; इसलिए उनके लिए उड़ना सहज और स्वाभाविक होता है। वे एक विशेष ढंग से श्वास लेते हैं। अगर तुम भी उसी ढंग से श्वास को ले सको, तो तुम पाओगे कि तुम्हारा संबंध गुरुत्वाकर्षण से टूट गया है। गुरुत्वाकर्षण के साथ जो व्यक्ति का संबंध है वह उसके अंतर-अस्तित्व से ही है, वह उसके भीतर से ही है। इसलिए इसे तोड़ा भी जा सकता है।

और बहुत लोगों के साथ अनजाने में ऐसा घटित भी हुआ है। कई बार ध्यान करते समय, बैठे-बैठे अचानक तुम्हें ऐसा लगता है कि तुम ऊपर उठ रहे हो। जब अपनी आंखें खोलते हो, तो अपने को जमीन पर बैठा हुआ पाते हो। आंखें बंद करते हो, तो फिर ऐसा लगता है जैसे कि ऊपर उठ रहे हो। ऐसा संभव है कि तुम्हारा भौतिक शरीर ऊपर न भी उठता हो, लेकिन तुम्हारे भीतर गहरे में कुछ अलग हो गया होता है, कुछ टूट गया होता है और तब तुम अपने और गुरुत्वाकर्षण के बीच एक अंतराल का अनुभव करने लगते हो। इसीलिए तुम्हें ऐसा अनुभव होता है कि तुम ऊपर उठ रहे हो। यह बात अगर रोज-रोज गहरी होती चली जाए, तो एक दिन ऐसा संभव हो सकता है कि तुम ऊपर उठ सको।

बोलीविया में एक स्त्री है। जिसका सभी तरह से वैज्ञानिक ढंग से निरीक्षण और परीक्षण किया गया है; वह स्त्री पृथ्वी से ऊपर उठ जाती है। वह कुछ क्षणों के लिए जमीन से चार फीट ऊपर उठ जाती है—बस ध्यान करने से। वह आंख बंद करके ध्यान में बैठ जाती है और वह ऊपर उठने लगती है।

'समान ऊर्जा प्रवाहिनी को सिद्ध करने से, योगी अपनी जठर अग्नि को प्रदीप्त कर सकता है।'

तब भोजन को बड़ी आसानी से और पूरी तरह से पचाया जा सकता है। और केवल यही नहीं, जब जठर अग्नि प्रज्वलित हो जाती है, तो पूरी देह के आसपास एक विशेष आभा मंडल बन जाता है। एक विशेष प्रकार की अग्नि, एक तरह की जीवंतता का आविर्भाव हो जाता है।

और यह अग्नि योगी को अपने पूरे शरीर को शुद्ध करने में सहयोगी होती है। क्योंकि यह अग्नि भीतर के सभी कूड़े-कचरे को, दुर्गंध को, उन सबको जो वहां पर नहीं रहना चाहिए, उनको जला देती है। जठर अग्नि शरीर के भीतर की सारी अशुद्धियों और विष-तत्वों को जलाकर नष्ट कर देती है। और यह अग्नि, अगर सच में ही इसे समग्ररूपेण प्रज्वलित किया जा सके, तो मन को भी जला सकती है। इस अग्नि में विचार जलकर राख हो सकते हैं, इच्छाएं जलकर भस्म हो सकती हैं।

और पतंजलि कहते हैं, अगर एक बार इस अग्नि को जान लो, एक विशेष ढंग की श्वास प्रक्रिया के द्वारा एक विशेष प्राण ऊर्जा को पा लिया और उसे भीतर संचित कर लिया, तो जीने की आकांक्षा ही समाप्त हो जाती है—तब इच्छा का, आकांक्षा का बीज ही जलकर राख हो जाता है। फिर उसके बाद जन्म नहीं होता। इसे ही पतंजलि निर्बीज समाधि कहते हैं—जहां बीज भी जलकर समाप्त हो जाता है।

'आकाश और कान के बीच के संबंध पर संयम ले आने से परा-भौतिक श्रवण उपलब्ध हो जाता है।'

संस्कृत के आकाश शब्द को अंग्रेजी में ईथर कहते हैं। आकाश शब्द परमात्मा से कहीं अधिक व्यापक, विराट और बोधगम्य है। आकाश का अर्थ होता है: वह अंतराल, वह शून्यता जो सभी को घेरे हुए है। आकाश का अर्थ होता है: वह महाशून्य जिससे हर चीज आती है और उसी में विलीन हो जाती है। वह अनंत, अनादि शून्यता जो प्रारंभ से है और जो अंत में भी बच रहेगी। सभी कुछ इसी शून्यता में से आता है और इसी में समाहित हो जाता है। लेकिन इसका अभिप्राय किसी तरह के रिक्तता या खालीपन से नहीं है। यह शून्यता नकारात्मक नहीं है। यह शून्यता पूरी तरह से

पोटेंनशियल है, जिसमें अनंत शक्ति छिपी हुई है, जिसमें अनंत संभावनाएं छिपी हुई हैं। यह सकारात्मक है, लेकिन फिर भी आकार-विहीन है, उसका कोई रूप या आकार नहीं है।

इसी आकाश का जिसका कोई आकार नहीं है, जो चारों ओर से घेरे हुए है, और जो कान से संबंध है उस पर संयम पा लेने से...

योग की खोज है यह कि कान की समस्वरता आकाश से सधी हुई है; इसीलिए व्यक्ति को ध्वनियां सुनाई देती हैं। ध्वनियां आकाश में, ईथर में निर्मित होती हैं और देह के भीतर जो कान है, वह आकाश से जुड़ा होता है। आंखें सूर्य से जुड़ी हुई हैं; कान आकाश से, ईथर से जुड़े हुए हैं। अगर व्यक्ति अपनी समाधि को आकाश और कान से जोड़ ले, तो जो कुछ भी वह सुनना चाहता है, वह सब सुनने के योग्य हो जाएगा।

ऊपर से देखने पर यह चमत्कार लग सकता है, लेकिन फिर भी इसमें कोई चमत्कार नहीं है। इसके पीछे वैसे ही वैज्ञानिक नियम हैं जैसे कि टेलीविजन और रेडियो के पीछे हैं। बस एक तरह की समस्वरता की आवश्यकता होती है। अगर कान आकाश के साथ एक विशेष समस्वरता को पा लेते हैं, तो व्यक्ति वह सुनने लगता है, जो सामान्यतया नहीं सुना जा सकता। तब दूसरे के विचारों को भी सुना जा सकता है।

केवल इतना ही नहीं, उन विचारों को भी सुना जा सकता है जो कि हजारों साल पहले कहे और बोले गए थे। बुद्ध को फिर से सुना जा सकता है। फिर से कृष्ण-अर्जुन संवाद सुना जा सकता है। जीसस को सर्मन आन माऊंट देते हुए फिर से सुना जा सकता है। क्योंकि जो कुछ भी इस अस्तित्व में कहा गया है, या बोला गया है, वह सब आकाश में रहता है। वह कभी भी इस अस्तित्व से बाहर नहीं जाता, वह कभी मिटता नहीं है; बहुत ही सूक्ष्म रूप से वह हमेशा विद्यमान रहता है।

थियोसोफी में वे इसे आकाशी रिकार्ड कहते हैं। हर चीज आकाश के रिकार्ड में टेप है, बस एक बार उसकी कुंजी को खोज लो। और वह कुंजी कान और आकाश के बीच के संबंध पर संयम ले आने से उपलब्ध हो जाती है।

'शरीर और आकाश के संबंध पर संयम ले आने से और साथ ही भार-विहीन चीजों—जैसे रुई आदि से अपना तादात्म्य बना लेने से योगी आकाशगामी हो सकता है।'

और अगर व्यक्ति शरीर और आकाश के संबंध पर संयम ले आता है...।

आकाश का कोई आकार नहीं है, आकाश आकार विहीन है, निराकार है। आकाश हमको चारों ओर से घेरे हुए है, लेकिन उसकी कोई सीमा नहीं है। आकाश के सागर में हमारा शरीर एक लहर मात्र है। जन्म से पहले वह अप्रकट रूप से आकाश में था, और मृत्यु के पश्चात वह फिर आकाश में विलीन हो जाएगा। अभी भी लहर आकाश से जुड़ी है; वह उससे अलग नहीं है। बस, अपनी जागरूकता को उस लहर पर और संबंध पर केंद्रित करो जो संबंध लहर और सागर का है, और तब व्यक्ति अपनी इच्छा के अनुरूप प्रकट या विलीन हो सकता है।

योगी स्वयं को एकसाथ कई जगह पर प्रकट कर सकता है; वह अपने एक शिष्य से कलकत्ता में मिल सकता है और दूसरे से बंबई में और किसी तीसरे से केलीफोर्निया में। एक बार व्यक्ति इस अनंत सागर के साथ समस्वर होना सीख ले, तो वह अपरिसीम रूप से शक्तिशाली हो जाता है।

लेकिन इस बात को खयाल में ले लेना कि इन सभी बातों की आकांक्षा नहीं करनी है। अगर तुम इनकी आकांक्षा करोगे, तो ये बंधन बन जाएंगी। यह तुम्हारी लालसा नहीं होनी चाहिए। और जब यह अपने से घटित हो, तो उन्हें परमात्मा के चरणों में अर्पित कर देना। परमात्मा से कहना, मुझे इनका क्या करना है? जो कुछ भी तुम्हें मिले, उसे त्यागते चले जाना, उसे वापस परमात्मा के चरणों में ही चढ़ा देना। क्योंकि उससे भी अधिक अभी आने को है; लेकिन उसे भी चढ़ा देना। फिर भी और बहुत कुछ आएगा; उसे भी चढ़ा देना। और फिर एक ऐसा बिंदु आता है, जहां तुमने सब कुछ त्याग दिया है, सब कुछ परमात्मा के चरणों में चढ़ा दिया है, तब परमात्मा स्वयं तुम्हारे पास चला आता है।

जब तुम अपने पास कुछ भी बचाकर नहीं रखते हो, सभी कुछ परमात्मा के चरणों में चढ़ा देते हो, तो उस त्याग के परम क्षण में परमात्मा स्वयं तुम्हारे पास चला आता है।

इसलिए मेहरबानी करके इनके लिए लालची और लोभी मत बन जाना। और इनका मैंने तुम्हें कोई विवरण भी नहीं दिया है। इसलिए अगर तुम लोभी बन भी जाओ, तो तुम्हें कुछ मिलने वाला नहीं है। उनके विवरण और ब्योरे तो परम एकांत के क्षणों में ही दिए जा सकते हैं। उनका हस्तांतरण केवल व्यक्ति से व्यक्ति को ही हो सकता है। और तुम्हें इस बात की कोई आवश्यकता नहीं है कि उनकी व्याख्याओं और विवरणों के लिए तुम मेरे पास आओ। जब भी तुम तैयार होगे, जहां भी तुम होगे, वहीं वे तुम्हें दे दी जाएंगी। केवल बात तुम्हारी तैयारी की है। अगर तुम तैयार हो, तो वे तुम्हें दे दी जाएंगी। और वे केवल तुम्हारी तैयारी के अनुपात में ही दी जाएंगी, ताकि तुम्हें भी किसी तरह की हानि न पहुंचे और तुम दूसरों को भी किसी तरह की हानि न पहुंचा सको। वरना आदमी तो बड़ा खतरनाक जानवर है।

उस खतरे का हमेशा ध्यान रखना।

[redacted]

प्रवचन 20

जाना कहां है

प्रश्न-सार

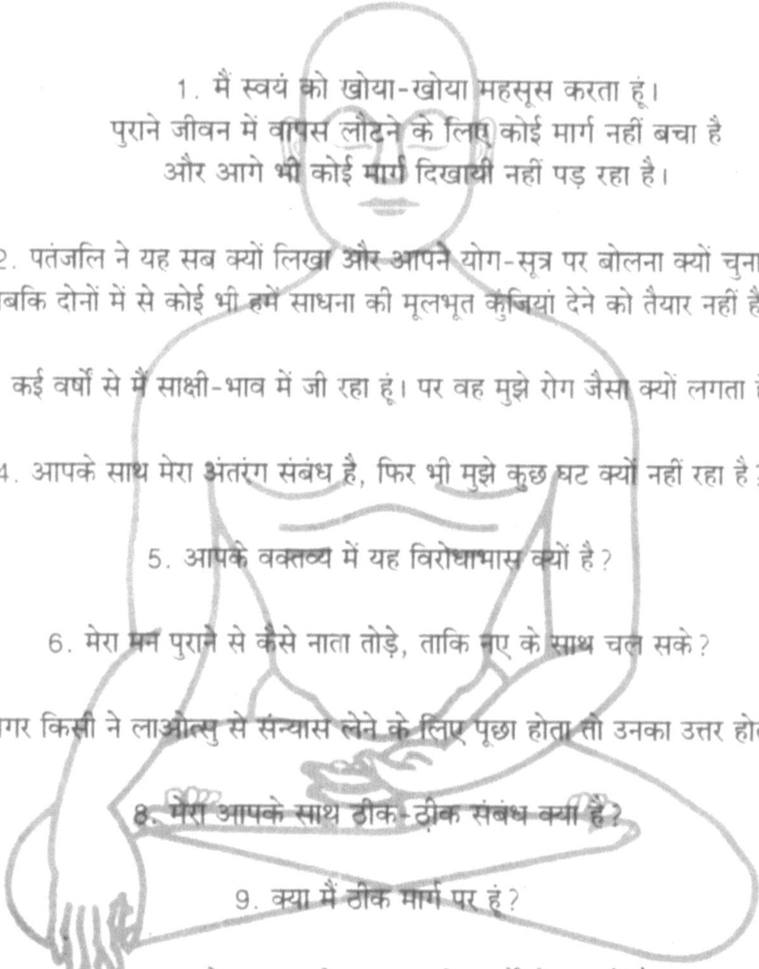

1. मैं स्वयं को खोया-खोया महसूस करता हूं।
पुराने जीवन में वापस लौटने के लिए कोई मार्ग नहीं बचा है
और आगे भी कोई मार्ग दिखायी नहीं पड़ रहा है।

2. पतंजलि ने यह सब क्यों लिखा और आपने योग-सूत्र पर बोलना क्यों चुना,
जबकि दोनों में से कोई भी हमें साधना की मूलभूत कुंजियां देने को तैयार नहीं है?

3. कई वर्षों से मैं साक्षी-भाव में जी रहा हूं। पर वह मुझे रोग जैसा क्यों लगता है?

4. आपके साथ मेरा अंतरंग संबंध है, फिर भी मुझे कुछ घट क्यों नहीं रहा है?

5. आपके वक्तव्य में यह विरोधाभास क्यों है?

6. मेरा मन पुराने से कैसे नाता तोड़े, ताकि नए के साथ चल सके?

7. अगर किसी ने लाओत्सु से संन्यास लेने के लिए पूछा होता तो उनका उत्तर होता...

8. मेरा आपके साथ ठीक-ठीक संबंध क्या है?

9. क्या मैं ठीक मार्ग पर हूं?

10. आपके आश्रम की व्यवस्था तीन धूर्तों के हाथ में है,
जो सुंदर और सरल स्त्रियों के भेष में हैं।

पहला प्रश्न: मैं स्वयं को खोया-खोया महसूस करता हूं। अपने पुराने जीवन में वापस लौटने के लिए कोई मार्ग नहीं बचा है—सभी सेतु टूट चुके हैं—और मुझे आगे भी कोई मार्ग दिखायी नहीं पड़ रहा है।

कोई मार्ग है भी नहीं। मार्ग केवल मन का एक भ्रम है। मन लक्ष्यों तक पहुंचने के, आकांक्षाओं की पूर्ति के सपने ही देखता रहता है। मार्ग तो आकांक्षा करने वाले मन की छाया है। पहले तुम किसी चीज की आकांक्षा करते हो। निस्संदेह वह आकांक्षा केवल भविष्य में होती है और भविष्य का अभी कुछ पता नहीं है। जो है ही नहीं उसे, जो है उससे कैसे जोड़ा जा सकता है? तो तुम उसमें से कोई रास्ता बना लेते हो। यह एक कल्पना ही होती है, एक भ्रम ही होता है। लेकिन उस मार्ग के चक्कर में तुम उससे जुड़ जाते हो, जो नहीं है और इस तरह से तुम्हारी यात्रा की शुरुआत हो जाती है। सच तो यह है तुम स्वयं को ही धोखा दे रहे होते हो, स्वयं के साथ एक खेल खेल रहे होते हो।

कहीं कोई मार्ग नहीं है, इसलिए मार्ग की कोई जरूरत नहीं है। तुम पहले से ही वहां पर विद्यमान हो। वह कुछ ऐसा नहीं है जिसे उपलब्ध करना है, वह मिला ही हुआ है। और अगर गहरे से देखा जाए तो धर्म कोई मार्ग नहीं है, बल्कि केवल एक बोध है, एक अनुभूति है, सत्य का रहस्योदघाटन है—इस बात का बोध कि तुम पहले से ही वहां पर हो। तुम्हारी अभीप्सा, आकांक्षाएं, इच्छाएं और वासनाएं तुम्हें तुम्हारे अस्तित्व की वास्तविकता को नहीं देखने देतीं।

इसलिए अच्छा हुआ कि पुराने सेतु टूट गए और कहीं कोई मार्ग दिखायी नहीं पड़ रहा है। आगे कोई मार्ग है भी नहीं। यही तो मैं तुम्हारे साथ करना चाहता हूं। मैं तुमसे तुम्हारे सारे मार्ग छीन लेना चाहता हूं। जब तुम्हारे पास कोई मार्ग न बचेगा, और तुम्हें लगेगा कि अब कहां जाएं तब तुम भीतर जाओगे। अगर तुम्हारे सभी मार्ग—स्वयं से भागने की सभी संभावनाएं समाप्त हो जाएं, या तुम से छीन ली जाएं—तो फिर तुम क्या करोगे? तब तुम स्वयं पर लौट आओगे।

इस पर थोड़ा विचार करना। इस पर थोड़ा ध्यान करना। यह भी एक तरह की तुम्हारी आकांक्षा है, दूसरों के साथ प्रतिस्पर्धा है। इसी से सारी भ्रांतियां खड़ी होती हैं। तुम हमेशा प्रतिस्पर्धा में लगे रहते हो, और इस प्रतिस्पर्धा में हमेशा कोई न कोई तुमसे आगे होता है। और तुम उसे पीछे छोड़कर

आगे निकल जाना चाहते हो। इसलिए और तेज दौड़ते हो। फिर उसके लिए चाहे कुछ भी करना पड़े—चाहे वह न्यायसंगत हो या न हो, चाहे वह ठीक हो या गलत—तुम सब कुछ भूलकर बस उससे आगे निकल जाना चाहते हो, उसे पराजित कर देना चाहते हो।

इस तरह से तुम सत्य को उपलब्ध नहीं हो सकते। इस ढंग से तो तुम अपने अहंकार को ही थोड़ा और सजा लोगे। फिर तुमने एक को हराया या अनेकों को हराया, इसी तरह से तुम आगे और आगे दौड़ते चले जाते हो। और इस तरह से अहंकार की परितुष्टि होती चली जाती है। और तुम अहंकार के बोझ से दबते चले जाओगे, और एक दिन अहंकार के इस विराट जंगल में खो जाओगे।

प्रतिस्पर्धा इस दुनिया की सर्वाधिक अधार्मिक बातों में से एक बात है, लेकिन हर कोई वही कर रहा है। किसी के पास बड़ा मकान है। तुम्हारा मन तुरंत उससे बड़े मकान की आकांक्षा करने लगता है। किसी के पास सुंदर कार है। तुरंत तुम्हारे मन में उससे बड़ी कार की आकांक्षा उठ खड़ी होती है। किसी की पत्नी सुंदर है या किसी का चेहरा सुंदर है या किसी की आवाज मधुर है, तुरंत आकांक्षा उठ खड़ी होती है।

इस बात की आकांक्षा उठ खड़ी होती है कि दूसरे के साथ प्रतिस्पर्धा करनी है, दूसरे के मुकाबले कुछ न कुछ सिद्ध करके ही रहना है, कि दूसरे के साथ संघर्ष करना है, कि किसी न किसी तरह से हर हाल में कुछ न कुछ पाकर ही रहना है। इस बात को न जानते हुए कि यह सब क्या है, फिर भी अंधेरी घाटी में यह सोचते हुए भटकते रहते हो कि कहीं न कहीं लक्ष्य तो होगा ही।

और जन्मों-जन्मों तक तुम ऐसे ही जीए चले जा सकते हो। यही तो अब तक तुम करते रहे हो। ऐसे तो कभी कहीं पहुंचना न हो सकेगा। तुम हमेशा दौड़ते रहोगे और कभी पहुंचोगे नहीं, क्योंकि मंजिल तो तुम्हारे भीतर ही है। लेकिन उस तक पहुंचने के लिए सभी प्रकार की प्रतिस्पर्धाएं और आकांक्षाओं को गिराना पड़ता है।

और ध्यान रहे, प्रतिस्पर्धा के पुराने नाम को नए नाम में परिवर्तित कर देना बहुत आसान है। किसी पुरानी प्रतिस्पर्धा को छोड़कर, किसी नई चीज को फिर उसी ढंग से पकड़ लो, लेकिन आकांक्षा वही की वही रहती है। अभी तुम्हारी आकांक्षा, इच्छा, वासना संसार से जुड़ी हुई है। फिर संसार की वासनाओं को तुम छोड़ देते हो। तब धर्म के नाम पर, आध्यात्मिकता के नाम पर, तुम्हारे मन में नई आकांक्षा और वासना का जन्म हो जाता है; तब फिर से तुम नए ढंग की प्रतिस्पर्धा में शामिल हो गए। तब फिर वही अहंकार प्रवेश कर लेता है।

मैंने एक कथा सुनी है। इसे ध्यानपूर्वक सुनना।

दो भाइयों की मृत्यु एक साथ, एक ही समय में हुई। और दोनों साथ-साथ ही पर्ली गेट पहुंच गए। वहां पर सेंट पीटर ने उनका इंटरव्यू लिया।

उसने पहले भाई से पूछा, 'क्या पृथ्वी पर आप एक भले इंसान रहे हैं?'

उसने जवाब दिया, 'हां, बिलकुल संत शिरोमणि, मैं ईमानदार, शांत, संयमी, और परिश्रमी रहा—और स्त्रियों को लेकर मेरे साथ कभी कोई झंझट नहीं हुई।'

सेंट पीटर ने कहा, 'अच्छे बालक, और उसे एक चमचमाती हुई सफेद रोल्स रायस दे दी। अच्छा बने रहने के लिए यह तुम्हारा पुरस्कार है।'

फिर उसने दूसरे भाई से पूछा, 'और तुम्हारा क्या कहना है अपने बारे में?'

पहले उसने एक लंबी श्वास छोड़ी, 'मैं तो अपने भाई से हमेशा बहुत अलग तरह का रहा हूं। मैं चालाक, धूर्त, शराबी और निकम्मा था—और स्त्रियों के संबंध में तो एकदम शैतान था।'

सेंट पीटर ने कहा, 'ओह अच्छा, लड़के तो लड़के ही रहेंगे। और कम से कम तुम यह बात स्वीकार तो करते हो। तब तुम इसे ले सकते हो। और उसने उसके हाथ में मिनी-मायनर की चाबियां पकड़ा दीं।'

वे दोनों भाई जैसे ही अपनी-अपनी कारों में बैठने ही वाले थे कि उनमें से जो शरारती था वह खूब जोर-जोर से हंसने लगा।

तो जो दूसरा भाई था उसने पूछा, 'तो इस में हंसने की क्या बात है?'

वह बोला, 'मैंने अभी-अभी बड़े धर्माध्यक्ष को बाइक चलाते हुए देखा।'

तुम्हारा पूरा का पूरा आनंद हमेशा तुलना में ही होता है। तुलना तुम्हें इस बात की अनुभूति देती है कि तुम कहां हो—उस आदमी से पीछे हो जिसके पास रोल्स रायस है या उस आदमी से आगे हो जिसके पास बाइक है। ऐसी परिस्थिति में यह मालूम हो जाता है कि तुम कहां हो, कहां पर खड़े हुए हो। नक्शे पर तो तुम स्वयं को बता सकते हो, लेकिन स्वयं को जानने के लिए कि तुम कहां हो यह कोई ठीक ढंग नहीं है। क्योंकि नक्शे पर तो तुम कहीं हो ही नहीं, नक्शा एक भ्रांति है। तुम नक्शे के कहीं पार हो। न तो कोई तुम से आगे है और न ही कोई तुम से पीछे है। तुम अकेले हो, नितांत अकेले। तुम अपने आप में बेजोड़ हो, अनूठे हो। और दूसरा कोई नहीं है जिससे कि तुलना करनी है।

इसी कारण से लोग स्वयं के भीतर जाने से भयभीत होते हैं। क्योंकि तब वे अपने ही एकांत में प्रवेश करते हैं, जहां सभी मार्ग और सारी संभावनाएं समाप्त हो जाती हैं, मिट जाती हैं। सभी तरह के काल्पनिक, राजनीतिक, सांस्कृतिक, सामाजिक नक्शे—सब तिरोहित हो जाते हैं। तब व्यक्ति अपने अस्तित्व के परम एकांत में पहुंच जाता है और उसे मालूम नहीं होता कि वह कहां है।

ठीक ऐसा ही कुछ तुम्हारे साथ भी हुआ है: 'मैं स्वयं को खोया-खोया महसूस करता हूं—अपने पुराने जीवन में वापस लौटने का कोई मार्ग नहीं बचा है—सभी सेतु टूट चुके हैं। और मुझे आगे भी कोई मार्ग दिखायी नहीं पड़ रहा है।'

इसे ही मैं ध्यान का प्रारंभ कहता हूं, अपने अंतर-अस्तित्व में प्रवेश करने की शुरुआत कहता हूं। भयभीत मत होना; अन्यथा तुम फिर से अपने ही स्वप्नों के शिकार हो जाओगे। बिना किसी डर के, निर्भीकता और साहस के साथ उसमें प्रवेश करो। अगर तुम्हें मेरी बात समझ में आती है, तो फिर इसमें कोई कठिनाई नहीं है। बस, थोड़ी सी समझ की आवश्यकता है।

निस्संदेह, अभी तुम्हें यह पता न चलेगा कि तुम कहां हो। तुम यह तो जान सकोगे कि तुम कौन हो, लेकिन तुम यह न जान पाओगे कि तुम कहां हो। क्योंकि यह 'कहां' शब्द हमेशा दूसरों से ही संबंधित होता है। 'कौन' तुम्हारा अपना स्वभाव होता है; 'कहां' किसी दूसरे से संबंधित होता है, तुलनात्मक होता है।

और अब अतीत से संबंधित किसी तरह के सेतु नहीं बचेंगे; और निस्संदेह अब भविष्य के लिए भी किसी तरह के सेतुओं की कोई संभावना नहीं रही। अतीत जा चुका है, भविष्य का अभी

कुछ पता नहीं है। अतीत स्मृति के अतिरिक्त और कुछ नहीं है, और भविष्य आशा के अतिरिक्त और कुछ नहीं है। अतीत जा चुका है, और भविष्य अभी केवल एक सपना है। दोनों का ही अस्तित्व नहीं है। हमें वर्तमान में ही जीना होता है...और वर्तमान का क्षण इतना विराट, इतना असीम है कि व्यक्ति उसमें ऐसे खो जाता है जैसे कि पानी की बूंद समुद्र में खो जाती है। खोने के लिए तैयार रहो। अस्तित्व के इस विराट सागर में विलीन होने को, अपना अस्तित्व मिटाने को तैयार रहो।

मन तो अभी भी अतीत की, पुराने से तादात्म्य की, परिचित की, साफ-सुथरे की ही आकांक्षा करेगा—कि तुम कहां हो, कि तुम कौन हो? लेकिन यह सभी खेल भाषा के ही खेल हैं।

मैंने एक कथा सुनी है :

एक अंग्रेज जो अमरीका घूमने गया था, पश्चिमी अमरीका के एक व्यक्ति से उसने कहा, 'तुम्हारा देश तो अदभुत है। सुंदर-सुंदर स्त्रियां, बड़े-बड़े विराट नगर! लेकिन फिर भी तुम्हारे यहां कोई अभिजात वर्ग नहीं है।'

अमरीकी ने पूछा, 'क्या नहीं है?'

'अभिजात वर्ग नहीं है।'

अमरीकी व्यक्ति ने पूछा, 'यह क्या होता है?'

वह बोला, 'ओह, क्या बताऊं आपको, वे लोग जो कभी कुछ नहीं करते, जिनके माता-पिता ने कभी कुछ नहीं किया, दादा-परदादा ने कभी कुछ नहीं किया—जो परिवार हमेशा-हमेशा से सुख-सुविधाओं में, ऐशो-आराम में रहते आए हैं, उनको अभिजात वर्ग कहते हैं।'

अमरीकी बोला, 'ओ हां! हमारे यहां वैसे लोग हैं, लेकिन हम उन्हें आवारा या घुमक्कड़ कहते हैं।'

लेकिन जब तुम किसी को अभिजात कहते हो, तो यह प्रतिष्ठापूर्ण मालूम होता है। और जब तुम किसी को होबो कहकर बुलाते हो, तो अचानक एवरेस्ट के शिखर से व्यक्ति एक गहरी खाई में गिर जाता है। लेकिन अभिजात लोग आवारा हैं, और आवारा लोग स्वयं को अभिजात व्यक्तियों जैसा समझते हैं।

मैंने सुना है, दो घुमक्कड़ आराम से चांदनी रात में बैठे हुए एक-दूसरे से बातचीत कर रहे थे।

उनमें से एक ने पूछा, 'तुम अपनी जिंदगी में क्या बनना चाहते हो?'

दूसरा कहने लगा, 'मैं तो प्रधानमंत्री बनना चाहूंगा।'

पहले ने कहा, 'क्या? तुम्हारे जीवन में कोई और महत्वाकांक्षा नहीं है क्या?'

एक घुमक्कड़ सोच रहा है प्रधानमंत्री बनने की। घुमक्कड़ के अपने जीवन-मूल्य होते हैं।

अगर तुम अपने पिछले संदर्भों को ध्यान से देखो, तो वे हैं क्या? भाषा के खेल हैं। कोई कहता है कि वह ब्राह्मण है। क्योंकि समाज चार वर्ण-व्यवस्थाओं को मानता है। भारत में ब्राह्मण सबसे ऊंची जाति है, और शूद्र सबसे नीचे की जाति है।

अब इस तरह की जाति-व्यवस्था संसार में अन्यत्र कहीं भी नहीं है, यह केवल भारत में ही है। निस्संदेह, यह वर्ण-व्यवस्था काल्पनिक है। अगर व्यक्ति स्वयं ही न कहे कि वह ब्राह्मण है, तो पता लगाना मुश्किल है कि कौन ब्राह्मण है। सभी का खून एक जैसा है, सभी की हड्डियां एक

जैसी हैं—खून, हड्डी के परीक्षण से, या किसी एक्स-रे से नहीं मालूम पड़ता कि कौन ब्राह्मण है और कौन शूद्र है।

लेकिन भारत में यह खेल बहुत समय से चलता चला आ रहा है। इस कारण से भारत के मन में इसकी जड़ें बहुत गहरी चली गई हैं। जब कोई कहता है कि वह ब्राह्मण है, तो जरा उसकी आंखों में झांककर देखना, उसकी आंखों में, उसके हाव-भाव को देखना—उसके हाव-भाव में अहंकार फूट रहा होता है। जब कोई कहता है कि वह शूद्र है, तो जरा उसे ध्यानपूर्वक देखना। वह शब्द ही अपमानित है, वह शब्द ही उसे अपराध भाव से भर देता है। दोनों ही इंसान हैं, लेकिन समाज द्वारा स्वीकृत लेबल चिपका देने से ही उनकी मानवता नष्ट हो जाती है।

जब कोई कहता है कि वह धनवान है, तो इससे उसका क्या मतलब होता है? इससे उसका मतलब होता है कि बैंक में उसके पास कुछ धन है।

लेकिन यह भी एक खेल है, रुपया-पैसा एक खेल है। क्योंकि समाज धन में विश्वास करता है, तो इस कारण से यह खेल इसी तरह चलता चला जाता है।

मैंने एक कंजूस के बारे में सुना है—जिसने सोने का खजाना अपने बगीचे में कहीं छिपाकर रखा हुआ था। प्रतिदिन वह बगीचे में जाता और थोड़ी मिट्टी हटाता और अपनी सोने की ईंटों को देखता, और फिर से उन्हें छिपा देता। और फिर बहुत ही खुशी-खुशी, प्रसन्न चित्त, और मुस्कुराते हुए वापस लौट आता।

लेकिन धीरे-धीरे उसके एक पड़ोसी को कुछ शक होने लगा, क्योंकि प्रतिदिन वह ऐसा करता था—ऐसा लगता था जैसे कि वह कोई धार्मिक क्रिया-कांड कर रहा हो। प्रतिदिन सुबह ही सुबह वह वहां आता—जैसे कि प्रार्थना करने आया हो—थोड़ी सी जमीन को खोदता, अपनी सोने की ईंटों को सुबह के सूरज की किरणों में चमकते हुए देखता, और उनको देखते ही उसके भीतर भी कुछ खिल जाता, और फिर सारे दिन वह बहुत खुश रहता।

एक रात पड़ोसी ने सोने की सारी ईंटें निकाल लीं। सोने की ईंटों के स्थान पर उसने सामान्य ईंटें वहां पर रख दीं और उन्हें फिर से वैसे ही मिट्टी से ढंक दिया। दूसरे दिन जब वह कंजूस आया तो उसने खूब जोर-जोर से रोना चिल्लाना शुरू कर दिया और कहने लगा वह तो लुट गया, वह तो मर गया। उसका पड़ोसी जो कि बगीचे में ही खड़ा हुआ था, उसने पूछा, 'क्या हुआ, तुम क्यों रो रहे हो?' वह बोला, 'मैं लुट गया हूं! मेरी सोने की बीस ईंटें चोरी चली गई हैं।'

पड़ोसी बोला, 'चिंता मत करो, क्योंकि ऐसे भी तुम उनका कुछ उपयोग तो करने वाले थे नहीं। तो तुम पहले जो कुछ कर रहे थे, वह इन मिट्टी की ईंटों को लेकर भी कर सकते हो। हर रोज सुबह आना, जमीन को खोदना, ईंटों को देख लेना और खुश हो लेना और वापस लौट जाना। क्योंकि पहली तो बात यह है कि तुम उनका कभी उपयोग करने वाले नहीं हो, तो चाहे वे सोने की हों या मिट्टी की हों, उससे अंतर क्या पड़ता है?'

तुम्हारे पास धन हो सकता है, लेकिन उससे कुछ अंतर नहीं पड़ता। तुम्हारे पास धन नहीं भी हो सकता है, उससे भी कुछ अंतर नहीं पड़ता। हो सकता है समाज ने तुम्हें बहुत सम्मान दिया हो, तुम्हारे पास बड़ी-बड़ी डिग्रियां हों, बड़े-बड़े पुरस्कार हों, प्रशंसा मिली हो, सर्टिफिकेट हों—उसका

कोई मूल्य नहीं है, यह तो एक खेल है। जब तक तुम इस खेल के पार नहीं हो जाते और तुम्हें इस बात का बोध नहीं हो जाता कि इस खेल में तुम स्वयं को कभी न खोज पाओगे, कि तुम कौन हो...तब तक समाज तुम्हें मूर्ख बनाता रहेगा और तुम्हें भ्रांत धारणाएं दिए चला जाएगा कि तुम कौन हो—और तुम उन धारणाओं में ही आस्था और विश्वास करते हुए जीए चले जाओगे। तब तुम्हारा पूरा जीवन व्यर्थ गया।

इसलिए जब पहली बार ध्यान फलित होता है तो ध्यान तुम्हें मिटाने लगता है—तुम्हारा नाम खो जाता है, तुम्हारी जाति मिट जाती है, तुम्हारा तथाकथित धर्म बिदा हो जाता है, तुम्हारी राष्ट्रीयता समाप्त हो जाती है—धीरे-धीरे व्यक्ति अपनी विशुद्ध निर्विकार एकांत में नग्न और अकेला रह जाता है। शुरू में थोड़ा भय भी लगता है, क्योंकि पैर जमाकर खड़े होने के लिए कहीं कोई जगह नहीं मिलती और न ही अहंकार को टिके रहने के लिए कोई जगह मिलती है। कहीं से कोई सहयोग नहीं मिलता है, उसके सभी सहारे गिर जाते हैं। और अहंकार का पुराना पूरा का पूरा ढांचा चरमरा कर गिर जाता है।

जब भी ऐसा हो तो एक ओर खड़े हो जाना, और खूब जोर से हंसना और उस ढांचे को गिर जाने देना। और इस बात पर जोर से हंसना कि अब पीछे लौटने के लिए कहीं कोई मार्ग नहीं बचा है, पीछे लौटने का कोई उपाय शेष नहीं बचा है।

सच तो यह है, पीछे लौटने का कहीं कोई मार्ग या कोई उपाय है भी नहीं; लोगों को केवल ऐसा लगता है कि पीछे लौटना संभव है। लेकिन पीछे कोई लौट ही नहीं सकता है। समय में पीछे लौटने का कोई उपाय ही नहीं है। तुम फिर से बच्चे नहीं बन सकते, तुम अपनी मां के गर्भ में फिर से नहीं जा सकते। लेकिन यह भ्रांति, यह भ्रम, यह धारणा कि ऐसा संभव है, तुम्हारे मन पर छाया रहेगा और तुम्हारे विकास में बाधा पहुंचाता रहेगा, तुम्हें विकसित नहीं होने देगा।

मैंने ऐसे बहुत से लोग देखे हैं जो अपने प्रेम संबंधों में भी अपनी मां की ही तलाश करते रहते हैं, जो कि एक निपट मूढ़ता है। सौ में से निन्यानबे पुरुष अपनी प्रेमिका में अपनी मां को ही खोजते रहते हैं। मां तो अब अतीत में खो चुकी, अब वे फिर से मां के गर्भ में तो प्रविष्ट हो नहीं सकते हैं। क्या कभी तुमने इस बात पर गौर किया है? अपनी प्रेमिका की गोद में लेटे हुए, तुमको ऐसा लगता है जैसे कि तुमने अपनी मां को पा लिया हो।

पुरुष स्त्री के स्तनों में इतना उत्सुक क्यों है? यह उत्सुकता बुनियादी रूप से मां की ही तलाश है। क्योंकि बच्चे ने मां को स्तनों के माध्यम से ही जाना था और वह अभी भी मां की ही तलाश में है। इसलिए जिस स्त्री के स्तन सुंदर, वर्तुलाकार और बड़े होते हैं, वह स्त्री पुरुषों के लिए अधिक आकर्षक हो जाती है। सपाट स्तनों वाली स्त्री में पुरुषों को कोई आकर्षण नहीं होता। क्यों? क्या बात है? इसमें स्त्री की कोई गलती नहीं है, गलती मन की है। तुम मां की तलाश कर रहे हो—और सपाट स्तनों वाली स्त्री तुम्हारी कल्पना में कोई सहयोग नहीं कर पाती है। तुम्हारे भ्रांत कल्पना चित्र में वह स्त्री अनुकूल नहीं बैठती। फिर वह तुम्हारी मां कैसे हो सकती है? उसके तो स्तन ही नहीं हैं? पुरुष के लिए स्तन प्राथमिक आवश्यकता होते हैं।

अगर खजुराहो या पुरी के मंदिरों को जाकर देखो तो तुम वहां इतने बड़े-बड़े स्तनों वाली मूर्तियां देखोगे, जो कि असंभव सी प्रतीत होती हैं। इतने बड़े स्तनों को लेकर आखिर स्त्रियां चलती

कैसे होंगी! उन स्तनों का वजन ही इतना अधिक है। लेकिन इससे इस बात का ही पता चलता है कि पुरुष फिर से पीछे लौटकर मां की तलाश कर रहा है; वह फिर से मां को ही खोज रहा है।

तब फिर अगर तुम्हारा प्रेम जीवन अस्त-व्यस्त हो जाए तो कोई आश्चर्य नहीं। क्योंकि जो स्त्री तुम्हें प्रेम कर रही है, वह किसी बच्चे की तलाश में नहीं है। स्त्री को एक प्रेमी की, प्रियतम की, दोस्त की तलाश होती है। वह तुम्हारी मां नहीं बनना चाहती। वह तुम्हारी मित्र, तुम्हारी संगिनी, तुम्हारी पत्नी बनना चाहती है। और तुम उस स्त्री से मां बनने की मांग कर रहे होते हो। वह तुम्हारी देखभाल करे, ऐसे खयाल रखे जैसे कि तुम्हारी मां रखती थी। और तुम स्त्री से मां की ही अपेक्षा निरंतर किए चले जाते हो, और वह इस बात को पूरा नहीं कर पाती है। और फिर इसी कारण पति-पत्नी के संबंधों में द्वंद्व खड़ा हो जाता है।

पीछे लौटना किसी के लिए संभव नहीं है। जो बीत गया सो बीत गया। अतीत तो अतीत ही है, उसे फिर से नहीं लौटाया जा सकता। यही समझ कि अतीत को लौटाना संभव नहीं है, व्यक्ति को विकसित होने में, आगे की यात्रा में सहयोगी होती है। तब व्यक्ति अतीत की मांग नहीं करता, अतीत के पीछे नहीं भागता है।

और स्मरण रहे, अगर तुम अतीत से चिपके रहोगे तो तुम भविष्य को भी पकड़ोगे। और तुम्हारा भविष्य तुम्हारे अतीत के थोड़े-बहुत संशोधन के अतिरिक्त और कुछ नहीं है। और भविष्य में तुम जिन खुशियों की कामना करते हो, वह अतीत के दुखों को छोड़कर अतीत की खुशियों से ही जुड़ी होती हैं। तुम्हारा भविष्य तुम्हारे अतीत का ही नया रूप है, उसके अतिरिक्त और कुछ नहीं है। तुम्हारा भविष्य हृदय की आकांक्षाओं के ज्यादा करीब होता है, उसमें अतीत की दुख और पीड़ा तो भूल जाती है, और सुख और खुशी की बातों का खयाल बढ़-चढ़कर रह जाता है।

जब अतीत गिर जाता है तो भविष्य भी गिर जाता है, क्योंकि वह अतीत का ही नया रूप होता है। और जब अतीत और भविष्य दोनों गिर जाते हैं, तो व्यक्ति वर्तमान के क्षण में, अभी और यहीं में ठहर जाता है।

फिर अगर मैं तुमसे कहूं, 'बगीचे में सरू का वृक्ष लगा है, उसकी ओर देखो जरा!' या फिर मैं अपने हाथ में फूल ले लूं और तुम उसे देखो। और अगर तुम उसे केवल वर्तमान के क्षण में, अभी और यहीं देख सको तो एक रहस्यपूर्ण घटना भीतर घटने लगती है: तब उस फूल को देखते-देखते तुम्हारे भीतर का फूल खिलने लगता है। तुम्हारे तन, मन, आत्मा पर कुछ आच्छादित होने लगता है—कुछ ऐसा जो अस्तित्व से आया होता है। वह कोई स्वप्न नहीं होता है। उसमें कुछ भ्रम नहीं होता है। उसमें धारणा, विचार, दृश्य, चित्र कुछ भी नहीं होता है। उसमें केवल अदभुत शून्यता और खालीपन होता है—जो सुंदर होता है, फिर भी समग्ररूपेण शून्य होता है।

भयभीत मत होना। ऐसे ही धीरे-धीरे वर्तमान में ठहरना हो जाता है और स्वयं से मिलन हो जाता है।

दूसरा प्रश्न: पतंजलि ने यह सब क्यों लिखा और आपने योग-सूत्र पर बोलना क्यों चुना, जब कि दोनों में से कोई भी हमें साधना की मूलभूत कुंजियां देने को तैयार नहीं?

मूलभूत कुंजियों को आपस में सहभागी बनाया जा सकता है, लेकिन उन पर बात नहीं की जा सकती। पतंजलि ने ये सूत्र इसीलिए लिखे, ताकि वे तुम्हें आवश्यक मूलभूत कुंजियां दे सकें, लेकिन उन कुछ महत्वपूर्ण कुंजियों को सूत्र के रूप में नहीं ढाला जा सकता। सूत्र तो केवल परिचय मात्र होते हैं, सूत्र तो केवल सत्य की भूमिका मात्र होते हैं।

इसे थोड़ा समझना। पतंजलि के योग-सूत्र उस हस्तांतरण की भूमिका ही हैं, जिसे वे घटित करना चाहते हैं। यह सूत्र तो बस प्रारंभिक संकेत हैं। इन सूत्रों के माध्यम से वे केवल यह बता देते हैं कि कुछ ऐसा है जो संभव हो सकता है। वे तुम्हें आशा बंधा देते हैं; वे तुम्हें भरोसा दिला देते हैं, उसकी कुछ झलक दिखला देते हैं। फिर पतंजलि के निकट आने के लिए बहुत कुछ करना होता है।

गहन आत्मीयता के क्षण में वे कुंजियां शिष्य को हस्तांतरित कर दी जाती हैं।

और इसीलिए मैंने योग-सूत्रों पर बोलना चुना है। यह बोलना तो तुम्हें प्रलोभन देने के लिए है, तुम्हें फुसलाने के लिए है, ताकि तुम मेरे निकट आ सको। यह बोलना तो जिस प्यास को तुम जन्मों-जन्मों से अपने भीतर लिए घूम रहे हो, उसे बुझाने में मदद करना है। लेकिन तुम्हें कुछ पता नहीं है कि कैसे उस प्यास को बुझाना है। और जब तुम्हें उस प्यास को बुझाने का कोई उपाय नहीं सूझता, तो तुम उसे भुला देना चाहते हो। तुमने उस प्यास को अपनी चेतना से हटा दिया है। उसे तुमने अपने अचेतन के अंधेरे तलों में धकेल दिया है, क्योंकि उससे तुम्हें अड़चन् होती थी। अगर व्यक्ति में कोई विशेष तरह की प्यास हो और वह उसे बुझा नहीं सके, तो उसका चेतना में बने रहना बहुत बोझिल और कष्टप्रद हो जाता है। वह बहुत झंझटपूर्ण हो जाता है। वह प्यास तुम्हारे द्वार पर हमेशा दस्तक देती रहेगी। वह प्यास तुम्हें और कुछ नहीं करने देगी, इसीलिए तुम उस प्यास को अपने अचेतन के अंधकार में धकेल देते हो।

पतंजलि के योग-सूत्रों पर यह जो प्रवचन माला चल रही है, वह इसलिए ही है कि तुम उस उपेक्षित प्यास को अपनी चेतना के केंद्र में ले आओ, और यह कोई वास्तविक कार्य नहीं है, यह तो केवल कार्य का प्रारंभ है। वास्तविक काम तो तब शुरू होता है जब तुम प्यास को पहचान लेते हो, उस प्यास को स्वीकार कर लेते हो; और तुम परिवर्तित होने को, रूपांतरित होने को, नए होने को तैयार हो जाते हो—जब तुम इस अनंत यात्रा पर साहस पूर्वक जाने को तैयार हो जाते हो, एक ऐसी यात्रा जो अज्ञात और अज्ञेय है। यह प्रवचन तो बस तुम्हारे भीतर प्यास और अभीप्सा को जगाने के लिए हैं, ताकि तुम उस यात्रा पर जा सको।

यह योग-सूत्र तो केवल तुम्हारे भीतर प्यास जगाने के लिए हैं, तुम्हारे लिए एपीटाइजर की तरह हैं। असली बात तो लिखी ही नहीं जा सकती, कही ही नहीं जा सकती, लेकिन फिर भी ऐसा कुछ लिखा और कहा जा सकता है जो तुम्हें प्रामाणिक बात के अधिक निकट ले आए। मैं तो उन कुंजियों के हस्तांतरण के लिए तैयार हूं—लेकिन तुम्हें अपनी चेतना को विशेष तल तक लाना होगा, तुम्हें अपनी समझ के एक विशेष तल तक लाना होगा। केवल तभी तुम उन कुंजियों को समझ सकोगे।

मैंने सुना है:

दो भिखारी जो नशे में धुत्त थे, घास पर लेटे हुए थे। सूर्य चमक रहा था, पास ही कल-कल करती नदी बह रही थी, सभी कुछ शांत और सुखद था।

पहले भिखारी ने अपना विचार व्यक्त किया, 'तुम्हें मालूम है, इस समय तो मैं किसी के भी साथ अपनी जगह नहीं बदलूंगा, चाहे उस आदमी के पास एक लाख रुपए ही क्यों न हों।'

उसके साथी ने पूछा, 'पांच लाख हों तो।'

'पांच लाख हों, तो भी नहीं।'

उसके मित्र ने बोलते हुए कहा, 'अच्छा, दस लाख के बारे में क्या खयाल है?'

पहला भिखारी उठकर बैठ गया और बोला, 'यह बात अलग है। अब तो तुम उस रकम की बात कर रहे हो जिसे सही मायने में रुपया कहा जा सकता है?'

ये प्रवचन तो तुम्हें झलक दिखाने जैसे ही हैं। ये तुम्हें असली रुपए देने जैसे नहीं हैं, बल्कि ये तो तुम्हें असली रुपए की झलक दिखाने जैसे हैं। जिससे तुम्हारे भीतर की जन्मों-जन्मों से दबाई हुई प्यास, अभीप्सा, अतृप्ति फिर से जाग उठे, वह फिर से तुम्हें आंदोलित कर दे और वह अतृप्ति तुम्हारे भीतर लपट बन जाए; तब तुम मेरे निकट आ सकोगे।

तीसरा प्रश्नः कई वर्षों से मैं साक्षी-भाव में जी रहा हूं और वह मुझे रोग जैसा लगता है। तो क्या दो तरह के साक्षी-भाव होते हैं? और मेरा जो साक्षी-भाव है वह गलत है? कृपया समझाएं।

गलत होना ही चाहिए, वरना यह रोग की प्रतीति नहीं हो सकती है। स्व-बोध आत्म-बोध नहीं है, और यही समस्या है। आत्म-बोध एकदम अलग ही बात है। वह स्व-बोध बिलकुल नहीं है; सच तो यह है स्व-बोध आत्म-बोध के मार्ग में बाधा है। तुम स्व-केंद्रित मन द्वारा ध्यानपूर्वक अवलोकन और निरीक्षण करने का प्रयत्न कर सकते हो। लेकिन यह चैतन्य-जागरूकता नहीं है, यह साक्षीभाव नहीं है, क्योंकि इसमें एक तरह का तनाव होता है, इसमें विश्रांति नहीं होती।

अधिकांश लोगों के साथ ऐसा ही होता है। लोग इसी तरह से बात किए चले जाते हैं। मेरे देखने में आज तक ऐसा कोई व्यक्ति नहीं आया जो वार्तालाप में कुशल न हो; लोग बोलने में खूब कुशल होते हैं। बातचीत करना एकदम मानवीय और स्वाभाविक बात है। लेकिन अगर किसी से कहो कि मंच पर खड़े होकर बोलो, यहां तक कि चार सौ, हजार लोगों की छोटी सभा में अगर किसी को खड़ा कर दो तो वह भय के मारे कांपने लगता है और उसका गला रुंधने लगता है, उसके मुंह से शब्द नहीं निकलते, वह एकदम पसीना-पसीना हो जाता है। होता क्या है? वैसे तो वह हमेशा खूब बोलता था, इतना बोलता था कि सुनने वाले की सीमा के बाहर होता था और अचानक...अचानक एक शब्द उसके मुंह से नहीं निकलता!

तब वह अपने प्रति सचेत हो जाता है। इतने सारे लोग उसे देख रहे हैं, उस पर ध्यान केंद्रित किए हैं; तो उसे लगता है जैसे कि उसकी प्रतिष्ठा दांव पर लगी हुई है। अगर वह कुछ गलत बोलता है या गलत बोलते समय कुछ निकल जाता है, तो उसे लगता है लोग उसके बारे में क्या सोचेंगे? उसने इस बारे में कभी सोचा नहीं था, लेकिन अब इतने सारे लोग उसके सामने हैं —और शायद यह वही लोग होंगे जिनसे वह अब तक यही सब बातें करता रहा है—लेकिन अब मंच पर खड़े होकर उन लोगों को देखते हुए, और अब वही लोग एकसाथ उसकी ओर देख रहे हैं, उन सबकी

आंखें तीर की भांति उसे बेध रही हैं, उसी पर केंद्रित हैं—उस समय वह व्यक्ति अहंकार-बोध से भर जाता है। अब उसका अहंकार दांव पर लगा होता है; यही बात तनाव का कारण बन जाती है।

ध्यान रहे, साक्षी-भाव में अहंकार-बोध नहीं होता है। साक्षी-भाव में तो अहंकार को तो गिराना पड़ता है। और इसके लिए कोई प्रयास नहीं करना पड़ता। यह तो विश्रांति की अवस्था में, लेट-गो की अवस्था में सहज-स्फूर्त घटित होना चाहिए।

मैं तुमसे एक कथा कहना चाहूंगा :

एक पादरी अपने दिल का बोझ एक रब्बी से यह कहते हुए मिटा रहा था, 'ओह रब्बी, परिस्थितियां बड़ी खराब चल रही हैं। डाक्टर मुझसे कहता है कि मैं बहुत बीमार हूं और मेरा एक बड़ा आपरेशन करना होगा।'

रब्बी बोला, 'इससे भी बुरा हो सकता था।'

पादरी बिना रुके कहने लगा, 'मेरा धर्म संघ मुझे एक दूसरी धर्म सेवा के लिए भेज रहा है क्योंकि मेरे उपदेश बहुत बेकार हैं और घरों से मेरी कोई मांग नहीं।'

रब्बी ने कहा, 'इससे भी ज्यादा बुरा हो सकता था।'

'मेरे घर की देखभाल करने वाली ने अपना नोटिस दे दिया है, मेरे आर्गन बजाने वाले ने त्यागपत्र दे दिया है और धर्म वेदी की सेवा करने के लिए कोई लड़का नहीं मिलता,' पादरी जो रोने-रोने को हो रहा था अपनी कहता ही चला गया।

रब्बी ने कहा, 'इससे भी ज्यादा बुरा हो सकता था।'

'पेरिस का खजांची पूरी की पूरी जमा-पूंजी लेकर कहीं चंपत हो गया है और बिशप निरीक्षण पर आने वाले हैं, मेरी के बच्चों में एक गर्भवती है, छत से पानी टपकता है और मेरी की कार चोरी चली गयी है,' पादरी कराहते हुए स्वरों में बोला।

रब्बी ने कहा, 'इससे भी ज्यादा बुरा हो सकता था।'

पादरी, जो अंततः रब्बी के करुणाहीन व्यवहार से दुखी हो गया था, बोला, 'आखिर इससे भी बुरा क्या हो सकता है।'

रब्बी ने कहा, 'यह सब मेरे साथ भी हो सकता था।।'

अगर तुम अहंकार के ढंग से ही सोचते रहोगे तो तुम्हारा साक्षीभाव भी एक रोग हो जाएगा, तब तुम्हारा ध्यान एक रोग हो जाएगा, तब तुम्हारा धर्म एक रोग हो जाएगा। अहंकार के साथ तो हर चीज डिस-ईस, रोग ही बन जाएगी। अहंकार तुम्हारे अस्तित्व की सबसे पीड़ादायी चीज है। वह उस चुभे हुए कांटे की तरह है; जो पीड़ा दिए ही चला जाता है। अहंकार एक घाव है।

तो फिर क्या करोगे?

पहली बात, जब तुम ध्यानपूर्वक देखने का प्रयास करो, तो पहली बात पतंजलि जो कहते हैं वह है : दृश्य पर एकाग्रता लाओ, द्रष्टा पर एकाग्रता मत लाओ।

दृश्य से शुरू करना—धारणा, एकाग्रचित्तता। वृक्ष को देखते समय वृक्ष ही रह जाए। तुम स्वयं को पूरी तरह भूल जाओ; तुम्हारी कोई आवश्यकता भी नहीं है। वृक्ष को, हरियालीं को, गुलाब को देखने में तुम्हारी मौजूदगी बाधा बनेगी। जब गुलाब को देखो, तो बस गुलाब ही रह जाए। उस

समय तुम स्वयं को पूरी तरह से भूल जाना—तुम्हारा पूरा ध्यान गुलाब पर केंद्रित रहे। गुलाब ही बच रहे: द्रष्टा नहीं बचे केवल दृश्य ही बचे। यह है संयम का प्रथम चरण।

फिर दूसरा चरण: गुलाब को हटा देना, गुलाब पर ध्यान मत देना। अब गुलाब की चेतना पर ध्यान केंद्रित करना लेकिन अभी भी कोई द्रष्टा की आवश्यकता नहीं है, केवल मात्र यह बोध चाहिए कि तुम देख रहे हो, कि तुम देखने वाले हो।

और केवल तभी तीसरे चरण में प्रवेश हो सकता है, जो तुम्हें उसके करीब ले आएगा जिसे गुर्जिएफ ने स्व-स्मरण कहा है, या जिसे कृष्णमूर्ति जागरूकता कहते हैं, या उपनिषद जिसे साक्षीभाव कहते हैं। लेकिन पहले दो चरणों को संपन्न करना ही पड़ता है; तभी तीसरे चरण में प्रवेश हो सकता है। तीसरे से प्रारंभ मत करना। पहले दृश्य, फिर चेतना, फिर उसके पश्चात द्रष्टा।

जब दृश्य जाता है और चेतना पर कोई तनाव नहीं रहता, तब द्रष्टा तो होता है, लेकिन कोई दृश्य नहीं बचता। व्यक्ति होता है, लेकिन कोई 'मैं' नहीं बचता; बस व्यक्ति का अस्तित्व होता है। व्यक्ति होता है, लेकिन 'मैं' हूं, ऐसी कोई अनुभूति नहीं होती है। 'मैं' की सीमा खो जाती है, केवल होना अस्तित्व रखता है। वही होना ईश्वरीय होता है। 'मैं' को गिरा देना और केवल होने का अस्तित्व रहने देना।

और अगर तुम बहुत लंबे समय से साक्षीभाव पर काम कर रहे हो, तो कुछ महीने, कम से कम तीन महीने के लिए इसे बिलकुल बंद कर दो, इसके साथ और काम मत करना। अन्यथा जो पुराना ढर्रा, नई जागरूकता को नष्ट कर सकता है। तुम तीन महीने का अंतराल दे दो। और तीन महीने तक तुम रेचन वाली ध्यान विधियों को करो—सक्रिय, कुंडलिनी, नटराज—इस प्रकार की विधियां जिनमें सारा जोर कुछ करने पर है। और वह करना तुम्हारे लिए महत्वपूर्ण होगा। नृत्य करो, नृत्यकार की अपेक्षा नृत्य महत्वपूर्ण होता है। नृत्यकार को तो स्वयं को नृत्य में पूरी तरह छोड़ देना होता है।

तो तीन महीने के लिए साक्षी-भाव को भूल जाओ और किसी गतिशील ध्यान में डूब जाओ। यह साक्षी-भाव से एकदम अलग है। किसी चीज में डूबने का मतलब है स्वयं को पूरी तरह से भुला देना, उसमें पूरी तरह से डूब जाना। नृत्य करना अच्छा होगा, गाना अच्छा होगा—और उसमें पूरी तरह से खो जाना और स्वयं को संपूर्ण रूप से भुला देना। अपने को उससे अलग-थलग मत रखना।

अगर तुम इस भांति नृत्य कर सको कि केवल नृत्य ही बच रहे और नर्तक खो जाए, तो अचानक एक दिन तुम पाओगे कि नृत्य भी खो जाता है। और तब जो जागरूकता होती है, वह न तो मन की होती है और न ही वह अहंकार की होती है।

असल में तो उस जागरूकता का अभ्यास नहीं किया जा सकता है; जागरूकता आ सके उसकी तैयारी के लिए तो कुछ और करना पड़ता है, लेकिन उसके पीछे जागरूकता अपने से आ जाती है। तुम्हें तो केवल उसके प्रति अपने को खुला रखना है।

चौथा प्रश्न: 'ये बातें केवल शिष्य और सदगुरु के अंतरंग संबंधों में ही हस्तांतरित की जा सकती हैं।' तो हम यहां क्या कर रहे हैं? आपके साथ मेरा इसी तरह का नाता है, और फिर भी मुझे कुछ घट नहीं रहा है!'

तुम निर्णय नहीं ले सकते हो कि मेरे साथ तुम्हारा वैसा नाता है या नहीं। केवल मैं ही निर्णय ले सकता हूं। हो सकता है तुम्हारा लालच तुम से कहता हो कि तुम्हारा मुझसे इस तरह का नाता है। तुम्हारी आकांक्षा तुम से कह सकती है कि तुम पूरी तरह से तैयार हो, लेकिन तुम्हारा यह कहना कि तुम तैयार हो, तुम्हें तैयार नहीं बना देता है। जब तक मैं ही न जान लूं इसे, तब तक कुछ भी हस्तांतरित नहीं किया जा सकता।

और अगर तुम स्वयं के भीतर देखो, तो तुम भी यह देख पाओगे कि तुम तैयार नहीं हो। यहां पर होना मात्र ही पर्याप्त नहीं है। संन्यासी मात्र हो जाना ही काफी नहीं है—आवश्यक है, फिर भी पर्याप्त नहीं है। कुछ और चाहिए, ऐसा समर्पण या त्याग चाहिए, जिसमें कि तुम विलीन हो जाओ, तुम मिट जाओ, तुम खो जाओ। जब तुम नहीं रहते, तब उन कुंजियों को दिया जा सकता है, इससे पहले नहीं। अगर तुम इसी की ओर आंख लगाए बैठे हो, इसी की प्रतीक्षा कर रहे हो, तो वह देखना और प्रतीक्षा करना ही बाधा बन जाएगी।

मैं तुमसे एक छोटी सी कथा कहना चाहूंगा :

तीन नए-नए दीक्षित हुए शिष्य ट्रापिस्ट मानेस्ट्री में आए। एक वर्ष के बाद वे सुबह के नाश्ता के लिए बैठे। मठ का धर्माध्यक्ष उनमें से एक नए शिष्य से बोला :

'भाई पाल, तुम पूरे एक साल से हमारे साथ हो और तुमने मौन रहने का अपना वचन पूरा किया है। तुम अगर चाहो तो अब बोल सकते हो। क्या तुम्हें कुछ कहना है?'

'हां, आदरणीय मठाधीश, मुझे यह नाश्ता अच्छा नहीं लगता।'

'ठीक है, शायद हम इस बारे में कुछ न कुछ करेंगे।'

इस बीच कुछ भी नहीं किया गया, मौन का एक वर्ष और बीत गया। एक बार फिर वे नाश्ते की मेज पर मिले और मठाधीश ने दूसरे युवा शिष्य से पूछा :

'भाई पीटर, मैं दो वर्ष तक तुम्हारे शांत और मौन रहने के लिए तुम्हारी प्रशंसा करता हूं। अगर तुम्हारी इच्छा हो तो अब तुम बोल सकते हो। क्या तुम्हें कुछ कहना है?'

'हां, धर्माध्यक्ष। मैं तो नाश्ते में कुछ भी गलत नहीं देखता।'

तीसरा वर्ष बीत गया, मौन का एक और वर्ष। फिर मठाधीश ने तीसरे नए शिष्य से पूछा :

'भाई स्टीफन, तुमने जो पूरे तीन वर्षों तक मौन-शांत रहने का वचन पूरा किया उसके लिए मैं तुम्हारी बहुत सराहना करता हूं। अगर तुम्हारी इच्छा हो तो अब तुम कुछ बोल सकते हो। क्या तुम्हें कुछ कहना है?'

'हां धर्माध्यक्ष, मुझे कहना है। मैं नाश्ते के लिए लगातार चलने वाले इस झगड़े-झंझट को सहन नहीं कर सकता।'

उनके वे तीन वर्ष सुबह के नाश्ते को लेकर ही नष्ट हो गए, और मन की गहराई में कहीं यह समस्या बनी ही रही। उन तीनों ने उत्तर अलग-अलग ढंग से दिए, लेकिन वे तीनों जुड़े एक ही बात से हैं। उनके उत्तरों की भिन्नता केवल सतही है। कहीं गहरे में वे सब उसी से ग्रस्त हैं।

तुम केवल तभी तैयार हो सकते हो जब सारी ग्रस्तताएं समाप्त हो जाएं। बाहर से मौन हो जाना बहुत आसान है, लेकिन भीतर का बोलना तो जारी ही रहता है। तब केवल बाहर से न बोलना

मौन नहीं है; ऐसा मौन तो दिखावे का मौन है। सच तो यह है कि जो लोग बाहर से मौन होते हैं, बातचीत नहीं करते हैं, तब उनका मन अधिक बोलता रहता है। क्योंकि वैसे तो वे दूसरों के साथ बातचीत कर लेते हैं, तो मन का प्रवाह बाहर निकल जाता है। जब वे मौन रहते हैं, तो प्रवाह के बाहर आने के लिए कोई द्वार नहीं बचता है, सारे द्वार-दरवाजे बंद होते हैं, इसलिए मन भीतर ही भीतर स्वयं से बोलता चला जाता है। मन स्वयं के ही चक्कर में, स्वयं के ही जंजाल में फंसता चला जाता है, और स्वयं से ही बोले चला जाता है।

इन तीन वर्षों में, वे तीनों ही नए शिष्य स्वयं से भीतर ही भीतर बातचीत करते रहे। ऊपर से देखने पर तो, सतह पर तो सब कुछ बिलकुल शांत और मौन दिखाई पड़ता है, लेकिन गहरे में ऐसा नहीं था।

इसलिए जब भी तुम तैयार होते हो...और तुम कोई निर्णय नहीं ले सकते; यह बात तुम्हारे निर्णय के लिए नहीं छोड़ी जा सकती है। जो लोग उसके लिए तैयार हैं, उन्हें कुंजियां दे दी गयी हैं; और जो तैयार होने को हैं, उनके लिए कुंजियां सदा तैयार ही हैं। वस्तुतः एक क्षण भी खोया नहीं जाता है। जिस क्षण तुम तैयार होते हो, तत्क्षण, उसी समय कुंजी दे दी जाती हैं। वह जो कुंजी है, वह कोई वस्तु नहीं है कि मैं तुम्हें बुलाकर तुम्हारे हाथ में पकड़ा दूं, उसका तो हस्तांतरण ही हो सकता है—जब तुम मेरे साथ लयबद्ध हो जाते हो, मेरी तुम्हारी धड़कन इतनी एक हो जाती है कि तुम्हें किन्हीं कुंजियों की भी कोई फिकर नहीं रहती, तब तो तुम सब कुछ मेरे ऊपर ही छोड़ देते हो।

यही तो है समर्पण। तुम कहते हो, 'जब भी—अगर कभी आपको ठीक लगे, तो मैं तैयार हूं। अगर आपको लगे कि अभी समय नहीं आया है, तो मैं अनंत-अनंत समय तक प्रतीक्षा करने के लिए तैयार हूं। अगर यह नहीं भी घटती है तो कोई बात नहीं।'

केवल उसी समग्र स्वीकार भाव में, तुम मेरे प्रति सच में खुले होते हो, अन्यथा तो तुम मेरा उपयोग करना चाहते हो।

तुम मेरा उपयोग नहीं कर सकते। मैं तुम्हारे लिए उपलब्ध हूं, लेकिन फिर भी तुम मेरा उपयोग नहीं कर सकते। तुम तो बस मेरे प्रति खुले, ग्रहणशील हो सकते हो। और जब तुम इतने संतुष्ट और संतृप्त हो जाओगे, वह सभी बाहरी संतुष्टियों और तृप्तियों से अलग होगी।

लेकिन उसके लिए चाहिए अनंत धैर्य, एक शून्य प्रतीक्षा।

अगला प्रश्न भी कुछ इसी तरह का है:

भगवान, अपने पिछले एक प्रवचन में आपने यह स्वीकार किया है कि आप अपनी ओर से साधकों को आत्मा की अज्ञात ऊंचाइयों की ओर ले जाने के लिए पूरी तरह से तैयार हैं। आगे आपने कहा है, मैं ऐसे लोगों की प्रतीक्षा में हूं जो आत्मा के अज्ञात शिखरों तक पहुंचने के लिए किसी भी तरह के प्रयोग करने के लिए तैयार हैं। जब से मैंने आपके ये वचन सुने हैं, आपकी इस चुनौती का सामना करने के लिए मैं स्वयं को तैयार कर रहा हूं। व्यक्तिगत रूप से आपके दर्शन करते हुए जब मैंने यह स्वीकार किया कि मैं अपनी ओर से तैयार हूं, तब आपने बताया कि आप उस समय तैयार नहीं। आपके वक्तव्य में यह विरोधाभास क्यों है? कृपया मेरी शंकाओं का समाधान करें।

कहीं कोई विरोधाभास नहीं है—केवल शिष्टाचार है। तुम तैयार नहीं हो; लेकिन मैं तुम्हें चोट नहीं पहुंचाना चाहता हूं, इसलिए मैंने कहा कि मैं तैयार नहीं हूं।

यही तनाव और उत्सुकता और लोभ ही है, जो अशांति दे रहा है। अगर तुम तैयार हो और मैं तुम से कहता हूं, प्रतीक्षा करो, तो तुम मेरी सुनोगे।

यह प्रश्न आनंद समर्थ का है। अभी कुछ दिन पहले भी वह यही पूछने के लिए आए थे, और मैंने उनसे बार-बार कहा था प्रतीक्षा करो। और समर्थ ने कहा, अब मैं और प्रतीक्षा नहीं कर सकता। आपने तो पहले ही कह दिया है, जब कभी कोई तैयार होगा तो मैं उसे हस्तांतरण करने के लिए तैयार हूं। अब मैं तैयार हूं; तो फिर आप मुझसे क्यों कहते हैं कि प्रतीक्षा करो? और मैंने फिर से उनसे कहा, प्रतीक्षा करो। लेकिन वह सुनता ही नहीं।

तुम मेरी बात सुनने को भी तैयार नहीं। यह तुम्हारा किस तरह का समर्पण है? तुम पूरी तरह से बहरे हो और फिर भी तुम सोचते हो कि तुम तैयार हो।

तुम लोभी हो, इतना मैं जरूर समझता हूं। तुम में अहंकार है, उसकी खबर मुझे है। तुम जल्दी में हो, मुझे उसका भी पता है। और तुम चाहते हो कि तुम्हें बड़े सस्ते में चीजें मिल जाएं, यह भी मैं समझता हूं। लेकिन तुम तैयार नहीं हो।

मैं तुमसे एक कथा कहूंगा :

दो नन जो कि एक देहाती इलाके से गुजर रही थीं, उसी समय उनकी कार में पेट्रोल खतम हो गया। वे कुछ मील पैदल चलीं और चलते-चलते आखिरकार एक फार्महाउस में पहुंच गईं, वहां पर उन्होंने अपनी समस्या के बारे में बताया।

किसान ने कहा, 'आप ट्रैक्टर में से कुछ पेट्रोल ले सकती हैं, लेकिन उसे रखने के लिए मेरे पास कुछ नहीं है।'

फिर कुछ देर सोचने के बाद उस किसान ने एक पुराना पॉट जैसे-तैसे ढूंढ़ निकाला। उस पॉट में पेट्रोल भरकर दोनों नन अपनी कार की ओर लौटीं और कार में पेट्रोल डालने लगीं।

उसी समय एक रब्बी वहां से अपनी कार में गुजरा। उसने जब यह दृश्य देखा, तो वह रुक गया और उन ननों से कहने लगा, 'सिस्टर्स, मैं तुम्हारे धर्म से सहमत नहीं हूं—लेकिन फिर भी मैं तुम्हारी आस्था की प्रशंसा करता हूं।'

मैं भी तुम्हारी तैयारी से राजी नहीं, लेकिन मैं तुम्हारे विश्वास की कद्र करता हूं। मैं मानता हूं, प्यास जाग गयी है। अच्छा है। लेकिन प्यास स्वयं में पर्याप्त तैयारी नहीं होती। प्यास तो प्रारंभ है, लेकिन अंत नहीं। उसे मौन में बढ़ने दो, धैर्य से विकसित होने दो, और एक गहरे सहज-स्फूर्त प्रवाह में उसे विकसित होने दो। जल्दी मत करो। धीरे-धीरे बढ़ना, मेरे साथ बहने की कोशिश करना। और मुझसे आगे निकलने की कोशिश मत करना—वह तो संभव ही न होगा।

छठवां प्रश्नः प्यारे भगवान, आपके साथ मुझे शांति मिलती है। लेकिन फिर भी यह कैसे हो कि बंदर की तरह उछल-कूद करने वाला यह मन पुराने के साथ नाता तोड़ ले, ताकि नए के साथ चल सके?—माइकल स्टुपिड।

अच्छा है, बहुत अच्छा है। यह 'माइकल वाइज' से ज्यादा अच्छा है। तुम ज्यादा बुद्धिमान हो रहे हो; अपनी मूढ़ता को स्वीकार कर लेना बुद्धिमत्ता की ओर बढ़ने का पहला एक कदम है।

लेकिन होशियार बनने की कोशिश मत करो। तुम मुझे धोखा नहीं दे सकते, क्योंकि अगला प्रश्न फिर माइकल वाइज का है।

अगला प्रश्नः प्यारे भगवान, आपके साथ बड़ी शांति मिली। अगर किसी ने लाओत्सु से संन्यास लेने के लिए पूछा होता तो उनका उत्तर होताः 'क्या! संसार के और खंड करने हैं? फूलों की कोई यूनिफार्म नहीं होती; और क्या सूर्योदय सुंदर नहीं है?'

याः 'अगर कोई इतना पागल है कि तुम्हारा मन ले ले, तो दे दो उसे।'

याः 'फूल ने तो उत्तर दे ही दिया; मेरी कोई जरूरत नहीं।'

—माइकल वाइज (स्टुपिड)

फिर से माइकल वाइज; अब 'स्टुपिड' ब्रैकेट में लिखा है। तो तुम तुम्हारी बुद्धिमत्ता से तो गिर ही गए।

और तुम कोई लाओत्सु नहीं हो। अगर तुम होते, तो पहली तो बात यही कि तुम यहां होते ही नहीं। फिर तुम यहां क्या करते?

और मैं तुमसे एक बात कहता हूंः अगर मैं लाओत्सु से ऐसा कहूं, तो वह संन्यास ले लेंगे। लेकिन मैं उनसे कहने वाला नहीं। कहने का अर्थ क्या है? क्यों बूढ़े आदमी को परेशान करना?

आठवां प्रश्नः आप मेरे गुरु नहीं हैं, लेकिन फिर भी आप मेरे मार्गदर्शक हैं। आप और मैं एक जैसा सोचते हैं, एक जैसी अनुभूति है हमारी। आप जो कुछ भी कहते हैं, मुझे ऐसा लगता है जैसे मैं पहले से ही जानता हूं; आप तो उसे स्मरण रखने में मेरी मदद कर रहे हैं। मैं बहुत वर्षों से आपको सुन रहा हूं, और मैं आपके साथ पूरी तरह से समानुभूति अनुभव करता हूं। अगर ऐसी बात है तो मेरा आपके साथ ठीक-ठीक संबंध क्या है?

मुझे लगता है तुम मेरे गुरु हो।

नौवां प्रश्नः भगवान, आपने बहुत बार अपने प्रवचनों में कहा है कि 'मत सोचना कि तुम अपने से यहां आ गए हो। मैंने जाल फेंका है और तुम्हें चुना है।' मैं जानता हूं यह सच है, लेकिन आप यह कैसे जान लेते हैं कि कोई उसे ग्रहण करने के लिए तैयार है, जिसे आप करुणावश बांटना चाहते हैं?

मैं बहुत छोटी उम्र से, पंद्रह साल की उम्र से आत्म-बोध पाने के लिए तड़पता रहा और मुझे सदगुरु की तलाश रही। वही तलाश मुझे डिवाइन लाइफ सोसायटी के स्वामी शिवानंद, संत लीलाशाह और साधु वासवानी के पास ले गई, जिनसे मुझे कुछ ज्ञान-रत्न भी मिले, लेकिन फिर भी

आत्म-बोध का कोहिनूर वहां नहीं मिला। मैंने राधास्वामी को, चिन्मयानंद को, डोंगरे महाराज को और स्वामी अखंडानंद को सुना—लेकिन फिर भी आत्म-बोध की प्राप्ति कहीं नहीं हुई।

मैंने चार-पांच साल पूर्व आपके कुछ प्रवचन सुने थे, और जुहू बीच पर आपके संन्यासियों के साथ कुछ ध्यान भी किए थे, और वे मुझे अच्छे भी लगे थे, लेकिन वे मुझे पूरी तरह से आपकी ओर नहीं खींच पाए, ऐसा तो अभी पिछले साल ही हुआ। मैं आपके पास आलोचक की भांति आया था। लेकिन कुछ ध्यान प्रयोगों ने और तीन-चार प्रवचनों ने मुझे पक्के तौर पर आश्वस्त और रूपांतरित कर दिया। और घटना घट गयी...मैंने समर्पण कर दिया।

मुझे पूरा विश्वास है कि मैं सदगुरु के हाथों में सुरक्षित हूं—जो मुझे प्रतिपल ठीक मार्ग दिखा रहे हैं। मैं आनंद में डूबा हुआ हूं या कहूं कि आनंद ही आनंद है। लेकिन संबोधि की परम अवस्था उपलब्ध नहीं हुई है। मैं वर्तमान क्षण में जी रहा हूं। मुझे अतीत या भविष्य की फिकर नहीं है।

क्या मैं ठीक मार्ग पर हूं? कृपया बताएं।

तुम ठीक मार्ग पर हो, लेकिन अंततः मार्ग भी छोड़ना पड़ता है, क्योंकि परम जगत में सारे मार्ग गलत हो जाते हैं। मार्ग स्वयं में ही गलत होता है। कोई मार्ग वहां तक नहीं ले जाता। अंततः सभी मार्ग भटकाने वाले सिद्ध होते हैं। परमात्मा तक पहुंचने का विचार ही गलत है। परमात्मा पहले से ही तुम तक पहुंचा हुआ है; तुम्हें तो बस उसे जीना शुरू करना है। इसलिए सारे प्रयास एक तरह से व्यर्थ ही हैं।

तुम यहां पर मेरे पास हो। तो मुझे तुमसे सारे मार्गों को छीन लेने दो। केवल हीरे और जवाहरातों को ही नहीं, बल्कि कोहिनूर को भी छीन लेने दो। मुझे तुम्हें खाली करने दो। मुझसे अपने को भरने की कोशिश मत करना, क्योंकि तब मैं तुम्हारे मार्ग में रुकावट बन जाऊंगा। मुझसे सावधान रहना। मेरे पर रुक जाने की आवश्यकता नहीं, सभी तरह के बंधन खतरनाक होते हैं। तुम्हें चित्त की उस अवस्था को उपलब्ध होना है, जहां किसी तरह की कोई पकड़ नहीं रह जाती। मेरे साथ रहो, मगर मुझसे मोह मत बनाओ। मुझे सुनो, लेकिन उस सुनने को ज्ञान मत बना लेना। मेरी गपशप सुनो, लेकिन उन्हें धर्म-कथाएं मत बना देना। मेरे साथ होने से आनंदित होओ, लेकिन फिर भी मुझ पर निर्भर मत होओ। किसी भी तरह की कोई निर्भरता मत बनाओ; वरना मैं तुम्हारा मित्र नहीं, तब तो मैं एक शत्रु हो गया।

तो फिर तुम क्या करोगे? तुम संत लीलाशाह, स्वामी शिवानंद, स्वामी अखंडानंद के पास गए। तुम उन सब को पीछे छोड़ आए। तुम्हें मुझे भी छोड़ना होगा। और मैं इसमें तुम्हारी कोई मदद नहीं कर सकता। अगर मैं तुम्हारी मदद करता हूं, तो मैं तुम्हारे मार्ग की बाधा बन जाऊंगा।

इसलिए मुझसे प्रेम करो, मेरे सान्निध्य में उठो-बैठो, मेरी उपस्थिति को अनुभव करो, लेकिन उस पर निर्भर मत हो जाओ।

और तुम क्यों पूछ रहे हो कि तुम ठीक मार्ग पर हो या नहीं?

क्योंकि मन उसे पकड़ना चाहता है। इसलिए हर बात पक्की हो, सुनिश्चित हो। और सही मार्ग हो, तो तुम कहोगे, 'अब ठीक है। अब मैं अपनी आंखों पर पट्टी बांध सकता हूं। अब कहीं जाने

की कोई जरूरत नहीं।' कहीं जाने की जरूरत है भी नहीं। लेकिन इसलिए नहीं कि तुम्हें मुझे पकड़े रहना है। कहीं जाने की जरूरत इसलिए नहीं है, क्योंकि तुम पहले से ही वहां हो जहां कि तुम जाना चाहते हो। मुझे तो तुम स्वयं को जान सको इसमें मदद करनी है।

यह बहुत ही नाजुक और सूक्ष्म बात है, क्योंकि जो मैं कहता हूं अगर वह तुम्हें अच्छी लगती है, तो इस बात की अधिक संभावना है कि तुम उससे भी फिलोसफी, उससे भी सिद्धांत निर्मित कर लो। जो कुछ मैं कहता हूं, अगर वह तुम्हें आश्वस्त करता है—जैसा कि प्रश्नकर्ता कह रहा है कि 'मैं पक्के तौर पर आश्वस्त हो गया हूं'...तो मैं तुम्हारे साथ किसी वाद-विवाद में नहीं पड़ रहा हूं, और मैं तुम्हें कोई तर्क भी नहीं दे रहा हूं। मैं तो पूरी तरह से तर्कातीत और असंगत हूं। मेरा तो सारा प्रयास यही है कि तुम्हारे मन से सारे तर्क गिरा दूं; ताकि तुम शब्दों, सिद्धांतों, मतों, धर्मशास्त्रों से अलग—निर्विकार, शुद्ध, निर्दोष, दूषित बच जाओ। जिससे तुम अपनी चेतना की शुद्ध निर्मल गुणवत्ता को उपलब्ध कर सको। तुम्हारे भीतर केवल एक शून्य, विराट आकाश शेष रह जाए।

मेरा संपूर्ण प्रयास यहां पर यही है कि तुम्हें लक्ष्य दे दूं, मार्ग न दूं। मेरा प्रयास तुम्हें समग्र को, संपूर्ण को दे देने का है। मैं तुम्हें साधन-मार्ग इत्यादि नहीं दूंगा। मैं तुम्हें साध्य, परम साध्य देना चाहता हूं। वर्तमान के क्षण में मन हिचकिचाहट अनुभव करता है। मन साधनों को, मार्गों को जानना चाहता है, ताकि अंतिम साध्य तक पहुंचा जा सके। मन विधि चाहता है। मन मार्ग चाहता है। मन पहले आश्वस्त होना चाहता है और फिर रूपांतरित होना चाहता है।

मैं मन की इस धारणा को मिटा देना चाहता हूं, उसे किसी तरह का भरोसा या आश्वासन नहीं देना चाहता। इसलिए अगर तुम सच में मेरे ऊपर श्रद्धा रखते हो, मेरे ऊपर भरोसा करते हो, तो मन को गिरा देना। अगर तुमने मुझे देखा और सुना है, और तुम मुझसे प्रेम करते हो, तो मेरे साथ किसी तरह की विचारधारा और सिद्धांत को मत जोड़ना। इसे शुद्ध, निर्विकार प्रेम ही रहने देना; जिसमें कोई विचार, कोई सिद्धांत न जुड़ा हो। तुम मुझसे प्रेम करो, मैं तुम्हें प्रेम करूं, इसमें कोई कारण निहित नहीं होना चाहिए। यह प्रेम बेशर्त होना चाहिए, इसमें कोई शर्त नहीं होनी चाहिए।

अगर तुम इस कारण से मेरे प्रेम में पड़े हो कि मैं जो कहता हूं वह तुम्हें सत्य मालूम पड़ता है, तो यह प्रेम बहुत समय तक टिकने वाला नहीं है; और अगर यह टिक भी गया, तो यह वह प्रेम न होगा जो कि परमात्मा का होता है। तब यह प्रेम मन की धारणा और तर्क की तरह ही होगा। और उस ढंग से मैं खतरनाक आदमी हूं, क्योंकि आज जो मैं कहूंगा तुम उसके प्रति आश्वस्त हो जाओगे, और कल मैं ठीक उसके विपरीत कहूंगा—और तब तुम क्या क्या करोगे? तब तुम उलझन और परेशानी में पड़ जाओगे।

तुम मेरे साथ केवल तभी रह सकते हो, जब तुम मन को आश्वस्त करने का प्रयत्न नहीं करते; तब मैं तुम्हें उलझन और परेशानी में नहीं डाल सकूंगा, क्योंकि तब तुम किसी विचार को नहीं पकड़ोगे। तब मैं कितनी ही बातें करता रहूं, कभी एक बात को एक ढंग से कहूं, कभी उसी बात को दूसरे ढंग से कहूं, तुम्हें कोई फर्क नहीं पड़ेगा। यह सभी तुम्हारे मन को मिटा देने की विधियां हैं।

और इस भेद को तुम्हें समझ लेना है। अगर तुम किसी सदगुरु के पास जाते हो, तो उसके पास अपना एक अनुशासन होता है, अपना एक धर्मशास्त्र होता है, कुछ सुनिश्चित धारणाएं और

सिद्धांत होते हैं। ऐसे भी सदगुरु हैं जिनका सिद्धांत ही सिद्धांत-शून्यता का होता है, या कहो कि उनका कोई सिद्धांत ही नहीं होता—लेकिन फिर वह सिद्धांत-शून्यता का उनका सिद्धांत ही अपने में बहुत कठोर होता है, और वही उनका धर्मशास्त्र बन जाता है। मेरे पास कोई धारणा या सिद्धांत नहीं है, यहां तक कि सिद्धांत-शून्यता का भी सिद्धांत नहीं है।

अगर तुम मन के द्वारा मुझे समझने की कोशिश करोगे, तो मैं तुम्हें परेशानी में डाल दूंगा, तुम्हें गड़बड़ा दूंगा; और तुम अधिकाधिक उलझन में पड़ते चले जाओगे। बस, तुम तो मुझे सुनना। इसे मेरे साथ होने का एक बहाना होने देना, और इस बारे में सब कुछ भूल जाना कि मैं क्या कहता हूं। मैं जो कहता हूं उसे एकत्रित मत करते चले जाना, उसे संचित मत कर लेना। मन को संचय करने की पुरानी आदत है, या कहें कि मन संचय है। अगर संचय करना बंद कर दो, तो मन धीरे-धीरे अपने से मिटने लगता है। और अलग-अलग दृष्टिकोणों से मुझे सुनते हुए, जो कि एक-दूसरे के एकदम विपरीत हैं, धीरे-धीरे तुम जान लोगे कि सारे दृष्टिकोण खेल मात्र हैं।

और ध्यान रहे, कोई सा भी दृष्टिकोण तुम्हें सत्य तक नहीं ले जा सकता। जब तुम सभी दृष्टिकोण, सभी विचार दृष्टियां, सोचने के सारे ढर्रे गिरा देते हो, तो अचानक तुम पाते हो कि सत्य आ उतरा है। अभी तक तुम धारणा और दृष्टिकोणों में ही इतने उलझे रहे, उनको लेकर ही इतने चिंतित और परेशान रहे कि इसी कारण तुम सत्य को न जान सके।

जो जैसा मौजूद है वही सत्य है। बुद्ध ने इसे तथाता कहा है। तथाता का अर्थ है: जैसा है ऐसा ही, वह मौजूद है ही—जैसा जो है वही सत्य है।

तो जब तुम किसी न किसी भांति यहां तक आ ही गए हो, तो इस अवसर को, इस द्वार को चूक मत जाना।

और तुमने पूछा है, 'आप कैसे इसकी व्यवस्था करते हैं। आप यह कैसे जान लेते हैं कि जिसे आप करुणावश बांटना चाहते हैं, कोई उसे ग्रहण करने के लिए तैयार है?'

इन बातों को घटाया नहीं जाता है, यह तो अपने से घटती हैं। अगर तुम प्यासे हो, तो पानी के स्रोत को खोज ही लेते हो। और अगर जल का स्रोत अस्तित्व रखता है, तो जल का वह स्रोत हवाओं के द्वारा, अपनी शीतलता के द्वारा, अपनी ठंडक के द्वारा—और...और अगर कहीं कोई नदी या सरिता बह रही होती है, तो वह हवाओं के माध्यम से चारों ओर अपना संदेश फैला देती है। और कोई थके-मांदे, प्यासे यात्री को जब वह ठंडी हवा छूती है, तो वह समझ लेता है कि अब इसी ओर जाना है, यही मार्ग है। इधर कहीं ही पानी का झरना होगा।

न तो नदी को कुछ मालूम होता है यात्री के बारे में कि वह वहां है या नहीं, और न ही यात्री को कुछ ठीक-ठीक मालूम होता है कि नदी वहां है या नहीं, लेकिन तो भी दोनों एक दूसरे को खोज लेते हैं: बिना कहे ही संदेश स्वयं पहुंच जाता है और यात्री पता लगा लेता है कि यह ठंडी हवा कहां से आ रही है।

इस खोज में कई बार वह गिरता है, चोट खाता है, भटकता है, लेकिन फिर भी शीतल हवा का कहीं कुछ पता नहीं रहता; वह फिर से प्रयास करता है। गलतियां कर-कर के उसे ज्ञात हो जाता है कि अगर वह एक सुनिश्चित दिशा में बढ़ता चला जाता है, तो हवा शीतल से शीतल होती चली

जाती है। और जलधारा ने अपना संदेश किसी पते पर नहीं भेजा है। वह किसी एक के लिए नहीं होती। वह तो किसी भी उस थके हुए यात्री के लिए होती है, जो प्यासा है।

मेरे साथ भी घटनाएं इसी ढंग से घट रही हैं। ऐसा नहीं है कि मैं यहां कुछ आयोजन कर रहा हूं। वह बात ही करीब-करीब पागल कर देने वाली होगी। मैं कैसे कोई व्यवस्था बना सकता हूं? यह कोई कार्य और कारण का नियम तो है नहीं; यह तो समक्रमिकता, सिन्क्रानिसिटी का नियम है। मैं यहां पर मौजूद हूं; एक तरह की शांत और शीतल हवाएं चारों ओर संसार में बह रही हैं। जहां कहीं भी कोई प्यासा होता है, वह मेरे पास आने की अभीप्सा से भर जाता है। इसी तरह से तो तुम सब लोग आए हो।

और जब तुम यहां पर होते हो, तो यह तुम पर निर्भर करता है कि तुम पानी पीते हो या नहीं। तुम्हारा मन तुम्हारे लिए अड़चनें पैदा करता है, क्योंकि अगर तुम पानी पीना चाहते हो तो पानी पीने के लिए तुम्हें नीचे झुकना पड़ेगा, समर्पण करना पड़ेगा, अपने हाथों की अंजुली बनाकर नदी की ओर झुकना पड़ेगा; केवल तभी तुम्हें नदी उपलब्ध हो सकेगी। केवल तभी तुम पानी को पीकर अपनी प्यास बुझा सकते हो, वरना तुम किनारे पर ही खड़े रह जाओगे। तुम में से कई जो नए आए हैं, वे महीनों से किनारे पर ही खड़े हैं—वे प्यासे हैं, अत्यधिक प्यासे हैं—लेकिन अहंकार कहता है, 'ऐसा मत करना, झुकना मत। स्वयं को समर्पित मत करना।' फिर नदी तुम्हारे पास से बहती रहेगी और तुम प्यासे के प्यासे ही खड़े रह जाओगे। यह सब तुम पर निर्भर है।

इसके लिए किसी तरह का आयोजन या व्यवस्था इत्यादि नहीं है। बहुत से लोग यही सोचते हैं कि मैं कोई सूक्ष्म संदेश भेजता हूं, फिर तुम आते हो। नहीं, संदेशा तो भेजा जा रहा है, लेकिन किसी नाम-पते पर नहीं। वह किसी के नाम से नहीं भेजा जाता—ऐसा हो भी नहीं सकता। लेकिन इस संसार में जो भी कहीं तैयार है, उस तक संदेशा पहुंच ही जाएगा और वह कभी न कभी आ ही जाएगा। वह इस दिशा में बढ़ने ही लगेगा। वह शायद जानता भी न हो कि वह कहां जा रहा है। हो सकता है वह भारत घूमने के लिए आ रहा हो, मेरे पास आ भी नहीं रहा हो। तब हो सकता है कि बंबई के एअर पोर्ट से उसकी दिशा बदल जाए, वह पूना की ओर बढ़ने लगे, वह पूना आ जाए। या फिर यह भी हो सकता है वह पूना में मुझसे मिलने न आ रहा हो, यहां अपने किसी मित्र से मिलने आ रहा हो। घटनाएं रहस्यपूर्ण ढंग से घटती हैं, गणित की तरह हिसाब-किताब से नहीं।

लेकिन इन सब बातों की चिंता तुम मत करना। यह एक व्यवस्था से संचालित हो रही हैं या कि अपने से हो रही हैं, इससे तुम्हें कोई सरोकार नहीं होना चाहिए। तुम यहां पर हो, तो इस स्वर्ण अवसर को मत चूक जाना। और मैं तुम्हें मंजिल ही दे देने को तैयार हूं। इसलिए मार्गों की, विधियों की बात ही मत पूछो। और मैं तुम्हारे सामने सत्य को उदघटित कर देने के लिए तैयार हूं, इसलिए तर्क की बात ही मत उठाना।

अंतिम प्रश्नः प्यारे भगवान, मैं आपका ध्यान इस ओर दिलाना चाहता हूं कि आपके आश्रम की व्यवस्था इस समय तीन धूर्तों के हाथ में है, जो सुंदर और सरल स्त्रियों के भेष में हैं। हो सकता है यह प्रश्न आपको अच्छा न लगे इसलिए मैं उपनाम का उपयोग कर रहा हूं—नीमो।

मुझे कोई बात नाराज नहीं करती, मेरी प्रसन्नता-अप्रसन्नता का इनसे कोई लेना-देना नहीं है। और इसे खयाल में ले लेना कि परमात्मा तक को भी संसार का काम-काज चलाने के लिए शैतान की मदद लेनी पड़ती है। शैतान के बिना तो वह भी संसार का काम-काज चला नहीं पाता है। इसलिए मुझे शैतानों को चुनना ही पड़ा। और फिर मैंने सोचा, इसे कुछ सुंदर ढंग से ही क्यों न किया जाए?—उन्हें स्त्रियां ही होने दो। फिर सुरुचि और सौंदर्य से ही बात क्यों न घटे? शैतानों को तो आना ही है। तो मैंने स्त्रियों को चुना—अभी तो और भी चाहिए।

और फिर नाम को छिपाने की या उपनाम की भी कोई जरूरत नहीं है, जरा भी जरूरत नहीं है। तुम बिलकुल बता सकते हो कि तुम कौन हो; नाम छिपाने की कोई जरूरत नहीं है।

मैं तुमसे एक कथा कहना चाहूंगा:

एक पादरी और एक रब्बी अपने-अपने धर्म संस्थानों की अर्थ-व्यवस्था को लेकर बातचीत कर रहे थे।

पादरी ने कहा, 'हम लिफाफे से एकत्रित हुई धनराशि से बहुत अच्छी तरह से काम चला लेते हैं।'

रब्बी ने पूछा, 'लिफाफे से एकत्रित धनराशि—वह क्या होती है?'

'हम प्रत्येक घर में छोटे-छोटे लिफाफे दे देते हैं, और परिवार का हर सदस्य प्रतिदिन कुछ पैसे उसमें डाल देता है। फिर परिवार के वे लोग धन इकट्ठे करने वाले पात्र में वही लिफाफा रख देते हैं। लिफाफों पर किसी भी तरह का कोई चिह्न नहीं बनाते, नंबर इत्यादि नहीं लिखते, इसलिए व्यक्ति का नाम अज्ञात ही रहता है।'

रब्बी ने खुश होकर कहा, 'बड़ी अच्छी योजना है। मैं भी इसे आजमाने की कोशिश करूंगा।'

एक सप्ताह बाद पादरी की रब्बी से फिर भेंट हुई तो उससे उसने यूं ही पूछ लिया कि वह लिफाफा योजना कैसी चल रही है।

रब्बी ने बताया, 'अच्छी बहुत अच्छी चल रही है। मैंने छह सौ पाउंड के चेक बिना नाम के इकट्ठे किए हैं।'

पादरी ने हैरानी से भर कर पूछा, 'बिना नाम के चेक?'

'हां—उन पर हस्ताक्षर नहीं हैं।'

यहूदी यहूदी ही रहते हैं। मेरे साथ यहूदी बनकर मत रहना: तुम हस्ताक्षर कर सकते हो।

और फिर से खयाल में ले लो—और भी कई शैतान चाहिए। अगर तुम्हें कोई मिल जाए, खास करके सुंदर वेश में, जो कि स्त्री के रूप में छिपा हुआ हो—तो तुरंत उन्हें ले आना। मुझे और भी चाहिए।

पश्चिम के मन में परमात्मा और शैतान के बीच एक विभाजन बना हुआ है, पूरब के लोगों के मन के साथ ऐसा नहीं है। वहां विपरीत भी एक ही है। इसलिए अगर तुम पूरब के देवताओं का जीवन देखो, तो तुम चकित रह जाओगे; वे दोनों हैं—शैतान भी हैं और परमात्मा भी। वे कहीं अधिक पूर्ण हैं, अधिक पवित्र हैं। पश्चिम के देवता तो मुर्दा मालूम पड़ते हैं। क्योंकि जीवन की जीवंतता तो शैतान के पास चली गयी है। पश्चिम का परमात्मा एकदम सीधा-सज्जन मालूम पड़ता

है। तुम उसे इंग्लिश जैंटलमेन की संज्ञा दे सकते हो—बुराई से बिलकुल अछूता। उसे मनोविश्लेषण की आवश्यकता है। और निस्संदेह शैतान कहीं अधिक जीवंत होता है। वह भी खतरनाक है।

सभी विभाजन खतरनाक हैं। उन्हें आपस में मिल जाने दो, एक हो जाने दो। मेरे आश्रम में शैतान और देवता के बीच भेद नहीं है। मैं सभी को समाहित कर लेता हूं। इसलिए जो कुछ भी तुम हो, जैसे भी तुम हो, उसी रूप में मैं तुम्हें समाहित कर लेने के लिए तैयार हूं। और मैं सभी तरह की ऊर्जाओं का उपयोग कर लेता हूं। और अगर बुराई का उपयोग अच्छाई के लिए किया जाए, तो वह अदभुत रूप से सृजनात्मक हो जाती है। मेरे इस आश्रम में कुछ भी अस्वीकृत नहीं है, इसलिए तुम सारी पृथ्वी पर कहीं भी ऐसा आश्रम न पाओगे। और यह तो एक शुरूआत है। जब और शैतान आ जाएंगे, तब तुम देखना।

[redacted]

ओशो- एक परिचय

सत्य की व्यक्तिगत खोज से लेकर ज्वलंत सामाजिक व राजनैतिक प्रश्नों पर ओशो की दृष्टि उनको हर श्रेणी से अलग अपनी कोटि आप बना देती है। वे आंतरिक रूपांतरण के विज्ञान में क्रांतिकारी देशना के पर्याय हैं और ध्यान की ऐसी विधियों के प्रस्तोता हैं जो आज के गतिशील जीवन को ध्यान में रख कर बनाई गई हैं।

अनूठे ओशो सक्रिय ध्यान इस तरह बनाए गए हैं कि शरीर और मन में इकट्ठे तनावों का रेचन हो सके, जिससे सहज स्थिरता आए व ध्यान की विचार रहित दशा का अनुभव हो।

ओशो की देशना एक नये मनुष्य के जन्म के लिए है, जिसे उन्होंने 'ज़ोरबा दि बुद्धा' कहा है- जिसके पैर जमीन पर हों, मगर जिसके हाथ सितारों को छू सकें। ओशो के हर आयाम में एक धारा की तरह बहता हुआ वह जीवन-दर्शन है जो पूर्व की समयातीत प्रज्ञा और पश्चिम के विज्ञान और तकनीक की उच्चतम संभावनाओं को समाहित करता है। ओशो के दर्शन को यदि समझा जाए और अपने जीवन में उतारा जाए तो मनुष्य-जाति में एक क्रांति की संभावना है।

ओशो की पुस्तकें लिखी हुई नहीं हैं बल्कि पैंतीस साल से भी अधिक समय तक उनके द्वारा दिए गए तात्कालिक प्रवचनों की रिकार्डिंग से अभिलिखित हैं।

लंदन के 'संडे टाइम्स' ने ओशो को 'बीसवीं सदी के एक हजार निर्माताओं' में से एक बताया है और भारत के 'संडे मिड-डे' ने उन्हें गांधी, नेहरू और बुद्ध के साथ उन दस लोगों में रखा है, जिन्होंने भारत का भाग्य बदल दिया।

ओशो इंटरनेशनल मेडिटेशन रिज़ॉर्ट

ओशो मेडिटेशन रिज़ॉर्ट का निर्माण इसलिए किया गया ताकि लोग जीने की नई कला का सीधा अनुभव ले सकें- अधिक होशपूर्वक होकर, हास्य और आराम के साथ। यह भारत के मुंबई शहर से सौ मील दक्षिण पूर्व में पूना के कोरेगांव पार्क में वृक्षों से परिपूर्ण चालीस एकड़ आवासीय क्षेत्र में स्थित है। रिज़ॉर्ट सौ से अधिक देशों से हर साल आने वाले हजारों लोगों के लिए अलग-अलग तरह के कार्यक्रम प्रस्तुत करता है। नवनिर्मित ओशो गेस्ट हाउस परिसर में लोगों के लिए आवास की सुविधा उपलब्ध है।

मेडिटेशन रिज़ॉर्ट में मल्टीवर्सिटी कार्यक्रम प्रसिद्ध झेन उद्यान, ओशो तीर्थ से सटे पिरामिड परिसर में संचालित होते हैं। ये कार्यक्रम व्यक्तिगत रूपांतरण के लिए व लोगों को जीने की एक नई कला सिखाने के उद्देश्य से तैयार किए गए हैं- एक जाग्रत अवस्था जिसे वे दैनिक जीवन में उतार सकते हैं। आत्म-खोज सत्र, सैशन, कोर्स और अन्य ध्यान प्रक्रियाएं पूरे साल चलती हैं। शरीर को स्वस्थ रखने के लिए एक खूबसूरत व्यवस्था का प्रावधान है जिसमें झेन प्रक्रिया के साथ खेल और मनोरंजन का अनुभव लिया जा सकता है।

मुख्य ध्यान सभागार में सुबह छह बजे से रात ग्यारह बजे तक प्रतिदिन सक्रिय व अक्रिय ध्यान विधियां होती हैं, जिसमें रोज संध्या-सभा ध्यान भी शामिल है। रात को रिज़ॉर्ट का बहुसांस्कृतिक जीवन खिल उठता है- मित्रों के संग खुले आकाश के नीचे भोजन-स्थल और अक्सर संगीत व नृत्य के साथ। रिज़ॉर्ट की साफ व शुद्ध पीने के पानी की अपनी व्यवस्था है और यहां परोसे गए भोजन में रिज़ॉर्ट के अपने फार्म हाउस में उगाई गई सब्जियों का प्रयोग होता है।

मेडिटेशन रिज़ॉर्ट का ऑन लाइन टूर, साथ ही यात्रा और कार्यक्रमों की जानकारी www.osho.com से प्राप्त की जा सकती है। यह अलग-अलग भाषाओं में विस्तार में दी गई वेबसाइट है, जिसमें हैं- ऑन लाइन ओशो टाइम्स पत्रिका, ऑडियो व वीडियो वेबकास्टिंग, ऑडियो बुक क्लब, ओशो प्रवचनों के संपूर्ण अंग्रेजी व हिंदी अभिलेख और ओशो के वीडियो, ऑडियो व पुस्तकों की संपूर्ण सूची। साथ ही हैं ओशो द्वारा विकसित किए गए सक्रिय ध्यानों की जानकारी जो ज्यादातर वीडियो प्रदर्शन के साथ है।

मेडिटेशन रिज़ॉर्ट में सहभागी होने व अधिक विस्तृत जानकारी के लिए संपर्क करें:

ओशो इंटरनेशनल मेडिटेशन रिज़ॉर्ट
17 कोरेगांव पार्क, पुणे -411001, महाराष्ट्र
फोन: 020-66019999 फैक्स: 020-66019990
e-mail-resortnfo@osho.net
website- www.osho.com

www.ingramcontent.com/pod-product-compliance
Lightning Source LLC
LaVergne TN
LVHW101235071026
849558LV00053B/33
9789376963119